Verfassungsprozeßrecht

Ein Lehr- und Handbuch

von
Dr. Ernst Benda
em. Professor an der Universität Freiburg

und
Dr. Eckart Klein
Professor an der Universität Potsdam

2., völlig neubearbeitete Auflage

D1641935

CFM

C.F. Müller Verlag
Heidelberg

Ernst Benda, 1968-1969 Bundesminister des Innern, 1971-1983 Präsident des Bundesverfassungsgerichts, 1984-1993 ordentlicher Professor für Öffentliches Recht mit Schwerpunkt Verfassungsrecht an der Albert-Ludwigs-Universität Freiburg/Brsg.

Eckart Klein, 1974-1976 wissenschaftlicher Mitarbeiter am Bundesverfassungsgericht, 1981 ordentlicher Professor für Staatsrecht, Völker- und Europarecht an der Johannes Gutenberg-Universität Mainz, seit 1994 an der Universität Potsdam. Seit 1995 Richter am Staatsgerichtshof der Freien Hansestadt Bremen, Richter im Nebenamt am Oberverwaltungsgericht Brandenburg und Mitglied des Menschenrechtsausschusses der Vereinten Nationen.

Die Deutsche Bibliothek – CIP-Einheitsaufnahme

Verfassungsprozeßrecht / von Ernst Benda;
Eckart Klein. – 2., völlig neubearb. Auflage – Heidelberg : Müller 2001
   ISBN 3-8114-9944-0

Gedruckt auf säurefreiem, alterungsbeständigem Papier aus 100% chlorfrei gebleichtem Zellstoff (DIN-ISO 9706).

© 2001 C.F. Müller Verlag, Hüthig GmbH & Co. KG, Heidelberg
Satz: Textservice Zink, Schwarzach
Druck: Gulde-Druck GmbH, Tübingen
Buchbinderische Verarbeitung: Heinr. Koch GmbH & Co. KG, Tübingen
ISBN 3-8114-9944-0

Dem Bundesverfassungsgericht
der Bundesrepublik Deutschland

Vorwort

Die Erstauflage war seit einiger Zeit vergriffen. Die daher notwendig gewordene Neuauflage mußte berücksichtigen, daß seit dem Erscheinen der ersten Auflage zwei wichtige Änderungen des Gesetzes über das Bundesverfassungsgericht (1993 und 1998) in Kraft getreten sind. Die Vorschläge, die die von einem Mitautor (Benda) geleitete Kommission zur Entlastung des Bundesverfassungsgerichts vorgelegt hat, hat der Gesetzgeber zwar (noch) nicht aufgegriffen, sie sind aber vielseits diskutiert worden und werden in der nicht verstummenden Entlastungsdiskussion wichtige Argumentationsposten bilden. Eine Flut literarischer Äußerungen zu Stellung und Verfahren des Bundesverfassungsgerichts ist in den letzten 10 Jahren zu verzeichnen gewesen, vor allem aber hat eine reiche Rechtsprechung des Bundesverfassungsgerichts immer wieder bedeutsame Akzente gesetzt.

Die hier vorgelegte zweite Auflage ist aus allen diesen Überlegungen heraus grundlegend überarbeitet und auf den neuesten Stand gebracht worden; die Literatur wurde bis Ende 2000, die Rechtsprechung des Bundesverfassungsgerichts bis zum 101. Band der amtlichen Sammlung, z.T. sogar darüber hinaus, berücksichtigt. Angesichts der zunehmenden Bedeutung, die europarechtliche und völkerrechtliche Einbindungen der Bundesrepublik Deutschland für die nationale Rechtsordnung haben, wurde ein neuer Abschnitt (§ 3) über „Bundesverfassungsgericht und internationale Gerichtsbarkeit" aufgenommen. Völlig neu gefaßt wurden auch § 2 „Verfassungsgerichtsbarkeit des Bundes und der Länder" und der Abschnitt über die „Einstweilige Anordnung" (§ 36). Der jeweilige Bearbeiter der einzelnen Abschnitte ergibt sich aus dem Inhaltsverzeichnis. An der grundsätzlichen Aufgabenverteilung wurde festgehalten.

Autoren und Verlag danken Herrn Dr. Erik Goetze, Präsidialrat des Zweiten Senats des Bundesverfassungsgerichts, für die bereitwillige Unterstützung bei der Beschaffung statistischer Unterlagen. Sie danken herzlich auch den Mitarbeiterinnen und Mitarbeitern am Lehrstuhl des Mitautors Klein an der Universität Potsdam, Frau Dr. Stefanie Schmahl und Frau Ullrike Schiller sowie den Herren Dr. Andreas Haratsch und Jan Thiele, stellvertretend für manche ungenannten Helfer.

Die Autoren freuen sich, diese Neuauflage just im Jahr des 50. Geburtstages des Bundesverfassungsgerichts vorlegen zu können.

Karlsruhe und Potsdam, im Mai 2001   *Ernst Benda, Eckart Klein*

Aus dem Vorwort zur ersten Auflage

Die Idee, ein Lehrbuch des Verfassungsprozeßrechts zu schreiben, beruht auf der Überzeugung, daß es notwendig ist, den prozessualen Rahmen klar zu definieren, in dem sich die Tätigkeit des Bundesverfassungsgerichts entfaltet. Reichweite und Intensität dieser Tätigkeit erfordern eine Kontrolle, die – vor aller denkbaren wissenschaftlichen Kritik an den Entscheidungen selbst – an erster Stelle das Prozeßrecht vermitteln kann, auf dessen Grundlage das Bundesverfassungsgericht prozediert. Wichtig ist dabei allerdings, daß das Verfassungsprozeßrecht als Teil des allgemeinen Prozeßrechts verstanden wird, unbeschadet der richtigen Erkenntnis, daß Besonderheiten in angemessener Weise Rechnung zu tragen ist. Dies führt keineswegs zu einer Schwächung des Bundesverfassungsgerichts, gibt ihm vielmehr ein Fundament, von dem aus es noch überzeugender judizieren kann.

Die gemeinsame Arbeit am Bundesverfassungsgericht – als Richter und als wissenschaftlicher Mitarbeiter in den Jahren 1974-1976 – und der fortgesetzte wissenschaftliche Kontakt ermutigen uns, das Werk zusammen zu wagen. Verschiedene thematisch einschlägige Beiträge und die Unterrichtung des Verfassungsprozeßrechts an den Universitäten Freiburg/Brsg. und Mainz boten uns die Grundlage, von der aus wir die Konzeption des Werkes gemeinsam entwickeln konnten. Die einzelnen Abschnitte wurden wie folgt aufgeteilt:

Benda: §§ 1 I, 3-6, 18, 19, 29-34.
Klein: §§ 1 II, 2, 7-17, 20-28, 35-38.

Jeder Verfasser hat selbstverständlich die Arbeit des anderen Autors kritisch gelesen und kommentiert. Die Diskussion ergab eine weitreichende Übereinstimmung. Dennoch trägt jeder Autor die Verantwortung für die von ihm bearbeiteten Teile selbst.

Literatur und Rechtsprechung sind bis Mitte 1991 eingearbeitet. Die für das Verfassungsprozeßrecht wichtigsten Arbeiten werden in den Literaturnachweisen nur mit dem Namen des jeweiligen Autors oder einer Kurzbezeichnung zitiert. Der genauere Nachweis dieser Arbeiten ist im Abkürzungsverzeichnis enthalten.

Die im Text enthaltenen statistischen Angaben über die Arbeit des Bundesverfassungsgerichts stammen, soweit keine andere Quelle benannt ist, von der Verwaltung des Bundesverfassungsgerichts.

Freiburg/Brsg. und Mainz, im Juni 1991 *Ernst Benda, Eckart Klein*

Inhaltsübersicht

Inhaltsverzeichnis

Zweites Kapitel
Organisation und Verfassung
des Bundesverfassungsgerichts

**Viertes Kapitel
Die bundesverfassungsgerichtlichen
Verfahren im einzelnen**

III. Bund-Länder-Streitigkeiten nach Art. 93 Abs. 1 Nr. 4

    (1. Alt.) GG 1090   452

    1. Verfahrensgegenstand und Verfahrenszweck 1091   452

    2. Parteifähigkeit/Prozeßfähigkeit 1092   453

    3. Antragsbefugnis 1093   453

    4. Rechtsschutzinteresse 1096   455

    5. Form und Frist 1097   455

    6. Verfahrensbeitritt 1098   455

    7. Prüfungsumfang und Entscheidungsbefugnis 1099   455

§ 28 Zwischenländerstreitverfahren *(Klein)* 1100   456

    I. Verfahrensgegenstand und Verfahrenszweck 1100   456

    II. Parteifähigkeit und Prozeßfähigkeit 1103   457

    III. Antragsbefugnis 1106   458

    IV. Rechtsschutzinteresse 1107   459

    V. Form und Frist 1108   459

    VI. Verfahrensbeitritt 1109   459

    VII. Prüfungs- und Entscheidungsbefugnis 1110   460

§ 29 Binnenländerstreitverfahren *(Klein)* 1112   461

    I. Verfahrensgegenstand und Verfahrenszweck 1112   461

    II. Parteifähigkeit 1119   463

    III. Antragsbefugnis 1122   464

    IV. Rechtsschutzinteresse 1124   465

    V. Form und Frist 1125   466

    VI. Verfahrensbeitritt; Äußerungsberechtigung 1126   466

    VII. Prüfungs- und Entscheidungsbefugnis 1128   466

    VIII. Würdigung 1129   467

Abschnitt D Sonstige Verfahren

§ 30 Parteiverbot *(Benda)* 1130   468

    I. Allgemeine und aktuelle Bedeutung des Parteiverbots 1130   468

    II. Verfahrensrechtliche Fragen des Parteiverbots 1135   471

    1. Antragsberechtigte 1136   471

    2. Antragsgegner 1137   471

    3. Das Verfahren nach Art. 21 Abs. 2 GG 1138   472

    4. Die Entscheidung und ihre Wirkungen 1140   473

§ 31 Grundrechtsverwirkung *(Benda)* 1144   474

    I. Allgemeine Bedeutung 1144   474

    II. Das Verfahren der Grundrechtsverwirkung 1147   476

    1. Antragsberechtigte 1147   476

    2. Antragsgegner 1148   476

    3. Ablauf des Verfahrens 1149   477

    4. Die Entscheidung und ihre Folgen 1151   477

Abkürzungsverzeichnis

a.A.	anderer Ansicht
a.a.O.	am angegebenen Ort
a.F.	alte Fassung
a.M.	andere Meinung
Abg.	Abgeordnete(r)
Abs.	Absatz
abw. Meinung	abweichende Meinung
AG	Amtsgericht
AK	Kommentar zum Grundgesetz für die Bundesrepublik Deutschland (Reihe Alternativkommentare), 2 Bände, 2. Aufl. 1989
Alt.	Alternative
ÄndG	Änderungsgesetz
Anm.	Anmerkung
AöR	Archiv des öffentlichen Rechts
AP	Arbeitsrechtliche Praxis
AR	Allgemeines Register
Art.	Artikel
Aufl.	Auflage
AZO	Allgemeine Zollordnung
BAG	Bundesarbeitsgericht
BauGB	Baugesetzbuch
Bay	Bayern
Bayer.Verf.	Bayerische Verfassung
BayVBl.	Bayerische Verwaltungsblätter
BayVerfGHE	Entscheidungen des Bayerischen Verfassungsgerichtshofs
BBahnG	Bundesbahngesetz
BBauG	Bundesbaugesetz
Bbg	Brandenburg
BbgVerfGG	Verfassungsgerichtsgesetz des Landes Brandenburg
Bd.	Band
BDSG	Bundesdatenschutzgesetz
Bek.	Bekanntmachung
BerlVerfGHG	Gesetz über den Verfassungsgerichtshof des Landes Berlin
Beschl.	Beschluß
betr.	betrifft, betreffend
BfA	Bundesversicherungsanstalt für Angestellte
BGB	Bürgerliches Gesetzbuch
BGBl.	Bundesgesetzblatt
BGH	Bundesgerichtshof
BGHZ	Entscheidungen des Bundesgerichtshofs in Zivilsachen
BK	Dolzer, Rudolf/Vogel, Klaus (Hg.), Bonner Kommentar zum Grundgesetz, Loseblattwerk in 11 Bänden, Stand 2000

BRAGO	Bundesrechtsanwaltsgebührenordnung
BR-Drucksache	Drucksachen des Deutschen Bundesrates
BRRG	Beamtenrechtsrahmengesetz
BT-Drs.	Drucksachen des Deutschen Bundestages
BT-Sten.Ber.	Stenografische Berichte des Deutschen Bundestages
Buchst.	Buchstabe
BVerfG und GG	Starck, Christian (Hg.), Bundesverfassungsgericht und Grundgesetz, Festgabe für das Bundesverfassungsgericht, 2 Bände, 1976
BVerfG	Bundesverfassungsgericht
BVerfGE	Entscheidungen des Bundesverfassungsgerichts
BVerfGG	Bundesverfassungsgerichtsgesetz
BVerfGG-Kommentar	Maunz, Theodor/Schmidt-Bleibtreu, Bruno/Klein, Franz/Ulsamer, Gerhard (Hg.): Bundesverfassungsgerichtsgesetz, Kommentar, Loseblattausgabe, Stand 2000
BVerwGE	Entscheidungen des Bundesverwaltungsgerichts
BW	Baden-Württemberg
BWahlG	Bundeswahlgesetz
CDU/CSU	Christlich Demokratische Union/Christlich Soziale Union
d.	des
DB	Der Betrieb
d.h.	das heißt
DDR	Deutsche Demokratische Republik
ders.	derselbe
Detterbeck	Detterbeck, Steffen: Streitgegenstand und Entscheidungswirkungen im Öffentlichen Recht, 1995
Diss.	Dissertation
DJT	Deutscher Juristentag
DKP	Deutsche Kommunistische Partei
DM	Deutsche Mark
DÖV	Die Öffentliche Verwaltung
DRiG	Deutsches Richtergesetz
DRiZ	Deutsche Richterzeitung
Drs.	Drucksache(n)
DStZ	Deutsche Steuerzeitung
DtZ	Deutsch-deutsche Rechts-Zeitschrift
DVBl.	Deutsches Verwaltungsblatt
e.A.	einstweilige Anordnung
ebd.	ebenda
EG	Europäische Gemeinschaft(en)
EGBGB	Einführungsgesetz zum Bürgerlichen Gesetzbuch
EGGVG	Einführungsgesetz zum Gerichtsverfassungsgesetz
EGMR	Europäischer Gerichtshof für Menschenrechte
EGV	Vertrag zur Gründung der Europäischen Gemeinschaft
EMRK	Europäische Menschenrechtskonvention
EnergiewirtschaftsG	Gesetz über die Elektrizitäts- und Gasversorgung (Energiewirtschaftsgesetz)
Entsch.	Entscheidung
Erstb.	Erstbearbeiter
ESVGH	Entscheidungen des Hessischen Verwaltungsgerichtshofes

etc.	et cetera
EU	Europäische Union
EuGH	Gerichtshof der Europäischen Gemeinschaften
EuGH Slg.	Sammlung der Entscheidungen des Gerichtshofs der Europäischen Gemeinschaften
EuGRZ	Europäische Grundrechte-Zeitschrift
EUV	Vertrag über die Europäische Union
EV	Einigungsvertrag
EWGV	Vertrag zur Gründung der Europäischen Wirtschaftsgemeinschaft
f., ff.	folgende
FAG	Finanzausgleichsgesetz
F.A.Z.	Frankfurter Allgemeine Zeitung
Fleury	Fleury, Roland: Verfassungsprozeßrecht, 3. Aufl. 1999
FS	Festschrift
GBl.DDR	Gesetzblatt der Deutschen Demokratischen Republik
geänd.	geändert
Geiger	Geiger, Willi: Gesetz über das Bundesverfassungsgericht, Kommentar (1952)
gem.	gemäß
GmBH	Gesellschaft mit beschränkter Haftung
GeschO	Geschäftsordnung
GeschO BRat	Geschäftsordnung des Bundesrates
GeschO BReg	Geschäftsordnung der Bundesregierung
GeschO BT	Geschäftsordnung des Bundestages
GeschO BVerfG	Geschäftsordnung des Bundesverfassungsgerichtes
GG	Grundgesetz für die Bundesrepublik Deutschland
GGO	Gemeinsame Geschäftsordnung für die Bundesministerien
GO	Gemeindeordnung
GoldtArch	Goldtammer Archiv, Archiv für Strafrecht
GS	Gedächtnisschrift
GVBl.	Gesetz- und Verordnungsblatt
GVG	Gerichtsverfassungsgesetz
GVOBl.	Gesetz- und Verordnungsblatt (Schleswig-Holstein)
h.L.	herrschende Lehre
Halbs.	Halbsatz
Hess.	Hessen
Hesse	Hesse, Konrad: Grundzüge des Verfassungsrechts der Bundesrepublik Deutschland, 20. Aufl. 1999
HessStGH	Hessischer Staatsgerichtshof
HessVGRspr.	Rechtsprechung der hessischen Verwaltungsgerichte (Beilage zum Staatsanzeiger)
Hg.	Herausgeber
hg.	herausgegeben
HRG	Hohschulrahmengesetz
HRLJ	Human Rights Law Journal
HS	Halbsatz
HStR	Handbuch des Staatsrechts; s. auch Isensee/Kirchhof
i.d.F.	in der Fassung

i.d.F.d.B.	in der Fassung der Bekanntmachung
i.S.	im Sinne
i.S.d.	im Sinne der/des
i.V.m.	in Verbindung mit
ibid.	ibidem, ebenda
IPBPR	Internationaler Pakt über bürgerliche und politische Rechte
Isensee/Kirchhof	Isensee, Josef/Kirchhof, Paul (Hg.), Handbuch des Staatsrechts der Bundesrepublik Deutschland: Band I (1987), Band II (1987), Band III (1988), Band IV (1999), Band V (1992), Band VI (1989), Band VII (1992), Band VIII (1995), Band IX (1997), Band X (2000)
JA	Juristische Arbeitsblätter
Jarass/Pieroth	Jarass, Hans D./Pieroth, Bodo: Grundgesetz für die Bundesrepublik Deutschland, Kommentar, 4. Aufl. 1997
JöR N.F.	Jahrbuch des öffentlichen Rechts der Gegenwart, Neue Folge
JR	Juristische Rundschau
Jur. Gesellschaft	Juristische Gesellschaft
JURA	Juristische Ausbildung
JuS	Juristische Schulung
JZ	Juristenzeitung
Kammerbeschl.	Kammerbeschluß
KJ	Kritische Justiz
Klein, E.	Klein, Eckart: Verfassungsprozeßrecht – Versuch einer Systematik anhand der Rechtsprechung des Bundesverfassungsgerichts, AöR 108 (1983), S. 410 ff., 561 ff.
KO	Konkursordnung
KPD	Kommunistische Partei Deutschlands
Lechner	Lechner, Hans: Bundesverfassungsgerichtsgesetz, Kommentar, 3. Aufl. 1973
Lechner/Zuck	Lechner, Hans/Zuck, Rüdiger: Bundesverfassungsgerichtsgesetz, Kommentar, 4. Aufl. 1996
Leibholz/Rupprecht	Leibholz, Gerhard/Rupprecht, Reinhard: Bundesverfassungsgerichtsgesetz, Kommentar, 1968, mit Nachtrag 1971
LKV	Landes- und Kommunalverwaltung
Löwer	Löwer, Wolfgang: Zuständigkeit und Verfahren des Bundesverfassungsgerichts, in: Isensee/Kirchhof (Hg.) Handbuch des Staatsrechts, Band II (1987), S. 737 ff.
LS	Landessatzung (Schleswig-Holstein)
LVerfGE	Entscheidungen der Landesverfassungsgerichte
m.w.N.	mit weiteren Nachweisen
Maunz/Dürig	Maunz, Theodor/Dürig, Günter (Hg.): Grundgesetz, Kommentar, Loseblattausgabe, Stand 2000
MDR	Monatszeitschrift des Deutschen Rechts
MRA	Menschenrechtsausschuß der Vereinten Nationen (IPBPR)
N	Fußnote
n.F.	neue Fassung
NJW	Neue Juristische Wochenschrift
No.	Number

NPD	Nationaldemokratische Partei Deutschlands
Nr.	Nummer
NRW	Nordrhein-Westfalen
NStZ	Neue Zeitschrift für Strafrecht
NVwZ	Neue Zeitschrift für Verwaltungsrecht
VerfGH NW	Verfassungsgerichtshof Nordrhein-Westfalen
NZZ	Neue Züricher Zeitung
o.ä.	oder ähnlich
OLG	Oberlandesgericht
Öster. B-VG	Österreichisches Bundesverfassungsgesetz
Österr. VerfGG	Österreichisches Verfassungsgerichtsgesetz
ÖTV	Gewerkschaft Öffentliche Dienste, Transport und Verkehr
OVG	Oberverwaltungsgericht
PartG	Gesetz über die politischen Parteien
PDS	Partei des demokratischen Sozialismus
Pestalozza	Pestalozza, Christian: Verfassungsprozeßrecht, 3. Aufl. 1991
RdA	Recht der Arbeit
RGZ	Entscheidungen des Reichsgerichts in Zivilsachen
RhPf	Rheinland-Pfalz
Rinken	Rinken, Alfred: Kommentierung vor und zu Art. 93 und zu Art. 100 GG, in: AK, Bd. 2 (1989)
Rn.	Randnummer
Robbers	Robbers, Gerhard: Verfassungsrechtliche Probleme in der öffentlich-rechtlichen Arbeit, 1996
RPflG	Rechtspflegergesetz
Rspr.	Rechtsprechung
RVO	Reichsversicherungsordnung
S.	Seite
s.	siehe
s.o.	siehe oben
s.u.	siehe unten
Sachs	Sachs, Michael (Hg.), Grundgesetz, Kommentar, 2. Aufl. 1999
SächsVerfGH	Sächsischer Verfassungsgerichtshof
Schlaich	Schlaich, Klaus: Das Bundesverfassungsgericht, 4. Aufl. 1997
SED	Sozialistische Einheitspartei Deutschlands
Ser.	Series
SGG	Sozialgerichtsgesetz
SH	Schleswig-Holstein
Slg	Sammlung
sog.	sogenannt (e/er)
SPD	Sozialdemokratische Partei Deutschlands
SRP	Sozialistische Reichspartei
st. Rspr.	ständige Rechtsprechung
Starck/Stern	Starck, Christian/Stern, Klaus (Hg.): Landesverfassungsgerichtsbarkeit, 3 Teilbände, 1983
Starck/Weber	Starck, Christian/Weber, Albrecht (Hg.), Verfassungsgerichtsbarkeit in Westeuropa, 2 Teilbände, 1986
Sten.Prot.	Stenographische Protokolle

Stern	Stern, Klaus: Kommentierung zu Art. 93 GG, in: BK (Zweitbearbeitung 1982), Bd. 8; Kommentierung zu Art. 100 GG, in: BK (Zweitbearbeitung 1968), Bd. 8
StGB	Strafgesetzbuch
StGH	Staatsgerichtshof
StPO	Strafprozeßordnung
taz	Die Tageszeitung
Teilbd.	Teilband
ThürVBl.	Thüringer Verwaltungsblätter
TVG	Tarifvertragsgesetz
u.	und
u.a.	unter anderem/und andere
Umbach/Clemens	Umbach, Dieter C./Clemens, Thomas (Hg.), Bundesverfassungsgerichtsgesetz, Mitarbeiterkommentar und Handbuch, 1992
UrhG	Urhebergesetz
Urt.	Urteil
US	United States
v.	von/vom/versus
VBlBW	Verwaltungsblatt für Baden-Württemberg
Verf.	Verfassung
VerfG Bbg	Landesverfassungsgericht Brandenburg
VerfGH	Verfassungsgerichtshof
VerfGHG	Gesetz über den Verfassungsgerichtshof
VerwArch	Verwaltungsarchiv
VG	Verwaltungsgericht
VGH	Verwaltungsgerichtshof
vgl.	vergleiche
Vorbem.	Vorbemerkung
VVDStRL	Veröffentlichungen der Vereinigung der Deutschen Staatsrechtslehrer
VVG	Verwaltungsvollstreckungsgesetz/Versicherungsvertragsgesetz
VwGO	Verwaltungsgerichtsordnung
VwVfG	Verwaltungsverfahrensgesetz
VZG	Volkszählungsgesetz
WHG	Wasserhaushaltsgesetz
Wp.	Wahlperiode
WPflichtG	Wehrpflichtgesetz
WRV	Verfassung des Deutschen Reiches (Weimarer Reichsverfassung) vom 11.8.1919
WStG	Wehrstrafgesetz
z.B.	zum Beispiel
z.T.	zum Teil
ZaöRV	Zeitschrift für ausländisches öffentliches Recht und Völkerrecht
ZEuS	Zeitschrift für Europarechtliche Studien
ZfP	Zeitschrift für Politik
ZG	Zeitschrift für Gesetzgebung
Ziff.	Ziffer
ZLR	Zeitschrift für Lebensmittelrecht

XXX

ZPO	Zivilprozeßordnung
ZRP	Zeitschrift für Rechtspolitik
ZVG	Zwangsvollstreckungsgesetz
ZZP	Zeitschrift für Zivilprozeß

Erstes Kapitel

Grundlegung

§ 1 Verfassungsgerichtsbarkeit – Verfassungsprozeßrecht

I. Die Entscheidung für die Verfassungsgerichtsbarkeit

1. Die geschichtliche Entwicklung und die Entscheidung des Grundgesetzes

Die Entscheidung des Grundgesetzes für eine starke Verfassungsgerichtsbarkeit gehört zu **1** den bedeutendsten Merkmalen, durch die sich die Verfassung der Bundesrepublik Deutschland von allen ihren Vorgängern unterscheidet. Dies gilt vor allem auch im Vergleich zur Weimarer Reichsverfassung. Die Erfahrungen mit dem Untergang der Weimarer Demokratie, gegenüber deren Feinden die damalige Verfassung keine ausreichenden Abwehrmöglichkeiten zu bieten schien[1], haben die Schöpfer des Grundgesetzes zu vielfältigen Überlegungen veranlaßt, wie die neue demokratische Ordnung gegen Gefährdungen gesichert werden könnte. Hierzu gehören etwa die schon durch Art. 1 Abs. 3 GG bestimmte unbedingte Geltungskraft der Grundrechte für jegliche staatliche Tätigkeit, die Verstärkung der verfassungsrechtlichen Stellung der Bundesregierung oder das Konzept der „streitbaren Demokratie", wie es besonders in Art. 9 Abs. 2, Art. 18 und Art. 21 Abs. 2 GG zum Ausdruck kommt. Auch die Errichtung des Bundesverfassungsgerichts und seine Ausstattung mit weitreichenden, in der deutschen Geschichte und im internationalen Vergleich einmaligen Zuständigkeiten und Befugnissen dient dem Ziel, jede Gefährdung der rechtsstaatlichen, demokratischen und freiheitlichen Ordnung von vornherein zu verhindern und so einer Wiederholung der Entwicklung vorzubeugen, die von Weimar in die Katastrophe der nationalsozialistischen Machtergreifung führte.

Mit der Entscheidung für eine starke Verfassungsgerichtsbarkeit, auf die sich der Parla- **2** mentarische Rat nach den Vorarbeiten durch den Herrenchiemseer Entwurf mit breiter Übereinstimmung in der grundsätzlichen Frage einigte[2], wurde der kühne Versuch einer neuen Einrichtung gewagt. Ihre Auswirkungen auf die Verfassungsordnung und auf den ganzen Bereich des politischen und gesellschaftlichen Lebens waren damals kaum vorhersehbar. Auch heute, nach fünfzigjähriger Tätigkeit des BVerfG, wäre ein Urteil über die Bewährung der Einrichtung nur im Sinne einer Würdigung der bisherigen Arbeit und der sich aus ihr ergebenden Wirkungen möglich. In einer Zeit der im ganzen kontinuierlichen politischen und gesellschaftlichen Entwicklung, der ernsthafte Krisenlagen bisher

---

1 Dies ist allerdings in bezug auf den Begriff der „streitbaren Demokratie" ein verkürzendes Verständnis, vgl. hierzu unten Rn. 1131.
2 Vgl. JöR N.F. 1 (1951), S. 669 ff.; *Holtkotten*, in: BK, Anm. I zu Art. 93 GG.

1

erspart geblieben sind, hat auch das BVerfG, wie die anderen Verfassungsorgane der Bundesrepublik Deutschland, große und oft schwierige Aufgaben bewältigen müssen. Daß es sich – wie andere auch – in einer Extremlage in gleicher Weise bewähren würde, ist eine Hoffnung, kann aber nicht mit Sicherheit vorausgesagt werden. Allerdings besteht an seiner Bedeutung für den politischen Prozeß und die Ordnung der Bundesrepublik Deutschland insgesamt schon nach den bisherigen Erfahrungen kein Zweifel.

3   Wenn auch die Idee einer starken Verfassungsgerichtsbarkeit in Deutschland erst durch das Grundgesetz von 1949 verwirklicht worden ist, gibt doch die geschichtliche Entwicklung manche Ansatzpunkte[3] für einen weit in die Vergangenheit zurückreichenden Prozeß, in dem sich Politik und Recht einander genähert haben. Schon das 1495 errichtete Reichskammergericht kannte eine rudimentäre Form einer „Verfassungs"-Gerichtsbarkeit, die allerdings darauf beschränkt war, Streitfragen zwischen den souveränen Fürsten in einem gerichtsförmigen Verfahren der Klärung zuzuführen und die Einhaltung der Staatsverträge sicherzustellen, die ihre Beziehungen zueinander regelten. Während die Verfassung des Deutschen Bundes (Bundesakte) von 1815 noch der Bundesversammlung – also einer politischen Körperschaft, nicht einem Gericht – die ähnliche Befugnis zuerkannte, Streitigkeiten zwischen den Mitgliedern des Bundes zu entscheiden, übertrug Artikel 61 der Wiener Schlußakte von 1820 der Bundesversammlung sogar ansatzweise die erheblich weiterreichende Befugnis, auch über die innerhalb eines Gliedstaates entstehenden verfassungsrechtlichen Streitfragen zu befinden, so wie nach der Verfassung des Norddeutschen Bundes von 1864 und nach Artikel 76 der Verfassung des Deutschen Reiches von 1871 der Bundesrat zur Entscheidung über auch interne Verfassungsstreitigkeiten berufen war.

4   Für die spätere Entwicklung wichtiger geworden ist die nicht in Kraft getretene Paulskirchenverfassung von 1849, die dem Reichsgericht weitgehende verfassungsgerichtliche Zuständigkeiten übertragen wollte. Vor allem ist das in § 126 Buchst. g aufgeführte Recht bedeutsam, das dem einzelnen deutschen Staatsbürger ein Klagerecht wegen Verletzung der ihm durch die Reichsverfassung gewährten Rechte, also das Recht der Verfassungsbeschwerde, geben wollte. Es dauerte genau einhundert Jahre, bis mit dem Grundgesetz dieses Versprechen eingelöst werden konnte.

5   Der unter der Weimarer Reichsverfassung errichtete, organisatorisch dem Reichsgericht angegliederte Staatsgerichtshof für das Deutsche Reich hatte verfassungsgerichtliche Zuständigkeiten vor allem im Reich-Länder-Verhältnis und hinsichtlich der Anklage gegen den Reichspräsidenten, den Reichskanzler oder einzelne Reichsminister. Dagegen war die Normenkontrolle nur insofern in einem beschränkten Umfange möglich, als das Reichsgericht landesrechtliche Vorschriften auf ihre Vereinbarkeit mit Reichsrecht überprüfen konnte (Art. 13 Abs. 2 WRV). Ob eine richterliche Kontrolle von Reichsrecht möglich war, wurde kontrovers diskutiert[4]. Einigkeit bestand nur insofern, als der Staatsgerichtshof für das Deutsche Reich im Rahmen verfassungsrechtlicher Streitigkeiten zwischen Reich und Ländern (Art. 19 WRV) auf die Ungültigkeit von Reichsgesetzen erkennen konnte[5].

---

3 Zur geschichtlichen Entwicklung vgl. etwa *Schieder*, in: 25 Jahre BVerfG (1976), S. 25 ff.; *Stern*, Art. 93 Rn. 37 ff.; *Kommers*, Judicial Politics in Western Germany (1976), S. 30 ff.; *Robbers*, JuS 1990, 257 ff.

4 Hierzu *Scheuner*, in: BVerfG und GG, I (1976), S. 39 ff., 44 f.

5 *Anschütz*, Die Verfassung des Deutschen Reiches, 14. Aufl. 1933, Art. 13 Anm. 7, Art. 15 Anm. 9, Art. 19 Anm. 12, Art. 70 Anm. 3.

In eher problematischer Weise wurde dagegen der verfassungsrechtliche Status der politischen Parteien gefestigt. Dies führte dazu, daß Maßnahmen der Länder zur Abwehr der von radikalen Parteien ausgehenden Gefahren durch den Staatsgerichtshof aufgehoben wurden[6] – eine Situation, die in eigenartiger Weise die heutige Funktion des BVerfG im Parteiverbotsverfahren umkehrte.

Die Entscheidung des GG für die Verfassungsgerichtsbarkeit knüpft an viele dieser geschichtlichen Erfahrungen an. Sie erweitert zugleich das Instrumentarium in einer Weise, die den Schwerpunkt von der auf den Ausgleich von Streitigkeiten zwischen den Verfassungsorganen oder zwischen dem Zentralstaat und den Gliedstaaten konzentrierten Staatsgerichtsbarkeit auf die Frage lenkt, wie in einer rechtsstaatlichen Demokratie das Verhältnis vom Staat zu seinen Bürgern beschaffen ist und wie gesichert werden kann, daß der Einzelne staatlicher Macht nicht ohne Möglichkeit der Gegenwehr ausgeliefert ist. Hierzu bilden das Prinzip der *„judicial review"* – der Nachprüfbarkeit auch gesetzgeberischer Entscheidungen auf ihre Verfassungsmäßigkeit – und die Entscheidung für das Recht des Einzelnen, eine Verletzung der ihm in der Verfassung zugesicherten Rechte selbst einklagen zu können, die entscheidenden Schritte.   **6**

In vielen anderen Ländern, vor allem in Westeuropa, hat sich eine Verfassungsgerichtsbarkeit nach 1945 neu gebildet oder fortentwickelt. Sie konnte dabei an die schon seit langem bestehenden vergleichbaren Einrichtungen etwa in Österreich und – in beschränktem Umfang – in der Schweiz und vor allem auch an die vom *Supreme Court* der USA in nahezu zweihundertjähriger Entwicklung gebildeten Vorstellungen anknüpfen. In Europa spielte die Erfahrung mit totalitären Systemen eine besondere Rolle, wie bei der weitgehend am deutschen Vorbild orientierten Errichtung einer Verfassungsgerichtsbarkeit in Spanien und Portugal nach dem Übergang zur Demokratie. Selbst sozialistische Staaten, wie vor allem Jugoslawien, haben schon früh den Gedanken der Verfassungsgerichtsbarkeit aufgegriffen. Die auch in den damaligen Ostblockstaaten, wie etwa in der Tschechoslowakei oder in Polen nach den Verfassungen vorgesehenen Institutionen wurden allerdings erst nach Überwindung der Zwangsregimes eingerichtet oder praktisch wirksam. Nach dem Ende des sowjetischen Regimes in Osteuropa und in Rußland selbst haben die neu entstandenen Demokratien Verfassungsgerichte eingerichtet, die sich sehr deutlich an dem deutschen Vorbild orientierten[7]. Die Verfassungsgerichtsbarkeit ist weltweit von vielen Staaten, die den Wandel von totalitären Regimes zu rechtsstaatlichen und demokratischen Strukturen erreicht haben, als eines der wichtigsten Instrumente auf diesem Wege erkannt worden, wie etwa in Südafrika nach dem Ende der Apartheid[8]. Auch in anderen Ländern – etwa in Frankreich – zeigen sich verstärkte Tendenzen, die nach dem Inhalt der Verfassung nur schwach ausgeprägte Verfassungsgerichtsbarkeit fortzuentwickeln. Im ganzen bleiben allerdings die Befugnisse der Gerichte und vergleichbaren Institutionen hinter denen des BVerfG zurück[9].   **7**

---

6 *Kommers* (N 3), S. 34 f.
7 Hierzu *Georg Brunner*, Meilensteine auf dem Weg in die Rechtsstaatlichkeit, F.A.Z. vom 30.06.1992, S. 12.
8 *v. L.*, Verfassungsgericht in Südafrika eröffnet, F.A.Z. vom 15.02.1995, S. 5; *ach.*, Neues Kapitel in Südafrikas Rechtsgeschichte, NZZ vom 16.02.1995.
9 *Weber/Starck*, Verfassungsgerichtsbarkeit in Europa, 2 Bände (1986); weitere Literaturhinweise bei *Stern*, Art. 93 Rn. 68; Generalbericht der VII. Konferenz der Europäischen Verfassungsgerichte von *da Costa* in EuGRZ 1988, S. 236 ff.; *Faller*, EuGRZ 1986, S. 42 ff.; *Oeter*, ZaöRV 50 (1990), S. 545 ff.

8 Das seit der Menschenrechtserklärung der Vereinten Nationen (1948) wenigstens dem Grundsatz nach universell anerkannte Gebot des Schutzes der Menschenwürde hat dort praktische Bedeutung erlangt, wo es Einrichtungen gibt, die wirksam zugunsten des Einzelnen eingreifen können. Neben den nationalen Verfassungsgerichten oder vergleichbaren Institutionen gewinnen dabei zunehmend die in regionalen Menschenrechtspakten gewährleisteten Garantien und die zu ihrer Verwirklichung eingesetzten Institutionen Bedeutung. In Europa hat die Europäische Menschenrechtskonvention und die Tätigkeit des Europäischen Gerichtshofes für Menschenrechte Grundrechtsschutz auch in den Mitgliedstaaten der Konvention bewirkt, die bisher eine nationale Verfassungsgerichtsbarkeit nicht kennen oder dieser nur begrenzte Befugnisse verliehen haben.

2. Verfassungsgerichtsbarkeit zwischen Politik und Recht

9 Das BVerfG hat sich in den fünfzig Jahren seiner bisherigen Tätigkeit zu einem bedeutenden Faktor auch des politischen Lebens entwickelt. Seine Entscheidungen setzen nicht nur für den Einzelfall die Grenzen staatlicher Gewalt fest, sondern bestimmen auch den Rahmen, innerhalb dessen sich die Politik entwickeln kann. Nicht selten ergeben sich dabei auch Auswirkungen auf die Inhalte der Politik.

Das BVerfG selbst erhebt nicht nur keinen Anspruch darauf, Politik treiben zu dürfen, sondern wehrt sich gegen die als Vorwurf empfundene Behauptung, es tue eben dies[10]. Kontroversen innerhalb des Gerichts, die in abweichenden Meinungen ihren Ausdruck finden, betreffen auch die Frage, ob sich das Gericht mit seiner Entscheidung an die Stelle des Gesetzgebers gesetzt habe. Wird dieser Vorwurf erhoben, bedeutet er, daß das Gericht nicht Recht gesprochen, sondern Politik getrieben habe[11].

10 Kontroversen dieser Art werden besonders bei die Öffentlichkeit bewegenden und umstrittenen Themen (Abtreibung, Grundlagenvertrag, Radikalenbeschluß, Kriegsdienstverweigerung, in neuerer Zeit besonders im Bereich des Verhältnisses der Meinungsfreiheit zum Schutz der persönlichen Ehre oder anläßlich der Kruzifix-Entscheidung des Ersten Senats, und vieles andere) nicht nur innerhalb des Gerichts ausgetragen. Sie werden auch in der wissenschaftlichen, publizistischen und politischen Diskussion fortgeführt. In den letzten Jahren hat die Kritik am BVerfG an Häufigkeit und Schärfe zugenommen, wenn auch nicht verkannt werden sollte, daß auch früher schon Entscheidungen, die sich zu politisch besonders umstrittenen Fragen äußerten, auf manchmal scharfe und auch überspitzte Reaktionen besonders im politischen Bereich stießen. Die erregte Debatte über die Entscheidungen des Ersten Senats zu den „Sitzblockaden"[12], zu der Äußerung „Soldaten sind Mörder"[13] und besonders nach der Entscheidung über das Kruzifix an den bayeri-

---

10 So besonders in BVerfGE 36, 1 (14 f.) zum Begriff des *„judicial self-restraint"*.

11 Besonders deutlich in den abweichenden Meinungen in BVerfGE 35, 148 (150) und 39, 68 (69 f.); neuerdings *Böckenförde* in BVerfGE 93, 149 (151).

12 BVerfGE 92, 1; hierzu etwa *Krey*, JR 1995, S. 221; *Scholz*, NStZ 1995, S. 417; *Schroeder*, NJW 1995, S. 1141, JuS 1995, S. 1.

13 BVerfGE 93, 166 und zuvor der Kammerbeschluß 1 BvR 1423/92 vom 25.08.1994; aus der umfangreichen Diskussion *Hepp/Otto* (Hg.), „Soldaten sind Mörder", Dokumentation einer Debatte 1931-1996 (1996); *Isensee*, JZ 1996, S. 1085 ff.; *Kiesel*, NVwZ 1992, S. 1129; *Schultze-Fielitz*, AöR 122 (1997), S. 1.

schen Schulen[14] hat nicht nur – legitimerweise – die rechtliche Argumentation des BVerfG kritisch überprüft, sondern darüber hinaus Stellung und Funktion des Gerichts einer grundsätzlichen Bestandsaufnahme unterzogen. Zwar ist auch dies kein ganz neuer Vorgang[15]; doch haben sich die Stimmen gemehrt, die – aus den aktuellen Anlässen – die bisher „jedem unmittelbaren Angriff entzogene Institution"[16] in Frage stellen[17]. Inzwischen hat sich die auch im Bereich der Politik entstandene Erregung wieder gelegt, und die ruhigeren und besonneren Stimmen führen die Diskussion fort, ohne daß – bei aller verständlichen und teilweise auch berechtigten Kritik an einzelnen Entscheidungen – noch ernsthaft für eine Beschränkung der Befugnisse des Gerichts plädiert wird, die ohnehin kaum politisch durchsetzbar wäre.

Für das BVerfG bewirken solche Diskussionen einen vielleicht erwünschten Zuwachs an öffentlicher Aufmerksamkeit, setzen es aber zugleich der Kritik aus. Sie reicht ins Grundsätzliche, so oberflächlich und gelegentlich von eigenen Interessen her bestimmt manche Politikerkommentare zu Entscheidungen des BVerfG auch sein mögen. Soweit sie Ausdruck einer Irritation darüber sind, daß das Verfassungsgericht ein Faktor ist, mit dem die Politik rechnen muß, den sie aber nur in Grenzen berechnen kann, ist dies ein natürlicher Vorgang. Er hat bisher keinen erkennbaren Einfluß auf die Arbeit des BVerfG ausgeübt, das sich, wie jedes andere Gericht, weder durch Lob noch durch Tadel beeinflussen lassen soll.

Wichtiger ist die grundsätzliche Frage, die in derartigen Kontroversen zutage tritt: Während die Kritik dem BVerfG politisches Handeln vorwirft, das die eigenen politischen oder philosophischen Überzeugungen der Richter dem Mehrheitswillen des unmittelbar demokratisch legitimierten Parlaments überordne, beharrt das Gericht – oder jedenfalls die Mehrheit innerhalb des erkennenden Senats – darauf, daß es die von ihm ausgesprochenen Rechtsfolgen dem Grundgesetz entnommen, also eine Rechtsentscheidung getroffen habe. Daß es Aufgabe des BVerfG ist, innerhalb der ihm durch das GG und den Gesetzgeber zugewiesenen Verfahren die Verfassung anzuwenden und auszulegen, ist unbestreitbar. Wer diese Entscheidung für falsch hält, sollte nicht das Gericht, sondern das Grundgesetz kritisieren. Solche Kritik ist in einer Demokratie erwägenswert. Andere nicht weniger demokratische Staaten – etwa Schweden – haben nicht zuletzt mit Hinweis auf die Entwicklung der Verfassungsgerichtsbarkeit in der Bundesrepublik auf vergleichbare Einrichtungen bewußt verzichtet. **11**

Doch wird das Verfassungsgericht nicht tätig, weil es sich zur politischen Aktivität berufen glaubt. Sein Auftrag und seine Legitimation ergeben sich aus der Verfassung, und **12**

---

14 BVerfGE 93, 1; aus der Debatte hierüber vgl. etwa *Flume*, NJW 1995, S. 2905; *Isensee*, ZRP 1996, S. 10; *Kutscha*, Das Bundesverfassungsgericht und der Zeitgeist (1996), S. 171 ff.; *Redeker*, NJW 1995, S. 3369; *Streithofen*, Das Kruzifix-Urteil: Deutschland vor einem neuen Kulturkampf? (1995); *Würtenberger*, „Unter dem Kreuz lernen", in: FS Knöpfle, 1996, S. 397.

15 Vgl. zur früheren Diskussion die Angaben in N 18.

16 *Redeker* (N 14), S. 3369.

17 Zu dieser Kontroverse u.a. *Großfeld*, NJW 1995, S. 1719; hierzu *Benda*, NJW 1995, S. 2470; *Frankenberg*, KJ 1996, S. 1; *Häußler*, Der Konflikt zwischen Bundesverfassungsgericht und politischer Führung (1994), S. 22 ff.; *Höffe*, JZ 1996, S. 83; *Lamprecht*, Zur Demontage des Bundesverfassungsgerichts. Beweissicherung und Bestandsaufnahme (1996); *ders.*, NJW 1996, S. 971; *Limbach*, Das Bundesverfassungsgericht als politischer Machtfaktor (1995); *Piazolo* (Hg.), Das Bundesverfassungsgericht (1995); *Zuck*, F.A.Z. v. 24.07.1999 (Bilder und Zeiten), S. III.

diese ist auch der alleinige Maßstab, an dem die Verfassungsmäßigkeit eines vom Parlament beschlossenen Gesetzes gemessen wird. Allerdings ist die Verfassung schon wegen der Weite und Allgemeinheit ihrer Formulierungen interpretationsfähig und -bedürftig. Die Befugnis zur autoritativen und für alle anderen staatlichen Stellen verbindlichen Interpretation verleiht erhebliche Einflußmöglichkeiten. Sie können auch Versuchungen darstellen. Das Ergebnis der Prüfung am Maßstab der Verfassung kann richtig oder falsch sein; doch handelt es sich um eine Rechtsentscheidung. Sie mag wegen ihres Inhalts oder der fehlenden Überzeugungskraft ihrer Gründe kritisiert werden. Damit wird aber die Legitimation der Verfassungsgerichtsbarkeit nicht grundsätzlich in Frage gestellt.

13   Der oft als „Spannungsverhältnis" zwischen Politik und Recht beschriebene Konflikt[18] kann in jeder Verfahrensart entstehen. Am schärfsten äußert er sich bei der Normenkontrolle. Sie ist als inzidente Normenkontrolle möglich, vor allem bei der Verfassungsbeschwerde, die sich nicht nur unmittelbar gegen das Gesetz, sondern auch gegen andere Akte der staatlichen Gewalt richten kann, deren Gültigkeit von der Verfassungsmäßigkeit des im Einzelfall angewendeten Gesetzes abhängen kann. In den eigentlichen Normenkontrollverfahren (abstrakte und konkrete Normenkontrolle) findet eine prinzipale Normenkontrolle statt. Zweck dieser letzteren Verfahrensarten ist es gerade, eine Rechtsnorm auf ihre Verfassungsmäßigkeit zu überprüfen. Ergibt die Prüfung, daß die Norm gegen das GG verstößt, so wird sie vom BVerfG für verfassungswidrig und nichtig oder in besonderen Fällen für verfassungswidrig erklärt.

14   Wenn das BVerfG in zulässiger Weise angerufen wird, hat es damit das letzte Wort auch gegenüber dem Gesetzgeber. Grundlage dieser Befugnis des Verfassungsgerichts ist die Bindung aller staatlichen Gewalt, einschließlich der Legislative, an die Verfassung (Art. 20 Abs. 3, Art. 1 Abs. 3 GG). Diese Bindung setzt den Vorrang der Verfassung gegenüber jeder anderen Rechtsnorm voraus[19]. Dieser Vorrang ergibt sich aus dem Wesen der Verfassung selbst. Er kann auch dann behauptet werden, wenn die Verfassung ihn nicht ausdrücklich für sich in Anspruch nimmt. Klassischer und in der Klarheit ihrer Argumentation – für die übrigens der Ausgangsfall kaum einen Anlaß bot und die für die konkrete Entscheidung ohne Konsequenzen blieb und daher lediglich ein *obiter dictum* darstellt – bisher unübertroffener Ausdruck des Vorrangs der Verfassung ist die berühmte Entscheidung von Chief Justice John Marshall in Marbury vs. Madison (1803)[20]: „The

---

18 Aus der älteren umfangreichen Literatur u.a: *Roellecke*, Politik und Verfassungsgerichtsbarkeit (1961); *Tohidipur* (Hg.), Verfassung, Verfassungsgerichtsbarkeit, Politik (1976); *Delbrück*, in: FS Menzel (1976), S. 83 ff.; *Däubler/Küsel* (Hg.), Verfassungsgericht und Politik (1979); *Cl. Arndt*, in: FS Hirsch (1981), S. 423 ff.; *Gusy*, Parlamentarischer Gesetzgeber und BVerfG (1985); *Burmeister*, in: Die Kontrolle der Verfassungsmäßigkeit in Frankreich und in der Bundesrepublik Deutschland (1985), S. 33 ff.; *Stern*, Verfassungsgerichtsbarkeit zwischen Recht und Politik (1980). *Benda*, ZRP 1977, S. 1 ff.; *ders.*, DÖV 1979, S. 485 ff.; *ders.*, Liechtensteiner Juristen-Zeitung 1987, S. 107 ff.; *Eckertz*, Der Staat 17 (1978), S. 183 ff.; *Eisenblätter*, JöR NF 29 (1980), S. 63 ff.; *Geiger*, EuGRZ 1985, S. 401 ff.; *Gusy*, EuGRZ 1982, S. 93 ff.; *Haller*, DÖV 1980, S. 465 ff.; *Hirsch*, DRiZ 1977, S. 225 ff.; *Leibholz*, DVBl. 1974, S. 369 ff.; *Rupp-v. Brünneck*, AöR 102 (1977), S. 1 ff.; *Scheuner*, DÖV 1980, S. 473 ff.; *Schlaich*, VVDStRL 39 (1981), S. 99 ff; zur neueren Diskussion viele der in N 12-17 genannten Autoren, sowie jüngst: *Schulze-Fielitz*, in: Schuppert/Bumke (Hg.), Bundesverfassungsgericht und gesellschaftlicher Grundkonsens (2000), S. 111 (119 ff.).

19 Zu Begriff und geschichtlicher Entwicklung *Weber/Starck* (N 9), Bd. I, S. 12 ff.

20 1 Cranch 137, 177 = 2 Law Ed. US 60, 73 (1803); vgl. *Weber/Starck* (N 9), Bd. 1, S. 30 f.; *E. Klein*, ZaöRV 34 (1974), S. 85 ff.

constitution is either a superior, paramount law, unchangeable by ordinary means, or it is on a level with ordinary legislative acts, and, like other acts, is alterable when the legislature shall please to alter it. If the former part of the alternative be true, then a legislative act contrary to the constitution is not law: if the latter part be true, then written constitutions are absurd attempts, on the part of the people, to limit a power in its own nature illimitable".

Gegen die sich hieraus für die Verfassungsgerichtsbarkeit ergebende Aufgabe, die Verfassungsmäßigkeit von Gesetzen zu überprüfen und aus der festgestellten Verfassungswidrigkeit Konsequenzen zu ziehen, wird das Demokratieprinzip angeführt. Zu ihm im Widersinn stehe „der Gedanke eines mit oberster Autorität ausgestatteten Richterkollegiums, das diese Mehrheitsentscheidung kassieren, den Plänen der unterlegenen Minderheit unwiderruflich zum Sieg verhelfen, Außenpolitik gestalten, überhaupt der Regierung die künftige Politik, der überwiegenden und der widerstrebenden Volksmeinung aber bestimmte weltanschauliche Wertnormen … vorschreiben oder gar die politische Grundkonzeption der Wählermehrheit als unerlaubt verwerfen kann. Um so befremdlicher ist in einer Demokratie ein derartiges Gremium, wenn seine Mitglieder ihrerseits nicht demokratisch legitimiert, wenn sie von Wahlperioden unabhängig und jeder Fremdkontrolle, auch durch das Staatsvolk, entzogen sind. Mit anderen Worten: Demokratieprinzip und eine solche Art eingerichteter Verfassungsgerichtsbarkeit sind Widersprüche"[21]. **15**

Diese Kritik lenkt die Aufmerksamkeit auch auf die Bedeutung der Richterwahlen und der Ausgestaltung des Richteramtes am BVerfG, die Unabhängigkeit sichern und den Einfluß parteipolitischer Erwägungen wenigstens möglichst gering halten sollen[22]. An der demokratischen Legitimation auch der Mitglieder des BVerfG kann aber nicht gezweifelt werden, auch wenn sie anders als die der Abgeordneten nicht unmittelbar durch das Volk erfolgt, sondern durch die Richterwahlen vermittelt wird. Aus der unmittelbaren demokratischen Legitimation des Parlaments ergibt sich kein Vorrang seiner Entscheidungen gegenüber den anderen Verfassungsorganen[23]. **16**

Im übrigen läßt sich die Grundentscheidung für oder gegen die richterliche Normenkontrolle und überhaupt für oder gegen die Einrichtung einer Verfassungsgerichtsbarkeit nicht aus allgemeinen Prinzipien begründen. Sie muß in der konkreten Verfassungsordnung getroffen werden. Ein Blick auf die Verfassungen vieler Staaten mit der Bundesrepublik vergleichbarer politischer und gesellschaftlicher Struktur zeigt, daß die Antwort recht unterschiedlich ausfallen kann. Für die Schöpfer des Grundgesetzes waren zweifellos die unmittelbaren Erfahrungen des jüngsten Vergangenheit, aber auch die Erinnerung an die Schwächen der Weimarer Republik, für die Entscheidung zugunsten einer starken Verfassungsgerichtsbarkeit ausschlaggebend. Es lag nahe, nach der Erfahrung der Selbstentmachtung des Parlaments und des faktischen Ausfalls des Reichspräsidenten in der Schlußphase der Weimarer Republik nach besonderen rechtsstaatlichen Sicherungen zu suchen[24]. Das amerikanische Verfassungsdenken, dem nach 1945 verstärkte Aufmerk- **17**

---

21 *Holtdorf*, in: Däubler/Küsel (N 18), S. 191 f.; mit ähnlicher Tendenz auch *Großfeld* (N 17), S. 1719.
22 Hierzu unten Rn. 129 ff.
23 BVerfGE 49, 89 (125 f.); 68, 1 (86 f.).
24 Vgl. *E. Klein*, in: *Starck* (Hg.), Main Principles of the German Basic Law (1983), S. 15 ff.; *J. Ipsen*, ibid., S. 107 ff.

samkeit gewidmet wurde, lieferte ein Vorbild. Es wurde nicht blind nachgeahmt, konnte aber Erfahrungen über einen langen Zeitraum vermitteln[25].

18 Die im GG getroffene Entscheidung mag künftigen Generationen überprüfungsbedürftig erscheinen. Gefahren, die damals im Bewußtsein der Schöpfer der Verfassung standen, sind – jedenfalls gegenwärtig – in ihrer Bedeutung zurückgetreten. An ihre Stelle treten neuartige Gefährdungen, die sich aus der technischen Entwicklung und den hierdurch mit bewirkten Schäden der natürlichen Umwelt des Menschen und seiner Auslieferung an Mächte ergeben, die andere als staatliche sind und gegenüber denen auch der Staat sich nur mit Mühe durchsetzen kann. Diese Entwicklung wird schon nach den bisherigen Erfahrungen auch das BVerfG in seiner Tätigkeit ergreifen und beeinflussen. Jedenfalls wird man aber auch im Hinblick auf diese Entwicklung nicht davon ausgehen können, daß es überflüssig geworden ist.

3. Grenzen der Verfassungsgerichtsbarkeit

19 Höchstrichterliche Entscheidungen unterliegen dann, wenn die letzte Instanz gesprochen hat, keiner weiteren Kontrolle. Das ist unausweichliche Folge der Unabhängigkeit der Gerichte, die auch das GG will (Art. 92 GG). Während gegen Entscheidungen der obersten Bundesgerichte noch die Verfassungsbeschwerde möglich ist, gibt es gegenüber dem BVerfG keine weitere Möglichkeit im innerstaatlichen Bereich. Die Bindungswirkung seiner Entscheidungen (§ 31 BVerfGG) verstärkt deren Gewicht mit der Wirkung, daß schließlich nur das BVerfG selbst – sofern es einen geeigneten Anlaß bekommt, die gleiche Frage erneut zu überprüfen – zu der Feststellung befugt ist, es wolle an seiner früheren Entscheidung nicht mehr festhalten. Im übrigen gelten die Entscheidungen als verbindliche Auslegung des GG, die nur durch eine Verfassungsänderung oder einen Wandel der Auffassung im Gericht selbst verändert werden kann.

20 Dies ist eine zwangsläufige Folge der dem BVerfG übertragenen Aufgabe der autoritativen Verfassungsinterpretation. Sie duldet keine Kontrolle durch andere Gerichte oder gar durch politische Instanzen. Lediglich indirekte und nur beschränkt wirksame, allerdings doch nicht zu unterschätzende Kontrollinstrumente stehen zur Verfügung. Zu ihnen gehören vor allem die Auswahl der Richter durch Bundestag und Bundesrat, die dem BVerfG die erforderliche Legitimation verleiht, die Sicherung der Unabhängigkeit der Richter durch die ihre Amtsausübung betreffenden Regelungen, die Begrenzung der Amtszeit als Möglichkeit, nach Ablauf längerer Zeit durch personellen Wechsel einen Wandel oder doch eine Fortentwicklung der Rechtsprechung zu ermöglichen, und natürlich die Bindung an das GG und die Gesetze, die auch das Verfahren bestimmen. Versagen diese Sicherungen, bleibt nur die kritische Beurteilung der Ergebnisse durch die öffentliche Meinung oder die Wissenschaft.

21 Das Fehlen einer weitergehenden Kontrollmöglichkeit erklärt zu einem Teil das gelegentlich geäußerte Unbehagen über die Verfassungsgerichtsbarkeit[26]. Insgesamt überwiegt

---

25 Hierzu *Steinberger*, 200 Jahre amerikanische Bundesverfassung. Zu Einflüssen des amerikanischen Verfassungsrechts auf die deutsche Verfassungsentwicklung (1987), S. 32 ff.; *Pieroth*, NJW 1989, S. 1337.
26 So deutlich *Großfeld* (N 17).

aber die Erkenntnis, daß dies der Preis richterlicher Unabhängigkeit ist. Wollte man auf sie verzichten oder sie einschränken, würden weitaus größere Gefahren oder Risiken entstehen.

Dennoch kann gefragt werden, wo die Grenzen der Verfassungsgerichtsbarkeit liegen. Wie jede andere menschliche Institution, kann das Gericht nur innerhalb der sich aus seiner Aufgabenstellung, der Summe seiner Befugnisse und der nach seiner personellen und sachlichen Ausstattung bestehenden tatsächlichen Leistungsfähigkeit gegebenen Möglichkeiten sinnvoll tätig werden. Daß das BVerfG im Vergleich zu der Bundesregierung und zum Parlament nur beschränkte und nicht beliebig ausweitbare Einrichtungen unterhalten kann, mit denen etwa die für eine Entscheidung wesentlichen Tatsachen ermittelt oder Prognosen für künftige Entwicklungen getroffen werden können, ist nicht nur ein faktisches Problem, sondern hat rechtliche Folgen. Zwar kann sich das Gericht die benötigten Daten auf diejenige Weise beschaffen, die ihm zweckmäßig erscheint; dabei ist es aber auf die Kooperation insbesondere staatlicher Stellen angewiesen. Es kann daher Feststellungen und Prognosen, die der Gesetzgeber vorgenommen hat, oft nicht auf ihre sachliche Richtigkeit überprüfen, sondern allenfalls feststellen, ob sie überhaupt mit einer zulänglichen Methode beschafft worden sind. Es ist daher naheliegend, daß sich das Gericht insoweit Zurückhaltung auferlegen wird. Ebensowenig kann es politische Grundentscheidungen vor allem im Bereich der Außenpolitik, für die rechtliche Maßstäbe nicht aus der Verfassung zu entnehmen sind, für richtig oder für falsch erklären, sondern nur überprüfen, ob hierbei – etwa bei dem Abschluß eines völkerrechtlichen Vertrages – gegen Verfassungsrecht verstoßen worden ist, vor allem, ob hierdurch Grundrechte beeinträchtigt werden.

Diese und viele andere funktionale Grenzen der Verfassungsgerichtbarkeit[27], die nicht leicht zu systematisieren sind, aber in der Rechtsprechung des BVerfG ihren Niederschlag gefunden haben, werden oft mit der allgemeinen Forderung verbunden, das Gericht solle bei seiner Rechtsprechung Zurückhaltung üben. Aus der amerikanischen Diskussion ist der Begriff des *„judicial self-restraint"* vertraut, der dort wohl zuerst von *Thayer* geprägt worden ist[28] und auch von Mitgliedern des *Supreme Court* als die wesentliche richterliche Tugend empfohlen wurde. Auch das BVerfG selbst hat sich zu dem Grundsatz bekannt, allerdings gerade in einem Verfahren (zum Grundvertrag mit der DDR), in dem es nach oft geäußerter Meinung seine Befugnisse sehr extensiv verstanden hat[29].

22

Das BVerfG versteht den Begriff des *„judicial self-restraint"* nicht als eine „Verkürzung oder Abschwächung seiner Kompetenz" zur Durchsetzung der Verfassungsordnung, sondern als „den Verzicht ‚Politik zu treiben', d.h. in den von der Verfassung geschaffenen und begrenzten Raum freier politischer Gestaltung einzugreifen"[30]. Zurückhaltung des Gerichts kann auch gewiß nicht bedeuten, daß es gelegentlich ein Auge oder gar beide Augen zudrücken sollte, schon gar nicht etwa aus Erwägungen politischer Opportunität. Soweit seine Kompetenzen reichen, muß es diese wahrnehmen. Soweit die Verfassung den Raum politischer Gestaltung nicht begrenzt, entsteht überhaupt keine verfassungs-

---

27 Hierzu *Hesse*, in: FS Huber (1981), S. 261 ff.; *Schuppert*, Funktionell-rechtliche Grenzen der Verfassungs-interpretation (1980); *Brohm*, NJW 2001, S. 1 ff.
28 *Thayer*, in: Harvard Law Review 7 (1893), S. 129 ff.; vgl. *Delbrück* (N 18), S. 88.
29 BVerfGE 36, 1 (14 f.).
30 BVerfGE 36, 1 (14 f.).

rechtliche, sondern nur eine politische Frage, zu deren Entscheidung nicht das Gericht, sondern die politischen Instanzen berufen sind. Insoweit drückt der Grundsatz eine bloße Selbstverständlichkeit aus. Darüber hinaus ermangelt er klarer Konturen und „verstellt mit seiner pauschalen Allgemeinheit den Blick auf die Notwendigkeit differenzierender Lösungen"[31]. Die bisherigen Bemühungen, den Grundsatz zu konkretisieren[32], haben das Verdienst, den Blick auf die Grenzen der Verfassungsgerichtsbarkeit zu lenken. Ohne die erforderliche Differenzierung der denkbaren Anwendungsfälle läßt sich allenfalls ein Appell an das BVerfG selbst formulieren. Da er meist von außen kommt, ist mit ihm wenig gewonnen.

23 Der amerikanischen Verfassungsrechtsprechung ist die „*political question-doctrine*" bekannt. Sie besagt, daß der *Supreme Court* in einer Sache nicht tätig werden will, bei der die außerrechtlichen – politischen – Faktoren von so großer Relevanz sind, daß die rechtlichen Maßstäbe eine Entscheidung nicht tragen könnten; in diesem Falle wird die Entscheidung den politischen Instanzen überlassen[33]. In ähnlicher, eher konkret faßbarer Weise verzichtet die amerikanische Rechtsprechung im Bereich der auswärtigen Politik nach der „*act of state-doctrine*" grundsätzlich darauf, Akte fremder Regierungen oder anderer Staatsorgane auch nur inzidenter nachzuprüfen[34]. Während dem Grundatz nach wenig problematisch ist, daß auch das BVerfG lediglich die Ausübung deutscher Hoheitsgewalt kontrollieren kann – in Einzelfällen kann dabei allerdings fremdes Recht oder dessen Anwendung eine Rolle spielen, z.B. bei der Frage der Anerkennung einer im Ausland geschlossenen Ehe oder einer Ehescheidung –, kennt das Verfassungsrecht der Bundesrepublik eine „*political-question-doctrine*" nicht. Sie wird aber auch im Interesse des Gerichts, das nicht in hochpolitische Streitfragen hineingezogen werden solle, immer wieder empfohlen. Damit wird die Hoffnung verbunden, es könne so gelingen, den Raum des Politischen, jedenfalls des Hochpolitischen, von der Verfassungsgerichtsbarkeit zu befreien oder umgekehrt diese von ihm zu entlasten.

24 Es ist weder nach geltendem Recht möglich, noch wäre es wünschenswert, daß das BVerfG sich der Entscheidung mit dem Hinweis auf die politische Natur der Streitsache entziehen kann. Die Rechtsprechung des *Supreme Court* hat es bisher nicht vermocht, klare Kriterien für die Voraussetzungen zu entwickeln, unter denen eine Streitfrage als eine „politische" einzustufen ist. Angesichts der großen Freiheit, die das amerikanische Gericht bei der Entscheidung hat, welche Fälle es seiner letztinstanzlichen Überprüfung unterziehen will, besteht auch keine Notwendigkeit, strikte Kriterien zu entwickeln. Für das BVerfG würde die Einführung einer vergleichbaren Doktrin keine Entpolitisierung, sondern im Gegenteil ein hohes Maß an Politisierung bedeuten. Kann ein Gericht frei darüber befinden, welche Fälle mit politischem Einschlag – dies ist bei der Natur des Verfassungsrechts nahezu jeder Fall – es einer Entscheidung zuführen und welche es ohne Prüfung der verfassungsrechtlichen Fragen nicht entscheiden, sondern im Ergebnis dem Ermessen der politischen Kräfte überlassen will, so gewinnt es allein schon mit dieser Befugnis ein politisches Instrument von höchster Bedeutung.

---

31 *Hesse* (N 27), S. 271.
32 Vgl. u.a. *Achterberg*, DÖV 1977, S. 649; *Gerontas*, EuGRZ 1982, S. 145; *v.d. Heydte*, in: FS Geiger (1974), S. 909 ff.; speziell für den Bereich der auswärtigen Gewalt *Zeitler*, JöR NF 25 (1976), S. 621 ff.
33 So die Umschreibung bei *Zeitler* (N 32), S. 79.
34 Hierzu *Petersmann*, JöR NF 25 (1976), S. 611; *Zeitler* (N 32), S. 621 ff.

Das BVerfG erkennt und anerkennt jedoch, daß seiner Tätigkeit nicht nur faktische, son- **25** dern auch funktionelle Grenzen gesetzt sind. Die nicht beliebig ausweitbare Arbeitskapazität ist nicht nur als eine rein tatsächliche Grenze des Möglichen zu sehen, mit der sich das Gericht vor allem im Alltag der Erledigung von Verfassungsbeschwerden immer neu auseinandersetzen muß. Ließe sich die Arbeitskapazität erweitern, etwa durch die Einrichtung eines weiteren oder gar mehrerer neuer Senate, so müßte sich dies auf die bisher im ganzen gewahrte Einheitlichkeit der Rechtsprechung ungünstig auswirken. Der Zwang zur Auswahl, der unter den heute gegebenen Verhältnissen besteht, hat neben manchen Nachteilen doch auch den Vorteil der Konzentration auf das Wesentliche und jedenfalls der Hoffnung nach des Verzichts auf Nebensächlichkeiten.

Im übrigen ergeben sich die Grenzen aus den in GG und Gesetz geregelten Zuständigkei- **26** ten des BVerfG und der Aufgabe, die ihm zur Prüfung zugeleiteten Verfahren allein am Maßstab der Verfassung zu messen. Das Gericht ist weder Gesetzgeber noch Fachgericht. Es darf daher nicht Entscheidungen treffen, die anderen Verfassungsorganen zukommen, noch sich an die Stelle der für die Anwendung und Auslegung des sogenannten „einfachen Rechts" zuständigen Gerichte setzen[35].In beiden Bereichen sind allerdings Grenzkonflikte möglich. Sie werden wie bisher auch künftig zu Meinungsverschiedenheiten darüber führen, wieweit das BVerfG bei seiner Aufgabe geblieben ist, die Verfassung auszulegen.

Das BVerfG hebt selbst hervor, daß die in der Verfassung vorgenommene Verteilung der **27** Gewichte zwischen der gesetzgebenden, vollziehenden und rechtsprechenden Gewalt erhalten bleiben müsse: „Keine Gewalt darf ein von der Verfassung nicht vorgesehenes Übergewicht über eine andere Gewalt erhalten. Keine Gewalt darf der für die Erfüllung ihrer verfassungsmäßigen Aufgaben erforderlichen Zuständigkeiten beraubt werden"[36]. Hieraus ergibt sich auch für das BVerfG, das der rechtsprechenden Gewalt angehört, die Notwendigkeit, den Bereich eigenständiger Gestaltung zu respektieren, der der Regierung oder dem Parlament zusteht. So obliegen Einschätzungen und Wertungen im Bereich der Außenpolitik oder der Verteidigungspolitik der Bundesregierung. Da das GG, abgesehen von Fällen offensichtlicher Willkür, keine rechtlichen Maßstäbe liefert, an denen solche Einschätzungen oder Wertungen gemessen werden können, kann das Gericht ihnen nicht entgegentreten, sondern muß die Entscheidung der Politik überlassen[37]. Im Ergebnis hat das BVerfG im Bereich der Außenpolitik, aber auch bei den grundsätzlichen Zielsetzungen etwa der Sozial- oder Wirtschaftspolitik die Entscheidungen der Bundesregierung oder des Parlaments überwiegend nicht beanstandet, sondern sie zumeist als Ausdruck politischen Gestaltungswillens respektiert[38].

Für die vielen Verfahren, in denen eine Verletzung des allgemeinen Gleichheitssatzes **28** (Art. 3 I GG) gerügt wurde, gilt die immer neu betonte Feststellung des BVerfG, daß es nicht seine Sache sei, darüber zu befinden, ob der Gesetzgeber die zweckmäßigste, vernünftigste oder gerechteste Lösung gefunden habe. Das Gericht prüfe nur, ob sich für die

---

35 *Hesse* (N 27), S. 262 f.
36 BVerfGE 34, 52 (59).
37 BVerfGE 68, 1 (97, 111).
38 Z.B. BVerfGE 7, 377 (400); 14, 288 (301); Beispiele für Fälle, in denen dies auch innerhalb des Gerichts umstritten war, liefern die in N 11 zitierten abweichenden Meinungen.

im Gesetz vorgenommene Differenzierung überhaupt keine sachlich einleuchtenden Gründe finden ließen, so daß die Aufrechterhaltung der Regelung einen Verstoß gegen das allgemeine Gerechtigkeitsempfinden darstellen müßte[39].

29   Dies sind nur wenige Beispiele für eine Rechtsprechung des BVerfG, die sich bemüht, Grenzen zu erkennen und zu respektieren. Ob dies stets gelungen ist, wird unterschiedlich beurteilt. Letzlich ist die Frage nach den funktionellen Grenzen der Verfassungsgerichtsbarkeit identisch mit der Frage nach Inhalt und Reichweite der Verfassung selbst[40]. Sie bedarf der Interpretation, die vornehmlich dem BVerfG obliegt. Hält sich dieses im Rahmen einer vertretbaren Auslegung der Verfassung, kann ihm eine Grenzüberschreitung auch dann nicht vorgeworfen werden, wenn die Entscheidung des BVerfG mit guten Gründen kritisiert werden kann.

II. Verfassungsprozeß und Verfassungsprozeßrecht

1. Allgemeines

30   Zur Durchführung der ihm zugewiesenen Aufgaben bedarf das BVerfG nicht nur der materiellen Maßstäbe, anhand derer eine Entscheidung möglich ist. Vorsorge ist vielmehr auch dahin zu treffen, daß es in einem „geordneten Rechtsgang" entscheiden kann[41]. Dieses Verfahren ist der Verfassungsprozeß[42], und alle Rechtsnormen, die das Verfahren von und vor Verfassungsgerichten regeln, in dem materielle Verfassungsfragen entschieden werden sollen, bilden das Verfassungsprozeßrecht.

2. Quellen des Verfassungsprozeßrechts

31   Die Rechtsregeln, aus denen das Verfassungsprozeßrecht besteht, finden sich in erster Linie im Gesetz über das Bundesverfassungsgericht (BVerfGG) und im Grundgesetz selbst. Das Grundgesetz weist dem BVerfG die Kompetenz zur Entscheidung im einzelnen zu (z.B. Art. 93 Abs. 1, 100 Abs. 1-3, 21 Abs. 2 GG) und eröffnet damit dem Gericht die Möglichkeit zum Tätigwerden. Es handelt sich um enumerative Zuständigkeiten; eine verfassungsgerichtliche Generalklausel gibt es nicht[43]. Das Grundgesetz erlaubt allerdings dem (einfachen) Bundesgesetzgeber, dem BVerfG weitere Aufgaben zu übertragen.

---

39 BVerfGE 3, 58 (135 f.); 3, 162 (182) und seither – mit allerdings zum Teil unterschiedlichen Formulierungen – st.Rspr.

40 *Hesse* (N 27), S. 270.

41 Hierin liegt das Wesen eines jeden gerichtlichen Prozesses; vgl. *Henckel*, Prozeßrecht und materielles Recht (1970), S. 8.

42 Der Begriff „Verfassungsprozeß" ist hier ausschließlich bezogen auf das verfassungsgerichtliche Verfahren, ist also wesentlich enger als der etwa von *Brunner*, Kontrolle in Deutschland (1972), S. 68, verwendete Begriff, mit dem die allgemeine Verfassungsrealisierung durch fortschreitende Konkretisierung von Entscheidungen umschrieben wird. Vgl. auch *Krebs*, Kontrolle in staatlichen Entscheidungsprozessen (1984), S. 18 ff., 27 ff.

43 Anders für die Verwaltungsgerichtsbarkeit (§ 40 VwGO). – Das Fehlen der verfassungsgerichtlichen Generalklausel stellt sich als Möglichkeit dar, die Verfassungsgerichtsbarkeit kompetenziell unter Kontrolle zu halten, doch besagt dies angesichts der Fülle der zugeteilten Zuständigkeiten wenig.

Von dieser Ermächtigung ist jedoch bisher nur in wenigen Fällen Gebrauch gemacht worden[44].

Mit der enumerativen Zuweisung von Entscheidungskompetenz ist notwendig die nähere Eingrenzung der Fallkonstellationen verbunden, in denen von dieser Kompetenz Gebrauch gemacht werden kann. Die entsprechenden Grundgesetzbestimmungen formulieren daher selbst schon die maßgeblichen Voraussetzungen, die vorliegen müssen, damit das BVerfG zu einer Sachentscheidung gelangen kann. Die einschlägigen grundgesetzlichen Normen sind daher (auch) Teil des Verfassungsprozeßrechts[45].

Das auf der Grundlage des Art. 94 Abs. 2 S. 1 GG ergangene BVerfGG[46] enthält die näheren Bestimmungen. Es ist in vier Teile gegliedert. Der erste Teil behandelt die Verfassung und die Zuständigkeit des BVerfG. Der in diesem Teil enthaltene § 13 gibt einen gesammelten Überblick über die bestehenden Entscheidungskompetenzen des Gerichts; er macht sie sozusagen „auf einen Blick" zugänglich. Im zweiten Teil finden sich die allgemeinen, d.h. für alle Verfahren anwendbaren Vorschriften, wie z.B. die Regeln über die Befangenheit der Bundesverfassungsrichter, das Antrags-, Mündlichkeits- und Öffentlichkeitsprinzip. Die Vorschriften für die Verfahren im einzelnen – also z.B. für die Verfassungsbeschwerde, den Organstreit und die verschiedenen Normenkontrollverfahren – sind im dritten Teil enthalten, die die persönliche Rechtsstellung der Bundesverfassungsrichter regelnden Schlußvorschriften im vierten Teil. **32**

Wichtige Bestimmungen für die Organisation und Verwaltung sowie über den „Geschäftsgang" enthält die vom Plenum beschlossene Geschäftsordnung des BVerfG[47]. Zwar ermächtigt das Grundgesetz das BVerfG nicht ausdrücklich, sich eine Geschäftsordnung zu geben, doch ergibt sich diese Kompetenz schon aus der Qualität des BVerfG als „Verfassungsorgan" (§ 1 Abs. 1 BVerfGG)[48] und ist nunmehr überdies in § 1 Abs. 3 BVerfGG einfachgesetzlich vorgesehen[49]. In dem vom Grundgesetz und vom BVerfGG gezogenen Rahmen kann die Geschäftsordnung das Tätigwerden des BVerfG lenken. Damit spielt sie für die Alltagspraxis eine wesentliche Rolle. Ihrer Rechtsnatur nach ist die Geschäftsordnung des BVerfG – entsprechend den Geschäftsordnungen der anderen Verfassungsorgane – ein Akt der internen Organisationsgewalt, nicht etwa eine „autonome Satzung"[50]. **33**

---

44 Vgl. § 50 Abs. 3 VwGO vom 21.01.1960 (BGBl. I, S. 17) i.d.F. d. B. vom 19.03.1991 (BGBl. I S. 686); § 39 Abs. 2 SGG vom 03.09.1953 (BGBl. I S. 1239) i.d.F. der vom 23.09.1975 (BGBl. I S. 2535); §§ 24 Abs. 5 S. 3-5, 36 Abs. 4 S. 2-3 Gesetz über das Verfahren bei Volksentscheid, Volksbegehren und Volksbefragung nach Art. 29 Abs. 6 GG vom 30.07.1979 (BGBl. I S. 1317); § 26 Abs. 3 Europawahlgesetz vom 16.06.1978 (BGBl. I S. 709) i.d.F. d. B. v. 08.03.1994 (BGBl. I S. 423); § 76 Abs. 2 2. HS BVerfGG (BGBl. 1998 I S. 1823).

45 Vgl. BVerfGE 67, 26 (34).

46 Vom 12.03.1951 (BGBl. I S. 243), heute in der Fassung vom 11.08.1993 (BGBl. I S. 1473), zuletzt geändert durch Gesetz vom 16.07.1998 (BGBl. I S. 1823).

47 Vom 15.12.1986 (BGBl. I S 2529); Ersterlaß vom 02.09.1975 (BGBl. I S. 2515), zuletzt geändert durch Beschluß vom 18.12.1995 (BGBl. 1996 I S. 474). Zum Begriff „Geschäftsgang" vgl. § 140 GVG.

48 Vgl. unten Rn. 99 ff.

49 Vgl. *Wand*, in: FS Gebh. Müller (1970), S. 563 ff.; *Ritterspach*, EuGRZ 1976, S. 57 ff.; *Starck*, Teilbd. 1(1983), S. 177 f.

50 So aber für die Geschäftsordnung des Bundestages BVerfGE 1, 144 (148). Der Erlaß autonomer Satzungen ist nur (rechtlich verselbständigten) Körperschaften möglich, die die Verfassung selbst oder der staatliche Gesetzgeber diese Rechtsmacht verleihen soll. Satzungsähnlichkeit ist allerdings gegeben. Demgemäß spricht *Stern*, Das Staatsrecht der Bundesrepublik Deutschland II (1980), S. 84, von „Organsatzung". Vgl. auch *H. Schneider*, Gesetzgebung (2. Aufl. 1991), Rn. 281.

34 Zu den Rechtsquellen des Verfassungsprozeßrechts muß man aber auch die Rechtsprechung des BVerfG zählen, soweit sie sich mit verfassungsprozessualen Fragen befaßt.
Das BVerfG nimmt für sich die verbindliche Auslegung nicht nur des materiellen Verfassungsrechts in Anspruch, sondern auch des Verfassungsprozeßrechts[51]. Ob diese Einschätzung für den einfachgesetzlichen Teil des Verfassungsprozeßrechts zutrifft, ist
durchaus zweifelhaft[52]. Faktisch wird sich freilich die Auffassung des BVerfG durchsetzen. Wenn das BVerfG z.B. § 80 Abs. 2 BVerfGG eine Auslegung gibt, die die Fachgerichte nicht für zutreffend halten, müssen sie ihr dennoch entsprechen, wenn sie nicht Gefahr laufen wollen, daß ihre Vorlagen als unzulässig verworfen werden. Entsprechendes
gilt für die Interpretation der Wirkungen der Entscheidungen (Rechtskraft, Gesetzeskraft,
Bindungswirkung) durch das BVerfG. Verneint das Gericht unter Hinweis hierauf die Zulässigkeit einer erneuten Vorlage im konkreten Normenkontrollverfahren, so ist demgegenüber das vorlegende Gericht machtlos. Dies ergibt sich jedoch nicht aus der Kompetenz des BVerfG zur rechtsverbindlichen Auslegung des einfachgesetzlichen Verfassungsprozeßrechts, sondern aus der Tatsache, daß es auch gegen die Prozeßentscheidungen des BVerfG kein Rechtsmittel gibt.

3. Funktionen des Verfassungsprozeßrechts

35 Die Aufgaben, die das Verfassungsprozeßrecht zu erfüllen hat, richten sich nach seinem
Zweck. Ihn allein prozessual zu bestimmen, d.h. ihn etwa – wie es James Goldschmidt für
den Prozeß generell getan hat[53] – in der Herbeiführung einer rechtskräftigen Entscheidung zu sehen, müßte für die Gestaltung des Prozeßrechts weitgehend folgenlos bleiben
und könnte daher die ganz unterschiedliche Ausgestaltung der verschiedenen Prozeßrechte (Zivil-, Straf-, Verwaltungsprozeßrecht) nicht erklären[54]. Diese Erklärung kann
nur durch die Rückbindung an das jeweilige materielle Recht gefunden werden. Seiner
Durchsetzung will das Prozeßrecht dienen, indem es adäquate Verfahrensbestimmungen
bereitstellt. Darin erschöpft sich die Funktion des Verfassungsprozeßrechts aber nicht.
Der zur Verfügung gestellte Rechtsgang wird vielmehr kanalisiert[55]. Grund hierfür sind
weitere Rechtswerte, deren Verwirklichung durch prozessuale Normen angestrebt wird:
Solche Rechtswerte sind einerseits die kompetenzmäßige Eingrenzung der Verfassungsgerichtsbarkeit, andererseits die Aufrechterhaltung ihrer Funktionsfähigkeit.

a) Realisierung des materiellen Verfassungsrechts

36 Ebenso wie die anderen Prozeßrechte steht auch das Verfassungsprozeßrecht in einer
„existentiellen Abhängigkeit"[56] von dem materiellen Recht, über das im Prozeß entschieden werden soll. Demgemäß dient das Verfassungsprozeßrecht der Realisierung des Ver-

---

51 BVerfGE 67, 26 (34); 72, 1 (6); zum Anspruch des BVerfG als „Herr seines Verfahrens" vgl. unten
    Rn. 114 ff. und Rn. 168 ff.
52 Ablehnend auch *Geiger*, EuGRZ 1984, S. 412.
53 *Goldschmidt*, Der Prozeß als Rechtslage (1925), S. 151.
54 Vgl. dazu *Jauernig*, JuS 1971, S. 330.
55 *Henckel* (N 41), S. 62 f.
56 *Jauernig* (N 54), S. 329; ferner *Mühl*, in: GS Bruns (1980), S. 145 ff.; *Lorenz*, NJW 1977, S. 866.

fassungsrechts[57]. Die Notwendigkeit des sorgfältigen Umgangs mit dieser Rechtsmaterie und mit den in ihrem Dienst stehenden Institutionen ergibt sich daraus von selbst[58].

Entscheidend für die Ausgestaltung des Verfahrens ist, ob im Prozeß subjektive Rechte geschützt werden sollen, oder ob das objektive Recht oder Rechtsinstitutionen durchgesetzt werden sollen. Hiervon hängt es ab, wie der Einfluß der Beteiligten auf den Gang des Verfahrens, ihre Verantwortung für die Beschaffung der Beweismittel sowie für die eher aktive oder eher zurückhaltende Rolle des Gerichts ausgestaltet werden. Die insoweit ganz unterschiedliche Geltung einerseits der Dispositions- oder Offizialmaxime, andererseits des Verhandlungs- oder Untersuchungsgrundsatzes im Zivil-, Straf- oder Verwaltungsprozeßrecht belegt dies[59].

Der Verfassungsprozeß entzieht sich einer einheitlichen Zweckbestimmung. Im Vordergrund steht bei ihm allerdings der Schutz der objektiven Ordnung[60]. Freilich treten in den kontradiktorischen Verfahren subjektive, also aus der Sicht des Kompetenzträgers verstandene Interessen an der Verteidigung ihrer Kompetenzen auf; sie werden jedoch der Aufrechterhaltung des grundgesetzlichen Kompetenzgefüges insgesamt dienstbar gemacht. Im Verfassungsbeschwerdeverfahren drängt zunächst der subjektive Verfahrenszweck (Durchsetzung der Grundrechte als subjektive öffentliche Rechte) deutlich nach vorne. Das BVerfG hat aber gleichwohl auch der Verfassungsbeschwerde in zunehmendem Maß eine „objektive Funktion" zuerkannt[61]. Im übrigen sind auch prozessuale Begriffe im Lichte der Funktion des jeweiligen Verfahrens, in dem sie ihre Bedeutung entfalten, zu verstehen[62]. Es wird eine wichtige Aufgabe sein, bei der Darstellung der einzelnen Verfahrensarten den jeweiligen Prozeßzweck zu ermitteln, um von da aus Schlüsse auf die adäquate Ausgestaltung des Verfahrens ziehen zu können. **37**

b) Verfassungsprozeßrecht als Kompetenz- und Statusrecht

Die Ausgestaltung des Verfahrens sagt ferner etwas aus über die Rechtsposition des entscheidenden Gerichts und sein Verhältnis zu anderen Organen. Prozeßrecht ist daher stets auch Kompetenz- und Statusrecht: Es weist Kompetenzen zu und grenzt zugleich Funktionen voneinander ab. Durch das Verfassungsprozeßrecht wird so der Funktionsbereich des BVerfG gegenüber dem der anderen Verfassungsorgane, insbesondere des Gesetzgebers, bestimmt[63]. Dies geschieht etwa durch die Vorschriften, die den Fallzugang, den Kontrollumfang, die Entscheidungsbefugnis und die Entscheidungswirkung regeln. Zugleich erfolgt eine Abgrenzung auch gegenüber dem Funktionsbereich der Fachgerichte, **38**

---

57 Dies gilt wegen Art. 31 GG auch da, wo es um die Vereinbarkeit von Landesrecht mit einfachem Bundesrecht geht.

58 Vgl. dazu *Wahl*, in: Hüter der Verfassung oder Lenker der Politik (1998), S. 104.

59 Zum Zivilprozeß vgl. *Henckel* (N 41), S. 48 ff., und *Jauernig* (N 54), S. 331 ff.; zum Strafprozeß *Volk*, Prozeßvoraussetzungen im Strafrecht (1978), S. 171 ff.

60 BVerfGE 1, 351 (359): „Es entspricht der besonderen Funktion der Verfassungsgerichtsbarkeit, ohne Rücksicht auf die mehr oder weniger große Aktualität des Falles, das Verfassungsrecht durch Entscheidungen zu entwickeln und den Rechtsfrieden für die Zukunft zu sichern".

61 *E. Klein*, DÖV 1982, S. 797 ff. m.w.N.; vgl. unten Rn. 392 ff.

62 Vgl. BVerfGE 70, 35 (51); 90, 128 (136) zum Begriff der „unmittelbaren Betroffenheit" im Verfassungsbeschwerdeverfahren.

63 Allgemein hierzu *Knies*, in: FS Stern (1997), S. 1155 ff.; *P. Kirchhof/Mahrenholz/H. Klein/Ossenbühl*, Verfassungsgerichtsbarkeit und Gesetzgebung, Symposion Lerche (1998), S. 5 ff.

etwa durch die Voraussetzungen einer Vorlage im konkreten Normenkontrollverfahren oder durch die Subsidiarität der Verfassungsbeschwerde und der Verfassungsgerichtsbarkeit überhaupt[64].

c) Verfassungsprozeßrecht als Funktionssicherungsrecht

39 Aufgabe des Prozeßrechts ist es schließlich, die Funktionsfähigkeit der Gerichte zu sichern. Auch das Verfassungsprozeßrecht wird deshalb Regeln etwa darüber enthalten müssen, wie das BVerfG – als Zwillingsgericht (zwei Senate) – die Einheitlichkeit seiner Rechtsprechung wahren, das Vertrauen der Prozeßbeteiligten in seine Unabhängigkeit und Unvoreingenommenheit sicherstellen[65], den Rechtsfrieden wiederherstellen sowie sich vor Überlastung schützen kann[66].

40 Die drei genannten Funktionen lassen sich nicht immer auf einen Nenner bringen[67]. So wird z.B. die Durchsetzung des materiellen Rechts durch Vorschriften begrenzt, die das Geltendmachen der Rechtsverletzung von der Einhaltung bestimmter Fristen abhängig machen (z.B. §§ 64 Abs. 3, 93 BVerfGG); die rechtlichen Wirkungen einer Entscheidung, die ein Gesetz für verfassungswidrig und nichtig erklärten, werden aus Gründen der Rechtssicherheit eingeschränkt (§ 79 BVerfGG); ein Fachgericht, das von der Verfassungswidrigkeit einer Gesetzesnorm nicht überzeugt ist, sondern hieran nur Zweifel hat, kann eine Klärung der materiellen Rechtslage nicht herbeiführen, sondern muß selbst zur Entscheidung finden (Art. 100 Abs. 1 GG). Es ist Sache des Gesetzgebers und des Prozeßrechtsinterpreten, diese verschiedenen Funktionen des Verfassungsprozeßrechts in ein ausbalanciertes Verhältnis zueinander zu bringen[68].

§ 2 Verfassungsgerichtsbarkeit des Bundes und der Länder

I. Bundesstaatliche Vervielfachung der Verfassungsräume

41 Der föderalistische Aufbau der Bundesrepublik Deutschland führt zu einer – der Summe von Gesamtstaat und Bundesländern entsprechenden – Vielzahl von Verfassungsräumen. Als Glieder des Bundes sind die Länder mit eigener, wenn auch gegenständlich beschränkter Hoheitsmacht ausgestattet[1]. Zu ihr gehört die eigenverantwortliche Gestaltung der verfassungsmäßigen Ordnung innerhalb des vom Grundgesetz weit gespannten Rahmens (Art. 28 Abs. 1 GG)[2].

---

64 Dazu BVerfGE 49, 252 (258); vgl. unten Rn. 530 ff.
65 *Henckel*, Vom Gerechtigkeitswert verfahrensrechtlicher Normen (1966); *R. Hoffmann*, Verfahrensgerechtigkeit (1992).
66 Vgl. BVerfGE 69, 122 (126) zur Subsidiarität; 99, 49 (50) zur Kompetenz der Kammer statt des Senats.
67 Vgl. *E. Klein*, S. 413 ff.
68 Als Beispiel, wo dieser Ausgleich nicht gelungen ist, sei auf die Rechtsprechung des BVerfG zu § 19 BVerfGG (Besorgnis der Befangenheit) verwiesen; vgl. unten Rn. 212.

1 Vgl. BVerfGE 1, 14 (34); 4, 178 (189); 36, 342 (360 ff.); 60, 175 (207 ff.).
2 Insgesamt hierzu *Graf Vitzthum*, VVDStRL 46 (1988), S. 7 ff.; *Sacksofsky*, NVwZ 1993, S. 235 ff.; *E. Klein*, DVBl. 1993, S. 1329 ff.

Zu den verfassungsrechtlichen Grundentscheidungen, welche die Bundesländer selbständig treffen können, gehört auch die Einrichtung einer eigenen Verfassungsgerichtsbarkeit[3]. Die meisten Bundesländer, einschließlich aller „neuen" Länder, haben entsprechend gehandelt und eine Verfassungsgerichtsbarkeit institutionalisiert[4]. Einzige Ausnahme ist Schleswig-Holstein; insoweit ist das BVerfG mit der Funktion eines Landesverfassungsgerichts beauftragt (Art. 99 GG)[5].

Das Bestehen getrennter Verfassungsräume und darin errichteter Verfassungsgerichte hat verfahrensrechtliche Konsequenzen[6]. Diese werden aber auch durch den Umstand bestimmt, daß es keine so strikte Trennung zwischen den Rechtssphären des Bundes und der Länder gibt, wie dies etwa in den USA der Fall ist[7]. Hieraus ergeben sich schwierige Abgrenzungsprobleme im Hinblick auf die jeweiligen Zuständigkeiten des BVerfG und der Landesverfassungsgerichte sowie die von ihnen anzulegenden Prüfungsmaßstäbe. *Burmeister* meint sogar, es handele sich hier „um die am wenigsten geklärte Fundamentalfrage der Verfassungsgerichtsbarkeit überhaupt"[8]. **42**

II. Zuständigkeitsfragen

1. Landesverfassungsgerichte

Während es gerade wegen der in Deutschland bestehenden Gerichtsorganisation (Instanzenzug) typisch ist, daß auch Akte der Bundesgewalt von Landes-(Fach-) Gerichten auf ihre Rechtmäßigkeit überprüft werden (z.B. ein Einberufungsbescheid durch das Verwaltungsgericht), sind die Landesverfassungsgerichte auf die Kontrolle von Akten der *Landes*staatsgewalt (Legislative, Exekutive, Judikative) beschränkt[9]. Dies ergibt sich nicht nur aus entsprechenden Bestimmungen in einigen Verfassungen oder Verfassungsgerichtsgesetzen der Länder oder aus der Praxis[10]. Der maßgebliche Grund ist vielmehr, daß es angesichts der Trennung der Verfassungsräume einer dahingehenden, die Prüfungszuständigkeit der Landesverfassungsgerichte auf Bundesakte erstreckenden bundesrechtlichen Ermächtigung bedürfte, die es aber derzeit nicht gibt[11]. In Fortsetzung dieser Linie **43**

---

3 Umfassend hierzu *Starck/Stern*; ferner *Bethge*, BayVBl. 1985, S. 257 ff.; BVerfGE 96, 345 (368 f.) zur kompetenzrechtlichen Sicht.

4 Zu den Gründen ausführlich *Fiedler*, in: Starck/Stern, Teilbd. I, S. 103 ff. In Berlin stand bis zur Wiedervereinigung (03.10.1990) der besondere Status der Stadt sowohl der Errichtung eines eigenen Verfassungsgerichts als auch der Übertragung dieser Aufgabe an das BVerfG (Art. 99 GG) entgegen; dazu *Pestalozza*, in: Starck/Stern, Teilbd. I, S. 183 ff. – durch das Gesetz über den Verfassungsgerichtshof (VerfGHG) vom 08.11.1990 (GVBl. S. 2246) ist die Errichtung eines Landesverfassungsgerichts bestimmt worden. – Vgl. auch *Häberle*, JÖR NF 45 (1997), S. 104 ff.

5 Art. 44 Verfassung Schleswig-Holstein (GVBl. 1990 S. 391). Zum Verfahren vgl. unten Rn. 1185 ff.

6 BVerfGE 22, 267 (271 f.). Dazu zählt – freilich problematisch – auch die Außerkraftsetzung des Grundsatzes der perpetuatio fori; s.u. Rn. 185.

7 Vgl. *Friesenhahn*, in: BVerfG und GG, I, S. 752.

8 *Burmeister*, in: Starck/Stern, Teilbd. II, S. 426; vgl. auch *Pestalozza*, S. 374 ff.

9 BVerfGE 96, 345 (371); *Burmeister* (N 8), S. 432; a.A. *Zierlein*, AöR 120 (1995), S. 244. – Zur Frage des zur Verfügung stehenden Prüfungsmaßstabs vgl. unten Rn. 47.

10 Vgl. etwa Art. 75 Nr. 6 Verfassung Sachsen-Anhalt; § 44 Abs. 1 VerfGHG Rheinland-Pfalz; § 45 Abs. 1 BbgVerfGG; BayVerfGHE 28, 14 (22).

11 Dazu *E. Klein/Haratsch*, JuS 2000, S. 212 f. Hiervon ist die Frage zu unterscheiden, ob Bundesrecht anwendende Landesstaatsakte am Maßstab der Landesverfassung überprüft werden können. Dazu unten Rn. 49 f.

hat der Sächs. Verfassungsgerichtshof seine Zuständigkeit auch dann verneint, wenn nur eine *mittelbare* Kontrolle der Bundesstaatsgewalt in Frage steht, jedenfalls wenn deren Entscheidung auf Bundesrecht beruht; der Verfassungsgerichtshof hat es daher abgelehnt, im Wege der (Landes-) Verfassungsbeschwerde (landes-) sozialgerichtliche Entscheidungen, mit denen Bescheide der Bundesanstalt für Arbeit bestätigt wurden, daraufhin zu überprüfen, ob das von ihnen zugrunde gelegte Verständnis des materiellen Rechts (Sozialrecht) vor der Sächs. Verfassung standhält[12].

44 Mit der Erkenntnis, daß nur Akte der Landesstaatsgewalt der Kontrolle der Landesverfassungsgerichte unterliegen, hängt es zusammen, daß die Zuständigkeit dieser Gerichte nicht gegeben ist, wenn im Rahmen einer Landesverfassungsbeschwerde der Beschwerdeführer den fachgerichtlichen Rechtsweg bis hin zu den Bundesgerichten, falls sie angerufen werden können, nicht erschöpft hat[13]. Erst dann steht nämlich fest, daß (von Landesgrundrechten ungebundene) Bundesgewalt nicht gehandelt hat, der zu überprüfende Akt also letztlich allein der Landesstaatsgewalt zuzurechnen ist. Kommt es hingegen zu einer Entscheidung des Bundesgerichts in der Sache – gleich ob im Sinn eigener Entscheidung, einer Bestätigung des Landesgerichts oder einer Zurückverweisung unter Bindung an die Maßstäbe des Bundesgerichts – ist der fragliche Akt entweder unmittelbar ein solcher der Bundesgewalt oder aber doch von ihr maßgeblich geprägt[14]. Die Ausschöpfung des fachgerichtlichen Rechtswegs ist daher nicht etwa nur ein von den meisten Landesverfassungsgerichtsgesetzen ohnehin angeordnetes Subsidiaritätserfordernis[15], sondern vor allem ein *bundesverfassungsrechtliches* Kriterium für die Zuständigkeit der Landesverfassungsgerichte und damit für die Zulässigkeit der Landesverfassungsbeschwerde[16].

2. Bundesverfassungsgericht

45 Eine entsprechende Einschränkung auf die Kontrolle von Akten der Bundesgewalt besteht hingegen für das BVerfG nicht. Es kann ohne weiteres in den Verfahren der abstrakten oder konkreten Normenkontrolle, der Verfassungsbeschwerde oder des Bund-Länder-Streits auch Landesakte überprüfen[17]. Allerdings ist in einzelnen Fällen die Zuständigkeit des BVerfG nur dann gegeben, wenn innerhalb des betreffenden Bundeslandes eine verfassungsgerichtliche Kontrolle nicht vorgesehen ist (Binnenländerstreit, Art. 93 Abs. 1 Nr. 4 (3. Alt.)[18]; kommunale Verfassungsbeschwerde, Art. 93 Abs. 1

---

12 SächsVerfGH, NJW 1999, S. 51.
13 BVerfGE 96, 345 (371 f.); a.A. *Jachmann*, BayVBl. 1997, S. 326 f.
14 Zu Recht BbgVerfG, NJW 1999, S. 46; ebenso *Hain*, JZ 1998, S. 624; *Lemhöfer*, NJW 1996, S. 1721.
15 Vgl. nur § 45 Abs. 2 Satz 1 BbgVerfGG; § 27 Abs. 2 Satz 1 Sächs.VerfGHG.
16 Zutreffend HessStGH, NJW 1999, S. 50; BVerfGE 96, 345 (372) zur Sperrwirkung dieses Kriteriums gegenüber landesverfassungsgerichtlichen Vorschriften, die in besonderen Fällen von der Erschöpfung des Rechtsweges absehen lassen. – Würde sich das LVerfG dennoch einschalten, und die Entscheidung des (Landes-) Fachgerichts nach Zurückweisung des Bundesgerichts kassieren, müßte das Landesgericht, an das die Sache zurückkommt, nach Art. 100 Abs. 1 Satz 2 (1. Alt.) dem BVerfG vorlegen; dazu *Lemhöfer* (N 14), S. 1722. – Zu weiteren Problemen vgl. *Klein/Haratsch* (N 11), S. 213.
17 Problematisch ist hier allenfalls der Prüfungsmaßstab, vgl. unten Rn. 46.
18 Ein Antrag beim BVerfG im Binnenländerstreit wird nachträglich unzulässig, sobald ein Rechtsweg zum LVerfG durch Landesgesetz eingeführt wird; der Grundsatz der perpetuatio fori gilt hier nicht, BVerfGE 90, 40 (42 f.).

Nr. 4 b GG[19])[20]. Diese Sonderregelungen führen aber nicht zu einer generellen Subsidiarität der Bundesverfassungsgerichtsbarkeit im Verhältnis zur Landesverfassungsgerichtsbarkeit[21]. So ist es etwa für die Zuständigkeit des BVerfG nach Art. 100 Abs. 1 GG ohne Belang, ob das vorgelegte Landesgesetz nach Landesrecht auch der landesverfassungsgerichtlichen Prüfung unterliegt[22]. Das vorlegende Gericht hat vielmehr in jedem Fall das Verfahren auszusetzen und die Sache vorzulegen. Es kann aber die Reihenfolge der Vorlagen bestimmen und zunächst abwarten, ob seiner Überzeugung von der Verfassungswidrigkeit der Norm gefolgt wird. In diesem Fall erübrigt sich natürlich die zweite Vorlage. Auch eine parallele Vorlage ist möglich; allerdings werden hierbei verfahrenspraktische Probleme auftreten (Aktenvorlage). Jedenfalls können die speziellen Subsidiaritätsklauseln nicht auf andere Verfahren erstreckt werden[23]. Andererseits werden aber auch die Landesverfassungsgerichte aus ihrer Zuständigkeit durch die Zuständigkeit des BVerfG nicht verdrängt. Für die Individualverfassungsbeschwerde wird dies durch § 90 Abs. 3 BVerfGG ohnehin klargestellt[24]. Damit sind Parallelverfahren mit unterschiedlichem Ausgang möglich[25]. Die Verdoppelung der Grundrechtsgarantie und des verfassungsgerichtlichen Schutzes können so die Position des Grundrechtsinhabers verbessern[26]. Allerdings kann das Landesrecht vorsehen, daß das Landesverfassungsgericht nicht gleichzeitig mit dem BVerfG angerufen werden kann; der Beschwerdeführer hat dann ein Wahlrecht[27]. Ferner ist darauf hinzuweisen, daß der Gang zum Landesverfassungsgericht nicht zum Rechtsweg im Sinne des § 90 Abs. 2 S. 1 BVerfGG gehört. Er hemmt daher weder die Frist des § 93 Abs. 1 BVerfGG noch entbindet er von der Pflicht, ggf. ein Normenkontrollverfahren nach § 47 VwGO durchzuführen[28]. Die ansonsten auftretenden Probleme[29] sind nicht solche der Zuständigkeit, sondern vor allem des Prüfungsmaßstabs.

---

19 Zur Kommunalverfassungsbeschwerde in den neuen Ländern siehe *Kettler*, LKV 1995, S. 132 ff.

20 BVerfGE 6, 376 (382). Eine Verweisung an das Landesverfassungsgericht ist nach Ansicht des BVerfG mangels gesetzlicher Grundlage nicht zulässig, BVerfGE 6, 376 (383); 64, 301 (318). – Die subsidiäre Zuständigkeit des BVerfG wird sicher nicht durch Fristversäumnis des Antragstellers im landesverfassungsrechtlichen Verfahren eröffnet (BVerfGE 64, 301 [316]), wohl aber dann, wenn der konkrete Antragsteller keine Möglichkeit hat, den Weg zum Landesverfassungsgericht einzuschlagen (vgl. dazu BVerfGE 60, 319 (327); 62, 194 [199]).

21 Vgl. jedoch die in BVerfGE 96, 231 (242 ff.) erkennbar werdenden Ansätze; dazu unten Rn. 57 ff.

22 BVerfGE 2, 380 (388 f.); 34, 52 (58). Dazu *Tilch*, in: Starck/Stern, Teilbd. II, S. 563 f.

23 BVerfGE 17, 172 (180). Kritisch *Friesenhahn* (N 7), S. 782 f.; ablehnend *Burmeister* (N 8), S. 458, weil er das Landesverfassungsrechts zur umfassenden Prüfung am Maßstab des Bundesverfassungsrechts für ermächtigt hält.

24 Auch der Bericht der (Benda-) Kommission, Entlastung des BVerfG (1998), S. 89 ff., hat insoweit eine Subsidiarität der Bundesverfassungsbeschwerde abgelehnt.

25 BVerfGE 69, 112 (116 f.); *Tilch* (N 22), S. 562 f. – Beispielsfälle: BVerfGHE 22, 267; 53, 185; HessStGH, DÖV 1982, S. 244. Der HessStGH, NJW 1999, 50, will bei Parallelverfahren dem BVerfG („der insofern maßgebliche Interpret") den Vortritt lassen; ebenso *Finkelnburg*, in: Verfassung und Verfassungsgerichtsbarkeit auf Landesebene (1998), S. 183; a.A. *H.H. Klein*, FG Graßhof (1998), S. 390.

26 BVerfGE 36, 342 (368 f.); 96, 345 (368).

27 Siehe etwa § 49 Abs. 1 BerlVerfGHG und dazu BVerfG, NJW 1996, S. 1464.

28 BVerfG (Kammerbeschluß), NVwZ 1994, S. 59 f.; NJW 1996, S. 1464.

29 Insgesamt dazu *Schumann*, in: Starck/Stern, Teilbd. I, S. 195 ff.

III. Probleme des Prüfungsmaßstabs

46 Schwierige Fragen wirft der Prüfungsmaßstab auf, der dem BVerfG einerseits und den Landesverfassungsgerichten andererseits zur Verfügung steht.

Entscheidet das *BVerfG* über Landesstaatsakte, so hat es ausschließlich Landesverfassungsrecht als Maßstab heranzuziehen, wenn es – subsidiär – Verfassungsstreitigkeiten im Binnenländerstreit (Art. 93 Abs. 1 Nr. 4, 3. Alt. GG) zu entscheiden hat oder aufgrund landesgesetzlicher Ermächtigung als Landesverfassungsgericht (Art. 99 GG) tätig wird. Ist das BVerfG hingegen zuständig, über eine kommunale Verfassungsbeschwerde zu entscheiden, weil die Gemeinde nicht Beschwerde zum Landesverfassungsgericht erheben kann (Art. 93 Abs. 1 Nr. 4 b GG), dann mißt das BVerfG das angegriffene Landesgesetz unmittelbar an Art. 28 Abs. 2 GG, nicht etwa an einer inhaltsgleichen Bestimmung der Landesverfassung[30]. Auch in allen anderen Fällen, in denen ein Landesstaatsakt Prüfungsgegenstand ist, bildet nur Bundesrecht den Prüfungsmaßstab für das BVerfG, in der Regel das Grundgesetz selbst[31].

47 Der Prüfungsmaßstab für die *Landesverfassungsgerichte* ist die jeweilige Landesverfassung, vor allem die dort garantierten Landesgrundrechte. Diese Feststellung scheint problemlos zu sein. Es ist aber zu bedenken, daß die zu kontrollierenden Akte der Landesgewalt – wegen der Notwendigkeit der Rechtswegerschöpfung werden es zumeist Akte der rechtsprechenden Gewalt (Landesgerichte) sein – sehr häufig in Anwendung von Bundesrecht ergangen sind, sei es von Verfahrensrecht (Prozeßordnungen), sei es von materiellem Recht (z.B. StGB, BGB). Hieraus könnten sich Probleme wegen Art. 31 GG ergeben, da die Anwendung von Bundesrecht unter einen Landesverfassungsvorbehalt gestellt wird. Die Frage wird insbesondere seit der Honecker-Entscheidung des Berliner Verfassungsgerichtshofs heftig diskutiert[32]; der Gerichtshof hob damit Beschlüsse des Landgerichts und Kammergerichts auf, mit denen Anträge des Beschwerdeführers auf Verfahrenseinstellung und Aufhebung des Haftbefehls auf der Grundlage der Strafprozeßordnung abgelehnt worden waren, wegen Verstoßes gegen das auch in der Berliner Verfassung enthaltene Grundrecht auf Menschenwürde auf[33].

48 Bedenken gegen eine am Maßstab der Landesgrundrechte vorzunehmende Überprüfung landesgerichtlicher Entscheidungen, die in Anwendung eines bundesrechtlich geregelten Verfahrens (z.B. VwGO) ergangen sind, bestehen freilich dann nicht, wenn es im Fall materiell um die Anwendung von *Landes*recht (z.B. Polizeirecht) geht. Dies ist eine Folge der dienenden Funktion des Prozeßrechts gegenüber dem materiellen Recht. Im übrigen bliebe sonst kaum ein Anwendungsbereich für Landesgrundrechte, da das Gerichtsverfahren nahezu umfassend bundesrechtlich geregelt ist[34].

---

30 Vgl. z.B. BVerfGE 79, 127 (143); 86, 90 (107).

31 BVerfGE 41, 88 (119 f.); 96, 133 (138); vgl. auch BVerfGE 6, 376 (382).

32 Vgl. etwa *Stern*, Staatsrecht Bd. III/2 (1994), S. 1508 ff.; *Rozek*, AöR 119 (1994), S. 450 ff.; *Kunig*, NJW 1994, S. 687 ff.; *E. Klein/Haratsch*, JuS 1994, S. 559 ff.; *Sachs*, ZfP 1993, S. 121 ff.; *Starck*, JZ 1993, S. 231 ff.; *Zierlein* (N 9); S. 227 ff.

33 BerlVerfGH, NJW 1993, S. 515; vgl. dazu ausführlich *Rozek*, Das Grundgesetz als Prüfungs- und Entscheidungsmaßstab der Landesverfassungsgerichte (1993), S. 100 ff.

34 *Klein/Haratsch* (N 32), S. 561 f.

Sehr viel schwieriger ist es, wenn es in dem Prozeß um die Realisierung materiellen Bundesrechts geht. Kann in einem solchen Fall die Anwendung des Prozeßrechts (z.B. StPO oder ZPO) und gar die Anwendung des materiellen Rechts (z.B. StGB oder BGB) durch die Landesgerichte der Kontrolle des Landesverfassungsgerichts am Maßstab der Landesgrundrechte, insbesondere der Verfahrensgrundrechte (Recht auf richterliches Gehör, auf gesetzlichen Richter), aber auch der anderen Grundrechte (z.B. Gleichheitsgebot und Menschenwürde) unterliegen? Das BVerfG hat diese Frage im Hinblick auf die Anwendung des Prozeßrechts bejaht, im Hinblick auf die Anwendung des materiellen Rechts aber noch offen gelassen[35]. Die Kontrollkompetenz des Landesverfassungsgerichts ist jedoch problematisch. **49**

Offenbar sieht auch das BVerfG das Bedenken, daß Bundes- (Verfahrens-) Recht im Zuge seiner Anwendung im Lichte der Landesgrundrechte umgeformt werden könnte. Andernfalls würde es nämlich nicht postulieren, daß in solchen Fällen nur mit den Grundrechten des Grundgesetzes „inhaltsgleiche" Grundrechte der Landesverfassung als Prüfungsmaßstab für das Landesverfassungsgericht zugelassen werden[36]. Wird also die Verletzung eines nicht inhaltsgleichen Landesgrundrechts gerügt, ist die Landesverfassungsbeschwerde – aus bundesrechtlichen Gründen! – unzulässig[37]. Inhaltsgleichheit bedeutet, daß beide Normen (Bundes- und Landesgrundrechte) *in concreto* zu demselben Ergebnis führen müssen. Offenbar meint das BVerfG, der landesverfassungsrechtliche Prüfungsmaßstab könne unter diesen Umständen dem anzuwendenden Bundesrecht keinen Abbruch tun, da dieses ohnehin unter dem Vorbehalt der Übereinstimmung mit den Bundesgrundrechten steht, mit denen aber die Landesgrundrechte inhaltsgleich sind[38]. Das zur Vergewisserung der Inhaltsgleichheit notwendige Verständnis des Inhalts des Bundesgrundrechts könne sich das Landesverfassungsgericht aus der vorhandenen Rechtsprechung des BVerfG in Verbindung mit § 31 BVerfGG (Bindungswirkung), unter Umständen auch durch Vorlage nach Artikel 100 Abs. 3 (1. Alt.) GG verschaffen[39]. **50**

Völlig überzeugen können solche Überlegungen nicht[40]. Angesichts der Auslegungsmacht, die BVerfG und Landesverfassungsgericht über je „ihre" Grundrechtsnormen haben, ist die Bestimmung der Inhaltsgleichheit nicht sicher[41]. Damit ist jedenfalls die Gefahr, daß landesgrundrechtlich veranlaßte Abstriche (Veränderungen) des bundesrechtlichen Normbefehls in der Rechtsanwendung erfolgen, nicht gebannt. Dies verstößt zwar nicht unmittelbar gegen Art. 31 GG, der eine *Norm*kollisionsklausel ist[42], wohl aber gegen seinen Sinn[43]; Art. 31 GG verbindet nämlich mit der Statuierung des Geltungsvorrangs des Bundesrechts gegenüber dem Landesrecht im Fall der Normenkollision auch **51**

---

35 BVerfGE 96, 345 (363 ff.); das BVerfG hat im Verfahren der Divergenzvorlage (Art. 100 Abs. 3 GG) auf Vorlage des SächsVerfGH (DVBl. 1996, S. 102) entschieden.
36 BVerfGE 96, 345 (365).
37 BVerfGE 96, 345 (374).
38 BVerfGE 96, 345 (367 f.); so auch *Dietlein*, NVwZ 1994, S. 10.
39 BVerfGE 96, 345 (372 f.); *Schlaich*, Rn. 374 f. (S. 234 f.); *Zierlein* (N 9), S. 237 ff.
40 Ausführlich dazu E. *Klein/Haratsch* (N 11), S. 211 f.
41 Ein bemerkenswertes Beispiel bietet BerlVerfGH, NJW 1999, S. 47 f. (betr.: Berufswahl/Berufsausübung).
42 Das ist ganz h.M.; BVerfGE 96, 345 (364); *Bernhardt/Sacksofsky*, in: BK, Art. 31 Rn. 28 (Stand 1998); *Huber*, in: Sachs, Grundgesetz, 2. Aufl. 1999, Art. 31 Rn. 10.
43 Das war auch bisher die Ansicht des HessStGH, NVwZ 1994, S. 64; vgl. auch *Lange*, NJW 1998, S. 1278 ff. Änderung der Rechtsprechung: HessStGH, NJW 1999, S. 49 aufgrund BVerfGE 96, 345.

die Vorstellung, daß die einheitliche Geltung des Bundesrechts nicht durch dem Bundesrecht im Rang nachstehendes Landesverfassungsrecht in Frage gestellt werden darf[44].

52   Demgegenüber hat das BVerfG bislang ausdrücklich unentschieden gelassen, ob die von ihm bezüglich der Anwendung von Bundesverfahrensrecht entwickelten Grundsätze auch dann gelten, wenn es um die Kontrolle der Anwendung von materiellem Bundesrecht durch Landesgerichte geht[45]. Der Berliner Verfassungsgerichtshof sieht in ständiger Rechtsprechung keinen Anlaß zu differenzierter Behandlung[46]; auch die Literatur steht weitgehend auf diesem Standpunkt. Der Bayerische Verfassungsgerichtshof und der Hessische Staatsgerichtshof haben sich dieser Ansicht bisher nicht angeschlossen[47]; sie gehen nur dann von einer Kontrollzuständigkeit aus, wenn die Entscheidung des Landesgerichts „willkürlich" gewesen, der Sache nach also gar kein Bundesrecht angewendet worden sei[48].

Läßt man sich auf die vom BVerfG gebilligte Konzeption ein – wogegen hier freilich gewichtige Bedenken erhoben werden –, wird es schwierig sein, die Landesverfassungsgerichte von der Kontrolle der Beachtung ihrer inhaltsgleichen Landesgrundrechte gegenüber der Anwendung von materiellem Bundesrecht durch die Landesstaatsgewalt abzuhalten. Dies liegt dann in der Konsequenz des vom BVerfG – zu Unrecht – eröffneten Weges[49].

53   Mit den bisherigen Ausführungen ist noch nichts darüber gesagt, ob auch die Normen des Grundgesetzes, insbesondere die dort garantierten Grundrechte, den Landesverfassungsgerichten als Prüfungsmaßstab zu Gebote stehen. Wäre dies der Fall, würde sich die unter Umständen mühselige Suche nach „inhaltsgleichen" Landesgrundrechten erübrigen[50]. Argument hierfür könnte die zweifellos bestehende Bindung aller Staatsgewalt, einschließlich der Landesverfassungsgerichte, an die Bundesgrundrechte sein (Art. 1 Abs. 3 GG)[51].

54   Das BVerfG hat sich zu Recht eindeutig für die Beschränkung auf die Landesverfassung als Prüfungsmaßstab für die Landesverfassungsgerichte ausgesprochen[52], wenn es im Zuge der Ermittlung der Inhaltsgleichheit von Landes- und Bundesgrundrechten die Auslegung und Anwendung des entsprechenden grundgesetzlich garantierten Rechts als

---

44 E. *Klein/Haratsch* (N 32), S. 560 f.; *diess.* (N 11), S. 210 f.; vgl. auch *Starck* (N 32), S. 232; *H.H. Klein* (N 25), S. 375; *Clausen*, Landesverfassungsbeschwerde und Bundesstaatsgewalt (1999), S. 132 ff. – Umgekehrt wird Kritik am BVerfG wegen des Bestehens auf dem Merkmal der „Inhaltsgleichheit" geübt: „Gleichschaltung der Landesverfassungsgerichtsbarkeit", so *Hain* (N 14), S. 621; ähnlich *Lange* (N 43), S. 1280.

45 BVerfGE 96, 345 (362).

46 Zuletzt BerlVerfGH, NJW 1999, S. 47.

47 Vgl. nur BayVerfGH, NVwZ 1994, S. 64; BayVBl. 1998, S. 432; HessStGH, ESVGH, 34, 12.

48 Vgl. hier auch SächsVerfGH, NJW 1999, S. 51, der sich offenbar aus bundesrechtlichen Gründen gehindert sieht, seine Kontrollbefugnis am Maßstab inhaltsgleicher Landesgrundrechte auf solche Landesakte (sozialgerichtliche Entscheidung) zu erstrecken, mit denen nicht nur vom materiellen Bundesrecht determinierte, sondern auch von Bundesbehörden (BfA) erlassene Verwaltungsakte kontrolliert werden. Grundsätzlich ablehnend zur Überprüfung durch Landesverfassungsgerichte *Clausen* (N 44), S. 135 ff.

49 Vgl. aber *Stern*, FS zum 25-jährigen Bestehen des BayVerfGH (1997), S. 255.

50 In diese Richtung *Sobota*, DVBl. 1994, S. 802.

51 Vgl. BVerfGE 97, 298 (314 f.).

52 BVerfGE 36, 342 (368); zum entsprechenden Verständnis der Landesverfassungsgerichte vgl. *Storr*, ThürVBl. 1997, S. 112.

„Vorfrage", das als inhaltsgleich ermittelte Landesgrundrecht hingegen als den zulässigen Prüfungsmaßstab angesehen hat[53]. Weder die Bindung an die Bundesgrundrechte (Art. 1 Abs. 3 GG)[54] noch die in Art. 100 Abs. 1 und 3 GG vorausgesetzte Befugnis (auch) der Landesverfassungsgerichte, grundgesetzliche Vorschriften in seine Kontrolltätigkeit einzubeziehen, belegen seine Fähigkeit, Rechtsakte der Landesstaatsgewalt bei Verstoß gegen das Grundgesetz zu kassieren. Interpretationskompetenz ist mit Entscheidungskompetenz nicht gleichzusetzen[55]. Im Rahmen von Art. 100 GG (Verwerfungsmonopol des BVerfG) ist dies klar und betrifft alle Gerichte. Während aber z.B. die Verwaltungsgerichte eines Landes einen Verwaltungsakt am Maßstab des Grundgesetzes messen *und* bei Verstoß aufheben können (§ 113 Abs. 1 VwGO), besteht für das Landesverfassungsgericht keine entsprechende Ermächtigung. Bundesgrundrechte gehören daher nicht zum rügefähigen Potential einer Landesverfassungsbeschwerde[56].

Ein weiteres Problem tritt auf, wenn in einem Verfahren vor dem Landesverfassungsgericht (etwa einer Verfassungsbeschwerde) die Verfassungswidrigkeit des zu prüfenden Landesaktes (z.B. eines Landesgesetzes) damit begründet wird, daß zwar die Kompetenzwidrigkeit die Verletzung des landesverfassungsrechtlichen Grundrechts verursacht und die Feststellung dieser Verletzung dem Landesverfassungsgericht obliegt, die Abgrenzung der Zuständigkeiten von Land und Bund sich aber aus der Bundesverfassung (Art. 30, 70 GG) ergibt. Die Auffassung, das Landesverfassungsgericht könne diese Frage selbst am Maßstab des Grundgesetzes klären, stützt sich auf Art. 100 Abs. 3 GG. In der Tat folgt hieraus, daß die Landesverfassungsgerichte von der Auslegung und Anwendung des Grundgesetzes nicht ausgeschlossen sein können[57]. Auch hier ist aber nicht der Schluß zu ziehen, sie könnten die zu prüfende landesgesetzliche Norm wegen eines Verstoßes gegen die grundgesetzlichen Kompetenzbestimmungen für nichtig erklären. Dem steht schon der klare Wortlaut von Art. 100 Abs. 1 GG entgegen[58]. Wie alle anderen Gerichte haben auch die Landesverfassungsgerichte insoweit nur eine Prüfungs-, aber keine Verwerfungskompetenz. Sie müssen daher das Gesetz dem BVerfG vorlegen, wenn sie vom Verstoß eines nachkonstitutionellen Landesgesetzes (auch einer Landesverfassungsnorm) gegen das Grundgesetz überzeugt sind[59]. **55**

Fraglich kann in diesem Fall nur sein, ob statt einer Vorlage nach Art. 100 Abs. 1 GG auch eine Vorlage nach Art. 100 Abs. 3 GG möglich ist. Dies setzt jedenfalls voraus, daß eine solche Vorlage im übrigen zulässig ist, u.a. eine Divergenz zu einer bereits ergangenen anderslautenden Entscheidung des BVerfG oder eines anderen Landesverfassungsgerichts vorhanden ist. Das BVerfG hat ein Wahlrecht des Landesverfassungsgerichts bezüglich der beiden Vorlagearten angenommen, obgleich die Zielrichtung beider Verfah- **56**

---

53 BVerfGE 96, 345 (374 f.).
54 Woraus sich nach BVerfGE 97, 298 (315) ergibt, daß der BayVerfGH Art. 111 a BayVerfassung (Rundfunkfreiheit) im Lichte von Art. 5 Abs. 1 Satz 2 GG auszulegen hat!
55 *H.H. Klein* (N 25), S. 371.
56 Zutr. BbgVerfG, LVerfGE 2, 181.
57 BVerfGE 60, 175 (206 f.); 69, 112 (117); HessStGH, DÖV 1982, S. 320 ff.; anders *Sachs*, DÖV 1982, S. 595 ff.
58 Im Fall „Startbahn West" konnte der HessStGH nicht nach Art. 100 Abs. 1 GG vorlegen, da eine Norm noch nicht existent war; vgl. DÖV 1982, S. 321.
59 BVerfGE 36, 342 (356); 69, 112 (117 f.). Ebenso *Tilch* (N 22), S. 559 f.; *Bethge* (N 3), S. 262; anders *Burmeister* (N 8), S. 460 ff.

ren verschieden ist: In dem einen Fall geht es primär um die Verfassungswidrig- und Nichtigerklärung einer Norm, in dem anderen in erster Linie um die verbindliche Auslegung einer Grundgesetznorm durch das BVerfG[60]. Das BVerfG hat dennoch das Wahlrecht akzeptiert, vor allem aus Gründen der Rücksichtnahme auf die Landesverfassungsgerichte. Dies ist nicht sehr überzeugend, kann aber hingenommen werden, weil letztlich auch im Verfahren der Divergenzvorlage (Art. 100 Abs. 3 GG) die entscheidende Frage des Bundesverfassungsrechts geklärt wird und das Landesverfassungsgericht an sich zur Nichtigerklärung einer Norm des Landesrechts kompetent ist. Das BVerfG hat seine Rechtsprechung zur Wahlmöglichkeit auch neuerdings nicht aufgegeben, also keineswegs – wie es in der Literatur gefordert wird[61] – allein auf den Weg des Art. 100 Abs. 3 GG gesetzt[62].

IV. Überprüfung landesverfassungsgerichtlicher Entscheidungen

57 Aus der Anerkennung eigenständiger Verfassungsräume und Verfassungsgerichtsbarkeiten der Bundesländer ergibt sich, daß das BVerfG gegenüber der Tätigkeit der Landesverfassungsgerichte nicht die Position einer höheren Instanz einnehmen kann[63]. Dies gilt für die Beurteilung von materiellen ebenso wie von prozessualen Fragen. Der eigene Verantwortungsbereich des BVerfG wird dadurch allerdings nicht geschmälert. Liegen die Zulässigkeitsvoraussetzungen vor, so kann in den bundesverfassungsgerichtlichen Verfahren der zu prüfende Landesstaatsakt mit dem Rechtsmaßstab gemessen werden, der dem BVerfG zur Verfügung steht. Daher kann ein Verstoß gegen Bundes- (Verfassungs-) Recht auch dann festgestellt werden, wenn das Landesverfassungsgericht zu einem anderen Ergebnis gelangt ist[64]. Ferner kann die Verfassungsbeschwerde zum BVerfG mit der Behauptung erhoben werden, die Entscheidung des Landesverfassungsgerichts verletze (Bundes-) Grundrechte[65].

58 Einschränkungen sind jedoch zu machen. Nach ständiger Rechtsprechung des BVerfG kann ein Verstoß gegen Bundesgrundrechte erfolgreich gerügt werden, wenn der Eingriff in das Grundrecht nicht der verfassungsmäßigen Ordnung entspricht[66]. Daher wäre eine Verfassungsbeschwerde gegen eine landesverfassungsgerichtliche Entscheidung oder unmittelbar gegen eine Norm des Landesrechts mit der Behauptung denkbar, Art. 2 Abs. 1 GG sei dadurch verletzt, daß der vom Landesverfassungsgericht gebilligte Eingriff in die Freiheit gegen eine Norm des Landesverfassungsrechts verstoße. Würde das BVerfG dieser Argumentation folgen, so oblöge es ihm, Landesverfassungsrecht auszulegen, unter Umständen sogar im Widerspruch zu dem Landesverfassungsgericht. Dies würde zur Aushöhlung der Landesverfassungsgerichtsbarkeit führen[67]. Das BVerfG hat deshalb da-

---

60 BVerfGE 36, 342 (356).

61 *Burmeister* (N 8), S. 463 ff.

62 So aber wird BVerfGE 60, 174 (206 ff.), zu Unrecht von *Gusy*, Die Verfassungsbeschwerde (1988), Rn. 13, gedeutet. Vgl. auch BVerfGE 69, 112 (117 f.).

63 BVerfGE 6, 445 (449); 36, 342 (357); 60, 175 (208).

64 BVerfGE 69, 112 (116).

65 Vgl. etwa BVerfGE 42, 312; 85, 148 (157); 96, 231 (242); *Friesenhahn* (N 7), S. 794 f.

66 Seit BVerfGE 6, 32 (41) st. Rspr. – Elfes.

67 Auf der anderen Seite verlangt BVerfGE 97, 209 (314 f.), wegen Art. 1 Abs. 3 GG, daß die fallrelevanten Grundrechte des Grundgesetzes bei der Auslegung und Anwendung der Landesverfassung zu beachten sind

hingehende Verfassungsbeschwerden für unzulässig erklärt[68]. Eine entsprechende Argumentation ist freilich dort problematisch, wo es keinen landesverfassungsgerichtlichen Rechtsschutz gibt[69].

Darüber hinaus ist die Rüge unzulässig, das Landesverfassungsgericht habe grundrechts-   **59** gleiche Gewährleistungen (z.B. Recht auf den gesetzlichen Richter) verletzt, wenn sie sich auf ein Verfahren des Landesverfassungsgerichts bezieht, in dem eine landesverfassungsrechtliche Streitigkeit in der Sache abschließend entschieden wird; dies gilt jedenfalls „solange die Länder ... bei der Einrichtung ihrer Landesverfassungsgerichte die Homogenitätsanforderungen des Art. 28 Abs. 1 GG beachten"[70].

Eine Abschwächung der bundesverfassungsgerichtlichen Kontrolle über Entscheidungen   **60** der Landesverfassungsgerichte kann auch dadurch erfolgen, daß das BVerfG die Reichweite der bundesgrundrechtlichen Garantie interpretativ reduziert. So hat das BVerfG im Jahr 1998 in abrupter Änderung seiner bislang ständigen Rechtsprechung[71] die Grundsätze der Allgemeinheit und Gleichheit der Wahl nicht mehr als Anwendungsfälle des allgemeinen Gleichheitssatzes angesehen und damit den Weg versperrt, mit einer Bundesverfassungsbeschwerde die behauptete Verletzung der Wahlrechtsgleichheit bei der Durchführung von Landtags- und Kommunalwahlen durch das Landesverfassungsgericht zu rügen[72].

V. Würdigung

Die Probleme der Abgrenzung und Abstimmung von Bundes- und Landesverfassungsge-   **61** richtsbarkeit sind in den letzten Jahren zunehmend in den Vordergrund getreten. Dies hängt mit einer Intensivierung der Verfassungsgerichtsbarkeit auf Landesebene zusammen, die durch die Errichtung der Verfassungsgerichte in den neuen Ländern einen deutlichen „Schub" erfahren hat und zunehmend selbstbewußter agiert[73]. Gefördert wird diese Entwicklung durch eine jede Möglichkeit der Entlastung suchende Rechtsprechung des BVerfG. Ob sie Grundrechtsverkürzungen rechtfertigt, ist indes zweifelhaft. Diese Gefahr ist um so weniger auszuschließen, als nunmehr auch die Landesverfassungsgerichte sich gegen eine Verlagerung der Fallflut zu ihren Lasten zu wappnen beginnen[74]. Ein Ab-

---

(z.B. Art. 5 Abs. 1 Satz 2 GG i.V.m. Art. 111 a BayVerf); versäumt dies das Landesverfassungsgericht, so ist die grundgesetzliche Grundrechtsnorm verletzt und die Bundesverfassungsbeschwerde möglich.

68 BVerfGE 41, 88 (118 ff.); 60, 175 (209); BVerfG, Beschl. v. 19.04.1993 (Kammer), NVwZ 1994, S. 59 f.
69 Vgl. *Kley/Rühmann*, in: Umbach/Clemens, § 90 Rn. 140 ff. Allerdings ist verfassungsgerichtlicher Rechtsschutz von Verfassungs wegen nicht gefordert (Art. 19 Abs. 4 GG); BVerfG, Beschl. v. 16.07.1998, NJW 1999, S. 43.
70 BVerfGE 96, 231 (243) bezüglich einer Entscheidung des BayVerfGH zur Durchführung eines Volksentscheids; vgl. auch BVerfG (Kammerbeschluß), NVwZ 1994, S. 59 f., sowie BVerfG (Kammerbeschluß), NJW 1998, S. 293 ff. Ferner Urt. v. 21.07.2000 – 2 BvH 3/91 –, Umdruck S. 13.
71 Zuletzt noch BVerfGE 85, 148 (157).
72 BVerfGE 99, 1 (10 ff.); zustimmend *Tietje*, JuS 1999, S. 957 ff. Eine gleichermaßen zweifelhafte Einschränkung der Überprüfungskompetenz des BVerfG findet sich in BVerfGE 98, 265 (318 f.); zur Kritik das Sondervotum ebd., S. 352 ff.
73 Vgl. auch *Tietje*, AöR 124 (1999), S. 282 ff.
74 Dazu *Finkelnburg*, in: Verfassung und Verfassungsgerichtsbarkeit auf Landesebene (1998), S. 183 ff.; *Lange* (N 43), S. 1280; *Wittreck*, DÖV 1999, S. 634 ff.

bau des Grundrechtsschutzes, um dessen Intensität viele Deutschland beneiden, muß wohlbedacht sein. Er mag im Hinblick auf die sich verstärkende grundrechtliche/menschenrechtliche Kontrolle der Bundesrepublik Deutschland und damit auch des Bundesverfassungsgerichts durch internationale Instanzen partiell vertretbar sein. Aber dann muß man diese internationale Einbindung auch voll akzeptieren.

§ 3 Bundesverfassungsgericht und internationale Gerichtsbarkeit

I. Allgemeines

62 Mit der sich zunehmend intensivierenden Einordnung der Bundesrepublik Deutschland in internationale und supranationale Zusammenhänge[1] werden nicht nur materiell-rechtliche Kollisionsfragen aufgeworfen, sondern auch davon kaum trennbare Zuständigkeitsprobleme hinsichtlich der gerichtlichen Kontrolle, soweit die von Deutschland ratifizierten völkerrechtlichen Verträge einen eigenen justitiellen Überwachungsmechanismus bezüglich der übernommenen Vertragspflichten begründet haben. Dies ist zum einen im Bereich des internationalen Menschenrechtsschutzes der Fall, wobei in erster Linie auf die Europäische Konvention zum Schutze der Menschenrechte und Grundfreiheiten vom 4. November 1950 (EMRK)[2] zu verweisen ist, die mit dem Europäischen Gerichtshof für Menschenrechte in Straßburg (EGMR) eine eigene Kontrollinstanz geschaffen hat. Die Parallelität[3] der grund- und menschenrechtlichen Verbürgungen und die Möglichkeit ihrer gegenseitigen Beeinflussung werden sich zwangsläufig auf die Bestimmung der Jurisdiktionsgewalt von EGMR einerseits, BVerfG andererseits auswirken.

63 Was das europäische Gemeinschaftsrecht angeht, so ist es mit den nationalen Rechtsordnungen der Mitgliedstaaten besonders intensiv verklammert[4]. Zahlreiche Rechtsakte der EG wirken unmittelbar in den Mitgliedstaaten und können die dort lebenden Personen direkt berechtigen und verpflichten[5]. Die Rechtsakte müssen allerdings ihre Grundlage in den Gemeinschaftsverträgen finden und zum Schutz der betroffenen Personen rechtsstaatlichen Anforderungen, also insbesondere einem angemessenen Grundrechtsschutz, genügen. Aus beiden Gesichtspunkten können sich Jurisdiktionskonflikte ergeben zwischen der europäischen Gerichtsbarkeit in Luxemburg (Europäischer Gerichtshof/EuGH und Gericht erster Instanz), deren Aufgabe es ist, die Wahrung des Rechts bei der Auslegung und Anwendung der Verträge zu sichern[6], und dem BVerfG, soweit es für sich die Kontrolle darüber in Anspruch nimmt, ob die Rechtsakte der Gemeinschaft tatsächlich auf dem von der Bundesrepublik Deutschland konsentierten Grund (d.h. den Gemein-

---

1 Dazu *Tomuschat*, HStR VII (1992), § 172.
2 BGBl. 1952 II S. 685, 953; heute i.d.F. des 11. Protokolls vom 11.05.1994, BGBl. 1995 II S. 579, in Kraft seit 01.11.1998.
3 Vgl. BVerfGE 74, 358 (370).
4 *Streinz*, Europarecht (4. Aufl. 1999), Rn. 175 ff. („Verzahnung").
5 Insbesondere Verordnungen und Entscheidungen, Art. 249 EGV.
6 Art. 220 EGV.

schaftsverträgen) stehen und ob sie dem vom Grundgesetz gewährleisteten Grundrechtsschutz genügen[7].

Die nachfolgenden Ausführungen beschränken sich auf die Erörterung von Grundproblemen der Zuständigkeit des BVerfG im Verhältnis zu den genannten internationalen Instanzen. Bei der Behandlung der einzelnen Verfahren (vor allem Verfassungsbeschwerde, abstrakte und konkrete Normenkontrolle) wird auf Detailfragen näher eingegangen.

II. Internationaler Menschenrechtsschutz

1. Berücksichtigung internationaler Menschenrechtsgarantien in der Rechtsprechung des BVerfG

a) Interpretative Berücksichtigung

Die menschenrechtlichen Verpflichtungen der Bundesrepublik Deutschland beruhen auf völkerrechtlichen Verträgen[8] oder auf allgemeinen Regeln des Völkerrechts (Art. 25 GG)[9]. Ihre Tauglichkeit, unmittelbarer Prüfungsmaßstab in einem bundesverfassungsgerichtlichen Verfahren zu sein, ist nach überwiegender Auffassung begrenzt. **64**

Die vertraglichen Verpflichtungen, z.B. EMRK, Internationaler Pakt über bürgerliche und politische Rechte (IPBPR) stehen in der Bundesrepublik im Rang eines einfachen Gesetzes[10]. Verfassungsbeschwerden, mit denen allein die Verletzung von Grundrechten und grundrechtsgleichen Rechten auf der Ebene des Grundgesetzes geltend gemacht werden kann (Art. 93 Abs. 1 Nr. 4 a GG, § 90 BVerfGG), scheiden als Rügeinstrument daher aus[11]. Dies gilt in entsprechender Weise im Hinblick auf völkergewohnheitsrechtliche Normen, die zwar den Bundesgesetzen vorgehen (Art. 25 Satz 2 GG), aber doch keinen Verfassungsrang genießen[12]. Die (auf Vertrag oder Gewohnheitsrecht beruhenden) Menschenrechte sind ferner kein tauglicher Prüfungsmaßstab, soweit es um die Kontrolle einer Bundesnorm geht, da Maßstab insoweit gleichfalls nur das Grundgesetz ist[13]. Steht allerdings Landesrecht auf dem Prüfstand, stellen die für die Bundesrepublik verbindlichen internationalen Menschenrechtsnormen, da sie wie Bundesrecht wirken, einen unmittelbaren und daher auch notwendig zu berücksichtigenden Kontrollmaßstab dar[14]. **65**

---

7 Vgl. BVerfGE 89, 155 – Maastricht.
8 Diese Verträge bedürfen der Zustimmung der gesetzgebenden Körperschaften nach Art. 59 Abs. 2 GG durch ein sog. Vertragsgesetz.
9 Insoweit spricht man vom „menschenrechtlichen Mindeststandard"; darunter fallen vor allem das Verbot von Genozid, Folter, Sklaverei, Rassendiskriminierung, willkürlicher Verhaftung und Rechtsschutzverweigerung.
10 *Bernhardt*, HStR VII (1992), § 174 Rn. 29.
11 St. Rspr. seit BVerfGE 10, 271 (274); 41, 126 (149); 96, 152 (170).
12 BVerfGE 37, 271 (279). Auch wenn man der neueren Lehre folgt, wonach die allgemeinen Regeln zwar ranggleich neben der Verfassung stehen, aber nicht zu Normen des Verfassungsrechts werden (so *Steinberger*, HStR VII (1992), § 173 Rn. 61; *Streinz*, in: Sachs (Hg.), Grundgesetzkommentar, (2. Aufl. 1999), Art. 25 Rn. 90), ergibt sich für die Rügemöglichkeit der Verfassungsbeschwerde nichts anderes.
13 Art. 93 Abs. 1 Nr. 2 und 100 Abs. 1 GG; vgl. auch BVerfGE 92, 365 (392).
14 Ebenso *P. Kirchhof*, EuGRZ 1994, S. 30. Soweit ersichtlich gibt es hierzu in der Rspr. noch keine Beispiele. – Zur Bedeutung der internationalen Garantien für die Landesverfassungsgerichtsbarkeit vgl. etwa Sächs.VerfGH, LVerfGE 4, 303 (335) und *E. Klein*, in: Verfassung und Verfassungsgerichtsbarkeit auf Landesebene (1998), S. 40 ff.

66 Die fehlende Maßstabsfunktion der internationalen Menschenrechtsnormen im Verfassungsbeschwerdeverfahren und gegenüber Bundesrecht vergrößert das Risiko, daß diesen Normen innerstaatlich nicht in vollem Umfang Rechnung getragen wird[15] und die Bundesrepublik Deutschland dadurch eine Völkerrechtsverletzung begeht. Es dient – im Einklang mit dem Verfassungsgrundsatz der Völkerrechtsfreundlichkeit der deutschen Rechtsordnung[16] – der Minimierung dieser Gefahr, wenn das BVerfG in st. Rspr. diese menschenrechtlichen Verbürgungen als Hilfe zur Interpretation der Grundrechte des Grundgesetzes heranzieht[17]. Hierbei handelt es sich freilich um mehr als nur eine „Quelle der Inspiration" für das BVerfG[18]. Vielmehr wirkt sich hier die verpflichtende Kraft der menschenrechtlichen Gewährleistungen im Verhältnis zu den ihnen „verwandten" Grundrechten des Grundgesetzes aus[19]. Bezogen auf die EMRK hat das BVerfG ausgeführt: „Bei der Auslegung des Grundgesetzes sind auch Inhalt und Entwicklungsstand der Europäischen Menschenrechtskonvention in Betracht zu ziehen, sofern dies nicht zu einer Einschränkung oder Minderung des Grundrechtsschutzes nach dem Grundgesetz führt, eine Wirkung, die die Konvention indes selbst ausgeschlossen wissen will" (Art. 53 EMRK)[20]. Soweit die Menschenrechtsverträge besondere Kontrollinstanzen etabliert haben, ist auch deren Verständnis von der Menschenrechtsnorm „Auslegungshilfe für die Bestimmung von Inhalt und Reichweite von Grundrechten und rechtsstaatlichen Grundsätzen des Grundgesetzes"[21]. So hat das BVerfG etwa nach Maßgabe des Art. 6 Abs. 2 EMRK die im Grundgesetz nicht ausdrücklich garantierte Unschuldsvermutung über Art. 2 Abs. 1 GG i.V.m. dem Rechtsstaatsprinzip grundrechtlich abgesichert und damit die Verfassungsbeschwerde als Rügemöglichkeit anerkannt[22]. Die menschenrechtlichen Verbürgungen sind also in der Lage, dem BVerfG zu einer klareren Erfassung der Grundrechte des Grundgesetzes zu verhelfen und so den zur Verfügung stehenden Prüfungsmaßstab zu schärfen.

67 Die menschenrechtlichen Verpflichtungen wirken sich aber nicht nur gegenüber dem Grundgesetz (Prüfungsmaßstab) aus, sondern bereits auch gegenüber den Rechtsnormen, die Prüfungsgegenstand sind. Unabhängig nämlich davon, welchen Rang die Menschenrechte im innerstaatlichen Recht haben – Gesetzesrang (Art. 59 Abs. 2 GG) oder Übergesetzesrang (Art. 25 GG) –, besteht die dem Grundsatz der Völkerrechtfreundlichkeit des Grundgesetzes entsprechende Vermutung, daß der deutsche (Bundes- und Landes-) Gesetzgeber die völkerrechtlichen Verpflichtungen der Bundesrepublik beachten will[23]; dies führt zum Gebot einer menschenrechtskonformen Auslegung der zu prüfenden innerstaatlichen Norm, soweit dies nach allgemeinen Interpretationsregeln (Wortlautgrenze) zulässig ist.

---

15 Ungeachtet der Beachtungspflicht der Fachgerichte.
16 *Bleckmann*, DÖV 1979, S. 309 ff.; *Tomuschat* (N 1), Rn. 9.
17 Etwa BVerfGE 31, 58 (67 f.) – EMRK; 74, 358 (370) – EMRK; 75, 1 (21 f.) – IPBPR; 83, 119 (128) – EMRK, IPBPR; 98, 169 (206) – ILO.
18 So *Kirchhof*, EuGRZ 1994, S. 31.
19 *E. Klein*, in: Mahrenholz/Hilf/Klein, Entwicklung der Menschenrechte innerhalb der Staaten des Europarates (1987), S. 54.
20 BVerfGE 74, 358 (370).
21 BVerfGE 74, 358 (370); 83, 119 (128); dazu *Steinberger*, HRLJ 6 (1985), S. 402 ff. Vgl. auch BVerwG, DÖV 2000, S. 505.
22 BVerfGE 74, 358 (369 f.); 82, 106 (114 f.).
23 BVerfGE 74, 358 (370) zur Auslegung der StPO.

b) Rügemöglichkeit

Über die dargestellte Berücksichtigung der Menschenrechtsnormen bei der Auslegung **68** der Grundrechte hinaus hat das BVerfG weitere Möglichkeiten gesehen, mit denen die Verletzung der Menschenrechte durch deutsche Rechtsanwendungsorgane gerügt werden kann. Ein Weg ist die mit Art. 3 Abs. 1 GG verbundene Rüge objektiver Willkür[24]. Dazu genügt freilich nicht jede fehlerhafte Rechtsanwendung: „Vielmehr muß hinzukommen, daß die fehlerhafte Rechtsanwendung bei verständiger Würdigung der das Grundgesetz beherrschenden Gedanken nicht mehr verständlich ist und sich daher der Schluß aufdrängt, daß sie auf sachfremden Erwägungen beruht."[25] Insoweit könnte eine völlig unverständliche, nicht mehr nachvollziehbare Auslegung oder Außerachtlassung eines Konventionsrechts Anlaß zu einer begründeten Rüge nach Art. 3 Abs. 1 GG sein.

Ein anderer Weg führt über Art. 2 Abs. 1 GG. Soweit es sich um die Behauptung handelt, **69** von allgemeinen Völkerrechtsregeln geschützte Menschenrechte seien verletzt worden, hat das BVerfG – in Anwendung der Elfes-Rechtsprechung (BVerfGE 6, 32) – einen Verstoß gegen Art. 2 Abs. 1 i.V.m. Art. 25 GG dann gesehen, wenn der Einzelne durch eine Entscheidung belastet wird, „die auf einer dem allgemeinen Völkerrecht widersprechenden Vorschrift des innerstaatlichen Rechts oder einer mit dem allgemeinen Völkerrecht unvereinbaren Auslegung und Anwendung einer Vorschrift des innerstaatlichen Rechts beruht"[26]; denn wegen Art. 25 GG gehört es zur verfassungsmäßigen Ordnung, daß die innerstaatliche Rechtsetzung und Rechtsanwendung den allgemeinen Regeln des Völkerrechts Rechnung trägt.

Man könnte daran denken, diese Rechtsprechung auf vertraglich garantierte Menschen- **70** rechtsnormen, wie EMRK und IPBPR, zu übertragen mit dem Argument, die fehlende oder fehlerhafte Beachtung dieser Menschenrechte verstoße gegen den allgemeinen Verfassungsgrundsatz[27] der Völkerrechtsfreundlichkeit des Grundgesetzes, so daß entsprechende Rechtsakte nicht zur verfassungsmäßigen Ordnung gehören und mit Hilfe des Art. 2 Abs. 1 GG bekämpft werden können[28]. Das BVerfG hat diese Überlegung bislang zwar nicht aufgegriffen, läßt jedoch erkennen, daß Art. 2 Abs. 1 GG durchaus einsetzbar sein könnte: Einmal dadurch, daß der Rechtsanwender sich von seiner Bindung an Gesetz und Recht eindeutig gelöst hat, z.B. durch unzulässige – hier die Menschenrechte tangierende – Rechtsfortbildung[29]; zum andern dadurch, daß der Rechtsanwender den „für die Auslegung der Grundrechte bedeutsamen Standard" der in völkerrechtlichen Konventionen garantierten Menschenrechte verkannt hat[30]. Beide Alternativen sind in ihrer eher zurückhaltenden Formulierung schwerlich zur Korrektur jeder Vertragsverletzung geeignet,

---

24 Vgl. BVerfGE 64, 135 (157); 74, 102 (128); dazu *Frowein*, FS Zeidler II (1987), S. 1767 f. Kritisch zum Konzept s.u. Rn. 71; ferner *Weiß*, Objektive Willkür (2000), S. 98 f.

25 BVerfGE 62, 189 (192).

26 BVerfGE, Dreierbeschluß vom 11.10.1985 – Pakelli –, EuGRZ 1985, S. 654; dazu *Frowein* (N 24), S. 1768.

27 Vgl. BVerfGE 6, 32 (41).

28 *Klein* (N 19), S. 56. Nach *Giegerich*, in: Grabenwarter u.a. (Hg.), Allgemeinheit der Grundrechte und Vielfalt der Gesellschaft (1994), S. 101 ff., sollen die EMRK-Garantien unmittelbar „allgemeine Regeln des Völkerrechts" sein.

29 BVerfGE 87, 273 (280); 96, 152 (170).

30 BVerfGE 83, 119 (128); 96, 152 (170).

sondern dürften nur grobe Verstöße erfassen[31]. Da es sich um die Verletzung von auf der Ebene einfachen Bundesrechts stehenden Regeln (Vertragsnormen) handelt, entspricht diese Zurückhaltung jener, die das BVerfG prinzipiell gegenüber der (fehlerhaften) Anwendung einfachen Rechts durch die Fachgerichte übt[32].

71 Man sollte indes nicht übersehen, daß menschenrechtliche Verbürgungen, obgleich im Rang eines Bundesgesetzes geltend, jedenfalls dann eine andere Dimension als sonstige völkervertragliche Vorschriften haben, wenn sie dem Einzelnen unmittelbar Rechte zusprechen[33]. Die „Verwandtschaft" mit den Grundrechten des Grundgesetzes ist offenkundig. Die Menschenrechte bilden heute die maßgebliche Grundlage, auf der das Verhältnis des Individuums zum Staat bestimmt wird; sie haben die Stellung des Staates in der internationalen Rechtsordnung entscheidend umgeprägt[34]. Was insbesondere die EMRK angeht, so binden ihre Garantien nicht nur als „normale" völkerrechtliche Verpflichtungen die Vertragsparteien, sondern diese Normen haben für das weitere (Europarat), vor allem aber für das engere Europa (Europäische Union) den Charakter unverzichtbarer „Verfassungssätze" gewonnen[35]. Es entspräche dieser Bedeutung, wenn der Schutz dieser menschenrechtlichen Gewährleistungen unmittelbar durch das BVerfG wahrgenommen werden könnte, also die EMRK-Rechte neben den Grundrechten des Grundgesetzes unmittelbarer Prüfungsmaßstab im Verfassungsbeschwerdeverfahren und bei der Kontrolle von Bundesnormen würden[36].

2. Kontrolle des BVerfG durch internationale Instanzen

72 Verschiedene Menschenrechtsverträge sehen einen eigenen Schutzmechanismus vor, der Individuen dazu berechtigt, im Beschwerdeweg vor einer internationalen Instanz die Verletzung der garantierten Rechte durch Organe einer Vertragspartei zu rügen. Für die Bundesrepublik Deutschland sind insofern vor allem die Beschwerdemöglichkeiten zum Europäischen Gerichtshof für Menschenrechte (EGMR) und zum Menschenrechtsausschuß der Vereinten Nationen (MRA) nach dem IPBPR von Belang.

73 Gemeinsame Zulässigkeitsvoraussetzung dieser Beschwerden ist die Ausschöpfung des innerstaatlichen Rechtswegs[37]. Hiermit soll dem Staat zunächst selbst Gelegenheit gegeben werden, die Rechtsverletzung zu beseitigen. Soweit eine Verfassungsbeschwerde zum BVerfG zulässig ist, muß sie folglich erhoben werden, bevor der internationale Rechtsweg beschritten werden kann. Wo nach innerstaatlichem Recht dieser Rechtsbehelf nicht zur Verfügung steht oder erkennbar chancenlos ist, kann ohne diesen Umweg

---

31 Dies ist allerdings wegen der vom BVerfG zu Recht geschulterten „Völkerrechtsverantwortung" nicht eindeutig; vgl. BVerfGE 58, 1 (34 f.); 59, 63 (89).
32 S.u. Rn. 598 ff. (bei Verfassungsbeschwerde).
33 Zu diesen Voraussetzungen *E. Klein*, in: Koeppel (Hg.), Kindschaftsrecht und Völkerrecht (1996), S. 39 f.
34 Dazu *E. Klein*, Menschenrechte, 1997, S. 23 ff. *Tomuschat* (N 1), Rn. 73, spricht im Hinblick auf die Menschenrechtskonventionen von einer „völkerrechtlichen Nebenverfassung".
35 Vgl. Art. 6 EUV. Dazu auch *Frowein*, in: FS Maihofer (1988), S. 149 ff.
36 Ablehnend *Schlaich*, Rn. 334 q. – Die Erweiterung der Prüfungsbefugnis setzte in jedem Fall eine Gesetzesänderung voraus. Für die Zulässigkeit der Individualbeschwerde vor dem EGMR müßte die Geltendmachung gerade der EMRK-Verletzung vor dem BVerfG zur Pflicht gemacht werden.
37 Art. 35 Abs. 1 EMRK; Art. 5 Abs. 2 Fakultativprotokoll zum IPBPR (BGBl. 1992 II S. 1246).

die internationale Instanz angerufen werden. Die derzeit aus Entlastungsgründen diskutierte Begrenzung des Rechts zur Verfassungsbeschwerde könnte die internationalen Instanzen eher als bisher zum Zuge kommen lassen und damit die „Selbstreinigungskräfte" der Bundesrepublik schwächen[38].

Hat die Verfassungsbeschwerde zum BVerfG aus prozessualen oder materiellen Gründen keinen Erfolg, ist der Weg zur internationalen Instanz – vorbehaltlich weiterer Zulässigkeitsvoraussetzungen – frei; dies gilt allerdings nicht, soweit zumutbare Fristen bei der Erschöpfung des innerstaatlichen Rechtswegs mißachtet worden sind. Die Entscheidung des BVerfG bleibt somit zwar formal das letzte Wort darüber, ob eine Grundgesetzverletzung in Frage steht, nicht aber darüber, ob der angegriffene Rechtsakt insgesamt seine Rechtmäßigkeitsprobe besteht. Dabei ist zu unterscheiden: Die internationale Instanz kann zu dem Ergebnis kommen, daß das BVerfG unmittelbar gegen menschenrechtliche Garantien verstoßen hat, indem es z.B. selbst dem Beschwerdeführer rechtliches Gehör (Art. 6 EMRK; Art. 14 IPBPR) nicht gewährt oder das Gebot angemessener Verfahrensdauer (Art. 6 EMRK; Art. 14 IPBPR) verletzt hat[39]. Die vertraglich garantierten Menschenrechte können aber auch dadurch verletzt sein, daß das BVerfG bei seiner Prüfung des ihm vorliegenden Rechtsaktes am Maßstab der deutschen Grundrechte den Konventionsrechten – jedenfalls nach Ansicht der internationalen Instanz – nicht gerecht geworden ist. Bislang haben mehrere gegen Deutschland erhobene Beschwerden vor dem EGMR Erfolg gehabt[40]. So ist etwa die vor dem BVerfG erfolglos gebliebene Rüge, es sei unzulässig, nur Männer zum Feuerwehrdienst oder zu einer Feuerwehrabgabe heranzuziehen (Art. 14 i.V.m. 4 Abs. 3 lit. d EMRK), vor dem EGMR erfolgreich gewesen[41]. In einem weiteren Fall, in dem es um die Entlassung einer Lebenszeitbeamtin (Lehrerin) aus dem öffentlichen Dienst wegen aktiver Tätigkeit für die DKP ging, sah der EGMR einen Verstoß gegen Art. 10 (Meinungsfreiheit) und Art. 11 (Vereinigungsfreiheit) EMRK; das BVerfG hatte hingegen keinen Grundrechtsverstoß gefunden[42].

74

Die Entscheidung des EGMR ist endgültig. Es handelt sich um ein für den beklagten Staat bindendes Urteil, mit dem die Konventionswidrigkeit des die EMRK verletzenden nationalen Rechtsaktes festgestellt wird[43]; eine Kassation des konventionswidrigen Aktes (z.B. Urteil, Vollzugsakt, Gesetz) findet nicht statt. Entgegen der allgemeinen völkerrechtlichen Regel, wonach eine Völkerrechtsverletzung zur vollständigen Wiedergutmachung verpflichtet (restitutio in integrum), akzeptiert Art. 41 EMRK die Möglichkeit, daß das innerstaatliche Recht nur eine unvollkommene Wiedergutmachung bietet; in diesem Fall spricht der EGMR dem Verletzten eine „gerechte Entschädigung" zu. Die fehlende Kassationswirkung des Urteils des EGMR läßt die rechtskräftigen Urteile der nationalen Gerichte (um solche handelt es sich wegen des Erfordernisses der Rechtswegerschöpfung regelmäßig) intakt. In den meisten Fällen haben die Konventionsstaaten keine besonderen

75

---

38 Dazu *H.H. Klein*, in: FS Graßhof (1998), S. 385 f.; *Fink*, in: H. Bogs (Hg.), Urteilsverfassungsbeschwerde zum BVerfG (1999), S. 100.

39 Vgl. hierzu EGMR (Fall Pammel), Reports of Judgments and Decisions 1997 – IV, S. 1096; EGMR (Fall Probstmeier), ebd., S. 1123.

40 Bis Mitte 1999 ist in 15 Fällen eine Konventionsverletzung durch die Bundesrepublik Deutschland vom EGMR bejaht worden.

41 EGMR (Fall K. Schmidt), Ser. A No. 291-B (1994); BVerfG, Beschl. v. 31.01.1987, 1 BvR 1476/86.

42 EGMR (Vogt), Ser. A No. 323 (1995); BVerfG, Beschl. v. 07.08.1990, 2 BvR 2034/89.

43 Art. 46 EMRK.

Wiederaufnahmegründe geschaffen, so daß gegen eine Vollstreckung der von EGMR beanstandeten Urteile nur im Rahmen der zur Verfügung stehenden gesetzlichen Möglichkeiten (Vollstreckungshindernisse) oder im Gnadenweg vorgegangen werden kann[44].
Durch Gesetz vom 9. Juli 1998 ist jetzt aber im Hinblick auf Strafurteile ein besonderer
Wiederaufnahmegrund in § 359 StPO geschaffen worden, wenn der EGMR eine Konventionsverletzung festgestellt hat und das Urteil darauf beruht[45]. Gegen die fehlende Reaktion der Bundesrepublik Deutschland auf ein ihr konventionswidriges Verhalten feststel-
lendes Urteil des EGMR ist die Verfassungsbeschwerde zum BVerfG (Art. 2 Abs. 1
i.V.m. Art. 25 GG) zulässig[46].

76   Entscheidet sich das Opfer einer behaupteten Menschenrechtsverletzung, vor den MRA
zu gehen, muß es die Verletzung eines der im IPBPR garantierten Rechte rügen. Durch
Vorbehalt zum die Individualbeschwerde (Mitteilung) eröffnenden Fakultativprotokoll
hat es die Bundesrepublik Deutschland ausgeschlossen, daß ein Beschwerdeführer – nach
Ausschöpfung des innerstaatlichen Rechtswegs (einschließlich BVerfG) – sowohl den regionalen (EMRK) als auch den universellen Rechtsschutzmechanismus (IPBPR) in Anspruch nehmen kann. Anders als bei den Urteilen des EGMR handelt es sich bei den
„Stellungnahmen" des MRA um keine rechtlich unmittelbar bindenden Entscheidungen.
Zur Durchsetzung einer Wiedergutmachung für die vom Ausschuß festgestellten Ver-
tragsverletzungen steht daher die Verfassungsbeschwerde – anders als bei Entscheidungen des EGMR – nicht zur Verfügung. Rechtlich bedeutungslos ist deshalb die „Stellungnahme" aber nicht[47].

III. BVerfG und Gerichtsbarkeit der EU

1. Problemlage

77   Während die Gerichtsbarkeit der Europäischen Gemeinschaften die Funktion hat, das
Recht bei der Auslegung und Anwendung der Gemeinschaftsverträge zu wahren
(Art. 220, 292 EGV), ist es die wesentliche Aufgabe des BVerfG, Hüter des Grundgesetzes zu sein und seine Beachtung zu sichern[48]. So sehr sich hieraus idealtypisch eine klare
Kompetenztrennung zwischen BVerfG und EuGH ergeben mag, so kompliziert gestaltet
sie sich in der rechtlichen Realität. Dies hängt entscheidend mit den nicht in jeder Hinsicht voll aufeinander abgestimmten Ansprüchen des Gemeinschaftsrechts und der nationalen Rechtsordnung zusammen, wie sie vom EuGH einerseits, vom BVerfG andererseits
definiert werden[49]. Mit der Bestimmung des materiellen Anwendungsbereichs des deutschen Verfassungsrechts wird zugleich im Rahmen der bestehenden Verfahrensarten die
Jurisdiktionskompetenz des BVerfG festgelegt. Kompetenzkollisionen zwischen der europäischen Gerichtsbarkeit und dem BVerfG können sich vor allem dort ergeben, wo es

---

44   Vgl. *Klein* (N 19), S. 63 f.
45   BGBl. 1998 I S. 1802.
46   Pakelli-Beschl. des BVerfG, EuGRZ 1985, S. 654; vgl. auch BVerfGE 92, 91 (108); dazu *Bleckmann*, Eu-
     GRZ 1995, S. 389. Zu kurz greifend (wegen Art. 2 Abs. 1 GG) LG Mainz, NJW 1999, S. 1271 f.
47   *Tomuschat* (N 1), Rn. 25.
48   Dies ergibt sich aus der Summe der Zuständigkeiten des BVerfG, § 13 BVerfGG.
49   Dazu *Isensee*, in: FS K. Stern (1997), S. 1261 ff.

unklar ist, ob sich die Organe der Gemeinschaften noch innerhalb der Vertragsgrenzen bewegen, und dort, wo der von Gemeinschafts wegen garantierte Grundrechtsschutz nicht dem vom Grundgesetz geforderten entspricht.

2. Die Kontrolle der Einhaltung der Gemeinschaftskompetenzen

Die Gemeinschaften unterliegen wie alle internationalen und supranationalen Organisationen dem Grundsatz der begrenzten Ermächtigung; es stehen ihnen nur die Verbands-, Organ- und Sachkompetenzen zur Verfügung, zu denen der Vertrag ermächtigt[50], wobei für die Auslegung des Vertrages auf die allgemeinen Grundsätze der Vertragsinterpretation zurückzugreifen ist[51]. Dabei ist in Betracht zu ziehen, daß einerseits die Gemeinschaften nach dem Willen ihrer Mitgliedstaaten in einer sich entwickelnden Integrationsdynamik stehen[52], daß andererseits die substantiellen Fortentwicklungen durch Vertragsänderung, bei der die Mitgliedstaaten und ihre Parlamente die entscheidenden Faktoren sind, geschehen sollen (Art. 48 EUV) und nicht durch Rechtsfortbildung, die von einem Gemeinschaftsorgan (EuGH) im Wege der Vertragsauslegung autonom und unter Mißachtung der vertraglichen Grundlage betrieben wird[53]. **78**

Von diesem Ausgangspunkt betrachtet liegt es gedanklich nicht fern, die (Verfassungs-) Gerichte der Mitgliedstaaten, die hierfür nach dem nationalen Recht zuständig sind, für kompetent zu halten, eine potentielle „Grenzüberschreitung" der Gemeinschaftsakte in den Gemeinschaften nicht zugeordnete Regelungsbereiche jedenfalls mit Wirkung für den jeweiligen Staat festzustellen. In diesem Sinn hat das BVerfG im Maastricht-Urteil (1993) ausgeführt: „Würden etwa europäische Einrichtungen oder Organe den Unions-Vertrag in einer Weise handhaben oder fortbilden, die von dem Vertrag, wie er dem deutschen Zustimmungsgesetz zugrundeliegt, nicht mehr gedeckt wäre, so wären die daraus hervorgehenden Rechtsakte im deutschen Hoheitsbereich nicht verbindlich. Die deutschen Staatsorgane wären aus verfassungsrechtlichen Gründen gehindert, diese Rechtsakte in Deutschland anzuwenden. Dementsprechend prüft das Bundesverfassungsgericht, ob Rechtsakte der europäischen Einrichtungen und Organe sich in den Grenzen der ihnen eingeräumten Hoheitsrechte halten oder aus ihnen ausbrechen (vgl. BVerfGE 58, 1 [30 f.]; 75, 223 [235, 242])."[54] **79**

Die Problematik dieser die Vertragskonformität zur Verfassungsfrage erhebenden Rechtsprechung[55] liegt auf der Hand. Obgleich sie von der zutreffenden Grundlage (keine Kompetenzkompetenz der Gemeinschaft) ausgeht, übersieht sie, daß die Vertragsparteien die Kontrolle der Auslegung und Anwendung der Verträge – und d.h. auch der Bestimmung ihrer Grenzen – und damit auch der auf ihnen beruhenden Rechtsakte der Gemeinschaft (Sekundärrecht) bewußt einer zentralen Gerichtsinstanz (EuGH), die für alle Mitglied- **80**

---

50 Vgl. *E. Klein*, in: Graf Vitzthum (Hg.), Völkerrecht (1997), S. 356 ff.
51 *Bleckmann*, Europarecht (6. Aufl. 1997), Rn. 537 ff.
52 Vgl. nur die Präambeln und EGV.
53 Insoweit ist der Hinweis in BVerfGE 89, 155 (210) berechtigt; vgl. auch *Steinberger*, in: FS K. Doehring (1989), S. 961, 966.
54 BVerfGE 89, 155 (188).
55 *Hartwig*, in: Piazolo (Hg.), Das Bundesverfassungsgericht (1995), S. 177.

staaten entscheiden kann, übertragen haben und daß gerade auch dieser Übertragung die Bundesrepublik Deutschland zugestimmt hat und nach Art. 24 (jetzt Art. 23) GG zustimmen durfte[56]. Ohne eine Instanz, die für alle Mitgliedstaaten gleichermaßen verbindlich über die Gültigkeit und Anwendbarkeit eines Gemeinschaftsaktes entscheidet, lassen sich die Aufgaben der Gemeinschaft nicht bewältigen. Die Übertragung dieser Rechtsprechungsfunktion auf den EuGH nimmt die Möglichkeit einer fehlerhaften Auslegung der vertraglichen Vorschriften durch diesen Gerichtshof zwangsläufig in Kauf[57]. Insoweit ist – objektiv betrachtet – in der Tat nicht auszuschließen, daß ein *ultra vires*, also außerhalb der vertraglichen Ermächtigung ergangener Gemeinschaftsakt zur Anwendung kommt[58]. Die – vom BVerfG für richtig gehaltene – Alternative hierzu macht jedoch die Anwendbarkeit eines Gemeinschaftsaktes letztlich von der Entscheidung der einzelnen Mitgliedstaaten abhängig mit der Folge, daß die Einheit des Gemeinschaftsrechts, die Grundlage der Gemeinschaft ist, aufs Spiel gesetzt wird[59] – übrigens ebenfalls belastet von der Gefahr der Fehlinterpretation durch das nationale Gericht. Da diese Alternative dem Grundprinzip der europäischen Integration widerspricht, kann sie nicht den Umfang der dem EuGH übertragenen Rechtsprechungskompetenz beschränken[60].

81   Die Wächterrolle des BVerfG setzt nicht bei der dem EuGH übertragenen Interpretation und Anwendung der Vertragsvorschriften selbst an, sondern bei der Frage, ob die Gemeinschaft in einem Bereich handelt, welcher der Übertragung nach Art. 23 GG verschlossen ist[61]. Dieser Bereich wird durch die Aufrechterhaltung der eigenen Staatlichkeit und die die Identität der Bundesrepublik Deutschland ausmachenden Grundsätze im Sinne des Art. 79 Abs. 3 GG definiert[62]. Die Einhaltung dieser Grenzen zu kontrollieren ist genuine Aufgabe des BVerfG. Es wird ihr dadurch gerecht, daß es das Übertragungsgesetz nach Art. 23 GG daraufhin prüfen kann, ob es innerhalb des vom GG Erlaubten verbleibt[63], sowie die Gemeinschaftsakte daraufhin, ob sie außerhalb des nicht übertragbaren Kompetenzbereichs des Mitgliedstaates Deutschland stehen[64].

82   Auch wenn man die Auffassung des BVerfG zugrunde legt, so werden trotz der kategorischen Formulierung[65] des Maastricht-Urteils die deutschen Fachgerichte die Gemeinschaftsakte, die sie als *ultra vires* ergangen einschätzen, nicht ohne weiteres außer An-

---

56   Keine vertragliche Zustimmung dürfte z.B. erfolgen, wenn die Rechtskontrolle einer nicht mehr rechtsgebundenen (politischen) Instanz übertragen werden sollte.

57   *E. Klein*, VVDStRL 50 (1991), 66; *Frowein*, ZaöRV 54 (1994), S. 5 ff.; ablehnend *Schilling*, Der Staat 29 (1990), S. 163.

58   *P. Kirchhof*, JZ 1998, S. 969.

59   Zum Gesichtspunkt der sich daraus ergebenden Rechtsunsicherheit *Hesse*, JZ 1995, S. 270; vgl. auch *Graf Vitzthum*, JZ 1998, S. 162; *Sander*, DÖV 2000, S. 588 ff.

60   Vgl. auch *Schlaich*, Rn. 334 J.

61   Grundlegend *Klein* (N 57), S. 68 ff. Anders etwa *A. Schmitt Glaeser*, Grundgesetz und Europarecht als Elemente Europäischen Verfassungsrechts (1996), S. 88 ff., und wohl auch *H.P. Folz*, Demokratie und Integration, 1999, S. 393 ff.; beide argumentieren von der Demokratieschwäche der Gemeinschaft her. Dieses Argument könnte jedoch nur überzeugen, wenn es gelänge, die Kompetenzübertragung an den EuGH, die in Kenntnis dieser Lage geschaffen wurde, für verfassungswidrig (da zu extensiv) zu erklären.

62   Vgl. *Randelzhofer*, in: Maunz/Dürig, Art. 24 Rn. 137 f.; *P.M. Huber*, AöR 116 (1991), S. 224 f.; *Hirsch*, NJW 1996, S. 2466; *Schlaich*, Rn. 334 m. Jetzt auch *Selmayr/Prowald*, DVBl. 1999, S. 269 ff.

63   *Ulsamer*, in: BVerfGG-Kommentar, § 80 Rn. 55 a; *Randelzhofer*, in: Maunz/Dürig, Art. 24 Abs. 1 Rn. 152.

64   Ebenso *Randelzhofer* (N 62), Rn. 137 f.; ähnlich *Tomuschat*, in: BK, Art. 24 Rn. 65 (bei „strukturellem Defekt" der Organisation); *Steinberger*, in: FS R. Bernhardt (1995), S. 1333 f.

65   BVerfGE 89, 155 (188 und 210).

wendung lassen dürfen. Vielmehr muß erst dem EuGH im Wege des Vorabentscheidungs-verfahrens (Art. 234 EGV) Gelegenheit gegeben werden, selbst die Unvereinbarkeit des Aktes mit dem Primärrecht festzustellen. Nur wenn der EuGH die Vertragskonformität bejaht, das nationale Gericht gleichwohl an seiner Ansicht festhält, müßte es nach der Logik der Maastricht-Entscheidung im Wege der konkreten Normenkontrolle das BVerfG um die Entscheidung zur ultra-vires-Frage bitten[66]. Beurteilt auch das BVerfG den Gemeinschaftsakt als *ultra vires* ergangen, ist der unmittelbare Konflikt mit dem EuGH (und wohl auch anderen Mitgliedstaaten) gegeben. Legt das Fachgericht hingegen nicht nach Art. 100 Abs. 1 GG vor, weil es dem EuGH folgt, kann gegen das letztinstanzliche Urteil Verfassungsbeschwerde erhoben werden, weil ein *ultra vires* ergangener Gemeinschaftsakt oder ein hierauf gestützter nationaler Ausführungsakt nicht zur verfassungsmäßigen Ordnung gehört und daher einen rechtswidrigen Eingriff in die Grundrechte darstellt[67]. Auch diese Konstellation würde zur direkten Kollision der Entscheidungen von BVerfG und EuGH führen[68].

3. Die Grundrechtskontrolle gegenüber Gemeinschaftsakten

Ob dem BVerfG die Grundrechtskontrolle der gemeinschaftlichen Sekundärrechtsakte **83** zukommt, hängt sowohl davon ab, ob die Gemeinschaftsverträge möglicherweise dem EuGH die ausschließliche Rechtmäßigkeitskontrolle dieser Akte übertragen haben, als auch davon, ob die deutschen Grundrechte einen Beachtungsanspruch auch gegenüber nichtdeutschen Hoheitsträgern erheben[69]. In dieser Hinsicht ist die Rechtsprechung des BVerfG nicht konsistent. Während der Erste Senat 1967 die Verfassungsbeschwerde gegen eine Gemeinschaftsverordnung für unzulässig hielt, weil es sich nicht um einen Akt der deutschen öffentlichen Gewalt handele[70], erachtete der Zweite Senat 1974 die Vorlage einer solchen Verordnung im Verfahren der konkreten Normenkontrolle (Art. 100 Abs. 1 GG) – nach Einholung einer Vorabentscheidung des EuGH – für zulässig, solange das Gemeinschaftsrecht nicht einen vom Parlament beschlossenen und in Geltung stehenden und dem Grundgesetz adäquaten Grundrechtskatalog enthalte („Solange I")[71]; die Tatsache, daß die Verordnung nicht als Akt deutscher Staatsgewalt qualifiziert werden kann, überspielte das Gericht mit dem Hinweis darauf, daß die deutschen Behörden und Ge-

---

66 *E. Klein*, in: GS E. Grabitz (1995), S. 283; dort auch zu der prozessualen Problematik eines solchen Vorgehens. – Bezüglich der Richtlinie zum Verbot der Tabakwerbung von 1998 wurde ein solcher potentieller Fall angenommen; vgl. *T. Stein*, ZLR 1998, S. 209 ff. Vgl. aber BVerfG, EuGRZ 2000, S. 328 ff.
67 Vgl. BVerfGE 6, 32.
68 Im Ultra-vires-Bereich versucht das BVerfG nicht einmal, die Spannungslage durch Hinweis auf das „Kooperationsverhältnis" zu entschärfen; vgl. *Weber*, JZ 1994, S. 59; *Zuck*, in: Guggenberger/Würtenberger (Hg.), Das Bundesverfassungsgericht im Widerstreit (1998), S. 133.
69 Soweit es sich um deutsche Hoheitsakte handelt, die Gemeinschaftsrecht vollziehen oder umsetzen (z.B. ein Verwaltungsakt eine EG-Verordnung, eine Gesetz eine Richtlinie), ist der Anwendungsbereich der deutschen Grundrechte prinzipiell ohne weiteres gegeben. Bleibt wegen der gemeinschaftsrechtlichen Bindung allerdings für den nationalen Rechtsakt kein eigener Spielraum, führt die Kontrolle des nationalen Aktes aber praktisch zu einer Kontrolle der Gemeinschaftsnorm; dem Gemeinschaftsakt würde seine Anwendbarkeit in Deutschland verwehrt. Dies gilt jedoch nicht bei „autonomen" Grundrechtsverstößen, die vom Gemeinschaftsrecht nicht veranlaßt sind.
70 BVerfGE 22, 293 (297).
71 BVerfGE 37, 271 (285).

richte in Durchführung dieser Verordnung deutsche Hoheitsgewalt ausübten und daher an die Grundrechte gebunden seien[72]. Im Jahr 1981 entschied das BVerfG (Zweiter Senat) eindeutig, daß im Hinblick auf Art. 93 Abs. 1 Nr. 4 a GG und § 90 BVerfGG nur Akte deutscher Staatsgewalt mit der Verfassungsbeschwerde anfechtbar seien und daß Akte zwischenstaatlicher Einrichtungen im Sinne von Art. 24 Abs. 1 GG nicht hierunter fielen[73]. Diese Auffassung hat das Gericht (Zweiter Senat) 1986 bestätigt[74]; es hat darüber hinaus in Umkehrung seiner Entscheidung aus dem Jahr 1974 erklärt, daß es „seine Gerichtsbarkeit über die Anwendbarkeit von abgeleitetem Gemeinschaftsrecht, das als Rechtsgrundlage für ein Verhalten deutscher Gerichte und Behörde im Hoheitsbereich der Bundesrepublik Deutschland in Anspruch genommen wird, nicht mehr ausüben und dieses Recht mithin nicht mehr am Maßstab der Grundrechte des Grundgesetzes überprüfen" werde, so daß entsprechende Vorlagen nach Art. 100 Abs. 1 GG nunmehr unzulässig seien; dies gelte, solange die Europäischen Gemeinschaften, insbesondere der EuGH, gegenüber der Hoheitsgewalt der Gemeinschaften einen wirksamen Schutz der Grundrechte, der dem vom Grundgesetz als unabdingbar gebotenen Schutz im wesentlichen gleichzuachten sei, generell gewährleisten („Solange II")[75]. Das Maastricht-Urteil (1993) schließt sich zwar diesen Aussagen an, weicht aber von seiner früheren Ansicht (BVerfGE 58, 1 [27]) insofern ausdrücklich ab, als es dahin erkennt, daß die Grundrechtsgarantien des Grundgesetzes auch gegenüber den Gemeinschaftsakten, die Grundrechtsberechtigte in Deutschland betreffen, schützten; die Sicherstellung des deutschen Grundrechtsschutzes aber falle in die Zuständigkeit des BVerfG. Im Sinne der Solange II-Rechtsprechung übe es jedoch seine Gerichtsbarkeit über die Anwendung von abgeleitetem Gemeinschaftsrecht in Deutschland in einem „Kooperationsverhältnis" zum Europäischen Gerichtshof aus, „indem der Europäische Gerichtshof den Grundrechtsschutz in jedem Einzelfall für das gesamte Gebiet der Europäischen Gemeinschaften garantiert, das Bundesverfassungsgericht sich deshalb auf eine generelle Gewährleistung der unabdingbaren Grundrechtsstandards (vgl. BVerfGE 73, 339 [387]) beschränken kann."[76]

84 Das Urteil sorgt insofern für mehr Klarheit, als es die Zuständigkeit des BVerfG mit der Annahme einer erweiterten Schutzwirkung der deutschen Grundrechte begründet[77].

---

72 BVerfGE 37, 271 (283 f.).

73 BVerfGE 58, 1 (27 ff.).

74 BVerfGE 73, 339 (373).

75 BVerfGE 73, 339 (337). *Steinberger* (N 53), S. 962 weist darauf hin, daß das Kriterium der generellen Gewährleistung des Schutzes auf Gemeinschaftsebene nicht bedeute, daß das BVerfG seine Kompetenz bereits dann wieder aktualisiere, wenn der EuGH im Einzelfall eine Norm in einer Weise beurteile, die den Maßstäben der deutschen Grundrechte nicht gerecht werde.

76 BVerfGE 89, 155 (175); bestätigt durch BVerfG, EuGRZ 2000, S. 328 ff. Das Urteil hat zahlreiche Besprechungen gefunden; Nachweise bei *Schlaich*, Rn. 334 k; ferner: *Weber*, in: FS E. Benda (1995), S. 421 ff.; *Scholz*, Europäische Union und nationales Verfassungsrecht (1994).

77 Diese materiell-rechtliche Sicht ist zwar methodisch einleuchtend (ebenso *Schlaich*, Rn. 334 m), doch ist die Ausweitung der deutschen Grundrechte auf nichtdeutsche Hoheitsträger problematisch; dazu *Klein* (N 66), S. 276 ff. Die Konsequenz wäre auch, daß sich eine Person – entgegen BVerfGE 22, 293 (297) – unmittelbar mit der Verfassungsbeschwerde gegen einen sie selbst gegenwärtig und unmittelbar betreffenden Gemeinschaftsrechtsakt, einschließlich EuGH-Urteil, wenden könnte; vgl. auch *Zuck* (N 68), S. 146. In der Tat hat das BVerfG, Kammerbeschluß vom 08.12.1993, 2 BvR 2723/93 – nicht veröffentlicht – einen Eilantrag (§ 32 BVerfGG) gegen eine EG-Verordnung (nur) als unbegründet zurückgewiesen; vgl. auch BVerfG (Kammerbeschluß), NJW 1995, S. 950 f. mit Anmerkung *Nettesheim*, NJW 1995, S. 2083 ff. Die Fachgerichte bleiben an die – erweiterte – Grundrechtsauslegung gebunden; vgl. aber BVerwG, NJW 1991, S. 651.

Wenn dem aber so ist, ist es nicht einfach zu erklären, daß das Gericht diese Zuständigkeit nur dann ausüben will, wenn der EuGH in seiner Rechtsprechung nicht mehr die unabdingbaren Grundrechtsstandards gewährleisten würde. Die hierfür angegebene Begründung (Kooperationsverhältnis) ist problematisch[78], soweit sie als einseitiges „Angebot" des BVerfG an den EuGH umschrieben wird[79]. Tatsächlich ist das BVerfG – ebenso wie bezüglich der Kompetenzfrage – verpflichtet, die Jurisdiktionskompetenz des EuGH im Hinblick auf die Beurteilung der Rechtmäßigkeit der Gemeinschaftsakte anzuerkennen (Art. 220 EGV i.V.m. Art. 23 GG), soweit dadurch nicht die Grenzen der Integrationsgewalt überschritten werden[80]. Es steht dem BVerfG daher nicht beliebig frei, Gemeinschaftsakte der Prüfung am Maßstab deutscher Grundrechte zu unterwerfen und unter Umständen für unanwendbar zu erklären; dies ist vielmehr nur dann rechtlich zulässig, wenn der durch Art. 79 Abs. 3 GG geschützte Identitätsvorbehalt zur Debatte steht[81], also ein Rechtszustand droht, an dessen Schaffung sich die Bundesrepublik Deutschland in Ausübung ihrer Integrationsgewalt gar nicht beteiligen dürfte[82]. Die Zuständigkeit des BVerfG beschränkt sich gegenüber dem EuGH auf die Verteidigung der Essentialia des Grundgesetzes, deren Aufweichung und Aufgabe auch nicht im Wege der europäischen Integration gestattet ist.

In keinem Fall wird es zu einer Entscheidung über die Unvereinbarkeit von Gemein-   **85** schaftsrecht mit den deutschen Grundrechten kommen dürfen, bevor nicht der EuGH Gelegenheit hatte, über die Vereinbarkeit mit den (europäischen) Grundrechten zu entscheiden. Entsprechende Bedenken können und müssen unter Umständen dem EuGH von allen nationalen Gerichten vorgelegt werden (Art. 234 EGV)[83]. Bestätigt der EuGH die Rechtmäßigkeit der Akte[84], ist aber das Fachgericht der Ansicht, daß der Rechtsakt deutsche Grundrechte verletzt, ist auch nach der Rechtsprechung des BVerfG eine konkrete Normenkontrolle (Art. 100 Abs. 1 GG) nur zulässig, wenn das Fachgericht seine Überzeugung begründen kann, daß dieser Grundrechtsverstoß ein Essentiale des Grundgesetzes tangiert. Das Gericht muß darlegen, daß die Rechtsprechung des EuGH unter den erforderlichen Grundrechtsstandard abgesunken ist; es ist im einzelnen darzutun, daß der jeweils als unabdingbar gebotene Grundrechtsschutz generell nicht gewährleistet ist; dies kann nur durch eine sorgfältige Gegenüberstellung des Grundrechtsschutzes auf Gemeinschafts- und nationaler Ebene geschehen[85]. Entsprechendes gilt für die Zulässigkeit einer

---

78 Zum Begriff etwa *Gersdorf*, DVBl. 1994, S. 674 ff.; *Streinz*, in: FS C. Heymanns Verlag (1995), S. 663 ff.; *Pernice*, in: GS E. Grabitz (1995), S. 523 ff. Ausführlich *Funk-Rüffert*, Kooperation von EuGH und BVerfG im Bereich des Grundrechtsschutzes (1999); *Caspar*, DÖV 2000, S. 360.

79 So P. *Kirchhof*, JZ 1989, S. 453 ff.; *ders.*, in: Merten (Hg.), Föderalismus und Europäische Gemeinschaften, S. 109 ff.; *ders.*, in: Müller-Graff (Hg.), Perspektiven des Rechts der Europäischen Union (1998), S. 170 ff.

80 Zu den Grenzen dieser Integrationsgewalt BVerfGE 73, 339 (375 f.); dazu *Mosler*, in: HStR VII (1992), § 175 Rn. 66 m.w.N.

81 Näher *Klein* (N 57), S. 81 f.; vgl. auch BVerfG (Kammerbeschluß), EuGRZ 1989, S. 339 (340); BVerfG (Kammerbeschluß), DÖV 1992, S. 1010; anders *Caspar*, DÖV 2000, S. 353 f.

82 *Hirsch* (N 62), S. 2465 f.

83 Zur Vorlagepflicht des BVerfG selbst vgl. BVerfGE 37, 271 (282); 52, 187 (201); dazu *Everling*, in: Reichelt (Hg.), Vorabentscheidungsverfahren vor dem Gerichtshof der Europäischen Gemeinschaft (1998), S. 14. Enger *Cremer*, BayVBl. 1999, S. 268 ff.

84 Bei Nichtbestätigung würde der Vorlage des Fachgerichts die Entscheidungserheblichkeit fehlen, BVerfGE 85, 191 (203).

85 Vgl. BVerfG, Beschl. v. 07.06.2000 – 2 BvL 1/97, EuGRZ 2000, S. 328 (333) unter Hinweis auf BVerfGE 73, 339 (378 ff.), mit dem die Vorlage des VG Frankfurt/M. (NJW 1997, S. 1256) für unzulässig erklärt

Verfassungsbeschwerde gegen eine (letztinstanzliche) fachgerichtliche Entscheidung, die eine solche Grundrechtswidrigkeit nicht angenommen hat[86].

86 Im Ergebnis ist es also auch nach der hier vertretenen Auffassung möglich, daß „mit deutschem Verfassungsrecht unvereinbares sekundäres Gemeinschaftsrecht entsteht"[87], allerdings nur in einem sehr zurückgenommenen, der Integration aus Verfassungsgründen prinzipiell nicht zugänglichen Bereich. In der Praxis wird sich die Auffassung des BVerfG kaum sehr viel weiter auswirken, da ein Konflikt nicht nur die Gemeinschaft, sondern auch die Bundesrepublik Deutschland in große Schwierigkeiten bringen würde. Rechtspolitisch ist dieser Zwang, aufeinander zu hören, zu begrüßen, da er eine reziproke Kontrolle bedeutet[88]. Rechtlich kann dem prinzipiell möglicherweise weitergehenden Ansatz des BVerfG freilich nicht gefolgt werden; entsprechend ist die von ihm in Anspruch genommene Zuständigkeit zu beurteilen.

IV. BVerfG – EuGH – EGMR

87 Anders als die Entscheidungen des BVerfG[89] unterliegen die des EuGH nicht der direkten Überprüfung durch den EGMR[90]. Die Europäischen Gemeinschaften sind weder der die Gerichtsbarkeit des EGMR begründenden EMRK beigetreten noch ist ihre unmittelbare (völkerrechtliche) Bindung an diese Konvention dadurch herbeigeführt worden, daß ihre Mitgliedstaaten die EMRK ratifiziert haben. Allerdings hat sich die Grundrechtsrechtsprechung des EuGH seit langem an den materiellen Garantien der EMRK orientiert, da diese von allen Mitgliedstaaten anerkannt sind und zu den gemeinsamen Rechtsgrundsätzen der Gemeinschaft gehören; diese Entwicklung ist zuletzt durch Art. 6 Abs. 2 EUV ausdrücklich bestätigt worden. Die materiellen Garantien der EMRK gelten daher in der und für die Gemeinschaft kraft Gemeinschaftsrechts. Dies schließt zwar die Anerkennung der Zuständigkeit des EGMR gegenüber Gemeinschaftsakten nicht ein, legt aber die inhaltliche Berücksichtigung der Rechtsprechung des EGMR bei der Anwendung der EMRK-Garantien durch den EuGH nahe[91]; sie wird von der folgenden Überlegung bekräftigt.

88 Die Mitgliedstaaten können sich ihren Verpflichtungen aus der EMRK nicht dadurch entziehen, daß sie Hoheitsfunktionen auf eine (internationale/supranationale) Organisation übertragen, die ihrerseits nicht der Kontrolle des EGMR unterliegt[92]. Die Mitgliedstaaten

---

wurde; kritisch zur Vorlage *Zuleeg*, NJW 1997, S. 1201 ff. – Vgl. auch *Selmayr/Prowald* (N 62), S. 276; *Limbach*, EuGRZ 2000, S. 420: Revitalisierung der Reservezuständigkeit des BVerfG nur dann, „wenn die Rechtsprechung des EuGH allgemein hinter das 1998 erreichte Schutzniveau zurückgefallen ist." Vgl. auch Kammerbeschl. v. 17.02.2000, 2 BvR 1210/98 zum Vertrauensschutz bei der Rücknahme von Beihilfebescheiden, EuZW 2000, S. 445.

86 *Klein* (N 97), S. 82 f.; *Selmayr/Prowald* (N 62), S. 275.
87 BVerfGE 80, 74 (80).
88 Zu der prekären Gewaltenbalance *P. Kirchhof*, JZ 1998, S. 965 ff.
89 Siehe oben Rn. 72 ff.
90 Vgl. *Oppermann*, Europarecht (2. Aufl. 1999), Rn. 77 und 489 ff.; *E. Klein*, in: Handkommentar EUV/EGV, Art. F EUV Rn. 7 ff.
91 Vgl. *Kingreen*, in: Callies/Ruffert (Hg.), Kommentar zum EU-Vertrag und EG-Vertrag (1999), Art. 6 EUV Rn. 66. Zur 2000 proklamierten Grundrechte-Charta der EU vgl. *Bernice*, DVBl. 2000, S. 847 ff.
92 Näher *Frowein/Peukert*, EMRK-Kommentar (2. Aufl. 1996), Art. 1 Rn. 15.

selbst bleiben dafür verantwortlich, daß sie nur eine EMRK-konforme Hoheitsgewalt organisieren, die der Sache nach den Anforderungen der EMRK gerecht wird, also etwa ausreichenden Rechtsschutz bietet[93]. Dies gilt auch im Verhältnis zu den Europäischen Gemeinschaften. Der Hinweis darauf, daß ein nationaler Rechtsakt genau der gemeinschaftsrechtlichen Vorgabe (z.B. Richtlinie) entspricht, entzieht diesen Rechtsakt und die ihn bestätigenden nationalen Gerichtsentscheidungen daher nicht der Prüfung am Maßstab der Konvention durch den EGMR[94]. Folge könnte sein, daß ein Mitgliedstaat zwar gemeinschaftsrechtlich verpflichtet ist, eine Richtlinie in bestimmter Weise umzusetzen, dies aber wegen seiner Verpflichtungen aus der EMRK nicht darf und somit zwischen die Schere (EuGH – EGMR) gerät.

Diese denkbare Konstellation erlaubt keine rechtliche Parallelisierung der Situation, die **89** entstehen könnte, wenn das BVerfG einen eine Richtlinie korrekt umsetzenden nationalen Rechtsakt am Maßstab der deutschen Grundrechte messen und ggf. wegen eines mit der gemeinschaftsrechtlichen Vorgabe zwangsläufig verbundenen Grundrechtsverstoßes für verfassungswidrig erklären würde und damit der Richtlinie ihre Anwendbarkeit in Deutschland nähme[95]. Zwischen der Maßstäblichkeit der EMRK und einer nationalen Verfassung besteht nämlich ein wesentlicher Unterschied. Die EMRK ist anders als eine nationale Verfassung kraft des Gemeinschaftsrechts selbst Maßstab für die Rechtmäßigkeit der Gemeinschaftsakte und daher der Sache nach vom EuGH zu realisieren[96]. Dem Gemeinschaftsrecht wird also kein gemeinschaftsfremder Maßstab aufgenötigt[97]. Auch die Rechtseinheit wird im Ergebnis weniger tangiert; dies hängt mit der verschiedenen Jurisdiktionsreichweite von EGMR und BVerfG zusammen. Zwar ist ein Urteil des EGMR nur für den beteiligten (verurteilten) Staat verbindlich, wirkt sich also nicht unmittelbar auf die anderen Mitgliedstaaten aus[98]. Aber es ist damit zu rechnen, daß der Inhalt eines von einer Richtlinie erzwungenen Umsetzungsaktes in einem Mitgliedstaat nicht wesentlich von dem anderer Mitgliedstaaten abweichen wird, so daß der Druck zur Korrektur des die gemeinsame Basis für alle Umsetzungsakte bildenden Gemeinschaftsaktes für die Gemeinschaft sehr viel größer sein wird als wenn nur Widerstand von einem nationalen Gericht unter Berufung auf die jeweilige Verfassung ausgeht; die Rechtseinheit wird daher nicht dauerhaft beeinträchtigt sein. Dieser Unterschied wäre selbst dann zu berücksichtigen, wenn das BVerfG die nationale Grundrechtsbestimmung im Lichte der entsprechenden EMRK-Vorschrift auslegen würde.

---

93 EGMR, Urt. v. 18.02.1999 – 26083/94 – Waite and Kennedy vs. Germany.

94 EGMR, Urt. vom 15.11.1996 (Cantoni), EuGRZ 1999, S. 193 (Nr. 30); Urt. vom 18.02.1999 (Matthews), ebd., S. 200; dazu *Winkler*, ebd., S. 181 ff.

95 Zur denkbaren Konstellation vgl. BVerfGE, EuGRZ 1989, S. 339 (Tabakrichtlinie). Auch die neue Richtlinie zum Verbot der Tabakwerbung von 1998, gegen die die Bundesrepublik vor dem EuGH Klage erhoben hat, hätte bei negativem Ausgang zu dieser Problematik führen können. Die eigentliche Schwierigkeit lag hier jedoch in der Kompetenzfrage; s.o. N. 66.

96 *Koenig/Haratsch*, Europarecht (3. Aufl. 2000), Rn. 90.

97 Die Verfassungen der Mitgliedstaaten wirken zwar auch auf das Gemeinschaftsrecht ein, sind insoweit nicht „fremd", aber sind doch nur Einzelelemente, die sich nur im Verbund und in Übereinstimmung mit den anderen Verfassungen zur Wirkung bringen können. Unmittelbarer Maßstab für das Gemeinschaftsrecht kann daher die Einzelverfassung – abgesehen vom Identitätsvorbehalt – nicht sein.

98 Näher *Polakiewicz*, Die Verpflichtungen der Staaten aus den Urteilen des Europäischen Gerichtshofs für Menschenrechte (1993); *E. Klein*, in: GS Ryssdal (2000), S. 705 ff.

90 Die rechtlich klarste Lösung läge in der Erstreckung der Jurisdiktionskompetenz des EGMR auf die Entscheidungen des EuGH[99]. Dies würde es dem BVerfG erlauben, die Definition seiner Wächterrolle auf die hier vorgeschlagene Linie zurückzunehmen. Man muß allerdings die entsprechenden vertraglichen Voraussetzungen schaffen und bedenken, daß sich die Verfahrensdauer weiter verlängern könnte[100].

V. Fazit

91 Die internationale Einordnung der Bundesrepublik Deutschland hat nicht nur die Handlungsmöglichkeiten ihrer politischen Organe beschränkt, sondern auch die Kontrollfunktion des BVerfG nicht unberührt gelassen. Ihre Reduktion[101] ist zwangsläufige Folge des vom Grundgesetz ermöglichten Verzichts der Bundesrepublik „auf eine Ausschließlichkeit der souveränen staatlichen Rechtsmacht zugunsten der Eingliederung in den Ordnungsrahmen der internationalen Gemeinschaft"[102], vor allem auch der Europäischen Gemeinschaften. Darum spricht auch das BVerfG nicht mehr stets das letztverbindliche Wort in Fragen des Grundrechtsschutzes und des Schutzes gegenüber kompetenzwidrigen Akten der Europäischen Gemeinschaften in Deutschland[103]. Es hat jedoch darüber zu wachen, daß die Übertragung von Hoheitsrechten in den vom Grundgesetz vorgesehenen Formen und Verfahren verläuft und auch die materiellen Schranken der internationalen Einordnung beachtet werden, und dies sowohl bezüglich der Beurteilung der vertraglichen Grundlagen als auch im Hinblick auf ihren Vollzug.

92 Der schwierigen Situation angemessen ist ein sehr genaues Hinhören auf die Stimme der anderen Gerichte und die sorgfältige Abwägung der eigenen Schritte. BVerfG, EuGH und EGMR haben ihre je eigene Verantwortung, aber sie tragen auch eine Gesamtverantwortung für ein rechtsstaatliches Europa, in dem die Menschen in Freiheit leben können.

---

99 *Ress*, ZEuS 1999, S. 474.
100 Zum Problem insgesamt *Giegerich*, ZaöRV 50 (1990), S. 836 ff.
101 *Hesse*, JöR 46 (1998), S. 18.
102 *Tomuschat* (N 1), Rn. 9.
103 *Hesse* (N 59), S. 270; *Horn*, DVBl. 1995, S. 89 ff.; *Schlaich*, Rn. 334 k. Vgl. auch *Häberle*, JöR 45 (1997), S. 132 ff.

Zweites Kapitel

Organisation und Verfassung des Bundesverfassungsgerichts

§ 4 Allgemeine Grundsätze – Der Status des Bundesverfassungsgerichts

I. Allgemeine Grundsätze

1. Grundgesetz und Gesetz über das Bundesverfassungsgericht

Das Grundgesetz behandelt das Bundesverfassungsgericht in seinem IX. Abschnitt, der die Überschrift „Die Rechtsprechung" trägt. Damit und durch seine ausdrückliche Nennung in Art. 92 GG wird das BVerfG als Teil der rechtsprechenden Gewalt bezeichnet[1]. **93**

Die Verfassung legt über die Zusammensetzung des BVerfG nur wenig fest: es muß aus „Bundesrichtern und anderen Mitgliedern" bestehen (Art. 94 Abs. 1 GG). Das Amt eines Bundesverfassungsrichters ist unvereinbar mit einer Zugehörigkeit zum Bundestag, zum Bundesrat, zur Bundesregierung oder einem der entsprechenden Verfassungsorgane eines Landes (Art. 94 Abs. 1 GG, ebenso § 3 Abs. 3 BVerfGG). Schließlich bestimmt Art. 94 Abs. 1 GG, daß die Wahl der Richter je zur Hälfte durch den Bundestag und durch den Bundesrat erfolgt.

Alle weiteren Regelungen, wie die Zahl der Bundesverfassungsrichter und der Spruchkörper (Senate), die Dauer der Amtszeit, die näheren Voraussetzungen der Wählbarkeit und die Einzelheiten des Wahlverfahrens, werden dem einfachen Gesetzgeber überlassen (Art. 94 Abs. 2 GG). Dieser darf daher die Verfassung des BVerfG weitgehend nach eigenem Ermessen regeln. Er könnte sie auch in einer Weise verändern, die sich auf die Funktion des BVerfG in erheblicher Weise auswirken könnte[2]. Die gesetzgeberische Gestaltungsfreiheit wird aber durch die Festlegung der weitreichenden Zuständigkeiten begrenzt, die das GG dem Gericht zuweist. Dem Gesetzgeber obliegt die Verpflichtung, die zur ordnungsgemäßen Wahrnehmung der dem BVerfG übertragenen Zuständigkeiten erforderliche Zahl von Richtern vorzusehen und eine Gerichtsorganisation zur Verfügung zu stellen, die eine sachgerechte Arbeit ermöglicht. Die im Verfassungsrecht begründete **94**

---

1 Zum Gerichtscharakter des BVerfG *Geck*, Wahl und Amtsrecht der Bundesverfassungsrichter, (1986), S. 62 ff.; *Roellecke*, in: Isensee/Kirchhof, II, S. 668 f.

2 *Geck* (N 1), S. 13 f., zählt die Bestimmungen des BVerfGG über die Zahl, die Amtszeit und das Verbot der Wiederwahl der Bundesverfassungsrichter und über das Wahlverfahren im Bundestag zum Verfassungsrecht im materiellen Sinne. Der Deutsche Bundestag habe sich stets um einen möglichst breiten Konsens bemüht und diesen im wesentlichen auch erreicht.

Pflicht zur Aufrechterhaltung der Funktionsfähigkeit des BVerfG findet für den Verteidigungsfall einen besonderen Ausdruck und die der dann anzunehmenden Lage entsprechende Ausgestaltung (Art. 115 g GG[3]).

95 Im übrigen kann der Gesetzgeber entscheiden, durch welche organisatorischen Regelungen die Arbeit des BVerfG gesichert wird. In der politischen Praxis ist dabei bisher stets den Mitgliedern des BVerfG die Befugnis zuerkannt worden, ihre Erfahrungen, Wünsche und Vorstellungen schon bei der Vorbereitung eines das BVerfG betreffenden Gesetzgebungsverfahrens gegenüber der Bundesregierung vorzutragen. Auch die gesetzgebenden Körperschaften berücksichtigen weitgehend die durch Plenarentscheidung gebildete Auffassung der Mitglieder des Gerichts zu einem Gesetzentwurf.

96 Die wesentlichen Bestimmungen über das BVerfG finden sich in dem Gesetz über das Bundesverfassungsgericht, das in seiner ursprünglichen Fassung vom 12. März 1951 stammt. Das BVerfGG wurde mehrfach – zuletzt am 16.7.1998 – geändert[4]. Auch diejenigen Vorschriften des BVerfGG, welche die Gerichtsverfassung betreffen, sind im Laufe der Zeit in wesentlichen Punkten geändert worden. So wurde die ursprünglich auf 24 Bundesverfassungsrichter festgelegte Zahl der Mitglieder des Gerichts auf 16 verringert, die heute zu je acht Richtern einen der beiden Senate besetzen (§ 2 Abs. 2 BVerfGG). Die durch die Herabsetzung der Zahl der Richter bewirkte Straffung der Arbeit in den Senaten sollte die Leistungsfähigkeit des Gerichts erhöhen. Eine andere wesentliche Änderung betraf die Festlegung einer einheitlichen und begrenzten Amtszeit von zwölf Jahren für alle Bundesverfassungsrichter, während ursprünglich die Berufsrichter auf Lebenszeit, die übrigen Mitglieder auf Zeit (mit der heute ausgeschlossenen Möglichkeit einer Wiederwahl) gewählt wurden.

97 Unverändert geblieben ist jedoch die Grundstruktur des BVerfG als eines aus zwei Senaten bestehenden Zwillingsgerichts (§ 2 Abs. 1 BVerfGG). Als 1951 das BVerfG errichtet wurde, verstand man die Bildung von zwei Spruchkörpern als einen vorübergehenden Notbehelf, um die für die Anfangszeit erwartete besonders umfangreiche Arbeit bewältigen zu können. Sobald die Umstände es zuließen, sollte das Gericht nur noch aus einem einzigen Spruchkörper bestehen[5]. Hierzu ist es jedoch nicht gekommen. Entgegen den ursprünglichen Erwartungen hat die Belastung des BVerfG nicht abgenommen, sondern sich immer mehr verstärkt. Im Vergleich zu 1951 hat sich der Geschäftsanfall verzehnfacht[6]. Daher wird gelegentlich vorgeschlagen, das BVerfG auf drei Senate zu erweitern[7], um eine Abkürzung der oft langen Dauer der Verfahren zu ermöglichen. Es ist zwar gewiß wünschenswert, das Gericht zu entlasten. Zu befürchten wäre aber, daß die Rechtsprechung von dann drei Senaten allmählich auseinanderdriften könnte. Eine stärkere Einschaltung des Plenums zur Wahrung der Einheitlichkeit der Rechtsprechung würde den erhofften Entlastungseffekt aufheben. Die Mitglieder des BVerfG haben bisher

---

3 *Benda,* in: FS v.d. Heydte (1977), S. 793 ff.
4 BGBl. I S. 1823. Vgl. zum Aufbau und wesentlichen Inhalt des BVerfGG schon oben Rn. 31 f.; s. auch zu den besonders für die Verfassungsbeschwerde wichtigen Änderungen durch die 5. Novelle unten Rn. 381 ff.
5 So die Bundesregierung im Entwurf der 1. Novelle zum BVerfGG, BT-Drs. II/1662 S. 7; vgl. auch die Entschließung des Deutschen Bundestages vom 03.06.1959, Sten.Ber., II. Wp., S. 3684. Zur weiteren Entwicklung in dem damaligen Gesetzgebungsverfahren *Heyde,* in: FS Kutscher (1981), S. 240 f.
6 Die Eingänge bei beiden Senaten beliefen sich 1951 auf 478 Verfahren, im Jahre 2000 auf 4831 Verfahren.
7 *Sailer,* ZRP 1977, S. 310 als „allerletzten Ausweg".

allen Vorschlägen widersprochen, die auf eine Vergrößerung der Zahl der Senate hinaus-laufen.

2. Prinzipien der Organisation des BVerfG

Die wichtigsten Organisationsprinzipien für das BVerfG sind: **98**

a) Das BVerfG besteht aus zwei Senaten zu je acht Richtern (§ 2 Abs. 1, 2 BVerfGG). Jeder dieser beiden Senate wird innerhalb der ihm zugewiesenen Zuständigkeiten als selbständiger Spruchkörper tätig. Jeder der Senate und das Plenum – soweit dieses Rechtsentscheidungen trifft – sind „das Bundesverfassungsgericht"[8].

b) Die Mitglieder jedes Senats werden je zur Hälfte vom Bundestag und vom Bundesrat gewählt (Art. 94 Abs. 1 GG, § 5 Abs. 1 BVerfGG).

c) Drei der acht Richter jedes Senats werden aus der Zahl der Richter an den obersten Gerichtshöfen des Bundes gewählt (§ 2 Abs. 3 BVerfGG).

d) Die Amtszeit der Bundesverfassungsrichter beträgt heute einheitlich 12 Jahre ohne Möglichkeit der Wiederwahl. Sie endet spätestens mit dem Erreichen der Alters-grenze von 68 Jahren (§ 4 Abs. 1-3 BVerfGG).

II. Der Status des Bundesverfassungsgerichts

1. Das Bundesverfassungsgericht als Verfassungsorgan

Das GG trifft über den Status des BVerfG keine ausdrückliche Feststellung, sondern ord-   **99**
net dieses dem Bereich der rechtsprechenden Gewalt zu (Art. 92 GG). Das BVerfGG be-zeichnet aber schon in seiner ursprünglichen Fassung von 1951 das BVerfG als einen „al-len übrigen Verfassungsorganen gegenüber selbständige(n) und unabhängige(n) Ge-richtshof" (§ 1 BVerfGG) und damit als Verfassungsorgan.

Verfassungsorgane sind diejenigen im GG selbst benannten obersten Staatsorgane, die „eigenständige Inhaber eines nicht unwesentlichen Ausschnitts aus der verfassungsrecht-lich konstituierten Staatsgewalt" sind[9]. Nicht alle im GG benannten Staatsorgane sind demnach Verfassungsorgane, sondern nur diejenigen, welche die Verfassung mit beson-derer Autorität ausstattet, „deren Entstehen, Bestehen und verfassungsmäßige Tätigkeit erst recht eigentlich den Staat konstituieren und seine Einheit sichern"[10].

Bei der Frage, ob das BVerfG Verfassungsorgan ist, geht es nicht oder nur am Rande um   **100**
einen „Ehrentitel"[11], aus dem sich etwa für seine Mitglieder protokollarische Folgen erge-ben können. Auch die allerdings keineswegs unwichtigen Konsequenzen auf die Haus-haltsgestaltung oder den Verwaltungsablauf erschöpfen das Problem nicht. Zwar trifft es zu, daß sich die Zuständigkeiten und Funktionen des BVerfG – wie jedes anderen Staats-und auch Verfassungsorgans – aus dem GG und dem Gesetzesrecht ergeben. Insofern um-schreibt die Bezeichnung als Verfassungsorgan zusammenfassend die geltende Rechts-

---

8 BVerfGE 2, 79 (95).
9 *Stern*, Staatsrecht, II (1980), S. 42.
10 *Leibholz*, in: Das Bundesverfassungsgericht 1951-1971 (1971), S. 45.
11 Vgl. *Schlaich*, Rn. 25 ff.

lage, ohne sie abändern oder die in Anspruch genommenen Befugnisse erweitern zu können[12]. Inwieweit das BVerfG „Herr des Verfahrens" ist, hängt bei seinen Rechtsentscheidungen von der Rechtslage ab, wie sie dem GG, dem BVerfGG und sonst anwendbaren Rechtsnormen zu entnehmen ist, nicht von seiner Eigenschaft als „Verfassungsorgan"[13].

101 Eine wichtige Konsequenz ergibt sich aber aus Art. 20 Abs. 2 GG. Hiernach geht die Staatsgewalt vom Volke aus. Sie wird, abgesehen von Wahlen oder den nur für Einzelfragen vorgesehenen Abstimmungen, durch „besondere Organe" der Gesetzgebung, der vollziehenden Gewalt und der Rechtsprechung ausgeübt. Soweit diese Organe als Verfassungsorgane zu verstehen sind, stehen sie unter dem besonderen Schutz, den Art. 79 Abs. 3 GG den in den Art. 1 und 20 GG enthaltenen Verfassungsprinzipien auch gegenüber Verfassungsänderungen gewährt. Wenn das BVerfG ebenso wie Bundespräsident, Bundestag, Bundesrat und Bundesregierung zu den Verfassungsorganen gehört, so folgt daraus, daß auch durch eine Änderung der Art. 93 oder 94 GG weder das Gericht abgeschafft noch seine Befugnisse so drastisch beschränkt werden dürften, daß künftig von einer funktionsfähigen Verfassungsgerichtsbarkeit nicht mehr gesprochen werden könnte[14]. Zu dem gleichen Ergebnis führt die Erkenntnis, daß zu dem in unserem Rechtsbereich historisch entwickelten Begriff des Rechtsstaates der Schutz des Bürgers vor verfassungswidrigen Eingriffen in seine Rechte und der Vorrang der Verfassung vor den Entscheidungen des Gesetzgebers gehören[15]. Jedenfalls der Kernbereich einer verfassungsgerichtlichen Kontrolle ist daher durch Art. 20 GG geschützt.

102 Es ist auch dem einfachen Gesetzgeber, der die Verfahrensregeln ändern darf und der dies in mehreren Novellen zum BVerfGG auch hinsichtlich wichtiger Einzelfragen getan hat, nicht völlig freigestellt, wie weit oder wie eng er die zentrale Aufgabe des BVerfG definieren will, über die Verfassungsmäßigkeit von Gesetzen mit verbindlicher Wirkung zu entscheiden. Entscheidungen des BVerfG, die von ihren Kritikern als unzulässiger Eingriff in die Gestaltungsfreiheit des Gesetzgebers angesehen werden, führen gelegentlich in der politischen Diskussion zu einer unverhohlenen Erörterung der Frage, auf welche Weise man den Entscheidungsraum des Gerichts so beschränken könnte, daß derartige unerwünschte Ergebnisse künftig vermieden würden. Als besonders irritierend wird es dabei empfunden, daß ein von der parlamentarischen Mehrheit oder sogar ein einstimmig verabschiedetes Gesetz[16] durch eine vielleicht nur mit knapper Mehrheit der Senatsmitglieder getroffene Entscheidung des BVerfG für verfassungswidrig und nichtig erklärt wird. Dem soll durch die immer wieder diskutierte, allerdings politisch bisher niemals ernsthaft verfolgte Anregung begegnet werden, die Feststellung der Verfassungswidrigkeit von einer einstimmigen oder doch mit besonders qualifizierter Mehrheit getroffenen Entscheidung des Gerichts abhängig zu machen. Eine solche Regelung würde aber den Kernbereich der dem BVerfG zugewiesenen Aufgabe treffen; sie wäre verfassungswidrig.

---

12 *Schlaich*, Rn. 32.
13 Vgl. aber BVerfGE 13, 54 (94); 36, 342 (357); 60, 175 (213); kritisch hierzu *Schlaich*, Rn. 32.
14 *Herzog*, in: Maunz/Dürig, Art. 20, Rn. 73.
15 *Maunz*, in: BVerfGG-Kommentar, § 1 Rn. 11.
16 *Holtford*, in: Däubler/Küsel (Hg.), Verfassungsgericht und Politik (1979), S. 191 ff.

2. Die Statusdenkschrift des Bundesverfassungsgerichts und ihre Folgen

Das BVerfG hat es schon frühzeitig für erforderlich gehalten, sein Selbstverständnis über **103** seine verfassungsrechtliche Stellung – seinen „Status" – und die sich hieraus ergebenden Folgen zu formulieren. Die vom Plenum des BVerfG am 27. Juli 1952 verabschiedete und anschließend den obersten Bundesorganen zugeleitete „Status-Denkschrift"[17] spricht von der „Tatsache, daß selbst in maßgeblichen politischen Kreisen Mißverständnisse von erheblichem Gewicht über die tatsächliche verfassungsrechtliche Stellung des Bundesverfassungsgerichts und seiner Mitglieder" bestünden, die zu beseitigen Aufgabe der Denkschrift sein solle. Das BVerfG versteht sich nach dieser Denkschrift als ein „Gericht sui generis" und zugleich als ein Verfassungsorgan, dessen Mitglieder in wesentlichen Fragen von grundsätzlicher Bedeutung, welche die Existenz des Ganzen berührten, selbständig im Namen des im Staate organisierten Volkes zu entscheiden hätten[18].

Die Konsequenzen, die aus diesem Selbstverständnis folgen, sind heute im wesentlichen **104** unstreitig:

a) Die Mitglieder des BVerfG sind keine Beamten. Ihre Rechtsstellung ergibt sich nicht aus den beamtenrechtlichen Vorschriften, sondern ist im BVerfGG und durch ein besonderes Gesetz über das Amtsgehalt der Mitglieder des BVerfG[19] näher bestimmt. Die Vorschriften des Deutschen Richtergesetzes[20] gelten für die Richter am BVerfG nur, soweit sie mit der besonderen Rechtsstellung dieser Richter nach dem GG und dem BVerfGG vereinbar sind (§ 69 DRiG).

b) Die am BVerfG tätigen nichtrichterlichen Beamten unterstehen nicht der Personalhoheit des Bundesjustizministers. Sie werden vom Präsidenten des BVerfG ernannt, befördert und in den Ruhestand versetzt (§ 176 Bundesbeamtengesetz). Entsprechendes gilt für die Arbeiter und Angestellten des Gerichts.

c) Das BVerfG stellt seinen Haushaltsbedarf selbst fest. Es leitet seinen Haushaltsvoranschlag der Bundesregierung zu. Wird zwischen Bundesregierung und BVerfG über die Höhe des angemeldeten Haushaltsbedarfs keine Einigung erzielt, so werden die strittig gebliebenen Anforderungen des BVerfG unverändert dem Entwurf des Bundeshaushaltsplans beigefügt und an Bundesrat und Bundestag weitergeleitet. Dieses Recht der Doppelvorlage (§ 29 Abs. 3 Bundeshaushaltsordnung) ermöglicht es dem BVerfG, seine Wünsche auch insoweit gegenüber den zur Feststellung des Haushaltsplanes berufenen gesetzgebenden Körperschaften deutlich zu machen und sie diesen gegenüber zu vertreten, als sie von den Vorstellungen der Bundesregierung abweichen. Der das BVerfG betreffende Teil des Bundeshaushalts ist nicht mehr, wie in den Anfangsjahren, ein Teil des Haushalts des Bundesministers der Justiz, sondern bildet einen eigenen Einzelplan (Einzelplan 19).

d) Das BVerfG hat aus seiner Stellung als Verfassungsorgan den Anspruch auf Geschäftsordnungsautonomie abgeleitet[21]. Während Art. 40 Abs. 1 S. 2 GG dem Deutschen

---

17 JöR NF 6 (1957), S. 110 ff.
18 Bericht des Berichterstatters *Leibholz* an das Plenum des BVerfG zur „Status-Frage", JöR NF 6 (1957), S. 120 ff.
19 Gesetz vom 28.2.1964, BGBl. I S. 133; neu gefaßt durch Gesetz vom 16.07.1998 (BGBl. I S. 1832).
20 Deutsches Richtergesetz in der Fassung der Bekanntmachung vom 19.04.1972, BGBl. I S. 713.
21 *Ritterspach*, EuGRZ 1976, S. 57 f.; *Säcker*, NJW 1976, S. 25; *Wand*, in: FS Gebhard Müller (1970), S. 566. Vgl. schon oben Rn. 33.

Bundestag ausdrücklich das Recht zuerkennt, sich eine Geschäftsordnung zu geben, fehlt es im GG an einer entsprechenden Ermächtigung für das BVerfG. Dies hat aber von vornherein das Bedürfnis für eine Geschäftsordnung und das Recht, sich diese selbst zu geben, hervorgehoben[22]. Allerdings wurde die Geschäftsordnung erst im Jahre 1975 durch das Plenum des BVerfG verabschiedet[23].

105 Die Geschäftsordnung des BVerfG enthält im Teil A Vorschriften zur Organisation und Verwaltung des Gerichts. Teil B (§§ 20 ff.) bringt verfahrensergänzende Bestimmungen. Sie können die Vorschriften des BVerfGG nicht abändern, behandeln aber Verfahrensfragen, die im Gesetz nicht ausdrücklich geregelt sind. Nach § 19 GeschO BVerfG wird die Stellung des BVerfG „als eines obersten kollegialen Verfassungsorgans" hervorgehoben. Soweit dieser Status des Gerichts nicht entgegensteht oder sich aus den gesetzlichen Bestimmungen oder vom BVerfG selbst erlassenen Verwaltungsvorschriften nichts anderes ergibt, gelten die für die obersten Bundesbehörden erlassenen allgemeinen Verwaltungsvorschriften.

3. Das Bundesverfassungsgericht – ein staatsleitendes Organ?

106 Verfassungsgerichtliche Entscheidungen können weitreichende politische Wirkungen haben. Wenn ein Gesetz für verfassungswidrig und nichtig erklärt wird, kann der politische Mehrheitswille so, wie er in dem Gesetz zum Ausdruck gekommen ist, nicht verwirklicht werden. Insoweit nimmt das BVerfG durch seine Entscheidungen an der Staatsleitung teil. Es bestimmt nicht selbst die Richtung der Politik, aber es begrenzt die politischen Alternativen, die sich unter Umständen auf nur *eine* verfassungsrechtlich zulässige Problemlösung verengen können. Daher kann man sagen, daß das BVerfG einen – begrenzten – Anteil an der Staatsleitung hat[24].

107 Rechtliche Konsequenzen ergaben sich früher hinsichtlich der durch die Vorbehalte der Besatzungsmächte begrenzten Reichweite der Jurisdiktion des BVerfG in Berliner Sachen: Nach Nr. 4 des Genehmigungsschreibens der Militärgouverneure zum GG vom 12. Mai 1949 sollte Berlin „auch nicht durch den Bund regiert" werden („*nor be governed by the Federation*"). Das BVerfG hat den Begriff des Regierens so verstanden, daß er – nach dem angelsächsischen Sprachgebrauch – auch die Tätigkeit der Gerichte mitumfasse. Während die obersten Bundesgerichte, die in der Revisionsinstanz auch Entscheidungen von Berliner Gerichten überprüfen könnten, nur den Einzelfall entschieden, sei die einem Verfassungsgericht obliegende allgemein verbindliche Entscheidung über die Gültigkeit einer Rechtsnorm etwas ganz anderes. Das BVerfG sei „zugleich ein oberstes Verfassungsorgan". Seine Entscheidungen würden unmittelbar in die Berliner Legislative und Exekutive eingreifen. So würde Berlin, wenn sich die Jurisdiktion des BVerfG hierauf erstrecken würde, „in einem eminent politischen Sinn" durch ein Verfassungsorgan des Bundes „regiert" werden[25].

---

22 *Leibholz* (N 18), S. 250. Vgl. heute § 1 Abs. 3 BVerfGG.
23 Geschäftsordnung des BVerfG vom 02.09.1975., BGBl. I S. 2515; heute geltend in der Fassung der Bekanntmachung vom 15.12.1986, BGBl. I S. 2529; geänd. 11.07.1989 (BGBl. I S. 1571) und 18.12.1995 (BGBl. 1996 I S. 474).
24 *Hesse*, Rn. 566, 669; *Geiger*, EuGRZ 1985, S. 401.
25 BVerfGE 7, 1 (14 ff.).

Mit dem Prozeß der Herstellung der deutschen Einheit und dem Fortfall der Vorbehaltsrechte der Alliierten sind diese Schranken entfallen.

Die Teilhabe des BVerfG an der Staatsleitung ergibt sich nicht schon aus den – unbestreitbaren – Wechselwirkungen, die zwischen Verfassungsrechtsprechung und Politik bestehen. Auch Entscheidungen anderer Gerichte können bedeutende politische Wirkungen haben. Die Tätigkeit des BVerfG wirkt aber unmittelbarer auf die anderen Verfassungsorgane ein. Soweit es um ihr Handeln oder Unterlassen geht, ist ihnen daher im verfassungsgerichtlichen Verfahren Gelegenheit zur Äußerung zu geben (so z.B. nach § 94 Abs. 1 BVerfGG im Verfassungsbeschwerdeverfahren). Noch wichtiger ist aber, daß die Entscheidungen des BVerfG die Verfassungsorgane des Bundes und der Länder sowie alle Gerichte und Behörden binden (§ 31 Abs. 1 BVerfGG). Sie klären also nicht nur den jeweils zu entscheidenden Einzelfall. Die verfassungsrechtlichen Gründe, die zu der Entscheidung geführt haben, werden für alle Fälle staatlichen Handelns zur verbindlichen Richtschnur gemacht, auf die sie übertragbar sind. **108**

Erklärt das BVerfG ein Gesetz für mit dem GG vereinbar oder unvereinbar, so hat diese Entscheidung selbst Gesetzeskraft (§ 31 Abs. 2 BVerfGG). Hierdurch kommt der Anspruch auf Allgemeinverbindlichkeit der verfassungsgerichtlichen Entscheidungen am deutlichsten zum Ausdruck.

Andererseits hat das BVerfG nur einen begrenzten Anteil an der Staatsleitung. Es kann nicht aus eigener Initiative verfassungsrechtlich klärungsbedürftige oder umstrittene Fragen aufgreifen, sondern nur dann tätig werden, wenn es in zulässiger Weise um eine Entscheidung ersucht wird. Zwar hat die verfassungsgerichtliche Bestätigung oder Verwerfung eines Gesetzes Wirkungen, die mit der Entscheidung des Gesetzgebers vergleichbar sind. Der verfassungsgerichtliche Entscheidungsprozeß ist aber weder materiell noch „funktionell" Gesetzgebung, sondern stets Rechtsentscheidung[26]. **109**

Aus dem Rang des BVerfG als Verfassungsorgan folgt eine weitere Konsequenz: Alle anderen Verfassungsorgane haben die verfassungsrechtliche Verpflichtung, „die Prüfungszuständigkeit des BVerfG in ihre Überlegungen … einzubeziehen und alles zu unterlassen, was dem BVerfG eine rechtzeitige und wirksame Ausübung seiner Kompetenz erschweren oder unmöglich machen würde. Mit der Entscheidung des GG für eine umfassende Verfassungsgerichtsbarkeit ist es unvereinbar, daß die Exekutive ein beim BVerfG anhängiges Verfahren überspielt"[27]. **110**

Andererseits gilt der Grundsatz, daß Verfassungsorgane bei der Inanspruchnahme ihrer verfassungsmäßigen Kompetenzen auf die Interessen anderer Verfassungsorgane Rücksicht zu nehmen haben[28], auch für das BVerfG selbst[29]. Hieraus ergeben sich funktionelle Beschränkungen der Verfassungsgerichtsbarkeit im Verhältnis zu den anderen staatlichen Gewalten[30]. **111**

Allgemein gilt der verfassungsrechtliche Grundsatz einer „Verfassungsorgantreue" in ähnlicher Weise, wie dies zum Begriff der „Bundestreue" für das Verhältnis von Bund

---

26 *Schlaich*, Rn. 34.
27 BVerfGE 36, 1 (15).
28 BVerfGE 35, 257 (261 f.); 45, 1 (39).
29 BVerfGE 68, 1 (77 f).
30 Vgl. hierzu oben Rn. 27.

und Ländern zueinander entwickelt worden ist. Dieser „ungeschriebene Verfassungs-grundsatz"[31] bedeutet, daß alle „an dem verfassungsrechtlichen ‚Bündnis' Beteiligten" gehalten sind, „dem Wesen dieses Bündnisses entsprechend zusammenzuwirken und zu seiner Festigung und zur Wahrung seiner und der wohlverstandenen Belange seiner Glie-der beizutragen"[32].

112 Hieraus folgt aber nicht die Pflicht des BVerfG zur Zurückhaltung bei der Ausübung der ihm übertragenen Kompetenzen. Das bloße Gebrauchmachen von einer dem Bund durch das GG übertragenen Kompetenz kann für sich allein keinen Verstoß gegen das Prinzip der Bundestreue begründen[33]. Ebensowenig kann von dem BVerfG verlangt werden, daß es auf ihm eingeräumte Zuständigkeiten verzichten soll. Der Satz „Es kann nicht jeder seine Kompetenzen bis zum Rand ausschöpfen wollen"[34] läßt sich nicht aus einem Grund-satz der Verfassungsorgantreue ableiten.

Die rechtlichen Auswirkungen dieses Prinzips beziehen sich vielmehr auf den Umgang miteinander, insbesondere auf das Gebot gegenseitiger Rücksichtnahme, damit jedes Ver-fassungsorgan seine Befugnisse ohne Behinderung durch ein anderes Verfassungsorgan ausüben kann. Dies hat Auswirkungen auf das Verfahren. Im Verfahren vor dem BVerfG folgt aus dem Grundsatz etwa die Ausgestaltungs- und Beteiligungsrechte der von einem Verfahren betroffenen oder an diesem interessierten Verfassungsorgane des Bundes und der Länder. Andererseits haben die Verfassungsorgane das BVerfG bei der Erfüllung sei-ner Aufgaben zu unterstützen. Hieraus ergibt sich die Pflicht zur Rechts- und Amtshilfe für alle Gerichte und Behörden (§ 27 BVerfGG). Wird in einem anhängigen Verfahren ein Verfassungsorgan um eine Äußerung gebeten (regelmäßig wird in Verfahren, die Bundes-recht oder Handlungen von Bundesorganen betreffen, eine Äußerung der Bundesregie-rung erwartet), so kann es über die Gebote der Höflichkeit hinaus Rechtspflicht sein, daß eine Stellungnahme innerhalb angemessener Frist vorgelegt wird. Der vom BVerfG gele-gentlich geäußerte Wunsch, daß die Äußerung vom zuständigen Bundesminister oder dem Staatssekretär unterzeichnet wird, ist nicht der Ausdruck protokollarischer Bedürf-nisse. Er soll vielmehr sicherstellen, daß die Äußerung die Auffassung der Bundesregie-rung oder jedenfalls des betroffenen Ressorts wiedergibt. Für die Ratifikation völker-rechtlicher oder das Verhältnis beider (damaligen) deutschen Staaten zueinander regeln-der Verträge hat das BVerfG die Pflicht ausgesprochen, im Zeitablauf des Ratifikations-verfahrens auch die Prüfungszuständigkeit des BVerfG in die Überlegungen einzube-ziehen[35].

113 Umgekehrt ergibt sich für das BVerfG aus der ihm obliegenden Pflicht zur Rücksicht-nahme das Gebot einer möglichst raschen Durchführung der verfassungsrechtlichen Überprüfung[36]. Angesichts der insgesamt starken Belastung des BVerfG kann sich hier-aus der Zwang ergeben, denjenigen Verfahren Priorität einzuräumen, die für die Tätigkeit anderer Verfassungsorgane von besonderer Bedeutung und Dringlichkeit sind. Doch kann

---

31 BVerfGE 12, 205 (254).
32 BVerfGE 1, 299 (315).
33 BVerfGE 14, 197 (215).
34 So der damalige Bundeskanzler *Schmidt* auf einer Akademietagung, vgl. *Schreiber* (Hg.), Die Zukunft un-serer Demokratie (1979), S. 122; hiergegen *Benda*, a.a.O., S. 125.
35 BVerfGE 36, 1 (35).
36 BVerfGE 36, 1 (35).

nicht verlangt werden, daß demgegenüber etwa jede Verfassungsbeschwerde zurücktreten muß, insbesondere dann, wenn ihr Ausgang für den Beschwerdeführer von existentieller Bedeutung ist.

Aus der Pflicht zur Rücksichtnahme ergibt sich weiterhin etwa die Einräumung angemessener, also nicht zu kurzer Fristen zur Äußerung oder die Verständigung über Terminfragen bei der Festsetzung einer mündlichen Verhandlung. In aller Regel werden derartige Fragen einvernehmlich und ohne Konflikte geklärt.

4. Das Bundesverfassungsgericht als „Herr seines Verfahrens"

Das BVerfG hat aus seiner Stellung als Verfassungsorgan bei der Erörterung verfahrensrechtlicher Fragen abgeleitet, es sei „damit Herr seines Verfahrens"[37], allerdings, wie es in einer neueren Entscheidung einschränkend heißt, „im Rahmen rechtlicher Bindungen"[38]. Hiergegen sind Bedenken geäußert worden[39]: für das Verfahren vor dem BVerfG sei nicht dessen Rang maßgebend, sondern – wie auch bei den Verfassungsgerichtshöfen der Länder – die positive Regelung in der Verfassung und im Gesetz.   **114**

Es ist selbstverständlich, daß sich das BVerfG nicht über geltendes Recht, das sein Verfahren regelt, hinwegsetzen kann. Dies hat das Gericht selbst anerkannt. So hat es z.B. eine von einer ausländischen juristischen Person des Privatrechts erhobene Verfassungsbeschwerde unter Hinweis auf Wortlaut und Sinn des Art. 19 Abs. 3 GG für unzulässig erklärt[40]. Wo das BVerfG Verfahrensfragen entscheidet, die im GG geregelt sind, ist es nicht „Herr des Verfahrens", sondern „Hüter der Verfassung". Hierzu gehört auch die Aufgabe der Verfassungsinterpretation. Diese hat etwa zu der Entscheidung geführt, daß politische Parteien „andere Beteiligte" im Sinne des Art. 93 Abs. 1 Nr. GG sind und daher ein Organstreitverfahren einleiten können[41]. Dagegen hat das BVerfG eine Ausdehnung der Antragsberechtigung im Wege der Analogie wegen eines vermeintlichen Sachbedürfnisses abgelehnt. Dies geschah mit dem Hinweis, daß andernfalls das Gericht die der Verfassungsgerichtsbarkeit gezogenen Grenzen durch die Zulassung neuer Verfassungsstreitigkeiten überschreiten und von einer Grundentscheidung des Verfassungsgebers abweichen würde[42].   **115**

Auch die im BVerfGG enthaltenen Verfahrensregeln werden vom BVerfG anerkannt und angewendet. Auch mit der Äußerung, es sei „Herr seines Verfahrens", hat es sich von der Bindung an die Entscheidungen des Gesetzgebers nicht befreien wollen. Hierzu besteht auch kein Anlaß. Auch der Status des Gerichts als Verfassungsorgan erlaubt keine andere Beurteilung.

Allerdings behandelt das BVerfG Verfahrensfragen, soweit sie im GG oder im BVerfGG nicht geregelt sind, so, daß es seiner Aufgabe als Hüter und Interpret der Verfassung sachgerecht dienen kann. Auch die GeschO BVerfG enthält einige „verfahrensergänzende   **116**

---

37 BVerfGE 13, 54 (94); 36, 342 (357); 60, 175 (213). Vgl. auch unten Rn. 168 ff.
38 BVerfGE 60, 175 (213).
39 *Schlaich*, Rn. 32.
40 BVerfGE 21, 207 (209).
41 So zuletzt BVerfGE 66, 107 (115).
42 BVerfGE 21, 52 (53 f).

Vorschriften", die im Gesetz nicht behandelte, für die Gerichtspraxis aber bedeutsame Verfahrensfragen regeln. Bei der Beratung der Geschäftsordnung bestand Einverständnis darüber, daß keine Regelung der Geschäftsordnung in Widerspruch zum Gesetz treten dürfe. Sollte sich im Einzelfall ein – nicht beabsichtigter – Konflikt zwischen Gesetz und Geschäftsordnung ergeben, so besteht kein Zweifel am Vorrang des Gesetzes.

Verfahrens- und Ordnungsvorschriften, die für andere Gerichte gelten, sind auf das BVerfG nicht ohne weiteres anwendbar. § 17 BVerfGG bestimmt, daß die Bestimmungen des Gerichtsverfassungsgesetzes über die Öffentlichkeit, die Sitzungspolizei, die Gerichtssprache und über Beratung und Abstimmung „entsprechend" anzuwenden sind. Das BVerfG versteht das Gebot entsprechender Anwendung dahin, daß die sich aus dem GVG ergebenden Regelungen zwar ihrem Grundgedanken nach, aber auch nur insoweit anzuwenden sind, als dies im Hinblick auf die besondere Funktion der Verfassungsgerichtsbarkeit sinnvoll ist. So verbietet § 169 GVG ausnahmslos Ton- und Bildaufnahmen während der ganzen Dauer einer Verhandlung. Das BVerfG läßt solche Aufnahmen zu Beginn und gelegentlich auch während einer mündlichen Verhandlung zu, sofern hierdurch nicht die Ordnung der Verhandlung gestört wird. Eine buchstabengetreue Beachtung des § 169 GVG wäre auch kaum sinnvoll. Vor allem in Verfahren von größerer politischer Bedeutung besteht ein legitimes Interesse der Öffentlichkeit, dem Rechnung getragen werden sollte. Wenn dagegen in einer der (seltenen) mündlichen Verhandlungen über eine Verfassungsbeschwerde Gesichtspunkte des Persönlichkeitsschutzes zu beachten sind, kann nicht großzügiger als in einem Zivil- oder Strafprozeß verfahren werden.

117 Erst 1998 wurde in das BVerfGG ein § 17 a eingefügt, der künftig generell Rundfunk-(d.h. auch Fernseh-) aufnahmen zu Beginn einer mündlichen Verhandlung und bei der Urteilsverkündung erlaubt; es bedarf daher keiner besonderen Entscheidung des Gerichts über die Zulässigkeit der Aufnahmen mehr. Ursprünglich war 1995 erwogen worden, die Regelung im Rahmen einer Änderung der GeschO BVerfG vorzunehmen. Damit hat sich die Auffassung durchgesetzt, daß eine solche wesentliche Regelung dem Gesetzgeber obliegt. Im Gericht selbst besteht keine völlige Einigkeit darüber, daß die Übertragung von Urteilsverkündungen sinnvoll ist; die frühere Verfassungsrichterin *Graßhoff* hat bei ihrer Verabschiedung gemeint, daß der Übertragung der Verlesung eines Urteils „keinerlei Informationswert zukomme"[43].

§ 5 Die Richter

I. Zahl und Amtsdauer

1. Zahl

118 Das BVerfG besteht aus zwei Senaten. In jeden der beiden Senate werden acht Richter gewählt (§ 2 Abs. 1 und 2 BVerfGG). Diese Zahlen schließen den Präsidenten und den Vizepräsidenten ein, die Vorsitzende des Ersten oder des Zweiten Senats sind.

---

43 Nach dem Bericht der Süddeutschen Zeitung vom 05./06.11.1998. Hierzu *Benda*, NJW 1999, S. 1524.

Je drei Richter jedes Senats müssen Berufsrichter sein. Sie werden aus der Zahl der Richter an den obersten Gerichtshöfen des Bundes gewählt (§ 2 Abs. 3 BVerfGG). **119**

Voraussetzung der Beschlußfähigkeit jedes Senats ist die Anwesenheit von mindestens sechs Richtern (§ 15 Abs. 2 S. 1 BVerfGG). Wenn ein Senat in einem Verfahren von besonderer Dringlichkeit nicht beschlußfähig ist, ordnet sein Vorsitzender nach § 15 Abs. 1 S. 2 BVerfGG ein Losverfahren an, durch das der Senat bis zum Erreichen der Beschlußfähigkeit durch Mitglieder des anderen Senats ergänzt wird. Das Losverfahren muß – unabhängig von der Frage, ob das Verfahren besonders dringlich ist – stets stattfinden, wenn ein Richter wegen begründeter Ablehnung oder Selbstablehnung ausscheidet (§ 19 Abs. 4 BVerfGG). Einzelheiten des Losverfahrens regelt § 38 GeschO BVerfG.

Ob die Einführung des Losverfahrens – das es früher nicht gab – notwendig war, mag zweifelhaft sein. Bisher hat sich ein praktisches Bedürfnis hierfür nicht ergeben. Aus der Tätigkeit des BVerfG ist bisher kein einziger Fall bekannt geworden, in dem einer der Senate beschlußunfähig geworden wäre; allerdings hat nicht selten nur die erforderliche Mindestzahl von sechs Richtern an den Entscheidungen mitgewirkt. Näher liegt die Befürchtung, Befangenheitsanträge könnten in der Absicht gestellt werden, die Mehrheitsverhältnisse im Senat zu beeinflussen. Diese Möglichkeit ist aus Anlaß einiger umstrittener Vorgänge[1] kontrovers diskutiert worden[2]. Bedenken, die gegen die Zufallswirkung eines Losentscheids geäußert worden sind[3], sind nicht begründet. Sie beruhen auf der Erwägung, daß die Zusammensetzung der Richterbank bei den Wahlen nach einem „sorgsam ausgeklügelten Proporz" bestimmt werde, der die Wünsche der im Bundestag vertretenen politischen Parteien berücksichtige und zu einer in diesen Sinne „ausgewogenen" Zusammensetzung des BVerfG führe. Dies ist aber nicht der Sinn der Regelung über die Richterwahl, die für jeden Kandidaten eine qualifizierte Mehrheit erfordert. Vielmehr soll der Idee nach erreicht werden, daß regelmäßig Kandidaten gewählt werden, die nicht lediglich Parteienvertreter sind, sondern sich auf eine breite Vertrauensbasis stützen können. Der gelegentlich zu beobachtenden Tendenz, einen Parteienproporz zu verabreden, sollte nicht auch noch Vorschub geleistet werden. Die Zufallswirkung des Losentscheids vermindert die Gefahr, daß Befangenheitsanträge aus einem politischen Kalkül gestellt werden.

Ungewöhnlich ist die Besetzung beider Senate des BVerfG mit einer geraden Zahl von Richtern (ursprünglich je 12, später je zehn und heute acht). Kollegialgerichte bestehen sonst aus einer ungeraden Zahl von Richtern, um klare Mehrheiten zu erreichen. Auch das BVerfG entscheidet regelmäßig mit einfacher Mehrheit (§ 15 Abs. 4 S. 2 BVerfGG). Sind alle Richter anwesend, kann sich Stimmengleichheit ergeben. In diesem Fall kann ein Verstoß gegen das GG oder sonstiges Bundesrecht nicht festgestellt werden (§ 15 Abs. 4 S. 3 BVerfGG). Dieses Ergebnis ist gewollt. Ein Gesetz oder ein anderer staatlicher Akt soll nur dann für verfassungswidrig erklärt werden können, wenn sich eine deut- **120**

---

1 BVerfGE 20, 1 (Ablehnung des Richters *Leibholz)*; 35, 171 (246) (Ablehnung des Richters *Rottmann).* Vgl. auch unten Rn. 212 ff.

2 Vgl. *Dürholt*, ZRP 1977, S. 217; *Friesenhahn*, JZ 1966, S. 704; *Häberle*, JZ 1973, S. 451; *Knöpfle*, in: Bundesverfassungsgericht und GG, I (1976), S. 142; *Ridder*, Demokratie und Recht 1973, S. 239; *Sarstedt*, JZ 1966, S. 314; *Schumann*, JZ 1973, S. 484; *Zwirner*, AöR 93 (1968), S. 81.

3 *Wassermann*, DRiZ 1984, S. 410 ff.; *ders.*, ZRP 1984, S. 151 ff.

liche Mehrheit der Richter hierfür ausspricht. Damit ergibt sich für die Vermutung der Verfassungsmäßigkeit ein gewisser Vorteil.

2. Amtsdauer

121 Die Amtszeit der Richter des BVerfG beträgt seit dem 4. Gesetz zur Änderung des BVerfGG von 1970 einheitlich 12 Jahre. Sie dauert jedoch, unabhängig von der Dauer der abgelaufenen Amtszeit, längstens bis zur Altersgrenze (§ 4 Abs. 1 BVerfGG). Diese wird durch das Ende des Monats bestimmt, in dem der Richter das 68. Lebensjahr vollendet (§ 4 Abs. 3 BVerfGG). Eine Wiederwahl ist in jedem Fall ausgeschlossen (§ 4 Abs. 2 BVerfGG). Verzögert sich die Wahl des Nachfolgers, führt der Richter seine Amtsgeschäfte bis zu der Ernennung des Nachfolgers fort (§ 4 Abs. 4 BVerfGG). Ursprünglich wurden die aus den Richtern der obersten Gerichtshöfe des Bundes zu wählenden Verfassungsrichter für die Dauer ihres Amtes an diesen Gerichten gewählt. Dagegen wurden die übrigen Mitglieder auf Zeit gewählt, jedoch mit der Möglichkeit der Wiederwahl. Hierin ist zu Recht eine sachlich nicht gerechtfertigte statusrechtliche Differenzierung zwischen Mitgliedern eines Verfassungsorgans gesehen worden[4].

122 Altersmäßige Voraussetzung der Wählbarkeit ist die Vollendung des 40. Lebensjahres (§ 3 Abs. 1 BVerfGG). Geht man von der Altersgrenze von 68 Jahren aus, so könnte eine sonst nicht begrenzte Amtszeit sehr viel länger dauern, als dies nach heutigem Recht der Fall ist. Dies würde sich auf die Kontinuität der Rechtsprechung günstig auswirken. Verfassungsrichter, die nach früherem Recht in einigen Fällen eine Amtszeit von mehr als 20 Jahren ausüben konnten, haben für die Arbeit des Gerichts besonders hervorragende Beiträge geleistet[5]. Für eine längere als die heute festgelegte Amtszeit spricht auch, daß jeder neue Richter eine längere Zeit der Einarbeitung benötigt. Sie läßt sich auch bei der vorauszusetzenden fachlichen Qualifikation nicht wesentlich unter zwei bis drei Jahre abkürzen[6]. Ein häufigerer Richterwechsel (zumal wenn zur gleichen Zeit mehrere Richter ausscheiden), erschwert die Bearbeitung umfangreicher oder besonders schwieriger Verfahren. Es ist nicht selten, daß ein ausscheidender Richter seinem Nachfolger Fälle übergeben muß, die er in Bearbeitung genommen, aber nicht abgeschlossen hat oder die im Senat nicht mehr beraten werden konnten. Hierdurch ergibt sich ein doppelter Arbeitsaufwand, der mit eine Ursache für die oft lange Verfahrensdauer ist.

123 Für die Begrenzung der Amtszeit wird das Demokratieprinzip angeführt. Die mit dem Amt verbundene Macht soll nur auf Zeit verliehen werden. Durch den Wechsel im Richteramt soll auch einer Versteinerung der Rechtsprechung vorgebeugt werden. Das BVerfG soll durch die von neuen Mitgliedern erhofften Denkanstöße in die Lage versetzt werden, sich dem Wandel der Verhältnisse zu öffnen[7].

Allen diesen Überlegungen wird man eine gewisse Berechtigung nicht absprechen können. Die für den *Supreme Court* der USA geltende Regelung, nach der dessen Richter auf

---

4 *Spanner*, in: GS Marcic (1974), S. 689.
5 Vgl. etwa *Fromme,* JöR NF 32 (1983), S. 63 ff.
6 Dieser Gedanke liegt auch den Amtszeiten der Landesverfassungsrichter zugrunde, vgl. *Harms-Ziegler*, in: P. Macke (Hg.), Verfassung und Verfassungsgerichtsbarkeit auf Landesebene, 1998, S. 191 (199).
7 BR-Drucksache 678/69, S. 6; hierzu kritisch *Spanner* (N 4), S. 694 f.

Lebenszeit bestellt werden, ohne daß überhaupt eine Altersgrenze gilt, entspricht nicht der deutschen Tradition und hat in Einzelfällen zu schwierigen und heiklen Situationen geführt, die zur Nachahmung nicht ermutigen. Es war gewiß eine richtige Entscheidung, die Möglichkeit einer Wiederwahl der Bundesverfassungsrichter abzuschaffen und so ihre Unabhängigkeit von politischen Einflüssen zu verstärken. Eine Wahl bis zum Erreichen einer Altersgrenze hätte zu dem gleichen Ergebnis geführt. Will man zugleich die Kontinuität der Rechtsprechung und ihre Aufgeschlossenheit für den Wandel erreichen, so empfiehlt sich eine gegenüber der heutigen Regelung maßvoll verlängerte Dauer der Amtszeit[8]. Die heute geltende Regelung bewirkt, daß nicht selten Richter in einem Alter ausscheiden, in dem sie eine weitere berufliche, wissenschaftliche oder politische Tätigkeit anstreben. Hiergegen bestehen keine rechtlichen Schranken[9]. Eine sich auf die richterliche Tätigkeit auswirkende Gefährdung der Unabhängigkeit kann dann entstehen, wenn die vorgesehene Tätigkeit von der Zustimmung oder Mitwirkung politischer Gremien abhängt. Im übrigen bleibt es dem Takt- und Stilgefühl des früheren Bundesverfassungsrichters überlassen, ob er nach seinem Ausscheiden eine Tätigkeit übernimmt, die ihn in eine Nähe zu seinem Richteramt bringt. So wird er selbst zu entscheiden haben, ob er als Rechtsanwalt Verfahren vor dem BVerfG übernimmt oder Rechtsgutachten erstattet, die in Verfahren vor dem BVerfG verwendet werden.

II. Qualifikation, Inkompatibilitäten

1. Qualifikation

Neben dem Mindestalterserfordernis (Vollendung des 40. Lebensjahres) schreibt das **124** BVerfGG lediglich vor, daß die Mitglieder des BVerfG die Befähigung zum Richteramt besitzen müssen (§ 3 Abs. 2 BVerfGG). Sie müssen ferner zum Deutschen Bundestag wählbar sein und sich schriftlich bereit erklärt haben, Mitglied des BVerfG zu werden (§ 3 Abs. 1 BVerfGG). Nach der ursprünglichen Fassung des BVerfGG war als Wählbarkeitsvoraussetzung weiterhin verlangt worden, daß sich die Richter „durch besondere Kenntnisse im öffentlichen Recht auszeichnen und im öffentlichen Leben erfahren sein müssen". Mit der später erfolgten Streichung dieser Vorschrift sollte lediglich eine als selbstverständlich angesehene Richtlinie für die Wahlgremien beseitigt werden, nicht etwa sollte gesagt werden, daß derartige Kenntnisse und Erfahrungen entbehrlich seien[10]. Es liegt in der Verantwortung der Wahlgremien, die fachliche Eignung und die Gesamtpersönlichkeit der Vorgeschlagenen umfassend zu würdigen. Die Befähigung zum Richteramt wird nach dem Studium der Rechtswissenschaften, der Ersten Staatsprüfung und dem Vorbereitungsdienst durch das Bestehen der Zweiten Staatsprüfung erworben (§ 5 Deutsches Richtergesetz). Außerdem ist jeder ordentliche Professor der Rechte an einer deutschen Universität zum Richteramt befähigt (§ 7 DRiG). Er kann daher auch ohne die Zweite Staatsprüfung Bundesverfassungsrichter werden.

---

8 So auch *Geck*, Wahl und Amtsrecht der Bundesverfassungsrichter (1986), S. 48 ff.

9 *Benda*, in: FS Zeidler, I, (1987), S. 54 ff.

10 *Lechner/Zuck*, § 3 Rn. 4; kritisch zur Streichung *Kröger*, in: BVerfG und GG, I, S. 85; *Rupp-v.Brünneck*, in: FS Gebh. Müller (1970), S. 377 f.; anders *Geck* (N 8), S. 17 f.

2. Inkompatibilitäten

125   Die Mitglieder des B VerfG dürfen keinem anderen Verfassungsorgan des Bundes oder eines Landes angehören. Sie scheiden mit ihrer Ernennung aus diesen Organen aus, falls sie ihnen angehört haben (Art. 94 Abs. 1 S. 2 GG, § 3 Abs. 3 BVerfGG). Der Bundesverfassungsrichter darf neben seinem Richteramt keine andere berufliche Tätigkeit ausüben (vgl. aber Rn. 128). Hierdurch sollen verdeckte Abhängigkeiten vermieden werden. Vor allem soll aber sichergestellt werden, daß dem Gericht die volle Arbeitskraft des Richters zur Verfügung steht. Untersagt ist jede auf Erwerb gerichtete Tätigkeit. Ehrenamtliche Tätigkeiten sind dagegen erlaubt. Sie sind nur dann pflichtwidrig, wenn durch sie die Arbeitsfähigkeit bei der Ausübung des Richteramts beeinträchtigt wird.

126   Für Beamte oder Richter, die zu Bundesverfassungsrichtern gewählt werden, gelten besondere Bestimmungen. Während ihrer Zugehörigkeit zum B VerfG scheiden sie aus ihrem bisherigen Amt aus. Die Rechte und Pflichten aus diesem Amt ruhen. Ist das Amt als Bundesverfassungsrichter beendet, so tritt der Beamte oder Richter auch aus seinem bisherigen Amt in den Ruhestand, sofern ihm nicht ein neues Amt übertragen wird (§ 101 Abs. 1 und 2 BVerfGG). Früher bestehende Sonderregelungen für die Bundesverfassungsrichter aus dem Kreis der Richter an den obersten Gerichtshöfen des Bundes, die diesen die Rückkehr in ihr früheres Richteramt ermöglichten, sind durch die Gesetzesnovelle von 1985 beseitigt worden.

127   Bei Rechtsanwälten und Notaren ruhen während ihrer Amtszeit beim B VerfG die Rechte aus der Zulassung oder Bestallung. Sie leben ohne die Notwendigkeit erneuter Zulassung beim Ausscheiden aus dem Richteramt wieder auf (§ 104 BVerfGG).

128   Die einzige einem Bundesverfassungsrichter neben seinem Richteramt erlaubte Tätigkeit ist die eines Lehrers des Rechts an einer deutschen Hochschule (§ 3 Abs. 4 BVerfGG). Dabei haben die Pflichten als Bundesverfassungsrichter den Vorrang (§ 3 Abs. 4 S. 2 BVerfGG).

III. Die Wahl der Richter

129   Wie jede staatliche Tätigkeit bedarf auch die Rechtsprechung einer demokratischen Legitimation. Sie erfordert eine „ununterbrochene Legitimationskette vom Volk zu den mit den staatlichen Aufgaben betrauten Organen und Amtswaltern"[11]. Dabei ist eine unmittelbare Wahl durch das Volk nicht stets erforderlich. Lediglich die Mitglieder des Deutschen Bundestages werden unmittelbar gewählt. Hieraus ergibt sich nicht, daß den anderen Institutionen und Funktionen der Staatsgewalt die demokratische Legitimation fehlte. Vielmehr beziehen die Organe der gesetzgebenden, vollziehenden und rechtsprechenden Gewalt ihre institutionelle und funktionelle demokratische Legitimation aus der Verfassungsentscheidung des Art. 20 Abs. 2 GG[12].

130   Für die Mitglieder des B VerfG schreibt Art. 94 Abs. 1 S. 2 GG eine Wahl vor. Sie soll bei der einen Hälfte der Richter durch den Deutschen Bundestag, bei der anderen durch den

---

11   BVerfGE 47, 253 (257 f.). Einen Überblick über 40 Jahre Richterwahl gibt *Ley*, ZParl 1991, S. 420 f.
12   BVerfGE 49, 89 (125).

Bundesrat erfolgen. Die Einzelheiten sind nicht verfassungsrechtlich festgelegt, sondern werden durch die §§ 5 ff. BVerfGG geregelt. Dies gilt auch für die zur Wahl jeweils erforderliche Mehrheit von zwei Dritteln der Stimmen (§ 6 Abs. 5, § 7 BVerfGG). Das Erfordernis einer qualifizierten Mehrheit soll verhindern, daß die parlamentarische Mehrheit im Bundestag oder die im Bundesrat politisch vorherrschenden Parteien allein ihnen nahestehende oder sonst genehme Richter wählen. Vielmehr soll durch die notwendige Mitwirkung der Opposition eine breite Vertrauensgrundlage für die Mitglieder des BVerfG gesichert werden.

In der 2. Wahlperiode des Bundestages war ein Versuch der damaligen Bundesregierung gescheitert, die qualifizierte Mehrheit für die Richterwahl durch eine einfache Mehrheit zu ersetzen, falls sich im ersten Wahlgang eine breitere Mehrheit nicht erreichen ließ[13]. In der 7. Wahlperiode bemühte sich die in der Opposition befindliche CDU/CSU-Fraktion, das Erfordernis der Zweidrittelmehrheit durch Änderung des GG verfassungsrechtlich abzusichern[14]. Auch dieser Vorstoß scheiterte. Ihm wurde entgegengehalten, daß die wichtigste Funktion des BVerfG im Schutz der Minderheit liege. Hieraus ergebe sich schon nach Art. 94 Abs. 1 GG, daß die Richter auf breiter Legitimationsgrundlage berufen würden. Es sei daher folgerichtige Erfüllung des Verfassungsauftrages, an der Richterwahl auch die Opposition mitwirken zu lassen. Jedoch müsse das Wahlverfahren auch dann noch einen Ausweg lassen, wenn es sich bei starker parteipolitischer Polarisierung als unmöglich erweise, in den Wahlgremien den erforderlichen breiten Konsens zu erreichen[15].

Man kann zwar aus Art. 94 Abs. 1 GG die Folgerung ableiten, daß die Mitglieder des **131** BVerfG nicht lediglich durch einfache Mehrheit gewählt werden dürfen. Ließe das BVerfGG dies zu, könnten hiergegen verfassungsrechtliche Bedenken bestehen[16]. Dagegen würde sich ein Recht der Opposition, bei der Richterwahl in einer ins Gewicht fallenden Weise mitzuwirken, nicht einmal dann ergeben, wenn Art. 94 Abs. 1 GG im Sinne der heute nach § 6 Abs. 5, § 7 BVerfGG einfachgesetzlich geltenden Regelung geändert würde. Daß eine Regierungspartei allein im Bundestag oder im Bundesrat über eine Mehrheit von zwei Dritteln verfügt, ist nicht sehr wahrscheinlich. Dagegen kann einer großen Koalition nur eine zahlenmäßig schwache Opposition gegenüberstehen. Dies war 1965-1969 der Fall. In dieser Lage die Wahl von der Zustimmung einer oder mehrerer kleinerer Parteien abhängig zu machen, würde dieser ein Veto-Potential einräumen. Ein Minderheitsschutz, der noch weiter als bei Änderungen des GG gehen würde (Art. 79 Abs. 2 GG), wäre weder erstrebenswert noch läßt er sich aus Art. 94 Abs. 1 GG ableiten[17].

Die Wahl der Bundesverfassungsrichter erfolgt je zur Hälfte durch den Bundestag und **132** durch den Bundesrat (§ 5 Abs. 1 BVerfGG). Zu unterscheiden ist dabei auch zwischen

---

13 BT-Drs. 7/1662.
14 BT-Drs. 7/1084; *F. Vogel*, Deutschland-Union-Dienst vom 04.10.73.; hierzu *Bahlmann*, ZRP 1973, S. 287 ff.
15 *Bahlmann* (N 14), S. 289.
16 Ähnlich auch *K. Schmidt*, JA 1999, S. 479 (480). Anders indes BVerfG, Beschluß vom 23. Juli 1998 – 1 BvR 2470, BayVBl. 1999, S. 16 ff., zur Wahl der berufsrichterlichen Mitglieder des Bayerischen Verfassungsgerichtshofs: Die einfache Landtagsmehrheit sei verfassungsrechtlich zulässig.
17 Zur Lage der kleinen Oppositionspartei bei der Richterwahl *Bettermann*, in: FS Zweigert (1981), S. 725 ff.

den nach § 2 Abs. 3 BVerfGG in jeden Senat zu wählenden Berufsrichtern und den übrigen Mitgliedern (§ 5 Abs. 1 S. 2 BVerfGG). Es hat sich die Praxis entwickelt, daß der Bundesrat jeweils einen Berufsrichter und drei andere Mitglieder, der Deutsche Bundestag je zwei andere Mitglieder und zwei Berufsrichter wählt[18]. Während der Bundesrat die von ihm zu bestimmenden Mitglieder des BVerfG in seinem Plenum wählt (§ 7 BVerfGG), beruft der Bundestag die von ihm zu wählenden Richter in indirekter Wahl (§ 6 Abs. 1 BVerfGG). Hierzu wird ein besonderer Wahlausschuß gebildet, in dem die Fraktionen des Bundestages nach ihrer Stärke vertreten sind (§ 6 Abs. 2 BVerfGG). Da der Wahlausschuß aus 12 Mitgliedern besteht, ist nur gewählt, wer mindestens acht Stimmen auf sich vereinigt (§ 6 Abs. 5 BVerfGG).

Gegen die indirekte Wahl durch den Wahlausschuß des Bundestages sind verfassungsrechtliche Bedenken erhoben worden, weil Art. 94 Abs. 1 S. 2 GG von der Wahl durch den Bundestag spreche. Obwohl diese Zweifel durch den Hinweis, das GG habe nach seinem Wortlaut den Wahlmodus offen gelassen, nicht ganz ausgeräumt werden, haben sich die Bedenken nicht durchgesetzt[19]. Das BVerfG selbst hat das indirekte Wahlverfahren nicht beanstandet, als es über die Zulässigkeit der Wahl eines vom Bundestag bestimmten Richters zu befinden hatte[20]. Nach nunmehr jahrzehntelang geübter Staatspraxis ist es nicht mehr sehr sinnvoll, der verfassungsrechtlichen Frage nachzugehen.

133 Die verfassungspolitische Zielsetzung, welche die indirekte Wahl begründet, hat nach wie vor ihre Gültigkeit. Die Auswahl qualifizierter Persönlichkeiten für das Richteramt setzt eine eingehende Beschäftigung mit allen für die Beurteilung ihrer fachlichen und persönlichen Eignung maßgebenden Umständen voraus. Je kleiner der Kreis ist, in dem die Erörterungen stattfinden, desto offener und eingehender kann das Gespräch geführt werden, zumal wenn es durch die Pflicht abgesichert wird, nach außen Verschwiegenheit zu wahren (§ 6 Abs. 4 BVerfGG).

Es ist allerdings zuzugeben, daß das indirekte Wahlverfahren, das die Beratung und Entscheidung über ein wichtiges Amt einem kleinen Kreis von Eingeweihten überläßt, auch Nachteile hat. Die Gründe, die für oder gegen einen Bewerber sprechen, bleiben der Öffentlichkeit weitgehend verborgen. Auch die gewählten Bundesverfassungsrichter sind der Öffentlichkeit viel weniger bekannt als etwa die Mitglieder des *Supreme Court* der USA. Hierzu trägt auch der Umstand bei, daß das BVerfG seinen Sitz nicht in der Bundeshauptstadt, sondern in Karlsruhe hat (§ 1 Abs. 2 BVerfGG). Der „Transparenz" der Richterwahl könnte eine direkte Wahl durch das Plenum und eine öffentliche Anhörung der Bewerber förderlich sein, wie sie in einem Antrag der Fraktion der GRÜNEN vorgeschlagen wurde[21]. Hiergegen spricht aber, daß möglicherweise gerade qualifizierte Bewerber sich nicht mehr der Wahl stellen könnten, und vor allem, daß die Eigenschaften, die einen guten Richter auszeichnen, in einer öffentlichen Anhörung kaum erkennbar

---

18 *Kröger* (N 10), S. 90 f.
19 Zum Problem *F. Klein*, in: BVerfGG-Kommentar, § 6 Rn. 2 ff.; *Geck* (N 8), S. 23 f.; *Kröger* (N 10), S. 90 f. m.w.N.; *Zuck*, ZRP 1973, S. 238. Neuerdings ist die Diskussion wieder aufgenommen worden, vgl. z.B. *Albrecht*, taz v. 07.07.1993; *Birkenmaier*, Stuttgarter Zeitung v. 23.08.1995; *Eylmann*, Focus v. 03.06.1996; *Koch*, ZRP 1996, S. 41 ff.
20 BVerfGE 40, 356 ff.
21 BT-Drs. 11/73; mit ähnlicher Tendenz *Preuß*, ZRP 1988, S. 389 ff.

werden[22]. Geht es darum, die am ehesten geeigneten Kandidaten zu finden, so ist aber die Vertraulichkeit des Verfahrens wichtiger als der Wunsch nach Transparenz[23].

Die Wahlen erfolgen auf der Grundlage von Bewerberlisten, in die der Bundesminister **134** der Justiz alle Bundesrichter aufnimmt, die sich zur Wahl an das BVerfG bereit erklärt haben (§ 8 Abs. 1, § 3 Abs. 1 BVerfGG). Auch über alle Personen, die von einer Fraktion des Deutschen Bundestages, der Bundesregierung oder einer Landesregierung zur Wahl vorgeschlagen werden, wird eine solche Liste geführt. Da die Wahlgremien sich an diese Liste nicht gebunden fühlen, sondern auch andere Bewerber in Erwägung ziehen, hat die Vorschlagsliste kaum eine Bedeutung[24].

Die Richterwahlen sollen bei vorzeitigem Ausscheiden eines Richters innerhalb eines Monats erfolgen (§ 5 Abs. 3 BVerfGG), um die Arbeitsfähigkeit des Senats zu erhalten. Im übrigen sollen beim Ausscheiden eines Richters wegen der Beendigung seiner Amtszeit die Wahlen frühestens drei Monate vor diesem Zeitpunkt (oder innerhalb eines Monats nach dem Zusammentritt eines neuen Bundestages, wenn dieser die Wahl vorzunehmen hat und zur Zeit des Ausscheidens aufgelöst ist) stattfinden (§ 5 Abs. 2 BVerfGG). Da die ausscheidenden Richter ihre Amtsgeschäfte bis zur Ernennung eines Nachfolgers fortführen (§ 4 Abs. 4 BVerfGG), besteht bei Beendigung der Amtszeit eines Richters für eine Neuwahl nicht die gleiche Dringlichkeit wie beim Wegfall eines Richters aus anderen Gründen.

Nur indirekt ergibt sich aus § 7 a BVerfGG, daß die Wahl regelmäßig innerhalb von zwei Monaten nach Ablauf der Amtszeit stattfinden soll. Geschieht dies nicht, so wird das BVerfG aufgefordert, eigene Wahlvorschläge zu machen. Das Plenum des BVerfG soll bei Wahl eines Richters drei Vorschläge machen, bei mehreren offenen Stellen deren doppelte Zahl (§ 7 a Abs. 2 BVerfGG).

Da das Wahlgremium an den Vorschlag des BVerfG nicht gebunden ist (§ 7 a Abs. 4 BVerfGG), wird dem Vorschlagsrecht des BVerfG im allgemeinen wenig Gewicht beigemessen[25]. Diese Meinung hat sich aber als nicht ganz zutreffend herausgestellt. In Einzelfällen hat der Vorschlag des Gerichts wesentlich dazu beigetragen, Bedenken in den Wahlgremien gegen einen Bewerber auszuräumen[26]. Noch mehr Gewicht hat es, wenn das Plenum, dem der Stand der Personaldiskussion in dem Wahlgremium meist bekannt ist, einen dort erörterten Bewerber bewußt nicht aufnimmt. Damit wird signalisiert, daß die Wahl des Bewerbers vom BVerfG nicht begrüßt werden würde. Über ein solches negatives – wenn auch nur indirekt geäußertes – Votum wird sich das Wahlgremium kaum hinwegsetzen können[27].

Die Praxis der Richterwahlen ist verbreiteter Kritik ausgesetzt. Beanstandet wird die Neigung **135** der Wahlgremien, freiwerdende Richterstellen erst nach geraumer Zeit zu besetzen. In einem Fall benötigte die Wahl zwei Jahre. Eine Verzögerung über mehrere Monate ist

---

22 So die überwiegende Meinung einer Anhörung von Sachverständigen vor dem Rechtsausschuß des Deutschen Bundestages am 04.05.1988.
23 *Dichgans*, ZRP 1972, S. 86, mit dem Vorschlag eines „geheimen Vorverfahrens" und einem Vorschlagsrecht des Bundespräsidenten.
24 *F. Klein*, in: BVerfGG-Kommentar, § 8 Rn. 1; *Geck* (N 8), S. 22.
25 *Kröger* (N 10), S. 89 f.
26 *Frank*, in: FS Faller (1984), S. 45 f.; *Geck* (N 8), S. 28.
27 *Frank* (N 26), S. 46 f.

nicht selten[28]. Vor allem wird aber die Politisierung der Richterwahlen kritisiert. Da die politischen Parteien sich in informellen Absprachen gegenseitig das Vorschlagsrecht für freiwerdende Stellen zubilligen und meist Kandidaten bevorzugen, die ihnen politisch nahestehen, haben parteipolitisch nicht gebundene Persönlichkeiten praktisch kaum eine Chance, auch nur vorgeschlagen zu werden[29]. Sind mehrere Stellen zu besetzen, so werden „Paketlösungen" vereinbart, bei denen die Vorstellungen der Parteien zu einem Ausgleich gebracht werden. Reformvorschläge suchen daher nach Möglichkeiten, die die parteipolitischen Gesichtspunkte zugunsten einer Auswahl nach fachlicher Eignung und dem Gewicht der Persönlichkeit zurückdrängen. So wird angeregt, den Bundespräsidenten in das Vorschlagsverfahren einzuschalten oder einem juristischen Fachbeirat ein Vorschlagsrecht einzuräumen[30].

Solche Anregungen haben wenig Aussicht, verwirklicht zu werden. Sie würden auch kaum geeignet sein, die behaupteten Nachteile des bisherigen Verfahrens zu beseitigen. Wenn neben den politischen Kräften andere Persönlichkeiten oder Gruppen an der Auswahl der Kandidaten mitwirkten, würde sich der Versuch einer parteipolitischen Einflußnahme dorthin verlagern. Es wäre dem Amt des Bundespräsidenten nicht zuträglich, hätte er an Personalentscheidungen maßgeblich mitzuwirken, deren politischer Charakter sich aus der Funktion des BVerfG ergibt. Dieser könnte durch keine Verfahrensregelung gänzlich beseitigt werden.

136 Nach den bisherigen Erfahrungen läßt sich kaum bestreiten, daß die Kritik an der Wahlpraxis eine gewisse Berechtigung hat. Andererseits können die Ergebnisse der Wahlverfahren wohl nicht dahin beurteilt werden, daß sie zu groben Mißgriffen geführt hätten. Wenn in der Öffentlichkeit und durch die Medien Wahlvorgänge mit Aufmerksamkeit beobachtet und kommentiert werden, so kann dies eine Kontrollfunktion erfüllen und Fehlentscheidungen verhindern[31]. Da zur Wahl eine Mehrheit von zwei Dritteln erforderlich ist, mag die Versuchung entstehen, daß sich die politischen Gruppierungen darüber verständigen, den von der Gegenseite vorgeschlagenen Bewerber Zug um Zug mit der Zustimmung zu dem eigenen Kandidaten zu wählen. Dies ist aber nicht der Sinn der gesetzlichen Regelung. Sie soll bewirken, daß jede Bewerbung sorgfältig geprüft und nur derjenige gewählt wird, der auf breite Zustimmung stößt. Es ist eine wichtige Aufgabe der kritischen Öffentlichkeit, hierüber zu wachen. Im allgemeinen hat dies bisher auch dazu geführt, daß Bewerber mit bloß parteipolitischer Ausrichtung entweder nicht vorgeschlagen oder nicht gewählt worden sind. Werden gegen einen Kandidaten ernsthafte und einleuchtende Bedenken geäußert, führt dies meist dazu, daß die Bewerbung schon vor der Wahlentscheidung zurückgezogen wird.

137 Entstehen Zweifel darüber, ob die Wahl den gesetzlichen Bestimmungen entsprechend zustandegekommen ist, so hat das BVerfG selbst von Amts wegen zu prüfen, ob es ord-

---

28 Vgl. *Frank* (N 26), S. 37; *Billing*, Das Problem der Richterwahl zum Bundesverfassungsgericht (1969), S. 191 ff. Kritisch unter dem Aspekt des Art. 101 Abs. 1 S. 2 GG *Höfling/Roth*, DÖV 1997, S. 67 ff.; ferner *Rüthers*, NJW 1996, S. 1867 ff.; *Sangmeister*, NJW 1996, S. 2561 ff.

29 Zur Kritik an der Wahlpraxis insbesondere *Geck* (N 8), S. 33 ff. m.w.N.; *Hopfauf*, ZRP 1994, S. 89 ff.

30 *Dichgans* (N 23), S. 86; *Billing* (N 28), S. 305 ff., *Kröger* (N 10), S. 99.

31 *Frank* (N 26), S. 37. *Geck* (N 8), S. 41, kritisiert das unzureichende Interesse, das die Öffentlichkeit und die Medien an den Richterwahlen nähmen.

nungsmäßig besetzt ist[32]. Dies ergibt sich schon aus Art. 101 Abs. 1 S. 2 GG[33]. So hatte der Erste Senat zu entscheiden, ob als Nachfolger eines Richters, der als Bundesrichter gewählt worden war (vgl. § 2 Abs. 3 S. 1 BVerfGG) ein Bewerber gewählt werden durfte, der nicht Berufsrichter war. Der Senat hat dies bejaht, weil dem Senat außer zwei als Bundesrichtern gewählten Mitgliedern ein weiterer Richter angehörte, der zwar nicht als Bundesrichter gewählt worden war, aber diesem Personenkreis angehört[34]. Der Sinn und Zweck des § 2 Abs. 3 S. 1 BVerfGG, durch die Berufung von drei Berufsrichtern deren besondere Erfahrung und ihre Kenntnisse und Fähigkeiten in die Arbeit des BVerfG einzubringen, sei auch auf diese Weise gewahrt. Mit der Entscheidung wurde eine zwischen einem früheren Verfassungsrichter und einem Mitglied des Wahlmännergremiums öffentlich geführte Kontroverse abgeschlossen[35].

IV. Beendigung des Richteramts

Das Amt des Verfassungsrichters endet mit dem Ablauf der Amtszeit, im übrigen durch Tod oder dauernde Dienstunfähigkeit. Der Richter kann jederzeit seine Entlassung aus dem Amt beantragen. Der Bundespräsident muß dem Antrag entsprechen (§ 12 BVerfGG). Wenn ein Mitglied des BVerfG wegen einer entehrenden Handlung oder zu einer Freiheitsstrafe von mehr als sechs Monaten rechtskräftig verurteilt worden ist oder sich einer so groben Pflichtverletzung schuldig gemacht hat, daß sein Verbleiben im Amt ausgeschlossen erscheint, kann das Plenum des BVerfG den Bundespräsidenten ermächtigen, den Richter zu entlassen (§ 105 Abs. 1 Nr. 2, Abs. 2 BVerfGG). Im Falle der dauernden Dienstunfähigkeit führt die gleiche Ermächtigung zur Versetzung in den Ruhestand (§ 105 Abs. 1 Nr. 1, Abs. 2 BVerfGG). Die Ermächtigung bedarf einer Mehrheit von zwei Dritteln der Mitglieder des Gerichts (§ 105 Abs. 4 BVerfGG). Bisher ist eine Ermächtigung nach § 105 BVerfGG nicht erteilt worden. Einzelheiten des Verfahrens regeln §§ 50 ff. GeschO BVerfG[36].

138

§ 6 Die Senate und das Plenum

I. Senatszuständigkeiten

1. Grundsätzliche Aufteilung der Zuständigkeiten zwischen den Senaten

Im Hinblick auf die Konzeption des BVerfG als Zwillingsgericht, die sich jedenfalls auf absehbare Zeit nicht mehr zugunsten eines aus nur einem Spruchkörper bestehenden Gerichts verändern lassen wird, ergab sich von vornherein die Notwendigkeit, die Zuständigkeiten beider Senate voneinander abzugrenzen. Dabei mußten im Hinblick auf den Verfassungsgrundsatz des gesetzlichen Richters (Art. 101 Abs. 1 S. 2 GG) klare Kriterien

139

---

32 BVerfGE 2, 1 (9); 40, 356 (370 f.).
33 BVerfGE 65, 152. – Vgl. auch oben Rn. 135 (N 28).
34 BVerfGE 65, 162 ff.
35 *Geiger*, EuGRZ 1983, S. 397 ff.; *Ehrhard*, EuGRZ 1983, S. 473 ff.
36 Vgl. *Worm*, Die rechtliche Verantwortlichkeit der Richter des BVerfG (1988).

für die Verteilung der Zuständigkeiten geschaffen und Möglichkeiten gegen Versuche gefunden werden, die Zuständigkeit je nach der Vorstellung zu manipulieren, bei dem einen oder dem anderen Senat eine größere Erfolgsaussicht zu haben[1]. Diese Gefahr liegt schon deshalb nahe, weil die am Gesetzgebungsverfahren beteiligten Verfassungsorgane unmittelbar an dem Ausgang vieler vor dem BVerfG anhängiger Verfahren interessiert sind[2].

Wie schon in seiner ursprünglichen Fassung regelt § 14 BVerfGG die Fragen der Senatszuständigkeiten. Seitdem durch Gesetzesänderung von 1956 das Plenum des BVerfG ermächtigt wurde, unter bestimmten Voraussetzungen die Verteilung der Senatszuständigkeiten zu ändern (§ 14 Abs. 4 BVerfGG) und von dieser Möglichkeit auch mehrfach Gebrauch gemacht worden ist, läßt sich allein aus dem Gesetzestext nicht mehr entnehmen, welcher Senat für ein Verfahren zuständig ist. Vielmehr muß die vom Plenum des BVerfG getroffene Bestimmung in der jeweils geltenden Fassung herangezogen werden. Aufgabe der Plenarbeschlüsse ist es, eine „nicht nur vorübergehende Belastung eines Senats" auszugleichen (§ 14 Abs. 4 BVerfGG). Ob Änderungen notwendig werden, hängt daher von dem nicht mit Sicherheit vorhersehbaren Geschäftsanfall ab, der auch in der Zukunft Kompetenzverschiebungen zwischen den Senaten wahrscheinlich macht. Mit der Plenarentscheidung von 1989[3] schien ein ungefähres Gleichgewicht der Belastung beider Senate gefunden worden zu sein, das wenigstens für einige Zeit eine ruhigere Entwicklung erhoffen ließ. Die mit dem Prozeß der deutschen Einigung verbundene Ausdehnung der Zuständigkeit des BVerfG hat jedoch nicht nur zu einer erheblichen zusätzlichen Belastung des Gerichts geführt. Die mit dem Einigungsprozeß verbundenen Übergangsprobleme sowohl auf dem Gebiet der Staatsorganisation als auch im Grundrechtsbereich werden auch im Verhältnis beider Senate zueinander zu neuen Problemen führen, die erneute Überlegungen über die beiderseitige Zuständigkeit wahrscheinlich machen.

140 Für die Qualität der Arbeit des BVerfG ist die Zuständigkeitsverteilung von erheblicher Bedeutung. Weicht das Plenum von den in § 14 BVerfGG enthaltenen Grundsätzen der Zuständigkeitsverteilung ab, so soll es doch nach Möglichkeit den Grundgedanken der gesetzlichen Regelung respektieren[4]. Weder der Gesetzgeber noch das Gericht selbst differenzieren hinsichtlich der Qualität der Leistung der beiden in prinzipiell gleicher Weise zur Verfassungsrechtsprechung berufenen Senate. Es kann der wissenschaftlichen und öffentlichen Kritik überlassen werden, die Grundphilosophie, den Argumentationsstil oder die handwerkliche Qualität der von beiden Senaten getroffenen Entscheidungen vergleichend einander gegenüber zu stellen, Zumal in den ersten Jahren der Tätigkeit des BVerfG war es üblich, nach der vermuteten parteipolitischen Färbung zwischen einem „roten" und einem „schwarzen" Senat zu unterscheiden. Die Wirklichkeit ist durch derartige vergröbernde Qualifikationen niemals getroffen worden. Es ist ganz selbstverständlich, daß diese spekulativen Zuordnungen weder dem Gesetzgeber noch dem BVerfG selbst das Recht geben, die Aufteilung der Zuständigkeiten an solchen „Kriterien" zu orientieren.

---

1 *Sattler*, in: BVerfG und GG, I (1976), S. 105 f.
2 *Ulsamer*, in: BVerfGG-Kommentar, § 14 Rn. 9.
3 Beschluß vom 15.12.1989 (BGBl. I S. 2259).
4 *Ulsamer*, in: BVerfGG-Kommentar, § 14 Rn. 30.

Der Grundgedanke, nach dem § 14 BVerfGG die Zuständigkeiten ordnete, war vielmehr der, daß der Erste Senat vor allem Grundrechtssenat sein sollte. Er sollte die Grundrechte wahren und deuten und das Rechtsverhältnis des einzelnen zum Staat mit seinen Entscheidungen klären. Dagegen wurde der Zweite Senat als Staatsgerichtshof im überlieferten Sinne verstanden. Ihm oblag die Entscheidung in den großen politischen Prozessen zwischen den Verfassungsorganen oder im Bund-Länder-Verhältnis. Lag das Schwergewicht der Arbeit des Zweiten Senats bei der Entscheidung aktueller und oft hochpolitischer Streitigkeiten, so sollte der Erste Senat die grundsätzliche Arbeit im klassischen Zentrum des heutigen Verfassungsverständnisses leisten[5].

Da diese Verteilung der Zuständigkeiten von Anfang an zu einer erheblichen Überlastung **141** des Ersten Senats führte, während der Zweite Senat nur in wenigen Verfahren tätig werden mußte, erwies es sich schon bald als unmöglich, den Grundgedanken des Gesetzes in voller Konsequenz durchzuführen. Die dem Ersten Senat zunächst zugewiesenen Verfassungsbeschwerden sowie die abstrakten und konkreten Normenkontrollen sind diejenigen Verfahrensarten, die von Anfang an bis heute die höchsten Eingangszahlen zu verzeichnen haben. Alle anderen Verfahrensarten bleiben hinter ihnen weit zurück[6]. Da eine Verfassungsbeschwerde die Behauptung des Beschwerdeführers voraussetzt, in einem seiner Grundrechte oder grundrechtsgleichen Rechte verletzt zu sein (Art. 93 Abs. 1 Nr. 4 a GG) – wenn auch nach der Rechtsprechung des BVerfG über Art. 2 Abs. 1 GG andere Verfassungsverstöße gerügt werden können – und auch konkrete Normenkontrollen überwiegend Grundrechtsprobleme aufwerfen, war es ohne die Gefahr einer unzumutbaren Überlastung auf Dauer nicht möglich, den Ersten Senat als Grundrechtssenat im Sinne einer ausschließlichen Zuständigkeit für diesen Bereich zu verstehen. Alle gesetzgeberischen Überlegungen und ebenso die Bemühungen des BVerfG selbst hatten sich mit der Frage zu befassen, wie der Grundgedanke des § 14 Abs. 1 BVerfGG erhalten bleiben kann, zugleich aber ein ungefähres Gleichgewicht der Belastung beider Senate erreicht wird. Die ersten Plenarbeschlüsse des BVerfG übertrugen dem Zweiten Senat Sachbereiche wie den öffentlichen Dienst oder das Strafverfahren sowie die Zuständigkeit für solche Verfassungsbeschwerden oder Normenkontrollen, bei denen die Verletzung nicht der klassischen Grundrechte, sondern der grundrechtsgleichen Rechte wie insbesondere des Rechts auf den gesetzlichen Richter oder auf rechtliches Gehör geltend gemacht wurden[7].

Da besonders anläßlich zivilgerichtlicher Streitigkeiten eine behauptete Verletzung des rechtlichen Gehörs außerordentlich häufig Anlaß zu Verfassungsbeschwerden gibt, führte die Zuständigkeitsregelung alsbald zu einer erheblichen Überlastung des Zweiten Senats mit der Folge, daß durch weiteren Plenarbeschluß zunächst alle Verfassungsbeschwerden über zivilgerichtliche Verfahren wieder auf den Ersten Senat übergingen. Schließlich wurde dieser arbeitsintensive und verfassungsrechtlich meist wenig ergiebige Sachbereich schematisch nach Anfangsbuchstaben auf beide Senate aufgeteilt. So haben zunehmend pragmatische und vor allem an den Eingangszahlen orientierte Regelungen den Grundsatz verdrängt, nach dem der Erste Senat Grundrechtssenat, der Zweite Senat für Fragen der Staatsorganisation schwerpunktmäßig zuständig ist[8].

---

5 *Lechner/Zuck*, § 14 Rn. 3.
6 *Sattler* (N 1), S. 114 ff. Vgl. die Statistik des BVerfG, Anhang I.
7 Zu den Einzelheiten vgl. *Ulsamer*, in: BVerfGG-Kommentar, § 14 Rn. 2.
8 *Wöhrmann*, in: FS Zeidler (1987), II, S. 1346 f.

142 Mit dem Plenarbeschluß vom 6. Oktober 1982[9] ist über solche Detailregelungen hinaus eine qualitativ bedeutsame Veränderung vorgenommen worden. Sie entfernt sich deutlich vom Grundgedanken des § 14 Abs. 1 BVerfGG, wenn sie auch aus Gründen eines kaum abweisbaren praktischen Bedürfnisses verständlich und sicher nicht rechtlich unzulässig ist. Nach der jetzt geltenden Regelung ist der Zweite Senat auch in Rechtsbereichen zuständig, die für die Grundrechtsauslegung zentral sind. Dies gilt vor allem für den Sachbereich des (materiellen) Strafrechts, soweit nicht Fragen der Auslegung oder Anwendung der Art. 5 und 8 GG überwiegen. Bisher war der Zweite Senat zwar für das Straf- und Bußgeldverfahrensrecht, nicht aber für das materielle Strafrecht zuständig. Eine weitere neue Zuständigkeit des Zweiten Senats bilden die Rechtsbereiche des Ausländer-, Asyl- und Auslieferungsrechts, die bisher beim Ersten Senat lagen. Nach einem weiteren Plenarbeschluß von 1989[10] obliegt dem Zweiten Senat auch die Entscheidung über Verfassungsbeschwerden aus dem Bereich des Steuerrechts. Diese Zuständigkeitsänderungen, die dem Zweiten Senat wichtigste Sachbereiche zur Entscheidung auch von Grundrechtsfragen zuweisen, erlauben es kaum noch, von dem Ersten Senat als „dem" Grundrechtssenat zu sprechen. Wie diese Entwicklung zu bewerten ist, kann bisher nur vorläufig beantwortet werden. Zuständigkeitsregelungen haben in einem aus mehreren Spruchkörpern bestehenden Gericht nicht lediglich eine Ordnungsfunktion. Sind sie flexibel, wie dies beim BVerfG der Fall ist, birgt jede wesentliche Veränderung ebenso Chancen wie auch Risiken. Offensichtlich ist der – allerdings nur vorübergehende – Nachteil, daß beim Übergang von Zuständigkeiten die bisherigen Erfahrungen, besonderen Kenntnisse und Gewohnheiten des bisher zuständigen Spruchkörpers neu erarbeitet werden müssen. Dabei sind Brüche in der Argumentationsweise nicht auszuschließen, und die Tendenz der Rechtsprechung mag weniger berechenbar sein. Dies sind keine anderen Probleme als die, welche sich als Folge auch eines Richterwechsels innerhalb des Kollegialgremiums ergeben. Wie diese sind sie lösbar und werden auch gelöst. Immerhin sollten Veränderungen der Senatszuständigkeit nicht zu häufig und jeweils mit Wirkung für längere Zeiträume erfolgen, um die damit verbundenen Übergangsprobleme zu vermindern. Dies will auch § 14 Abs. 4 BVerfGG sicherstellen, der einen Plenarbeschluß davon abhängig macht, daß dieser „infolge einer nicht nur vorübergehenden Überlastung eines Senats unabweisbar geworden ist". Andererseits können maßvoll vorgenommene Zuständigkeitsveränderungen auch positive Wirkungen haben. Sie wirken der Gefahr der Isolierung der Rechtsprechung entgegen und verringern die gelegentlich zu beobachtende Neigung, den Schwerpunkt eines verfassungsrechtlichen Problems am ehesten im Bereich der Normen des GG zu suchen, die zur Senatszuständigkeit gehören[11]. So wird die Einheitlichkeit der Verfassungsrechtsprechung gefördert. Der Zuständigkeitsübergang in wichtigen Sachbereichen oder zu einzelnen Grundgesetznormen hat sogar in fast paradoxer Weise zur Folge, daß die Kontinuität der Rechtsprechung gefestigt wird. Während kein Senat gehindert ist, seine eigene Rechtsprechung zu ändern, steht ein Senat, der eine neue Sachzuständigkeit erhalten hat, vor der Alternative, entweder die von ihm vorgefundene Rechtsprechung des bisher zuständigen anderen Senats zu übernehmen oder wegen der Meinungsverschiedenheit das Plenum anzurufen (§ 16 BVerfGG). Da die Neigung,

---

9 Vgl. *Ulsamer*, in: BVerfGG-Kommentar, § 14 Rn. 7.
10 Vgl. N 3.
11 Aufschlußreich hierfür ist etwa die Darstellung der Rechtsprechung beider Senate zur Grundrechtssicherung durch Verfahren in der abw. Meinung des Richters *Simon* in BVerfGE 53, 69 (72 f.).

den letzteren Weg zu gehen, gering ist, spricht die größere Wahrscheinlichkeit dafür, daß Abweichungen außer in wirklich schwerwiegenden Fällen unterbleiben. So errichtet die Regelung des § 14 Abs. 4 BVerfGG eine Hemmschwelle gegen Veränderungen in der Rechtsprechung.

2. Klärung von Zweifelsfragen der Senatszuständigkeit

Wenn es zweifelhaft ist, welcher Senat für ein Verfahren zuständig ist, muß hierüber eine **143** Entscheidung getroffen werden. Dies geschieht durch einen besonderen Ausschuß („Sechserausschuß"), der aus dem Präsidenten, dem Vizepräsidenten und je zwei von jedem Senat in den Ausschuß berufenen Richtern besteht (§ 14 Abs. 5 BVerfGG). Zum Verfahren regelt das Gesetz nur, daß bei Stimmengleichheit die Stimme des Vorsitzenden (also regelmäßig des Präsidenten) den Ausschlag gibt. Weitere Verfahrensregelungen enthalten die §§ 43 GeschO BVerfG. Besteht Anlaß zu Zweifeln, welcher der beiden Senate für eine neu eingegangene Sache zuständig ist, sollen schon die für jeden Senat bestimmten Präsidialräte hierauf hinweisen, damit hierüber im Senat gesprochen werden kann (§ 44 Abs. 1 GeschO VerfG). Präsidialräte sind Beamte mit Befähigung zum Richteramt. Jedem Senat wird ein Präsidialrat zugeteilt. Seine Aufgabe ist es vor allem, den Vorsitzenden bei der Erledigung seiner Senatsgeschäfte zu unterstützen (§ 12 GeschO BVerfG). Jeder Richter kann verlangen, daß der Ausschuß nach § 14 Abs. 5 BVerfGG über Zweifel an der Zuständigkeit entscheidet (§ 44 Abs. 3 GeschO BVerfG).

Sind sich der Vorsitzende und der Berichterstatter des einen Senats darüber einig, daß die Sache in den anderen Senat gehört und sind dessen Vorsitzender und der nach der internen Geschäftsverteilung zuständige Berichterstatter mit der Übernahme einverstanden, so bedarf es keiner Entscheidung des „Sechserausschusses". Die Sache wird „kurzerhand", d.h. durch einfache Verfügung der Vorsitzenden[12] an den anderen Senat abgegeben (§ 44 Abs. 2 GeschO BVerfG).

Da eine Entscheidung über die Zuständigkeit im Ausschuß nicht mehr beantragt werden **144** kann, wenn der Senat, bei dem sich die Sache befindet, die Beratung in der Sache begonnen hat (§ 44 Abs. 4 GeschO BVerfG), muß vor Eintritt in die Sachberatung geprüft werden, ob der Senat zuständig ist. Tritt er in die Sachberatung ein, gibt er damit der Meinung Ausdruck, daß er sich für zuständig hält. Bei dieser Entscheidung bleibt es, auch wenn sich später ergibt, daß nach den für die Senatszuständigkeit maßgeblichen Gesichtspunkten der andere Senat zuständig gewesen wäre. Auch wenn die Vorsitzenden und die Berichterstatter beider Senate hierüber einig sind, kann eine „kurzhändige" Abgabe jetzt nicht mehr erfolgen[13].

Da die Senatsberatung regelmäßig auf der Grundlage eines vom Berichterstatter erarbeiteten schriftlichen Votums erfolgt (§ 23 GeschO BVerfG), ist in dem Zeitpunkt, in dem die Zuständigkeit zweifelhaft werden kann, bereits eine erhebliche Arbeit investiert. Wenn der Berichterstatter selbst Zweifel an der Zuständigkeit seines Senats hat, wird er diese möglichst frühzeitig einer Klärung zuführen, schon um seine Arbeitskraft nicht ei-

---

12 Vgl. hierzu BVerfGE 23, 85 (89 f.).
13 *Sattler* (N 1), S. 125.

ner Sache zu widmen, die dann möglicherweise schließlich von dem anderen Senat entschieden wird. Es ist aber möglich, daß zwar der Berichterstatter an der Senatszuständigkeit keine Zweifel hat, sich diese Bedenken aber bei anderen Senatsmitgliedern ergeben, nachdem sie das Votum studiert haben. Es kann dann zu dem Antrag kommen, hierüber im Ausschuß nach § 14 Abs. 5 BVerfGG zu befinden, mit dem für den bisherigen Berichterstatter unerfreulichen und der Arbeit des stark belasteten Gerichts insgesamt abträglichen Ergebnis, daß die Bearbeitung einer Sache in dem anderen Senat von vorne beginnt. Der in diesem Falle entstehende Zeitverlust, der viele Monate betragen kann, geht zu Lasten der Verfahrensbeteiligten.

Um solche nachteiligen Folgen auf das unvermeidbare Mindestmaß zu reduzieren, sollte die Frage der Senatszuständigkeit nicht überspitzt behandelt werden. Manipulationen der Zuständigkeit müssen ausgeschlossen bleiben. Besteht vernünftiger Anlaß zu Zweifeln über die Zuständigkeit, so wird dies regelmäßig schon bald nach Eingang der Sache und ihrer ersten Prüfung erkennbar. Wenn ein Bundesverfassungsrichter sich über längere Zeit als Berichterstatter mit einer Sache befaßt hat, spricht mindestens die Vermutung dafür, daß es für seine Auffassung, die die Zuständigkeit seines Senats bejaht, vertretbare Gründe gibt. Sie werden auch nicht dadurch nachträglich widerlegt, daß nach dem Inhalt der Sachentscheidung der verfassungsrechtliche Schwerpunkt anders zu sehen ist als bei der am Anfang der Sachbearbeitung stehenden Zuständigkeitsprüfung.

145 Ein gewisses nicht auflösbares Maß an Zweifeln über die Zuständigkeit ergibt sich aus den in den Plenarbeschlüssen des BVerfG seit 1956 enthaltenen Kriterien für die Zuständigkeit. Während § 14 Abs. 1 BVerfGG in seiner Fassung von 1951 an die Verfahrensart anknüpfte und damit – bis zur Grenze von Mißbrauchsfällen[14] – einfach zu handhabende Maßstäbe für die Prüfung der Zuständigkeit enthielt[15], kann diese nach den späteren Plenarbeschlüssen gemäß § 14 Abs. 4 BVerfGG von der Einschätzung abhängen, wo voraussichtlich der verfassungsrechtliche Schwerpunkt der Sachentscheidung liegen wird. Dies gilt auch für die heute maßgeblichen Plenarbeschlüsse von 1982 und 1989. Die Zuweisung der Normenkontrollverfahren und Verfassungsbeschwerden an den Zweiten Senat ist insofern unproblematisch, als sie nach Sachgebieten erfolgt (Nr. I des Plenarbeschlusses 1982). Im allgemeinen wird sich ohne Schwierigkeit feststellen lassen, ob eine Sache z.B. aus dem Bereich des Ausländerrechts, des Strafrechts oder des Rechts des öffentlichen Dienstes kommt. Anders ist es mit den Normenkontrollen und Verfassungsbeschwerden, die vom Zweiten Senat entschieden werden sollen, wenn „andere Fragen als solche der Auslegung und Anwendung der Art. 1 bis 17, 19, 101 und 103 Abs. 1 GG überwiegen" (Nr. II 1 des Plenarbeschlusses 1982). Um diese Frage beantworten zu können, ist in gewissem Umfange eine Prognose über den Schwerpunkt der Sachprüfung erforderlich. Sie kann sich als unrichtig herausstellen, wenn die Beratung zur Sache durchgeführt wird. Daher wird von den Argumentationsschwerpunkten auszugehen sein, welche die verfahrenseinleitende Schrift setzt. Auch wenn und soweit das BVerfG befugt ist, sogar diejenigen verfassungsrechtlichen Zweifel zu prüfen, die von dem Antragsteller selbst nicht geäußert werden – was bei der konkreten Normenkontrolle unstreitig, für Verfassungsbeschwerden aber nicht so eindeutig ist[16] –, wird sich oft nicht von vornherein sa-

---

14 Vgl. BVerfGE 2, 79 (94 f.).
15 *Sattler* (N 1), S. 116.
16 Vgl. hierzu unten Rn. 391 ff. Anders *Sattler* (N 1), S. 127.

gen lassen, welche von mehreren behaupteten Grundrechtsverletzungen den Schwerpunkt der verfassungsrechtlichen Problematik darstellt. Denkbar ist auch, daß zu gleicher Zeit bei einer Normenkontrolle oder einer direkt oder indirekt gegen ein Gesetz gerichteten Verfassungsbeschwerde sowohl die Kompetenz zur Gesetzgebung bestritten als auch Grundrechtsverletzungen behauptet werden, aber ohne sorgfältige Sachprüfung nicht gesagt werden kann, welche dieser Rügen das größere Gewicht hat. Es wäre unökonomisch und sinnwidrig, bereits bei der Prüfung der Zuständigkeit die Sachentscheidung vorwegnehmen zu wollen. Ebenso verfehlt wäre es, zur Klärung der Zuständigkeitsfrage intensive Erörterungen darüber anzustellen, welche verfassungsrechtlichen Fragen überwiegen, wenn schon eine überschlägige Prüfung der Verfassungsbeschwerde ergibt, daß sie, etwa wegen schlichter Fristversäumnis, unzulässig ist. Da aber auch in diesem Falle der zuständige Senat bestimmt werden muß, spricht alles dafür, die Prüfung auf ein vertretbares Maß zu beschränken.

II. Geschäftsverteilung innerhalb des Senats

Für jedes Verfahren, das in einem der Senate anhängig wird, ist ein Berichterstatter zu bestimmen (§ 20 GeschO BVerfG). Für besonders bedeutsame Verfahren kann ein weiterer Richter als Mitberichterstatter bestimmt werden. Die Bestimmung des Berichterstatters ist im Hinblick auf das Gebot des gesetzlichen Richters (Art. 101 GG) insofern von Bedeutung, als sie die Zuständigkeit der Kammern gemäß §§ 93 b, 93 c BVerfGG begründet, die in einem vereinfachten Verfahren unzulässige oder wenig aussichtsreiche Verfassungsbeschwerden von der Annahme ausschließen sowie offensichtlich begründeten Verfassungsbeschwerden stattgeben können. Da in der Praxis mehr als 90% aller Verfassungsbeschwerden nicht durch die Senate, sondern durch die Kammern abschließend behandelt werden, kann die Bestimmung des Berichterstatters und damit in vielen Fällen auch des zur Entscheidung berufenen Spruchkörpers nicht der freien Entscheidung des Senatsvorsitzenden überlassen werden, sondern muß nach festen Regeln erfolgen. Die Senate beschließen daher die Grundsätze für die Dauer eines Jahres, nach denen verfahrenseinleitende Anträge auf die Mitglieder des Senats zu verteilen sind (§ 15 a Abs. 2 BVerfGG, § 20 Abs. 1 GeschO BVerfG).

146

Die Struktur der Grundsätze für die Geschäftsverteilung hängt von der Zuständigkeit des Senats ab. Ist diese, wie beim Zweiten Senat, über weite Bereiche mit oft ganz unterschiedlichem Geschäftsanfall verstreut, so folgt die Geschäftsverteilung im wesentlichen den Sachgebieten, in denen Verfahren anhängig werden. Dabei wird eine gleichmäßige Arbeitsbelastung für alle Richter angestrebt. Im Ersten Senat, dessen Zuständigkeit sich nach wie vor – abgesehen von den inzwischen auf den Zweiten Senat übergegangenen Sachbereichen – auf Fragen der Grundrechtsauslegung und -anwendung konzentriert, erfolgt die Geschäftsverteilung teils nach besonders wichtigen Grundrechten, wie etwa Art. 5 oder Art. 12 GG, zum anderen Teil nach solchen Sachgebieten, in denen erfahrungsgemäß besonders viele Verfahren entstehen und deren Bearbeitung spezialisierte Sachkunde und Erfahrung erfordert. Dies gilt etwa für den Bereich des Sozialrechts. Gehört ein Verfahren nach dem Sachgebiet in ein Dezernat, nach dem schwerpunktmäßig berührten Grundrecht in ein anderes, so gibt die Zuteilung nach dem Sachgebiet den Ausschlag.

147 Für die große Zahl von Verfassungsbeschwerden, bei denen nach dem Vortrag der Beschwerdeführer ein „originäres Sachgebiet" nicht zu erkennen ist, dessen Bearbeitung einem der Mitglieder des Senats durch den für jedes Jahr neu zu treffenden Beschluß über die Geschäftsverteilung einem Richter übertragen wird, ist im Ersten Senat (nicht jedoch im Zweiten Senat) seit längerer Zeit ein „Umlaufverfahren" eingeführt. Hierbei wird als Berichterstatter jeder Richter in einer bestimmten Reihenfolge bestellt. Einzelne in ihrem Dezernat besonders stark belastete Richter können von diesem arbeitsintensiven und wenig dankbaren Umlaufverfahren ausgenommen werden[17].

III. Sicherung der Einheit der Rechtsprechung

148 Auch schon bei der ursprünglichen Zuständigkeitsverteilung zwischen den beiden Senaten des BVerfG waren Rechtsprechungsdivergenzen nicht auszuschließen. Auch wenn damals dem Ersten Senat die Auslegung und Anwendung der Grundrechte anvertraut war, während der Zweite Senat Fragen des Staatsorganisationsrechts und des Bund-Länder-Verhältnisses zu bearbeiten hatte, konnte diese Arbeitsteilung nicht ausschließen, daß jeder der Senate im Rahmen eines bei ihm anhängigen Verfahrens verfassungsrechtliche Fragen mitzuentscheiden hatte, die für sich allein die Zuständigkeit des jeweils anderen Senats begründet hätten. Erst recht gilt dies bei der heutigen Zuständigkeitsverteilung, die insbesondere beide Senate mit Fragen der Grundrechtsauslegung befaßt.

149 Es liegt nahe, anzunehmen, daß damit die Gefahr eines allmählichen Auseinandertreibens der Rechtsprechung wächst. Bei der früheren Zuständigkeitsverteilung galt in der Praxis die nirgendwo festgelegte und meist auch eher unausgesprochen angewandte Übung, bei Fragen, die dem Arbeitsbereich des jeweils anderen Senats angehörten, sich auf dessen spezialisierte Erfahrung und Sachkunde weitgehend zu verlassen, die vorliegende Rechtsprechung also den eigenen Überlegungen zugrunde zu legen. Sind dagegen beide Senate für die gleichen Bereiche in grundsätzlich gleicher Weise „kompetent", so läßt sich bei Fragen von grundsätzlicher Bedeutung vermuten, daß das von der personellen Zusammensetzung jedes Senats abhängige und in langjähriger Rechtsprechungspraxis gebildete Grundverständnis, das beiden Senaten ihr besonderes Gepräge gibt, mehr als früher die Tendenz zu unterschiedlichen Lösungsansätzen fördert. Bisher läßt sich eine solche Entwicklung jedoch nicht feststellen. Daß sie auch künftig nicht eintritt, setzt voraus, daß sich beide Senate ungeachtet des Umstandes, daß jeder von ihnen als Spruchkörper „das Bundesverfassungsgericht" darstellt[18], wie bisher als Teile des höchsten Gerichts verstehen, dem insgesamt die Verfassungsrechtsprechung anvertraut ist.

150 Verfahrensmäßig gesichert wird die erwünschte Einheitlichkeit der Rechtsprechung durch die dem Plenum des BVerfG übertragene Aufgabe, divergierende Tendenzen zwischen den Senaten auszugleichen (§ 16 BVerfGG). Wenn ein Senat in einer Rechtsfrage von der in einer Entscheidung des anderen Senats enthaltenenen Rechtsauffassung abweichen will, so hat über diese Rechtsfrage das Plenum verbindlich zu entscheiden. Da von dem Instrument der Plenarentscheidung bisher nur äußerst selten Gebrauch gemacht wor-

---

17 Vgl. den Beschluß des Ersten Senats vom 16. Dezember 1998 über die Geschäftsverteilung im Geschäftsjahr 1999, Teil B.
18 BVerfGE 1, 14 (29); 2, 79 (95); 7, 17 (18).

den ist – von 1951 bis 1999 liegen nur drei entsprechende Plenarentscheidungen vor[19] –, liegt die Vermutung nahe, diese Verfahrensmöglichkeit sei ohne wesentliche praktische Bedeutung. Dies trifft jedoch nicht zu. Stößt ein Senat zu einer von ihm zu beantwortenden Rechtsfrage auf eine einschlägige Entscheidung des eigenen Senats, so ist er nicht gehindert, die früher vertretene Meinung aufgrund neuer Erkenntnis zu ändern[20]. Diese Möglichkeit muß auch gegeben sein, soll nicht eine Versteinerung der Rechtsprechung eintreten. Stammt die frühere Entscheidung jedoch von dem anderen Senat, besteht also die Möglichkeit eines Auseinandergehens der Rechtsprechung, so steht der Senat vor der Alternative, entweder sich der von dem anderen Senat vertretenen Rechtsauffassung anzuschließen oder das Plenum anzurufen. Es ist vorgekommen, daß ein Senat bewußt oder unbewußt zu einem von einer vorliegenden Rechtsprechung abweichenden Ergebnis gelangt ist, ohne eine Plenarentscheidung herbeizuführen[21].

In besonders Aufsehen erregender und insgesamt dem Ansehen des Gerichts kaum zuträglicher Weise geschah dies in dem Streit über das „Kind als Schaden": Der Erste Senat hatte sich bei der Prüfung der Frage, ob die Unterhaltspflicht für ein Kind von Verfassungs wegen als ein haftungsbegründender Schaden zu begreifen ist, mit der in der Entscheidung des Zweiten Senats zum Schwangerschaftsabbruch[22] geäußerten Meinung auseinanderzusetzen, ein mißlungener Abbruch der Schwangerschaft könne einen solchen Schaden nicht darstellen. Entgegen der in einem förmlichen Beschluß (der mit dem Aktenzeichen der bei dem Ersten Senat anhängigen Verfahren versehen war) festgestellten Auffassung der Mehrheit des Zweiten Senats, der Erste Senat müsse im Falle einer anderen Meinung die Sache dem Plenum vorlegen[23], entschied der Erste Senat zur Sache – und anders als der Zweite Senat –, ohne in das Plenum zu gehen[24]. Die Meinungsverschiedenheit betraf vor allem die Frage, ob die Ausführungen des Zweiten Senats in der Entscheidung zum Schwangerschaftsabbruch zu den „tragenden Gründen" der Entscheidung gehörten. Dies ist eine Frage, zu deren Antwort doch wohl in erster Linie der Senat berufen ist, der die Entscheidung verfaßt hat. Es wäre richtiger, wenn das BVerfG in Übereinstimmung mit dem Wortlaut § 16 BVerfGG so verstehen würde, daß das Plenum dann zu entscheiden hat, wenn ein Senat von einer Rechtsauffassung abweichen will, die der andere Senat in einer Entscheidung geäußert hat, „ohne daß es darauf ankommt, ob das Urteil oder der Beschluß, in dem diese Rechtsauffassung vertreten worden ist, auf der Rechtsauffassung beruht oder nicht"[25].

Aber hierzu wird es wohl nicht kommen, weil dies die Zahl der Plenarentscheidungen erheblich vergrößern würde. Bei gesetzeskonformem Vorgehen, das in das Plenum führt, ist

151

152

---

19 BVerfGE 4, 27 (Stellung politischer Parteien im Organstreitverfahren); 54, 277 (verfassungsrechtliche Beurteilung des § 554 b ZPO); 95, 322 (Spruchgruppen in übersetzten gerichtlichen Spruchkörpern). Zu drei weiteren Plenarbeschlüssen zu Anfang der Tätigkeit des BVerfG in heute nicht mehr bestehenden Verfahrensarten vgl. *Schlaich*, Rn. 38. Eingehend *Niebler*, in: FS Lerche (1993), S. 801 ff.
20 BVerfGE 2, 79 (92); 4, 31 (38 f.); 20, 56 (86 f.).
21 Zusammenstellung derartiger Fälle bei *Sattler* (N 1), S. 139 f.; *F. Klein*, in: BVerfGG-Kommentar § 16 Rn. 8; *E. Klein*, AöR 108 (1983), S. 615. Vgl. die scharfe Kritik im Sondervotum BVerfGE 94, 166 (223, 236 f.) an einer unterlassenen Anrufung des Plenums.
22 BVerfGE 88, 203 (296).
23 NJW 1998, 523 f.; der Entscheidung des Ersten Senats als „Anhang" zugefügt, BVerfGE 96, 409 ff.
24 BVerfGE 96, 375 [393 ff.].
25 *Sattler* (N 1), S. 134 f. Zu der aktuellen Kontroverse *Benda*, NJW 1998, S. 3330 f. m.w.N.

mindestens eine erhebliche Verzögerung des Verfahrens zu befürchten. Wenn der Senat, von dessen Rechtsauffassung abgewichen werden soll, nach Prüfung mitteilt, er halte an der von ihm geäußerten Rechtsmeinung fest (gibt er diese auf, braucht das Plenum nicht zu entscheiden, § 48 Abs. 2 GeschO BVerfG), so stoßen bei übereinstimmender Meinungsbildung in jedem der Senate zwei zahlenmäßig gleich vertretene Meinungen im Plenum aufeinander. Den Ausschlag gibt das Stimmverhalten eines oder weniger „Abweichler". Dies sind wenig erfreuliche Perspektiven, die leicht zu dem auch anderen Gerichten geläufigen „horror pleni" führen. Die hierdurch erzeugte Wirkung, daß eine Rechtsprechungsdivergenz, die bei korrekter Verfahrensweise nur auf dem mühsamen Weg über eine Plenarentscheidung beseitigt werden kann, im allgemeinen unterbleibt, ist durchaus erwünscht. Die Sicherung der Einheitlichkeit der Rechtsprechung beruht also gerade auf dem Umstand, daß das Instrument der Plenarentscheidung nicht leicht zu handhaben ist.

153 Muß das Plenum nach § 16 BVerfGG entscheiden, so setzt seine Beschlußfähigkeit die Anwesenheit von zwei Dritteln der Richter jedes Senats voraus (§ 16 Abs. 2 BVerfGG). Gegenstand der Entscheidung ist die von dem vorlegenden Senat formulierte Rechtsfrage, in der er von einer Entscheidung des anderen Senats abweichen will[26]. Ergibt sich bei der Abstimmung im Plenum Stimmengleichheit, so bedeutet dies nicht, daß der die Abweichung ankündigende Antrag des vorlegenden Senats abgelehnt ist. Vielmehr gilt die Regelung des § 15 Abs. 3 S. 3 BVerfGG entsprechend. Es setzt sich also diejenige der unterschiedlichen Rechtsauffassungen durch, die einen Verstoß gegen das GG oder sonstiges Bundesrecht verneint[27]. Dies kann auch die Auffassung des divergierenden Senats sein.

154 Kein Fall der vorlagepflichtigen Rechtsprechungsdivergenz ist es, wenn ein Senat von der in dem Beschluß einer Kammer (§§ 15 a, 93 b BVerfGG) enthaltenen Rechtsauffassung abweichen will, weil diese Beschlüsse keine Bindungswirkung nach § 31 Abs. 1 BVerfGG haben[28]; dies gilt jedoch nicht für Kammerentscheidungen nach § 93 b Abs. 2 S. 2 BVerfGG. Erst recht entfällt die Vorlagepflicht an das Plenum, wenn die bei dem einen Senat gebildete Kammer von der Rechtsauffassung abweichen will, die dem Beschluß der bei dem anderen Senat bestehenden Kammer zugrunde liegt.

§ 7 Organisation und Verwaltung des Bundesverfassungsgerichts

I. Zuständigkeiten und Befugnisse von Plenum und Präsident in Verwaltungsangelegenheiten

155 Die Erledigung der Aufgaben des BVerfG auf dem Gebiet der Rechtsprechung erfordert, wie bei jedem anderen Gericht, einen angemessenen Verwaltungsapparat. Seine Aufgabe ist es, die Arbeitsbedingungen zu schaffen und zu sichern, welche die äußere Vorausset-

---

26 Ein Beispiel für die Formulierung der Rechtsfrage (zu BVerfGE 54, 277) bei *F. Klein*, in: BVerfGG-Kommentar § 16 Rn. 5.

27 *F. Klein*, in: BVerfGG-Kommentar § 16 Rn. 7; vgl. auch *Lechner/Zuck*, § 15 Rn. 11.

28 BVerfGE 23, 191 (206 f.). Vgl. unten Rn. 1321.

zung für eine dem Rang und der Bedeutung des BVerfG entsprechende Rechtsprechungsarbeit darstellen. Hierzu gehören neben den vielfältigen Aufgaben der laufenden Verwaltung auch bauliche, räumliche und technische Einrichtungen, also zunächst das Gerichtsgebäude selbst. Nachdem die Entscheidung gefallen war, das BVerfG nicht am Sitz der Bundesregierung in Bonn, sondern in einer anderen Stadt zu errichten und sich schließlich gegenüber anderen interessierten Städten Karlsruhe als Sitz des Gerichts durchsetzte, erfolgte dessen Unterbringung zunächst in einem älteren Palais, das sich für die Erledigung der Aufgaben des BVerfG bald als zu klein erwies. Der 1969 fertiggestellte Neubau im Karlsruher Schloßbezirk am Platz des im Kriege zerstörten Badischen Staatstheaters fügt sich in die durch den Schloßpark, das wiederhergestellte Schloß und die Karlsruher Kunsthalle geprägte Umgebung harmonisch ein. Das Gerichtsgebäude bietet ausreichende räumliche Möglichkeiten, wenn auch später für einen Teil der Verwaltung zusätzliche Räume in einem Flügel des benachbarten Schlosses angemietet werden mußten. Die äußeren Arbeitsbedingungen sind denen anderer hoher Gerichte oder vergleichbarer Behörden mindestens ebenbürtig.

Fragen der baulichen und räumlichen Ausgestaltung eines Gerichts vom Range des **156** BVerfG sind nicht nur solche der Zweckmäßigkeit. Das BVerfG, dessen wichtigste Aufgabe der Schutz der verfassungsmäßigen Rechte der Bürger ist, soll diesen auch schon in seiner äußeren Ausgestaltung so begegnen, daß Vertrauen entstehen kann. Da zugleich auch seine Funktionsfähigkeit gegen mögliche Gefährdungen gesichert werden muß, erhalten Fragen der Baugestaltung und der Regelung des Zugangs der Öffentlichkeit eine Bedeutung, die über die bloße Technik hinausgeht. Das BVerfG hat die Bedeutung, die es solchen scheinbaren Äußerlichkeiten beimißt, in den Jahren erhöhter Sicherheitsgefährdungen dadurch deutlich gemacht, daß zwar die erforderlichen Sicherungsmaßnahmen getroffen wurden, jede bauliche Verunstaltung aber auch gegenüber weitergehenden Wünschen der zuständigen Behörden vermieden wurde. Die Kontrolle des Zugangs zum BVerfG, die seit einiger Zeit vom Bundesgrenzschutz durchgeführt wird, erfolgt so, daß sie den rechtsuchenden Bürger nicht abschreckt.

Soweit im Bereich der Verwaltung des BVerfG Fragen zu klären sind, die für das Selbst- **157** verständnis des Gerichts, sein Erscheinungsbild in der Öffentlichkeit oder den Status seiner Mitglieder von Bedeutung sind und die Rechtsnormen Raum für Ermessensentscheidungen lassen, werden sie nicht wie sonst in einer Behörde von deren Leiter allein geregelt, sondern sie sollen im Plenum des BVerfG behandelt und entschieden werden. Die wesentliche Bedeutung des Plenums liegt daher – neben seiner nur selten ausgeübten Funktion, die Einheitlichkeit der Rechtsprechung beider Senate zu sichern – in der Wahrnehmung von Aufgaben, die im Bereich der Verwaltung liegen. Wesentlicher Ausgangspunkt für diese Funktion des Plenums ist das Selbstverständnis des BVerfG als Verfassungsorgan, so wie es besonders in der Statusdenkschrift des Gerichts zum Ausdruck gekommen ist[1]. Obwohl § 1 Abs. 1 BVerfGG diesen Rang des BVerfG anerkennt, waren die Konsequenzen, die sich hieraus auch für den Verwaltungsbereich ergeben, vor der Statusdenkschrift nicht mit hinreichender Deutlichkeit erkannt worden. So wurde zunächst die Auffassung nicht nur vertreten, sondern auch praktiziert, daß der Bundesminister der Justiz der oberste Dienstherr der Beamten, Angestellten und Arbeiter des BVerfG sei und

---

1 Vgl. oben Rn. 103.

daß der Haushaltsplan des Gerichts von dessen Präsidenten im Benehmen mit dem Bundesjustizminister aufzustellen sei[2] – beides mit der Begründung, daß ein Minister dem Parlament gegenüber die politische Verantwortung übernehmen müsse. Von dem Gericht als Verfassungsorgan sei das BVerfG „als Verwaltung" zu unterscheiden[3]. Nach dieser heute überholten Sicht war über die stets mögliche Formulierung der Vorstellung oder der Wünsche des Gerichts hinaus kein Raum für eine eigene Beschlußzuständigkeit des Plenums.

158 Wird dagegen aus dem Status des BVerfG die Konsequenz der Loslösung von dem sonst fachlich zuständigen Ressort der Bundesregierung gezogen, muß entschieden werden, auf welche Weise die Verwaltungsentscheidungen innerhalb des BVerfG zustande kommen. Damit stellt sich vor allem die Frage nach den Befugnissen und Pflichten des Präsidenten einerseits, des Plenums andererseits. Die vom Plenum beschlossene Geschäftsordnung beantwortet diese Frage. Dies ist dahin kommentiert worden, sie führe zu einer „Einengung" der Position des Präsidenten und einer starken Unterstreichung der Position des Plenums[4].

Die Auffassung, daß in allen grundsätzlichen Fragen der Verwaltung eine „Präponderanz" des Plenums bestehe, war allerdings seit Errichtung des BVerfG die überwiegende Auffassung seiner Mitglieder[5]. Solange keine Geschäftsordnung bestand (sie wurde erst 1975 beschlossen), mag die Persönlichkeit des jeweiligen Präsidenten, sein eigenes Amtsverständnis und das der Richter in dem einen Falle eine stärkere Betonung des Präsidialprinzips, in dem anderen Falle eher eine größere Berücksichtigung des Grundsatzes der Kollegialität bewirkt haben. Auch die in § 1 GeschO BVerfG enthaltene Regelung kann nur die allgemeine Richtung umschreiben, in der sich die Zusammenarbeit von Plenum und Präsident in Fragen der Gerichtsverwaltung entwickeln soll. Es ist eine Frage der Praxis, wieweit sich das Plenum in den laufenden Gang der Verwaltungsgeschäfte einschalten will und kann. Bisher hat sich die Erwartung bestätigt, das Plenum werde sich auf die Behandlung von Grundsatzfragen beschränken und sich im übrigen in die Erledigung der Verwaltungsaufgaben nicht einmischen[6]. Allein schon die sehr hohe Belastung der Mitglieder des BVerfG bei der Erledigung ihrer richterlichen Aufgaben führt dazu, daß das Plenum nur zusammentritt, wenn hierfür triftige Gründe bestehen. Plenarsitzungen zur Erledigung der Aufgaben nach § 1 GeschO BVerfG finden nach Bedarf, mindestens je einmal im Frühjahr und im Herbst statt (§ 2 Abs. 1 GeschO BVerfG).

159 Rechtliche Grenzen des Kollegialitätsprinzips ergeben sich aus der auch in § 1 Abs. 3 GeschO BVerfG anerkannten Pflicht des Präsidenten des BVerfG, die ihm durch Gesetze übertragenen Befugnisse wahrzunehmen. Soweit die hiernach bestehenden Zuständigkeiten reichen, handelt der Präsident in eigener Verantwortung und ohne Bindung an Plenarentscheidungen[7]. So ist er vor allem Vorgesetzter der Beamten und der Arbeitnehmer, die beim BVerfG tätig sind. Auch im Verhältnis zu den Richtern trifft der Präsident Verwaltungsentscheidungen, ohne hierdurch zu ihrem Dienstvorgesetzten zu werden. So-

---

2 *Geiger*, § 1 Anm. 4, 5.
3 *Geiger*, § 1 Anm. 4.
4 *Fromme*, FAZ v. 08.10.1975.
5 *Ritterspach*, EuGRZ 1976, S. 59.
6 *Ritterspach* (N 5), S. 59.
7 *Ritterspach* (N 5), S. 59.

weit es sich nicht um einfache Geschäfte der laufenden Verwaltung handelt (z.B. die Abrechnung von Reisekosten oder die Bewilligung von Beihilfen), trifft der Präsident selbst die die Richter betreffenden Verwaltungsentscheidungen (§ 14 Abs. 2 GeschO BVerfG). Sofern hierbei zwischen dem Präsidenten und dem Richter Meinungsverschiedenheiten entstehen, muß die abschließende Verwaltungsentscheidung – vorbehaltlich ihrer gerichtlichen Überprüfung und möglichen Korrektur – beim Präsidenten bleiben. Dies erkennt auch die GeschO BVerfG an. So enthält sie in § 10 Abs. 1 den Grundsatz, daß die Teilnahme von Richtern an Fachtagungen im Inland als Dienstreise gilt. In etwas umständlicher Weise heißt es zuvor, daß der Richter die Dienstreise anzeigt und der Präsident „durch Gegenzeichnung kenntlich macht, daß gegen die Behandlung der Reise als Dienstreise keine Bedenken bestehen". In der Sache bedeutet dies, daß seine Zustimmung erforderlich ist. Sie muß vor Antritt der Reise eingeholt werden und kann etwa dann verweigert werden, wenn keine ausreichenden Haushaltsmittel mehr zur Verfügung stehen. In ähnlicher Weise bestimmt § 13 Abs. 2 GeschO BVerfG, daß sich jeder Richter seinen wissenschaftlichen Mitarbeiter selbst auswählen kann und ihm gegen seinen Willen ein Mitarbeiter nicht zugewiesen werden darf. Insoweit sind die Befugnisse des Präsidenten begrenzt. Er trifft aber die Entscheidung über die Abordnung des Mitarbeiters an das BVerfG (regelmäßig werden die wissenschaftlichen Mitarbeiter von der für sie zuständigen Landesjustizverwaltung auf die Dauer von durchschnittlich etwa drei Jahren an das BVerfG überwiesen). Hat der Präsident Bedenken gegen einen ihm benannten Mitarbeiter, so kann er seine Zustimmung verweigern. Die dienstliche Beurteilung des Mitarbeiters obliegt dem Richter, dem er zugeteilt ist. Der Präsident kann jedoch eine eigene Beurteilung beifügen (§ 13 Abs. 3 GeschO BVerfG). Für die abordnende Dienststelle ist diese Beurteilung des Präsidenten maßgeblich. Sie schließt sich regelmäßig der Beurteilung durch den Richter an.

Die Vertretung des BVerfG nach außen obliegt dem Präsidenten oder bei seiner Verhinderung dem Vizepräsidenten (§ 5 Abs. 1 GeschO BVerfG). Die Auffassungen des BVerfG und die Wahrnehmung seiner Interessen gegenüber den anderen Verfassungsorganen vertritt der Präsident im Benehmen mit dem Vizepräsidenten (§ 5 Abs. 2 GeschO BVerfG). Handelt es sich um grundsätzliche Fragen, so wird dem regelmäßig eine Aussprache und die Formulierung der Meinung des Gerichts durch das Plenum vorangehen. **160**

Zur Entlastung des Plenums und zur Vorbereitung seiner Entscheidungen bestehen ständige Ausschüsse (§ 3 GeschO BVerfG). Sie behandeln und entscheiden, in vielen Fällen auch anstelle des Plenums, Fragen des Haushalts, der Geschäftsordnung oder der Vorbereitung von offiziellen Akten, bei denen das BVerfG nach außen repräsentiert wird. Der Präsident und der Vizepräsident des BVerfG sind Vorsitzende eines der beiden Senate (§ 15 Abs. 3 BVerfGG). Sie sind neben der Aufgabe, die Sitzungen des Senats zu leiten und sie zusammen mit dem für das Verfahren bestimmten Berichterstatter vorzubereiten, als Richter mit den gleichen Rechten und Pflichten ausgestattet wie jedes andere Mitglied des Senats. Ein Stichentscheid bei Stimmengleichheit steht ihnen nicht zu (§ 15 Abs. 3 BVerfGG). Nicht eine formal herausgehobene Stellung innerhalb des Kollegiums, sondern ihre Fachkenntnisse und ihre Persönlichkeit entscheiden darüber, ob sie das Bild der Rechtsprechung des Senats entscheidend zu prägen in der Lage sind. **161**

II. Einzelfragen der Verwaltung des BVerfG

162 Die Verwaltung des BVerfG wird – abgesehen von den oben behandelten Besonderheiten – von dessen Präsidenten geleitet (§ 1 Abs. 3 GeschO BVerfG). Die Beamten und Arbeitnehmer unterliegen seinen Weisungen. Andere Richter sind der Verwaltung gegenüber nicht weisungsbefugt, soweit sie nicht in Erfüllung ihrer richterlichen Aufgaben, etwa als Berichterstatter in einem anhängigen Verfahren, tätig werden.

Unterhalb des Präsidenten und in dessen Auftrag (§ 15 Abs. 1 GeschO BVerfG) leitet der Direktor beim BVerfG die Verwaltung. Ihm können durch den Präsidenten bestimmte Verwaltungsgeschäfte zur selbständigen Erledigung übertragen werden (§ 14 Abs. 1 S. 2 GeschO BVerfGG). Der Direktor beim BVerfG entspricht in seiner Funktion und in seiner beamtenrechtlichen Stellung dem Direktor beim Deutschen Bundestag und beim Bundesrat. Der Ende 1998 ausgeschiedene Amtsinhaber war zugleich Präsidialrat des Ersten Senats. Auf die rechtsprechende Tätigkeit des BVerfG hat er insoweit einen indirekten Einfluß, als er als Präsidialrat zusammen mit dem Präsidialrat des Zweiten Senats beim Eingang neuer Verfahren eine Vorentscheidung über die Senatszuständigkeit trifft. Diese hat jedoch nur einen vorbereitenden Charakter. Entstehen Zweifel oder Meinungsverschiedenheiten über die Zuständigkeit, muß hierüber im Senat und erforderlichenfalls im Ausschuß nach § 14 Abs. 5 BVerfGG entschieden werden.

163 Gewichtiger ist der – allerdings ebenfalls nur mittelbare, aber für die Praxis bedeutsame – Einfluß auf die Rechtsprechung, den die Präsidialräte durch ihre Verantwortlichkeit für das Allgemeine Register ausüben (§§ 60 ff. GeschO BVerfGG). Das Allgemeine Register (AR) dient im wesentlichen der Bearbeitung von Eingaben an das BVerfG, die keinen förmlich zulässigen Antrag darstellen, wie Anfragen zur Rechtsprechung oder Eingaben allgemeiner Art ohne ein deutlich erkennbares oder innerhalb der Gerichtsbarkeit des BVerfG liegendes Anliegen (§ 60 Abs. 1 GeschO BVerfG). In das AR können jedoch auch Verfassungsbeschwerden eingetragen werden, die unzulässig sind oder „unter Berücksichtigung der Rechtsprechung des BVerfG offensichtlich keine hinreichende Aussicht auf Erfolg haben", schließlich solche, bei denen sich die Senatszuständigkeit nicht alsbald klären läßt (§ 60 Abs. 2 GeschO BVerfG). Die Entscheidung darüber, ob eine dieser Voraussetzungen gegeben ist, treffen regelmäßig die Präsidialräte im gegenseitigen Einvernehmen (§ 61 Abs. 1 GeschO BVerfG). Der Einsender wird hierüber in einem meist mit Gründen versehenen Belehrungsschreiben informiert. Begehrt er eine richterliche Entscheidung, so muß dem entsprochen werden. Die Sache wird dann in das Verfahrensregister übertragen. Dann muß eine der Kammern oder der zuständige Senat über die Annahme der Verfassungsbeschwerde entscheiden. Dieses Verfahren ist bedenkenfrei, weil es niemandem den Zugang zu einer richterlichen Entscheidung endgültig versperrt[8]. Schließt sich die Kammer oder der Senat der Meinung an, daß die Verfassungsbeschwerde unzulässig oder offensichtlich ohne Erfolgsaussicht ist, so liegt ein Umstand vor, der dafür spricht, dem Beschwerdeführer die einfache Gebühr nach § 34 Abs. 2 BVerfGG oder die erhöhte Gebühr (Mißbrauchsgebühr) nach § 34 Abs. 4 BVerfGG auf-

---

8 Bedenken äußert *Schlink*, NJW 1984, S. 89 ff., NJW 1984, S. 2195 f.; ihnen tritt *Wand*, NJW 1984, S. 950 ff., NJW 1984, S. 2396 f. entgegen. Kritik zur Praxis des BVerfG äußert *Graf Vitzthum*, in: FS Bachof (1984), S. 304 Anm. 48.

zuerlegen[9]. Dies sollte jedoch nicht zu einer starren Regel führen. Auch wenn die vom Präsidialrat dem Beschwerdeführer erteilte Belehrung nach Einschätzung der Richter zutreffend ist, wird man es je nach Lage des Einzelfalles dem Beschwerdeführer nicht immer verübeln dürfen, wenn er auf einer richterlichen Entscheidung beharrt, die ihm verfassungsrechtlich zugesichert ist (Art. 93 Abs. 1 Nr. 4 a GG).

Die Regelung des § 60 Abs. 2 GeschO BVerfG hat sich in der Praxis bisher voll bewährt und zu einer wirksamen Entlastung des Gerichts geführt. Sehr viele der durch Belehrungsschreiben der Präsidialräte oder anderer Angehöriger der Verwaltung (§ 62 Abs. 2 GeschO BVerfG) über die Aussichtslosigkeit ihres Begehrens informierten Beschwerdeführer haben ihre Verfassungsbeschwerde zurückgenommen oder jedenfalls nicht auf einer richterlichen Entscheidung bestanden[10]. Leider hindert das Verfahren einzelne Beschwerdeführer nicht, ihre Sache in immer wiederholten Eingaben in das Annahmeverfahren nach § 93 b BVerfGG zu bringen.

Während die Präsidialräte vor allem die Aufgabe haben, die Vorsitzenden der Senate bei **164** der Erledigung ihrer richterlichen Geschäfte zu unterstützen (§ 12 Abs. 2 GeschO BVerfG), werden die einzelnen Richter durch ihnen zugewiesene wissenschaftliche Mitarbeiter unterstützt (§ 13 GeschO BVerfG). Jedem Richter stehen heute drei Mitarbeiter zur Verfügung. In den meisten Fällen handelt es sich um Richter aus allen Zweigen der Gerichtsbarkeit oder um Beamte aus Bund und Ländern. Auch Habilitanden oder Privatdozenten werden als wissenschaftliche Mitarbeiter gewonnen. Bei der Auswahl seiner wissenschaftlichen Mitarbeiter, die regelmäßig von den Landesjustizverwaltungen, den Ministerien oder durch Universitätsprofessoren vorgeschlagen werden, stellt das BVerfG höchste Ansprüche an deren fachliche und allgemeine Qualifikation. Bewährt sich der Mitarbeiter, so ist ihm in den meisten Fällen eine herausragende berufliche Karriere sicher.

Die Tätigkeit der wissenschaftlichen Mitarbeiter, die sich selbst als „Dritter Senat" bezeichnen, ist unter dem Gesichtspunkt auf Bedenken gestoßen, daß sie in der Wirklichkeit die meisten vom Berichterstatter zumal bei Kammerentscheidungen vorgelegten Voten vorbereiteten und damit die Behandlung der Verfahren unangemessen intensiv beeinflußten[11]. Die wissenschaftlichen Mitarbeiter können jedoch nur Vorschläge für die Behandlung der Sache und die Gründe hierfür machen. Von den Beratungen in den Senaten sind sie, wie andere Personen auch, ausgeschlossen (§ 25 GeschO BVerfG). Die Verantwortung für jedes Votum liegt allein bei dem Berichterstatter. Sollte sich dieser allein auf den Vorschlag seines Mitarbeiters verlassen, wird er die Sache gegenüber kritischen Einwänden anderer Richter kaum wirksam vertreten können[12].

---

9 *Ulsamer*, in: BVerfGG-Kommentar § 34 Rn. 31.

10 *Rupprecht*, JZ 1970, S. 208; *Graf Vitzthum* (N 8), S. 304 Anm. 48 m.w.N. Die Angabe, daß bis zu 80% ihre Verfassungsbeschwerde zurückgenommen hätten, bedarf jedoch einer Differenzierung: Nach der Statistik zum 31.12.2000 sind im Jahr 2000 von den AR-Sachen 32% v.H. „übertragen" worden (1999: 22%). In den restlichen AR-Sachen ist es nicht zu einer Umschreibung gekommen, weil entweder die Verfassungsbeschwerden ausdrücklich zurückgenommen oder nicht aufrechterhalten wurden, oder weil sich die Beschwerdeführer auf das Belehrungsschreiben nicht mehr gemeldet oder keine Umschreibung begehrt haben.

11 *Zuck*, DÖV 1974, S. 305 ff; *Lechner/Zuck*, § 15 a Rn. 5.

12 Ähnlich wie hier *Seibert*, in: FS Hirsch (1981), S. 498 f.

165   Eine Referendarausbildung findet beim BVerfG nicht statt. In Einzelfällen haben jedoch Bundesverfassungsrichter Referendare für die Wahlstation übernommen.

166   Die Entscheidungen des Plenums des BVerfG nach § 16 BVerfGG und die Senatsentscheidungen werden in einer von den Mitgliedern des Gerichts autorisierten Amtlichen Sammlung veröffentlicht, die gegenwärtig (2000) 101 Bände umfaßt (§ 31 Abs. 1 GeschO BVerfG). Kammerbeschlüsse werden nur veröffentlicht, wenn sie im Einzelfall von besonderem Interesse sind (§ 31 Abs. 2 GeschO BVerfG). Das ebenfalls vom BVerfG autorisierte Nachschlagewerk erfaßt in systematischer Form wesentliche Sätze aus den Entscheidungen zur Auslegung des GG, des BVerfGG und der verfassungsrechtlich geprüften Normen des Bundes- und Landesrechts.

Den Bundesverfassungsrichtern und den wissenschaftlichen Mitarbeitern steht eine gut ausgestattete Bibliothek zur Verfügung; sie umfaßt gegenwärtig etwa 225 000 Bände deutscher und ausländischer Fachliteratur, umfangreiche Zeitschriftensammlungen und ein Pressearchiv über Sachgebiete, die für die Arbeit des Gerichts von Bedeutung sind. Seit einigen Jahren ist das BVerfG an das JURIS-Datensystem angeschlossen.

Informationen zur Arbeit des BVerfG finden sich nunmehr auch im Internet unter www.bundesverfassungsgericht.de.

Drittes Kapitel

Verfahrensmaximen und Prozeßvoraussetzungen

§ 8 Grundsatzfragen

I. Das Problem der „Verfahrensautonomie" des Bundesverfassungsgerichts

Das Verfahrensrecht des Bundesverfassungsgerichts hat durch das Grundgesetz und das **167** BVerfGG in Verbindung mit der Geschäftsordnung des Bundesverfassungsgerichts nur eine recht lückenhafte Regelung erfahren[1]. Die Lücken werden auch nicht – wie etwa in der VwGO (§ 173) – durch eine generelle Verweisung auf die ZPO geschlossen[2]. Nur ganz punktuell wird auf andere Prozeßordnungen verwiesen, so bezüglich der Vernehmung von Zeugen und Sachverständigen (§ 28 Abs. 1 BVerfGG), der Wiederaufnahme des Verfahrens (§ 61 Abs. 1 und 2 BVerfGG) oder der Beschlagnahme und Durchsuchung (§ 38 BVerfGG) auf die Vorschriften der StPO oder der ZPO. § 17 BVerfGG verweist hinsichtlich der Öffentlichkeit, der Sitzungspolizei, der Gerichtssprache, der Beratung und Abstimmung auf §§ 169 bis 197 GVG; die Zulassung von Ton- und Filmaufnahmen ist in § 17 a BVerfGG gesondert geregelt (s.u. Rn. 249). Ungeregelt – oder doch zumindest nicht ausdrücklich geregelt – bleiben indes zahlreiche Probleme, die auch im Verfassungsprozeß auftreten können. Dies gilt zum Beispiel für die Antragsrücknahme, die Stellung von Hilfsanträgen, die Zulässigkeit von Vergleichen, Fragen der Fristberechnung und der Wiedereinsetzung in den vorigen Stand oder die Verbindung und Trennung von Verfahren[3].

Art. 94 Abs. 2 GG ermächtigt den Bundesgesetzgeber zur Regelung des bundesverfas- **168** sungsgerichtlichen Verfahrens. Aus dieser Vorschrift ergibt sich zwar, daß bestimmte Fragen vom Gesetzgeber selbst zu klären sind (Gesetzeskraft von Entscheidungen, Rechtswegerschöpfung und Vorprüfung der Verfassungsbeschwerden), doch wird darin der Umfang der prozessualen Regelungen insgesamt nicht vorgegeben. Der Gesetzgeber hat im übrigen auch bewußt davon Abstand genommen, alle Einzelheiten selbst zu regeln; es sollte dem BVerfG vielmehr Raum gelassen werden, die den Eigenarten des Verfassungsprozesses gemäßen Regeln selbst zu entwickeln[4]. In Anknüpfung an diese Vorgabe hat

---

1 BVerfGE 1, 109 (110); 33, 199 (204); 50, 381 (384). Zur Geschäftsordnung und dem durch sie abgedeckten Spielraum *Ritterspach*, EuGRZ 1976, S. 57 ff.

2 In Österreich wird in § 35 VerfGG die subsidiäre Geltung der ZPO angeordnet; dazu *Korinek*, VVDStRL 39 (1981), S. 36.

3 Vgl. aber §§ 52 Abs. 1, 58 (Antragsrücknahme bei Präsidenten- und Richteranklage), §§ 66 und 69 (Verbindung und Trennung von Organ- und Bund-Länder-Streit) und § 93 Abs. 3 BVerfGG (Wiedereinsetzung bei Verfassungsbeschwerde).

4 Dies ergibt sich unmittelbar aus den Gesetzesmaterialien, BT-Sten.Ber. I.Wp., 112. Sitzung. S. 4224 (Abg. Prof. Wahl). Vgl. dazu *Geiger*, Vorbem. vor § 17 Anm. 2.

das Bundesverfassungsgericht sich als „Herr des Verfahrens" bezeichnet[5], das sein Verfahren „in weitem Umfang frei gestalten"[6] dürfe und das insoweit „nicht mit demselben Maß" wie andere Gerichte gemessen werden könne[7]. Mit der Inanspruchnahme dieser „Verfahrensautonomie" wird freilich zugleich die Frage nach ihren Grenzen gestellt[8].

169 Verfahrensautonomie darf das BVerfG jedenfalls insoweit nicht beanspruchen, als es durch Verfassung und Gesetz gebunden ist; es ist also nur da frei, wo ihm das Gesetz selbst durch Offenlassen an sich regelungsbedürftiger Probleme diese Freiheit lassen wollte. Diese gewollten Lücken zu ermitteln, ist in der Praxis zwangsläufig dem BVerfG anheim gegeben, da es letztlich sowohl das Grundgesetz als auch das BVerfGG verbindlich auslegt[9]. Bei seiner den anerkannten Regeln folgenden und der wissenschaftlichen Kritik zugänglichen Interpretation kann das BVerfG zu dem Ergebnis kommen, daß eine Lücke tatsächlich nicht vorhanden ist oder vom Gesetzgeber ungewollt gelassen wurde. In beiden Fällen besteht keine Verfahrensautonomie des BVerfG[10]. Dies ist für den ersten Fall evident, ergibt sich aber auch für den zweiten aus der Überlegung, daß das BVerfG sich hier in keiner anderen Situation befindet als andere Rechtsanwender. Sie in eine Verfahrensautonomie zu entlassen, besteht kein Anlaß. Sie sind vielmehr in der Lage, mit den allgemeinen Regeln der Hermeneutik die dem Gesetzgeber unbewußten Lücken zu schließen, um zu einer Entscheidung zu kommen. Unbewußte Lücken können möglicherweise im Bereich der Sachentscheidungsvoraussetzungen auftreten. Hier muß wegen der unmittelbaren Bedeutung dieser Voraussetzungen für den Umfang der Kompetenz des BVerfG damit gerechnet werden, daß der Gesetzgeber alle einschlägigen Fragen regeln wollte. Gerade aus dieser Intention heraus ist allerdings besonders kritisch zu prüfen, ob überhaupt eine (unbewußte) Lücke vorliegt, oder ob die Nichtregelung die Annahme nahelegt, der Gesetzgeber habe eine entsprechende Regel nicht als notwendig angesehen[11]. Das BVerfG hat es deshalb zutreffend abgelehnt, im Fehlen einer Fristbestimmung im Verfahren nach Art. 99 in Verbindung mit §§ 13 Nr. 10, 73 ff. BVerfGG eine „Lücke" zu sehen, sondern darin die gesetzliche Anordnung erblickt, entsprechende Anträge unbefristet zuzulassen[12].

170 „Verfahrensautonomie" kommt nur da zum Zuge, wo das Gesetz bewußt Lücken läßt, deren Schließung der Erfahrung des BVerfG überlassen bleiben soll. Eine verfahrensrechtliche Beliebigkeit für das BVerfG kann dies jedoch nicht bedeuten. Dies ergibt sich bereits aus der allgemeinen Rechtsgebundenheit des BVerfG als Verfassungsorgan. Noch

---

5 BVerfGE 13, 54 (94); 36, 342 (357); 60, 175 (213). Vgl. oben Rn. 114 ff. *Schlaich*, Rn. 53, hält den Ausdruck für „gründlich mißglückt"; ablehnend auch *Knies*, in: FS K. Stern (1997), S. 1161; *Hund*, in: Umbach/Clemens, Vor §§ 17 ff., Rn. 1 ff.; *Wieland*, in: FS E.G. Mahrenholz (1994), S. 885.

6 BVerfGE 1, 396 (408).

7 BVerfGE 2, 79 (86).

8 *Zembsch*, Verfahrensautonomie des BVerfG (1971), S. 80 f., hat Verfahrensautonomie als Gestaltung des Verfahrens nach Ermessen des Gerichts definiert; vgl. auch *Fröhlinger*, Die Erledigung der Verfassungsbeschwerde (1982), S. 95 f.; ferner: *Neutz*, Verfassungsprozeßrecht – Untersuchung zur These von seiner Eigenständigkeit (Diss. Mainz 1990), S. 77 ff.

9 BVerfGE 67, 26 (34).

10 Ebenso *Fröhlinger* (N 8), S. 100.

11 Notwendig ist eine Regel, wenn ohne sie eine recht- und ordnungsgemäße Prozeßführung nicht möglich ist; BVerfGE 4, 31 (37).

12 BVerfGE 4, 31 (37); dabei hat es allerdings klar gemacht, daß der Rechtsmißbrauchsgedanke – ein allgemeiner, im materiellen und Verfahrensrecht angesiedelter Grundsatz – zu beachten ist.

eindeutiger und konkreter folgt dies aus seiner Eigenschaft als Gericht und dessen in einer rechtsstaatlichen Ordnung notwendiger Einbettung in einen „geordneten Rechtsgang"[13]. Auf die „Justizförmigkeit" des Verfahrens ist schon unter den Aspekten des Vertrauens der Verfahrensbeteiligten und der Akzeptanz der Entscheidung nicht zu verzichten[14]. Schließlich ist das BVerfG, auch wenn es nicht in einen Instanzenzug eingebaut ist und deshalb nicht zwangsläufig am Verfahrensrecht anderer Gerichte partizipiert, doch so stark mit der Tätigkeit der übrigen Gerichtsbarkeiten verklammert – insbesondere über die Urteilsverfassungsbeschwerde und die konkrete Normenkontrolle –, daß eine Freistellung von den allgemeinen Grundsätzen des gerichtlichen Verfahrens schwerlich vorstellbar ist.

Die sich hieraus ergebende Einbindung des Verfassungsprozeßrechts in das allgemeine **171** Prozeßrecht verweist das BVerfG primär auf die Schließung der (bewußten) Lücken seines Verfahrensrechts durch Rückgriff auf die Regelungen der anderen Prozeßordnungen, allerdings nicht um jeden Preis, da es sonst gerade den Gesetzeszweck, den Besonderheiten des Verfassungsprozesses im Einzelfall gerecht zu werden, nicht erfüllen könnte. Hieraus folgt:

Im Falle einer prozeßrechtlichen Lücke ist zunächst zu prüfen, ob im Wege der Analogie die einschlägigen Regeln anderer Verfahrensordnungen zur Schließung herangezogen werden können. Dies ist im Sinne einer Einzelanalogie (wo sich die Parallelität einer bestimmten Verfahrensregelung besonders aufdrängt[15]) oder einer Gesamtanalogie (entwickelt aus mehreren[16] oder allen Prozeßordnungen) denkbar[17]. Die auf diese Weise ermittelten Prozeßgrundsätze – zum Beispiel das Fehlen des Rechtsschutzbedürfnisses bei bloßem Interesse an einer Änderung der Kostenentscheidung[18]; die Abhängigkeit der prozessualen von der materiellen, auf das streitige Rechtsverhältnis bezogenen Handlungsfähigkeit[19]; die Möglichkeit nachträglicher Heilung fehlender Vollmacht[20] – sind in einem zweiten Schritt unter dem Aspekt ihrer Angemessenheit für das konkrete verfassungsgerichtliche Verfahren (in den genannten Beispielsfällen die Verfassungsbeschwerde) zu überprüfen[21]. Hier kommt es vor allem auf die Berücksichtigung des jeweiligen Verfahrenszwecks an, auf dessen Ermittlung in diesem Lehrbuch deshalb besonderes Augenmerk gerichtet wird. Auf einer dritten Stufe wird das gefundene Ergebnis vom BVerfG dann vor dem Hintergrund aller drei Funktionen des Verfassungsprozeßrechts gewürdigt[22]. Dies beschränkt die Lückenfüllung durch Analogieschluß aus anderen Verfahrensordnungen. Denn die Aufgabe des Verfassungsprozeßrechts, das materielle Verfahrens-

---

13 Zum Begriff vgl. *D. Lorenz*, NJW 1977, S. 867.

14 *E. Klein*, S. 622 ff.; *Fröhlinger* (N 8), S. 85 ff.; *Schlaich*, Rn. 54.

15 So liegt etwa die Parallele zu strafprozessualen Vorschriften im Verfahren der Präsidenten- und Richteranklage nahe; vgl. auch die gesetzliche Regelung in § 28 Abs. 1 BVerfGG. Siehe auch § 81 österr. VerfGG.

16 Überwiegend greift das BVerfG auf „allgemeine verfahrensrechtliche Grundsätze besonders des Zivil- und Verwaltungsprozeßrechts" zurück; BVerfGE 33, 247 (261); 50, 381 (384).

17 Näheres bei *Fröhlinger* (N 8), S. 115 ff. – Zu den verfassungsrechtlichen Grenzen der Analogie BVerfGE 82, 6 (11 ff.).

18 BVerfGE 33, 247 (261 ff.).

19 BVerfGE 51, 405 (407).

20 BVerfGE 50, 381 (383).

21 Es geht hier um den Gesichtspunkt der „funktionellen Äquivalenz" im Sinne von *Hagen*, Allgemeine Verfahrenslehre und verfassungsgerichtliches Verfahren (1971), S. 51.

22 Vgl. BVerfGE 33, 247 (261); s. auch 46, 321 (323).

recht zu realisieren, kann nicht allein ausschlaggebend sein; auch die Funktion des Verfassungsprozeßrechts als Status- und Kompetenzrecht und als Funktionssicherungsrecht darf durch die analoge Übernahme prozeßrechtlicher Lösungen nicht beeinträchtigt werden. Unter Hinweis auf diesen Gesichtspunkt hatte das BVerfG etwa die Wiedereinsetzung in den vorigen Stand zunächst im Verfassungsbeschwerdeverfahren, dann aber auch in den übrigen Verfahren nicht zugelassen[23]. 1993 ist die Wiedereinsetzung im Verfahren der (Urteils-) Verfassungsbeschwerde jedoch vom Gesetzgeber ausdrücklich ermöglicht worden (§ 93 Abs. 2 BVerfGG)[24].

172 Die „Verfahrensautonomie" des BVerfG erweist sich somit als eine methodisch und sachlich disziplinierte Kompetenz, deren Grenzen das Gericht in der Regel durchaus respektiert hat, auch wenn die Selbstcharakterisierung als „Herr des Verfahrens" anderes anzuzeigen scheint. Freilich gibt es gewichtige Gegenbeispiele. Hierzu zählen die Bekanntgabe des Abstimmungsverhältnisses und die Veröffentlichung von Sondervoten[25], die zunächst ohne jede gesetzliche Grundlage waren und sich auch aus anderen Verfahrensordnungen nicht herleiten ließen. Dazu gehört ferner die Erfindung der sogenannten Appellentscheidungen[26]. Hier nimmt das BVerfG in der Tat eine Befugnis zur „legislativ-ähnlichen" Gestaltung des Verfahrensrechts in Anspruch[27]. Sie kann sich aus der Notwendigkeit ergeben, prozessuale Probleme lösen zu müssen, wenn geeignete Hilfestellungen aus anderen Verfahrensordnungen nicht geboten werden können. Die eben genannten Beispiele lassen sich jedoch damit nicht begründen[28]. Ihre Rechtfertigung könnte sich nur aus besonderen Gründen ergeben, die das Verfassungsprozeßrecht in ganz spezifischer Weise prägen und es qualitativ vom übrigen Prozeßrecht unterscheiden.

II. „Eigenständigkeit" des Verfassungsprozeßrechts?

173 Die These von der Eigenständigkeit des Verfassungsprozeßrechts, begründet von *Häberle* und positiv aufgegriffen von *Engelmann*[29], geht von der „Emanzipation des Verfassungsprozeßrechts von dem sonstigen Prozeßrecht" aus[30]. Sie sei Konsequenz seiner „spezifisch verfassungsrechtlichen Auslegung"[31], die das Verfassungsprozeßrecht als „konkretisiertes Verfassungsrecht" ausweise[32]. Auf dem Boden dieser Auffassung läßt sich in der Tat eine quasi-legislative Eigengestaltung des Verfassungsprozeßrechts durch das BVerfG ebenso legitimieren wie eine Auslegung verfahrensrechtlicher Normen, die von der Inter-

---

23 BVerfGE 4, 309 (313 ff.); 28, 243 (256); 24, 252 (258). Vgl. unten Rn. 202 f., 631 f.
24 BGBl. 1993 I S. 1442 (5. Änderungsgesetz); dazu *E. Klein*, NJW 1993, S. 2076.
25 Jeweils erstmals in BVerfGE 21, 312 (328); 30, 1 (33 ff.).
26 Vgl. BVerfGE 39, 169 (194); hierzu näher unten Rn. 1279 ff.
27 *Zembsch* (N 8), S. 109.
28 Anders zu beurteilen ist BVerfGE 34, 320 (324); vgl. hierzu unten Rn. 885.
29 *Häberle*, JZ 1973, S. 451; *ders.*, JZ 1976, S. 377 ff.; *ders.*, in: Häberle (Hg.), Verfassungsgerichtsbarkeit (1976), S. 1 ff.; *ders.*, Kommentierte Verfassungsrechtsprechung (1979), S. 414. ff.; *ders.*, JÖR 45 (1997), S. 103 unter Hinweis auf BVerfGE 90, 286 (339 f.), wo „Spezifisches" des Verfassungsprozeßrechts zum Vorschein komme; *Engelmann*, Prozeßgrundsätze im Verfassungsprozeßrecht (1977).
30 *Häberle*, JZ 1973, S. 452.
31 *Häberle* (N 29), Kommentierte Verfassungsrechtsprechung, S. 416.
32 *Häberle*, JZ 1976, S. 377.

pretation paralleler Normen in anderen Prozeßnormen entschieden abweicht (wie etwa bei der Richterablehnung[33]).

Die These von der Eigenständigkeit des Verfassungsprozeßrechts hat jedoch in der Literatur zu Recht erheblichen Widerspruch erfahren[34], und auch das BVerfG hat zwar die „Eigenart", aber nicht die Eigenständigkeit/Verselbständigung seines Prozeßrechts betont[35].   **174**

Der genannten These kann deshalb nicht gefolgt werden, weil ihr (1.) ein hier nicht geteiltes Verfassungsverständnis zugrundeliegt, das – übertragen auf das Verfassungsprozeßrecht – zusätzlich bedenkliche Konsequenzen hätte, und sie (2.) die Auswirkungen des materiellen Verfassungsrechts auf das Verfassungsprozeßrecht zu Lasten von dessen übrigen Funktionen verabsolutiert.

Zu 1.: *Häberle* vertritt dezidiert die These der Offenheit der Verfassung: „Verfassung als öffentlicher Prozeß", und spricht von der „Verfassung des Pluralismus"; hierzu gehört auch die „offene Gesellschaft der Verfassungsinterpreten"[36]. Demgegenüber hat *Böckenförde* zutreffend auf den mit struktureller Offenheit verbundenen Verlust an Interpretationsfähigkeit der Verfassung und damit auf die Gefahr hingewiesen, daß sie dann ihrer Steuerungskapazität verlustig ginge[37]. In der kritisierten Sicht ist die Verfassung denn auch eher bloßes Echo des gesellschaftlichen Wandels und der sich in der freien Gesellschaft bildenden Überzeugung.   **175**

Mit der Übertragung der behaupteten Offenheit und Dynamik der materiellen Verfassung auf das Verfassungsprozeßrecht wird nicht etwa nur dessen Funktion angesprochen, das materielle Recht zu realisieren. Weit über diese Vehikelfunktion hinausgehend wird vielmehr postuliert, daß sich die Struktur des Verfassungsprozeßrechts der offenen Struktur der Verfassung zu öffnen habe. Gefordert wird also der offene Rechtsgang für den pluralistischen Prozeß, der offene Prozeß des offenen Prozesses. Konsequent muß das BVerfG dann an distanzierter „herkömmlicher Staatlichkeit"[38] verlieren. Ihm wird die Aufgabe zugewiesen, einen Konsens der pluralistischen Meinungen aller Art herzustellen; die gerichtliche Verhandlung wird zur quasi-parlamentarischen Debatte. Ausdrücklich wird dem BVerfG aufgetragen, pluralistische Defizite der parlamentarischen Diskussion notfalls auszugleichen, so wie umgekehrt Ausmaß und Intensität der verfassungsgerichtlichen Kontrolle desto stärker herabgestuft werden, je mehr ein Gesetz durch Beteiligung der pluralistischen Öffentlichkeit als legitimiert zu erachten sei[39].

Folgte man dieser Ansicht, so würde nicht nur die Verfassung, sondern auch der Verfassungsprozeß seine limitierende, das BVerfG und sein Verfahren wirklich „verfassende"

---

33 Vgl. hierzu unten Rn. 214 ff.

34 Vgl. insbesondere *Schumann*, JZ 1973, S. 484 ff.; *Stern*, Das Staatsrecht der Bundesrepublik Deutschland (1980), II, S. 1029; *Fröhlinger* (N 8), S. 109 ff.; *E. Klein*, S. 621 ff.; *Schlaich*, Rn. 51 ff.; *Neutz* (N 8), S. 211 ff. – Positive Reaktionen hingegen bei *Jekewitz*, JZ 1978, S. 667 ff.; *Mühl*, in: GS Bruns (1980), S. 163.

35 BVerfGE 32, 288 (291); 88, 382 (386): „Besonderheiten des verfassungsgerichtlichen Verfahrens".

36 *Häberle*, Verfassung als öffentlicher Prozeß (3. Aufl. 1998); *ders.*, Die Verfassung des Pluralismus (1980); *ders.*, JZ 1975, S. 297 ff.

37 *E.-W. Böckenförde*, NJW 1976, 2093 f.

38 *Häberle* (N 31), S. 422.

39 Ebenda, S. 421 f.

Funktion verlieren. Der „geordnete Rechtsgang" würde aufgebrochen und wesentliche Kontrollfunktionen würden eliminiert, deren gerade das BVerfG – weil sie fast die einzigen Schranken darstellen, die seiner Tätigkeit gesetzt sind – nicht entraten kann. Auch der kritischen Begleitung durch die Wissenschaft wäre die Basis entzogen, da ihr die Maßstäbe, die sie anlegen kann, aus der Hand genommen würden und ins Diffuse verschwänden[40].

176 Zu 2.: Die Theorie von der Eigenständigkeit des Verfassungsprozeßrechts unterschätzt auch die weiteren Funktionen, die neben seiner Funktion, zur Realisierung des Verfassungsrechts beizutragen, bestehen. Das Verfassungsprozeßrecht muß so gehandhabt werden, daß auch seine kompetentielle Funktion und seine Aufgabe, zu Rechtsfrieden und Rechtssicherheit beizutragen, nicht beiseite gedrängt werden. Das BVerfG kann gar nicht, will es überhaupt funktionsfähig bleiben, in nennenswertem Umfang sein Verfahren der Öffentlichkeit und Mündlichkeit und der Partizipation aller Interessierten unterstellen[41]. Vor allem darf aber gerade das BVerfG nicht darauf verzichten, durch geordneten Rechtsgang seinen Entscheidungen Rationalität und damit Akzeptanz zu vermitteln[42]. Das Vertrauen dessen, der das BVerfG anruft – und der in der Regel derjenige sein wird, der politisch oder rechtlich zunächst in die Position des Unterlegenen geraten ist –, lebt von der Klarheit und Vorhersehbarkeit des Verfahrens. Diesen „funktionalen Eigenwert" des Prozeßrechts[43] gerade auch dem Verfassungsprozeßrecht zu erhalten ist umso wichtiger, als das BVerfG seiner überragenden Stellung wegen von Kontrollen weithin frei ist. Es auf dem zumindest relativ festen Boden gesicherter prozeßrechtlicher Erkenntnisse festzuhalten, besteht daher aller Anlaß[44].

177 Die von der Benda-Kommission zur Entlastung des BVerfG vorgeschlagene Annahme von Verfassungsbeschwerden nach Ermessen soll das Gericht in die Lage versetzen, „im Grundrechtsbereich sein Entscheidungsprogramm nach Inhalt und Umfang selbst festzulegen"[45]. Die hier anvisierte Autonomie soll allerdings gesetzlich ausdrücklich autorisiert werden; insoweit würde es sich nicht um die Schaffung von Verfahrensregeln jenseits gesetzlicher Ermächtigung handeln. Der gesetzlich geschaffene Freiraum würde aber den Akzent stärker auf das „Verfassungsorgan" als auf das „Gericht" setzen[46].

---

40 Näher *E. Klein*, S. 622 f.

41 Zutreffende grundsätzliche Kritik an dem weiten Partizipationsverständnis übt *H.H. Rupp*, AöR 101 (1976), S. 184 ff.

42 Ebenso *Schlaich*, Rn. 54. Vgl. auch *Benda*, DÖV 1983, 305 ff.

43 *Lorenz* (N 13), S. 867.

44 Im Prinzip zuzustimmen ist daher *Rinken*, in: AK, vor Art. 93, Rn. 132, mit der Forderung nach „verfahrensrechtlicher Disziplinierung" des BVerfG.

45 Bericht der Kommission (1998), S. 42.

46 Vgl. *H.H. Klein*, in: FS K. Graßhof (1998), S. 383.

§ 9 Ingangsetzung und Fortführung des Verfahrens

I. Antragsprinzip

Der Zugang zum BVerfG ist limitiert. Nur die im jeweiligen Verfahren Antragsberechtig- **178** ten können ein Verfahren vor dem BVerfG zulässigerweise in Gang setzen[1]. Ist der tatsächliche Antragsteller dazu nicht berechtigt, wird der Antrag verworfen, das BVerfG darf nicht zur Sache entscheiden.

Der das Verfahren einleitende Antrag ist gemäß § 23 Abs. 1 BVerfGG schriftlich beim **179** BVerfG einzureichen; hierzu gehört auch die – schriftliche – Begründung und gegebenenfalls die Angabe der Beweismittel. Diese Vorschrift gilt für alle Verfahren[2], unabhängig davon, ob sie kontradiktorischer Natur sind oder nicht[3]. Eine handschriftliche Unterzeichnung ist nicht erforderlich[4], auch Telex und Telefax genügen[5]. Insgesamt sollte das BVerfG bei der Beurteilung der Zulässigkeit moderner Übermittlungstechniken großzügig sein[6].

Die Begründung ist ein wesentlicher Bestandteil des Antrags[7]. Sie muß ausreichend sub- **180** stantiiert sein, um eine sachgerechte Auseinandersetzung mit dem Begehren zuzulassen[8]. So muß ihr zumindest der zugrundeliegende Sachverhalt und – ist der Antrag selbst unklar formuliert – das Antragsbegehren zu entnehmen sein. Auf die rechtliche Einordnung durch den Antragsteller kommt es nicht an. Häufig sieht das BVerfGG im Hinblick auf die einzelnen Verfahren Konkretisierungen für die verfahrenseinleitenden Anträge und ihre Begründung vor, die dann zu beachten sind (zum Beispiel §§ 61 Abs. 1, 80 Abs. 2, 92). Da die Begründung Teil des Antrags ist, muß auch sie innerhalb der Antragsfrist erfolgen[9]. Wo sie fehlt oder unvollständig ist, sollte das BVerfG jedenfalls dann, wenn es sich um Verfassungsbeschwerden (meist rechtsunkundiger Bürger) handelt, auf den Mangel hinweisen, um die rechtzeitige Heilung zu ermöglichen.

Hilfsanträge, die eventualiter für den Fall des Mißerfolgs des Hauptantrags gestellt wer- **181** den, sind zulässig, soweit sie nach den allgemeinen und den das jeweilige Verfahren betreffenden Vorschriften zulässig, insbesondere innerhalb der Antragsfrist erhoben und begründet sind[10]. Über sie muß in demselben Verfahren entschieden werden können, und Rechte Dritter dürfen davon nicht anders betroffen sein, als wenn der Hilfsantrag als Hauptantrag gestellt worden wäre[11]. Werden Hilfsanträge gestellt, die nur in einem ande-

---

1 Seit BVerfGE 1, 396 (408) st. Rspr.; BVerfGE 21, 52 (53 f.): auch keine Erweiterung durch Analogie.
2 BVerfGE 24, 252 (258).
3 *Puttler*, in: Umbach/Clemens, § 23 Rn. 2.
4 BVerfGE 15, 288 (291). Vgl. auch *Vollkommer*, Formenstrenge und prozessuale Billigkeit (1973), S. 112 ff.
5 *Puttler* (N 3), § 23 Rn. 7; *Lechner/Zuck*, § 23 Rn. 3
6 Vgl. in diesem Sinn auch *F. Klein/Bethge*, BVerfGG-Kommentar, § 23 Rn. 1 i) zur Übermittlung mittels PC-Modem.
7 BVerfGE 21, 359 (361); 24, 252 (259). – Der Antrag ist bedingungsfeindlich.
8 *F. Klein/Bethge*, in: BVerfGG-Kommentar, § 23 Rn. 4; *Puttler* (N 3), § 23 Rn. 12. – Zum Verhältnis zu Spezialbestimmungen, insbesondere zu § 92 BVerfGG, vgl. *Henschel*, in: FS Simon (1987), S. 95 ff.
9 BVerfGE 24, 252 (258 f.). Für die Verfassungsbeschwerde: § 93 Abs. 1 Satz 1 BVerfGG. Zum Problem der Wiedereinsetzung unten Rn. 201 ff.
10 BVerfGE 1, 25 (39); 4, 259 (271 ff.). – Die Zulässigkeit von Hilfsanträgen im Verfassungsprozeßrecht erklärt sich aus einer Gesamtanalogie zu dem sonstigen Prozeßrecht.
11 BVerfGE 1, 299 (310); 27, 294 (296).

ren Verfahren behandelt werden können (Beispiel: die Verfassungsbeschwerde einer politischen Partei als „Hilfsantrag" für den Fall, daß der das Organstreitverfahren eröffnende Antrag unzulässig ist), so wird das BVerfG den „Hilfsantrag" als einen ein eigenes Verfahren einleitenden, selbständigen Antrag ansehen und das Verfahren gegebenenfalls abtrennen[12].

II. Zugriff von Amts wegen?

182 Das Antragsprinzip bedeutet vor allem auch, daß der Anstoß zur Verfahrenseröffnung von außen kommen muß, daß also das BVerfG nicht von sich aus initiativ werden kann[13]. Nur dies entspricht der Rolle eines Gerichts („Wo kein Kläger, da kein Richter"); demgegenüber kann nicht auf die Verfassungsorganstellung des BVerfG oder seine Funktion als „Hüter der Verfassung" abgestellt werden[14]. Der Zugriff auf Fälle „von Amts wegen" (*ex officio*) ist daher unzulässig[15].

Das BVerfG hat freilich eine Abweichung von diesem Grundsatz dann für möglich gehalten, wenn der (antragslose) Erlaß einer einstweiligen Anordnung in Betracht kommt, ohne daß ein Hauptverfahren bereits anhängig gemacht ist[16]. Eine Begründung für ein solches *ex officio*-Tätigwerden ist indes nicht gegeben worden und ist auch nicht ersichtlich. Im Gegenteil könnte damit insbesondere dem Gesetzgeber gegenüber eine schwerwiegende, mit dem Grundsatz der Gewaltenteilung unvereinbare Gewichtsverlagerung vorgenommen werden[17].

183 Weniger problematisch, aber keineswegs zweifelsfrei sind die Fälle, in denen das Hauptsacheverfahren beim BVerfG bereits anhängig ist. Hier hält das BVerfG den Erlaß einer einstweiligen Anordnung von Amts wegen für zulässig, um zu verhindern, daß die Entscheidung in der Hauptsache möglicherweise zu spät kommt oder doch um einen Teil ihrer Wirkung gebracht würde[18]. Die einstweilige Anordnung kann so dem Gericht die angemessene Zeit für die Entscheidungsfindung verschaffen. Die insoweit geübte Abkehr vom Antragsprinzip dürfte ihre Rechtfertigung materiell-rechtlich in der Verfassungspflicht zur Organtreue[19], prozeßrechtlich in der Aufrechterhaltung der Funktionen des

---

12 Vgl. BVerfGE 27, 240 (243); Vgl. auch BVerfGE 13, 54 (94). Anders BVerfGE 68, 132 (140 f.) zum Verhältnis eines Antrags auf Erlaß einer Vollstreckungsanordnung und einer Verfassungsbeschwerde.

13 Eine Ausnahme ist das Verfahren nach § 105 BVerfGG (Vorgehen gegen Richter des BVerfG): Das BVerfG muß von sich aus das Verfahren zur Ermächtigung des Bundespräsidenten in Gang setzen, auf dessen Entscheidung es letztlich ankommt.

14 Dem BVerfG ist „keine von Amts wegen auszuübende Überwachungspflicht auferlegt", BVerfGE 1, 184 (196).

15 Dieses Verbot behält seine Bedeutung auch wenn man berücksichtigt, daß nahezu alle (gesellschafts-) politisch relevanten Fragen vor das BVerfG gebracht werden.

16 BVerfGE 42, 103 (120).

17 Kritisch zu Recht *Erichsen*, in: BVerfG und GG, I (1976), S. 178 f.; *G. Schmitz*, Die Bedeutung der Anträge für die Einleitung und Beendigung des Verfassungsprozesses (Diss. München 1968), S. 6 ff.; *Merkel*, Die einstweilige Anordnung des BVerfGG und die staatsrechtliche Verantwortung des BVerfG (Diss. Heidelberg 1975), S. 52 ff. – A.A. *Geiger*, Einige Besonderheiten im verfassungsgerichtlichen Prozeß (1981), S. 10.

18 Dazu BVerfGE 1, 74 (75); 1, 281 (283); 15, 77 (79); 35, 12 (14).

19 Vgl. *Schenke*, Die Verfassungsorgantreue (1977). Die Verfassungsorgane dürfen einander nicht „überspielen": BVerfGE 35, 193 (201 f.); 35, 257 (261 ff.).

BVerfG finden, dessen Entscheidungen nicht leerlaufen sollen. In diesen Fällen das BVerfG auf entsprechende Anträge zu verweisen, wäre deshalb unbefriedigend, da möglicherweise der Antragsteller im Hauptsacheverfahren (der auch ein Privater sein kann!) von den Bestrebungen der handelnden Verfassungsorgane zu spät erfährt[20].

III. Folgen der Antragstellung

Der Eingang des Antrags beim BVerfG begründet die Befassungskompetenz des Gerichts[21]. Damit ist die an das Gericht herangetragene Rechtssache anhängig und rechtshängig geworden. Auf die Zustellung an andere Prozeßbeteiligte kommt es (wie bei § 90 VwGO) nicht an[22].   **184**

Mit der Rechtshängigkeit werden die üblichen Rechtsfolgen (§ 261 Abs. 3 ZPO) ausgelöst. Es entsteht das Prozeßhindernis der Rechtshängigkeit, so daß ein späterer Antrag (bei identischem Verfahrensgegenstand) als unzulässig zu verwerfen ist. Ferner wird die Zulässigkeit des Verfassungsrechtswegs durch spätere Veränderungen der sie begründenden Umstände nicht berührt (*perpetuatio fori*)[23].   **185**

Eine weitere Folge ist, daß eine Auswechselung des dem Antrag zugrundeliegenden Sachverhalts oder des prozessualen Begehrens oder die Adressierung eines neuen Antragsgegners (Antragsänderung)[24] nur mit Zustimmung des Gerichts, im kontradiktorischen Verfahren auch mit Einwilligung der Verfahrensbeteiligten zulässig ist[25]. Dem BVerfG allein die Entscheidung hierüber zu überlassen, besteht kein Anlaß[26]. Vom Vorliegen der Zulässigkeitsvoraussetzungen (insbesondere Wahrung der Fristen) auch für den geänderten Antrag darf in keinem Fall abgesehen werden.

Mit dem Antrag bezeichnet der Antragsteller grundsätzlich auch den Verfahrensgegenstand[27]. Der Verfahrensgegenstand läßt sich im Verfassungsprozeß nicht einheitlich definieren, da die Verfahrensarten zu heterogen sind[28]. Während der Verfahrensgegenstand der abstrakten Normenkontrolle die Vereinbarkeit einer bestimmten Norm mit höherrangigem Recht ist, ist Gegenstand des völkerrechtlichen Verifikationsverfahrens die Vergewisserung über die Existenz einer Regel des allgemeinen Völkerrechts bestimmten Inhalts; beim Organstreit ist der Gegenstand das vom Antragsteller bezeichnete „Recht",   **186**

---

20 Näher *E. Klein*, S. 616 f. Anders *Erichsen* (N 17), S. 178. – Nicht unproblematisch unter dem Aspekt des Antragsprinzips ist § 78 S. 2 BVerfGG; siehe unten Rn. 752. Dies gilt erst recht, da die Vorschrift im Weg der Analogie auf das Verfassungsbeschwerdeverfahren ausgedehnt wird; vgl. BVerfGE 98, 365 (401).
21 *Gusy*, Parlamentarischer Gesetzgeber und BVerfG (1985), S. 124.
22 *Geiger*, § 23 Anm. 9. Vgl. auch § 22 Abs. 1 GeschO BVerfG.
23 Eine problematische Ausnahme im Verhältnis zu Landesverfassungsgerichten in BVerfGE 6, 376 (383); 64, 301 (317); 90, 40 (43); 90, 43 (45); Urt. v. 21.07.2000 – 2 BvH 4/91.
24 Antragsänderung bezeichnet – wie die Klageänderung im Zivil- und Verwaltungsprozeß – die Änderung des Verfahrens-(Streit-) gegenstandes. Zur Beachtung der gesetzlichen Fristen vgl. BVerfGE 18, 85 (89); 68, 1 (63).
25 Vgl. §§ 263 ZPO, 91 VwGO; vgl. auch *Lechner/Zuck*, Vor § 17 Rn. 15.
26 So aber könnte BVerfGE 13, 54 (95) verstanden werden; in diesem Sinne auch *Lechner*, Vorbem. vor § 17.
27 Umfassend dazu *Detterbeck*, S. 305 ff.; *Geiger*, § 14 Anm. 6.; *Maunz*, in: BVerfGG-Kommentar, § 13 Rn. 15. – Im Verfassungsprozeß ist der Begriff „Streit"-Gegenstand nur im kontradiktorischen Verfahren sinnvoll.
28 Unklar *Maunz*, in: BVerfGG-Kommentar § 13 Rn. 20.

und Gegenstand einer Verfassungsbeschwerde ist die Rechtsbehauptung des Beschwerdeführers, durch eine bestimmte hoheitliche Maßnahme oder Unterlassung in seinen Grundrechten verletzt zu sein. Die Ermittlung des Verfahrensgegenstandes kann daher nicht generell vorgenommen werden, sondern muß im Rahmen der einzelnen Verfahrensarten erfolgen. Erst von dieser Basis aus läßt sich dann bestimmen, ob das Prozeßhindernis der Rechtshängigkeit eingreift oder eine Antragsänderung vorliegt.

187 Ungeachtet der primär durch den Antragsteller erfolgten Fixierung des Verfahrensgegenstandes wird dadurch nicht ausgeschlossen, daß das BVerfG im Sinne einer Optimierung des Rechtsschutzes oder einer möglichst exakten Erfassung der Intention des Antragstellers den Antrag auslegt[29]. Aber auch in seiner möglicherweise korrigierten Form begrenzt der Antrag die Prüfungs- und Entscheidungsbefugnis des BVerfG keineswegs immer. Die verfahrensdirigierende Kraft des Antrags ist im Verfassungsprozeß somit geringer als im Zivil- oder Verwaltungsprozeß. Verschiedentlich wird dem BVerfG nämlich eine über den Antrag hinausgehende Entscheidung ermöglicht (zum Beispiel §§ 67 S. 3, 78 S. 2, 95 Abs. 1 S. 2 BVerfGG)[30]. Diese Abweichung vom allgemeinen Prozeßgrundsatz des *ne ultra petita* ist nur wegen der ausdrücklichen gesetzlichen Ermächtigung verständlich. Schon die analoge Heranziehung des § 78 S. 2 BVerfGG im Verfassungsbeschwerdeverfahren[31] ist nicht unproblematisch, auch wenn der Analogieschluß ein anerkanntes Interpretationsinstrument darstellt[32].

IV. Fortgang des Verfahrens

1. Zustellung und Weiterführung des Prozesses

188 Der eingegangene Antrag wird (auf Vorschlag des Berichterstatters, § 22 Abs. 2 GeschO BVerfG) vom Senatsvorsitzenden dem Antragsgegner, den übrigen Beteiligten sowie dritten Personen, denen Gelegenheit zur Stellungnahme gegeben werden soll (§ 27 a BVerfGG), unverzüglich von Amts wegen mit der Aufforderung zugestellt[33], sich innerhalb einer bestimmten Frist dazu zu äußern; kommt eine Entscheidung nach § 93 c BVerfGG (stattgebende Kammerentscheidung in Verfassungsbeschwerdeverfahren) in Betracht, übernimmt diese Aufgabe der Berichterstatter (§ 23 Abs. 2 BVerfGG). „Beteiligte" sind alle diejenigen, die einem Verfahren beitreten können[34], also etwa die in § 94 Abs. 5 BVerfGG erwähnten Verfassungsorgane. Über den Kreis der Beitritts- und Äußerungsberechtigten hinaus wird der Antrag nach § 23 Abs. 2 BVerfGG nunmehr auch Drit-

---

29 Z.B. BVerfGE 86, 148 (211); 68, 1 (68); 7, 99 (105 f.). Vgl. auch die Korrekturen, die das BVerfG bei Vorlagen nach Art. 100 Abs. 1 GG vornimmt; dazu unten Rn. 819. Ferner *F. Klein*, in: BVerfGG-Kommentar, Vor. § 17 Rn. 10; *Puttler*, in: Umbach/Clemens, § 23 Rn. 14.

30 Dazu *Geiger*, § 23 Anm. 4; *Gusy* (N 21), S. 123 f.; *Detterbeck*, S. 307.

31 BVerfGE 16, 319 (356); 18, 288 (300); 92, 53 (73).

32 Vgl. *E. Klein*, S. 596 f.

33 Zustellung ist der in gesetzlicher Form zu bewirkende und zu beurkundende Vorgang, durch den dem Zustellungsadressaten Gelegenheit zur Kenntnisnahme eines Schriftstücks verschafft wird; vgl. *Rosenberg/Schwab*, Zivilprozeßrecht (15. Aufl. 1993), § 73 I 1. Die Zustellung wird nach den Vorschriften der ZPO bewirkt (§§ 166 ff., 208 ff.); vgl. auch *Lechner/Zuck*, Vor § 17.

34 *Lechner/Zuck*, § 23 Rn. 15; *F. Klein/Bethge*, BVerfGG-Kommentar, § 23 Rn. 10; s.u. Rn. 194 ff.

ten im Sinne von § 27 a BVerfGG zugestellt[35]. Diese Vorschrift schafft die gesetzliche Grundlage für eine längst bestehende Praxis des BVerfG, zur Verbreiterung seiner Entscheidungsgrundlage auch „sachkundigen Dritten" Gelegenheit zur Stellungnahme zum Fall insgesamt zu geben (vgl. §§ 22 Abs. 4, 41 GeschO BVerfG); gedacht ist dabei vor allem an gesellschaftliche Gruppen und Verbände[36]. Nicht einbezogen sind hier Personen, die vom BVerfG gebeten werden, zu bestimmten Fragen ein Rechtsgutachten zu erstatten (§ 22 Abs. 5 GeschO BVerfG); insoweit bedarf es jedenfalls nicht notwendig einer Zustellung des Antrags[37]. Bei der zu bestimmenden Frist handelt es sich um eine richterliche (im Gegensatz zur gesetzlichen) Frist, die verlängert werden kann.

Von einer Zustellung kann gemäß § 22 Abs. 1 GeschO BVerfG abgesehen werden, wenn Entscheidungen nach § 24 oder § 81 a BVerfGG getroffen werden, oder wenn die Annahme einer Verfassungsbeschwerde abgelehnt wird (§§ 93 a, 93 b BVerfGG)[38]. Dies ist angesichts des eindeutigen Wortlauts des § 23 Abs. 2 BVerfGG nicht unproblematisch, weil die Zustellung des Antrags die Grundlage für die Entscheidung zum Verfahrensbeitritt und damit des Erwerbs der Beteiligtenstellung ist; prozeßökonomisch ist die Regelung freilich.

In der Zustellung von Amts wegen, aber auch in der weiteren Förderung des Verfahrens **189** durch den Berichterstatter im Benehmen mit dem Vorsitzenden (§ 22 Abs. 2 und 3 GeschO) oder durch den Senat (§ 24 Abs. 1, 2 GeschO), insbesondere durch Ladung, Terminierung und gegebenenfalls Anordnung der Beweisaufnahme kommt der Grundsatz des Amtsbetriebs zum Ausdruck. Er bedeutet die Prozeßleitung und Durchführung des Verfahrens im Rahmen der den Verfahrensgegenstand bestimmenden Anträge[39] und ist nicht mit der Frage zu verwechseln, ob die Beteiligten durch Rücknahme ihrer Anträge das Verfahren beenden können (Offizial- oder Dispositionsmaxime[40]).

2. Verbindung und Trennung

Nur §§ 66 und 69 BVerfGG sehen für den Organ- bzw. Bund-Länder-Streit die Verbindung **190** dung und Trennung von Verfahren ausdrücklich vor. Die Übertragung dieser Möglichkeit auf andere Verfahrensarten ist jedoch allgemein anerkannt. Die Zusammenfassung von Prozessen oder ihre Trennung entspricht allgemeinen Vorstellungen der Prozeßökonomie (vgl. §§ 145, 147 ZPO, § 93 VwGO), von denen den Verfassungsprozeß auszunehmen kein Anlaß besteht. Dabei muß es sich allerdings um Fälle handeln, deren gemeinsame Verhandlung, Beweisaufnahme und Entscheidung in einem einheitlichen Verfahren sinn-

---

35 BGBl. 1998 I S. 1823.
36 BT-Drs. 13/7673, S. 10; *Bethge*, BVerfGG-Kommentar, § 27 a Rn. 6.
37 Ebenso wohl *Pestalozza*, JZ 1998, S. 1040 f. – Diese Personen kann man als „amici curiae" bezeichnen; s.u. Rn. 195; vgl. auch Rn. 739.
38 In den Jahren 1980 bis 1990 ergingen in beiden Senaten Entscheidungen nach § 24 BVerfGG:

1. Senat:	23 (14 nach vorangegangener Zustellung)	
2. Senat:	61 (24 nach vorangegangener Zustellung)	
insgesamt:	84 (38 nach vorangegangener Zustellung)	

Im Jahr 2000 erließ der 1. Senat keine, der 2. Senat 11 Entscheidungen gemäß § 24 BVerfGG.
39 *G. Wolf*, DVBl. 1966, S. 886; *Hund*, in: Umbach/Clemens, Vor § 17 Rn. 33 f.
40 Dazu unten Rn. 284 ff.

voll ist oder sich nicht weiter als sinnvoll erweist. Durch die Verbindung oder Trennung dürfen die jeweiligen Zulässigkeitsvoraussetzungen der Verfahren nicht überspielt und die Position der Verfahrensbeteiligten nicht beeinträchtigt werden[41]. Auch die Senatszuständigkeiten bilden für die Verbindung von Verfahren eine Grenze.

191 Im übrigen können Verfahren derselben Verfahrensart (z.B. Verfassungsbeschwerden) oder verschiedene Verfahrensarten (Verfassungsbeschwerde und abstrakte bzw. konkrete Normenkontrolle oder abstrakte Normenkontrolle und Bund-Länder-Streit) nach Ermessen des Gerichts miteinander verbunden werden[42]. Die Verbindung hindert indes nicht, durch Endentscheidung zunächst nur einen der verbundenen Prozesse zu entscheiden, wenn er entscheidungsreif ist[43].

3. Aussetzung des Verfahrens

192 Nach § 33 Abs. 1 BVerfGG kann das BVerfG sein Verfahren bis zur Erledigung eines bei einem anderen Gericht anhängigen Verfahrens aussetzen, wenn für seine Entscheidung die Feststellungen oder die Entscheidung dieses anderen Gerichts von Bedeutung sein können (vgl. §§ 148 ZPO, 94 VwGO). Hierzu kann es wegen der Tatbestands- oder Feststellungswirkung von Entscheidungen anderer Gerichte im Einzelfall kommen[44] (vgl. z.B. § 58 BVerfGG).

Während § 33 Abs. 1 dem BVerfG Ermessen einräumt, ist es unter den Voraussetzungen des Art. 234 EGV zur Aussetzung und Vorlage an den EuGH verpflichtet. Eine solche Konstellation ist durchaus denkbar[45].

193 Mit der Aussetzung tritt ein vorläufiger Stillstand des verfassungsgerichtlichen Verfahrens ein. Die Wirkungen ergeben sich sinngemäß aus § 249 ZPO.

§ 10 Die Verfahrensbeteiligten

I. Begriff und Kreis der Verfahrensbeteiligten

194 Die Frage, wer an einem Verfassungsprozeß „beteiligt" sein kann, ist nach den besonderen Verfahrensvorschriften des BVerfGG zu beantworten. Die Vielfalt der Verfahrensarten erlaubt keine einheitliche Aussage[1].

---

41 BVerfGE 12, 205 (223); 22, 387 (407).
42 Vgl. etwa BVerfGE 12, 205 (222 f.). Wenn es dort heißt, daß eine Verbindung „geboten" sei, wenn im wesentlichen dieselben oder voneinander abhängige Fragen streitig sind, ist dies im Sinne prozeßökonomisch sinnvollen Handelns zu verstehen, verpflichtet aber nicht zu einer Verbindung.
43 Dabei handelt es sich nicht um ein Teilurteil (vgl. § 300 Abs. 2 i.V.m. § 301 Abs. 1 ZPO); anders *Geiger*, § 66 Anm. 5; *Ulsamer*, in: BVerfGG-Kommentar, § 66 Rn. 4.
44 Vgl. BVerfGE 45, 297 (312); *Lechner/Zuck*, § 33 Rn. 1 ff.; *F. Klein*, in: BVerfGG-Kommentar, § 33 Rn. 5.
45 Siehe Rn. 85 und Rn. 722.

1 Anders im Verwaltungsprozeß, § 61 VwGO.

In kontradiktorischen oder Parteiverfahren sind Verfahrensbeteiligte die Parteien oder Antragsteller und Antragsgegner. Im Verfahren der abstrakten Normenkontrolle und der Verfassungsbeschwerde sind die Antragsteller bzw. die Beschwerdeführer[2] Beteiligte[3]. In den Verfahren nach Art. 100 Abs. 1-3 GG gibt es – jedenfalls zunächst – überhaupt keine Verfahrensbeteiligten. Die vorlegenden Gerichte bringen zwar das Verfahren in Gang, erhalten aber keine entsprechende prozessuale Stellung; Beteiligte des verfassungsgerichtlichen Zwischenverfahrens sind auch nicht die Beteiligten des Ausgangsverfahrens, obgleich sie ein Äußerungsrecht vor dem BVerfG haben[4].

Der Kreis der Beteiligten wird durch den Beitritt der dazu Berechtigten erweitert (vgl. §§ 65, 69, 82 Abs. 2, 83 Abs. 2, 94 Abs. 5 BVerfGG). Das Gesetz regelt diese Möglichkeit abschließend; ein Beitritt ist zum Beispiel nicht im Verfahren der abstrakten Normenkontrolle vorgesehen[5]. Im konkreten Normenkontrollverfahren und bei der Völkerrechtsverifikation gibt es überhaupt nur im Fall des Beitritts der dazu ermächtigten Verfassungsorgane (§§ 82 Abs. 2, 83 Abs. 2 BVerfGG) Verfahrensbeteiligte. Die bloß Äußerungsberechtigten (z.B. § 77 BVerfGG) oder sonst zur Stellungnahme aufgeforderten Institutionen oder Persönlichkeiten (vgl. §§ 27 a, 82 Abs. 4 BVerfGG, § 22 Abs. 4 und 5 GeschO) werden auch durch Äußerung nicht zu Verfahrensbeteiligten[6]. **195**

Den Verfahrensbeteiligten sind bestimmte prozessuale Rechte, zum Teil aber auch Pflichten[7] zugewiesen. Sie können prozessuale Anträge stellen, über die das BVerfG entscheiden muß; dazu gehört das wichtige Recht auf Richterablehnung wegen Besorgnis der Befangenheit (§ 19 BVerfGG)[8]. Sie haben das Recht auf Akteneinsicht (§ 20 BVerfGG)[9], ihnen sind die Anträge und Schriftsätze der anderen Beteiligten sowie die Entscheidungen des Gerichts zuzustellen (vgl. §§ 23 Abs. 2, 30 Abs. 3 BVerfGG), sie **196**

---

2 Hierzu gehören auch die u.U. zur Fortführung der Verfassungsbeschwerde berechtigten Rechtsnachfolger, vgl. dazu *Cornils*, ZZP 112 (1999), S. 217 ff.; *Kley/Rühmann*, in: Umbach/Clemens (Hg.), § 90 Rn. 56 f.; *Schmidt-Bleibtreu*, BVerfGG-Kommentar, § 90 Rn. 45, 46; BVerfG (Kammerbeschl.), NJW 1998, S. 2587; siehe auch unten Rn. 433 ff. Beschwerdeführer sind auch diejenigen, die zur Prozeßstandschaft berechtigt sind; vgl. *Ax*, Prozeßstandschaft im Verfassungsbeschwerde-Verfahren (1994); BVerfGE 96, 139 (148).

3 Ob der Antragsteller zur Antragstellung wirklich berechtigt ist, berührt seine Beteiligteneigenschaft nicht. Antragsgegner (und damit Beteiligter) wird man jedoch durch Bezeichnung im Antrag nur, wenn im konkreten Verfahren vorgesehen ist, daß der Bezeichnete überhaupt Antragsgegner sein kann. So würde im (Rechtssatz-) Verfassungsbeschwerdeverfahren die Bezeichnung des Bundestages als Antragsgegner dessen Beteiligtenstellung nicht begründen können. Die kompetenzrechtlich relevante Ausgestaltung des Verfassungsprozesses schließt es aus, hier den Grundsatz des Zivilprozeßrechts zu übernehmen, wonach die Klage die Parteien definiert.

4 BVerfGE 2, 213 (217); 3, 225 (228 f.); siehe auch unten Rn. 876.

5 Zum Problem vgl. *Frehland*, Die Prozeßsubjekte und ihre Rechte in den Normenkontrollverfahren vor dem BVerfG (Diss. Bonn 1969), S. 27; kritisch auch *Philipp*, in: FS E.G. Mahrenholz (1994), S. 909 ff. – Siehe dazu näher unten Rn. 737; vgl. aber auch BVerfGE 42, 103 (118 f), sowie Rn. 1109.

6 BVerfGE 2, 307 (312). Eigene prozessuale Rechte haben nur Verfahrensbeteiligte vgl. BVerfGE 46, 34 (36); unklar BT-Drs. 13/7673, S. 10 und *Zuck*, NJW 1998, S. 3030. – *Schlaich*, Rn. 62, macht zu Recht auf den weiten Kreis aufmerksam, den das BVerfG zu Äußerungen einlädt; ein weiteres Beispiel bietet BVerfGE 98, 218 (239 ff.).

7 Vgl. § 23 Abs. 3 BVerfGG. Zu eng *Geiger*, Einige Besonderheiten im verfassungsgerichtlichen Prozeß (1981), S. 12.

8 Zum Teil ist die Rechtsstellung der Beigetretenen verfahrensspezifisch eingeschränkt, vgl. BVerfGE 6, 309 (326); 20, 18 (25); näher unten Rn. 1039 ff.

9 Erweitert durch § 35 Abs. 2 GeschO auf Nichtbeteiligte; vgl. auch §§ 35 a – 35 c BVerfGG; dazu unten Rn. 251.

sind von allen Beweisterminen zu benachrichtigen und können aktiv an der Beweisaufnahme teilnehmen (§ 29 BVerfGG). Sie sind zur mündlichen Verhandlung zu laden, haben aber auch das Recht, auf diese zu verzichten (§ 25 Abs. 1 BVerfGG). Nur die Beteiligten können Widerspruch gegen eine vom BVerfG erlassene einstweilige Anordnung einlegen[10]. Sie dürfen sich schließlich in jeder Lage des Verfahrens durch einen besonders Rechtskundigen (Rechtsanwalt, Hochschullehrer) vertreten lassen (§ 22 Abs. 1 BVerfGG)[11].

II. Vertretung im Prozeß

197   Im Verfassungsprozeß ist Vertretungszwang für die Beteiligten nur in der mündlichen Verhandlung angeordnet. Da diese in der Praxis selten durchgeführt wird, sind die Beteiligten in der Regel nicht verpflichtet, Prozeßvertreter zu bestellen, aber sie haben dazu jederzeit das Recht (§ 22 Abs. 1 S. 1 BVerfGG). Der Kreis der Vertretungsberechtigten variiert je nach Beteiligten.

Ist eine Einzelperson beteiligt (Verfassungsbeschwerde, Anklageverfahren), kann sie sich nur durch einen Rechtsanwalt oder einen Lehrer des Rechts[12] an einer deutschen Hochschule vertreten lassen; in der mündlichen Verhandlung muß sie das tun, wenn sie nicht selbst Anwalt oder Rechtslehrer ist[13]. Sie kann sich allerdings auch einer Person, die nicht entsprechend qualifiziert ist, als eines „Beistandes" bedienen (§ 22 Abs. 1 S. 4 BVerfGG). Er bedarf aber der Zulassung durch das BVerfG, die – wo sachdienlich[14] – gewährt werden sollte. Der Beistand wird, was nicht ganz unbedenklich ist, in der Praxis außerhalb der mündlichen Verhandlung als Vertreter akzeptiert, kann also auch Prozeßhandlungen wirksam für den „Vertretenen" vornehmen, insbesondere den verfahrenseinleitenden Antrag stellen – immer unter der Voraussetzung seiner Zulassung[15]. Daher sind auch an ihn die Mitteilungen des Gerichts zu adressieren (§ 22 Abs. 3 BVerfGG)[16].

198   Diese Ausführungen gelten auch für andere Beteiligte. Doch ist insoweit folgendes zu ergänzen: Sind gesetzgebende Körperschaften des Bundes oder der Länder oder Teile von ihnen Beteiligte, haben sie zusätzlich das Recht, sich durch Mitglieder vertreten zu lassen, die nicht rechtskundig sein oder gar die Befähigung zum Richteramt haben müssen

---

10 BVerfGE 31, 87 (90 ff.); 89, 119 (120); 99, 49 (50).

11 Das Vertretungsrecht gilt aber auch für die nichtbeteiligten Äußerungsberechtigten, insbesondere für die Beteiligten des Ausgangsverfahrens im Verfahren der konkreten Normenkontrolle (§ 82 Abs. 3 BVerfGG), vgl. BVerfGE 53, 332 (334 f.). Die Regelung der Postulationsfähigkeit in § 22 Abs. 1 S. 1 2. Halbs. gilt auch für diesen Fall.

12 Zum Begriff *F. Klein*, in: BVerfGG-Kommentar, § 22 Rn. 3; *Meder*, in: Umbach/Clemens, § 22 Rn. 10. Weitergehend *Lechner/Zuck*, § 22 Rn. 1 unter Einbeziehung von Honorarprofessoren und Lehrbeauftragten, aber nicht von Rechtslehrern an Fachhochschulen. BVerfGE 88, 129 (134 f.) hat diese Frage offen-, aber Gesamthochschullehrer zugelassen.

13 Vgl. BVerfGE 50, 254 (255); 71, 23 (24) zur Anwendung von § 91 Abs. 2 S. 4 ZPO.

14 Vgl. BVerfGE 68, 360 (361).

15 Hieraus können sich in der Praxis Schwierigkeiten ergeben. Erhebt z.B. eine Person, die weder Anwalt noch Rechtslehrer ist, für einen Dritten eine Verfassungsbeschwerde, so hängt die wirksame Erhebung davon ab, ob der Handelnde als Beistand zugelassen wird; vgl. BVerfGE 8, 92 (94); 37, 361 (362 f.).

16 Anders *F. Klein*, in: BVerfGG-Kommentar, § 22 Rn. 14; wie hier *Meder*, in: Umbach/Clemens, § 22 Rn. 33.

(§ 22 Abs. 1 S. 2 BVerfGG)[17]. Wer im einzelnen vertretungsbefugt ist, ergibt sich aus den jeweiligen Geschäftsordnungen dieser Körperschaften. Für Bundestag und Bundesrat ist dies der Präsident (§ 7 Abs. 1 S. 1 GeschO BT, § 6 Abs. 1 GeschO BRat). Er muß freilich die Prozeßvertretung nicht selbst ausüben (was auch ganz unüblich ist), sondern kann aufgrund der gesetzlichen Ermächtigung (§ 22 Abs. 1 S. 1 und 2 BVerfGG) diese Vertretung von anderen wahrnehmen lassen[18].

Eine weitere Sonderregelung gilt für den Bund, die Länder und ihre Verfassungsorgane (§ 22 Abs. 1 S. 3 BVerfGG), also ggf. auch für die bereits genannten gesetzgebenden Körperschaften, für die hier eine zusätzliche Vertretungsmöglichkeit geschaffen wird. Nach dieser Regelung sind auch Beamte vertretungsberechtigt, soweit sie zum Richteramt befähigt sind (§ 5 DRiG) oder aufgrund der vorgeschriebenen Staatsprüfungen die Befähigung zum höheren Verwaltungsdienst erworben haben. So kann sich die Bundesregierung etwa durch Ministerialbeamte, aber auch durch Mitglieder der Bundesregierung vertreten lassen, soweit sie juristisch entsprechend qualifiziert sind[19]. Selbstverständlich kann auch hier – und dies geschieht in der Praxis sehr oft – die Bevollmächtigung eines Rechtsanwalts oder Rechtslehrers erfolgen.

Unabhängig von den verschiedenen Vertretungsmöglichkeiten gilt für alle Beteiligten in der mündlichen Verhandlung Vertretungszwang[20]. Anträge können dann wirksam nur von dem Vertretungsberechtigten gestellt werden, die Beteiligten selbst sind nicht postulationsfähig[21]. **199**

Die Vollmacht ist von den Beteiligten für das konkrete Verfahren schriftlich zu erteilen (§ 22 Abs. 2 BVerfGG). Aus ihr müssen sich Person und Adresse des Bevollmächtigten klar ergeben, ebenso ob er Anwalt oder Rechtslehrer ist. Unter Umständen kommt bei rechtsunkundigen Beteiligten eine Umdeutung in einen Antrag zur Beistandszulassung in Betracht[22]. Ist Beteiligter nicht eine natürliche Person, ist die Bevollmächtigung von dem zuständigen Organ zu erteilen[23]. **200**

Da die den rechtlichen Anforderungen standhaltende Bevollmächtigung eine zwingende Wirksamkeitsvoraussetzung der Prozeßhandlungen des Vertreters darstellt, ist sie vom BVerfG von Amts wegen zu prüfen[24]. Unter ausdrücklicher Berufung auf die im sonstigen Prozeßrecht für zulässig erachtete Nachreichung der Vollmacht hat das BVerfG entschie-

---

17 Sog. Organprivileg. Die Regelung gilt vor allem für Bundestag, Bundesrat und die Länderparlamente, aber auch für den Vermittlungsausschuß oder den Gemeinsamen Ausschuß nach Art. 53 a GG und für einzelne Abgeordnete, soweit sie als solche (Organstreit), nicht als Einzelpersonen (Verfassungsbeschwerde) auftreten. Im ersten Fall nehmen sie am Organprivileg teil, können sich also selbst vertreten oder sich durch andere Mitglieder vertreten lassen; BVerfGE 4, 144 (152); 10, 4 (11).
18 Vgl. *Gusy*, in: H.P. Schneider/Zeh (Hg.), Parlamentsrecht und Parlamentspraxis in der Bundesrepublik Deutschland (1989), S. 1641 f.
19 Dazu *Lechner/Zuck*, § 22 Rn. 5. Nach Anlage I zum Einigungsvertrag Kapitel III Sachgebiet F Abschnitt III lit. b) können sich die Länder und ihre Verfassungsorgane auch durch „ihre Beschäftigten" vertreten lassen.
20 Es sei denn, die Beteiligten sind selbst nach § 22 Abs. 1 S. 1 oder 2 BVerfGG vertretungsberechtigt.
21 BVerfGE 47, 46 (65). Die Postulationsfähigkeit ist Prozeßhandlungs-, keine Prozeßvoraussetzung. Sie ist die Fähigkeit, dem prozessualen Handeln die rechtserhebliche Erscheinungsform zu geben, vgl. *Rosenberg/Schwab*, Zivilprozeßrecht (15. Aufl. 1993), § 45 I 2.
22 BVerfGE 8, 92 (94); 37, 361 (363).
23 Zu politischen Parteien vgl. BVerfGE 24, 300 (328); 44, 125 (137); hinsichtlich der Bundesregierung siehe § 20 GGO II.
24 BVerfGE 1, 433 (436); 62, 194 (200).

den, daß selbst nach Ablauf der Antragsfrist die Vollmacht nachgereicht werden kann[25]. Das BVerfG kann hierzu eine Frist setzen. Geht die Vollmacht nicht fristgerecht ein, ist eine Verwerfung des Antrags nach § 24 BVerfGG möglich[26].

III. Fristen und Wiedereinsetzungsproblematik

201 Für das Stellen der verfahrenseinleitenden Anträge enthält das BVerfGG eine Reihe von Fristvorschriften (vgl. §§ 48, 64 Abs. 3, 69, 93 BVerfGG). Diese – gesetzlichen – Fristen sind von den richterlichen Fristen (Erklärungsfristen) zu unterscheiden, die den Beteiligten oder Äußerungsberechtigten zum Zweck einer Verfahrensbeschleunigung gesetzt werden können (vgl. §§ 77, 82 Abs. 1 BVerfGG). Berechnet werden die Fristen nach den auch hier anwendbaren Vorschriften von ZPO und BGB[27].

202 Werden die gesetzlichen Fristen nicht eingehalten, so sind die Betroffenen von den vorzunehmenden Prozeßhandlungen ausgeschlossen[28]. Fraglich kann nur sein, ob Wiedereinsetzung in den vorigen Stand zu gewähren ist. Nach anderen Prozeßordnungen (z.B. §§ 233, 234 ZPO, 60 VwGO) ist Wiedereinsetzung im Hinblick auf bestimmte, jeweils genau bezeichnete Fristen auf Antrag zu gewähren, wenn die Fristversäumnis ohne Verschulden erfolgt ist. Das BVerfGG hat bis zum 5. Änderungsgesetz 1993[29] eine vergleichbare Vorschrift nicht gekannt; das BVerfG hat sich in st. Rspr. auf den Standpunkt gestellt, daß die gesetzlichen Fristen ausnahmslos Ausschlußfristen[30] sind; ausdrücklich wurde dies im Hinblick auf die Wahlprüfungsbeschwerde (§ 48 Abs. 1 BVerfGG)[31], den Organstreit (§ 64 Abs. 3 BVerfGG)[32] und die Verfassungsbeschwerde (§ 93 BVerfGG)[33] bestätigt. Vor allem die Ablehnung einer möglichen Wiedereinsetzung bei Verfassungsbeschwerden ist in der Literatur zunehmend kritisiert worden[34]. Der Gesetzgeber ist nunmehr dem in der Vorauflage angemahnten Ruf gefolgt und hat die Wiedereinsetzung in den vorigen Stand bei schuldloser Versäumung der Verfassungsbeschwerdefrist zugelassen (§ 93 Abs. 2 BVerfGG)[35]. Die systematische Stellung dieser Vorschrift macht jedoch deutlich, daß sich diese prozessuale Möglichkeit nur auf die Frist des § 93 Abs. 1 (Urteilsverfassungsbeschwerde) und nicht auf die des § 93 Abs. 3 BVerfGG (Rechtssatzver-

---

25 BVerfGE 1, 433 (436 f.); 50, 381 (383 f.); kritisch *Dörr*, Rn. 297.

26 BVerfGE 62, 194 (200).

27 Vgl. dazu näher *Lechner/Zuck*, Vor § 17 Rn. 30 ff.; zur Fristberechnung nach § 93 Abs. 3 BVerfGG vgl. BVerfG, Urt. v. 22.11.2000 – 1 BvR 2307/94 u.a.

28 Die Folgen der Nichteinhaltung richterlicher Fristen zu bestimmen, liegt im Ermessen des Gerichts. Es kann Nachfristen setzen, aber auch das spätere Vorbringen unberücksichtigt lassen; vgl. BVerfGE 72, 330 (382).

29 BGBl. 1993 I S. 1442.

30 Ausschlußfrist ist eine Frist, mit deren Ablauf das zugeordnete Recht erlischt, vgl. BGHZ 47, 388 (389).

31 BVerfGE 58, 172

32 BVerfGE 24, 252 (257); 45, 1 (30 f.); 92, 80 (87). Entsprechendes gilt für den Bund-Länder-Streit (§ 69 BVerfGG), BVerfGE 99, 361.

33 BVerfGE 4, 309 (313 ff.); 28, 243 (256).

34 *Scharffetter*, Die Wiedereinsetzung in den vorigen Stand im Verfassungsprozeßrecht (Diss. Münster 1983); kritisch auch *Gusy*, Die Verfassungsbeschwerde (1988), Rn. 215 f.; *Henschel*, in: FS Zeidler II (1987), S. 1391 ff.; *Pestalozza*, DWiR 1992, S. 432.

35 Näher *Schmidt-Bleibtreu*, in: BVerfGG-Kommentar, § 93 Rn. 41 a; *Lechner/Zuck*, § 93 Rn. 51 ff. Vgl. auch den bezüglich der Wiedereinsetzung nicht begründeten Kammerbeschluß vom 21.12.1994, 2 BvR 2504/93, NJW 1995, S. 3246. Für strikte Anwendung des § 93 Abs. 2 BVerfGG Beschl. v. 29.06.2000 – 1 BvR 8/00.

fassungsbeschwerde) bezieht[36]. Vor allem aber bleibt es im übrigen, selbst gegenüber Wahlprüfungsbeschwerden[37], bei der generellen Einschätzung, daß die gesetzlichen Fristen Ausschlußfristen darstellen.

Der Ablauf der Frist für die verfahrenseinleitenden Anträge schließt eine nachträgliche **203** Ergänzung in tatsächlicher und rechtlicher Hinsicht nicht aus; ein Nachschieben von Gründen ist insofern zulässig. Nach Fristablauf darf aber weder ein neuer Sachverhalt zum Gegenstand des Verfahrens gemacht noch ein einfachrechtlicher Gesichtspunkt eingeführt werden[38].

§ 11 Ausschließung und Ablehnung von Richtern

I. Allgemeines

Die Zuständigkeit des jeweiligen Senats macht die ihm angehörenden Mitglieder zum ge- **204** setzlichen Richter, es sei denn, daß ausnahmsweise Richter des anderen Senats an die Stelle der an sich zuständigen Richter treten, wenn diese aus besonderen Gründen an dem Verfahren nicht mitwirken dürfen. Solche besonderen Gründe sehen die Prozeßgesetze im allgemeinen nur vor, wenn zu erwarten oder zu besorgen ist, daß ein Richter wegen der am Verfahren beteiligten Personen oder wegen der anhängigen Sache selbst nicht mit der notwendigen Distanz, also unvoreingenommen zu entscheiden vermag. Die prozessualen Bestimmungen flankieren vor allem die gegen den Staat gerichtete Garantie richterlicher Unabhängigkeit (Art. 97 GG), indem sie einen der Gefahr der Distanzlosigkeit ausgesetzten Richter von der Mitwirkung an dem Verfahren entbinden[1]. Geschützt wird damit das Bemühen, das objektiv richtige Recht zu finden und das Vertrauen in die Gerichtsbarkeit zu sichern, die das konkrete Verfahren in einer den Rechtsfrieden wiederherstellenden und dadurch Rechtssicherheit begründenden Weise beenden soll.

Auch das verfassungsgerichtliche Verfahren kann auf solche Vorschriften nicht verzich- **205** ten[2]. Sie werden hier sogar besonders wichtig, weil die Entscheidungen des BVerfG innerstaatlich nicht weiter anfechtbar sind und eine gegenüber den Entscheidungen anderer Gerichte sehr viel weitergehende Wirkung haben (§ 31 BVerfGG). Der hohen Autorität des Richterspruchs muß möglichst große Gewißheit entsprechen, daß persönlich und sachlich unvoreingenommene Richter entschieden haben. Zu Recht hat das BVerfGG daher im Anschluß an die anderen Prozeßgesetze die Veränderung der Richterbank unter den Gesichtspunkten des Ausschlusses (§ 18 BVerfGG) und der Ablehnung wegen Besorgnis der Befangenheit (§ 19 BVerfGG) selbst geregelt. Es besteht kein Anlaß, davon auszugehen, daß die Regelung bewußt lückenhaft geblieben ist. Damit verbietet sich der ergänzende Rückgriff auf das übrige Prozeßrecht, was aber keineswegs ausschließt, sich

---

36 *E. Klein*, NJW 1993, S. 2076; *Dörr*, Rn. 284; kritisch *Lechner/Zuck*, § 93 Rn. 49.
37 BT-Drs. 12/3628, S. 12.
38 BVerfGE 18, 85 (89); 81, 208 (214); 84, 212 (223).

1 Vgl. BVerfGE 46, 34 (37); 78, 331 (338 f.) zu § 18 BVerfGG. – Zur Frage der gesetzmäßigen Zusammensetzung (Wahl) der Richterbank vgl. oben Rn. 137.
2 Anders *Ritterspach*, in: FS E. Stein (1983), S. 295. Art. 16 Satzung EuGH ist keineswegs vorbildhaft.

die interpretatorischen Ergebnisse aus anderen Prozeßordnungen (z.B. zum Begriff der Befangenheit) zur Auslegung der §§ 18, 19 BVerfGG nutzbar zu machen[3].

II. Ausschließung

206   Unmittelbar von der Ausübung seines Richteramtes ist ein Richter ausgeschlossen, wenn die Tatbestände des § 18 Abs. 1 Nr. 1 oder 2 BVerfGG vorliegen. Die Absätze 2 und 3 enthalten hierzu Klarstellungen und Einschränkungen.

Nach Nr. 1 ist zunächst der Richter ausgeschlossen, der selbst an der Sache beteiligt ist. Darunter fällt etwa der Richter als Beschwerdeführer einer Verfassungsbeschwerde, aber auch ein Richter, der als früherer Bundestagsabgeordneter zu den Antragstellern eines abstrakten Normenkontrollverfahrens gehörte[4]. Beteiligt in diesem Sinn sind nach der Rechtsprechung aber nicht nur die Verfahrensbeteiligten, sondern auch der Richter, der als früherer Behördenleiter für einen Verwaltungsakt Verantwortung trug, der den Gegenstand des zur Vorlage nach Art. 100 Abs. 1 GG führenden Ausgangsverfahrens bildet[5]. Der Beteiligtenbegriff wird also materiell-rechtlich erweitert. Für diese Sicht spricht Abs. 2, der hervorhebt, daß „beteiligt" nicht ist, wer unter anderem aufgrund seines Familienstandes, seines Berufes, der Zugehörigkeit zu einer politischen Partei o.ä. am Ausgang des Verfahrens interessiert ist[6]. Diese Klarstellung wäre zumindest unnötig, wenn es allein auf die verfahrensrechtliche Beteiligung ankäme. Gleichwohl ist die Abgrenzung zu Nr. 2 nicht eindeutig, insbesondere wenn man § 18 Abs. 3 Nr. 1 BVerfGG hinzunimmt, der die (Mit-) Verantwortung für einen Legislativakt nicht als „Beteiligung an der Sache" (Nr. 1) versteht, sondern – wenn auch in negativer Fiktion („gilt nicht") – an Abs. 1 Nr. 2 anknüpft[7]. Die Unterscheidung wird weiter dadurch verwischt, daß die Interpretation des Begriffs „derselben Sache" in Abs. 1 Nr. 2 auf den Begriff „Sache" in Nr. 1 übertragen wird[8]. Von daher spricht auch einiges dafür, die „Selbstbeteiligung" des Richters gemäß Nr. 1 enger, also prozessual zu sehen und die damit nicht erfaßten Fälle der Nr. 2 zuzuordnen.

207   Für eine Erweiterung des Beteiligtenbegriffs sprechen auch nicht die übrigen Alternativen der Nr. 1, die den Richter wegen naher familiärer Verbindung (Ehe, Verwandtschaft, Schwägerschaft) mit einem Beteiligten vom Verfahren ausschließen. Auch insoweit ist der verfahrensrechtliche Beteiligtenbegriff ausreichend, d.h. der Ehegatte, Verwandte, Verschwägerte muß selbst am verfassungsgerichtlichen Verfahren oder – bei Vorlagen –

---

3   Wie hier *F. Klein*, in: BVerfGG-Kommentar, § 18 Rn. 1; *v. Bargen*, in: Umbach/Clemens (Hg.), § 18 Rn. 8; anders *Knöpfle*, in: BVerfG und GG, I (1976), S. 149 f. Siehe auch BVerfGE 47, 105 (107 ff.) und unten Rn. 212.

4   Vgl. BVerfGE 79, 311 (326).

5   BVerfGE 72, 278 (288).

6   Nicht ausgeschlossen sind also z.B. Richter, die über die Verfassungsmäßigkeit einer Kindergeldregelung zu entscheiden und selbst Kinder haben, oder Richter, die einer bestimmten Partei angehören und über eine Organklage dieser Partei zu entscheiden haben.

7   Unklar *Geiger*, § 18 Anm. 2 und 6, der – für die Normenkontrollverfahren – einerseits die Unterzeichnung eines Gesetzes durch einen Richter in seiner früheren Eigenschaft als Minister dem Abs. 1 Nr. 1 zuordnet, andererseits den Fall aber zutreffend Abs. 3 subsumiert.

8   BVerfGE 72, 278 (288); siehe auch unten Rn. 207.

am Ausgangsverfahren prozessual beteiligt sein. Ob die entsprechend nahe Beziehung des Richters zum Prozeßvertreter eines Beteiligten ausreicht, ist zweifelhaft. Mehr dürfte dafür sprechen, diesen Fall über § 19 BVerfGG zu lösen[9].

Ausgeschlossen ist als Richter gemäß § 18 Abs. 1 Nr. 2 BVerfGG, wer in derselben Sache **208** bereits von Amts oder Berufs wegen tätig geworden ist. Damit werden drei Fallgruppen erfaßt[10]:

(1) Die Tätigkeit als Vertreter eines Beteiligten in allen Stadien des Verfahrens, also z.B. Prozeßvertretung für eine Bundestagsfraktion vor Ernennung zum Richter[11]. Man wird hier auch die Erstellung eines Gutachtens für einen Beteiligten einbeziehen müssen[12].

(2) Die Tätigkeit als entscheidender Richter, die in einem vorangegangenen Verfahren erfolgte und Gegenstand der verfassungsgerichtlichen Überprüfung ist, also z.B. die Mitwirkung als Richter an einer Entscheidung, die mit der Verfassungsbeschwerde angegriffen ist[13]. Hierzu gehört nicht die Mitwirkung an einer gutachtlichen Äußerung im Sinne von § 82 Abs. 4 S. 2 (erst recht nicht an einer Mitteilung nach S. 1) BVerfGG, weil damit keine Übernahme von Entscheidungsverantwortung verbunden ist[14].

(3) Die Tätigkeit in der Behörde des strafrechtlichen Ermittlungs- oder des dem gerichtlichen Verfahren vorausgegangenen Verwaltungsverfahrens.

Diese Tätigkeiten wirken indessen nur dann ausschließend, wenn sie „in derselben Sache" erfolgt sind. Das BVerfG hat in Übereinstimmung mit der Kommentarliteratur diesen Begriff in einem „konkreten, strikt verfahrensbezogenen Sinne" ausgelegt und nur solche Tätigkeiten einbezogen, die im verfassungsgerichtlichen Verfahren selbst oder in dem diesem unmittelbar vorausgegangenen oder sachlich zugeordneten Verfahren (Ausgangsverfahren) durchgeführt wurden[15]. Die Abweichung von der weiten Auslegung, die der Begriff „der Sache" in § 22 Nr. 4 StPO von der höchstrichterlichen Rechtsprechung für den Strafprozeß erfahren hat, wurde mit der „Eigenart" des verfassungsgerichtlichen Verfahrens begründet; dabei wurde ferner die enge Interpretation, die dem § 19 BVerfGG gegeben wird, herangezogen, die „der Natur der Sache nach" auch für § 18 BVerfGG gelte[16]. Gerade gegen diese enge Interpretation des § 19 BVerfGG bestehen freilich erhebliche Bedenken[17]. Das BVerfG bedarf dieser Argumentation jedoch gar nicht, weil der

---

9 Dies entspricht der allgemeinen Einschätzung; vgl. *Zöller/Vollkommer*, Zivilprozeßordnung (21. Aufl. 1999), § 41 Rn. 9 und § 42 Rn. 13.
10 Grundlegend BVerfGE 78, 331 (336 ff.). Das Gericht zieht dabei gemäß der Entstehungsgeschichte des § 18 Abs. 1 Nr. 2 ausdrücklich die Verfahrensvorschriften der Verwaltungs-und Zivilgerichte mit heran.
11 Vgl. BVerfGE 79, 311 (326); ferner Beschl. v. 23.05.2000, 1 BvR 1762 und 1787/95.
12 Ebenso *Geiger*, § 18 Anm. 4. Ob Gutachtenerstattung im Gesetzgebungsverfahren wegen § 18 Abs. 3 Nr. 1 BVerfGG anders zu behandeln ist, ist zweifelhaft; offengelassen von BVerfGE 82, 30 (37), bejaht vom Sondervotum, S. 40.
13 Einbezogen ist auch der Fall, daß ein späterer Bundesverfassungsrichter als Revisionsrichter eine Entscheidung erlassen hatte, die auf einer Norm basierte, deren Gegenstand einer kommunalen Verfassungsbeschwerde (Art. 93 Abs. 1 Nr. 4 b GG, § 91 BVerfGG) ist; BVerfGE 79, 127 (140 ff.).
14 BVerfGE 78, 331 (338); 78, 344 (347). Der Erste Senat hat an seiner früheren entgegenstehenden Rechtsprechung nicht festgehalten, BVerfGE 51, 356 (361); 53, 313 (323). Nach BVerfGE 83, 363 (374) begründet jedoch die gutachterliche Mitwirkung bei Abgabe der Stellungnahme gemäß §§ 82 Abs. 1, 77 BVerfGG den Ausschluß.
15 BVerfGE 47, 105 (108 f.); 82, 30 (35 f.); BVerfG, NVwZ 1993, S. 1078.
16 BVerfGE 47, 105 (107 f.).
17 Siehe unten Rn. 214.

strikte Wortlaut des § 18 Abs. 1 Nr. 2 BVerfGG durchaus die engere Auslegung trägt. Im übrigen hat das Gericht offengelassen, ob in Ausnahmefällen auch die Tätigkeit in einem anderen Verfahren als dem Ausgangsverfahren den Ausschluß rechtfertigen kann, wenn sie sich unmittelbar gegen einen Beteiligten des Ausgangsverfahrens richtet und zwischen beiden Verfahren ein enger sachlicher Zusammenhang besteht. Aus Gründen der Rechtsklarheit spricht allerdings einiges dafür, die Antwort auf diese Frage im Rahmen des § 19 BVerfGG zu suchen.

209 § 18 Abs. 3 BVerfGG ordnet an, daß weder die Mitwirkung im Gesetzgebungsverfahren (Nr. 1) noch die Äußerung einer wissenschaftlichen Meinung (Nr. 2) zu einer für das Verfahren möglicherweise bedeutsamen Rechtsfrage als Tätigkeit im Sinne von Abs. 1 Nr. 2 gilt. Wer als Parlamentsabgeordneter an der Verabschiedung eines Gesetzes mitgewirkt hat, ist danach als Richter bei der Entscheidung über die Verfassungsmäßigkeit des Gesetzes nicht kraft Gesetzes ausgeschlossen[18]. Diese Wertung ist deshalb akzeptabel, weil im Gesetzgebungsverfahren die Frage der Verfassungsmäßigkeit zwar mitbedacht wird, aber nicht im Mittelpunkt steht, so daß eine unvoreingenommene, distanzierte Prüfung möglich bleibt[19]. Entsprechendes gilt für die Äußerung einer wissenschaftlichen Ansicht (Nr. 2). Hier wird es übrigens schon häufig an der Mitwirkung „in derselben Sache" fehlen, z.B. wenn der Richter sich in der Fachliteratur zu einem Thema geäußert hat, das später entscheidungsrelevant wird. Die 1970 erfolgte Einfügung des Nr. 2 in Abs. 3 geht auf zwei Entscheidungen des BVerfG zurück, mit denen die Ablehnung eines Richters für begründet erklärt worden war, der sich während eines anhängigen Verfahrens vor einer wissenschaftlichen Vereinigung geäußert hatte[20]. Damit ist aber der Anwendungsbereich von § 19 BVerfGG betroffen, und es stellt sich das Problem, inwieweit die gesetzliche Anordnung in § 18 Abs. 3 BVerfGG Einfluß auf die Feststellung einer Besorgnis der Befangenheit nehmen kann. Obwohl die Einfügung also – vom Anlaß her gesehen – an der falschen Stelle erfolgt ist, stellt sie doch klar, daß allein die Tatsache einer wissenschaftlichen Äußerung zu einem Problem, sogar wenn es bereits *sub judice* ist, jedenfalls nicht zum automatischen Ausschluß aus dem Verfahren führt[21]; ob sie die Besorgnis der Befangenheit (§ 19 BVerfGG) begründen kann, bleibt zu prüfen.

210 Liegen die Voraussetzungen des Ausschlusses nach § 18 Abs. 1 BVerfGG vor, so hat die Ausschließung des Richters von Amts wegen zu erfolgen; sie hat deklaratorischen Charakter[22]. Der Richter hat die Pflicht, ihn betreffende Ausschließungsgründe zu offenbaren[23]. Eine unter Mitwirkung eines ausgeschlossenen Richters ergangene Entscheidung

---

18 BVerfGE 58, 177 (188). Entsprechendes gilt für die Beschlußfassung im Kabinett über eine Gesetzesvorlage, die Beratung in Parlamentsausschüssen, die Unterzeichnung oder Gegenzeichnung des Bundespräsidenten oder eines Ministers. Vgl. auch BVerfGE 2, 295 (297). Zur Erstattung eines Rechtsgutachtens zu einem Gesetzentwurf, BVerfGE 82, 30 (36 f. und 40), sowie Beschluß v. 06.07.1999 – 2 BvR 2/98 u.a.

19 Andere Begründung bei *Stern* Staatsrecht II (1980), S. 1034. – Ablehnend *Overhoff*, Ausschluß und Ablehnung des Richters in den deutschen Verfahrensordnungen aus innerprozessualen Gründen (Diss. Münster 1975), S. 73 f.

20 BVerfGE 20, 1 und 20, 9.

21 Es sei denn, die wissenschaftliche Meinung ist als Gutachten zu dem zu entscheidenden Fall erstattet. Vgl. aber auch BVerfGE 1, 66 (67) und zu Recht ablehnend *F. Klein*, in: BVerfGG-Kommentar, § 18 Rn. 9. – S. auch unten Rn. 213.

22 BVerfGE 46, 35 (37). Es bedarf dann keines Antrages und demgemäß auch keiner Antragsberechtigung.

23 *F. Klein*, in: BVerfGG-Kommentar, § 18 Rn. 12.

ist fehlerhaft, aber wirksam[24]. Bundesverfassungsgerichtliche Entscheidungen sind nicht anfechtbar; eine Nichtigkeitsklage findet nicht statt[25]. Das allein für Richteranklagen vorgesehene Wiederaufnahmeverfahren (§ 61 BVerfGG i.V.m. § 359 StPO) deckt den Fall der unrichtigen Besetzung der Richterbank nur, wo sie auch strafrechtlich relevant ist (Rechtsbeugung).

Die Entscheidung, ob ein Ausschlußtatbestand vorliegt, hat grundsätzlich ohne den betroffenen Richter zu erfolgen[26]. In der Praxis wird dies wohl nicht immer so gehandhabt, jedenfalls dann nicht, wenn es um die Feststellung geht, daß § 18 Abs. 3 Nr. 1 (Mitwirkung im Gesetzgebungsverfahren) anwendbar ist[27]. Wo die Ausschließung aller oder mehrerer Richter eines Senats zur Debatte steht mit der Folge, daß ohne deren Mitwirkung die Beschlußfähigkeit des Senats (§ 15 Abs. 2 S. 1 BVerfGG) nicht mehr gegeben wäre, stellen sich erhebliche Probleme. Eine Vertretung durch die Richter des anderen Senats kommt (seit 1.1.1986) bei Beschlußunfähigkeit nur nach Maßgabe des § 15 Abs. 2 S. 2 BVerfGG in „Verfahren von besonderer Dringlichkeit" in Betracht; in diesem Fall wird die Richterbank im Wege eines Losverfahrens bis zur Beschlußfähigkeit ergänzt[28]. Ob besondere Dringlichkeit vorliegt, ist im einzelnen Fall zu prüfen und hängt von materiellen Kriterien ab. In einer Entscheidung vom 26.2.1986 haben die Richter des Ersten Senats jedenfalls selbst die – *in concreto* unhaltbare – Ansicht, sie alle seien von Gesetzes wegen ausgeschlossen, zurückgewiesen[29]. Diesem *procedere* ist gewiß vor einem Stillstand der Rechtsprechung der Vorzug zu geben[30]. **211**

III. Ablehnung wegen Besorgnis der Befangenheit

1. Voraussetzungen und Problematik

Auch wo die gesetzlichen Ausschließungsgründe nicht greifen, sind Umstände denkbar, welche die Besorgnis begründen, ein Richter könne „befangen" sein (§ 19 BVerfGG). Nach der allgemeinen prozessualen Terminologie ist diese Besorgnis gegeben, „wenn ein Grund vorliegt, der geeignet ist, Mißtrauen gegen die Unparteilichkeit eines Richters zu rechtfertigen"[31]. Es muß die Sorge bestehen, daß ein Richter aus persönlichen oder in der Sache liegenden Gründen schon so festgelegt ist, daß er sich davon nicht mehr lösen kann und Gegenargumenten nicht mehr zugänglich ist. Damit wird weder ein Richter ohne feste Grundsatzpositionen vorausgesetzt noch ein solcher, der an den zu entscheidenden Rechtsfragen nicht interessiert ist. Solche Forderungen würden mit der gewünschten und erforderlichen charaktervollen Persönlichkeit des Richters kollidieren. Vielmehr geht es darum, daß der Richter bereit sein muß, seine Position für die Entscheidung des konkreten Falles besseren Argumenten zu öffnen und sie unter Umständen auch zu räu- **212**

---

24 Dies gilt auch im umgekehrten Fall, wenn ein Richter zu Unrecht ausgeschlossen wird; vgl. aber auch BVerfGE 78, 306 (315). – Möglich bleibt u.U. der Appell an eine internationale Instanz.
25 Vgl. § 579 ZPO und dazu *E. Klein*, S. 607, sowie unten Rn. 1305 ff.
26 Vgl. BVerfGE 46, 34 (35 f.); 47, 105; 78, 331 (339); 78, 344 (347). – Ebenso *Lechner/Zuck*, § 18 Rn. 13.
27 Vgl. BVerfGE 58, 177 (188, 201).
28 *Ulsamer*, EuGRZ 1986, S. 116.
29 BVerfGE 72, 51 (58 f.).
30 Vgl. auch BVerfGE 2, 295 (298).
31 § 42 Abs. 2 ZPO, § 24 Abs. 2 StPO. Für das verfassungsgerichtliche Verfahren eindeutig bejaht von BVerfGE 20, 1 (5) und 20, 26 (29), aber dann seit BVerfGE 32, 288 (290 f.) nur eingeschränkt fortgeführt.

men[32]. Dabei kommt es nicht auf das objektive Gegebensein dieser Bereitschaft an, sondern darauf, ob ein vernünftiger Verfahrensbeteiligter Anlaß hat, an der Unvoreingenommenheit und objektiven Einstellung des Richters zu zweifeln[33]. Die Entscheidung hierüber hängt notwendig von subjektiven Elementen und Wertungen ab[34]; sie ist letzlich nur als Einzelfallentscheidung zu treffen. Gleichwohl ist eine gewisse Typisierung möglich.

213   Liegen die Ausschließungsgründe des § 18 Abs. 1 BVerfGG vor, so kommt es auf die Besorgnis der Befangenheit nicht mehr an; der betroffene Richter ist ausgeschlossen. Wo Ausschließungsgründe nicht gegeben sind, ist zwar grundsätzlich der Weg zu § 19 BVerfGG offen, doch werden die Umstände, die ausdrücklich nicht als Ausschließungsgründe gelten (§ 18 Abs. 2 und 3 BVerfGG), nicht unmittelbar als die Besorgnis der Befangenheit begründend verstanden werden können. Es muß also ein zusätzliches besorgniserregendes Moment hinzutreten[35], das sich u.a. aus der besonderen Konstellation des Falles ergeben kann. So wird etwa ein Richter, der Mitglied einer bestimmten Partei ist, in einem diese Partei betreffenden Verbotsverfahren die Besorgnis der Befangenheit bieten. Wissenschaftliche Äußerungen zu einer für das Verfahren bedeutsamen Rechtsfrage geben dann Anlaß zu Zweifeln an der Unvoreingenommenheit des Richters, wenn es sich um ein Auftragsgutachten für einen Verfahrenbeteiligten handelte[36]. Scheitert die Annahme eines Ausschlußgrundes nur daran, daß er nicht unter § 18 Abs. 1 BVerfGG subsumiert werden kann, so wird man danach differenzieren müssen, ob es sich um persönliche Bindungen an einen Verfahrensbeteiligten (z.B. Verlöbnis) oder dessen Prozeßvertreter handelt – hier wird Besorgnis der Befangenheit grundsätzlich vorliegen[37] –, oder ob es um eigene frühere Handlungen des (jetzigen) Verfassungsrichters geht, z.B. um die Mitteilung von Erwägungen gemäß § 82 Abs. 4 BVerfGG[38]. In diesem Fall werden Anlaß und Diktion der Ausführungen maßgeblich sein.

214   Das BVerfG legte in seiner Rechtsprechung an die Richterablehnung zunächst sehr hohe Maßstäbe an[39]. Begründet wurde dies mit der Eigenart des bundesverfassungsgerichtlichen Verfahrens. Sie wurde in der gesetzlichen Wertung des § 18 Abs. 2 und 3 BVerfGG, der Veränderung der Richterbank und der Gefahr ihrer Manipulation durch Ablehnung politisch mißliebiger Richter und schließlich in der Gefahr gesehen, daß der entscheidende Senat durch Verlust seiner Beschlußfähigkeit (sechs Richter) funktionsunfähig werden könne. Diese Argumente, die sich das Gericht anfänglich nicht zu eigen machte[40], haben sich dann aber durchgesetzt. Auf ihrer Grundlage wurden Richterablehnungen sogar dann für unbegründet erklärt, wenn das Gericht selbst nicht umhin kam, das Verhalten

---

32 „Endgültige Festlegungen" im wörtlichen Sinn sind daher nicht akzeptabel; anders *J. Riedel*, Das Postulat der Unparteilichkeit des Richters – Befangenheit und Parteilichkeit im deutschen Verfassungs- und Verfahrensrecht (1980), S. 126 ff.
33 BVerfGE 20, 1 (5, 7); 88, 1 (4); 95, 189 (191); 98, 134 (137); 99, 51 (56); 101, 46 (51).
34 BVerfGE 46, 34 (37).
35 BVerfGE 2, 295 (297), wo diese Ansicht auch entstehungsgeschichtlich belegt wird; 11, 1 (3); 82, 30 (38 ff.); 88, 17 (23); Beschl. v. 12.07.2000 – 2 BvF 1/00.
36 BVerfGE 82, 30 (38 ff.); 88, 1 (4); 95, 189 (191 f.); 98, 134 (138).
37 Vgl. etwa *Thomas/Putzo*, ZPO, § 42 Rn. 10 und oben Rn. 207.
38 Vgl. BVerfGE 78, 331 (336); siehe auch oben Rn. 208 und N 14.
39 BVerfGE 32, 288 (291); 35, 171 (173 ff.); 35, 246 (253 ff.); 42, 88 (90); 46, 14 (16); 73, 330 (332 ff.); dazu *E. Klein*, S. 693 ff. Überblick bei *Schaffert/Schmitz/Steiner*, VerwArch 91 (2000), S. 453 ff.
40 BVerfG 20, 1 (8 f.); 20, 9 (17 f.). – Diese Entscheidungen waren aber schon damals innerhalb des Gerichts umstritten *Geiger*, Abweichende Meinungen (1989), S. 123 ff. – und sind auch von außerhalb angegriffen worden, vgl. *Friesenhahn*, JZ 1966, S. 704 ff.; *Sarstedt*, JZ 1966, S. 314 ff.

des Richters als ungewöhnlich, mit der gebührenden Zurückhaltung schwer verträglich und als persönlich gefärbt anzusehen[41].

Auch nach der Einfügung des § 19 Abs. 4 BVerfGG hat das BVerfG zunächst weiter an **215** seiner ständigen Rechtsprechung festgehalten[42], obgleich nunmehr die Gefahr, erfolgreiche Ablehnungen könnten einen Senat beschlußunfähig machen, praktisch hinfällig geworden war. Die übrig gebliebenen Argumente – die Bedeutung des § 18 Abs. 2 und 3 BVerfGG, die Möglichkeit zunehmender Ablehnungen und die Veränderung der von den Wahlorganen gewollten pluralistischen Zusammensetzung der Richterbank – können sämtlich nicht überzeugen[43]. Die Regeln des § 18 Abs. 2 und 3 BVerfGG gelten – sieht man von der Mitwirkung im Gesetzgebungsverfahren ab – der Sache nach auch in anderen Verfahrensordnungen, und auch andere Gerichte werden durch die Ablehnung in ihrer Zusammensetzung geändert.

Es war vor allem die Grundkonzeption, die jenseits aller Zweifel über die Richtigkeit der **216** Entscheidungen im Einzelfall schwere Bedenken hervorgerufen hat. Nicht von ungefähr hatte sich gerade an dieser Rechtsprechung – wenngleich zu Unrecht – die These von der „Eigenständigkeit des Verfassungsprozeßrechts" (*Häberle*) entwickelt[44]. Die Rechtsprechung des BVerfG tendierte in dieser Frage zu einer merkwürdig elitären Auffassung von der eigenen Rolle, die mit einem Anspruch auftrat, den man (zu Recht) anderen Richtern nicht zuzubilligen bereit war[45]. Wenn zutreffend auf die hohe Stellung des Gerichts aufmerksam gemacht wurde, so folgte daraus allerdings nicht das Recht seiner Mitglieder auf Privilegien, sondern die Pflicht zu besonderer Vorsicht und Bescheidenheit[46]. So ist die Rechtsprechung des BVerfG zu § 19 BVerfGG in der Tat ein gefährlicher „Irrweg"[47] gewesen. Unbedingt ist zu unterstreichen, was der Richter *Wand* in einem Sondervotum zu dieser Frage festgestellt hat: „Auch für die Richter am BVerfG gilt … uneingeschränkt, was im Rechtsstaat ausnahmslos für jeden Richter selbstverständlich ist: Er muß die Gewähr der Unparteilichkeit bieten und darf die gebotene Neutralität und Distanz gegenüber den Beteiligten nicht vermissen lassen". Der Gefahr, daß Beschlußunfähigkeit eintrete oder – aus heutiger Sicht – die Richterbank eine andere Zusammensetzung erhalte als von den Wahlorganen gewollt – könne „im Rechtsstaat nicht dadurch begegnet werden, daß man den Beteiligten zumutet, Zweifel an der Unparteilichkeit eines Richters, die in jedem anderen Verfahren zu dessen Ablehnung führen müßten, zu unterdrücken; sie kann vielmehr nur dadurch ausgeräumt werden, daß die Richter am BVerfG nicht zuletzt im Interesse der Glaubwürdigkeit der Verfassungsgerichtsbarkeit und der Autorität ihres Richterspruches durch ihre Haltung und ihr Auftreten von vornherein jeden vernünftigen Zweifel an ihrer Neutralität ausschließen"[48].

---

41 BVerfGE 46, 14 (17).
42 BVerfGE 73, 330; vgl. aber auch BVerfGE 72, 290.
43 Zu Recht kritisch *Wassermann*, in: FS Simon (1987), S. 86, 88; ebenso *Pestalozza*, § 2 Rn. 48; *Brocker*, Ausschluß und Ablehnung von Richtern des Bundesverfassungsgerichts (1996), S. 67 ff.
44 Siehe dazu oben Rn. 173 ff. Vgl. auch *F. Klein*, in: BVerfGG-Kommentar, § 19 Rn. 1.
45 Vgl. dazu BVerfG (Kammerbeschluß), DRiZ 1988, S. 301 f.; kritisch auch *Gerdes*, Die Ablehnung wegen Besorgnis der Befangenheit aufgrund von Meinungsäußerungen des Richters (1992), S. 124 ff.
46 Ganz im Gegensatz dazu stehen vor allem BVerfG 46, 14 (16); 73, 330 (336 f.).
47 *Wassermann* (N 43), S. 83.
48 BVerfGE 35, 175 (176). Vgl. auch BVerfGE 20, 1 (9): Der Richter habe „besonders sorgfältig darauf zu achten, keinen Grund für eine Ablehnung zu geben". Ähnlich *Epping*, DÖD 1995, S. 148 ff. Abwegig *Schaffert/Schmitz/Steiner* (N 39), S. 479 ff., wonach bei Normenkontrolle eine Richter(selbst)ablehnung ausscheide.

217 Seit einigen Jahren deutet sich in der Rechtsprechung des BVerfG eine gewisse Kurskorrektur in dem angemahnten Sinn an, ohne daß dies das Gericht allerdings bislang deutlich zum Ausdruck gebracht hätte, was wünschenswert wäre[49]. In BVerfGE 82, 30 (40) ist der vom Gericht bislang verwendete „besonders strenge Maßstab" für die Annahme einer Besorgnis der Befangenheit nur auf „öffentliche und politische" Äußerungen bezogen worden, „soweit er denn Geltung hat". Ein völlig klares Bild ergibt sich aber aus der nachfolgenden Gerichtspraxis nicht[50], so daß die Mahnung, vom Sonderweg zu lassen, weiter aufrecht zu erhalten ist[51].

2. Verfahren

218 Die Ablehnung eines Richters bedarf eines Antrages; sie kann nicht von Amts wegen erfolgen[52]. Der Antrag ist zu begründen (§ 19 Abs. 2 S. 1 BVerfGG), das heißt, er muß substantiiert sein und die besorgniserregenden Umstände aufführen. Der Glaubhaftmachung bedarf es nicht[53]. Der Antrag muß sich gegen einzelne Richter wenden. Unzulässig ist – nach allgemeinen Grundsätzen – die Ablehnung eines ganzen Spruchkörpers als solchen, nicht aber aller einzelnen Richter. Antragsberechtigt sind allein die Verfahrensbeteiligten[54]. Sind sie nicht vorhanden (wie im konkreten Normenkontrollverfahren, falls es nicht zum Verfahrensbeitritt kommt), so sind Ablehnungen nicht zulässig. In diesen Fällen kommt allein eine Selbstablehnung von Richtern in Betracht. Die Ablehnung kann jederzeit bis zum Ergehen der Entscheidung erfolgen; findet eine mündliche Verhandlung statt, ist sie allerdings nur bis zu deren Beginn möglich (§ 19 Abs. 2 S. 3 BVerfGG). Dies gilt unabhängig davon, wann der Antragsteller von dem Ablehnungsgrund Kenntnis erhielt[55]. Da die Ablehnung eine Prozeßhandlung ist, muß der Antrag in der mündlichen Verhandlung von dem Prozeßvertreter gestellt werden, da nur er postulationsfähig ist (§ 22 Abs. 1 S. 2 BVerfGG).

219 Vor der Entscheidung über den Ablehnungsantrag hat sich der betroffene Richter zu äußern (§ 19 Abs. 2 S. 2 BVerfGG). Die Äußerung entfällt, wenn die Ablehnung rechtsmißbräuchlich ist. In diesem Fall bedarf es nicht einmal einer förmlichen Entscheidung über den Antrag. Wird trotzdem entschieden, ist hiervon der Abgelehnte nicht ausgeschlossen[56].

Im übrigen entscheidet der zuständige Spruchkörper – der Senat oder die Kammer gemäß §§ 15 a, 93 d BVerfGG – unter Ausschluß des abgelehnten Richters (§ 19 Abs. 1 BVerfGG). Bei Stimmengleichheit im Senat gibt die Stimme des Vorsitzenden den

---

49 Ebenso *v. Bargen*, in: Umbach/Clemens, § 19 Rn. 27; *Müller*, NVwZ 1993, S. 1167 f.; *Epping*, DVBl. 1994, S. 455; *Lamprecht*, NJW 199, S. 2791; *Benda*, NJW 2000, S. 3620; anders *Schlaich*, Rn. 69.

50 BVerfGE 88, 1 (4); 88, 17 (22 ff.); 89, 359 (363 ff.); 91, 226 (227 f.); 92, 138 (139); 95, 189 (191 f.); 98, 134 (137 f.); 99, 51 (56 f.); 101, 46 (50 ff.). Beschl. (Kammer) vom 24.04.1996, NJW 1996, S. 2022.

51 In der Begründung enttäuschend BVerfG, Beschl. v. 12.07.2000 – 2 BvF 1/00, wo das eigentliche Problem durch Orientierung an § 18 Abs. 2 BVerfGG verdeckt wird.

52 BVerfGE 46, 34 (37 f.).

53 Anders *Geiger* (N 39), S. 138 f. unter Hinweis auf § 44 Abs. 2 ZPO.

54 BVerfGE 42, 90 (91); 46, 34 (36); 72, 51 (59) zum Kreis der Prozeßbeteiligten s.o. Rn. 194 ff.

55 BVerfGE 2, 295 (297). – Dies ist nicht unproblematisch, da sich Ablehnungsgründe auch während der mündlichen Verhandlung ergeben können.

56 Vgl. zu Vorstehendem BVerfGE 11, 1 (3); 11, 343 (348); 72, 51 (59); ferner *Lechner/Zuck*, § 19 Rn. 3.

Aussschlag. In der Kammer kann es keine Stimmengleichheit geben, da sie aus drei Mitgliedern bestehen muß (§ 15 a Abs. 1 S. 2 BVerfGG); wird ein Mitglied abgelehnt, tritt zur Entscheidung hierüber dessen Vertreter (aus demselben Senat) ein.

Werden alle Mitglieder des Senats abgelehnt – ein Rechtsmißbrauch liegt dann übrigens nahe –, bleibt nur die Möglichkeit, daß die Richter reihum über die Ablehnung des nicht-teilnehmenden Richters entscheiden[57]. Eine Entscheidung durch die Richter des anderen Senats ist nicht vorgesehen.

Zu entscheiden ist über die Zulässigkeit und Begründetheit des Antrags. Der Antrag ist **220** (als unzulässig) zu verwerfen, wenn er mißbräuchlich ist oder die formellen Voraussetzungen nicht vorliegen (Nichtberechtigter, Begründung, Frist). Die Zulässigkeit des Antrages in der Hauptsache ist für die Zulässigkeit des Ablehnungsantrages nicht erforderlich[58]. Der Antrag ist nicht begründet, wenn die Besorgnis der Befangenheit nicht gegeben ist, insbesondere wenn die vorgebrachten Argumente ein Mißtrauen gegen die Unparteilichkeit des Richters nicht rechtfertigen.

Andernfalls erklärt das Gericht die Ablehnung des Richters für begründet. Damit ist der Richter ex nunc von der Ausübung des Richteramtes im Fall ausgeschlossen. Nach § 19 Abs. 4 BVerfGG i.V.m. § 38 GeschO wird der endgültig abgelehnte Richter per Losverfahren durch einen Richter des anderen Senats ersetzt[59]. Ist der Senatsvorsitzende abgelehnt, so wird er zwar als Richter ebenso ersetzt, die Aufgaben des Vorsitzenden werden aber vom dienstältesten Richter des erkennenden Senats wahrgenommen. § 19 Abs. 4 BVerfGG verhindert nach menschlichem Ermessen den Eintritt der Beschlußunfähigkeit eines Senats (§ 15 Abs. 2 S. 1 BVerfGG). Da die Ersetzung in jedem Fall einer begründeten Ablehnung erfolgt und nicht erst, wenn sonst Beschlußunfähigkeit erfolgen würde, wird sichergestellt, daß die Richterbank zahlenmäßig nicht verändert wird. Zugleich wird der Spekulation auf eine inhaltliche Beeinflussung der Entscheidung so weit wie möglich vorgebeugt. Die Lösung zeigt, daß der Gesetzgeber selbst das Vertrauen in die Richterbank und damit die Entscheidung durch unvoreingenommene Verfassungsrichter höher bewertet als die Aufrechterhaltung der durch die Wahlorgane festgelegten politischen Pluralität[60].

Wird die Ablehnung des Richters einer Kammer für begründet erklärt, wird er durch einen **221** Senatskollegen ersetzt, der als sein Vertreter festgelegt ist, dieser entscheidet auch über den Ablehnungsantrag mit. Es wäre wohl sinnvoll, auch insoweit ein Losverfahren vorzusehen, das jedoch nicht die Richter des anderen Senats einbeziehen sollte. § 19 Abs. 4 BVerfGG ist offenkundig nur auf den Senats-, nicht auf den Kammerfall zugeschnitten[61].

---

57 BVerfGE 2, 295 (298); dazu *Geiger*, § 19 Anm. 8.
58 BVerfGE 20, 1 (5). – Wird die Besorgnis der Befangenheit allein auf in § 18 Abs. 2 oder 3 BVerfGG genannte Umstände gestützt, soll der Antrag unzulässig sein, BVerfGE 2, 295 (297 f.); 11, 1 (3). Dies ist unrichtig, weil auch diese Begründung ausnahmsweise für sich genommen eine Ablehnung rechtfertigen kann (s.o. Rn. 213); außerdem sollte man schon aus Gründen der Systematik einen Fall der Unbegründetheit annehmen.
59 Vgl. z.B. BVerfGE 82, 30/93, 319 (352); 91, 226 und 92, 138/95, 96 (143); 95, 189/98, 265 (329).
60 Richtigerweise war dies schon der früheren Rechtslage zu entnehmen; *E. Klein*, S. 606 f.
61 Ebenso *v. Bargen* (N 49), § 19 Rn. 56.

3. Selbstablehnung

222 § 19 Abs. 3 BVerfGG sieht die Selbstablehnung eines Richters vor. Der Richter ist verpflichtet, dem entscheidenden Spruchkörper die Umstände mitzuteilen, die zur Begründung der Besorgnis der Befangenheit geeignet sind. Dies kann bis zum Ergehen der Entscheidung geschehen[62]. Werden entsprechende Umstände nicht mitgeteilt, begeht der Richter eine „grobe Pflichtverletzung im Amt" und setzt sich unter Umständen sogar dem Verfahren nach § 105 BVerfGG aus[63]. Die Möglichkeit der Selbstablehnung ist vor allem da wichtig, wo die maßgeblichen Besorgnisgründe den Beteiligten nicht bekannt sein können oder wo es Verfahrensbeteiligte, die einen Ablehnungsantrag stellen können, nicht gibt. Ein Vorgehen des Gerichts von Amts wegen scheidet aus[64]. § 19 BVerfGG setzt also stets einen Antrag voraus, entweder der Verfahrensbeteiligten oder des Richters. Nicht erforderlich ist allerdings, daß sich der Richter selbst tatsächlich für befangen hält, auch wenn der Wortlaut des § 19 Abs. 3 BVerfGG dies nahezulegen scheint. Es genügt, daß er Umstände anzeigt, die objektiv Anlaß geben, eine Entscheidung über die Besorgnis seiner Befangenheit zu treffen, und damit zum Ausdruck bringt, eine solche Entscheidung sei geboten. Denn es kommt auch bei § 19 Abs. 3 BVerfGG auf die Sicht eines vernünftigen Prozeßbeteiligten an[65]. Eine Senatsentscheidung über die Besorgnis der Befangenheit hat daher selbst dann zu ergehen, wenn der Richter, der Gründe mitteilt, die Anlaß zur Besorgnis der Befangenheit geben, ausdrücklich erklärt, er fühle sich nicht befangen[66].

223 Die Anzeige von Gründen, die Anlaß zur Besorgnis der Befangenheit bieten können, ist den Verfahrensbeteiligten zur Stellungnahme zuzuleiten; dies ist insbesondere dann wichtig, wenn der Richter sich nicht ausdrücklich selbst ablehnt[67]. Der Vorgang stellt also keinesfalls ein Gerichtsinternum dar[68].

224 Auch die Selbstablehnung bedarf der Billigung des jeweiligen Spruchkörpers[69], der ohne den betroffenen Richter entscheidet (§ 19 Abs. 1 BVerfGG); die Selbstablehnung kann daher begründet oder unbegründet sein. Das BVerfG hat in diesem Zusammenhang die strengen Kriterien, die es für die Ablehnung durch Beteiligte entwickelt hat, ebenfalls zur Geltung gebracht[70].

---

62 *Lechner/Zuck*, § 19 Rn. 10.
63 BVerfGE 20, 26 (29 f.); 46, 34 (42).
64 BVerfGE 46, 34 (40).
65 BVerfGE 88, 1 (3); 95, 189 (191); 101, 46 (50); kritisch *Epping*, DVBl. 1994, S. 451 ff.; *Lechner/Zuck*, § 19 Rn. 8.
66 Vgl. BVerfGE 20, 26 (28).
67 Dies wird von BVerfGE 88, 17 nicht beachtet. Im Anschluß an BVerfGE 89, 28 hat das BVerfG aber die dort angestellten auf Fachgerichte bezogenen Erwägungen auch auf sich selbst konsequent angewendet; vgl. z.B. BVerfGE 89, 359 (361); 91, 226 (227).
68 Ebenso *Lamprecht*, NJW 1993, S. 2222 ff.
69 BVerfGE 46, 34 (39).
70 BVerfGE 43, 126; 72, 296; vgl. aber auch BVerfGE 20, 26.

IV. Die sog. Besetzungsrüge

Verschiedentlich ist das Problem der rechtmäßigen Zusammensetzung der Kammern **225**
(§ 15 a BVerfGG) akut geworden[71]. Dahinter steht die Auffassung, die Kammerbesetzung
müsse die politische Pluralität des Senats widerspiegeln; dies sei um so wichtiger, als die
Kammern auch einer Verfassungsbeschwerde stattgeben können (§ 93 c BVerfGG)[72]. Da
die Bildung der Kammern in der Praxis hierauf keine Rücksicht nimmt (nahm), wurde
verschiedentlich gegen eine parteipolitisch „einfarbige" Zusammensetzung die Rüge einer
am Maßstab des Art. 94 Abs. 1 S. 2 GG gemessenen verfassungswidrigen Besetzung
der Kammer erhoben. Die Kammern haben wie andere Spruchkörper ihre rechtmäßige
Zusammensetzung von Amts wegen zu überprüfen, doch können sie auch auf Rüge der
Beteiligten tätig werden. Kammern beider Senate haben dabei den Vorwurf ihrer fehlerhaften Besetzung und die Behauptung der Verfassungswidrigkeit des § 15 a BVerfGG
zurückgewiesen[73]. Es ist freilich zuzugeben, daß eine solche Zusammensetzung unbefriedigend ist; man sollte sie daher vermeiden.

Die Besetzungsrüge ist von der Ablehnung einzelner Richter klar zu unterscheiden. Die **226**
Zugehörigkeit zu einer politischen Partei ist weder ein Ausschließungsgrund (§ 18 Abs. 2
BVerfGG), noch begründet sie für sich genommen eine Besorgnis der Befangenheit. Nur
wenn weitere Momente hinzutreten, kann Befangenheit zu besorgen sein.

§ 12 Sachentscheidungsvoraussetzungen

I. Grundfragen

Damit zur Sache verhandelt und entschieden werden darf, müssen bestimmte Umstände **227**
vorliegen oder dürfen nicht gegeben sein. Man nennt diese Umstände in der prozeßrechtlichen Literatur häufig Prozeßvoraussetzungen oder Prozeßhindernisse. Tatsächlich geht
es aber nicht um die (positiven oder negativen) Voraussetzungen eines Prozesses, der vielmehr mit dem Eingehen des Antrags bei Gericht in Gang gesetzt wird, sondern es geht
darum, ob es dem angegangenen Gericht erlaubt ist, sich mit der Substanz des Antrags zu
befassen, also zur Sache zu entscheiden. Daher ist der Begriff der Sachentscheidungsvoraussetzungen vorzuziehen[1].

Die Sachentscheidungsvoraussetzungen entscheiden über die Zulässigkeit eines Antrags. **228**
Liegen sie nicht vor, ist der Antrag unzulässig. Die Einteilung des Prozesses in einen Zu-
lässigkeits- und Begründetheitsbereich, die auch im Verfassungsprozeß ihre Gültigkeit

---

71 Vgl. *Fromme*, in: FS Geiger (1989), S. 747 ff.
72 Vgl. *Schlink*, NJW 1989, S. 12; *Heüveldop*, NJW 1990, S. 28 f.
73 Beschl. vom 27.04.1989 und 26.06.1989, NJW 1990 S. 39. Eine in den Beschlüssen nicht genannte Rechtsgrundlage für die Praxis ist Art. 94 Abs. 2 GG. – Eine „an den Senat" (an den Kammern vorbei) gehende
Rüge besteht nicht. Wird sie erhoben, müssen die Kammern selbst feststellen, daß eine solche rechtlich in-
existente Rüge ihrer Tätigkeit nicht entgegensteht; vgl. auch *Eichberger*, in: Umbach/Clemens (Hg.), § 15 a
Rn. 6 f.
1 Vgl. etwa *Schmitt Glaeser*, Verwaltungsprozeßrecht (14. Aufl. 1997), Rn. 28 ff.; *Jauernig*, Zivilprozeßrecht
(25. Aufl. 1998), S. 115.

hat[2], ist keineswegs nur eine prozeßökonomische Frage, obgleich Erwägungen der Prozeßökonomie (z.B. im Zusammenhang mit dem Rechtsschutzinteresse) durchaus eine Rolle spielen. Primär ist das Filter der Zulässigkeit vielmehr unter Kompetenzgesichtspunkten zu sehen, da sie sozusagen die Tür öffnet, durch die der Fall an das Gericht herangetragen und von diesem in der Sache bearbeitet werden darf. Das Vorliegen der Sachentscheidungsvoraussetzungen ist daher auch von Amts wegen zu prüfen; ein Verzicht auf ihr Vorliegen ist grundsätzlich unzulässig, da Kompetenzen nicht disponibel sind[3]. Eine Sachentscheidung, die ohne Vorliegen der Sachentscheidungsvoraussetzungen ergeht, ist rechtswidrig. Das macht sie allerdings nicht unwirksam, im Fall des BVerfG kann sie nicht einmal angegriffen werden, sie äußert also ihre normalen rechtlichen Wirkungen (vgl. § 31 BVerfGG). Um so genauer sind die Voraussetzungen zu beachten.

229 Nur ausnahmsweise, bei gesetzlicher Ermächtigung, darf von der dargestellten Prüfungsreihenfolge abgewichen werden, aber auch nur dann, wenn klar ist, daß das Begehren des Antragstellers ohne Erfolg bleiben muß. § 24 BVerfGG, der in allen Verfahren anwendbar ist[4], enthält nach Ansicht des BVerfG eine solche Ermächtigung. Danach kann der Senat einstimmig einen Antrag verwerfen, wenn er „offensichtlich" unbegründet ist. In diesen Fällen darf nach der Rechtsprechung die Zulässigkeit des Antrags dahingestellt bleiben[5]. Es wird also zur Sache entschieden, ohne daß geklärt ist, ob die Sachentscheidungsvoraussetzungen vorliegen. Hinter dieser Ausnahme steht vernünftiges prozeßökonomisches Denken. Es wäre schwerlich vertretbar, unter Umständen sehr schwierige prozessuale Probleme zu lösen, wenn in der Sache selbst das Ergebnis im Sinne der Unbegründetheit des Antrags klar auf der Hand liegt[6]. Gleichwohl bedarf es hierzu der rechtlichen Erlaubnis.

230 Sehr viel schwieriger ist die Frage zu beantworten, ob Zulässigkeitsvoraussetzungen durch Vertrauen in verfassungsgerichtliche Aussagen als ersetzt angesehen werden können. Da das BVerfG für sich in Anspruch nimmt, auch das Verfassungsprozeßrecht verbindlich auszulegen[7], dürfen Rechtsprechungsänderungen im Hinblick auf die Zulässigkeit eines Antrags dem Antragsteller nicht unvermittelt entgegengehalten werden. Dem Antragsteller bleibt bis zur Rechtsprechungsänderung keine vernünftige andere Wahl, als von der bisherigen Judikatur auszugehen. Er muß sich daher hierauf verlassen können[8]. Auch an sonstigen, möglicherweise unzutreffenden Aussagen muß sich das BVerfG gegenüber schutzwürdigen Verfahrensbeteiligten festhalten lassen[9]. Dies gebietet der Grundsatz der Verfahrensfairness, den das BVerfG zu Recht als „allgemeines Prozeß-

---

2 Dies ist evident für die kontradiktorischen und die Beschwerdeverfahren, gilt aber der Sache nach auch für die Normenkontrollverfahren; jedenfalls ist auch dort die Zulässigkeitsfrage von der Prüfung der materiellen Rechtsfrage zu trennen.
3 *Jauernig*, in: FS G. Schiedermair (1976), S. 305 ff., 310 f.
4 St. Rspr. seit BVerfGE 9, 334 (336).
5 Vgl. BVerfGE 82, 316 (319); 94, 297 (309) hierzu auch *Schlaich*, Rn. 65 m.w.N. Da § 24 BVerfGG keine ausdrückliche dahingehende Aussage macht, ist die Frage streitig; vgl. *Bettermann*, NJW 1957, S. 338; *Grundmann*, JZ 1957, S. 613 ff. Siehe unten Rn. 324.
6 Ebenso *Zöbeley*, in: Umbach/Clemens, § 24 Rn. 7; zu den Grenzen solchen Vorgehens E. *Klein*, S. 610 ff.; siehe auch unten Rn. 882.
7 BVerfGE 67, 26 (34).
8 Vgl. BVerfGE 22, 349 (359).
9 Offengelassen in BVerfGE 79, 275 (282).

grundrecht" bezeichnet hat[10], das auch im Verfassungsprozeß zu beachten ist und zu dem auch der prozessuale Vertrauensschutz gehört[11].

Diese Erkenntnis wird übrigens erleichtert, wenn man auch den Verfassungsprozeß als **231** ein Prozeßrechtsverhältnis (und nicht nur als Verfahren) begreift, das zwischen BVerfG und Antragsteller – gegebenenfalls auch im Verhältnis zum Antragsgegner und zwischen den Parteien bzw. den Beteiligten – mit Beginn des Prozesses entsteht und mit ihm endet und durch die Prozeßhandlungen in Bewegung gehalten wird[12]. In einem Rechtsverhältnis liegt die faire Berücksichtigung der Position der Prozeßbeteiligten nahe.

Von den Sachentscheidungsvoraussetzungen sind die Prozeßhandlungsvoraussetzungen **232** zu unterscheiden. Diese betreffen nicht die Bedingungen der Zulässigkeit des Verfahrens insgesamt, sondern nur die der Zulässigkeit einzelner Verfahrenshandlungen, z.B. von Sach-, Beweis- oder Richterablehnungsanträgen. Manche Umstände sind sowohl Sachentscheidungs- als auch Prozeßhandlungsvoraussetzungen. Dazu gehören z.B. die Antragsberechtigung (Parteifähigkeit, Beteiligtenfähigkeit) und die Prozeßfähigkeit. Die Postulationsfähigkeit ist hingegen nur Prozeßhandlungsvoraussetzung[13].

II. Allgemeine und besondere Sachentscheidungsvoraussetzungen

Für die verschiedenen bundesverfassungsgerichtlichen Verfahren (vgl. § 13 BVerfGG) **233** gelten sehr unterschiedliche verfahrensspezifische Zulässigkeitsvoraussetzungen. Diese werden bei den jeweiligen Verfahren behandelt. Es gibt jedoch einige Voraussetzungen, die für alle Verfahren von Bedeutung sind. Deshalb kann man kann sie entsprechend dem üblichen prozessualen Sprachgebrauch „allgemeine Sachentscheidungsvoraussetzungen" nennen. Dabei muß man allerdings berücksichtigen, daß sie nur eine jeweils gleich gelagerte Problematik bezeichnen, aber nicht etwa eine inhaltliche Übereinstimmung im Hinblick auf alle Verfahren aufweisen. Ihre inhaltliche Ausfüllung erfahren sie vielmehr wieder durch die besonderen Verfahrensvorschriften.

In allen Verfahren sind folgende Fragen zu stellen und zu klären[14]: **234**

(1) Ist der Rechtsweg zum BVerfG eröffnet?
(2) Ist der verfahrenseinleitende Antrag von einem hierzu Berechtigten eingereicht?
(3) Ist der Antrag ordnungsgemäß gestellt?
(4) Steht der Entscheidung eine frühere Entscheidung des BVerfG oder ein bei ihm rechtshängiges Verfahren entgegen?

Zu (1): **235**

Die Zuständigkeit des BVerfG zur Entscheidung muß immer gegeben sein. Sie ergibt sich nicht aus einer Generalklausel, sondern aus speziellen Zugangsnormen (Enumeration), deren Tatbestandsmerkmale vorliegen müssen. Dabei sind generelle Jurisdiktionsbe-

---

10 BVerfGE 57, 250 (274 f.); vgl. auch BVerfGE 89, 120 (129) und *Dörr*, Faires Verfahren (1984).
11 Vgl. *Burmeister*, Vertrauensschutz im Prozeßrecht (1979), S. 39 ff.; *E. Klein*, S. 607. Vgl. auch unten Rn. 1283.
12 Vgl. hierzu allgemein *Rosenberg/Schwab*, Zivilprozeßrecht (15. Aufl. 1993), § 2; *Jauernig* (N 1), S. 110.
13 Siehe oben Rn. 199.
14 Vorbehaltlich der oben erörterten Ausnahmen, insbesondere § 24 BVerfGG.

schränkungen (Beschränkung auf deutsche Hoheitsakte) ebenso zu beachten wie die gesetzliche Anordnung der Subsidiarität der jeweiligen Verfahrensart oder der Verfassungsgerichtsbarkeit überhaupt[15]. Hierbei wird deutlich, wie Sachentscheidungsvoraussetzungen sowohl prozeßökonomischen (Entlastung) als auch kompetentiellen Aspekten (Abgrenzung zur Fachgerichtsbarkeit) dienen können.

236 Zu (2):

Die Ingangsetzung des Verfassungsprozesses bedarf stets eines verfahrenseinleitenden Antrags (§ 23 Abs. 1 BVerfGG). Die Frage, wer antragsberechtigt ist, wer also zulässigerweise ein Verfahren in Gang setzen kann, ist aufgrund der Bestimmungen der einzelnen Verfahren zu beantworten[16]. Diese variieren sinnvoller Weise je nachdem, ob es sich z.B. um eine Verfassungsbeschwerde, eine abstrakte oder konkrete Normenkontrolle handelt.

237 Neben Subsumtionsproblemen (z.B. der längst bejahten Frage, ob politische Parteien im Organstreit antragsberechtigt sind[17]) tauchen schwierige Rechtsfragen in diesem Zusammenhang kaum auf. Das kann jedoch vereinzelt der Fall sein, so wenn über Rechte aus einem Eingliederungsvertrag gestritten wird, der aus dem Vertrag Berechtigte (ehemaliges Land) aber inzwischen (durch Eingliederung) untergegangen ist. Hier ist durch Fortbestandsfiktion und Vertretungsregelung oder im Wege einer Prozeßstandschaft zu helfen[18]. Ein anderes Beispiel ist der Tod des Verfassungsbeschwerdeführers; der Fall wird unter dem Stichwort der Fortsetzungsbefugnis des Erben behandelt[19].

238 Während ein Antragsteller im Sinne des § 23 BVerfGG immer vorhanden sein muß, ist dies bezüglich eines Antragsgegners nur in den kontradiktorischen Verfahren der Fall. Die meisten verfassungsgerichtlichen Verfahren sind keine Parteistreitigkeiten. Zum Teil wird die Gegenposition zum Antragsteller jedoch von Äußerungsberechtigten vertreten, die verschiedentlich auch dem Verfahren beitreten können (z.B. § 94 BVerfGG); das Verfahren wird damit einem Parteiprozeß ähnlich.

239 Ebenfalls nicht für alle Verfahren relevant ist die Prozeßfähigkeit (des Antragstellers), das heißt die Fähigkeit, einen Prozeß selbst oder durch selbst bestellte Vertreter zu führen. In den Vorlageverfahren kommt es auf diese Frage für das vorlegende Gericht nicht an, da es ohnehin nicht Verfahrensbeteiligter ist[20]. Es ist allerdings zu kurz gegriffen, wenn die Prozeßfähigkeit nur mit natürlichen Personen in Verbindung gebracht wird und damit für den Verfassungsprozeß auf die Verfassungs- und Wahlprüfungsbeschwerde reduziert wird[21]. Auch für juristische Personen (insbesondere Gebietskörperschaften) stellt sich dieses Problem, das freilich dadurch gelöst werden kann, daß man juristischen Personen die

---

15 Vgl. *E. Klein*, in: FS Zeidler, II (1987), S. 1305 ff. Zur Subsidiarität der Verfassungsbeschwerde vgl. unten Rn. 523 ff.

16 Die Antragsberechtigung ist mit der faktischen Antragstellung nicht zu verwechseln. Auch der nichtberechtigte Antragsteller bringt ein Verfahren in Gang, sein Antrag wäre allerdings (als unzulässig) zu verwerfen.

17 St. Rspr. seit BVerfGE 4, 27.

18 Vgl. dazu unten Rn. 1104 f.

19 Vgl. dazu unten Rn. 433.

20 Sind Verfassungsorgane beteiligt (sei es durch Beitritt, z.B. §§ 77, 82 Abs. 2 BVerfGG, oder durch eigene Antragstellung, z.B. im Organstreit), so ist ihre Prozeßfähigkeit unmittelbar durch ihre Beteiligungs- oder Antragsberechtigung impliziert.

21 So aber *Lechner/Zuck*, § 24 Rn. 8.

(Handlungs- und) Prozeßfähigkeit durch ihre Organe unmittelbar zubilligt oder aber die Organe als gesetzliche Vertreter ansieht. Die Frage wird im Rahmen des Bund-Länder-Streits (vgl. § 68 BVerfGG) erörtert[22]. Von der Frage der gesetzlichen Vertretung ist die der Prozeßvertretung (§ 22 BVerfGG) strikt zu trennen[23].

Auch die Antragsbefugnis im Sinne der Befugnis, ein Recht prozessual geltend machen zu können (sog. Prozeßführungsbefugnis), ist eine Frage, die nicht bei allen verfassungsgerichtlichen Verfahren auftaucht. Sie stellt sich insbesondere nicht bei den Vorlageverfahren und auch nicht bei der abstrakten Normenkontrolle. Von erheblicher Bedeutung ist sie hingegen in den kontradiktorischen und im Verfassungsbeschwerdeverfahren. In diesem Zusammenhang ist auch zu erörtern, ob der Antragsteller über fremde Rechte einen Prozeß führen darf (Prozeßstandschaft)[24].   **240**

Zu (3):   **241**
Der verfahrenseinleitende Antrag muß ordnungsgemäß beim BVerfG eingereicht werden (§ 23 Abs. 1 BVerfGG). Die einzelnen Verfahrensvorschriften spezifizieren zum Teil diese Anforderungen. Fristen, innerhalb deren verfahrenseinleitende Anträge gestellt werden können, sind verschiedentlich vorgesehen; dabei handelt es sich in der Regel um Ausschlußfristen[25].

Zu (4):   **242**
Das BVerfG darf durch den Einwand der Rechtshängigkeit oder Rechtskraft nicht an der Sachentscheidung gehindert sein (negative Sachentscheidungsvoraussetzung). Mit dem Eingang des Antrags beim BVerfG wird eine Sache rechtshängig. Solange diese Rechtshängigkeit andauert, ist die Sachentscheidung über dieselbe Sache in einem anderen Prozeß unzulässig. Dieselbe Sache liegt vor, wenn es sich – bei kontradiktorischen Verfahren – um „denselben Streitgegenstand zwischen denselben Parteien" handelt[26]. Ein rechtshängiges Streitverfahren zwischen dem Bund und dem Land A schließt die Sachentscheidung in einem später anhängig gemachten Verfahren des Bundes gegen das Land B daher nicht aus, selbst wenn materiell dieselbe Frage zu entscheiden ist. Entsprechendes gilt im Hinblick auf die Verfassungsbeschwerden verschiedener Personen; hier gibt es zwar keine Parteien, aber der Vorwurf der Grundrechtverletzung individualisiert jedes einzelne Verfahren.

Problematischer liegt es bei der abstrakten Normenkontrolle und den Vorlageverfahren, wo es um objektive Verfahrensgegenstände (z.B. Feststellung der Gültigkeit eines Rechtssatzes) geht[27]. Hier läge die Argumentation nahe, daß dann, wenn eine Rechtsnorm dem BVerfG bereits von einem anderen Gericht zur Prüfung vorgelegt ist, die Vorlage derselben Norm durch ein anderes Gericht oder ihre Unterbreitung im Wege der abstrak-   **243**

---

22 Siehe dazu unten Rn. 1059 f.
23 Siehe dazu oben Rn. 197 f.
24 Siehe dazu unten Rn. 580 f., 1014 ff., 1103 ff.
25 Siehe dazu oben Rn. 201 f.
26 BVerfGE 4, 31 (39). Vgl. auch BVerfGE 84, 25 (30): Beschreitet ein Land gegen eine Weisung des Bundes (Art. 85 Abs. 3 GG) den Verwaltungsrechtsweg, so kann daraus kein Einwand der Rechtshängigkeit gegen den Antrag des Bundes nach §§ 68, 69 BVerfGG hergeleitet werden. Zur fehlenden Anwendbarkeit des Einwandes im Normenkontrollverfahren *Detterbeck*, S. 458 f.
27 Siehe die Ausführungen zu den jeweiligen Verfahren.

ten Normenkontrolle unzulässig sein soll. Damit würde jedoch verkannt, daß die (noch) nicht entschiedene Verfassungsfrage für die von der Verfassungswidrigkeit ausgehenden Fachgerichte ein Prozeßhindernis im Ausgangsverfahren darstellt, auf das sie nur durch Aussetzung und Vorlage an das BVerfG reagieren können[28]. Es wäre widersinnig, ihnen die Rechtshängigkeit eines anderen Verfahrens entgegenzuhalten, abgesehen davon, daß dessen Zulässigkeit ungeklärt sein kann. In solchen Fällen steht die Rechtshängigkeit daher nicht entgegen. Man wird entsprechendes für die abstrakten Normenkontrollanträge verschiedener Antragsberechtigter annehmen müssen. Es kann prozessual sinnvoll sein, die Verfahren miteinander zu verbinden[29], sofern nicht hierdurch die Erledigung einer entscheidungsreifen Sache verzögert wird.

244 Ganz ähnliche Probleme stellen sich im Hinblick auf die (materielle) Rechtskraft, die den Sachentscheidungen des BVerfG zukommt[30]. Für Entscheidungen im kontradiktorischen Verfahren ist für die Bestimmung des Umfangs der Rechtskraft zunächst erneut auf die Formel von „demselben Streitgegenstand zwischen denselben Parteien" zu verweisen[31]. Von den Streitbeteiligten kann demnach nicht abstrahiert werden[32]. Auch wenn die materiell zugrunde liegende Frage bereits geklärt ist, besteht das streitige Rechtsverhältnis doch zwischen verschiedenen Prozeßparteien und macht eine weitere verfassungsgerichtliche Bekräftigung erforderlich[33]. Für Normenkontrollentscheidungen, mit denen die Gültigkeit eines Rechtssatzes gerichtlich festgestellt wird, hat das BVerfG ausgeführt: „Lediglich hinsichtlich dieser Feststellung kann ein Urteil im Normenkontrollverfahren eine der materiellen Rechtskraft entsprechende Wirkung entfalten"[34]. Hier kommt es also auf den Antragsteller nicht an. Allein der Verfahrensgegenstand bestimmt den Umfang der Rechtskraft[35]. Der Antrag der Bundesregierung, die Verfassungsmäßigkeit einer Rechtsnorm zu überprüfen, wäre daher unzulässig, wenn das Gericht diese Prüfung auf Antrag eines anderen Antragsberechtigten bereits rechtskräftig durchgeführt hat[36].

245 Die Problematik der erneuten Stellung eines (abstrakten) Normenkontrollantrags bzw. der Zweitvorlage (z.B. im Verfahren der konkreten Normenkontrolle) ist damit allerdings nicht ausgeschöpft. Das BVerfG hat jedoch insoweit dogmatisch keine ganz klare Linie entwickelt, als es zur Beurteilung der Zulässigkeit solcher erneuten Anträge/Vorlagen zum Teil die Rechtskraft, zum Teil die Gesetzeskraft (§ 31 Abs. 2 BVerfGG), zum Teil die Bindungswirkung (§ 31 Abs. 1 BVerfGG) seiner früheren Entscheidung heranzieht[37]. In neuerer Zeit werden alle drei Elemente genannt oder die Bindungswirkung als auf Rechtskraft oder Gesetzeskraft beruhend bezeichnet[38]. Jedenfalls ist das Ergebnis, daß nur die Feststellungen in Tenor und tragenden Gründen der früheren Entscheidung einer

---

28 Siehe dazu *Schlaich*, Rn. 151, und unten Rn. 771.
29 Siehe dazu oben Rn. 190 f.
30 Vgl. auch unten Rn. 1296 ff.; zur Verfassungsbeschwerde unten Rn. 674 ff.
31 Oben N 26.
32 So aber *Geiger*, Einige Besonderheiten im verfassungsgerichtlichen Prozeß (1981), S. 27 f.
33 Wird das Recht gar nicht bestritten, so dürfte es am Rechtsschutzinteresse fehlen.
34 BVerfGE 20, 56 (86).
35 Ebenso *Geiger* (N 32), S. 27; vgl. dazu auch *Detterbeck*, S. 335. Siehe unten Rn. 1300 ff.
36 Hat das BVerfG die Norm für verfassungswidrig gehalten, so ist auch ohne Nichtigkeitserklärung kein Raum für eine weitere Prüfung.
37 Nachweise bei *E. Klein*, S. 437, 441. – Zum Problem eingehend *Brox*, in: FS Geiger (1974), S. 809 ff. und unten Rn. 1332 ff.
38 BVerfGE 70, 242 (249 f.); 79, 256 (264).

erneuten Entscheidung entgegenstehen können und daß die Berufung auf neue Tatsachen, die erst nach der früheren Entscheidung entstanden sind, möglich bleibt, eine darauf gestützte Zweitvorlage also zulässig ist. Als solche neuen Tatsachen werden ein grundlegender Wandel der Lebensverhältnisse, aber auch der allgemeinen Rechtsauffassung angesehen[39]. Auf diesen Wandel muß der Antragsteller oder das vorlegende Gericht aber ausdrücklich aufmerksam machen. Nur wo das BVerfG selbst ihn für gegeben hält, ist es zur erneuten Prüfung bereit.

§ 13 Schriftliches Verfahren, mündliche Verhandlung, Öffentlichkeitsgrundsatz und Akteneinsicht

Nach der allgemeinen Vorschrift des § 25 Abs. 1 BVerfGG entscheidet das BVerfG aufgrund mündlicher Verhandlung. Der Grundsatz ist in der Praxis allerdings in sein Gegenteil verkehrt; in nicht einmal einem Prozent der Verfahren findet eine mündliche Verhandlung statt[1]. Ganz überwiegend handelt es sich dabei um Verfahren der abstrakten Normenkontrolle, des Organ- und des Bund-Länder-Streits. Die Regel ist daher das schriftliche Verfahren.

246

Für diese Entwicklung gibt es mehrere Gründe. § 25 BVerfGG selbst sieht vor, daß anderes bestimmt sein kann und daß die Beteiligten[2] auf mündliche Verhandlung verzichten können. In dem zahlenmäßig wichtigsten Verfassungsbeschwerdeverfahren kann das BVerfG von mündlicher Verhandlung absehen, wenn von ihr keine Förderung des Verfahrens zu erwarten ist und die beigetretenen Verfassungsorgane auf sie verzichten (§ 94 Abs. 5 BVerfGG); dies ist üblicherweise der Fall[3]. Der Beschwerdeführer kann die Durchführung der mündlichen Verhandlung nicht verlangen. Die Kammerbeschlüsse ergehen obligatorisch ohne mündliche Verhandlung (93 d Abs. 1 Satz 1 BVerfGG). Durch sie wird der ganz überwiegende Teil der Verfassungsbeschwerden erledigt, wenn auch die Behauptung, dies seien 98%, unzutreffend ist[4]. Ohne mündliche Verhandlung ergehen auch die Beschlüsse nach § 24 BVerfGG[5]. Einstweilige Anordnungen können ohne mündliche Verhandlung erlassen werden (§ 32 Abs. 2 S. 1 BVerfGG); entsprechendes gilt im Wahlprüfungsverfahren (§ 48 Abs. 3 BVerfGG). Ist im Verfahren der konkreten Nor-

---

39 Vgl. BVerfGE 39, 169 (181 ff.); ebenso *Pestalozza*, S. 310.

1 *F. Klein*, in: BVerfGG-Kommentar, § 25 Rn. 1. Manchmal dauern die mündlichen Verhandlungen mehrere Tage, im KPD-Verbots-Prozeß (BVerfGE 5, 85) sogar 51 Tage. – Umso wichtiger ist, daß alle das Verfahren betreffenden Maßnahmen aktenkundig gemacht werden, § 22 Abs. 6 GeschO.
2 Zum Begriff siehe oben Rn. 194.
3 Vgl. z.B. BVerfGE 35, 34 (35); 45, 400 (411).
4 So *Gusy*, Die Verfassungsbeschwerde (1988), Vorwort S. V. Im Jahr 2000 wurden durch die Kammern erledigt (Nichtannahme, Stattgabe) 4867 Verfassungsbeschwerden, durch die Senate (Nichtannahme, Zurückweisung, Stattgabe) 17, durch Rücknahme haben sich 102, auf sonstige Weise 86 Verfassungsbeschwerden erledigt. Von den 5072 erledigten Verfassungsbeschwerden insgesamt machen die Kammererledigungen somit 95,96% aus. Vgl. unten Anlage I.
5 Dies ergibt sich aus dem Begriff des Beschlusses, vgl. § 25 Abs. 2 BVerfGG; wie hier *Lechner/Zuck*, § 24 Rn. 19.

menkontrolle kein Verfassungsorgan beigetreten (§§ 82, 77 BVerfGG)[6], so gibt es keine Verfahrensbeteiligten. Das BVerfG entnimmt dieser prozessualen Lage – unbeschadet des § 82 Abs. 3 2. Halbsatz BVerfGG –, daß die Durchführung der mündlichen Verhandlung in seinem Ermessen steht[7]. Nur in ganz wenigen, zahlenmäßig zu vernachlässigenden Fällen ist mündliche Verhandlung obligatorisch und auch Verzicht nicht möglich (§§ 32 Abs. 3, 55 Abs. 1, 58 Abs. 1 BVerfGG).

247 Der Verzicht ist eine bedingungsfeindliche, nicht frei widerrufliche Prozeßhandlung[8]. Allerdings bindet der Verzicht das Gericht nicht; es kann gleichwohl zur mündlichen Verhandlung laden. Hierüber entscheidet es nach pflichtgemäßem Ermessen (vgl. § 24 Abs. 1 GeschO)[9].

248 Soweit eine mündliche Verhandlung stattfindet, gilt der Grundsatz der Öffentlichkeit des Verfahrens (§§ 17 BVerfGG, 169 ff. GVG)[10]. Die Öffentlichkeit kann dann nur aus den gesetzlich vorgesehenen Gründen von der mündlichen Verhandlung ausgeschlossen werden. Die Urteilsverkündung muß nach § 30 Abs. 1 S. 3 BVerfGG stets öffentlich erfolgen.

249 Lange umstritten war die auch die Presse- und Rundfunkfreiheit berührende[11] Frage von Rundfunk- und Fernsehübertragungen aus Gerichtsverhandlungen des BVerfG. Ersten Forderungen nach einer Reform des strikten § 169 S. 2 GVG[12] kam das BVerfG (Zweiter Senat) mit dem Erlaß der sog. „einstweiligen Rahmenbedingungen für Pressevertreter sowie Rundfunk- und Fernsehanstalten" nach[13]. Die – begrenzte – Abweichung von dieser Vorschrift wurde damit gerechtfertigt, daß § 17 BVerfGG nur die entsprechende, den Besonderheiten des verfassungsgerichtlichen Verfahrens Rechnung tragende Anwendung des § 169 GVG anordne[14].

Der deutlichen Kritik[15] am Sonderweg des BVerfG bei der Fernsehübertragung von Verhandlungen begegnete der Gesetzgeber schließlich mit der Einführung des § 17 a BVerfGG[16]. Danach sind abweichend von § 169 Satz 2 GVG Ton- und Fernsehaufnahmen zu Beginn einer mündlichen Verhandlung, bis das Gericht die Anwesenheit der Beteiligten festgestellt hat, und bei der öffentlichen Verkündung von Entscheidungen zulässig[17]. § 17 a BVerfGG wird erläutert durch die vom Ersten und Zweiten Senat 1998 be-

---

6 Im Fall des Beitritts kommt es auf den Verzicht des Beigetretenen an, § 25 Abs. 1 BVerfGG.

7 BVerfGE 2, 213 (217 f.).

8 BVerfGE 9, 73 (76); *Geiger*, § 25 Anm. 2; *Zöbeley*, in: Umbach/Clemens, § 25 Rn. 7.

9 BVerfGE 9, 73 (76). Entsprechendes gilt im Hinblick auf eine Wiedereröffnung der mündlichen Verhandlung; vgl. *Zöbeley* (N 8), § 25 Rn. 11.

10 Zur Durchführung der mündlichen Verhandlung vgl. § 25 a BVerfGG und § 24 Abs. 2-7 GeschO.

11 BVerfGE 91, 125 (134 ff.).

12 Verhandlungen des 58. DJT 1990 II, K 220 = NJW 1990, S. 2992. Handlungsbedarf bestand spätestens nachdem der private Fernsehsender n-tv am 08.04.1993 die gesamte Urteilsverkündung im AWACS-Verfahren (BVerfGE 88, 173) ungenehmigt in voller Gänze übertragen hatte. Dazu *Lechner/Zuck*, § 17 Rn. 4 ff.; *Hofmann*, ZRP 1996, S. 399 ff.; *Löwe/Rosenberg*, Die Strafprozeßordnung und das Gerichtsverfassungsgesetz (24. Aufl. 1996), Vor § 169 GVG Rn. 33 ff. Zur Verfassungsmäßigkeit von § 169 Satz 2 GVG vgl. BVerfG, EuGRZ 2001, S. 59.

13 Abgedruckt bei *Wolf*, NJW 1994, S. 632.

14 Ebenso *Hund*, in: Umbach/Clemens, § 17 Rn. 18; *Eberle*, NJW 1994, S. 1638; *Huff*, NJW 1996, S. 573.

15 *F. Klein*, in: BVerfGG-Kommentar, § 17 Rn. 6; *Wolf* (N 13), S. 681 ff.

16 BGBl. 1998 I S. 1823; dazu BT-Drs. 13/7673, S. 6 f., 9 f.; *Pestalozza*, JZ 1998, S. 1040.

17 Zweifel am Sinn der Regelung bei *Benda*, NJW 1999, S. 1524 f.

schlossenen „ergänzenden Regelungen für Vertreter der Presse sowie der Hörfunk- und Fernsehanstalten"[18]. Freilich sind nach § 17 a Abs. 2 BVerfGG Einschränkungen oder Untersagungen zur Wahrung schutzwürdiger Interessen der Beteiligten oder Dritter sowie eines ordnungsgemäßen Ablaufs des Verfahrens möglich[19].

Die starke Reduktion der Mündlichkeit und damit Öffentlichkeit des Verfahrens ist vielfach auf Kritik gestossen. Prinzipielle Kritik wird etwa – von einem materiellen Verfassungsverständnis her – von *Engelmann* geübt: „Die Öffentlichkeit der Verfassung fordert die Öffentlichkeit der Sache Verfassungsgerichtsbarkeit"[20]. Daß in diesem Lehrbuch dem Grundansatz dieser Kritik nicht gefolgt wird, ist bereits ausgeführt worden; hierauf kann verwiesen werden[21].   **250**

Andererseits ist richtig, daß die Praxis die Grundannahme des § 25 BVerfGG – wenngleich nicht *contra legem* – umgekehrt hat. Mehr mündliche Verhandlungen und mehr Öffentlichkeit könnten die integrative Wirkung des BVerfG und die Akzeptanz seiner Entscheidungen in der Tat vergrößern; auch die Konzentration auf die wesentlichen Rechtsfragen könnte erleichtert werden[22]. Jedoch ist auch der Entlastungseffekt, den das schriftliche Verfahren regelmäßig gewährt, unübersehbar und bei der Belastung des BVerfG ein erheblicher Wert (Verfassungsprozeßrecht als Funktionssicherungsrecht!). Die mit dem

---

18 Die ergänzenden Regelungen lauten:
Allgemeines (gültig für mündliche Verhandlungen und Urteilsverkündungen)
1. Bei Foto- und Filmaufnahmen im Sitzungssaal im Rahmen mündlicher Verhandlungen und bei Urteilsverkündungen der Senate des Bundesverfassungsgerichts darf durch Fotografen, Kameraleute und sonstige Medienvertreter das freie Blickfeld des Senats nach allen Seiten nicht verstellt werden. Der Aufenthalt hinter der Richterbank ist nicht gestattet. Entsprechenden Anweisungen der Sitzungsamtsmeister ist Folge zu leisten.
2. a) Für die Foto- und Filmaufnahmen werden *zwei Fernsehteams* (ein öffentlich-rechtlicher und ein privat-rechtlicher Sender mit jeweils maximal drei Kameras) sowie *fünf Fotografen* (drei Agenturfotografen und zwei freie Fotografen) zugelassen.
b) Standorte für die Fernsehkameras (je zwei) sind der Mittelgang und (von der Richterbank aus gesehen) die rechte Seite im Sitzungssaal sowie die Pressetribüne.
c) Die Bestimmung der „Pool-Mitglieder" bleibt den vorgenannten Fernsehsendern bzw. den Agenturen und Fotografen überlassen.
d) Die „Pool-Mitglieder" verpflichten sich, auf entsprechende Anforderung die Aufnahmen anderer Rundfunkanstalten und Fotografen-Konkurrenzunternehmen zur Verfügung zu stellen.
Mündliche Verhandlungen
1. Nach Beendigung der Feststellung der Anwesenheit der Verfahrensbeteiligten durch den Vorsitzenden des Senats haben Fotografen und Kamerateams die Ebene des Sitzungssaals (2. OG) zu verlassen.
2. Zum Aufenthalt (einschließlich zur Lagerung der Ausrüstungsgegenstände) steht den Vertretern der Hörfunk- und Fernsehanstalten und den Fotografen der Empfangsraum im 1. OG zur Verfügung.
3. Als Sitzungssaal gelten auch der äußere Flurraum und die Pressetribüne (2. OG).
Urteilsverkündungen
1. Bei Fotoaufnahmen während Urteilsverkündungen dürfen nur geräuschlose Apparate Verwendung finden.
2. Blitzlicht ist nicht gestattet."
19 Näher dazu *Bethge*, in: BVerfGG-Kommentar, § 17 a Rn. 14 ff.
20 *Engelmann*, Prozeßgrundsätze im Verfassungsprozeßrecht (1977), S. 53. Vgl. ferner *Zöbeley* (N 8), Rn. 6 m.w.N. Zur Frage der mündlichen Verhandlungen im Verfassungsbeschwerdeverfahren siehe unten Rn. 419.
21 Vgl. oben Rn. 173 ff.
22 Kritisch daher auch *Ritterspach*, in: FS E. Stein (1983), S. 298; vgl. auch *Benda*, NJW 1980, S. 2102. Tatsächlich dient in der Praxis die Durchführung einer mündlichen Verhandlung mehr der Hervorhebung einzelner Fälle und weniger der Stoffverarbeitung. Siehe auch unten Rn. 419.

schriftlichen Verfahren einhergehende Distanz zu den Beteiligten und zu dem Verfahrensgegenstand selbst ist ferner dem auf die grundsätzliche interpretatorische Entfaltung des Grundgesetzes gerichteten Aspekt der verfassungsgerichtlichen Tätigkeit durchaus dienlich – wie übrigens auch die räumliche Distanz zum politischen Zentrum (§ 1 Abs. 2 BVerfGG). Die praktische Ausrichtung auf den „Aktenprozeß" wirkt sich sogar dann aus, wenn eine mündliche Verhandlung stattfindet; denn auch in diesen Fällen sieht sich das Gericht nicht darauf beschränkt, nur das in der mündlichen Verhandlung vorgetragene und erörterte Material zur Grundlage seines Urteils zu machen[23]. Das Mündlichkeitsprinzip im allgemeinen prozeßrechtlichen Sinn ist also im Ergebnis in verfassungsrechtlichen Verfahren nicht verwirklicht; ganz strikt wird dieser Grundsatz allerdings – abgesehen vom Strafprozeß – in keiner Verfahrensordnung durchgeführt[24].

251 Das Öffentlichkeitsprinzip in einem weiteren Sinn wird auch durch die Frage berührt, ob den an einem Verfahren nicht beteiligten Personen oder Stellen Einblick in die Akten[25] gewährt werden darf. Bislang war lediglich das Recht auf Akteneinsicht der Verfahrensbeteiligten geregelt (§ 20 BVerfGG), das jedoch nur vom Beginn bis zum Abschluß des Verfahrens besteht[26]. Die Zulassung der Akteneinsicht außerhalb des Verfahrens war bisher allein durch §§ 24 Abs. 4 Satz 2 und Abs. 5, 35 Abs. 1 und 2 und 35 a GeschO BVerfG geregelt; dabei wird auf die Vorschriften des Bundesdatenschutzgesetzes (BDSG) verwiesen (§ 35 Abs. 3 GeschO). Diese Vorschriften wurden jedoch im Hinblick auf die beim BVerfG anfallenden Vorgänge einerseits als nicht ausreichend angesehen, andererseits als zu schwer handhabbar, da sie nicht unmittelbar die Übermittlung personenbezogener Daten aus Gerichtsakten betreffen[27]. Um dieser unbefriedigenden Situation abzuhelfen, wurde 1998 in den II. Teil des BVerfGG ein neuer Abschnitt „Akteneinsicht außerhalb des Verfahrens" (§§ 35 a – 35 c) eingefügt[28]. Danach verbleibt es zwar bei der generellen Geltung des BDSG, doch treffen §§ 35 b und 35 c einige bereichsspezifische Sonderregelungen[29]; der Sache nach bestätigen sie die bisherige Handhabung durch das BVerfG.

§ 14 Beweiserhebung

I. Untersuchungsgrundsatz

1. Grundfragen

252 Die Frage, wer für die Ermittlung des für die Fallentscheidung erforderlichen Prozeßstoffes verantwortlich ist, beantwortet § 26 Abs. 1 S. 1 BVerfGG zugunsten des BVerfG und ordnet damit – wie im Verwaltungs- und Strafprozeß – die Geltung des Untersuchungs-

---

23 Dazu *Geiger*, Einige Besonderheiten im verfassungsgerichtlichen Prozeß (1981), S. 7 ff.
24 Vgl. *Grunsky*, Grundlagen des Verfahrensrechts (2. Aufl. 1974), S. 213 ff.
25 Zum Begriff der Akten *Ulsamer*, in: BVerfGG-Kommentar, § 20 Rn. 5 ff.
26 *Umbach/Dollinger*, in: Umbach/Clemens, § 20 Rn. 11; BVerfG, Beschl. v. 23.1.2001-2 BrQ 42/00.
27 Vgl. BT-Drs. 13/7673, S. 8; zum Anlaßfall der Neuregelung näher *Zuck*, NJW 1998, S. 3030.
28 BGBl. 1998 I S. 1823.
29 Nähere Erläuterungen in BT-Drs. 13/7673, S. 10 ff.

grundsatzes (Inquisitionsmaxime) an[1]; er steht im Gegensatz zu dem den Zivilprozeß beherrschenden Verhandlungs- oder Beibringungsgrundsatz. Es ist daher Sache des BVerfG selbst, für die notwendige Aufklärung des Sachverhalts zu sorgen. Dabei geht es um die tatsächlichen Grundlagen des Falles, also um die Aufklärung gegenwärtiger, der Wahrnehmung zugänglicher Vorgänge, nicht um die Ermittlung des anwendbaren Rechts, die ohnehin stets Sache des Gerichts ist („*iura novit curia*")[2].

Die Untersuchungsmaxime ist immer da angemessen, wo die Sachverhaltsaufklärung sinnvollerweise nicht in die Hände der Prozeßbeteiligten selbst gelegt werden kann, sei es zum Schutz (eines) der Prozeßbeteiligten, sei es deshalb, weil der Verfahrenszweck über die Durchsetzung von Einzelinteressen hinausreicht, also objektiver Natur ist. Beide Erwägungen sind im Hinblick auf die Verfahrensarten vor dem BVerfG einschlägig. Der einzelne, der sich gegen eine Maßnahme hoheitlicher Gewalt mit der Verfassungsbeschwerde wehrt, bedarf des Schutzes, da ihm nicht die Aufklärung der ihm häufig unzugänglichen behördlichen Maßnahmen aufgebürdet werden kann. In den anderen Verfahren steht letztlich der Schutz der Verfassungsordnung als objektives Rechtsgut zur Debatte. Das BVerfG könnte seine Funktion als „Hüter der Verfassung" nicht wahrnehmen, wäre es an das tatsächliche Vorbringen der Prozeßbeteiligten gebunden, ganz abgesehen davon, daß im Vorlageverfahren häufig gar keine Verfahrensbeteiligten vorhanden sind[3]. Das BVerfG hat also die Sachverhaltsaufklärungskompetenz; es ist auch unter diesem Gesichtspunkt keine (Super-) Revisionsinstanz, die auf die Nachprüfung von Rechtsfragen beschränkt ist. **253**

Die fehlende Bindung an das Vorbringen der Prozeßbeteiligten bedeutet nicht, daß diese keinen Einfluß auf die Beweisaufnahme hätten. Ihnen ist es unbenommen, entsprechende Anregungen zu geben und Beweisanträge zu stellen[4]. Das BVerfG kann ihnen folgen, muß es aber nicht. Für das verfassungsgerichtliche Verfahren selbst gilt, was das BVerfG in bezug auf den Verwaltungsprozeß ausgeführt hat: „Es ist von Verfassungs wegen grundsätzlich unbedenklich, wenn innerhalb einer vom Untersuchungsgrundsatz bestimmten Prozeßordnung eine weitere Beweiserhebung davon abhängig gemacht wird, ob das Vorbringen eines Prozeßbeteiligten dem Gericht Anlaß zu weiterer Aufklärung gibt. Daß dieses Vorbringen grundsätzlich hinreichend substantiiert sein und konkrete Anhaltspunkte für weitere Nachforschungen enthalten muß, ist nicht zu beanstanden"[5]. Einen Anspruch auf förmliche Bescheidung ihrer Anträge haben die Beteiligten wegen der allein dem Gericht zukommenden Beweiserhebungskompetenz nicht[6], doch empfiehlt sich **254**

---

1 BVerfGE 7, 198 (213) spricht vom „Grundsatz der materiellen Wahrheitsfindung". Obwohl die Beweiserhebung „von Amts wegen" zu erfolgen hat, ist der Begriff der „Offizialmaxime" (siehe unten Rn. 279 ff.) hier falsch; vgl. aber BVerfGE 1, 299 (316); 48, 147 (203).

2 Ausländisches Recht kann hingegen Gegenstand der Beweisaufnahme sein; vgl. BVerfGE 75, 143 (164 f.). Das Ersuchen an bestimmte Personen, sich zu einer für die Entscheidung erheblichen Frage gutachtlich zu äußern (§ 22 Abs. 5 GeschO BVerfG), kann Tatsachen oder Rechtsprobleme betreffen; im letzteren Fall wird die Entscheidungsverantwortung des Gerichts nicht tangiert; kritisch aber *Pestalozza*, JZ 1998, S. 1041.

3 Der Untersuchungsgrundsatz im verfassungsgerichtlichen Verfahren dürfte daher verfassungsrechtlich gefordert sein; vgl. *Ossenbühl*, in: BVerfG und GG, I (1976), S. 468 f.; *Engelmann*, Prozeßgrundsätze im Verfassungsprozeßrecht (1977), S. 55 ff.

4 Z.B. BVerfGE 68, 1 (43 ff.).

5 Kammerbeschl. v. 18.2.1988 – 2 BvR 1324/87, S. 7 (unveröffentlicht).

6 *Geiger*, Einige Besonderheiten im verfassungsgerichtlichen Prozeß (1981), S. 22.

in der Entscheidung durchaus ein Hinweis auf die Gründe, die das BVerfG veranlaßt haben, den Anregungen nicht zu folgen[7].

255 Dies empfiehlt sich auch bereits unter dem Aspekt des § 23 Abs. 1 S. 2 BVerfGG, der den Antragsteller verpflichtet, die erforderlichen Beweismittel anzugeben. Diese Vorschrift zeigt, daß es nicht Aufgabe des BVerfG sein kann, Aufklärung „ins Blaue hinein" zu betreiben. Aufzuklären ist nur ein nicht zur Überzeugung des Gerichts feststehender Sachverhalt, der durch den verfahrenseinleitenden Antrag zur Entscheidung des Gerichts gestellt ist. Der Untersuchungsgrundsatz bezieht sich nur auf den Verfahrensgegenstand und tangiert in keiner Weise die prozeßrechtlichen Mitwirkungspflichten der Beteiligten (Substantiierungspflicht/Darlegungslast)[8]. Nur soweit diese Mitwirkungspflichten erfüllt sind, kann der Untersuchungsgrundsatz zur Anwendung kommen; andernfalls ist der Antrag unzulässig. Dies ist in der Praxis vor allem für Verfassungs- und Wahlprüfungsbeschwerden wichtig; die Beschwerdeführer dürfen sich nicht darauf verlassen, daß das BVerfG durch eigene Sachverhaltsaufklärung die ihnen im Rahmen des Zumutbaren obliegende, aber unterlassene Substantiierung ersetzt[9]. Dazu wäre das BVerfG nicht einmal befugt.

256 Der maßgebliche Sachverhalt muß zur Überzeugung des Gerichts feststehen. Seine Kenntnis bezieht es in der Praxis aus vielerlei, nicht immer genannten Quellen. Vieles wird ihm kraft seiner hervorgehobenen Stellung von Amts wegen bekannt und ist damit gerichtskundig; hierüber braucht dann nicht mehr förmlich Beweis erhoben zu werden[10]. Anderes erfährt das Gericht durch Auskünfte, um die es die über das entsprechende Wissen verfügenden Institutionen oder Personen ersucht. Dieses Wissen ist den Beteiligten zugänglich zu machen. Der Vorgang wird nicht nur aktenkundig gemacht (§ 22 Abs. 6 GeschO), sondern auch in der Entscheidung vermerkt[11].

2. Einschränkungen und praktische Handhabung

257 Die Sachaufklärung durch das BVerfG selbst wird in gewisser Weise durch § 33 Abs. 2 BVerfGG einerseits, §§ 26 Abs. 2 und 28 Abs. 2 BVerfGG andererseits durchbrochen. Während es sich bei der erstgenannten Vorschrift um eine Art Erleichterung der Beweiserhebung handelt, ziehen die zuletzt genannten Vorschriften der Beweiserhebung und gegebenenfalls -verwertung Schranken. In beiden Fällen aber ist die Entscheidung in die Hände des BVerfG gelegt.

258 § 33 Abs. 2 erlaubt es dem BVerfG, von solchen tatsächlichen Feststellungen im rechtskräftigen Urteil eines (Fach) Gerichts auszugehen, die in einem vom Untersuchungsgrundsatz beherrschten Verfahren gewonnen wurden, z.B. von der Feststellung des Bundesverwaltungsgerichts, daß beim Antragsteller die tatsächlichen organisatorischen Vor-

---

7 Vgl. BVerfGE 68, 1 (111).
8 BVerfGE 48, 271 (280).
9 *Henschel*, in: FS Simon (1987), S. 99; *Träger*, in: FS Geiger (1989), S. 778 f.
10 *Geiger* (N 6), S. 23. – Ein Beispiel ist BVerfGE 40, 141 (146, 149), das zeigt, daß das Gericht Kenntnis vom Inhalt der in Moskau und Warschau übergebenen deutschen Ratifikationsurkunden hatte, ohne daß ihm die Urkunden vorgelegt worden waren.
11 Vgl. z.B. BVerfGE 73, 1 (33).

aussetzungen einer politischen Partei nicht vorliegen[12]. Es besteht jedoch keine Verpflichtung, von solchen tatsächlichen Feststellungen auszugehen, das BVerfG kann sie auch eigenständig treffen; es handelt nach pflichtgemäßem Ermessen[13]. Von erheblicher praktischer Bedeutung ist diese Erleichterung im Hinblick auf die zahlenmäßig besonders ins Gewicht fallenden Verfassungsbeschwerden[14]. Da es sich hierbei überwiegend um Urteilsverfassungsbeschwerden handelt, ist – wie es ja dem Grundsatz der Subsidiarität entspricht – der Prozeßstoff in aller Regel aufgearbeitet und der Sachverhalt durch die Fachgerichte geklärt[15]. Entsprechendes erwartet das BVerfG zu Recht auch von dem vorlegenden Gericht im Rahmen der konkreten Normenkontrolle[16].

Ist die Beiziehung und Verwertung von Akten mit der Staatssicherheit unvereinbar oder **259** wird die beamtenrechtliche Aussagegenehmigung (§ 39 BRRG) für Zeugen oder Sachverständige aus Gründen des Wohls des Bundes oder eines Landes versagt, kann das BVerfG von der Beiziehung der Urkunde oder der Vernehmung des Zeugen oder Sachverständigen absehen, wenn es dies mit Zweidrittelmehrheit beschließt (§§ 26 Abs. 2, 28 Abs. 2 BVerfGG). Die Letztverantwortung wird auch hier dem BVerfG aufgebürdet. Erkennt das BVerfG überzeugende Gründe der Staatssicherheit erst nach Einsicht in die Urkunde, kann auch in diesem Zeitpunkt die Nichtbeiziehung beschlossen werden, die sich dann als Nichtverwertung auswirkt.

In der Praxis erweist sich das BVerfG als nicht besonders beweiserhebungsfreudig[17]. Dies **260** hängt damit zusammen, daß in den Verfahren des Organ- und Bund-Länder-Streits und der abstrakten Normenkontrolle der Sachverhalt in aller Regel klar ist und keiner weiteren Aufklärung bedarf; „gefragt" ist allein die Rechtsentscheidung. Dennoch gibt es auch hier immer wieder Fälle, in denen es zur Beweisaufnahme kommt. Im Vordergrund stehen dann der Urkundenbeweis oder die Vernehmung von Sachverständigen[18].

In den besonders häufigen Fällen der (Urteils-) Verfassungsbeschwerde und konkreten Normenkontrolle werden die Fachgerichte die eigentliche Aufklärungsarbeit bereits geleistet haben, auf die das BVerfG zurückgreifen kann. Sind ausreichende Bemühungen zur Aufklärung des Sachverhalts nicht unternommen worden, werden Vorlagen nach Art. 100 Abs. 1 GG in der Regel wegen mangelnder Erheblichkeit unzulässig sein[19].

Weniger klar ist die Rechtsprechung bei Verfassungsbeschwerden. Hier geht das BVerfG **261** generell davon aus, daß „die Feststellung und Würdigung des Tatbestandes" Sache der Fachgerichte sei[20]. Eine solche restriktive Auffassung läuft allerdings Gefahr, das BVerfG auf eine eher abstrakte Grundrechtssicherung zu beschränken. Jedenfalls „wenn wesent-

---

12 Vgl. BVerfGE 74, 44 (49). Zu Unrecht läßt BVerfGE 7, 198 (213) angesichts des Wortlauts von § 33 Abs. 2 BVerfGG offen, ob eine Bindung auch an Feststellungen eintritt, die in einem der Dispositionsmaxime verpflichteten Verfahren gewonnen wurden; dazu *E. Klein*, S. 425 f.
13 Zutreffend *Geiger*, § 33 Anm. 6. Zu eng Richter *Henschel*, abw. Meinung, BVerfGE 80, 37 (39).
14 Vgl. *F. Klein*, in: BVerfGG-Kommentar, § 33 Rn. 7.
15 BVerfGE 8, 222 (227); 49, 252 (258); 55, 244 (247).
16 BVerfGE 17, 135 (138 f.); 18, 186 (192).
17 Vgl. *Geiger* (N 6), S. 21 ff. – Mahnend Richter *Steinberger*, abw. Meinung, BVerfGE 70, 59 (69).
18 Zum Urkundenbeweis vgl. z.B. BVerfGE 36, 1 (12 f.) und dazu *Cieslar/Hampel/Zeitler* (Hg.), Der Streit um den Grundvertrag (1973), S. 209; zum Sachverständigenbeweis vgl. z.B. BVerfGE 6, 389 (398 ff.).
19 Vgl. näher unten Rn. 831.
20 BVerfGE 18, 85 (92 f.); 30, 173 (196 f.); 34, 384 (397).

liche Zweifel an der grundrechtsrelevanten tatsächlichen Grundlage der Entscheidung begründet sind"[21], muß das BVerfG daher selbst den Sachverhalt aufklären oder schon die fehlende Aufklärung als Grundrechtsverletzung ansehen können. In neueren Entscheidungen zum Asylrecht hat das BVerfG den letztgenannten Weg eingeschlagen, da die Frage, ob jemand asylberechtigt sei, die unmittelbare Anwendung von Art. 16 Abs. 2 S. 2 GG a.F. betreffe. „Dementsprechend hat das BVerfG in bezug auf den Tatbestand ‚politisch Verfolgter' sowohl hinsichtlich der Ermittlung des Sachverhalts selbst als auch seiner rechtlichen Bewertung zu prüfen, ob die tatsächliche oder rechtliche Wertung der Gerichte sowie Art und Umfang ihrer Ermittlungen Art. 16 Abs. 2 Satz 2 GG gerecht werden"[22]. Eine neue Tatsacheninstanz soll dabei nicht eröffnet werden, aber das BVerfG läßt sich nicht die Aufgabe entziehen, die Vorentscheidungen auf solche Fehler hin zu überprüfen, die die Geltung des Grundrechts im konkreten Fall in Frage zu stellen geeignet sind[23]. Die Verwebung von Tatsachenermittlung und Normauslegung wird hier besonders deutlich[24].

262   Die Entscheidungen zum Asylrecht berühren unmittelbar das schwierige Kompetenzverhältnis des BVerfG zu den Fachgerichten. Die gängige Formel, das BVerfG beschränke sich auf die Prüfung, ob „spezifisches Verfassungsrecht" verletzt sei[25], läßt Raum für flexibles Vorgehen, ist dafür aber relativ aussagearm. Es muß schließlich der Einzelfallentscheidung vorbehalten bleiben, ob die Verletzung von „spezifischem Verfassungsrecht" in Frage steht. Die direkte Subsumtionsfähigkeit des Sachverhalts unter den Grundrechtstatbestand (Schutzbereich) und die (potentielle) Eingriffsintensität sind wichtige Indizien, um diese Frage zu bejahen[26]. § 26 BVerfGG bietet insoweit freilich keine Auslegungshilfe. Er ist „kompetenzakzessorisch"; er entspricht zwar in vollem Umfang der Kontrollkompetenz des BVerfG, setzt sie jedoch im Verhältnis zu den Fachgerichten voraus und begründet sie nicht.

3. Exkurs: Richterliche und gesetzgeberische Prognosen

263   Künftige Entwicklungen sind der Beweisführung unzugänglich[27]. Das Problem der Kontrolle richterlicher oder legislativer Prognoseentscheidungen durch das BVerfG ist schon deshalb kein Fall des § 26 BVerfGG. Die Nähe zur eben diskutierten Frage rechtfertigt aber den Exkurs[28].

---

21 *Ossenbühl* (N 3), S. 495.
22 BVerfGE 76, 143 (162); 83, 216 (230 ff.); vgl. auch BVerfGE 52, 391 (407 f., 410).
23 Nach der grundgesetzlichen Änderung des Asylrechts (1993), durch die die gerichtliche Prüfungsdichte auf mehreren Ebenen zurückgenommen wurde, hat das BVerfG an dieser Linie prinzipiell festgehalten; BVerfG, EuGRZ 1997, S. 502 ff., und dazu *Groß/Kainer*, DVBl. 1997, S. 1318.
24 Hierzu auch BVerfGE 84, 90 (112, 114 f.): Bericht über den Gang der Verhandlungen über den Einigungsvertrag, der vom Gericht als Bestätigung eines bestimmten Normverständnisses gewertet wurde. – Vgl. ferner BVerfGE 93, 248 (258 ff.) – abw. M.
25 St. Rspr. seit BVerfGE 7, 198 (205 ff.); 18, 85 (92 f.); 80, 81 (95).
26 Siehe dazu ausführlich unten Rn. 651 ff.
27 Siehe aber zur Bedeutung der Beweislast auch im Rahmen von Prognoseentscheidungen *Kokott*, Beweislastverteilung und Prognoseentscheidungen bei der Inanspruchnahme von Grund- und Menschenrechten (1993), S. 24 ff.
28 Zur Parallelität von Beweislast und Prognoseentscheidung *Kokott* (N 27), S. 107 f.; weitergehend in dem Sinne, daß Tatsachenbeweis und Prognose praktisch kaum abgrenzbar seien, *Nierhaus*, Beweismaß und Beweislast (1989), S. 31.

Was fachrichterliche Prognosen über die Entwicklung tatsächlicher Verhältnisse angeht, wird man in vollem Umfang auf die obigen Erörterungen verweisen können. So wird nach der oben zitierten Formel[29] das BVerfG die Prognose akzeptieren, wenn sich nicht Zweifel an ihrer Richtigkeit aufdrängen. Dies gilt insbesondere dann, wenn die Prognose unmittelbar relevant für den Grundrechtstatbestand ist. Beispielsweise kann es für eine Entscheidung am Maßstab des Art. 16 a GG auf die Einschätzung ankommen, ob eine Wiederholung von politischer Verfolgung im Hinblick auf einen Beschwerdeführer, der bereits einmal politische Verfolgung erlitten hatte, mit hinreichender Wahrscheinlichkeit ausgeschlossen ist. In die Zukunft sehen kann das BVerfG nicht besser als andere Gerichte. Es beschränkt daher seine Kontrolle auf die Prüfung, „ob die Verwaltungsgerichte den zutreffenden (Wahrscheinlichkeits-) Maßstab zugrunde gelegt haben und ob ihre Prognose sich innerhalb des ihnen vorbehaltenen Wertungsrahmens hält … Letzteres ist der Fall, wenn die Prognose – ausgehend von einem fehlerfrei ermittelten Sachverhalt (!) – einleuchtend begründet ist"[30]. Die vollständige Sachaufklärung durch die Fachgerichte ist also in diesen Fällen ein entscheidendes Element für die (rationale) Akzeptanz der Prognose.

264 Von erheblicher Brisanz wegen der meist implizierten politischen Weiterungen ist die Frage der Kontrolle von Prognosen des Gesetzgebers[31]. Ungeachtet der unbestrittenen und notwendig zukunftsorientierten Gestaltungsaufgabe des Parlaments gilt aber: Schränkt der Gesetzgeber Grundrechte ein und ist dieser Eingriff nur unter der Voraussetzung der Richtigkeit der Prognose rechtmäßig, so wird die Prognose Teil der Schrankenargumentation. Sie verfassungsgerichtlicher Kontrolle zu entziehen, ist prinzipiell ebensowenig angängig wie der Verzicht auf die Nachprüfung, ob als gegenwärtig behauptete Umstände, die zur Rechtfertigung von Grundrechtseingriffen herangezogen werden, tatsächlich vorliegen. Der Unterschied besteht allerdings darin, daß Nachweise in dem einen Fall geführt werden können (§ 26 BVerfGG), im anderen Fall jedoch nicht. Damit stellt sich das Problem, wie die Prognosekontrolle für das BVerfG durchführbar ist.

265 Das BVerfG hat im Mitbestimmungsurteil eine Kategorisierung unter Berücksichtigung der Eigenart des geregelten Sachbereichs vorgenommen. Es unterscheidet dabei zwischen Evidenz-, Vertretbarkeits- und intensivierter Inhaltskontrolle[32].

Gegen die erstgenannte Kontrollkategorie bestehen prinzipiell keine Bedenken, da evident unrichtige Prognosen für das BVerfG ohne weiteres erkennbar sind. Problematischer ist die – insbesondere für wirtschaftsrelevante Gesetze wichtige – Vertretbarkeitskontrolle, da sie zum Gegenstand ihrer Prüfung Sorgfaltspflichten des Gesetzgebers (z.B. Materialrecherchen, Auswertung von Statistiken, Einholung von Expertisen) macht, die den Prognoseinhalt und die zu prüfende Rechtsnorm nicht notwendig tangieren; die Prognose kann trotz ungenügender Recherchierung zutreffen. Gleichwohl darf sich der Gesetzgeber um der Freiheit der Bürger willen nicht einem übermäßigen Risiko des grund-

---

29 Oben bei N 21.
30 BVerfGE 76, 143 (167 f.).
31 Vgl. dazu etwa *Ossenbühl* (N 3), S. 501 ff.; *Schlaich*, Rn. 496 ff.; *Gusy*, Parlamentarischer Gesetzgeber und BVerfG (1985), S. 173 ff.; *Bernd*, Legislative Prognosen und Nachbesserungspflichten (Diss. Mainz 1989); *Mühl*, in: FS H. Lange (1992), S. 583 ff.
32 BVerfGE 50, 290 (332 f.).

rechtsverletzenden Fehlschlags aussetzen[33]. Die Bandbreite des (noch) hinnehmbaren Risikos richtet sich nach dem betroffenen Rechtsgut (also dem Inhalt der Kontrollnorm) und der Intensität des Eingriffs[34], insbesondere unter dem Aspekt, ob es möglich ist, eine vielleicht eintretende Rechtsgutsverletzung wieder rückgängig zu machen. Je schwieriger dies ist, desto höhere Anforderungen sind an die Vermeidung von Rationalitätsdefiziten beim Erstellen der Prognose zu richten. Soweit eine Entscheidung des Gesetzgebers auf nachvollziehbaren Prognoseerwägungen beruht, wird sie auch dann nicht verfassungswidrig, wenn sich im nachhinein herausstellt, daß die erwarteten Umstände nicht eingetroffen sind[35]. Allerdings trifft den Gesetzgeber unter Umständen eine Nachbesserungspflicht, wenn sich im Laufe der Zeit die Unrichtigkeit der Prognose erweist[36].

Besondere Schwierigkeiten ergeben sich bei der intensivierten Inhaltskontrolle[37]. Im methodischen Ansatz überzeugt sie deshalb nicht, weil sie fälschlich voraussetzt, daß das BVerfG besser als der Gesetzgeber in der Lage ist, zukünftige Entwicklungen abzuschätzen. Wie die vom BVerfG dieser Kategorie zugeordneten Fälle zeigen, geht es jedoch im Kern um etwas anderes als um inhaltliche Kontrolle, nämlich um die Identifizierung der (Grundrechts-) Bereiche, die dem gesetzgeberischen Experimentieren verschlossen sein sollen, weil das Schutzgut der Gefahr des Fehlschlags der Prognose wegen seines hohen Werts und seiner Unwiederbringlichkeit nicht ausgesetzt werden darf[38]. Zur Debatte steht also der Ausschluß prognostischer Tätigkeit und nicht die Kontrolle ihres Inhalts. Welche Bereiche betroffen sind, kann sich nur aus der materiellen Grundrechtsinterpretation ergeben. In der zweiten Abtreibungsentscheidung[39] hat das BVerfG nunmehr auch das Recht auf Leben prognostischen Schutzerwägungen zugänglich gemacht[40]; die Kontrolldichte pendelt sich offenbar auf ein mittleres Maß rationaler Vertretbarkeitskontrolle ein[41].

4. Das Prinzip normativer Vergewisserung

266 Mit der Änderung des Grundrechts auf Asyl im Jahr 1993 wurde ein Konzept in das Grundgesetz eingeführt, das die Verwaltungsgerichte und auch das Bundesverfassungsgericht entlasten soll, indem es die Gerichte in gewissem Umfang von Tatsachenfeststellungen freistellt und diese Aufgabe dem Gesetzgeber überträgt. Art. 16 a Abs. 3 GG bestimmt, daß der Gesetzgeber Staaten definieren kann, bei denen gewährleistet erscheint, daß dort keine politische Verfolgung oder unmenschliche Behandlung stattfindet. Hat der

---

33 Dies wird von *Schlaich*, Rn. 506 (im Anschluß an Geiger) übersehen, wenn er das Problem auf den Satz reduziert: „Der Gesetzgeber schuldet gar nichts anderes als das Gesetz". Der Nachsatz, daß natürlich „ein wirksames, also gültiges und verfassungsmäßiges Gesetz" geschuldet sei, ist sicher richtig, läßt aber doch gerade die hier diskutierte Frage offen.
34 Vgl. BVerfGE 54, 237 (250).
35 Vgl. BVerfGE 95, 1 (19 f.).
36 BVerfGE 95, 267 (314 f.).
37 Vgl. *E. Klein*, S. 427 f.
38 Dies ist die eigentliche Aussage der ersten Abtreibungsentscheidung, BVerfGE 39, 1 (51 ff., 60); unzutreffend daher die abw. Meinung in BVerfGE 39, 68 (69 f., 73). Vgl. auch *Ossenbühl* (N 3), S. 512.
39 BVerfGE 88, 203 (262 f.).
40 Dazu *E. Klein*, in: FS E. Benda (1995), S. 145.
41 Vgl. *Lerche*, HStR V (1992), § 121 Rn. 29 und § 122 Rn. 19; *Hesse*, JZ 1995, S. 272.

Gesetzgeber einen Staat in diesem Sinn als „sicheren Herkunftsstaat" bestimmt, dann spricht eine Vermutung dafür, daß ein Ausländer aus einem solchen Staat nicht verfolgt wird. Die Gerichte sind in einem solchen Fall daher nicht verpflichtet, eigens die Verfolgungslage in dem betreffenden Staat zu klären. Damit soll der Gesetzgeber einen Teil des Verfahrens vorwegnehmen, der vorher den Behörden und Gerichten oblag. Dies soll nicht etwa eine Absenkung des Auflärungsniveaus bedeuten, sondern lediglich eine Verschiebung der Aufgabenverteilung hin zum Gesetzgeber[42]. Dem Gesetzgeber wird „ein Ausschnitt aus der von Art. 16 a Abs. 1 GG geforderten umfassenden Prüfung übertragen" und zwar in Form einer antizipierten Tatsachen- und Beweiswürdigung[43]. Die Bestimmung eines Staates zum sicheren Herkunftsstaat erfordert die Beurteilung der Verhältnisse in dem betreffenden Staat und daher auch die Erhebung der entsprechenden Tatsachengrundlagen. Hierbei soll dem Gesetzgeber nach Ansicht des BVerfG ein weiter Spielraum bezüglich seiner Methoden der Tatsachenermittlung zustehen[44]. Das BVerfG läßt erkennen, daß es lediglich ein bestimmtes Maß an Sorgfalt und Nachvollziehbarkeit der gesetzgeberischen Entscheidung einfordern will[45].

II. Beweislast

Angesichts des im Verfassungsprozeß geltenden Untersuchungsgrundsatzes kann es hier keine Beweisführungslast (subjektive Beweislast) geben[46]. Die Pflicht zur Angabe der Beweismittel (§ 23 Abs. 1 S. 2 BVerfGG) ist (nur) Teil der dem Antragsteller obliegenden Substantiierung.   **267**

Aber auch da, wo dem Gericht die Aufklärung des Sachverhalts überantwortet ist, kann es geschehen, daß die Wahrheit trotz aller Bemühungen nicht feststellbar ist, eine entscheidungserhebliche Tatsache also zur Überzeugung des Gerichts weder als erwiesen noch als widerlegt gelten kann. Zu wessen Lasten sich diese prozessuale Situation der beweismäßigen Unentschiedenheit („*non liquet*") auswirkt, ist die Frage der objektiven Beweislast, die sich für jede Verfahrensordnung stellt, da das Gericht die Fallentscheidung nicht verweigern darf. So muß auch für den Verfassungsprozeß eine Antwort gefunden werden[47]. Vor allem für das Verfassungsbeschwerdeverfahren hat das Problem praktische Bedeutung[48].

---

42 BVerfGE 94, 115 (133) spricht von „Arbeitsteilung".
43 BVerfGE 94, 115 (133).
44 BVerfGE 94, 115 (141 ff.).
45 BVerfGE 94, 115 (144); kritisch die abweichende Meinung der Richter *Limbach* und *Böckenförde*, ebd., S. 157 ff., 163; vgl. auch *Kimms/Schlünder*, Verfassungsrecht II (1998), S. 262 f.
46 Unstreitig. Vgl. z.B. BVerfGE 15, 249 (253); *Weber-Grellet*, Beweis- und Argumentationslast im Verfassungsrecht unter besonderer Berücksichtigung der Rechtsprechung des BVerfG (1979), S. 21.
47 Hierzu *Kokott* (N 27), S. 66 ff., *J. Dürig*, Beweismaß und Beweislast im Asylrecht (1990) und *Nierhaus* (N 28) S. 33 f. – Von dem Problem der Unerweislichkeit der Tatsache ist die Frage zu unterscheiden, ob die Wertungen, die der Gesetzgeber oder das Gericht aus dem Vorliegen von Tatsachen herleitet, zutreffend sind, vgl. BVerfGE 45, 187 (248). Hier ist wieder das Kompetenzverhältnis des BVerfG zu Gesetzgeber und Fachgerichten berührt.
48 Aber nicht nur. Auch im abstrakten und konkreten Normenkontrollverfahren kann es für die Verfassungsmäßigkeit eines Gesetzes auf das Vorliegen von bestimmten Tatsachen ankommen. Siehe dazu oben in N 24.

268 Die objektive Beweislast ist nicht mit der Frage des geforderten Beweismaßes zu verwechseln, auch wenn ein wichtiger Zusammenhang besteht. Je geringer die Anforderungen sind, wonach eine Tatsache als erwiesen gelten kann, desto kleiner wird der Bereich, in dem die Regeln der objektiven Beweislast anwendbar sind. Ein Beispiel sind die für das Recht auf Asyl bzw. für das Vorliegen des Tatbestandsmerkmals der „politischen Verfolgung" von der verwaltungsgerichtlichen Rechtsprechung mit Billigung des BVerfG entwickelten Wahrscheinlichkeitsmaßstäbe[49]. Ist die geforderte Wahrscheinlichkeit der politischen Verfolgung gegeben, so gilt das Tatbestandsmerkmal als erfüllt, auf die objektive Beweislast kommt es nicht mehr an.

269 Aussagen im Hinblick auf die objektive Beweislast lassen sich der einschlägigen Norm meist nicht entnehmen. Sie ordnet eine Rechtsfolge für den Fall an, daß der Tatbestand vorliegt, und ordnet sie nicht an oder verbietet sie sogar, wo er nicht vorliegt. Gerade nicht geregelt ist der Fall, daß diese Frage im Prozeß ungeklärt bleibt. Hier helfen nur zusätzliche Beweislastregeln[50] über die prozessuale Notlage hinweg.

Die Funktion solcher Beweislastregeln können materiell-rechtliche Vermutungen übernehmen[51]. Das BVerfG hat z.B. aus einer im Rechtsstaat akzeptablen Annahme, daß öffentliche Urkunden eine zutreffende Aussage enthalten, wenn die Unrichtigkeit nicht erwiesen ist, gefolgert, daß eine Vermutung für die Richtigkeit des im Bundesgesetzblatt angegebenen Ausgabedatums spricht[52]. Keinesfalls darf aber eine generelle Vermutung für die Richtigkeit staatlichen Handelns angenommen werden.

270 Keine geeignete Beweislastregel enthält der Satz in *dubio pro libertate*[53]. Für Verfassungsstreitigkeiten gibt er ohnehin nichts her; allerdings wird dort ein non liquet auch kaum auftreten. Anwendung finden könnte er prinzipiell da, wo Staat und Einzelner aufeinandertreffen, also insbesondere im Verfassungsbeschwerdeverfahren, aber auch der Sache nach in den Normenkontrollverfahren. Der Satz verkennt jedoch, daß es in den seltensten Fällen um die bloße Entgegensetzung Einzelner-Staat geht, sondern daß der Gesetzgeber (und vollziehend die Exekutive) Grundrechtssphären voneinander abzugrenzen hat und mit den Schranken, die dem einen gezogen werden, die Freiheit anderer gesichert werden soll. Die „im Zweifel für die Freiheit"-Devise führt hier nicht weiter.

271 Keineswegs wäre auch eine Regel akzeptabel, die grundsätzlich dem Antragsteller die Beweislast auferlegt[54]. Für Vorlageverfahren – wo die antragstellenden Gerichte ja nicht Prozeßbeteiligte sind – gäbe das überhaupt keinen Sinn, aber auch nicht – angesichts des Verfahrenszwecks – für das abstrakte Normenkontrollverfahren. Die Anwendung der Re-

---

49 Vgl. dazu etwa *Hailbronner*, Ausländerrecht (2. Aufl. 1989), Rn. 1198 ff.; *Dürig* (N 47), S. 74 ff.; BVerfGE 80, 315 (344).

50 Vgl. dazu *Leipold*, Beweislastregel und gesetzliche Vermutungen, insbesondere bei Verweisungen zwischen verschiedenen Rechtsgebieten (1966); *Peschau*, Die Beweislast im Verwaltungsrecht (1983); *Prütting*, Gegenwartsprobleme der Beweislast (1983); *Sonntag*, Beweislast bei Drittbetroffenenklagen (1986).

51 Vgl. z.B. die Vermutungen des Asylverfahrensgesetzes; dazu *Dürig* (N 47), S. 92 ff.

52 BVerfGE 16, 6 (17).

53 Vgl. aber positiv dazu *P. Schneider*, in: FS zum 100jährigen Bestehen des Deutschen Juristentages 1860-1960, II (1960), S. 274 ff.; ferner *Auer*, Die Verteilung der Beweislast im Verwaltungsstreitverfahren (Diss. Mainz 1963), S. 72 ff., und *Ossenbühl* (N 3), S. 486. – Wie hier *Dürig* (N 47), S. 106 f. und *Kokott* (N 27), S. 84 ff.

54 Vgl. dazu *F. Klein*, in: BVerfGG-Kommentar, § 26 Rn. 3.

gel im Verfassungsbeschwerdeverfahren ließe außer acht, daß der Beschwerdeführer in einer von ihm oft nicht zu beeinflussenden Weise in die Rolle des Antragstellers geraten ist und damit – gälte die Regel – in eine für ihn von Anfang an ungünstigere prozessuale Lage gebracht würde; dies wäre mit der materiellen Freiheitsverbürgung unvereinbar.

Am ehesten überzeugt eine von der Normentheorie *Rosenbergs* abgeleitete, sie für das öf-   **272** fentliche Recht modifizierende Auffassung, wonach die Beweislastverteilung danach vorgenommen wird, ob jemand den ihm gesichert zustehenden Rechtskreis gegen Eingriffe verteidigt oder ob er daraus hervortritt[55]. Der Grundrechtsträger trägt zwar die objektive Beweislast für die Tatsache des Eingriffs, doch fällt die Nichterweislichkeit der tatsächlichen Voraussetzungen für den Eingriff dem zur Last, dessen Maßnahme geprüft wird. Die Grundrechtsträgerschaft – und damit die gesicherte Zuordnung des Freiheitsbereichs – wird selten umstritten sein. Bei sogenannten Menschenrechten ist das evident. Bei den sogenannten Deutschen-Rechten kann diese Eigenschaft aber umstritten sein und unaufgeklärt bleiben. Es spricht alles dafür, daß wegen der besonderen Verantwortung des Staates für seine Bürger die Nichterweislichkeit der deutschen Staatsangehörigkeit (Deutscheneigenschaft) zu Lasten des Staates ginge, also z.B. eine Auslieferung nicht zulässig wäre, wenn sich nicht mit Sicherheit die Nichtdeutscheneigenschaft erweisen läßt[56].

Zutreffend ist im Hinblick auf Art. 16 a Abs. 1 (Art. 16 Abs. 2 S. 2 GG a.F.) aber darauf   **273** hingewiesen worden, daß dort das entscheidende Tatbestandsmerkmal „politisch Verfolgte" überhaupt erst den Kreis der Grundrechtsträger konstituiert, also gerade nicht ohne weiteres evident ist, daß ein Beschwerdeführer überhaupt Berechtigter ist. Gegenüber anderen Ausländern beansprucht er eine privilegierte Stellung; sind die Voraussetzungen der Verfolgung nicht erweislich, fällt ihm das zur Last[57]. Dies ist angesichts der hier geltenden (reduzierten) Beweisanforderungen nicht unbillig[58]. Abgesehen davon trägt der Staat die objektive Beweislast, wenn der Tatbestand der politischen Verfolgung feststeht, aber Tatsachen nicht erwiesen sind, deren Vorliegen das Asylrecht ausschließen würde. Insoweit ist freilich manches streitig. Wer z.B. das Tatbestandsmerkmal der politischen Verfolgung davon abhängig macht, daß der Beschwerdeführer keine inländische Fluchtalternative hat, muß diesem die objektive Beweislast dafür auferlegen, daß eine solche Fluchtalternative nicht erweislich ist. Wer hingegen davon ausgeht, daß auch regionale politische Verfolgung politische Verfolgung im Sinn des Art. 16 a GG ist, der Beschwerdeführer also Grundrechtsberechtigter ist, wird die objektive Beweislast für die Nichterweislichkeit der inländischen Fluchtalternative (als eines Ausschlußtatbestandes) dem Staat auferlegen[59]. Ähnliche Probleme stellen sich im Zusammenhang mit sogenannten Nachfluchttatbeständen[60].

---

55 Dazu *Dürig* (N 47), S. 116 ff.; *Rosenberg*, Die Beweislast auf der Grundlage des Bürgerlichen Gesetzbuchs und der Zivilprozeßordnung (5. Aufl. 1965), S. 98 ff.

56 Vgl. BVerfGE 8, 81 (84); das BVerfG hat sich allerdings in diesem Fall die Überzeugung verschafft, daß der Beschwerdeführer Deutscher ist; ferner BVerfGE 17, 224 (227); Kammerbeschl. v. 22.06.90 – 2 BvR 116/90 –, NJW 1990, S. 2193 f.

57 *Dürig* (N 47), S. 129 ff.

58 Siehe oben bei N 36.

59 Vgl. BVerfGE 80, 315 (343 ff.); *Dürig* (N 47), S. 150 ff.

60 Vgl. BVerfGE 74, 51 (64 ff.); *Dürig* (N 47), S. 152 ff.

274 Beweislastverteilung ist Risikozuteilung. Letztlich kann sie nicht ohne Zumutbarkeitsprüfung durchgeführt werden[61]. Vor diesem Hintergrund folgenbewußter Güterabwägung ist die Beweislastverteilung nach einer an der Verteidigung des eigenen Rechtskreises orientierten Beweislastregel vorzunehmen und gegebenenfalls zu korrigieren. Die Entscheidung nach der objektiven Beweislast muß sich bewußt sein, möglicherweise die Wahrheit zu verfehlen. Unter diesem Aspekt der Abwägung wäre auch die Frage, wer die objektive Beweislast im Bund-Länder- oder Organstreitverfahren zu tragen hätte, zu entscheiden, sollte sie wirklich einmal auftreten.

III. Beweismittel

275 Zur Erforschung der Wahrheit stehen im Verfassungsprozeß die allgemeinen Beweismittel zur Verfügung. Urkunden, Zeugen und Sachverständige werden ausdrücklich genannt (§§ 26-29 BVerfGG). Da die Beweiserhebungskompetenz des BVerfG generell umschrieben ist, besteht kein Anlaß, diese Anführung als abschließend zu verstehen, um so weniger, als sie offenkundig im Zusammenhang mit besonderen Fragen (Staatssicherheit, entsprechende Anwendbarkeit der strafprozessualen bzw. zivilprozessualen Normen) steht. Obgleich es sehr selten notwendig sein wird, kommen daher auch im Verfassungsprozeß der Augenschein und die Parteivernehmung in Betracht[62]. Darüber hinaus kann sich das BVerfG auch anderer Aufklärungshilfen bedienen. In Betracht kommen etwa Berichte über die Praxis von Behörden und Parlamenten, die von Personen abgegeben werden, die durch die entsprechende Behörde benannt worden sind[63]. Schließlich kommt auch die Anhörung von Interessenverbänden, Berufs- und Standesorganisationen u.a. als Erkenntnismittel in Betracht. In der Regel wird es sich bei diesen Anhörungen nur um vorbereitende Maßnahmen zur Stoffsammlung handeln[64]. Von einer Beweisaufnahme kann nur gesprochen werden, wenn Befragungen dieser Art Gegenstand einer förmlichen Beweisanordnung sind oder wenn sie in der Entscheidung des Gerichts erkennbar als Beweismittel verwertet werden[65].

IV. Beweisverfahren und Beweiswürdigung

276 Nach der Rechtsprechung bedarf es keiner förmlichen Anordnung einer Beweisaufnahme[66]; ergeht jedoch ein Beweisbeschluß, so ist er den Beteiligten zuzustellen. Sie sind nach § 29 BVerfGG von dem Termin zu benachrichtigen[67]. Ihr Anwesenheits- und Informationsrecht (Grundsatz der Parteiöffentlichkeit) ist für den Fall, daß die Beweisauf-

---

61 Dies ist der zutreffende Kern der These von *Berg*, Die verwaltungsrechtliche Entscheidung bei ungewissem Sachverhalt (1980), S. 223 ff.
62 *Lechner/Zuck*, § 26 Rn. 7 ff.; *Geiger*, § 26 Anm. 1.
63 *Zöbeley*, in: Umbach/Clemens, § 26 Rn. 7; zur Problematik der unrichtigen Auskunft solcher Personen vgl. OLG Karlsruhe, NStZ 1996, S. 282 f. m.Anm. *Kuhnert*.
64 BVerfGE 63, 148 (150 ff.).
65 BVerfGE 96, 217 (220 f.).
66 BVerfGE 81, 387 (391); 96, 217 (220); dies ist nicht unproblematisch.
67 Sog. Amts- oder Offizialbetrieb; nicht zu verwechseln mit der Offizialmaxime (als Gegensatz zur Dispositionsmaxime).

nahme außerhalb der mündlichen Verhandlung durch einen beauftragten oder ersuchten[68] Richter nach § 26 Abs. 1 S. 2 BVerfGG durchgeführt wird, von besonderer Bedeutung.

Die Beweisaufnahme wird grundsätzlich vom BVerfG selbst vorgenommen, damit sich **277** der Spruchkörper unmittelbar eine Meinung bilden kann. Der Grundsatz der Unmittelbarkeit wird allerdings durch §§ 26 Abs. 1 S. 2 und 33 Abs. 2 BVerfGG eingeschränkt.

Mit der Beweisaufnahme allein ist eine Tatsache noch nicht erwiesen, vielmehr bedarf es **278** immer einer Würdigung durch das Gericht[69]. Sie erst konstituiert seine Überzeugung (§ 30 Abs. 1 S. 1 BVerfGG). Die Beweiswürdigung ist den allgemeinen prozessualen Regeln entsprechend frei, also nicht an gesetzliche Regeln gebunden[70].

§ 15 Dispositions- und Offizialmaxime

Die für den Verfassungsprozeß maßgebliche Untersuchungsmaxime gibt keinen Auf- **279** schluß darüber, ob es die Antragsteller oder die Prozeßbeteiligten sind, die über den Verfahrensgegenstand verfügen können (Verfügungsgrundsatz oder Dispositionsmaxime), oder ob dies Sache des BVerfG ist (Offizialmaxime). Die bereits angestellten Überlegungen weisen allerdings darauf hin, daß eine differenziertere Sicht angebracht ist, als sie der Aussage, das BVerfG sei „Herr des Verfahrens"[1], entnommen werden könnte. Das Problem bedarf daher der Vertiefung[2].

Die Geltung der Dispositionsmaxime im Zivilprozeß spiegelt die dem Privatrecht zu- **280** grunde liegende Privatautonomie[3]. Auch im Verwaltungsprozeßrecht entspricht die dort ebenfalls geltende Dispositionsmaxime einer materiell-rechtlichen Verfügungsbefugnis, die es den Betroffenen freistellt, ob sie ihre subjektiv-öffentlichen Rechte in Anspruch nehmen wollen[4]. Demgegenüber ist der Strafprozeß von der Offizialmaxime beherrscht. Sie ist der prozessuale Ausdruck dafür, daß dem Staat nicht nur der materielle Strafanspruch zusteht, sondern daß er auch das Recht und die Pflicht zur Strafverfolgung hat. Die Strafverfolgung ist daher in die Hand der staatlichen Rechtspflegeorgane gelegt[5].

In allen drei Verfahrensordnungen erfährt der jeweils geltende Grundsatz aber zugunsten der anderen Maxime Einschränkungen. Wo ausnahmsweise im Zivilprozeß aus Gründen der Gestaltung und Zielsetzung des materiellen Rechts öffentliche Interessen im Vordergrund stehen (Ehe-, Kindschafts- und Betreuungssachen), ist die Dispositionsmaxime von der Offizialmaxime verdrängt. Fehlende materiell-rechtliche Verfügungsbefugnis schränkt auch im Verwaltungsprozeß die Dispositionsmaxime ein (vgl. § 106 VwGO). Umgekehrt tritt im Strafprozeß die Offizialmaxime da in den Hintergrund, wo das öffent-

---

68 Zur Pflicht, dem Ersuchen nachzukommen, vgl. § 27 BVerfGG.
69 Vgl. BVerfGE 93, 248 (258, 260) – abw. M.
70 BVerfGE 1, 299 (316).

1 Dazu oben Rn. 114 ff., 167 ff.
2 Zu einfach *Geiger*, Einige Besonderheiten im verfassungsgerichtlichen Prozeß (1981), S. 12.
3 *Jauernig*, Zivilprozeßrecht (25. Aufl. 1998), § 24 I S. 76.
4 *Schmitt Glaeser*, Verwaltungsprozeßrecht (14. Aufl. 1997), Rn. 538.
5 *Roxin*, Strafverfahrensrecht (25. Aufl. 1998), § 12 B, Rn. 6 f.

liche Interesse an der Strafverfolgung nicht dominiert (sog. Antragsdelikte). Materiell-rechtliche Interessenbewertung einerseits und Verfahrensherrschaft andererseits hängen offenbar aufs engste miteinander zusammen. Es ist zu prüfen, welche Bedeutung unter diesem Gesichtspunkt die beiden Maximen für den Verfassungsprozeß haben[6].

281 Dispositions- und Offizialmaxime wirken sich in dreifacher Hinsicht aus:

(1) bei der Ingangsetzung des Verfahrens,
(2) bei der Bestimmung des Verfahrensgegenstandes und
(3) bei der Beendigung des Verfahrens.

282 Zu (1):

Es wurde bereits erörtert, daß die Ingangsetzung des Verfahrens eines verfahrenseinleitenden Antrags bedarf (§ 23 Abs. 1 BVerfGG), das BVerfG also kein Fallzugriffsrecht hat[7]. Insoweit gilt die Dispositionsmaxime für alle verfassungsgerichtlichen Verfahren.

283 Zu (2):

Grundsätzlich bestimmt der Antragsteller durch seinen Antrag auch den Verfahrensgegenstand. Dies gilt, wie gezeigt, allerdings nicht ausnahmslos[8]. Das BVerfGG gesteht dem BVerfG aus Gründen des allgemeinen Interesses die gezielte Überschreitung der üblicherweise durch den Antrag gezogenen Entscheidungsgrenzen zu und setzt in diesem Umfang den Satz „*ne eat iudex ultra petita partium*" außer Kraft. Die Bestimmungsbefugnis des Antragstellers über den Verfahrensgegenstand ist daher in diesen Fällen eingeschränkt.

284 Zu (3):

Die meisten Probleme stellen sich im Hinblick auf die Beendigung des Verfahrens. Die Zurücknahme des Antrags ist ausdrücklich nur für das Präsidenten- und Richteranklageverfahren vorgesehen (§§ 52, 58 Abs. 1 BVerfGG). Hieraus den Schluß auf die Unzulässigkeit der Antragsrücknahme in den übrigen Verfahren ziehen zu wollen, wäre allerdings verfehlt, da die Geltung der Dispositionsmaxime gerade in den Anklageverfahren, die ja starke, auch vom BVerfGG selbst (§ 28 BVerfGG) anerkannte Parallelen zum Strafverfahren aufweisen, keineswegs selbstverständlich ist. Für die übrigen Verfahren muß daher eigenständig entschieden werden. Maßgebliches Kriterium ist dabei, ob es öffentliche Interessen erfordern, die Prozeßbeendigung an die Zustimmung des BVerfG zu binden.

285 In den Grundrechtsverwirkungs- und Parteiverbotsverfahren ist dies nicht der Fall[9]. Es ist Sache des Antragstellers, solche Verfahren nach pflichtgemäßem Ermessen, das auch politische Gesichtspunkte miteinbeziehen kann, in Gang zu setzen. Die Durchsetzung des Verfahrens dem BVerfG aufzubürden, obgleich die Antragsteller ihren Antrag nicht weiter verfolgen wollen, würde trotz des strikten Wortlauts von Art. 18 und 21 GG verkennen, daß diese Verfahren notwendig auch eine politische Auseinandersetzung implizieren, die ohne dieses antagonistische Element nicht sinnvoll geführt werden kann. Aller-

---

6 Es besteht kein Anlaß, diese gängige prozessuale Begrifflichkeit für das Verfassungsprozeßrecht aufzugeben; anders *Engelmann*, Prozeßgrundsätze im Verfassungsprozeßrecht (1977), S. 37.
7 Siehe oben Rn. 182 f.
8 Siehe oben Rn. 187.
9 Wie hier *Lang*, DÖV 1999, S. 632; anders *Hund*, in: Umbach/Clemens, Vor §§ 17 ff. Rn. 24.

dings sollte im Interesse der Betroffenen das Verfahren fortgeführt werden, wenn sie der Antragsrücknahme nicht zustimmen[10].

Es galt lange als unstreitig, daß der Beschwerdeführer durch Rücknahme seiner Verfassungsbeschwerde bis zum Ergehen der Entscheidung das Verfahren beenden könne[11]. Das BVerfG hat neuerdings jedoch die Rücknahme „jedenfalls dann" für unwirksam gehalten, wenn es die Verfassungsbeschwerde trotz fehlender Ausschöpfung des Rechtswegs wegen ihrer allgemeinen Bedeutung angenommen und darüber bereits mündlich verhandelt hat und die allgemeine Bedeutung auch danach nicht entfallen ist. Unter diesen Umständen stehe die objektive Funktion der Verfassungsbeschwerde gegenüber dem Individualrechtsschutzgedanken im Vordergrund[12].   **286**

Diese Begründung ist deshalb nicht unbedenklich, weil sie es letzlich ganz dem BVerfG überläßt, durch Einsatz des Topos von der „objektiven Funktion der Verfassungsbeschwerde" das Gewicht in die jeweils gewünschte Richtung zu verlagern[13]. Obgleich der Verfassungsbeschwerde in der Tat beide Elemente innewohnen, ist doch der subjektive Rechtsschutzgedanke primär[14]; dies spricht für die Geltung der Dispositionsmaxime.

Allerdings sollte die Unwirksamkeit einer Rücknahme nicht völlig ausgeschlossen werden. Dies gilt vor allem dann, wenn Anzeichen dafür bestehen, daß der Beschwerdeführer zur Rücknahme gedrängt wurde; hier verlangt gerade der Rechtsschutzgedanke die Weiterführung der Prüfung[15]. Umgekehrt kann die Rücknahme (als Prozeßhandlung) mißbräuchlich sein, wenn sie gezielt dazu eingesetzt wird, bereits umfassend geleistete Arbeit des BVerfG zunichte zu machen. Die Rechtsgewährung durch das BVerfG ist ein knappes Gut; daher liegt ihr sinnvoller Einsatz im öffentlichen Interesse[16].

Bei der Wahlprüfungsbeschwerde steht – gerade anders als bei der Verfassungsbeschwerde – der öffentliche Zweck, die Gültigkeit der Wahl als solche, im Vordergrund[17]; nur in zweiter Linie dient das Wahlprüfungsverfahren auch der Verwirklichung des sub-   **287**

---

10 Ebenso *Lechner/Zuck*, Vor § 17 Rn. 11.

11 Zuletzt BVerfGE 85, 109 (113); *Hund*, in: FS H. Faller (1984), S. 68; *Lechner/Zuck*, Vor § 17 Rn. 14.

12 BVerfGE 98, 218 (241 f.) – Rechtschreibereform.

13 Diese Erweiterung des eigenen Handlungsspielraums paßt in die Überlegungen der Kommission zur Entlastung des BVerfG, wonach das Gericht bezüglich Verfassungsbeschwerden in die Lage versetzt werden soll, „sein Entscheidungsprogramm nach Inhalt und Umfang selbst festzulegen"; Bericht der Kommission (1998), S. 42.

14 *E. Klein*, DÖV 1982, S. 797 ff.; *Wagner*, NJW 1998, S. 2638 ff.; *Bauer/Möllers*, JZ 1999, S. 697 ff.; *Wißmann*, DÖV 1999, S. 152 ff. Anders: *Cornils*, NJW 1998, S. 3624; *Lang*, DÖV 1999, S. 627 ff. – Siehe auch unten Rn. 391 ff.

15 Dies ist auch der Kern des Gedankens im internationalen Menschenrechtsschutz, wonach zwar grundsätzlich die Rücknahme der Beschwerde zur Beendigung des Verfahrens führt, die zuständige Instanz jedoch die Prüfung fortsetzt, „wenn die Achtung der Menschenrechte, wie sie in dieser Konvention und den Protokollen dazu anerkannt sind, dies erfordert" (Art. 37 Abs. 1 EMRK); vgl. auch *Rogge*, EuGRZ 1998, S. 705.

16 Im Ergebnis ist die Weiterbehandlung der Verfassungsbeschwerde in BVerfGE 98, 218, daher richtig gewesen, da die Beschwerdeführer fast zwei Monate nach der mündlichen Verhandlung und nur eine Woche vor der angekündigten Urteilsverkündung die Verfassungsbeschwerde zurücknahmen, nachdem durchgesickert war, daß sie mit ihrer Beschwerde wohl keinen Erfolg haben würden. Allerdings überzeugen die Hinweise in BVerfGE 98, 218 (243), auf die Einschränkung der Rücknahmebefugnis im fortgeschrittenen Verfahrensstadium in anderen Prozeßordnungen nicht, weil dort der Schutz des Beklagten – den es im Verfassungsbeschwerdeverfahren nicht gibt – im Vordergrund steht. Vgl. § 269 Abs. 1 ZPO; § 92 Abs. 1 S. 2 VwGO. Hierzu auch *Bauer/Möllers* (N 14), S. 698.

17 BVerfGE 66, 369 (378); unsicher *Hund*, in: Umbach/Clemens, Vor §§ 17 ff. Rn. 27.

jektiven Wahlrechts[18]. Die Beschränkung der Dispositionsmaxime liegt darum hier näher; das öffentliche Interesse an der Klärung einer nicht unwichtigen wahlrechtlichen Zweifelsfrage kann sich daher über die Rücknahme der Beschwerde hinwegsetzen[19].

288 Für die kontradiktorischen Verfahren (Organ- und Bund-Länder-Streitverfahren) geht das BVerfG von einer nur eingeschränkten Dispositionsbefugnis des Antragstellers aus. Jedenfalls nach Durchführung der mündlichen Verhandlung behält sich das Gericht die Entscheidung darüber vor, ob nicht öffentliche Interessen der Beendigung des Verfahrens entgegenstehen und seine Fortsetzung verlangen[20]. Die Rechtsprechung ist verständlich unter dem Aspekt des primär objektiven Verfahrenszwecks dieser Verfahren, in denen um die Einhaltung der die freiheitliche Ordnung sichernden Kompetenzgrenzen gestritten wird. Die Dominanz des öffentlichen Interesses rechtfertigt daher das Vordringen der Offizialmaxime.

Diese Überlegungen zeigen auch, daß eine Verfahrensbeendigung durch Vergleich unzulässig wäre. Die Prozeßbeteiligten sind nicht in der Lage, durch interne Absprachen über ihre Kompetenzen zu verfügen. Bezüglich der Ausübung der Kompetenzen sind allerdings Abreden (z.B. gegenseitige Information) denkbar, deren Einhaltung möglicherweise Gegenstand des verfassungsgerichtlichen Streitverfahrens sein kann[21]. In diesen Fällen wird man die materielle Verfügungsbefugnis der Beteiligten über den Verfahrensgegenstand bejahen und demgemäß auch von einer Verfahrensbeendigung durch Vergleich ausgehen können[22].

289 Ähnlich wie bei den Verfassungsstreitigkeiten argumentiert das BVerfG hinsichtlich der abstrakten Normenkontrolle. Ob eine Antragsrücknahme zur Verfahrensbeendigung führt, wird daher gleichfalls dem Test unterworfen, ob öffentliche Interessen entgegenstehen[23]. Im abstrakten Normenkontrollverfahren ist der objektive Verfahrenszweck evident. Das BVerfG wird aber wie bei den kontradiktorischen Verfahren zu berücksichtigen haben, daß dem Antragsteller nicht nur eine Anstoßfunktion zukommt, sondern daß er – dies zeigt die sorgfältige Abgrenzung des berechtigten Kreises – für besonders qualifiziert angesehen wird, zur Einhaltung der Verfassung tätig zu werden. Zieht er seinen Antrag zurück, so wird dies das BVerfG nicht ohne weiteres mit dem Hinweis auf öffentliche Interessen überspielen dürfen, sondern diese Interessen zu definieren haben[24].

290 Im konkreten Normenkontrollverfahren kann das vorlegende Gericht die Vorlage zurücknehmen, wenn sich das Ausgangsverfahren erledigt hat oder wenn das Gericht nicht mehr von der Verfassungswidrigkeit der vorgelegten Norm überzeugt ist. Das BVerfG kann das Verfahren dann nicht bei sich festhalten. Im ersten Fall würde dies der Funktion des Zwischenverfahrens widersprechen, im zweiten Fall würde es an einer Sachentscheidungsvoraussetzung fehlen; hier braucht das Gericht die Zurückweisung seiner Vorlage als unzulässig nicht abzuwarten[25].

---

18 BVerfGE 85, 148 (158 f.).
19 BVerfGE 89, 291 (299).
20 BVerfGE 24, 299 (300); enger BVerfGE 83, 175 (181). Vgl. näher unten Rn. 1046 und 1085.
21 Dazu unten Rn. 1056.
22 Vgl. auch *Lechner/Zuck*, Vor § 17 Rn. 18.
23 BVerfGE 1, 396 (414); 77, 345; 87, 152. – Siehe näher unten Rn. 754.
24 Bedenken in dieser Richtung auch bei *G. Wolf*, DVBl. 1966, S. 890; *Knies*, in: FS K. Stern (1997), S. 1164.
25 Anders *Lang*, DÖV 1999, S. 633; vgl. näher unten Rn. 879.

Führt die Rücknahme des Antrags zur Verfahrensbeendigung, sei es unmittelbar, sei es   **291**
mit Einverständnis des BVerfG, so stellt das BVerfG das Verfahren (deklaratorisch) durch
Beschluß ein[26].

Insgesamt kann festgehalten werden, daß die Dispositionsmaxime auch den Verfassungs-   **292**
prozeß maßgeblich beherrscht, es jedoch in einzelnen wichtigen Bereichen Einschränkungen zugunsten der Offizialmaxime gibt. Die für andere Verfahrensordnungen getroffene Feststellung, daß es eine ungebrochene Herrschaft der jeweiligen Maxime nicht gibt,
kann somit auch für das Verfassungsprozeßrecht bestätigt werden.

§ 16 Beratung und Entscheidung

I. Beratung und Abstimmung

Das BVerfG steht wie alle Gerichte unter Entscheidungszwang[1]. Die Entscheidung ist im   **293**
jeweiligen Spruchkörper (Senat, Kammer, Plenum) in geheimer Beratung zu finden[2]. Ihre
Grundlage ist der gesamte Inhalt des mündlichen bzw. des schriftlichen Verfahrens (§ 30
Abs. 1 BVerfGG).

Bei der Beratung sind nur die mitwirkenden Richter anwesend (§ 25 GeschO)[3], also we-   **294**
der wissenschaftliche Mitarbeiter noch Verwaltungspersonal noch Referendare. Nehmen
bei Beginn der Beratung einer Sache nicht alle Richter (§ 2 Abs. 2 BVerfGG) teil, so können die fehlenden auch später nicht hinzutreten, es sei denn, die Beratung wird neu begonnen, weil die Zahl der teilnehmenden Richter unter das Beschlußfähigkeitsquorum
abgesunken ist (§ 26 Abs. 1 GeschO). Mit Beginn der Beratung steht die entscheidende
Richterbank fest[4]. Über den Gang der Beratung, die der Vorsitzende leitet (§ 15 Abs. 1
BVerfGG)[5], entscheidet der Senat (§ 27 GeschO).

Die Beschlußfähigkeit der einzelnen Spruchkörper ist verschieden geregelt. Ein Senat ist   **295**
beschlußfähig, wenn mindestens sechs Richter anwesend sind (§ 15 Abs. 2 S. 1
BVerfGG). Wird diese Zahl unterschritten[6], kann grundsätzlich nicht weiter prozediert
werden. Die Beratung ist neu zu eröffnen. Eine Vertretung durch Richter des anderen Senats ist nicht vorgesehen. Seit 1986 ist allerdings bei „Verfahren von besonderer Dring-

---

26 Z.B. BVerfGE 77, 345. – Vgl. auch § 92 Abs. 2 VwGO.

 1 Vgl. *P. Kirchhof*, in: FS der Juristischen Fakultät zur 600-Jahr-Feier der Ruprecht-Karls-Universität Heidelberg (1986), S. 37. – Allerdings ist die Zeitdauer der Verfahren oft erheblich (siehe oben Rn. 74); allgemein
   Scholette, Der Anspruch auf gerichtliche Entscheidung in angemessener Frist (1999).
 2 Das Beratungsgeheimnis ist gem. §§ 43, 69 DRiG geschützt. Vgl. aber § 30 Abs. 2 BVerfGG als gesetzliche
   Ausnahme zum Beratungsgeheimnis. Näher *Faller*, DVBl. 1995, S. 985 ff.; *Niebler*, in: FS Tröndle (1989),
   S. 585 ff.
 3 Die Regelung bezieht sich unmittelbar wohl nur auf die Senatsberatung, ist aber auch für die Beratungen
   von Kammern und Plenum anwendbar. Allerdings führen die Kammern gelegentlich Beratungen durch, an
   denen auch wissenschaftliche Mitarbeiter – meist der des Berichterstatters – teilnehmen.
 4 BVerfGE 78, 306 (315).
 5 Vgl. zu den Aufgaben des Vorsitzenden § 17 BVerfGG i.V.m. § 194 Abs. 1 GVG.
 6 In Betracht kommt Abwesenheit (Krankheit, Urlaub oder Ausschluß [§ 18 BVerfGG]) oder Vakanz (Tod).
   Vgl. § 15 Abs. 3 BVerfGG.

lichkeit" bestimmt, daß der Vorsitzende ein Losverfahren anordnet, durch das der entscheidende Senat durch Richter des anderen Senats so lange ergänzt wird, bis die Beschlußfähigkeit gesichert ist (§ 15 Abs. 2 S. 2-4 BVerfGG, § 38 GeschO); in dieser Besetzung entscheidet der Senat. Die nähere Definition des Begriffs der besonderen Dringlichkeit obliegt dem Vorsitzenden. Kriterien sind die Bedeutung der Sache für das Gemeinwohl oder einen einzelnen und die daraus resultierende Unaufschiebbarkeit der Entscheidungsfindung[7].

296 Kommt bei fehlender Beschlußfähigkeit des Senats der Erlaß einer einstweiligen Anordnung in Betracht, so kann diese Anordnung „bei besonderer Dringlichkeit" erlassen werden, wenn mindestens drei Richter anwesend sind und sie einstimmig entscheiden (§ 32 Abs. 7 BVerfGG). Das Vorliegen der besonderen Dringlichkeit hat das Richtergremium nach den eben erwähnten Kriterien zu bejahen. Ergeht eine einstweilige Anordnung, wird das Losverfahren entbehrlich, soweit zu erwarten ist, daß die damit für einen Monat erfolgte vorläufige Regelung die besondere Dringlichkeit im Sinne des § 15 Abs. 2 S. 2 BVerfGG beseitigt hat und abgewartet werden kann, bis die Beschlußfähigkeit des Senats in seiner eigentlichen Zusammensetzung wiederhergestellt ist.

297 Die Beschlußfähigkeit der Kammern ist nicht ausdrücklich geregelt. Aus dem Gesamtzusammenhang der sie betreffenden Vorschriften (§§ 15 a, 93 b und c BVerfGG, §§ 39-42 GeschO) ergibt sich jedoch, daß eine Entscheidung stets der Mitwirkung aller drei Mitglieder bedarf. Das Plenum ist beschlußfähig, wenn von jedem Senat zwei Drittel seiner Richter anwesend sind, also insgesamt zwölf (§ 16 Abs. 2 BVerfGG). Diese Regel gilt auch für andere als in § 16 Abs. 1 BVerfGG beschriebene richterliche Tätigkeiten des Plenums (vgl. § 105 BVerfGG)[8].

298 Die Beratung mündet in die Abstimmung, die sie beendet. Mit der Stimmabgabe verlieren die mitwirkenden Richter aber nicht das Recht auf Meinungsänderung. Sie können vielmehr bis zur Verkündung oder Ausfertigung der Entscheidung zum Zwecke der Zustellung die Fortsetzung der Beratung verlangen, wenn sie ihre Stimmabgabe ändern wollen (§ 26 Abs. 2 GeschO). Abgestimmt wird nach dem Prinzip der Stufenabstimmung[9], also in der Reihenfolge der logisch aufeinanderfolgenden Rechtsfragen, z.B. über Zulässigkeits- vor Begründetheitsfragen (§ 27 S. 2 GeschO). Die Abstimmungsreihenfolge der Richter ergibt sich aus § 197 GVG i.V.m. § 17 BVerfGG[10].

299 Die erforderliche Abstimmungsmehrheit, die nicht mit der Beschlußfähigkeit verwechselt werden darf, variiert aufgrund gesetzlicher Anordnung. In den dem Strafprozeß angenäherten Verfahren (Grundrechtsverwirkung, Parteiverbot, Präsidenten- und Richteranklage) bedarf es zu einer für den Antragsgegner nachteiligen Entscheidung einer Mehrheit von zwei Dritteln der Mitglieder des Senats, also mindestens von sechs Richtern

---

7 BT-Drs. 10/2951, S. 9. Siehe auch *Ulsamer*, in: BVerfGG-Kommentar, § 15 Rn. 5 a. – Im Fall der Ablehnung wegen Befangenheitsbesorgnis ist der Senat stets per Losverfahren zu ergänzen, § 19 Abs. 4 BVerfGG; vgl. oben Rn. 220.
8 Nur bei Plenarsitzungen, die nicht vom BVerfGG dem Gericht übertragene Zuständigkeiten zum Gegenstand haben, kann § 2 Abs. 4 GeschO (zwei Drittel der Richter) zur Anwendung kommen.
9 Dazu *Ulsamer*, in: BVerfGG-Kommentar, § 15 Rn. 13. Zu den Ausnahmen (z.B. Anklageverfahren) vgl. *Brox*, in: FS Gebh. Müller (1970), S. 3.
10 Da die Zeitdauer als Richter des BVerfG nicht entscheidend sei, ist nach *Brox* (N 9), S. 7, allein auf das Lebensalter abzustellen; vgl. jedoch heute § 28 GeschO (Dienstalter).

(§ 15 Abs. 4 S. 1 BVerfGG). Im übrigen ergehen Senatsentscheidungen mit der Mehrheit der Stimmen der mitwirkenden Richter. Sondervorschriften enthalten § 24 (*a limine*-Entscheidung bei Einstimmigkeit) und § 32 Abs. 6 (Wiederholung einer einstweiligen Anordnung bei Zweidrittelmehrheit der Stimmen), aber auch §§ 26 Abs. 2 und 28 Abs. 2 BVerfGG.

Da an der Senatsentscheidung acht, möglicherweise auch nur sechs Richter mitwirken, ist **300** für den Fall der Stimmengleichheit Vorsorge zu treffen[11]. § 15 Abs. 4 S. 3 BVerfGG löst das Problem dahin, daß bei Stimmengleichheit ein Verstoß gegen das Grundgesetz oder sonstiges Bundesrecht nicht festgestellt, der zur Prüfung gestellte Hoheitsakt nicht als verfassungswidrig beurteilt werden kann. Oder anders: Eine (verfassungs-) rechtliche Beanstandung bedarf immer einer Mehrheit. Dies gilt unabhängig von der Antragsformulierung. Der jeweilige Hoheitsakt hat bei Stimmengleichheit als verfassungsgemäß zu gelten, da es eine Zwitterstellung nicht gibt. Demgemäß werden Verfassungsbeschwerden, die sich gegen einen Hoheitsakt wenden, dessen Verfassungswidrigkeit das BVerfG wegen Stimmengleichheit nicht feststellen kann, zurückgewiesen[12], und Gesetze, die im Wege der abstrakten oder konkreten Normenkontrolle zur Prüfung gestellt sind, werden unter diesen Umständen für mit dem Grundgesetz vereinbar erklärt[13]. Es ist daher unhaltbar, wenn das BVerfG (Erster Senat) der Ansicht ist, „daß angesichts der Stimmengleichheit unter den Verfassungsrichtern die Anwendung des § 240 StGB auf Sitzblockaden … weder für verfassungswidrig noch für verfassungsmäßig erklärt wurde"[14]. Es ist gut, daß beim Abdruck einer Entscheidung in der amtlichen Sammlung nunmehr die Ansicht der Richter, welche die Entscheidung nicht trägt, drucktechnisch durch Kursivschrift abgesetzt wird[15].

Schwierigkeiten treten bei den Verifikations- und Qualifizierungsverfahren auf, da dort **301** eine Messung am Maßstab des Grundgesetzes oder sonstigen Bundesrechts grundsätzlich nicht zur Debatte steht. Im völkerrechtlichen Verifikationsverfahren (Art. 100 Abs. 2 GG) wird man davon ausgehen können, daß das BVerfG bei Stimmengleichheit die Existenz einer allgemeinen Völkerrechtsregel bestimmten Inhalts und damit ihre Zugehörigkeit zum Bundesrecht nicht feststellen kann. Im Normenqualifizierungsverfahren nach Art. 126 GG prüft das Gericht allerdings als Vorfrage, ob die zu qualifizierende Norm (noch) gilt[16]; bei Stimmengleichheit darf es insoweit die Gültigkeit auch implizit nicht verneinen. Hinsichtlich der eigentlichen Qualifizierungsfrage dürfte es richtig sein, daß das Gericht bei Stimmengleichheit die Fortgeltung einer Norm als Bundesrecht fest-

---

11 Der mögliche Weg, dem Vorsitzenden doppeltes Stimmrecht zu geben und damit Stimmengleichheit zu vermeiden, wurde nicht beschritten; vgl. aber §§ 14 Abs. 5 und 19 Abs. 1 BVerfGG.
12 Vgl. z.B. BVerfGE 76, 211; 82, 236. Ebenso zurückgewiesen werden Anträge im Organstreitverfahren, BVerfGE 99, 19 (21).
13 Vgl. z.B. BVerfGE 53, 224 (225); 70, 69 (70); 95, 335.
14 BVerfGE 76, 211 (217); scharfe Kritik zu Recht bei *Starck*, in: GS Geck (1989), S. 795 ff., 800. Erneute Fehlleistung des Senats in BVerfGE 92, 1 (14 f.), soweit er feststellt, daß wegen Stimmengleichheit die erhoffte verfassungsrechtliche Klärung nicht erfolgt und die verfassungsrechtliche Frage unentschieden geblieben sei; dazu *Ulsamer*, BVerfGG-Kommentar, § 15 Rn. 14; *H.H. Klein*, in: Verfassungsgerichtsbarkeit und Gesetzgeber (1998), S. 58.
15 Vgl. etwa BVerfGE 95, 335 (367 ff.); 99, 19 (42 ff.). Früher wurden z.T. nur die „tragenden Entscheidungsgründe" wiedergegeben; vgl. dazu m.N. *Zierlein*, in: Umbach/Clemens, § 15 Rn. 52.
16 Siehe dazu unten Rn. 920.

stellt[17]. Eine Zurückweisung des Antrags oder der Vorlage ist ausgeschlossen, weil sich das BVerfG damit seiner Entscheidungspflicht entziehen würde[18].

302   Die Kammern können nur einstimmige Beschlüsse fassen. Das Plenum entscheidet mit der Mehrheit der mitwirkenden Richter, im Falle des § 105 Abs. 4 BVerfGG ist mit Zweidrittelmehrheit der Mitglieder zu entscheiden.

II. Ergehen und Arten der Entscheidung

303   Die Entscheidungen des BVerfG, nicht nur die Urteile wie nach den anderen Prozeßordnungen, ergehen „im Namen des Volkes" (§ 25 Abs. 4 BVerfGG). Da ohnehin alle Staatsgewalt vom Volke ausgehen muß (Art. 20 Abs. 2 S. 1 GG), kann die ausdrückliche gesetzliche Vorschrift nur bedeuten, daß dieser Hinweis auf der schriftlichen Ausfertigung der Entscheidung anzubringen ist. Angesichts der Tatsache, daß die meisten Entscheidungen des BVerfG nicht Urteile, sondern Beschlüsse sind, ist deren Einbeziehung sinnvoll. Der Vermerk blieb bis vor kurzem Senatsentscheidungen vorbehalten, wird allerdings seit 1990 auch bei stattgebenden Kammerbeschlüssen (§ 93 c BVerfGG) angebracht[19]. Der Gesetzeswortlaut geht aber immer noch weiter. Doch beeinträchtigt das Fehlen des Hinweises nicht die rechtliche Wirkung der Entscheidung.

304   Als Urteile ergehen Entscheidungen nur, wenn eine mündliche Verhandlung stattgefunden hat, sonst handelt es sich um Beschlüsse (§ 25 Abs. 2 BVerfGG). Die verfassungsgerichtlichen Entscheidungen können, entsprechend der üblichen Verfahrenspraxis, End- oder Zwischenentscheidungen sein.

Endentscheidungen sind Sachentscheidungen oder – bei Unzulässigkeit des Antrags – Prozeßentscheidungen. Sie erledigen den Verfahrensgegenstand oder zumindest einen Teil davon. § 25 Abs. 3 BVerfGG sieht ausdrücklich vor, daß das BVerfG nicht gehalten ist, über den gesamten Verfahrensgegenstand auf einmal zu entscheiden (Vollentscheidung), sondern es kann über abtrennbare Teile des Verfahrensgegenstandes sukzessiv entscheiden (Teilentscheidung), z.B. über die Verfassungsmäßigkeit verschiedener Bestimmungen eines Gesetzes, wenn sie nicht so zusammenhängen, daß nur einheitlich entschieden werden kann[20]. Die letzte Teilentscheidung heißt nach allgemeiner prozessualer Terminologie Schlußentscheidung; mit ihrem Ergehen ist über den gesamten Verfahrensgegenstand entschieden. Ob das BVerfG den Weg der Teilentscheidungen wählt, ist seinem Ermessen anheim gegeben; ausschlaggebend sind prozeßökonomische Erwägungen. Dabei ist es möglich, daß die erste Teilentscheidung als Beschluß, die letzte, wenn insoweit eine mündliche Verhandlung stattgefunden hat, als Schlußurteil ergeht[21].

305   Zwischenentscheidungen sind in verfassungsgerichtlichen Verfahren ebenfalls zulässig (§ 25 Abs. 3 BVerfGG). Durch sie können Zwischenstreite prozessualer Art, die vor der Entscheidung in der Hauptsache geklärt werden müssen, entschieden werden. Dazu gehö-

---

17   Zum Teil anders *Brox* (N 9), S. 19 f.
18   So aber *Maunz*, in: BVerfGG-Kommentar, § 89 Anm. I 6.
19   Vgl. Kammerbeschl. v. 08.06.1990 – 2 BvR 1298/85 –, und v. 20.06.1990 – 2 BvR 1110/89.
20   Vgl. BVerfGE 38, 326 (336).
21   Vgl. BVerfGE 38, 326 und 40, 296.

ren Zulässigkeitsfragen, auch Streit über die Zulässigkeit eines Verfahrensbeitritts, die Antragsrücknahme oder -änderung, der Aktenbeiziehung, der Verweigerung der Aussagegenehmigung oder über ein Ablehnungsgesuch wegen Besorgnis der Befangenheit[22].

Sachentscheidungen können Feststellungs-, Gestaltungs- oder Leistungsentscheidungen   **306**
sein. Das BVerfGG regelt diese Frage für die einzelnen Verfahrensarten in unterschiedlicher Weise; dabei überwiegen Feststellungsentscheidungen. So ergehen etwa in Organ- und Bund-Länder-Streitverfahren feststellende Entscheidungen (§§ 67, 69); auch in den Normenkontrollverfahren haben die Entscheidungen (Erklärung der Verfassungsmäßigkeit, -widrigkeit und Nichtigkeit) feststellenden Charakter (§§ 78, 82 BVerfGG). Entsprechendes gilt bei Rechtssatzverfassungsbeschwerden (§ 95 Abs. 1 BVerfGG), während Urteilsverfassungsbeschwerden im Erfolgsfall zur Aufhebung (Kassation) der richterlichen Entscheidung und damit zur Rechtsgestaltung führen (§ 95 Abs. 2 BVerfGG). In § 72 Abs. 1 BVerfGG wird dem BVerfG im Hinblick auf die in § 13 Nr. 8 BVerfGG genannten Verfahren auch die Befugnis zum Erlaß von Leistungsentscheidungen zuerkannt.

Entscheidungsbefugnis und Entscheidungswirkungen werden vertieft unten in den §§ 37 und 38 behandelt.

III. Entscheidungsbegründung und Sondervotum

1. Aufbau und Begründung der Entscheidung

Die Entscheidungen des BVerfG sind schriftlich abzufassen, zu begründen und von den   **307**
mitwirkenden Richtern zu unterzeichnen (§ 30 Abs. 1 S. 2 BVerfGG). Die Reihenfolge der Unterzeichnung bestimmt sich nach dem Dienstalter als Bundesverfassungsrichter, der Senatsvorsitzende unterzeichnet an erster Stelle. Diese Reihenfolge wird auch bei der Nennung der Richter im Rubrum eingehalten (§ 28 Abs. 1 GeschO).

Das Rubrum (lat. *rubrum* = das Rote), der Kopf der Entscheidung, folgt unmittelbar auf   **308**
den Hinweis „Im Namen des Volkes"; es dient der Identifizierung des konkreten Verfahrens. Es enthält daher neben dem Aktenzeichen[23] die Bezeichnung der Verfahrensart, des Antragstellers und gegebenenfalls des Antragsgegners, ihrer gesetzlichen Vertreter und Prozeßbevollmächtigten, die Namen der mitwirkenden Richter und das Datum, an dem über den Tenor abgestimmt oder eine mündliche Verhandlung durchgeführt wurde (vgl. § 26 Abs. 3 GeschO).

An das Rubrum schließt sich der Tenor (Urteilsformel, Entscheidungsausspruch) an, der   **309**
die Sach- und Kostenentscheidung, unter Umständen auch eine Vollstreckungsanordnung enthält. An den Tenor knüpfen die Entscheidungswirkungen an. Hierauf ist gesondert näher einzugehen[24].

---

22 Z.B. BVerfGE 42, 90; 68, 346; 99, 51.
23 Es ist in den beim BVerfG befindlichen Akten nicht mehr eindeutig zu ermitteln, auf welche Weise die Aktenzeichen festgelegt worden sind. Sie finden sich – soweit feststellbar – erstmalig als „Muster 2" zu § 3 der Verfügung des Präsidenten des BVerfG vom 1. Februar 1952 „für die Verwaltung des Schriftguts und Verwahrung von Sachen bei der Geschäftsstelle des BVerfG" – 145-105/52 –, später geändert durch Verfügung vom 01.12.1966 – 1450-890/66. Die Aktenzeichen sind auch aufgeführt in den Registerbänden der amtlichen Sammlung.
24 Vgl. unten Rn. 1289 ff.

310   Auf den Tenor folgen die Gründe, die sich in Tatbestand und Rechtserwägungen (Entscheidungsgründe i.e.S.) gliedern lassen. Der Tatbestand wird generell durch einen kurzen Hinweis auf den Gegenstand des Verfahrens eingeleitet. Angeschlossen wird der Sachbericht, in dem die für das Verfahren maßgeblichen Rechtsnormen, oft auch deren Entstehungsgeschichte[25], die tatsächlichen Umstände des Falles, die Rechtsausführungen der Beteiligten und Äußerungsberechtigten, gegebenenfalls auch das Ergebnis der Beweisaufnahme und die Prozeßgeschichte dargestellt werden. Diese Darlegungen, insbesondere das Vorbringen der Beteiligten, sind zum Teil außerordentlich ausführlich gehalten. Dafür gibt es Gründe – die Beteiligten sollen wissen, daß das Bundesverfassungsgericht alles Vorbringen zur Kenntnis genommen hat (Recht auf richterliches Gehör!) –, doch werden die Entscheidungen nicht zuletzt deshalb sehr umfangreich.

311   Die eigentlichen Entscheidungsgründe gliedern sich in Rechtsausführungen zur Zulässigkeit und Begründetheit. Sinn der Begründung ist es, Rechtsfrieden und Rechtssicherheit (wieder-) herzustellen. Die Entscheidung (Urteilsformel) muß inhaltlich verstanden und akzeptiert werden können; sie muß deshalb vor allem nachvollziehbar sein. Sie dient der Fremd-und Eigenkontrolle gleichermaßen. Das Ergebnis muß von den Entscheidungsgründen getragen werden, beide müssen einander kongruent sein[26].

Der Wegfall einer Begründung ist nur in ganz besonderen Fällen zulässig[27]. Probleme sind in der Praxis bei mit Stimmengleichheit ergangenen Entscheidungen aufgetreten. Die Begründung wird hier häufig so gefaßt, daß beide Ansichten als gleichgewichtig und einander gleichwertig dargestellt werden[28]. Da das BVerfG aber eine Entscheidung zu treffen hat (vgl. § 15 Abs. 4 S. 3 BVerfGG und dazu oben I.), sollten die Gründe so abgefaßt sein, daß der Leser der Entscheidung das Ergebnis sachlich akzeptieren kann und nicht als Zufallsergebnis auffassen muß, das genausogut anders hätte ausfallen können. Die sich nicht durchsetzende Gegenmeinung sollte als Minderheitsmeinung behandelt werden, die in den Gründen als widerlegt darzustellen ist. Den sich nicht durchsetzenden Richtern bleibt es unbenommen, ihre Ansicht in einem Sondervotum darzulegen[29].

312   Auch die Entscheidungsgründe haben häufig einen erheblichen, gegenüber den Anfangsjahren deutlich gewachsenen Umfang. Dies hängt vor allem mit der in der Regel sehr exakten Argumentationsweise des BVerfG zusammen, auch mit dem wissenschaftlichen Charakter seiner Ausführungen, in die zunehmend auch die Auseinandersetzung mit der Literatur, die zustimmend oder ablehnend zitiert wird, einfließt[30]. Insgesamt ist dabei aber

---

25 Das BVerfG pflegt gesetzliche Bestimmungen oder andere Rechtsnormen, die für die rechtliche Würdigung eine Rolle spielen, vollständig und in ihrem vollen Wortlaut wiederzugeben. Dies hat für den Leser den großen Vorteil, daß er die Vorschriften nicht zu suchen und nachzuschlagen hat, bedeutet freilich eine unter Umständen erhebliche Erweiterung des Umfangs der Entscheidung.

26 Vgl. *Brüggemann*, Die richterliche Begründungspflicht (1971); *Brink*, Über die richterliche Entscheidungsbegründung (1999), insbes. S. 26 ff. zu den Funktionen der Begründung. Zur Rolle der obiter dicta vgl. *Gusy*, Parlamentarischer Gesetzgeber und BVerfG (1985), S. 253 ff., und unten Rn. 1325 ff.

27 Vgl. § 93 d Abs. 1 Satz 3 BVerfGG; zu § 24 BVerfGG siehe gleich unten IV. Keiner Begründung bedarf auch – außer des Hinweises eben hierauf – die Ablehnung rechtsmißbräuchlicher Anträge.

28 Vgl. z.B. BVerfGE 52, 131 (143 und 153); 73, 206 (242 und 246); 82, 236 (260 und 264). Vgl. aber jetzt auch die Praxis, die nicht tragende Meinung in Kursivschrift wiederzugeben (oben bei N 15).

29 Näher *Starck* (N 14), S. 799 ff.

30 Zur Zitierweise des BVerfG kritisch *Forkel*, JZ 1994, S. 637 ff.

Zurückhaltung angebracht, um die Lesbarkeit der Entscheidung zu erhalten[31]. Ein gesunder Mittelweg zwischen den teilweise allzu knapp gehaltenen Entscheidungen französischer und französisch beeinflußter Gerichte und allzu großer Ausführlichkeit dürfte der beste Weg sein[32].

Die Leitsätze, die den meisten Entscheidungen vorangestellt sind, werden auf Vorschlag **313** des Berichterstatters vom Senat verabschiedet; sie sind aber nicht Teil der Entscheidung. Sie haben den Zweck, die wesentlichen Rechtsaussagen prägnant zusammenzufassen und sind daher sehr hilfreich. Sie dürfen allerdings nicht überschätzt werden. Es wäre grundfalsch, sie wie Rechtsnormen im Rechtsverkehr und bei der juristischen Argumentation zu behandeln, auch wenn sie, was häufig der Fall ist, wörtliche Zitate aus den Entscheidungsgründen sind. Die noch näher zu erörternden Entscheidungswirkungen knüpfen in keinem Fall an die Leitsätze an. Schon deshalb war es verfehlt, daß der damalige Vorsitzende des Ersten Senats der Öffentlichkeit gegenüber versucht hat, den ersten Leitsatz zum Kruzifix-Urteil nachträglich zu berichtigen[33] – übrigens ohne Erfolg, wie der Abdruck in der amtlichen Sammlung beweist[34].

2. Sondervotum

Mit der vierten Änderungsnovelle vom 21.12.1970 zum BVerfGG ist den Richtern des **314** BVerfG die Möglichkeit eröffnet worden, ihre in der Beratung vertretene abweichende Meinung zu der Entscheidung (*dissenting vote*) oder zu deren Begründung (*concurring vote*) niederzulegen und sich ihr anzuschließen (Sondervotum). Gleichzeitig wurde die vom BVerfG schon zuvor geübte Praxis, das Stimmverhältnis mitzuteilen, gesetzlich abgesichert (§ 30 Abs. 2 S. 2 und S. 3 BVerfGG)[35]. Allerdings war schon früher die Ansicht vertreten worden, daß es angesichts der besonderen Stellung des BVerfG seinen Richtern erlaubt sei, auch offene, das heißt zusammen mit der Entscheidung publizierte Sondervoten zu verfassen, ungeachtet der fehlenden Kodifikation dieses der deutschen Gerichtstradition fremden Rechtsinstituts[36]. Versteckte Sondervoten, das heißt solche, die (nur) zu den Akten genommen werden, waren hingegen stets unproblematisch, da sie das Beratungsgeheimnis unberührt ließen, und sind auch in nicht ganz unerheblichem Umfang angefertigt worden[37]. Diese Alternative steht den Richtern selbstverständlich auch heute noch offen.

---

31 Für das Votum des Berichterstatters (§ 23 GeschO) gilt dies natürlich nicht. Hier sollte eine breitgefächerte, alle wesentlichen Argumentationen behandelnde Auseinandersetzung geboten werden, was in der Praxis auch geschieht. Die Voten stellen zum Teil sehr bedeutende wissenschaftliche Leistungen dar.
32 Zur Länge der Entscheidungen vgl. auch *Ritterspach*, in: FS E. Stein (1983), S. 298 ff.; kritisch *Bertrams*, in: FS Stern (1997), S. 1037.
33 „The judge who opens his mouth closes his mind" (engl. Sprichwort). – Vgl. zum Vorfall auch *Zuck*, NJW 1995, S. 2903 f.; *Flume*, ebd., S. 2904 f.
34 Vgl. BVerfGE 93, 1.
35 Vgl. dazu BVerfGE 21, 312 (328). – Zutreffend wirft *Geck*, in: Landesverfassungsgerichtsbarkeit, I (1981), S. 401, die Frage auf, ob es sinnvoll ist, nur das Stimmverhältnis mitzuteilen, ohne die Gründe dafür zu nennen.
36 *Geiger*, Vorbemerkung vor § 17.
37 Vgl. nur *Geiger*, Abweichende Meinungen (1989), wo 14 Sondervoten zu in BVerfGE 1-29 veröffentlichten Entscheidungen abgedruckt sind.

315 Der Weg zur Einführung des Sondervotums beim BVerfG ist rechtspolitisch vor allem durch den 47. Deutschen Juristentag in Nürnberg (1968) geebnet worden[38]. Obgleich innerhalb des BVerfG selbst durchaus umstritten, setzte sich die auch dem Zeitgeist entsprechende Forderung nach demokratischer Öffnung und Transparenz gegenüber den Bedenken, die Autorität des Richterspruchs könne Schaden nehmen, durch. Die Neuerung ist auch von der Praxis „angenommen" worden. Die Bände 30-100 verzeichnen zu 108 Entscheidungen (von insgesamt 1714) Sondervoten; dies bedeutet, daß etwa 6% der Senatsentscheidungen ein Sondervotum beigefügt wurde[39]. Ob Sondervoten erstellt werden, hängt gewiß von Gegenstand und Bedeutung der Sache, aber auch sehr von der Persönlichkeit des einzelnen Richters ab. Dabei die Einteilung in konservative und progressive Richter vorzunehmen, würde wie auch meistens sonst nicht weiterführen. Richter aller im BVerfG vertretenen politischen Richtungen haben bereits Sondervoten gefertigt[40].

316 Nach der gesetzlichen Regelung stellt das Sondervotum kein grundsätzliches Rechtsproblem mehr dar[41]. Die Frage ist eher rechtspolitischer Art, ob sich das Sondervotum bewährt hat. Diese Einschätzung fällt, wie nicht anders zu erwarten, recht unterschiedlich aus und reicht von deutlicher Skepsis bis zu klarer Befürwortung[42]. Die „Euphorie von Nürnberg" freilich ist allenthalben verflogen[43], und von einer Ausdehnung auf die Fachgerichte oder die obersten Gerichtshöfe des Bundes ist derzeit keine Rede mehr. Bei verschiedenen Landesverfassungsgerichten allerdings hat sich das Sondervotum durchaus etabliert[44].

317 Positiv am Sondervotum zu bewerten ist, daß es ein Mittel sein kann, die die Entscheidung tragende Mehrheit zu einem intensiveren Überdenken ihrer Ansicht und zur Auseinandersetzung mit bestimmten Argumenten zu zwingen[45]. Es ist indes kaum der Sinn des Sondervotums, ausführlich und unter Einbeziehung aller Argumente die in der Entscheidung diskutierten Fragen nur letztlich anders zu beantworten. Der Wortlaut des § 30 Abs. 2 BVerfGG deckt freilich auch diesen Fall und schließt sogar die Inanspruchnahme

---

38 Insbesondere *Zweigert*, Empfiehlt es sich, die Bekanntgabe der abweichenden Meinung des überstimmten Richters (dissenting opinion) in den deutschen Verfahrensordnungen zuzulassen?, Gutachten zum 47. DJT (1968); zur Geschichte des Sondervotums beim BVerfG *Faller* (N 2), S. 988 ff.

39 Hierbei sind Entscheidungen, die mit Stimmengleichheit erfolgten, nicht erfaßt. – Eine erste Auswertung bei *Zierlein*, DÖV 1981, S. 88 ff.; ebenda, S. 87 f., eine Auflistung der Argumente pro und contra. Vgl. auch *F. Klein/Bethge*, in: BVerfGG-Kommentar, § 30 Rn. 6.

40 Bedeutsame Abweichende Meinungen der letzten Jahre finden sich etwa in BVerfGE 73, 40 (103) – vgl. dazu BVerfGE 85, 264 (286, 314) –; BVerfGE 82, 353 (371); 93, 1 (25 und 34); 93, 266 (313); 94, 115 (157, 163, 164); 98, 265 (329).

41 Das erste Sondervotum in BVerfGE 30, 1 (33 ff.), ist einem Urteil beigefügt worden, das vor der Gesetzesänderung erging, ist aber selbst mit einem Datum versehen, das nach Inkrafttreten der Gesetzesänderung liegt (S. 47)!

42 Dafür etwa *Pestalozza*, § 20 Rn. 41 f.; *Schlaich*, Rn. 48 ff.; *Geiger*, in: FS Hirsch (1981), S. 455 ff.; *Zöbeley*, in: Umbach/Clemens, § 30 Rn. 25 ff.; *Lamprecht*, Richter contra Richter. Abweichende Meinungen und ihre Bedeutung für die Rechtskultur (1992). Skeptisch *Fromme*, in: FS Geiger (1974), S. 867 ff.; *Spanner*, ebenda, S. 891 ff.; *Ritterspach*, in: FS Zeidler, II (1987), S. 1379 ff.

43 *Ritterspach* (N 42), S. 1389.

44 Ablehnend aber *Geck* (N 35), S. 399 ff.

45 Ein Beispiel bietet BVerfGE 98, 265 (320), wo ausdrücklich auf das der Entscheidung hinzugefügte Sondervotum von drei Richtern Bezug genommen und in eine Auseinandersetzung mit einem zentralen Argument der Abweichenden Meinung eingetreten wird.

zur persönlichen Profilierung nicht aus[46]. § 56 GeschO trifft allerdings dafür Sorge, daß die Abgabe von Sondervoten das Wirksamwerden der Entscheidung nicht ungebührlich verzögert, und § 26 Abs. 2 GeschO läßt sinnvollerweise zu, daß aufgrund des Sondervotums die Fortsetzung der Beratung verlangt werden kann. Dies gibt beiden Seiten die Möglichkeit, ihre Ansicht nochmals zu überdenken, Formulierungen zu pointieren oder abzuschwächen, und eröffnet vielleicht auch die Chance, die Abgabe eines Sondervotums zu vermeiden. Jedenfalls sollte es das Ziel sein, eine möglichst große Mehrheit für die Entscheidung zu finden.

Sondervoten können die eigentlich strittigen Fragen aufdecken. Sie können damit zum Verstehen der Mehrheitsentscheidung beitragen. Sie bieten die ersten Ansätze zu kritischer Diskussion, nehmen Kritik vorweg, ohne spätere Auseinandersetzung überflüssig zu machen. Es ist schon richtig, wenn gesagt wird, daß sie mit der von ihnen ausgehenden „Beunruhigung" dem Eindruck entgegenwirken können, die Findung des Rechts, des Verfassungsrechts zumal, sei ein bloßes Rechenexempel[47]. Problematisch wird es aber, wenn die Existenz von Sondervoten zum Anlaß genommen wird, die Befolgung von Entscheidungen in Frage zu stellen[48]. Zu solchem Fehlverständnis können Sondervoten Anlaß geben, wenn sie in ihrer Diktion der Mehrheit polemisch völlige Verfehlung des Sinns einer Verfassungsnorm vorwerfen. In den Sondervoten kündigt sich auch keineswegs notwendig die neue Verfassungshorizonte aufreißende, die Verfassungsinterpretation voranbringende „Meinung von morgen" an; es kann ebenso gut die „Meinung von gestern" sein oder stets, weil nicht überzeugend, Minderheitsposition bleiben.

Gegenwärtig denkt niemand ernsthaft an eine Abschaffung des Sondervotums. Dies ist **318** vernünftig. Zwar sind die Vorteile – auch in der Rückschau – kaum meßbar, aber faßbare Nachteile sind ebenfalls nicht erkennbar geworden. Man sollte daher, verbunden mit der Empfehlung, von der Möglichkeit des Sondervotums nur zurückhaltenden Gebrauch zu machen, es beim jetzigen Rechtszustand belassen.

IV. A-limine-Entscheidung (§ 24 BVerfGG)

§ 24 BVerfGG will aus prozeßökonomischen Gründen die Entscheidung über unzulässige **319** oder offensichtlich unbegründete Anträge erleichtern. Seine systematische Stellung im 1. Abschnitt des II. Teils des Gesetzes (Allgemeine Verfahrensvorschriften) spricht deutlich dafür, daß er auf alle Verfahrensarten anwendbar ist[49]. Primär war er zunächst dazu gedacht, der potentiellen Flut von Verfassungsbeschwerden Herr werden zu können. Inzwischen wurde mit der Einführung des Vorprüfungsverfahrens bzw. heute des Kammerverfahrens (§§ 93 b – d BVerfGG) aber ein effektiverer Filter etabliert, so daß insoweit auf § 24 nur noch selten zurückgegriffen wird. Dies geschieht vor allem, wenn das BVerfG

---

46 Nicht ausgeschlossen werden auch Entscheidungen wie BVerfGE 32, 199, die allerdings ein Einzelfall blieb: Aus der Vielzahl der Sondervoten zu verschiedenen Punkten ergibt sich, daß die Gesamtheit der „tragenden Gründe" von keinem Richter durchgehend getragen wurde.
47 *Geiger* (N 42), S. 461.
48 Vgl. dazu *Fromme* (N 42), S. 874 ff. betr. BVerfGE 35, 79.
49 So auch die Rspr.; z.B. BVerfGE 6, 7 (Verfassungsbeschwerde); 36, 103 (konkrete Normenkontrolle); 58, 202 (Wahlprüfungsbeschwerden); 56, 1 (einstweilige Anordnung); 76, 44 und 96 (Organstreit); 94, 297 (Bund-Länder-Streit); 95, 1 und 243 (abstrakte Normenkontrolle).

bei Annahme offensichtlicher Unbegründetheit der Verfassungsbeschwerde ihre Zulässigkeit dahingestellt sein lassen möchte[50] (dazu gleich näher) oder um eine Gebühr nach § 34 Abs. 2 BVerfGG auferlegen zu können[51].

320 Der Hauptanwendungsbereich des § 24 BVerfGG erstreckt sich heute – neben Wahlprüfungsbeschwerden[52] – auf Richtervorlagen nach Art. 100 Abs. 1 GG[53]. Gerade für konkrete Normenkontrollvorlagen hat man freilich geltend gemacht, daß hier gar keine eigentlichen Anträge vorlägen; die Vorlage könne zwar unzulässig, aber nie (offensichtlich) unbegründet sein[54]. Dies ist wörtlich genommen richtig, doch bringt die Vorlage das Verfahren vor dem BVerfG in Gang, ist also Antrag im Sinne des § 23; dies ergibt sich auch aus § 82 Abs. 3 BVerfGG. Offensichtlich unbegründet kann in der Tat nicht die Vorlage, wohl aber die Rechtsauffassung des Gerichts von der Verfassungswidrigkeit der vorgelegten Norm sein[55]. Es ist sinnvoll und überschreitet nicht die Grenzen möglicher Interpretation, auch diese Konstellation dem § 24 BVerfGG zu subsumieren. Entsprechend wird man für das abstrakte Normenkontrollverfahren, aber auch das Verifikations- und Qualifikationsverfahren argumentieren können.

321 Ein Vorgehen nach § 24 kommt nur in Betracht, wenn das Gericht einstimmig[56] den Antrag für unzulässig oder für offensichtlich unbegründet hält. Unzulässigkeit liegt bei Fehlen von Sachentscheidungsvoraussetzungen vor. Nicht ganz geklärt ist, wann ein Antrag offensichtlich unbegründet ist. Der Sprachgebrauch legt es nahe, von „offensichtlicher" Unbegründetheit nur dann auszugehen, „wenn das Gericht, ohne daß es einer weiteren Sachverhaltsaufklärung bedürfte, vernünftigerweise keinen Zweifel an der mangelnden Begründetheit hegen kann"[57]. Weniger streng ist die Anforderung, daß „die Bewertung durch alle Mitglieder des Senats wenigstens im Ergebnis der Beratung keine ernsthaften Zweifel an der Richtigkeit der Entscheidung hinterläßt"[58]. Das BVerfG begnügt sich demgegenüber mit dem formalen Kriterium der Einstimmigkeit der Entscheidung und stellt ausdrücklich fest, die Beurteilung, daß ein Antrag offensichtlich unbegründet sei, setze nicht voraus, daß seine Unbegründetheit auf der Hand liege; vielmehr könne sie auch das Ergebnis vorgängiger gründlicher Prüfung unter allen rechtlichen Gesichtspunkten sein[59]. Unter diesen Umständen steht es im Ermessen des BVerfG, gemäß § 24 BVerfGG zu prozedieren, das heißt den Antrag *a limine* (lat. *limen* = Schwelle, also ohne weitere Einlassung) zu verwerfen.

322 Die prozeduralen Erleichterungen, die § 24 BVerfGG bietet, sind vierfacher Art. Entschieden wird stets ohne mündliche Verhandlung („Beschluß")[60]. Der Beschluß bedarf – zweitens – keiner (weiteren) Begründung, wenn der Antragsteller zuvor auf die Bedenken

---

50 Z.B. BVerfGE 61, 82 (100); 90, 241 (246); 94, 297 (309).
51 BVerfGE 80, 109 (110). – Zur Gebührenregelung siehe unten Rn. 333 ff.
52 Z.B. BVerfGE 79, 49/50/161/169/173.
53 Allein BVerfGE 79 und 80 weisen 13 Beschlüsse nach § 24 BVerfGG über konkrete Normenkontrollvorlagen auf.
54 *Bettermann*, in: BVerfG und GG, I (1976), S. 369; siehe auch unten Rn. 882.
55 Vgl. BVerfGE 9, 334 (336); 80, 354 (358); 96, 1 (5).
56 Nicht vorausgesetzt ist Vollständigkeit der Richterbank, aber natürlich Beschlußfähigkeit.
57 *Lechner/Zuck*, § 24 Rn. 16.
58 *Zöbeley*, in: Umbach/Clemens, § 24 Rn. 8.
59 BVerfGE 82, 316 (319 f.); 95, 1 (14 f.).
60 BVerfGE 95, 1 (14 f.); 95, 243 (248).

gegen die Zulässigkeit oder Begründetheit seines Antrags hingewiesen worden ist; dies geschieht durch ein „Belehrungsschreiben" des Berichterstatters (vgl. § 22 Abs. 3 GeschO)[61]. Sehr viele Entscheidungen gemäß § 24 BVerfGG sind gleichwohl, zum Teil sehr ausführlich, begründet[62].

In der Praxis wird ferner häufig – aber nicht durchgehend[63] – im Rahmen des § 24 BVerfGG davon abgesehen, die Anträge bzw. Vorlagen den Äußerungsberechtigten (§ 82 Abs. 2 i.V.m. §§ 77, 94 BVerfGG) zur Stellungnahme zuzuleiten; damit kann das Verfahren abgekürzt werden (vgl. § 22 Abs. 1 S. 1 BVerfGG). Dies setzt freilich voraus, daß vernünftigerweise anzunehmen ist, daß Stellungnahmen von Verfassungsorganen keine Gesichtspunkte erbringen werden, die die Frage der Unzulässigkeit oder Unbegründetheit in einem anderen Licht erscheinen lassen würden. Ist dies nicht eindeutig, werden zunächst die Stellungnahmen eingeholt. Klarheit oder Zerstreuung von Zweifeln kann sich möglicherweise dann aufgrund dieser Äußerungen ergeben. **323**

Schließlich nutzt das BVerfG § 24 BVerfGG dazu – das hat für die Praxis erhebliche Bedeutung erlangt –, (schwierige) Zulässigkeitsfragen offen zu lassen, wenn offensichtliche Unbegründetheit gegeben ist. Diese ständige Rechtsprechung[64] ist, ungeachtet ihrer prozeßökonomischen Rationalität, keineswegs unproblematisch, zumal der Wortlaut ein solches Vorgehen nicht eindeutig deckt. Sie führt dazu, daß das BVerfG möglicherweise sachlich über eine Rechtsfrage entscheidet, ohne hierzu zuständig zu sein[65]. **324**

Das Problem verschärft sich bei Normenkontrollentscheidungen einschließlich (auch verdeckter) Rechtssatzverfassungsbeschwerden. Die Beschlüsse gemäß § 24 BVerfGG entfalten alle Rechtswirkungen wie die anderen Entscheidungen auch, das heißt, es kommt auch § 31 BVerfGG zur Anwendung. Hieraus hat das BVerfG zunächst für Vorlagen nach Art. 100 Abs. 1 GG abgeleitet, daß eine zwar zulässige, aber von offensichtlich nicht begründeten Erwägungen getragene Richtervorlage nicht einfach verworfen werden dürfe, sondern daß – eben wegen § 31 BVerfGG – positiv ausgesprochen werden müsse, daß die vorgelegte Gesetzesvorschrift mit dem Grundgesetz vereinbar ist[66]. Dies gilt entsprechend für Rechtssatzverfassungsbeschwerden[67]. Läßt das Gericht nun bei Annahme offensichtlicher Unbegründetheit die Zulässigkeit dahingestellt, so ergehen unter Umständen Entscheidungen von großer Tragweite, ohne daß gesichert ist, daß das BVerfG zur Entscheidung zuständig war. Eine zufriedenstellende Erklärung hat das BVerfG hierfür bisher nicht gegeben.

Bei der Tenorierung zeigte sich in der Vergangenheit eine gewisse Unsicherheit. Nach § 24 BVerfGG sind die Anträge zu „verwerfen". So wird auch im Fall von (Urteils-) Verfassungsbeschwerden und Wahlprüfungsbeschwerden tenoriert[68]; gleiches gilt im Bund- **325**

---

61 Näher *F. Klein*, in: BVerfGG-Kommentar, § 24 Rn. 3.
62 Z.B. BVerfGE 61, 82 (109-118); BVerfGE 95, 1 (15-28).
63 Vgl. etwa BVerfGE 78, 1 (4 f.) (Stellungnahme der Bundesregierung) einerseits; BVerfGE 78, 32 (ohne Stellungnahme) andererseits.
64 Siehe dazu BVerfGE 53, 100 (106); 82, 316 (319 f.); 94, 297 (309).
65 Vgl. *E. Klein*, S. 611 f. – Zur Frage siehe auch oben Rn. 229.
66 BVerfGE 9, 334 (336); 95, 243 (244).
67 Vgl. BVerfGE 80, 109 (110); siehe auch bei Fn. 74.
68 Z.B. BVerfGE 61, 82; 74, 244; 79, 49 und 50; 90, 241.

Länder-Streit[69]. Auch unzulässige Gerichtsvorlagen wurden früher „verworfen"[70]; heute erkennt das BVerfG auf Unzulässigkeit („die Vorlage ist unzulässig")[71]. Wird bei Vorlagen auf den Gesichtspunkt der offensichtlichen Unbegründetheit – sei es weil die Vorlage zulässig ist, sei es, weil diese Frage offen bleibt – abgestellt, wird nur positiv die Vereinbarkeit der geprüften Norm mit dem Grundgesetz festgestellt[72]; ebenso verfährt das BVerfG bei abstrakten Normenkontrollen[73]. (Rechtssatz-) Verfassungsbeschwerden werden hingegen auch bei offensichtlicher Unbegründetheit „verworfen" und zusätzlich die angegriffene Norm mit dem Grundgesetz für vereinbar erklärt[74]. Diese nicht einheitliche Verwendung der in § 24 BVerfGG ausdrücklich vorgesehenen Terminologie („können verworfen werden") ist nicht überzeugend.

V. Verkündung, Zustellung, Veröffentlichung

326 Urteile sind öffentlich[75] zu verkünden (§ 30 Abs. 1 S. 3 BVerfGG). Die Verkündung soll nicht später als drei Monate nach Abschluß der mündlichen Verhandlung erfolgen (§ 30 Abs. 1 S. 5 BVerfGG). Der Verkündungstermin kann bereits in der mündlichen Verhandlung bekanntgegeben werden, er kann aber auch erst nach Abschluß der Beratungen festgelegt werden (§ 30 Abs. 1 S. 4 BVerfGG). Dies empfiehlt sich dann, wenn zu erwarten ist, daß die Beratungen sich längere Zeit hinziehen werden. Es ist besser, einen Verkündungstermin erst später festzusetzen, als ihn wieder verlegen zu müssen. Dies ist aber ebenfalls möglich (§ 30 Abs. 1 S. 6 BVerfGG).

327 Verkündet wird die Entscheidungsformel (Tenor); dabei werden auch die wesentlichen Entscheidungsgründe mitgeteilt[76]. Hat ein Richter ein Sondervotum dem Urteil angefügt, so wird dies vom Vorsitzenden bei der Verkündung bekanntgegeben. Der Richter hat die Möglichkeit, im Anschluß an die Entscheidungsverkündung den wesentlichen Inhalt seines Sondervotums mitzuteilen (§ 56 Abs. 3 GeschO)[77].

328 Die gesamte Entscheidung (mit Sondervotum) wird den Verfahrensbeteiligten von Amts wegen bekanntgegeben (§ 30 Abs. 3 BVerfGG, § 56 Abs. 4 GeschO). Dies gilt nicht nur für Beschlüsse, die erst mit ihrer Bekanntgabe wirksam werden, sondern auch für Urteile, deren rechtliche Existenz allerdings von der Verkündung abhängig ist[78].

329 Das BVerfGG schreibt nur für bestimmte Entscheidungen die Veröffentlichung der Entscheidungsformel im Bundesgesetzblatt durch den Bundesminister der Justiz vor (§ 31

---

69 BVerfGE 94, 297 (298).
70 BVerfGE 61, 126.
71 Z.B. BVerfGE 78, 1; 80, 68.
72 BVerfGE 78, 232 (233); 79, 223 (224); 80, 354.
73 BVerfGE 95, 1; 95, 243 (244).
74 BVerfGE 80, 109 (110).
75 Ausnahmen denkbar gemäß § 17 BVerfGG i.V.m. § 173 Abs. 2 GVG; nicht überzeugend *F. Klein*, in: BVerfGG-Kommentar, § 17 Rn. 12, mit dem Hinweis auf § 30 BVerfGG als Spezialvorschrift. Aber § 30 BVerfGG regelt nur den Normalfall.
76 *Ritterspach* (N 32), S. 300, plädiert gegen eine Verlesung und für eine möglichst prägnante Zusammenfassung der Entscheidungsgründe.
77 Kritik an dieser Regelung zu Recht bei *Ritterspach* (N 32), S. 1388.
78 Allgemeine prozessuale Einsicht; vgl. *Thomas/Putzo*, ZPO (20. Aufl. 1997), § 310 Rn. 1.

Abs. 2 S. 3 BVerfGG). Dabei handelt es sich um solche Entscheidungen, die ein Gesetz mit dem Grundgesetz oder sonstigem Bundesrecht für vereinbar, unvereinbar oder nichtig erklärt haben (Normenkontrollen, Rechtssatzverfassungsbeschwerden, kommunale Verfassungsbeschwerden), sowie um Verifikations- und Qualifizierungsentscheidungen (Art. 100 Abs. 2, 126 GG). Die Veröffentlichung ist hier aus Gründen der Rechtssicherheit angebracht. Allerdings verändert ein Verstoß gegen die Veröffentlichungspflicht nicht die Entscheidungswirkung[79]. Das BVerfG läßt es sich dennoch angelegen sein, die Veröffentlichung zu überwachen (§ 29 GeschO).

Die wichtigste Informationsquelle, die die Entscheidungen gerade auch der wissenschaftlichen Kritik zugänglich macht, stellt die von den Mitgliedern des BVerfG herausgegebene Sammlung seiner Entscheidungen dar (§ 31 GeschO). Aufnahme finden dort grundsätzlich alle Plenar- und Senatsentscheidungen, soweit die Veröffentlichung nicht ausgeschlossen wird (§ 31 Abs. 1 und 2 GeschO). Angefügte Sondervoten sind im Anschluß an die Entscheidung mit dem Namen des Richters zu veröffentlichen (§ 56 Abs. 5 GeschO). Im Einzelfall, wenn von besonderem Interesse, können auch Kammerbeschlüsse nach §§ 81 a, 93 b oder 93 c BVerfGG in der Entscheidungssammlung Aufnahme finden[80]. **330**

Unabhängig davon werden die meisten Entscheidungen auch in Fachzeitschriften, allerdings meist in abgekürzter Form, publiziert. Hier kommen häufiger auch Kammerbeschlüsse (früher Dreierbeschlüsse) zum Abdruck[81]. Zu wichtigen Entscheidungen ergehen Presseverlautbarungen (§ 32 GeschO)[82].

VI. Berichtigung und Ergänzung von Entscheidungen

Offenkundige Unrichtigkeiten (Schreibfehler, Verwechslungen, Redaktionsversehen), die in Teilen der Entscheidung erkannt werden, sind vom Gericht zu berichtigen[83]. Zulässig ist ferner die sog. Tatbestandsberichtigung, z.B. in dem Fall, daß im Tenor über (tatsächlich gestellte) Anträge entschieden wurde, die im Tatbestand nicht auftauchen (vgl. §§ 320 ZPO, 119 VwGO). Schließlich ist auch die Entscheidungsergänzung (Ergänzung der Entscheidungsformel) möglich, etwa wenn über einen im Tatbestand festgestellten Antrag versehentlich nicht entschieden oder eine obligatorische Auslagen- bzw. Kostenerstattung (§ 34 a BVerfGG) nicht vorgenommen wurde (vgl. §§ 321 ZPO, 120 VwGO). Die Richtigstellung eines falschen Urteils ist aber nicht möglich; dem steht die auch das Gericht bindende Rechtskraft entgegen[84]. **331**

Bei einer bestimmten Konstellation sieht sich das BVerfG aber nicht gehindert, sich auf Antrag sachlich erneut mit einer bereits gefällten Entscheidung auseinanderzusetzen. **332**

---

79 Die Veröffentlichung wirkt nur deklaratorisch; *Maunz/Bethge*, in: BVerfGG-Kommentar, § 31 Rn. 34.
80 § 31 Abs. 3 GeschO BVerfG.
81 Vgl. z.B. den wichtigen Pakelli-Beschluß vom 01.10.1985, EuGRZ 1985, S. 564.
82 Die Entscheidungen aus der amtlichen Sammlung (BVerfGE) sind nunmehr weitgehend auch im Internet zugänglich http://www.uni-wuerzburg.de/glaw/index.html und http://www.bundesverfassungsgericht.de.
83 Vgl. §§ 319 ZPO, 118 VwGO; auch für den Strafprozeß anerkannt, obgleich dort keine ausdrückliche Vorschrift besteht; BGHSt 5, 5 (8), BVerfGE 9, 231 (235). – Mit Beschl. vom 9.1.1990 wurde wegen Redaktionsversehens der Beschluß vom 10.7.1989 bezüglich eines Satzes in den Entscheidungsgründen berichtigt; die Stelle ist in BVerfGE 80, 315 (345) bereits in berichtigter Form publiziert.
84 Hierzu näher unten Rn. 1291.

Ausgangspunkt ist die Auffassung, daß bei grobem prozessualem Unrecht Ausnahmen von der Unanfechtbarkeit anzuerkennen sind[85]. Das BVerfG wendet diesen Grundsatz auch auf sich selbst an. Es hielt demgemäß einen Antrag auf Abänderung einer Entscheidung für zulässig, weil es bei der Beratung dieses Urteils einen eingegangenen Schriftsatz, der versehentlich nicht zu den Akten gelangt war, nicht berücksichtigt hatte. Der Antrag wurde freilich als unbegründet zurückgewiesen, da auch die Berücksichtigung der in dem Schriftsatz enthaltenen Information nicht zum Erfolg der Verfassungsbeschwerde geführt hätte[86].

§ 17 Kosten, Mißbrauchsgebühr, Auslagenerstattung, Prozeßkostenhilfe

I. Kosten und Mißbrauchsgebühr

333 Nach § 34 Abs. 1 BVerfGG ist das Verfahren des BVerfG kostenfrei; es entstehen also keine Gerichtskosten. Dieser Grundsatz wird nach Maßgabe des Abs. 2 dahin eingeschränkt, daß bei Vorliegen bestimmter Voraussetzungen eine Mißbrauchsgebühr erhoben werden kann. Die geltende Regelung beruht auf dem 5. Änderungsgesetz von 1993[1].

334 Eine Gebühr bis zu 5000 DM kann gemäß § 34 Abs. 2 BVerfGG auferlegt werden, wenn die Erhebung einer Verfassungsbeschwerde oder Wahlprüfungsbeschwerde oder der Antrag auf Erlaß einer einstweiligen Anordnung als mißbräuchlich zu beurteilen ist (Mißbrauchsgebühr)[2]. Mißbrauch wird vor allem dann gegeben sein, wenn die Beschwerde oder der Antrag gar nicht so sehr der eigenen Rechtsverfolgung dient, sondern anderen Schwierigkeiten bereiten, Verfahren verzögern, sachfremde Ziele anstreben soll oder geradezu wegen totaler erkennbarer Erfolglosigkeit als „frivol" anzusehen ist[3]. Das BVerfG selbst meint, daß ein Mißbrauch u.a. dann vorliege, „wenn die Verfassungsbeschwerde offensichtlich unzulässig oder unbegründet ist und ihre Einlegung von jedem Einsichtigen als völlig aussichtslos angesehen werden muß"[4] oder wenn sie „offensichtlich nicht geeignet ist, zur Fortentwicklung des Verfassungsrechts oder zur Abwehr einer individuellen grundrechtlichen Beschwer beizutragen und überdies das BVerfG in der Wahrnehmung seiner Aufgabe behindert"[5]. Diese Gründe können nicht leichthin als gegeben angesehen werden, so daß § 34 Abs. 2 BVerfGG kaum ein geeignetes Instrument ist, die Verfassungsbeschwerdeflut einzugrenzen[6].

---

85 Vgl. BVerfGE 69, 233 (242); 63, 77 (78 f.). Vgl. auch Rn. 1308.
86 BVerfGE 72, 84 im Hinblick auf BVerfGE 69, 272. – Vgl. auch *Zuck*, JZ 1985, S. 921 ff.

1 BGBl. I S. 1442. – Zur früheren Rechtslage vgl. die Vorauflage Rn. 281-284.
2 Dazu ausführlich *ter Veen*, EuGRZ 1998, S. 645 ff.; ferner: *Kühling*, ZRP 1998, S. 108 ff.; *Schmittmann*, DVBl. 1997, S. 988 ff.; *Dörr*, Die Verfassungsbeschwerde in der Prozeßpraxis (2. Aufl. 1997), Rn. 402 ff.; *Gusy*, Die Verfassungsbeschwerde (1998), Rn. 247; *Zuck*, NJW 1986, S. 2093 ff.
3 *Ulsamer*, in: BVerfGG-Kommentar, § 34 Rn. 17, im Anschluß an *Geiger*, § 34 Anm. 3. Ferner BVerfGE 54, 39 (42); vgl. auch *Mellinghoff*, in: Umbach/Clemens, § 34 Rn. 71 ff.
4 Kammerbeschl. vom 14.10.1998, NJW 1999, S. 1390.
5 Kammerbeschl. vom 03.11.1998, EuGRZ 1998, S. 694.
6 *Benda*, NJW 1980, S. 2102.

Die Verhängung von Mißbrauchsgebühren liegt im Ermessen des BVerfG. Die Senate/ Kammern verhängen je nach „Schwere des Falles" zwischen 50 und 5000 DM[7]. Die jährliche Gesamtsumme der Mißbrauchsgebühren ist nicht hoch; die Beträge schwankten bisher (1962-2000) zwischen 2920 DM (1967) und 64 650 DM (1981). Im Jahr 1999 belief sich die Summe auf 52 450 DM, im Jahr 2000 auf 30 000 DM.

Die Gebührenentscheidung ist Teil der Urteilsformel (Tenor), wird also von dem jeweiligen Spruchkörper getroffen. Die Begründung kann kurz gehalten werden, doch muß ausgeführt werden, worin der Mißbrauch gesehen wird[8].   **335**

II. Auslagenerstattung, Gegenstandswert und Kostenfestsetzung

Den Verfahrensbeteiligten können im Verfassungsprozeß Auslagen, insbesondere durch   **336** die Inanspruchnahme eines Prozeßbevollmächtigten, entstehen. Die Erstattung dieser Auslagen regelt § 34 a BVerfGG.

Nach § 34 a Abs. 1 BVerfGG ist die Auslagenerstattung zugunsten des Antragsgegners oder Angeklagten obligatorisch, wenn sich ein Antrag auf Grundrechtsverwirkung oder die Bundespräsidenten- oder Richteranklage als unbegründet erwiesen hat. Zu erstatten sind die notwendigen Auslagen einschließlich der Kosten der Verteidigung. Zur Bestimmung der „notwendigen Auslagen" ist auf §§ 464 a Abs. 2, 467 StPO und die hierzu ergangene Auslegung der Fachgerichte zurückzugreifen[9].

Dem Beschwerdeführer einer erfolgreichen Verfassungsbeschwerde sind seine notwendigen Auslagen ebenfalls obligatorisch zu erstatten (§ 34 a Abs. 2 BVerfGG)[10], wobei eine   **337** nur teilweise Erstattung in Betracht kommt, wenn die Verfassungsbeschwerde nicht in vollem Umfang begründet war. Das Gericht kann aber – das macht der Wortlaut klar – auch in diesem Fall volle Auslagenerstattung anordnen. Es kommt nicht darauf an, ob der Verfassungsbeschwerde durch den Senat oder die Kammer (§ 93 c BVerfGG) stattgegeben wurde[11].

Zu den notwendigen Auslagen gehören die Auslagen, die zur zweckentsprechenden   **338** Rechtsverfolgung notwendig sind[12], also insbesondere die Kosten für die Inanspruchnahme eines Prozeßbevollmächtigten, auch – vgl. § 22 Abs. 1 S. 1 BVerfGG – außerhalb einer mündlichen Verhandlung. Unter Umständen sind auch die Kosten für mehrere Prozeßvertreter zu erstatten[13]. Erstattungsfähig sind aber stets nur die gesetzlichen Gebühren (BRAGO), nicht die sich aus einer darüber hinaus gehenden Honorarvereinbarung erge-

---

7 Z.B. Kammerbeschl. vom 14.10.1998, NJW 1999, S. 1390. Der Zweite Senat zeigt sich deutlich eher bereit, Mißbrauchsgebühren zu verhängen.
8 Vgl. die Nachweise oben in N 4 und 5 sowie BVerfG (Kammerbeschl. vom 19.03.1998), NJW 1998, S. 2205.
9 Vgl. BVerfGE 46, 321 (323 ff.).
10 *Gusy* (N 2), Rn. 265 ff.; *Dörr* (N 2), Rn. 424 ff.
11 Vgl. die Kammerbeschl. vom 02.02.1990 (2 BvR 1140/88 u.a.) und vom 05.05.1990 (1 BvR 941/89).
12 BVerfGE 98, 163 (166); 99, 46 (47).
13 BVerfGE 46, 321; 87, 270 (272); 99, 163 (167); zum Fall der Erstattung von Anwaltsgebühren bei gegenseitiger Vertretung BVerfGE 81, 387. Das BVerfG zieht die Grundsätze des § 91 ZPO bei Berücksichtigung der Besonderheiten des verfassungsgerichtlichen Verfahrens entsprechend heran; BVerfGE 89, 313 (314).

benden Kosten[14], und auch nicht – es sei denn in Fällen außergewöhnlicher Schwierigkeit – die Kosten für ein rechtliches Gutachten[15].

339 Eine volle oder teilweise Erstattung der Auslagen ist in allen übrigen Fällen möglich (§ 34 a Abs. 3 BVerfGG, fakultative Auslagenerstattung), allerdings nur für Verfahrensbeteiligte[16]. Ausschlaggebend ist, daß besondere Billigkeitsgründe vorliegen[17]. Dies kommt etwa bei erfolgreichen Wahlprüfungsbeschwerden in Betracht, ist vom BVerfG aber vor allem im Bereich des Organstreitverfahrens zugunsten des obsiegenden Antragstellers angewandt worden, soweit er die ihm entstandenen Auslagen nicht aus öffentlichen Haushalten begleichen konnte[18]. Auf den Erfolg des Antrags kommt es aber keineswegs notwendig an. So kann auch bei erfolglosen Verfassungsbeschwerden eine Erstattung in Betracht kommen, wenn etwa die Verfassungsbeschwerde ungeachtet ihres konkreten Mißerfolgs zur Beanstandung gesetzlicher Vorschriften führt, wenn sie nur wegen Stimmengleichheit zurückzuweisen ist oder wenn das angegriffene fachgerichtliche Urteil auf Erwägungen gestützt ist, die mit Grundrechten des Beschwerdeführers unvereinbar sind[19]. Es genügt auch, daß der Beschwerdeführer ein berechtigtes Interesse an der Klarstellung der Rechtslage hat, die sich wenigstens zum Teil für ihn günstig auswirkt[20]. Hierzu zählen auch die Fälle, in denen der Beschwerdeführer seine Verfassungsbeschwerde für erledigt erklärt hat, vor allem wenn die öffentliche Gewalt von sich aus den mit der Beschwerde angegriffenen Akt beseitigt hat[21]. Verschiedentlich kommt es auch zu einer gleichzeitig auf § 34 a Abs. 2 und 3 BVerfGG gestützten vollen Auslagenerstattung, wenn die Verfassungsbeschwerde im wesentlichen erfolgreich war[22].

340 Die obligatorische oder fakultative Auslagenerstattung wird vom BVerfG (Senat, Kammer) in der Entscheidungsformel angeordnet, bei Teilentscheidungen erst im Tenor der Schlußentscheidung[23]. Die Erstattungspflicht trifft den Verursacher des verfassungswidrigen Aktes[24]. Zur Begründung genügt bei obligatorischer Erstattung die Angabe der Rechtsgrundlage, bei fakultativer Erstattung (§ 34 a Abs. 3 BVerfGG) sind die Billigkeitsgründe, die für das BVerfG maßgeblich waren, anzugeben.

341 Mit der Anordnung der vollen oder teilweisen Erstattung der Auslagen ist noch nicht über die Höhe der einem Prozeßbevollmächtigten zustehenden Gebühren entschieden. Maßgeblich ist insoweit vor allem der Gegenstandswert.

---

14 BVerfGE 21, 190 (191). Zu den Gebühren *Lechner/Zuck*, § 34 a Rn. 62 ff.
15 BVerfGE 88, 382 (383 f.); bezüglich Reisekosten BVerfGE 89, 313 (314 f.).
16 Also z.B. nicht für Äußerungsberechtigte im konkreten Normenkontrollverfahren, etwa die Parteien des Ausgangsverfahrens; BVerfGE 20, 350 (351); 36, 101; vgl. auch *Mellinghoff*, in: Umbach/Clemens, § 34 a Rn. 43. – Eine Antragstellung ist nicht erforderlich, a.A. Sondervotum *Geiger*, BVerfGE 44, 167 (180 f.). Zur möglichen Prozeßkostenhilfe für Äußerungsberechtigte s.u. bei N 33.
17 St. Rspr. seit BVerfGE 7, 75 (76); zu § 34 Abs. 3 a.F.
18 BVerfGE 44, 125 (166 ff.); 80, 188 (190/234); vgl. auch 96, 66 (67).
19 BVerfGE 66, 337 (368); 81, 142 (156); 87, 1 (48).
20 BVerfGE 84, 90 (132); s. aber auch BVerfGE 85, 117 (122 ff.) für den Fall einer Vielzahl von Verfassungsbeschwerden unter Abweichung von BVerfGE 66, 152 (154).
21 BVerfGE 87, 394 (397).
22 Z.B. BVerfGE 96, 44 (56).
23 BVerfGE 40, 296 (298).
24 Z.B. den Bund, wenn eine aufgehobene Gerichtsentscheidung auf einer Rechtsnorm des Bundes beruht, BVerfGE 99, 202 (216); hingegen hälftig auf Bund und Land: BVerfGE 101, 106 (132). Näher hierzu *Mellinghoff*, in: Umbach/Clemens, § 34 a Rn. 28.

Der Gegenstandswert eines verfassungsgerichtlichen Verfahrens wird auf Antrag vom jeweiligen Spruchkörper (Senat, Kammer) festgesetzt. Der besonderen Festsetzung bedarf es allerdings nur, wenn über den in § 113 Abs. 2 BRAGO genannten Mindestwert (DM 8000) hinausgegangen werden soll[25]. Das ist nur selten der Fall, doch werden zum Teil sehr erhebliche Summen festgesetzt[26]. Entscheidend ist die Bedeutung der Sache, wobei subjektive und objektive Elemente zu berücksichtigen sind[27].

Die Anwaltsgebühren werden auf Antrag vom Rechtspfleger beim BVerfG festgesetzt **342** (§ 19 BRAGO, § 21 RPflG); entsprechendes gilt hinsichtlich des Anspruchs auf Erstattung der Prozeßkosten gemäß §§ 103 ff. ZPO. Gegen den Kostenfeststellungsbeschluß sind seit der Neufassung des § 11 RPflG 1998[28] als Rechtsmittel die nach den allgemeinen Vorschriften zulässigen Rechtsmittel statthaft, also die sofortige Beschwerde gemäß § 104 Abs. 3 S. 1 ZPO, sofern der Beschwerdewert gemäß § 567 Abs. 2 S. 2 ZPO erreicht ist[29]. In den übrigen Fällen – bei Nichterreichung des Beschwerdewertes – ist gemäß § 11 Abs. 2 S. 1 RPflG anstelle eines Rechtsmittels nach wie vor die (befristete) Erinnerung zulässig, über die der Spruchkörper entscheidet, der die Auslagenerstattung angeordnet hat (Senat, Kammer)[30]. Ein weiterer Rechtsbehelf ist nicht gegeben. Ist die Erinnerung unzulässig (z.B. wegen Fristversäumnis, vgl. § 104 ZPO), wird sie verworfen[31]; Kosten werden dem Erinnerungsführer auferlegt[32]. Hat die Erinnerung (teilweise) Erfolg, wird der Kostenfestsetzungsbeschluß (in entsprechendem Umfang) aufgehoben und die Sache zur anderweitigen Prüfung und Entscheidung an den Rechtspfleger zurückverwiesen. Auch hier kommt (insbesondere wegen § 61 BRAGO) eine Festsetzung des Wertes des Erinnerungsverfahrens in Betracht[33]. Unbegründete Erinnerungen werden zurückgewiesen[34]. Bei Statthaftigkeit der sofortigen Beschwerde entscheidet das Beschwerdegericht ebenfalls abschließend; eine weitere Beschwerde kommt nicht in Betracht (§§ 567 Abs. 4, 568 Abs. 3 ZPO).

III. Prozeßkostenhilfe

Prozeßkostenhilfe kommt praktisch nur für Individualantragsteller, also im Verfahren der **343** Verfassungs- oder Wahlprüfungsbeschwerde, in Betracht, bei Vorliegen besonderer Gründe auch für die Beteiligten des Ausgangsverfahrens im Verfahren der konkreten Normenkontrolle[35] oder einer (Urteils-) Verfassungsbeschwerde[36]. Schon früh hat das BVerfG insoweit auf die Grundsätze des Armenrechts zurückgegriffen; §§ 114 ff. ZPO

---

25 *Ulsamer*, in: BVerfGG-Kommentar, § 34 a Rn. 23. – Für die in § 34 a Abs. 1 BVerfGG genannten Verfahren gilt § 113 Abs. 1 BRAGO.
26 Z.B. BVerfGE 79, 357 (1 400 000 DM); 79, 365 (700 000 DM).
27 Näher *Lechner/Zuck*, § 34 a Rn. 49 ff.; BVerfGE 79, 365 (366 ff.).
28 BGBl. 1998 I S. 2030.
29 Vgl. etwa BVerfG, Beschl. v. 22.03.2000 – 1 BvR 2437/95.
30 Vgl. *Dörr* (N 2), Rn. 424.
31 BVerfGE 96, 251 (253).
32 Beschl. vom 20.03.1990 (1 BvR 209/83): Analogie zu §§ 574 S. 2, 97 Abs. 1 ZPO.
33 Vgl. BVerfGE 81, 387 (388); 84, 6; 96, 217 (218).
34 BVerfGE 61, 208 (209); 63, 148 (151 f.); 98, 163 (164); 99, 338.
35 Vgl. BVerfGE 79, 252 (254 f.); 93, 179 (180).
36 BVerfGE 92, 122 (123 ff.).

werden analog angewendet[37]. Der Antrag ist gemäß § 117 ZPO innerhalb der Fristen der §§ 93 bzw. 48 BVerfGG zu stellen.

Da das gerichtliche Verfahren kostenfrei ist (§ 34 Abs. 1 BVerfGG), erstreckt sich die Prozeßkostenhilfe nur auf die außergerichtlichen Kosten (insbesondere Anwaltskosten). Nicht erfaßt ist die Mißbrauchsgebühr gemäß § 34 Abs. 2 BVerfGG. Obsiegt der Beschwerdeführer, so wird gemäß § 34 a Abs. 2 BVerfGG Auslagenerstattung angeordnet; damit erledigt sich der Prozeßkostenhilfeantrag[38]; entsprechendes gilt bei fakultativer Auslagenerstattung (§ 34 a Abs. 3 BVerfGG). Prozeßkostenhilfe kann auch bei Nichtannahme einer Verfassungsbeschwerde bewilligt werden, wo zwar die Verletzung eines Grundrechts zu Recht gerügt wird, gleichwohl die Annahmevoraussetzungen des § 93 a Abs. 2 BVerfGG aber nicht vorliegen[39].

---

37 St. Rspr. seit BVerfGE 1, 109; vgl. *Lechner/Zuck*, § 34 a Rn. 4; *Gusy* (N 2), Rn. 260 ff. – Zur Auslegung von § 114 ZPO näher BVerfGE 81, 347 (357 ff.).
38 BVerfGE 62, 392 (397); 71, 122 (136 f.).
39 BVerfG (Kammerbeschl. vom 12.05.1999), 1 BvR 1988/95.

Viertes Kapitel

Die bundesverfassungsgerichtlichen
Verfahren im einzelnen

§ 18 Überblick

I. Das Prinzip der Einzelzuständigkeit

Der Rechtsweg zum BVerfG wird nicht durch eine allgemeine Bestimmung (General- **344**
klausel), sondern durch die Zuweisung einzelner, spezieller Zuständigkeiten (Enumeration) eröffnet[1]. Diese Zuweisung erfolgt ganz überwiegend durch das Grundgesetz unmittelbar, allerdings nicht konzentriert in einem einzigen Kompetenzartikel, sondern in mehreren, im Grundgesetz verstreuten Vorschriften[2]. Einen zusammenfassenden Katalog der
bundesverfassungsgerichtlichen Zuständigkeiten bietet indes § 13 BVerfGG, an dessen
Aufzählung zugleich die besonderen, auf die verschiedenen Verfahren bezogenen Regelungen anknüpfen. Diese Sammel- und Verteilungsfunktion des § 13 BVerfGG läßt sich
wie folgt darstellen:

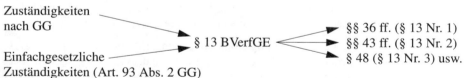

Zuständigkeiten
nach GG

§ 13 BVerfGE

§§ 36 ff. (§ 13 Nr. 1)
§§ 43 ff. (§ 13 Nr. 2)
§ 48 (§ 13 Nr. 3) usw.

Einfachgesetzliche
Zuständigkeiten (Art. 93 Abs. 2 GG)

Die Reichweite der Zuständigkeiten ergibt sich aus der Auslegung ihrer rechtlichen **345**
Grundlagen, die häufig recht weit gefaßt sind[3]. Letztlich entscheidet darüber das BVerfG
in eigener Verantwortung. Eine Erweiterung im Wege der Analogie oder aus Gründen eines noch so dringenden rechtspolitischen Bedürfnisses kommt jedoch nicht in Betracht
und ist auch vom BVerfG selbst abgelehnt worden[4]. Die Richtigkeit dieser Auffassung ergibt sich nicht nur aus dem Enumerationsprinzip, sondern vor allem aus der in Art. 93
Abs. 2 GG vorgesehenen Möglichkeit, dem BVerfG durch Bundesgesetz weitere Zuständigkeiten zuzuweisen.

---

1 BVerfGE 1, 396 (408); 13, 54 (96 f.); *Maunz*, in: BVerfGG-Kommentar, § 13 Rn. 4; *Schlaich*, Rn. 72; *Löwer*,
   S. 740 f.
2 Zur Entstehungsgeschichte *Stern*, Das Staatsrecht der Bundesrepublik Deutschland, Bd. II (1980), S. 330 ff.
   Art. 93 Abs. 1 Nr. 2 a GG ist durch Gesetz v. 27.10.1994 (BGBl. I S. 3146) eingefügt worden.
3 *Geiger*, § 13 Anm. 2 spricht von „kleinen Generalklauseln".
4 BVerfGE 1, 396 (408 f.); 2, 341 (346); 22, 293 (298); 38, 121 (127). Vgl. jedoch BVerfGE 37, 271 (283 f.)
   zur Vorlagefähigkeit von EG-Verordnungen nach Art. 100 Abs. 1 GG.

346 Hiervon ist verschiedentlich Gebrauch gemacht worden. So war das BVerfG zunächst nur aufgrund der §§ 90 ff. BVerfGG für die Behandlung von Verfassungsbeschwerden zuständig, bis 1969 die verfassungsrechtliche Absicherung durch Art. 93 Nr. 4 a und b erfolgte. Einfachgesetzliche Zuständigkeiten ergeben sich für das BVerfG noch heute etwa aus § 16 Abs. 3 Wahlprüfungsgesetz, § 32 Abs. 3 und 4 und § 33 Abs. 2 Parteiengesetz, aus verschiedenen Bestimmungen des Gesetzes über das Verfahren bei Volksentscheid, Volksbegehren und Volksbefragung nach Art. 29 Abs. 4 GG und aus § 50 Abs. 3 VwGO[5]. Neuerdings ist die in § 76 Abs. 2 2. HS BVerfGG enthaltene Kompetenz des BVerfG auf Art. 93 Abs. 2 GG gestützt worden[6].

347 Schon recht bald wieder beseitigt wurde die auf (ehemals) § 97 BVerfGG beruhende Kompetenz des Plenums des BVerfG, auf gemeinsamen Antrag von Bundestag, Bundesrat und Bundesregierung sowie auf Antrag des Bundespräsidenten ein Rechtsgutachten über verfassungsrechtliche Fragen zu erstatten. Das BVerfG ist dreimal mit entsprechenden Anfragen befaßt gewesen und hat zwei Rechtsgutachten erstattet[7]; im dritten Fall ist der Antrag vom Bundespräsidenten wieder zurückgezogen worden[8]. Die Erstattung von Gutachten ist, wie das BVerfG deutlich vermerkt hat, der richterlichen Funktion wesensfremd[9]. Dies gilt jedenfalls dann, wenn der Richter präventiv – also vor der Existenz des zu prüfenden Aktes – tätig werden soll. § 97 BVerfGG ist daher im Jahr 1956 gestrichen worden[10].

348 Im Hinblick auf denkbare zukünftige Zuständigkeitsübertragungen an das BVerfG stellt sich die Frage, welche Grenzen der in Art. 93 Abs. 2 GG enthaltenen Ermächtigung an den Bundesgesetzgeber gezogen sind. Insoweit wird vor allem auf die Orientierung an der materiellen Verfassungsstreitigkeit (im Sinne von Verfassungsfrage) abgestellt. Hauptpunkt (Verfahrensgegenstand) müsse die Auslegung der Verfassung sein[11]. Für diese einschränkende Auslegung gibt jedoch der Wortlaut des Art. 93 Abs. 2 GG selbst nichts her. Sinnvoller erscheint es deshalb, von folgenden Gesichtspunkten auszugehen[12]:

349 Eine Übertragung zusätzlicher Zuständigkeiten muß zunächst die der Bundesverfassungsgerichtsbarkeit zugrunde liegende Abgrenzung zur Landesverfassungsgerichtsbarkeit beachten. Zur Entscheidung von Fragen des Landesverfassungsrechts ist das BVerfG nur nach Maßgabe von Art. 94 Abs. 1 Nr. 4 und 99 GG zuständig[13]. Auch die Abgrenzung zur Fachgerichtsbarkeit ist zu berücksichtigen. Den verfassungsrechtlich geregelten Zuständigkeiten des BVerfG liegt die Respektierung der Verantwortungsbereiche der Fachgerichte zugrunde; aufmerksam zu machen ist insofern nur auf die Rechtswegverweisung in Art. 93 Abs. 1 Nr. 4 GG und auf die Vorstellung von der Subsidiarität der Verfassungsgerichtsbarkeit. Strikte gesetzgeberische Schranken ergeben sich daraus freilich nicht. Dasselbe gilt für die Berücksichtigung des Gerichtscharakters des BVerfG. Hier hat ge-

---

5 Rn. 31 (N 44).
6 BT-Drs. 13/7673, S. 12.
7 BVerfGE 1, 76; 3, 407.
8 BVerfGE 2, 79 (83).
9 BVerfGE 2, 79 (86); *Geiger*, § 97 Anm. 2: „Fremdkörper".
10 BGBl. I S. 662. Die Gutachtenkompetenz wird neuerdings wieder propagiert von *F. Burmeister*, Gutachten des Bundesverfassungsgerichts zu völkerrechtlichen Verträgen, 1998.
11 *Geiger*, § 1 Anm. 11 und § 13 Anm. 3 und 4; *Kutscher*, in; FS Gebh. Müller (1970), S. 162.
12 Vgl. *Maunz*, in: BVerfGG-Kommentar, § 13 Rn. 10; *Pestalozza*, S. 241 f.; *Stern* (N 2), S. 976.
13 Siehe oben Rn. 46 ff.

rade das Gutachtenverfahren den weiten Spielraum des Gesetzgebers aufgezeigt[14]. Auch die Gefahr einer Überlastung des Gerichts oder umgekehrt die Aufrechterhaltung seiner Funktionsfähigkeit geben wichtige Orientierungen. Doch wird dadurch die Entscheidungsfreiheit des Bundesgesetzgebers allenfalls insoweit eingeschränkt, als er an anderer Stelle nicht für Entlastung sorgt und damit die Rechtsprechungstätigkeit des Gerichts nachhaltig beeinträchtigt wird. Im Ergebnis wird die Verfassungswidrigkeit zuständigkeiterweiternder Gesetze nur sehr schwer nachzuweisen sein. Wie gezeigt, ist der Gesetzgeber aber bislang sehr verantwortungsvoll mit der Kompetenz nach Art. 93 Abs. 2 GG umgegangen.

Die Summe der dem BVerfG übertragenen Zuständigkeiten kommt einer umfassenden Zuständigkeit im generalklauselartigen Sinn recht nahe[15]. Die zentrale Bedeutung, die dem Gericht damit bewußt im Verfassungsleben eingeräumt ist, wird noch durch die Wirkungen unterstrichen, die seinen Entscheidungen zugemessen werden (§ 31 BVerfGG), durch seine Kompetenz zum Erlaß einstweiliger Anordnungen (§ 32 BVerfGG) und zur Regelung der Vollstreckung seiner Entscheidungen (§ 35 BVerfGG). **350**

II. Systematisierung

Die systematische Einordnung der Zuständigkeiten des BVerfG kann nach verschiedenen Kriterien erfolgen. Dabei bieten sich Differenzierungen nach Antragsberechtigung, Verfahrensgegenstand und Verfahrenszweck an. Den höchsten Erkenntniswert hat wohl eine Systematisierung nach dem Verfahrenszweck. Sie hat sich auch generell durchgesetzt[16]. Die Zuständigkeiten können danach wie folgt gegliedert werden: **351**

1. Eigentliche Verfassungsstreitigkeiten (kontradiktorische Verfahren). Hier streiten verfassungsrechtliche Einheiten miteinander um die ihnen zugewiesenen Kompetenzen. Solche Streitigkeiten sind im horizontalen Bereich (zwischen Bundesorganen, zwischen Ländern) und im vertikalen Bereich (Bund/Länder) angesiedelt. **352**

2. Verfahren, die der objektiven Rechtsfeststellung dienen. Hierzu gehören die Normenkontrollen, mit denen die Vereinbarkeit einer Rechtsnorm mit höherrangigem Recht überprüft wird. Dazu gehören aber auch Verfahren, in denen eine Rechtsqualifizierung oder die Verifikation einer Norm bezüglich ihrer Existenz und ihres Inhalts erfolgt. **353**

3. Verfassungsbeschwerden. Angesprochen ist primär die Individualverfassungsbeschwerde, mit deren Hilfe der Bürger Verletzungen seiner Grundrechte abwehren kann. Prozessual gleichgeordnet ist die Kommunalverfassungsbeschwerde, mit der Kommunen gesetzgeberische Verletzungen ihres Selbstverwaltungsrechts rügen können. Bei diesen Verfahren geht es um die Gewährung von (subjektivem) Rechtsschutz. **354**

4. Verfassungsverteidigung. Die hier zusammengefaßten Zuständigkeiten dienen dem Schutz der Verfassung gegen verfassungsfeindliche Umtriebe. Hierzu gehören das Partei- **355**

---

14 Obwohl das BVerfG die Erstattung von Rechtsgutachten als dem Gerichtscharakter wesensfremd bezeichnet hat (s.o. N 7), ging es doch eindeutig von der Verfassungsmäßigkeit dieser Kompetenz aus, BVerfGE 2, 79 (87).
15 *Lechner/Zuck*, § 13 Rn. 2.
16 Vgl. etwa *Pestalozza*, S. 62 ff.; *Stern* (N 2), S. 978; *Löwer*, S. 744.

verbots- und das Grundrechtsverwirkungsverfahren. Hinzu gerechnet werden können auch die Anklageverfahren gegen den Bundespräsidenten und Richter.

356 5. Weitere Zuständigkeiten. Hier finden sich schwer einzuordnende Zuständigkeiten, wie die Wahlprüfungsbeschwerde, die Divergenzvorlage zur Wahrung der Einheitlichkeit der Rechtsprechung und das Tätigwerden des BVerfG als Landesverfassungsgericht im Wege der Organleihe.

357 Auch die nachfolgende Darstellung geht im wesentlichen von dieser Systematisierung aus. Sie faßt jedoch, schon der Schwerpunktsetzung wegen, die oben unter 4. und 5. genannten Zuständigkeiten zusammen und behandelt sie unter dem Titel „sonstige Zuständigkeiten" (Abschnitt D). Es erschien darüber hinaus angezeigt, die Behandlung der Verfassungsbeschwerde als der das BVerfG mit großem Abstand quantitativ am meisten beschäftigenden Verfahrensart an den Anfang zu rücken (Abschnitt A). Es schließt sich die Erörterung der Verfahren zur objektiven Rechtsfeststellung (Abschnitt B) und der kontradiktorischen Verfahren (Abschnitt C) an. Abschließend wird die Zuständigkeit des BVerfG zum Erlaß einstweiliger Anordnungen diskutiert (Abschnitt E).

Die im Anhang abgedruckten Übersichten geben Aufschluß über die Häufigkeit der einzelnen Verfahren. Daraus wird auch die zunehmende Belastung des BVerfG, gerade durch Verfassungsbeschwerden, ersichtlich. Die mit der Wiedervereinigung Deutschlands verbundene Ausweitung der Jurisdiktion des BVerfG auf die neuen Länder und Berlin hat die Zahl der vom BVerfG zu entscheidenden Fälle weiter steigen lassen[17].

---

17 Zu den Entlastungsbemühungen siehe Rn. 61 und 376.

Abschnitt A

(Individual-) Rechtsschutzverfahren

§ 19 Die Verfassungsbeschwerde

I. Allgemeines: Bedeutung, Wesen und Funktion der Verfassungsbeschwerde

1. Allgemeine Bedeutung

Obwohl die Verfassungsbeschwerde nach der ursprünglichen Fassung des Art. 93 GG **358** nicht zu den Verfahrensarten gehörte, die dem BVerfG durch die Verfassung selbst zugewiesen wurden – sie wurde erst 1969 durch eine Änderung des GG in den Katalog seiner Zuständigkeiten eingefügt –, hat sie von Anfang an die Arbeit des BVerfG entscheidend geprägt. Dies gilt schon rein zahlenmäßig: mehr als 95 Prozent der beim BVerfG eingehenden verfahrenseinleitenden Anträge sind Verfassungsbeschwerden. Bis Ende 2000 sind beim Gericht fast 127 000 Verfassungsbeschwerden eingegangen[1]. Im Durchschnitt der letzten Jahre wurden jeweils zwischen 2000 und bis mehr als 2500 Anträge bei jedem der beiden Senate eingereicht. Erst in weitem Abstand folgen in der Statistik die Richtervorlagen (konkrete Normenkontrolle nach Art. 100 Abs. 1 GG).

Die übrigen Verfahrensarten machen bei zahlenmäßiger Betrachtung nur einen geringen Anteil der Belastung des BVerfG aus, wenn sie auch wegen ihrer verfassungsrechtlichen und politischen Bedeutung und der Schwierigkeit der durch sie aufgeworfenen Fragen im Vergleich zu den Verfassungsbeschwerden oft ein weitaus höheres Maß an richterlicher Arbeit mit sich bringen.

Wichtiger als die Statistik ist die hervorragende Rolle, welche die Verfassungsbeschwer- **359** den für das Selbstverständnis des BVerfG und für seinen Bekanntheitsgrad und sein Ansehen in der Bevölkerung spielen. Für das Gericht selbst und für seine Mitglieder ist es von großer Bedeutung, daß es „Hüter der Verfassung" nicht lediglich im Sinne einer Streitschlichtung bei Meinungsverschiedenheiten zwischen Verfassungsorganen oder im Bund-Länder-Verhältnis ist, sondern entscheidend dazu beiträgt, daß die Grundrechte als Kernstück der Verfassung gegen jede Beeinträchtigung durch Akte staatlicher Gewalt geschützt werden. Dies erfordert eine außerordentlich zeitaufwendige und beharrliche Arbeit an zahllosen Detailfragen aus allen Rechtsgebieten. Auch wenn das verfassungsrechtliche Problem, über das zu entscheiden ist, zur Auslegung oder Fortentwicklung des GG nur wenig beiträgt, kann der Vorgang, der die Verfassungsbeschwerde ausgelöst hat, für den Beschwerdeführer von großer, möglicherweise existentieller Bedeutung sein. Die

---

1 Vgl. die Gesamtstatistik des BVerfG zum 31.12.2000 in der Anlage I.

große Zahl der anhängigen Verfahren und die begrenzte Entscheidungskapazität des BVerfG zwingen dabei zur Konzentration auf das subjektiv oder objektiv Wesentliche.

360   Hieraus ergibt sich die Frage, auf welche Weise Wichtiges von Unwichtigem geschieden werden kann. Dieses Problem beherrscht den Arbeitsalltag der Bundesverfassungsrichter. Es ist eine mühsame und oft wenig befriedigende Aufgabe, aus einer großen Zahl abwegiger oder jedenfalls nur Fragen des „einfachen" Rechts berührender Verfassungsbeschwerden diejenigen herauszusuchen, die wirklich verfassungsrechtliche Probleme aufwerfen und daher einer sorgfältigen Prüfung zuzuführen sind. Bei grober Schätzung, die auf eigenen Erfahrungen beruht, enthalten etwa 10 bis 20 Prozent aller Verfassungsbeschwerden – soweit sie nicht schon z.B. wegen Fristversäumnis unzulässig sind – nur unklare, verworrene oder schlechthin unverständliche Ausführungen. Die große Mehrzahl aller Verfassungsbeschwerden – annähernd zwei Drittel – erörtern, aus welchen Gründen die regelmäßig anzugreifende Entscheidung eines Fachgerichts zu einem falschen Ergebnis geführt habe. Einfachrechtlich mag diese Argumentation vertretbar oder sogar einleuchtend sein, aber verfassungsrechtliche Fragen stellen sich hierbei nicht, auch wenn – typischerweise – Willkür oder eine Verletzung des rechtlichen Gehörs behauptet wird[2]. Lediglich ein Viertel bis allenfalls ein Drittel der zulässigen Verfassungsbeschwerden enthalten eine ernstzunehmende verfassungsrechtliche Argumentation. Aber in nahezu jedem zweiten dieser Fälle lassen sich die von den Beschwerdeführern aufgeworfenen Fragen aus der bereits vorliegenden Rechtsprechung des BVerfG rasch und mit einem für den Beschwerdeführer ungünstigen Ergebnis beantworten[3]. Jeder neue Antrag muß aber geprüft, und es muß über seine weitere Behandlung entschieden werden.

361   Es wäre jedoch voreilig, unter Hinweis auf derartige Erfahrungen die Befürchtungen als bestätigt anzusehen, die bei der parlamentarischen Erörterung über die – zunächst nur einfachgesetzlich erfolgte – Einführung der Verfassungsbeschwerde geäußert worden sind[4]. Gewiß gibt es Verfassungsbeschwerden, die kaum anders als querulatorisch genannt werden können. Sie verursachen oft angesichts der Unbelehrbarkeit und Hartnäckigkeit der Antragsteller einen völlig unangemessenen Arbeitsaufwand. Auch die Möglichkeit, eine Mißbrauchsgebühr zu verhängen, bleibt im allgemeinen wirkungslos. Aber nicht jeder Beschwerdeführer, der auf die Zusage der Verfassung vertraut und „sein Recht" sucht, kann als Querulant abgetan werden, auch wenn seine Argumente fehlgehen und der Fall keinerlei Anhaltspunkte für die Annahme liefert, er sei in einem seiner Grundrechte verletzt worden. Auch das BVerfG kann Urteile anderer Gerichte, die keine Verfassungsverstöße enthalten, allenfalls in Fällen groben Unrechts korrigieren[5]. Bei mancher Verfassungsbeschwerde, die aus diesen Gründen erfolglos bleiben muß, werden auch die beteiligten Verfassungsrichter über das Ergebnis unbefriedigt sein und die Enttäuschung des Beschwerdeführers verstehen.

---

2 Von im Jahre 1995 insgesamt 2725 auf den Ersten Senat entfallenen Verfassungsbeschwerden rügten 1309 (ca. 45%) die Verletzung des rechtlichen Gehörs, sei es als isolierte Rüge (245 Fälle), sei es in Verbindung mit weiteren Grundrechtsrügen (1.064 Verfahren); so der Bericht der Kommission „Entlastung des Bundesverfassungsgerichts, hg. vom *Bundesministerium der Justiz*, 1997, S. 63 mit weiteren Angaben aus früheren Untersuchungen.

3 *Benda*, NJW 1980, S. 2098.

4 Zur Entstehungsgeschichte des § 90 BVerfGG vgl. *Schmidt-Bleibtreu*, BVerfGG-Kommentar, § 90 Rn. 8; *Geiger*, Vorbem. vor § 90 Anm. 2 f.; *Kley*, in: Umbach/Clemens, § 90 Rn. 5; *Lechner/Zuck*, § 90 Rn. 6.

5 Vgl. hierzu unten Rn. 668 ff.

Selbst wenn angesichts des Verhältnisses zwischen einem sehr hohen Arbeitsaufwand **362** und einer im Ergebnis nur geringen Erfolgsquote[6] die bisherigen Erfahrungen Skepsis nahelegen, läßt sich hieraus kein entscheidendes Argument gegen die Verfassungsbeschwerde gewinnen. Für diese spricht bereits die Zahl von bisher (Ende 2000) 3179 erfolgreichen Verfassungsbeschwerden[7].

Stets handelt es sich um staatliche Akte, die individuelle Grundrechte verletzt haben. Ohne die Verfassungsbeschwerde wären sie nicht korrigiert worden, obwohl – selbstverständlich – alle Staatsorgane zur Beachtung der Grundrechte verpflichtet sind und regelmäßig den Fehler vermieden oder beseitigt hätten, wenn sie ihn bemerkt hätten. Von noch größerer Bedeutung ist das nach fünf Jahrzehnten bundesverfassungsgerichtlicher Tätigkeit in der Bevölkerung fest verankerte Bewußtsein, daß auch der einzelne gegenüber einem Akt staatlicher Gewalt nicht hilflos ist und ihn nur dann hinnehmen muß, wenn dieser auch unter Berücksichtigung der Grundrechte zulässig ist. Hierbei ist ganz entscheidend, daß jedermann selbst sein Recht suchen kann, wenn er es beeinträchtigt glaubt und von dem staatlichen Akt betroffen ist. Hierdurch entwickelt sich die Überzeugung, daß die Verfassung nicht lediglich organisatorische Normen enthält, die Rechte und Pflichten von Bund und Ländern oder im Verhältnis der einzelnen Verfassungsorgane zueinander abgrenzen. Den großen politischen Prozessen widmen auch die Medien viel Aufmerksamkeit. Demgegenüber bleibt die Berichterstattung über Verfassungsbeschwerdeverfahren, auch wenn diese von allgemeiner Bedeutung sind, weit zurück. Im allgemeinen Bewußtsein steht dagegen die Tätigkeit des BVerfG als Hüter individueller Grundrechte ganz im Vordergrund, während die politischen Verfahren weniger Interesse finden. Mehr als jedes andere Verfahren kann daher das Verfassungsbeschwerdeverfahren dazu beitragen, die Akzeptanz des GG in der Bevölkerung und die Identifizierung mit seinen Wertvorstellungen zu erhöhen und zu festigen. So können auch die in der Bevölkerung bestehenden Auffassungen in Grundfragen gegenüber Gefährdungen stabilisiert werden. Allein schon diese Möglichkeit rechtfertigt den hohen Arbeitsaufwand, den die ständige Flut stets neuer Verfassungsbeschwerden bewirkt.

2. Rechtliche Einordnung der Verfassungsbeschwerde

Während der Beratungen im Parlamentarischen Rat war die Einführung einer Verfas- **363** sungsbeschwerde erwogen worden. Sie war insofern in Deutschland nicht ohne historisches Vorbild, als § 126 Buchst. g) des Entwurfs der „Paulskirchenverfassung" von 1849 Klagen deutscher Staatsbürger vor dem Reichsgericht „wegen Verletzung der durch die Reichsverfassung ihnen gewährten Rechte" zulassen wollte[8]. In neuerer Zeit räumten die Bayerische Verfassung von 1919 sowie die Verfassung von 1946 (in der heute geltenden Verfassung Art. 120, Art. 98 Satz 4) den Einwohnern Bayerns und im Falle der Popularklage des Art. 98 S. 4 Bayer. Verf. sogar jedermann die Möglichkeit ein, Verletzungen seiner verfassungsmäßigen Rechte zu rügen oder (im Fall der Popularklage) ein Normenkontrollverfahren zur Überprüfung der Verfassungsmäßigkeit von Gesetzen und Rechts-

---

6 Vgl. unten Rn. 422 ff.
7 Dies entspricht einer „Erfolgsquote" von 2,60%; vgl. die Gesamtstatistik zum 31.12.2000 in der Anlage.
8 Vgl. *Stern*, Art. 93 Rn. 408; *Kley*, in: Umbach/Clemens, § 90 Rn. 4; *Schlaich*, Rn. 190; *Schmidt-Bleibtreu*, in: BVerfGG-Kommentar, § 90 Rn. 2.

verordnungen einzuleiten[9]. Auch die Hessische Verfassung von 1946 sah schon vor dem GG Verfassungsbeschwerden vor. Ähnliche, aber weniger weitgehende Regelungen enthalten andere, jedoch nicht alle Landesverfassungen[10]. Die nach der staatlichen Einigung 1990 entstandenen Verfassungen der neuen Bundesländer haben Landesverfassungsgerichte errichtet, denen auch die Entscheidung über Verfassungsbeschwerden übertragen wurde. Allerdings sind die Regelungen unterschiedlich. So kennen die Verfassungen von Sachsen und Thüringen die Individualverfassungsbeschwerde, die im Verhältnis zum Bundesverfassungsgericht nicht subsidiär ist. In Sachsen-Anhalt wird die Verfassungsbeschwerde nur gegen Gesetze zugelassen. In Berlin, Brandenburg und Mecklenburg-Vorpommern besteht die Möglichkeit der Individualverfassungsbeschwerde. Doch bestehen hier (im einzelnen unterschiedliche) Subsidiaritätsregelungen, soweit Verfassungsbeschwerde beim Bundesverfassungsgericht eingelegt werden kann oder eingelegt wird[11]. Auch vergleichbare Regelungen in anderen Ländern, insbesondere in Österreich und in der Schweiz, dienten bei den Diskussionen im Parlamentarischen Rat als Vorbild[12].

364 In das GG in seiner ursprünglichen Fassung wurde aber die Verfassungsbeschwerde nicht aufgenommen. Neben grundsätzlichen Bedenken war hierfür auch die Befürchtung maßgebend, es werde kaum gelingen, die rechtliche Einordnung der Verfassungsbeschwerde in das Rechtsschutzsystem durch eine knappe Formulierung auszudrücken[13].

Die Einführung der Verfassungsbeschwerde war damit nicht vorgeschrieben, blieb aber dem Gesetzgeber möglich, weil das BVerfG neben seinen ausdrücklich im GG aufgeführten Zuständigkeiten „ferner in dem ihm sonst durch Bundesgesetz zugewiesenen Fällen" tätig werden sollte (Art. 93 Abs. 2 GG). Bei den alsbald aufgenommenen Beratungen zum BVerfGG sah der Regierungsentwurf eine Verfassungsbeschwerde vor. In den parlamentarischen Debatten sind die Argumente für und gegen die Verfassungsbeschwerde erneut diskutiert worden. Ein Alternativvorschlag des Bundesrates sah anstelle der Verfassungsbeschwerde die Grundrechtsklage vor. Sie sollte nicht nur im Falle einer Verletzung, sondern schon bei einer Gefährdung von Grundrechten möglich sein und die Erschöpfung des Rechtsweges nicht stets voraussetzen. Beschränkt werden sollte die Grundrechtsklage auf den Fall einer Verletzung oder Gefährdung von Grundrechten durch eine Rechtsnorm. Dies hätte die Einordnung in das sonstige Rechtsschutzsystem insofern erleichtert, als sich die Frage der Kassation rechtskräftiger Entscheidungen anderer Gerichte nicht gestellt hätte[14]. Schließlich hat sich jedoch die Verfassungsbeschwerde so, wie sie in §§ 90 ff. BVerfGG geregelt ist, in seither grundsätzlich unveränderter Form durchgesetzt[15]. Die zahlreichen späteren Änderungen dieses Teils des BVerfGG betreffen vor allem die Frage, wie die große Zahl der aussichtslosen Verfassungsbeschwerden in einem

---

9 Ausführliche Darstellung bei *Schmidt-Bleibtreu*, a.a.O., § 90 Rn. 9.

10 *Schmidt-Bleibtreu*, a.a.O., § 90 Rn. 10.

11 Übersicht über die Möglichkeiten einer Individualverfassungsbeschwerde bei den Landesverfassungsgerichten der (alten und neuen) Bundesländer im Bericht der Kommission „Entlastung des Bundesverfassungsgerichts" (N 2), S. 87.

12 *Schmidt-Bleibtreu*, in: BVerfGG-Kommentar, § 90 Rn. 12 ff.

13 *v. Doemming/Füßlein/Matz*, JöR NF 1 (1951), S. 671; *Bucher*, Der Parlamentarische Rat 1948-1949, II (1981), S. 455; *Schlaich*, Rn. 190.

14 Vgl. hierzu *Wolff*, JZ 1951, S. 12 f.

15 Ausführlich zur Entstehungsgeschichte *Schmidt-Bleibtreu*, BVerfGG-Kommentar, § 90 Rn. 10; *Lechner/Zuck*, § 90 Rn. 5; *Gusy*, Die Verfassungsbeschwerde (1988), Rn. 3 f.

vereinfachten Verfahren ausgesondert werden kann, um dem Gericht die Konzentration auf die ernstzunehmenden Anträge zu ermöglichen.

Erst 1969 wurde Art. 93 GG durch die Nummern 4 a und 4 b ergänzt und damit die Ver- **365** fassungsbeschwerde sowie die kommunale Verfassungsbeschwerde mit Verfassungsrang ausgestattet. Anlaß dieser durch das Neunzehnte Gesetz zur Änderung des Grundgesetzes getroffenen Regelung war die Notstandsverfassung, mit der kaum ein sachlicher, wohl aber ein politischer Zusammenhang bestand. Die zusammen mit der CDU/CSU in der Regierung der Großen Koalition vertretene SPD machte ihre Zustimmung zur Notstandsverfassung von der Aufnahme der Verfassungsbeschwerde in das GG abhängig. Sie konnte so 20 Jahre nach Verabschiedung des GG einen vor allem von ihrer Seite schon im Parlamentarischen Rat verfolgten Wunsch durchsetzen[16]. Zugleich wurde durch die Einfügung des Art. 94 Abs. 2 GG die Möglichkeit eines besonderen Annahmeverfahrens für Verfassungsbeschwerden verfassungsrechtlich zugelassen.

Auch diese Regelung macht das Grunddilemma sichtbar, das in der bisherigen Praxis mehr als deutlich geworden ist und das von Anfang an die Debatten um das Für und Wider der Verfassungsbeschwerde bestimmt hat: Gibt man dem einzelnen Bürger das Recht, sich beschwerdeführend an das höchste Gericht zu wenden, so muß damit gerechnet werden, daß neben Anträgen, die wirkliches Unrecht aufdecken, auch viele ganz unbegründete, unklare oder abwegige Beschwerden eingehen werden. Alle Erwägungen des Gesetzgebers und der Rechtsprechung des BVerfG nicht nur zum Annahmeverfahren, sondern etwa zur Erschöpfung des Rechtsweges, der Betroffenheit des Beschwerdeführers oder zur Subsidiarität der Verfassungsbeschwerde gehen von diesem durch jahrzehntelange Praxis bestätigten Grundsachverhalt aus.

Da nunmehr die Art. 93 Abs. 1 Nr. 4 a und Art. 94 Abs. 2 GG dem Jedermanns-Recht des **366** Zugangs zum BVerfG wie auch der Möglichkeit, in einem vereinfachten Verfahren aussichtslose Anträge auszusondern, den gleichen verfassungsrechtlichen Rang geben, verbietet sich von vornherein ein Verständnis des rechtlichen Wesens der Verfassungsbeschwerde, das den Anspruch auf Zugang zum BVerfG absolut versteht und die verfassungsrechtlich normierten Zugangsschranken übersieht. Der verfassungsändernde Gesetzgeber von 1969 hat das Dilemma, das die Schöpfer des GG 1949 zur Zurückhaltung und zu der dem einfachen Gesetzgeber erteilten Ermächtigung veranlaßte, das Problem im BVerfGG zu bewältigen, keinesfalls übersehen. Zwar ist durch Art. 94 Abs. 1 Nr. 4 a GG dem Gesetzgeber der Entschluß untersagt, die Verfassungsbeschwerde etwa aufgrund ungünstiger Erfahrungen wieder gänzlich abzuschaffen[17]. Aber schon die wortgleiche Rezeption des Textes des BVerfGG in Art. 93 Abs. 1 Nr. 4 a GG und vor allem die gleichzeitige Aufnahme des Art. 94 Abs. 2 GG sprechen dafür, daß die bis zu diesem Zeitpunkt getroffenen gesetzgeberischen Maßnahmen als verfassungsmäßig bestätigt werden sollten, die eine Überlastung des BVerfG durch Verfassungsbeschwerden wenigstens in Grenzen halten wollten.

Das BVerfG hat in seiner Rechtsprechung zu den Zulässigkeitsvoraussetzungen der Ver- **367** fassungsbeschwerde die Gefahr des „Mißbrauchs oder übermäßigen Gebrauchs" dieser

---

16 Zur Entstehungsgeschichte der GG-Novelle 1969 *Stern*, Art. 93 GG Anm. I B; *Gusy* (N 15), Rn. 5.
17 Gegen eine Streichung des Art. 93 Abs. 1 Nr. 4 a GG durch verfassungsänderndes Gesetz besteht aber nicht die Schranke des Art. 79 Abs. 3 GG; vgl. *Schmidt-Bleibtreu*, in: BVerfGG-Kommentar, § 90 Rn. 7; *Stern*, Rn. 409; *Gusy* (N 15), Rn. 6; anders *Stock*, JuS 1975, S. 455.

Verfahrensart gesehen und daher diese Voraussetzungen einschränkend ausgelegt. Hierzu hielt es sich auch unter dem Gesichtspunkt für befugt, daß die Funktionsfähigkeit des BVerfG gewahrt werden mußte[18]. Die unter der Geltung zunächst nur des BVerfGG bestehende, in der verfassungsgerichtlichen Rechtsprechung immer mehr ausgebaute „restriktive Ordnung" der Verfassungsbeschwerde ist durch die Aufnahme der Art. 94 Abs. 1 Nr. 4 a, Art. 94 Abs. 2 GG in die Verfassung nicht geändert, sondern bestätigt worden[19]. Die GG-Änderung von 1969 trug der Erkenntnis Rechnung, daß die Möglichkeit des Jedermanns-Zugangs zum BVerfG hohe Werte sichert, sich hieraus aber zugleich Gefahren für die Rechtsordnung und für die Funktionsfähigkeit des Verfassungsgerichts ergeben[20]. Dies ist das ständige Thema der Verfassungsbeschwerde. Art. 93 Abs. 1 Nr. 4 a GG gibt jedermann unter bestimmten Voraussetzungen das Recht, Verfassungsbeschwerde zu erheben, über die das BVerfG „entscheidet" (so die einleitende Formel des Art. 93 Abs. 1 GG). Sind die Sachurteilsvoraussetzungen gegeben, so erwächst dem Beschwerdeführer ein verfassungsrechtlich gesichertes subjektives öffentliches Recht auf eine Sachentscheidung, die sich mit seinem Begehren auseinandersetzt.

368 Damit wird ein besonderer Rechtsweg garantiert und jedermann, der die Fähigkeit hat, Träger von Grundrechten zu sein, ein Verfahrensgrundrecht verliehen, diese im Konfliktsfalle gegenüber den Trägern der öffentlichen Gewalt durchzusetzen. Ob ein solcher besonderer Rechtsbehelf, ein „zusätzliches Rechtsschutzmittel zur prozessualen Durchsetzung der Grundrechte oder der diesen gleichstehenden Rechte", wie das BVerfG die Verfassungsbeschwerde charakterisiert[21], neben der allgemeinen Rechtsschutzgarantie des Art. 19 Abs. 4 GG erforderlich ist, wurde im Parlamentarischen Rat und bei den Beratungen zum BVerfGG lebhaft und kontrovers diskutiert. Heute bestehen beide Garantien nebeneinander. Sie decken sich aber nicht in ihrem Anwendungsbereich: Während einerseits aus Art. 19 Abs. 4 GG nur der Anspruch auf einen – nicht notwendigerweise über mehrere Instanzen führenden – Rechtsweg besteht, ermöglicht die Verfassungsbeschwerde die Überprüfung rechtskräftiger Entscheidungen anderer Gerichte. Wegen der grundsätzlich gebotenen Erschöpfung des Rechtsweges ist dies sogar der Regelfall. Auch richtet sich die Verfassungsbeschwerde gegen jeglichen Akt staatlicher Gewalt und damit auch gegen die Normsetzung, gegen die – von Ausnahmen wie § 47 VwGO abgesehen – im allgemeinen ein Rechtsweg nicht zur Verfügung steht. Andererseits dient die Verfassungsbeschwerde nicht dem Schutz gegen jeden Hoheitsakt, der „Rechte" beeinträchtigt, sondern sie sichert die Grundrechte und die diesen gleichgestellten Rechte[22]. Hieraus folgt für das BVerfG die Notwendigkeit zu prüfen, ob durch den angegriffenen Akt nur einfaches Recht oder „spezifisches Verfassungsrecht" verletzt ist.

369 Während die Rechtsweggarantie des Art. 19 Abs. 4 GG zum Grundrechtsteil des GG gehört, ist der Anspruch auf die Verfassungsbeschwerde in den die Rechtsprechung des Bundes betreffenden Abschnitt des GG aufgenommen worden. Hieraus ergibt sich keine

---

18 BVerfGE 33, 247 (258); BVerfG, Beschl. vom 19.03.1998, 2. Kammer des 2. Senats – 2 BvR 291/98, NJW 1998, S. 2205.
19 *Zacher*, in: BVerfG und GG, I (1976), S. 413; zust. *Schmidt-Bleibtreu*, in: BVerfGG-Kommentar, § 90 Rn. 5.
20 *Zacher* (N 19), S. 397.
21 BVerfGE 1, 5 (6 f.); 18, 315 (325); 33, 247 (258 f.).
22 Näher zur Abgrenzung der Verfassungsbeschwerde zur Rechtsweggarantie nach Art. 19 Abs. 4 GG *Schlaich*, Rn. 188, 194; *Schmidt-Bleibtreu*, in: BVerfGG-Kommentar, § 90 Rn. 15; vgl. auch *Bettermann*, AöR 96 (1981), S. 528 ff.

Minderung seines verfassungsrechtlichen Ranges. Auch andere (Verfahrens-)Grundrechte wie Art. 101 und Art. 103 GG haben hier ihren Platz gefunden. Zwar wird man den Anspruch auf Verfassungsbeschwerde, der die prozessuale Garantie individueller Grundrechtsgewährleistung verleiht, schwerlich selbst als Grundrecht bezeichnen können; aber die besondere Rechtsschutzgarantie hat gleiches verfassungsrechtliches Gewicht wie die Gewährleistung eines Grundrechts.

Aus der seit 1969 bestehenden verfassungsrechtlichen Verankerung der Verfassungsbeschwerde sind Bedenken gegen die Praxis des Annahmeverfahrens und gegen die gesetzliche Regelung in der seit 1970 geltenden Fassung hergeleitet worden[23]. Vor der GG-Novelle 1969 wurde – wie auch seither – Kritik an dem Vorprüfungsverfahren vor allem unter dem Gesichtspunkt geäußert, daß das Verfassungsgebot des gesetzlichen Richters (Art. 101 Abs. 1 S. 1 GG) verletzt sei[24]. Das BVerfG hat in Beschlüssen von Dreierausschüssen (den heutigen Kammern) diese Bedenken zurückgewiesen. § 93 a BVerfGG (in der damals geltenden Fassung) sei nicht verfassungswidrig und verstoße insbesondere nicht gegen Art. 101 Abs. 1 S. 1 GG[25]. Im Rahmen seiner ihm in § 93 a BVerfGG (damaliger Fassung) eingeräumten Zuständigkeiten sei der Vorprüfungsausschuß „das Bundesverfassungsgericht"[26]. **370**

Da das Recht auf Verfassungsbeschwerde heute als ein grundrechtsgleiches Recht zu qualifizieren ist, wurden Bedenken gegen die damals in § 93 a BVerfGG (später in § 93 b Abs. 1 Nr. 2 BVerfGG i.d.F. der Bek. vom 12.12.1985[27]) enthaltene Formel erhoben, nach der eine Kammer durch einstimmigen Beschluß die Annahme einer Verfassungsbeschwerde u.a. dann ablehnen konnte, wenn diese „keine hinreichende Aussicht auf Erfolg hat", während nach der bis 1970 geltenden Regelung Voraussetzung der Nichtannahme war, daß die Verfassungsbeschwerde „offensichtlich unbegründet" war. Hierdurch werde „der Wesensgehalt des Rechts auf Verfassungsbeschwerde" berührt, entweder in analoger Anwendung des Art. 19 Abs. 2 GG oder aus der allgemein für jedes verfassungsmäßige Recht geltenden Wesensgehaltsgarantie[28]. **371**

Die Kritik an der damaligen gesetzlichen Regelung war nicht begründet[29]. Sie übersah vor allem den inneren Zusammenhang zwischen der verfassungsrechtlichen Verankerung der **372**

---

23 *Sailer*, ZRP 1977, S. 303, insbes. S. 306 ff.; an der neueren Praxis des Annahmeverfahrens äußern besonders scharfe Kritik *Lechner/Zuck*, Vor § 93 a BVerfGG Rn. 44 ff.

24 *Sailer* (N 23), S. 306; *Ridder*, NJW 1972, S. 1689; zur Kritik unter diesem Gesichtspunkt *Benda* (N 3), S. 2100. Vgl. auch für die neuere Diskussion *Schlaich*, Rn. 251 und Anm. 557 m.w.N.

25 BVerfGE 18, 440 (441); 19, 88 (92).

26 BVerfGE 7, 241 (243); 18, 34 (36); 18, 37 (38); 19, 88 (90).

27 BGBl. I S. 2229. Die Namensgebung dieser Novelle ist verwirrend, vgl. hierzu *Ulsamer*, EuGRZ 1986, S. 110 ff. Das Gesetz war als 5. ÄndG zum BVerfGG eingebracht worden. Nachdem als Ergebnis der Ausschußberatungen nicht nur das BVerfGG, sondern auch das DRiG geändert wurde, war die Bezeichnung als 5. Novelle zum BVerfGG nicht mehr korrekt; das Gesetz heißt daher „Gesetz zur Änderung des Gesetzes über das Bundesverfassungsgericht und zur Änderung des Deutschen Richtergesetzes". Das ÄndG zum BVerfGG 1993, das das heute geltende Recht darstellt, wird daher als das 5. ÄndG zum BVerfGG bezeichnet, obwohl es der Sache nach bereits die 6. Änderung darstellt. Soweit im folgenden von der Fassung des BVerfGG von 1993 die Rede ist, wird diese Änderung, dem Namen des Gesetzes entsprechend, als das 5. ÄndG bezeichnet, oder es wird von der Fassung 1993 gesprochen.

28 *Sailer* (N 23), S. 307.

29 Vgl. *Zacher* (N 19), S. 397 ff; *Gusy* (N 15), Rn. 8. Zur Verfassungsmäßigkeit des Annahmeverfahrens nach § 93 a BVerfGG (1993) BVerfG, Entsch. vom 13.02.1997, 2. Kammer des 2. Senats, 2 BvR 2726/93, NJW 1997, 2229.

Verfassungsbeschwerde und der gleichzeitig, in voller Kenntnis des Spannungsverhältnisses zwischen dem hohen Wert der Verfassungsbeschwerde und den sich hieraus ergebenden Gefahren, erfolgten Legitimierung eines Annahmeverfahrens durch Art. 94 Abs. 2 GG. Da das GG dem einfachen Gesetzgeber die Regelung des organisatorischen Aufbaus des BVerfG und die Aufteilung der Zuständigkeiten unter den verschiedenen Spruchkörpern überlassen hat, könnte von einer unzulässigen Aushöhlung des Rechts auf Verfassungsbeschwerde nur dann gesprochen werden, wenn der Zugang zu dem Spruchkörper, der die Sachentscheidung zu treffen hat, nach freiem Belieben möglicherweise nur eines einzelnen Richters verhindert werden könnte. Hatte – nach damaliger Rechtslage – eine Verfassungsbeschwerde hinreichende Erfolgsaussicht in dem Sinne, daß eine Mehrheitsentscheidung des Senats zugunsten des Beschwerdeführers nicht ausgeschlossen werden konnte, auch wenn die Wahrscheinlichkeit hierfür nicht groß war, so durfte ihr der Zugang in den Senat nicht verwehrt werden. Die drei an dem Annahmeverfahren beteiligten Mitglieder der Kammern mußten daher nicht nur ihre eigene Meinung bilden, sondern auch die Möglichkeit in Rechnung stellen, daß sie innerhalb des aus acht Mitgliedern bestehenden Senats eine Minderheit darstellen konnten. Die Regelung des früheren § 93 a und des späteren § 93 b Abs. 1 Nr. 2 BVerfGG (Fassung 1985) verlangte eine solche sorgfältige Prüfung und damit mehr als die bloße Evidenzprüfung nach altem Recht, die mit der Formel der offenbaren Unbegründetheit arbeitete. Mußte geprüft werden, ob eine Verfassungsbeschwerde „hinreichende" Erfolgsaussichten hat, so war ein genaueres Abwägen des Gewichts der Argumente, der bisher vorliegenden einschlägigen Rechtsprechung und der den Richtern bekannten Haltung ihrer an dem Annahmeverfahren nicht beteiligten Kollegen erforderlich.

373 Das Vorprüfungsverfahren in seinen bisherigen, in mehren Novellen zum BVerfGG veränderten Voraussetzungen wird grundsätzlich durch Art. 94 Abs. 2 GG legitimiert. Es ist auch erforderlich, wenn dem Art. 93 Abs. 1 Nr. 4 a GG in der Wirklichkeit Geltung verschafft werden soll. Würde die für die Bearbeitung von Verfassungsbeschwerden insgesamt zur Verfügung stehende Bearbeitungszeit mehr oder weniger schematisch auf alle Verfahren verteilt, die von den ernst zu nehmenden Beschwerden bis hin zu abwegigen oder querulatorischen Begehren reichen, so würde den Verfassungsbeschwerden von Gewicht diejenige sorgfältige Prüfung genommen, auf die sie einen Anspruch haben. Der effektive Grundrechtsschutz, den die Verfassungsbeschwerde sichern soll, würde hierdurch verkürzt. Auch würde eine weitere Verlängerung der heute schon oft dem Beschwerdeführer kaum noch zumutbaren Bearbeitungszeiten eintreten.

Zuck[30] wendet sich gegen die hier vertretene Meinung, daß das Gebot des effektiven Rechtsschutzes das Annahmeverfahren legitimiere, ja gebiete: „Wenn das GG Jedermann die Verfassungsbeschwerde gibt, muß es sicherstellen, daß Jedermann auch Verfassungsbeschwerde erheben kann und sich das BVerfG und nicht eine Kammer oder ein wissenschaftlicher Mitarbeiter mit seinem Anliegen befaßt." Aber diese Auffassung geht an Art. 94 Abs. 2 GG vorbei, der die (durch die zahlenmäßige Entwicklung der Belastungssituation des BVerfG weit über die damaligen Befürchtungen hinaus bestätigte) Prognose enthält und ihr Rechnung trägt, daß es dem BVerfG nicht möglich ist, jede Verfassungsbeschwerde in gleicher Weise zu behandeln. Über die Kriterien, nach denen das Gericht

---

30 *Lechner/Zuck*, Vor § 93 a Rn. 3.

urteilen soll, um ernstzunehmende Beschwerden von den verfassungsrechtlich unergiebigen Anträgen zu unterscheiden, läßt sich gewiß streiten, wie auch über die Annahmepraxis des BVerfG; aber dem Grundsatz nach legitimiert Art. 94 Abs. 2 GG die bisherigen gesetzgeberischen Bemühungen, das Problem zu lösen. Der Meinung von *Zuck*, § 93 a BVerfGG (gemeint ist die heute geltende Fassung 1993, aber wohl auch die früheren Voraussetzungen für die Annahme einer Verfassungsbeschwerde), für bedenklich zu halten, kann daher nicht gefolgt werden.

Wenn es nicht auf schematischen, sondern auf effektiven Rechtsschutz ankommt, werden **374** sich dem BVerfG solche Auswahl- und Prioritätsprobleme in immer neuer Weise stellen. Dies gilt etwa auch für die Frage, ob es eine Grenze des Rechtsschutzinteresses gibt, unterhalb derer das von einem Beschwerdeführer vorgetragene Anliegen als Bagatelle anzusehen ist, und ob ihm mit dieser Begründung eine Sachentscheidung auch dann verweigert werden kann, wenn der Beschwerde eine hinreichende Erfolgsaussicht nicht abgesprochen werden kann. Dies war bisher vor allem ein Problem des Nichtannahmeverfahrens im Senat unter dem Gesichtspunkt, ob dem Beschwerdeführer durch die Versagung der Sachentscheidung ein schwerer und unabwendbarer Nachteil entstünde (§ 93 c BVerfG i.d.F. der Bek. 1985). Nach heute geltendem Recht (§ 93 a Abs. 2 b BVerfGG) „kann" die Annahme der Verfassungsbeschwerde zur Entscheidung „angezeigt" sein, „wenn dem Beschwerdeführer durch die Versagung der Entscheidung zur Sache ein besonders schwerer Nachteil entsteht". Damit ist nicht schon jeder „schwere", sondern nur noch der „besonders schwere" Nachteil ein Anwendungsfall, bei dessen Vorliegen die Annahme der Verfassungsbeschwerde „angezeigt" sein „kann". Sollte das bisherige Recht insoweit dazu dienen, Verfassungsbeschwerden von geringem sachlichen Gewicht von vornherein von einer Sachentscheidung auszuschließen, so ermöglicht § 93 a Abs. 2 b) BVerfGG es heute auch, Verfassungsbeschwerden ohne Sachentscheidung zurückzuweisen, bei denen zwar ein schwerer, aber nicht ein besonders schwerer Nachteil entsteht (so mag bei einer Verletzung von Persönlichkeitsrechten nicht schon die Rufschädigung, sondern erst die Rufvernichtung die Sachentscheidung erforderlich machen[31]). Damit ist eine erhebliche Verschärfung der Voraussetzungen eingetreten, unter denen eine für die Annahmeentscheidung relevante subjektive Beschwer anzuerkennen ist[32]. Damit scheiden Verfassungsbeschwerden, die lediglich Bagatellen betreffen, heute von vornherein aus (es sei denn, daß trotz der geringen subjektiven Beschwer der Verfassungsbeschwerde grundsätzliche verfassungsrechtliche Bedeutung zukommt – § 93 a Abs. 2 a) BVerfGG). Nach früherem Recht war dies zweifelhaft: War anzunehmen, daß der Senat die Sachentscheidung ablehnen werde, so konnte auch die Kammer die Annahme ablehnen (§ 93 b Abs. 1 Nr. 3 BVerfGG a.F.). Art. 93 Abs. 1 Nr. 4 a GG machte und macht aber den Zugang zu einer die Grundrechtsverletzung korrigierenden Entscheidung des BVerfG nicht von der Schwere des Nachteils abhängig, den das nicht korrigierte Unrecht für den Beschwerdeführer bedeuten würde. Auch läßt sich die nachteilige Wirkung einer Grundrechtsverletzung oft nicht beziffern oder sonst messen. Das BVerfG hat aber in einigen Beschlüssen nach § 93 c BVerfGG a.F. die Annahme von Verfassungsbeschwerden zur Entscheidung abgelehnt, die jedenfalls mit hoher Wahrscheinlichkeit begründet waren. Meist handelte es sich um klare Fälle der Verletzung des Anspruchs auf

---

31 *Lechner/Zuck*, § 93 a Rn. 30.
32 *Lechner/Zuck*, § 93 a Rn. 29.

rechtliches Gehör durch Amtsgerichte, bei denen der Streitwert unterhalb der Berufungsgrenze lag[33]. Diese Rechtsprechung ist später aber wieder aufgegeben worden. Da die Kammern seit dem Änderungsgesetz zum BVerfGG von 1985 offensichtlich begründeten Verfassungsbeschwerden stattgeben konnten, bei denen die verfassungsrechtliche Frage durch bereits vorliegende Rechtsprechung hinreichend beantwortet ist (§ 93 b Abs. 2 BVerfGG), bestand bei eindeutig vorliegender Verletzung eines Grundrechts eine (von den Kammern vielfach genutzte) Möglichkeit, selbst in Fällen relativer Geringfügigkeit der subjektiven Betroffenheit zugunsten des Beschwerdeführers in der Sache zu entscheiden.

375 Ist die Frage, ob eine Grundrechtsverletzung vorliegt, bei erster Prüfung weder eindeutig zu bejahen noch eindeutig zu verneinen, so stellte sich bis zur Neufassung der Annahmevoraussetzungen durch das 5. ÄndG von 1993 das Problem aber nach wie vor: Sollte der Berichterstatter eine Sache zur Senatsentscheidung vorbereiten, der eine gewisse Erfolgschance nicht von vornherein abgesprochen werden konnte, die aber keine nicht bereits geklärte verfassungsrechtliche Frage aufwarf und bei der es, soweit es sich um das Interesse des Beschwerdeführers handelt, nur um eine Bagatelle ging, mithin die Voraussetzungen vorlagen, unter denen der Senat (§ 93 c S. 2 BVerfGG a.F.) oder die Kammer (§ 93 b Abs. 1 Nr. 3 BVerfGG a.F.) die Annahme mit der Begründung ablehnen durften, daß ein schwerer und unabwendbarer Nachteil nicht vorliege? Hielt man den Ausschluß solcher Bagatellfälle mit der Folge, daß die Kammer außer in Fällen evidenter Begründetheit eine Prüfung der Zulässigkeit und der Erfolgsaussichten gar nicht erst beginnt[34], für verfassungsrechtlich unzulässig, so mußte die Kritik bereits an der damaligen gesetzlichen Regelung ansetzen. Dies geschah auch mit der Begründung, das GG stelle nur darauf ab, ob jemand behaupten könne, durch die öffentliche Gewalt in seinen Grundrechten verletzt zu sein. Aus dem GG ergebe sich aber weder die Voraussetzung, daß eine klärungsbedürftige verfassungsrechtliche Frage vorliegen müsse, noch, daß dem Beschwerdeführer durch die Verweigerung der Sachentscheidung ein schwerer und unabwendbarer Nachteil entstehen müsse[35]. Erst recht gilt dies dann für die heute geltende Fassung der Annahmevoraussetzungen in § 93 a insbesondere hinsichtlich der verlangten subjektiven Beschwer eines besonders schweren Nachteils[36]. Sieht man Art. 93 Abs. 1 Nr. 4 a GG isoliert, so kann dem nicht widersprochen werden. Jedoch wird man aus der Legitimation eines Vorprüfungsverfahrens durch Art. 94 Abs. 2 GG auch die dem Gesetzgeber erteilte Befugnis entnehmen können, das BVerfG zu ermächtigen, in einem vereinfachten Verfahren eine Vorprüfung vorzunehmen, bei der „Verfassungsbeschwerden von geringem sachlichem Gewicht ausgeschieden und die Arbeit des Gerichts auf die einer Entscheidung durch das Verfassungsgericht bedürftigen Fälle konzentriert werden"[37]. Wo die Grenze liegt, unterhalb derer ein schwerer oder ein besonders schwerer Nachteil zu verneinen ist, mag dabei zweifelhaft sein; doch können jedenfalls in ihren Auswirkungen geringfügige Eingriffe ohne wesentlichen Arbeitsaufwand ausgeschieden werden.

---

33 BVerfGE 46, 313 (314); 47, 102 (104 f); 47, 128 (129); 53, 205 (206); andererseits aber z.B. BVerfGE 46, 185 (187); 54, 86 (91); 61, 119 (120 ff.). Überblick über die einschlägige Rechtsprechung bei *Schmidt-Bleibtreu*, in: BVerfGG-Kommentar, § 93 c Rn. 6. Kritisch *Mußgnug*, NJW 1978, 1358 f.; *Schlink*, NJW 1984, S. 92; *Seibert*, in: FS Hirsch (1981), S. 501; vgl. auch *Graf Vitzthum*, in: FS Bachof (1984), S. 309 f.

34 *Ulsamer*, EuGRZ 1986, S. 115. *R. Schneider*, ZZP 79 (1966), S. 46, verneint in „ausgesprochenen Bagatellfällen" das Rechtsschutzbedürfnis.

35 *Schlink* (N 33), S. 92.

36 Vgl. die Kritik von *Lechner/Zuck* (N 23).

37 BVerfGE 9, 120 (121); 47, 102 (104 f.).

Das BVerfG mußte stets, seit die Verfassungsbeschwerden in immer steigendem Umfang **376** den Schwerpunkt seiner Arbeit bildeten, zwischen dem Wunsch nach Großzügigkeit und dem Bedürfnis nach Entlastung einen Weg suchen. Die Belastungssituation des BVerfG hat sich wegen der Zunahme der Verfassungsbeschwerden vor allem in den letzten Jahren ständig verschärft: Gingen in den Jahren 1983 bis 1990 im Jahresdurchschnitt jeweils zwischen 3000 bis zu 3800 Verfassungsbeschwerden bei beiden Senaten zusammen ein, so erfolgte danach ein weiterer erheblicher Anstieg von annähernd oder etwa über 4000 neuen Verfahren in den Jahren 1991 und 1992 und von teilweise erheblich über 5000 neuen Verfahren in den Folgejahren 1992 bis 1997[38]. Das BVerfG selbst hat schon in den früheren Jahren immer wieder auf die Notwendigkeit hingewiesen, Maßnahmen zu seiner Entlastung zu treffen; die bisher sechs Änderungen der einschlägigen Bestimmungen des BVerfGG versuchten vor allem, durch mehrere Modifizierungen des Annahmeverfahrens bei Verfassungsbeschwerden diesem vom Gesetzgeber als begründet angesehenen Wunsch zu entsprechen. Da allen diesen Bemühungen ein nachhaltiger Erfolg nicht beschieden war oder die wachsenden Eingangszahlen zu immer neuen Belastungen führten, hat das BVerfG mit Schreiben vom 17. Januar 1996 an den Bundesminister der Justiz auf die Notwendigkeit weiterer Maßnahmen zur Entlastung des Gerichts hingewiesen und die Einberufung einer Kommission zur Erarbeitung von Vorschlägen zur Entlastung des Gerichts angeregt. Der Bundesminister der Justiz hat im Sommer 1996 eine solche Kommission eingesetzt, die aus elf Mitgliedern – aktiven und früheren Mitgliedern des BVerfG und von Landesverfassungsgerichten sowie leitenden Beamten der zuständigen Ressorts der Bundesregierung und der Landesregierungen unter dem Vorsitz des früheren Präsidenten des BVerfG, *Benda* – bestand. Die Kommission hat ihren Bericht und ihre Vorschläge im Januar 1998 vorgelegt[39]. Welche Konsequenzen der Gesetzgeber aus den Empfehlungen der Kommission ziehen wird, läßt sich jedoch noch nicht absehen. Bis zu einer Entscheidung des Gesetzgebers muß das BVerfG von den Verfahrensvorschriften ausgehen, die das BVerfGG in der heute geltenden Fassung (des 5. ÄndG von 1993) für die Behandlung von Verfassungsbeschwerden aufstellt.

Der Kommissionsbericht vertritt die Auffassung, daß die außerordentlich hohe Zahl jähr- **377** lich anhängig werdender Verfahren, insbesondere von Verfassungsbeschwerden,

– zu einer den Richtern des BVerfG nicht mehr zumutbaren Arbeitsbelastung geführt hat,
– die Funktion und die Funktionsfähigkeit des BVerfG gefährdet und
– die – auch völkerrechtlich von der Bundesrepublik Deutschland übernommene – Verpflichtung tangiert, Zugang und Verfahren zum BVerfG so zu gestalten, daß Rechtsstreitigkeiten in angemessener Frist abgeschlossen werden können"[40].

Die heute bestehende Situation wird von der Kommission so eingeschätzt: „Diese Situation besteht unabhängig von Schwankungen der Eingangszahlen zwischen 5000 und 6000 Verfahren in den letzten fünf Jahren. Der deutliche Anstieg nicht erledigter Verfah-

---

38 Vgl. die Statistik der Jahreseingänge (in allen Verfahrensarten) bis 1982 und nach Jahren aufgegliedert ab 1983 im Bericht der Kommission „Entlastung des BVerfG" (N 2), S. 153. Überblick über die Gesamteingänge 1997-2000 in der Statistik zum 31.12.2000, Anlage III.
39 Kommission „Entlastung des BVerfG" (N 2); zur Vorgeschichte, Zusammensetzung und Arbeitsweise dort S. 13 ff.
40 Kommissionsbericht (N 2), S. 21.

ren insbesondere im Bereich der Verfassungsbeschwerden – bis zur Verzehnfachung der mehr als sieben Jahre anhängigen Verfahren – signalisiert eine Belastungssituation des Gerichts, die dringend Abhilfe erfordert. Der Rückgang an Senatsentscheidungen von ursprünglich 70 bis 80 auf heute 30 pro Jahr und das Anwachsen der Kammerrechtsprechung mit der Gefahr oder gar der Tendenz ihrer Verselbständigung weisen auf eine Funktionsänderung und möglicherweise auch auf Funktionsverluste hin, die dem bisher leitenden Bild von Verfassungsrechtsprechung und vom Bundesverfassungsgericht nicht mehr entsprechen. An dieser Situation haben gesetzgeberische Schritte zur Entlastung des Gerichts bisher nichts zu ändern vermocht. Bei unveränderter Verfahrensgestaltung läßt sich der Rückstand von 345 Verfahren, die heute schon länger als drei Jahre in Karlsruhe anhängig sind, durch die Senate in den nächsten zehn Jahren nicht abbauen. Eine Abhilfe kann nur erwartet werden, wenn tiefgreifende Maßnahmen realisiert werden"[41].

378　Wenn auch die Neueingänge beim BVerfG – die im Jahre 1995 mit 5911 neuen Verfahren (davon 5766 Verfassungsbeschwerden) ihren bisherigen Höchststand erreicht haben[42] – in den letzten Jahren mit durchschnittlich mehr als 5000 neuen Verfassungsbeschwerden pro Jahr die früheren Eingangszahlen ganz erheblich überschritten, ist das Belastungsproblem dennoch keineswegs ein neues Thema, sondern seit langem Gegenstand sowohl der gesetzgeberischen Bemühungen als auch der Rechtsprechung des BVerfG, die mit wachsenden Zulässigkeitsvoraussetzungen auch der Entlastung des Gerichts dienen wollte.

379　Vor allem das 5. ÄndG zum BVerfGG im Jahre 1993 entsprach dem dringenden Wunsch des BVerfG nach wirksamer Entlastung. Die der 1. Auflage dieses – 1991 zuerst erschienenen – Lehrbuchs zugrundegelegte Rechtslage entsprach dem Gesetzesstand des BVerfGG gemäß der Bekanntmachung vom 12. Dezember 1985[43]. Damals konnte eine der Kammern die Annahme einer Verfassungsbeschwerde, sofern diese nicht – z.B. wegen Fristversäumnis – unzulässig war, dann ablehnen, wenn diese „keine hinreichende Aussicht auf Erfolg" hatte (§ 93 b Abs. 2 Nr. 2 BVerfGG i.d.F. d. ÄndG 1985). Die Entscheidung über die Annahme knüpfte also in erster Linie an einer Prognose über den voraussichtlichen Ausgang der Sachprüfung an. Diese Gesetzeslage entsprach den vom BVerfG selbst aus Verfassungsrecht abgeleiteten Anforderungen, die an den Zugang zu anderen hohen Gerichten gestellt werden: Wie das Plenum des BVerfG entschieden hat, darf eine beim BGH eingelegte Revision dann nicht mit der Begründung abgelehnt werden, sie habe keine grundsätzliche Bedeutung, wenn sie Aussicht auf Erfolg hat. § 554 ZPO muß verfassungskonform in dieser Weise ausgelegt werden[44]. Das Plenum des BVerfG hat in dieser Entscheidung dargelegt, daß „von Verfassungs wegen die Annahme einer Revision …, die nach der in diesem Stadium gebotenen Prüfung Aussicht auf Erfolg im Endergebnis besitzt, nicht aus Gründen der Selbststeuerung seiner Arbeitslast durch das Revisionsgericht abgelehnt werden darf. Zur Steuerung der Arbeitslast auch gegenüber erfolgversprechenden Revisionen eingesetzt, beschwöre die Ablehnungsregelung die Gefahr einer so unterschiedlichen Handhabung herauf, daß dies nicht mehr als ein auf die einzelne Rechtssache bezogener, sondern von ihr nahezu völlig unabhängiger, mehr

---

41　Kommissionsbericht (N 2), S. 21 f.
42　Kommissionsbericht (N 2), S. 22.
43　BGBl. I S. 2229. Zur BVerfGG-Novelle 1985 vgl. *Zuck*, NJW 1986, 968; zur BVerfGG-Novelle 1993 *E. Klein*, NJW 1993, 2073; *Zuck*, NJW 1993, 2641.
44　BVerfGE 54, 277; hierzu *Schlink* (N 33), S. 94.

oder minder dem Zufall überlassener und mithin willkürlicher Maßstab erschiene. Dies verstieße gegen das Gebot der Rechtsanwendungsgleichheit, Art. 3 Abs. 1 GG[45]. Auch eine Auslegung des § 554 b ZPO, die es gestattete, „die Annahme einer im Ergebnis erfolgversprechenden Revision dann abzulehnen, wenn das fehlerhafte Urteil des Vordergerichts den Revisionskläger nicht in unerträglicher Weise beschwert, etwa kein den Betroffenen in seiner wirtschaftlichen oder gesellschaftlichen Existenz bedrohendes Fehlurteil ist", wird vom BVerfG mit starken Worten verworfen: „Diese Auffassung bedeutete, daß vor dem Gesetz nicht mehr alle gleich wären, daß Recht nicht mehr ohne Ansehen der Person von den Gerichten zuteil würde … Wenn eine Partei … im Endergebnis Recht hat, dann darf ihr dieses Recht nicht aus dem Grund verweigert werden, sie sei aus wirtschaftlichen oder sonstigen außerrechtlichen Gründen in der Lage, das Fehlurteil zu ertragen. Hier wäre der Sinn der Gewährleistung von Recht durch Gerichtsbarkeit im Kern getroffen. Denn im Bereich des Normvollzugs ist die Gleichheit der Rechtsanwendung die Seele der Gerechtigkeit."[46]

Die Verfassungsbeschwerde ist wie die Revision in erster Linie ein Instrument des sub- **380** jektiven Rechtsschutzes[47]. Das BVerfG hat seine Feststellungen von Verfassungs wegen getroffen. Sie sind sehr grundsätzlicher Art und so allgemein formuliert, daß es mit *Schlaich*[48] als „seltsam" bezeichnet werden kann, daß das BVerfG die von ihm aus Art. 3 Abs. 1 GG abgeleiteten Anforderungen an die Rechtsgewährung nicht mit der eigenen Praxis in Bezug gesetzt hat. Art. 19 Abs. 4 GG mag nicht tangiert sein, weil er den ordentlichen Rechtsweg betrifft[49]. Aber das „Gebot der Rechtsanwendungsgleichheit", die „Seele der Gerechtigkeit", enthält einen hohen Maßstab, der über die Anforderungen des Art. 19 Abs. 4 GG noch hinausgeht. § 93 b Abs. 1 Nr. 2 BVerfGG i.d.F. des ÄndG 1985 entsprach diesen verfassungsrechtlichen Anforderungen, über die sich auch der spätere Gesetzgeber nicht ohne weiteres hinwegsetzen konnte. Nach ihm mußte wenigstens eine überschlägige Prüfung der Erfolgsaussichten erfolgen. Nur wenn diese gering waren, gewann der Umstand Bedeutung, daß die Beschwerde als eine Bagatellsache einzustufen ist. Allerdings legitimiert Art. 94 Abs. 2 GG ein weiter vereinfachtes Verfahren, bei dem wenigstens die eindeutigen Bagatellfälle – selbst wegen drei DM angeblich zu Unrecht erhobener Postgebühren oder wegen eines „erhöhten Fahrentgelts" von 40 DM wegen Verdachts des Schwarzfahrens sind Verfassungsbeschwerden erhoben worden – ohne Prüfung ihrer Zulässigkeit oder ohne Sachprüfung ausgesondert werden durften.

Das 5. ÄndG zum BVerfGG stellt eine grundsätzliche Wende von den bis dahin in Gesetz **381** und Rechtsprechung entwickelten Vorstellungen dar. Die Entscheidung darüber, ob eine Verfassungsbeschwerde anzunehmen ist, löst sich von dem bisherigen Kriterium der Erfolgsaussichten. Die Verfassungsbeschwerde „ist zur Entscheidung anzunehmen", „a) soweit ihr grundsätzliche verfassungsrechtliche Bedeutung zukommt; b) wenn es zur Durchsetzung der in § 90 Abs. 1 genannten Rechte angezeigt ist; dies kann auch der Fall sein, wenn dem Beschwerdeführer durch die Versagung der Entscheidung zur Sache ein besonders schwerer Nachteil entsteht" (§ 93 a BVerfGG n.F.). Mit dieser Regelung sollte

---

45 BVerfGE 54, 277 (293).
46 BVerfGE 54, 277 (296).
47 Hierzu unten Rn. 391 ff.
48 *Schlaich*, Rn. 264.
49 Schlaich, a.a.O.

dem Gericht „die Möglichkeit zur Gewichtung seiner Arbeit und damit zu seiner Entlastung" gegeben werden. Der Begriff „angezeigt" sollte ihm einen nutzbaren Spielraum geben; das Kriterium sollte im Einzelfall den Prüfungs- und Arbeitsaufwand erheblich vermindern und so dem Gericht die Möglichkeit geben, das Schwergewicht seiner Tätigkeit auf die Verfassungsbeschwerden von grundsätzlicher verfassungsrechtlicher Bedeutung zu verlagern[50].

382 Ob diese Zielsetzung in der bisherigen Rechtsprechungspraxis des BVerfG erreicht worden ist, muß bezweifelt werden. Der Gesetzgeber hat dem Gericht nicht ein freies Annahmeverfahren zur Verfügung stellen wollen, so wie es das *certiorari*-Verfahren des *US Supreme Court* darstellt. Er konnte bei der Ausgestaltung des Annahmeverfahrens den durch Art. 94 Abs. 2 GG gegebenen Gestaltungsraum nutzen, mußte jedoch die sich aus Art. 93 Abs. 1 Nr. 4 a GG ergebende doppelte Funktion der Verfassungsbeschwerde beachten und bewahren, die neben der Wahrung des objektiven Verfassungsrechts dem Bürger einen „außerordentlichen Rechtsbehelf" zur Wahrung seiner Grundrechte und grundrechtsgleichen Rechte zur Verfügung stellt[51]. Ein dem US-amerikanischen *certiorari*-Verfahren entsprechendes Annahmeverfahren, das es in das Ermessen des Gerichts stellte, ob die Verfassungsbeschwerde einer Sachentscheidung zugeführt werden soll, würde den Spielraums, den Art. 94 Abs. 2 GG gewährt, überschreiten. Zwar erweckt die heute geltende Fassung des § 93 a Abs. 2 BVerfGG mit dem Kriterium „angezeigt" – gewiß nicht unüberlegt – den Eindruck, dem BVerfG sei damit ein „Potential" zur Verfügung gestellt worden, „das Annahmeverfahren immer stärker in Richtung eines freien oder freieren Annahmeverfahrens zu gestalten"[52]. Die bisherige Rechtsprechungspraxis des BVerfG seit der Novelle von 1993 hat aber derartige Erwartungen – mögen dies Hoffnungen oder Befürchtungen sein – nicht erfüllt[53]. Auch die zur Prüfung weiterer Entlastungsmöglichkeiten vom Bundesminister der Justiz gebildete Kommission hat den Eindruck gewonnen, „daß insbesondere das Verständnis von der Verfassungsbeschwerde als Instrument vorwiegend des subjektiven Rechtsschutzes die Richter gehindert hat, die durch die Novelle eröffneten Entlastungsmöglichkeiten voll zu nutzen"[54]. Es kann dem BVerfG kaum angelastet werden, daß es an seine eigene Rechtsprechung die gleichen – verfassungsrechtlich abgeleiteten – Maßstäbe anlegt, die nach der Plenarentscheidung für das Revisionsverfahren beim BGH gelten, zumal es dort „nur" um die mögliche Verletzung „einfachen" Rechts, hier jedoch um die behauptete Verletzung von Grundrechten geht.

383 Da auch durch die Neugestaltung des Annahmeverfahrens im 5. ÄndG zum BVerfGG von 1993 der Charakter der Verfassungsbeschwerde als grundrechtsähnliches Verfahrensrecht nicht verändert worden ist und ohne Änderung des GG auch nicht verändert werden konnte, stellen die in § 93 a Abs. 2 BVerfGG enthaltenen Kriterien für die Annahme einer Verfassungsbeschwerde Rechtsbegriffe dar; liegen die dort genannten Voraussetzungen vor, so „ist" die Verfassungsbeschwerde zur Entscheidung anzunehmen[55]. Das BVerfG

---

50 So die Begründung zum Gesetzentwurf der Bundesregierung, BT-Drs. 12/3628, S. 9.
51 So die amtliche Begründung, BT-Drucks, 12/3628, S. 8. Ebenso im Ergebnis der Bericht der Kommission „Entlastung des BVerfG" (N 2), S. 35; *Winter*, in: BVerfGG-Kommentar, § 93 a Rn. 17, 18 ff.
52 So *Wahl/Wieland*, JZ 1996, S. 1137 (1140).
53 *Wahl/Wieland* (N 52), meinen, daß dieses Potential nicht ausgeschöpft worden sei; vgl. auch *Schlaich*, Rn. 252.
54 Bericht der Kommission (N 2), S. 36 f.
55 *Lechner/Zuck*, § 93 a Rn. 5; ebenso Bericht der Kommission (N 2) m.w.N.

(Erster Senat) hat in einer Entscheidung aus dem Jahre 1994[56] die Maßstäbe dargelegt, nach denen entweder der Verfassungsbeschwerde grundsätzliche Bedeutung zukommt (§ 93 a Abs. 2 a) BVerfGG) oder die Annahme angezeigt ist (§ 93 a Abs. 2 b) BVerfGG):

Eine grundsätzliche Bedeutung hat die Verfassungsbeschwerde „nur, wenn [sie] eine verfassungsrechtliche Frage aufwirft, die sich nicht ohne weiteres aus dem Grundgesetz beantworten läßt und noch nicht durch die verfassungsgerichtliche Rechtsprechung geklärt oder die durch veränderte Verhältnisse erneut klärungsbedürftig geworden ist. Über die Beantwortung der verfassungsrechtlichen Frage müssen also ernsthafte Zweifel bestehen. Anhaltspunkt für eine grundsätzliche Bedeutung in diesem Sinne kann sein, daß die Frage in der Fachliteratur kontrovers diskutiert oder in der Rechtsprechung der Fachgerichte unterschiedlich beantwortet wird. An ihrer Klärung muß zudem ein über den Einzelfall hinausgehendes Interesse bestehen …“.

Angezeigt ist die Annahme der Verfassungsbeschwerde, „wenn die geltend gemachte Verletzung von Grundrechten oder grundrechtsgleichen Rechten besonderes Gewicht hat oder den Beschwerdeführer in existentieller Weise trifft. Besonders gewichtig ist eine Grundrechtsverletzung, die auf eine generelle Vernachlässigung von Grundrechten hindeutet oder wegen ihrer Wirkung geeignet ist, von der Ausübung von Grundrechten abzuhalten. Eine geltend gemachte Verletzung hat ferner dann besonderes Gewicht, wenn sie auf einer groben Verkennung des durch ein Grundrecht gewährten Schutzes oder einen geradezu leichtfertigen Umgang mit grundrechtlich geschützten Positionen beruht oder rechtsstaatliche Grundsätze kraß verletzt. Eine existentielle Betroffenheit des Beschwerdeführers kann sich vor allem aus dem Gegenstand der angegriffenen Entscheidung oder seiner aus ihr folgenden Belastung ergeben. Ein besonders schwerer Nachteil ist jedoch dann nicht anzunehmen, wenn die Verfassungsbeschwerde keine hinreichende Aussicht auf Erfolg hat …“.

In einem Beschluß vom 9. Juli 1997[57] hat der Zweite Senat sich diese Maßstäbe zu eigen gemacht und für Verfassungsbeschwerden, die sich gegen strafgerichtliche Verurteilungen richten, ausgeführt, ein besonders schwerer Nachteil liege regelmäßig vor, wenn der Schuldspruch angegriffen werde. In solchen Fällen müsse für die Entscheidung über die Annahme die Erfolgsaussicht geprüft werden.

Es läßt sich kaum bestreiten, daß bei Vorliegen einer der Voraussetzungen zu § 93 a **384** Abs. 2 b) BVerfGG alles für ein Eingreifen des BVerfG spricht. Doch bedeuten die vom Ersten Senat aufgestellten Kriterien, nach denen die Annahme der Verfassungsbeschwerde angezeigt ist, einen bedeutsamen Wandel: zeigt eine festgestellte Grundrechtsverletzung die „generelle Vernachlässigung von Grundrechten" an, so werden Umstände in die Prüfung einbezogen, die jenseits des konkreten der Verfassungsbeschwerde zugrunde liegenden Vorganges stehen. Auch wenn die Wirkung einer Grundrechtsverletzung darin besteht, „von der Ausübung von Grundrechten abzuhalten", wird auf Folgeschäden verwiesen, die nicht oder nicht nur den Beschwerdeführer betreffen, sondern die Belange der Allgemeinheit berühren. Und ein vom BVerfG festgestellter – bloße Vermutungen werden kaum ausreichen – „geradezu leichtfertiger" Umgang mit den Grundrech-

---

56 BVerfGE 90, 22 (24 f.). Schon die amtliche Begründung (N 50) enthielt ähnliche Kriterien; hierzu *Lechner/Zuck*, § 93 a Rn. 25 f.
57 BVerfGE 96, 245 ff.

ten müßte eine Verwaltungs- oder Rechtsprechungspraxis ansprechen, die über den der Verfassungsbeschwerde zugrunde liegenden Vorgang hinaus reicht[58]. Das BVerfG ist mit derartigen weitgehenden Vorwürfen in seiner bisherigen Rechtsprechung zu Recht auch dann zurückhaltend gewesen, wenn es mit der Feststellung von „objektiver Willkür" eine evident unhaltbare Entscheidung eines Fachgerichts aufgehoben hat (vgl. hierzu unten Rn. 659 ff). Der mit einer Verfassungsbeschwerde vorgetragene Sachverhalt läßt sich noch überschauen, und es mag die Beurteilung gerechtfertigt sein, daß eine Verwaltungs- oder Gerichtsentscheidung auf einer groben Verkennung von grundrechtlich geschützten Positionen beruht. Das mag, bezogen auf das Grundrecht, „objektive Willkür" darstellen (wobei die bisherige Rechtsprechung hierzu gerade nicht Grundrechte, sondern die Verletzung einfachen Rechts betrifft); aber daß eine Behörde oder ein Gericht mit Grundrechten geradezu leichtfertig umgeht, geht nach der Schwere des Vorwurfs über die verfehlte Behandlung eines Einzelfalls weit hinaus. Gerade substanzarme Verfassungsbeschwerden suchen die Aufmerksamkeit des BVerfG durch die Behauptung zu gewinnen, die Urheber des angegriffenen Aktes gingen generell mit den Grundrechten nicht bloß leichtfertig, sondern sogar vorsätzlich unangemessen um. In den meisten Fällen spricht schon die Tonart, in der solche Anklagen erhoben werden, nicht für, sondern eher gegen den Beschwerdeführer. Trägt er dennoch Umstände vor, die, die Richtigkeit seiner Angaben unterstellt, die Annahme eines geradezu leichtfertigen Umganges mit den Grundrechten als nicht ganz fernliegend erscheinen lassen, begibt sich das BVerfG selbst in die Pflicht, dem nachgehen zu müssen, auch wenn ihm nur diese eine Verfassungsbeschwerde vorliegt. Dem Ziel der Entlastung dient dies nicht, so notwendig in dem – in der Wirklichkeit glücklicherweise doch recht fernliegenden – Falle einer derartigen verfassungswidrigen Praxis ein Eingreifen ist. Die Funktion der Verfassungsbeschwerde liegt dann nicht allein in der Beseitigung einer Grundrechtsverletzung, sondern in der „edukativen" Aufgabe. Zu Recht weist *Zuck* darauf hin, daß sich die Funktion der Verfassungsbeschwerde damit verändert hat: sie entwickelt sich zu „einem objektiven Beanstandungsverfahren, für das der Bürger nur noch Anlaß ist"[59].

385   Allerdings werden diese an der objektiven Zielsetzung orientierten Annahmekriterien wiederum durch subjektive Faktoren modifiziert: für den Beschwerdeführer muß durch die Nichtannahme ein besonders schwerer Nachteil entstehen, der dann nicht vorhanden ist, wenn die Verfassungsbeschwerde keine hinreichende Aussicht auf Erfolg hat. Damit sind Gründe, die nach bisherigem Recht die Nichtannahme rechtfertigten, auch in die neue Regelung hineingenommen worden. Sie können auch mit den aus eher objektiven Gründen für die Annahme sprechenden Gesichtspunkten in Widerstreit geraten. Sollte die Verfassungsbeschwerde zur Entscheidung angenommen werden, wenn in dem Fall, der die Überprüfung auslöst, kein besonders schwerer Nachteil entsteht, wenn die Verfas-

---

58 Allerdings hat die 3. Kammer des Zweiten Senats in einem Beschluß vom 29.10.1997, NJW 1998, S. 745, gesagt, die in der Entscheidung des Amtsgerichts enthaltene Grundrechtsverletzung habe besonderes Gewicht, „weil sie einen geradezu leichtfertigen Umgang mit prozessualen Grundrechten offenbart." Die Auffassung des AG, § 579 I Nr. 4 ZPO erfasse nicht den Fall des Auftretens eines vollmachtlosen Prozeßvertreters, verstoße gegen Art. 103 Abs. 1 GG und Art. 3 I GG in seiner Ausprägung als objektives Willkürverbot. Worin der „geradezu leichtfertige Umgang" mit prozessualen Grundrechten liegen soll, begründet die Kammer nicht.

59 *Lechner/Zuck*, § 93 a Rn. 27; offener in der Beurteilung noch *Schlaich*, Rn. 256; er meint, daß man die Entwicklung in der Rechtsprechungspraxis des BVerfG abwarten müsse.

sungsbeschwerde nicht angenommen wird, jedoch alles dafür spricht, daß dem – im Anlaßfall mit noch erträglichen Folgen verbundenen „leichtfertigen Umgang" mit einem Grundrecht eine Praxis entspricht, die in anderen Fällen nicht hinnehmbar erscheint? Es kann auch sein, daß die eingelegte Verfassungsbeschwerde keine hinreichende Aussicht auf Erfolg hat, jedoch ebenfalls Hinweise auf eine grundsätzliche Verkennung der Bedeutung des Grundrechts sich aufdrängen. Diese Fragen sind, soweit ersichtlich, in der bisherigen Rechtsprechungspraxis des BVerfG noch nicht aufgetreten. Wenn sie sich stellen, wird sich wahrscheinlich ergeben, daß die vom BVerfG zur Auslegung des neuen § 93 a BVerfGG aufgestellten Kriterien kaum entlastende Wirkung haben, sondern sogar die Annahmeentscheidung noch mühsamer machen können.

Es hat sich gezeigt, daß die verfassungsrechtliche Gewährleistung des grundrechtsgleichen Anspruchs auf Verfassungsbeschwerde nach Art. 93 Abs. 1 Nr. 4 a GG verbunden mit der Möglichkeit eines Annahmeverfahrens (Art. 94 Abs. 2 GG) angesichts immer steigender Eingangszahlen das Dilemma zwischen dem Wunsch nach wirksamem Grundrechtsschutz und der Notwendigkeit nachhaltiger Entlastung des BVerfG nicht auflösen kann. Daher ist es verständlich, daß schon seit langem noch weitergehende Vorstellungen auch innerhalb des BVerfG wiederholt erörtert worden sind. Sie knüpfen an das beim *Supreme Court* der USA bestehende *certiorari*-Verfahren an. Hierbei werden die Anträge von dem *Clerk* des Gerichts – also einem dem Direktor beim BVerfG oder einem der Präsidialräte vergleichbaren Beamten – in eine „*Dead List*" eingetragen. Dabei handelt es sich um die Verfahren, die der Beamte etwa im Sinne des § 93 c BVerfGG für nicht entscheidungswürdig hält. Diese Liste wird bei allen Richtern in Umlauf gesetzt. Nur wenn sich wenigstens vier der neun Richter für eine Annahme (*grant of certiorari*) aussprechen, wird das Verfahren aufgenommen. Die in der Liste verbleibenden Verfahren werden ohne jede Begründung für erledigt erklärt[60]. **386**

Da der Entlastungseffekt eines so drastisch vereinfachten Verfahrens offenkundig ist, hat dieses die Mitglieder des BVerfG seit langem fasziniert, zugleich wurde die Frage aufgeworfen, ob die Methode einer „Annahme nach Ermessen" mit dem Verständnis der Funktion der Verfassungsbeschwerde vereinbar ist. Schon in einer Denkschrift des BVerfG vom 23. Dezember 1954 heißt es: **387**

„Die bisherigen Erfahrungen haben gezeigt, daß weitaus die meisten der immer noch in großer Zahl eingehenden Verfassungsbeschwerden unzulässig oder offensichtlich unbegründet sind, und daß dieser Rechtsbehelf … vielfach von Querulanten mißbraucht wird. Nachhaltige Besserung dieses Zustandes ist nach Überzeugung des Gerichts nur (von) einer – dem amerikanischen *writ of certiorari* nachgebildeten – Vorprüfung zu erwarten, die in einem vereinfachten Verfahren Verfassungsbeschwerden von geringem sachlichem Gewicht ausscheidet und eine Konzentration der Arbeit auf die einer Entscheidung durch ein Verfassungsgericht würdigen Fälle ermöglicht. In diesem Zulassungsverfahren soll es zu einer Prüfung, ob die Verfassungsbeschwerde verfahrensrechtlich zulässig und ob sie begründet ist, nicht kommen. Es wird lediglich darüber entschieden, ob die Verfassungsbeschwerde – sei es von einem allgemeinen objektiven Standpunkt, sei es vom Stand-

---

60 Eine Darstellung des certiorari-Verfahrens enthält der Bericht der Kommission „Entlastung des BVerfG" (N 2), S. 37 ff. Vgl. auch *Schlink* (N 33), S. 90; *Rinck*, NJW 1959, S. 170.

punkt des Beschwerdeführers selbst aus – so bedeutsam ist, daß auf sie verfahrens- und gegebenenfalls materiellrechtlich eingegangen werden muß"[61].

Als das BVerfG diese Meinung äußerte, waren (1954) folgende Verfahrenseingänge zu verzeichnen: beim Ersten Senat 567, beim Zweiten Senat 6, zusammen also 573 neue Verfahren, von denen mehr als 90% Verfassungsbeschwerden waren, die nach der damals bestehenden Zuständigkeitsverteilung zum Ersten Senat gingen. Im Vergleich hierzu hat sich das Arbeitsvolumen bis zu den letzten Jahren (1999/2000) nahezu verzehnfacht[62].

388   Schon der damalige Gesetzentwurf der Bundesregierung, der dem BVerfG die für erforderlich gehaltene Entlastung verschaffen sollte, wiederholte die in der Denkschrift angesprochene, in BVerfGE 9, 120 (212) und späteren Entscheidungen zitierte allgemeine Zielsetzung eines Vorprüfungsverfahrens und wies auf das amerikanische *certiorari*-Verfahren hin. Nach der schließlich erreichten gesetzgeberischen Lösung (§ 93 a BVerfGG a.F.) konnte die Entscheidung über (zulässige) Verfassungsbeschwerden abgelehnt werden, wenn sie keine hinreichende Aussicht auf Erfolg hatten. Es wurde sogar behauptet, dies sei dem amerikanischen Verfahren vergleichbar[63]. Dies ist aber weder für die damalige, noch für die späteren gesetzlichen Regelungen zutreffend, auch nicht einmal für die seit 1993 geltenden, sicher weitgespannten Kriterien.

389   Auch später hat es bei stetig anwachsender Belastung des BVerfG immer wieder Anregungen gegeben, auch von Mitgliedern des BVerfG[64], sich dem amerikanischen Beispiel noch weiter anzunähern[65]. Der Gesetzgeber hat hierauf bisher nur zurückhaltend reagiert, wenn auch das Thema bei jeder der Novellierungen des BVerfGG neu diskutiert wurde. Die zur Prüfung der Möglichkeiten einer Entlastung des BVerfG eingesetzte Kommission (vgl. oben Rn. 376) hat sich in ihrem Bericht mit großer Mehrheit (gegen das Votum eines Kommissionsmitgliedes) für die Einführung für ein Modell der „Annahme nach Ermessen" ausgesprochen, das in seiner Ausgestaltung und in seinen Auswirkungen des *certiorari*-Verfahren des *US Supreme Court* jedenfalls nahe kommt, ohne daß es sich um eine bloße Kopie des dortigen Verfahrens handelte[66]. Kernstück des Vorschlages ist eine Neuformulierung des § 93 a BVerfGG, der dann lauten würde: „Das BVerfG kann eine Verfassungsbeschwerde zur Entscheidung annehmen. Dabei berücksichtigt es, ob seine Entscheidung für die Klärung einer verfassungsrechtlichen Frage oder für den Schutz der Grundrechte von besonderer Bedeutung ist." Der Vorschlag hat eine lebhafte und kontroverse Diskussion ausgelöst[67]. Die Mitglieder des BVerfG haben – nach Durchführung ei-

---

61 Zitiert nach *Rinck* (N 60), S. 170.

62 Vgl. die Statistik im Bericht der Kommission (N 2), S. 149, 151, sowie in der Gesamtstatistik des BVerfG (Anlage I).

63 So *Rinck* (N 60), S. 171; a.M. *R. Schneider* (N 34), S. 77; ihm widerspricht *Grundmann*, DÖV 1966, S. 749.

64 *H.G. Rupp*, ZZP 82 (1969), *Zeidler*, vgl. *Wöhrmann*, in: FS Zeidler, II (1987),S. 1357; *Geiger*, in: Festgabe für Th. Maunz (1971), S. 129 ff.; im Zusammenhang mit der aktuellen Diskussion vor allem *Böckenförde*, ZRP 1996, 281. Vorschläge zur Gestaltung eines „freien Annahmeverfahrens" bei *Wahl/Wieland* (N 52), S. 1143 ff.

65 So *Wöhrmann* (N 64), S. 1356; *Mahrenholz*, in: FS Zeidler, II (1987), S. 1363.

66 Bericht der Kommission (N 2), S. 42 ff.

67 Vgl. die in dem Kommissionsbericht (N 2), S. 41 Anm. 22, aufgeführten Äußerungen; ferner u.a.: *Albers*, ZRP 1997, 198; *Böckenförde*, ZRP 1996, 281; *ders.*, ZRP 1997, 164; *Söllner*, ZRP 1997, 273; *Zuck*, ZRP 1997, 95; *H.H. Klein*, Überlegungen zu einer Entlastung des BVerfG, in: FS Graßhof (1998), 367 ff.; *Benda*, Entlastung des BVerfG – Vorschläge der Entlastungskommission (1998); *Spieß*, BayVBl. 1996, 294; *Kau*, ZRP 1999, S. 319 ff.; *Lenz*, NJW 1999, S. 34 f.

nes Feldversuches – sich nicht davon überzeugen können, daß das von der Kommission vorgeschlagene Verfahren zu einer nachhaltigen Entlastung führen werde. Daher ist nicht anzunehmen, daß der Gesetzgeber diesen Weg weiter verfolgen wird. Ob der als Alternative von den Mitgliedern des Gerichts vorgeschlagene Weg, der an die schon früher erörterte „Verfahrensrüge" anknüpft, aufgegriffen wird, bleibt abzuwarten[68].

Jede weitere Änderung des Annahmeverfahrens, die das Modell des US-amerikanischen **390** *certiorari*-Verfahrens übernimmt oder sich hieran orientiert, muß aber berücksichtigen, daß die Verfassungsbeschwerde anders als 1954 heute im GG verankert ist. Auch wenn Art. 94 Abs. 2 GG erhebliche Vereinfachungen des Verfahrens, die Verlagerung der Annahmeentscheidung auf kleinere Spruchkörper und wohl auch noch die *a-limine*-Abweisung von Bagatellsachen in einem allerdings eng zu verstehenden Sinne zuläßt, bedarf es doch nach dem bisherigen Verständnis und der Spruchpraxis auch des BVerfG selbst eines geordneten und rational nachvollziehbaren Verfahrens. Das Ergebnis muß nach heute geltendem Recht (§ 93 d Abs. 1 S. 3 BVerfGG) nicht einmal mehr begründet werden, während früher immerhin ein Hinweis auf den für die Ablehnung der Annahme wesentlichen rechtlichen Gesichtspunkt (§ 93 b Abs. 3 S. 2 BVerfGG a.F.) erforderlich war. Die Nichtannahme muß aber dem Verständnis derjenigen zugänglich sein, welche die nach dem Gesetz maßgeblichen Kriterien kennen. Diesen Anforderungen an eine gerichtliche Entscheidung genügte ein Verfahren nicht, bei dem es sich nach amerikanischem Verständnis nicht um „*a matter of right, but of judicial discretion*" handelt[69]. Art. 93 Abs. 1 Nr. 4 a GG gibt dem von einer möglichen Grundrechtsverletzung Betroffenen ein prozessuales grundrechtsgleiches Recht, das ihm auch nach Art. 94 Abs. 2 GG nicht nach Belieben gegeben oder verweigert werden darf[70]. Die Kommission „Entlastung des BVerfG" hat daher mit starker Mehrheit die Auffassung vertreten, daß das von ihr vorgeschlagene Verfahren der „Annahme nach Ermessen" eine Änderung des GG voraussetzt[71].

3. Die Funktion der Verfassungsbeschwerde

Nach dem klaren Wortlaut des Art. 93 Abs. 1 Nr. 4 a GG dient die Verfassungsbe- **391** schwerde dazu, dem von einer möglichen Grundrechtsverletzung Betroffenen einen außerordentlichen Rechtsbehelf zur Wahrung seines Rechts zu geben. Ihm steht damit ein subjektives öffentliches Recht mit Verfassungsrang zur Verfügung. Zweifelsfragen, wie sie für die Fälle erörtert worden sind, in denen die Klärung einer verfassungsrechtlichen Frage nicht zu erwarten ist oder das schutzwürdige Interesse von geringem Gewicht ist,

---

68 Vgl. den Bericht über die Jahrespressekonferenz 1999 des BVerfG, F.A.Z. vom 20.02.1999, S. 8.
69 Rule 10 der „*Rules of the Supreme Court*" in der Fassung vom 26. Juli 1995; vgl. hierzu den Bericht der Kommission (N 2), S. 38.
70 Aus der früheren Diskussion vgl. *Wand*, NJW 1984, S. 953, der das „deadlisting" als „einen Fremdkörper im deutschen Rechtsschutzsystem" bezeichnet und sich von ihm keine wesentliche Entlastungswirkung verspricht. Im Ergebnis ablehnend auch aus verfassungsrechtlichen Gründen *Graf Vitzthum* (N 33), S. 320. Nach *Rupprecht*, JZ 1970, S. 212, würde Art. 94 Abs. 2 GG „wohl auch eine Erweiterung des richterlichen Ermessensspielraums im Sinne des writ of certiorari decken". *Sailer* (N 23), S. 308 Anm. 65; *v. Bally*, Verfassungsbeschwerde und Annahmeverfahren, Diss. München (1973), S. 160; *E. Klein*, in: Piazolo (Hg.), Das Bundesverfassungsgericht (1995), S. 237 ff. Für die Übernahme des certiorari-Verfahrens *Wieland*, Der Staat 1990, S. 933 ff.
71 Kommissionsbericht (N 2), S. 54 ff.

mögen diese Funktion im Grenzbereich relativieren. Aber auch hier lassen sich die bestehenden Regelungen, nach denen der Anspruch auf eine Sachentscheidung zurücktritt, mit der Erwägung rechtfertigen, daß sie erforderlich sind, um dem BVerfG den Freiraum zu verschaffen, den es benötigt, um in schwerwiegenden Fällen mit aller erforderlichen Sorgfalt und zugleich innerhalb angemessener Zeit tätig werden zu können. Auch alle der Entlastung des BVerfG dienenden Verfahrensregelungen lassen sich so durch die subjektiven Interessen dienende Funktion der Verfassungsbeschwerde erklären und rechtfertigen.

392 Hieran ändert es nichts, wenn das BVerfG im Anschluß an *Zweigert*[72] ausgesprochen hat, die Verfassungsbeschwerde habe neben dem „kasuistischen Kassationseffekt" einen „generellen Edukationseffekt"[73]. Dies ist eine gewollte und zunächst selbstverständliche Folge der Verbindlichkeit, Autorität und allgemeinen Bedeutung der Entscheidungen jedenfalls oberster Gerichte. Diese Wirkungen werden beim BVerfG durch die Bindungswirkung seiner Entscheidungen (§ 31 BVerfG) noch verstärkt. Aufgabe der Rechtsordnung insgesamt ist es, nicht lediglich Gebote und Verbote zu normieren und auf Rechtsverletzungen im Einzelfall durch Sanktionen zu reagieren. Ein Strafrecht etwa, das keinerlei generalpräventive Wirkung hätte, sondern nur – bestenfalls – den einzelnen Straftäter von der Wiederholung seines Verhaltens abhielte, wäre wenig effektiv. Aufgabe des Strafrechts ist es daher neben der Sühne für individuelle Schuld auch, die Rechtsordnung zu sichern und das Bewußtsein für die in ihm enthaltenen Wertvorstellungen zu festigen[74]. Der mit Entscheidungen des BVerfG, durch die eine Verfassungsbeschwerde für begründet erklärt wird, verbundene Edukationseffekt besteht darin, daß neben der Wiedergutmachung individuell begangenen Unrechts alle staatlichen Organe auf die Unzulässigkeit eines Verhaltens hingewiesen und angewiesen werden, künftig in dem entschiedenen Sachzusammenhang die Grundrechte zu respektieren. Dieser beabsichtigte und durchaus erwünschte Effekt wird noch erheblich verstärkt werden, wenn das BVerfG im Sinne der von ihm aufgestellten Kriterien für das „Angezeigt-Sein" der Annahme einer Verfassungsbeschwerde den Fällen besonders nachgeht, in denen eine im Umgang mit Grundrechten fragwürdige Behörden- oder Gerichtspraxis zu befürchten ist. Aber auch sonst hat jede derartige Entscheidung für eine unbekannte, unter Umständen aber große Zahl paralleler Sachverhalte die allgemeine Wirkung, daß sie anders und richtiger behandelt werden, als dies ohne die erfolgreiche Verfassungsbeschwerde der Fall wäre. Hieraus ließ sich in den ersten Jahren nach der Entstehung des GG die Hoffnung ableiten, in einigen Jahren würden etwa noch vorhandene Defizite im Grundrechtsverständnis staatlicher Stellen soweit abgebaut werden, daß die Verfassungsbeschwerde ihre Bedeutung verlieren würde und nur noch ausnahmsweise in Anspruch genommen werden müßte[75]. Die Annahme hat sich allerdings als falsch herausgestellt. Doch spricht auch die geringe „Erfolgsquote" der Verfassungsbeschwerde für das Vorhandensein eines Edukationseffekts. Das BVerfG spricht davon, daß die Verfassungsbeschwerde über den Kassa-

---

72 *Zweigert*, JZ 1952, S. 321.
73 BVerfGE 33, 247 (258 f.); 45, 63 (74); 51, 130 (139).
74 BVerfGE 39, 1 (57 ff.). Zu dieser allgemeinen Wirkung des „Edukationseffekts" und zu dem folgenden insbesondere *E. Klein*, DÖV 1982, S. 797 ff. (798).
75 *R. Schneider* (N 34), S. 77 f., meinte damals (1966) eine Tendenz zu erkennen, daß sich im Laufe der weiteren Entwicklung das Schwergewicht der verfassungsgerichtlichen Praxis mehr und mehr von der Verfassungsbeschwerde auf die konkrete Normenkontrolle verlagern werde.

tions- und Edukationseffekt hinaus die Funktion habe, „das objektive Verfassungsrecht zu wahren und seiner Auslegung und Fortentwicklung zu dienen. Insoweit kann die Verfassungsbeschwerde zugleich als spezifisches Rechtsschutzmittel des objektiven Verfassungsrechts bezeichnet werden"[76].

Der mit dieser Formulierung gemeinte Vorgang ist weder eine Besonderheit der Verfassungsrechtsprechung noch insbesondere des Verfassungsbeschwerdeverfahrens. Stets findet zugleich eine Klärung der objektiven Rechtslage statt, wenn über subjektive Rechtsansprüche entschieden wird. Jede gerichtliche Entscheidung stellt jedenfalls einen Diskussionsbeitrag zur Klärung des objektiven Rechts dar. Ob dieser Beitrag zur Klärung des objektiven Rechts wesentlich ist oder nicht, hängt von der Stellung des Gerichts, der allgemeinen Bedeutung der zu klärenden Rechtsfragen und anderen Umständen ab. Für das Verfassungsbeschwerdeverfahren gilt dies in gleicher Weise wie für jedes andere gerichtliche Verfahren. **393**

Über solche objektiven Folgen von gerichtlichen Entscheidungen hinaus, die keine Besonderheit des Verfassungsbeschwerdeverfahrens sind, kann der Hinweis auf eine objektive Funktion des Verfassungsbeschwerdeverfahrens mehr bedeuten. Sieht man das Verfassungsbeschwerdeverfahren mit dem BVerfG als ein „spezifisches Rechtsschutzmittel des objektiven Verfassungsrechts" an[77], so kann ein Gegensatz oder doch ein Spannungsverhältnis zu der subjektiven Funktion entstehen, die dem individuellen Rechtsschutz dient[78]. Dann geht es allerdings nicht mehr lediglich um die Beschreibung der Folgen gerichtlicher Entscheidungen, sondern um Kriterien für die prozessuale Zulässigkeit in bestimmten Verfahrenslagen und damit um ganz wesentliche Weichenstellungen im Verfassungsprozeß. Die Neuregelung des Annahmeverfahrens durch das 5. ÄndG zum BVerfGG (1993) hat dieses Spannungsverhältnis noch verstärkt, und erst recht würde die Übernahme von Vorschlägen, die sich dem *certiorari*-Verfahren annähern, die objektiv-rechtliche Funktion der Verfassungsbeschwerde noch deutlicher betonen und den individuellen Grundrechtsschutz zwar nicht beseitigen, aber doch noch mehr als bisher zurücktreten lassen[79]. **394**

Erkennt man, daß dieses – zunächst nur angedeutete – Spannungsverhältnis zwischen subjektiver und objektiver Funktion der Verfassungsbeschwerde besteht, so ergeben sich die Konsequenzen nicht von selbst. Schon vor der Änderung der Annahmevoraussetzungen 1993 wurde der – bisher nur in wenigen Entscheidungen des BVerfG enthaltene – Hinweis auf eine objektive Funktion der Verfassungsbeschwerde dahin gedeutet, die Grundrechtsverwirklichung durch das BVerfG sei dem Stadium entwachsen, „lediglich dem individuellen Grundrechtsschutz zu dienen."[80] Es ist gerade die Frage, ob diese Ent- **395**

---

76 BVerfGE 33, 247 (258 f.).
77 BVerfGE 33, 247 (259). Die Einschränkung der subjektiven Funktion der Verfassungsbeschwerde zugunsten einer objektiven Funktion wird auch aus BVerfGE 94, 49 (115), sowie aus BVerfGE 94, 166 (212 ff.) deutlich.
78 *E. Klein* (N 74), S. 798, 801; *Rozek*, DVBl. 1997, S. 517 (521).
79 So auch der Bericht der Kommission (N 2), S. 45, zu ihrem Vorschlag eines Annahmeverfahrens „nach Ermessen".
80 *Schlaich*, Rn. 197. Noch weiter zugespitzt bei *F. Klein*, in: BVerfGG-Kommentar, § 24 Rn. 22 (schon für die Rechtslage vor der Novelle von 1993): Das Verfassungsbeschwerdeverfahren diene nicht mehr in erster Linie der Sicherung der subjektiven Rechte des Einzelnen, sondern anhand der zulässig eingelegten Verfassungsbeschwerde mehr der vom Einzelfall gelösten Entwicklung des Verfassungsrechts. Für das heute geltende Verfahrensrecht vgl. *Lechner/Zuck*, § 90 Rn. 7 ff.

wicklung – sollte sie so bestehen – der seit 1969 bestehenden Ausgestaltung der Verfassungsbeschwerde als einem grundrechtsgleichen Recht, also eines subjektiven öffentlichen Rechts, gerecht wird. Hierbei liegt es nahe, an das Verständnis der Grundrechte selbst zu erinnern. Sie sind zunächst subjektive, statusbegründende Rechte und damit verfassungsrechtliche Fundamentalrechte des Einzelnen. Zugleich sind sie wesentliche Elemente der objektiven Ordnung des Gemeinwesens, das allein schon durch die Verpflichtung, die Grundrechte zu achten und zu schützen, entscheidende Richtlinien für die Gestaltung der Politik empfängt[81]. Ziel und Sinn der „objektiven Funktion" der Grundrechte ist es aber nicht, sie ihrer subjektiven Wirkungskraft zu entkleiden oder diese auch nur zu relativieren. Auch das BVerfG ist entschieden einer Auslegung der Grundrechte in einem diese objektivierenden, sie von ihrer subjektiven Funktion lösenden Sinne entgegengetreten[82]. Nicht die Relativierung des subjektiven Rechts, sondern die Verstärkung der Wirkungskraft der Grundrechte insgesamt ist die Zielsetzung. Wenn hierbei subjektive und objektive Funktion nicht zueinander in einen Gegensatz geraten, sondern das objektive Verständnis die subjektive Funktion verstärkt, ist dieses Verständnis erlaubt und sogar geboten.

396   Seit die Verfassungsbeschwerde verfassungsrechtlichen Rang erhalten hat, folgt schon aus dem allgemeinen Grundrechtsverständnis, daß der Objektivierung ihrer Funktion Grenzen gesetzt sind. Sie liegen dort, wo sie zu einer Relativierung der subjektiven Schutzfunktion führen. Allerdings hat das GG zugleich mit der Aufnahme des Art. 93 Abs. 1 Nr. 4 a GG durch Art. 94 Abs. 2 GG der Ausübung des prozessualen grundrechtsgleichen Rechts auch Schranken gesetzt, soweit es sich um den Zugang zum BVerfG handelt. Daher wird – nicht zufälligerweise – die objektive Funktion der Verfassungsbeschwerde vorrangig im Zusammenhang mit der Regelung des Annahmeverfahrens erörtert, mit dem eine Selektion und Steuerung im Hinblick auf die Arbeitskapazität des BVerfG bezweckt wird[83]. Auch das BVerfG selbst nutzt das Verständnis einer objektiven Funktion – wobei dieser Begriff nicht immer dort genannt wird, wo er der Sache nach gemeint ist[84] – als Instrument der Steuerung des Zugangs, um sich auf die in einem subjektiven oder objektiven Sinne wesentlichen Verfassungsbeschwerden konzentrieren zu können[85]. Insoweit liefert Art. 94 Abs. 2 GG, abgesehen von Fragen im Grenzbereich, jedenfalls grundsätzlich eine verfassungsrechtliche Legitimation.

397   Doch geht die Bedeutung der Frage nach der Funktion über die Annahmeregelungen weit hinaus[86]. Ein Konflikt zwischen subjektiver und objektiver Funktion ist immer dann möglich, wenn die Interessenlage des Beschwerdeführers von dem Allgemeininteresse abweicht. Das Interesse des BVerfG selbst, das auf Erhaltung und möglichst sinnvolle Nutzung seiner Arbeitsfähigkeit gerichtet ist, ist dabei dem Allgemeininteresse insoweit zuzurechnen, als es nicht um die Reduzierung der individuellen Belastung der Verfassungs-

---

81 BVerfGE 7, 198 u. st. Rspr.
82 BVerfG 50, 290 (337 f.). Zu dem ambivalenten Vorgang der Annäherung von subjektivem und objektivem Recht im Grundrechtsbereich *E. Klein* (N 74), S. 804 f.
83 *Schmidt-Bleibtreu*, in: BVerfGG-Kommentar, § 90 Rn. 17; *Schlink* (N 33), S. 92; *Zacher* (N 19), S. 397 ff.
84 Beispiele bei *E. Klein* (N 74), S. 798 f.
85 Vgl. etwa BVerfG 33, 247 (258); 47, 102 (104 f.). Eine nicht unbedenkliche Einschränkung der subjektiven Funktion der Verfassungsbeschwerde findet sich allerdings in BVerfGE 94, 49 (115); 94, 166 (212 ff.). Kritik an diesen Entscheidungen üben *Alleweldt*, NVwZ 1996, S. 1074 (1075); *Rozek* (N 78), S. 519 ff.
86 *E. Klein* (N 74), S. 801.

richter, sondern um die Möglichkeit der Konzentration auf die vom Standpunkt der Allgemeinheit aus wesentlichen Fragen geht. Man kann unterstellen, daß die immer wiederholten Appelle des Gerichts an den Gesetzgeber nach Entlastung und die in der Rechtsprechung zur Zulässigkeit deutlich sichtbaren Bestrebungen mit gleicher Zielrichtung zu verstehen sind.

Interessenkonflikte zwischen dem Individualinteresse des Beschwerdeführers und den Allgemeinbelangen sind vor allem in drei Bereichen möglich: **398**

1. Das Interesse des Beschwerdeführers ist auf den Zugang zu einer Sachentscheidung in einer Frage gerichtet, an der ein objektives Interesse der Allgemeinheit nicht besteht oder nur gering ist;
2. der Beschwerdeführer wünscht eine Überprüfung entweder nach weiteren oder nach engeren Prüfungsmaßstäben, als dies nach der objektiven Funktion der Verfassungsbeschwerde geboten erscheint;
3. der Beschwerdeführer hat kein fortdauerndes Interesse an einer Sachentscheidung, die der Klärung einer aus objektiver Sicht wesentlichen Frage dienen würde. Umgekehrt kann an der Klärung der Frage kein Allgemeininteresse mehr bestehen, während dieses aus der subjektiven Sicht des Beschwerdeführers fortbesteht.

Wie der Gesetzgeber oder – in der Mehrzahl der vom BVerfGG nicht geregelten Fragen – die Rechtsprechung auf diese Probleme reagiert, wird in erheblichem Umfang durch das Verständnis der objektiven Funktion der Verfassungsbeschwerde bestimmt. Mit dieser Formel steht daher dem BVerfG ein ganz wesentliches Steuerungsinstrument zur Verfügung. Es hat dieses bisher schon erkennbar und mit insgesamt adäquatem Ergebnis[87] eingesetzt. Dabei dürfte gerade der Umstand von Bedeutung gewesen sein, daß dem Begriff ein gewisses Maß an Flexibilität innewohnt[88]. Die hiermit gegebene Möglichkeit fallbezogener und eher pragmatischer Anwendung verlangt aber um so mehr eine verfassungsrechtlich begründbare Legitimation.   **399**

Bereits ein kursorischer Überblick über die drei Problembereiche zeigt, daß die prozessualen Konsequenzen nicht eindeutig sind:

Zu 1): Am ehesten läßt sich die Steuerung des Zugangs zur Sachentscheidung in der Ausgestaltung, wie sie durch das BVerfGG in verschiedenen Variationen vorgenommen wurde und heute in den §§ 93 a ff. BVerfGG geregelt ist, aus der objektiven Funktion der Verfassungsbeschwerde rechtfertigen. Das Annahmeverfahren ist dem Grundsatz nach und auch in seiner aktuellen Ausgestaltung durch Art. 94 Abs. 2 GG legitimiert. Bedenken ergeben sich in dem Maße, in dem es sich einem mehr oder weniger unverhüllten *certiorari*-Verfahren annähern würde. Die Problematik ist bereits dargelegt worden (oben Rn. 389).   **400**

Überzeugender als die Berufung auf eine objektive Funktion der Verfassungsbeschwerde erschiene allerdings eine Argumentation, die auf die subjektive Seite abstellt: Da das Gericht in seiner heutigen Ausgestaltung nicht 5000 oder mehr Verfassungsbeschwerden durch Senatsentscheidung erledigen kann und einer Vermehrung der Zahl der Senate oder

---

87 *Zacher* (N 19), S. 431.
88 *E. Klein* (N 74), S. 801.

der Richter Bedenken entgegenstehen[89], ist eine Selektion zwingend erforderlich. Sie könnte bei Anwendung der heute geltenden Annahmekriterien des § 93 a BVerfGG eher darauf abstellen, daß eine verfassungsrechtliche Frage deshalb klärungsbedürftig ist, weil ohne ihre Klärung Zweifel bleiben, die zu Lasten einer unbestimmbaren Zahl potentiell Betroffener gingen. Die vom BVerfG zur Ausfüllung des Kriteriums der Klärung einer verfassungsrechtlichen Frage aufgestellten Voraussetzungen[90], mit denen § 93 a Abs. 2 BVerfGG näher konkretisiert wird, sind unter diesem Gesichtspunkt im ganzen einsichtig, und das Spannungsverhältnis zwischen objektiv-rechtlichem und subjektivem Verständnis des Grundrechtsschutzes könnte so immerhin abgemildert werden: Die Funktion des vorbeugenden Grundrechtsschutzes ist bürgernäher als das objektive Bedürfnis nach Klärung möglicherweise interessanter, aber zugleich unter dem Aspekt des Grundrechtsschutzes weniger relevanter verfassungsrechtlicher Fragen. Zu bedenken ist auch, daß in einer Situation, in der Rechtsgewährung ein knappes Gut ist[91] – dies gilt nicht zuletzt auch für das BVerfG –, Prioritäten gesetzt werden müssen. Sie sollten sich in erster Linie nach dem Ausmaß des Interesses richten, das ein Beschwerdeführer an der Klärung hat, weniger nach einem allgemeinen, „objektiven" Interesse. Auch für die Rechtsgewährung gilt die Aussage des BVerfG zum Sozialstaatsprinzip, dieses verbiete, knappe Mittel an nicht oder an weniger Bedürftige zu verteilen, weil sie dann bei den wirklich Bedürftigen fehlten[92]. Dies sind Überlegungen, die sich auch ohne Inanspruchnahme einer objektiven Funktion der Verfassungsbeschwerde aus der subjektiven Sicht der miteinander konkurrierenden Beschwerdeführer ergeben. Sie müßten die bisherige Praxis des BVerfG nicht grundsätzlich verändern.

401 Zu 2): Soweit der Beschwerdeführer die Sachprüfung auf einen bestimmten Sachverhalt und die von ihm behaupteten Verletzungen von Grundrechten oder grundrechtsgleichen Rechten erstreckt wissen will, ist es zunächst seine Sache, den Sachverhalt substantiiert vorzutragen (§ 92 BVerfGG) und die Grundrechtsverletzung darzulegen. Es bedarf keines Rückgriffs auf eine objektive Funktion der Verfassungsbeschwerde, sondern ergibt sich unmittelbar aus dem Wesen der Verfassungsbeschwerde (Art. 93 Abs. 1 Nr. 4 a GG), daß mit ihr nur die Verletzung von Grundrechten oder grundrechtsgleichen Rechten gerügt werden kann, dagegen nicht die Verletzung des sogenannten einfachen Rechts. Bei allen Abgrenzungsschwierigkeiten, wie sie sich vor allem im Bereich des rechtlichen Gehörs stellen, ergeben sich hieraus keine grundsätzlichen Fragen. Keinerlei Bedenken ergeben sich auch gegenüber der Anforderung, daß zwar die Begründung der Verfassungsbeschwerde nachträglich in tatsächlicher und rechtlicher Hinsicht ergänzt werden darf, jedoch nach Fristablauf nicht ein neuer Sachverhalt zum Gegenstand der Verfassungsbeschwerde gemacht werden darf[93].

402 Schwieriger zu beurteilen ist die umgekehrte Situation: Der Beschwerdeführer rügt die Verletzung nur *eines* Grundrechts. Das verfassungsrechtliche Problem steckt aber entge-

---

89 *Sailer* (N 23) empfiehlt als letztes Mittel die Schaffung eines Dritten Senats. Vgl. hierzu oben Rn. 97. Die Kommission „Entlastung des BVerfG" (N 2) hat sich eindeutig gegen die Errichtung eines Dritten Senats (oder eine Erhöhung der Zahl der Richter) ausgesprochen, S. 99 f.

90 BVerfGE 90, 22 (24 f.)

91 *Benda*, DRiZ 1979, S. 537 ff.; *ders.* (N 3), S. 2101.

92 BVerfGE 9, 20 (35); hierzu in Bezugnahme auf das Annahmeverfahren *Benda*, in: Benda/Maihofer/Vogel, Handbuch des Verfassungsrechts (2. Aufl. 1994), S. 754.

93 St. Rspr. seit BVerfGE 18, 85 (89); 84, 212 (223); vgl. oben Rn. 203.

gen seiner Annahme an ganz anderer Stelle, entweder bei einem anderen Grundrecht oder – im Fall des unmittelbaren oder mittelbaren Angriffs auf eine Rechtsnorm – etwa in der Frage der Gesetzgebungskompetenz. Kann oder muß das BVerfG die Prüfung einer Verfassungsbeschwerde, sofern diese zulässig ist, auf andere als die ausdrücklich oder implizit als verletzt herangezogenen Grundrechte oder grundrechtsgleichen Rechte oder auf andere verfassungsrechtliche Fragen erstrecken?

Diese Frage scheint meist als wenig problematisch empfunden zu werden. Dabei wird auf eine „ständige Rechtsprechung" des BVerfG verwiesen, aus der sich ergebe, daß das Gericht sich für befugt, aber nicht für verpflichtet halte, eine Verfassungsbeschwerde unter anderen als den vom Beschwerdeführer benannten Gesichtspunkten zu überprüfen[94]. Wirklich ausgetragen ist aber die Frage innerhalb des Gerichts noch nicht; die Rechtsprechungspraxis ist nicht einheitlich[95]. Während bisher der Zweite Senat eher geneigt war, die Prüfung auf andere als die vom Beschwerdeführer benannten Gesichtspunkte zu erstrecken, war der Erste Senat hierbei zurückhaltender. Allerdings liegt auch von diesem eine Äußerung, welche die Bedenken zum Ausdruck bringt, nicht vor[96]. Ohnehin ist allgemein die Neigung des BVerfG, sich zu verfassungsprozessualen Problemen in den Gründen seiner Entscheidungen zu äußern, nur gering. Prozessuale Fragen, die im Votum des Berichterstatters möglicherweise einen breiten Raum einnehmen[97], werden dann, wenn schließlich die Zulässigkeit doch bejaht wird, in den Gründen entweder überhaupt nicht oder nur knapp behandelt. Bei den Entscheidungen, in denen sich das BVerfG für befugt erklärt hat, seinen Prüfungsumfang auszudehnen, lag entweder der verfassungsrechtliche Schwerpunkt eindeutig an anderer Stelle, als der Beschwerdeführer meinte, oder es sprachen einleuchtende Gründe dafür, die Prüfung der Norm, nachdem sie einmal angegriffen war, umfassend und damit abschließend vorzunehmen. Es sind also jedenfalls in dem zweiten Fall nicht subjektive, sondern objektive Gründe, die für eine Ausdehnung des Prüfungsumfangs sprechen.

Dies alles ist unter dem Gesichtspunkt der subjektiven Funktion der Verfassungsbeschwerde insoweit unproblematisch, als angenommen werden kann, daß der Beschwerdeführer in erster Linie an einem Erfolg seiner Verfassungsbeschwerde und nur in zweiter **403**

---

94 Zum Prüfungsumfang bei Gerichtsentscheidungen z.B. BVerfGE 17, 252 (258); 42, 312 (325 f.); 71, 202 (204). Zum Prüfungsumfang bei Gesetzen z.B. BVerfGE 1, 264 (271); 53, 366 (390); 55, 372 (384). – In BVerfGE 78, 205 (209), meint der Zweite Senat, die Kompetenz sei „im Blick auf Art. 2 Abs. 1 GG" auch im Rahmen einer Verfassungsbeschwerde zu prüfen; er verweist hierfür auf BVerfGE 10, 89 (99 f.) und die „st. Rspr.". Neuere Beispiele bei *Lechner/Zuck*, § 92 Rn. 12 f.: BVerfGE 79, 174 (201); 89, 69 (76). In BVerfGE 89, 68 (76, 82), wird einerseits die nicht ausdrücklich, aber, wie der (Erste) Senat meint, „der Sache nach" erhobene Rüge einer Verletzung von Art. 2 Abs. 1 GG i.V.m. Art. 1 Abs. 1 GG geprüft, dagegen nicht die Verletzung von Art. 103 Abs. 1 GG, weil die Rüge einer Verletzung des rechtlichen Gehörs erst nach Ablauf der Beschwerdefrist erhoben worden und daher unzulässig sei. Eine gründliche Untersuchung der hier behandelten Frage liefert *Müller-Franken*, DÖV 1999, 590 ff.

95 Ein Beispiel ist die Entscheidung BVerfGE 89, 69 (vgl. die vorige Anm.). *Lechner/Zuck*, § 92 Rn. 12, sprechen von einer „zu diesem Punkt ständig schwankenden Rechtsprechung."

96 In einem Beschluß eines Vorprüfungsausschusses, der in der amtlichen Sammlung veröffentlicht worden ist (BVerfGE 44, 103 [104], heißt es immerhin im Falle einer auf eine Verletzung der Art. 12 Abs. 1 und Art. 14 Abs. 1 GG gestützten Verfassungsbeschwerde: „Ob der Inanspruchnahme des Arbeitgebers im Einzelfall das Grundrecht des Art. 4 GG entgegenstehen könnte, bedarf schon deshalb keiner Erörterung, weil die Beschwerdeführerin als juristische Person dies mit Rücksicht auf Art. 19 Abs. 3 GG selbst nicht geltend macht".

97 Zum Votum des Berichterstatters vgl. oben Rn. 143, unten Rn. 642 ff.

Linie an der Begründung hierfür interessiert ist. Bei der Urteils-Verfassungsbeschwerde wird man hiervon im allgemeinen ausgehen können. Anders kann es bei einer Verfassungsbeschwerde liegen, die sich – unmittelbar oder mittelbar – gegen die Verfassungsmäßigkeit einer Norm richtet. Soweit der Beschwerdeführer eine Entscheidung sucht, welche die ihn belastende Norm für verfassungswidrig erklärt, wird ihm jede Begründung hierfür willkommen sein. Denkbar ist aber auch, daß er zwar die Verfassungswidrigkeit der ihn belastenden Norm – möglicherweise nur einer Detailregelung innerhalb des Gesetzes – geltend machen, das Gesetz im ganzen aber keineswegs angreifen will, weil er es bis auf eine einzelne Bestimmung für seinen Interessen gemäß hält. Ergibt die über seine Rüge hinaus vorgenommene Prüfung, daß zwar die behauptete Verletzung eines Grundrechts nicht vorliegt, das Gesetz aber im ganzen etwa wegen fehlender Gesetzgebungskompetenz verfassungswidrig ist, so erhält der Beschwerdeführer ein ihm höchst unerwünschtes und von seinem Antrag nicht erfaßtes Ergebnis. Indessen ist dieses durch §§ 95 Abs. 3, 78 S. 2 BVerfGG gedeckt. Man wird auch nicht erwarten können, daß das Gericht sich über eine nach den Umständen naheliegende Prüfung der Kompetenzfrage hinwegsetzt, weil der Beschwerdeführer sich hierzu nicht geäußert hat, ohne daß die Gründe hierfür erkennbar sind. Er mag das Problem schlicht übersehen haben, oder er mag den Wunsch haben, das Gesetz – abgesehen von der ihn beschwerenden Norm – im übrigen erhalten zu sehen. Dann kann ihm entgegnet werden, daß er das Risiko, mehr zu bekommen, als ihm lieb ist, eben hätte einkalkulieren müssen. Das BVerfG meint hierzu, das Verfahren der Verfassungsbeschwerde sei „zunächst" dazu bestimmt, die vorgetragene Beschwer zu prüfen. Es bestünden jedoch keine Bedenken dagegen, die Verfassungswidrigkeit auch einer nicht angegriffenen Norm festzustellen, „wenn diese der angegriffenen Norm zugrunde liegt und die Verfassungswidrigkeit evident ist". Doch bestehe diese Evidenz nicht, wenn die Prüfung schwierige tatsächliche und grundsätzliche rechtliche Probleme aufwerfen würde, mit denen eine wesentliche Ausweitung des Verfahrens verbunden wäre[98].

404 Dieses Ergebnis läßt sich nicht von der subjektiven, sondern nur von einer objektiven Funktion der Verfassungsbeschwerde her begründen. Sie nähert sich dann der konkreten Normenkontrolle, bei der das BVerfG seit jeher und zu Recht die Auffassung vertreten hat, daß es die nach Art. 100 Abs. 1 GG ihm zur Prüfung vorgelegte Norm unter jedem verfassungsrechtlichen Gesichtspunkt überprüfen kann[99]. Während die Richtervorlage, ist sie einmal zulässig, ganz der objektiven Zielsetzung dient, die Verfassungsmäßigkeit der vorgelegten Norm umfassend und im Prinzip abschließend zu prüfen, unterliegt die Verfassungsbeschwerde auch noch der Beurteilung, ob die Ausdehnung der Prüfung über das eigentliche Begehren des Beschwerdeführers hinaus einen erheblichen zusätzlichen Arbeitsaufwand erfordert. Das BVerfG hat damit ein weiteres Instrument zur Verfügung, um einer Überlastung steuernd entgegenzuwirken. Auch dieser Gesichtspunkt ist objektiver Art. Dagegen kommt das subjektive Interesse des Beschwerdeführers zu kurz. Es stellt kein Entscheidungskriterium mehr dar.

405 Bedenken dagegen, die von einem Bürger erhobene Verfassungsbeschwerde zugleich als Instrument der Verfassungskontrolle im Allgemeininteresse zu nutzen, bestehen insoweit

---

98 BVerfGE 6, 273 (282).
99 BVerfGE 3, 187 (196, 197); 4, 219 (243); 4, 331 (344). Vgl. näher unten Rn. 888.

nicht, „soweit die Zulässigkeit der Anträge und die sachlich-rechtliche Beurteilung des Gerichts an die individuellen Belange der Beschwerdeführer zurückgebunden bleiben"[100]. Wird diese Basis verlassen, so droht die Gefahr, daß die zur Wahrung individueller Freiheitsrechte garantierte Verfassungsbeschwerde zum Instrument einer allgemeinen Verfassungsaufsicht denaturiert[101]. Konflikte der beispielhaft dargestellten Art werden allerdings selten sein. In aller Regel wird sich das Interesse des Beschwerdeführers, einer möglichen Grundrechtsverletzung zu begegnen, mit dem allgemeinen Interesse decken. Entsteht jedoch ausnahmsweise ein solcher Konflikt, sollten jedenfalls die individuellen Belange des Beschwerdeführers in den Prozeß der Abwägung mit einfließen.

Zu 3): Weitere Fragen im Spannungsverhältnis zwischen subjektiver und objektiver **406** Funktion ergeben sich bei der Rücknahme der Verfassungsbeschwerde[102] sowie bei ihrer Erledigung auf andere Weise[103].

Entscheidet sich der Beschwerdeführer, seine Verfassungsbeschwerde zurückzunehmen, so wird nach zumeist nicht weiter begründeter Meinung[104] dies ohne weiteres für zulässig und als für das Gericht verbindlich angesehen. Bisher verfuhr auch das BVerfG so in ständiger Praxis. Dabei kam es weder auf die – zumeist ohnehin nicht dargelegten – Motive des Beschwerdeführers an, noch auf den Stand des Verfahrens und auch nicht auf das Gewicht der durch die Verfassungsbeschwerde aufgeworfenen Fragen. In einem in den 70er Jahren beim Ersten Senat anhängig gewesenen Verfahren, das bedeutsame und die Allgemeinheit sicher interessierende Fragen des Urheberrechts aufwarf, hat der Beschwerdeführer die Verfassungsbeschwerde am Vorabend der Senatsberatung zurückgenommen. Damit war eine monatelange intensive Vorbereitung durch den Berichterstatter im Ergebnis eine Fehlinvestition seiner Arbeitskraft. Auch die anderen Senatsmitglieder hätten das umfangreiche Votum nicht durcharbeiten müssen, wäre dieses überraschende Ergebnis vorhersehbar gewesen. Dennoch war nach allgemeiner Meinung keine Möglichkeit gegeben, die entscheidungsreife Sache anders als durch Feststellung ihrer Erledigung abzuschließen.

Geht man von einer (auch) objektiven Funktion der Verfassungsbeschwerde aus, so war **407** dieses Ergebnis nicht selbstverständlich. Die Verfassungsbeschwerde hätte wichtige verfassungsrechtliche Fragen geklärt, an denen ein Allgemeininteresse bestand, und die Motive, die aus der Sicht des Beschwerdeführers einer Sachentscheidung entgegenstanden, waren zumindest nicht deutlich. In anderen Verfahrensarten, bei denen das öffentliche Interesse überwiegt, hat das BVerfG die Zulässigkeit der Antragsrücknahme davon abhängig gemacht, daß der Antragsrücknahme nicht öffentliche Interessen entgegenstehen, so

---

100 *E. Klein* (N 74), S. 804.
101 *E. Klein* (N 74), S. 804; *Lechner/Zuck*, § 93 a. Zurückhaltend gegenüber dieser Kritik *Schlaich*, Rn. 263 f.
102 Hierzu insbesondere *Hund*, in: FS für Faller (1984), S. 63 ff.; vgl. auch oben Rn. 286.
103 Hierzu vor allem *Fröhlinger*, Die Erledigung der Verfassungsbeschwerde (1982); vgl. auch *Zuck*, ZZP 78 (1965), S. 323 ff.
104 *F. Klein*, in: BVerfGG-Kommentar, Vorbem. vor § 17 Rn. 8; *Leibholz/Rupprecht*, Vor § 17 BVerfGG Anm. 3 c; *Lechner/Zuck*, Vor § 17 BVerfGG Rn. 14; *Geiger*, in: BVerfGG-Kommentar, Vor § 17 BVerfGG Rn. 2. In BVerfGE 85, 112 (113) bezieht sich das Gericht auf seine Rechtsprechung, in der es anerkannt sei, daß der Beschwerdeführer die Verfassungsbeschwerde nachträglich sowohl zurücknehmen als auch in der Hauptsache für erledigt erklären kann. Beide Erklärungen hätten zur Folge, daß das Beschwerdebegehren nicht mehr zur Entscheidung stehe. Dies gelte ungeachtet der auch objektiven Funktion der Verfassungsbeschwerde.

vor allem bei der abstrakten Normenkontrolle; insoweit sei die Fortsetzung oder Beendigung des Verfahrens „der Verfügung des Antragstellers entzogen"[105].

408 Angesichts der wiederholten Betonung einer objektiven Funktion der Verfassungsbeschwerde ist es daher nicht konsequent, wenn das BVerfG die Rücknahme einer Verfassungsbeschwerde stets ohne weiteres zuläßt. Das Ergebnis ist aber zu begrüßen. Mit der Bindung der Verfassungsbeschwerde an die individuellen Belange des Beschwerdeführers wäre es schwerlich zu vereinbaren, würde ihm die Dispositionsbefugnis über die Frage, ob das Verfahren bis zur Sachentscheidung fortgeführt werden soll, angesichts entgegenstehender öffentlicher Interessen entzogen. Die vorbehaltlose Anerkennung der Dispositionsmaxime verhindert, daß die Verfassungsbeschwerde dem subjektiv-individuellen Charakter der Grundrechte entfremdet wird[106].

409 In seiner Entscheidung zur Rechtschreibreform vom 14. Juli 1998[107] hat der Erste Senat anders entschieden. Über die Verfassungsbeschwerde war im Mai 1998 mündlich verhandelt worden; mit Schriftsatz vom 6. Juli haben die Beschwerdeführer die Verfassungsbeschwerde zurückgenommen. Der Senat gelangte dennoch zur Sachentscheidung und erklärte die Rücknahme der Verfassungsbeschwerde für „unwirksam". Der Grundsatz, daß bei Rücknahme einer Verfassungsbeschwerde das Beschwerdebegehren nicht mehr zur Entscheidung stehe, gelte nicht ausnahmslos. Wenn die Verfassungsbeschwerde schon vor Erschöpfung des Rechtsweges wegen ihrer allgemeinen Bedeutung (§ 90 Abs. 2 S. 2 BVerfGG) angenommen worden, über sie mündlich verhandelt worden und die allgemeine Bedeutung auch in der Zeit bis zur Urteilsverkündung nicht entfallen sei, dann liege die Entscheidung über den Fortgang des Verfahrens nicht mehr in der alleinigen Dispositionsbefugnis des Beschwerdeführers. Vielmehr trete die Funktion der Verfassungsbeschwerde, das objektive Verfassungsrecht zu wahren sowie seiner Auslegung und Fortbildung zu dienen, gegenüber dem Interesse des Beschwerdeführers in den Vordergrund[108]. Nach den Umständen des Falles, in dem es um eine weite Teile der Öffentlichkeit bewegende Fragestellungen ging, hinter denen das individuelle Interesse der Beschwerdeführer an Gewicht zurücktrat, ist die Entscheidung des BVerfG plausibel. Da sie sich auf die – seltenen – Fälle beschränkt, in denen über eine Verfassungsbeschwerde mündlich verhandelt wird, wird man sie aber nicht verallgemeinern dürfen; sie ist eher die Ausnahme, welche die Regel bestätigt.

410 Ähnlich ist der Fall einer Erledigung der Verfassungsbeschwerde zu beurteilen. Dies gilt nach beiden Richtungen, in denen das Problem entstehen kann. Durch Zeitablauf, ein überholendes Ereignis oder andere Umstände kann die ursprünglich zulässige Verfassungsbeschwerde erledigt sein, weil der Beschwerdeführer zum jetzigen Zeitpunkt an einer Sachentscheidung kein schutzwürdiges Interesse mehr hat. Umgekehrt kann trotz der inzwischen eingetretenen Veränderung der Verhältnisse, etwa durch den Tod des Be-

---

105 BVerfGE 1, 396 (414 f.); 8, 183 (184); 25, 308 (309); Vgl. oben Rn. 289, unten Rn. 754.
106 *Hund* (N 102), S. 71 (im Anschluß an *E. Klein* (N 74), S. 805). Im Ergebnis für die Rücknahme übereinstimmend *R. Schneider*, ZZP (N 34), S. 9.
107 BVerfGE 98, 218 (242 f.).
108 Die Entscheidung verweist in diesem Zusammenhang auch auf BVerfGE 79, 365 (367 f.); nach dieser Entscheidung kann die objektive Bedeutung einer Verfassungsbeschwerde auch bei der Festsetzung ihres Gegenstandswertes von Bedeutung sein. Kritisch zu der Entscheidung vom 14.7.1998 – gerade unter dem Gesichtspunkt der subjektiven oder objektiven Funktion der Verfassungsbeschwerde – *Wagner*, NJW 1998, 2638 ff.; s. auch *Wißmann*, DÖV 1999, S. 152 ff.

schwerdeführers, noch ein schutzwürdiges Interesse des Rechtsnachfolgers an einer Sachentscheidung bestehen. Das BVerfG hat zu Recht auf das von Fall zu Fall zu beurteilende Rechtsschutzbedürfnis des Beschwerdeführers und damit auf die subjektive Funktion der Verfassungsbeschwerde abgestellt[109]. So kann – ganz auf die schutzwürdigen Interessen abstellend – die von einem durch Strafurteil Verurteilten eingelegte Verfassungsbeschwerde nach dessen Tode von seiner Ehefrau fortgeführt werden[110]. Dagegen erledigt sich die gegen Bestimmungen des Wehrpflichtgesetzes eingelegte Verfassungsbeschwerde, wenn der Beschwerdeführer stirbt[111].

Dabei fließen objektive Elemente insofern ein, als es auch auf das Gewicht des Grundrechtseingriffs und den Umstand ankommt, daß ohne die Entscheidung die Klärung einer verfassungsrechtlichen Frage von grundsätzlicher Bedeutung unterbleiben würde. Das Rechtsschutzbedürfnis wird auch dann als fortbestehend anerkannt, wenn die Belastung – sei es durch eine Norm, sei es durch einen Akt – nur kurze Zeit andauert und der Beschwerdeführer nach dem regelmäßigen Geschäftsgang innerhalb dieses Zeitraums eine Entscheidung durch das BVerfG kaum erlangen könnte[112]. Diese Lage besteht etwa bei Schulorganisationsakten oder bei Maßnahmen im Vollzug der Untersuchungshaft. Zweifellos besteht an der Klärung derartiger Fragen nicht nur ein individuelles Interesse des betroffenen Beschwerdeführers, sondern auch ein objektives Allgemeininteresse. Da die Untersuchungshaft in aller Regel nur kürzere Zeit andauert, als das BVerfG für eine Sachentscheidung benötigt, würde der Schutz der Grundrechte in diesem Bereich und in ähnlichen Zusammenhängen im Ergebnis leerlaufen, würde sich die Verfassungsbeschwerde nach dem Ende der Untersuchungshaft und damit auch des belastenden und möglicherweise grundrechtswidrigen Eingriffs erledigen. Eine Rechtsprechung, die ungeachtet der faktischen Erledigung das fortdauernde Rechtsschutzbedürfnis anerkennt, löst nicht die Bindung an das individuelle Interesse, sondern verstärkt diese[113]. Sie dient darüber hinaus schutzwürdigen Interessen anderer von dem Eingriff potentiell Betroffener. Da in diesen Fällen ein Konflikt zwischen der subjektiven und der objektiven Funktion der Verfassungsbeschwerde nicht entsteht, sondern beide Gesichtspunkte insgesamt zu einer Verstärkung des Grundrechtsschutzes führen, ist die im ganzen großzügige Rechtsprechung des BVerfG zur Erledigung von Verfassungsbeschwerden zu begrüßen.

411

4. Zur Kritik am Verfassungsbeschwerdeverfahren

Da das BVerfG bei der Behandlung der Verfassungsbeschwerden ein Massenproblem bewältigen muß, ergeben sich in nicht ganz vermeidbarer Weise Ansatzpunkte für Kritik.

412

---

109 Z.B. BVerfGE 33, 247 (257 f.); 34, 165 (180).
110 BVerfGE 6, 389 (442); 37, 201 (206). In BVerfGE 85, 36 (53), wird das Rechtsschutzinteresse an einer auf Zulassung zum Studium gerichteten Verfassungsbeschwerde anerkannt, obwohl inzwischen die Zulassung erfolgt war „wegen längerer Wartezeit" und „einer erheblichen Verzögerung der beruflichen Pläne".
111 BVerfGE 12, 311 (315).
112 BVerfGE 34, 165 (180); 51, 268 (279); 52, 223 (235). Zur prozessualen Überholung bei richterlichen Durchsuchungsanordnungen zunächst BVerfGE 49, 329 (regelmäßig, außer bei Wiederholungsgefahr, kein berechtigtes Interesse an nachträglicher Überprüfung). Hiervon ausdrücklich abweichend BVerfGE 96, 27 (39 ff.), allerdings auch mit der Konsequenz, daß Rechtsschutz gegen solche Maßnahmen „zuvörderst" bei den Fachgerichten zu suchen ist (a.a.O. S. 40).
113 Hierzu *Fröhlinger* (N 103), S. 159 f., 205 f., 219 ff., 224 ff., 254 f.

Soweit sie nicht nur den Einzelfall erörtert, sondern das Verfahren grundsätzlicher Überprüfung unterzieht, ist die Kritik der Beachtung wert. Sie beleuchtet anschaulich das Dilemma zwischen dem hohen Anspruch individuellen Grundrechtsschutzes und der Notwendigkeit, der Ausübung dieses Rechts Grenzen zu ziehen.

413 Kritische Betrachtungen über die Praxis des Verfassungsbeschwerdeverfahrens sind nicht neu, scheinen aber in jüngerer Zeit zuzunehmen[114]. Sie rügen vor allem die Behandlung des Annahmeverfahrens in den Kammern, die geringe Transparenz dieses Verfahrens, weiterhin die lange Verfahrensdauer, das Fehlen mündlicher Verhandlungen und schließlich die geringe „Erfolgsquote" von Verfassungsbeschwerden. Gemeinsamer Nenner dieser Kritikpunkte ist die Befürchtung, das BVerfG vernachlässige den Einzelfall in dem – den meisten Kritikern verständlichen – Bemühen, die große Zahl der Verfassungsbeschwerden noch steuern zu können. Überzogen und unzutreffend ist aber jedenfalls das gern gebrauchte Bild des „Lotteriespiels", an dem die Verfassungsbeschwerde teilnehme[115]. Damit wird eine Steuerung des Annahmeverfahrens nach entweder zufälligen oder sogar willkürlichen Kriterien behauptet, die von dem Beschwerdeführer nicht nachvollzogen werden könnten.

414 Verständlich war der Wunsch, die Kammern sollten die Beschlüsse begründen, mit denen die Annahme einer Verfassungsbeschwerde zur Entscheidung abgelehnt wird. Bis zum 5. ÄndG ließ der damalige § 93 b Abs. 3 S. 2 BVerfGG den Hinweis auf den für die Ablehnung maßgeblichen rechtlichen Gesichtspunkt genügen, also die Bemerkung ausreichen, die Verfassungsbeschwerde sei entweder unzulässig oder habe keine hinreichende Aussicht auf Erfolg. Das BVerfG hat das in neuerer Zeit den Nichtannahmebeschlüssen ganz überwiegend eine Begründung hinzugefügt. Sie erfolgte durchschnittlich in 70 – 75 Prozent der abgelehnten Verfassungsbeschwerden[116]. Jedoch hat das 5. ÄndG 1993 in § 93 d Abs. 1 S. 2 BVerfGG bestimmt, daß die Ablehnung der Annahme der Verfassungsbeschwerde keiner Begründung bedürfe. Dies schließt nicht aus, daß dennoch eine Begründung erfolgt. Die jetzt geltende Regelung hat nach den Feststellungen der Kommission „Entlastung des BVerfG" dazu geführt, daß die Kammern ganz überwiegend von einer Begründung absehen[117]. Andererseits finden sich unter den Beschlüssen, die eine Begründung haben, einige, die mit großer Ausführlichkeit – manchmal in der Länge der Senatsentscheidungen – darlegen, weshalb die Verfassungsbeschwerde nicht zur Entscheidung angenommen wird. Die neue gesetzliche Regelung und ihre Handhabung in der Praxis werden scharf kritisiert: Dem Bürger dränge sich das Bild willkürlicher Machtausübung

---

114 Kritik schon bei *Redelberger*, NJW 1953, S. 363; *Ridder* (N 24), S. 1689 ff.; *Oswald*, DStZ 1977, S. 430 ff.; *Kirchberg*, NJW 1987, S. 1988 ff.; *Sailer* (N 23), S. 303 ff.; *Schlink* (N 33), S. 89 ff.; *Zuck*, ZRP 1973, S. 233 f.; *ders.*, NJW 1986, S. 968 ff., 969. In der neueren Literatur hat sich vor allem *Zuck* mit verschiedenen Aspekten mit der Praxis des Verfassungsbeschwerde- und insbesondere des Annahmeverfahrens kritisch beschäftigt, so etwa in NJW 1993, S. 2641; NJW 1995, S. 1310; NJW 1996, S. 1656; NJW 1997, S. 29. Seine Kritik wird zusammengefaßt in *Lechner/Zuck*, Vor § 93 a Rn. 44 ff.

115 *Schlaich*, Rn. 251; der Sache nach, mit wechselnden Bildern, die meisten der in N 114 genannten Kritiker. Das Bild des „Lotteriespiels" stammt von *Wank*, JuS 1980, S. 545.

116 *Benda* (N 3), S. 2099. Die Neigung, die Beschlüsse zu begründen, zeigte damals eine steigende Tendenz: für 1966 gibt *Rupprecht* (N 70), S. 207, Anm. 11, 52% an, für 1967: 59%, 1968: 62%. Die oben genannte Zahl von 70-75% bezieht sich auf die Zeit nach 1971 bis zum Inkrafttreten des 5. ÄndG 1993.

117 Im Jahre 1996 haben die Kammern des Ersten Senats nur 335 von 2372 Nichtannahmebeschlüssen begründet, die des Zweiten Senats nur 151 von 2269 Nichtannahmebeschlüssen; so der Bericht der Kommission (N 2), S. 26 f. Kritisch zum Absehen von einer Begründung *Zuck*, NJW 1997, 29.

auf[118]. Zweifellos gibt es zahlreiche Verfassungsbeschwerden, die querulatorische, inhaltlich verworrene oder sonst kaum verständliche Begehren enthalten, die sich aus ihrer „Begründung" selbst beantworten. In anderen Fällen kann auch dann, wenn der Nichtannahmebeschluß keine Gründe enthält, der mit dem Gesetz und der Rechtsprechung des BVerfG vertraute Leser bei distanzierter Betrachtung nachvollziehen, weshalb die Verfassungsbeschwerde nicht zur Sachentscheidung gelangt. Aber es ist nicht glücklich, wenn der Beschwerdeführer, der ein immerhin ernstzunehmendes Anliegen vorträgt, überhaupt nicht erfährt, weshalb das BVerfG sich seiner Sache nicht annehmen will. Die maßgeblichen Erwägungen könnten, wie *Zuck* zu Recht meint[119], dem stets vorhandenen Votum entnommen werden. Dies würde keinen nennenswerten Arbeitsaufwand erfordern. Es entsteht das ungute Bild, daß auf der Grundlage der heute für das Annahmeverfahren geltenden Regeln eine Kammerpraxis entsteht, die in ihrer Methodik und ihren Ergebnissen sich einem „freien Annahmeverfahren" annähert – das durch das maßgebliche Verfassungsrecht nicht gedeckt wäre –, während andererseits die Kammern, wie es die Kommission „Entlastung des BVerfG" zurückhaltend formuliert, sich nicht immer auf die Entscheidung verfassungsgerichtlich bereits geklärter Rechtsfragen beschränken[120].

Ein wesentlicher Punkt, an dem heute eine Kritik des Annahmeverfahrens ansetzen sollte, **415** ist die Tätigkeit der Kammern, bei denen der Schwerpunkt der praktischen Arbeit in diesem Verfahren liegt. Nach der – insoweit nicht veränderten – Regelung des § 93 d BVerfGG entscheiden die mit jeweils drei Richtern besetzten Kammern (§ 15 a BVerfGG) durch einstimmigen Beschluß (§ 93 d Abs. 3 S. 1 BVerfGG). Da sie ihre Beschlüsse, soweit sie die Nichtannahme der Verfassungsbeschwerde zur Folge haben, nicht begründen müssen, ist nicht erkennbar, welches die maßgeblichen Erwägungen sind. Kammerbeschlüsse werden nur dann in die amtliche Sammlung aufgenommen, wenn sie im Einzelfall von besonderem Interesse sind (§ 31 Abs. 3 GeschO BVerfG). Sind sie nicht begründet, so wäre ihre Veröffentlichung schon deshalb sinnlos, weil niemand erkennen könnte, worum es sich handelt. Auch die begründeten Beschlüsse einschließlich derer, in denen einer Verfassungsbeschwerde nach Maßgabe des § 93 c BVerfGG stattgegeben wird, weil sie offensichtlich begründet ist, werden nur ganz ausnahmsweise in die amtliche Sammlung aufgenommen; doch finden viele dieser Beschlüsse und auch solche, die die Nichtannahmeentscheidung mit Gründen versehen, Eingang in die Fachzeitschriften. So entsteht leicht der Eindruck einer eigenen Kammerrechtsprechung, die in Zustimmung oder Kritik dem BVerfG insgesamt zugerechnet wird. Dies ist schon deshalb problematisch, weil nach geltendem Recht die Kammern „keinen substantiellen Beitrag zur Auslegung und Weiterentwicklung des Verfassungsrechts" zu leisten haben und ihre Entscheidungen auch dann, wenn sie weiterführende verfassungsrechtliche Ausführungen enthalten, nicht an der Bindungswirkung des § 31 Abs. 1 BVerfGG teilnehmen[121]. Die weitgehende Selbständigkeit der Kammern hat zur Folge, daß im Bundesverfassungsgericht mit

---

118 *Kroitzsch*, NJW 1994, S. 1932; zustimmend *Lechner/Zuck*, § 93 d Rn. 7, der auch den Entlastungseffekt bezweifelt, da ja jedenfalls ein Votum erstellt werden müsse, dem die Begründung ohne großen Aufwand entnommen werden könne. Vgl. auch *Zuck*, NJW 1997, S. 29, mit massiver Kritik an der Handhabung des § 93 d Abs. 1 S. 2 BVerfGG.
119 Vgl. N 118.
120 Bericht der Kommission (N 2), S. 29 unter Hinweis auf *Benda*, NJW 1997, S. 560, 561; *Schlaich*, Rn. 260.
121 Bericht der Kommission (N 2), S. 29.

zwei Senaten und in jedem der Senate drei Kammern insgesamt acht Spruchkörper existieren[122]. Es kann jedenfalls nicht ausgeschlossen werden, daß die „Rechtsprechungs-praxis" der Kammern allmählich auseinanderläuft. Die weitgehend offenen Kriterien, nach denen heute die Annahme oder Nichtannahme einer Verfassungsbeschwerde be-schlossen werden kann, können durchaus unterschiedlich praktiziert werden. Zwar will § 15 a Abs. 1 S. 3 BVerfGG dieser Gefahr durch die Regelung vorbeugen, daß die Zu-sammensetzung einer Kammer nicht länger als drei Jahre unverändert bleiben soll, um ei-ner Versteinerung der Meinungsbildung vorzubeugen[123]. Kommt es nicht zu einer solchen veränderten Zusammensetzung, kann sich der Beschwerdeführer nicht auf einen Verstoß gegen § 15 a Abs. 1 S. 3 BVerfGG berufen, etwa wegen Verstoßes gegen das Gebot des gesetzlichen Richters[124].

416   Aus der Statistik des BVerfG ergibt sich für die letzten Jahre ein drastischer Rückgang der Rechtsprechung der Senate bei gleichzeitigem Anwachsen der Tätigkeit der Kammern. Von besonderer Bedeutung sind dabei die Zahlen, aus denen sich die stattgebenden Ent-scheidungen ergeben: Während in den Jahren 1977-1983 die Senate über im Durchschnitt zwischen etwa 50 bis zu über 100 Verfassungsbeschwerden entschieden, sind die Senats-entscheidungen (nur Verfassungsbeschwerden) seit 1984 kontinuierlich von 38 im Jahre 1984 auf 13 im Jahre 1995 und 18 im Jahre 1996 zurückgegangen. In den gleichen Jahren gaben die Kammern 116 (1995) und 100 (1996) Verfassungsbeschwerden statt[125]. Dies deutet auf eine Gefährdung der Funktionsfähigkeit des Gerichts im ganzen. Bleiben die Kammern bei ihrer Tätigkeit in den Grenzen der ihnen zugewiesenen Aufgabe, aus der Fülle der eingehenden Verfassungsbeschwerden diejenigen auszuscheiden, die die Vor-aussetzungen für eine Annahme nicht erfüllen, so tragen sie dazu bei, die Belastung des Gerichts in Grenzen zu halten. Aber es gibt zu denken, daß die Mitglieder des Gerichts, die ja neben ihrer zeitaufwendigen Kammertätigkeit auch die im Senat zu entscheidenden Fälle vorbereiten müssen, einen überaus großen Teil ihrer Zeit auf die Kammertätigkeit verwenden müssen[126]. Daher ist insbesondere die den Kammern durch das 5. ÄndG 1993 (§ 93 c BVerfGG) eingeräumte Befugnis kritisch zu überdenken, nach der sie offensicht-lich begründeten Verfassungsbeschwerden stattgeben können, wenn die maßgebliche ver-fassungsrechtliche Frage durch das BVerfG bereits entschieden ist[127]. Noch weitergehend würden die Vorschläge der Kommission „Entlastung des BVerfG" zu einem Annahme-verfahren nach Ermessen zur Folge haben, daß die Kammern ihre Funktion verlieren; an ihre Stelle würden in einer dem *certiorari*-Verfahren angenäherten Regelung zwei Richter treten, gegen deren Entscheidung, die Verfassungsbeschwerde nicht anzunehmen, jedoch die anderen Senatsmitglieder eine Senatsberatung und -entscheidung herbeiführen könn-ten[128]. Bleibt es, wie man nach der von den Mitgliedern des Gerichts geäußerten Auffas-sung zu dem „*certiorari*"-Verfahren annehmen muß, insoweit bei der heute geltenden

---

122   *Benda* (N 67), S. 7 f.
123   So die amtliche Begründung zu § 15 a BVerfGG, vgl. BT-Drs. 10/2951, S. 9.
124   *Lechner/Zuck*, § 15 a Rn. 8.
125   Bericht der Kommission (N 2), S. 28 f.
126   Berechnungen über die tatsächliche Belastung der Mitglieder des BVerfG im Kommissionsbericht (N 2), S. 29 f.
127   Hierzu *Benda* (N 120), S. 560; die Abschaffung dieser Befugnis fordert *H.H. Klein*, in: F.A.Z. vom 17.12.1997, S. 10.
128   Vgl. die Darstellung des Vorschlages im Kommissionsbericht (N 2), S. 42 ff.

Rechtslage, so wird das Verhältnis der Kammern zu der Rechtsprechung der Senate einen Schwerpunkt der kritischen Diskussion bilden. Dies scheint auch im Gericht selbst erkannt worden zu sein: in den Jahren 1997 und 1998 ist die Zahl der stattgebenden Senatsentscheidungen auf 14 (1997) und auf 31 (1998) angestiegen, während die Kammern deutlich weniger stattgebende Entscheidungen trafen: 31 (1997) und 68 (1998). Die Zahlen für 2000 lauten: 11 (Senate) und 65 Kammern[129].

Gegenüber diesen grundsätzlichen Fragen treten früher geäußerte kritische Bemerkungen zum Annahmeverfahren an Bedeutung weit zurück. Gewiß bleiben einzelne Nichtannahmebeschlüsse, die im Ergebnis und in ihrer Begründung nicht verteidigt werden können. Bekannt und immer wieder gern zitiert wird der Beschluß eines Dreierausschusses von 1966, mit dem die Verfassungsbeschwerde eines Ersatzdienstverweigerers gegen eine erneute Bestrafung als offensichtlich unbegründet abgelehnt wurde, während zwei Jahre später der (andere) Senat eine gleichgelagerte Verfassungsbeschwerde für begründet erklärte[130]. Die weiteren bekanntgewordenen Fälle[131] und eine mögliche Dunkelziffer ähnlicher, aber nicht bekannter Fälle fallen zahlenmäßig nicht ins Gewicht, wenn man sie mit den bisher behandelten etwa 124 620 Verfassungsbeschwerden vergleicht. Damit wird gewiß nicht der Einwand entkräftet, daß solche Fehlentscheidungen in einem Einzelfall einem Beschwerdeführer die Ausübung eines ihm durch das GG gewährten Rechts verweigert haben. Auch das BVerfG ist vor der Gefahr falscher Entscheidungen nicht geschützt. Es kommt nicht an der Notwendigkeit vorbei, sich auf die für die Klärung verfassungsrechtlicher Fragen sowie auf die aus der Sicht des Grundrechtsträgers schwerwiegenden Fälle zu konzentrieren. Die dem BVerfG aus der anhaltenden Belastung drohende Gefahr liegt vor allem in der Versuchung, einen zu großen Teil der vorhandenen Arbeitskraft von den Senaten in die Kammern zu verlagern.

417

Aus diesem Grundgedanken ergeben sich die Konsequenzen auch für die meisten der weiteren Kritikpunkte. Stets stößt der verständliche Wunsch des einzelnen Beschwerdeführers nach einer möglichst sorgfältigen und zugleich zügigen Behandlung seines Verfahrens auf den Zwang zur Selektion und zur Konzentration. Dies gilt leider auch für den Wunsch nach mehr mündlichen Verhandlungen[132]. Von der mündlichen Verhandlung kann entgegen dem Grundgedanken des § 25 BVerfGG und einem sonst fast selbstverständlichen Prinzip des gerichtlichen Verfahrens im Verfahren über die Verfassungsbeschwerde abgesehen werden, wenn von ihr „keine weitere Förderung des Verfahrens zu erwarten ist", es sei denn, daß dem Verfahren beigetretene Verfassungsorgane die mündliche Verhandlung verlangen (§ 94 Abs. 5 S. 2 BVerfGG). Die Prognose, daß von einer Erörterung des Falles mit dem Beschwerdeführer und den anderen Beteiligten nichts zu erhoffen ist, was sich nicht schon aus den Akten ergibt, läßt sich kaum jemals mit Sicherheit anstellen. Dennoch findet unter dem Druck der Arbeitsbelastung der Senate eine

418

---

129 Vgl. die Statistik des BVerfG über Gesamterledigungen (Verfassungsbeschwerden) der letzten fünf Geschäftsjahre, Statistik Anlage I.
130 BVerfGE 23, 191 (206).
131 Vgl. *Sailer* (N 23), S. 305 f.; weitere Beispiele bei *Bachof*, NJW 1968, S. 1065; *Ridder* (N 24), S. 1689.
132 Hierzu vor allem *Oswald* (N 114), S. 430 ff.; *ders.*, ZRP 1972, S. 114 ff.; *Zuck*, DÖV 1971, S. 258; *ders.*, NJW 1973, S. 1257 ff.; *Lechner/Zuck*, § 94 Rn. 13 ff., halten heute die mündliche Verhandlung für einen ritualisierten Vorgang der Selbstdarstellung und Repräsentation, auf den in den meisten Fällen verzichtet werden könne. Ferner *Schmidt-Bleibtreu*, BVerfGG-Kommentar, § 94 Rn. 23; *Benda* (N 3), S. 2102. Vgl. auch oben Rn. 246 ff.

mündliche Verhandlung nur ganz ausnahmsweise statt[133]. Wird einmal mündlich verhandelt, so ergeben sich aber nahezu stets für das Gericht förderliche Einsichten, ganz abgesehen von der dem Rechtsfrieden dienenden Wirkung, die das Anhören des Beschwerdeführers und das Gespräch mit ihm haben. Auch das Interesse der Öffentlichkeit und der Medien an einem Grundrechtsfall, dem der sensationelle Charakter des politischen Streits fehlt, wird meist erst durch den Umstand geweckt, daß ausnahmsweise eine mündliche Verhandlung stattfindet.

419 Alle Bemühungen des BVerfG, vor allem des Ersten Senats, die Zahl der mündlichen Verhandlungen zu erhöhen, sind aber bisher gescheitert. Ohne Änderung des § 94 Abs. 5 S. 2 BVerfGG, die das Regel-Ausnahmeverhältnis von Beschlüssen und Urteilen umkehren und die bisher nicht einmal in den Entscheidungsgründen erwähnte oder näher belegte Behauptung, eine mündliche Verhandlung werde der Sachentscheidung nicht förderlich sein, einem Begründungszwang aussetzen könnte, ist auf eine Besserung nach den bisherigen Erfahrungen nicht zu hoffen. Ein solcher Vorschlag wird beim BVerfG nicht auf Gegenliebe stoßen. Das ist auch verständlich, weil die Regelung, nach der eine mündliche Verhandlung nur ganz ausnahmsweise stattfinden muß, als Entlastungsmaßnahme gedacht war und diese Wirkung auch erzielt hat. Es besteht aber zumindest die Gefahr, daß die Entlastung in die falsche Richtung geht. Sie ist insoweit geboten, als sie die volle Konzentration der Senatmitglieder auf die verhältnismäßig sehr kleine Zahl der Verfassungsbeschwerden ermöglicht, die zur Sachentscheidung gelangen. Ist die Hürde des Annahmeverfahrens passiert, so rechtfertigt es der Entlastungsgedanke, auf die vom Senat zu entscheidenden Verfahren jede Sorgfalt zu richten. Geschieht dies auch unter Nutzung des in einer mündlichen Verhandlung liegenden Aufklärungspotentials in tatsächlicher und rechtlicher Hinsicht, so muß der Gesamtaufwand an Arbeitskraft nicht größer sein, zumal wenn die schriftliche Vorbereitung im Votum des Berichterstatters und das Zustellungsverfahren an die Verfassungsorgane entsprechend vereinfacht werden[134].

420 Auch der häufig geäußerten Kritik an der vielfach sehr langen Verfahrensdauer im Verfassungsbeschwerdeverfahren wird man eine Berechtigung nicht absprechen können. Wie Mitglieder des BVerfG selbst vor dem Rechtsausschuß des Bundestages ausgeführt haben, muß das Gericht mit umgekehrter Priorität arbeiten. Aussichtslose Verfassungsbeschwerden werden sehr schnell – regelmäßig innerhalb weniger Wochen – erledigt, während die bedeutsamen und erfolgversprechenden Beschwerden nicht selten über Jahre hinweg liegen bleiben[135]. Dies kann nicht in Ordnung sein, so einsichtig auch die Gründe hierfür sind. Das einer umfassenden Aufklärung des Sachverhalts und der verfassungsrechtlichen Fragen dienende Zustellungsverfahren (§ 94 BVerfGG) erfordert viel Zeit, regelmäßig etwa ein Jahr, und dem Berichterstatter muß hinreichende Zeit gegeben werden, die Sache so vorzubereiten, daß sie im Senat nach dem Studium seines Votums zügig behandelt und entschieden werden kann. Auch kann es wegen anhängiger anderer Verfahren zu der gleichen Rechtsfrage oder im Hinblick auf nicht abgeschlossene politische Ent-

---

133 Zahlen für den Zeitraum 1968-1970 bei *Oswald* (N 114), S. 430. In den Jahren 1971 bis 2000 fanden beim Ersten Senat insgesamt 76, beim Zweiten Senat insgesamt 67 mündliche Verhandlungen statt.
134 Vgl. *Benda* (N 3), S. 2102.
135 Mitgeteilt von *Wöhrmann* (N 64), S. 1353 f.; ebenso Bericht der Kommission (N 2), S. 31 unter Hinweis auf die Drs. 59/55 des Rechtsausschusses des Deutschen Bundestages.

wicklungen oder gesetzgeberische Überlegungen im Einzelfall sinnvoll sein, die abschließende Behandlung eines Falles zurückzustellen.

Auch solche Verfahrensentscheidungen stehen im Zielkonflikt zwischen der insoweit möglicherweise erkennbaren objektiven Funktion der Verfassungsbeschwerde, die dafür sprechen mag, ein Problem von allgemeiner Bedeutung möglichst abschließend zu klären, und dem individuellen Rechtsschutzanspruch des Beschwerdeführers. Erhält er eine Entscheidung, die ihm schließlich recht gibt, erst nach langer Zeit, kann sie für ihn ohne Wert sein. In manchen Fällen kann eine einstweilige Anordnung helfen. Im übrigen verbietet es aber die primär subjektive Funktion der Verfassungsbeschwerde, seinen Antrag als Beitrag zu einer Materialsammlung auf Vorrat zu legen und erst zu entscheiden, wenn genügend ähnliche Fälle zum gleichen Problem zur Verfügung stehen.

Die Kommission „Entlastung des BVerfG" hat festgestellt, daß vor allem die von den Senaten zu entscheidenden Verfassungsbeschwerden, also diejenigen, die einer ernsthaften und gründlichen Prüfung bedürftig sind, mit einer immer längeren Verfahrensdauer rechnen müssen[136]. So haben sich die Verfahren, die mehr als drei Jahre anhängig waren, zwischen 1992 und 1996 verdoppelt (von 165 auf 345 Verfahren); die mehr als fünf Jahre anhängigen Verfahren haben sich im gleichen Zeitraum verdreifacht (von 45 auf 142 Verfahren), und die mehr als sieben Jahre anhängigen Verfahren haben sich in dieser Zeit verzehnfacht (von 4 auf 42 Verfahren)[137]. Dies ist eine den Beschwerdeführern unzumutbare Situation. Die Kommission weist darauf hin, daß damit die völkerrechtliche Verpflichtung der Bundesrepublik Deutschland tangiert wird, ihr Gerichtswesen so zu organisieren, daß die Gerichte Verfahren in angemessener Zeit erledigen können (Art. 6 Abs. 1 EMRK). Die Bundesrepublik Deutschland ist am 1. Juli 1997 durch den Europäischen Gerichtshof für Menschenrechte in zwei Fällen wegen überlanger Verfahrensdauer von Verfahren vor dem Bundesverfassungsgericht verurteilt worden. In den Verfahren, bei denen es sich nicht um Verfassungsbeschwerden, sondern um Richtervorlagen handelte, betrug die Verfahrensdauer in einem Falle fünf Jahre und drei Monate, im anderen Falle sieben Jahre und vier Monate[138]. Wenn sich an der in einzelnen Fällen unzumutbar langen Verfahrensdauer nichts ändert – wozu nur nachhaltige Entlastungsmaßnahmen beitragen können –, muß mit weiteren Verurteilungen gerechnet werden. **421**

Kritische Bemerkungen zur Praxis des BVerfG knüpfen schließlich an die geringe „Erfolgsquote" der Verfassungsbeschwerdeverfahren an. Sie lag seit 1951 ziemlich konstant zwischen einem und zwei Prozent[139]. Die Gesamtstatistik zum 31.12.2000 gibt für die seit 1951 bis Ende 2000 erledigten 124 620 Verfassungsbeschwerden an, daß 3179 = 2,60% erfolgreich gewesen seien, wobei ausdrücklich darauf hingewiesen wird, daß diejenigen Verfassungsbeschwerden nicht berücksichtigt sind, bei den z.B. durch Klaglosstellung des Beschwerdeführers sich die Verfassungsbeschwerde erledigt hat oder zurückgenommen wurde[140]. Diese Zahl setzt die im Ergebnis erfolgreichen zu der Gesamtzahl aller ein- **422**

---

136 Bericht der Kommission (N 2), S. 24 ff.
137 Bericht der Kommission (N 2), S. 25.
138 EuGRZ 1997, S. 310; EuGRZ 1997, S. 405; Bericht der Kommission (N 2), S. 24.
139 Nach den vom BVerfG jeweils für das Jahresende herausgegebenen statistischen Angaben; so für 1990: 2,25%. Vgl. auch *Schlaich*, Rn. 187, S. 98; *H.G. Rupp* (N 64), S. 3; *Graf Vitzthum* (N 33), S. 303; *Zuck*, NJW 1973, S. 1207; *Benda* (N 3), S. 2102.
140 Vgl. die Gesamtstatistik des BVerfG in Anlage I.

gegangenen Verfassungsbeschwerden in Beziehung. Eine gewisse Bereinigung, die zu einer leichten Erhöhung führen würde, müßte die immerhin nicht ganz seltenen Fälle einbeziehen, in denen unter dem Eindruck des anhängigen Verfahrens oder gelegentlich auch auf einen Hinweis des Gerichts hin sich z.B. eine Behörde entschließt, den Beschwerdeführer klaglos zu stellen, vielleicht um den durch eine stattgebende Entscheidung des BVerfG entstehenden peinlichen Eindruck zu vermeiden. Auch kann eine Verfassungsbeschwerde mehrere oder sogar viele Beschwerdeführer haben. Nicht berechenbar, aber von ganz erheblicher Bedeutung ist der „Edukationseffekt" jeder Entscheidung, die eine Grundrechtsverletzung feststellt. Dies bewirkt in einer Vielzahl gleichgelagerter Fälle eine Änderung der Verwaltungspraxis oder der Rechtsprechung der Fachgerichte in einer Richtung, die grundrechtswidriges Verhalten wenigstens in den bisher bekannt gewordenen Sachzusammenhängen tendenziell immer seltener werden läßt und auch darüber hinaus wenigstens vorsorgliche Überlegungen nahelegt. Wenn die seit 1993 geltenden Kriterien für die Annahme einer Verfassungsbeschwerde dazu führen, wie man aus der Entscheidung des Ersten Senats zur Auslegung des § 93 a Abs. 2 b) BVerfGG[141] ableiten könnte, daß sich die Arbeit der Senate besonders auf Fälle konzentriert, in denen mit einem über den Einzelfall hinausgehenden nachlässigen Umgang mit Grundrechten zu rechnen ist, wird die präventive Wirkung erfolgreicher Verfassungsbeschwerden noch verstärkt, ohne daß dies in den Zahlen zum Ausdruck kommen könnte.

423 Statistisch meßbar sind solche über den Einzelfall hinausgehenden Effekte nicht. Sie machen aber bereits deutlich, wie fragwürdig eine Betrachtungsweise ist, die aus „Erfolgsquote" auf die geringe Effizienz der Verfassungsbeschwerde schließt. Auch das BVerfG selbst stellt in der alljährlich herausgegebenen Statistik den rechnerischen Bezug in der Weise her, daß der prozentuale Anteil der „erfolgreichen" Verfassungsbeschwerden zu der Gesamtzahl der eingegangenen Anträge in Beziehung gesetzt wird. Unberücksichtigt bleiben dabei allerdings die nach § 60 Abs. 2 GeschO BVerfG zunächst in vielen Fällen in das Allgemeine Register eingetragenen Verfahren, deren Zahl getrennt angegeben wird. Würde man auch diese Verfahren berücksichtigen, käme die Erfolgsstatistik in einen Bereich, der unter einem Prozent läge.

424 Derartige rechnerisch-statistischen Erhebungen mögen interessant sein. Ein zutreffendes Bild über den Erfolg der Verfassungsbeschwerde vermitteln sie aber nicht. Man wird im allgemeinen und unter Inkaufnahme einer zahlenmäßig minimalen Quote fehlerhafter Beschlüsse davon ausgehen dürfen, daß die Kammern die gesetzlichen Kriterien beachten, also diejenigen Verfassungsbeschwerden aussondern, die nach den früheren oder den heute geltenden Voraussetzungen für die Annahme einer Verfassungsbeschwerde nicht anzunehmen sind. Gilt dies, wie die Statistik seit Einführung des Vorprüfungsverfahrens unverändert zeigt, für um die 90 Prozent aller eingehenden Verfassungsbeschwerden, dann spricht es nicht für mangelnde Effizienz des Verfahrens, wenn es gelingt, diese aussichtslosen Beschwerden rasch auszusondern. Kritisieren kann dies nur, wer unterstellt, daß sich unter den so erledigten Beschwerden eine beachtliche Zahl von an sich begründeten, aber zu Unrecht nicht einmal zur Entscheidung angenommenen Beschwerden befinde. Solche Einzelfälle gibt es. Daß die Kritik immer wieder das gleiche halbe Dutzend derartiger Fälle zitiert und sich im übrigen auf die nicht näher substantiierte Behauptung

---

141 BVerfGE 90, 22; vgl. oben Rn. 383 ff.

beschränkt, die Reihe der Beispiele könne beliebig fortgesetzt werden[142], spricht eher dafür, daß es sich um nur wenige und kaum repräsentative Einzelfälle handelt. Hieraus sollten keine verallgemeinernden Schlußfolgerungen gezogen werden.

Eine gerechte Würdigung dessen, was das Verfassungsbeschwerdeverfahren leistet, muß **425** vielmehr an dem Anteil ansetzen, den die erfolgreichen Verfassungsbeschwerden an der Gesamtzahl der Anträge haben, die nach den bis 1993 geltenden Annahmekriterien zur Entscheidung angenommen worden sind, weil sie eine hinreichende Aussicht auf Erfolg hatten. Dann ändert sich das Bild ganz erheblich. Durchschnittlich hatten von den von den Senaten entschiedenen Verfassungsbeschwerden ein Viertel bis ein Drittel Erfolg; im Jahr 1997 wurde 14 der in den Senaten behandelten 33 Verfassungsbeschwerden stattgegeben, also fast jeder zweiten, und 1998 sogar 31 von 54 Verfassungsbeschwerden, also mehr als der Hälfte[143]. Es ist auch zu berücksichtigen, daß seit dem 1.1.1986 auch die Kammern Verfassungsbeschwerden stattgeben können, die offensichtlich begründet sind, weil das BVerfG die maßgebliche verfassungsrechtliche Frage bereits entschieden hat (heute § 93 c BVerfGG). Hiervon machen die Kammern lebhaften Gebrauch. Die „Erfolgsstatistik" hat hinsichtlich der Senatsentscheidungen und der Kammerbeschlüsse nach § 93 c BVerfGG eine seit 1986 kontinuierlich ansteigende Tendenz.

Immerhin ist die Zahl der erfolgreichen Verfassungsbeschwerden – von 1951 bis Ende 2000 3179 – auch statistisch eindrucksvoll. Wer sie immer noch für zu gering hält, sollte sich auch fragen, was von dem Zustand eines Gemeinwesens zu halten wäre, in dem nahezu in jedem Fall, in dem ein Bürger in nicht frivoler oder querulatorischer Absicht das höchste Gericht wegen einer von ihm behaupteten Grundrechtsverletzung anruft, ihm Recht gegeben werden müßte. Daß dies nicht die Verfassungswirklichkeit der Bundesrepublik Deutschland ist, gibt keinen Anlaß zu bedauernden oder gar resignierenden Betrachtungen. Hierfür ist das Wachsen und die Festigung des rechtsstaatlichen Bewußtseins verantwortlich, gewiß auch die korrigierende, edukatorische und präventive Wirkung verfassungsgerichtlicher Entscheidungen.

II. Voraussetzungen der Zulässigkeit einer Verfassungsbeschwerde (Sachentscheidungsvoraussetzungen)

1. Beschwerde- oder Beteiligtenfähigkeit

Das Recht, Verfassungsbeschwerde zu erheben, steht nach Art. 93 Abs. 1 Nr. 4 a GG „je- **426** dermann" zu, wenn er behaupten kann, in einem seiner Grundrechte oder grundrechtsgleichen Rechte beeinträchtigt worden zu sein. Die Beschwerdefähigkeit im Verfassungsbeschwerdeverfahren ist damit deutlich mit der Fähigkeit verbunden und von dieser abhängig, Träger von Grundrechten zu sein. Wem ein Grundrecht oder grundrechtsgleiches Recht zusteht, der kann dieses auch mit der Verfassungsbeschwerde verteidigen. Die Fä-

---

142 *Sailer* (N 23), S. 305.
143 Nach der Statistik bis zum 31.12.1986 waren von (seit 1951) 3529 durch die Senate entschiedenen Verfassungsbeschwerden 823 erfolgreich = 23,32%; Angaben nach *Henschel*, in: FS Simon (1987), S. 95. – Von 1986 bis 1990 stieg der Anteil der im Senat erfolgreichen Verfassungsbeschwerden von (1986) 22,22% auf (1990) 41,19%. Für die Jahre 1998-2000 vgl. im einzelnen die Angaben in der Statistik des BVerfG, Anlage II.

higkeit, Verfassungsbeschwerde einzulegen, kann niemals weiter reichen als das Grundrecht oder grundrechtsgleiche Recht.

Mit Beschwerdefähigkeit ist das Recht gemeint, Verfassungsbeschwerde zu erheben[144]. Das BVerfG verwendet auch den Begriff der „Beschwerdebefugnis", gelegentlich spricht es von der „Parteifähigkeit" oder der „Antragsberechtigung". Gegen den Begriff „Parteifähigkeit" läßt sich einwenden, daß es im Verfassungsbeschwerdeverfahren keine Parteien gibt, die einander gegenüberstehen, sondern nur den Beschwerdeführer sowie die weiteren am Verfahren Beteiligten. Verfahrensbeteiligte können die Verfassungsorgane des Bundes und der Länder sein, denen Gelegenheit zur Äußerung gegeben wird (§ 94 BVerfGG) und die dem Verfahren beitreten können (§ 94 Abs. 5 S. 1 BVerfGG).

427 Ungeachtet der unterschiedlichen Terminologie besteht in Rechtsprechung und Literatur Einigkeit über den Grundsatz, daß eine Verfassungsbeschwerde nur derjenige erheben kann, der „Träger der angeblich verletzten Grundrechte oder grundrechtsgleichen Rechte sein und daher die Verletzung dieser Rechte durch die öffentliche Gewalt rügen kann"[145]. Entscheidend für die Beschwerdefähigkeit ist nicht die allgemeine Rechtsfähigkeit, sondern die Fähigkeit, Träger von Grundrechten zu sein[146]. So können auch Personenvereinigungen, die nach dem bürgerlichen Recht nicht rechtsfähig sind, Träger von Grundrechten sein[147]. Andererseits sind nicht alle juristischen Personen des privaten und des öffentlichen Rechts grundrechtsfähig. Fehlt ihnen die Grundrechtsfähigkeit, so können sie auch nicht Verfassungsbeschwerde erheben.

Die Prüfung der Beschwerdefähigkeit setzt daher eine Klärung der Frage voraus, ob dem Beschwerdeführer das Grundrecht zusteht, dessen Verletzung er behauptet.

a) Natürliche Personen

428 „Jedermann" im Sinne von Art. 93 Abs. 1 Nr. 4 a GG ist zunächst jede natürliche Person. Nicht jedes Grundrecht steht aber jedem Menschen zu. Die Beschwerdefähigkeit folgt dem persönlichen Geltungsbereich des berührten Grundrechts[148]. Zu unterscheiden ist daher zwischen den Grundrechten, die allen Menschen, und denjenigen, die nur den Deutschen (im Sinne des Art. 116 GG) zustehen. „Deutschen-Grundrechte" sind die der Art. 8 Abs. 1, Art. 9 Abs. 1, Art. 11 Abs. 1, Art. 12 Abs. 1, Art. 16 Abs. 1 und Abs. 2 S. 1, Art. 33 Abs. 1 und 2 GG, ebenso (ohne ausdrückliche Beschränkung) das Grundrecht aus Art. 38 Abs. 1 S. 1 GG [149]. Hinsichtlich dieser Grundrechte sind Ausländer und Staaten-

---

144 Die Terminologie ist nicht einheitlich. *Pestalozza*, S. 170, spricht von „Beteiligtenfähigkeit"; dagegen sei die Beschwerdebefugnis eine Frage der Betroffenheit; ebenso *Stern*, Art. 93, Rn. 492 ff. *Spanner*, in: BVerfG und GG, I, (1976), S. 374, geht von dem Oberbegriff der Beschwerdebefugnis aus, zu dem aber auch andere Zulässigkeitsvoraussetzungen wie insbesondere das Rechtsschutzbedürfnis gehörten. – Eine zusammenfassende Übersicht der unterschiedlichen Terminologie und Systematik bei *Zuck*, Das Recht der Verfassungsbeschwerde, 2. Aufl. 1988, Rn. 299.
145 BVerfGE 3, 383 (391 f.); 21, 362 (367); 39, 302 (312); 79, 203 (209); *Schmidt-Bleibtreu*, BVerfGG-Kommentar, § 90 Rn. 20 ff.; *Schlaich*, Rn. 207 ff.; *Geiger*, § 90 Anm. 1; *Lechner/Zuck*, § 90 Rn. 11; *Leibholz/Rupprecht*, § 90 BVerfGG Rn. 12 ff. *Pestalozza*, S. 171, gibt sich mit der allgemeinen Grundrechtsfähigkeit zufrieden.
146 *Schmidt-Bleibtreu*, in: BVerfGG-Kommentar, § 90 Rn. 20.
147 BVerfGE 3, 383 (391); 15, 156 (261); 83, 341 (351).
148 BVerfGE 3, 383 (392); 21, 362 (368 f.).
149 *Stern*, Art. 93 Rn. 421.

lose nicht verfassungsbeschwerdefähig, während sie sich auf eine Verletzung aller anderen Grundrechte und der grundrechtsgleichen Rechte berufen können. Dies gilt auch für das Grundrecht der allgemeinen Handlungsfreiheit (Art. 2 Abs. 1 GG). Nach dem seit der Elfes-Entscheidung[150] entwickelten sehr weitgehenden Verständnis des Art. 2 Abs. 1 GG kann auch ein Ausländer auf diesem Wege eine Prüfung herbeiführen, ob die ihn belastende Regelung oder Maßnahme in formeller oder materieller Hinsicht verfassungsmäßig ist. Da Art. 2 Abs. 1 GG auch die wirtschaftliche Handlungsfreiheit schützt, ist auf dem Wege der Rüge einer Verletzung dieses Grundrechts auch der Themenbereich der Freiheit der Berufswahl und Berufsausübung (Art. 12 Abs. 1 GG) einbezogen; doch kann der Normbereich des Art. 2 Abs. 1 GG in diesem Sektor der Handlungsfreiheit nicht so weit reichen, wie es Art. 12 Abs. 1 GG ausdrücklich nicht allen Menschen, sondern nur den Deutschen zugesteht[151].

Die Fähigkeit, Grundrechtsträger zu sein, besteht unabhängig von der Frage, ob die persönlichen Eigenschaften und Verhältnisse es dem Grundrechtsträger ermöglichen, das Grundrecht auch tatsächlich auszuüben. Allerdings ist nicht jeder Grundrechtsträger, der beschwerdefähig ist, auch im Verfassungsbeschwerdeverfahren prozeßfähig[152]. **429**

Erhebliche Bedeutung könnte künftig die Frage gewinnen, ob der *nasciturus* schon **430** Grundrechtsträger und damit – unter Bestellung eines Pflegers – beschwerdefähig ist. Die bereits vorhandenen und künftig zu erwartenden Techniken der in-vitro-Fertilisation und der Humangenetik bewirken schwerwiegende und irreversible Entscheidungen über das Entstehen oder Nichtentstehen menschlichen Lebens, über dessen Verfügbarkeit sowie über den Menschen und (beim Gentransfer in Keimbahnzellen) seine Nachkommen verändernde Eingriffe. Viele der in der Entwicklung befindlichen Methoden beziehen sich auf menschliches Leben vor der Geburt, vielfach im frühesten Stadium seiner Entstehung[153]. Es ist von großer Bedeutung, ob der Zugang zu diesen Problemen lediglich durch die politische, ethische und rechtliche Diskussion und auf dem Wege über gesetzgeberische Entscheidungen erfolgt, die nicht zuletzt aus verfassungsrechtlichen Gründen Grenzen ziehen, oder ob dem unmittelbar und elementar betroffenen menschlichen Leben ein „Mitentscheidungsrecht" eingeräumt wird.

In seinem ersten Urteil zum Schwangerschaftsabbruch hat das BVerfG es offen gelassen, **431** ob dem *nasciturus* ein Grundrecht auf Leben aus Art. 2 Abs. 2 S. 1, Art. 1 Abs. 1 GG zusteht. Die in beiden Grundrechtsbestimmungen zum Ausdruck kommende Verpflichtung des Staates, sich schützend auch vor das noch ungeborene Leben zu stellen, ergebe sich bereits aus dem objektiven Gehalt der Grundrechte[154]. Eine Entscheidung über die prozessuale Frage war nicht erforderlich, weil es sich nicht um eine Verfassungsbeschwerde, sondern um ein abstraktes Normenkontrollverfahren handelte. Auch die zweite Entschei-

---

150 BVerfGE 6, 32.
151 BVerfGE 35, 382 (399); mißverständlich *Schmidt-Bleibtreu*, in: BVerfGG-Kommentar, § 90 Rn. 21, der meint, der Ausländer könne über Art. 2 Abs. 1 GG „unmittelbar" die Verletzung des Grundrechts aus Art. 12 Abs. 1 GG rügen.
152 Hierzu unten Rn. 459 ff.
153 Zu den verfassungsrechtlichen Fragen, insbesondere unter dem Gesichtspunkt der Menschenwürde, *Benda*, in: Aus Politik und Zeitgeschichte Nr. B 3/1985.
154 BVerfGE 39, 1 (41).

dung zum Schwangerschaftsabbruch von 1993[155] – ebenfalls im Verfahren der abstrakten Normenkontrolle ergangen – hat sich hierzu nicht geäußert.

432   Überwiegend und zu Recht wird die Grundrechtsfähigkeit des *nasciturus* im Hinblick auf Art. 1 Abs. 1, Art. 2 Abs. 2 GG angenommen[156]. Da der *nasciturus* nach § 1923 Abs. 2 BGB erbfähig ist, steht ihm insoweit auch der Grundrechtsschutz des Erbrechts (Art. 14 Abs. 1 GG) zu[157]. Dagegen fehlt dem noch nicht geborenen Leben die natürliche Handlungsfreiheit oder eine auch nur potentielle Möglichkeit der Meinungsäußerung. Die Berufung auf Grundrechte, die jedenfalls die faktische Möglichkeit ihrer Ausübung voraussetzen, wäre daher beim *nasciturus* abwegig.

433   Mit dem Tod des Menschen endet auch seine Grundrechtsfähigkeit[158]. Während kaum bezweifelt werden kann, daß für einen Toten kein Verfassungsbeschwerdeverfahren eingeleitet werden kann[159], ist nicht so eindeutig, ob ein anhängiges Verfahren sich durch den Tod des Beschwerdeführers mit der Folge erledigt, daß es eingestellt wird. Das BVerfG meint, daß über die Folgen, die der Tod des Beschwerdeführers für ein anhängiges Verfahren habe, sich „nur im Einzelfall unter Berücksichtigung der Art des angegriffenen Hoheitsaktes und des Standes des Verfassungsbeschwerdeverfahrens entscheiden" lasse[160]. Relativ einfach ist dies, wenn es sich um finanzielle Ansprüche handelt. In diesem Fall können die Erben das Verfahren fortführen[161]. Damit vertreten sie ihnen zugewachsene eigene Interessen. Dagegen sind keine Gründe dafür ersichtlich, eine Verfassungsbeschwerde noch fortzuführen, die z.B. den Status des Verstorbenen als Wehrpflichtiger betrifft[162]. Schwieriger liegt der Fall, wenn das Beschwerdeverfahren keine finanziellen oder sonst materiellen Ansprüche betrifft, sondern höchstpersönliche Rechte wie den Schutz der Menschenwürde oder der persönlichen Ehre (Art. 1 Abs. 1, Art. 2 Abs. 1 GG). Ein Strafurteil beeinträchtigt diese Rechtsgüter, wenn es zu Unrecht ergangen ist. Der Makel der Verurteilung wegen eines gravierenden Delikts haftet auch dem Verstorbenen an. Zugleich werden schutzwürdige Interessen naher Angehöriger berührt. Das BVerfG hat in einem nicht veröffentlichten frühen Beschluß das Verfassungsbeschwerdeverfahren gegen ein Strafurteil ohne Begründung eingestellt, nachdem der Beschwerdeführer verstorben war[163]. Dagegen hat es später erwogen[164] und schließlich ausgesprochen, daß die Ehefrau eines durch Strafurteil Verurteilten die Befugnis habe, die Verfassungsbeschwerde auch nach dem Tod des Verurteilten fortzuführen, weil sie nach § 361 Abs. 2 StPO die Wiederaufnahme eines rechtskräftigen Strafurteils auch nach dem Tod des Verurteilten beantragen dürfe[165]. Beide Fälle unterscheiden sich insofern voneinander,

155 BVerfGE 88, 203.
156 *Stern*, Art. 93 Rn. 417; *Schmidt-Bleibtreu*, in: BVerfGG-Kommentar, § 90 Rn. 23; *Leibholz/Rupprecht* (N 104), § 90 Rn. 13; *Spanner* (N 144), S. 387; *Lechner/Zuck*, § 90 Rn. 13; *Kley*, in: Umbach/Clemens, § 90 Rn. 10.
157 *Schmidt-Bleibtreu*, in: BVerfGG-Kommentar, § 90 Rn. 23; *Stern*, Art. 93 Rn. 417.
158 *Schmidt-Bleibtreu*, in: BVerfGG-Kommentar, § 90 Rn. 24; *Stern*, Art. 93 Rn. 419, 547 ff.; *Spanner* (N 144), S. 381 ff.; *Leibholz/Rupprecht* (N 104), § 90 Rn. 22.
159 Zweifelnd *Ostler*, NJW 1964, S. 1772 („allenfalls unter gewissen Umständen").
160 BVerfGE 6, 389 (442).
161 BVerfGE 3, 162 (164); st. Rspr., zuletzt BVerfGE 88, 366 (374); 93, 165 (170).
162 BVerfGE 12, 311 (315).
163 Der Beschluß wird mitgeteilt und kritisch erörtert von *Ostler* (N 159), S. 1772 ff.
164 BVerfGE 6, 389 (442 f.).
165 BVerfGE 37, 201 (206).

als im ersteren Falle – möglicherweise – kein naher Angehöriger vorhanden war, der das Beschwerdeverfahren fortführen wollte oder konnte.

Das Grundproblem liegt aber in beiden Fällen in gleicher Weise vor. Es wird zu Recht kri-   **434** tisiert, daß die entscheidende Frage nicht erörtert wird: Darf ein höchstpersönliches Grundrecht von einer anderen Person nach dem Tod des Beschwerdeführers weiter geltend gemacht werden[166]? Das muß verneint werden. Nach der Rechtsprechung des BVerfG gibt es keine Prozeßführungsbefugnis für andere (Prozeßstandschaft), um eine Verletzung von Grundrechten der anderen geltend zu machen[167]. Gewiß kann ein die Ehre des Verstorbenen belastendes Strafurteil auch die Ehre naher Angehöriger oder der Ehefrau beeinträchtigten, deren Erinnerung an den Verstorbenen schutzwürdig ist. Dann aber ist der Angehörige möglicherweise selbst in seinem Grundrecht beeinträchtigt. Allerdings wird wohl meist nur eine Reflexwirkung vorliegen, welche die Selbstbetroffenheit nicht herbeiführen kann[168]. Im Strafrecht wird aber das Schutzgut zutreffend bezeichnet, um das es in diesen Fällen geht. Das Andenken Verstorbener wird nicht um der Verstorbenen willen geschützt, sondern um ihrer Angehörigen willen, denen zu der Trauer über den Verlust nicht auch noch zugemutet werden soll, daß die Ehre des Toten geschmäht wird[169]. Bei der Leugnung nationalsozialistischer Gewaltverbrechen („Auschwitz-Lüge") greift nach der Rechtsprechung des BVerfG[170] zwar der Schutz der freien Meinungsäußerung von vornherein nicht ein, weil bewußt oder erwiesen unwahre Tatsachenbehauptungen nicht von Art. 5 Abs. 1 GG erfaßt würden. Bei dem strafrechtlichen Schutz gegen solche Äußerungen (§ 130 Abs. 3 StGB) ist Schutzgut der öffentliche Friede, nicht die Verletzungen, die Überlebenden und Angehörigen von Opfern zugefügt werden. Der Schutz ihrer Gefühle entspräche aber durchaus dem Verständnis von Art. 1 Abs. 1 und Art. 2 Abs. 1 GG.

Eine ähnliche Problematik wird im Mephisto-Beschluß des BVerfG behandelt[171]. Das   **435** BVerfG erörtert (als Frage nicht der Zulässigkeit, sondern der materiellen Reichweite der Grundrechte), ob dem durch das Buch erkennbar charakterisierten verstorbenen Schauspieler *Gustaf Gründgens* nach seinem Tode noch die Grundrechte der Art. 1 Abs. 1, Art. 2 Abs. 1 GG (im Sinne eines allgemeinen Persönlichkeitsrechts) zustünden. Während das für das Persönlichkeitsrecht verneint wird (womit konsequenterweise auch prozessual eine Fortsetzung einschlägiger Verfassungsbeschwerden nicht möglich sein dürfte), wird es für den Schutz der Menschenwürde bejaht, weil diese unabhängig vom Leben oder Tod fortbestehe. Das ist zweifellos zutreffend. Die tiefere Frage geht aber dahin, ob die Würde des Menschen nach seinem Tode noch des irdischen Schutzes bedarf.

---

166 *Spanner* (N 144), S. 385.
167 BVerfGE 2, 292 (294); 10, 134 (136); 19, 323 (329); 72, 122 (131 ff.). Ausführlich und teilweise kritisch zu dieser Rspr. *Ax*, Prozeßstandschaft im Verfassungsbeschwerde-Verfahren, Diss. Freiburg 1994.
168 BVerfGE 6, 273 (278); 50, 290 (320 f.); 70, 1 (23).
169 Nach *Kley*, in: Umbach/Clemens, § 90 Rn. 57, verfolgen solche Familienangehörigen „ein Anliegen des Beschwerdeführers zur Wahrung seines Angedenkens und im Interesse seiner Familie, der sie angehören". Es geht aber nicht um ein (nach dem Tode nicht mehr gegebenes) Interesse des Verstorbenen, auch nicht an dem Angedenken, sondern um das schutzwürdige Interesse der Hinterbliebenen an dem Ansehen des Verstorbenen.
170 BVerfGE 90, 241.
171 BVerfGE 30, 173; *Stern*, Art. 93 Rn. 550, meint, daß im Falle einer dem Beschwerdeführer nachteiligen Entscheidung der Gerichte ihm die Verfassungsbeschwerde zur Durchsetzung des Persönlichkeitsrechts des Verstorbenen nicht hätte versagt werden können.

436 Wenig konsequent ist es, wenn das BVerfG in einer Entscheidung die Fortführung eines Verfassungsbeschwerdeverfahrens nach dem Tode des durch ein Strafgericht verurteilten Beschwerdeführers von dem Stand des Verfahrens abhängig macht, insbesondere davon, ob die Sache entscheidungsreif wäre und ob die Verfassungsbeschwerde Erfolg haben würde[172]. Das sind pragmatische Erwägungen, die im Annahmeverfahren, nicht aber im Verfahren im Senat angebracht sind. Bejaht man das schutzwürdige Interesse der Ehefrau oder eines Angehörigen, das Verfahren fortzuführen, so kann es nicht darauf ankommen, ob dies nur noch die Verkündung einer bereits fertigen Entscheidung oder Beratungen zur Sache erfordert. Verneint man das Interesse, so trägt der Gesichtspunkt, daß mit der Sachentscheidung kein wesentlicher Arbeitsaufwand mehr verbunden ist, nicht weit. Mit mindestens dem gleichen Recht ließe sich dann auch sagen, daß ein nahezu abgeschlossenes Verfahren über eine Verfassungsbeschwerde, an der ein hohes Allgemeininteresse besteht, nicht durch die Rücknahme des Antrages beendet werden sollte[173]. In beiden Fällen geht es um das Spannungsverhältnis zwischen subjektiver und objektiver Funktion. Die Antwort sollte wohl eine einheitliche, jedenfalls eine konsequente sein.

Man kann gewiß der Meinung zustimmen, daß die bisherige (nicht umfangreiche) Rechtsprechung zu dieser Frage insgesamt zu adäquaten und auch befriedigenden Ergebnissen führt[174]. Demgegenüber mögen methodische Bedenken an Gewicht verlieren.

b) Vereinigungen ohne Rechtsfähigkeit

437 Für die Beschwerdefähigkeit ist nicht die Rechtsfähigkeit, sondern die Grundrechtsfähigkeit maßgebend. Bei Personengemeinschaften, die nicht rechtsfähig sind, muß daher geprüft werden, ob sie sich im eigenen Namen – nicht lediglich für die in ihnen vereinigten Personen – auf ein Grundrecht berufen können. Aus Art. 19 Abs. 3 GG kann nicht geschlossen werden, daß die Rechtsfähigkeit Voraussetzung der Grundrechtsfähigkeit und damit der Beschwerdefähigkeit ist[175].

438 Nicht rechtsfähige Vereine, Gesellschaften des bürgerlichen oder des Handelsrechts und ähnliche Personenvereinigungen werden sich auf Grundrechte wie Art. 3 Abs. 1 und Art. 2 Abs. 1 GG, ebenso auf Art. 12 Abs. 1 GG berufen können. Die Rechtsordnung gibt ihnen eine Reihe von Befugnissen. Werden diese beeinträchtigt, so kann das auch grundrechtliche Fragen aufwerfen. Die Verleihung von Rechten an nicht rechtsfähige Vereinigungen durch die allgemeine Rechtsordnung ist ein Indiz dafür, daß sie auch Grundrechte geltend machen können[176].

439 Hierbei geht es um Grundrechte der Vereinigung selbst, nicht um die ihrer Mitglieder. Wer Verfassungsbeschwerde einlegen will, muß selbst in einem seiner Grundrechte betroffen sein. Eine Organisation – gleichgültig, ob sie rechtsfähig ist oder nicht – kann

---

172 BVerfGE 6, 389 (442 f.).

173 Vgl. hierzu oben Rn. 409. Die Entscheidung zur Rechtschreibreform (BVerfGE 98, 218) enthält Elemente einer solchen Betrachtungsweise, indem sie die Rücknahme der Verfassungsbeschwerde auch mit dem Hinweis darauf für unwirksam erklärt, daß eine mündliche Verhandlung stattgefunden habe.

174 Zustimmend *Stern*, Art. 93 Rn. 549; Kritik bei *Spanner* (N 144), S. 385.

175 BVerfGE 3, 383 (391); 15, 156 (261); 83, 341 (351).

176 Vgl. BVerfGE 6, 273 (277).

nicht in Wahrnehmung der Interessen ihrer Mitglieder im Verfassungsbeschwerdeverfahren auftreten[177]. So kann ein Personalrat oder ein Betriebsrat nicht die den Bediensteten oder Beschäftigten zustehenden Grundrechte „gleichsam gesammelt" wahrnehmen[178]. Anders ist es, wenn Personalrat und Betriebsrat sich auf ihnen selbst zustehende Grundrechte berufen, die sie bei der Erfüllung ihnen gesetzlich zugewiesener Aufgaben schützen[179]. Wird ein Personalratsmitglied aufgrund einer möglicherweise verfassungswidrigen Rechtsnorm vorzeitig aus seinem Amt abberufen, so wird hierdurch nicht eine Grundrechtsposition des Personalrats, sondern die des Personalratsmitglieds berührt[180]. Nicht der Personalrat, sondern das betroffene Mitglied ist dann beschwerdefähig.

Offene Handelsgesellschaften und Kommanditgesellschaften können unter ihrer Firma Verfassungsbeschwerde einlegen, „wenn sich der staatliche Eingriff auf das gesamthänderisch gebundene Gesellschaftsvermögen oder das von der Gesellschaft betriebene Handelsgewerbe bezieht"[181]. **440**

c) Juristische Personen des Privatrechts

Mit der Regelung der Grundrechtsfähigkeit juristischer Personen klärt Art. 19 Abs. 3 GG zugleich auch deren Beschwerdefähigkeit. Die besonders wichtige Frage, ob diese für juristische Personen des privaten und des öffentlichen Rechts in gleicher Weise besteht, wird aber nur umschreibend dahin beantwortet, daß es darauf ankomme, ob das geltend gemachte Grundrecht „seinem Wesen nach" auf die juristische Person anwendbar sei. **441**

Klar unterscheidet Art. 19 Abs. 3 GG dagegen zwischen inländischen und ausländischen juristischen Personen. Da der eindeutige Wortlaut und erkennbare Sinn der Verfassungsnorm einer ausdehnenden Auslegung entgegensteht, können ausländische juristische Personen im Verfassungsbeschwerdeverfahren keine materiellen Grundrechte geltend machen[182]. Dagegen erkennt das BVerfG auch ihnen die Fähigkeit zu, wegen Verletzung der prozessualen Grundrechte, insbesondere wegen einer Versagung des rechtlichen Gehörs (Art. 103 Abs. 1 GG) Verfassungsbeschwerde zu erheben: Dieser Anspruch stehe jedem zu, der von dem Verfahren eines Gerichts in der Bundesrepublik Deutschland unmittelbar betroffen werde, wie schon der Wortlaut des Art. 103 Abs. 1 GG erkennen lasse[183]. Die an die systematische Stellung des Art. 19 Abs. 3 GG und den Wortlaut des Art. 103 Abs. 1 GG anknüpfende Begründung ist nicht voll überzeugend. Es ist nicht recht einsichtig, weshalb „jeder" in Art. 103 Abs. 1 GG (oder entsprechend „niemand" in Art. 101 GG) einen anderen Sinn haben soll als „jedermann" in Art. 93 Abs. 1 Nr. 4 a GG. Einleuchtender ist die Überlegung, daß es dem rechtsstaatlichen Prinzip der Waffengleichheit vor Ge- **442**

---

177 BVerfGE 2, 292 (294); 13, 1 (9); 19, 323 (329).
178 BVerfGE 28, 314 (323).
179 *Dütz*, Der Grundrechtsschutz von Betriebsräten und Personalvertretungen (Rechtsgutachten für die Gewerkschaft ÖTV, 1986).
180 Vgl. BVerfGE 51, 77 (87).
181 BVerfGE 4, 7 (12); 53, 1 (13). Zur Beschwerdefähigkeit nicht rechtsfähiger Vereinigungen *Schmidt-Bleibtreu*, in: BVerfGG-Kommentar, § 90 Rn. 25 ff.; *Kley*, in: Umbach/Clemens, § 90 Rn. 21; *Leibholz/ Rupprecht* (N 104), § 90 Rn. 15 f.; *Pestalozza*, S. 172.
182 BVerfGE 21, 207 (209); 23, 229 (236); *Schmidt-Bleibtreu*, in: BVerfGG-Kommentar, § 90 Rn. 29; *Spanner* (N 144), S. 392 f.
183 BVerfGE 12, 6 (8).

richt widersprechen würde, wenn in einem kontradiktorischen Streitverfahren eine der Parteien nicht den Schutz fundamentaler Verfahrensgrundsätze verlangen und notfalls durchsetzen könnte[184].

443 Bei inländischen juristischen Personen des Privatrechts muß jeweils im Einzelfall geprüft werden, ob das geltend gemachte Grundrecht seinem Wesen nach auf die Beschwerdeführerin anwendbar ist[185]. Es liegt nahe, hierbei in erster Linie an die Grundrechte zu denken, die das Eigentum und die freie wirtschaftliche Betätigung sichern, also vor allem an Art. 2 Abs. 1, Art. 12 und Art. 14 GG, ferner an den allgemeinen Gleichheitssatz des Art. 3 Abs. 1 GG, sowie auch an das Grundrecht der Unverletzlichkeit der Wohnung (Art. 13 GG) oder an das Grundrecht auf effektiven Rechtsschutz (Art. 19 Abs. 4 GG), dagegen nicht an die mit dem Wesen des Menschen verbundenen Grundrechte, wie vor allem das Prinzip der Menschenwürde (Art. 1 Abs. 1 GG), das Recht auf Leben und Gesundheit (Art. 2 Abs. 2 GG) oder den aus dem allgemeinen Persönlichkeitsrecht herzuleitenden Anspruch auf Ehrenschutz[186]. Juristische Personen entstehen meist, um den Anforderungen des heutigen Wirtschaftslebens zu entsprechen, das bei größeren Unternehmen eine erhebliche Kapitalausstattung und Organisationsformen verlangt, die auch klare Haftungsregelungen enthalten. Wo wirtschaftliches Handeln Grundrechtsfragen aufwirft, können auch die juristischen Personen des Privatrechts dem Staat gegenüber den gleichen Schutz beanspruchen, wie die mit ihnen im Wettbewerb befindlichen natürlichen Personen. Auf die Presse- oder Medienfreiheit kann sich ein Zeitungs- oder privates Rundfunkunternehmen unabhängig von seiner Rechtsform berufen[187].

444 Soweit es sich bei den juristischen Personen um Religionsgesellschaften oder um andere Vereinigungen handelt, die die Pflege oder Förderung eines religiösen Bekenntnisses ihrer Mitglieder zur Zielsetzung haben, können sich diese auch auf das an sich sehr personenbezogene Grundrecht der Glaubens- und Gewissensfreiheit berufen[188]. Bei juristischen Personen, die andere als diese Zwecke verfolgen, will es das BVerfG sogar genügen lassen, wenn sie eine Verletzung des Art. 4 Abs. 1 GG mit der Behauptung rügen, eine ihnen abverlangte Geldleistung zugunsten von Religionsgesellschaften (Kirchenbausteuer) übe einen Gewissenszwang auf ihre verantwortlichen Rechtsträger aus[189]. Die Geldleistung wird aber zunächst nicht diesen, sondern der juristischen Person abverlangt. Für die Prüfung am Maßstab der Glaubens- und Gewissensfreiheit kommt es aber gerade darauf an, ob es den Rechtsträgern der juristischen Person aus höchstpersönlichen, d.h. Gewissensgründen, zugemutet werden kann, die Abführung der Beträge zu veranlassen, für die sie nach dem Gesetz verantwortlich sind und möglicherweise bei Nichtzahlung persönlich haften müssen. Man kann kaum sagen, daß das „Gewissen" einer juristischen Person mit dem ihrer Rechtsträger identisch ist. Sehen diese sich durch die beanstandete Regelung in ihrem Gewissen genötigt, so liegt es an ihnen, hiergegen Verfassungsbeschwerde

---

184 *Spanner* (N 144), S. 392 f.; *Stern*, Art. 93 Rn. 459 ff.; *Lechner/Zuck*, § 90 Rn. 15.

185 BVerfGE 21, 362 (368 f.); 53, 366 (386 ff.).

186 Zu Einzelfragen *Schmidt-Bleibtreu*, in: BVerfGG-Kommentar, § 90 Rn. 30; *Leibholz/Rupprecht* (N 104), § 90 Rn. 17; *Stern*, Art. 93 Rn. 435 ff.; *Rupp-v.Brünneck*, in: FS Arndt (1969), S. 370 ff.

187 BVerfGE 20, 162 (171); 21, 271 (277 f.); 50, 234 (239).

188 BVerfGE 19, 129 (132); 53, 366 (387 f.); 57, 220 (240 f.).

189 BVerfGE 19, 206 (215 f.).

zu erheben. Die juristische Person kann nicht die Grundrechtsinteressen anderer Grundrechtsträger wahrnehmen[190].

d) Juristische Personen des öffentlichen Rechts

Zu den Körperschaften des öffentlichen Rechts gehört vor allem der Staat. Dies gilt für **445** alle seine Erscheinungsformen, also zunächst für die Bundesrepublik Deutschland und die Länder, ebenso aber die Gebietskörperschaften wie die Gemeinden, ferner die Träger der mittelbaren Staatsverwaltung, Anstalten, Stiftungen und sonstigen Körperschaften. Gesichtspunkte, die sich aus dem rechtsstaatlichen Prinzip der Gewaltenteilung, dem föderalistischen Grundsatz, dem Gedanken der Subsidiarität und dem Gebot bürgernaher Verwaltung ergeben, im übrigen Erwägungen einer zweckmäßig gegliederten Verwaltungsstruktur führen zu dem vielfältigen Erscheinungsbild, in dem der Staat dem Bürger gegenübertritt. Es ist aber stets der Staat, mit dem es der Bürger zu tun hat.

Entsteht verfassungsrechtlicher Streit über die Aufteilung der Befugnisse und Aufgaben **446** unter den Staatsorganen, zwischen Bund und Ländern oder zwischen den Gemeinden und den übergeordneten Trägern der staatlichen Verwaltung, so handelt es sich um Kompetenzkonflikte. Für ihre Behandlung ist die Verfassungsbeschwerde nicht geschaffen worden. Gegenstand der Grundrechte ist weder die Aufteilung der staatlichen Gewalt unter ihren Trägern[191], noch der Schutz der öffentlich-rechtlichen Körperschaften gegeneinander oder gar gegen den Bürger. Dies würde dem Wesen der Grundrechte, auf das sich Art. 19 Abs. 3 GG bezieht, nicht gerecht, sondern diese geradezu in das Gegenteil des Gewollten umkehren.

Die Rechtsprechung des BVerfG hat – nach anfänglichem Zögern[192] – diesen Grundge- **447** danken konsequent und auch gegenüber Kritik vertreten[193]. Für Kompetenzkonflikte stehen den Staatsorganen neben den Möglichkeiten des Rechtsschutzes etwa in der Verwaltungsgerichtsbarkeit besondere Verfahrensarten zur Verfügung, wie der Organstreit (Art. 93 Abs. 1 Nr. 1 GG), die abstrakte Normenkontrolle (Art. 93 Abs. 1 Nr. 2 GG) oder die Bund-Länder-Streitverfahren (Art. 93 Abs. 1 Nrn. 3, 4 GG). Daß den Gemeinden mit der kommunalen Verfassungsbeschwerde (Art. 93 Abs. 1 Nr. 4 b GG[194]) ein besonderer Rechtsbehelf gegen Beeinträchtigungen ihres Rechts auf kommunale Selbstverwaltung in die Hand gegeben und insoweit der Grundsatz in diesem Fall durchbrochen ist, spricht dabei nicht gegen, sondern für die Auffassung des BVerfG.

---

190 Mit ähnlichen Argumenten kritisch zu der Entscheidung *Rupp-v.Brünneck* (N 186), S. 377 ff.
191 BVerfGE 21, 362 (370 f.); 68, 193 (211).
192 BVerfGE 6, 45 (49 f.).
193 Übersicht über die bis dahin vorliegende Rechtsprechung in BVerfGE 61, 82 (100 ff.); seither BVerfGE 64, 301 (312); 68, 193 (211); vgl. auch BVerfGE 68, 193 (211). Zum Problem *Kley*, in: Umbach/Clemens, § 90 Rn. 16 ff.; *Schmidt-Bleibtreu*, in: BVerfGG-Kommentar, § 90 Rn. 31 f; *Leibholz/Rupprecht* (N 104), § 90 Rn. 18; *Pestalozza*, S. 171 f.; *Schlaich*, Rn. 200; *Stern*, Art. 93 Rn. 439 ff.; *v. Mutius*, in: BK, Rn. 78 ff. zu Art. 19 Abs. 3 GG; *Gusy* (N 15), Rn. 54 ff.; *Lechner/Zuck*, § 90 Rn. 17 ff., 23; *Rupp-v. Brünneck* (N 186), S. 354 ff.; *Fuß*, DVBl. 1958, S. 739 ff.; *Ulsamer*, in: FS Geiger (1974), S. 199 ff.; *Scholler/ Broß*, DÖV 1978, S. 238 ff.; *Bethge*, AöR Bd. 104 (1979), S. 56 ff.; *Bettermann*, NJW 1969, S. 1321 ff.; *Dürig*, in: Maunz/Dürig, GG, Rn. 33 ff. zu Art. 19 Abs. 3; *Seidl*, in: FS Zeidler (1987), II, S. 1459 ff.
194 Vgl. hierzu unten Rn. 682 ff.

448 Das BVerfG hat vor allem den Fall der „Naßauskiesung" zum Anlaß genommen, sich ausführlich mit der Kritik an seiner Rechtsprechung auseinanderzusetzen, soweit diese dem Staat, seinen Organen und Einrichtungen die Grundrechtsfähigkeit und damit die Beschwerdefähigkeit im Verfassungsbeschwerdeverfahren abspricht[195]. Der BGH hatte einem Landwirt eine Enteignungsentschädigung zugesprochen, weil ihm vom Landkreis Hameln die beantragte Genehmigung zur Auskiesung von Grundstücken versagt worden war, die im Einzugsgebiet eines Grundwasserwerks der Stadtwerke Hameln (einem in der Rechtsform einer AG organisierten Versorgungsunternehmen der Stadt Hameln) lagen[196]. Die gegen diese Entscheidung erhobene Verfassungsbeschwerde der Stadt Hameln und der Stadtwerke Hameln AG hat das BVerfG als unzulässig verworfen. Die zur Entschädigung verpflichtete öffentliche Hand könne nicht geltend machen, eine Enteignung im Sinne des Art. 14 Abs. 3 GG habe nicht vorgelegen (eine Rechtsauffassung, die das BVerfG auf einen Vorlagebeschluß des BGH in seinem „Naßauskiesungsbeschluß"[197] später bestätigte).

449 Die Gemeinde habe kein subjektives Recht aus Art. 14 Abs. 3 GG. Zwar könne sie sich auf das objektive Recht des Art. 14 Abs. 3 GG berufen. „Diese Rechtsstellung vermittelt jedoch keine Grundrechtsposition". Die öffentliche Hand könne lediglich in dem Rechtsstreit über die Entschädigung auf die Einhaltung des objektiven Rechts hinwirken und eine Vorlage an das BVerfG nach Art. 100 Abs. 1 GG anregen. Dagegen sei eine Verfassungsbeschwerde nicht nur der betroffenen Gemeinde, sondern auch des rechtlich verselbständigten und privatrechtlich organisierten Versorgungsbetriebes unzulässig. Ein solcher Betrieb, der der öffentlichen Aufgabe der Daseinsvorsorge gewidmet sei und sich in der Hand eines Trägers öffentlicher Verwaltung befinde, stelle nur eine besondere Erscheinungsform der öffentlichen Verwaltung dar. Er sei daher ungeachtet der privatrechtlichen Organisation nicht grundrechts- und verfassungsbeschwerdefähig. Ähnliche Erwägungen gelten auch für die öffentlich-rechtlichen Sparkassen[198].

450 Zur Unterstützung der Verfassungsbeschwerde der Stadt Hameln waren dem BVerfG mehrere Rechtsgutachten zugeleitet worden, in denen die Rechtsprechung des Gerichts zur Grundrechtsfähigkeit juristischer Personen des öffentlichen Rechts einer grundsätzlichen Kritik unterworfen wurde[199]. Das BVerfG hat jedoch betont, die gegen seine Rechtsprechung „im juristischen Schrifttum zum Teil vorgebrachten Einwendungen" gäben „keinen Anlaß, diese Rechtsprechung aufzugeben oder sie zu modifizieren"[200].

Die Kritik geht vor allem in zwei Richtungen: Es gebe auch für die öffentliche Hand, vor allem für die Gemeinden, deren Interessen besonders bei der Verfügung über Grundstücke nicht selten hinter den für vorrangig gehaltenen Planungen und Maßnahmen der Staatsverwaltung zurücktreten müßten, schutzbedürftige Eigentumsrechte. Enteigne der Staat Grundstücke, über die die Gemeinde für ihre Zwecke verfügen wolle, so entstehe für diese die gleiche „grundrechtstypische Gefährdungslage" wie bei einem privaten

---

195 BVerfGE 45, 63 (76 f.).
196 BGHZ 60, 126 = NJW 1973, S. 623.
197 BVerfGE 58, 300 ff.
198 BVerfGE 75, 192 (195 ff.).
199 Gutachten von *Bernstein/Zweigert* sowie von *Kimminich*; hiergegen das Gutachten von *Starck*; vgl. BVerfGE 45, 63 (69, 72).
200 BVerfGE 45, 63 (78).

Eigentümer[201]. Grundsätzlicher ist die Auffassung, der Landkreis, der zur Sicherung der Trinkwasserversorgung bestimmte Nutzungen von Grundstücken untersage, handle im unmittelbaren Interesse der auf das Wasser angewiesenen Einwohner dieses Gebietes. Müßte eine objektiv nicht gerechtfertigte oder eine überhöhte Enteignungsentschädigung gezahlt werden, so ginge dies über den Wasserpreis zu Lasten der Bürger. In Wirklichkeit gehe es zumindest dort, wo eine öffentlich-rechtliche Körperschaft auf dem Gebiet der Daseinsvorsorge tätig werde, daher nicht um den Konflikt zwischen Staat und Bürger, sondern um die gegensätzlichen Interessen des Grundstückseigentümers einerseits und der in die Wasserversorgung einbezogenen Einwohner andererseits. Das Bild sei daher schief, nach dem es nicht Aufgabe der Grundrechte sein könne, den Staat vor seinen Bürgern zu schützen[202].

Beide Einwände sind aber nicht stichhaltig. Zu dem ersten legt das BVerfG Art. 14 GG **451** dahin aus, daß er „nicht das Privateigentum, sondern das Eigentum Privater" schütze[203]. Vor allem befindet sich eine Gemeinde oder eine andere Körperschaft des öffentlichen Rechts, auf deren Eigentum ein Hoheitsträger enteignend zugreift, nicht in der gleichen Gefährdungslage wie ein Privater. Auch die Gemeinde ist ein Teil des Staates und daher nicht lediglich Objekt seiner Entscheidungen. Auch wenn für die Entscheidung, Gemeindeeigentum zugunsten anderer Zwecke zu enteignen, ein anderer staatlicher Hoheitsträger zuständig ist, können sich schon aus politischen Gründen solche Entscheidungen nicht mit der gleichen Leichtigkeit über die Interessen der betroffenen Gemeinde hinwegsetzen, wie dies dem einzelnen Bürger gegenüber möglich ist. Der Bürger braucht den Grundrechtsschutz, weil er als Einzelner zu schwach ist, um sich politisch durchzusetzen. Das Argument, daß im Bereich der Daseinsvorsorge die Gemeinde für die Interessen ihrer Bürger tätig wird, gilt, konsequent genommen, für alle staatliche Tätigkeit. Alle staatliche Verwaltung hat die Aufgabe, Interessen von Bürgern wahrzunehmen. Da jedenfalls die gute Absicht, dieser Anforderung zu entsprechen, staatlicher Tätigkeit regelmäßig nicht abgesprochen werden kann, würden letztlich die Grundrechte überhaupt sinnlos werden. Es läge nicht so fern, die wirklichen, „wohlverstandenen" Interessen der Bürger, die besser als diese selbst zu kennen der Staat sich zutraut, gegen die aus engem Blickwinkel gebildeten Vorstellungen des Bürgers auszuspielen oder diesen überzuordnen. Das GG geht aber nicht von dieser Sicht aus, sondern legt die Entscheidung darüber, wie er seine Grundrechte verstehen und wahren will, in die Hand nicht des Staates, sondern des Bürgers.

Dem entspricht es auch, daß Grundrechte von ihrem Träger selbst wahrzunehmen sind. **452** Schon nach dem für das Verfassungsbeschwerdeverfahren entwickelten Grundsatz der Selbstbetroffenheit ist die Gemeinde oder eine andere öffentlich-rechtliche Körperschaft nicht befugt, kollektiv die Grundrechte der in ihr zusammengeschlossenen Menschen wahrzunehmen[204].

---

201 Vgl. *Stern*, Art. 93 Rn. 446; *Bethge* (N 193), S. 265 f.; *Ruland*, BayVBl. 1979, S. 747.
202 Vgl. das Gutachten *Bernstein/Zweigert* (N 199), S. 23 f., 51 f., sowie die dem Verfahren zugrundeliegende Verfassungsbeschwerde. Hierzu das Gutachten *Starck*, S. 11 ff.
203 BVerfGE 61, 82 (109); kritisch hierzu *Schlaich*, Rn. 200; zust. zur Position des BVerfG *Burmeister*, in: FS 125 Jahre Jur. Gesellschaft Berlin (1984), S. 71 f.
204 Vgl. hierzu oben Rn. 439.

Die Rechtsprechung des BVerfG, die den juristischen Personen des öffentlichen Rechts die Grundrechtsfähigkeit und damit auch die Beschwerdefähigkeit abspricht, ist daher nach wie vor zutreffend.

453 Es gibt allerdings Bereiche, in denen auch das BVerfG für bestimmte juristische Personen des öffentlichen Rechts eine „grundrechtstypische Gefährdungslage" anerkennt und ihnen insoweit Grundrechtsfähigkeit zubilligt. Die öffentlich-rechtlichen Rundfunkanstalten sind vom Staat unabhängig und verwalten sich selbst. Es ist gerade Aufgabe des Staates, dies durch die Gesetzgebung sicherzustellen. Diese verfassungsrechtlichen Anforderungen ergeben sich aus der Rundfunkfreiheit (Art. 5 Abs. 1 GG)[205]. Gefährdungen dieser Freiheit können am ehesten vom Staat ausgehen. Wie die bisherige Entwicklung zeigt, ist dies keine unrealistische Befürchtung. Daher wird den öffentlich-rechtlichen Rundfunkanstalten die Befugnis zuerkannt, ihre vom Staat unabhängige Stellung mit einer auf Art. 5 Abs. 1 GG gestützten Verfassungsbeschwerde zu verteidigen[206]. Hieraus ergibt sich jedoch nicht eine allgemeine Grundrechtsfähigkeit dieser Rundfunkanstalten. Die auf ein anderes Grundrecht als auf Art. 5 Abs. 1 GG gestützte Verfassungsbeschwerde ist unzulässig[207].

454 Der gleiche Gedanke gilt für die Universitäten, soweit diese Körperschaften des öffentlichen Rechts sind. Sie werden vom Staat unterhalten und stehen zu diesem in vielfältigen Rechtsbeziehungen, können sich aber auch gerade dem Staat gegenüber auf die Freiheit von Forschung und Lehre (Art. 5 Abs. 3 GG) berufen. Der Grundsatz, daß die staatlichen Einrichtungen nicht gleichzeitig Träger und Adressat von Grundrechten sein können, gilt dann nicht, „wenn Einrichtungen des Staates Grundrechte in einem Bereich verteidigen, in dem sie vom Staat unabhängig sind". Daher können Universitäten (und Fakultäten) das Grundrecht der Freiheit von Forschung und Lehre (Art. 5 Abs. 3 GG) im Verfassungsbeschwerdeverfahren geltend machen[208].

455 Für alle juristischen Personen des öffentlichen Rechts wird ebenso wie für die ausländischen juristischen Personen anerkannt, daß sie wie jeder andere, der Partei eines Rechtsstreits sein kann, sich auf die prozessualen grundrechtsgleichen Rechte (gesetzlicher Richter, Art. 101 GG; rechtliches Gehör, Art. 103 Abs. 1 GG) berufen können[209].

456 Soweit Kirchen und Religionsgesellschaften Körperschaften des öffentlichen Rechts sind (Art. 140 GG, Art. 137 Abs. 5 WRV), sollen sie hierdurch nicht in den Staat eingegliedert, sondern privilegiert werden. Ihre Unabhängigkeit vom und ihre Eigenständigkeit im Staat sind verfassungsrechtlich gewährleistet (Art. 140 GG). Für die öffentlich-rechtlich verfaßten Kirchen gelten daher von vornherein hinsichtlich ihrer Grundrechtsfähigkeit nicht die Bedenken, die beim Staat und seinen Einrichtungen bestehen. Regelmäßig sind auch diese Kirchen und Religionsgesellschaften grundrechtsfähig und damit auch beschwerdefähig[210].

---

205 BVerfGE 12, 205 ff.
206 BVerfGE 31, 314 (322); 39, 302 (314).
207 BVerfGE 59, 231 (255).
208 BVerfGE 15, 256 (262); 39, 302 (314).
209 Vgl. hierzu oben Rn. 442; BVerfGE 6, 45 (49 f); 61, 82 (104); 82, 286 (295).
210 BVerfGE 19, 1; 30, 120; 42, 322; näheres bei *Schmidt-Bleibtreu*, in: BVerfGG-Kommentar, § 90 Rn. 32.

Nicht zum staatlichen Bereich gehören schließlich die politischen Parteien, die im allge- **457** meinen auch gar keine juristischen Personen des Privatrechts, sondern nicht eingetragene Vereine sind. Andererseits verleiht Art. 21 GG ihnen einen verfassungsrechtlichen Status. Damit bekommen sie eine „organschaftliche Qualität". Das BVerfG setzt diese Bezeichnung selbst in Anführungszeichen. Sie ist dennoch mißverständlich und wird immer wieder von den Parteien dahin mißverstanden, sie seien Quasi-Verfassungsorgane[211]. Hieraus ergibt sich eine unangemessene Identifizierung mit dem Staat etwa bei der Besetzung von Ämtern oder im Bereich der Parteienfinanzierung. Soweit es um ihren verfassungsrechtlichen Status geht, müssen die Parteien ihre Rechte im Wege des Organstreitverfahrens (Art. 93 Abs. 1 Nr. 1 GG) geltend machen, obwohl das GG sie nicht zu den dort aufgeführten Antragsberechtigten zählt. Aus der Plenarentscheidung, die dies ausgesprochen hat, ergibt sich zugleich, daß sie insoweit nicht Verfassungsbeschwerde erheben können[212]. Geht es dagegen nicht um diesen verfassungsrechtlichen Status, stehen den Parteien die Grundrechte zu. Insoweit sind sie auch beschwerdefähig. Dies gilt etwa für die chancengleiche Zuteilung von Sendezeiten im Rundfunk als einer Frage des Art. 3 Abs. 1 GG[213]. Dabei kommt es auf die Rechtsform der Partei nicht an[214].

Ähnlich können Bundes- oder Landtagsabgeordnete eine Beeinträchtigung ihres verfas- **458** sungsrechtlichen Status etwa durch die Gestaltung der Entschädigungsregelungen nur im Wege des Organstreitverfahrens (bei Landtagsabgeordneten vor dem Landesverfassungsgericht oder subsidiär nach Art. 93 Abs. 1 Nr. 4 GG) geltend machen[215]. Dagegen steht einem ehemaligen Abgeordneten, der die Regelung über die Altersversorgung angreifen will, die in dem Lande, in dem er dem Landtag angehörte, nicht verfassungsrechtlich abgesichert ist, hiergegen die Verfassungsbeschwerde zu[216]. Gleiche Erwägungen gelten für einen Beschwerdeführer, der dem Landtag noch nicht angehört, aber für diesen kandidieren will[217].

2. Prozeßfähigkeit und Postulationsfähigkeit

a) Prozeßfähigkeit

Mit Prozeßfähigkeit (vielfach wird auch von Verfahrensfähigkeit gesprochen, so auch in **459** dem vom BVerfG herausgegebenen Nachschlagewerk der Rechtsprechung des BVerfG[218]), ist die Fähigkeit gemeint, einen Prozeß aus eigenem Recht zu führen und Verfahrenshandlungen vorzunehmen, also etwa die Verfassungsbeschwerde zu erheben, am Verfahren beteiligte Richter abzulehnen oder die Verfassungsbeschwerde zurückzuneh-

---

211 Von der „organschaftlichen Qualität" der politischen Parteien spricht die Plenarentscheidung BVerfGE 4, 27 (31); von ihrer „organschaftlichen Funktion" BVerfGE 8, 51 (63). In BVerfGE 12, 276 (280) spricht das BVerfG von den Parteien als „Verfassungsorgan".
212 BVerfGE 4, 27 ff.; st. Rspr., zuletzt BVerfGE 57, 1 (9). Vgl. auch unten Rn. 1011.
213 BVerfGE 7, 99 (103); 47, 198 (223); 69, 257 (265 f.).
214 BVerfGE 6, 273 (277); 7, 99 (104 f.).
215 BVerfGE 64, 301 (321 ff.); ebenso bei Anfechtung eines Mandatsverlusts, BVerfGE 6, 445 (443 f.); gegenüber Regelungen der Geschäftsordnung, die dem Zusammenschluß des Abgeordneten mit anderen Abgeordneten zu einer Fraktion entgegenstehen, BVerfGE 43, 142 (148 f.).
216 BVerfGE 32, 157 (162).
217 BVerfGE 40, 296 (309).
218 Dort § 90 I BVerfGG, S. 41 ff. (Nr. 140 ff.).

men[219]. Voraussetzung ist die mit der Grundrechtsfähigkeit identische Beschwerdefähigkeit. Diese allein reicht aber nicht aus. Auch das Kind und in gewisser Beziehung sogar schon der *nasciturus* sind Grundrechtsträger. Doch können sie nicht ohne Mitwirkung ihres gesetzlichen Vertreters Verfassungsbeschwerde erheben.

460 Mißverständlich ist es, wenn die Frage der Prozeßfähigkeit mit dem Begriff der „Grundrechtsmündigkeit" verbunden wird. Auch Minderjährige sind Grundrechtsträger, soweit nicht das Grundrecht selbst, wie das aktive und passive Wahlrecht, das Erreichen eines bestimmten Lebensalters voraussetzt. Ob dem Kind ein Grundrecht zusteht, ist eine Frage der Reichweite des Normbereichs des jeweiligen Grundrechts[220]. Soweit das Grundrecht reicht, sind sie beschwerdefähig, aber nicht stets im Verfassungsbeschwerdeverfahren prozeßfähig. Auch wegen Geistesschwäche Entmündigte verlieren nicht ihre Grundrechte. Die Prozeßfähigkeit betrifft gerade die Frage, ob sie die Verletzung eines ihrer Grundrechte selbständig geltend machen können.

461 Problematisch wird die Prozeßfähigkeit nur in den Fällen, in denen wegen Minderjährigkeit oder Entmündigung nicht die volle Geschäftsfähigkeit nach bürgerlichem Recht vorliegt. Voll geschäftsfähige Personen sind stets auch im Verfassungsbeschwerdeverfahren prozeßfähig. Zwar hat das BVerfG auch dem nach § 6 Abs. 1 KO in seiner Verwaltungs- und Verfügungsbefugnis über sein Vermögen beschränkten Gemeinschuldner die Fähigkeit abgesprochen, rechtswirksam eine Verfassungsbeschwerde zu erheben[221], doch handelt es sich hierbei um eine Frage nicht seiner Prozeßfähigkeit, sondern der Prozeßführungsbefugnis[222].

462 Eine allgemeine Ausdehnung der Prozeßfähigkeit im Verfassungsbeschwerdeverfahren, die über die etwa im Zivilprozeß oder im Verwaltungsstreitverfahren geltende Abhängigkeit von der Geschäftsfähigkeit (Vollendung des 18. Lebensjahres) hinausgeht, lehnt das BVerfG zu Recht ab. Darf der Gesetzgeber von der Erfahrung ausgehen, daß die Fähigkeit, die eigenen Angelegenheiten wie die Vermögensverwaltung oder die Teilnahme am Geschäftsverkehr eigenverantwortlich zu besorgen, von der Erreichung eines bestimmten Lebensalters abhängt, so ist auch die Annahme gerechtfertigt, daß die Einleitung und Durchführung eines Verfahrens vor dem BVerfG die gleiche Einsichtsfähigkeit voraussetzt[223].

Beruht die Minderung oder das Fehlen der Geschäftsfähigkeit nicht auf der Minderjährigkeit, sondern auf geistiger Schwäche, so kann nichts anderes gelten. Wer wegen seiner querulatorischen Veranlagung entmündigt ist, wird auch im Verfassungsbeschwerdeverfahren keine bessere Einsicht erwarten lassen. Er kann daher nicht als prozeßfähig angesehen werden[224]. Geht es jedoch gerade um die Frage, ob die Entmündigung oder die aus ihr folgenden Maßnahmen wie eine Unterbringung zu Recht erfolgt sind, würde der hier-

---

219 Vgl. BVerfGE 1, 87 (88); 28, 243 (254). – *Stern*, Art. 93 Rn. 468 ff.; *Schmidt-Bleibtreu*, in: BVerfGG-Kommentar, § 90 Rn. 35 ff.; *Pestalozza*, S. 172; *Schlaich*, Rn. 204; *Lechner/Zuck*, § 90 Rn. 32 ff.; *Leibholz/Rupprecht* (Rn. 104), § 90 Rn. 23; *Kley*, in: Umbach/Clemens, § 90 Rn. 25 ff.

220 *Hesse*, Rn. 285 und N 17; vgl. auch *Fehnemann*, Die Wahrnehmung von Grundrechten im Kindesalter (1983). Zum Problem auch *Stern*, Art. 93 Rn. 474 f.

221 BVerfGE 51, 405 (407 ff.).

222 *Stern*, Art. 93 Rn. 468.

223 BVerfGE 19, 93 (100 ff.).

224 BVerfGE 1, 87 (89).

von Betroffene in einem unentrinnbaren Kreis gefangen sein, wenn ihm die Prozeßfähig-keit mit einer Begründung, deren Richtigkeit gerade nachgeprüft werden soll, abgesprochen würde. Insoweit wird daher auch der Entmündigte als prozeßfähig angesehen[225].

Schließlich erkennt das BVerfG eine Ausdehnung der Prozeßfähigkeit über die Geschäftsfähigkeit hinaus auch dann an, wenn in einzelnen Bereichen die Rechtsordnung auch schon dem Minderjährigen nach dem Erreichen bestimmter Altersstufen eigenständige und für die Ausübung eines Grundrechts wesentliche Entscheidungen erlaubt, wie bei der Wahl eines religiösen Bekenntnisses[226].   **463**

Ähnliche Erwägungen gelten, wenn ein minderjähriger Soldat sich auf das Grundrecht der Kriegsdienstverweigerung beruft[227].

b) Postulationsfähigkeit

Im Verfassungsbeschwerdeverfahren – wie ganz allgemein in Verfahren vor dem BVerfG – besteht grundsätzlich kein Anwaltszwang. Findet jedoch eine mündliche Verhandlung statt, die in der Praxis der Verfassungsbeschwerdeverfahren die Ausnahme ist, so muß sich der Beschwerdeführer durch einen bei einem deutschen Gericht zugelassenen Rechtsanwalt oder durch einen Lehrer des Rechts an einer deutschen Hochschule vertreten lassen. Außerhalb der mündlichen Verhandlung steht es ihm frei, ob er sich so vertreten lassen will (§ 22 Abs. 1 S. 1 BVerfGG). Grundsätzlich ist daher jeder, der beschwerdefähig und prozeßfähig ist, auch postulationsfähig, soweit es um das Verfahren außerhalb einer mündlichen Verhandlung geht. Er kann die Verfassungsbeschwerde selbst erheben, sie begründen und alle Prozeßanträge stellen.   **464**

Ist die Verfassungsbeschwerde einmal wirksam erhoben, folgt aber der Beschwerdeführer nicht dem Gebot, für eine anberaumte mündliche Verhandlung einen Prozeßbevollmächtigten zu benennen, so beeinträchtigt dies die Wirksamkeit der Verfassungsbeschwerde nicht. Doch kann der nicht ordnungsgemäß vertretene Beschwerdeführer in der mündlichen Verhandlung auf deren Ablauf keinen Einfluß nehmen, da er in ihr nicht postulationsfähig ist[228]. Da das BVerfG – auch für das Verfahren außerhalb der mündlichen Verhandlung – im Wege der Prozeßkostenhilfe dem Beschwerdeführer einen Rechtsanwalt beiordnen kann[229], wird es kaum jemals vorkommen, daß in einer mündlichen Verhandlung kein Verfahrensbevollmächtigter auftritt.   **465**

Nicht eine Frage der Postulationsfähigkeit ist es, unter welchen – nach der Praxis des BVerfG sehr strengen – Voraussetzungen sich ein Beschwerdeführer eines Beistandes bedienen darf[230] (§ 22 Abs. 1 S. 4 BVerfGG). Der Beschwerdeführer, der die Zulassung eines Beistandes anstrebt, muß selbst die Verfassungsbeschwerde erheben und innerhalb der Fristen des § 93 Abs. 1 BVerfGG die Zulassung des Beistandes beantragen. Die als   **466**

---

225 BVerfGE 10, 302 (306); 65, 317 (321).
226 BVerfGE 1, 87 (88 f.); 19, 93 (100).
227 BVerfGE 28, 243 (255); 60, 234 (240).
228 *F. Klein,* in: BVerfGG-Kommentar, § 22 Rn. 4. Siehe auch oben Rn. 197 ff.
229 BVerfGE 1, 109 (112).
230 Vgl. z.B. BVerfGE 7, 241 (242). Vgl. auch oben Rn. 197.

Beistand in Aussicht genommene Person kann nicht etwa die Verfassungsbeschwerde im Namen des Vertretenen einlegen und seine Zulassung beantragen[231].

467 Für Personengruppen, die zusammen ein Verfahren einleiten (etwa eine nichtrechtsfähige Vereinigung, die in gewissem Umfange eigene Grundrechte geltend machen kann[232]), trifft § 21 BVerfGG eine Regelung. Das BVerfG kann anordnen, daß die prozessualen Rechte dieser Personengruppe durch einen oder mehrere Beauftragte wahrzunehmen sind. Werden entgegen dieser Anordnung des BVerfG solche Beauftragten nicht bestellt, so bleibt die wirksam erhobene Verfassungsbeschwerde bestehen, die Personengruppe verliert aber die Möglichkeit, auf den Ablauf des weiteren Verfahrens durch Anträge Einfluß zu nehmen[233]. Mehrere Beschwerdeführer, deren Verfassungsbeschwerden zur gemeinsamen Entscheidung verbunden werden, stellen keine Personengruppe im Sinne des § 21 BVerfGG dar. Jeder der Beschwerdeführer behält das Recht, sich selbst zu vertreten und Anträge zu stellen[234].

3. Der Gegenstand der Verfassungsbeschwerde

a) Kein kontradiktorisches Verfahren

468 Im Verfahren über die Verfassungsbeschwerde gibt es einen oder mehrere Beschwerdeführer, aber keinen Beschwerdegegner. Auch der Staat, der durch eines seiner Organe repräsentiert wird, ist nicht Beschwerdegegner[235]. Beanstandet werden Handlungen oder Unterlassungen, die einer staatlichen Stelle zuzurechnen sind. Diese Handlungen oder Unterlassungen bilden den Beschwerdegegenstand. Es ist davon auszugehen, daß diejenige staatliche Stelle, in deren Verantwortungsbereich der Beschwerdegegenstand[236] entstanden ist, an dem Ausgang des Verfahrens interessiert ist. Sie kann auch durch tatsächliche oder rechtliche Ausführungen die Arbeit des BVerfG fördern. Schließlich wird sie – allein oder zusammen mit anderen Staatsorganen – die unmittelbaren und die weiteren Konsequenzen aus der Entscheidung des Gerichts zu ziehen haben. Daher erhalten die jeweils betroffenen und – im Falle der Verfassungsbeschwerde, die sich unmittelbar oder mittelbar gegen ein Gesetz richtet – unter Umständen alle Verfassungsorgane Gelegenheit zur Äußerung (§ 94 Abs. 1, 2, 4 BVerfGG). Auch wer von einer mit der Verfassungsbeschwerde angegriffenen gerichtlichen Entscheidung begünstigt ist, kann sich zu dieser äußern (§ 94 Abs. 3 BVerfGG). Die Verfassungsorgane des Bundes und der Länder können dem Verfahren mit der Folge beitreten, daß sie Verfahrensanträge stellen und eine mündliche Verhandlung verlangen können. Hierdurch werden aber weder sie noch die von der gerichtlichen Entscheidung Begünstigten zu Beschwerdegegnern.

469 Es ist auch nicht stets davon auszugehen, daß die staatlichen Stellen, denen der Beschwerdegegenstand zuzurechnen ist, der Verfassungsbeschwerde entgegentreten werden. Nicht

---

231 BVerfGE 8, 92 (94).
232 Vgl. hierzu oben Rn. 438.
233 *F. Klein*, in: BVerfGG-Kommentar, § 21 Rn. 4.
234 *Lechner/Zuck*, § 21 Anm. 1; ebenso *F. Klein*, in: BVerfGG-Kommentar, zu § 21 Rn. 2.
235 Vgl. hierzu *Pestalozza*, S. 173.
236 Anders *R. Schneider* (N 34), S. 59: „Streitgegenstand" sei der durch die behauptete Grundrechtsverletzung begründete Anspruch auf Aufhebung oder Vornahme des bekämpften oder begehrten Aktes der öffentlichen Gewalt.

ganz selten erachtet ein Landesjustizminister eine in seinem Geschäftsbereich ergangene Gerichtsentscheidung für verfassungswidrig. Damit unterstützt er das Begehren des Beschwerdeführers. Der Deutsche Bundestag oder die Bundesregierung werden nicht immer Gesetze verteidigen, die unter anderen Mehrheitsverhältnissen entstanden sind. Es hat auch Fälle gegeben, bei denen man immerhin vermuten kann, daß die Bundesregierung oder die gesetzgebende Körperschaft insgeheim darüber nicht unglücklich waren, daß ein von ihnen zu verantwortendes, aber wenig geliebtes Gesetz schließlich durch das BVerfG für verfassungswidrig erklärt worden ist. Wäre das Verfassungsbeschwerdeverfahren als kontradiktorisches Verfahren ausgestaltet, wie der Organstreit oder die Bund-Länder-Streitigkeiten, so würden die jeweils betroffenen Verfassungsorgane in die wenig glückliche Lage gebracht werden können, Handlungen oder Unterlassungen verteidigen zu müssen, von deren verfassungsrechtlicher oder politischer Richtigkeit sie selbst nicht überzeugt sind. Es hat daher seinen guten Sinn, daß das Verfassungsbeschwerdeverfahren keinen Beschwerdegegner kennt.

b) Akte ausländischer und internationaler öffentlicher Gewalt, frühere DDR

Gegenstand des Verfassungsbeschwerdeverfahrens sind Akte der „öffentlichen Gewalt" **470** (Art. 93 Abs. 1 Nr. 4 a GG, § 90 BVerfGG). Gemeint ist ausschließlich die öffentliche Gewalt im Geltungsbereich des GG, also die deutsche öffentliche Gewalt, soweit sie an das GG gebunden ist[237]. Zwar war die frühere DDR nicht als Ausland anzusehen, sondern gehörte zu Deutschland[238]. Da die Staatsgewalt der DDR dem GG nicht unterstand, konnte aber gegen ein in der DDR ergangenes Urteil oder gegen andere Akte der öffentlichen Gewalt nicht Verfassungsbeschwerde erhoben werden[239]. Ein in der DDR ergangenes Strafurteil durfte in der Bundesrepublik nur vollstreckt werden, wenn es nicht gegen rechtsstaatliche Grundsätze verstieß. Die Entscheidung der Vollstreckungsbehörde über diese Frage konnte jedoch mit der Verfassungsbeschwerde angegriffen werden. Bei ihr handelte es sich um eine Entscheidung der öffentlichen Gewalt in der Bundesrepublik Deutschland[240].

Besonderen Beschränkungen unterlag das BVerfG bei Verfassungsbeschwerden gegen Akte der öffentlichen Gewalt des Landes Berlin. Mit der Herstellung der deutschen Einheit sind diese Beschränkungen entfallen[241].

Kein zulässiger Beschwerdegegenstand sind Akte der öffentlichen Gewalt, die nicht der **471** (bundes-)deutschen, sondern einer ausländischen oder internationalen öffentlichen Gewalt zuzurechnen sind[242]. Akte ausländischer Behörden, die sich als Eingriff in Grundrechte darstellen würden, wären sie am Maßstab des GG zu messen, können aber eine Pflicht der Bundesrepublik Deutschland auslösen, dem von den ausländischen Maßnah-

---

237 BVerfGE 1, 10 (11); 6, 290 (295); 22, 293 (295). Zur EMRK in neuerer Zeit: Zu prüfen ist, ob der auch für die Auslegung der Grundrechte bedeutsame Standard der in der EMRK garantierten Menschenrechte verkannt worden ist: BVerfGE 87, 273 (280); 96, 152 (170).
238 BVerfGE 1, 332 (341 ff.); 36, 1 ff.
239 BVerfGE 1, 332 (341 ff.).
240 BVerfGE 1, 332 (341 ff.).
241 Vgl. hierzu oben Rn. 107.
242 BVerfGE 1, 10 (11); 46, 214 (219 ff.); 57, 9 (23 f.). Zur Frage, ob die allgemeinen Regeln des Völkerrechts (Art. 25 GG) Prüfungsgegenstand einer Verfassungsbeschwerde sein können, vgl. oben Rn. 69 f.

men betroffenen Deutschen diplomatischen Schutz zu geben. Dies gilt etwa bei willkürlichen Verhaftungen, rechtsstaatlich zweifelhaften Gerichtsverfahren oder bei der Beschlagnahme deutschen Eigentums. Da in solchen Fällen stets auch außenpolitische Erwägungen eine Rolle spielen werden, wird aber die Pflicht zu diplomatischem Schutz nur grundsätzlich festzustellen sein. Nur nach den besonderen Umständen des Falles läßt sich beurteilen, welche konkreten Maßnahmen zugunsten der betroffenen Deutschen sich aus dieser Verpflichtung ergeben. Unterbleiben aber Maßnahmen des diplomatischen Schutzes überhaupt oder sind sie offensichtlich unzureichend, so ist bei einer Gefährdung der grundrechtlich geschützten Rechtsgüter wie Leben oder Gesundheit, Freiheit oder Eigentum eine Verfassungsbeschwerde zulässig. Beschwerdegegenstand ist dabei nicht die Maßnahme des fremden Staates, sondern die unterbliebene oder unzureichende Hilfe durch die Bundesregierung oder die von ihr beauftragte Stelle[243].

472 Besondere Probleme werfen die Konsequenzen auf, die sich aus dem Zusammenwachsen der europäischen Mitgliedsstaaten in der EU ergeben. In zunehmendem Maße wirken die Rechtsakte der EG auch auf die Bürger der Bundesrepublik Deutschland ein; auf nahezu allen Gebieten beeinflußt das europäische Gemeinschaftsrecht das nationale Recht, das gezwungen wird, sich ihm anzupassen, oder es gilt unmittelbar mit den gleichen Wirkungen wie deutsches Recht. Während das BVerfG es früher abgelehnt hatte, im Wege des Verfassungsbeschwerdeverfahrens die Ergebnisse von Rechtsstreitigkeiten über Gebührenforderungen der Europäischen Organisation zur Sicherung der Luftfahrt (Eurocontrol) zu überprüfen, weil es sich um Akte einer besonderen, durch völkerrechtlichen Vertrag geschaffenen, von der Staatsgewalt der Mitgliedstaaten geschiedenen öffentlichen Gewalt einer zwischenstaatlichen Einrichtung handele[244], ist es von dieser Rechtsprechung später offen abgewichen. In der Maastricht-Entscheidung vom Oktober 1993[245] heißt es, daß auch die Akte einer „besonderen, von der Staatsgewalt der Mitgliedstaaten geschiedenen öffentlichen Gewalt einer supranationalen Organisation" die Grundrechtsberechtigten in Deutschland „betreffen". Damit seien die „Gewährleistungen des Grundgesetzes und die Aufgaben des Bundesverfassungsgerichts [berührt], die den Grundrechtsschutz in Deutschland und insoweit nicht nur gegenüber deutschen Staatsorganen zum Gegenstand haben". Allerdings übe das BVerfG die – so in Anspruch genommen – Gerichtsbarkeit über die Anwendbarkeit von abgeleitetem Gemeinschaftsrecht in Deutschland in einem „Kooperationsverhältnis" mit dem Europäischen Gerichtshof aus. Dieser garantiere den Grundrechtsschutz in jedem Einzelfall für das gesamte Gebiet der Europäischen Gemeinschaft. Das BVerfG könne sich deshalb auf eine „generelle Gewährleistung" des unabdingbaren Grundrechtsstandards beschränken.

Es ist bisher unklar geblieben, welche Konsequenzen sich aus dieser Inanspruchnahme des Grundrechtsschutzes gegenüber EU-Akten ergeben sollen, die zu einer lebhaften politischen und rechtlichen Diskussion geführt hat[246]. Solange das BVerfG keinen Anlaß

---

243 Vgl. BVerfGE 55, 349 (364 ff.); *E. Klein*, DÖV 1977, S. 704 ff.; *ders.*, DÖV 1979, S. 39 f.; zu den verfassungsprozessualen Konsequenzen *ders.*, AöR 108 (1983), S. 430 und N 106; *ders.*, in: Ress/Stein (Hg.), Der diplomatische Schutz im Völker- und Europarecht (1996), S. 125 ff.

244 BVerfGE 58, 1 (27).

245 BVerfGE 89, 155 (175).

246 Der Stand der Diskussion wird umfassend dargestellt oben § 3 und bei *Schlaich*, Rn. 334 h – n, der auch die zahlreichen Beiträge zu den durch die Maastricht-Entscheidung aufgeworfenen Fragen aufführt, ins-

sieht, Verfassungsbeschwerden gegen Akte von EG-Organen auf ihre Zulässigkeit zu prüfen, kann die Tragweite der vom BVerfG behaupteten Position kaum eingeschätzt werden[247]. Die Kritik, die neben vielen anderen von *Schlaich* geäußert wird[248], weist auf das beträchtliche Konfliktpotential hin, das besteht, wenn das BVerfG sich die Kontrolle der gesamten grundrechtsrelevanten EuGH-Rechtsprechung vorbehalten sollte, wobei bisher nicht erkennbar ist, unter welchen Voraussetzungen es ein Einschreiten für geboten halten würde[249]. Hieran hat auch der kürzlich ergangene Beschluß des BVerfG zur EG-Bananenmarktordnung[250], in dem das Gericht seine Solange II- Rechtsprechung ausdrücklich bestätigt, wenig geändert. Auch wenn das BVerfG einer eher einzelfallbezogenen Grundrechtsüberprüfung zuneigt, bleibt nach wie vor ungeklärt, welche genauen Kriterien an eine solche Einzelfallkontrolle anzulegen sind.

Völkerrechtliche Verträge, denen die gesetzgebenden Körperschaften nach Art. 59 Abs. 2 **473** GG zustimmen müssen, sind mögliche Gegenstände von Verfassungsbeschwerden. Die Fragestellung geht dahin, ob der Gesetzgeber Regelungen vertraglicher Art zustimmen durfte, die – nach der Behauptung des Beschwerdeführers – in Grundrechte eingreifen. Vom Inhalt des abgeschlossenen Vertrages hängt ab, ob solche Auswirkungen auf individuelle Grundrechtspositionen überhaupt in Betracht kommen. Wird der Normbereich von Grundrechten überhaupt nicht berührt, so ist die Verfassungsbeschwerde unzulässig. Wird zwar der Normbereich berührt, ergibt aber die nähere Prüfung, daß das Grundrecht nicht verletzt wird, so ist die Verfassungsbeschwerde zulässig, aber nicht begründet. Die Grenzziehung kann problematisch sein. In der Entscheidung über die Verfassungsmäßigkeit der Ostverträge (Verträge von Moskau und Warschau von 1970 insbesondere zur Frage der Oder-Neiße-Grenze) hat das BVerfG nach einer umfassenden Prüfung von Grundrechtsfragen aus dem Bereich der Art. 6, Art. 14 und Art. 116 GG die Verfassungsbeschwerden für unzulässig erklärt, weil der „hochpolitische" Vertrag die Normbereiche der von den Beschwerdeführern als verletzt bezeichneten Grundrechte überhaupt nicht berühre und sie wegen der Rechtslage Deutschlands und aus völkerrechtlichen Gründen auch nicht berühren könne[251]. Um zu diesem Ergebnis zu gelangen, nahm das BVerfG

---

besondere auch zu dem Problem, wie ein „Kooperationsverhältnis" zwischen BVerfG und EuGH aussehen soll. Vgl. auch *Lechner/Zuck*, § 90 Rn. 85 f.; *Hirsch*, NJW 2000, S. 1817 ff.; *Caspar*, DÖV 2000, S. 349 ff.; *Paehlke-Gärtner*, VBlBW 2000, S. 13 (20 f.).

247 So auch *Schlaich* und *Lechner/Zuck* (N 246).

248 A.a.O. Für unzutreffend halte ich allerdings den in Rn. 334 k enthaltenen Hinweis von *Schlaich*, daß bei konsequenter Anwendung des vom BVerfG aufgestellten Grundsatzes auch die deutschen Landesverfassungsgerichte obsolet werden würden, weil es sich bei ihrer Rechtsprechung um Akte handelte, die den Grundrechtsschutz in Deutschland beträfen, und sogar um Akte der deutschen öffentlichen Gewalt. Werden durch die Entscheidung eines Landesverfassungsgerichts Bundesgrundrechte verletzt, ist hiergegen die Verfassungsbeschwerde an das Bundesverfassungsgericht zulässig, vgl. BVerfGE 6, 445 (447, 449); 24, 289 (294 ff.); 30, 112 (123); 60, 175 (207 ff.); 69, 112 (115 f.); aus der neueren Rspr. des BVerfG z.B. BVerfGE 90, 277 (283) und BVerfG NJW 1998, S. 2659; mißverständlich daher *Schlaich* in Rn. 334 g, wo er nur für den Fall einer behaupteten Verletzung der Vorlagepflicht durch ein Landesverfassungsgericht die Verfassungsbeschwerde an das BVerfG für zulässig erachtet; „im übrigen ist die Verfassungsbeschwerde vor dem BVerfG gegen die Entscheidung des Landesverfassungsgerichts aufgrund der getrennten Verfassungsräume von Bund und Ländern ausgeschlossen." Gemeint ist wohl nur die Auslegung und Anwendung der *Landes*verfassung durch das Landesverfassungsgericht. Vgl. auch oben Rn. 46 ff.

249 Hierzu *Lechner/Zuck*, § 90 Rn. 86.

250 BVerfG, Beschl. vom 07.06.2000 – 2 BvL 1/97, EG-Bananenmarktordnung, NJW 2000, S. 3124 ff.

251 BVerfGE 40, 141 ff.

eine intensive und durchaus materielle Prüfung der Auswirkungen vor, welche die einzelnen Vertragsbestimmungen auf individuelle Grundrechtspositionen haben könnten.

474 Berührt der völkerrechtliche Vertrag keine Grundrechte, so können die Beschwerdeführer mit der Verfassungsbeschwerde nicht eine Prüfung der Frage verlangen, ob die Bundesregierung beim Abschluß des Vertrages ein Ergebnis hätte erreichen müssen, das grundrechtliche Positionen besser gewahrt hätte, als dies durch die vereinbarte Regelung geschehen ist (wie bei den Ostverträgen hinsichtlich der getroffenen Regelungen über die Zusammenführung getrennter Familien)[252]. Ob die Behauptung, daß bessere Vereinbarungen möglich gewesen wären, zutrifft, kann das BVerfG nicht beurteilen. Es ist ihm nicht möglich, besser als die Bundesregierung die Chancen außenpolitischer Maßnahmen einzuschätzen[253].

c) Akte deutscher öffentlicher Gewalt – Allgemeines

475 Jeder Akt der staatlichen Gewalt der Bundesrepublik Deutschland kann Gegenstand einer Verfassungsbeschwerde sein. Da es Aufgabe der Verfassungsbeschwerde ist, die Grundrechte zu schützen, ergibt sich eine Aufteilung der möglichen Beschwerdegegenstände schon aus Art. 1 Abs. 3 GG. Die Gesetzgebung, die vollziehende Gewalt und die Rechtsprechung sind an die Grundrechte gebunden. Besteht die Befürchtung, daß gegen diese Verpflichtung verstoßen worden ist, so bildet der entsprechende Akt einer der drei Gewalten den Beschwerdegegenstand.

476 Das BVerfGG unterscheidet bei den Fristen für die Erhebung einer Verfassungsbeschwerde (§ 93 BVerfGG), der Regelung der Äußerungs- und Beteiligungsbefugnisse (§ 94 BVerfGG) und hinsichtlich der Entscheidung selbst (§ 95 BVerfGG) zwischen Verfassungsbeschwerden gegen gerichtliche Entscheidungen und solchen gegen ein Gesetz oder einen sonstigen Hoheitsakt, gegen den ein Rechtsweg nicht gegeben ist. Da schon Art. 19 Abs. 4 GG eine umfassende Rechtsschutzgarantie gegen staatliche Hoheitsakte gibt, bilden Verfassungsbeschwerden gegen eine Norm den wichtigsten Ausnahmefall von dem Gebot der Rechtswegerschöpfung (§ 90 Abs. 2 BVerfGG), weil im allgemeinen ein Rechtsweg gegen Normen nicht zur Verfügung steht. Typischerweise ist der Gegenstand einer Verfassungsbeschwerde daher entweder ein Gesetz oder eine gerichtliche Entscheidung. Hieraus ergibt sich die Unterscheidung zwischen der „Rechtssatz"- und der „Urteils"-Verfassungsbeschwerde[254].

477 Nach dem Gesetz stehen beide Möglichkeiten gleichberechtigt nebeneinander, so daß man grundsätzlich annehmen könnte, daß es in der Entscheidung des Beschwerdeführers liegt, ob er innerhalb der Jahresfrist nach Inkrafttreten eines ihn in einem seiner Grundrechte oder grundrechtsgleichen Rechte treffenden Gesetzes (§ 93 Abs. 2 BVerfGG) gegen das Gesetz Verfassungsbeschwerde erheben will, oder ob er zunächst abwarten will,

---

252 BVerfGE 40, 141 (178).
253 *E. Klein* (N 243, AöR), S. 429 f.
254 Zum Beschwerdegegenstand vgl. *Kley*, in: Umbach/Clemens, § 90 Rn. 28 ff.; *Pestalozza*, S. 173 f.; *Lechner/Zuck*, § 90 Rn. 81 ff.; *Schlaich*, Rn. 205 ff.; *Stern*, Art. 93 Rn. 499 ff.; *Schmidt-Bleibtreu*, in: BVerfGG-Kommentar, § 90 Rn. 63 ff.; *Leibholz/Rupprecht* (N 104), § 90 Rn. 24 ff.; *Gusy* (N 15), Rn. 18 ff. Zur Berechnung der Jahresfrist bei der „Rechtssatz-" Verfassungsbeschwerde vgl. BVerfG, Urt. v. 22.11.2000 – 1 BvR 2307/94 u.a., sowie Rn. 201 insbes. N 27.

wie sich der Vollzug des Gesetzes auf seinen Fall auswirkt. Er muß dann den Rechtsweg erschöpfen, wobei das hierfür zuständige Gericht möglicherweise das Verfahren zur Durchführung einer konkreten Normenkontrolle (Art. 100 Abs. 1 GG) aussetzt, falls es ebenso wie der Beschwerdeführer von der Verfassungswidrigkeit der Norm überzeugt ist. Nach Erschöpfung des Rechtsweges ist dann innerhalb eines Monats (§ 93 Abs. 1 BVerfGG) Verfassungsbeschwerde zu erheben. Sie richtet sich gegen die jeweils letztinstanzliche Entscheidung, eventuell auch gegen den zugrundeliegenden Exekutivakt, kann aber mittelbar auch das maßgebliche Gesetz zu Fall bringen, falls der Grundrechtsverstoß durch die Verfassungswidrigkeit der Norm, nicht erst durch deren Vollzug, begründet wird. Eine mittelbare Normenkontrolle findet daher auch bei der Urteils-Verfassungsbeschwerde statt, es sei denn, daß der verfassungsrechtliche Fehler allein in der Anwendung des Gesetzes oder in dem gerichtlichen Verfahren zu suchen ist.

Zwischen der Rechtssatz- und der Urteils-Verfassungsbeschwerde bestehen aber funktionelle Unterschiede. Aus ihnen können sich wesentliche Kriterien für die Zulässigkeit der Verfassungsbeschwerde in der einen oder anderen Form ergeben. Dabei ist auch von Bedeutung, ob die subjektive oder eine objektive Funktion der Verfassungsbeschwerde im Vordergrund steht[255]. **478**

Wendet sich der Beschwerdeführer unmittelbar gegen das Gesetz, so sind das Verfahren und seine Wirkungen der konkreten Normenkontrolle sehr ähnlich. Das BVerfG entscheidet allein über die Verfassungsmäßigkeit der Norm. Die Wirkungen der Entscheidung richten sich wie bei der konkreten oder der abstrakten Normenkontrolle nach § 31 Abs. 2 BVerfGG. Natürlich wird hierdurch auch der erfolgreiche Beschwerdeführer begünstigt, den die von ihm als grundrechtswidrig beanstandete Norm nicht mehr belastet. Er wird, soweit er die Wahl hat, vielfach die Rechtssatz-Verfassungsbeschwerde schon deshalb bevorzugen, weil er dann nicht den Rechtsweg erschöpfen muß, der für ihn mit einem möglicherweise Jahre andauernden Zeitverlust verbunden ist und ihm ein Kostenrisiko aufbürdet. Wirkt sich das ihn belastende Gesetz auf seine Rechtsposition erst in fernerer Zukunft aus, wie etwa bei Änderungen im Rentenrecht, kann sich die Unsicherheit der Rechtslage auf Dispositionen nachteilig auswirken, die er je nach Bestand oder Nichtigkeit der Regelung treffen will. Im ganzen sprechen aus der subjektiven Sicht des Beschwerdeführers meist überwiegende Gründe für die Rechtssatz-Verfassungsbeschwerde. **479**

Auch objektive Gründe können in die gleiche Richtung gehen. Geht man von dem jedenfalls möglichen Ergebnis des Verfahrens aus, daß sich eine Norm als verfassungswidrig erweist, so ist es auch im allgemeinen Interesse besser, wenn die Entscheidung hierüber dem Gesetzesbeschluß einigermaßen zeitnah folgt. Auch der Gesetzgeber selbst mag es als nützlich empfinden, den Fehler bald zu erfahren und – soweit dies nach der Entscheidung des BVerfG möglich ist – das politische Ziel in einer verfassungsgemäßen Weise erneut zu verfolgen. Die Folgeerscheinungen des Ausspruchs der Verfassungswidrigkeit können für die Gesetzgebung beträchtlich sein, zu ganz neuen etwa haushaltsmäßigen Überlegungen führen und trotz der grundsätzlichen Sperrwirkung des § 79 BVerfGG die Verwaltung erheblich belasten. Die mit der Entscheidung des BVerfG erfolgte Klärung der verfassungsrechtlichen Lage bewirkt unabhängig davon, ob die Norm für verfas **480**

---

255 Vgl. hierzu oben Rn. 391 ff.

sungswidrig oder für verfassungsgemäß erklärt wird, die Beseitigung einer Rechtsunsicherheit.

481   Während solche Gesichtspunkte, die zugunsten der Rechtssatz-Verfassungsbeschwerde auch von einem objektiven Standpunkt aus sprechen, nur selten hervorgehoben werden[256], werden die gegen sie sprechenden grundsätzlichen Bedenken eher betont[257]. Dies gilt auch für die Rechtsprechung des BVerfG selbst, die zumal in neuerer Zeit die Zulässigkeit der Rechtssatzbeschwerde an immer strengere Voraussetzungen geknüpft hat[258]. Diese Tendenz findet zunächst ihre Begründung in der Belastung des BVerfG. Verfassungsrechtlich deckt Art. 94 Abs. 2 GG das Annahmeverfahren, um das es sich hier nicht handelt, und die Möglichkeit, die vorherige Erschöpfung des Rechtsweges zur Voraussetzung der Zulässigkeit einer Verfassungsbeschwerde zu machen. Ist dieser, wie bei einem Gesetz, nicht gegeben, so kann die Zulässigkeit der Verfassungsbeschwerde wohl nicht allein mit der Begründung verneint werden, durch sie werde das BVerfG übermäßig belastet.

482   Die entlastende Funktion strenger Zulässigkeitsvoraussetzungen wird aber nicht nur quantitativ, sondern auch und vor allem qualitativ begründet[259]: Zunächst sollen die dem betreffenden Rechtsbereich näheren Fachgerichte den Sachverhalt und die Frage klären, ob das angegriffene Gesetz überhaupt, und in welcher Auslegung es auf den Fall des Beschwerdeführers anwendbar ist[260]. Für das BVerfG hat das einen doppelten Vorteil. Zum einen werden viele Verfassungsbeschwerden gar nicht erst erhoben werden, weil dem Begehren des Beschwerdeführers bereits durch die anderen Gerichte entsprochen wird. Zum anderen leisten die Fachgerichte eine nützliche Vorarbeit. Sie erleichtert nicht nur die Arbeit des BVerfG zumal in hochspezialisierten Rechtsgebieten, sondern liefert ihm auch Anschauungsmaterial für die Frage, wie sich das angegriffene Gesetz in der Verwaltungs- und Gerichtspraxis auswirkt. Für die verfassungsrechtliche Beurteilung z.B. am Maßstab des Art. 3 Abs. 1 GG oder des Grundsatzes der Verhältnismäßigkeit kann dies von Bedeutung sein. Während das abstrakte, erst seit kurzer Zeit in Kraft getretene und in der Praxis noch nicht genügend erprobte Gesetz eben nur abstrakt geprüft werden kann, liefert die Bewährung oder Nichtbewährung der Norm über einen längeren Zeitraum Anschauungsmaterial. In dessen Licht kann das Gesetz lebensnah geprüft werden. Dies sind ähnliche Erwägungen, wie sie gegen die Verfahrensart der abstrakten Normenkontrolle vorgebracht werden[261].

483   So gibt es zweifellos gewichtige Gründe, die für eine restriktive Handhabung der Rechtssatz-Verfassungsbeschwerde sprechen. Andererseits abstrahiert diese Betrachtungsweise, die vorwiegend an der objektiven Funktion der Verfassungsbeschwerde ausgerichtet ist, sich weitgehend von dem Rechtsschutzbegehren und -bedürfnis des konkreten Beschwerdeführers, dem regelmäßig an einer baldigen Entscheidung gelegen ist. Damit stehen

---

256   Ansätze bei *Benda*, Grundrechtswidrige Gesetze (1979), S. 35 f.; zustimmend *Gerontas*, DÖV 1982, S. 442.

257   *Gerontas* (N 256), S. 442 ff.; *H. Klein*, in: FS Zeidler, II (1987), S. 1325 ff.

258   *H. Klein* (N 257), S. 1339 unter Hinweis auf BVerfGE 68, 319 (325 f.); 70, 35 (53 f.); 71, 305 (335 ff.).

259   *H. Klein* (N 257), S. 1334.

260   Etwa BVerfGE 55, 244 (247 f.); 58, 81 (105); 60, 360 (369 ff.).

261   So *Simon*, in: Benda/Maihofer/Vogel, Handbuch des Verfassungsrechts (2. Aufl. 1994), S. 1651: vgl. unten Rn. 763 f.

auch hier subjektive und objektive Gesichtspunkte in einem Spannungsverhältnis. Das BVerfG erkennt dies auch an, indem es prüft, ob die Verweisung auf den Rechtsweg vor die Fachgerichte dem Betroffenen zumutbar ist. „Das erfordert eine Abwägung, die die Vorteile des Beschwerdeführers aus einem sogleich eröffneten verfassungsgerichtlichen Rechtsschutz den dabei für die Allgemeinheit oder für Dritte entstehenden Nachteilen gegenüberstellt und die widerstreitenden Gesichtspunkte sodann gegeneinander abwägt"[262].

Damit tritt möglicherweise neben die oder sogar an die Stelle der bisher für die Zulässigkeit der Rechtssatz-Verfassungsbeschwerde entwickelten Kriterien[263] der eigenen, gegenwärtigen und unmittelbaren Betroffenheit als weiteres Element die Zumutbarkeit. Sie erlaubt es, die Umstände des Einzelfalles zu berücksichtigen, und trägt daher der subjektiven Funktion der Verfassungsbeschwerde Rechnung. Der Preis, der hierfür zu zahlen ist, kann aber recht hoch sein. Waren schon die bisher verwendeten Kriterien wegen ihrer „Scheinrationalität" und der „eklektischen Methode" ihrer Anwendung der Kritik ausgesetzt[264], aber doch wenigstens ihrem Grundgedanken nach einleuchtend, so wird sich aus der im Einzelfall vorgenommenen Abwägung nicht leicht ein allgemeines Prinzip herausbilden, das solche Entscheidungen berechenbar macht. Die Neigung des BVerfG, in den Entscheidungsgründen prozessuale Fragen überhaupt nicht oder nur knapp zu behandeln, wird die Berechenbarkeit und Nachvollziehbarkeit einschlägiger Entscheidungen nicht erhöhen.

484

Anders als sich aus dem Wortlaut des BVerfGG entnehmen läßt, stehen dem von einer Norm in einem seiner Grundrechte oder grundrechtsgleichen Rechte betroffenen Beschwerdeführer nach dem gegenwärtigen Stand der Rechtsprechung des BVerfG die Rechtssatz- und die Urteils-Verfassungsbeschwerde nicht als Alternativen frei zur Verfügung, zwischen denen er nach seiner Interessenlage wählen könnte. Regelmäßig wird der Beschwerdeführer vielmehr auf die Urteils-Verfassungsbeschwerde verwiesen, es sei denn, daß ausnahmsweise Gesichtspunkte der Zumutbarkeit für die Zulässigkeit der Verfassungsbeschwerde unmittelbar gegen die Norm sprechen. Da Art. 93 Abs. 1 Nr. 4 a GG, Art. 1 Abs. 3 GG zwischen den verschiedenen Akten der staatlichen Gewalt nicht differenzieren, wird sich die zunehmend restriktive Praxis der Rechtsprechung verfassungsrechtlich nur halten lassen, wenn sich hierfür aus Art. 94 Abs. 2 GG eine Rechtfertigung herleiten läßt. Da letztlich die mittelbar gegen die Rechtsnorm gerichtete Verfassungsbeschwerde nicht endgültig abgeschnitten wird, sondern auf dem Wege über die Urteils-Verfassungsbeschwerde noch möglich bleibt, wird man hiervon noch ausgehen können. Hierzu trägt bei, daß sich die Zulässigkeits-Kriterien für die Urteils-Verfassungsbeschwerde an ähnlichen Erwägungen orientieren, wie sie für das Erfordernis der Erschöpfung des Rechtsweges maßgeblich sind (§ 90 Abs. 2 BVerfGG). Noch weitergehende Beschränkungen, die nach der gegenwärtigen Tendenz der Rechtsprechung des BVerfG nicht auszuschließen sind, könnten aber verfassungsrechtlich bedenklich sein.

485

---

262 BVerfGE 71, 305 (335 ff.).
263 Hierzu näher unten Rn. 523 ff.
264 Kritisch *Zacher* (N 19), S. 427, 431. *H. Klein* (N 257) bezeichnet diese Kritik als überzogen, doch deckt sich seine Kritik weitgehend mit der von *Zacher*. Vgl. auch *Bettermann*, (N 22), S. 129 ff.

d) Insbesondere Rechtsetzungs-Akte

486 Wie sich aus §§ 93 Abs. 2, 94 Abs. 4 und 95 Abs. 3 BVerfGG ergibt, kann sich die Verfassungsbeschwerde (abgesehen von den soeben erörterten einschränkenden Voraussetzungen) unmittelbar gegen ein „Gesetz" richten. Der Erlaß eines Gesetzes gilt unabhängig von dessen Inhalt stets als Ausübung öffentlicher Gewalt. Jedes Gesetz im formellen Sinne unterliegt daher grundsätzlich der Verfassungsbeschwerde[265].

487 Solange über einen Gesetzentwurf noch nicht abschließend entschieden ist, kann dieser keine rechtlichen Wirkungen auf einen von ihm betroffenen Bürger haben. Verfassungsbeschwerden gegen noch nicht abschließend behandelte Gesetzentwürfe sind unzulässig[266]. Eine Entscheidung des BVerfG in diesem Stadium wäre eine Einmischung der Rechtsprechung in noch nicht abgeschlossene politische Überlegungen. Dies würde die Stellung des Gerichts in einer Weise verändern, die das BVerfG selbst als bedenklich bezeichnet[267].

488 Das Gesetzgebungsverfahren wird mit der Verkündung des Gesetzes abgeschlossen (Art. 82 GG). Allgemein wird davon ausgegangen, daß auch zum Zeitpunkt der Verkündung des Gesetzes noch keine Verfassungsbeschwerde erhoben werden kann, da es auch in Kraft getreten sein muß, um sich auf Grundrechte auswirken zu können. Ausnahmsweise wird allerdings die Zulässigkeit der Rechtssatz-Verfassungsbeschwerde zum Zeitpunkt der Verkündung dann bejaht, wenn das verkündete, wenn auch noch nicht in Kraft getretene Gesetz „faktische Wirkungen" erzeugt[268].

489 Eine wichtige Ausnahme bilden die Zustimmungsgesetze zu völkerrechtlichen Verträgen (Art. 59 Abs. 2 GG). Mit der Ausfertigung des Vertragsgesetzes durch den Bundespräsidenten und der Verkündung des Gesetzes kann der völkerrechtliche Vertrag, wenn keine Ratifikation erforderlich ist, verbindlich werden. Aber auch dann, wenn Ratifikation (Austausch der Ratifikationsurkunden oder Hinterlegung der Ratifikationsurkunde) vorgesehen ist, könnte dieser Akt unmittelbar nach Gesetzesverkündung durchgeführt und dadurch die völkerrechtliche Bindung – unabhängig von der Verfassungsrechtslage – herbeigeführt werden. Könnte das Zustimmungsgesetz erst nach diesem Zeitpunkt der verfassungsgerichtlichen Prüfung unterworfen werden, bestünde die Gefahr, daß ein völkerrechtlich verbindlicher Vertrag vom BVerfG für verfassungswidrig erklärt wird. Daher soll die Überprüfung zum frühestmöglichen Zeitpunkt erfolgen können. Auch in diesem Fall soll aber eine Einmischung des Gerichts in den Prozeß der Meinungsbildung des Gesetzgebers vermieden werden. Daher kann die Verfassungsbeschwerde erst nach Abschluß des Gesetzgebungsverfahrens in Bundestag und Bundesrat, anders als sonst aber schon vor der Ausfertigung und Verkündung erhoben werden[269]. Allerdings hindert der Umstand, daß die völkerrechtliche Verbindlichkeit des Vertrages eingetreten ist, die Erhebung der Verfassungsbeschwerde nicht[270].

---

265 BVerfGE 12, 354 (361); 70, 35 (49). Zu Gesetzen im materiellen Sinn näher unten Rn. 502 ff.
266 BVerfGE 1, 396 (409 f.); 68, 143 (150).
267 BVerfGE 1, 396 (409 f.).
268 *Schmidt-Bleibtreu*, in: BVerfGG-Kommentar, § 90 Rn. 89.
269 BVerfGE 1, 396 (411 ff.); 24, 33 (53 f.); *Schmidt-Bleibtreu*, in: BVerfGG-Kommentar, § 90 Rn. 86, 88.
270 BVerfGE 6, 290 (295).

Bei Gesetzen ist Beschwerdegegenstand der Akt der gesetzgebenden Gewalt. An ihm **490** fehlt es, wenn nach größeren Änderungen eines schon älteren Gesetzes der zuständige Minister das Gesetz in der nunmehr geltenden Fassung neu bekanntmacht. Die Bekanntmachung ist kein Akt der öffentlichen Gewalt, der zusätzliche Rechtswirkungen erzeugt, auch wenn dabei die Paragraphenfolge geändert oder Unrichtigkeiten des Wortlauts redaktionell bereinigt werden, sondern ein Vorgang der bloßen Dokumentation[271].

Die zur Bereinigung der – durch die politische Entwicklung nach 1945 vielfach unklar **491** gewordenen – Rechtslage erfolgte Sammlung und Bereinigung des Bundesrechts (und entsprechend des Landesrechts)[272] ist kein gesetzgeberischer Akt, von dem neues Recht ausgeht. Da auch die irrtümliche Aufnahme von Rechtsnormen, die nach der materiellen Rechtslage nicht mehr wirksam sind, diese nicht zur Geltung bringt, wird eine Verfassungsbeschwerde gegen die Sammlung des bereinigten Bundes- oder Landesrechts für unzulässig gehalten[273]. Denkbar ist aber auch der umgekehrte Fall, bei dem ein Gesetz irrigerweise nicht in die Sammlung aufgenommen wird. In diesem Fall soll es zu einem durch das Bereinigungsgesetz bestimmten Zeitpunkt erlöschen. Verschaffte das auf diese Weise erloschene Gesetz eine günstige Rechtsposition, so liegt in dem Gesetzesbefehl, der sein Erlöschen anordnet, eine Änderung des materiellen Rechts. Dieser Akt (positiver) Gesetzgebung greift in Rechtspositionen eines Begünstigten ein. Er ist möglicher Beschwerdegegenstand. Angegriffen wird nicht ein Unterlassen des Gesetzgebers, der das betreffende Gesetz richtigerweise mit hätte aufnehmen müssen, sondern die mit der Nichtaufnahme verbundene Rechtswirkung des Erlöschens des Gesetzes.

Angreifbar sind sowohl Bundes- wie auch Landesgesetze. Jedoch kann auch bei Landes- **492** gesetzen nur die Verletzung von Grundrechten oder grundrechtsgleichen Rechten, die im GG gewährleistet sind, gerügt werden. Verstößt das Gesetz gegen die Landesverfassung, so ist für die Entscheidung darüber nicht das BVerfG zuständig, sondern das Landesverfassungsgericht, sofern die Landesverfassung die Verfassungsbeschwerde zuläßt. Angreifbar sind vor dem BVerfG auch Normen der Landesverfassung, die entgegenstehendem Bundesverfassungs- und Bundesrecht weichen müssen[274].

Selbst einzelne Bestimmungen des GG, vor allem die durch spätere Änderungen einge- **493** fügten oder veränderten Regelungen, könnten mit höherrangigem Verfassungsrecht als „verfassungswidrige Verfassungsnormen" in Konflikt geraten und dann möglicher Gegenstand einer Verfassungsbeschwerde sein. Möglich ist etwa der Streit über die Frage, ob einer für erforderlich gehaltenen Modifizierung des Grundrechtskatalogs die Sperrwirkung des Art. 79 Abs. 3 GG entgegensteht. Soweit die Grundrechte sich als Konsequenz des Prinzips der Achtung und des Schutzes der Menschenwürde (Art. 1 Abs. 1 GG) ergeben, also notwendige Ausprägungen dieses Grundsatzes für einen in dem Grundrecht behandelten Sachverhalt sind, liegt die Erörterung dieser Frage nicht fern[275]. Sie hat bei der Regelung der Überwachung des Post- und Fernmeldeverkehrs unter Ausschaltung des

---

271 BVerfGE 17, 364 (368 f.); 43, 108 (115); *Schmidt-Bleibtreu*, in: BVerfGG-Kommentar, § 90 Rn. 92.
272 Gesetz über die Sammlung des Bundesrechts vom 10.7.1958, BGBl. I S. 437.
273 *Schmidt-Bleibtreu*, in: BVerfGG-Kommentar, § 90 Rn. 93.
274 *Schmidt-Bleibtreu*, in: BVerfGG-Kommentar, § 90 Rn. 82. Siehe auch oben Rn. 41 ff.
275 Zum „Menschenwürdegehalt" der Grundrechte *Benda* (N 92), S. 166 f.

nach Art. 19 Abs. 4 GG allgemein garantierten Rechtsschutzes Bedeutung erlangt[276]. Der nach der Neufassung des Asylrechts durch Art. 16 a GG getroffenen Regelung wurde mit der Behauptung widersprochen, die damit verbundene Einschränkung des Asylrechts verstoße gegen tragende Prinzipien des GG. Diese Argumentation wurde vom BVerfG zurückgewiesen[277]. Das BVerfG hat die „theoretische Möglichkeit" eines Konflikts zwischen „einfachem" und „höherrangigem" Verfassungsrecht nicht verneint, bisher allerdings keine auf eine entsprechende Behauptung gestützte Verfassungsbeschwerde für begründet erachtet[278].

494   Vielfach erörtert wird die Frage, ob möglicher Gegenstand einer Verfassungsbeschwerde nicht nur das Handeln, sondern auch eine Unterlassung des Gesetzgebers sein kann[279]. Hierbei geht es um die Behauptung, der Gesetzgeber sei untätig geblieben, hätte aber im Interesse des Grundrechtsschutzes tätig werden müssen. Werden Grundrechte nicht nur als Abwehrrechte gegen freiheitsbeschränkende Staatseingriffe verstanden, sondern auch als der Anspruch auf Teilhabe oder auf aktiven Schutz des Bürgers, der zur Verwirklichung seines Grundrechts auf die Hilfe des Staates angewiesen ist[280], so kann ein Unterlassen des Gesetzgebers das Grundrecht ebenso beeinträchtigen wie seine Verletzung durch eine erlassene Norm. Dabei entspricht der subjektive Anspruch des Grundrechtsträgers jedenfalls nicht notwendigerweise der sich aus dem objektiv-rechtlichen Gehalt des Grundrechts ergebenden Pflicht zu gesetzgeberischem Handeln[281]. So ist der Staat zwar nach dem heutigen Verständnis des Sozialstaatsprinzips (Art. 20 Abs. 1, Art. 28 Abs. 1 GG) zu sozialgestaltender Tätigkeit berechtigt und verpflichtet[282]. Hieraus ergibt sich jedoch kein subjektiver, mit der Verfassungsbeschwerde verfolgbarer Anspruch, von Ausnahmen abgesehen, in denen auch Art. 1 Abs. 1 GG eine gesetzgeberische Tätigkeit gebietet (wie im Falle der Bereitstellung eines zur Wahrung der Menschenwürde erforderlichen Existenzminimums[283]).

495   Ein Unterlassen des Gesetzgebers ist nur dann zulässiger Gegenstand einer Verfassungsbeschwerde, wenn aus dem Grundrecht ein subjektiver Anspruch auf Tätigkeit folgt. Objektive Pflichten des Gesetzgebers reichen hierfür nicht aus. Zwischen dem subjektiv-rechtlichen und dem objektiven Inhalt eines Grundrechts kann sogar ein Konflikt entstehen. Der objektiv-rechtliche Inhalt des Art. 3 Abs. 2 GG kann, wohl auch in Verbindung mit dem Sozialstaatsprinzip, dahin verstanden werden, daß im Hinblick auf noch bestehende faktische Benachteiligungen der Frauen eine aktive Förderungspflicht des Staates besteht. Dagegen gibt das subjektive Grundrecht des gleichen Art. 3 Abs. 2 GG auch dem

---

276   BVerfGE 30, 1 ff.

277   E 94, 49 (102, 103 f.); Bezugnahme in E 94, 115 (148) (zu Art. 16 a III); E 94, 166 (195).

278   Zusammenstellung der bisher entschiedenen Fälle bei *Schmidt-Bleibtreu*, in: BVerfGG-Kommentar, § 90 Rn. 83.

279   *Schmidt-Bleibtreu*, in: BVerfGG-Kommentar, § 90 Rn. 96; *Kley*, in: Umbach/Clemens, § 90 Rn. 39; *Lechner*, NJW 1955, S. 1817 ff.; *Leibholz/Rupprecht*, (N 104), § 90 Rn. 43; *Stern*, Art. 93 Rn. 633 ff.; *Seiwerth*, Zur Zulässigkeit der Verfassungsbeschwerde gegenüber Grundrechtsverletzungen des Gesetzgebers durch Unterlassen (1962); *Schumann*, AöR 88 (1963), S. 331 ff.; *R. Schneider* (N 34), S. 24 ff.; *Meder*, DVBl. 1971, S. 848 ff.; *Jülicher*, Die Verfassungsbeschwerde gegen Urteile bei gesetzgeberischem Unterlassen (1972).

280   Zur Funktion der Grundrechte *Hesse*, Rn. 279 ff.; *ders.*, in: Benda/Maihofer/Vogel (N 92), § 5 Rn. 13 ff.

281   *Stern*, Art. 93 Rn. 647.

282   *Benda* (N 92), § 17 Rn. 93 ff.

283   Vgl. BVerfGE 1, 97 (104); *Benda* (N 92), § 6 Rn. 18.

Mann einen Anspruch auf Nicht-Diskriminierung aus Gründen des Geschlechts. Wollte der Staat Frauen im Wettbewerb um Stellen im öffentlichen Dienst einen Chancenvorteil einräumen, weil er sich zu besonderen Förderungsmaßnahmen verpflichtet hält, so beeinträchtigte er den subjektiven Anspruch des männlichen Mitbewerbers aus Gründen, die sich aus dem objektiv-rechtlichen Gehalt des Grundrechts ergeben[284]. Auch wenn eine Frau den Gesetzgeber mit immerhin erwägenswerten Gründen für verpflichtet hält, positive Förderungsmaßnahmen zugunsten des bisher unterprivilegierten Geschlechts zu treffen, kann sie das Unterlassen des Gesetzgebers nicht in zulässiger Weise zum Gegenstand einer Verfassungsbeschwerde machen.

Das BVerfG hat zunächst Verfassungsbeschwerden, die sich gegen ein gesetzgeberisches Unterlassen richteten, als mit der Stellung des BVerfG gegenüber dem Gesetzgeber unvereinbar und aus „der Natur der Sache" der Rechtsprechungstätigkeit wesensfremd angesehen[285]. Heute erkennt es Ausnahmen insoweit an, als sich der Beschwerdeführer auf einen ausdrücklichen Auftrag des GG berufen kann, aus dem sich Inhalt und Umfang der Pflicht zur Gesetzgebung mit hinreichender Deutlichkeit ergeben[286]. Ausdrücklich anerkannt ist das Bestehen solcher Gesetzgebungsaufträge für Art. 6 Abs. 5 GG[287], Art. 33 Abs. 5 GG[288], Art. 101 Abs. 1 S. 2 GG[289], Art. 104 Abs. 2 S. 4 GG[290], Art. 131 S. 1 GG[291] und Art. 134 Abs. 4 GG[292]. Soweit es sich um solche Anwendungsbereiche des „absoluten" Unterlassens handelt, dürften alle sich hieraus ergebenden Fragen heute gesetzgeberisch abgeschlossen und verfassungsgerichtlich behandelt sein[293]. **496**

Wo dagegen das GG zu Maßnahmen lediglich ermächtigt, nicht aber verpflichtet, oder dem Gesetzgeber nähere Regelungen aufträgt, wie z.B. bei Art. 4 Abs. 3 GG oder in Art. 14 Abs. 1 S. 2 GG, kann wohl von einem Gesetzgebungsauftrag, der den Gesetzgeber inhaltlich festlegt, nicht gesprochen werden[294]. Wird der Gesetzgeber tätig, kann aber das Gesetz Beschwerdegegenstand mit der Behauptung sein, es werde dem Grundrecht nicht gerecht oder verkehre gar dessen Sinn in das Gegenteil. **497**

Vielfach werden als Fälle eines gesetzgeberischen Unterlassens auch Regelungen behandelt, die nur für einen näher umschriebenen Personenkreis gelten. Der von dem Gesetz **498**

---

284 Zu dem Spannungsverhältnis zwischen subjektiv-rechtlichem und objektiv-rechtlichem Gehalt des Art. 3 Abs. 2 GG vgl. *Benda*, Notwendigkeit und Möglichkeit positiver Aktionen zugunsten von Frauen im öffentlichen Dienst, Rechtsgutachten für die Leitstelle „Gleichstellung der Frau" des Senats der Freien und Hansestadt Hamburg (1986), S. 118 ff.
285 BVerfGE 1, 97 (100 f.); 2, 237 (244); 11, 255 (261).
286 Zuerst in BVerfGE 6, 257 (264); 56, 54 (70 ff.); 77, 170 (214). Zur Verfassungsbeschwerde als Instrument, um die grundrechtlichen Schutzpflichten des Staates zu aktivieren, *E. Klein*, NJW 1989, S. 1638 f.; *Möstl*, DÖV 1998, S. 1029 ff.
287 BVerfGE 8, 210 (Leitsatz 2); 25, 167 (Leitsatz 1).
288 BVerfGE 8, 1 (18 f.); 12, 81 (87); 15, 167 (195).
289 BVerfGE 19, 52 (60).
290 BVerfGE 10, 302 (329).
291 BVerfGE 3, 187 (197); 6, 257 (264); 15, 46 (60).
292 BVerfGE 19, 150 (157).
293 So auch *Lechner/Zuck*, § 90 Rn. 71.
294 So *Stern*, Art. 93 Rn. 645; ähnlich *Leibholz/Rupprecht* (N 104), § 90 Rn. 43; *Schmidt-Bleibtreu*, in: BVerfGG-Kommentar, § 90 Rn. 116. Entsprechendes gilt auch für die besondere Fallgruppe der Verletzung einer gesetzgeberischen Nachbesserungspflicht, vgl. *Möstl*, DÖV 1998, S. 1031; *Steinberg*, Der Staat (26) 1987, S. 161 (181 f.).

nicht erfaßte Beschwerdeführer behauptet, der Gesetzgeber hätte ihn unter Berücksichtigung des Art. 3 Abs. 1 GG in die vorteilhafte Regelung einbeziehen müssen. Dies sind aber nur Fälle eines „teilweisen Unterlassens"[295], eines „relativen", in Wirklichkeit aber nur scheinbaren Unterlassens[296], mag auch die Verfassungsbeschwerde, die eine Ausdehnung des durch das Gesetz begünstigten Personenkreises anstrebt, dem Angriff auf ein gesetzgeberisches Unterlassen nahekommen[297].

499 In diesen Fällen ist der Gesetzgeber tätig geworden, der Behauptung nach allerdings unter Verletzung des Gleichheitssatzes. Ihm kann jedenfalls ein Unterlassen in dem Sinn völliger Untätigkeit nicht vorgeworfen werden. Mit der Rüge, der Beschwerdeführer und die Gruppe, der er angehört, seien zu Unrecht nicht einbezogen worden, wird nur gesagt, daß der Gesetzgeber bei seiner Entscheidung über die Abgrenzung des begünstigten Personenkreises falsch entschieden habe. Damit wird nicht eine Unterlassung, sondern ein Handeln des Gesetzgebers angegriffen. Beschwerdegegenstand ist dabei das beschlossene Gesetz, weil es nach der Behauptung gleichheitswidrig abgrenzt. Dabei kann nicht darauf abgestellt werden, mit welcher Ausdrucksweise die Abgrenzung erfolgt. Sie ist sprachlich ebenso möglich, indem die begünstigte Gruppe positiv umschrieben wird, als auch dadurch, daß die nicht begünstigten Fälle aufgezählt werden. Die Formulierung „Steuerfrei sind alle Umsätze, sofern sie …" besagt nichts anderes als die Wendung „Steuerfrei sind alle Umsätze, sofern sie nicht …". Sprachliche oder auch politische Gründe sprechen regelmäßig eher dafür, die begünstigte Gruppe zu benennen, als die nicht begünstigten Personen aufzuzählen. Selbst wenn der Gesetzgeber die Gruppe überhaupt nicht gesehen, also schlicht vergessen hat, die er bei Beachtung des Art. 3 Abs. 1 GG in die Regelung hätte einbeziehen müssen, kann nichts anderes gelten.

500 Die Zulässigkeit der Verfassungsbeschwerde kann in diesen Fällen nicht von der Art der Formulierung abhängig gemacht werden, mit welcher der Regelungsinhalt im Gesetz umschrieben worden ist[298]. Unabhängig davon, auf welche Weise der Gesetzgeber seine inhaltliche Entscheidung zum Ausdruck gebracht hat, kann die Verfassungsbeschwerde nur behaupten, daß die Regelung unter dem Gesichtspunkt des Art. 3 Abs. 1 GG so, wie sie in ihrem materiellen Inhalt zu verstehen ist, den Beschwerdeführer in seinem Gleichheitsgrundrecht verletzt. Trifft dies zu, so ergibt sich allerdings nicht von selbst, daß der Beschwerdeführer in die begünstigende Regelung einzubeziehen ist. Der Gleichheitsverstoß könnte auch dadurch beseitigt werden, daß künftig die Begünstigung überhaupt entfällt. Daher stellt in solchen Fällen das BVerfG lediglich die Verfassungswidrigkeit des angegriffenen Gesetzes fest und überläßt dem Gesetzgeber die Entscheidung, wie er den Gleichheitsverstoß beseitigen will. Die Zulässigkeit der Verfassungsbeschwerde gegen das Gesetz, das die zu enge Regelung enthält, beseitigt das nicht[299].

501 Eine wichtige Konsequenz ist aber, daß die fristgebundene Verfassungsbeschwerde nicht zu einem beliebigen Zeitpunkt mit der Begründung eingelegt werden kann, es werde eine Unterlassung des Gesetzgebers angegriffen, für welche die Jahresfrist nicht gelten könne, weil

---

295 So BVerfGE 6, 257 (264).
296 *Lechner* (N 279), S. 1817.
297 *Stern*, Art 93 Rn. 641.
298 So aber *R. Schneider* (N 34), S. 24 ff. und passim, insbes. auch S. 27.
299 Ähnlich schon in BVerfGE 6, 257 (264). Siehe auch unten Rn. 1269.

es bei einem Unterlassen an einem zeitlichen Anknüpfungspunkt fehle[300]. Meint der Beschwerdeführer, der Gesetzgeber hätte ihn in die begünstigende Regelung einbeziehen müssen, so lokalisiert er den verfassungsrechtlichen Fehler selbst an dem Ort und zu dem Zeitpunkt, der anzugreifen ist, also bei dem der Behauptung nach gleichheitswidrigen Gesetz. Erfolgt der Angriff in den luftleeren Raum einer nicht auf konkretes gesetzgeberisches Handeln bezogenen Unterlassung, so wird dem notwendigen Vergleich jede Grundlage entzogen, mit der die Vergleichbarkeit des Vergleichspaares gemessen werden könnte[301].

Gegenstand der Verfassungsbeschwerde können nicht nur Gesetze im formellen Sinn sein, sondern alle materiellen Rechtsnormen. Dies sind neben den Gesetzen vor allem Rechtsverordnungen[302], aber auch Satzungen. Für Bebauungspläne nach § 1 BauGB/BBauG hat das BVerfG zunächst die einschränkende Auffassung vertreten, sie sollten die bauliche und sonstige Nutzung der Grundstücke lediglich leiten und könnten daher nicht unmittelbar in bestehende Rechtspositionen des Bürgers eingreifen und ihn insoweit in Grundrechten beeinträchtigen[303]. Später hat das BVerfG diese Auffassung jedenfalls insoweit ausdrücklich aufgegeben, als der Bebauungsplan die Bebaubarkeit des Grundstücks entfallen lassen, Zufahrtsmöglichkeiten zum Grundstück einschränken oder in anderer Weise direkte Auswirkungen auf die Rechtsstellung des Eigentümers haben könne. Insoweit werde der Eigentümer unmittelbar in seinem grundrechtlich geschützten Rechtskreis betroffen[304]. **502**

Mit einer Entscheidung, die unmittelbar gegen die Gebührenordnung für Ärzte erhobene Verfassungsbeschwerden für unzulässig erklärte, wurde nicht der Rechtssatz-Charakter der Gebührenordnung bestritten. Die Unzulässigkeit der Verfassungsbeschwerde wurde aus dem „Grundsatz der Subsidiarität" hergeleitet; dieser mache vorab eine Klärung der Gültigkeit der Gebührenordnung und deren Norminhalt sowie ihrer Bedeutung für den von dem Beschwerdeführer dargelegten Sachverhalt erforderlich[305].

Allgemeine Verwaltungsvorschriften, Richtlinien oder Runderlasse begründen nicht unmittelbar Rechte oder Pflichten für die von ihnen betroffenen Bürger. Sie setzen ein entsprechendes Verwaltungshandeln in der Form von Verwaltungsakten oder auf andere Weise voraus. Daher sind Verwaltungsvorschriften nicht mögliche Gegenstände einer Verfassungsbeschwerde[306]. **503**

Umstritten und vom BVerfG bisher nicht entschieden[307] ist, ob eine Verfassungsbeschwerde gegen Tarifverträge zulässig ist[308]. Hiergegen sprechen überwiegende Gründe. **504**

---

300 BVerfGE 11, 255 (262); 13, 284 (287 f.).
301 Vgl. *Stern*, Art. 93 Rn. 641.
302 BVerfGE 3, 162 (171); 3, 288 (299).
303 BVerfGE 31, 364 (368 f.).
304 BVerfGE 70, 35 (52 f.).
305 BVerfGE 68, 319 (326 f.).
306 BVerfGE; 2, 237 (242 f.). In BVerfGE 78, 214 (229) wird offengelassen, ob und unter welchen Voraussetzungen sich ein Anspruch des Bürgers auf Anwendung von Verwaltungsvorschriften etwa aus Art. 3 Abs. 1 GG oder aus dem Grundsatz des Vertrauensschutzes ergeben könne. – Weitergehend zu Verwaltungsvorschriften, die Außenwirkung begründen, *Gusy* (N 15), Rn. 31.
307 Ausdrücklich offen gelassen im Beschluß vom 02.12.1969, – 1 BvR 612/67 –, AP Nr. 5 zu § 90 BVerfGG.
308 Bejahend (ohne weitere Begründung) *Leibholz/Rupprecht* (N 104), § 90 Rn. 42; für die für allgemein verbindlich erklärten Tarifnormen *Stern*, Art. 93 Rn. 619; ausführlich *Klas*, Die Zulässigkeit der Verfassungsbeschwerden gegen Tarifnormen (Diss. Münster 1979) m.w.N.; ablehnend *Schmidt-Bleibtreu*, in: BVerfGG-Kommentar, § 90 Rn. 87; *Dürig* (N 193), Art. 1 Abs. 3 Rn. 116.

Zwar handelt es sich Tarifverträgen um „Gesetzgebung im materiellen Sinne", die „Normen im rechtstechnische Sinne erzeugt"[309]. Aber „Gesetzgeber" ist es nicht der Staat, sondern kraft der ausdrücklichen Ermächtigung des Art. 9 Abs. 3 GG sind es die vom Staat unabhängigen Verbände, die das Recht setzen. Wird der Tarifvertrag nach § 4 TVG von staatlichen Stellen für allgemeinverbindlich erklärt, so liegt zweifelsfrei ein Akt öffentlicher Gewalt vor, durch den die zwischen den Tarifvertragsparteien vereinbarten Regelungen normativen Charakter erhalten. Dabei wird neben den sonstigen Voraussetzungen einer Allgemeinverbindlicherklärung auch zu prüfen sein, ob der Tarifvertrag inhaltlich den Anforderungen des GG entspricht. Insbesondere darf er keine Regelungen enthalten, die in unzulässiger Weise aus Gründen des Geschlechts oder der Zugehörigkeit oder Nichtzugehörigkeit zu einer Gewerkschaft differenzieren. Der an die Grundrechte gebundene Staat kann eine Regelung, die aus solchen Gründen verfassungswidrig ist, nicht für allgemein verbindlich erklären. Da gegen diesen Hoheitsakt, der kollektive Vertragsregelungen in objektives Recht umwandelt, die Verfassungsbeschwerde zulässig ist, werden jedenfalls alle Tarifverträge erfaßt, an denen ein unmittelbares Allgemeininteresse besteht.

505   Die Meinung, die sonst Tarifverträge als mögliche Gegenstände einer Verfassungsbeschwerde ansieht, beruft sich nicht zufälligerweise auf die objektive Funktion der Verfassungsbeschwerde. Deren Aufgabe sei es nicht lediglich, sich im Schutz der Grundrechtssphäre des Einzelnen zu erschöpfen. Vielmehr solle sie auch eine „generelle Funktion" innerhalb der Rechtsordnung erfüllen, indem sie das Verfassungsrecht wahre und seine Auslegung und Fortbildung fördere. Hieraus ergebe sich die Aufgabe, den Begriff der öffentlichen Gewalt so weit zu fassen, daß er nicht auf die staatliche Herrschaftsausübung beschränkt bleibe, sondern auch andere Herrschaftsverhältnisse erfasse, die sich neben der staatlichen Gewalt etabliert hätten und kraft staatlicher Anerkennung bestünden[310].

506   Solche Überlegungen haben aber Konsequenzen für das Freiheitsverständnis im Bereich der Koalitionsfreiheit (Art. 9 Abs. 3 GG), die ein wichtiger Teil der Bürgerfreiheit ist. Koalitionsfreiheit und Tarifautonomie sind nicht Ausdruck einer Arbeitsteilung zwischen Staat und Tarifpartnern oder der Inpflichtnahme gesellschaftlicher Kräfte für öffentliche Aufgaben. Sie sollen im Gegenteil einen staatsfreien Raum respektieren. Dabei wird in Kauf genommen, daß die in diesem Bereich unabhängig vom Staat getroffenen Entscheidungen wie der Abschluß von Tarifverträgen sehr bedeutende, aber auch nachteilige Auswirkungen auf die staatliche Wirtschafts- und Finanzpolitik haben können. Wären die Tarifvertragsparteien „öffentliche Gewalt", so wären sie bei ihren Vereinbarungen an das Allgemeinwohl gebunden. Gewiß ist das Bewußtsein, für das Ganze Mitverantwortung zu tragen, eine wesentliche Voraussetzung auch der Tarifautonomie. Werden aber Verbände, die legitime Teilinteressen vertreten, rechtlich an das Allgemeinwohl gebunden oder wird ihnen eine „Sozialpflichtigkeit" auferlegt, so wird nicht nur die Freiheitlichkeit der Tarifautonomie eingeschränkt, sondern auch der Staat von seiner Verpflichtung entlastet, selbst im Interesse des Allgemeinwohls tätig zu werden, falls von der Tätigkeit freier und nicht in den Staat inkorporierter Verbände Gefahren ausgehen sollten[311].

---

309   BVerfGE 44, 322 (341, 347); 55, 7 (21).
310   *Klas* (N 308), S. 127 ff.
311   Hierzu *Benda* (N 92), § 17 Rn. 150 ff.

e) Insbesondere gerichtliche Entscheidungen

Der Grundsatz, daß gerichtliche Entscheidungen Beschwerdegegenstand einer Verfassungsbeschwerde sein können, ist nicht problematisch. Anders als Art. 19 Abs. 4 GG[312] meint Art. 93 Abs. 1 Nr. 4 a GG auch Gerichtsentscheidungen, wenn er von Akten der öffentlichen Gewalt spricht. Dies ergibt sich bereits aus der Bindung aller staatlichen Gewalt an die Grundrechte (Art. 1 Abs. 3 GG). Da – abgesehen von der Rechtssatz-Verfassungsbeschwerde – grundsätzlich der jeweils zur Verfügung stehende und durch Art. 19 Abs. 4 GG garantierte Rechtsweg beschritten und regelmäßig auch erschöpft sein muß, bevor eine Verfassungsbeschwerde zulässig wird, richten sich die meisten Verfassungsbeschwerden gegen Entscheidungen anderer Gerichte. Zugleich ergibt sich aus § 90 Abs. 2 BVerfGG, daß nicht schon die Entscheidung jedes Instanzgerichts angegriffen werden kann, sondern eine rechtskräftige, außer mit der Verfassungsbeschwerde nicht weiter angreifbare Entscheidung des jeweils in letzter Instanz zuständigen Gerichts vorliegen muß.

507

Auch das BVerfG selbst ist Gericht (Art. 92 GG). Würden auch seine Entscheidungen wiederum mit der Verfassungsbeschwerde angegriffen werden können, so würde sich eine endlose Kette von Verfahren ergeben. Die Entscheidungen des BVerfG gehören daher nicht zu den in Art. 93 Abs. 1 Nr. 4 a GG, § 90 BVerfGG gemeinten Akten der öffentlichen Gewalt. Weder Senats- noch Plenarentscheidungen des BVerfG[313] noch die eine Annahme zur Entscheidung ablehnenden Kammerbeschlüsse können mit der Verfassungsbeschwerde angegriffen werden[314]. Ob immerhin eine Gegenvorstellung möglich ist, hat das BVerfG verschiedentlich erwogen und in neuerer Zeit für möglich gehalten[315]. So ist es denkbar, daß aufgrund einer falschen Berechnung der Frist eine Verfassungsbeschwerde für unzulässig erklärt wird. Stellt sich nach einer Gegenvorstellung der Fehler heraus, so wäre es wenig glücklich, wenn das Gericht auf seinem eindeutig erkennbaren Irrtum beharren würde. Die Unanfechtbarkeit von Entscheidungen darf – wie das BVerfG andere Gerichte gemahnt hat – nicht zu grobem prozessualen Unrecht führen[316]. Bei Kammerbeschlüssen ist in den (sehr seltenen) Fällen der irrtümlich angenommenen Fristversäumnis ein Hinweis des Berichterstatters erfolgt, daß zwar eine Fristversäumnis nicht vorliege, die Verfassungsbeschwerde aber auch keine hinreichende Aussicht auf Erfolg habe. Natürlich setzt dies eine Sachprüfung in dem im Annahmeverfahren gebotenen Umfang voraus, und es besteht immer die Möglichkeit, daß die Verfassungsbeschwerde doch Erfolgsaussichten hat. Hilft der Hinweis des Berichterstatters nicht weiter, so sollte dem Beschwerdeführer ein erneuter Kammerbeschluß nicht verweigert werden, sofern auch abgesehen von der Beschwerdefrist Gründe bestehen, sie nicht zur Sachentscheidung anzunehmen. Ereignet sich ein gleicher Fehler bei der Entscheidung über eine Ver-

508

---

312 Allgemeine Meinung, vgl. z.B. *Dürig* (N 193), Art. 19 Abs. 4 Rn. 17.
313 BVerfGE 1, 89 (90); 7, 17 (18); 19, 88 (90).
314 BVerfGE 7, 241 (243); 18, 440 (440 f.); 19, 88 (90).
315 In BVerfGE 72, 84 (88) hält der Erste Senat, der einen zwei Tage nach einer mündlichen Verhandlung eingegangenen und beim Gericht verlorengegangenen Schriftsatz nicht berücksichtigt hat, eine Gegenvorstellung gegen das Urteil wegen Verletzung des rechtlichen Gehörs „möglicherweise" für zulässig (unter Hinweis auf die in BVerfGE 69, 233 (242) ausgesprochene, verfassungsrechtlich begründete Pflicht anderer Gerichte, bei Verletzung von Art. 103 Abs. 1 GG selbst unanfechtbare Beschlüsse im Wege der „Selbstkontrolle" zu überprüfen. Die Frage bleibt offen, weil die Rüge des Beschwerdeführers zu keinem anderen Ergebnis hätte führen können. – Zur früheren Praxis des BVerfG *Seide*, DÖV 1969, S. 676.
316 BVerfGE 63, 77 (78 f.) m.w.N.; vgl. oben Rn. 332.

fassungsbeschwerde durch den Senat – deren Annahme zur Sachentscheidung, sofern aus den in § 93 a Abs. 2 BVerfGG aufgeführten Gründen dies „angezeigt" ist, auch die Erfolgsaussicht mit berücksichtigen wird –, kann das BVerfG sich nicht von dem Anspruch freistellen, den es gegenüber der Vermeidung groben prozessualen Unrechts an andere Gerichte stellt.

509 Zweifelsfragen ergeben sich bei gerichtlichen Entscheidungen, die das Verfahren nicht endgültig abschließen, aber bleibende Rechtsnachteile für den Betroffenen nach sich ziehen[317]. Maßgeblicher Grundsatz ist, daß an der verfassungsgerichtlichen Überprüfung bereits einer das Verfahren noch nicht abschließenden Entscheidung ein besonders schutzwürdiges Interesse besteht, also ein – zusätzliches – Rechtsschutzbedürfnis anzuerkennen ist. Das ist der Fall, wenn über eine Rechtsfrage abschließend befunden wird, die für das weitere Verfahren wesentlich ist und – auch in späteren Instanzen – nicht mehr nachgeprüft und korrigiert werden kann[318].

510 Beispiele für solche Entscheidungen, die mit der Verfassungsbeschwerde selbständig angreifbar sind, bilden im Bereich des Strafverfahrens der Haftbefehl[319], der Durchsuchungsbefehl und der Beschlagnahmebeschluß des Ermittlungsrichters[320] oder die Anordnung einer körperlichen Untersuchung nach § 81 a StPO[321]. Drohen einem Angeklagten im Falle der Durchführung der Hauptverhandlung schwerste gesundheitliche Gefahren, so ist gegen die die Einstellung des Verfahrens ablehnende Entscheidung des Gerichts Verfassungsbeschwerde zulässig[322]. Im Zivilprozeß sind Verfassungsbeschwerden z.B. gegen die letztinstanzliche Entscheidung im einstweiligen Verfügungs-Verfahren[323], Beschlüsse im Wertfestsetzungs-Verfahren nach § 74 a ZVG[324] oder die abschließende Entscheidung im Prozeßkostenhilfe-(Armenrechts-) Verfahren[325] für zulässig erachtet worden. Im verwaltungsgerichtlichen Verfahren liegt der Schwerpunkt im Bereich des vorläufigen Rechtsschutzes. Entscheidungen über Anträge auf Erlaß einer einstweiligen Anordnung können unabhängig von dem Verfahren in der Hauptsache mit der Verfassungsbeschwerde angegriffen werden[326]. Bei der verwaltungsgerichtlichen Überprüfung der zugunsten der Errichtung technischer Großanlagen ergangenen staatlichen Akte nimmt das Verfahren in der Hauptsache regelmäßig viele Jahre in Anspruch. Der Streit verlagert sich auch vor dem BVerfG zunehmend auf das vorläufige Rechtsschutzverfahren. Der Zeitfaktor spielt in anderer Weise auch im Bereich der zahlreichen Verfassungsbeschwerdeverfahren über Zulassungsbeschränkungen in den numerus-clausus-Fächern eine Rolle. Wenn in zulassungsbeschränkten Hochschulfächern Streit darüber besteht, ob noch wei-

---

317 Vgl. hierzu *Schmidt-Bleibtreu*, in: BVerfGG-Kommentar, § 90 Rn. 132 ff. (mit umfangreicher Kasuistik); *Stern*, Art. 93 Rn. 631; *Leibholz/Rupprecht* (N 104), § 90 Rn. 46; *Gusy* (N 15), Rn. 40.; *Lechner/Zuck*, § 90 Rn. 102-104. – Zusammenfassende Darstellung der Rechtsprechung des BVerfG in BVerfGE 24, 56 (61); spätere Entscheidungen u.a. BVerfGE 25, 336 (344); 53, 109 (113); 58, 1 (23).
318 St. Rspr., vgl. BVerfGE 24, 56 (61); 89, 28 (34).
319 BVerfGE 1, 322 (325); 20, 45 ff; 20, 144 ff.
320 BVerfGE 20, 162 (173); 42, 212 (218).
321 BVerfGE 16, 194.
322 BVerfGE 89, 120 (128).
323 BVerfGE 42, 163 (167).
324 BVerfGE 6, 12 (14); 16, 283 (285).
325 BVerfGE 7, 53 (55).
326 BVerfGE 35, 382 (397); 69, 257 (267), jeweils m.w.N.; vgl. auch BVerfGE 77, 381 (400 f.).

tere Kapazitäten zur Verfügung stehen, so müßten diese für längere Zeit ungenutzt bleiben, wenn stets die verwaltungsgerichtliche Entscheidung zur Hauptsache abgewartet werden müßte, bevor Verfassungsbeschwerde eingelegt werden kann. Unter diesem Gesichtspunkt und unter der weiteren Voraussetzung, daß grundsätzliche verfassungsrechtliche Fragen klärungsbedürftig erscheinen, entscheidet das BVerfG „ausnahmsweise" bereits über Verfassungsbeschwerden, die sich gegen ablehnende Entscheidungen im Verfahren des vorläufigen Rechtsschutzes richten. Sind solche Beschwerden vom BVerfG zur Entscheidung angenommen, so spricht sich das in den interessierten Kreisen rasch herum. Es werden dann weitere ähnlich gelagerte Verfassungsbeschwerden angehängt, mit denen eine vorläufige Zulassung angestrebt wird. Mit ihr ist die Hoffnung verbunden, daß sich die einmal errungene Rechtsposition als dauerhaft erweisen werde. Diese Verfassungsbeschwerden von „Trittbrettfahrern" hat aber das BVerfG unter Hinweis auf den Grundsatz der Subsidiarität der Verfassungsbeschwerde „unter Berücksichtigung der Eigenart des Verfahrensgegenstandes" verworfen[327].

Beschwerdegegenstand ist regelmäßig die Gerichtsentscheidung selbst. Die Rechtsfolgen **511** dieser Entscheidung ergeben sich grundsätzlich aus ihrem Entscheidungstenor, der aufgrund des festgestellten und in den Gründen dargestellten Sachverhalts die Rechtsfolgen ausspricht. Beschwerdegegenstand ist, was den von der Entscheidung Betroffenen beschwert. Das ist im Regelfall der die Rechtsfolgen aussprechende Tenor. Ausnahmsweise kann sich aber die Beschwer nicht aus dem Entscheidungstenor ergeben, sondern aus einzelnen Teilen der Entscheidungsgründe. Wird der Angeklagte in einem Strafverfahren freigesprochen, so ist er insoweit nicht beschwert. Jedoch können die Entscheidungsgründe so formuliert sein, daß sie den Freigesprochenen in einem grundrechtlich geschützten Bereich – meist in seiner persönlichen Ehre – so belasten, daß sie für sich und ungeachtet des Freispruchs eine Grundrechtsverletzung darstellen. Ausnahmsweise kann sich daher eine Verfassungsbeschwerde auch gegen die Art der Begründung gerichtlicher Entscheidungen, also gegen einzelne Ausführungen in den Entscheidungsgründen, richten[328]. Von ihnen können nicht nur die Parteien des Gerichtsverfahrens oder die in einem Strafverfahren angeklagten Personen betroffen sein, sondern auch Dritte. Dies ist etwa der Fall, wenn in einem Scheidungsverfahren ein Dritter als angeblicher Ehestörer namentlich genannt wird[329]. Beschwerdegegenstand ist dann nicht die Entscheidung als Ganzes, sondern derjenige Teil der Entscheidungsgründe, der die entsprechenden Ausführungen enthält.

Erweist sich die Verfassungsbeschwerde eines an dem Rechtsstreit selbst unbeteiligten **512** Dritten als begründet, so kann § 95 Abs. 2 BVerfGG nicht anwendbar sein. Stattgegeben wird nicht der Verfassungsbeschwerde „gegen eine Entscheidung", sondern einer solchen gegen bestimmte Ausführungen in ihren Gründen. Die Entscheidung selbst, die als solche von dem Beschwerdeführer überhaupt nicht angegriffen wird, kann richtig oder jedenfalls durch den Beschwerdeführer, der von ihr nicht betroffen ist, verfassungsgerichtlich unangreifbar sein. Daher kann lediglich festgestellt werden, daß die genauer zu bezeichnenden

---

327   BVerfGE 51, 130 (138 ff.); 56, 216 (234); 59, 63 (83).
328   BVerfGE 28, 151 (160 f.); vgl. aber auch BVerfGE 6, 7 (9); 74, 358 (374). – *Lechner/Zuck*, § 90 Rn. 106; *Leibholz/Rupprecht* (N 104), § 90 Rn. 47; *Schmidt-Bleibtreu*, in: BVerfGG-Kommentar, § 90 Rn. 152; eingehend *Jakobs*, JZ 1971, S. 279 ff.
329   BVerfGE 15, 283 (286); 16, 25 (27).

Teile der Entscheidungsgründe den Beschwerdeführer in einem seiner Grundrechte beeinträchtigen[330].

513   Grundsätzlich möglich ist die Verfassungsbeschwerde gegen Unterlassung der Rechtsprechung[331]. Meist wird es sich um Fälle der Verweigerung effektiven Rechtsschutzes (Art. 19 Abs. 4 GG) handeln, so etwa bei überlanger Verfahrensdauer. Ergeht bei Streitigkeiten, welche die berufliche oder wirtschaftliche Stellung eines Beschwerdeführers betreffen (wie bei dem Entzug einer Gewerbeerlaubnis oder der ärztlichen Approbation) die gerichtliche Entscheidung erst nach Ablauf eines langen Zeitraumes, so kann dies für den Betroffenen selbst dann existenzvernichtende Wirkungen haben, wenn ihm schließlich bestätigt wird, daß die gegen ihn gerichtete Maßnahme rechtswidrig war. Die Bedeutung des Zeitablaufs für die Effektivität des Rechtsschutzes ist auch dem BVerfG durch Entscheidungen des Europäischen Gerichtshofes für Menschenrechte aufgrund der Europäischen Menschenrechtskonvention deutlicher zum Bewußtsein gebracht worden[332].

514   Ein weiterer Anwendungsfall sind „Nichtentscheidungen", d.h. Entscheidungen, die wegen fehlender Zuständigkeit (Schulfall: der Standesbeamte scheidet eine Ehe) oder wegen schwerster Verfahrensfehler (fehlende Unterschrift eines der Richter eines Kollegialgerichts) nur dem äußeren Anschein nach Gerichtsurteile darstellen[333].

f) Insbesondere Exekutivakte

515   Wegen der Rechtsschutzgarantie des Art. 19 Abs. 4 GG und der grundsätzlich gebotenen Erschöpfung des Rechtsweges sind Akte der vollziehenden Gewalt nur ausnahmsweise unmittelbarer Beschwerdegegenstand.

Wird unter Beachtung des § 90 Abs. 2 BVerfGG von dem Beschwerdeführer behauptet, er sei durch einen von den Gerichten bestätigten Verwaltungsakt in einem seiner Grundrechte oder grundrechtsgleichen Rechte beeinträchtigt worden, so sind sowohl der Verwaltungsakt selbst als auch die diesen bestätigende Gerichtsentscheidung „Verfahrensgegenstand", also nach der hier verwendeten Terminologie Beschwerdegegenstand. Beide müssen, wie das BVerfG meint, einheitlich auf ihre Verfassungsmäßigkeit überprüft werden[334]. Ist die Verfassungsbeschwerde erfolgreich, so werden regelmäßig alle Hoheitsakte aufgehoben, die das Grundrecht des Beschwerdeführers verletzt haben. Es wird dann bis zur Aufhebung des ursprünglichen Verwaltungsaktes „durchentschieden"[335]. Ausnahmen von diesem Grundsatz sind aber nicht selten. Sie werden vor allem im Interesse des Beschwerdeführers gemacht, etwa, um ihm bei eindeutiger Rechtslage den erneuten Weg durch die Gerichte zu ersparen, den dann die Behörde durch Erlaß eines

---

330 *Jakobs* (N 328), S. 280 f.
331 BVerfGE 10, 302 (306, 308).
332 Insbesondere der „Fall König", EGMR NJW 1979, S. 477. – BVerfGE 35, 382 (405); 63, 45 (68 f.); in neuerer Zeit die Verurteilungen der Bundesrepublik Deutschland wegen überlanger Verfahrensdauer durch den EGMR am 01.07.1997 (u.a. BVerfGE 87, 114); vgl. Bericht der Kommission (N 2), S. 24 Anm. 15; *Schmidt-Aßmann*, in: Maunz/Dürig, Art. 19 Abs. 4 Rn. 262.
333 Ausführlich *Lüke*, JuS 1985, S. 767 ff.
334 BVerfGE 3, 377 (379); 20, 257 (267).
335 BVerfGE 6, 386 (387 f.); 54, 53 (65); ausführlich zur grundsätzlichen „Durchentscheidung" und zu den Ausnahmen hiervon BVerfGE 84, 1 (3 f.).

neuen, ebenfalls ablehnenden, aber auf andere Gründe gestützten Verwaltungsaktes provozieren könnte, oder um den Gerichten eine für den Beschwerdeführer günstige Kostenentscheidung zu ermöglichen[336].

Dies bedeutet aber nicht, daß Verwaltungsakt und Gerichtsentscheidungen stets „einheitlich" zu überprüfen sind. Der verfassungsrechtliche Fehler kann sowohl bei dem Verwaltungsakt wie bei den Gerichtsentscheidungen liegen. Eine „einheitliche" Entscheidung ergeht dann, wenn beide – die Behörde und die Gerichte – zu Unrecht von der Verfassungsmäßigkeit des Gesetzes ausgegangen sind, auf dem der Verwaltungsakt beruht. Es kann aber auch sein, daß der Verwaltungsakt nicht notwendigerweise Grundrechte verletzt, wohl aber in der Auslegung, die das Gericht dem zugrundeliegenden Gesetz gegeben hat. Legt dann das BVerfG das Gesetz verfassungskonform aus, so muß das Gericht auf der Grundlage dieser Auslegung erneut prüfen, ob der Verwaltungsakt Bestand hat oder aufzuheben ist. Ein ähnliches Ergebnis tritt ein, wenn der verfassungsrechtliche Fehler nur in der gerichtlichen Entscheidung liegt (etwa bei Verletzung des rechtlichen Gehörs). Dann muß diese Entscheidung mit dem Ergebnis aufgehoben werden, daß bis zu einer erneuten gerichtlichen Entscheidung und anschließender erneuter Verfassungsbeschwerde offen bleibt, ob die ganz anders begründeten verfassungsrechtlichen Bedenken gegen den Verwaltungsakt selbst durchgreifen. **516**

Hat der Beschwerdeführer gute Gründe für die Annahme, daß die Verfassungsbeschwerde gegen den Verwaltungsakt Erfolg haben wird, oder ist er vor allem an einer schnellen abschließenden Entscheidung interessiert, so wird ihm nicht damit gedient, wenn durch Aufhebung des ihn beschwerenden Gerichtsurteils wegen eines dort geschehenen verfassungsrechtlich bedeutsamen Verfahrensfehlers die Hauptfrage offen bleibt und das endgültige Ergebnis in weite Ferne gerückt wird[337]. Erkennt dies der Beschwerdeführer und rügt er daher die Verletzung des rechtlichen Gehörs nicht, sondern behauptet er lediglich die Verfassungswidrigkeit des Verwaltungsaktes und seiner Bestätigung durch die Gerichte, so würde das BVerfG seinem Begehren und seiner subjektiven Interessenlage zuwider handeln, wenn es von Amts wegen der Verletzung rechtlichen Gehörs nachgehen und diese feststellen würde. Auch dies ist ein Konfliktsfall zwischen der subjektiven und der objektiven Funktion der Verfassungsbeschwerde[338]. Aus der Sicht einer objektiven Funktion mag es unerfreulich erscheinen, wenn eine Verletzung des Art. 103 Abs. 1 GG unbeanstandet und folgenlos bleibt. Spricht die subjektive Interessenlage des Beschwerdeführers aber eindeutig für die Entscheidung über die von ihm in zulässiger Weise aufgeworfene Hauptfrage, so wäre es kaum zu rechtfertigen, ihm diese Entscheidung zu verweigern. Allenfalls könnte der Gesichtspunkt der Erschöpfung des Rechtsweges – der durch die Aufhebung der Gerichtsentscheidung wieder eröffnet würde – und der Subsidiarität der Verfassungsbeschwerde hierfür sprechen. Allerdings kann es auch sein, daß das BVerfG wegen des verfahrensrechtlichen Fehlers der Gerichtsentscheidung – der möglicherweise klar erkennbar ist – es offen läßt, ob die von dem Beschwerdeführer erhobene Rüge einer anderen Grundrechtsverletzung begründet ist. Dann schiebt sich wegen eines zusätzlichen Fehlers, der einem Gericht unterlaufen ist, ein dem Beschwerde- **517**

---

336 So z.B. BVerfGE 76, 143; hierzu BVerfGE 84, 1 (5).
337 Ähnlich in BVerfGE 84, 1 (5).
338 Vgl. hierzu oben Rn. 391 ff.

führer ganz unerwünschtes Ergebnis dazwischen, obwohl die von ihm behauptete Grundrechtsverletzung tatsächlich vorliegen kann.

Eine derartige Situation ergab sich in dem – ohnehin mit außerordentlichem Zeitaufwand verbundenen – Verfassungsbeschwerdeverfahren über die Dürkheimer Gondelbahn. Hier hat das BVerfG die vorangegangenen Gerichtsentscheidungen und die Enteignungsbescheide schließlich mit der Begründung aufgehoben, die Enteignungsbeschlüsse seien aufgrund eines Bundesgesetzes ergangen; für solche Eingriffe besitze aber nur der Landesgesetzgeber die Kompetenz [339]. Damit blieb die materielle Hauptfrage, ob eine Enteignung zugunsten privater Interessen zulässig ist, offen[340]. Für die „erfolgreichen" Beschwerdeführer bedeutete dies im praktischen Ergebnis, daß sie wieder ganz am Anfang eines zeitaufwendigen Verfahrens standen, sofern die zuständigen Stellen sich nicht zu einer Verständigung bereit fanden. Die abweichende Meinung zu dieser Entscheidung kritisiert das Ergebnis der Mehrheit, weil die Verfassungsbeschwerde auch „der Klärung verfassungsrechtlicher Fragen" diene, also auch eine objektive Funktion habe[341]. Näher hätte es gelegen, die Kritik umgekehrt an dem aus der subjektiven Funktion der Verfassungsbeschwerde abzuleitenden Gesichtspunkt anzusetzen, daß die Beschwerdeführer vor allem wissen wollten, ob eine Enteignung dieser Art überhaupt zulässig sei. Dabei hätte allerdings die Auslegung des Art. 14 Abs. 3 GG an der fehlenden oder falschen gesetzlichen Grundlage für den Eingriff kaum vorbei gehen können.

518 Akte der vollziehenden Gewalt können Beschwerdegegenstand sein, wenn sie überhaupt geeignet sind, Rechtswirkungen Einzelnen gegenüber zu erreichen. Gleichgültig ist, ob sie sich als Verwaltungsakte, als hoheitliche Realakte, als Regierungsakte oder als Handeln in den Formen des Privatrechts darstellen[342]. Die oft geäußerte Meinung, bei fiskalischen Zwecken dienenden rechtsgeschäftlichen Akten fehle die Grundrechtsbindung, so daß diese Akte auch nicht Gegenstand einer Verfassungsbeschwerde sein könnten[343], ist nicht einleuchtend. Es gibt keine fiskalischen Aufgaben, deren ordnungsgemäße Bewältigung einen Dispens von den Freiheitsrechten erfordert[344]. Der Staat ist stets an die Grundrechte gebunden, ohne daß es auf die Form und die Zwecke seines Handelns ankommen kann. Wenn eine Gemeinde Versammlungsräume vermietet, ist sie an die Grundrechte gebunden; insbesondere müssen Privilegierung oder Diskriminierung sich an Art. 3 Abs. 1 GG oder an den besonderen Gleichheitssätzen der Art. 3 Abs. 2, Abs. 3 GG messen lassen[345]. Es ist dem Staat nicht unzumutbar, daß er auch dann, wenn er wie eine Privatperson am Rechtsverkehr teilnimmt, anders als diese besonderen Bindungen unterworfen wird. Dies wird schon dadurch gerechtfertigt, daß auch eine nur fiskalische Betätigung der öffentlichen Hand in einem Zusammenhang mit der Erfüllung der staatlichen oder sonst öffentlichen Aufgaben steht.

---

339 BVerfGE 56, 249.

340 Vgl. hierzu BVerfGE 74, 264 (284 ff.).

341 BVerfGE 56, 266 (268); hierzu *E. Klein* (N 74), S. 798.

342 Zu den einzelnen Fallgruppen *Stern*, Art. 93 Rn. 621 ff.; *Leibholz/Rupprecht* (N 104), § 90 Rn. 55; *Lechner/Zuck*, § 90 Rn. 92 ff.; *Schmidt-Bleibtreu*, in: BVerfGG-Kommentar, § 90 Rn. 159 ff.

343 *Stern*, Art. 93 Rn. 605; *Leibholz/Rupprecht* (N 104), § 90 Rn. 56; *Schmidt-Bleibtreu*, in: BVerfGG-Kommentar, § 90 Rn. 68, 165. In BVerfGE 12, 354 (361) – Privatisierung des Volkswagenwerks – ist die Frage wegen der Gesetzesform der Maßnahme offen geblieben, vgl. *Schmidt-Bleibtreu* a.a.O.

344 *Hesse*, Rn. 346 ff.

345 Zu § 10 GO Baden-Württemberg vgl. z.B. VGH Mannheim, NVwZ 1985, S. 671; NVwZ 1990, S. 93.

Fehlt es beim Handeln der Exekutive an rechtlichen Auswirkungen (Maßnahmen ohne **519** Rechtseingriff), kann hiergegen auch nicht mit der Verfassungsbeschwerde vorgegangen werden. Nicht mit der Verfassungsbeschwerde angreifbare Akte sind etwa „unverbindliche Meinungsäußerungen" der Behörde über die Rechtslage[346], Mitteilungen, durch die Maßnahmen zum Vollzug einer Entscheidung angekündigt werden[347], die Verweisung auf den richtigen Verwaltungsweg, auf dem die Entscheidung zu erlangen ist[348], oder die Anträge, die ein Staatsanwalt in einem Ermittlungs- oder Strafverfahren stellt[349].

Regierungsakte werden überwiegend keine direkten Auswirkungen auf den Grundrechts- **520** bereich eines Einzelnen ausüben. Meist wird es daher in diesen Fällen an der Betroffenheit fehlen[350]. Beispiele bilden etwa die Bestimmung der Richtlinien der Politik durch den Bundeskanzler (Art. 65 Abs. 1 GG), amtliche Äußerungen der Regierung vor dem Parlament oder in der Öffentlichkeit – hier kann aber durchaus ein individuelles schutzwürdiges Interesse berührt sein – oder Richtlinien des Bundes an von ihm beauftragte Banken[351].

Umstritten ist, wie Gnadenentscheidungen des Bundespräsidenten oder der Ministerprä- **521** sidenten der Länder zu beurteilen sind. Anders als das BVerfG annimmt[352], handelt es sich bei diesen Entscheidungen um die Ausübung öffentlicher Gewalt, nicht lediglich um eine „Gestaltungsmacht eigener Art", die generell von gerichtlicher Überprüfung auszunehmen wäre. Für den Widerruf des Gnadenerweises wird dies auch vom BVerfG anerkannt[353]. Fraglich kann nur sein, ob der Verurteilte einen aus einem Grundrecht abzuleitenden Anspruch auf einen Gnadenerweis oder jedenfalls auf eine Prüfung dieser Frage hat. Die Tendenz geht dahin, dies zu bejahen[354]. Erkennt man die Überprüfbarkeit der Gnadenentscheidung an, wird aber deren Wesen grundsätzlich verändert. Rechtspolitisch mag darüber gestritten werden, ob die historisch in der Zeit der Monarchie entstandene Befugnis des Staatsoberhauptes, „Gnade vor Recht" ergehen zu lassen, heute noch mit dem Verständnis des Staates als einem demokratischen Rechtsstaat voll vereinbar ist. Die Diskussion über die legitime Funktion, die eine freie, d.h. gerade nicht überprüfbare Gnadenentscheidung auch in einem Rechtsstaat haben kann, wird berücksichtigen müssen, daß das Grundgesetz dem Bundespräsidenten mit der Gnadenbefugnis bewußt einen Raum eigenverantwortlicher Entscheidung verschaffen wollte. Unterläge sein Verhalten verfassungsgerichtlicher Überprüfung, so könnte kaum noch von einem Gnadenrecht in dem überlieferten Sinne gesprochen werden.

Bedeutung kann die verfassungsgerichtliche Überprüfung von Regierungsakten im Be- **522** reich des diplomatischen Schutzes gewinnen[355]. Die Entscheidung, ob und auf welche

---

346 BVerfGE 2, 237 (244); 33, 18 (20 f.). Zu diesen und anderen Fällen *Lechner/Zuck*, § 90 Rn. 97.
347 BVerfGE 15, 256 (263).
348 BVerfGE 16, 89 (93); 33, 18 (20 f.).
349 BVerfGE 15, 303 (305); 20, 162 (172).
350 *Stern*, Art. 93 Rn. 615, 624.
351 BVerfGE 12, 370 (371).
352 BVerfGE 25, 352 (358 ff.). Ohne eigene Stellungnahme *Lechner/Zuck*, § 90 Rn. 96 m.w.N.
353 BVerfGE 30, 108 (110 ff.).
354 *Leibholz/Rupprecht* (N 104), § 90 Rn. 55; vgl. auch *Stern*, Art. 93 Rn. 615; *Schmidt-Bleibtreu*, in: BVerfGG-Kommentar, § 90 Rn. 169; *Pestalozza*, S. 434 N 165 (für Bayern), S. 560 (für Hessen); vgl. aber auch *Merten*, Rechtsstaatlichkeit und Gnade (1978).
355 Vgl. hierzu oben Rn. 471.

Weise die willkürliche Verhaftung eines Deutschen im Ausland oder andere erhebliche Eingriffe in Grundrechte zu Reaktionen gegenüber dem anderen Staat führen sollen, wird stets auch außenpolitische Überlegungen auslösen. Sie liegen nach der Zuständigkeitsverteilung und entsprechend der Bedeutung der Sache bei der Bundesregierung. In Extremfällen kann der Abbruch der diplomatischen Beziehungen oder eine andere Maßnahme von großer Tragweite in Betracht kommen. Das BVerfG wird sich in die Beurteilung der außenpolitischen Folgen nicht einmischen wollen und daher der Bundesregierung einen weiten Gestaltungsspielraum zugestehen müssen. Unterbleibt allerdings jegliche Maßnahme, die die Lage des durch einen ausländischen Hoheitsakt in einem seiner Grundrechte verletzten Deutschen verbessern könnte, so liegt ein Fall des Unterlassens von Exekutivmaßnahmen vor. Das BVerfG erkennt grundsätzlich an, daß auch die auf die Behauptung einer grundrechtswidrigen Unterlassung einer Maßnahme der vollziehenden Gewalt gestützte Verfassungsbeschwerde zulässig sein kann[356]. Es meint allerdings, der Beschwerdeführer müsse konkrete Handlungen bezeichnen können, auf deren Vornahme er einen Anspruch gehabt hätte. Die allgemeine Behauptung einer pflichtwidrigen Unterlassung, durch die der Beschwerdeführer geschädigt worden sei, reiche nicht aus.

Diese Anforderungen werden vom BVerfG auf § 92 BVerfGG gestützt. Im Falle des diplomatischen Schutzes kann aber nicht von dem Beschwerdeführer verlangt werden, anzugeben, was die Bundesregierung konkret hätte unternehmen sollen. Wenn sich das BVerfG selbst nicht in der Lage sieht, genau zu präzisieren, wie die Bundesregierung vorgehen sollte, und sich daher auf die Feststellung beschränken muß, daß der Beschwerdeführer durch völlige Untätigkeit in seinem Grundrecht verletzt worden ist, kann man von diesem nicht mehr verlangen. In den Fällen diplomatischen Schutzes müssen die Staatsorgane den gleichen breiten Raum politischen Ermessens haben, wie bei der Abwehr terroristischer Anschläge[357]. Hierdurch wird der Prüfungsumfang des BVerfG begrenzt. Dies kann aber nicht dazu führen, daß die Möglichkeit einer Prüfung überhaupt zu verneinen ist[358].

4. Die „Subsidiarität" der Verfassungsbeschwerde

523 Die bisher behandelten Zulässigkeits- (Sachentscheidungs-) Voraussetzungen haben die Frage behandelt, welche (natürlichen oder juristischen) Personen überhaupt beschwerdefähig sind und unter welchen weiteren Voraussetzungen sie das Verfassungsbeschwerdeverfahren durch einen entsprechenden Antrag in Gang bringen können. Mit dem Beschwerdegegenstand ist die Frage behandelt worden, gegen welche Akte sich die Verfassungsbeschwerde richten kann. Wie bei den auf die Person des Beschwerdeführers bezogenen Zulässigkeitsvoraussetzungen handelt es sich auch bei dem Erfordernis des zulässigen Beschwerdegegenstandes um allgemeine und abstrakte Erfordernisse. Soll die Verfassungsbeschwerde zulässig sein, müssen sie stets erfüllt sein.

524 Man kann die bisher behandelten Zulässigkeitserfordernisse unter einem Oberbegriff wie dem der „Statthaftigkeit" der Verfassungsbeschwerde zusammenfassen oder sie als allge-

---

356 BVerfGE 2, 287 (290).
357 BVerfGE 55, 349 (364 f.); im Bereich des Terrorismus BVerfGE 46, 160 (164 f.).
358 *Stern*, Art. 93 Rn. 625.

meine Prozeßvoraussetzungen bezeichnen[359]. Allerdings ist die Terminologie vor allem in der Rechtsprechung des BVerfG nicht einheitlich, und auch die vorliegenden Arbeiten zu diesem Thema bedienen sich unterschiedlicher Begriffe und einer nicht einheitlichen Systematik. So heißt es, daß ein Rechtsmittel „an sich statthaft" sei, wenn alle Zulässigkeitsvoraussetzungen außer der richtigen, d.h. frist- und formgerechten Einlegung und – soweit erforderlich – einer Begründung vorliegen[360]. Für die Verfassungsbeschwerde würden dann nur die sich aus den §§ 92, 93 BVerfGG ergebenden Anforderungen aus der „Statthaftigkeit" auszunehmen sein[361]. Das BVerfGG umschreibt die Zulässigkeitsvoraussetzungen einer Verfassungsbeschwerde nur inhaltlich, nicht aber begrifflich, und die Terminologie in der Literatur ist uneinheitlich. So stößt jeder Versuch einer Systematisierung auf Schwierigkeiten.

Ist der Beschwerdeführer beschwerdefähig und prozeßfähig und liegt ein zulässiger Beschwerdegegenstand vor, so ist die Verfassungsbeschwerde noch nicht zulässig. Erforderlich ist weiterhin, daß zwischen dem Beschwerdeführer und dem Beschwerdegegenstand eine rechtliche Beziehung besteht. Diese wird durch die Betroffenheit hergestellt. Ist der Beschwerdeführer durch den Beschwerdegegenstand betroffen, so ist er beschwerdebefugt. **525**

Betroffenheit ist zunächst in einem ganz allgemeinen Sinne zu verstehen: Der Beschwerdegegenstand muß den Beschwerdeführer betreffen, also ihn angehen. So ergibt sich bei einer Rechtsnorm aus ihrem Inhalt, ob sie sich an alle Bürger oder nur an einen abgrenzbaren Teil von ihnen richtet. Ganz eindeutig ist dies meist nicht. So betreffen Regelungen der Berufsausübung zwar offenkundig diejenigen, die in diesem Beruf bereits tätig sind. Zweifelhaft ist aber schon, ob sie auch diejenigen Personen betreffen, die in dem Beruf noch nicht tätig sind, aber erklären, sich in näherer oder fernerer Zukunft in ihm betätigen zu wollen. Hieraus ergibt sich bereits die Frage der „aktuellen" oder der nur „virtuellen" Betroffenheit. Steuergesetze, die an bestimmte Einkunftsarten oder -höhen steuerrechtliche Folgen knüpfen, betreffen zunächst alle, die (aktuell) beide Voraussetzungen erfüllen. Bei wechselnder Höhe des Einkommens kann sich der persönliche Anwendungsbereich der Norm erweitern oder verengen. Daher betrifft das Gesetz einen Teil der Rechtsunterworfenen schon gegenwärtig, andere allenfalls in der Zukunft, die oft ungewiß sein wird. Daher sind nähere Abgrenzungen der Betroffenheit erforderlich, um zu vermeiden, daß der Kreis der zur Erhebung der Verfassungsbeschwerde Befugten zu groß wird und sich schließlich aus ihr eine Popularklage entwickelt, die Art. 93 Abs. 1 Nr. 4 a GG – anders als die Bayerische Verfassung – gerade nicht will[362]. **526**

Ein Beispiel für die Schwierigkeit der Abgrenzung liefert das Strafrecht. Es richtet sich an jedermann und verlangt mit seinen Strafandrohungen, daß die in ihm normierten Gebote und Verbote von jedermann beachtet werden. Es wäre jedenfalls zu eng und würde der wichtigen generalpräventiven Funktion des Strafrechts nicht gerecht werden, würde **527**

---

359 Vgl. zu den allgemeinen und besonderen Sachentscheidungsvoraussetzungen oben Rn. 233 ff.

360 *Schmidt-Bleibtreu*, in: BVerfGG-Kommentar, § 90 Rn. 182.

361 Vgl. *Schmidt-Bleibtreu*, in: BVerfGG-Kommentar, § 90 Rn. 102. Auch dort ist die Systematik aber anders. So wird neben den „Statthaftigkeitsvoraussetzungen" das „daneben" erforderliche Rechtsschutzinteresse gesondert behandelt, vgl. Rn. 183 a.a.O.

362 *Schmidt-Bleibtreu*, in: BVerfGG-Kommentar, § 90 Rn. 94; *Umbach/Clemens*, § 90 Rn. 48 ff.; BVerfGE 13, 1 (9).

man annehmen, daß seine Adressaten nur die bereits straffällig gewordenen Rechtsunterworfenen seien. Andererseits würde es wohl zu weit gehen, könnte jeder, der eine Strafandrohung für ein bestimmtes Verhalten für grundrechtswidrig hält, sich unmittelbar mit der Verfassungsbeschwerde gegen diese wenden. Eine Ausnahme bilden zunächst diejenigen Strafvorschriften, die nur bestimmte Teile der Bevölkerung (Amtsträger, die Angehörigen bestimmter Berufe oder nur ein Geschlecht) betreffen. Wer nicht zu dem Personenkreis gehört, dem die Strafandrohung gilt, ist von der Vorschrift nicht betroffen. Aber auch sonst wäre es eine unzumutbare Unterstellung, wollte man den Bürger mit der Begründung, daß das Strafgesetz sich an alle wende, jeder überhaupt normierten Straftat für fähig halten. Auch hier sind Eingrenzungen erforderlich[363]. Immerhin hat sich das BVerfG dort, wo sich eine gesetzliche Regelung zwar formell nur an bestimmte Adressaten wendete, im praktischen Ergebnis aber alle Bürger betraf – bei den Regelungen über den Ladenschluß, die formell nur die Geschäftsinhaber „betreffen", aber sich ihrer Natur nach auf alle auswirken – die eigene Betroffenheit auch der potentiellen Geschäftskunden bejaht[364]. Dann kann man es auch dem einzelnen Bürger erlauben, sich gegen eine neue Regelung zu wehren, die ein bisher erlaubtes oder jedenfalls nicht bestraftes Verhalten künftig mit Strafe oder Bußgeld bedroht, wie dies z.B. im Bereich der die Umwelt schützenden Regelungen häufiger geschieht. Es kann also nur um die Frage gehen, ob eine Verfassungsbeschwerde unmittelbar gegen die Norm zulässig ist. Jedenfalls wenn der Beschwerdeführer darlegen kann und auch darlegt, daß er nach seinen persönlichen Verhältnissen in einen Konflikt mit der Regelung geraten kann, wird man insoweit hinsichtlich seiner eigenen Betroffenheit wohl großzügig sein müssen. Im übrigen liegt die Betroffenheit auf der Hand, wenn ein Verfahren in Gang kommt, das sich auf die neue (oder auch eine schon länger bestehende, mit der binnen Jahresfrist zu erhebenden Verfassungsbeschwerde gar nicht mehr angreifbare) Regelung bezieht.

528 Dem Sprachsinn entsprechend, bedeutet „Betroffenheit" auch, daß eine Beschwer vorliegen muß. Ein Gesetz, das jemandem Vergünstigungen einräumt, „betrifft" ihn zwar, aber es beschwert ihn nicht, sondern begünstigt ihn. Behauptet ein anderer, daß die Vergünstigung, von der er ausgeschlossen ist, gegen Art. 3 Abs. 1 GG verstoße, so ist er insofern beschwert, als er nicht einbezogen worden ist, nicht aber dadurch, daß andere eine Vergünstigung erhalten. Will er lediglich erreichen, daß die anderen gegebene Vergünstigung zurückgenommen wird, so ist er insoweit überhaupt nicht betroffen[365]. Er ist es aber insofern, als meint, mit in die Regelung einbezogen werden zu müssen.

Allerdings kann die gleichheitswidrige Besserstellung einer Gruppe etwa durch steuerliche Regelungen die Wettbewerbssituation ungünstig zu Lasten der von der Vergünstigung Ausgeschlossenen verändern. Diese sind dann von der Regelung jedenfalls mittelbar betroffen. Die Intensität dieser Betroffenheit kann unter Umständen sehr groß sein und bei scharfer Konkurrenz bis zur Existenzgefährdung reichen. Daher wird man an einer Form der Betroffenheit wie dieser nicht vorbeigehen können, auch wenn sie begrifflich vielleicht nicht als eine unmittelbare einzuordnen ist. Der Begriff der unmittelbaren Betrof-

---

fenheit könnte auch nur ein anderes Wort für eine „gewichtige", „schwere" oder sonst gravierende Form einer nachteiligen Auswirkung sein.

Wiederum stellt sich das Problem der richtigen Abgrenzung zwischen einander widersprechenden Interessen. Bloße „Reflexwirkungen" sollen nicht ausreichen, um eine eigene Betroffenheit anerkennen zu können[366]. Auch dieser Begriff kann nur die Entscheidung umschreiben, jenseits einer zu bestimmenden Grenze Auswirkungen mittelbarer Art selbst dann nicht mehr zu überprüfen, wenn sie gravierend sind. Die Tätigkeit jeder Regierung hat erhebliche, unter Umständen das Leben aller Bürger zum Besseren oder zum Schlechteren verändernde Auswirkungen. Man kann nicht sagen, daß wirtschaftspolitische Entscheidungen, die zu einer Inflation führen, in der alles Geldvermögen wertlos wird, oder gar eine zum Krieg führende Außenpolitik die Bevölkerung nicht beträfe, obwohl es sich bei den Folgen für die Bürger nur um „Reflexwirkungen" der politischen Entscheidungen handelt. Durch derartige Entscheidungen der Politik können die Grundrechte nachhaltiger beeinträchtigt werden als durch Akte der öffentlichen Gewalt gegenüber dem einzelnen Bürger. Zugleich ist aber offenkundig, daß die Aufgabe, derartige Fehlentwicklungen zu verhindern, nur eine politische, nicht eine richterliche sein kann. Auch im alltäglichen Umgang des Staates mit seinen Bürgern wäre es verfehlt, einem Gericht die Aufgabe zu übertragen, jegliche potentiell nachteilige Auswirkung staatlichen Handelns auf die Bürger zu überprüfen. Im Ergebnis würde dies nicht nur zur Popularklage führen – welche die Behauptung einer derartigen eigenen „Betroffenheit" nicht einmal verlangt –, sondern die verfassungsgerichtliche Tätigkeit mit der Aufgabe der Politik gleichsetzen. **529**

Die Frage, wie wegen solcher Grenzen richterlicher Tätigkeit die Betroffenheit präzisiert und zugleich eingegrenzt werden kann, ist ein Abwägungsproblem. Die Argumente für und gegen die Entscheidung, die Grenze enger oder weiter zu fassen, bilden ein kommunizierendes System. In ihm erscheinen neben der Betroffenheit andere Begriffe, vor allem der in der Rechtsprechung des BVerfG in neuerer Zeit zunehmend verwendete Begriff der „Subsidiarität" der Verfassungsbeschwerde. Er überschneidet sich mit dem Begriff der „Betroffenheit", ist mit diesem aber nicht identisch. Auch der weitere Begriff des „Rechtsschutzbedürfnisses" oder „Rechtsschutzinteresses", mit dem eine weitere Zulässigkeitsvoraussetzung benannt wird, deckt sich nicht mit dem Begriff der „Subsidiarität". **530**

Das BVerfG entnimmt den Grundsatz der Subsidiarität der Verfassungsbeschwerde dem Gebot der Erschöpfung des Rechtsweges (§ 90 Abs. 2 S. 1 BVerfGG); doch wird gefordert, „daß der Beschwerdeführer über das Gebot der Rechtswegerschöpfung im engeren Sinne hinaus die ihm zur Verfügung stehenden Möglichkeiten ergreift, um eine Korrektur der geltend gemachten Verfassungsverletzung zu erreichen oder sie gar zu verhindern"[367]. Jede „Chance …, der verfassungsrechtlichen Beschwer abzuhelfen", muß von dem Beschwerdeführer genutzt werden, es sei denn, daß ihm dies „nicht zumutbar ist"[368]. Das Subsidiaritätsprinzip ist „ein Wesensmerkmal" des außerordentlichen Rechtsbehelfs der Verfassungsbeschwerde, „das im Hinblick auf die besondere Funktion des BVerfG und angesichts der noch immer wachsenden Belastung des Gerichts streng beachtet werden **531**

---

366 BVerfGE 6, 273 (278); 50, 290 (320 f.); 70, 1 (23).
367 BVerfGE 79, 275 (278 f.).
368 BVerfGE, a.a.O., S. 279 unter Hinweis auf BVerfGE 70, 180 (186) m.w.N. und 77, 381 (401).

muß. Das Grundgesetz bietet ein umfassendes Rechtsschutzsystem. Es gehört zu den vornehmsten Aufgaben aller Gerichte, im Rahmen ihrer Zuständigkeiten bei Verfassungsverletzungen Rechtsschutz zu gewähren"[369].

532   Das grundsätzliche Erfordernis der Erschöpfung des Rechtsweges (§ 90 Abs. 2 BVerfGG) zeigt, daß zwischen einander gegenläufigen Gesichtspunkten ein Konflikt entstehen kann. Von dem Erfordernis wird Abstand genommen, wenn die Erschöpfung des Rechtsweges dem Beschwerdeführer nicht zuzumuten ist (schwerer und unabwendbarer Nachteil) oder wenn objektive Gesichtspunkte (Klärung einer Frage von allgemeiner Bedeutung) für eine baldige Entscheidung des BVerfG sprechen. Dies sind ähnliche, allerdings nicht identische Kriterien wie für die Annahme einer Verfassungsbeschwerde zur Entscheidung (§ 93 a Abs. 2 BVerfGG). In beiden Fällen besteht zwischen den für und gegen eine Sachprüfung durch das BVerfG sprechenden Gesichtspunkten ein Spannungsverhältnis. Dieses läßt sich nicht einfach auf den allgemeinen Begriff des „Rechtsschutzbedürfnisses" zurückführen, auch wenn man hierbei nicht nur auf die subjektiven Vorstellungen des Beschwerdeführers abstellt, sondern prüft, ob sein Wunsch nach baldiger Entscheidung auch von einem objektiven Standpunkt aus anzuerkennen ist[370]. Zu entscheiden ist, ob das BVerfG überhaupt oder zu dem von dem Beschwerdeführer gewünschten Zeitpunkt tätig werden muß, um ihm zu helfen, das gefährdete Grundrecht durchzusetzen. Hierbei sind „Subsidiarität", „Betroffenheit", „Rechtsschutzbedürfnis" und „allgemeine Bedeutung der Sache" antagonistische Begriffe[371]. Zwar kann man den Begriff des Rechtsschutzbedürfnisses in dem sehr allgemeinen Sinne verwenden, daß es nur dann vorliege, wenn ungeachtet aller gegen eine Sachentscheidung des BVerfG sprechenden Gesichtspunkte (insbesondere, weil ihm zur Zeit andere Rechtsschutzmöglichkeiten zur Verfügung stehen) entweder eine subjektive Interessenlage oder objektive Gesichtspunkte die Sachentscheidung nahelegen. Damit wird ein komplizierter Abwägungsvorgang auf einen Begriff gebracht. Da es bei ihm unter anderem auch um das Verhältnis des BVerfG zu den Fachgerichten und damit um eine Frage der Abgrenzung der Gerichtsbarkeiten geht, erhält der Begriff des Rechtsschutzbedürfnisses eine Funktion, die ihm im Prozeßrecht sonst fremd ist[372].

533   Das BVerfG hat unterschiedliche und gegenläufige Gesichtspunkte gegeneinander abzuwägen, bevor es die Zulässigkeit einer Verfassungsbeschwerde bejaht oder verneint. In der Praxis beginnt dieser Abwägungsprozeß bereits bei der Prüfung der Betroffenheit des Beschwerdeführers. Er setzt sich bei der Prüfung der Frage fort, ob zunächst ein Rechtsweg zu erschöpfen ist. Hiermit in Verbindung, aber auch von dieser Frage losgelöst wird das Prinzip der Subsidiarität eingeführt. Schließlich können noch zusätzliche Erwägungen erforderlich werden, die nach dem Rechtsschutzbedürfnis oder der Zumutbarkeit fragen.

534   Zwar ist es gedanklich nicht nur möglich, sondern notwendig, diese verschiedenen Prüfungsstufen voneinander zu trennen. Dennoch gehen die jeweils für oder gegen eine

---

369   BVerfGE 47, 144 (145); E 74, 69 (74); vgl. auch BVerfGE 96, 27 (40).
370   *R. Schneider* (N 34), S. 7 f.
371   So für „Subsidiarität" einerseits und „Rechtsschutzbedürfnis" und „allgemeine Bedeutung" andererseits *E. Klein*, in: FS Zeidler, II (1987), S. 1322.
372   *E. Klein* (N 371), S. 1316.

Sachentscheidung sprechenden Erwägungen ineinander über. So knüpft die Prüfung, ob der Beschwerdeführer betroffen ist, an das Erfordernis der Erschöpfung des Rechtsweges und an die Erwägungen an, die für diese Regelung sprechen. So wird aus § 90 Abs. 2 BVerfGG über seinen unmittelbaren Anwendungsbereich hinaus ein allgemeines Prinzip entwickelt. Es ist zwar durch das GG nicht vorgeschrieben, aber immerhin durch dies ausdrücklich gedeckt (Art. 94 Abs. 2 S. 2 GG)[373].

Auf diese Weise entwickelt sich das „Subsidiaritätsprinzip". Hat man es einmal gefunden, **535** so lassen sich aus ihm Ableitungen für alle Bereiche der Zulässigkeitsprüfung gewinnen[374]. Dies hat zur Folge, daß dem BVerfG ein sehr flexibles und wirksames prozessuales Instrument zur Verfügung steht, um seine Funktionsfähigkeit zu wahren, aber auch den Besonderheiten des Einzelfalles Rechnung tragen zu können[375].

Faßt man so allerdings sehr verschiedene und durchaus gegenläufige Gesichtspunkte unter dem gemeinsamen Oberbegriff der „Subsidiarität" zusammen, so wird unklar, was eigentlich im einzelnen geprüft wird, und es entsteht im Laufe der Zeit eine kaum noch überschaubare und nicht stets auf einen gemeinsamen Nenner zu bringende Kasuistik. Die Kritik, die in einem Teil der Literatur an der neueren Tendenz der Rechtsprechung des BVerfG geäußert wird, knüpft meist an diesen Vorgang an[376].

Ist der Beschwerdeführer beschwerdefähig und prozeßfähig und richtet sich sein Begeh- **536** ren gegen einen tauglichen Beschwerdegegenstand, so setzt sich die weitere Zulässigkeitsprüfung mit einer Reihe zusätzlicher Prüfungskriterien auseinander. Sie ergeben sich teilweise aus dem GG selbst, oder sie sind durch das BVerfGG vorgeschrieben. Weitere Zulässigkeitsvoraussetzungen sind durch die Rechtsprechung des BVerfG aus dem GG oder dem BVerfGG entwickelt worden. Regelungen, die den Zugang zum BVerfG von zusätzlichen Voraussetzungen abhängig machen, müssen sich aus dem Verfassungsrecht oder aus dem Gesetz herleiten lassen. Der allgemeine Gedanke, daß das BVerfG als Verfassungsorgan „Herr seines Verfahrens" sei, reicht nicht aus, um den Zugang zum Gericht zu beschränken[377].

Elemente der Abwägung sind:

1. Das BVerfG steht (nicht „subsidiär", sondern selbständig[378]) neben den anderen Teilen **537** der rechtsprechenden Gewalt (Art. 92 GG). Alle Gerichte sind an Gesetz und Recht gebunden und verpflichtet, innerhalb ihrer Zuständigkeit Grundrechtsverletzungen zu korrigieren (Art. 20 Abs. 3 GG). Ein Rechtsprechungsmonopol des BVerfG besteht nur, so-

---

373 *E. Klein* (N 371), S. 1316 f.
374 *E. Klein* (N 371), S. 1305.
375 *E. Klein* (N 371), S. 1323.
376 Vgl. etwa *Schmidt-Bleibtreu*, in: BVerfGG-Kommentar, § 90 Rn. 94 ff., 181 ff.; *Pestalozza*, S. 165 ff.; *Schlaich*, Rn. 236 ff. (mit zahlreichen Angaben insbesondere zur neueren Literatur; *Stern*, Art. 93 Rn. 715 ff.; *Leibholz/Rupprecht* (N 104), § 90 Rn. 32 ff., 47 ff., 58 ff.; *E. Klein* (N 371), S. 1305 ff.; *Bettermann* (N 22), S. 129 ff.; *Gerontas* (N 256), S. 440 ff.; *H. Klein* (N 257), S. 1325 ff.; *Schenke*, NJW 1986, S. 1451 ff.; *Kley*, in: Umbach/Clemens, § 90 Rn. 90 ff.; *Lechner/Zuck*, § 90 Rn. 136; *ders.*, Die Subsidiarität der Verfassungsbeschwerde, in: FS Redeker (1993), S. 213 ff; *Posser*, Die Subsidiarität der Verfassungsbeschwerde (1993); *Warmke*, Die Subsidiarität der Verfassungsbeschwerde (1993); *Detterbeck*, DÖV 1990, 558 ff.; *Gersdorf*, Jura 1994, 398.
377 Vgl. hierzu oben Rn. 114 ff., 168 ff.
378 *A. Arndt*, NJW 1965, S. 807 f.

weit es sich um die Verwerfungskompetenz bei verfassungswidrigen Gesetzen handelt (Art. 100 Abs. 1 GG).

Aus dem Nebeneinander von Verfassungs- und Fachgerichtsbarkeit kann sich die Notwendigkeit oder Zweckmäßigkeit einer Arbeitsteilung ergeben. Für eine möglichst weitgehende Mitwirkung der Fachgerichte beim Schutz der Grundrechte spricht der Gedanke, daß alle Gerichte in die auch ihnen obliegende Verantwortung für die Wahrung der verfassungsmäßigen Ordnung einbezogen sein sollten. Hiergegen läßt sich aber einwenden, daß das BVerfG gerade um der Erfüllung dieser Aufgabe willen eingerichtet ist und daß es für die Klärung verfassungsrechtlicher Fragen besonders sachkundig ist.

In der Rechtsprechung des BVerfG sind Ansatzpunkte dafür zu finden, daß solche Überlegungen angestellt werden[379]. Es wäre aber eine rechtspolitische Entscheidung von großer Tragweite, wollte das BVerfG unter Hinweis auf die „Subsidiarität" der Verfassungsbeschwerde seine Verantwortung für die Wahrung der Grundrechte auch nur teilweise auf die Fachgerichte abwälzen. Eine solche Entscheidung wäre Sache des Gesetzgebers. Aus § 90 Abs. 2 BVerfGG läßt sich bei der Rechtssatz-Verfassungsbeschwerde, für die er gerade nichts hergibt, nur dann eine „Subsidiarität" des BVerfG ableiten, wenn man den dort enthaltenen Gedanken als ein allgemeines Prinzip des Verfassungsprozeßrechts versteht. Es ist aber gerade die Frage, ob dies so ist.

538 2. Nach Meinung des BVerfG verlangt das Prinzip der Gewaltenteilung als Teil des Rechtsstaatsprinzips eine „strenge Prüfung, wann im einzelnen das … Verfahrensrecht dem BVerfG die weittragende Prüfungsbefugnis über Akte der Rechtsetzung eröffnet"[380]. Mit „strenger" Prüfung sollte aber eher eine solche gemeint sein, die sich möglichst eng an den Wortlaut, erkennbaren Sinn und Gesamtzusammenhang des BVerfGG anlehnt. Das Gewaltenteilungsprinzip spricht eher gegen als für eigenständige, zusätzliche und im Gesetz jedenfalls nicht ausdrücklich vorgesehene und im Ergebnis restriktive Zulässigkeitskriterien.

539 3. Bei der Prüfung der Betroffenheit und bei dem Gebot der Erschöpfung des Rechtsweges spielt zweifellos der Entlastungsgesichtspunkt (Erhaltung der Funktionsfähigkeit des BVerfG) eine legitime Rolle[381]. Eine verfassungsrechtliche Grundlage dafür, daß auch dieser Gesichtspunkt berücksichtigt wird, liefert Art. 94 Abs. 2 GG. Er rechtfertigt jedenfalls die in § 90 Abs. 2 BVerfGG getroffene Regelung. Sie ist dem Grundsatz nach auch nicht umstritten. Fraglich ist aber, ob ihr Grundgedanke auf die Bestimmung der Betroffenheit übertragen und ob hieraus ein allgemeines Prinzip der Subsidiarität entwickelt werden kann.

540 4. Neben der Erhaltung der Funktionsfähigkeit des BVerfG hat die Verweisung auf anderweitig verfügbaren Rechtsschutz auch die Aufgabe, die Aufklärung des Sachverhalts und des maßgeblichen einfachen Rechts den sachnäheren und spezialisierten Fachgerichten zu übertragen und damit dem BVerfG für die abschließende verfassungsrechtliche Überprüfung das erforderliche Anschauungsmaterial zu liefern[382].

---

379 BVerfGE 68, 319 (325 f.); 71, 305 (335 ff.).
380 BVerfGE 49, 1 (7 f.).
381 Vgl. hierzu oben Rn. 376.
382 Vgl. oben Rn. 482.

Die Verweisung auf den Rechtsweg kann den Grundrechtsschutz zeitlich verzögern. Tendenziell wird er aber qualitativ verbessert, weil die Prüfung auf besserem Anschauungs- und Erkenntnismaterial beruht. Auch wenn gegen eine Norm ein Rechtsweg nicht zur Verfügung steht und der Beschwerdeführer durch die Norm selbst, gegenwärtig und unmittelbar betroffen ist, hat das BVerfG die Verfassungsbeschwerde unter dem Gesichtspunkt ihrer Subsidiarität nicht für zulässig erachtet. Dabei hat es auch qualitative Erwägungen eingeführt: die Subsidiarität komme zum Zuge, wenn entweder „allgemeine Sachfragen" noch der Aufklärung bedürften oder die Sachprüfung sich in viele Einzelprobleme verästele[383]. Dabei hat das BVerfG selbst nicht bestritten, daß es nicht nur um diese qualitative Verbesserung, sondern auch um eine quantitative Entlastung des BVerfG geht.

5. Zusätzlich mögen allgemeine rechtspolitische Erwägungen eine Rolle spielen, die im **541** Für und Wider der Argumente Rechtssatz-Verfassungsbeschwerden entweder wünschenswert erscheinen lassen oder eher gegen diese sprechen[384]. Die Grundsatzentscheidung ist aber in Art. 93 Abs. 1 Nr. 4 a GG gefallen, und der Gesetzgeber des BVerfGG hat ihr Rechnung getragen. Auch wenn man die gegen die Möglichkeit einer Rechtssatz-Verfassungsbeschwerde sprechenden Gründe für durchschlagend hält[385], könnte dies nur zu rechts- und verfassungspolitischen Konsequenzen führen. Das BVerfG hat solche Bedenken bisher nicht ausdrücklich geäußert. Sie sollten auch nicht die Tendenz seiner Rechtsprechung beeinflussen.

6. Individuelle und subjektive Gesichtspunkte des Beschwerdeführers sprechen regelmä- **542** ßig dafür, ihm den Zugang zu einer Prüfung seines Begehrens durch das BVerfG nicht übermäßig zu erschweren. Auch das Erfordernis der vorherigen Erschöpfung des Rechtsweges sollte nicht im Übermaß strapaziert werden. Das Rechtsschutzbegehren ist dem Grundsatz nach durch die Verankerung der Verfassungsbeschwerde im GG gesichert. Dem trägt das BVerfGG Rechnung. Für das Gebot der Rechtswegerschöpfung gelten Ausnahmen aus subjektiven (schwerer und unabwendbarer Nachteil) oder objektiven (allgemeine Bedeutung der Sache) Gründen. Allerdings sind diese Ausnahmen nicht zwingend vorgeschrieben, sondern dem pflichtgemäßen Ermessen des BVerfG überantwortet. Da nunmehr (seit der 5. Novelle zum BVerfGG) auch die Annahmevoraussetzungen des § 93 a Abs. 2 BVerfGG als *einen* Anwendungsfall des „Angezeigtseins" der Annahme einer Verfassungsbeschwerde zur Entscheidung von einem besonders schweren Nachteil ausgehen, der bei Nichtannahme entstehen würde, überschneiden sich teilweise die Voraussetzungen des § 90 Abs. 2 und des § 93 a BVerfGG. Man könnte meinen, daß dann, wenn die Annahme der Verfassungsbeschwerde nach § 93 a Abs. 2 b BVerfGG „angezeigt" ist, weil sonst ein „besonders schwerer" Nachteil entstünde, auch die anscheinend weniger strenge Voraussetzung vorliegen müßte, unter der von dem Erfordernis der Erschöpfung des Rechtsweges abgesehen werden könnte („schwerer und unabwendbarer Nachteil"). Zu Recht wird jedoch darauf hingewiesen, daß die Entscheidung über die Annahme einer Verfassungsbeschwerde und die Prüfung ihrer Zulässigkeit voneinander streng zu trennen sind[386]. Daher kann eine Verfassungsbeschwerde, die wegen eines be-

---

383 BVerfGE 68, 319 (325 f.); 71, 305 (335 ff.).
384 Vgl. oben Rn. 477 ff.
385 Sie werden bei *Schenke* (N 376) überbetont.
386 *Lechner/Zuck*, § 93 a Rn. 4.

sonders schweren Nachteils zur Entscheidung angenommen wird, sich als unzulässig erweisen, weil der Rechtsweg nicht erschöpft ist und das Gericht eine Ausnahme auch unter den Voraussetzungen des § 90 Abs. 2 BVerfGG nicht anerkennt.

543 7. Will man aus § 90 Abs. 2 BVerfGG über seinen Wortlaut hinaus ein allgemeines Prinzip entwickeln, so ist ein Korrektiv erforderlich. Dem trägt das BVerfG durch den Gedanken Rechnung, daß die Verweisung des Beschwerdeführers an die Fachgerichte diesem zumutbar sein müsse. Es muß sichergestellt sein, daß er von den Fachgerichten Rechtsschutz auch gegen die sein Grundrecht unmittelbar betreffende Norm oder deren Anwendung auf seinen Fall erlangen kann. Der ihm gewährte Rechtsschutz muß tatsächlich und rechtlich wirkungsvoll sein, also den Anforderungen des Art. 19 Abs. 4 GG genügen. Hierzu gehört schließlich, daß er den Rechtsschutz „zeitgerecht" erlangen kann[387].

544 Faßt man diese bei einer Abwägung zu berücksichtigenden Gesichtspunkte zusammen, so ergibt sich eine Überschneidung und gegenseitige Beeinflussung der verschiedenen Kriterien. Es mag sinnvoll sein, dies alles unter dem Begriff der „Subsidiarität" zusammenzufassen. Sie gewinnt dann Bedeutung bei der Prüfung der Betroffenheit und für das Erfordernis der vorherigen Erschöpfung des Rechtsweges. Problematisch wäre es aber, würde die notwendige Prüfung der jeweils im Einzelfall maßgeblichen Gesichtspunkte unterbleiben und durch die – ausdrückliche oder unausgesprochene – Überlegung ersetzt werden, daß der Zugang zum Verfassungsbeschwerdeverfahren möglichst weitgehend zurückgedrängt werden sollte[388]. Aus dem GG ergibt sich nicht ein Prinzip der Subsidiarität der Verfassungsbeschwerde, sondern zunächst ihre Verankerung als subjektiver grundrechtsgleicher Anspruch. Auch das BVerfGG kennt den Begriff nicht. Soweit ersichtlich, erscheint er in der Literatur zuerst bei *Zweigert*, der (in einer Fußnote) von der „allgemeinen Subsidiarität der Verfassungsbeschwerde (vgl. § 90 Abs. 2 BVerfGG)" spricht und damit schon den Ansatz bezeichnet, von dem die spätere Aufnahme des Begriffs durch das BVerfG[389] ihren Ausgang nahm[390].

Die „Subsidiarität" der Verfassungsbeschwerde wird, nachdem sie einmal Bestandteil der Rechtsprechung des BVerfG geworden ist, kaum wieder verschwinden. Um so wichtiger ist, daß der Begriff sich nicht in seinem Inhalt verselbständigt und zur Folge hat, daß die Zulässigkeit der Verfassungsbeschwerde in nicht weiter reflektierter Weise und mit restriktiver Tendenz geprüft wird.

5. Die Betroffenheit des Beschwerdeführers

545 Das GG eröffnet jedem grundsätzlich die Möglichkeit der Verfassungsbeschwerde, wenn er behauptet, durch einen Akt der öffentlichen Gewalt in einem seiner Grundrechte oder grundrechtsgleichen Rechte verletzt zu sein (Beschwerdebefugnis). Mit „Verletzung" kann aber kaum jede auch nur entfernte und indirekte Einwirkung auf die individuelle

---

387 BVerfGE 71, 305 (335 ff.).

388 In neueren Entscheidungen trennt das BVerfG die Subsidiarität von der Unmittelbarkeit, vgl. BVerfGE 71, 305 (334 f.); 90, 128 (136 f.); 97, 157 (164 f.). Vgl. hierzu *Buchholz/Rau*, NVwZ 2000, S. 396 (397 ff.).

389 Hierzu *E. Klein* (N 371), S. 1305 Anm. 4. Der Begriff erscheint in der Rechtsprechung des BVerfG zuerst in BVerfGE 8, 222 (225), der Sache nach allerdings schon in BVerfGE 1, 97 (103).

390 *Zweigert* (N 72), S. 323 N 16 a; vgl. *A. Arndt* (N 378), S. 807.

Rechtssphäre gemeint sein. Von dem Ausmaß der Betroffenheit hängt es ab, ob der Verletzungsvorgang im Verfahren der Verfassungsbeschwerde überprüft werden kann. Für die Betroffenheit haben sich drei Kriterien entwickelt, die seither die Rechtsprechung des BVerfG wesentlich bestimmen. Allerdings haben sie auch eine gewisse Relativierung erfahren. Allgemeinere Erwägungen wie der Begriff der „Subsidiarität" bewirken der Tendenz nach eine Verschärfung der Prüfungsmaßstäbe. Andererseits ermöglicht der Gesichtspunkt der „Zumutbarkeit" im Einzelfall eine großzügigere Handhabung. So handelt es sich bei den drei Voraussetzungen der Betroffenheit nicht um starre Prinzipien, sondern um Orientierungskriterien.

Die Relativität des Prüfungsmaßstabes soll nicht kritisiert werden. Die vorliegende umfangreiche Rechtsprechung zeigt, wie unterschiedlich die Fallgestaltungen sind und wie schwierig es sein kann, in Grenzfällen zu einem Ergebnis zu gelangen, das auch den Anforderungen der Gerechtigkeit genügt. Die Kritik orientiert sich an einer Dogmatik, die aus dem Gesetz oder allgemeinen Prinzipien des Prozeßrechts entwickelt werden kann. Sie wird bemerken, daß die Rechtsprechungspraxis schwankend ist, sich zu sehr an den Umständen des Einzelfalles orientiert und damit unberechenbar wird. Die Kritik hat es aber leichter als der mit dem konkreten Fall befaßte Richter, der ein Ergebnis suchen muß, das gerecht ist. **546**

Nach der Rechtsprechung des BVerfG liegt die Betroffenheit des Beschwerdeführers vor, wenn drei Voraussetzungen erfüllt sind: **547**

1. Der Beschwerdeführer muß von dem Akt der öffentlichen Gewalt selbst betroffen sein;
2. Der Beschwerdeführer muß von dem Akt der öffentlichen Gewalt unmittelbar betroffen sein;
3. Der Beschwerdeführer muß von dem Akt der öffentlichen Gewalt gegenwärtig betroffen sein.

Diese Voraussetzungen müssen bei allen Verfassungsbeschwerden erfüllt sein. Daß sie vor allem bei der unmittelbar gegen eine Norm gerichteten Rechtssatz-Verfassungsbeschwerde diskutiert und problematisiert werden, beruht nur darauf, daß sonst regelmäßig von dem Vorliegen dieser Voraussetzungen ausgegangen werden kann. Bei der Urteils-Verfassungsbeschwerde entstehen Zweifelsfragen im wesentlichen in den Fällen, in denen das Urteil Auswirkungen auf dritte, am Gerichtsverfahren nicht beteiligte Personen hat. Im übrigen ist typischerweise Beschwerdeführer derjenige, der eine gegen ihn ergangene Gerichtsentscheidung angreift. Der in einem Zivilrechtsstreit unterlegene Kläger oder Beklagte ist naturgemäß durch das Urteil selbst, unmittelbar und gegenwärtig betroffen. Daher ist meist eine gesonderte Erörterung der Betroffenheit nicht erforderlich. Das heißt aber nicht, daß diese Prüfung, sollte ausnahmsweise doch Anlaß zu Zweifeln bestehen, unterbleiben könnte[391]. **548**

Vorwiegend wird es dabei um die Prüfung gehen, ob ein Dritter, der nicht Partei eines Rechtsstreits oder Adressat eines Exekutivaktes ist, sich aber durch die Wirkungen der **549**

---

391 Daß die drei Prüfungsmaßstäbe der Betroffenheit bei allen Akten der öffentlichen Gewalt vorliegen müssen, betonen *Stern*, Art. 93 Rn. 499; *Pestalozza*, S. 182 ff.; *Schmidt-Bleibtreu*, in: BVerfGG-Kommentar, § 90 Rn. 94; *Bettermann* (N 22), S. 132; *E. Klein* (N 371), S. 1308; *Leibholz/Rupprecht* (N 104), § 90 Rn. 32. Eindeutig aber BVerfGE 53, 30 (48); 67, 157 (169).

Gerichts- oder Verwaltungsentscheidung beschwert fühlt, Verfassungsbeschwerde erheben kann. Dies kann unter jedem der drei Kriterien der Betroffenheit zweifelhaft sein und muß dann geprüft werden. Dabei können für die Betroffenheit keine anderen Maßstäbe gelten als im Fall der Verfassungsbeschwerde gegen ein Gesetz. Da regelmäßig außer den an einem Gerichtsverfahren oder einem Verwaltungsvorgang unmittelbar beteiligten Personen nur wenige andere für eine ernsthafte Prüfung ihrer (Mit-)Betroffenheit in Betracht kommen, lassen sich hier festere Konturen entwickeln. Ein Gesetz berührt dagegen als abstrakte und generelle Regelung sehr viele Menschen, unter Umständen die ganze Bevölkerung. Aber es betrifft sie in sehr unterschiedlicher Weise. Hier ist es daher viel schwieriger, eine Entscheidung darüber zu treffen, ob jemand noch oder ob er nicht mehr betroffen ist. Damit kann nur gemeint sein, daß der Grad seiner Betroffenheit so erheblich sein muß, daß es unbillig wäre, ihm die verfassungsrechtliche Überprüfung der ihn beschwerenden Regelung abzuschneiden. Aber gerade weil diese Entscheidung schwierig sein kann, wird es in vielen Fällen besser sein, zunächst abzuwarten, wie sich die Norm auf den Beschwerdeführer tatsächlich auswirkt. Dies ist ein wesentlicher Grund dafür, daß er zunächst auf den Rechtsweg verwiesen wird. Da er – von Ausnahmen wie § 47 VwGO abgesehen – die Norm anders als mit der Verfassungsbeschwerde nicht angreifen kann, steht in diesen Fällen der in § 90 Abs. 2 BVerfGG vorausgesetzte Rechtsweg nicht zur Verfügung. Da aber jedenfalls in vielen Fällen das Gesetz dem „Betroffenen" gegenüber erst dann unmittelbar wirksam wird, wenn im Vollzug der Norm Verwaltungsakte oder Gerichtsentscheidungen ergehen, bietet es sich an, mit dem Begriff der Unmittelbarkeit der Betroffenheit in einer Weise zu operieren, die dem in § 90 Abs. 2 BVerfGG erkennbaren Rechtsgedanken auch über dessen unmittelbaren Anwendungsbereich hinaus Wirksamkeit verschafft. Dies ist das Hauptproblem der Betroffenheit und der Mittelpunkt der hierüber geführten Diskussion.

a) Eigene (Selbst-) Betroffenheit

550 Daß der Beschwerdeführer von dem Akt der öffentlichen Gewalt selbst betroffen sein muß, ergibt sich bereits aus dem Wortlaut des Art. 93 Abs. 1 Nr. 4 a GG. Dieser verlangt, daß der Beschwerdeführer in einem *seiner* Grundrechte oder grundrechtsgleichen Rechte verletzt zu sein behaupten kann. Niemand kann Grundrechte geltend machen, die nicht ihm, sondern anderen zustehen.

551 Richtet sich die Verfassungsbeschwerde gegen ein Gesetz, so muß der Beschwerdeführer Normadressat sein. Es gibt nach dem Grundgesetz keine Popularklage wie in Bayern. Für sie könnte sprechen, daß so der Einzelne noch stärker in den Dienst des Schutzes der Verfassung gestellt würde. Sie würde aber nicht nur zu einer wahrscheinlich nicht mehr tragbaren Belastung des BVerfG führen, sondern auch die durch das Grundgesetz auf einen kleinen Kreis von Antragsberechtigten beschränkte abstrakte Normenkontrolle der Initiative jedes Grundrechtsträgers überlassen, auch wenn dieser für die Überprüfung der Norm kein schützenswertes Interesse geltend machen kann[392].

552 Soweit der Beschwerdeführer selbst Normadressat ist, also aus einem in seiner Person erfüllten Tatbestand nach der Norm Rechte oder Pflichten für ihn entstehen, ist er durch das

---

392 Vgl. BVerfGE 1, 97, (102); 13, 1, (9).

Gesetz selbst betroffen[393]. Von Gerichtsentscheidungen ist jedenfalls betroffen, wer als Partei an dem Verfahren beteiligt ist, von Akten der vollziehenden Gewalt der Adressat des Verwaltungsaktes, aber auch derjenige, dem gegenüber die Exekutive in anderer Weise tätig wird (Beispiel: Mißhandlung einer Person durch Polizeiorgane[394]). Es hängt von der inhaltlichen Reichweite des in Betracht kommenden Grundrechts ab, inwieweit jemand durch eine Tätigkeit der öffentlichen Gewalt auch dann selbst betroffen ist, wenn sich diese nicht an ihn wendet und ihm weder ein Recht gibt noch eine andere Pflicht auferlegt, als diese Tätigkeit zu dulden. Durch die Verwendung religiöser Symbole in Amtsräumen ohne Publikumsverkehr wird nur der Amtsträger in seinem Grundrecht aus Art. 4 Abs. 1 GG betroffen, der in diesem Raum tätig ist, durch die Verwendung des gleichen Symbols im Gerichtssaal dagegen jeder, der in diesem Raum an einer Verhandlung teilnimmt[395].

Schwierig wird die Abgrenzung des Kreises der Betroffenen, wenn die tatsächliche Reichweite einer Maßnahme, die Grundrechte berührt, nur ganz allgemein abzuschätzen ist und von Umständen abhängt, die sich einer genauen Berechnung entziehen. Wenn eine atomrechtliche Errichtungsgenehmigung Anlaß zu der Befürchtung gibt, sie habe wesentliche vorbeugende Maßnahmen gegen Betriebsgefahren außer acht gelassen, kann ein Eingriff in die durch Art. 2 Abs. 2 GG geschützten Grundrechte auf Leben und körperliche Unversehrtheit vorliegen. Sie werden nicht erst im Zeitpunkt des Unfalls verletzt, sondern verlangen hinreichende vorbeugende Maßnahmen dagegen, daß ein solcher Unfall eintritt, weil der Schutz sonst zu spät käme[396]. Die verfassungsgerichtliche Überprüfung dieser Frage kann jedenfalls der verlangen, der in unmittelbarer Nähe des Standorts wohnt oder dort berufstätig ist. Wie weit darüber hinaus die faktischen Auswirkungen eines Unfalls gehen, läßt sich aber nicht vorhersagen. Ähnlich ist die Lage bei gentechnologischen Experimenten, die über den Laboratoriumsversuch hinausgehen und neu entwickelte gentechnologisch veränderte Mikroorganismen in die Umwelt freisetzen[397]. Die Folgen eines solchen Schrittes werden kontrovers diskutiert. Da Gefahren für die durch Art. 2 Abs. 2 GG geschützten Rechtsgüter nicht völlig auszuschließen sind, entstehen ähnliche staatliche Schutzpflichten wie bei der Nutzung der Kernenergie. Auch hier ist es nach dem heutigen Stand der Kenntnisse ungewiß, wie der Kreis der von schädlichen Auswirkungen Betroffenen abgegrenzt werden kann. Da nicht abgewartet werden kann, wer in einer Unfallsituation tatsächlich betroffen ist, wird der Kreis der im prozessualen Sinne als betroffen anzuerkennenden Personen wohl unvermeidlich so weit gezogen werden müssen, wie eine faktische Wirkung im schlimmsten der denkbaren Unfälle nicht auszuschließen ist. Bei der Politisierung und auch Emotionalisierung der Fragen des technischen Sicherheitsrechts liegen die Bedenken gegen ein großzügiges Verständnis der Selbstbetroffenheit auf der Hand. Grenzziehungen werden sich wohl auf einer Linie bewegen müssen, die das BVerfG zum gleichen Thema, aber in einem ganz anderen Sinn mit dem Begriff der „praktischen Vernunft" umschrieben hat[398].

553

---

393 *Stern*, Art. 93 Rn. 505; *Schmidt-Bleibtreu*, in: BVerfGG-Kommentar, § 90 Rn. 95.

394 *Geiger*, in: BVerfGG-Kommentar, § 90 Anm. 6 f.

395 Vgl. BVerfGE 35, 366 (372 ff.); *Stern*, Art. 93 Rn. 502.

396 Vgl. BVerfGE 53, 30, (49 ff., 52 ff.). Vgl. auch *Möstl*, DÖV 1998, S. 1033.

397 Vgl. zu diesem Thema *W. Richter*, Gentechnologie als Regelungsgegenstand des technischen Sicherheitsrechts, Diss. Freiburg 1988.

398 BVerfGE 49, 89 (143).

554   Ein vergleichbares Problem besteht im Strafrecht[399]. Soweit sich dieses an jedermann richtet, also nicht berufs-, geschlechts- oder sonst spezifische Handlungsweisen betrifft, ist rechtlich jedermann betroffen. In tatsächlicher Hinsicht widerspricht es aber praktischer Vernunft, daß jedermann jede beliebige allgemeinverbindliche Norm des Strafrechts mit der Begründung soll angreifen können, er könne jederzeit in Versuchung geraten, die nach seiner Behauptung in grundrechtswidriger Weise mit Strafe bedrohte Handlung zu begehen. Dies gilt zumal in Bereichen, in denen die Wertvorstellungen auseinandergehen, wie besonders im Bereich des Sexualverhaltens. Andererseits kann es weder dem Betroffenen noch auch der Allgemeinheit zugemutet werden, daß man auf den Rechtsweg verweist, also dem Beschwerdeführer rät, die Straftat zu begehen, um dann im Strafverfahren die Verfassungswidrigkeit der Strafvorschrift darzulegen. Das BVerfG hat in einem Fall, in dem es nur um eine Ordnungswidrigkeit ging, unter dem Gesichtspunkt der unmittelbaren Betroffenheit es für den Beschwerdeführer nicht zumutbar gehalten, das Risiko einer Zuwiderhandlung auf sich zu nehmen[400]. Für Straftaten muß dies erst recht gelten.

555   Will man ein Ergebnis vermeiden, das für das Strafrecht praktisch die Popularklage zuläßt, andererseits aber niemandem zumutet, Strafvorschriften auf ihre Verfassungsmäßigkeit zu testen, indem er gegen sie verstößt, so bedarf es bei der Betroffenheitsprüfung eines Korrektivs, das in der Prüfung des Rechtsschutzbedürfnisses liegt. Es kann sowohl zu einer erweiterten Anerkennung der Betroffenheit führen (insbesondere bei der Prüfung, ob eine unmittelbare Betroffenheit vorliegt), als auch zu einer Verengung. Von Strafvorschriften ist unter Berücksichtigung seines Rechtsschutzbedürfnisses nur betroffen, wer darlegen kann, in welcher Weise er gegen sie verstoßen müßte, um sich so verhalten zu können, wie er meint, sich nach dem in Anspruch genommenen Grundrecht verhalten zu dürfen. Auch hier kann es wieder eine Grenze der Zumutbarkeit geben. Es wäre ein Eingriff in das Persönlichkeitsrecht, wenn der Beschwerdeführer darlegen müßte, weshalb er zu einem bestimmten, mit Strafe bedrohten Sexualverhalten neigt. Dagegen ist es kaum unzumutbar, daß z.B. ein Gewerbetreibender darlegen muß, in welcher Weise ihn etwa steuerliche oder Buchführungspflichten in seiner Berufsausübung beeinträchtigen, deren Verletzung unter Straf- oder Bußgeldandrohung steht.

556   Auf diese Weise kann schon der Begriff der Selbstbetroffenheit eine gewisse Flexibilität erfahren, die auch die Fälle löst, in denen ein Beschwerdeführer selbst nicht Adressat der Norm oder des Akts der vollziehenden Gewalt ist, aber von deren Auswirkungen betroffen wird. Es kann sich um bloße „Reflexwirkungen" handeln, die nicht als eigene Betroffenheit anerkannt werden[401], um die Beeinträchtigung von Interessen oder Chancen, besonders im wirtschaftlichen Wettbewerb, auf deren unverändertem Bestand kein grundrechtlicher Anspruch aus Art. 12 GG besteht[402]. Möglich sind aber auch nur faktische Auswirkungen, die jedoch den Anspruch auf gleiche Chancen im Wettbewerb (Art. 3 Abs. 1 GG) erheblich beeinträchtigen[403]. Insoweit wird der Rechtsprechung des BVerfG

---

399   Vgl. hierzu schon oben Rn. 527, insbes. N 363.
400   BVerfGE 46, 246 (256).; auch für den Fall einer Zuwiderhandlung gegen eine strafbewehrte Rechtsnorm BVerfGE 81, 70 (82 f,); 97, 157 (165).
401   BVerfGE 6, 273, (278); 70, 1, (23).
402   BVerfGE 34, 338, (340).
403   BVerfGE 18, 1 (12 f., 17).

vorgehalten, sie lasse eine klare Linie vermissen[404]. Sie kann aber wohl auch nur der Tendenz nach entwickelt werden. Wesentlich ist der Schutzbereich des jeweils berührten Grundrechts[405] und dessen Bedeutung innerhalb des Katalogs der Grundrechte. So wie die Rechtsprechung des BVerfG die Intensität der Kontrolle gesetzgeberischer Prognosen von der Bedeutung des betroffenen Grundrechts abhängig macht[406], verdient die eigene Betroffenheit des Beschwerdeführers stärkere Anerkennung, wenn es sich um Persönlichkeitsrechte handelt, als wenn Vermögensinteressen oder andere grundrechtlich geschützte Rechtspositionen betroffen sind. Der Tendenz der bisher vorliegenden Rechtsprechung des BVerfG wird man dabei zustimmen können.

Es besteht kein schützenswertes Interesse (außer einem allgemeinen staatsbürgerlichen   **557** Anliegen, das sich in politischer Aktivität ausdrücken mag) an der Klärung der Frage, ob die Entschädigung der Abgeordneten (Diäten) zu versteuern ist, wenn der Beschwerdeführer in keinerlei persönlicher Beziehung zu diesem Thema steht[407]. Kann der Beschwerdeführer dagegen darlegen, daß die einem Konkurrenten gewährte Steuervergünstigung ihn in seinen Wettbewerbschancen nachhaltig beeinträchtige, so ist er durch diese Regelung selbst betroffen[408]. Ladenschlußregelungen betreffen nicht nur die Inhaber der Geschäfte, sondern alle Verbraucher[409]. Wird jemand in einem Urteil fälschlich als Ehestörer bezeichnet, so ist er hiervon selbst betroffen, ohne Partei des Verfahrens zu sein[410]. Kann er jedoch durch ein Privatklageverfahren wegen übler Nachrede seine Rehabilitierung erreichen, so besteht kein Rechtsschutzbedürfnis für eine Verfassungsbeschwerde gegen das Urteil, in dem er namentlich genannt worden war[411]. Der Ausschluß eines Verteidigers in einem Strafverfahren betrifft den Verteidiger selbst, weil er hierdurch auch eine Ansehensminderung erfährt[412].

Alle diese und viele andere Entscheidungen gehen von der Bedeutung des berührten Grundrechts und von dem Gewicht des Eingriffs in seinen Auswirkungen auf den Beschwerdeführer aus. Daß sie nicht leicht auf eine andere Formel als der Zumutbarkeit oder des Rechtsschutzbedürfnisses zu bringen sind, trifft sicher zu. Im Ergebnis findet aber das BVerfG eine vernünftige mittlere Linie zwischen Großzügigkeit und Engherzigkeit.

b) Gegenwärtige Betroffenheit

Auch das Erfordernis gegenwärtiger Betroffenheit hat die Aufgabe, einer Ausweitung der   **558** Verfassungsbeschwerde in Richtung auf eine Popularklage entgegenzutreten[413]. Geprüft wird, ob der Beschwerdeführer zu dem Zeitpunkt betroffen ist, in dem die Verfassungsbeschwerde erhoben wird. Auch diese Frage wird vor allem bei Rechtssatz-Verfassungsbe-

---

404 *Stern*, Art. 93 Rn. 512.
405 *Stern*, Art. 93 Rn. 513.
406 BVerfGE 50, 290 (332 ff.); dazu oben Rn. 263 ff.
407 BVerfGE 49, 1, (9).
408 BVerfGE 18, 1, (12 f., 17).
409 BVerfGE 13, 230, (232 f.); 53, 1, (14 f.).
410 BVerfGE 15, 283, (286).
411 BVerfGE 15, 283, (287 f.).
412 BVerfGE 15, 226, (239); 22, 114, (118).
413 *Schmidt-Bleibtreu*, in: BVerfGG-Kommentar, § 90 Rn. 98.

schwerden von Bedeutung sein. Sie geht theoretisch sowohl in die Richtung, ob eine Betroffenheit „noch nicht", oder ob sie „nicht mehr" vorliegt[414]. Die Fälle, in denen trotz Aufhebung einer Norm, eines Verwaltungsakts oder einer Gerichtsentscheidung diese dem Beschwerdeführer gegenüber noch Wirkung haben, können aber wohl bereits mit der Prüfung erledigt werden, ob (noch) ein Beschwerdegegenstand vorliegt. Ein aufgehobenes Steuergesetz, das die steuerliche Veranlagung für einen in der Vergangenheit liegenden Zeitraum regelt, ist insoweit noch tauglicher Beschwerdegegenstand, als es noch zu erledigende Fälle aus diesem Zeitraum gibt. Gehört der Beschwerdeführer nicht mehr zu diesem Personenkreis, weil sein Steuerfall erledigt ist, ist er jedenfalls durch das Gesetz nicht betroffen, bezogen auf den Zeitpunkt seiner Verfassungsbeschwerde, und es ist gleichgültig, ob er einmal betroffen war. Entsprechendes gilt für Verwaltungsakte und für Gerichtsentscheidungen.

559 Abzugrenzen ist die gegenwärtige (aktuelle) von der irgendwann einmal in der Zukunft liegenden („virtuellen") Betroffenheit[415]. Dabei kann weiter zwischen den Fällen unterschieden werden, bei denen heute noch nicht gesagt werden kann, ob die Norm den Beschwerdeführer jemals betreffen wird, und denen, bei denen dies feststeht, der Zeitpunkt hierfür aber in der (näheren oder ferneren) Zukunft liegt.

Der zweite Fall steht dabei naturgemäß unter dem Vorbehalt dazwischentretender Ereignisse wie dem des vorzeitigen Todes. Steht noch nicht einmal fest, ob der Beschwerdeführer überhaupt betroffen sein wird, so liegt gegenwärtig keine Betroffenheit vor. Sollte er künftig doch betroffen sein, so mag er dann von den gegebenen Rechtsschutzmöglichkeiten Gebrauch machen. Die Einbuße, die er erleidet, besteht darin, daß die Verfassungsbeschwerde unmittelbar gegen das Gesetz meist nicht mehr möglich sein wird, weil die Jahresfrist verstrichen sein wird. Da hierdurch der Grundrechtsschutz nicht beseitigt wird, wiegt dies geringer als die Gefahr, daß das BVerfG über Verfassungsbeschwerden in Wirklichkeit – wie sich freilich erst später herausstellt – nicht Betroffener zu entscheiden hätte. Anders liegt es, wenn die künftige Betroffenheit gewiß ist, aber eben nur in der Zukunft liegt. Bei Berufsregelungen, Regelungen des Hochschulzugangs oder Bestimmungen im Recht der sozialen Sicherung ist dies sehr oft der Fall. Da es sich in Fällen dieser Art um wichtige Ausschnitte aus der Lebensplanung des Einzelnen handelt, wird sehr oft der Gesichtspunkt eine Rolle spielen, daß die Betroffenen frühzeitig Dispositionen treffen wollen, die sich auf ihren beruflichen Lebensweg oder auf alternative Maßnahmen der Altersversorgung beziehen. Allerdings steht dem bei rentenrechtlichen Vorschriften, die häufig geändert werden, die weitgehende Ungewißheit entgegen, wie die Rechtslage sein wird, wenn der Betroffene das Rentenalter erreicht[416].

560 Elemente der Abwägung unter diesen oder ähnlichen Gesichtspunkten lassen sich in der Rechtsprechung des BVerfG erkennen. Fast überraschende Großzügigkeit besteht bei verfassungsrechtlichen Bedenken gegen Wahlgesetze bei Beschwerdeführern, die jedenfalls zur Zeit der Verfassungsbeschwerde keine Wahlkandidaten sind und sich nach eigener Erklärung lediglich die Möglichkeit der Kandidatur für die Zukunft offenhalten wollen. Ob sie dies Ziel ernsthaft anstreben und vor allem, ob sie es bei den Unwägbarkeiten der Po-

---

414 *Pestalozza*, S. 184 f.; hierzu kritisch *Stern*, Art. 93 Rn. 554.
415 BVerfGE 1, 97, (102); 43, 291, (385 f.); 60, 360, (371); 72, 1 (5).
416 So vor allem in BVerfGE 58, 81, (105 ff.) mit abw. M. S. 129 ff.

litik auch erreichen werden, aufgestellt zu werden, muß dabei im Ungewissen bleiben. Das BVerfG hat auch derartige Verfassungsbeschwerden zugelassen[417]. Möglicherweise spielte dabei eine Rolle, daß eine derartige vorsorgliche Entscheidung für das Gericht unter günstigeren Umständen möglich ist, als zu einem Zeitpunkt dringenden aktuellen Entscheidungsbedarfs, der es unter erheblichen Zeitdruck setzen kann. Auch besteht an der Klärung wahlrechtlicher Zweifelsfragen ein erhebliches Allgemeininteresse. Stellte sich die Verfassungswidrigkeit einer Wahlbestimmung erst nach der Wahl heraus, so könnte dies im äußersten Falle zur Notwendigkeit führen, die Wahl zu wiederholen. Damit treten objektive Gesichtspunkte deutlich in den Vordergrund, während das subjektive Interesse schon wegen der Unsicherheit, ob der Beschwerdeführer jemals wirklich betroffen sein wird, eher gering ist.

Überzeugender ist es, wenn die gegenwärtige Betroffenheit dort bejaht wird, wo „bei nor- **561** malem Ablauf des Arbeitslebens"[418] mit einiger Wahrscheinlichkeit eine bestimmte Entwicklung der Berufslaufbahn oder hinsichtlich der Vorsorge für das Alter vorhersehbar ist. Dies wird – wiederum recht großzügig – für Ingenieurstudenten als gegenwärtige Betroffenheit anerkannt, die mit dem Fortfall der Berufsbezeichnung des Ingenieurs konfrontiert werden, ohne daß für die Beschwerdeführer der künftige Berufsweg schon feststeht[419]. Ganz zu Recht wird eine „Beeinträchtigung in der Motivation" bei Wegfall bisheriger Steuervergünstigungen zur Bejahung der gegenwärtigen Beschwer herangezogen, weil die Steuervergünstigung ein wesentliches Motiv für den Entschluß darstelle, Einkommensteile als Sparprämien oder andere vermögenswirksame Leistungen anzulegen[420]. Dagegen taucht im Bereich des Sozialrechts der Dispositionsgedanke zwar auf[421], wird aber nicht konsequent durchgehalten und verfällt im Ergebnis einer zu geringen Einschätzung der schutzwürdigen Interessen der Betroffenen, die sich immerhin auf die vom BVerfG ausgesprochene Unterstellung von Renten und auch Rentenanwartschaften unter den Eigentumsschutz des Art. 14 GG[422] berufen können. Gerade im Hinblick auf die häufigen Änderungen des Rentenrechts haben sie ein schutzwürdiges Interesse, zeitig zu erfahren, ob die Rechtsänderungen im Licht der Eigentumsrechtsprechung Bestand haben.

Man sollte meinen, daß hieran auch beim Gesetzgeber ein starkes Interesse besteht. Je **562** nach Einschätzung der Höhe ihrer Altersbezüge müssen die Betroffenen Dispositionen treffen, die nur nachhaltig wirkungsvoll sind, wenn sie hiermit zeitig beginnen können. Man kann sogar sagen, daß das Interesse um so gewichtiger ist, je jünger der Beschwerdeführer und daher je weiter er noch von dem Eintritt des Rentenalters entfernt ist. Verweist man ihn auf den Rechtsschutz erst zum Zeitpunkt des Rentenbescheides, so ist es für diese Dispositionen (etwa durch eine private Lebensversicherung) zu spät. Das vorgerückte Alter und die für die Erschöpfung des Rechtsweges erforderliche Zeit können dazu führen, daß der Beschwerdeführer dann das abschließende Ergebnis nicht mehr erlebt. Man muß daher bezweifeln, ob ihm stets ein adäquater alternativer Rechtsschutz zur Ver-

---

417   BVerfGE 13, 1, (11); 47, 253, (271); 48, 64, (80).
418   So in BVerfGE 29, 283, (296).
419   BVerfGE 26, 246, (251, 252).
420   BVerfGE 45, 104 (118 f.).
421   BVerfGE 58, 81 (105 ff.).
422   BVerfGE 53, 257 (290 ff.).

fügung steht. Nimmt man hinzu, daß das BVerfG neuerdings zusätzlich das Subsidiaritätsargument heranzieht und dem Beschwerdeführer zumutet, nach der RVO aussichtslose Anträge zu stellen, um hiergegen den Rechtsweg zu eröffnen[423], dann ergibt sich in dem Bereich des Rechts der sozialen Sicherung eine recht restriktive Tendenz, die wenig befriedigend ist. Allerdings muß man einräumen, daß in dem überaus komplizierten Bereich des Sozialrechts das BVerfG wie kaum auf einem anderen Gebiet auf die Vorklärung durch die Fachgerichte angewiesen ist. Es ist daher immerhin verständlich, wenn es nach Wegen sucht, um deren Meinung kennenzulernen, bevor es selbst die verfassungsrechtlichen Fragen prüft.

c) Unmittelbare Betroffenheit

563 In ständiger Rechtsprechung, erstmals bereits im ersten Band seiner Entscheidungssammlung, verlangt das BVerfG von der gegen ein Gesetz gerichteten Verfassungsbeschwerde, daß der Beschwerdeführer „selbst, gegenwärtig und *unmittelbar* durch das Gesetz, nicht erst mittels eines Vollzugsaktes, in einem Grundrecht verletzt ist". Der Begriff der unmittelbaren Betroffenheit wird so erläutert: „Setzt das Gesetz … zu seiner Durchführung rechtsnotwendig oder auch nur nach der tatsächlichen Verwaltungspraxis einen besonderen, vom Willen der vollziehenden Gewalt beeinflußten Vollziehungsakt voraus …, so kann sich die Verfassungsbeschwerde nur gegen diesen Vollziehungsakt als den unmittelbaren Eingriff in die Rechte des Einzelnen richten"[424].

564 Der Entscheidung im ersten Band ist ein – vom Gericht formulierter – Leitsatz vorangestellt: „Voraussetzung für die Zulässigkeit einer Verfassungsbeschwerde gegen ein erlassenes Gesetz ist die Behauptung, daß der Beschwerdeführer selbst, gegenwärtig und unmittelbar durch das Gesetz, nicht erst mit Hilfe eines Vollzugsaktes, in einem Grundrecht verletzt sei"[425]. *Bettermann* hat darauf hingewiesen, daß der Satz so nicht stimmen kann. Zwar genügt für die Grundrechtsverletzung, die ja erst geprüft werden muß, eine entsprechende Behauptung[426]. Die eigene, gegenwärtige und unmittelbare Betroffenheit muß aber nicht nur vorgetragen werden, sondern tatsächlich auch vorliegen. Daher müsse der Satz, wie *Bettermann* mit Zustimmung praktisch der ganzen Literatur umformuliert hat, richtigerweise lauten: „Voraussetzung für die Zulässigkeit einer Verfassungsbeschwerde gegen ein erlassenes Gesetz ist, daß der Beschwerdeführer selbst, gegenwärtig und unmittelbar durch das Gesetz, dessen Verfassungswidrigkeit er behauptet, in einem seiner Grundrechte oder in einem der diesen gleichgestellten Rechte betroffen wird"[427].

565 Mit dieser Formulierung, die präziser als die des BVerfG ist und von der im folgenden ausgegangen wird, ist der zentrale Diskussions- und Streitpunkt im Bereich der Betroffenheit bezeichnet. Er betrifft wiederum die Abgrenzung zwischen der Rechtssatz- und

---

423 BVerfGE 69, 11 (126); kritisch hierzu *E. Klein* (N 371), S. 1312; zustimmend *Schenke* (N 376), S. 1458.

424 BVerfGE 1, 97 (101 ff.); 70, 35 (50 f.) m.w.N.; 79, 174 (187 f.). Im Nachschlagewerk des BVerfG wird darauf hingewiesen, daß es in dem ersten Satz nicht „verletzt", sondern „betroffen" heißen müsse, unter Hinweis u.a. auf BVerfGE 6, 273 (277).

425 BVerfGE 1, 97.

426 Vgl. hierzu unten Rn. 613 ff.

427 *Bettermann* (N 22), S. 130.

der Urteilsverfassungsbeschwerde, wenngleich auch die unmittelbare Betroffenheit für jede Verfassungsbeschwerde, nicht nur für die gegen eine Norm, zu verlangen ist.

Das BVerfG hat das Erfordernis der unmittelbaren Betroffenheit damit begründet, daß zur **566** Durchführung vieler Gesetze ein besonderer Vollziehungsakt erforderlich sei. Erst dieser Willensakt der Behörde (der nach der Entscheidung im 1. Band „vom Willen der vollziehenden Behörde beeinflußt ist") sei der Eingriff der öffentlichen Gewalt in die Rechtssphäre des Bürgers. Da diesem gegen den Vollziehungsakt der Rechtsweg zur Verfügung stehe, könne – und müsse – er von dieser Möglichkeit Gebrauch machen, um auf diesem Wege auch die behauptete Verfassungswidrigkeit des Gesetzes geltend zu machen[428].

Es liegt nahe, anzunehmen, daß das BVerfG sich mit dieser aus dem BVerfGG nicht un- **567** mittelbar abzuleitenden Regelung vor allem Schutz vor Überlastung verschaffen will. Wird auf dem Weg über die unmittelbare Betroffenheit im Ergebnis die Erschöpfung des Rechtsweges überall oder doch fast überall da verlangt, wo es überhaupt irgendeine Möglichkeit gibt, zunächst andere Gerichte mit dem Vorgang zu befassen, so bringt das dem BVerfG jedenfalls einen Zeitgewinn und zusätzlich die Chance, daß sich die Sache auf andere Weise erledigen wird und so seine Anrufung im Ergebnis ganz unterbleiben kann[429].

Gestützt wird diese Annahme durch den im gleichen Zusammenhang verwendeten Be- **568** griff der Subsidiarität. Dieser Begriff bedeutet aber mehr als nur Entlastung des BVerfG. Diese ist als Ziel schon deshalb anzuerkennen, weil es den Interessen aller vor dem BVerfG Rechtsuchenden dient, daß das Gericht die bei ihm anhängigen Verfahren mit aller Sorgfalt, aber auch innerhalb eines zumutbaren Zeitraumes erledigen kann. Wichtiger als eine nur quantitative Entlastung ist aber die qualitative Verbesserung. Unter den mehreren Gesichtspunkten, die in teils einander überschneidender, teils gegenläufiger Weise einander gegenüberstehen, wird man dem Qualitätsargument das größte Gewicht einräumen. Es bedeutet, daß die über die Verweisung auf einen zu erwartenden Vollzugsakt gesteuerte vorherige Anrufung der Fachgerichte dann – aber auch nur dann – sinnvoll ist, wenn hiervon eine Vertiefung oder Verbreiterung des tatsächlichen und rechtlichen Materials zu erwarten ist, das für die Entscheidung über die Verfassungsmäßigkeit des Gesetzes von Bedeutung sein kann. Alle anderen Erwägungen, die aus objektiver oder subjektiver Sicht ebenfalls von Bedeutung sind, fließen mit ein und können das Ergebnis der Abwägung nach der einen oder anderen Richtung modifizieren. Auch der Gesichtspunkt quantitativer Entlastung des BVerfG hat hierbei seinen legitimen Platz. Prüfen die Fachgerichte, ob der Fall des Beschwerdeführers überhaupt durch das von ihm in seiner Verfassungsmäßigkeit angezweifelte Gesetz erfaßt wird, so werden sich manche Fälle erledigen, ohne daß es einer Anrufung des BVerfG bedarf. Damit wird nicht nur ein Verfahren überflüssig, sondern zugleich auch für andere gleichgelagerte Fälle die Reichweite des Gesetzes so vorab geklärt, daß das BVerfG hiervon ausgehen kann. Dies dient ebenso der Entlastung wie der qualitativen Verbesserung.

Ist dagegen von der Verweisung auf den Rechtsweg, der durch das Gebot vermittelt wird, **569** den Vollzugsakt abzuwarten, lediglich ein Zeitgewinn für das BVerfG zu erwarten, dem

---

428 BVerfGE 16, 147 (158 f.).
429 Ähnlich *Schlaich*, Rn. 232.

ein entsprechender Zeitverlust zu Lasten des Beschwerdeführers gegenübersteht, so verliert das Erfordernis der unmittelbaren Betroffenheit seinen Sinn. Der Zeitgewinn für das BVerfG ist nur ein vorläufiger. Mit einer zeitlichen Verschiebung kommt das Problem über die Urteils-Verfassungsbeschwerde doch auf das Gericht zu. Dem Beschwerdeführer kann es unzumutbar sein, den mit der Erschöpfung des Rechtsweges verbundenen Zeitverlust und das hierbei entstehende Kostenrisiko auf sich zu nehmen. Jedenfalls die Gesichtspunkte, die nach § 90 Abs. 2 S. 2 BVerfG aus subjektiver oder objektiver Sicht für eine alsbaldige Entscheidung durch das BVerfG sprechen, müssen stets geprüft und berücksichtigt werden, wenn das Erfordernis der unmittelbaren Betroffenheit im Ergebnis bedeuten soll, daß auch bei einer Rechtssatz-Verfassungsbeschwerde ein Rechtsweg zu beschreiten und – jedenfalls im Regelfall – auch zu erschöpfen ist.

570 Die Verweisung auf den über den Vollzugsakt möglichen Rechtsweg verliert auch dann ihren Sinn, wenn die Fachgerichte im Grunde nichts zu prüfen haben, weil das Gesetz in seiner Anwendung auf das Begehren des Beschwerdeführers ein eindeutiges Ergebnis verlangt. Ergibt sich aus dem Gesetz, ohne daß hieran ein vernünftiger Zweifel möglich ist, daß dem Begehren des Beschwerdeführers nur entsprochen werden kann, wenn man mit ihm von der Verfassungswidrigkeit der entsprechenden Regelung ausgeht, dann kann schon der Vollzugsakt nur so lauten, wie das Gesetz es vorschreibt. Die Fachgerichte können lediglich bestätigen, daß der Vollzugsakt so, wie er ergangen ist, rechtens ist. Die nur vorübergehende Entlastung, die sich das BVerfG auf diese Weise verschaffen würde, geht nicht nur zu Lasten des Beschwerdeführers, der womöglich über mehrere Instanzen ein aussichtsloses Verfahren einleiten und durchführen muß, sondern sie belastet auch die Fachgerichte mit sinnlosen, weil aussichtslosen Verfahren. Auch die Fachgerichte sind, ebenso wie das BVerfG, vielfach überlastet. Das BVerfG wird ihnen nicht zusätzliche Arbeit aufbürden wollen, von der es im Ergebnis selbst nichts hat.

571 Es gibt hiernach genügend Gründe, das Erfordernis der unmittelbaren Betroffenheit nicht als ein starres Prinzip zu verstehen, das Ausnahmen nur insoweit duldet, als sich aus entsprechender Anwendung des § 90 Abs. 2 S. 2 BVerfGG ergibt. Aus dieser Regelung kann man gewiß wesentliche Anhaltspunkte entnehmen. Die Verweisung auf den Rechtsweg über die Prüfung des Vollzugsaktes, der bei eindeutiger Gesetzeslage nicht anders ergehen konnte, muß für den Betroffenen nicht einen schweren und unabwendbaren Nachteil bedeuten. Nähme man aber an, daß jede Verfassungsbeschwerde, in der keine Frage der Anwendung oder Auslegung des Gesetzes, sondern allein die Verfassungsmäßigkeit oder Verfassungswidrigkeit der Norm zu prüfen ist, eine Frage von allgemeiner Bedeutung im Sinne des § 90 Abs. 2 S. 2 BVerfGG ist, dann kann man sich den gedanklichen Umweg ersparen, der das Erfordernis der unmittelbaren Betroffenheit in das grundsätzliche Gebot der Erschöpfung des Rechtsweges umdeutet. Das BVerfG hat den Begriff der allgemeinen Bedeutung bisher anders verstanden. Ist eine Verfassungsbeschwerde unmittelbar gegen ein Gesetz nicht von allgemeiner Bedeutung gerichtet, etwa weil es sich um einen selten vorkommenden, singulären Fall handelt, und kann auch die Verweisung auf den Rechtsweg nicht als dem Beschwerdeführer unzumutbar bezeichnet werden, dann müßte bei starrer Anwendung des § 90 Abs. 2 BVerfGG der Rechtsweg in einer Reihe von Fällen beschritten werden, in denen Fachgerichte sinnlos, weil ohne Aussicht auf Erkenntnisgewinn für das BVerfG, beschäftigt werden.

Die bisher behandelten und viele andere Probleme, die aus der Anwendung der Formel **572** der unmittelbaren Betroffenheit entstehen, sind in der Literatur intensiv und kontrovers erörtert worden[430]. Die Kritik bezeichnet das Erfordernis unmittelbarer Betroffenheit als eine „Zufallsformel", oder sie wirft dem BVerfG vor, mit dem von ihm aufgestellten Kriterium inkonsequent umzugehen[431]. Es handele sich nur um die Verbalisierung eines Abwägungsprozesses, der sich in der Sache kaum rationalisieren lasse[432].

Erkennt man an, daß es sowohl Fälle gibt, in denen die Verweisung des Beschwerdeführ- **573** rers auf den Rechtsweg über den Angriff gegen den Vollzugsakt ihren guten Sinn hat, als auch andere Fälle, in denen dies objektiv sinnlos und subjektiv nicht zumutbar ist, dann kann gewiß die Formel von der Notwendigkeit unmittelbarer Betroffenheit oder die noch allgemeinere und noch weniger bestimmte Verweisung auf die „Subsidiarität" der Verfassungsbeschwerde nicht ohne Schwierigkeit auf den Einzelfall angewendet werden. Dem BVerfGG sind aber solche konkretisierungsbedürftigen Richtlinien nicht fremd. Die Voraussetzungen, unter denen von dem Gebot der Rechtswegerschöpfung abgesehen werden kann (§ 90 Abs. 2 S. 2 BVerfGG), sind hierfür ein Beispiel, ebenso die ganz ähnlichen Voraussetzungen für die Annahme einer Verfassungsbeschwerde (§ 93 a Abs. 2 BVerfGG). Es ist auch nicht erkennbar, wie ohne einen Entscheidungsspielraum, der dem Gericht erlaubt, die einander widerstreitenden Gesichtspunkte abzuwägen, Gerechtigkeit im Einzelfall erreicht werden kann.

Es wäre kein Fortschritt, das grundsätzliche Gebot der Rechtswegerschöpfung auf alle **574** Rechtssatz-Verfassungsbeschwerden mit der Begründung auszudehnen, daß stets der Weg der inzidenten Normenkontrolle bestehe, den man auch als Rechtsweg im Sinn des § 90 Abs. 2 BVerfGG ansehen könne[433]. Das bedeutete praktisch, daß der Beschwerdeführer sich in jedem Fall zunächst gegen den Vollzugsakt auf dem hierfür gegebenen Rechtsweg wenden muß, sofern nicht die Ausnahmeregelung des § 90 Abs. 2 S. 2 BVerfGG dem BVerfG erlaubt, hiervon abzusehen. Dies hätte für den Beschwerdeführer die Nebenfolge, daß er beide Wege gehen muß, weil sonst die Gefahr der Fristversäumnis besteht. Das BVerfG würde zusätzlich belastet, weil es zunächst über die Voraussetzungen des § 90 BVerfGG und, sofern es diese bejaht, über die weiteren Fragen der Zulässigkeit und Begründetheit entscheiden müßte. Im Verfahren vor dem Fachgericht hätte der Betroffene immerhin die Chance, daß dieses seine Meinung über die Verfassungswidrigkeit der Norm teilt und nach Art. 100 Abs. 1 GG vorlegt. Erfolgt die Vorlage, so liegt die Sache wieder beim BVerfG, das über ihre Zulässigkeit und, sofern diese bejaht wird, über die Frage der Verfassungsmäßigkeit entscheiden muß. Verneint das Fachgericht die Verfassungswidrigkeit der Norm, so kommt diese Frage über eine Urteils-Verfassungsbeschwerde vor das BVerfG. Allerdings besteht die Chance, daß sich die Beschwerde des Betroffenen auf dem Instanzenwege erledigt, weil dort der grundrechtswidrige Akt aus anderen Gründen aufgehoben wird.

---

430 Vgl. u.a. *Schmidt-Bleibtreu*, in: BVerfGG-Kommentar, § 90 Rn. 99 ff.; *Leibholz/Rupprecht* (N 104), § 90 Rn. 35; *Stern*, Art. 93 Rn. 567 ff.; *Schlaich*, Rn. 230 ff.; *Pestalozza*, S. 180 f.; *Kley*, in: Umbach/Clemens, § 90 Rn. 50, 97 ff.
431 *Gerontas* (N 256), S. 440, 441.
432 *Zacher* (N 19), S. 407.
433 *Schenke* (N 376), S. 1451 ff.; in der Tendenz ähnlich *Gerontas* (N 256), S. 440 ff.

575 Es mag offen bleiben, ob eine solche Auslegung des § 90 Abs. 2 BVerfGG überhaupt mit dem Gesetz vereinbar ist, das die unmittelbar gegen ein Gesetz erhobene Verfassungsbeschwerde nicht generell ausgeschlossen hat, wie §§ 90 Abs. 2, 94 Abs. 4, 95 Abs. 3 BVerfGG ergeben. Jedenfalls wären keine Vorteile erkennbar. Die Notwendigkeit fallbezogener Abwägung, die als Nachteil des Begriffs der unmittelbaren Betroffenheit kritisiert wird, besteht auch nach § 90 Abs. 2 BVerfGG. Die wesentliche Änderung würde darin liegen, daß mit dem Hinweis auf die inzidente Normenkontrolle dem Betroffenen nahegelegt wird, seine verfassungsrechtlichen Bedenken gegen die Norm zunächst nicht dem BVerfG, sondern dem zuständigen Fachgericht vorzutragen, und daß nicht der Beschwerdeführer, sondern das Fachgericht darüber entscheidet, ob das BVerfG (schon jetzt) mit dieser Frage befaßt wird. Das hat dann einen guten Sinn, wenn sich bei der Prüfung der Entscheidungserheblichkeit ergibt, daß es auf die Frage der Verfassungsmäßigkeit der Norm überhaupt nicht ankommt. Ist es bei einer unmittelbar gegen ein Gesetz erhobenen Verfassungsbeschwerde zweifelhaft, ob die Norm bei ihrer Anwendung auf den Beschwerdeführer die von ihm behaupteten Auswirkungen hat, kann und wird das BVerfG seine unmittelbare Betroffenheit verneinen und ihn zunächst auf den Rechtsweg verweisen. Hiergegen bestehen auch keine Bedenken, weil es sicher nicht Sache des BVerfG, sondern der Fachgerichte ist, die Auslegung und Anwendung des einfachen Rechts zu klären. Die mit dem möglichen Fortfall der durch das Fachgericht erledigten Fälle verbundenen Entlastungswirkungen könnten faktisch durch die gelegentlich bei diesen zu beobachtende Neigung kompensiert werden, konkrete Normenkontrollverfahren auch aus verfassungsrechtlich nicht sehr eindrucksvollen Gründen in Gang zu bringen. Man kann über die Vor- oder Nachteile einer „Dezentralisierung der Verfassungsrechtsprechung[434], die im Ergebnis eintreten würde, sehr geteilter Meinung sein. Wird die Verfassungsbeschwerde gegen ein Gesetz nicht im Ergebnis grundsätzlich ausgeschlossen, sondern behält das BVerfG mit dem Erfordernis der unmittelbaren Betroffenheit ein Steuerungsinstrument in der Hand, kann es der ihm übertragenen Aufgabe besser gerecht werden. Das BVerfG soll selbst entscheiden, wann sich Fragen von allgemeiner Bedeutung stellen (vgl. § 90 Abs. 2 S. 2 BVerfGG) oder wann klärungsbedürftige verfassungsrechtliche Fragen bestehen (vgl. § 93 a Abs. 2 a BVerfGG).

576 Es ist daher zu begrüßen, daß das BVerfG in einer umfangreichen Rechtsprechung die zunächst recht starr verstandenen Voraussetzungen einer unmittelbaren Betroffenheit unter Berücksichtigung der sich überschneidenden und auch gegenläufigen Erwägungen gelockert hat. Bereits die von Anfang an[435] gebrauchte Formel, nach der unmittelbare Betroffenheit nicht vorliegt, wenn das Gesetz einen „vom Willen der vollziehenden Gewalt beeinflußten Vollziehungsakt" voraussetzt, deutet die entscheidende Problematik an. Soweit die Exekutive schlicht das Gesetz zu vollziehen hat, hierbei kein Ermessen ausüben kann und sich auch keinerlei Auslegungsfragen stellen, kann der zu erwartende Bescheid nichts anderes besagen als das Gesetz selbst, und die Gerichte können nur über die Prüfung der Verfassungsmäßigkeit zu einem anderen Ergebnis kommen. Die Konsequenz hieraus hat allerdings das BVerfG erst sehr viel später gezogen. Wenn einer Behörde (hier: der Finanzbehörde) jeder Prüfungs- und Entscheidungsspielraum fehle, die Vor-

---

434 *Gerontas* (N 256), S. 445, vgl. aber auch die deutliche Tendenz des BVerfG (unter dem Gesichtspunkt der Subsidiarität) in BVerfGE 47, 144 (145); 74, 69 (74).

435 BVerfGE 1, 97 (101 ff.).

schrift keiner weiteren Auslegung zugänglich sei, die Behörde vielmehr nach klarer Gesetzeslage den gestellten Antrag ablehnen müsse, sei der Beschwerdeführer durch das Gesetz unmittelbar betroffen[436]. Maßgeblich ist die Erwägung, daß es weder dem Beschwerdeführer zumutbar ist, einen erkennbar aussichtslosen Antrag zu stellen, noch der Behörde und den Fachgerichten, sich mit in der Sache sinnlosen Verfahren zu beschäftigen. Verstärkt wird dieser Gedanke, wenn in Fällen, in denen die Verwaltung keinen Auslegungs- und Entscheidungsspielraum hat, die besondere Interessenlage des Betroffenen ihn zu Dispositionen zwingt, die er nach dem späteren Gesetzesvollzug nicht mehr nachholen oder korrigieren könnte[437]. In diesen Fällen tritt der Gedanke der fehlenden Zumutbarkeit einer Verweisung auf den Rechtsweg im Sinne eines schweren und unabwendbaren Nachteils (§ 90 Abs. 2 S. 2 BVerfGG) in den Vordergrund. Das BVerfG spricht davon, daß dann ausnahmsweise ein Rechtsschutzbedürfnis gegeben sei.

Ähnlich liegt es, wenn Vollzugsakte erforderlich sind, ihre Anfechtung aber zu einer sinnlosen Verlängerung des rechtlichen Streits führen würde und das BVerfG nicht erwarten könnte, aus den Verfahren der Fachgerichte ihm förderliche Erkenntnisse zu gewinnen. So hat das BVerfG im Streit um das Volkszählungsgesetz 1983 die hiergegen unmittelbar erhobenen Verfassungsbeschwerden als zulässig angesehen, obwohl die Anwendung des Gesetzes gegenüber den Beschwerdeführern anfechtbare Vollziehungsakte voraussetzte (§ 5 VZG 1983). Der Grund hierfür war, daß innerhalb der nur nach wenigen Wochen bemessenen Zeit zwischen der Erhebung der Verfassungsbeschwerden und der Durchführung der Volkszählung nicht mit verwaltungsgerichtlichen Entscheidungen gerechnet werden konnte, die zur Klärung der Rechtsfragen wesentlich beitragen würden[438]. **577**

Interessanter als das Erfordernis unmittelbarer Betroffenheit sind so die Ausnahmen, die vom BVerfG anerkannt werden. Sie lassen sich vereinfachend auf die objektive Sinnlosigkeit oder die subjektive und objektive Unzumutbarkeit zurückführen, welche mit der Durchführung eines vorgeschalteten Rechtswegs für das BVerfG selbst, für die in Betracht kommenden Fachgerichte und für den Betroffenen verbunden wäre. Mit den Voraussetzungen, unter denen nach § 90 Abs. 2 S. 2 BVerfGG sonst von der Erschöpfung des Rechtsweges abgesehen werden kann, hätten sich wohl die meisten, aber nicht alle Fälle objektiver Sinnlosigkeit des Rechtswegs beantworten lassen[439]. **578**

In neuerer Zeit besteht in der Rechtsprechung des BVerfG die Tendenz, sich von dem Erfordernis der unmittelbaren Betroffenheit in gewissem Umfang zu lösen und die Probleme mit Hilfe des als Oberbegriff verstandenen Kriteriums der „Subsidiarität" der Verfassungsbeschwerde zu beantworten[440]. Die unmittelbare Betroffenheit gilt eher als ein Indiz[441]; die verschiedenen Abwägungsgesichtspunkte werden unter der allgemeinen **579**

---

436 BVerfGE 43, 108 (117).
437 BVerfGE 43, 291 (386); 75, 246 (263); 79, 1 (20); 90, 128 (136); 97, 157 (164).
438 BVerfGE 65, 1; hierzu *H. Klein* (N 257), S. 1328, 1340; *Schlaich*, Rn. 233
439 *H. Klein* (N 257), S. 1340, meint, daß sich die Ausnahmefälle über § 90 Abs. 2 S. 2 BVerfGG lösen ließen. Beim VZG 1983 war dies sicher wegen der allgemeinen Bedeutung des Gesetzes der Fall; zweifelhaft wäre dies aber, wenn es sich um ein Gesetz gehandelt hätte, das die Öffentlichkeit wenig berührt hätte (bei im übrigen gleichen Gegebenheiten des Zeitdrucks).
440 Vgl. hierzu Rn. 523 ff.
441 In BVerfGE 70, 35 (51) wörtlich: „Daß ein Vollzugsakt erforderlich ist, um für einzelne Adressaten der Norm individuell bestimmte Rechtsfolgen eintreten zu lassen, ist lediglich Anzeichen für ein denkbares Fehlen der unmittelbaren Grundrechtsbetroffenheit durch die Norm. Ob es ausschlaggebend ist, bedarf in

Überschrift der „Subsidiarität" eingeordnet und gegeneinander gestellt. Die Chancen und die Risiken einer solchen Sichtweite sind bereits behandelt worden. Man möchte hoffen, daß das BVerfG bei allen Schwierigkeiten, die der Begriff der unmittelbaren Betroffenheit auch künftig bereiten wird, von der hieran geübten Kritik nicht zu sehr beeindruckt wird. Wirkt sie sich dahin aus, daß künftig an dessen Stelle der noch weniger bestimmte und mit vielfältigen Inhalten ausfüllbare Begriff der „Subsidiarität" tritt, so wäre dies kaum ein Fortschritt. Einige Entscheidungen, in denen unter Hinweis auf diesen Grundsatz dem Betroffenen mit einer gewissen Selbstverständlichkeit, aber im Gegensatz zu der bisher vom BVerfG selbst entwickelten Linie zugemutet wird, aussichtslose Anträge bei der (Sozial-) Behörde zu stellen, deren Bescheide dann vor den Sozialgerichten angefochten werden sollten[442], zeigen dies an.

6. Prozeßführungsbefugnis

580 Prozeßführungsbefugnis ist die Berechtigung, ein Recht im eigenen Namen prozessual geltend zu machen[443]. Dies ist zunächst eine Frage der eigenen Betroffenheit. Nur wer – neben anderen Voraussetzungen – behaupten kann, selbst in einem seiner Grundrechte oder grundrechtsgleichen Rechte verletzt zu sein, kann Verfassungsbeschwerde einlegen. Daher wird die Prozeßführungsbefugnis oft in systematischem Zusammenhang mit den Fragen der Betroffenheit behandelt[444].

581 Aus der Zulässigkeitsvoraussetzung eigener Betroffenheit folgt, daß niemand wegen der Verletzung von Grundrechten anderer Verfassungsbeschwerde erheben darf. Dies gilt für Organisationen und Verbände, welche die Interessen ihrer Mitglieder wahrnehmen wollen[445], für politische Parteien, welche sich für die Grundrechte ihrer Mitglieder oder für die allen Staatsbürgern zustehenden Grundrechte einsetzen[446], oder für eine Kommanditgesellschaft, die verletzte Rechte ihrer Gesellschafter oder Organe geltend machen will[447]. Hierzu im Widerspruch steht eine andere Entscheidung, nach der eine juristische Person des Privatrechts den auf ihre Rechtsträger ausgeübten Gewissenszwang wegen einer der Gesellschaft auferlegten Kirchensteuerpflicht rügen darf[448]. Auch eine Pflegemutter (Großmutter), die nicht gesetzlicher Vertreter ist, kann nicht die Verletzung der Grundrechte des Kindes geltend machen. Hierzu ist das Jugendamt als gesetzlicher Vertreter des Kindes befugt[449]. Nach den Vorschriften des bürgerlichen oder des öffentlichen Rechts zu beurteilen ist, wer als gesetzlicher Vertreter einen nicht geschäftsfähigen Menschen, eine juristische Person oder – soweit diese überhaupt beschwerdebefugt sind – juristische Personen des öffentlichen Rechts bei der Einleitung eines Verfassungsbeschwerdeverfahrens

---

jedem Fall der Überprüfung anhand des Verfassungsprozeßrechts." Ähnlich BVerfGE 71, 305 (336); 73, 40 (68 f.). Vgl. hierzu *E. Klein* (N 371), S. 1309 f.

442 BVerfGE 69, 122 (124 ff.); kritisch zu dieser Entscheidung und der ähnlich gelagerten in BVerfGE 68, 319 (325 f.). *E. Klein* (N 371), S. 1311, 1312.

443 S. oben Rn. 240.

444 So *Stern*, Art. 93 Rn. 536 ff.; *Schmidt-Bleibtreu*, in: BVerfGG-Kommentar, § 90 Rn. 40 ff.

445 BVerfGE 31, 275 (280) m.w.N.; 72, 122 (131); vgl. oben Rn. 439.

446 BVerfGE 13, 1 (9).

447 BVerfGE 20, 162 (172).

448 BVerfGE 19, 206 (215 f.); vgl. hierzu oben Rn. 444.

449 BVerfGE 19, 323 (329); 72, 122 (131 ff.)

zu vertreten befugt ist. In diesen Fällen ist Beschwerdeführer stets die vertretene Person. Eine Frage der Prozeßführungsbefugnis stellt sich nicht. Anders liegt es bei Parteien kraft Amtes, namentlich beim Konkursverwalter oder beim Testamentsvollstrecker. Wenn ein Konkursverfahren eingeleitet oder Testamentsvollstreckung angeordnet ist, handeln sie aus eigenem Recht. Sie können dann mögliche Verstöße gegen Grundrechte des Gemeinschuldners oder der Erben innerhalb des Konkurs- oder Erbscheinsverfahrens im eigenen Namen geltend machen[450]. Das ist Prozeßstandschaft.

Demgegenüber hat das BVerfG mehrfach zum Ausdruck gebracht, daß im Verfassungs- **582** beschwerdeverfahren eine Prozeßstandschaft nicht zulässig sei[451]. In den meisten Fällen handelt es sich lediglich um den unzulässigen Versuch von Verbänden oder Organisationen, Rechte ihrer Mitglieder, also fremde Grundrechte, geltend zu machen[452].

Anders liegt es bei formaler Betrachtung, wenn einer Gesellschaft zur Verwertung von Urheberrechten diese Rechte treuhänderisch übertragen sind und die Gesellschaft diese Rechte im Interesse der Urheber rechtlich geltend machen kann. Dann liegt ein Fall der Prozeßstandschaft vor. Da die – als Eigentum im Sinne des Art. 14 GG zu qualifizierenden – Rechte wirtschaftlich weiterhin den Treugebern zustehen, wird der Verwertungsgesellschaft trotz ihrer formalen Eigentümerstellung die Prozeßführungsbefugnis abgesprochen[453]. Eine Ausnahme gilt allerdings dann, wenn es um eine Verfassungsbeschwerde gegen eine fachgerichtliche Entscheidung geht, die aufgrund § 27 UrhG gegen eine in ausschließlicher Prozeßstandschaft handelnde Verwertungsgesellschaft ergangen ist. Der Urheber sei bereits einfachrechtlich nicht prozeßführungsbefugt und könne daher die entsprechenden Urteile auch nicht mit einer Verfassungsbeschwerde angreifen. Ein Grundrechtsschutz fände nicht statt, wenn die Verwertungsgesellschaft nicht auch im Verfassungsprozeß prozeßstandschaftlich für den Urheber dessen Grundrechte geltend machen könnte[454].

Da im Konkursverfahren[455] der Konkursverwalter Partei kraft Amtes ist und der Gemein- **583** schuldner in seiner Verwaltungs- und Verfügungsbefugnis beschränkt ist, kann der Gemeinschuldner gegen einen Zuschlagsbeschluß im Zwangsversteigerungsverfahren über ein Grundstück, das zur Konkursmasse gehört, nicht Verfassungsbeschwerde etwa wegen Verschleuderung weit unter dem Wert und damit möglicherweise eines Verstoßes gegen Art. 14 GG erheben[456]. Insoweit fehlt ihm zwar nicht die Beschwerdefähigkeit und die Prozeßfähigkeit, wohl aber die Prozeßführungsbefugnis. Diese liegt beim Konkursverwalter, der Prozeßstandschaft hat. Daß dieser antragsberechtigt ist, muß allerdings nicht zwangsläufig den Ausschluß der Prozeßführungsbefugnis des Gemeinschuldners bedeu-

---

450 BVerfGE 65, 182 (190) m.w.N.

451 BVerfGE 25, 256 (263 m.w.N.); 72, 122 (131).

452 *Stern*, Art. 93 Rn. 542; kritisch zu der allgemeinen Aussage der Unzulässigkeit einer Prozeßstandschaft a.a.O. Rn. 546; *R. Schneider* (N 34), S. 61 ff.

453 BVerfGE 31, 275 (280); 79, 1 (19).

454 BVerfGE 77, 263 (268 f.); kritisch hierzu *Cornils*, AöR 125 (2000), S. 58 ff.

455 Die folgenden Ausführungen gelten für den Insolvenzverwalter entsprechend, der seit dem Inkrafttreten der Insolvenzordnung (BGBl. 1994 I S. 2866, in Kraft seit dem 1. Januar 1999, vgl. Art. 110 EGInsO, BGBl. 1994 I S. 2911) den Konkursverwalter abgelöst hat.

456 BVerfGE 51, 405 (407 ff.); 65, 182 (190). Vgl. zur Erstreckung der Prozeßführungsbefugnis im Verfassungsbeschwerdeverfahren für die anderen Parteien kraft Amtes: BVerfGE 10, 229 (230); 27, 326 (333); 95, 267 (299). Kritik hieran übt *Cornils* (N 454), S. 55 ff.

ten. Legt man das Begehren des Gemeinschuldners als Beschwerdeführer dahin aus, daß er eine Verschleuderung des Grundstücks und damit eine Verletzung des Art. 14 GG behauptet, ist es das Recht – und, wenn sich für die Richtigkeit dieser Behauptung Anhaltspunkte ergeben, auch die Pflicht – des Konkursverwalters, im Interesse des Gemeinschuldners Verfassungsbeschwerde zu erheben. Dagegen könnte der Gemeinschuldner auch dahin verstanden werden, daß er die einfachrechtlichen Verfahrensregeln angreifen will, die ihn daran hindern, sein fortbestehendes Eigentumsrecht zu verteidigen. In diesem Fall könnte er insoweit auch weiterhin die Prozeßführungsbefugnis besitzen[457]. Hieraus ergäbe sich der Fall einer doppelten Prozeßführungsbefugnis wegen des gleichen Vorganges. Ähnlich liegt es bei der Versagung der Besuchserlaubnis an die Ehefrau eines Strafgefangenen, bei der sowohl der Gefangene selbst als auch die Ehefrau in ihrem jeweils eigenen Grundrecht aus Art. 6 Abs. 1 GG betroffen sind[458], oder bei staatlichen Maßnahmen gegenüber Kindern, die diese in eigenen Grundrechten, die Eltern in ihrem Elternrecht (Art. 6 Abs. 2 GG) betreffen[459]. Solche Fälle der mehrfachen Betroffenheit von Grundrechtsträgern sind nicht selten. Bedenken wegen der Zulässigkeit der von mehreren Grundrechtsträgern erhobenen Verfassungsbeschwerden haben sie nicht ausgelöst.

7. Rechtsschutzinteresse als zusätzliche Voraussetzung

584   Man kann bezweifeln, ob neben den behandelten Voraussetzungen für die Zulässigkeit einer Verfassungsbeschwerde noch ein besonderes Rechtsschutzinteresse[460] als weitere Voraussetzung gefordert werden muß. Vor allem könnte das als überflüssig erscheinen, wenn die Zulässigkeitskriterien der Betroffenheit, besonders der unmittelbaren Betroffenheit, und der Grundsatz der Subsidiarität nicht als starre Prinzipien verstanden werden. Bei der Abwägung zwischen den verschiedenen objektiven und subjektiven Gesichtspunkten, die hierbei für oder gegen eine Sachentscheidung sprechen, geht es auch um die Frage, ob das von dem Beschwerdeführer vorgetragene Problem unter Berücksichtigung aller Umstände den von ihm verlangten Rechtsschutz verdient. Auch das grundsätzliche Erfordernis der Erschöpfung des Rechtsweges und die Voraussetzungen, unter denen hiervon eine Ausnahme gemacht werden kann, lassen sich auf das allgemeinere Prinzip des Rechtsschutzbedürfnisses oder -interesses zurückführen. Allerdings muß dabei gesehen werden, daß damit nur das Thema bezeichnet wird, um das es geht. Noch nicht entschieden ist damit, welche der für oder gegen den Zugang zur Sachentscheidung sprechenden Gesichtspunkte sich durchsetzen.

585   Gewiß ist die Frage, ob ein Rechtsschutzsuchender ein schutzwürdiges Interesse an dem Rechtsschutz hat, auch dann zu prüfen, wenn das Verfahrensgesetz dies nicht zur ausdrücklichen Voraussetzung der Zulässigkeit macht, wie dies z.B. in § 256 ZPO der Fall ist[461].

---

457   Das BVerfG schließt a.a.O. (N 454) diese Möglichkeit nicht aus; kritisch zu der Entscheidung *Berkemann*, JuS 1980, S. 871 ff.
458   BVerfGE 42, 95 (100 ff.).
459   *Stern*, Art. 93 Rn. 523.
460   Zur Bedeutung der Begriffe „Rechtsschutzbedürfnis" und „Rechtsschutzinteresse" vgl. schon oben Rn. 530. Im folgenden wird von „Rechtsschutzinteresse" gesprochen, um den im Nachschlagewerk des BVerfG verwendeten Begriff aufzunehmen.
461   *R. Schneider* (N 34), S. 4 ff.

Man kann auch vermuten, daß das BVerfG, wahrscheinlich unter der in der allgemeinen Prozeßlehre geläufigen Bezeichnung des Rechtsschutzbedürfnisses, sich mit den Zulässigkeitsvoraussetzungen der Verfassungsbeschwerde auch dann beschäftigt hätte, wenn das BVerfGG hierüber überhaupt keine Regelungen enthalten hätte. Vermutlich wären dann die Kriterien objektiver und subjektiver Art, wie sie vor allem in §§ 90 Abs. 2 S. 2 und 93 a Abs. 2 BVerfGG enthalten sind, in gleicher Weise entwickelt worden. Hierfür spricht auch, daß das BVerfG oft von dem „Rechtsschutzbedürfnis" oder einem „schutzwürdigen Interesse" von Beschwerdeführern spricht, wenn es prüft, ob diese betroffen, und vor allem, ob sie unmittelbar betroffen sind[462]. Hiergegen ist nichts einzuwenden, soweit es um die Lockerung eines Prinzips geht, das aus Gründen der Einzelfallgerechtigkeit nicht allzu starr gehandhabt werden sollte. Dem Prozeß der Abwägung kann man auch die Überschrift des „Rechtsschutzbedürfnisses" voranstellen, sofern dabei der Antagonismus der Begriffe nicht übersehen wird[463]. Soweit es nur um diese Abwägung zwischen verschiedenen einander widerstreitenden Gesichtspunkten geht, würde die Prüfung, ob ein Rechtsschutzinteresse anzuerkennen ist, nichts Neues bringen, sondern lediglich dem Vorgang eine andere Überschrift geben. Die Prüfung des Rechtsschutzinteresses kann daher nur die Bedeutung haben, daß auch dann, wenn alle anderen Voraussetzungen der Zulässigkeit gegeben sind, außerdem, also zusätzlich, noch das Rechtsschutzinteresse zu bejahen ist. So verstanden, kann die Prüfung nicht zu einer Erweiterung der Zulässigkeit führen, sondern nur zu einer Verengung. Ist das Rechtsschutzinteresse anzuerkennen, so hilft dies nicht, um etwaige andere Zulässigkeitsmängel auszugleichen. Umgekehrt reicht der Umstand, daß sonst alle Voraussetzungen der Zulässigkeit vorliegen, nicht aus, um ein fehlendes Rechtsschutzinteresse zu ersetzen.

Dies läßt sich an dem einfachen Beispiel der notwendigen Beschwer erläutern. Daß der **586** durch einen Akt der öffentlichen Gewalt Betroffene diesen nur angreifen kann, wenn er durch ihn beschwert ist, erscheint als selbstverständlich. Die Beschwer ist der Anlaß dafür, daß der Betroffene sich „beschwert". Wird er durch einen Akt öffentlicher Gewalt nur begünstigt, so wird er sich vernünftigerweise nicht gegen ihn wenden. Tut er es dennoch, etwa aus reiner Rechthaberei, so besteht regelmäßig kein Anlaß, ihn bei diesem Vorhaben durch Gewährung von Rechtsschutz zu unterstützen. Im Einzelfall kann das zweifelhaft sein. Das löst dann die Prüfung aus, ob nicht doch eine anzuerkennende Beschwer vorliegt. Jedenfalls reicht es im Hinblick auf die erforderliche Beschwer nicht aus, daß der Beschwerdeführer durch den Akt selbst, gegenwärtig und unmittelbar betroffen ist, sondern er muß (zusätzlich) auch beschwert sein.

Das so verstandene Rechtsschutzinteresse ist eine wesentliche, vom BVerfG als erforder- **587** lich anerkannte Voraussetzung der Zulässigkeit. Dabei bezieht sich die Prüfung, ob diese Voraussetzung gegeben ist, auf den Zeitpunkt der Entscheidung des BVerfG ebenso wie auf den Zeitpunkt der Erhebung der Verfassungsbeschwerde. Die Beschwer „muß auch im Zeitpunkt der Entscheidung des BVerfG noch gegeben sein"[464]. Vielfach überschneidet sich die Prüfung des Rechtsschutzinteresses mit der Klärung anderer Zulässigkeitsvoraussetzungen. Daher kommt es oft vor, daß das BVerfG dort von Rechtsschutzbedürf-

---

462 Z.B. BVerfGE 43, 291 (386); 65, 1 (37); 68, 287 (300); 71, 25 (35); 72, 39 (44).
463 Vgl. hierzu oben Rn. 532.
464 BVerfGE 50, 244 (247) m.w.N.; 56, 99 (106); 72, 1 (5).

nis oder -interesse spricht, wo andere Fragen, wie die eigene oder die unmittelbare Betroffenheit, geprüft werden. Es besteht auch ein Zusammenhang. Wer von einem Akt der öffentlichen Gewalt nicht betroffen ist, kann durch ihn auch nicht beschwert sein. Umgekehrt ist derjenige, der durch den Akt beschwert ist, also von ihm tatsächlich in einem seiner Grundrechte berührt wird, selbst betroffen im Sinne dieses Zulässigkeitserfordernisses[465]. Das BVerfG spricht in solchen Fällen oft von einem anzuerkennenden oder fehlenden Rechtsschutzbedürfnis. Besser wäre es, die Verwendung dieses Begriffs auf die (seltenen) Fälle zu beschränken, in denen der Beschwerdeführer zwar selbst betroffen, aber möglicherweise nicht oder nicht mehr beschwert ist.

588 Die Prüfung der Beschwer als des wichtigsten Anwendungsfalles eines (zusätzlichen) Rechtsschutzinteresses sollte aus der subjektiven Sicht des Beschwerdeführers erfolgen. Dies ergibt sich nicht nur daraus, daß die Verfassungsbeschwerde vorrangig einem berechtigten Interesse des Beschwerdeführers an einer Sachentscheidung und nicht dem größeren oder geringeren öffentlichen Interesse an dieser Entscheidung zu dienen bestimmt ist[466]. Es würde auch die Prüfung der Zulässigkeit einer Verfassungsbeschwerde zu sehr belasten, wenn alle Zweifelsfragen darüber, ob die angegriffene Regelung für den Beschwerdeführer wirklich nachteilig ist, bereits vor der Sachentscheidung umfassend beantwortet werden müßten. Das BVerfG hat zu Recht nicht als Zulässigkeitsfrage, sondern als Frage der Begründetheit der Verfassungsbeschwerde geprüft, ob die Umstellung der früher in der Form steuerlicher Erleichterungen (Freibeträge) vorgenommenen Anerkennung der durch die Pflege und Erziehung von Kindern entstehenden Belastungen auf das System der Zahlung von Kindergeld verfassungsrechtlichen Ansprüchen genügte[467]. Aus der Sicht der Beschwerdeführer bedeutete die Regelung eine Verschlechterung ihres Status. Bei objektiver Würdigung der Gesetzesänderung war es dagegen zweifelhaft, ob die Neuregelung eine Verschlechterung darstellte. Für die Zulässigkeit genügte die behauptete Beschwer, und an der Betroffenheit der Beschwerdeführer bestand kein Zweifel. Ob durch die Neuregelung Grundrechte verletzt wurden, war eine Frage der Begründetheit. Dementsprechend wäre es bei den Verfassungsbeschwerden gegen die Ostverträge[468] möglich gewesen, sie als zulässig, allerdings als nicht begründet anzusehen, weil die in Betracht kommenden Grundrechte zwar nicht verletzt, aber doch berührt waren. Legt man die subjektive Interessenlage der Beschwerdeführer zugrunde, so waren sie durch die Zustimmung zu den Verträgen auch beschwert. Sie meinten beispielsweise, daß ihnen durch die Ostverträge ihr Eigentum an in jenseits der Oder-Neiße-Linie gelegenen Grundstücken verloren ginge. Für die Beschwer konnte man diese Behauptung als ausreichend ansehen.

589 Anerkannt hat das BVerfG die Beschwer (die Entscheidung spricht von der Betroffenheit) von Richtern, deren besoldungsrechtliche Stellung sich durch eine Neuregelung der Richterbesoldung nicht verschlechtert, sondern teilweise sogar verbessert hatte. Die Beschwer bestand lediglich darin, daß sich die Richter im Gesamtgefüge der Neuregelung im Verhältnis zu den Richtern anderer Gerichtszweige zurückgesetzt fühlten[469]. Ob dies tatsächlich der Fall war, sah das Gericht als Frage der Begründetheit an.

---

465 Vgl. oben Rn. 550 ff.
466 *Schmidt-Bleibtreu*, in: BVerfGG-Kommentar, § 90 Rn. 184; vgl. oben Rn. 397 ff.
467 BVerfGE 43, 108.
468 BVerfGE 40, 141, vgl. oben Rn. 473.
469 BVerfGE 26, 100 (109).

Praktische Bedeutung hat das Rechtsschutzinteresse vor allem für die Prüfung, ob sich **590** eine Verfassungsbeschwerde erledigt hat[470]. Dies wird als der eigentliche oder einzige Fall angesehen, bei dem neben den anderen Zulässigkeitsvoraussetzungen noch gesondert nach dem Rechtsschutzbedürfnis oder -interesse zu fragen ist[471]. Hat sich der Akt der öffentlichen Gewalt, gegen den sich die Verfassungsbeschwerde richtet, aus tatsächlichen oder rechtlichen Gründen erledigt, so läßt sich nur nach den Umständen des Falles beurteilen, ob dennoch ein fortbestehendes Rechtsschutzinteresse anzuerkennen ist. (Noch) „geeignet und erforderlich", das Begehren des Beschwerdeführers durchzusetzen[472], ist die Verfassungsbeschwerde bei Erledigung des angegriffenen Aktes nur dann, wenn dieser noch nachteilige Wirkungen entfaltet, obwohl er aus tatsächlichen oder rechtlichen Gründen nicht mehr besteht. So kann ein schutzwürdiges Interesse an der Klärung der verfassungsrechtlichen Frage auch nach Aufhebung eines Haftbefehls bestehen[473]. Das bloße Interesse des Beschwerdeführers, eine günstigere Kostenentscheidung zu erlangen, wird aber nicht als ausreichend anerkannt[474]. Geht von dem Beschwerdegegenstand, der sich vor der Sachentscheidung erledigt hat, weiterhin eine nachteilige Wirkung aus, so kann trotz Erledigung das Rechtsschutzinteresse fortbestehen.

Andere Fälle, in denen das BVerfG ein fortbestehendes Rechtsschutzinteresse anerkennt, **591** liegen dann vor, wenn ohne Sachentscheidung die Klärung einer verfassungsrechtlichen Frage von grundsätzlicher Bedeutung unterbleiben müßte oder wenn Wiederholungsgefahr besteht[475]. In bezug auf den nicht mehr vorhandenen Beschwerdegegenstand ist aber die Fortführung des anhängigen Verfahrens weder erforderlich noch geeignet. Der Grund, aus dem die Verfassungsbeschwerde dennoch zulässig bleibt, bezieht sich präventiv auf künftige potentielle Beschwerdegegenstände gleicher Art. Dem Beschwerdeführer, aber auch anderen, die in die gleiche Lage kommen könnten, soll nicht zugemutet werden, erneut ein Verfahren einzuleiten. Zugleich dient dies der Entlastung des BVerfG insofern, als die bereits investierte Arbeit nicht vergeblich ist. Erwägungen allgemeiner Art, die ein Rechtsschutzbedürfnis trotz Erledigung des Beschwerdegegenstandes wegen der grundsätzlichen Bedeutung der verfassungsrechtlichen Frage bejahen, lösen sich von dem individuellen Rechtsschutzinteresse des Beschwerdeführers, das hiervon eigentlich nicht abhängig sein kann. Sie tragen damit der „objektiven Funktion" der Verfassungsbeschwerde Rechnung. Den Interessen des Beschwerdeführers wird jedoch nicht zuwidergehandelt. Er wird in den meisten Fällen ein eigenes – für sich allein aber eigentlich nicht ausreichendes – Interesse an der Klärung der verfassungsrechtlichen Frage haben. Entfällt dieses, etwa weil er auf anderem Wege sein Ziel erreicht hat und seiner Verfassungsbeschwerde bei erneuter Überlegung nur eine geringe Erfolgschance gibt, so mag er sie zurücknehmen. Dann kann das BVerfG – jedenfalls grundsätzlich und nach bisheriger, neu-

---

470 Vgl. hierzu oben Rn. 410 ff.
471 *Stern*, Art. 93 Rn. 727 ff.; ähnlich auch *Schlaich*, Rn. 248.
472 So *Pestalozza*, S. 187.
473 BVerfGE 53, 152 (157). Für den Fall prozessualer Überholung bei einer richterlichen Durchsuchungsanordnung vgl. oben Rn. 411 und N 112 – nach früher zurückhaltender Rechtsprechung heute BVerfGE 96, 27 (39 ff.).
474 BVerfGE 33, 247 (256 ff.); 39, 276 (292); 50, 244 (248); Vgl. auch BVerfGE 81, 138 (141 f.).
475 BVerfGE 33, 247 (257 f.); 75, 318 (325 f.); 76, 1 (38). Neuere Entscheidungen zum fortbestehenden Rechtsschutzbedürfnis trotz Erledigung des mit der Verfassungsbeschwerde verfolgten Begehrens: BVerfGE 81, 138 (140); 83, 341 (352); 89, 315 (322); 91, 125 (133).

erdings allerdings zweifelhaft gewordener Praxis[476] – das Verfahren auch dann nicht fortführen, wenn es die verfassungsrechtliche Frage gern klären würde.

592 Eine zusätzliche Zulässigkeitsvoraussetzung bildet das Rechtsschutzinteresse insofern, als das Begehren des Beschwerdeführers einen Vorgang von einigem Gewicht betreffen muß. Die begrenzte Arbeitskapazität des BVerfG macht es erforderlich, ausgesprochene Bagatellfälle ohne Sachprüfung abzulehnen. Die Neufassung der Annahmevoraussetzungen durch die 5. Novelle zum BVerfGG, die nach § 93 a Abs. 2 b) BVerfGG einen „besonders schweren Nachteil" verlangt, sofern nicht andere Erwägungen, insbesondere die grundsätzliche Bedeutung der Sache die Annahme „angezeigt" sein lassen, ermöglicht dies noch mehr als früher. Auch allgemeine Erwägungen der Unzumutbarkeit, auf die sich auch der Staat gegenüber nicht mehr verständlichen Wünschen seiner Bürger berufen darf, sprechen dafür, nicht jedes Rechtsschutzbegehren zu befriedigen. Wenn wegen des geringen Wertes des Streitgegenstandes vor den Fachgerichten nur eine Instanz zur Verfügung steht, so ist dies ein Indiz dafür, daß auch für die Anrufung des BVerfG kein Rechtsschutzinteresse besteht. Ausnahmen hiervon werden dann anerkannt, wenn die behauptete Grundrechtsverletzung die Persönlichkeitssphäre des Beschwerdeführers intensiv berührt[477]. Entscheidend dafür, ob eine Bagatelle vorliegt, ist nicht allein der geringe Wert des Beschwerdegegenstandes. Wenn erkennbar ist, daß der Beschwerdeführer eine Sachentscheidung in einer Angelegenheit verlangt, die ihn nicht wirklich beschwert, dann fehlt ihm das Rechtsschutzinteresse. Es ist nicht die Aufgabe des BVerfG, der Neigung zur Rechthaberei zu dienen. Dabei wird das Gericht weder kleinlich sein noch dem Beschwerdeführer gegenüber belehrend auftreten wollen. Auch bei Beschwerdegegenständen von anscheinend nur geringem Wert kann das Rechtsschutzbegehren gerechtfertigt sein. Der Ausschluß von Bagatellfällen wegen fehlenden Rechtsschutzinteresses wird im wesentlichen dann in Betracht kommen, wenn das Interesse objektiv wenig Gewicht hat und Umstände vorliegen, die das Begehren als mißbräuchlich im Sinne von § 34 Abs. 4 BVerfGG erscheinen lassen; aber die weite Fassung der Annahmevoraussetzungen in § 93 a Abs. 2 BVerfGG ist geeignet, darüber hinaus nur die entweder grundsätzlich bedeutsamen oder nach dem Gewicht für den Beschwerdeführer gravierenden Fälle einer Sachentscheidung zuzuführen. Insofern bedarf es keiner gesonderten Prüfung des Rechtsschutzinteresses mehr.

8. Erschöpfung des Rechtsweges

593 Aus dem grundsätzlichen Gebot, vor Anrufung des BVerfG den jeweils gegebenen Rechtsweg erschöpfen zu müssen, ergeben sich Folgen, die weit über den eigentlichen Anwendungsbereich des § 90 Abs. 2 BVerfGG hinausreichen können. Insbesondere wird hieraus das allgemeine Prinzip einer „Subsidiarität" der Verfassungsbeschwerde abgeleitet. Hieraus können sich dann Konsequenzen für die Prüfung der unmittelbaren Betroffenheit im Fall der Rechtssatz-Verfassungsbeschwerde ergeben, die nach einer allerdings nicht unproblematischen Meinung jedenfalls grundsätzlich nicht anders zu beurteilen ist, als dies für Urteils-Verfassungbeschwerden nach dem insoweit eindeutigen Wortlaut des

---

476 Vgl. oben Rn. 406 ff. (409).
477 BVerfGE 9, 120 (121).

§ 90 Abs. 2 BVerfGG der Fall ist. Die zahlreichen sich hieraus ergebenden grundsätzlichen Fragen und ihre Auswirkungen auf die Prüfung dieses Teils der Zulässigkeit sind bereits dargestellt worden[478].

Im folgenden ist daher nur die Auswirkung des Prinzips der Rechtswegerschöpfung auf die Urteils-Verfassungsbeschwerde darzustellen.

Auch hier werden Fragen von erheblichem Gewicht und von grundsätzlicher Bedeutung berührt. Indem der Gesetzgeber – seit 1969 gestützt auf eine ausdrückliche, wenn auch vielleicht nicht erforderliche[479] Ermächtigung durch Art. 94 Abs. 2 S. 2 GG – anordnet, daß vor Anrufung des BVerfG zunächst der jeweils vorhandene Rechtsweg zu beschreiten und zu erschöpfen ist, wird nicht lediglich die Reihenfolge geordnet, in der eine Handlung oder Unterlassung der öffentlichen Gewalt, die möglicherweise eine Grundrechtsverletzung enthält, zu überprüfen und zu korrigieren ist. Zugleich wird auch das Verhältnis der Verfassungsgerichtsbarkeit zu den übrigen Zweigen der rechtsprechenden Gewalt institutionell geordnet[480]. Die Entscheidung des Gesetzgebers ist das Ergebnis einer Abwägung verschiedenartiger Faktoren, die das Verhältnis des BVerfG und der Fachgerichte zueinander bestimmen. Damit wird auch die Arbeitslast, die die Prüfung der Anträge auf Rechtsschutz erfordert, zwischen den Gerichten verteilt. Je stärker das BVerfG durch eine strikte Anwendung des Gebots der Rechtswegerschöpfung jedenfalls zunächst entlastet wird, desto mehr wächst die entsprechende Belastung anderer Gerichte. Darüber hinaus verschafft sich das BVerfG entweder gewollt oder als zwangsläufige Folge seiner Rechtsprechung einen erheblichen Zugriff auf das einfache Verfahrensrecht der anderen Gerichte, obwohl dieses Recht auszulegen und anzuwenden nicht Sache des BVerfG ist. **594**

Wenn das BVerfG prüft und entscheidet, ob ein Beschwerdeführer den Rechtsweg erschöpft hat, muß es diesen Rechtsweg ermitteln, also das einfache Verfahrensrecht so auslegen, wie sich dies aus dem Verfahrensgesetz und der hierzu ergangenen Rechtsprechung und dem Stand der Meinungen in der Literatur ergibt[481]. Dies hindert die Fachgerichte nicht, in ihrer Rechtsprechung andere Auffassungen zu vertreten. Bedenklich ist es aber, wenn dieser Konflikt auf dem Rücken des Beschwerdeführers ausgetragen wird. Legt dieser einen Rechtsbehelf nicht ein, der nach Meinung des Fachgerichts nicht gegeben ist, den das BVerfG aber als möglich ansieht, so macht dies die Verfassungsbeschwerde unzulässig, weil nach Meinung des BVerfG der Rechtsweg nicht erschöpft ist. Hieran kann auch die abweichende Auffassung des Fachgerichts nichts ändern. Es hat auf das Verfahren vor dem BVerfG keinen Einfluß. Umgekehrt kann das BVerfG ein Rechtsmittel oder einen Rechtsbehelf für einfachrechtlich unzulässig halten, das der Beschwerdeführer eingelegt hat, um nichts zu versäumen. Bevor das Fachgericht hierüber entscheiden kann, wird in vielen Fällen die Monatsfrist zur Erhebung der Verfassungsbeschwerde abgelaufen sein, und diese ist dann wegen Fristversäumnis ebenfalls unzulässig. Geht der Beschwerdeführer, wie ihm in solchen Fällen angeraten werden muß, beide Wege, so entsteht anstelle einer Arbeitsteilung zwischen BVerfG und Fachgerichten eine Doppelarbeit für beide. **595**

---

478 Vgl. oben Rn. 477 ff., 523 ff.
479 *Maunz*, in: Maunz/Dürig, GG, Art. 94 Rn. 34; *Henschel*, in: FS Faller (1984), S. 165.
480 *Arndt* (N 378), S. 807.
481 *E. Klein* (N 371), S. 1306; *Henschel* (N 479), S. 171.

596   Zu diesen praktischen Folgen unterschiedlicher Meinungen zwischen BVerfG und Fachgerichten kommt die Gefahr hinzu, daß sich beide nicht als Partner, sondern als Gegenspieler sehen. In manchen Äußerungen zu diesem Thema klingt Verstimmung an. Ihr kann am ehesten begegnet werden, wenn sowohl das BVerfG als auch die Fachgerichte bei ihrer Rechtsprechung auf die spezifische Aufgabe der jeweils anderen Seite Rücksicht nehmen, deren Zuständigkeiten und besondere Fachkompetenz respektieren und sich daher soweit wie möglich auf die eigene Funktion innerhalb des Rechtsschutzsystems konzentrieren und beschränken. Konkret kann dies nur bedeuten, was das BVerfG in anderem Zusammenhang seit jeher hervorgehoben hat: Es ist Sache der Fachgerichte, das einfache Recht – zu dem selbstverständlich das Verfahrensrecht gehört – auszulegen und anzuwenden. Das BVerfG prüft nicht, ob dieses Recht verletzt ist, sondern entscheidet nur über „spezifisches Verfassungsrecht"[482]. Das BVerfG darf darauf bestehen, daß der Rechtsweg erschöpft wird, sofern nicht eine der Ausnahmen des § 90 Abs. 2 S. 2 BVerfGG vorliegt. Ob dies der Fall ist, richtet sich nach der jeweils maßgeblichen Verfahrensordnung in der Auslegung und Anwendung, die ihr durch die zuständigen Fachgerichte gegeben wird. Angesichts einiger neuerer Entscheidungen des BVerfG besteht Anlaß zu diesem Hinweis, der auch von Mitgliedern des BVerfG selbst kommt[483].

597   Dabei werden natürlich Zweifelsfragen und Unsicherheiten bleiben, weil auch der Stand der Meinungen in Rechtsprechung und Literatur zu Fragen der einzelnen Verfahrensordnungen sich ändert. Auch hier kann es nicht Aufgabe des BVerfG sein, über das Gewicht der Argumente zu urteilen, die etwa in der Literatur von vielleicht nur einem Autor gegenüber der bisher geübten Rechtsprechungspraxis vorgebracht werden, oder zu prüfen, welche Meinung die „herrschende" oder gar die „richtige" ist. Auch die Rechtsprechung kann uneinheitlich sein. Liegen höchstrichterliche Entscheidungen vor, so wird diesen auch dann zu folgen sein, wenn sich die Praxis der Untergerichte auf sie noch nicht vollständig eingestellt hat. Das BVerfG erkennt jedenfalls an, daß derartige unvermeidbare Unsicherheiten über die Aussichten eines Rechtsbehelfs nicht dem Beschwerdeführer aufgebürdet werden dürfen[484]. Er soll auch nicht, vielleicht gestützt auf eine in der Literatur vertretene Einzelmeinung, den Kampf gegen eine neuere und gefestigte höchstrichterliche Rechtsprechung aufnehmen müssen, aus der die Aussichtslosigkeit oder Unzulässigkeit eines weiteren Rechtsmittels mit hinreichender Wahrscheinlichkeit zu entnehmen ist[485].

598   In einigen neueren Entscheidungen des BVerfG klingt die Forderung an, der Beschwerdeführer müsse die Beanstandungen, die er zum Gegenstand der Verfassungsbeschwerde machen wolle, auch schon den Fachgerichten gegenüber vortragen, damit diese sie prüfen und ihnen abhelfen könnten. Soweit diese Forderung berechtigt ist, kann sie jedenfalls nicht die Konsequenz haben, daß der Beschwerdeführer ein aussichtsloses Rechtsmittel nur zu dem Zweck einlegen muß, seine Beanstandung vorzubringen, obwohl er sieht, daß das Fachgericht sich hiervon nicht beeindrucken lassen wird. Das BVerfG hat auf die

---

482   So – auch für das Verfahrensrecht – schon BVerfGE 1, 418 (420); grundlegend und seither st. Rspr. BVerfGE 18, 85 (92 f.).
483   *Henschel* (N 479), S. 65 ff.; vgl. auch die abw. M. des Richters *Steinberger* in BVerfGE 70, 59 (63).
484   BVerfGE 4, 193 (198); 5, 17 (20).
485   BVerfGE 9, 3 (7 f.); st. Rspr., zuletzt BVerfGE 78, 155 (160); vgl. aber auch BVerfGE 91, 93 (106, 107) (hier zugunsten des Beschwerdeführers).

ständige Rechtsprechung des BGH in Strafsachen hingewiesen, die eine Revision gegen ein Urteil nicht zuläßt, das den Angeklagten freispricht. Daher könne dem Beschwerdeführer auch nicht zugemutet werden, das aussichtslose Rechtsmittel einzulegen[486]. Andererseits kann auch das Revisionsgericht in Strafsachen durch die Verfahrensordnung nicht von seiner Verpflichtung befreit sein, Grundrechtsverstöße zu überprüfen. Alle Gerichte, nicht nur das BVerfG, haben die Aufgabe, „im Rahmen ihrer Zuständigkeiten bei Verfassungsverletzungen Rechtsschutz zu gewähren"[487]. Das BVerfG hat Verfassungsbeschwerden für zulässig erklärt, die mit der Behauptung erhoben worden sind, das freisprechende Urteil verletze, insbesondere durch die Art seiner Begründung, Grundrechte. Dies sei gerade dann der Fall, wenn der Angeklagte mangels Beweises freigesprochen worden sei, obwohl sich aus den Gründen ergebe, daß seine Unschuld erwiesen sei. Insoweit komme ein Verstoß gegen Art. 1 und 2 GG in Betracht. Auch sonst könnten Einzelausführungen in den Entscheidungsgründen für sich eine unzumutbare Beeinträchtigung in dem grundrechtlich geschützten Bereich enthalten[488]. In allen diesen Fällen hat es aber das BVerfG dem Beschwerdeführer nicht zugemutet, ein nach dem Verfahrensrecht – in dessen Auslegung durch den BGH – unzulässiges Rechtsmittel einzulegen. Der richtige Grundgedanke hierbei ist, daß der Konflikt nicht auf dem Rücken des Beschwerdeführers ausgetragen werden soll. Kann dieser aus Gründen des Verfahrensrechts in der Rechtsmittelinstanz kein Gehör finden, so kann er naturgemäß auch die auf die Verletzung von Grundrechten gestützte Rüge dort nicht vorbringen, sondern muß sie dem BVerfG vortragen.

Welche Rechtsmittel und Rechtsbehelfe erforderlich und möglich sind, um zunächst Rechtsschutz vor dem zuständigen Fachgericht zu suchen, ergibt sich aus den für diese maßgeblichen Verfahrensordnungen in der Auslegung und Anwendung durch die Fachgerichte. Die umfangreiche Rechtsprechung zu vielen Einzelfragen soll nicht dargestellt werden[489]. **599**

Zusammenfassend ergeben sich folgende Grundsätze: **600**

Damit der Rechtsweg als erschöpft angesehen werden kann, muß jedes Rechtsmittel oder jeder sonst gegebene Rechtsbehelf genutzt werden, der nach der jeweiligen Verfahrensordnung zur Verfügung steht. Für die Klärung von Zweifelsfragen, die hinsichtlich der Zulässigkeit von Rechtsbehelfen bestehen mögen, ist das Verfahrensrecht des entsprechenden Gerichtszweiges maßgeblich. Bleiben Zweifelsfragen, so sollte dies nicht zu Lasten des Beschwerdeführers gehen. Rechtsmittel, die nach der Gesetzeslage oder der höchstrichterlichen Rechtsprechung offenbar aussichtslos sind, braucht er nicht einzulegen.

Hieraus folgt aber auch, daß er nicht auf solche Rechtsmittel verzichten darf, die nach der Verfahrensordnung an sich gegeben sind, bei denen aber erst die Überprüfung des Einzelfalles über ihre Erfolgsaussichten Aufschluß gibt. Dies gilt vor allem für die Nichtzulassungsbeschwerde im verwaltungsgerichtlichen Verfahren (§§ 133, 137 VwGO). Hilft das OVG der bei ihm einzulegenden Nichtzulassungsbeschwerde nicht ab, so prüft das Bundesverwaltungsgericht, ob die Sache grundsätzliche Bedeutung hat oder eine Divergenz vorliegt. Die Erfolgsaussichten sind oft nicht leicht zu beurteilen. Selbst wenn eine gefe-

---

486 BVerfGE 28, 151 (159); vgl. auch BVerfGE 7, 275 (282).
487 BVerfGE 47, 144 (145); 74, 69 (74).
488 BVerfGE 6, 7 (9); 15, 283 (286); 28, 151 (159).
489 Vgl. die Darstellung bei *Schmidt-Bleibtreu*, in: BVerfGG-Kommentar, § 90 Rn. 195 ff.

stigte Rechtsprechung des BVerwG vorliegt, könnte sie nach Ablauf längerer Zeit oder aufgrund neuer Argumente, die im Schrifttum oder vielleicht von dem Beschwerdeführer geltend gemacht werden, einer Überprüfung zugänglich sein. Der Ausgang des Verfahrens über die Nichtzulassungsbeschwerde ist daher oft ungewiß. Besteht hierüber Unsicherheit, kann die Beschwerde nicht als offenbar aussichtslos angesehen werden. Sie gehört dann zur Erschöpfung des Rechtsweges[490].

601 Das Rechtsmittel muß form- und fristgerecht nach Maßgabe der Verfahrensordnung eingelegt werden. Versäumt der Beschwerdeführer eine Frist mit der Folge, daß das Rechtsmittel unzulässig ist, so hat er den Rechtsweg nicht erschöpft[491].

602 Während der Beschwerdeführer jedes zulässige und nicht offenbar aussichtslose Rechtsmittel einlegen muß, kann er sich andererseits auf Rechtsmittel, die unzulässig sind, nicht berufen. Er darf also weder zu wenig noch zu viel tun. Ergibt sich, daß ein von ihm eingelegtes Rechtsmittel unzulässig war, so setzt das die zur Erhebung der Verfassungsbeschwerde laufende Monatsfrist nicht neu in Gang; die Verfassungsbeschwerde ist verspätet und daher unzulässig[492]. Verbleibenden Zweifeln, ob ein Rechtsmittel (besonders die Nichtzulassungsbeschwerde oder die Divergenzrevision im arbeitsgerichtlichen Verfahren[493]) zur Erschöpfung des Rechtsweges erforderlich oder, weil ohne Erfolgsaussicht, aus Gründen der Frist schädlich ist, kann der Beschwerdeführer entgehen, wenn er die Nichtzulassungsbeschwerde oder Divergenzrevision einleitet und zugleich Verfassungsbeschwerde erhebt[494]. Dann bleibt zunächst offen, durch welche Entscheidung der Rechtsweg erschöpft worden ist. Dies ist aber unschädlich, weil die zunächst – falls die Nichtzulassung zur Revision führt – unzulässige Verfassungsbeschwerde nachträglich zulässig werden kann[495]. Jedenfalls ist die Frist gewahrt. Der Beschwerdeführer ist für den Fall, daß das BVerwG seine Nichtzulassungsbeschwerde zurückweist oder verwirft, vor dem Vorwurf geschützt, er habe ein aussichtsloses Rechtsmittel eingelegt.

603 Diese Doppelspurigkeit des Verfahrens ist auch dann nicht zu vermeiden, wenn der Beschwerdeführer meint, daß ihm die Erschöpfung des Rechtswegs aus den Gründen des § 90 Abs. 2 BVerfGG nicht zugemutet werden kann. Hierüber muß das BVerfG entscheiden. Folgt es der Argumentation des Beschwerdeführers nicht, steht also fest, daß er den Rechtsweg erschöpfen muß, so können die hierfür maßgeblichen Fristen bereits überschritten sein. Auch in diesem Fall muß der Beschwerdeführer beide Wege gehen. Er muß also Verfassungsbeschwerde einlegen, verbunden mit dem Antrag auf Vorabentscheidung nach § 90 Abs. 2 S. 2 BVerfGG, und die jeweils zur Eröffnung des Rechtswegs erforderlichen und meist fristgebundenen Schritte einleiten[496].

---

490 BVerfGE 16, 1 (2 f.); 51, 386 (395 f.); 52, 380 (387). Wenn der Beschwerdeführer „aus der Sicht einer verständigen Prozeßpartei" gewichtige Gründe dafür hat, daß das Revisionsgericht seine bisher vertretene Rechtsauffassung überprüft, ist seine Nichtzulassungsbeschwerde trotz entgegenstehender Rechtsprechung des Revisionsgerichts nicht offensichtlich unzulässig; er muß dann auch diesen Weg einschlagen: BVerfGE 91, 93 (107).

491 BVerfGE 34, 204 (205).

492 BVerfGE 17, 86 (91).

493 BVerfGE 48, 341 (346).

494 So schon *Arndt* (N 378), S. 808.

495 BVerfGE 2, 105 (109); 54, 53 (66).

496 *Arndt* (N 378), S. 808; *Schmidt-Bleibtreu*, in: BVerfGG-Kommentar, § 90 Rn. 204; BVerfGE 11, 244 (245).

Aus diesen Grundsätzen ergeben sich im ganzen brauchbare und allen Beteiligten – Be- **604**
schwerdeführer, BVerfG und Fachgericht – zumutbare, wenn auch in Einzelfällen mit
Doppelaufwand verbundene Verfahrensregelungen. Sie werden neuerdings durch die sich
aus dem Wunsch nach weiterer Entlastung ergebende Tendenz des BVerfG belastet, vom
Beschwerdeführer über die formellen Rechtsmittel und Rechtsbehelfe hinaus noch weitere Schritte als Voraussetzung der Erschöpfung des Rechtswegs zu verlangen, über deren
Zulässigkeit im Bereich des eigenen Verfahrens das BVerfG sich noch keine volle Klarheit verschafft hat. Wird in einem Strafverfahren das rechtliche Gehör versagt, so kann
nach § 33 a StPO Abhilfe geschaffen werden. Das BVerfG legt diese Vorschrift extensiv
so aus, daß sie jeden Verstoß gegen Art. 103 Abs. 1 GG im Beschlußverfahren erfasse[497].
Für den Zivilprozeß, der eine dem § 33 a StPO entsprechende Regelung nicht kennt – entsprechende dringende Wünsche des BVerfG an den Gesetzgeber sind bei der letzten Novelle zum BVerfGG erfolglos geblieben, werden allerdings in neuester Zeit wieder
erhoben[498], und die Kommission zur Entlastung des BVerfG hat keine Empfehlung abgegeben, die früheren Vorschläge wieder aufzugreifen[499] – wird der allgemeine, im Ergebnis
den Rechtsgedanken des § 33 a StPO verfassungsrechtlich festschreibende Grundsatz
entwickelt, es müsse im Fall der Verletzung des rechtlichen Gehörs stets entweder ein
Rechtsmittel zur Verfügung stehen, wenn dies bei Auslegung der Verfahrensvorschriften
möglich sei, oder es müsse (auch bei einer Rüge nach Art. 101 Abs. 1 S. 1 GG) jedenfalls
eine Gegenvorstellung möglich sein[500]. Selbst Entscheidungen, die nicht mehr abänderbar
sind, müßten auf diese Weise noch korrigiert werden können. Da dies alles aus Verfassungsrecht abgeleitet wird, muß es künftig von den Fachgerichten beachtet werden. Zudem wird indirekt ein Druck über den Beschwerdeführer ausgeübt, der unter dem Gesichtspunkt der Erschöpfung des Rechtsweges entsprechende Anträge stellen muß.

Diese Tendenz ist auf Kritik gestoßen, der in der Sache zuzustimmen ist[501]. Abgesehen **605**
von den Schwierigkeiten, welche die Fachgerichte haben werden, um die ihnen gegebenen Richtlinien in die Alltagspraxis umzusetzen, wird der erhoffte Entlastungseffekt für
das BVerfG kaum erreicht werden. Wenn übrigens das BVerfG, wie man diesen Entscheidungen wohl entnehmen muß, wirklich der Meinung ist, die von ihm aufgestellten Anforderungen seien von Verfassungs wegen geboten – und nur mit diesem Argument läßt sich
überhaupt die Kompetenz des BVerfG begründen, Anforderungen an die Verfahrensordnungen anderer Gerichtszweige zu formulieren –, dann müßte man primär den Gesetzgeber für verpflichtet halten, entsprechende Regelungen zu treffen. Soweit ersichtlich, hat
aber das BVerfG die von ihm seit 1978 mit Nachdruck geforderte Einführung einer „Anhörungsrüge" im zivilgerichtlichen Verfahren, die ähnlich dem § 33 a StPO ausgestaltet
werden sollte, zwar als rechtspolitisch erwünscht, nicht aber als verfassungsrechtlich geboten bezeichnet. Einer solchen allerdings recht weitgehenden Behauptung hätten die
Landesjustizminister und die oberen und obersten Fachgerichte wohl nicht dem Widerstand entgegengesetzt, an dem die Anhörungsrüge jedenfalls bisher gescheitert ist. Es läßt
sich auch kaum begründen, weshalb Art. 19 Abs. 4 GG gebieten sollte, daß Rechtsschutz

---

497 BVerfGE 42, 243 (250); 74, 358 (380).
498 *Mahrenholz* (N 65), S. 1362 f.; *Wöhrmann* (N 64); S. 1356.
499 Bericht der Kommission (N 2), S. 71 ff.; vgl. auch oben Rn. 389.
500 Ansätze schon in BVerfGE 22, 287 (290 f.); BVerfGE 55, 1 (5); 60, 96 (98, 99); 69, 233 (242).
501 *Henschel* (N 143), S. 165; zustimmend zu BVerfGE 42, 243, *L. Schäfer*, BayVBl. 1976, S. 679 f.

gegen Verletzungen des rechtlichen Gehörs oder des gesetzlichen Richters durch die Gerichte so ausgestaltet werden muß, daß Verfassungsbeschwerden in aller Regel nicht erforderlich sein werden. Wird das Prinzip der Subsidiarität der Verfassungsbeschwerde so weit getrieben, so wird das BVerfG unversehens zu einer Super-Revisions-Instanz in Verfassungsfragen, deren Aufgabe es ist, die Rechtsprechung der Fachgerichte zu Grundrechtsproblemen auf eine einheitliche Linie zu bringen. Es ist sehr zu bezweifeln, ob diese Rolle dem BVerfG und der Rechtsprechung insgesamt bekömmlich wäre.

606   In die gleiche Richtung gehen Tendenzen, nach denen es zum Gebot der Erschöpfung des Rechtsweges gehören soll, daß der Beschwerdeführer die Argumente, aus denen er die behauptete Grundrechtsverletzung herleiten will, zunächst den Fachgerichten vorträgt, damit diese Gelegenheit haben, sich hiermit auseinander zu setzen und gegebenenfalls hieraus Konsequenzen zu ziehen[502]. Die bisherige Rechtsprechung hierzu ist nicht eindeutig. In Nichtannahmebeschlüssen von Kammern des BVerfG läßt sich die Tendenz erkennen, unter dem Gesichtspunkt der Subsidiarität der Verfassungsbeschwerde solche zusätzlichen Anforderungen zu stellen[503]. Aus der Rechtsprechung der Senate ergibt sich schon seit geraumer Zeit und ohne daß sich hiergegen grundsätzlich etwas einwenden läßt, daß ein Beschwerdeführer die von ihm behauptete Grundrechtswidrigkeit zunächst in dem „jeweils mit dieser Beeinträchtigung unmittelbar zusammenhängenden sachnächsten Verfahren geltend" machen muß[504]. Da die Rüge, dem Beschwerdeführer sei das rechtliche Gehör versagt worden, zugleich einen Verfahrensfehler behauptet, der nach einfachem Recht dem Fachgericht unterlaufen sei oder dem z.B. bei Fristversäumnis durch einen Antrag auf Wiedereinsetzung mit Aussicht auf Erfolg hätte begegnet werden können, ist es überzeugend, wenn das BVerfG verlangt, daß der behauptete Verfahrensmangel mit dem jeweils zulässigen Rechtsmittel geltend gemacht wird. Dies gilt etwa für die Nichtzulassungsbeschwerde im verwaltungsgerichtlichen Verfahren, mit der nach § 132 Abs. 3 Satz 3 VwGO auch ein Verfahrensmangel geltend gemacht werden kann. Wenn der Beschwerdeführer mit seiner Nichtzulassungsbeschwerde lediglich die grundsätzliche Bedeutung der Sache behauptet, den angeblichen Verfahrensmangel aber nicht vorträgt, verspielt er die Chance, daß die hierin – angeblich – liegende Verletzung des rechtlichen Gehörs bereits von den Fachgerichten überprüft und korrigiert wird[505]. Daß der Beschwerdeführer über diese einleuchtenden Anforderungen hinaus alle die verfassungsrechtlichen Gesichtspunkte, die er mit seiner Verfassungsbeschwerde geltend macht, zuvor den Fachgerichten vortragen muß, geht aber erheblich weiter. Senatsentscheidungen, die das verlangen oder jedenfalls ausdrücklich sagen, liegen bisher nicht vor[506]. Aus früheren Entscheidungen kann man eher entnehmen, daß solche Anforderungen nicht gestellt werden[507]. Sollte sie sich verfestigen, so würde dies im Ergebnis auf die

---

502   Vgl. hierzu *Bender*, NJW 1988, S. 808 ff.; *ders.*, AöR 112 (1987), 858.

503   Beispiele bei *Bender* (N 502), S. 808 N 3.

504   BVerfGE 31, 364 (368); in der neueren Rspr. BVerfGE 68, 143 (151); 68, 376 (380); 84, 203 (208).

505   BVerfGE 84, 203 (206, 208).

506   BVerfGE 74, 102 (114) läßt offen, „ob dem Gebot der Rechtswegerschöpfung immer schon dann genügt ist, wenn der Beschwerdeführer diejenigen verfahrensrechtlichen Schritte unternommen hat, die den Fachgerichten von Amts wegen obliegende umfassende Prüfungspflicht auslösen". Vgl. aber auch BVerfGE 23, 242 (250 f.).

507   BVerfGE 47, 130 (138) m.w.N.

Forderung hinauslaufen, der Beschwerdeführer müsse schon von der ersten Instanz der Fachgerichte ab einen Verfassungsprozeß führen[508].

Eine solche Forderung würde erheblich zu weit gehen. Dem BVerfG müssen nach § 92 **607** BVerfGG die Umstände vorgetragen werden, aus denen sich ergibt, daß der Rechtsweg erschöpft ist. Zusätzlich von dem Beschwerdeführer zu verlangen, dem BVerfG darzulegen, daß er seine Grundrechtsrüge bereits den Fachgerichten gegenüber geltend gemacht hat[509], wird durch § 92 BVerfGG nicht gedeckt[510]. Aus § 90 Abs. 2 BVerfGG ergibt sich nur die Verpflichtung, den Rechtsweg zu erschöpfen, also alle zur Verfügung stehenden Rechtsmittel und Rechtsbehelfe einzulegen, sofern sie nicht aussichtslos sind. Möglicherweise wird hierdurch die Beschwer mit dem erwünschten Ergebnis beseitigt, daß sich das BVerfG mit der Sache nicht zu befassen braucht. Jedenfalls kann es seine Entscheidung auf der Grundlage der tatsächlichen Feststellungen und rechtlichen Erwägungen der Fachgerichte treffen. Bei der Erschöpfung des Rechtsweges obliegt dem Beschwerdeführer eine prozessuale Sorgfaltspflicht. Versäumt er Fristen oder vernachlässigt er in anderer Weise die nach maßgeblichen Verfahrensordnung ihm obliegenden Darlegungs- und Mitwirkungspflichten, so erschöpft er den Rechtsweg nicht ordnungsmäßig und muß die Konsequenzen auch dem BVerfG gegenüber tragen. Nimmt das BVerfG für sich in Anspruch, zusätzlich eine Art Qualitätskontrolle über die Art und Weise auszuüben, in welcher der Beschwerdeführer sein Verfahren auf dem Rechtsweg betrieben hat, so verlangt es mehr, als die einzelnen Verfahrensordnungen gebieten.

Im Zivilprozeß muß der Kläger die erhobenen Ansprüche schlüssig begründen. Er muß die Tatsachen vortragen und notfalls unter Beweis stellen, die geeignet sind, den erhobenen Anspruch zu begründen. Die Rechtsgrundlage für den Anspruch ergibt sich aus dem materiellen Recht, das zu finden Aufgabe nicht der Parteien, sondern des Gerichts ist. Hierzu gehört auch das Verfassungsrecht. Das BVerfG hat immer wieder darauf hingewiesen, daß die Zivilgerichte bei ihrer Rechtsprechung die „Ausstrahlungswirkungen" der Grundrechte insbesondere auf die zivilrechtlichen Generalklauseln beachten müssen[511]. Diese Pflicht des Gerichts besteht ohne Rücksicht darauf, ob die Prozeßparteien darauf hinweisen. Es muß den Parteien und ihren Prozeßbevollmächtigten überlassen bleiben, selbst zu entscheiden, welche rechtliche Argumentation sie für erfolgversprechend halten. Eine Prozeßführung, die sich auf das prozessual erforderliche Minimum des Vortrags beschränkt und sogar naheliegende verfassungsrechtliche Aspekte übergeht, mag unzweckmäßig sein. Der Prozeßbevollmächtigte, der sich auf das Stellen der formal erforderlichen Anträge beschränkt, muß sich seinem Mandanten gegenüber mit dem Vorwurf der nachlässigen Prozeßvertretung auseinandersetzen. Der Rechtsweg ist aber auch in diesem Fall erschöpft. Das BVerfG ist hinsichtlich der Anforderungen, die es bei der Verfassungsbeschwerde an die Behauptung der Grundrechtsverletzung stellt, durchaus großzügig[512]. Es läßt eine Darstellung genügen, die das verletzte Grundrecht so umschreibt, daß einigermaßen deutlich wird, in welche Richtung der Vorwurf geht. Es

---

508 So *Bender* (N 502), S. 808.
509 Beschluß der 1. Kammer des 1. Senats, NJW 1987, 1689 = NVwZ 1987, 676 f.
510 *Bender* (N 502), S. 808.
511 Z.B. BVerfGE 7, 198 (206 f.).
512 Vgl. unten Rn. 613 ff.

wäre merkwürdig, wenn für die vorangehenden, zur Erschöpfung des Rechtsweges erforderlichen Verfahrensabschnitte mehr verlangt würde.

608 Sollten sich die vielleicht überschätzten Tendenzen fortsetzen, die Anforderungen an das Gebot der Rechtswegerschöpfung zu verstärken, so würde das auch kaum zu der erwünschten Entlastung des BVerfG beitragen. Behält sich das BVerfG eine Art Qualitätskontrolle über die Art und Weise vor, wie der Beschwerdeführer vor den Fachgerichten „sein Recht" gesucht hat, so muß der Verfahrensgang und der jeweilige Vortrag des Beschwerdeführers ermittelt und bewertet werden. Der hiermit verbundene Arbeitsaufwand dürfte in vielen Fällen größer sein als die Feststellung, daß die Annahme der Verfassungsbeschwerde aus den gesetzlichen Gründen nicht angezeigt ist. Generalpräventive Erwägungen, die auf künftige Beschwerdeführer zielen, werden eher bewirken, daß die Beschwerdeführer oder ihre Prozeßbevollmächtigten hierüber zusätzliche Ausführungen machen. Auch diese müssen gelesen und gewürdigt werden. Zur Entlastung des BVerfG trägt das nicht bei.

609 Von dem grundsätzlichen Gebot, zunächst den gegebenen Rechtsweg zu erschöpfen, kann nach § 90 Abs. 2 S. 2 BVerfGG abgesehen werden, wenn entweder die Verfassungsbeschwerde von allgemeiner Bedeutung ist oder dem Beschwerdeführer ein schwerer und unabwendbarer Nachteil entstünde, wenn er zunächst auf den Rechtsweg verwiesen würde. Das BVerfG hat zu Recht gesagt, daß die Entscheidung vor Rechtswegerschöpfung eine Bevorzugung des Beschwerdeführers darstellt, der angesichts der zahlreichen anhängigen Verfahren die Benachteiligung anderer Beschwerdeführer gegenübersteht[513]. Daher wird von der Möglichkeit der Vorabentscheidung nur ein sehr sparsamer Gebrauch gemacht. Wie bereits das Gesetz ergibt, „kann" das BVerfG von der Erschöpfung des Rechtsweges unter einer der beiden Voraussetzungen absehen. Es ist hierzu nicht verpflichtet, sondern kann andere Umstände in seine Erwägungen einbeziehen. So berücksichtigt es, daß die Entscheidung des BVerfG von noch nicht genügend aufgeklärten tatsächlichen Umständen abhängt. Sind Beweiserhebungen erforderlich, so sollten sie durch die Fachgerichte, nicht vom BVerfG vorgenommen werden. Diese Erwägung spricht dafür, daß zunächst der Rechtsweg zu erschöpfen ist, auch wenn die Voraussetzungen einer Vorabentscheidung vorliegen[514]. Gleiches gilt, wenn die Anwendung des einfachen Rechts oder auch des Verfahrensrechts zweifelhaft ist[515].

610 Die Verfassungsbeschwerde ist dann von allgemeiner Bedeutung, wenn sie die Klärung grundsätzlicher verfassungsrechtlicher Fragen erwarten läßt und über den Fall des Beschwerdeführers hinaus zahlreiche gleichgelagerte Fälle praktisch mitentschieden werden[516]. Dies ist z.B. der Fall, wenn über die Rechtsauffassung eines Strafgerichts zu befinden ist, die in dem Gerichtsbezirk ständige Praxis ist und daher viele Strafverfahren betrifft[517].

---

513 BVerfGE 8, 38 (40).
514 BVerfGE 8, 222 (227 f.).
515 BVerfGE 13, 284 (289). In BVerfGE 96, 44 (49) wird ein (zusätzlicher) Antrag an das OLG nach §§ 23 ff. EGGVG neben einer gegen die richterliche Durchsuchungsanordnung gerichteten Beschwerde für unzumutbar erklärt, weil die in solchen Fällen möglichen Rechtsmittel „nach geltendem Recht in schwer zu durchschauender Weise mehrfach gespalten" seien und von den Fachgerichten uneinheitlich gehandhabt würden.
516 BVerfGE 19, 268 (273); 27, 88 (97 f.); 68, 176 (185); 85, 167 (172).
517 BVerfGE 62, 338 (342).

Ein schwerer und „unabwendbarer" Nachteil (die Bedeutung des Wortes „unanwendbar" **611** ist unklar[518]) wird nur ganz ausnahmsweise anerkannt. Betrifft die Verfassungsbeschwerde nur eine Bagatelle, so wird das Rechtsschutzinteresse fehlen und die Annahme zur Entscheidung nicht angezeigt sein. Jedenfalls die Verfassungsbeschwerden, die zur Entscheidung angenommen werden, haben überwiegend für den einzelnen Beschwerdeführer eine erhebliche Bedeutung. Es kommt daher nicht auf das Gewicht seines Interesses an einer Sachentscheidung an, sondern auf das schutzwürdige Interesse, das an einer alsbaldigen Entscheidung besteht. Daher ist vor allem zu prüfen, ob der mit der Erschöpfung des Rechtsweges verbundene Zeitaufwand über den allgemeinen Nachteil hinaus[519] mit besonders schweren Folgewirkungen verbunden ist. Würde eine Entscheidung, die dem Begehren des Beschwerdeführers entspricht, nach Erschöpfung des Rechtsweges zu spät kommen, weil sie ihm faktisch nicht mehr entscheidend helfen könnte, so kommt eine Vorabentscheidung in Betracht. Dies gilt z.B. bei Verfassungsbeschwerden gegen den sofortigen Vollzug einer Ausweisung, weil der abgeschobene Ausländer seine Rechte von seinem Heimatland aus gegenüber dem deutschen Gericht nicht genügend wirksam wahrnehmen kann[520], oder gegen die Nichtberücksichtigung einer politischen Partei bei Rundfunksendezeiten vor einem nahe bevorstehenden Wahltermin[521].

Stets muß der Rechtsweg jedenfalls beschritten oder noch beschreitbar sein, es sei denn, **612** daß er nicht an eine Frist gebunden ist[522]. Sind die für das Beschreiten des Rechtsweges bestehenden Fristen bereits verstrichen, so daß das Rechtsmittel nicht mehr in zulässiger Weise eingelegt werden kann, so ist der Rechtsweg nicht mehr beschreitbar. Eine Entscheidung nach § 90 Abs. 2 S. 2 BVerfGG kommt selbst dann nicht mehr in Betracht, wenn eine der Voraussetzungen hierfür vorliegt[523].

9. Begründung der Verfassungsbeschwerde

Daß der Beschwerdeführer, wie sich schon aus Art. 93 Abs. 1 Nr. 4 a GG ergibt, die Ver- **613** letzung eines seiner Grundrechte oder grundrechtsgleichen Rechte wenigstens behaupten muß und hierbei nach §§ 23, 92 BVerfGG die Pflicht zu einer gewissen Substantiierung hat, ist nicht nur Voraussetzung der formellen Ordnungsmäßigkeit. Diese stellt nur geringe Anforderungen an den Beschwerdeführer, die anschließend behandelt werden. Der Antrag, mit dessen Eingang beim BVerfG das Verfahren anhängig wird[524], bestimmt den Beschwerdegegenstand und jedenfalls grundsätzlich den Umfang seiner Überprüfung durch das BVerfG. Was vom Beschwerdeführer nicht angegriffen wird, kann nicht oder nur als Vorfrage geprüft werden[525]. Es entspricht der subjektiven Funktion der Verfassungsbeschwerde am ehesten, wenn nicht nur die Abgrenzung des Beschwerdegegen-

---

518 Vgl. *Lechner/Zuck*, § 90 Rn. 148; *Kley*, in: Umbach/Clemens, § 90 Rn. 110. Zur Entstehungsgeschichte *Schmidt-Bleibtreu*, in: BVerfGG-Kommentar, § 90 Rn. 189.
519 Vgl. BVerfGE 1, 69 (69 f.); 8, 222 (226).
520 BVerfGE 35, 382 (397).
521 BVerfGE 7, 99 (105); 14, 121 (130).
522 BVerfGE 1, 332 (345).
523 BVerfGE 11, 244; 22, 349 (354); 56, 54 (68 f.).
524 *Geiger*, in: BVerfGG-Kommentar, § 23 Anm. 9.
525 *E. Klein* (N 243 – AöR), S. 596 unter Hinweis auf BVerfGE 57, 9 (19); 57, 43 (54).

standes dem Beschwerdeführer überlassen wird, sondern er auch den Umfang der verfassungsrechtlichen Prüfung bestimmt und damit auch begrenzt. Hieraus ergibt sich – nach bisheriger, allerdings neuerdings nicht ganz sicherer Rechtsprechung – auch, daß er jederzeit die weitere Prüfung durch Rücknahme der Verfassungsbeschwerde beenden kann, gleichviel, ob an der Sachentscheidung ein objektives Interesse besteht[526]. Daß das BVerfG sich – mit nicht ganz deutlicher Abgrenzung – in Einzelfällen für befugt, aber nicht für verpflichtet hält, im Rahmen einer zulässig erhobenen Verfassungsbeschwerde auch Verstöße gegen in der Beschwerdeschrift nicht bezeichnete Verfassungsbestimmungen zu prüfen[527], kann als Ausdruck der Fürsorge dem nicht rechtskundigen Beschwerdeführer gegenüber angesehen werden und ist insoweit auch nicht zu beanstanden. Es ist oft nicht ganz eindeutig zu beantworten, ob ein Eingriff in den Bereich der beruflichen oder gewerblichen Betätigung den Schutzbereich des Art. 12 oder des Art. 14 GG berührt[528]. Angesichts der sich hierzu und zu vielen ähnlichen Fragen erst allmählich entwickelnden Rechtsprechung wäre es unangemessen, dem Beschwerdeführer, der eine Verletzung des Art. 12 GG angenommen und behauptet hat, mitzuteilen, daß Art. 12 GG nicht berührt oder jedenfalls nicht verletzt sei, und die Prüfung des nach Meinung des BVerfG in Betracht kommenden, aber nicht als verletzt gerügten Art. 14 GG zu unterlassen. Hat die Verfassungsbeschwerde mit hinreichender Substantiierung dargelegt, daß eine Grundrechtsverletzung jedenfalls möglich ist, und ergibt sich aus ihr die allgemeine Richtung des Angriffs, so besteht ein anzuerkennendes Rechtsschutzinteresse daran, daß das BVerfG seiner Beschwerde substantiell und nicht nur formal nachgeht. Grenzsituationen ergeben sich dann, wenn die subjektive Interessenlage des Beschwerdeführers erkennbar oder nach seinem ausdrücklichen Vortrag die Prüfung begrenzt wissen will.

614 An den Vortrag des Beschwerdeführers sind hinsichtlich des Beschwerdegegenstandes insofern strenge Anforderungen zu stellen, als er den Akt der öffentlichen Gewalt, den er angreift, mit hinreichender Genauigkeit bezeichnen muß. Allgemeine Rügen gegen „rechtswidrige Handlungen der Staatsgewalt" oder „pflichtwidrige Unterlassungen des Bundesfinanzministers" reichen nicht aus[529]. Die Beschwer muß substantiiert dargelegt werden. Der Beschwerdeführer muß den Vorgang, der die Verletzung enthält, und das angeblich verletzte Recht so deutlich kennzeichnen, daß erkennbar wird, durch welchen Vorgang er sich in welchem Grundrecht verletzt glaubt[530]. Die Praxis des BVerfG ist hierbei durchaus großzügig, was die Bezeichnung des verletzten Grundrechts anlangt. So genügt es, wenn durch die Erklärung, eine steuerliche Regelung sei dem Beschwerdeführer gegenüber ungerecht, eine Verletzung des Art. 3 Abs. 1 GG behauptet werden soll. Behauptet der Beschwerdeführer im Zusammenhang ungenügender Aufklärung eines Sachverhalts, bei den Gerichten habe sich eine Praxis eingebürgert, die §§ 23 bis 30 EGGVG überflüssig mache, so hat das Gericht dies als genügend substantiierte Rüge einer Verletzung des Art. 19 Abs. 4 GG angesehen[531]. Unschädlich ist es auch, wenn das Grundrecht, dessen Schutzbereich erkennbar bezeichnet wird, irrigerweise in einem anderen als dem richtigen Artikel des GG gesucht wird.

---

526 *E. Klein* (N 243 – AöR), a.a.O.; vgl. oben Rn. 406 ff.
527 BVerfGE 42, 237 (240 f.); 62, 338 (342 f.); 69, 248 (254); vgl. auch oben Rn. 402 ff.
528 Z.B. BVerfGE 30, 292 (334 f.).
529 Beispiele: BVerfGE 2, 237 (244); 2, 287 (290).
530 BVerfGE 9, 109 (114 f.); 23, 242 (250).
531 BVerfGE 21, 191 (194); ähnlich BVerfGE 27, 297 (305); 47, 182 (187).

Dies alles liegt überwiegend im Bereich der Formalien, bei denen zu Recht keine über- **615**
triebenen Anforderungen gestellt werden. Wichtiger ist, was von dem Beschwerdeführer
in der Substanz seines Vortrages verlangt wird. Das BVerfG spricht davon, daß die Verfassungsbeschwerde eine Begründung erfordert. Die Meinung, sie brauche nur die Angabe des verletzten (Grund-)Rechts und des Beschwerdegegenstandes zu enthalten, und
es verstehe sich bei „ernstgemeinten" Verfassungsbeschwerden, daß sie auch eine zusam-
menhängende Sachdarstellung enthielten[532], trägt dem § 23 Abs. 1 S. 2 BVerfGG nicht
genügend Rechnung. Allerdings hat auch das BVerfG davon gesprochen, daß neben der
Bezeichnung des angefochtenen Hoheitsaktes „mindestens" noch das verletzte Recht zu
bezeichnen sei[533].

Eine so reduzierte „Begründung" wird aber nicht ausreichen. Zwar wird auch die Auffas- **616**
sung vertreten, § 92 BVerfGG sei gegenüber § 23 BVerfGG *lex specialis* mit der Konsequenz, daß hier eine Begründung im Sinne von Rechtsausführungen oder doch einer über
die Angabe des Beschwerdegegenstandes und des verletzten Grundrechts hinausgehenden Sachdarstellung nicht erforderlich sei[534]. Dies kann schon deswegen nicht richtig
sein, weil der verfahrenseinleitende Antrag hier wie in jeder anderen Verfahrensart auch
die Funktion hat, die Zuständigkeit eines der beiden Senate zu begründen[535]. Mit einer
Beschwerdeschrift, die neben der Angabe des Beschwerdegegenstandes lediglich mitteilt,
durch den angegriffenen Akt werde der Beschwerdeführer in seinem Grundrecht aus
Art. 2 Abs. 1 GG verletzt, kann aber die Senatszuständigkeit nach den heute bestehenden
Regelungen nicht bestimmt werden[536]. Häufiger ist der Fall, daß der Beschwerdeführer
vorsichtshalber eine ganze Reihe von angeblich verletzten Grundrechten anführt, wobei
die Aufzählung meist bei Art. 1 GG beginnt, oder den gesamten Grundrechtskatalog aufführt. In diesen Fällen muß für die Klärung der Zuständigkeit, soweit sie sich nicht aus
dem Sachbereich ergibt, ermittelt werden, wo der Schwerpunkt der Verfassungsbeschwerde liegt. Je weniger gewichtig die Verfassungsbeschwerde ist, desto schwieriger ist
dies. Kommt die Frage in den Ausschuß nach § 14 Abs. 5 BVerfGG, so können schwierige Debatten unvermeidlich sein, die bereits in eine überschlägige Sachprüfung hinein-
führen. Grundlage für diese Erörterung im Frühstadium ist allein die Verfassungsbeschwerde, zu der noch keine Äußerung vorliegt. Es dient legitimen Interessen des
BVerfG, das Verfahren so schnell wie möglich in den zuständigen Senat zu bringen und
damit seine Bearbeitung zu ermöglichen, die auch im Interesse des Beschwerdeführers
liegt.

Zu Recht wird daher von dem Beschwerdeführer über § 92 BVerfGG hinaus eine prozes- **617**
suale Mitwirkung verlangt[537]. Inhalt der nach der prozessualen Mitwirkungspflicht erforderlichen „Begründung" kann nicht sein, daß der Beschwerdeführer umfangreiche verfassungsrechtliche Ausführungen macht. Dies bleibt ihm überlassen. Wenn er das BVerfG

---

532 *Röhl*, MDR 1954, S. 382.
533 BVerfGE 18, 85 (89); 27, 211 (217) m.w.N.
534 *F. Klein*, in: BVerfGG-Kommentar, § 23 Rn. 3, 4. Zur Notwendigkeit eines „hinreichend deutlichen Vor-
      trages" *Lechner/Zuck*, § 92 Rn. 24 f.
535 *F. Klein* (N 534), 23 Rn. 4; *Geiger*, in: BVerfGG-Kommentar, § 23 Anm. 3.
536 Vgl. hierzu oben Rn. 144.
537 *Henschel* (N 143), S. 99 f.; zustimmend *Kley*, in: Umbach/Clemens, § 92 Rn. 2. Vgl. auch BVerfGE 86,
      122 (127): Notwendigkeit der Auseinandersetzung mit den Gründen des angegriffenen Urteils; sowie *Sey-
      farth*, ZRP 2000, S. 272 ff.: Ordnungsgemäße Vorlage der angegriffenen Entscheidung.

überzeugen will, wird es sicher angebracht sein, daß er sich mit der vorliegenden Rechtsprechung und dem Schrifttum auseinandersetzt und versucht, dem Gericht bei seiner Arbeit zu helfen. Prozessual erforderlich ist dagegen, daß er alle Umstände darlegt, die zur Beurteilung der Zulässigkeits- und Begründetheitsfragen erforderlich sind, also etwa Angaben zu seiner eigenen gegenwärtigen und unmittelbaren Betroffenheit, zur Erschöpfung des Rechtsweges oder zu den Gründen, aus denen er meint, daß von diesem Erfordernis abgesehen werden sollte. Über die wesentlichen Zulässigkeitsvoraussetzungen informiert jeden Beschwerdeführer auf Anforderung ein vom BVerfG herausgegebenes und in auch dem Nichtjuristen verständlicher Sprache gehaltenes Merkblatt[538]. Es äußert sich auch zu den Angaben, die zur Begründung der Verfassungsbeschwerde gehören.

618 Die nach § 92 BVerfGG mindestens zu fordernden Angaben sind innerhalb der Beschwerdefrist zu machen[539]. Sie bestimmen und umgrenzen den Sachverhalt, der der Entscheidung des BVerfG zugrunde zu legen ist. Nach Fristablauf darf die Beschwerde noch in tatsächlicher oder rechtlicher Hinsicht ergänzt werden[540]. Rechtsausführungen müssen immer, also bis zur Entscheidung, möglich sein. Sie sind Anregungen an das BVerfG, die Beschwerde in einer bestimmten rechtlichen Sicht zu beurteilen. Dagegen darf nach Fristablauf nicht ein neuer Sachverhalt vorgetragen und zum Gegenstand der Verfassungsbeschwerde gemacht werden[541].

619 Das BVerfG verlangt von der Begründung der Verfassungsbeschwerde auch, daß sie „hinreichend deutlich die Möglichkeit einer Verletzung" eines Grundrechts vorträgt[542]. Vereinzelt wird von der Notwendigkeit gesprochen, die Verletzung „schlüssig" vorzutragen[543]. Daß der Sachvortrag immerhin die Möglichkeit einer Grundrechtsverletzung ergeben muß, schließt erkennbar an die im verwaltungsgerichtlichen Verfahren überwiegend vertretene „Möglichkeitstheorie" zu § 42 Abs. 2 VwGO an. Jedenfalls würde es die Zulässigkeitsprüfung überlasten, wenn die behauptete Grundrechtsverletzung auch vorliegen müßte. Dann wäre jede unter diesem Gesichtspunkt zulässige Verfassungsbeschwerde begründet[544]. Andererseits reicht nach überwiegender Meinung und nach der Praxis des BVG die bloße Behauptung einer Grundrechtsverletzung, auch wenn sie noch so fern liegt, nicht aus[545].

Für die Alltagspraxis des BVerfG haben diese Fragen aber nur geringe Bedeutung. Liegt schon die Annahme fern, daß der vorgetragene Sachverhalt überhaupt den Normbereich eines Grundrechts berührt, dann kommt seine Verletzung erst recht nicht in Betracht. In den meisten dieser Fälle wird die Zulässigkeit offen gelassen und die Annahme der Verfassungsbeschwerde abgelehnt, weil sie keine hinreichende Aussicht auf Erfolg habe.

---

538 Text bei *Winter* in: BVerfGG-Kommentar, § 93 b Anhang.
539 BVerfGE 27, 211 (217) m.w.N.
540 BVerfGE 18, 85 (89); st. Rspr., vgl. auch BVerfGE 77, 275 (282).
541 BVerfGE 18, 85 (89); vgl. auch BVerfGE 77, 275 (282); 84, 212 (223).
542 BVerfGE 4, 1 (5); 6, 132 (134); st. Rspr., vgl. auch BVerfGE 80, 137 (150); 89, 155 (171).
543 BVerfGE 49, 1 (8).
544 *Brox*, in: GS F. Klein (1977), S. 51.
545 BVerfGE 38, 139 (146); 47, 253 (270); 65, 227 (233); *Schlaich*, Rn. 208; *Pestalozza*, S. 190; *Lechner/ Zuck*, § 92, Rn. 8 ff. *Schmidt-Bleibtreu*, in: BVerfGG-Kommentar, § 92 Rn. 4 spricht von der Notwendigkeit schlüssigen Vortrags; dagegen läßt *Brox* (N 544), S. 49 ff., die bloße Behauptung ausreichen.

10. Formerfordernisse

Die nur geringen Anforderungen an die Form der Verfassungsbeschwerde können in we- **620** nigen Sätzen dargestellt werden. Sie ergeben sich in den wesentlichen Punkten unmittelbar aus dem Gesetz. Verfassungsbeschwerden müssen, wie jeder andere an das BVerfG gerichtete Antrag, schriftlich erhoben werden (§ 23 Abs. 1 S. 1 BVerfGG). Sie müssen in dem in dem vorigen Abschnitt erörterten Umfang begründet werden (§§ 23 Abs. 1 S. 2, 92 BVerfGG). Der Antrag muß nicht in jedem Fall handschriftlich unterzeichnet sein. Es wird vom BVerfG als genügend angesehen, daß Inhalt und Urheber der Erklärung sich zuverlässig aus dem eingereichten Schriftstück ergeben[546]. Daher ist die Einlegung der Verfassungsbeschwerde durch Telegramm oder Fernschreiben ausreichend. Es reicht aus, ist aber wohl auch erforderlich, daß die telegraphisch erhobene Verfassungsbeschwerde schriftlich bestätigt wird, auch wenn dies erst nach Fristablauf erfolgt. So jedenfalls verfährt die Praxis des BVerfG. Für die Übermittlung durch Telefax dürfte nichts anderes gelten als für Telegramme, zumal hierbei die Unterschrift wenigstens im Faksimile vorgelegt werden kann[547].

Es muß aber eindeutig sein, wer die Verfassungsbeschwerde einlegt oder in wessen Na- **621** men sie erhoben wird. Handelt es sich bei demjenigen, der „im Auftrag" unterschreibt, um einen nach § 22 BVerfGG zur Vertretung des Beschwerdeführers befugten Rechtsanwalt, dann muß dies deutlich gemacht werden[548].

Nach § 22 BVerfGG können sich im Verfassungsbeschwerde – wie in jedem anderen Verfahren vor dem BVerfG – die Beschwerdeführer durch einen bei einem deutschen Gericht zugelassenen Rechtsanwalt oder durch einen Lehrer des Rechts an einer deutschen Hochschule vertreten lassen[549]. Findet eine mündliche Verhandlung statt, so muß sich der Beschwerdeführer vertreten lassen. Der Vertreter muß dem BVerfG eine schriftliche Vollmacht vorlegen (§ 22 Abs. 2 BVerfGG). Sie muß nicht innerhalb der Fristen des § 93 BVerfGG eingereicht werden[550]. Setzt das BVerfG dem Vertreter eine Frist, innerhalb derer er die Vollmacht vorzulegen hat, und kommt er dieser Aufforderung nicht nach, so ist die Verfassungsbeschwerde unzulässig[551]. Es gibt immer wieder Fälle, in denen auch nach mehrfacher Aufforderung keine Vollmacht vorgelegt wird.

Das BVerfG kann andere Personen, die weder Rechtsanwälte noch Hochschullehrer sind, **622** in dem einzelnen Verfassungsbeschwerdeverfahren als Beistand zulassen (§ 22 Abs. 1 S. 3 BVerfGG). Das Gericht ist bei der Zulassung von Beiständen äußerst zurückhaltend. So wird regelmäßig die Zulassung eines Steuerberaters als Beistand abgelehnt, selbst wenn es sich um ein Verfahren über Fragen des Steuerrechts handelt[552]. Der Antrag auf Zulassung als Beistand muß innerhalb der Fristen des § 93 BVerfGG gestellt werden[553]. Solange der Beistand nicht zugelassen ist, kann er keine wirksamen Verfahrenshandlun-

---

546 BVerfGE 15, 288 (291). Einzelheiten zum Formerfordernis bei *F. Klein* (N 534), Erl. zu § 23.
547 *Puttler*, in: Umbach/Clemens, § 23 Rn. 7.
548 BVerfGE 16, 190 (190 f.).
549 Vgl. oben Rn. 197 f.
550 BVerfGE 50, 381 (383 f.).
551 BVerfGE 62, 194 (200).
552 BVerfGE 7, 241 (242).
553 BVerfGE 37, 361 (362).

gen vornehmen. Ein häufiger Fehler besteht darin, daß der noch nicht zugelassene Beistand die Verfassungsbeschwerde fertigt und sie zugleich mit dem Antrag auf Zulassung einreicht. Die so formwidrig erhobene Verfassungsbeschwerde ist unzulässig[554].

11. Frist zur Erhebung der Verfassungsbeschwerde

623   Die in § 93 BVerfGG enthaltene Regelung über die Fristen, innerhalb derer Verfassungsbeschwerden zu erheben sind, unterscheidet zwischen der Urteils- und der Rechtssatzverfassungsbeschwerde. Richtet sich die Verfassungsbeschwerde gegen eine gerichtliche Entscheidung, wie dies wegen des Gebots der Erschöpfung des Rechtsweges meist der Fall ist, so muß die Verfassungsbeschwerde binnen eines Monats nach der Zustellung oder Mitteilung der vollständigen Entscheidung eingelegt werden, soweit das maßgebliche Verfahrensrecht die Zustellung oder Mitteilung von Amts wegen vorschreibt (§ 93 Abs. 1 S. 1 BVerfGG). Bei Entscheidungen der Zivilgerichte ist dies heute in nahezu allen Verfahren der Fall (§ 317 ZPO). Viele Zweifelsfragen haben sich damit erledigt, die früher insoweit entstanden, als die Zustellung nicht von Amts wegen, sondern von Partei zu Partei erfolgte. Entsprechende Regelungen gelten im Zwangsvollstreckungs- und im Insolvenzverfahren[555].

Im Strafverfahren werden Entscheidungen verkündet, soweit sie in Anwesenheit des Betroffenen ergehen (§ 35 Abs. 1 StPO). Dem Betroffenen ist auf Verlangen eine Abschrift zu erteilen. Urteile, die in Abwesenheit des Angeklagten ergehen, sind ihm zuzustellen (§ 35 Abs. 2 StPO). Für die Verfahren der Verwaltungsgerichtsbarkeit, der Finanzgerichtsbarkeit sowie für die Verfahren der Arbeitsgerichte und der Sozialgerichte gilt das Prinzip der Zustellung von Amts wegen.

624   In den meisten Fällen ist daher der Beginn der Beschwerdefrist einfach zu ermitteln. Für Beginn und Ende der Frist gelten §§ 221 und 222 ZPO und §§ 187 ff. BGB. Fällt das Ende der Frist auf einen Sonnabend, einen Sonntag oder allgemeinen Feiertag, so endet die Frist mit dem Ablauf des folgenden Werktages. Das BVerfG hat, wie alle anderen Gerichte, einen Nachtbriefkasten eingerichtet, in den nach Ende der allgemeinen Geschäftszeit bis Mitternacht noch eine Verfassungsbeschwerde rechtswirksam eingeworfen werden kann.

625   Da sich die Verfassungsbeschwerde wegen der Notwendigkeit, den Rechtsweg zu erschöpfen, regelmäßig gegen die letztinstanzliche Entscheidung richtet, muß der Beschwerdeführer die gegen die Entscheidung laufende Monatsfrist wahren. Bittet er allerdings das BVerfG, von dem Gebot der Erschöpfung des Rechtsweges nach § 90 Abs. 2 S. 2 BVerfGG abzusehen, so muß er dennoch zunächst den Rechtsweg beschreiten. Er muß also den beanstandeten Akt fristgerecht (nach der hierfür maßgeblichen Verfahrensordnung) angreifen und innerhalb der Monatsfrist des BVerfGG mit dem Antrag erheben, von dem Gebot der Erschöpfung des Rechtsweges abzusehen. Eine Unterbrechung der Frist nach § 93 Abs. 3 BVerfGG tritt ein, wenn der Beschwerdeführer in einem Strafverfahren einen Antrag nach § 33 a StPO stellt und verlangt, eine unterlassene Anhörung

---

554   BVerfGE 8, 92 (94).
555   Für alle Einzelfragen vgl. *Schmidt-Bleibtreu*, in: BVerfGG-Kommentar, § 93 Rn. 10 ff.

nachzuholen. Das BVerfG hat bisher nicht entschieden, ob dieser Antrag auch unterbrechende Wirkung hat, wenn er nach Ablauf der Monatsfrist gestellt wird[556]. Die Problematik ist ähnlich wie bei der Nichtzulassungsbeschwerde, über deren Zulässigkeit und Begründetheit bis zur Entscheidung des Revisionsgerichts Ungewißheit besteht[557]. Erweist sich die Gegenvorstellung nach § 33 a StPO als zulässig, so kann das Verfahren fortgesetzt werden und zu einer neuen Entscheidung führen, gegen die dann fristgerecht Verfassungsbeschwerde möglich ist. Verwirft dagegen das Strafgericht den Antrag, so bleibt es bei der schon ergangenen Entscheidung, die dann nicht mehr angegriffen werden kann, wenn die Monatsfrist verstrichen ist. Es hängt also von dem Erfolg der Gegenvorstellung ab, ob sie fristunterbrechende Wirkung hat. Ähnlich wie bei der Nichtzulassungsbeschwerde wird der Beschwerdeführer wenigstens vorsorglich Verfassungsbeschwerde einlegen müssen.

Eine Ausnahme von dem Grundsatz, daß die Monatsfrist mit der Zustellung oder Verkündung der Entscheidung beginnt, erkennt das BVerfG für den Fall an, daß ein bei der Urteilsverkündung in einer Strafsache nicht anwesender Angeklagter sich durch Ausführungen in den Entscheidungsgründen beschwert fühlt. Diese können einen selbständigen Beschwerdegegenstand bilden[558]. In diesem Fall muß der Angeklagte die Begründung des Urteils kennen. Die Frist beginnt dann erst, wenn ihm die Gründe bekannt gemacht werden[559]. **626**

Die Verfassungsbeschwerde gegen eine Norm ist innerhalb eines Jahres seit deren Inkrafttreten zulässig (§ 93 Abs. 2 BVerfGG). Die Jahresfrist gilt nicht nur für Gesetze, sondern für alle Rechtsnormen, die Beschwerdegegenstand sein können, also etwa auch für Rechtsverordnungen[560]. Ist ein Gesetz rückwirkend in Kraft gesetzt worden, so soll der hierdurch entstehende Verlust an Überlegungs- und Begründungszeit nicht dem Beschwerdeführer angelastet werden. In diesen Fällen beginnt der Lauf der Jahresfrist mit der Verkündung des Gesetzes[565]. **627**

Der Beginn der Frist läßt sich in den Fällen nicht feststellen, in denen die Verfassungsbeschwerde sich gegen ein gesetzgeberisches Unterlassen richtet. Handelt es sich um einen der wenigen Fälle gesetzgeberischen Unterlassens, von dem nur gesprochen werden kann, wenn der Gesetzgeber durch einen Verfassungsauftrag zur Tätigkeit verpflichtet ist, dann beginnt die Frist solange nicht, als die Untätigkeit andauert[562]. Die Unterscheidung zwischen den seltenen Fällen solchen gesetzgeberischen Unterlassens und den viel häufigeren Fällen nur scheinbaren Unterlassens[563] hat vor allem für die Berechnung der Frist Bedeutung. Indem der Gesetzgeber Ansprüche unter bestimmten enumerativ aufgeführten Voraussetzungen gewährt, lehnt er zugleich den Anspruch für alle anderen, nicht aufgeführten, wenn auch vielleicht nicht ausdrücklich abgelehnten Kriterien ab. Sieht der nicht berücksichtigte Beschwerdeführer hierin einen Verstoß gegen Art. 3 Abs. 1 GG, so **628**

---

556 Ausdrücklich offengelassen in BVerfGE 19, 198 (200).
557 Hierzu oben Rn. 600.
558 Oben Rn. 511.
559 BVerfGE 28, 151 (159).
560 BVerfGE 53, 1 (15).
561 BVerfGE 1, 415 (416 f.); 32, 157 (162); 62, 374 (382); 64, 367 (376).
562 BVerfGE 6, 257 (266); 10, 302 (308); 77, 179 (214); vgl. auch BVerfGE 58, 208 (218).
563 Vgl. oben Rn. 498 ff.

muß er sich innerhalb der Jahresfrist gegen die Regelung wenden, bei der er nach seiner Behauptung hätte einbezogen werden müssen[564].

629 Das BVerfG verlangt, daß die Verfassungsbeschwerde sich fristgerecht gegen die für verfassungswidrig gehaltene Norm richtet. Wird ein Gesetz geändert, die von dem Beschwerdeführer beanstandete Einzelbestimmung aber unverändert übernommen, so beginnt die Jahresfrist nicht erneut zu laufen. Auch die Begründung, der Gesetzgeber habe die nicht veränderte Norm in seinen Willen aufgenommen, ändert hieran nichts. Dies hat Bedeutung für die konkrete Normenkontrolle, die nur bei nachkonstitutionellem Recht zulässig ist[565].

630 Die Fristen sowohl des § 93 Abs. 1 als auch des § 93 Abs. 2 BVerfGG wurden vom BVerfG in seiner früheren Rechtsprechung als Ausschlußfristen angesehen, gegen deren Versäumung es keine Möglichkeit der Wiedereinsetzung in den vorigen Stand gibt[566]. Begründet wurde dies mit Geboten der Rechtssicherheit. Die Verfassungsbeschwerde könne als außerordentlicher Rechtsbehelf zur Aufhebung an sich rechtskräftiger Urteile führen. Hierdurch werde bei einem Zivilprozeß empfindlich in die Rechtsstellung des Prozeßgegners eingegriffen. Dies würde die Rechtskraftwirkung der mit der Verfassungsbeschwerde angegriffenen Entscheidungen stärker auflösen, als der Gesetzgeber in § 93 Abs. 1 BVerfGG vorgesehen habe. Eine solche Ausweitung der ohnehin außerordentlich weitgehenden Möglichkeiten der Verfassungsbeschwerde sei „nicht angängig"[567].

631 Bestrebungen, durch Gesetzesänderung die Wiedereinsetzung einzuführen, sind zunächst (1969) am Widerstand des BVerfG gescheitert, das durch Plenarbeschluß die Meinung vertrat, die Wiedereinsetzung sei nicht zwingend geboten, und von ihrer Einführung seien „Schwierigkeiten in der Praxis zu erwarten"[568]. Nach zunehmender Diskussion dieser Frage, an der sich auch Mitglieder des Gerichts beteiligten[569], wurde durch die 5. Novelle zum BVerfGG von 1993 mit § 93 Abs. 2 BVerfGG die Möglichkeit der Wiedereinsetzung in den vorigen Stand insoweit eingeführt, als sich die Verfassungsbeschwerde nach § 93 Abs. 1 BVerfGG gegen die Entscheidung eines Gerichts richtet (Urteilsverfassungsbeschwerde). Versäumt der Beschwerdeführer ohne eigenes Verschulden die bei der Verfassungsbeschwerde gegen eine Entscheidung einzuhaltende Monatsfrist (§ 93 Abs. 1 BVerfGG), so kann er binnen eines Zeitraums von zwei Wochen nach Wegfall des Hindernisses Wiedereinsetzung in den vorigen Stand beantragen. Innerhalb dieser Frist hat er zugleich die versäumte Handlung nachzuholen, also vor allem die Verfassungsbeschwerde zu erheben. Eine absolute Ausschlußfrist besteht nach einem Jahr seit dem Ende der versäumten Frist; dann ist keine Wiedereinsetzung mehr möglich (§ 93 Abs. 2 S. 5 BVerfGG)[570].

---

564 BVerfGE 13, 284 (287 f.); 15, 126 (132).
565 Zur Ausschlußfrist des § 93 Abs. 3 BVerfGG im Falle der Aufnahme einer unverändert gebliebenen Norm in den Willen des Gesetzgebers *BVerfG*, 1. Kammer des 1. Senats, NJW 1994, 1525. Vgl. unten Rn. 792 ff.
566 BVerfGE 4, 309 (313 ff.); 50, 381 (384); 78, 7 (15 f.); Vgl. auch oben Rn. 202.
567 BVerfGE 4, 309 (313 ff.); die späteren Entscheidungen beziehen sich hierauf ohne weitere Stellungnahme.
568 *Lechner/Zuck*; *dies.*, ZRP 1985, S. 302; *Schmidt-Bleibtreu*, in: BVerfGG-Kommentar, § 93 Rn. 55.
569 Nachweise bei *Lechner/Zuck*, § 93 Rn. 49. Vgl. auch Rn. 562 ff. in der 1. Auflage dieses Lehrbuches.
570 Einzelheiten bei *Lechner/Zuck*, § 93 Rn. 49 ff.

Dagegen gibt es nach wie vor im Falle der Versäumung der für die Rechtssatzverfassungsbeschwerde maßgebenden Frist (§ 93 Abs. 3 BVerfGG) keine Möglichkeit der Wiedereinsetzung. Zwar kann auch hier ein Beschwerdeführer durch Umstände, die er nicht zu vertreten hat (insbesondere durch unvorhersehbare Verzögerungen im Postlauf) verhindert sein, die Frist einzuhalten, die er voll ausschöpfen darf[571]. Vor der Änderung des § 93 BVerfGG, die zu § 93 Abs. 2 BVerfGG führte, bestand aber weitgehende Einigkeit hinsichtlich der Frist für die Verfassungsbeschwerde gegen eine Norm: Zwar wiegt hier das Argument der Rechtssicherheit nicht besonders schwer, weil auch nach Ablauf der Jahresfrist keinesfalls feststeht, ob nicht auf dem Wege über eine Urteilsverfassungsbeschwerde viele Jahre nach Inkrafttreten des Gesetzes dessen Verfassungsmäßigkeit in Frage gestellt werden wird, ganz abgesehen von den Möglichkeiten der konkreten und der – nicht an eine Frist gebundenen – abstrakten Normenkontrolle. Dem Beschwerdeführer, der unverschuldet die Jahresfrist versäumt, etwa weil er innerhalb dieses Zeitraums überhaupt noch nicht betroffen war, bleibt aber die Möglichkeit, den gegen ihn gerichteten Vollzugsakt nach Erschöpfung des Rechtsweges anzugreifen und hierbei auch die Verfassungsmäßigkeit der Norm zur Überprüfung zu stellen. **632**

III. Die Begründetheit der Verfassungsbeschwerde

1. Prüfungsumfang und weiteres Verfahren

Wenn alle in dem vorigen Teil behandelten Sachurteilsvoraussetzungen gegeben sind, so ist die Verfassungsbeschwerde zulässig. Damit steht aber noch nicht fest, daß es zu einer Sachentscheidung kommt, als deren Ergebnis die Verfassungsbeschwerde entweder für begründet oder für unbegründet befunden wird. Im Annahme- oder Vorprüfungsverfahren[572] werden die Kammern neben den unzulässigen Verfassungsbeschwerden diejenigen aussondern, deren Annahme nicht angezeigt ist, weil die Voraussetzungen des § 93 a Abs. 2 BVerfGG nicht vorliegen. Das Verfahren ist in der Praxis kein Annahme-, sondern ein Nichtannahmeverfahren. Da § 93 d Abs. 3 BVerfGG für den Beschluß, die Verfassungsbeschwerde nicht zur Entscheidung anzunehmen, unter den drei Mitgliedern der Kammer Einstimmigkeit erfordert, wäre es unnützer Zeitaufwand, hierüber förmlich zu beschließen, wenn jedenfalls bei einem der drei Richter feststeht, daß Annahme der Verfassungsbeschwerde zur Entscheidung angezeigt ist. In Zweifelsfällen wird hierüber unter den Kammermitgliedern gesprochen. Der erste Zugriff liegt bei dem Berichterstatter (vgl. §§ 20 ff. GeschO BVerfG), der seine Beurteilung in einem schriftlichen Votum den beiden anderen Kammermitgliedern dann mitteilt, wenn er zu dem Vorschlag kommt, daß die Verfassungsbeschwerde nicht zur Entscheidung angenommen werden sollte. **633**

Glaubt er hingegen, daß der Senat über sie eine Sachentscheidung treffen sollte (dies kann auch dann geboten sein, wenn die Frage der Zulässigkeit nicht eindeutig zu beantworten ist), so legt der Berichterstatter die Sache nicht der Kammer vor. In diesen Fällen gibt es daher keinen Kammerbeschluß, der die Annahme beschließt.

---

571 *Lechner/Zuck*, § 93 Rn. 49.
572 Vgl. oben Rn. 371 ff.

Nur indirekt befindet die Kammer über die Annahme in den Fällen, in denen sich über die Nichtannahme keine Einstimmigkeit erzielen läßt. In allen anderen Fällen besteht die „Annahme" lediglich in dem – allenfalls in einem Aktenvermerk festgehaltenen oder aus einem ersten Votum ersichtlichen – Entschluß des Berichterstatters, die Sache nicht der Kammer zuzuleiten, sondern sie zur Entscheidung durch den Senat vorzubereiten. Fehlt hierüber ein ausdrücklicher Vermerk in den Akten, so wird der Übergang in das Stadium der Sachentscheidung im allgemeinen dadurch gekennzeichnet, daß der Vorsitzende des Senats auf Vorschlag des Berichterstatters die Verfassungsbeschwerde den (nicht im förmlichen Sinne, sondern im Sinne ihrer Beteiligung oder ihrem Interesse an dem Sachverhalt, der der Verfassungsbeschwerde zugrunde liegt) Beteiligten (vgl. § 94 BVerfGG) zustellt, um ihnen Gelegenheit zur Äußerung zu geben (§ 23 Abs. 2 BVerfGG, § 22 Abs. 1 GeschO BVerfG). Die Zustellung ist daher ein Indiz für die Annahme. Ist dies nicht der Fall, weil von Äußerungen der Verfahrensbeteiligten Aufschlüsse erwartet werden, die für die Annahme oder Nichtannahme von Bedeutung sind, so erfolgt die Zustellung mit dem ausdrücklichen Vorbehalt, daß über die Annahme noch nicht entschieden ist (vgl. § 41 Abs. 1 GeschO BVerfG).

634 Auch wenn die Kammer die Annahme der Verfassungsbeschwerde nicht abgelehnt hat, kann der Senat die Annahme ablehnen. Die Kriterien hierfür sind heute – anders als nach dem Recht vor der 5. Novelle zum BVerfGG – die gleichen wie die für die Kammern maßgeblichen, nämlich die des § 93 a Abs. 2 BVerfGG. Da es bereits genügt, wenn drei der acht Mitglieder des Senats sich für die Annahme entscheiden (§ 93 d Abs. 3 S. 2 BVerfGG), kommt es nicht mehr allzu häufig vor, daß der Senat die Annahme ablehnt, zumal seit der zuletzt erfolgten Änderung des BVerfGG auch die Kammer Verfassungsbeschwerden stattgeben kann, die offensichtlich begründet sind, weil das BVerfG die maßgebliche verfassungsrechtliche Frage bereits entschieden hat (§ 93 b Abs. 2 BVerfGG). Dies ist der einzige Fall, in dem die Kammern Sachentscheidungen treffen, die denen des Senats in ihrer Wirkung gleichstehen; allerdings darf nur der Senat, nicht die Kammer, ein Gesetz für verfassungsmäßig oder verfassungswidrig mit der Wirkung des § 31 Abs. 2 BVerfGG erklären (§ 93 b Abs. 2 S. 2, 3 BVerfGG).

635 Lehnt dagegen eine der Kammern oder der Senat die Annahme der Verfassungsbeschwerde ab, so ist hiermit eine Sachentscheidung nicht verbunden. Der Senat prüft im allgemeinen die Frage, ob er die Annahme ablehnen soll, erst dann, wenn der Berichterstatter sein Votum fertiggestellt hat. Es kann daher vorkommen, daß er eine Sachentscheidung vorschlägt, der Senat aber die Annahme ablehnt, weil er die Voraussetzungen des § 93 a Abs. 2 BVerfGG nicht für gegeben hält. Da es genügt, daß außer dem Berichterstatter (der die Sache nicht dem Senat zuleiten würde, wenn er nicht die Annahme befürworten würde) oder einem anderen Mitglied der Kammer (der mit dem Vorschlag des Berichterstatters, die Sache nicht zur Entscheidung anzunehmen, nicht einverstanden ist), nur zwei weitere Mitglieder des Senats seine Auffassung teilen, sind diese Fälle aber nicht sehr häufig.

636 Solange die Prüfung im Annahmeverfahren noch nicht abgeschlossen ist, bedeutet der Umstand, daß sie unter den gesetzlichen Voraussetzungen ohne Sachentscheidung beendet werden kann, nicht etwa, daß in diesen Verfahren keine besondere Sorgfalt erforderlich wäre oder daß der Prüfungsumfang grundsätzlich geringer wäre als bei der Entscheidung durch den Senat. Zwar sind die Annahmevoraussetzungen des § 93 a Abs. 2

BVerfGG heute andere als die nach früherem Recht erforderliche Prüfung der Zulässigkeit und der hinreichenden Erfolgsaussichten der Verfassungsbeschwerde; doch fließen in die Prüfung, ob die Annahme „angezeigt" ist, solche Überlegungen mit ein, vor allem nach der durch die Rechtsprechung beider Senate erfolgte Präzisierung der Annahmekriterien[573]. Allerdings haben es im Alltag die Kammern vor allem mit der großen Zahl der Fälle zu tun, in denen verfassungsrechtliche Probleme überhaupt nicht bestehen oder diese durch bereits vorliegende Entscheidungen des BVerfG bereits eindeutig beantwortet sind. Hier läßt sich die Aussichtslosigkeit der Verfassungsbeschwerde in vielen, wenn nicht in den meisten Fällen auch ohne allzu großen Arbeitsaufwand erkennen. Dies beruht jedoch darauf, daß die vorgetragenen Argumente kein Gewicht haben, nicht darauf, daß diese Beschwerden nicht sorgfältig geprüft werden müßten oder geprüft würden. Großzügigkeit bei der Prüfung ist nur insofern erlaubt, als eine genauere Untersuchung der Zulässigkeit, sollte schon diese zweifelhaft sein, unterbleiben darf, wenn bei unterstellter Zulässigkeit die Annahme dennoch nicht angezeigt ist. Ist dagegen die Zulässigkeit zweifelhaft, ohne daß die Unzulässigkeit feststeht, und läßt sich auch nicht ohne größeren Arbeitsaufwand beurteilen, ob eine der Voraussetzungen des § 93 a Abs. 2 BVerfGG vorliegt, so ist dies bereits ein Indiz dafür, daß die Annahme nicht abgelehnt werden sollte. Der Sinn des Annahmeverfahrens würde verfehlt, wenn die Kammer in kleinerer Besetzung, aber mit gleicher Intensität wie der Senat die Sache bis zur Klärung der letzten Zweifelsfrage untersuchen und beurteilen würde. Die Versuchung, daß die Kammer zuviel tut, mag geringer sein als die, daß sie sich mit einer mehr intuitiven und nur überschlägigen Einschätzung begnügt. Dafür sorgt der ständige Druck durch die steigende Anzahl von Verfahren, die in jeder der Kammern zu behandeln waren. Einzelne, das jeweilige Rechtsproblem ausführlich und nach allen Richtungen erörternde Kammerbeschlüsse zeigen aber, daß gelegentlich die Neigung zu einer Kammer-„Rechtsprechung" besteht, die es nicht geben sollte[574]. Hierzu trägt bei, daß es im kleinen Kreis von drei Richtern leichter ist, sich zu einigen, als in dem mit acht Mitgliedern besetzten Senat. Um Tendenzen einer eigenen Rechtsprechung der Kammern entgegen zu wirken, bestimmt daher neuerdings § 15 a Abs. 1 S. 2 BVerfGG, daß die Zusammensetzung der Kammern nicht länger als drei Jahre unverändert bleiben soll.

Bei der Prüfung im Senat, ob die Sache nach § 93 d Abs. 3 BVerfGG zur Entscheidung angenommen werden soll (wozu, wenn hieran kein Zweifel besteht, ein ausdrücklicher Beschluß nicht erfolgt), gelten an sich die gleichen Voraussetzungen wie in der Kammer; doch genügt es in der Praxis, wenn sich die qualifizierte Minderheit von drei Richtern für eine Sachentscheidung ausspricht. Als Alternative zu der Sachentscheidung, die nach intensiver Vorbereitung durch den Berichterstatter und ausführlicher Beratung des von ihm vorgelegten Votums und später des Entscheidungsentwurfs im Wege der Mehrheitsentscheidung im Senat erfolgt, bleibt dann das vereinfachte Verfahren nach § 24 BVerfGG. Vereinfacht ist dieses von der einstimmigen Meinung aller Senatsmitglieder abhängige Verfahren nur hinsichtlich der Prüfung der Zulässigkeit, nicht der Begründetheit, und hinsichtlich der Anforderungen an die Entscheidung selbst. Das Verfahren nach § 24 BVerfGG, das auch für andere als die Verfassungsbeschwerdeverfahren gilt[575], soll es

637

---

573 Vgl. oben Rn. 383.
574 Kritisch zur Kammerpraxis der Bericht der Kommission zur Entlastung des BVerfG (N 2), S. 28 f.
575 Vgl. oben Rn. 319 ff.

dem BVerfG in eindeutigen Fällen ermöglichen, Verfassungsbeschwerden zu „verwerfen" (ein Begriff, der sonst verwendet wird, um die Unzulässigkeit, nicht die Unbegründetheit zu kennzeichnen), wenn diese entweder unzulässig oder offensichtlich unbegründet sind.

638 Der Prüfungsumfang wird im Verfahren nach § 24 BVerfGG lediglich insoweit verringert, als die Zulässigkeit Zweifel aufwirft. Die Prüfung der Begründetheit kann ebensowenig unterbleiben oder mit verminderter Sorgfalt erfolgen, wie dies den Kammern erlaubt wäre. Es kann schwieriger sein, darzulegen, daß eine Verfassungsbeschwerde „offensichtlich", als daß sie nur „schlicht" unbegründet ist. Formulierungen wie die, ein Antrag sei offensichtlich unbegründet, wenn aus dem vorgetragenen Sachverhalt „ohne weitere Nachprüfung" erkennbar sei, daß aus ihm die beanspruchte Rechtsfolge nicht hergeleitet werden könne, oder „wenn er die Unbegründetheit auf der Stirn trägt"[576], erwekken leicht den Eindruck, es dürfe mit verminderter Sorgfalt gearbeitet werden. Daß der eindeutige Fall weniger Mühe kostet als der komplizierte, ist das Ergebnis der Prüfung, nicht des Kriteriums der Eindeutigkeit. Lediglich für den Fall, daß die Zulässigkeit zweifelhaft, aber nicht eindeutig zu verneinen ist, die Verfassungsbeschwerde aber eindeutig unbegründet ist, darf sich das BVerfG den mit der vollen Zulässigkeitsprüfung verbundenen Arbeitsaufwand ersparen und die Zulässigkeit dahingestellt sein lassen[577].

639 Ein weiterer Entlastungseffekt bezieht sich auf die Begründung der Entscheidung. Sie darf entfallen, wenn der Beschwerdeführer zuvor auf die bestehenden Bedenken hingewiesen worden ist. Oft werden vom BVerfG aber auch Beschlüsse nach § 24 BVerfGG, wenn auch meist nur kurz, begründet. Im übrigen hat der Beschluß nach § 24 BVerfGG keine geringere Wirkung als die anderen Urteile oder Beschlüsse des Senats. Er nimmt insbesondere an der Bindungswirkung nach § 31 BVerfGG teil[578].

640 Kommt es zu einer Senatsentscheidung über die Verfassungsbeschwerde nach § 15 BVerfGG, so hängt der Umfang der Sachprüfung ganz von den Umständen des Falles ab. Es gelten alle an anderer Stelle[579] dargestellten allgemeinen Vorschriften über das Verfahren (§§ 17 ff. BVerfGG) sowie die vom BVerfG in seiner Rechtsprechung entwickelten zusätzlichen Verfahrensregeln. Auch die vom BVerfG beschlossene Geschäftsordnung enthält Bestimmungen ergänzender Art (§§ 20 ff. GeschO BVerfG). Besonderheiten für das Verfassungsbeschwerdeverfahren bestehen, abgesehen von dem Annahmeverfahren, für die Äußerungsmöglichkeiten der Verfassungsorgane und anderer Beteiligter (§ 94 Abs. 1-4 BVerfGG). Neuerdings darf sich auch bei der Urteilsverfassungsbeschwerde derjenige dem BVerfG gegenüber äußern, der durch die angegriffene gerichtliche Entscheidung begünstigt ist (§ 94 Abs. 3 BVerfGG). Verfassungsorgane können dem Verfahren beitreten (§ 94 Abs. 5 S. 1 BVerfGG). Sie können dann Anträge zum Verfahren stellen, einen am Verfahren beteiligten Richter wegen Besorgnis der Befangenheit ablehnen (§ 19 BVerfGG) und eine mündliche Verhandlung erzwingen (§ 94 Abs. 5 S. 2

---

576 *F. Klein* (N 534), § 24 Rn. 19; anders zu Recht BVerfGE 82, 316 (319 f.); 95, 1 (15).
577 BVerfGE 6, 7 (11 f.); st. Rspr., zuletzt BVerfGE 96, 10 (20); 97, 350 (368); 97, 408 (413 f.); *Grundmann*, JZ 1957, S. 613 ff.; *Schlaich*, Rn. 6; *Lechner/Zuck*, § 24 Rn. 2; *Zöbeley* in: Umbach/Clemens, § 24 Rn. 7.
578 BVerfGE 9, 334 (336); 64, 175; *F. Klein* (N 534) § 24 Rn. 22; *Schlaich*, Rn. 66.
579 Oben §§ 9-17.

BVerfGG), die sonst nicht stattfindet, wenn von ihr keine weitere Förderung des Verfahrens zu erwarten ist[580].

Da der größte Teil aller Verfassungsbeschwerden durch das Vorprüfungsverfahren nicht **641** in den Senat gelangt, verbleibt diesem neben den Verfahren anderer Art nur eine verhältnismäßig geringe Zahl zur Sachentscheidung oder auch zur Prüfung der Zulässigkeit, wenn diese zweifelhaft ist und wegen der allgemeinen Bedeutung der Frage eine Senatsentscheidung angebracht ist. Das im Rahmen der gesetzlichen und weiteren Regelungen durchgeführte Verfahren hat sich in vielen Jahren erprobt und bedarf keiner Änderung, es sei denn, daß die geringe Zahl der mündlichen Verhandlungen über Verfassungsbeschwerden erhöht werden sollte. Das in beiden Senaten praktizierte Verfahren sichert eine Sachprüfung, die an Umfang und Intensität von kaum einem anderen Gericht übertroffen werden dürfte. Die außerordentliche Sorgfalt, mit der das BVerfG seine Entscheidungen vorbereitet, trifft und begründet, ist allgemein anerkannt und wird auch durch die Kritik an einzelnen Entscheidungen nicht grundsätzlich in Frage gestellt. Die Voraussetzungen für qualitativ anzuerkennende Entscheidungen liegt, neben der persönlichen Qualifikation der Richter, in dem Verfahren, das zu der Entscheidung führt.

Es genügt, das Verfahren über die gesetzlichen und sonstigen Regelungen hinaus in Kürze **642** darzustellen. Viele Einzelheiten sind nicht allgemein bekannt, zumal an dem Prozeß der Entscheidungsfindung nur die Richter des jeweils zuständigen Senats teilnehmen dürfen (§ 25 GeschO BVerfG)[581].

Die wichtigste Aufgabe der Vorbereitung der Senatsberatung liegt beim Berichterstatter (§§ 20, 22, 23 GeschO BVerfG). Seine Aufgabe ist es, durch sachleitende Verfügungen das Verfahren zu fördern, soweit der Beschwerdeführer, Äußerungsbefugte oder Verfahrensbeteiligte, in Einzelfällen auch Gutachter, tatsächliche oder rechtliche Ergänzungen des vorliegenden Materials beibringen können oder müssen. Die Intensität, mit der zunächst nur der Berichterstatter und im allgemeinen nur zu Einzelfragen der Vorsitzende sich mit dem Fall befassen, führt im Verhältnis zu den anderen Senatsmitgliedern zu einem Informationsgefälle. Die unvermeidliche Arbeitsteilung kann durchaus Probleme schaffen. Viele Berichterstatter machen den jeweiligen Fall so sehr zu dem „ihren", daß sie an der in meist monatelanger Beschäftigung mit den tatsächlichen Umständen und den rechtlichen Problemen erworbenen Kenntnis und allmählich gebildeten Meinung auch gegenüber abweichenden Auffassungen bei der Senatsberatung mit großer Hartnäckigkeit festhalten. Die Senate verstehen aber jede Entscheidung als eine Gemeinschaftsarbeit, bei der der individuelle Beitrag der Idee nach so vollständig zurücktreten soll, daß er sich aus der abschließenden Entscheidung nicht herauslesen läßt. Dies gelingt oft nur unvollkommen, ist aber nach dem Verständnis der meisten Richter die Zielvorstellung. Der Informationsvorsprung des Berichterstatters und die Gründlichkeit, mit der er sich auf die Beratung vorbereiten kann, schaffen leicht Spannungen, wenn andere Meinungen vorhanden sind. Um überwunden zu werden, bedürfen sie einer sehr sorgfältigen Vorbereitung auch der anderen Richter auf die Beratung, besonders des Vorsitzenden. Im übrigen ist ein gutes persönliches Verhältnis zueinander und der Respekt, der abweichenden Meinungen

---

580 Hierzu oben Rn. 246 ff., 419 ff.
581 Einige Einblicke bei *Benda*, in: FS Simon (1987), S. 25 ff.

entgegengebracht wird, neben der fachlichen Qualifikation der Richter die wahrscheinlich wichtigste Voraussetzung einer gedeihlichen Arbeit.

643 Aufgrund des meist sehr ausführlichen Votums des Berichterstatters – es kann durchaus mehrere hundert Seiten umfassen – erfolgt die Beratung im Senat. Sie kann sich über einen oder mehrere Sitzungstage erstrecken. Am Ende der Beratung steht die Entscheidung über die einzelnen, vom Vorsitzenden zu formulierenden Rechtsfragen und schließlich über Erfolg oder Mißerfolg der Verfassungsbeschwerde im ganzen. Soweit es überhaupt möglich ist, wird der Gedankengang, mit dem die Entscheidung begründet werden soll, wenigstens skizziert, um so dem Berichterstatter eine Grundlage für seinen Entscheidungsentwurf insbesondere dann zu geben, wenn das Beratungsergebnis von dem in seinem Votum enthaltenen Vorschlag abweicht oder zusätzliche Argumente die Begründung tragen sollen. Der später zuzustellende Beschluß oder (im Fall einer mündlichen Verhandlung) das zu verkündende Urteil sind damit noch nicht fertiggestellt; jedoch trägt der Beschluß das Datum, an dem im Senat die abschließende Entscheidung gefallen ist.

644 Die Formulierung eines Entwurfs der schriftlichen Entscheidungsgründe ist zunächst wieder dem Berichterstatter überlassen, der die Meinung der Mehrheit selbst dann formuliert, wenn er mit seiner Auffassung in der Minderheit geblieben ist. Liegt – meist frühestens drei oder vier Wochen nach der Beratung – der Entwurf vor, so wird er in einer erneuten Senatssitzung im einzelnen durchgesprochen, häufig nicht nur Seite für Seite, sondern Satz für Satz. Die Änderungen, die oft sehr umfangreich sind, werden vom Vorsitzenden und vom Berichterstatter festgehalten und vor der technischen Fertigstellung der Entscheidung miteinander verglichen. Die Beratung des Entwurfs soll nicht die Diskussion in der Sache neu eröffnen, kann aber Unklarheiten beseitigen und Schwächen der Sachberatung aufdecken. So dauert sie nicht selten länger als die frühere Beratung. Wiederum ist es das Ziel, das Ergebnis auch in der Begründung als Auffassung des Gerichts, nicht einzelner seiner Mitglieder, erscheinen zu lassen. So wird sogar der in der Beratung unterlegene Richter selbst in dem Fall, daß er von der Möglichkeit einer abweichenden Meinung Gebrauch macht, bei der Beratung der Gründe mithelfen, vermeidbare Schwächen der von ihm bekämpften Mehrheitsmeinung durch überzeugendere Formulierungen zu beseitigen. Die Entscheidungen bemühen sich um möglichst sprachliche Klarheit. Sie versuchen, Fremdwörter weitgehend zu vermeiden und haben früher nahezu völlig auf Zitate aus dem Schrifttum verzichtet. Dies scheint allerdings in neuerer Zeit anders zu werden; es besteht heute eine wohl gewachsene Bereitschaft, das wissenschaftliche Schrifttum und die Rechtsprechung anderer Gerichte nicht nur zu verwerten – was seit jeher mit möglichster Vollständigkeit geschehen ist, sondern jedenfalls die wichtigsten Belege auch in den Entscheidungsgründen anzuführen.

645 Diese Darstellung des Beratungs- und Entscheidungsablaufs soll nicht das Verfahren, das zu den Entscheidungen führt, idealisieren. Es hat auch seine Schwächen. In einzelnen Fällen wäre es möglicherweise besser gewesen, die Zeit und den Arbeitsaufwand, der auf diese Weise getrieben worden ist, abzukürzen und statt dessen ein anderes, dringliches Verfahren zum Abschluß zu bringen. Die Beratung mag sich in irrelevante oder ausdiskutierte Einzelheiten verlieren oder auch wichtige Sachprobleme vernachlässigen oder ganz übersehen. Die endlich beschlossene Entscheidung muß für sich selbst sprechen und aus sich heraus überzeugen. Tut sie das nicht, so hilft weder eine nachträgliche Interpretation noch die Versicherung, die Beteiligten hätten sich ihre Aufgabe nicht leicht gemacht. Insgesamt ist aber das Verfahren so, wie es sich in mittlerweile bald fünfzigjähriger Praxis herausgebildet hat, geeignet, die Qualität der Rechtsprechung des BVerfG herzustellen und zu sichern.

Zur Frage des Prüfungsumfangs gehört auch, ob das BVerfG den angegriffenen Akt nur **646** insoweit prüft, als der Beschwerdeführer ausdrücklich oder der Sache nach eine bestimmte Grundrechtsverletzung behauptet oder ob, sofern die Verfassungsbeschwerde zulässig ist, jeder Grundrechtsaspekt oder sogar jeder andere verfassungsrechtliche Gesichtspunkt, wie etwa die Gesetzgebungskompetenz, untersucht wird. Daß eine Ausdehnung der Prüfung nicht unproblematisch ist, wenn sie der Interessenlage des Beschwerdeführers widerspricht, wurde bereits dargelegt[582]. Soweit hierüber Aussagen des BVerfG vorliegen, ist dessen Haltung klar. Allerdings ist die Praxis zurückhaltender, als man nach den Entscheidungen annehmen könnte, in denen die Frage angesprochen wird. Das BVerfG hält sich für befugt, die Verfassungsmäßigkeit einer Norm unter jedem in Betracht kommenden verfassungsrechtlichen Gesichtspunkt zu überprüfen[583]. Für die Überprüfung von Gerichtsentscheidungen wird ähnlich gesagt, das BVerfG könne die verfassungsrechtliche Problematik des Urteils unter jedem in Betracht kommenden verfassungsrechtlichen Gesichtspunkt prüfen[584]. Alle Entscheidungen sprechen von einer Befugnis des BVerfG, nicht von einer Pflicht.

Jedenfalls eine Verpflichtung, die Norm oder die Entscheidung unter jedem nur denkbaren **647** Gesichtspunkt zu überprüfen, wird man auch schwerlich annehmen können. Dies würde die Verpflichtung des Beschwerdeführers nach § 92 BVerfGG erheblich relativieren, nach der er – als Minimalanforderung – jedenfalls den ihn beschwerenden Akt und das angeblich verletzte Grundrecht bezeichnen muß[585]. Könnte er sich auf eine umfassende Prüfung von Amts wegen verlassen, so würde es genügen, daß er irgendein nicht ganz fern liegendes Grundrecht angibt oder auch nur umschreibt. Er könnte sich viel Mühe sparen, die dann vom Gericht zu übernehmen wäre. Das BVerfG wird schon durch die große Zahl der eingehenden Verfassungsbeschwerden genügend in Anspruch genommen. Es kann nicht auch noch erwartet werden, daß es über die Prüfung des von dem Beschwerdeführer bezeichneten oder eines sonst naheliegenden Grundrechts hinaus noch jeder nur erdenklichen Möglichkeit nachspürt[586]. Bei der Rechtssatzverfassungsbeschwerde hätte dies immerhin noch einen Sinn. Sie ist eine Form der Normenkontrolle, die in ihrem Ergebnis nicht anders wirkt als die konkrete Normenkontrolle nach Art. 100 Abs. 1 GG. Bei der Richtervorlage prüft das BVerfG die Verfassungsmäßigkeit der Rechtsnorm unter jedem verfassungsrechtlichen Gesichtspunkt. Wird ein Gesetz auf eine Verfassungsbeschwerde hin für verfassungsmäßig oder verfassungswidrig erklärt, so hat dies die gleiche Bindungswirkung (§ 31 Abs. 2 BVerfGG) wie bei der Richtervorlage oder in jeder anderen Verfahrensart, in der eine Normenkontrolle möglich ist. Dagegen kann zwar auch die Urteilsverfassungsbeschwerde eine über den Einzelfall hinausgehende Bedeutung haben, und auch aus ihr ergeben sich über die Beteiligten hinausgehende Bindungen (§ 31 Abs. 1 BVerfGG). Bindungswirkung kann aber nur in gleichartigen Fällen eintreten. Es hat sei-

---

582 Vgl. oben Rn. 402 ff.
583 Vgl. die Nachweise oben N 94, 95.
584 Vgl. die Nachweise oben N 94, 95.
585 Vgl. oben Rn. 615 f.
586 *Schlitzberger*, NJW 1965, S. 10 ff.

nen Sinn, daß sich das BVerfG so weit wie möglich auf den Fall mit seinen Besonderheiten beschränkt. Damit wird die Möglichkeit offengehalten, in ähnlichen, aber doch nicht ganz identischen Fällen andere verfassungsrechtliche Gesichtspunkte zu sehen und zu würdigen. Zwar wird das BVerfG von der Bindungswirkung seiner Entscheidungen selbst nicht erfaßt, sondern es kann sich korrigieren. Dies besagt aber in diesem Zusammenhang wenig. Das BVerfG muß um Kontinuität seiner Rechtsprechung bemüht sein. Sie liegt im Interesse der eigenen Glaubwürdigkeit, aber auch im Interesse der Allgemeinheit, die sich auf die unter Umständen sehr weittragenden Folgen der Entscheidungen einstellen will und am allerwenigsten eine schwankende und unberechenbare Rechtsprechung wünschen kann. Es ist daher besser, wenn das BVerfG den konkreten Fall so prüft, wie er sich darstellt, und möglichst auch nur insoweit, als der Beschwerdeführer selbst zulässigerweise die Prüfung erstreckt wissen will, und die künftigen Fälle dann löst, wenn sie entstehen. Dies ist, von einigen Ausnahmen abgesehen, bisher meist die Praxis des BVerfG gewesen.

648 Die umgekehrte Situation entsteht für das Gericht dann, wenn der Beschwerdeführer selbst die Verletzung mehrerer Grundrechte behauptet hat. Dabei können diejenigen Grundrechte, deren Normbereich nicht berührt ist, schnell ausgesondert werden. Mehr Schwierigkeiten macht es, wenn mehrere Grundrechte berührt sind, die einen sich teilweise überschneidenden Normbereich haben. Dann muß zunächst entschieden werden, welches der Prüfungsmaßstab ist. Dies kann nur ein Grundrecht oder grundrechtsgleiches Recht sein, wobei allerdings die weite Auslegung des Art. 2 Abs. 1 GG seit dem Elfes-Urteil[587] die Einbeziehung nahezu aller verfassungsrechtlichen Fragen ermöglicht[588]. Prüfungsmaßstab ist stets das Grundrecht oder sind die Grundrechte, die dem Sachverhalt des Falles thematisch und inhaltlich am nächsten sind. Das allgemeine Auffang-Grundrecht des Art. 2 Abs. 1 GG in seiner Auslegung durch das BVerfG tritt stets zurück, wenn ein spezielles Grundrecht berührt ist. Ob die Berufsfreiheit verletzt ist, ergibt sich aus Art. 12 GG, nicht aus Art. 2 Abs. 1 GG. Ähnliche Beziehungen bestehen zwischen anderen Grundrechten[589]. Zu suchen ist daher dasjenige Grundrecht, das am genauesten Aussagen zu dem Sachverhalt macht, der zu der Verfassungsbeschwerde geführt hat. Dennoch können Konkurrenz- oder Konfliktsverhältnisse zwischen den Grundrechten bestehen, die dann gelöst werden müssen und es erfordern, daß die Reichweite beider Grundrechte bestimmt und dort, wo sie zueinander in Konkurrenz oder Konflikt geraten, eine Lösung gesucht wird[590]. Läßt sich nicht eindeutig sagen, ob der Schwerpunkt des verfassungsrechtlichen Problems bei dem einen oder dem anderen Grundrecht liegt, so hilft sich das BVerfG oft mit der wenig aussagekräftigen Formel, es sei z.B. Art. 6 „in Verbindung mit" Art. 3 Abs. 1 GG betroffen, wobei die Reihenfolge auch umgetauscht werden kann. Gemeint ist in diesem Fall wohl, daß etwa der Steuergesetzgeber, der ohnehin an den allgemeinen Gleichheitsgrundsatz gebunden ist, besonders beachten muß, daß nach Art. 6 Abs. 1 GG Ehe und Familie unter dem besonderen Schutz des Staates stehen, also über das allgemeine Benachteiligungsverbot hinaus ungleich, nämlich bevorzugt, berücksichtigt werden können und vielleicht müssen. Prüfungsmaßstab ist daher Art. 3 GG in der

---

587 BVerfGE 6, 32 (36 ff.).
588 Zur Problematik neben vielen anderen *Hesse*, Rn. 425 ff.
589 Näheres bei *Hesse*, Rn. 301.
590 Vgl. *Hesse*, Rn. 66 ff., besonders Rn. 72.

besonderen Fallgestaltung, daß es sich um einen dem Schutz des Art. 6 Abs. 1 GG unterstehenden Sachverhalt handelt. Dies wäre wohl die richtigere Aussage über den Prüfungsmaßstab als diejenige, die sich vorrangig auf Art. 6 GG beruft. Allerdings ist die Berufung auf Art. 6 GG plastischer und aussagekräftiger.

Während diese und viele ähnliche Fragen zum Bereich des materiellen Grundrechtsverständnisses gehören und nur dort beantwortet werden können, ist es ein Problem von verfahrensrechtlicher Bedeutung, wieweit das BVerfG seine Prüfung ausdehnt, wenn sich die Verfassungsbeschwerde bereits unter einem der von dem Beschwerdeführer ausdrücklich gerügten Gesichtspunkte als unbegründet erweist. Das Gericht sucht den maßgeblichen Prüfungsmaßstab und prüft, ob das als Prüfungsmaßstab gewählte Grundrecht verletzt ist. Ist dies nicht der Fall, wird die Prüfung sich jedenfalls auf andere ausdrücklich als verletzt gerügte Grundrechte erstrecken müssen, es sei denn, daß die Annahme, sie seien verletzt, fern liegt oder ihre Verletzung nach der Reichweite des jeweiligen Grundrechts denkgesetzlich ausgeschlossen ist (Beispiel: wird die Verletzung der strikten Gleichheitssätze, Art. 3 Abs. 2 und 3 GG, abgelehnt, so kann auch der nach einem großzügigeren Maßstab zu prüfende Verstoß gegen Art. 3 Abs. 1 GG nicht vorliegen[591]). Ist dagegen die Verfassungsbeschwerde schon wegen Verletzung des als Prüfungsmaßstab gewählten Grundrechts begründet, so ist nicht ausgeschlossen, daß daneben auch andere Grundrechte verletzt sind. Sie ebenfalls zu prüfen und im Falle auch ihrer Verletzung den Akt der öffentlichen Gewalt nicht nur aus dem ersten, sondern aus einem oder sogar mehreren anderen Gründen aufzuheben, würde nach der auch vom BVerfG anerkannten objektiven Funktion der Verfassungsbeschwerde naheliegen. Im allgemeinen geschieht dies jedoch nicht. Vielmehr wird nicht immer, aber doch in der Mehrzahl der Fälle die Verletzung des nächstliegenden Grundrechts festgestellt und lediglich hinzugefügt, daß es wegen der festgestellten Verletzung und der Konsequenz der Aufhebung des Aktes keiner weiteren Prüfung bedürfe, ob die Verfassungsbeschwerde auch unter einem oder mehreren anderen Gesichtspunkten begründet sei.

649

Dieses Verfahren ist korrekt. Der Beschwerdeführer hat Anspruch auf Prüfung seines Anliegens und auf Rechtsschutz durch das BVerfG, wenn sein Anliegen sich als berechtigt erweist. Beides hat er erhalten. Für die größere Genugtuung, die ihm eine noch auf andere Gründe gestützte Aufhebung des Aktes bereiten würde, fehlt der Beseitigung der Beschwer das Rechtsschutzbedürfnis. Anders kann es sein, wenn zwar das als Prüfungsmaßstab gewählte Grundrecht zu Recht genommen worden ist, weil es der Sache am nächsten liegt, jedoch das weitere ernsthaft in Frage kommende Grundrecht gewichtiger, weil stärker persönlichkeitsbezogen ist. Fühlt sich also der Beschwerdeführer neben einer gegen Art. 12 GG verstoßenden Beeinträchtigung seiner beruflichen Tätigkeit auch in seiner „Berufsehre" verletzt und ist dies – wohl eher ausnahmsweise – ein ernstzunehmender Vorwurf, dann sollte das Gericht dem Beschwerdeführer eine Entscheidung hierüber auch dann nicht verweigern, wenn ihm die materiellen Konsequenzen des fehlerhaften Aktes durch die Entscheidung abgenommen werden. Im Grunde geht es um eine Auswirkung eines einheitlichen Aktes in zweifacher Richtung. Der Beschwerdeführer hat einen Anspruch auf Beseitigung von Nachteilen, aber auch auf berufliche Rehabilitierung.

650

---

591   Hierzu BVerfGE 3, 225 (240); 6, 55 (71).

2. Prüfungstiefe und -dichte

651 Die Frage, wieweit das BVerfG den Umfang seiner Prüfung ausdehnt, betrifft vor allem die Abgrenzung zwischen dem Verfassungsrecht, zu dessen Auslegung dieses Gericht berufen ist, und dem „einfachen Recht", dessen Anwendung und Auslegung den Fachgerichten übertragen ist. Im allgemeinen wird dies als ein Problem angesehen, das erst bei der Prüfung der Begründetheit einer Verfassungsbeschwerde zu klären ist, nicht schon bei der Erörterung ihrer Zulässigkeit.

652 Es hängt allerdings von der materiellen Reichweite der jeweils in Betracht kommenden Grundrechte ab, ob sie durch den angegriffenen Akt der öffentlichen Gewalt überhaupt verletzt sein können. Wird in einem Zivilprozeß jemand zur Zahlung eines Geldbetrages verurteilt und behauptet er mit seiner Verfassungsbeschwerde, er sei hierdurch in seinem Grundrecht aus Art. 14 GG verletzt worden, so genügt nach der – allerdings in der Literatur mit beachtlichen Gründen als problematisch bezeichneten – Rechtsprechung des BVerfG zu Art. 14 GG die Feststellung, daß die Auferlegung von Geldleistungspflichten keinen Verstoß gegen Art. 14 GG darstellen könne[592]. Geht man hiervon aus, so ist es schon unter diesem verfassungsrechtlichen Gesichtspunkt gleichgültig, ob die Entscheidung des Zivilgerichts richtig oder falsch ist. Selbst wenn sie falsch ist, kann jedenfalls Art. 14 GG nicht verletzt sein. Dies ist eine Frage allein der materiellen Reichweite des Grundrechts, auf das sich der Beschwerdeführer beruft. Eine prozessuale Frage stellt sich lediglich insoweit, als bereits in der Zulässigkeitsprüfung entweder die bloße Behauptung für ausreichend gehalten werden kann, das angeführte Grundrecht sei verletzt, oder – wie dies die Praxis des BVerfG ist – nach dem Umständen des Falles und der Reichweite der Grundrechtsnorm wenigstens die Möglichkeit einer Grundrechtsverletzung nicht ausgeschlossen werden kann[593]. Begnügt man sich mit der Behauptung, so ist die Verfassungsbeschwerde zulässig, wenn auch offensichtlich unbegründet, verlangt man dagegen die Möglichkeit einer Grundrechtsverletzung, so ist sie bereits unzulässig. Beide Ergebnisse hängen von der materiellrechtlichen Bestimmung des Normbereichs des Art. 14 GG ab. Es bedarf keiner Überlegung, ob das BVerfG das angegriffene Gerichtsurteil auf seine inhaltliche Richtigkeit überprüfen darf.

653 Liegt der Fall nicht so einfach wie der dargestellte (in der Praxis durchaus häufige), so stellen sich aber Fragen von sehr erheblicher Bedeutung. Sie konzentrieren sich auf die Urteilsverfassungsbeschwerde und betreffen das Problem, wieweit das BVerfG die Rechtsauslegung und -anwendung durch die Fachgerichte überprüfen kann.

Bei der Rechtssatzverfassungsbeschwerde prüft das BVerfG, ob die Rechtsnorm verfassungsmäßig oder verfassungswidrig ist. Hinsichtlich seiner Kompetenz, diese Frage zu entscheiden, bestehen keine Zweifel. Greift die gegen eine Gerichtsentscheidung gerichtete Verfassungsbeschwerde mittelbar die dem Urteil zugrundeliegende Norm an, so gilt nichts anderes. Zusätzlich kann behauptet sein, daß selbst dann, wenn das Gesetz sich als verfassungsmäßig herausstellen sollte, seine Anwendung auf den konkreten Fall den Beschwerdeführer in einem seiner Grundrechte verletze, etwa weil der Verhältnismäßigkeitsgrundsatz mißachtet worden sei. Bei Entscheidungen über Zivilrechtsstreitigkeiten

---

592 So im Grundsatz seit BVerfGE 4, 7 (17) st. Rspr.

593 Vgl. hierzu oben Rn. 619.

zwischen Privaten ist die Zuordnung zu Grundrechten schwieriger, weil diese das zivilrechtliche Rechtsverhältnis nur über die „Drittwirkung" der Grundrechte beeinflussen. Niemals kann aber ausgeschlossen werden, daß eine Entscheidung auch eines Zivilgerichts Grundrechte Beteiligter verletzt. Abgesehen von der möglichen Verletzung prozessualer Grundrechte wie Art. 101 und Art. 103 Abs. 1 GG – die auf eine Verfassungsbeschwerde hin zu überprüfen das BVerfG ohne jeden Zweifel berechtigt und verpflichtet ist –, gilt die Grundrechtsbindung nach Art. 1 Abs. 3 GG auch für die rechtsprechende Gewalt. Der Richter ist an Gesetz und Recht gebunden (Art. 20 Abs. 3 GG). Da man nicht ausschließen kann, daß die Entscheidung eines Zivilgerichts oder eines anderen Gerichts durch das Gesetz nicht gedeckt wird oder diesem widerspricht, auf einer unvollständigen Ermittlung oder grob fehlerhaften Feststellung der relevanten Tatsachen beruht oder sonst an schweren Fehlern leidet, läßt sich die Möglichkeit eines Grundrechtseingriffs durch ein im Ergebnis falsches Urteil nicht bestreiten[594]. Jedenfalls ist Art. 2 Abs. 1 GG berührt, der auch den Anspruch enthält, daß sich der Richter nicht von der Bindung an Gesetz und Recht löst. Da man diese Möglichkeit nicht ausschließen kann, bevor man nicht die Entscheidungsgründe wenigstens gelesen hat, ist unter dem Aspekt einer möglichen Grundrechtsverletzung jede Urteilsverfassungsbeschwerde zulässig. In der Praxis ist es sehr häufig, daß Entscheidungen von Zivil- oder anderen Fachgerichten mit der Verfassungsbeschwerde angegriffen werden und die Begründung dabei ausführlich die angeblichen Fehler und Mängel der Entscheidung einer Kritik unterwirft, der verfassungsrechtliche Bezug aber lediglich mit dem Hinweis auf die Bindung des Richters an Gesetz und Recht hergestellt wird. Für die Zulässigkeit dieser zahlreichen Verfassungsbeschwerden genügt das. Daß die meisten von ihnen über das Vorprüfungsverfahren der Kammern nicht hinausgelangen, liegt aber nicht daran, daß sich nach Prüfung der Kritik die Vorwürfe gegen die Entscheidung als unzutreffend herausstellen, sondern daran, daß sich das BVerfG einer Sachprüfung enthält. Ob das Urteil des Fachgerichts richtig oder falsch ist, wird vom BVerfG nicht entschieden, sondern bleibt offen. Das BVerfG lehnt es prinzipiell ab, auf die Argumente einzugehen, weil dies nicht seine Aufgabe sei.

Geht man hiervon aus, so müßten aber alle Verfassungsbeschwerden dieser Art unzulässig sein: Die Beschwerdeführer verlangen vom BVerfG eine Tätigkeit, für die es nach seiner eigenen Beurteilung nicht eingerichtet und nicht zuständig ist. Das BVerfG hat keine Kompetenz, über die Richtigkeit von Urteilen zu entscheiden, die nur das „einfache Recht" auslegen und anwenden. Dies meint die immer wiederholte Äußerung auch des BVerfG selbst[595], es sei keine Superrevisionsinstanz. Ist dies richtig, so ruft derjenige, der dennoch eine Verfassungsbeschwerde dieser Art erhebt, ein unzuständiges Gericht an. Das BVerfG behält sich aber das Recht vor, derartige Entscheidungen dann zu überprüfen, wenn sie in einem so erheblichen Maße fehlerhaft sind, daß bei ihnen von Willkür gesprochen werden müsse, und es hebt solche Entscheidungen auf, obwohl es für ihre Prüfung eigentlich keine Zuständigkeit hat. Dies ist dann eine Art „Notkompetenz"[596]. Ob sie gegeben ist, läßt sich aber nur beurteilen, wenn alle Verfassungsbeschwerden gegen Gerichtsentscheidungen jedenfalls grundsätzlich als zulässig angesehen werden, damit sie wenigstens nach den Kriterien des Annahmeverfahrens durch die Kammern auf ihre

654

---

594 *Stern*, Art. 93 Rn. 679.
595 BVerfGE 21, 209 (216).
596 *Kirchberg* (N 114), S. 1933; vgl. auch *Gusy* (N 15), Rn. 94 ff.

Erfolgsaussichten geprüft werden können. Die Alltagspraxis der Kammern, die dieses Dilemma wohl erkennt, geht auf das Problem nicht ein, ob es sich um eine Frage der Zulässigkeit oder der Begründetheit handelt, sondern begnügt sich mit dem meist knappen, aber das Problem bezeichnenden Hinweis auf die Standardentscheidung, in der das BVerfG versucht hat, eine Lösung oder doch die Richtung zu finden, in der eine Lösung zu suchen ist[597]: Das BVerfG kann nur bei der Verletzung von „spezifischem Verfassungsrecht" tätig werden, nicht schon dann, wenn eine am „einfachen Recht" gemessene Entscheidung objektiv fehlerhaft ist.

655 Die Frage nach der Tiefe und Dichte der verfassungsgerichtlichen Prüfung ist nicht nur von großer praktischer Bedeutung für die Arbeit des BVerfG, sondern sie wirft auch Fragen sehr grundsätzlicher Art auf. Sie gehören teils zum materiellen Grundrechtsverständnis, teils zu dem Thema der funktionalen Stellung des BVerfG in seinem Verhältnis zu den Fachgerichten. Schon bisher hat sich ergeben, wie bedeutsam das Verhältnis des BVerfG zu den Fachgerichten für die Klärung wichtiger Zulässigkeitsfragen ist. Besonders deutlich ist dies beim Gebot der Erschöpfung des Rechtswegs, dem Erfordernis der unmittelbaren Betroffenheit bei der Rechtssatzverfassungsbeschwerde und allgemein bei dem Prinzip der Subsidiarität der Verfassungsbeschwerde. Dabei lassen sich diese Zulässigkeitsfragen nicht allein aus objektiven Gesichtspunkten beantworten, die überwiegend für die Verweisung auf die Fachgerichte und nur ausnahmsweise für eine baldige Entscheidung des BVerfG sprechen. Subjektive Gesichtspunkte schutzwürdiger Interessen des Beschwerdeführers müssen beachtet werden; sie können größeres Gewicht haben.

Hinsichtlich der Prüfungstiefe bei Urteilsverfassungsbeschwerden sind ähnliche Überlegungen erforderlich. Das BVerfG wäre funktionsunfähig, müßte es sämtliche Entscheidungen der Fachgerichte auf ihre „Richtigkeit" überprüfen. Aber allein schon die Grundrechtsbindung auch der rechtsprechenden Gewalt (Art. 1 Abs. 3 GG) schließt es aus, das BVerfG in Fällen dieser Art für schlechthin unzuständig zu erklären[598].

656 Die eigentliche Frage besteht darin, wie zwischen den Extrempositionen ein Mittelweg zu finden ist. Sie läßt sich aus dem BVerfGG nicht einmal ansatzweise beantworten, und auch die lebhafte Erörterung in der Literatur[599] endet zumeist mit der Feststellung, daß sich kaum ein „Patentrezept" im Sinne einer dogmatisch sauberen und befriedigenden Lösung finden lasse. Teils hat diese Feststellung resignierenden Charakter. Bei anderen wird sie aber zum Positiven gewendet: die Unmöglichkeit, verbindliche Leitlinien zu ziehen, ermögliche es dem BVerfG, unter Anwendung der von ihm selbst entwickelten, aber

---

[597] BVerfGE 18, 85 (92).

[598] *Waldner*, ZZP 98 (1985), S. 204.

[599] *Schlaich*, Rn. 214 ff. (m.w.N.); *Pestalozza*, S. 167 ff.; *Schmidt-Bleibtreu*, in: BVerfGG-Kommentar, § 90 Rn. 141 ff.; *Leibholz/Rupprecht* (N 104), § 90 Rn. 53; *Lechner/Zuck*, § 90 Rn 63 ff.; *Stern*, Art. 93 Rn. 679 ff.; *Gusy* (N 15), Rn. 78 ff. – Aus der sehr umfangreichen Spezialliteratur: *Papier*, in: BVerfG und GG, I (1976), S. 432 ff.; *Steinwedel*, „Spezifisches Verfassungsrecht und einfaches Recht" (1976); *Schumann*, Verfassungsbeschwerde und Menschenrechtsbeschwerde gegen gerichtliche Entscheidungen (1963); *ders.*, DRiZ 1963, S. 388 ff.; *Lampe*, GoldtArch. 1968, S. 33 ff.; *ders.*, JZ 1969, 5. 287 ff.; *Zuck*, JZ 1985, S. 921 ff.; *Seide* (N 315), S. 674 ff.; *Kirchberg* (N 114), S. 1988 ff.; *Ossenbühl*, in: FS H.P. Ipsen (1977), S. 129 ff.; *Schuppert*, AöR 103 (1978), S. 43 ff.; *Lincke*, EuGRZ 1986, S. 60 ff.; *Ostermeyer*, NJW 1967, S. 1595 ff.; *E. Schmidt*, JZ 1968, S. 681ff.; *R. Schneider*, DVBl. 1969, S. 325 ff.; *Gündisch*, NJW 1981, S. 1813 ff.; *Waldner* (N 598), S. 200 f.; *Düwel*, Kontrollbefugnisse des Bundesverfassungsgerichts bei Verfassungsbeschwerden gegen gerichtliche Entscheidungen, 1999.

nicht starren, sondern flexiblen Kriterien den Grundrechtsschutz auf die Fälle zu konzentrieren, in denen er wirklich gebraucht werde, und sich von der Beschäftigung mit der großen Zahl der letztlich abwegigen oder doch keine ernstlichen verfassungsrechtlichen Fragen berührenden Fälle freizuhalten und so seine Funktionsfähigkeit zu erhalten. Die Einbuße an dogmatischer Klarheit sei ein geringer Preis für diese Rechtsprechung, die zwar nicht in jedem Einzelfall, aber doch in ihrer Tendenz Zustimmung verdiene[600].

Das BVerfG bedient sich einiger weniger, einprägsamer Formeln, um zu dem so charakterisierten Ergebnis zu gelangen. Ähnlich wie der Begriff der Subsidiarität der Verfassungsbeschwerde ermöglichen sie es, je nach der Bedeutung der Sache in einem objektiven und subjektiven Sinne und dem Grad der Wahrscheinlichkeit eines erheblichen, auch auf die Grundrechtsposition des Betroffenen durchschlagenden Fehlers des Fachgerichts, entweder zu einer vollen oder einer nur eingeschränkten Prüfung zu kommen oder diese ganz zu unterlassen, weil es mindestens sehr unwahrscheinlich ist, daß sie Ergebnisse zutage fördern würde, die unter dem Blickwinkel des Grundrechtsschutzes von Bedeutung sind. **657**

Es ist vielleicht nicht übertrieben, daß hinsichtlich der Prüfungstiefe und -dichte von Urteilsverfassungsbeschwerden das BVerfG der von ihm früher erhobenen Forderung schon praktischen Ausdruck verliehen hat, die es damals ohne Erfolg beim Gesetzgeber für das Annahmeverfahren erhoben hat: ein dem *certiorari*-Verfahren des amerikanischen *Supreme Court* angenähertes Verfahren einzuführen[601]. Zwar richtet sich die Entscheidung über die Annahme einer Verfassungsbeschwerde durch die Kammern oder im Senat nach wie vor nach rechtlich festgelegten Kriterien. Für den wichtigen Teilbereich der Urteilsverfassungsbeschwerde läßt sich der Entschluß des BVerfG, sie zur Sachentscheidung anzunehmen oder nicht anzunehmen, durchaus dahin charakterisieren, daß insoweit „*not a matter of right, but of judicial discretion*" behandelt wird. Da die gesetzlich festgelegten Voraussetzungen, unter denen die Annahme einer Verfassungsbeschwerde zur Entscheidung abgelehnt werden darf, nicht überspielt werden dürfen, werden die maßgeblichen Kriterien im Bereich der Begründetheit gebildet. Sie wirken aber auf die prozessuale Entscheidung zurück, weil bei einer Verfassungsbeschwerde, die keine hinreichende Aussicht auf Erfolg hat, die Annahme zur Entscheidung nicht angezeigt sein wird, andererseits, nach dem vor allem vom 1. Senat zur Auslegung des § 93 a Abs. 2 BVerfGG entwickelten Kriterien, etwa das des „geradezu leichtfertigen Umgangs mit den Grundrechten"[602], für die Annahmeentscheidung einen beträchtlichen Ermessensspielraum eröffnen. So handelt es sich bei dem Problem um eine Angelegenheit von höchster prozessualer Bedeutung, obwohl die hierfür maßgeblichen Grundsätze in Sachentscheidungen der Senate enthalten sind. Sie finden aber ihren Niederschlag in der alltäglichen Arbeit der Kammern, die mit meist nur knappem Hinweis auf diese Entscheidungen, vor allem auf die Standard-Formel in BVerfGE 18, 85 [92], die Annahme verweigern.

Ausgangspunkt der verfassungsgerichtlichen Rechtsprechung war die Feststellung, daß es nicht Aufgabe des BVerfG sein könne, nach Art eines Revisions- oder gar eines Beru- **658**

---

600 In diesem Sinne vor allem *Stern*, Art. 93 Rn. 700 ff., 707; *Ossenbühl* (N 599), S. 141; *Schlaich*, Rn. 271 ff., *Gündisch* (N 599), S. 1813 ff.
601 Vgl. hierzu oben Rn. 382, 386 ff.
602 Vgl. oben Rn. 383.

fungsgerichts (da auch die tatsächlichen Feststellungen überprüfungsbedürftig sein können[603]) alle gerichtlichen Entscheidungen in jeder Hinsicht auf mögliche Fehler zu untersuchen. Vielmehr habe das BVerfG nur Grundrechtsverstöße zu beanstanden. Dies sei nur
in vier Fallgruppen möglich:

1. Das Gericht verstößt gegen verfassungsmäßig abgesicherte Verfahrensrechte eines
   Beteiligten (z.B. rechtliches Gehör);
2. Das Gericht wendet grundrechtswidrige Gesetze an;
3. Das Gericht verstößt bei der Auslegung oder Anwendung der Gesetze gegen Grundrechte;
4. Das Gericht handelt bei seiner Entscheidung willkürlich[604].

659 Problematisch sind in dem hier behandelten Zusammenhang nur die beiden letzten Fälle.

Wird ein Gesetz falsch ausgelegt oder auf einen Fall angewendet, der von ihm überhaupt
nicht erfaßt werden soll, so werden Rechte des Betroffenen verletzt. Dies können auch
Grundrechte sein. Die Schwierigkeit besteht darin, festzustellen, ob ein Gesetz „richtig"
oder „falsch" ausgelegt wird. Hierüber bestehen bei zahlreichen durch die Gesetze geregelten Fragen Meinungsverschiedenheiten in der Rechtsprechung oder in der Literatur.
Welche Meinung in dieser beständigen, niemals prinzipiell abgeschlossenen Diskussion
richtig oder falsch ist, kann nicht mit absoluter Sicherheit gesagt werden. Die Feststellung
einer „herrschenden Meinung" besagt nicht, daß diese im Recht ist. Die Feststellung, ob
ein Gericht richtig oder falsch entschieden hat, ist vor allem eine Kompetenzfrage. In einem mehrinstanzlichen Verfahren kann auch die erste Instanz richtig entscheiden, während die zweite und möglicherweise eine weitere Instanz das richtige Urteil durch Abänderung zu einem falschen macht; aber das kann nur die subjektive Beurteilung des Lesers
der Entscheidung sein, die ihrerseits wieder richtig oder falsch sein mag. Um Rechtsfrieden und Rechtssicherheit herzustellen, wird bestimmt, daß die Entscheidung der letzten
Instanz die Sache abschließt, also als die richtige gilt.

660 Wird dann das BVerfG angerufen, um Entscheidungen von Fachgerichten zu überprüfen,
so berücksichtigt es, daß diese auf den Rechtsbereich spezialisiert sind, um den es geht,
und daß sie den Fall in einem langen und umfangreichen Verfahren über meist mehrere
Rechtszüge geprüft haben, daß sie im allgemeinen in mündlichen Verhandlungen über die
Akten hinaus Eindrücke und Einsichten gewonnen haben und daß oft auf spezialisierten
Rechtsgebieten die beteiligten Richter besondere Fachkenntnisse haben, über die der Verfassungsrichter jedenfalls nicht auf allen Rechtsgebieten zugleich verfügen kann. Nimmt
man diese Umstände zusammen und berücksichtigt man, daß in jedem der beiden Senate
im Jahresdurchschnitt 2000 bis 2500 neue Verfassungsbeschwerden eingehen, von denen
die meisten sich gegen gerichtliche Entscheidungen wenden, so wäre es wirklichkeits-
fremd und überheblich, wollte das BVerfG für sich die Kompetenz in Anspruch nehmen,
in allen Fällen der Auslegung oder Anwendung des einfachen Rechts unter dem Druck
der Eingangszahlen, ohne die zusätzlichen Einblicke, die spezialisierten Fachkenntnisse
und den dem Einzelfall gewidmeten Zeitraum zu sagen, ob die Entscheidung richtig oder
falsch ist. Wenn das BVerfG sagt, daß es nicht seine „Aufgabe" sei, „Entscheidungen der
Gerichte in jeder Hinsicht auf die Richtigkeit der getroffenen tatsächlichen Feststellun-

---

603 *Waldner* (N 598), S. 204.
604 BVerfGE 11, 343 (349).

gen, der Interpretation der Gesetze und der Anwendung des Rechts auf den konkreten Fall zu kontrollieren[605]", dann sind hiermit nicht nur Gesichtspunkte der Erhaltung der Funktionsfähigkeit des BVerfG gemeint. Sie wäre allerdings in kurzer Zeit verloren, würde das BVerfG die einzelnen Gerichtsentscheidungen auch nur entfernt mit dem Zeitaufwand überprüfen, der ihnen von den Fachgerichten zuteil geworden ist. Es handelt sich auch um eine Arbeitsteilung nach der jeweiligen Funktion, wie sie auch bei dem Gebot der Erschöpfung des Rechtswegs nach § 90 Abs. 2 BVerfGG ihren gesetzlichen Ausdruck gefunden hat.

So liegt darin, daß das BVerfG die Entscheidungen der Fachgerichte nicht in vollem Umfang auf Rechtsfehler untersucht und nicht prüft, „ob sie vom einfachen Recht her gesehen ‚richtig' sind"[606], auch die Respektierung der regelmäßig größeren Sachnähe und Sachkunde der anderen Gerichte. Handelt es sich allerdings um den möglichen Einfluß der Grundrechte auf gerichtliche Entscheidungen, so verändert sich diese Lage gerade in dem entscheidenden Punkt. Für die Frage, was die Achtung der Grundrechte erfordert, ist das BVerfG die spezialisierte Instanz, und es hat hierfür die abschließende und allen anderen Gerichten und Behörden gegenüber verbindliche Entscheidung. Dies bedeutet nicht, daß die Fachgerichte von der Bindung an Grundrechte frei wären. Die Überprüfung ihrer Entscheidungen dient im Gegenteil dazu, diese sicherzustellen. **661**

Aus diesen einfachen Überlegungen ergeben sich dem Grundsatz nach Umfang und Grenzen der verfassungsgerichtlichen Überprüfung. Das BVerfG hat sich jedoch ausdrücklich einen Spielraum freigehalten, der dem richterlichen Ermessen bleiben müsse, um dem Einzelfall gerecht zu werden[607]. Dies sind typische *certiorari*-Gesichtspunkte, keine rechtssatzähnlichen Leitlinien. Versuche, diese so zu formulieren, daß das BVerfG bereit sein könnte, sie für seine Praxis zu akzeptieren, haben schon deswegen wenig Aussicht auf Erfolg, weil das Gericht sich diese Freiheit der „*judicial discretion*" gerade erhalten will. Dies gilt etwa für die „Schumannsche Formel", die die Interpretations-Verfassungsbeschwerde dann für begründet hält, wenn die als Bestandteil eines Gesetzes umgedachte richterliche Rechtsauffassung verfassungswidrig wäre[608]. Erst recht werden Bemühungen, dem BVerfG die Prüfung der „Gesetzmäßigkeit" gerichtlicher Entscheidungen aus der Hand zu nehmen oder indirekte Grundrechtsverstöße aus der Kontrolle auszunehmen, weil sie „nur" auf unrichtiger Gesetzesanwendung beruhen[609], kaum Aussicht darauf haben, das BVerfG in seiner Rechtsprechungspraxis zu beeindrucken. Diese wird in der Leitentscheidung so beschrieben, daß Subsumtionsvorgänge innerhalb des einfachen Rechts so lange der Nachprüfung entzogen seien, „als nicht Auslegungsfehler sichtbar werden, die auf einer grundsätzlich unrichtigen Anschauung von der Bedeutung eines Grundrechts, insbesondere vom Umfang seines Schutzbereichs beruhen und auch in ihrer materiellen Bedeutung für den konkreten Rechtsfall von einigem Gewicht sind"[610]. Gleich anschließend wird erneut versichert, es könne nicht darum gehen, die – in der Ent-

---

605   BVerfGE 11, 343 (349).
606   BVerfGE 13, 318 (325).
607   BVerfGE 18, 85 (93); st. Rspr.; BVerfGE 72, 105 (115, 118); 72, 122 (138).
608   *Schumann* (N 599 (Verfassungsbeschwerde)), S. 207, 334; hierzu ausführlich *Steinwedel* (N 599), S. 64 ff.; *Gusy* (N 15), Rn. 90.
609   *Papier* (N 599), S. 432 ff.; *R. Schneider* (N 599), S. 325 ff.
610   BVerfGE 18, 85 (92 f.); sog. Heck'sche Formel, vgl. *Broß*, JZ 2000, S. 514.

scheidung in Anführungsstriche gesetzte – „Richtigkeit", ihre „Sachgemäßheit" oder ihre „Billigkeit" zu beurteilen, wenn sich hierüber streiten lasse. Dies ist wieder das Kompetenzargument, mit dem dem Fachgericht nicht in seine wesentliche Aufgabe hineinentschieden werden soll.

662 Dies geschieht aber wiederum unter dem Vorbehalt, daß nicht für die Anwendung der Grundrechte relevante Auslegungsfehler „sichtbar werden". Mit diesem Bild, nach dem sie nicht herausgeholt werden müssen, sondern von selbst erscheinen, wird auf den Gedanken der Evidenz abgestellt, der noch zu behandeln sein wird.

Ein weiterer allgemeiner Gesichtspunkt, mit dem das BVerfG Umfang und Grenzen seiner Eingriffsbefugnis beschreibt, ergibt sich aus der Intensität der Grundrechtsbeeinträchtigung. Es wird vom Ergebnis der fachgerichtlichen Entscheidung her geprüft, in welcher Weise, in welchem Grundrecht und mit welcher Intensität die mögliche Grundrechtsverletzung auf den Betroffenen wirkt.

„Je nachhaltiger" der Grundrechtseingriff ist, „desto weiterreichend" sind die Nachprüfungsbefugnisse des BVerfG. Für den Fall eines Eingriffs von höchster Intensität erklärt sich das BVerfG für „durchaus befugt", die Wertung des Fachgerichts durch seine eigene zu ersetzen"[611]. Damit reicht die Skala der Überprüfungsmöglichkeiten von totaler Abstinenz bis zu voller Prüfung. Eine solche Abstufung nach der Eingriffsintensität ist auch sonst ein der Rechtsprechung des BVerfG geläufiges Instrument, um zu einer strengeren oder lockereren Prüfungsdichte zu gelangen. Ähnlich wird bei der Überprüfung der gesetzgeberischen Prognoseentscheidungen als Grundlage einer gesetzlichen Regelung abgestuft. Doch reicht die Skala der Möglichkeiten dort insofern weniger weit, als die völlig unkontrollierte Hinnahme der gesetzgeberischen Prognose nicht in Betracht kommt, sondern wenigstens eine Evidenzkontrolle stattfindet[612].

663 Beispiele für die volle Überprüfung der Gerichtsentscheidung wegen eines besonders intensiven Eingriff in Grundrechte sind die Lebach-Entscheidung (zivilrechtliches Verfahren um die Zulässigkeit einer Fernseh-Dokumentation über die Ermordung mehrerer Soldaten im Hinblick auf die Gefährdung der Resozialisierung eines kurz vor der Entlassung aus der Strafhaft stehenden Mittäters[613]), der Entzug des Sorgerechts der Eltern für ihr Kind[614] oder die Überprüfung der rechtlichen und tatsächlichen Wertungen bei Entscheidungen über Asylgesuche und die strafrechtliche Ahndung von Verhaltensweisen, die sich auf Art. 5 Abs. 3 GG (Kunstfreiheit) berufen[615]. In Fällen dieser Art ist der Grundrechtsbezug der fachgerichtlichen Entscheidung ebenso wie ihre Bedeutung für wesentliche, oft existentielle Belange des Beschwerdeführers ganz deutlich.

664 Überblickt man die Rechtsprechung der letzten Jahre, in die dann auch die Fülle der nach § 93 c Abs. 2 BVerfGG durch Nichtannahme erledigten Verfahren gegen Gerichtsentscheidungen einbezogen wird, ergibt sich eine Verlagerung an die beiden Endpunkte der Skala verfassungsgerichtlicher Überprüfungsmöglichkeiten. Ist in der Entscheidung des Fachgerichts ein Grundrechtsbezug nicht erkennbar, erscheint die Entscheidung auf den

---

611 BVerfGE 42, 143 (148 f.); st. Rspr., zuletzt BVerfGE 75, 201 (221).
612 Vgl. BVerfGE 50, 290 (332 ff.); siehe oben Rn. 263 ff.
613 BVerfGE 35, 202.
614 BVerfGE 72, 122 (138 f.).
615 BVerfGE 54, 341 (355, 356); 81, 278 (279); 81, 298 (304).

ersten Blick richtig oder jedenfalls vertretbar und sind die Folgen für die unterlegene Partei im Lichte ihrer Grundrechte nicht besonders schwerwiegend, so unterbleibt die Sachprüfung, weil die Verfassungsbeschwerde im Nichtannahmeverfahren ihre Erledigung findet. Liegt dagegen ein Eingriff vor, der starke Grundrechtsbezüge hat und für den Betroffenen von erheblichem Gewicht ist, so tendiert das BVerfG zu voller Prüfung. Die in der Mitte der Skala liegenden Fälle, in denen das BVerfG sich zwar vergewissert, ob das Fachgericht den möglichen Einfluß der Grundrechte auf die von ihm nach einfachem Recht zu entscheidenden Fragen gesehen oder wegen einer „grundsätzlich unrichtigen Anschauung von der Bedeutung eines Grundrechts"[616] verkannt hat, werden seltener: Kommen sie vor, sind sie oft auch innerhalb des Senats kontrovers. Die Meinungsverschiedenheit, die auch in abweichenden Meinungen zum Ausdruck kommt, diskutiert darüber, ob es genügt, daß das Fachgericht den Einfluß der Grundrechte gesehen hat, mag auch die im Einzelfall durchgeführte Prüfung zu einem zweifelhaften Ergebnis führen, oder ob das BVerfG diese Prüfung durch seine eigene ersetzen sollte[617]. Die Tendenz der Kritik[618] ging früher dahin, das Gericht sei gerichtlichen Entscheidungen gegenüber großzügiger als bei der Überprüfung von Gesetzen. Heute wird diese Kritik seltener. Sie wird auch durch die neuere Rechtsprechung kaum noch bestätigt. Entschließt sich diese überhaupt zu einer Überprüfung gerichtlicher Entscheidungen, so neigt sie zu ihrer weitgehenden und oft vollen Überprüfung.

Ein weiteres Element, aus dem sich eine Annäherung an das *certiorari*-Verfahren **665** ergibt[619], ist das der Evidenz. Schon in der Leitentscheidung wird das mit der Bemerkung angedeutet, die Überprüfung des einfachen Rechts sei dem BVerfG so lange entzogen, als nicht Auslegungsfehler „sichtbar" würden, die „auf einer grundsätzlich unrichtigen Anschauung von der Bedeutung eines Grundrechts beruhten"[620]. Der Fehler, der den Zugang zur Nachprüfung der Entscheidung eröffnet, soll von selbst hervortreten, er soll sich dem Verfassungsrichter aufdrängen, also schon vor seiner genaueren Prüfung deutlich werden. Ist er sogar evident, so verselbständigt sich der verfassungsrechtliche Prüfungsmaßstab.

Das BVerfG hat in einigen Fällen Entscheidungen meist von Zivilgerichten oder im Be- **666** reich der Strafrechtspflege mit der Begründung aufgehoben, sie verstießen gegen das aus Art. 3 Abs. 1 GG abzuleitende Verbot, offensichtlich unsachliche Erwägungen zur Grundlage einer Entscheidung zu machen[621]. Die Ableitung aus dem allgemeinen Gleichheitssatz des Art. 3 Abs. 1 GG kann nur eine sehr gekünstelte sein: Das angegriffene „falsche" Urteil wird mit anderen Urteilen verglichen, die den gleichen Sachverhalt anders,

---

616   BVerfGE 18, 85 (93).
617   Vgl. die abweichenden Meinungen in BVerfGE 42, 154 (155 f.); 53, 69 (88 f., 92 f., 95).
618   *H.-P. Schneider*, NJW 1980, S. 2106.
619   Nach den *Rules of the Supreme Court of the United States* vom 14. April 1980 wird ein review on writ of certiorari gewährt „only when there are special and important reasons therefore" (Rule 19 Nr. 1). Für die Begründung des Antrags gelten strenge Regeln: „The questions presented for review, expressed in the terms and circumstances of the case" müssen dargestellt werden; „The statement of the questions should be short and concise and should not be argumentative or repititious" (Rule 21 Nr. 1 a). „The failure of a petitioner to present with accuracy, brevity, and clearness whatever is essential to a ready and adequate understanding of the points requiring consideration will be a sufficient reason for denying his petition" (Rule 21 Nr. 5).
620   BVerfGE 18, 85 (93).
621   Z.B. BVerfG 54, 117 (125); 57, 39 (42); 71, 122 (136); 80, 48 (51). Ausführliche Darstellung und Kritik bei *Kirchberg* (N 114), S. 1988 ff.; *Waldner* (N 598), S. 200 ff.

aber eben „richtig" entschieden haben[622]. Um diesen Vergleich durchführen zu können, müßten die anderen Entscheidungen ermittelt und in ihren einzelnen Elementen verglichen werden, wobei bereits geringfügige Abweichungen im Sachverhalt, die fast immer vorliegen werden, die Berechtigung der Vergleichbarkeit in Frage stellen können.

667 Das BVerfG hat auf diesen Umweg verzichtet und statt dessen den Begriff der „objektiven Willkür" verwendet, aus der sich der Verstoß gegen Art. 3 Abs. 1 GG ergebe. Wenn eine Entscheidung sachlich schlechthin unhaltbar sei, so sei sie „mithin objektiv willkürlich". Der Begriff der „objektiven Willkür" versucht den Vorwurf abzumildern, der in dem Wort „Willkür" enthalten ist: Zwar ist die Entscheidung „unter keinem rechtlichen Aspekt rechtlich vertretbar", daß sich „der Schluß aufdrängt," sie beruhe „auf sachfremden Erwägungen"; aber die Feststellung soll auf Grund objektiver Kriterien stattfinden[623]. Damit wird die Formel in sich widersprüchlich, wenn man unter Willkür eine von sachfremden Motiven und Erwägungen bestimmte Entscheidung versteht. Gemeint ist wohl in Wirklichkeit, daß offen bleiben soll, aus welchen Motiven der Richter zu einer evident unhaltbaren Entscheidung gekommen ist. Den schweren Vorwurf der Rechtsbeugung wird selbst das BVerfG nicht erheben wollen. Jedenfalls sind die Motive, wie aus dem Ergebnis geschlossen wird, solche, die das Recht nicht als geeignete Grundlage einer richterlichen Entscheidung anerkennt.

668 Mit dieser Rechtsprechung behält sich das BVerfG die Befugnis offen, in Fällen groben Unrechts eine anderweitig nicht mehr mögliche Korrektur vorzunehmen. Liegt die Fehlerhaftigkeit der gerichtlichen Entscheidung so offen zutage, wie man dies wohl für die meisten einschlägigen Fälle sagen kann, so erscheint es kaum vertretbar, dem BVerfG eine Überschreitung seiner Kompetenzen vorzuwerfen oder zu verlangen, es solle auch dann der Gerechtigkeit ihren Lauf lassen, wenn sie so offensichtlich nicht zu Recht, sondern zu Unrecht führt. Allerdings ist nicht stets einleuchtend, weshalb der sonst die Prüfungsintensität bestimmende Gesichtspunkt der Schwere des Eingriffs hinter der behaupteten Evidenz der Unhaltbarkeit der Entscheidung zurücktreten soll. Die verständlicherweise entsprechend glossierte „Grenzhecken"-Entscheidung[624] gehört kaum zu den Fällen unerträglichen Unrechts.

669 Bedenken gegen den Begriff der „objektiven Willkür" bestehen sowohl in materieller als auch in prozessualer Hinsicht. Zu den Bedenken, das Verbot objektiver Willkür zu einem selbständigen Prüfungsmaßstab zu machen, hat sich bereits eine abweichende Meinung in einem der ersten Fälle dieser Art geäußert[625]: Art. 3 Abs. 1 GG setze die Vergleichbarkeit von Tatbeständen voraus. Fehle es an einem Bezugspunkt, um die angegriffene Entscheidung diesem Vergleich zu unterwerfen, so dürfe nicht ein allgemeines Prinzip gebildet, sondern es müsse geprüft werden, welches Grundrecht oder grundrechtsgleiche Recht durch die Entscheidung verletzt sei. Der vom BVerfG eingeschlagene Weg enthalte die Gefahr, die Grundrechte zu relativieren[626]. In den meisten der mit Hilfe des Verbots objektiver Willkür entschiedenen Fällen wäre es möglich gewesen, sie im Bereich der

---

622 *Waldner* (N 598), S. 214; vgl. hierzu *Kirchberg* (N 114), S. 1989 f.
623 So z.B. in BVerfGE 58, 163 (167 f.); 96, 189 (203). Vgl. hierzu *N. Weiß*, Objektive Willkür, 2000.
624 BVerfGE 70, 93 (97); hierzu *Kirchberg* (N 114), S. 1995, 1996.
625 BVerfGE 42, 64 (79 ff.) (abw. Meinung des Richters *Geiger*).
626 Ebenso *Kirchberg* (N 114), S. 1995. In diesem Sinne auch *Düwel* (N 599), S. 178 ff.

Grundrechte mit dem gleichen Ergebnis zu lösen, im Grenzhecken-Fall sicher über Art. 14 GG[627]. Wo dies nicht möglich gewesen sein sollte, ergibt sich die Frage, ob das BVerfG die Entscheidungen nur deswegen aufheben durfte, weil sie falsch waren, genauer gesagt, weil das BVerfG sie für falsch hielt.

Dies führt zu dem anderen Teil des Problems, der wieder die Kontrollfunktion des **670** BVerfG gegenüber den Entscheidungen der Fachgerichte betrifft. Tragender Gedanke für die grundsätzliche Zurückhaltung des BVerfG bei der Überprüfung der Auslegung und Anwendung einfachen Rechts ist, daß nicht mit Sicherheit gesagt werden kann, ob eine Entscheidung falsch oder richtig ist. Daher ist eine Kompetenzregelung erforderlich. Dann ist es aber problematisch, den Evidenzgedanken überhaupt einzuführen. Evidenz kann wohl nicht bedeuten, daß der Fehler dem Betrachter sofort in die Augen springt, sobald er die Entscheidung auch nur flüchtig gelesen hat. Je komplizierter der Sachverhalt ist und je umfangreicher die Entscheidungsgründe sind, desto schwieriger wird es sein, sich über die Richtigkeit der Entscheidung eine Meinung zu bilden. Ob sie richtig oder falsch ist, hängt aber nicht von der Kompliziertheit des Falles oder der Länge der Entscheidung ab. Bei jeder Gerichtsentscheidung besteht die Möglichkeit, daß sie sich früher oder später im Prozeß ihrer Prüfung als „sachlich schlechthin unhaltbar und mithin objektiv willkürlich erweist". Würde man hieraus nur dann Konsequenzen ziehen, wenn dies evident in dem Sinne ist, daß diese Beurteilung sich alsbald aufdrängt und ohne besondere Mühe gewonnen werden kann, dann wäre dies kaum ein am Maßstab des Art. 3 Abs. 1 GG – in seiner eigentlichen Bedeutung – haltbarer Differenzierungsmaßstab. Daher müßte jede gerichtliche Entscheidung, die mit der Verfassungsbeschwerde angegriffen wird, in gleicher Weise überprüft werden. Ein in der Praxis ähnlich wie das *certiorari*-Verfahren praktizierte Vorprüfungs- und Annahmeverfahren bei Verfassungsbeschwerden gegen gerichtliche Entscheidungen wäre kaum haltbar. Mag dies in den Bereichen des Zivil- oder Strafrechts noch angehen, die jedem Juristen aus Studium und Ausbildung im wesentlichen vertraut sind, so könnte es in den spezialisierten und komplizierten Bereichen des Sozial- oder des Steuerrechts ohne unvertretbaren Arbeitsaufwand für das BVerfG nicht mehr funktionieren. Es gibt keinen Grund für die Annahme, daß „sachlich schlechthin unhaltbare" Gerichtsentscheidungen im Bereich der ordentlichen Gerichtsbarkeit häufiger vorkommen als in den spezialisierten Gerichtszweigen. Wenn Entscheidungen von Sozialgerichten oder Finanzgerichten weniger dem Vorwurf objektiver Willkür ausgesetzt sind als solche von Zivilgerichten, so liegt das vermutlich kaum an der größeren Qualität ihrer Arbeit als an dem Mangel an Evidenz von Fehlern, die auch hier nicht auszuschließen sind. Die Evidenz ist daher nicht so sehr das Ergebnis der möglicherweise mangelnden Qualität der Entscheidung, sondern ist subjektiv auf die besonderen Fachkenntnisse dessen bezogen, der die Entscheidung in dieser Hinsicht beurteilt. Das ist kaum ein sachgerechter Prüfungsmaßstab.

3. Die der Verfassungsbeschwerde stattgebende Entscheidung

Wenn die zulässige Verfassungsbeschwerde auch begründet ist, hat das BVerfG in seiner **671** Entscheidung festzustellen, durch welche Handlung oder Unterlassung welche Vorschrift

---

627 *Kirchberg* (N 114), S. 1995.

des GG verletzt worden ist (§ 95 Abs. 1 BVerfGG). Diese Elemente des Entscheidungstenors entsprechen den Mindestvoraussetzungen für die Begründung der Verfassungsbeschwerde, die sich aus § 92 BVerfGG ergeben[628]. Da grundsätzlich sowohl der ursprüngliche Akt der öffentlichen Gewalt als auch alle späteren Gerichtsentscheidungen aufzuheben sind, die diesen Akt bestätigt haben[629], stellt der Tenor einleitend fest, daß der Beschwerdeführer in seinem Grundrecht aus dem genau angegebenen Artikel des GG durch die ebenfalls genau mit Bezeichnung der Behörde oder des Gerichts, Datum und Geschäftszeichen bezeichneten Akte der öffentlichen Gewalt verletzt worden ist. Beruht der Grundrechtsverstoß darauf, daß Behörde und Gerichte ein Gesetz angewendet haben, das sich als verfassungswidrig erweist, so wird dieses Gesetz für nichtig erklärt, in Sonderfällen wird nur seine Verfassungswidrigkeit festgestellt[630] (§ 95 Abs. 3 S. 2 BVerfGG). Bei der Rechtssatzverfassungsbeschwerde kommen ohnehin nur diese Feststellung oder Nichtigerklärung in Betracht (§ 95 Abs. 3 S. 1 BVerfGG).

672 Das BVerfG hebt die erfolgreich angegriffenen Entscheidungen auf und verweist die Sache an ein zuständiges Gericht zurück (§ 95 Abs. 2 BVerfGG). Regelmäßig ist dies die erste Instanz, damit dem Beschwerdeführer bei erneutem Streit keine Instanz verloren geht. Die Praxis des BVerfG ist aber nicht einheitlich. Da im allgemeinen der ursprüngliche Akt, der Grundrechte verletzt, aufgehoben wird, werden alle späteren Gerichtsentscheidungen gegenstandslos, die sich mit ihm beschäftigt haben. Ihre Aufhebung dient jedoch der Rechtsklarheit und erfolgt daher regelmäßig[631]. Die Zurückverweisung an ein Gericht hat dann lediglich den Sinn, diesem eine erneute Kostenentscheidung zu ermöglichen, die dem Beschwerdeführer zugute kommt[632].

Über diese wenigen Grundsätze hinaus, die sich unmittelbar aus dem BVerfGG ergeben, bemüht sich das BVerfG, seine Entscheidung im Tenor so zu formulieren, daß der Interessenlage des erfolgreichen Beschwerdeführers möglichst weitgehend entgegengekommen wird. So hat es sich ausnahmsweise nicht auf die kassatorische Funktion seiner Entscheidung beschränkt, die lediglich die grundrechtswidrigen Akte aufhebt und es den zuständigen Stellen überläßt, unter Bindung an die sich aus der Entscheidung des BVerfG ergebende verfassungsrechtliche Situation die erforderlichen Konsequenzen zu ziehen, sondern (im Lebach-Fall) anstelle der aufgehobenen OLG-Entscheidung selbst die einstweilige Verfügung erlassen[633]. Dies war nach der gegebenen Lage eine sinnvolle Konsequenz aus der verfassungsrechtlichen Beurteilung des Falles und aus der besonderen Eilbedürftigkeit einer abschließenden Regelung. Denkbar wäre auch eine Vollstreckungsregelung nach § 35 BVerfGG gewesen.

673 Wie das BVerfG den Entscheidungstenor zu formulieren hat, ergibt sich aus § 95 BVerfGG. Danach ist bei erfolgreicher Verfassungsbeschwerde die ausdrückliche Feststellung „in der Entscheidung" geboten, welche Norm des Grundgesetzes verletzt worden und durch welche Handlung oder Unterlassung dies geschehen ist (§ 95 Abs. 1 S. 1 BVerfGG). Dieses Gebot bezieht sich auf den Entscheidungstenor, nicht lediglich auf die

---

628 Vgl. hierzu oben Rn. 613 ff.
629 Vgl. hierzu oben Rn. 515.
630 Vgl. hierzu unten § 37.
631 Vgl. hierzu oben Rn. 515.
632 Beispiele oben Rn. 515, N 335.
633 BVerfGE 35, 202 (245); kritisch hierzu *Schmidt-Bleibtreu*, in: BVerfGG-Kommentar, § 95 Rn. 22.

den Spruch des Gerichts erläuternden Entscheidungsgründe, wie der Zweite Senat entgegen der sonst ständigen Praxis des BVerfG im Diätenurteil gemeint hat[634]. Man kann vermuten, daß sich der Senat ersparen wollte, bereits im Tenor anzuzeigen, wie weit sich die Entscheidung mit ihren wesentlichen Argumenten von dem Ausgangsfall entfernt hatte. Es wäre auch kaum möglich gewesen, in einem Satz darzulegen, inwiefern der erfolgreiche Beschwerdeführer als Kandidat einer Landtagswahl durch die Entschädigungsregelungen für Bundestagsabgeordnete in einem seiner Grundrechte verletzt worden sei.

Die zu dieser Frage dem Diätenurteil beigefügte abweichende Meinung weist aber zu Recht darauf hin, daß es sich bei § 95 Abs. 1 BVerfGG nicht nur um eine Formalvorschrift handelt, sondern für sie gute Gründe sprechen[635]. Dem Gebot, das Ergebnis einer verfassungsrechtlichen Prüfung auf die Feststellung zu konzentrieren, welcher Akt der öffentlichen Gewalt den Beschwerdeführer in welchem Grundrecht oder grundrechtsgleichen Recht verletzt, kann nur entsprochen werden, wenn zuvor die Zulässigkeitsvoraussetzungen einer Verfassungsbeschwerde geprüft und als gegeben anerkannt worden sind. Im Falle des Diätenurteils hätte sich ergeben müssen, daß der Beschwerdeführer durch die für teilweise verfassungswidrig angesehenen Normen der Entschädigungsregelungen für Bundestagsabgeordnete überhaupt nicht betroffen war. Daher hätte seiner Verfassungsbeschwerde jedenfalls nicht mit der in der Entscheidung enthaltenen Begründung stattgegeben werden dürfen. Um dies festzustellen, hätte es sicher nicht der Formulierung des Tenors bedurft, aber spätestens bei dieser die Arbeit des Senats abschließenden Frage hätte sich der Fehler herausstellen müssen, an dem die ganze Entscheidung krankt. So hat die Abfassung des Tenors eine wichtige Kontrollfunktion.

Noch wesentlicher ist die sich aus der Beachtung von § 95 Abs. 1 BVerfGG für die Bindungswirkung der Entscheidung ergebende Konsequenz. Nach § 31 Abs. 1 BVerfGG binden die Entscheidungen des BVerfG die Verfassungsorgane des Bundes und der Länder sowie alle Gerichte und Behörden[636]. Wird durch die Entscheidung ein Gesetz als mit dem Grundgesetz vereinbar oder unvereinbar oder für nichtig erklärt, so hat die Entscheidung Gesetzeskraft (§ 31 Abs. 2 BVerfGG). Der besonderen Bedeutung dieser Feststellung entspricht es, daß die Entscheidungsformel (der Tenor) im Bundesgesetzblatt veröffentlicht wird (§ 31 Abs. 2 S. 3 BVerfGG). **674**

Die allgemeine Bindungswirkung verfassungsgerichtlicher Entscheidungen (§ 31 Abs. 1 BVerfGG) erstreckt sich jedenfalls auf die in ihrem Tenor enthaltenen Aussagen, darüber hinaus nach der Rechtsprechung des BVerfG auch auf die Grundsätze, die sich aus den „tragenden Gründen" der Entscheidung ergeben[637]. Im einzelnen kann der Umfang der Bindungswirkung insbesondere auf die Rechtsprechung anderer Gerichte streitig sein[638]. Soll solcher Streit vermieden oder doch auf das nicht vermeidbare Maß reduziert werden, sprechen Gründe der Rechtssicherheit und Rechtsklarheit für die Aufnahme der wesentlichen Feststellungen in den Tenor[639]. **675**

---

634 BVerfGE 40, 296 (329); hiergegen mit überzeugenden Gründen die abw. Meinung des Richters *Seuffert*, a.a.O. S. 330 ff.; *Schmidt-Bleibtreu*, in: BVerfGG-Kommentar, § 95 Rn. 19.

635 Abw. Meinung des Richters *Seuffert*, BVerfGE 40, 330 (331 f.).

636 Vgl. unten Rn. 1318 ff.

637 St. Rspr. seit BVerfGE 1, 14 (36 f.).

638 BVerfGE 15, 105 (111); 78, 38 (48).

639 So *Seuffert* in seiner abw. Meinung (N 635).

676   Allerdings wird damit nicht bewirkt, daß jeder Zweifel über die Bindungswirkung der Entscheidung vermieden werden kann. Die sich aus dem Tenor ergebende und nach § 95 Abs. 1 BVerfGG gebotene Feststellung, der Beschwerdeführer sei durch das (im einzelnen genau bezeichnete) Urteil eines Gerichts in seinem Recht auf Gehör (Art. 103 Abs. 1 GG) verletzt worden, macht den Rückgriff auf die Entscheidungsgründe nicht entbehrlich. Erst aus ihnen kann sich ergeben, welche Handlung oder Unterlassung des Gerichts als Verletzung des Rechts auf Gehör anzusehen ist. Ob der beanstandete Vorgang darauf beruht, daß etwa eine zu rügende Anwendung des Prozeßrechts oder ein tatsächlicher Vorgang, wie z.B. das Nichtbeachten eines rechtzeitig eingegangenen Schriftsatzes, zu dem Grundrechtsverstoß geführt hat, kann der Tenor nicht erkennen lassen, sondern muß aus den Gründen ermittelt werden, und von ihrer Formulierung hängt es ab, welche allgemeinen, das heißt für alle Gerichte in vergleichbarer Lage verbindlichen Grundsätze sich aus der Entscheidung des BVerfG ergeben. Die Aufgabe, die Bindungswirkung verfassungsgerichtlicher Entscheidungen zu sichern, kann daher auch der dem BVerfGG gemäß formulierte Tenor nur in begrenztem Umfange erfüllen.

677   Es wäre denkbar, den Tenor so zu erweitern, daß er über § 95 Abs. 1 BVerfGG hinaus alle „tragenden Gründe" der Entscheidung aufnimmt. Praktisch liefe dies darauf hinaus, der Entscheidung eine „Kurzfassung" voranzustellen. Sollen dann in den eigentlichen Entscheidungsgründen nicht nur Randfragen, detaillierte Sachverhaltsdarstellungen oder Erörterungen des Meinungsstandes in Wissenschaft und Rechtsprechung übrig bleiben, müßten gerade die „tragenden" Erwägungen mit dem Ergebnis wiederholt werden, daß die ohnehin oft recht langen Entscheidungen an Umfang zunehmen und in ihrer Übersichtlichkeit deutlich abnehmen müßten. Ein solcher Weg kann daher kaum ernsthaft empfohlen werden.

678   Während das BVerfG sich in Entscheidungen, deren – unmittelbarer oder mittelbarer – Gegenstand die Verfassungsmäßigkeit einer Norm war, auf die aus § 31 Abs. 2 BVerfGG abzuleitende, für den Fall der Verfassungswidrigkeit der Norm durch § 95 Abs. 3 BVerfGG ausdrücklich geregelte Feststellung beschränkte, das Gesetz sei entweder verfassungsmäßig oder verfassungswidrig (und daher – abgesehen von den Fällen der bloßen Feststellung der Unvereinbarkeit – nichtig), sah es sich mit der Entwicklung der Rechtsfigur der verfassungskonformen Auslegung vor der Notwendigkeit, anstelle der bloßen „Ja-Nein"-Feststellung zu differenzieren: Ist ein Gesetz (nur) dann verfassungsmäßig, wenn es in einem bestimmten – verfassungskonformen – Sinne ausgelegt wird, so verbietet es sich, im Entscheidungstenor lediglich seine Verfassungsmäßigkeit auszusprechen. Wird diese Formel im Bundesgesetzblatt verkündet, so wird das Gesetz entgegen der Entscheidung des BVerfG weiterhin angewendet, und zwar möglicherweise in der in den Entscheidungsgründen als nicht verfassungskonform bezeichneten Auslegung. Aber auch die Feststellung der Verfassungswidrigkeit, die ja durch die verfassungskonforme Auslegung gerade vermieden werden soll, führt zu dem vom BVerfG nicht gewünschten Ergebnis. Daher hat das BVerfG erstmals im 20. Band seiner Entscheidungssammlung[640] ein Gesetz unter der Voraussetzung für verfassungsmäßig erklärt, daß es in einer Weise ausgelegt würde, die sich im einzelnen aus den Gründen ergab. Der Tenor konnte diese

---

640   BVerfGE 20, 56. Dazu näher Rn. 1284.

Gründe nicht selbst aufführen, sondern mußte auf die Darstellung im späteren Teil der Entscheidung verweisen.

Aus dieser Praxis ergaben sich Streitfragen, welche die Bindungswirkung der Entschei- **679** dungen des BVerfG nach § 31 BVerfGG betreffen und die an anderer Stelle erörtert werden[641]. In Fällen dieser Art ist es unvermeidlich, aber wenig glücklich, daß der im Bundesgesetzblatt veröffentlichte Tenor lediglich sagen kann, daß ein Gesetz bei einer bestimmten verfassungskonformen Auslegung verfassungsmäßig ist. Welches die Auslegung ist, die das Gesetz bestehen läßt, ergibt nicht der Tenor, der insoweit auf die – im Bundesgesetzblatt nicht veröffentlichten – Entscheidungsgründe verweist. Die in § 31 Abs. 2 BVerfGG angestrebte Rechtssicherheit und Rechtsklarheit wird somit nicht vollständig erreicht. Allerdings geht von der Veröffentlichung wenigstens eine Signalwirkung aus: Eine Behörde oder ein Gericht, das die Norm künftig anzuwenden hat, wird darauf aufmerksam gemacht, daß ihre Interpretationsbefugnis verfassungsrechtlich begrenzt ist und eine verfassungsgerichtliche Entscheidung vorliegt, die hierüber näheren Aufschluß gibt. Dies ist im Lichte der Funktion des § 31 Abs. 2 BVerfGG ein nicht voll befriedigendes, aber doch erträgliches Ergebnis.

Die den Entscheidungen des BVerfG vorangestellten Leitsätze werden vom BVerfG **680** selbst, das heißt von dem jeweils zuständigen Senat, in dem gleichen Beratungs- und Entscheidungsprozeß formuliert, der zu der Abfassung der Entscheidung und ihrer Gründe führt[642]. Hierauf wird keine geringere Sorgfalt verwendet, als auf die Formulierung der Entscheidungsgründe. Sie sollen keine Aussagen enthalten, die über den Inhalt der Entscheidung hinausgehen oder diese von dem ihr zugrunde liegenden Sachverhalt abstrahieren. Vielmehr ist es das Ziel, die „tragenden Gründe" der Entscheidung wenigstens in ihren wichtigsten Aussagen und in knapper Form darzustellen. Die Aufnahme von Sätzen aus den Entscheidungsgründen kann daher jedenfalls als ein Indiz dafür gelten, daß es sich insoweit um tragende Gründe der Entscheidung handelt, die an der Bindungswirkung nach § 31 Abs. 1 BVerfGG teilnehmen. Andererseits sollen und können Leitsätze nicht die Kenntnis der Entscheidung selbst ersetzen.

Die Fragen der Wirkungen der Entscheidungen des BVerfG werden an anderer Stelle dargestellt[643].

IV. Prüfungsaufbau

1. Beschwerdefähigkeit (Grundrechtsfähigkeit)   **681**
2. Prozeßfähigkeit
3. Beschwerdegegenstand
4. Beschwerdebefugnis (einschließlich Betroffenheit, Verletzungsbehauptung, Prozeßführungsbefugnis)
5. Rechtswegerschöpfung und allgemeine Frage der Subsidiarität
6. Allgemeines Rechtsschutzbedürfnis
7. Form und Frist

---

641 Vgl. hierzu unten Rn. 1284 ff., 1326.
642 Hierzu oben Rn. 307 ff.
643 Vgl. unten Rn. 1289.

§ 20 Kommunale Verfassungsbeschwerde

I. Allgemeines: Bedeutung, Wesen und Funktion

1. Allgemeine Bedeutung

682 Die kommunale Verfassungsbeschwerde nach Bundesverfassungsrecht hat nicht die Bedeutung erlangt, die ihr bei ihrer Einführung beigemessen wurde. Bei den parlamentarischen Beratungen des BVerfGG – auch die kommunale Verfassungsbeschwerde war zunächst nicht im Zuständigkeitskatalog des GG für das BVerfG vorgesehen, sondern nur aufgrund der Ermächtigung des Art. 93 Abs. 2 GG in das BVerfGG aufgenommen worden – wurde neben grundsätzlichen Bedenken auch die Befürchtung geäußert, das BVerfG werde durch das Beschwerderecht der Gemeinden einer unabsehbaren Zahl von Klagen ausgesetzt werden[1]. Die Befürworter der in Bundestag und Bundesrat lange umstrittenen Regelung äußerten dagegen die Hoffnung, durch § 91 BVerfGG werde den Gemeinden und Gemeindeverbänden „die verfassungsrechtliche Sicherung der kommunalen Selbstverwaltung überhaupt" gewährleistet werden[2].

683 Die praktischen Erfahrungen seit 1951 haben ergeben, daß die kommunale Verfassungsbeschwerde vor allem von Gemeinden als Möglichkeit eingesetzt worden ist, sich gegen unerwünschte Maßnahmen der Gebietsorganisation im Rahmen der überall durchgeführten kommunalen Neugliederung zu wehren. Zum Erfolg haben diese Bemühungen jedoch so gut wie nie geführt. Nur wenige Verfassungsbeschwerden nach § 91 BVerfGG waren bisher erfolgreich. Sie betrafen Einschränkungen der Planungshoheit der Gemeinden durch Gesetz[3] sowie eine vom BVerfG als willkürlich angesehene Namensänderung einer Gemeinde[4]; Dagegen sind kommunale Verfassungsbeschwerden im Rahmen der Gebietsreform fast durchweg gescheitert, in den meisten Fällen sind sie bereits im Vorprüfungsverfahren nach § 93 a Abs. 3 a.F. BVerfGG nicht zur Entscheidung angenommen worden[5]. Eine wichtige Entscheidung ist allerdings die von 1992 über die „Rück-Neugliederung"[6], mit der der Niedersächsische Gesetzgeber gehindert wurde, die etwa 15 Jahre zuvor erfolgte kommunale Gebietsreform für einige Gemeinden wieder rückgängig zu machen. Gegenüber dem Argument, die Gebietsreform habe bei den Bürgern keine Anerkennung gefunden, setzte das BVerfG die Meinung, daß das Vertrauen der betroffenen Gemeinden und ihrer Bürger in den Bestand einmal getroffener staatlicher Organisationsmaßnahmen den Vorrang haben müsse. Nach Auffassung des BVerfG gewährleistet Art. 28 Abs. 2 S. 1 GG die Gemeinden „nur institutionell, nicht individuell". Damit stehe das GG Eingriffen in die gemeindliche Gebietshoheit nicht von vornherein entgegen. Auflösungen von Gemeinden, Gemeindezusammenschlüsse, Eingemeindungen und son-

---

1 Zur Entstehungsgeschichte des § 91 BVerfGG *Schmidt-Bleibtreu*, in: BVerfGG-Kommentar, § 91 Rn. 1; *Grafe*, Der Städtetag 1951, S. 125.

2 *Enderling*, DÖV 1951, 93.

3 BVerfGE 56, 298.

4 BVerfGE 59, 216; zu dieser geringen „Erfolgsquote" *Schlaich*, Rn. 183; *Schulze-Fielitz*, JZ 1982, 799. Dies schließt nicht aus, daß in diesen Verfahren z.T. recht bedeutsame Aussagen zum Recht der kommunalen Selbstverwaltung erfolgt sind, vgl. nur zuletzt BVerfGE 79, 127.

5 Vgl. *Stern*, Art. 93 Rn. 778.

6 BVerfGE 86, 90.

stige Gebietsänderungen beeinträchtigten den verfassungsrechtlich geschützten Kernbereich des Selbstverwaltungsrechts grundsätzlich nicht. Zum Kernbereich der Garantie gehöre allerdings, daß Bestands- und Gebietsänderungen von Gemeinden nur aus Gründen des öffentlichen Wohls und nach vorheriger Anhörung der betroffenen Gebietskörperschaften zulässig seien. Nach Auffassung des BVerfG liegt es grundsätzlich innerhalb der gesetzgeberischen Gestaltungsfreiheit, die Erwägungen des öffentlichen Wohls zu konkretisieren. Das Gericht erkennt sie an, sofern sie vernünftig und „nicht offensichtlich fehlerhaft" erscheinen[7].

Dieses Verständnis des Selbstverwaltungsrechts der Gemeinden und Gemeindeverbände **684** knüpft an die Auslegung des Art. 127 WRV durch den Staatsgerichtshof für das Deutsche Reich an und macht sich diese ausdrücklich zu eigen[8]. Ob sich hieraus für die Gemeinden ein Grundrecht oder nur eine institutionelle Garantie ergibt, hat das BVerfG zunächst offen gelassen[9]. Im Schrifttum wird Art. 28 Abs. 2 S. 1 GG überwiegend als eine institutionelle Garantie verstanden[10]. Während das BVerfG noch in neuerer Zeit meinte, Art. 28 Abs. 2 S. 1 GG gewährleiste „den Wirkungskreis der Gemeinden in ihrem Kernbereich nur institutionell, nicht individuell"[11], heißt es nur wenig später, die Norm gewährleiste „den Gemeinden das Recht, alle Angelegenheiten der örtlichen Gemeinschaft im Rahmen der Gesetze in eigener Verantwortung zu regeln"; allerdings bedürfe „die darin liegende Garantie der Einrichtung gemeindlicher Selbstverwaltung" der gesetzlichen Ausgestaltung[12]. Auch wenn die Wendung, den Gemeinden sei durch Art. 28 Abs. 2 S. 1 GG ein Recht gewährleistet, das über die an den Gesetzgeber gerichtete Forderung der Norm hinausgeht, daß ihnen dieses Recht gewährleistet sein müsse, und damit ein ihnen unmittelbar aus der Verfassung folgendes subjektives Recht zuerkannt sein sollte, bleibt die inhaltliche Reichweite dieses Rechts beschränkt. Allerdings erkennt das BVerfG heute an, daß nicht nur die Verletzung des früher als „Kernbereich" eigenverantwortlicher Gestaltung bezeichneten Rechts der Gemeinden gerügt werden kann[13]. Bisher war die praktische Bedeutung der kommunalen Verfassungsbeschwerde, mit der dieses Recht gesichert wird, auf Grenzfälle offensichtlich fehlsamer, willkürlicher oder gegen elementare Verfahrenregeln verstoßender gesetzgeberischer Entscheidungen beschränkt. Selbst wenn die künftige Rechtsprechung des BVerfG die Vermutung bestätigen sollte, daß den Gemeinden prozessual ein Schritt entgegen gekommen werden soll, wird dies ihre Chancen, sich gegen ihnen unerwünschte Maßnahmen des Gesetzgebers zu wehren, nicht allzu wesentlich verbessern können.

Zur bisher relativ geringen Bedeutung der kommunalen Verfassungsbeschwerde trägt **685** schließlich die Subsidiaritätsklausel des § 91 S. 2 BVerfGG bei[14]. Sie verweist Beschwer-

---

7 BVerfGE 50, 50 (50 f., 55 f.); hierzu ebenfalls ausführlich BVerfGE 86, 90.
8 BVerfGE 1, 167 (174 f.); zuletzt bestätigt in BVerfGE 79, 127 (145).
9 BVerfGE 1, 167 (173).
10 Vgl. die Nachweise bei *Schmidt-Bleibtreu*, in: BVerfGG-Kommentar, § 91 Rn. 38; *Schlaich* (N 4), Rn. 184; *Bethge*, DÖV 1972, S. 159; *Burmeister*, JA 1980, S. 19; *Schäfer*, DÖV 1951, S. 573; *Schmidt-Bleibtreu*, DVBl. 1967, S. 597; von einem subjektiven Recht der Gemeinden auf Selbstverwaltung spricht *Grafe* (N 1), S. 125; *ders.*, DÖV 1952, 74; *Sachs*, BayVBl. 1982, S. 40 sieht in dem „Recht auf Selbstverwaltung" „jedenfalls eine subjektivierte Rechtsstellung" des Beschwerdeführers nach § 91 BVerfGG.
11 BVerfGE 76, 107 (119).
12 BVerfGE 79, 127 (143).
13 BVerfGE 79, 127 (Leitsatz 3 a, 146).
14 *Stern*, Art. 93 Rn. 778.

den wegen Verletzung des Rechts auf Selbstverwaltung an das zuständige Landesverfassungsgericht, sofern nach dem jeweiligen Landesrecht den Gemeinden Rechtsschutz gewährt ist.

686 Die kommunale Verfassungsbeschwerde ist ebenso wie die Grundrechtsverfassungsbeschwerde durch das 19. Gesetz zur Änderung des Grundgesetzes in den Zuständigkeitskatalog des Art. 93 Abs. 1 als dessen Nr. 4 b eingefügt worden[15]. Hierdurch hat sich der Streit über die Frage erledigt, ob § 91 BVerfGG verfassungswidrig sei, weil der Gesetzgeber damit einen „Fall der abstrakten Normenkontrolle im Gewande der Verfassungsbeschwerde" eingeführt habe, für die Art. 93 Abs. 1 Nr. 2 GG eine abschließende, auch nach Art. 93 Abs. 2 GG nicht der Erweiterung fähige Regelung getroffen habe[16].

2. Rechtliche Einordnung der kommunalen Verfassungsbeschwerde

687 Wortlaut und systematischer Standort des Art. 93 Abs. 1 Nr. 4 b GG sowie des § 91 BVerfGG lassen die kommunale Verfassungsbeschwerde als eine spezialisierte Spielart der allgemeinen (Grundrechts-)Verfassungsbeschwerde erscheinen, zumal die Verfahrensvorschriften der §§ 92 ff. BVerfGG ohne weiteres für beide „Verfassungsbeschwerden" gelten, wie § 13 Nr. 8 a BVerfGG diese Verfahrensarten zusammenfassend bezeichnet. Daß Gemeinden und Gemeindeverbände zur Erhebung einer Verfassungsbeschwerde der besonderen Regelung überhaupt bedürfen, läßt sich durchaus einleuchtend schon damit erklären, daß sie als juristische Personen des öffentlichen Rechts im allgemeinen nicht Grundrechtsträger sind und daher auch im Verfassungsbeschwerdeverfahren nicht als beschwerdefähig gelten könnten, wäre ihnen durch Art. 93 Abs. 1 Nr. 4 b GG, § 91 BVerfGG diese Fähigkeit nicht eingeräumt worden[17]. Es ist konsequent und bestätigt die vom BVerfG auch gegen Widerspruch durchgehaltene Linie, daß den Gemeinden die Beschwerdefähigkeit nicht allgemein und in bezug auf jedes Grundrecht, sondern nur insoweit eingeräumt wird, als sie ihren spezifischen Wirkungsbereich und die ihnen hierfür durch das GG gewährleistete Rechtsposition verteidigen. Hiermit übereinstimmend hat das BVerfG anderen juristischen Personen des öffentlichen Rechts, insbesondere den öffentlich-rechtlichen Rundfunkanstalten und den Universitäten, die Grundrechts- und Beschwerdefähigkeit insoweit eingeräumt, als sie in einer dem Selbstverwaltungsrecht der Gemeinden ganz vergleichbaren Weise ihre Eigenständigkeit gegenüber Staatseinflüssen bewahren wollen.

688 Allerdings bestehen nach Art. 93 Abs. 1 Nr. 4 b GG, § 91 BVerfGG Besonderheiten, die nur für die kommunale Verfassungsbeschwerde, dagegen nicht hinsichtlich der Beschwerdefähigkeit derjenigen juristischen Personen des öffentlichen Rechts gelten, denen diese (in bezug auf die ihre Eigenständigkeit betreffenden Grundrechte der Rundfunkfreiheit oder der Freiheit von Forschung und Lehre) ausnahmsweise und inhaltlich beschränkt zuerkannt ist. Während sich etwa eine Universität mit der Verfassungsbe-

---

15 Vgl. hierzu oben Rn. 364 ff.

16 So *Schäfer* (N 10), S. 574; hiergegen *Grafe* (N 10), DÖV 1952, S. 74 ff. In BVerfGE 1, 167 (173 f.) wurde die Vereinbarkeit des § 91 BVerfGG mit dem GG festgestellt.

17 Zur Grundrechts- und Beschwerdefähigkeit der juristischen Personen des öffentlichen Rechts vgl. oben Rn. 445 ff.

schwerde gegen jeglichen staatlichen Eingriff in die Freiheit der Wissenschaft wehren kann, also gegen Akte des Gesetzgebers, der Exekutive oder der Judikatur, kann sich die kommunale Verfassungsbeschwerde ausschließlich gegen Akte der Rechtsetzung wenden (§ 91 S. 1 BVerfG)[18]. Sie ist daher ihrer Zielsetzung nach Normenkontrolle, in der über die Gültigkeit oder Verfassungswidrigkeit einer Rechtsnorm entschieden wird, während z.B. Maßnahmen der staatlichen Kommunalaufsicht auch dann nicht nach § 91 BVerfGG angegriffen werden können, wenn die Gemeinde behauptet, durch sie in ihrem Recht auf Selbstverwaltung betroffen zu sein. Eine weitere Einschränkung ergibt sich aus dem Grundsatz der Subsidiarität nach § 91 S. 2 BVerfGG: Die kommunale Verfassungsbeschwerde ist unzulässig, wenn nach dem jeweiligen Landesrecht die Möglichkeit besteht, das Landesverfassungsgericht anzurufen. Zwar kennt auch das Verfahren der (allgemeinen) Verfassungsbeschwerde den Grundsatz der Subsidiarität. Er hat jedoch, vor allem nach der Entwicklung der Rechtsprechung des BVerfG, einen sehr viel weiteren Inhalt, wobei allenfalls als gemeinsamer Grundgedanke angesehen werden kann, daß das BVerfG nicht angerufen werden darf, wenn es andere Möglichkeiten des effektiven Rechtsschutzes gibt und diese nicht oder noch nicht erschöpft sind[19].

689 Vor allem die auf Normenkontrolle gerichtete Funktion der kommunalen Verfassungsbeschwerde hat zu Zweifeln Anlaß gegeben, ob es sich bei ihr überhaupt um eine Verfassungsbeschwerde handelt. Auch daß Art. 28 Abs. 2 S. 1 GG den Gemeinden nach überwiegender Meinung kein Grundrecht gewährt, sondern nur eine institutionelle Garantie darstellt, hat zu diesen Zweifeln beigetragen[20]. Das letztere Argument wird allerdings auch dort, wo die radikale Herauslösung der kommunalen Verfassungsbeschwerde aus dem Bezugsfeld zur individuellen Verfassungsbeschwerde verlangt wird, als verfehlt und als bloß „scheinlogisch" bezeichnet: Die Verfassungsbeschwerde diene jedenfalls seit der Elfes-Entscheidung des BVerfG[21] der umfassenden, objektiv-rechtlichen Kontrolle der Gesetzgebung auf Initiative des Bürgers. Wesentlich sei dagegen die Unterscheidung zwischen der individuellen Verfassungsbeschwerde „zum Schutze von subjektiven, wesensmäßig und begriffsnotwendig im staatlichen Außenrechtskreis angesiedelter Rechte", während die kommunale Verfassungsbeschwerde „ein prozessuales Mittel zur Sicherung einer den innerstaatlichen Verwaltungsaufbau betreffenden organisatorischen Grundentscheidung" sei[22].

690 Diese Auffassung ist auf Widerspruch gestoßen[23]. Der an ihr geäußerten Kritik ist im Ergebnis zuzustimmen. Allerdings liegt dieser Ansicht ein Verständnis der objektiven Funk-

---

18 BVerfGE 26, 228 (236); 76, 107 (114).
19 Vgl. zur Subsidiarität der Verfassungsbeschwerde oben Rn. 523 ff.
20 *Schlaich*, Rn. 184, sieht in der kommunalen Verfassungsbeschwerde ein „eigenständiges Normenkontrollverfahren mit gegenständlich begrenzter Antragsbefugnis"; ähnlich *Stern*, Art. 93 Rn. 776, doch diene sie auch der Wahrung des Selbstverwaltungsrechts als einer „(auch) subjektiven Rechtsstellungsgarantie"; ähnlich auch *Bethge* (N 10); nach *Müthling*, DÖV 1951, S. 170 handelt es sich um eine abstrakte Normenkontrolle; ebenso *Schäfer* (N 10), S. 572 ff. Nach *Burmeister* (N 10), S. 21 f.ist der kommunale Rechtsbehelf weder Verfassungsbeschwerde, noch abstrakte Normenkontrolle, sondern „ihrem Typus nach" der Kategorie des Bund-Länder-Streits nach Art. 93 Abs. 1 Nr. 3 GG zuzuordnen. Hiergegen *Sachs* (N 10), S. 37 ff. Nach *Schmidt-Bleibtreu* (N 10), S. 597, 600, handelt es sich um einen (subsidiären) Rechtsbehelf eigener Art; ebenso ders., in: BVerfGG-Kommentar, § 91 Rn. 3, 12, 26 f., 37.
21 BVerfGE 6, 32 (37 ff.).
22 *Burmeister* (N 10), S. 19, 20 f.
23 *Sachs* (N 10), S. 37 ff.

tion der Individualverfassungsbeschwerde zugrunde, die nach dieser Meinung vor allem seit dem Elfes-Urteil „über einen bloß subjektiven Zwecken dienenden Rechtsbehelf hinaus" ein „Instrument des Schutzes des gesamten objektiven Verfassungsrechts geworden" sei und die etwa mit der Rundfunk- und Pressefreiheit auch wesentliche Bestandteile der objektiven Verfassungsordnung schütze. Diese objektive Funktion der Verfassungsbeschwerde sollte nicht überbetont werden, und ihr gegenüber sollte die Aufgabe des Schutzes subjektiver Rechte nicht vernachlässigt werden[24]. Die Verfassungsbeschwerde hat gewiß neben ihrer subjektiven Funktion die Wirkung, die objektive verfassungsrechtliche Ordnung zu sichern[25]; doch ist die Zielsetzung nicht die Loslösung von „bloß subjektiven Zwecken", sondern gerade die Verstärkung der Wirkungskraft der Grundrechte insgesamt. Auch bei der – insoweit zulässigen – Individualverfassungsbeschwerde einer öffentlich-rechtlichen Rundfunkanstalt oder einer Universität, die den ihnen gewährleisteten, von Staatseingriffen freien Bereich verteidigen können, obwohl sie selbst Körperschaften des öffentlichen Rechts sind, geht es nicht nur um Kompetenzabgrenzungen, sondern um den Schutz subjektiver Rechte, die allerdings nicht „im staatlichen Außenrechtskreis angesiedelte Rechte" sind[26].

691 Das BVerfG hat bisher keinen Anlaß gesehen, sich zu dem Streit über die richtige Einordnung der kommunalen Verfassungsbeschwerde zu äußern. Die Bemerkung, sie sei „nur als Rechtssatzverfassungsbeschwerde möglich"[27] und nur dann zulässig, wenn das angegriffene Gesetz die Gemeinde „unmittelbar in ihrem Selbstverwaltungsrecht" verletze[28], deutet immerhin an, daß das BVerfG das Verfahren nach § 91 BVerfGG als einen dem Typus der Verfassungsbeschwerde zuzurechnenden Vorgang ansieht, mag es sich auch wegen der besonderen Zulässigkeitsvoraussetzungen um ein „Beschwerderecht eigener Art"[29] handeln.

Es ist nicht lediglich von theoretischem Interesse, ob die kommunale Verfassungsbeschwerde als Mittel des subjektiven Rechtsschutzes der Gemeinde in dem ihr bundesverfassungsrechtlich gewährleisteten Recht auf Selbstverwaltung oder als eine von subjektiver Betroffenheit losgelöste Möglichkeit der abstrakten Normenkontrolle oder gar als eine „Denaturierung" des zwischen Bund und Ländern bestehenden Kompetenzkonflikts anzusehen ist. Bestehen keinerlei eigene verfassungsrechtlich geschützte Rechte der Gemeinden, also subjektive Rechtspositionen, die durch den Begriff des Rechts auf Selbstverwaltung in Art. 28 Abs. 2 S. 1 GG in allerdings präzisierungsbedürftiger Weise umschrieben sind, so kann auch keine Verfassungsbeschwerde vorliegen. Dies gilt auch dann, wenn anzuerkennen ist, daß die Verfassungsnorm eine institutionelle Garantie, nicht ein „Grundrecht" der Gemeinden gewährleistet. So wie Art. 33 Abs. 5 GG nicht nur das Berufsbeamtentum als Organisationsprinzip staatlicher Verwaltung schützt, sondern auch dem Angehörigen des öffentlichen Dienstes diejenigen Rechte garantiert, die sich aus der Berücksichtigung der hergebrachten Grundsätze des Berufsbeamtentums ableiten lassen, nehmen die einzelnen Gemeinden und Gemeindeverbände an der institutionellen

---

24 *Sachs* (N 10), S. 38.
25 Hierzu oben Rn. 391 ff.
26 Vgl. *Burmeister* (N 10), S. 21.
27 BVerfGE 79, 127 (140).
28 BVerfGE 25, 124; 71, 25 (34); 76, 107 (112 f.).
29 *Schmidt-Bleibtreu* (vgl. N 20).

Garantie in der Weise teil, daß ihnen gegenüber nicht die Rechte verkürzt werden dürfen, die das Wesen der kommunalen Selbstverwaltung ausmachen. Wie weit diese Rechte reichen, ist nicht eine Frage der Zulässigkeit der kommunalen Verfassungsbeschwerde, sondern der Auslegung des Inhalts und der Reichweite des Art. 28 Abs. 2 S. 1 GG. Ganz zu Recht tritt *Sachs* der Behauptung entgegen, die bisherige prozessuale Handhabung der kommunalen Verfassungsbeschwerden durch das BVerfG mache die Gemeinden in „evident verfassungswidrige(r) Erhöhung zu Antragsberechtigten und Sachwaltern von Länderkompetenzen im Verfahren des Bund-Länder-Streits[30]": Wäre dies richtig, so müßte man auch die individuellen Verfassungsbeschwerdeführer, die jedenfalls über Art. 2 Abs. 1 GG Verletzungen von Bundes- oder Länderkompetenzen zur Überprüfung stellen können, als solche „Sachwalter" ansehen, deren Handeln oder dessen Hinnahme durch das BVerfG in gleicher Weise verfassungswidrig sein müßte[31]. In beiden Fällen ist entscheidend, ob die (individuelle oder die kommunale) Verfassungsbeschwerde ihre subjektive Funktion erfüllt, also der Verfolgung eigener subjektiver Rechte dient. Ist dies der Fall, so ist es nicht nur unschädlich, sondern im Gegenteil der Wahrung der verfassungsmäßigen Ordnung dienlich, wenn diese in einem objektiven Sinne gefördert und gefestigt wird. Insoweit hat die kommunale Verfassungsbeschwerde eine ähnliche Funktion wie die Individualverfassungsbeschwerde, wenn auch die Verfassungsbeschwerde Grundrechte, die kommunale Verfassungsbeschwerde dagegen Kompetenzen verteidigt. Da die letztere nur gegen eine Rechtsnorm gerichtet werden kann, werden dabei die Auswirkungen, die von der Überprüfung einer abstrakt-generellen Regelung ausgehen, regelmäßig bedeutender sein als bei einer gegen staatliche Einzelakte oder Gerichtsentscheidungen gerichteten individuellen Verfassungsbeschwerde, die möglicherweise nur einen Einzelfall betrifft.

II. Besondere Zulässigkeitsvoraussetzungen der kommunalen Verfassungsbeschwerde

1. Beschwerdefähigkeit

Die kommunale Verfassungsbeschwerde kann nach Art. 93 Abs. 1 Nr. 4 b GG, § 91 BVerfGG nur von Gemeinden oder Gemeindeverbänden erhoben werden. Wann eine Gebietskörperschaft des öffentlichen Rechts, welche die Angelegenheiten der örtlichen Gemeinschaft zu regeln bestimmt ist, als Gemeinde anzusehen ist, richtet sich nach dem jeweils maßgeblichen Landesrecht. Ebenso werden die Landkreise, Ämter, Bezirksverbände und andere Formen der Gemeindeverbände durch landesrechtliche Regelungen bestimmt[32]. Bei den Stadtstaaten Hamburg und Berlin, die zugleich Länder der Bundesrepublik Deutschland und (Einheits-)Gemeinden sind, tritt im Verhältnis zum Bund ihr Staatscharakter in den Vordergrund. Sie können daher nach überwiegender Meinung keine kommunale Verfassungsbeschwerde einlegen. Ihnen steht vielmehr das Antragsrecht im Verfahren der abstrakten Normenkontrolle nach Art. 93 Abs. 1 Nr. 2 GG zur Verfügung[33].

692

---

30 So *Burmeister* (N 10), S. 23.
31 *Sachs* (N 10), S. 42.
32 Näheres bei *Schmidt-Bleibtreu*, in: BVerfGG-Kommentar, § 91 Rn. 6, 8; *Stern*, Art. 93 Rn. 779 ff.
33 *Schmidt-Bleibtreu*, in: BVerfGG-Kommentar, § 91 Rn. 7; *Stern*, Art. 93 Rn. 783, beide m.w.N.

Dagegen haben die Gemeinden Bremen und Bremerhaven, aus denen sich das Land Bremen zusammensetzt, das Recht der Selbstverwaltung und damit auch die Beschwerdefähigkeit nach § 91 BVerfGG[34], während das Land Bremen Stadtstaat und nicht Gemeindeverband i.S. von § 91 BVerfGG ist[35].

Zweckverbände werden nicht als zur Erhebung der kommunalen Verfassungsbeschwerde berechtigt angesehen, weil sie nicht Gebietskörperschaften sind und keinen umfassenden, sondern einen gegenständlich beschränkten Wirkungskreis haben[36].

693   Wird eine Gemeinde oder ein Gemeindeverband durch Gesetz aufgelöst oder auf andere Weise ihrer rechtlichen Selbständigkeit entkleidet und erblickt sie eben hierin den Verstoß gegen ihr Recht aus Art. 28 Abs. 2 S. 1 GG, so würde der Rechtsschutz leerlaufen, wenn mit dem Inkrafttreten des Gesetzes mit der Rechtsfähigkeit auch die Beschwerdefähigkeit der Gemeinde oder des Verbandes entfallen würde. Die Lage ist derjenigen vergleichbar, in die ein Entmündigter geraten würde, würde ihm im Verfassungbeschwerdeverfahren, mit dem er sich gegen die Entmündigung zur Wehr setzt, zwar nicht die Grundrechts- und damit die Beschwerdefähigkeit, wohl aber die Prozeßfähigkeit abgesprochen. In diesen Fällen sieht das BVerfG den Entmündigten weiter als prozeßfähig an[37]. Entsprechendes gilt bei Eingemeindungen, durch welche die Gemeinde ihre Rechtsfähigkeit verliert. Sie bleibt beschwerdefähig, weil anders der behauptete Verstoß gegen Art. 28 Abs. 2 S. 1 GG nicht überprüft werden könnte[38].

2. Der Gegenstand der kommunalen Verfassungsbeschwerde

694   Gegenstand der kommunalen Verfassungsbeschwerde kann nur ein Gesetz des Bundes oder eines Landes sein. Als „Gesetz" im Sinne von Art. 93 Abs. 1 Nr. 4 b GG, § 91 S. 1 BVerfGG sind nicht nur Gesetze im formellen Sinne anzusehen, sondern alle vom Staat erlassenen Rechtsnormen, insbesondere Rechtsverordnungen[39].

Da die Kommunalverfassungsbeschwerde stets Rechtssatzverfassungsbeschwerde ist[40], gilt für sie § 93 Abs. 2 BVerfGG. Sie muß daher innerhalb eines Jahres seit dem Inkrafttreten des Gesetzes erhoben werden.

3. Die Betroffenheit der Beschwerdeführerin

695   Sieht man, wie dies überwiegend angenommen wird, in der Garantie der kommunalen Selbstverwaltung kein Grundrecht, sondern eine institutionelle Garantie, die gleichwohl durch § 91 BVerfGG durch eine Verfassungsbeschwerde justiziabel gestaltet ist, so

---

34 *Schmidt-Bleibtreu*, in: BVerfGG-Kommentar, § 91 Rn. 7; *Stern*, Art 93 Rn. 784.

35 Obwohl Art. 143 Abs. 2 Brem.Verf. dies zum Ausdruck bringt; vgl. hierzu *Stern*, Art. 93 Rn. 788.

36 *Stern*, Art. 93 Rn. 787; *Schmidt-Bleibtreu*, in: BVerfGG-Kommentar § 91 Rn. 9.

37 Vgl. oben Rn. 459 ff.

38 *Stern*, Art. 93 Rn. 790 m.w.N.; zur vergleichbaren Rechtslage nach nordrhein-westf. Landesverfassungsprozeßrecht NWVerfGH, NJW 1976, 1931; hierzu *Stüer*, NJW 1976, 1925 ff.

39 BVerfGE 26, 228 (236); 76, 107 (114); *Schmidt-Bleibtreu*, in: BVerfGG-Kommentar, § 91 Rn. 21 a; *Stern*, Art. 93 Rn. 300 f.; *Lechner/Zuck*, § 91 Rn. 4.

40 BVerfGE 79, 127 (140).

könnte das Verfahren der kommunalen Verfassungsbeschwerde als eine Möglichkeit der Gemeinden angesehen werden, „selbst auf geeignete Art über dieses Recht zu wachen und es notfalls auch gerichtlich durchzusetzen"[41]. Die Gemeinden wären in diesem Verständnis die – allerdings durch ausdrückliche Gesetzes- und seit 1969 auch durch Verfassungsnorm berufenen – „Sachwalter" des auf die Erhaltung der Selbstverwaltung gerichteten Gemeinwohls gegenüber dem Gesetzgeber. Ihr eigenes Interesse müßte dann nur ein allgemeines sein, weil eine verfassungsrechtlich unzulässige Einschränkung des Selbstverwaltungsrechts die Rechtsstellung aller Gemeinden und damit auch der einzelnen beschwerdeführenden Gemeinde berührt. Würde dies genügen, so handelte es sich (wie oben erörtert) bei der kommunalen Verfassungsbeschwerde um eine besondere Form der abstrakten Normenkontrolle, bei der die zur Antragstellung befugten Organe überhaupt nicht darlegen müßten, welches eigene Interesse sie an der Überprüfung der Norm haben, sondern unterstellt wird, daß sie im Allgemeininteresse tätig werden.

Sieht man dagegen das Verfahren nach § 91 BVerfGG als eine besondere Form der (Rechtssatz-)Verfassungsbeschwerde an, so kann nicht darauf verzichtet werden, die eigene Betroffenheit der Beschwerdeführerin als Zulässigkeitsvoraussetzung jedenfalls grundsätzlich zu verlangen. Anders als bei der abstrakten Normenkontrolle muß die beschwerdeführende Gemeinde nicht nur abstrakt, sondern konkret durch das angegriffene Gesetz in ihren Rechten betroffen sein. Dies setzt allerdings voraus, daß aus Art. 28 Abs. 2 S. 1 GG solche subjektiven Rechte herzuleiten sind, mag es sich auch nicht um ein Grundrecht handeln. Durch § 91 BVerfGG wird keine „Popularklage" der Gemeinden zugelassen, die sie zu Sachwaltern allgemeiner Interessen machte, ohne daß ihre eigenen Rechtspositionen betroffen sind. Hierüber besteht Einigkeit auch dort, wo die kommunale Verfassungsbeschwerde nicht als Sonderfall der (allgemeinen) Verfassungsbeschwerde angesehen, sondern dem Typus nach als der abstrakten Normenkontrolle oder dem Bund-Länder-Streit ähnlich angesehen wird[42]. **696**

Das BVerfG hat als Voraussetzung der Zulässigkeit einer Verfassungsbeschwerde nach § 91 BVerfGG nicht nur die eigene und die gegenwärtige, sondern auch die unmittelbare Betroffenheit genannt[43]. Damit scheinen alle Merkmale der Betroffenheit des Beschwerdeführers als Zulässigkeitsvoraussetzung einer Verfassungsbeschwerde, insbesondere der Rechtssatzverfassungsbeschwerde[44], in gleicher Weise für die kommunale Verfassungsbeschwerde anwendbar zu sein. Unproblematisch ist dies für die Erfordernisse der eigenen und der gegenwärtigen Betroffenheit, bei denen kein Anlaß besteht, von den allgemein für Verfassungsbeschwerden geltenden Anforderungen abzugehen. **697**

Anders liegt es allerdings bei dem Erfordernis der Unmittelbarkeit der Betroffenheit. Mit ihm wird verlangt, daß das angegriffene Gesetz unmittelbar in den Rechtskreis des Betroffenen eingreift, ohne daß es noch eines weiteren Exekutivaktes bedürfte. Ist dieser erforderlich, so wird – jedenfalls grundsätzlich – der Beschwerdeführer darauf verwiesen,

---

41 BVerfGE 1, 167 (173 f.).

42 Vgl. etwa *Burmeister* (N 10), S. 22, der das Erfordernis „einer eigenen Rechtsverletzungsbehauptung" bejaht; hierzu Sachs (N 10), S. 38. Zum Ausschluß der Popularklage *Schmidt-Bleibtreu* (N 10 – DVBl. 1967), S. 599, sowie insbesondere zum Erfordernis des unmittelbaren Betroffenheit, in: BVerfGG-Kommentar, § 91 Rn. 27; *Stern*, Art. 93 Rn. 792 ff.

43 BVerfGE 25, 124.

44 Vgl. hierzu oben Rn. 545.

ihn abzuwarten und sich mit den gegebenen Rechtsmitteln einschließlich der (Urteils-) Verfassungsbeschwerde gegen ihn zu wehren[45]. Diese Möglichkeit ist der Gemeinde aber versagt, da sie nach § 91 BVerfGG nur Gesetze, nicht aber Exekutivakte angreifen kann. Auf die in der Literatur geäußerten Bedenken, es sei dem Gesetzgeber möglich, durch vollzugsbedürftige Ausgestaltung die kommunale Verfassungsbeschwerde weitgehend auszuschließen[46], hat das BVerfG zustimmend reagiert und das Erfordernis der unmittelbaren Betroffenheit weitgehend abgeschwächt. Seine Bedeutung behält es bei der kommunalen Verfassungsbeschwerde nur insoweit, als das Gesetz nicht durch (nicht nach § 91 BVerfGG angreifbaren) Exekutivakt, sondern durch eine (als Rechtsnorm angreifbare) Rechtsverordnung konkretisiert werden muß[47]. In diesem Falle ist es sinnvoll und der betroffenen Gemeinde zumutbar, nicht schon das Gesetz, sondern die Rechtsverordnung zur Überprüfung zu stellen.

4. Prüfungsmaßstab

698 Die einzige nach § 91 BVerfGG zulässige Rüge besteht in der Behauptung, das Gesetz des Bundes oder eines Landes verletze „die Vorschrift des Artikels 28 des Grundgesetzes". Wie Art. 93 Abs. 1 Nr. 4 b GG klarstellt, handelt es sich aber nicht um den gesamten Inhalt des Art. 28 GG, sondern nur um die Garantie der kommunalen Selbstverwaltung nach Art. 28 Abs. 2 S. 1 GG.

Wieweit die durch Art. 28 Abs. 2 S. 1 GG gewährleistete kommunale Selbstverwaltung reicht, ist eine Frage des materiellen Verfassungsrechts. Das BVerfG knüpft an die geschichtliche Entwicklung an, wie auch in Art. 127 WRV ihren Ausdruck gefunden hat, und mißt einer historisch orientierten Auslegung besondere Bedeutung zu[48]. Einer vernünftigen Fortentwicklung des überkommenen Systems soll dies aber nicht entgegenstehen, solange das Prinzip der kommunalen Selbstverwaltung hierdurch nicht ausgehöhlt wird[49]. Geschützt wird das Selbstverwaltungsrecht gegenüber dem es ausgestaltenden Gesetzgeber jedenfalls in seinem Kernbereich[50]. Der Wesensgehalt der Garantie muß auch gegenüber dem Wandel der Verhältnisse und den heutigen Bedürfnissen unangetastet bleiben[51].

699 Es bedeutet nur dem ersten Anschein nach eine Erweiterung des auf Art. 28 Abs. 2 S. 1 GG beschränkten Prüfungsmaßstabs, wenn das BVerfG den Gemeinden und Gemeindeverbänden im Verfahren nach § 91 BVerfGG die Befugnis einräumt, auch die Unvereinbarkeit eines Gesetzes mit einer (anderen) Norm des GG dann zu rügen, wenn „diese Norm ihrem Inhalt nach das verfassungsrechtliche Bild der Selbstverwaltung mitzubestimmen geeignet ist"[52]. Dies ist für Art. 120 GG bejaht, für Art. 33 Abs. 2 GG dagegen

---

45 Vgl. oben Rn. 563 ff.
46 So vor allem *Stern*, Art. 93 Rn. 794 ff.; *Schmidt-Bleibtreu*, in: BVerfGG-Kommentar, § 91 Rn. 27.
47 BVerfGE 71, 25 (35 f., 36); vgl. auch BVerfGE 76, 107 (113).
48 BVerfGE 1, 167 (174 f.); 59, 216 (226); 79, 127 (145).
49 BVerfGE 23, 353 (367); 38, 258 (279); 52, 93 (117).
50 Vgl. hierzu oben Rn. 684.
51 BVerfGE 1, 167 (75 f); st. Rspr., zuletzt BVerfGE 76, 107 (118); 79, 127 (146). Zu vielen Einzelfragen *Schmidt-Bleibtreu*, in: BVerfGG-Kommentar, § 91 Rn. 31 ff.
52 BVerfGE 1, 167 (181 ff.); 71, 25 (37).

verneint worden[53]. Bei der Frage, ob Art. 106 Abs. 5 GG als Prüfungsmaßstab herangezogen werden dürfe, hat das BVerfG dies nur insoweit bejaht, als es um die Grundsatzentscheidung über den – durch das Prinzip der Selbstverwaltung garantierten – Gesamtumfang der gemeindlichen Finanzausstattung gehe. Hinsichtlich der durch Bundesgesetz festzulegenden Modalitäten handele es sich dagegen nicht um eine Konkretisierung des Art. 28 Abs. 2 S. 1 GG, vielmehr habe der Gesetzgeber einen weiten Gestaltungsraum. Auch weise der erst 1969 in das GG eingefügte Art. 106 Abs. 5 GG noch keine „historische Verfestigung auf"[54].

Während jedenfalls bei einer Verfassungsnorm, deren Gegenstand die Beteiligung der **700** Gemeinden am Steueraufkommen ist, der Bezug zu deren Selbstverwaltungsrecht nahe liegt, stellt es einen sehr viel größeren Schritt dar, mit dem Elfes-Urteil nur solche Gesetze als zu einer Einschränkung des Selbstverwaltungsrechts geeignet anzusehen, die in formeller wie materieller Hinsicht der Verfassung entsprechen[55]. Bedeutete dies, daß eine kommunale Verfassungsbeschwerde stets dann zulässig ist, wenn das Gesetz einen Bezug zum kommunalen Selbstverwaltungsrecht hat und seine Verfassungswidrigkeit nicht in dem Eingriff in die Selbstverwaltung, sondern in Verstößen gegen andere Verfassungsnormen, etwa den Kompetenzvorschriften liegt, dann bildet nur die erforderliche Betroffenheit der Gemeinde eine Schranke gegen eine sehr erhebliche Ausweitung der Verfahren nach § 91 BVerfGG. Das BVerfG hat sich bisher zu diesem Schritt nicht bereit gezeigt. Zwar hat es die Behauptung, für das Fluglärmgesetz fehle es an einer Bundeskompetenz, für prüfungsfähig gehalten, jedoch nur deshalb, weil Art. 70 GG das verfassungsrechtliche Bild der Selbstverwaltung mitzubestimmen geeignet sei. Hinsichtlich des gleichfalls als verletzt bezeichneten Bundesstaatsprinzips (wegen der unmittelbaren Durchgriffsmöglichkeit des Bundes auf die betroffenen Gemeinden) ist dies wohl nur deshalb nicht ausdrücklich festgestellt worden, weil die Nähe zur Selbstverwaltungsgarantie ziemlich offensichtlich ist[56]. Legt man mit der früheren, heute in gewissem Umfang erweiterten Rechtsprechung des BVerfG den Schutz des Art. 28 Abs. 2 S. 1 GG als Gewährleistung eines Kernbereichs aus, so handelt es sich nicht um die freie Entfaltung der „Gemeindepersönlichkeit". Während der Bürger nach Art. 2 Abs. 1 GG (in der seit dem Elfes-Urteil geläufigen Interpretation) nur solche gesetzlichen Einschränkungen seiner Handlungsfreiheit soll hinnehmen müssen, die formell und materiell der Verfassung entsprechen, schützt Art. 28 Abs. 2 S. 1 GG die Gemeinden nur in einem engeren Bereich, dem ein weiter gesetzgeberischer Gestaltungsraum entspricht. Überprüfungsfähig bleibt dabei allerdings, ob der Gesetzgeber das Übermaßverbot verletzt. Verstöße gegen andere Verfassungsnormen sind im Verfahren nach § 91 BVerfGG nur dann nachzuprüfen, wenn diese Verfassungsnormen das Bild der Selbstverwaltung mitbestimmen, zu dieser also einen jedenfalls teilweisen inhaltlichen Bezug haben.

---

53 BVerfGE 1, 167 (181 ff.).
54 BVerfGE 71, 25 (37 f.).
55 So *Stern*, Art. 93 Rn. 813.
56 BVerfGE 56, 298 (310, 311); auch zu dieser Entscheidung *Stern*, a.a.O.

5. Subsidiarität der kommunalen Verfassungsbeschwerde

701   Durch § 91 S. 2 BVerfGG wird die kommunale Verfassungsbeschwerde dann ausgeschlossen, wenn „eine Beschwerde wegen Verletzung des Rechts auf Selbstverwaltung" nach dem Recht des Landes beim Landesverfassungsgericht erhoben werden kann. Es kann sich hierbei nur um Landesrecht handeln, und nur um die Rüge, durch die angegriffene Norm werde übergeordnetes Landesrecht, insbesondere Landesverfassungsrecht, verletzt. Wird die Verletzung des Art. 28 Abs. 2 S. 1 GG durch Bundesrecht gerügt, kommt allein das Verfahren nach § 91 BVerfGG in Betracht; die Subsidiaritätsklausel greift nicht ein[57].

Besteht bei Angriffen gegen Landesrecht eine Beschwerdemöglichkeit zum Landesverfassungsgericht, so kommt dagegen die kommunale Verfassungsbeschwerde beim BVerfG nicht in Betracht, auch nicht, wenn das Landesverfassungsgericht gegen die beschwerdeführende Gemeinde entschieden hat. Dies ist schon deswegen ausgeschlossen, weil § 91 BVerfGG Beschwerden nur gegen Gesetze, nicht gegen Gerichtsentscheidungen zuläßt[58].

702   Voraussetzung dafür, daß ein Fall der Subsidiarität im Sinne des § 91 S. 2 BVerfGG vorliegt, ist nicht ein diesem Verfahren in jeder Beziehung gleichgestaltetes Verfahren nach Landesverfassungsprozeßrecht, sondern ein im wesentlichen gleichwertiges Verfahren, das seiner Ausgestaltung nach geeignet ist, den Schutz des in Art. 28 Abs. 2 S. 1 GG gewährleisteten Rechtsgutes sicherzustellen[59]. Noch weitergehend ist die Forderung, der Rechtsschutz vor dem Landesverfassungsgericht müsse nicht nur nach den zur Verfügung stehenden Zuständigkeits- und Verfahrensnormen, sondern auch nach der „Entscheidungspraxis" des Landesverfassungsgerichts effektiv sein[60]. Dies könnte jedoch auf eine indirekte Überprüfung der Entscheidungen der Landesverfassungsgerichte durch das BVerfG hinauslaufen, das zwar nicht die einzelne möglicherweise unbefriedigende Entscheidung kassieren, aber allein schon durch die mehr oder weniger deutlich ausgesprochene Ankündigung einen massiven und sehr bedenklichen Einfluß auf die Landesverfassungsgerichtsbarkeit ausüben könnte, es werde künftig einschlägige Verfahren aus diesem Land nicht an der Subsidiaritätsklausel scheitern lassen. Wenn nach dem Verfassungsprozeßrecht des Landes gleichwertige Rechtsschutzinstrumente bereitstehen, kann die Verantwortung dafür, daß sie dem Willen des (Landes-) Gesetzgebers entsprechend gehandhabt werden, dem zuständigen Landesverfassungsgericht nicht durch das BVerfG abgenommen werden.

703   In den meisten alten Bundesländern – mit Ausnahme von Niedersachsen und von Schleswig-Holstein – besteht, in im einzelnen verschiedenartiger Ausgestaltung, die Möglichkeit, die Verletzung des Rechts auf Selbstverwaltung vor dem Landesverfassungsgericht zur Überprüfung zu stellen[61]. Da das Gemeinderecht in der Zuständigkeit der Länder

---

57   BVerfGE 1, 167 (173).

58   *Stern*, Art. 93 Rn. 822. Doch kommt eine allgemeine Verfassungsbeschwerde der Gemeinde in Betracht, wenn die Entscheidung des Landesverfassungsgerichts etwa das Recht auf Gehör (Art. 103 Abs. 1 GG) verletzen sollte; *Schmidt-Bleibtreu*, in: BVerfGG-Kommentar, § 91 Rn. 37.

59   *Stern*, Art. 93 Rn. 823; *Schmidt-Bleibtreu*, in: BVerfGG-Kommentar, § 91 Rn. 37.

60   *Bethge* (N 10), S. 336 ff.; zustimmend *Stern*, Art. 93 Rn. 823.

61   Ausführlich zu den Einzelregelungen in den Ländern *Schmidt-Bleibtreu*, in: BVerfGG-Kommentar, § 91 Rn. 38 ff.; ferner bei *Stern*, Art. 93 Rn. 824 ff.

liegt, Bundesrecht nur in Einzelfällen die Selbstverwaltungsgarantie zu berühren vermag und damit überwiegend die Landesverfassungsgerichte mit der Wirkung zuständig sind, daß die Subsidiaritätsklausel anwendbar ist, hat die kommunale Verfassungsbeschwerde nach Bundesverfassungsprozeßrecht nicht die Bedeutung erlangt, die ihr bei ihrer Schaffung beigemessen wurde.

III. Prüfungsaufbau

1. Beschwerdefähigkeit   **704**
2. Beschwerdegegenstand (Bundes-/Landesgesetz)
3. Rechtsverletzungsvortrag (Rügepotential), Betroffenheit
4. Subsidiarität
5. Form und Frist.

Abschnitt B

Verfahren zur objektiven Rechtsfeststellung

§ 21 Übersicht

705 In den in diesem Abschnitt erörterten vier Verfahrensarten – vgl. auch § 31 Abs. 2 S. 1 BVerfGG – wird das Recht (oder eine Rechtsnorm) selbst zum Gegenstand der verfassungsgerichtlichen Prüfung gemacht, nicht erst seine Anwendung auf einen bestimmten Fall. Dies schließt nicht aus, daß die Befassung des BVerfG durch einen Einzelfall veranlaßt sein kann[1], doch die Entscheidung ist nicht hierauf, sondern auf die Norm selbst bezogen. Die das Verfahren jeweils in Gang bringenden Antragsteller oder vorlegenden Instanzen sind nicht Beteiligte eines Rechtsverhältnisses, aus dem sich subjektive Rechte oder ihnen zugeordnete Kompetenzen ergeben, um deren Durchsetzung gekämpft wird. Es handelt sich daher nicht um subjektiv geprägte Streitigkeiten, sondern um objektive Verfahren, in denen das BVerfG die Existenz und die Qualität von Rechtsnormen feststellt, vor allem aber auch über ihre Gültigkeit oder Vereinbarkeit mit höherrangigem Recht entscheidet.

706 Nach Art. 100 Abs. 2 GG, § 13 Nr. 12 BVerfGG ist das BVerfG auf Anfrage eines Gerichts zur Entscheidung darüber zuständig, ob eine – ungeschriebene – allgemeine Völkerrechtsregel im Sinne von Art. 25 GG überhaupt besteht (Völkerrechtsverifikation). Nach Art. 126 GG i.V.m. § 13 Nr. 14 BVerfGG ist es Aufgabe des BVerfG, festzustellen, ob Recht aus der Zeit vor dem ersten Zusammentritt des Bundestags (07.09.1949) als Bundesrecht fortgilt (Rechtsqualifikation). Impliziert ist damit die Prüfung der Vereinbarkeit mit höherrangigem Recht. Sie steht hingegen ganz in den Verfahren im Vordergrund, für die das BVerfG nach Art. 93 Abs. 1 Nr. 2 und Nr. 2 a GG, § 13 Nr. 6 und Nr. 6 a BVerfGG (abstrakte Normenkontrolle) und nach Art. 100 Abs. 1 GG, § 13 Nr. 11 BVerfGG (konkrete Normenkontrolle) zuständig ist: Hier wird die zur Prüfung gestellte Norm auf ihre am Maßstab höherrangigen Rechts zu beurteilende Gültigkeit getestet. Die Erkenntnis der Vereinbarkeit oder Nichtvereinbarkeit mit dem höheren Recht ist „Selbstzweck" beider Verfahrensarten. Die Normenkontrolle ist prinzipal, nicht inzident[2].

---

1 Vgl. die von Art. 100 Abs. 1 GG und Art. 93 Abs. 1 Nr. 2 GG i.V.m. § 76 Abs. 1 Nr. 2 BVerfGG vorausgesetzten Konstellationen.

2 Dies gilt auch für die Fälle der Rechtssatz- und der kommunalen Verfassungsbeschwerde (vgl. oben Rn. 476 ff., 682 ff.); dort geht es jedoch zugleich und primär um subjektiven Rechtsschutz.

§ 22 Abstraktes Normenkontrollverfahren

I. Verfahrensgegenstand und Verfahrenszweck

Art. 93 Abs. 1 Nr. 2 GG, § 13 Nr. 6 BVerfGG weisen dem BVerfG die Zuständigkeit zu, **707** bei Meinungsverschiedenheiten oder Zweifeln über die förmliche und sachliche Vereinbarkeit von Bundesrecht oder Landesrecht mit dem Grundgesetz oder die Vereinbarkeit von Landesrecht mit sonstigem Bundesrecht auf Antrag der Bundesregierung, einer Landesregierung oder eines Drittels der Mitglieder des Bundestags zu entscheiden. Diese Zuweisung ermöglicht eine dreifache Aussage:

(1) Das BVerfG entscheidet in diesem Verfahren losgelöst von einem konkreten Streitfall; vielmehr genügen Meinungsverschiedenheiten oder Zweifel des Antragstellers, um die Befassung des BVerfG zu rechtfertigen. Es handelt sich insofern um eine „abstrakte" (Normen-) Kontrolle[1].

(2) Die Ablösung des Verfahrens von einer konkreten Streitigkeit führt dazu, daß im Verfahren nicht um Rechte oder Kompetenzen des Antragstellers oder von sonstigen Berechtigten gerungen wird; es geht also nicht um deren subjektiven Schutz, sondern um den Schutz der Verfassung, deren Vorrang vor anderem Recht ebenso durchgesetzt wie – damit zusammenhängend – die Gefahr vermieden werden soll, daß landesrechtliche Normsetzung zu einer Beeinträchtigung des Bundesrechts führt[2]. Das BVerfG akzentuiert seine Rolle als „Hüter der Verfassung" deshalb gerade in diesem Zusammenhang[3]. Verfahrensgegenstand und Verfahrenszweck sind somit objektiver Natur[4].

(3) Das BVerfG nimmt die genauere Bestimmung des Verfahrensgegenstandes dahin vor, daß es dabei einerseits um die Frage gehe, „ob ein bestimmter Rechtssatz gültig oder ungültig ist, ob also objektives Recht besteht oder nicht", andererseits um „die entsprechende richterliche Feststellung"[5]. Diese Auffassung kann sich auf § 78 BVerfGG stützen, der im Fall der Unvereinbarkeit mit höherrangigem Recht die Nichtigerklärung der geprüften Norm zum Inhalt der Entscheidungsbefugnis des BVerfG macht. Demgegenüber ist jedoch darauf hinzuweisen, daß das BVerfG selbst sich von dieser Vorgabe gelöst hat und sehr häufig trotz Unvereinbarkeit der kontrollierten Norm mit höherem Recht nicht die Konsequenz der Nichtigkeitserklärung zieht, seine Entscheidungsbefugnis also erweitert hat[6]. Zu berücksichtigen ist aber vor allem, daß der Wortlaut von Art. 93 Abs. 1 Nr. 2 GG nicht die Frage der Gültigkeit oder Ungültigkeit einer Norm zum Verfahrensgegenstand erhebt, sondern die Frage ihrer Vereinbarkeit mit höherrangigem Recht[7]. Um dies handelt es sich also primär; welche Konsequenzen aus der Feststellung von Vereinbarkeit oder Nichtvereinbarkeit zu ziehen sind, ist ein sekundäres, den Verfahrensgegenstand nicht unmittelbar berührendes Problem.

---

1 *Stern*, Art. 93 Rn. 193, der darauf aufmerksam macht, daß der Begriff wohl erstmals von *Friesenhahn*, HStR Bd. 2 (1932), S. 523/526, eingeführt wurde.
2 BVerfGE 1, 184 (195 f.); *E. Klein*, S. 571 f.
3 BVerfGE 1, 184 (195); 96, 133 (138) „Garant der Bundesverfassung und einer den Vorrang des Bundesrechts wahrenden Normenordnung."
4 *Geiger*, § 76 Anm. 9; *Söhn*, in: BVerfG und GG, I (1976), S. 304; vom BVerfG in st.Rspr. seit BVerfGE 1, 208 (219) anerkannt; BVerfGE 83, 37 (49); 101, 158 (213).
5 Vgl. BVerfGE 1, 208 (219); 20, 56 (86); 68, 346 (351).
6 Vgl. unten Rn. 1267 ff.
7 Im Ergebnis wie hier *Söhn* (N 4), S. 295.

708 Mit der Grundgesetz-Änderung vom 27.10.1994[8] wurde in Art. 93 Abs. 1 GG eine Nr. 2 a eingefügt, die dem BVerfG die Zuständigkeit zuweist, bei Meinungsverschiedenheiten, ob ein Gesetz den Voraussetzungen des – zeitgleich neu gefaßten – Art. 72 Abs. 2 GG entspricht, auf Antrag des Bundesrates, einer Landesregierung oder der Volksvertretung eines Landes zu entscheiden. Die Änderung des Art. 72 Abs. 2 GG von einer „Bedürfnis-" zu einer „Erforderlichkeitsklausel" grenzt die konkurrierende und Rahmengesetzgebungskompetenz des Bundes stärker als bisher ein. Damit soll einer „Auszehrung der Länderkompetenzen" entgegengewirkt werden[9]. Dem tragen Art. 93 Abs. 1 Nr. 2 a GG und § 13 Nr. 6 a BVerfGG in prozessualer Hinsicht Rechnung, indem sie eine eigens hierauf zugeschnittene Zuständigkeit des BVerfG schaffen, deren verfahrensrechtliche Einordnung umstritten ist. Die gesetzliche Festlegung (vgl. §§ 76 Abs. 2, 77 Nr. 2 BVerfGG) weist indes deutlich darauf hin, daß es sich um eine besondere Ausgestaltung der abstrakten Normenkontrolle handelt[10], die sich nur in einzelnen Voraussetzungen von der „allgemeinen" Normenkontrolle nach Art. 93 Abs. 1 Nr. 2 GG unterscheidet. Entscheidungsbefugnis und Entscheidungswirkungen (§§ 78, 79 BVerfGG) sind identisch. Es ist zwar richtig, daß Art. 93 Abs. 1 Nr. 2 a GG eine „föderalistische" Grundnorm (Art. 72 Abs. 2 GG) zum maßgeblichen Kontrollmaßstab einer Gesetzesprüfung macht, aber weder diese Beschränkung noch die veränderten Antragszuständigkeiten prägen den Charakter dieses Verfahrens, das vielmehr eine abstrakte Normen-Kontrolle im ursprünglichen Verständnis ist[11]. Es ist überhaupt nicht ungewöhnlich, daß im Kern föderalistische Streitigkeiten im Wege der abstrakten Normenkontrolle ausgefochten werden[12]. Es gibt daher keinen Grund, der Entscheidungszuständigkeit des BVerfG nach Art. 93 Abs. 1 Nr. 2 a GG ein eigenständiges Verfahren zuzuordnen[13]. Wegen der teilweise anderen Zulässigkeitsvoraussetzungen ist es jedoch sinnvoll, das Normenkontrollverfahren nach Art. 93 Abs. 1 Nr. 2 a GG, § 13 Nr. 6 a BVerfGG in einem gesonderten Teil dieses Abschnitts zu behandeln (Rn. 740 ff.).

II. Antragsberechtigung

709 Auch in einem objektiven Verfahren kann auf einen verfahrenseinleitenden Antrag (§ 23 BVerfGG) nicht verzichtet werden[14], doch erschöpft sich der Antrag dann in einer Anstoßfunktion für das gerichtliche Verfahren, dessen weiterer Verlauf hiervon nicht mehr entscheidend beeinflußt wird[15]. Die Antragsberechtigung[16] ist ausschließlich ein „prozes-

---

8 BGBl. I S. 3146; vgl. auch §§ 13 Nr. 6 a, 76 Abs. 2, 77 Nr. 2 BVerfGG (BGBl. 1998 I S. 1823).

9 Bericht der Gemeinsamen Verfassungskommission, BT-Drs. 12/6000, S. 33.

10 Die Begründung zum Gesetzentwurf (BT-Drs. 13/7673, S. 6 und 12) spricht von einer „Variante der abstrakten Normenkontrolle".

11 So auch die h.M., z.B. *Degenhart*, Staatsrecht I (15. Aufl. 1999), Rn. 511; *Sturm*, in: Sachs, GG-Kommentar, Art. 93 Rn. 51; *Zuck*, NJW 1998, S. 3029; *H.H. Klein*, in: HStR VIII (1995) § 198 Rn. 63.

12 Vgl. etwa nur BVerfGE 101, 158 zur Verfassungsmäßigkeit des Finanzausgleichsgesetzes.

13 So aber *Aulehner*, DVBl. 1997, S. 982 ff.; *Karpen*, ZG 1995, S. 361.

14 Vgl. oben Rn. 178 f.

15 BVerfGE 1, 208 (219); 68, 346 (351). – Siehe auch unten Rn. 751 ff.; kritisch *Sturm*, in: Sachs, GG-Kommentar, Art. 93, Rn. 42.

16 BVerfGE 68, 346 (350) spricht von „Antragsbefugnis"; ebenso *Löwer*, S. 774. Derselbe Begriff wird von *Schlaich*, Rn. 122, für die Bezeichnung der unter IV. erörterten Sachentscheidungsvoraussetzung („Meinungsverschiedenheiten oder Zweifel") verwendet.

suales Recht" auf Ingangsetzung des Verfahrens, nicht etwa prozessualer Ausdruck eines materiellen Anspruchs[17]. Das Verfahren kennt darum auch keinen Antragsgegner[18].

Der Wegfall des selektierenden Merkmals der subjektiven Rechtsverteidigung macht die überlegte Eingrenzung des Kreises der Antragsberechtigten besonders wichtig[19]. Denn nicht nur die Funktionsfähigkeit des BVerfG ist berührt, die bei einer Popularberechtigung gefährdet wäre; zugleich geht es auch um die verfassungsrechtlich und -politisch interessante Frage, wer geeignet ist, als „watchdog" zum Schutz des Grundgesetzes gegenüber Rechtsnormen initiativ zu werden, die sich diesem widersetzen[20], wem also sinnvollerweise die Fähigkeit und Bereitschaft zur Gesamtverantwortung zugetraut wird.

Art. 93 Abs. 1 Nr. 2 GG und § 76 Abs. 1 BVerfGG benennen übereinstimmend die Bundesregierung, die Landesregierungen und ein Drittel der Mitglieder des Bundestages. Offenkundig werden damit die exekutivisch-politische Leitungsfunktion, der bundesstaatliche Aspekt und die parteipolitische Funktion der parlamentarischen Minderheit als diejenigen Kriterien herausgegriffen, die im Hinblick auf die Bestimmung der Antragsberechtigung[21] als maßgeblich erachtet werden. **710**

(1) Die Bundesregierung ist das Kollegium von Bundeskanzler und Bundesministern (Art. 62 GG). Dem Antrag muß daher ein Kabinettsbeschluß (§ 24 GeschOBReg) zugrunde liegen, ohne den der Antrag unzulässig wäre[22]. Auch über die Richtlinienkompetenz kann der Bundeskanzler die Antragsberechtigung des Kabinetts rechtlich nicht – positiv oder negativ – überspielen[23], auch wenn er sein politisches Gewicht gewiß einsetzen kann.

(2) Antragsberechtigt sind ferner Landesregierungen. Ihre Definition ergibt sich aus der jeweiligen Landesverfassung[24]. Auch hier bedarf es eines Kabinettsbeschlusses. Landesregierungen nehmen zum Schutz des föderalistischen Systems das Wächteramt gegenüber bundesrechtlichen Normen wahr, tragen aber zugleich gesamtstaatliche Verantwortung im Hinblick auf die Einhaltung der Bundesverfassung auch durch solche (Bundes-)Gesetze, die keine bundesstaatlichen Fragen betreffen[25]. Die Tatsache, daß eine antragstellende Landesregierung zuvor im Bundesrat dem angegriffenen Gesetz zugestimmt hatte, beraubt sie wegen des objektiven Verfahrenszwecks nicht ihres Antragsrechts[26].

---

17 BVerfGE 1, 396 (407 f.); 2, 307 (312).
18 BVerfGE 1, 208 (219 f)
19 *Häberle*, in: Häberle (Hg.), Verfassungsgerichtsbarkeit (1976), S. 35; *Stern*, Art. 93 Rn. 208. Die Begrenzung der Antragsberechtigung ergibt sich nach BVerfG 68, 346 (349) aus dem Offizialcharakter des abstrakten Normenkontrollverfahrens.
20 *Drath*, VVDStRL 9 (1952), S. 89: „Wachhunde von Verfassung und Gesetz"; *Löwer*, S. 774.
21 Eine Antragspflicht muß wegen der Bindung der Antragsberechtigten an die Verfassung (Art. 20 Abs. 3 GG) dann angenommen werden, wenn sie von der Grundgesetzwidrigkeit einer Norm überzeugt sind.
22 *Ulsamer*, in: BVerfGG-Kommentar, § 76 Rn. 46. – Zur Vertretung im Prozeß vgl. §§ 18, 19 GeschO II BReg.
23 Anders *Stern*, Art. 93 Rn. 211 m.w.N. – Gegen diese Ansicht spricht, daß die Aufgabe der Bundesregierung hier mehr im rechtlichen als im politischen Bereich liegt. Zwar ist richtig, daß das Richtlinienprinzip grundsätzlich das Kabinetts- (und Ressort-) Prinzip beschränkt; dies gilt jedoch nur insoweit, als das GG Kompetenzen nicht ausdrücklich der Bundesregierung als solcher (oder einzelnen Ministern) zugeordnet hat.
24 Z.B. Art. 45 Abs. 2 BW; Art. 43 Abs. 2 Bay; Art. 82 Bbg; Art. 51 NRW; Art. 98 Abs. 1 RhPf; Art. 59 Sachsen.
25 Vgl. etwa BVerfGE 39, 1. – Im übrigen hat eine Landesregierung das Recht, auch das Gesetz eines anderen Landes der Normenkontrolle zu unterwerfen; s.u. N 95.
26 So zu Recht BVerfGE 101, 158 (213). Aus den gleichen Gründen kann auch das Antragsrecht nicht verwirkt werden; BVerfGE 99, 57 (66 f.).

(3) Schließlich ist die Berechtigung, ein abstraktes Normenkontrollverfahren in Gang zu bringen, einem Drittel der Abgeordneten des Deutschen Bundestages übertragen. Damit wird bewußt die Rolle der Opposition aktiviert, der im parlamentarischen Regierungssystem mit seiner engen Verklammerung von Regierung und sie tragender parlamentarischer Mehrheit eine besondere Kontrollfunktion zukommt, die gerade auch in dem hier erörterten Zusammenhang eingesetzt werden kann. Das schon früh geltend gemachte Bedenken[27], dadurch werde der überstimmten Minderheit die Möglichkeit eingeräumt, die politische Auseinandersetzung in das Verfahren vor dem BVerfG zu verlängern, überzeugt wenig. Verletzt das Gesetz wirklich die Verfassung, besteht im Verfassungsstaat kein Grund, diesen Verstoß hinzunehmen. Es ist Sache des BVerfG, darauf zu achten, daß seine Entscheidungen allein an Rechtsargumenten orientiert bleiben.

711 Die Antragsberechtigung einer Minderheit ist nicht eigentlich Ausdruck von Minderheitsschutz[28]. Die Verfassung macht sich nur das besondere Interesse der Minorität daran zunutze, daß das Gesetz, wenn es schon nicht ihren politischen Vorstellungen entspricht, doch wenigstens die grundgesetzlichen Grenzen einhält. Diese Wächterrolle ist übrigens ausdrücklich nicht Fraktionen übertragen, sondern ist an eine nicht unerhebliche Zahl von Abgeordneten geknüpft, die als solche aber selbst eine Verfassungsänderung nicht zu verhindern vermag (vgl. Art. 79 Abs. 2 GG). Die fraktionsüberschreitende Initiative zur Normüberprüfung ist so jedenfalls möglich.

712 Die zur Antragsberechtigung notwendige Mindestzahl der Abgeordneten (ein Drittel) errechnet sich aus der Gesamtzahl der stimmberechtigten Abgeordneten.

Selbst wenn alle Abgeordneten des Bundestages den Normenkontrollantrag stellen (etwa bezogen auf ein Landesgesetz), ist dies kein Akt des Bundestages als solcher, der nach Art. 93 Abs. 1 Nr. 2 GG gar nicht antragsberechtigt ist; allerdings ist dann die Antragsberechtigung, da jedenfalls ein Drittel der Abgeordneten beteiligt ist, ohnehin zu bejahen.

Die das vorgeschriebene Quorum erfüllenden Mitglieder des Bundestages können als Antragsteller nur einheitlich auftreten, ihre Auffassung also auch nur einheitlich artikulieren und sich nur durch dieselben Bevollmächtigten vertreten lassen[29]. Unter dem Schild des einen Antrags können nicht unterschiedliche Auffassungen über die Vereinbarkeit oder Unvereinbarkeit einer Norm mit höherrangigem Recht vertreten werden. Wohl aber ist es grundsätzlich denkbar, daß ein anderes Drittel der Abgeordneten einen eigenen Normenkontrollantrag stellt[30].

713 Das BVerfG hat die Festlegung der Antragsberechtigung durch Art. 93 Abs. 1 Nr. 2 GG zu Recht immer als abschließend verstanden und sich insbesondere geweigert, die politischen Parteien ungeachtet der ihnen anderweitig zugebilligten Verfassungsorganstellung in diesen Kreis einzubeziehen[31]. Für eine erweiternde Auslegung besteht kein Anlaß. Es hat seinen guten Grund, staatlichen, in der Gesamtverantwortung stehenden Organen die

---

27 Vgl. *Lechner*, in: Bettermann/Nipperdey/Scheuner (Hg.), Die Grundrechte, III, 2. Halbbd. (1959), S. 666.
28 In diese Richtung weist aber BVerfGE 68, 346 (349); vgl. auch *Löwer*, S. 774. Wie hier *Söhn* (N 4), S. 298 f.
29 BVerfGE 68, 346 (350).
30 Zur möglichen Verbindung von Anträgen vgl. oben Rn. 190 f.
31 BVerfGE 21, 52 (53 f.); 68, 346 (349); vgl. auch BVerfGE 33, 42 (43 f.). Zur Verfassungsorganstellung der politischen Parteien siehe oben Rn. 457 und unten Rn. 1011.

Initiative zu einer Normenkontrolle zu überlassen[32]. Die notwendige Kontrollfunktion kann von dem einen Drittel der Abgeordneten ausgeübt werden, das antragsberechtigt ist. Daher ist auch ein Antragsrecht der Fraktionen entbehrlich. Entsprechendes gilt im Hinblick auf den Bundesrat: Da schon eine Landesregierung allein das Antragsrecht hat, bedarf es der Initiierung des Verfahrens durch den Bundesrat nicht.

Ob dem Bundespräsidenten *de constitutione ferenda* die Antragsberechtigung einzuräu-   **714** men sei, wird verschiedentlich erörtert[33]. Im Parlamentarischen Rat war dies unter Hinweis auf seine Stellung als *pouvoir neutre* abgelehnt worden[34]. Allerdings ist diese Charakterisierung durchaus zweifelhaft[35]. Im übrigen überzeugt das Argument insoweit nicht, als man dem Bundespräsidenten das Prüfungsrecht gegenüber Bundesgesetzen zugesteht; denn die ihm dadurch eröffnete eigene Entscheidung ist (partei-)politischer Involvierung viel leichter zugänglich als das Antragsrecht im Rahmen des abstrakten Normenkontrollverfahrens. Die Ersetzung des Prüfungsrechts durch das Antragsrecht wäre freilich wenig sinnvoll, da dies dem Bundespräsidenten zumuten würde, das Gesetz erst auszufertigen, um nach seiner Verkündung den Antrag auf Kontrolle durch das BVerfG zu stellen. So spricht im Ergebnis alles dafür, es beim gegenwärtigen Rechtszustand zu belassen, ihn jedoch nicht mit der neutralen Stellung des Bundespräsidenten zu erklären, sondern damit, daß dem Bundespräsidenten ein eigenes (vorläufiges) Prüfungsrecht zusteht; daher bedarf es des Antragsrechts nach Art. 93 Abs. 1 Nr. 2 GG nicht.

Auch den Landesparlamenten oder ihren Abgeordneten ist im Parlamentarischen Rat ein   **715** Bedürfnis, zum Kreis der Antragsberechtigten zu gehören, abgesprochen worden[36]. In der Tat wird man davon ausgehen können, daß die Wächterrolle unter föderalistischem Aspekt effektiver und konstanter von den Landesregierungen wahrgenommen werden kann; nichts steht dagegen, daß entsprechende Aktivitäten im Einzelfall von dem Landesparlament angestoßen werden können. Insgesamt ist daher die Festlegung des Kreises der Antragsberechtigten nach Art. 93 Abs. 1 Nr. 2 GG und § 76 Abs. 1 BVerfGG auch rechtspolitisch nicht zu beanstanden.

Selbständig Antragsberechtigte können einen gemeinsamen Antrag stellen[37]. Anträge   **716** verschiedener Antragsberechtigter können zur gemeinsamen Entscheidung verbunden werden[38]. Für die Begründung des Antrags kann auf andere Anträge Bezug genommen werden[39].

---

32 *E. Klein*, S. 576.
33 Vgl. *Söhn* (N 4), S. 299 N 52.
34 Hauptausschuß, Sten. Prot., S. 462.
35 *Doehring*, Staatsrecht der Bundesrepublik Deutschland (3. Aufl. 1984), S. 152 f.
36 Hauptausschuß, Sten. Prot., S. 462 f. – Landtage sind jedoch gem. § 77 BVerfGG äußerungsberechtigt, vgl. unten Rn. 737. Zur Antragsberechtigung auch der Landesparlamente nach Art. 93 Abs. 1 Nr. 2 a GG, § 76 Abs. 2 BVerfGG siehe unten Rn. 742.
37 Z.B. BVerfGE 61, 149 (162).
38 Z.B. BVerfGE 72, 330 (332 f.). Die Zulässigkeit der Verbindung ist für das Verfahren der abstrakten Normenkontrolle nicht ausdrücklich geregelt, ergibt sich jedoch aus allgemeinen Verfahrensgrundsätzen.
39 BVerfGE 92, 365 (392).

III. Prüfungsgegenstand (Statthaftigkeit)

717 Neben der Antragsberechtigung ist die Geeignetheit des Prüfungsgegenstandes[40] weitere Sachentscheidungsvoraussetzung. Nach Art. 93 Abs. 1 Nr. 2 GG, § 76 Abs. 1 BVerfGG ist nur die Kontrolle von Bundesrecht oder Landesrecht statthaft, d.h. von Normen, die dem Bund oder einem Land zuzurechnen sind.

1. Anwendungsfälle

718 Kontrollierbar ist Bundes- oder Landesrecht jeder Normstufe, da es Zweck des Verfahrens ist, das Grundgesetz bzw. das Bundesrecht vor jeder Beeinträchtigung einer mit dem Anspruch auf rechtliche Verbindlichkeit auftretenden niederrangigen Norm zu schützen. Der Normenkontrolle unterliegen daher ebenso verfassungsändernde Bundesgesetze (wegen Art. 79 GG) wie landesverfassungsrechtliche Vorschriften, einfache Bundes- und Landesgesetze, auch soweit sie – wie Haushaltsgesetze – bloß formelle Gesetze sind, Rechtsverordnungen und Satzungen des Bundes und der Länder (eingeschlossen die kommunale Rechtssetzung), ganz unabhängig davon, ob das Recht vor- oder nachkonstitutionell ist[41].

719 Überprüfbar sind daher auch die Gesetze, mit denen der Bundestag völkerrechtlichen Verträgen nach Art. 59 Abs. 2 GG oder Verträgen mit Bundesländern zustimmt (Vertragsgesetze) oder mit denen die Länderparlamente Staatsverträgen mit anderen Bundesländern oder mit anderen Staaten (vgl. Art. 32 Abs. 3 GG) zustimmen. Der Sache nach wird damit auch die inhaltliche Kontrolle des Vertrages selbst eröffnet. Das ist dort unproblematisch, wo der Vertrag zwischen Partnern abgeschlossen wird, die unter dem Grundgesetz stehen[43]. Entsprechendes gilt aber auch im Hinblick auf völkerrechtliche Verträge, da das Gesetz entweder den Vertrag in staatliches Recht transformiert (Transformationslehre) oder aber – das ist die heute h.L. – den Rechtsanwendungsbefehl erteilt (Vollzugslehre), dessen Bedeutung sich erst durch Rückgriff auf den Inhalt des Vertrages erschließt[43]. Normative Qualität haben auch die Geschäftsordnungen der Verfassungsorgane[44] und die für allgemeinverbindlich erklärten Tarifverträge[45].

---

40 Der Prüfungsgegenstand selbst wird durch den Antrag bestimmt, BVerfGE 93, 37 (65); siehe unten Rn. 751.
41 Vgl. die Kataloge bei *Ulsamer*, in: BVerfGG-Kommentar, § 76 Rn. 20 ff.; *Stern*, Art. 93 Rn. 221 ff. – Zum Maßstab des Art. 79 GG für Verfassungsänderungen vgl. BVerfGE 84, 90 (120 ff.); 94, 12 (33 ff.). – Zur formalen Qualifikation BVerfGE 2, 307 (312 f.). – Nicht zum Landesrecht gehören grundsätzlich die Städtepartnerschaftsabkommen, da ihnen in der Regel keine Rechtsverbindlichkeit zukommt, vgl. *Schnakenberg*, Innerdeutsche Städtepartnerschaften (1989), S. 373 ff.
42 Hier handelt es sich nämlich um Recht der Bundesrepublik Deutschland.
43 Hierzu *R. Geiger*, Grundgesetz und Völkerrecht (2. Aufl. 1994), S. 171 f.; *Bernhardt*, in: BVerfG und GG, II (1976), S. 172. – Es ist verständlich, daß das BVerfG insoweit Zurückhaltung walten läßt; vgl. *Hailbronner*, VVDStRL 56 (1997), S. 11 ff.; *Giegerich*, in: Frowein/Marauhn (Hg.), Grundfragen der Verfassungsgerichtsbarkeit in Mittel- und Osteuropa (1998), S. 501 ff.
44 Auch wenn es sich dabei nicht um autonome Satzungen handelt, wie BVerfGE 1, 144 (148) meint, sondern um auf die Organisationsgewalt der Verfassungsorgane beruhenden Normen, vgl. oben Rn. 104.
45 *Stern*, Art. 93 Rn. 229, 231, 237, 239; *Stuth*, in: Umbach/Clemens, § 76 Rn. 15. Vgl. aber zur Verfassungsbeschwerde gegen Tarifverträge oben Rn. 504 ff.

Sehr umstritten ist bekanntlich die Rechtsnatur der Verwaltungsvorschriften[46]. Hält man **720** sie für Rechtsnormen, sollte allerdings nicht entscheidend sein, daß der Verfassunggeber 1949 eine solche Beurteilung nicht geteilt hat[47]. Das Grundgesetz enthält kein versteinertes Recht; Art. 93 Abs. 1 Nr. 2 GG ist daher funktional, d.h. seinem Schutzzweck entsprechend auszulegen. Ungeachtet bestimmter Außenwirkungen von allgemeinen Verwaltungsvorschriften handelt es sich bei ihnen jedenfalls nicht um Gesetze im Sinne von Art. 20 Abs. 3, 97 Abs. 1 GG[48]; da der Richter deshalb an sie nicht gebunden ist, geht von ihnen eine höheres Recht beeinträchtigende Wirkung nicht in dem Maße aus, daß der durch das abstrakte Normenkontrollverfahren verfolgte Schutzzweck ihre Einbeziehung verlangt.

Da nur das Recht der Bundesrepublik Deutschland überprüfbar ist, scheiden sowohl aus- **721** ländisches als auch früheres DDR-Recht – soweit es nicht nach Maßgabe des Einigungsvertrages als Bundes- oder Landesrecht fortgilt[49] – als taugliche Kontrollgegenstände aus. Der Zuständigkeit des BVerfG unterliegt auch nicht das Besatzungsrecht, das nicht von deutscher Staatsgewalt gesetzt wurde. Dieser – fremde – Rechtsquellencharakter ist auch den noch fortgeltenden besatzungsrechtlichen Normen erhalten geblieben, ungeachtet der Tatsache, daß der deutsche Gesetzgeber nach Aufhebung des Besatzungsregimes (5.5.1955) diese Normen kassieren und durch eigene ersetzen kann, soweit nicht die vertragliche Verpflichtung zu ihrer Aufrechterhaltung im sogenannten Überleitungsvertrag übernommen wurde[50]. Eine etwaige Verpflichtung zum gesetzgeberischen Tätigwerden kann im abstrakten Normenkontrollverfahren nicht durchgesetzt werden[51].

Während die Vertragsgesetze (Art. 23, 24 Abs. 1, 59 Abs. 2 GG) zur Gründung der Euro- **722** päischen Gemeinschaften und der Europäischen Union deutsches Recht und demgemäß geeignete Prüfungsgegenstände sind[52], ist das sekundäre Gemeinschaftsrecht, also die von den Gemeinschaftsorganen gesetzten Rechtsnormen (insbesondere Verordnungen und Richtlinien, Art. 249 EGV) eine vom nationalen Recht zu trennende eigenständige Rechtsordnung (auch wenn sie sich in ihm erheblich auswirkt), die einheitlicher Beurteilung bedarf, weil anders eine europäische Rechtsgemeinschaft nicht begründet und aufrecht erhalten werden kann[53]. Europäisches Gemeinschaftsrecht wird daher für alle Mit-

---

46 Vgl. *Ossenbühl*, in: Erichsen, Allgemeines Verwaltungsrecht (11. Aufl. 1998), § 6 Rn. 41; *Hill*, NVwZ 1989, S. 401 ff.
47 So aber *Stern*, Art. 93 Rn. 251.
48 BVerfGE 78, 214 (227).
49 Das BVerfG weigert sich, Rechtsakte (einschließlich Normen) der DDR am Grundgesetz zu messen (BVerfGE 84, 90 [122 f.]; 97, 89 [98]); diese Ansicht ist dann abzulehnen, wenn diese Rechtsakte nach dem 03.10.1990 zur Anwendung kommen. Für das Vermögensgesetz als Teil des Einigungsvertrages hat das BVerfG den Maßstab des Grundgesetzes anerkannt, BVerfGE 101, 239 (257). Dann muß aber auch das nach Maßgabe des Einigungsvertrags für weiter anwendbar erklärte DDR-Recht überprüfbar sein.
50 Vgl. BVerfGE 15, 337 (346 ff.); 36, 146 (170 ff.). Der Überleitungsvertrag ist auch nach dem 03.10.1990 nicht vollständig aufgehoben worden.
51 Anders *Ulsamer*, in: BVerfGG-Kommentar, § 76 Rn. 34; wie hier *Stern*, Art. 93 Rn. 246. Es bietet sich in diesen Fällen eine Verfassungsbeschwerde gegen den Vollzug aus den besatzungsrechtlichen Rechtsnormen an; vgl. BVerfGE 15, 337 (350).
52 Unstreitig; vgl. *Löwer*, S. 777; BVerfGE 52, 137 (199).
53 EuGH Slg. 1962, 97 (110); 1963, 3 (25); BVerfGE 22, 293 (296); a.A. BVerfGE 89, 155 (175, 188): Wenn das BVerfG in dieser Entscheidung meint, daß die deutschen Grundrechte sich auch prinzipiell dem Gemeinschaftsrecht gegenüber zur Wirkung bringen (anders BVerfGE 58, 1 [27]), stellt sich die Frage, ob nicht dann die Vertragsnormen selbst – und nicht über das Vertragsgesetz – Normenkontrollgegenstand sein

gliedstaaten und ihre Organe verbindlich vom Europäischen Gerichtshof (EuGH) in Luxemburg ausgelegt. Zur Kontrolle des Gemeinschaftsrechts ist das BVerfG schon deshalb nicht zuständig, weil es dem deutschen Recht, auch im Prinzip dem Grundgesetz vorgeht[54] und sich daher dem Schutzzweck dieses Verfahrens (Sicherung der Verfassung) entzieht. Recht, mit dessen Erlaß die Bundesrepublik Deutschland ihrer Verpflichtung zur Umsetzung von gemeinschaftsrechtlichen Richtlinien nachkommt, ist hingegen deutsches Recht und insoweit auch zulässiger Kontrollgegenstand[55]. Das BVerfG kann dieses Recht gleichwohl nicht ohne weiteres am Grundgesetz messen, da es gemeinschaftsrechtlich veranlaßt ist[56]. Allerdings muß nur rechtmäßiges Gemeinschaftsrecht und ihm entsprechendes nationales Recht respektiert werden. Hält das BVerfG umgesetztes deutsches Recht für verfassungswidrig, hat dies nur dann Auswirkungen auf die geprüfte Norm, wenn das BVerfG im Vorlageverfahren nach Art. 234 EGV die Bestätigung des EuGH dafür eingeholt hat, daß die Richtlinie als solche gegen höheres Gemeinschaftsrecht verstößt oder das ausführende deutsche Recht den Inhalt der Richtlinie verfehlt hat[57]. In diesem Fall steht einer Messung der Norm am Maßstab des Grundgesetzes nichts mehr entgegen.

Bejaht der EuGH indessen die Vereinbarkeit der Richtlinie mit dem Primärrecht, einschließlich der allgemeinen Rechtsgrundsätze, die den gemeinschaftsrechtlich relevanten Grundrechtsschutz gewährleisten, und sieht er den gesetzlichen deutschen Umsetzungsakt damit nicht in Widerspruch, so ist eine Verwerfung der Umsetzungsnorm nur über die Überlegung möglich, daß der Gemeinschaftsgesetzgeber sich jenseits der ihm unter anderem durch den deutschen Integrationsgesetzgeber eingeräumten Aktionsmöglichkeiten bewegt hat[58]. Dies ist aber nur über die Beurteilung des Zustimmungsgesetzes und des in ihm angelegten „Integrationsprogramms" realisierbar. Es bleibt nämlich in der Kompetenz des BVerfG, zu prüfen, inwieweit sich die Bundesrepublik Deutschland dem europäischen Gemeinschaftsrecht gemäß Art. 24 Abs. 1 bzw. jetzt Art. 23 GG öffnen durfte[59].

---

können; vgl. *E. Klein*, in: GS E Grabitz (1995), S. 284. In der Tat plädieren *Bleckmann/Pieper*, RIW 1993, S. 977 für eine analoge Anwendung des Art. 93 Abs. 1 Nr. 2 GG. Entsprechende Folgerungen wären für sich in der Bundesrepublik Deutschland (noch) ausweitende Normen des Besatzungsrechts und des DDR-Rechts zu ziehen. – Auch das allgemeine Völkerrecht ist an sich eine vom deutschen Recht getrennte Rechtsordnung, nach Art. 25 Abs. 1 GG aber „Bestandteil des Bundesrechts"; ob es daher insoweit der Normenkontrolle (so *Stern*, Art. 93 Rn. 223) unterfällt, ist jedoch sehr fraglich, jedenfalls bei Anwendung der vom BVerfG gegenüber der Transformationslehre zu Recht bevorzugten Lehre vom Rechtsanwendungsbefehl (BVerfGE 46, 342, 363, 403 f.); dazu Steinberger, in: HStR VII (1992), § 173 Rn. 43 und 61.

54 Zum Vorrang vor einfachem Bundesrecht BVerfGE 31, 145 (174). Den praktischen Vorrang auch vor nationalem Verfassungsrecht (Grundrechten) hat das BVerfG mit der Solange II-Entscheidung von 1986 (BVerfGE 73, 339, bestätigt von BVerfGE 89, 155/175) akzeptiert und seine Gerichtsbarkeit demgemäß faktisch zurückgenommen, solange die von ihm an den gemeinschaftsinternen Grundrechtsschutz gestellten Anforderungen erfüllt sind; vgl. dazu *Hilf*, EuGRZ 1987, S. 1 ff.; *T. Stein*, in: FS Zeidler, II (1987), S. 1711 ff. Zur Rechtfertigung des Anwendungsvorrangs BVerfGE 75, 223 (224 f.). Siehe auch *Benda/Klein*, DVBl. 1974, S. 389 ff. – Die Haltung des BVerfG ist aber nicht klar, da es ausdrücklich nunmehr den deutschen Grundrechtsschutz unmittelbar gegen das Gemeinschaftsrecht wendet, BVerfGE 89, 155 (175).

55 Vgl. den nicht zum Abdruck bestimmten Beschluß des 2. Senats (2. Kammer) vom 12.5.1989 – 2 BvQ 3/89, Umdruck S. 6; Vgl. auch BVerfGE 30, 292 (310).

56 *E. Klein*, VVDStRL 50 (1991), S. 83 f.

57 Insoweit ist *Cremer*, BayVBl. 1999, S. 268, zuzustimmen.

58 Siehe oben Rn. 81.

59 Vgl. BVerfGE 58, 1 (30 f.); 75, 223 (240 ff.); weitergehend BVerfGE 89, 155 (188). – Insgesamt dazu oben Rn. 77 ff.

Einfacher liegt der Fall da, wo der Verfassungsverstoß nicht gemeinschaftsrechtlich be- **723** dingt ist, also der deutsche Gesetzgeber insoweit durchaus hätte verfassungsmäßig handeln können. In Betracht kommt die Verletzung von Kompetenzvorschriften oder die Vornahme gemeinschaftsrechtlich nicht geforderter Grundrechtseinschränkungen. Hier kann ohne weiteres am Maßstab des Grundgesetzes geurteilt werden. Die eventuelle Nichtigerklärung der deutschen Umsetzungsnorm führt zwar, jedenfalls wo sie nicht umgehend repariert wird, zum Verstoß gegen die gemeinschaftsrechtliche Verpflichtung zur fristgemäßen Umsetzung, ist aber gegebenenfalls hinzunehmen[60]. Die durch die Richtlinie gewollten subjektiven Berechtigungen einzelner können unter Umständen aufgrund der unmittelbaren Wirkung der jeweiligen Richtlinienbestimmungen durchgesetzt werden.

2. Kontrolle geltender Normen

Geeigneter Prüfungsgegenstand sind nur rechtlich existente Normen des Bundes- oder **724** Landesrechts. Diese Beschränkung rechtfertigt sich vom Schutzzweck des abstrakten Normenkontrollverfahrens, da noch nicht oder nicht mehr bestehendes Recht grundsätzlich keine Gefahr für die Beachtung höheren Rechts darstellt[61]. Zudem ist zu berücksichtigen, daß der Gesetzgeber zunächst die Überprüfung noch nicht erlassenen Rechts im Weg des Gutachtenverfahrens vor dem BVerfG eröffnet hatte (§ 97 BVerfGG a.F.), also offenbar die präventive Normenkontrolle nicht in das Verfahren der abstrakten Normenkontrolle einbeziehen wollte[62].

Die Existenz einer Rechtsnorm beginnt mit ihrer Verkündung, da mit diesem Akt der le- **725** gislative Vorgang abgeschlossen und der grundsätzliche Geltungsanspruch der Norm manifest wird. Der Zeitpunkt des Inkrafttretens ist demgegenüber nicht entscheidend, er ergibt sich vielmehr bereits aus dem Norminhalt[63]; die Normexistenz ist demgegenüber logisch und zeitlich vorrangig. Mit dem Außerkrafttreten einer Norm erlischt freilich auch ihr Geltungsanspruch. Wo sich aus ihr allerdings immer noch Rechtswirkungen, etwa auf schwebende Verfahren, ergeben, entspricht es dem Schutzzweck des abstrakten Normenkontrollverfahrens, auch eine solche Norm einer Prüfung zu unterziehen[64].

Eine präventive Normenkontrolle läßt das BVerfG ausnahmsweise im Hinblick auf Ver- **726** tragsgesetze zu, mit denen das Parlament dem Abschluß völkerrechtlicher Verträge zustimmt. In diesen Fällen kann das Gesetz bereits nach seinem Zustandekommen (vgl. Art. 78 GG), also vor seiner Ausfertigung und Verkündung geprüft werden[65]. Diese Vorverlagerung der Kontrolle ist sinnvoll und gründet auf den Besonderheiten des zwischen-

---

60 Denkbar ist, daß das BVerfG, um den Vertragsverstoß zu vermeiden, eine gemeinschaftsverträgliche Übergangslösung postuliert; siehe unten Rn. 1357.
61 Ähnlich *Stern*, Art. 93 Rn. 259, 260; anders Holzer, Präventive Normenkontrolle durch das BVerfG (1978), S. 93 ff., 169 ff.
62 *Löwer*, S. 777; *Stuth*, in: Umbach/Clemens, § 76 Rn. 23 m.w.N.
63 BVerfGE 1, 396 (410, 411); 34, 9 (23 f.); 42, 263 (283). – Anders *Löwer*, S. 778.
64 BVerfGE 5, 25 (28); 20, 56 (93 f.). – Zum besonderen Fall der Kontrolle des Haushaltsgesetzes vgl. BVerfGE 79, 311 (326 ff.).
65 Seit BVerfGE 1, 396 (410-413) st. Rspr.; 36, 1 (15). – Dies gilt aber auch für Staatsverträge der Länder gem. Art. 32 Abs. 3 GG. – Zu Überlegungen, insoweit das Gutachtenverfahren wieder zu aktivieren, vgl. *F. Burmeister*, Gutachten des Bundesverfassungsgerichts zu völkerrechtlichen Verträgen (1998), S. 178 ff.

staatlichen Verkehrs. Zwar ist es zutreffend, daß auch die Verkündung des Vertragsgesetzes nicht rechtlich zwingend die völkerrechtliche Ratifikation (Austausch oder Hinterlegung der Ratifikationsurkunde durch den Bundespräsidenten oder seinen Beauftragten) herbeiführt, so daß es an sich durchaus möglich wäre, erst von diesem Zeitpunkt an die Kontrolle zuzulassen, ohne befürchten zu müssen, daß die völkerrechtliche Bindung eintritt, bevor die verfassungsrechtliche Unbedenklichkeit bestätigt wurde. Denn der Bundespräsident ist aus Gründen der Verfassungsorganloyalität verpflichtet, ein solches Prüfungsverfahren nicht zu überspielen. Hieran könnte er auch durch den Erlaß einer einstweiligen Anordnung gehindert werden[66]. Dennoch ist der Auffassung des BVerfG im Ergebnis zu folgen[67]. Es dient der völkerrechtlichen Handlungsfähigkeit des Staates, wenn die politische und rechtliche Überprüfung des von der Regierung ausgehandelten Vertrages in engem zeitlichen Zusammenhang erfolgt, so daß mit der Verkündung des – gebilligten – Vertragsgesetzes die zuständigen Verfassungsorgane über freies Ermessen darüber verfügen, ob und zu welchem Zeitpunkt sie die völkerrechtliche Bindung herbeiführen wollen. Die hierin liegende verfahrensrechtliche Modifikation rechtfertigt sich aus der besonderen Rücksichtnahme des BVerfG, die gegenüber Akten der auswärtigen Gewalt angebracht ist.

IV. Meinungsverschiedenheiten oder Zweifel über die Vereinbarkeit des Prüfungsgegenstandes mit höherrangigem Recht (Antragsgrund)

1. Allgemeines

727 Über die Antragsberechtigung und die Geeignetheit des Prüfungsgegenstandes hinaus ist die Zulässigkeit des Antrags nach Art. 93 Abs. 1 Nr. 2 GG, § 76 Abs. 1 BVerfGG weiter davon abhängig, daß

(1) Meinungsverschiedenheiten oder Zweifel über die förmliche und sachliche Vereinbarkeit mit höherrangigem Recht bestehen müssen und

(2) nicht jede (Un-) Vereinbarkeit mit höherem Recht zur Prüfung des BVerfG gestellt, sondern die Vereinbarkeitsfrage nur im Verhältnis von Bundesrecht zum Grundgesetz und im Verhältnis Landesrecht zum gesamten Bundesrecht aufgeworfen werden kann. Die Einschränkung des Prüfungsmaßstabs wirkt sich notwendig auf die Zulässigkeit des Antrags aus, da nicht beantragt werden darf, worüber das Gericht nicht entscheiden kann.

728 Für die hier erörterte Sachentscheidungsvoraussetzung ist der Begriff der Antragsbefugnis ungeeignet[68], da er zu stark – vgl. auch den Begriff der Klagebefugnis – auf Verfahren des subjektiven Rechtsschutzes bezogen ist. Will man einen eigenen Begriff, bietet sich der des Antragsgrundes an.

---

66 Vgl. BVerfGE 35, 193 und 157. – Insoweit ist die Grundsatzargumentation in BVerfGE 1, 396 (410 ff.) nicht durchgängig überzeugend. Zutreffend *Stern*, Art. 93 Rn. 252; kritisch vor allem auch *Söhn* (N 4), S. 315; *Geiger*, § 76 Anm. 5. – Zum Problem der Rücksichtnahme *Schenke*, Die Verfassungsorgantreue (1977).

67 Vgl. auch *Bernhardt* (N 43), S. 171 f.

68 So aber *Schlaich*, Rn. 122; *Stern*, Art. 93 Rn. 218.

2. „Meinungsverschiedenheiten oder Zweifel"

Offenkundig wird mit diesen Worten an die in Art. 13 Abs. 2 WRV enthaltene Regelung **729** angeknüpft. Ausreichend ist die offen gegensätzlich vertretene Meinung, aber auch bereits eine aufgekommene Unklarheit („Zweifel") über die Vereinbarkeit einer Norm mit höherem Recht[69]. Es wäre allerdings der Funktion des BVerfG nicht angemessen, es mit akademischen oder rein theoretischen Anträgen zu befassen. Eine konkrete Veranlassung, die Vereinbarkeitsfrage dem Gericht zu unterbreiten, ist daher sinnvollerweise zu fordern[70]. Dabei können auch ernst zu nehmende in der wissenschaftlichen Literatur geäußerte Zweifel – ähnlich wie bei Art. 100 Abs. 2 GG – eine solche Veranlassung darstellen[71]. Übertrieben werden sollte dieser Gesichtspunkt nicht; bereits der Kreis der Antragsberechtigten bietet hinreichende Gewähr dafür, daß hier kein Mißbrauch betrieben wird[72].

Art. 93 Abs. 1 Nr. 2 GG enthält keinen Hinweis darauf, daß von den Meinungsverschie- **730** denheiten oder Zweifeln gerade der Antragsteller oder überhaupt die abstrakt Antragsberechtigten erfaßt sein müssen. Es genügt, daß solche Meinungsverschiedenheiten oder Zweifel anderweitig existieren, soweit sich daraus nur die konkrete Veranlassung des Antrags ergibt. Abgestützt wird diese weite, dem Wortlaut des Art. 93 Abs. 1 Nr. 2 GG und dem Verfahrenszweck entsprechende Auslegung durch die Anknüpfung an Art. 13 Abs. 2 WRV und seine Interpretation in der damaligen Zeit[73]. Demgegenüber ist § 76 Abs. 1 BVerfGG eindeutig restriktiver, da er davon ausgeht, daß der Antragsteller selbst[74] die zu prüfende Norm entweder für nichtig[75] oder für gültig halten muß, also selbst Stellung bezieht und nicht die anderweitig bestehenden Meinungsverschiedenheiten oder Zweifel lediglich zum Anlaß der erforderlichen verfassungsgerichtlichen Klarstellung nimmt[76]. Der rechtfertigende Rückgriff auf Art. 94 Abs. 2 Satz 1 GG versagt im Hinblick auf eine materielle Einengung der Antragsvoraussetzungen. Ihr steht auch der Zweck des abstrakten Normenkontrollverfahrens entgegen, in möglichst umfassender Weise die Verfassungsmäßigkeit des Bundesrechts und Bundesrechtsgemäßheit des Landesrechts zu klären und mit dieser „Klärung der verfassungsrechtlichen Lage" der Rechtssicherheit und dem Rechtsfrieden zu dienen[77]. § 76 Abs. 1 BVerfGG wird daher überwiegend für nichtig, je-

---

69 Vgl. *Babel*, Probleme der abstrakten Normenkontrolle (1965), S. 16 ff.
70 BVerfGE 12, 205 (221); *Stern*, Art. 93 Rn. 217.
71 Anders *Fleury*, Rn. 104.
72 *Söhn* (N 4), S. 301; ähnlich *Löwer*, S. 776.
73 Vgl. *Stern*, Art. 93 Rn. 218 m.w.N.; *Anschütz*, Die Verfassung des Deutschen Reiches (14. Aufl. 1933), Art. 13 Anm. 4.
74 Klargestellt durch Änderung vom 16.07.1998 (BGBl. I S. 1823). Freilich wurde diese Ansicht schon zuvor vertreten, vgl. *Babel* (N 69), S. 62 ff. Kritisch zur Änderung *Pestalozza*, JZ 1998, S. 143 f.
75 Die Notwendigkeit für den Antragsteller, die Nichtigkeit der Norm zu behaupten, ist doppelt unangemessen. Zum einen sollte auch die bloße Unvereinbarkeit der Norm mit dem einschlägigen Prüfungsmaßstab geltend gemacht werden können, da das BVerfG u.U. auch nur hierauf erkennen kann (siehe unten Rn. 759, 1267 ff.). Zum andern sollte der Antragsteller auch die Möglichkeit haben, die Verfassungswidrigkeit nur bei bestimmter Auslegung zu behaupten, also auf eine verfassungskonforme Interpretation (siehe unten Rn. 758, 1284 ff.) zu drängen; andernfalls muß er Nichtigkeitsgründe sammeln und bei Mißerfolg vor dem BVerfG entsprechende Auslegungen gegen sich gelten lassen; vgl. dazu *Lerche*, in: FS Jauch (1990), S. 126. *Roth*, NVwZ 1998, S. 563 ff. hält insoweit § 76 Abs. 1 Nr. 2 BVerfGG für anwendbar; ebenso *Rein*, Das Normbestätigungsverfahren, 1991, S. 171.
76 Anders BVerfGE 96, 133 (134).
77 BVerfGE 1, 396 (413).

denfalls für teilnichtig gehalten[78]. Soweit muß man jedoch nicht gehen. Eine plausible Erklärung für den Wortlaut des § 76 Abs. 1 BVerfGG ist, daß er zweifellos die typische Konstellation erfaßt, aus der abstrakte Normenkontrollverfahren entstehen, daß nämlich aus – irgendwelchen – Meinungsverschiedenheiten oder Zweifeln entsprechende Überlegungen des Antragstellers einsetzen, die sich in Richtung Ungültigkeit oder Gültigkeit der fraglichen Norm verdichten. § 76 Abs. 1 BVerfGG erfaßt diesen Normalfall, schließt aber andere Konstellationen nicht aus, deren Lösung in direkter Orientierung an Art. 93 Abs. 1 Nr. 2 GG möglich bleibt[79].

731 Bedenklicher ist eine weitere Diskrepanz. Nach § 76 Abs. 1 Nr. 2 BVerfGG ist – wenn der Antragsteller die zu kontrollierende Norm für gültig hält – der Antrag nur zulässig, wenn ein Rechtsanwendungsorgan die Norm „als unvereinbar mit dem Grundgesetz oder sonstigem Bundesrecht nicht angewendet hat". Die konkrete Veranlassung zur Normenkontrolle wird also insoweit auf eine Situation reduziert, in der die Rechtspraxis bereits beeinflußt wurde. Auch hierin kann man jedoch die Regelung einer typischen zu einem abstrakten Normenkontrollverfahren führenden Konstellation sehen, die freilich nicht abschließend ist[80]. Das BVerfG hat allerdings § 76 Abs. 1 Nr. 2 BVerfGG als auf Art. 94 Abs. 2 S. 1 GG gestützte zulässige Konkretisierung des Art. 93 Abs. 1 Nr. 2 GG angesehen und daher einen Normenkontrollantrag verworfen, weil die zur Prüfung gestellte Norm ohnehin nicht angewandt wurde. Hierbei wird aber zugleich mit dem Gesichtspunkt des notwendigen Klarstellungsinteresses argumentiert[81].

3. Vereinbarkeitsfrage

732 Die wie auch immer ausgelösten Meinungsverschiedenheiten oder Zweifel beziehen sich auf die förmliche und sachliche Vereinbarkeit von Bundesrecht mit dem Grundgesetz oder von Landesrecht mit dem gesamten, das Grundgesetz selbstverständlich einschließenden, Bundesrecht (Art. 93 Abs. 1 Nr. 2 GG). Hieraus folgt zweierlei:

Die Vereinbarkeitsfrage ist – im jeweiligen Verhältnis – umfassend aufgeworfen[82]. Dies bedeutet, daß die Zuständigkeit zum Erlaß der Rechtsnorm, das Normsetzungsverfahren und der Norminhalt auf der Grundlage des Rechts, an dem gemessen wird, zu prüfen sind.

Für diese Prüfung steht nicht jedes höherrangige Recht zur Verfügung, sondern für Bundesrecht (nur) das Grundgesetz und für Landesrecht (nur) das gesamte Bundesrecht[83]. Dies bedeutet, daß auch Bundesrecht unterhalb der Normstufe des einfachen Bundesgesetzes allein am Grundgesetz gemessen werden kann, formelle Bundesgesetze also kei-

---

78 *Söhn* (N 4), S. 301 ff.; *Schlaich*, Rn. 122; *Stern*, Art. 93 Rn. 215. Offengelassen von BVerfGE 1, 184 (196 f.); 6, 104 (109 f.). Pragmatisch *Lerche* (N 75) S. 121 f.

79 Die Entstehungsgeschichte des § 76 BVerfGG deutet freilich eindeutig auf den Willen zur Einschränkung hin, vgl. *Babel* (N 69), S. 64 ff.; die historische Interpretation ist jedoch gegenüber einer funktionalen, Art. 93 Abs. 1 Nr. 2 GG in Betracht ziehenden Auslegung nicht durchschlagend.

80 Kritisch hiergegen *Schlaich*, Rn. 122; *Lerche* (N 75), S. 123 spricht von einem Zwang zur „prozessualen Notlüge".

81 BVerfGE 96, 133 (137 f.); offengelassen von BVerfGE 101, 158 (214); siehe auch unten Rn. 735.

82 BVerfGE 37, 363 (397).

83 BVerfGE 96, 133 (138). – Es ist klar, daß das Maßstabsrecht seinerseits gültig sein muß.

nen Prüfungsmaßstab für darunter stehende Bundesrechtsnormen bilden[84]. § 78 Satz 1 BVerfGG bestätigt dieses Verständnis. Demgegenüber ist § 76 Abs. 1 BVerfGG unklar gefaßt, was sich daraus erklärt, daß er in einem Satz eine unter anderem Aspekt differenzierte Regelung sowohl auf zu kontrollierendes Bundesrecht als auch auf Landesrecht bezieht und der Vorgabe des Art. 93 Abs. 1 Nr. 2 GG damit redaktionell nicht mehr gerecht wird.

Daß Bundesrecht unterhalb des Grundgesetzes für rangniedrigeres Bundesrecht als Maß- **733** stab nicht zur Verfügung steht, ist völlig undramatisch. Dies zeigt sich gerade am Fall der Rechtsverordnung. Ist das Ermächtigungsgesetz verfassungswidrig oder ist die Rechtsverordnung von der Ermächtigungsgrundlage nicht gedeckt, so verstößt die (Bundes-) Rechtsverordnung selbst gegen Art. 80 GG[85]. Sonstige Verstöße gegen höherrangiges (Nicht-Verfassungs-) Recht können im Inzidentverfahren der Fachgerichte aufgefangen werden. Das abstrakte Normenkontrollverfahren ist nicht in jeder Hinsicht die prozessuale Umsetzung der Normenhierarchie[86]. Zwar ist im föderalistischen Bereich die Durchsetzung des Vorrangs des gesamten Bundesrechts wegen Art. 31 GG eine Verfassungsfrage; ihre Behandlung entspricht der Aufgabe eines „Hüters der Verfassung". Innerhalb der bundesrechtlichen Normstufung ist jedoch nur die Respektierung der Verfassung selbst Verfassungsfrage; die Beschränkung des BVerfG hierauf ist funktionsadäquat[87].

Soweit es nach dem Gesagten auf die Vereinbarkeit mit dem Grundgesetz selbst[88] an- **734** kommt, sind Normen des europäischen Gemeinschaftsrechts kein geeigneter Prüfungsmaßstab. Dies gilt auch für die allgemeinen Regeln des Völkerrechts, die keinen Verfassungsrang haben, und für völkerrechtliche Verträge[89]. Als „Bestandteil des Bundesrechts" (Art. 25 GG) oder als mit Anwendungskraft auf der Rangstufe von Bundesgesetzen

---

84 Ebenso *Pestalozza*, S. 125 f.; *Söhn* (N 4), S. 317; *Schlaich*, Rn. 123. Anders: *Rinken*, in: AK, Art. 93 Rn. 27; *Hesse*, Rn. 681; *Detterbeck*, S. 424.

85 *Schlaich*, Rn. 123, unter Hinweis auf *Ulsamer*, in: BVerfGG-Kommentar, § 76 Rn. 41. BVerfGE 101, 1 (31), bezeichnet die Prüfung, ob der Inhalt der Rechtsverordnung in der in Anspruch genommenen gesetzlichen Ermächtigung eine Grundlage findet, als notwendige „Vorfrage" im Verfahren der abstrakten Normenkontrolle von Rechtsverordnungen; nur so lasse sich feststellen, „daß für die Prüfung, ob die Verordnung mit dem Grundgesetz übereinstimmt, ein gültiger Gegenstand gegeben ist. Anders als im konkreten Normenkontrollverfahren nach Art. 100 Abs. 1 GG ist hier ein anderes für diese Entscheidung zuständiges Organ nicht vorhanden (BVerfGE 2, 307 [320 f.])." Im weiteren Verlauf wird die Verordnung aber auch direkt am Zitiergebot des Art. 80 Abs. 1 S. 3 GG gemessen.

86 So aber *Stern*, Art. 93 Rn. 264, der im Verstoß gegen höherrangiges Recht stets das Rechtsstaatsprinzip involviert sieht und somit auch immer das GG als Prüfungsmaßstab heranziehen kann.

87 Dies gilt – trotz des Verfassungsgrundsatzes von der Völkerrechtsfreundlichkeit des GG (vgl. *Vogel*, Die Verfassungsentscheidung des GG für eine internationale Zusammenarbeit (1964)) – auch im Hinblick auf die fehlende Maßstabtauglichkeit völkerrechtlicher Normen für Bundesrecht im abstrakten Normenkontrollverfahren; s. im übrigen gleich im Text.

88 Zwar ist die Staatspraxis (Praxis der Staatsorgane) selbst kein Maßstab, sondern Gegenstand der Prüfung, vgl. BVerfGE 91, 148 (171 f.). Aber sie kann andererseits doch für das Verständnis von Verfassungsnormen aufschlußreich sein, vgl. BVerfGE 62, 1 (38 f.); dazu auch *Rädler*, ZaöRV 58 (1998), S. 634 ff.

89 Vgl. BVerfGE 37, 271 (279); 92, 365 (392). Dem steht auch die besondere Verantwortung des BVerfG für die Völkerrechtswahrung nicht entgegen – vgl. BVerfGE 8, 1 (34); 76, 1 (78) –, da sie sich nur „im Rahmen seiner Gerichtsbarkeit" auswirken kann. Unklar *Geiger*, § 76 Anm. 36. Dies schließt die Berücksichtigung des Völkerrechts bei der Auslegung der Grundgesetznormen selbst natürlich nicht aus; BVerfGE 98, 169 (206). Die Völkerrechtsregeln gehören auch zur verfassungsmäßigen Ordnung (Art. 2 Abs. 1 GG). Die Fachgerichte müssen ihnen bei der Rechtsanwendung Rechnung tragen.

(Art. 59 Abs. 2 GG) versehen, gehören sie aber zum „sonstigen" Bundesrecht und sind daher im Verhältnis zum Landesrecht tauglicher Maßstab.

Problematisch ist, ob die Frage der Vereinbarkeit mit überpositivem Recht zulässigerweise aufgeworfen werden darf. Auch wenn das BVerfG die Existenz solchen Rechts zutreffend bejaht hat, kann es für sich genommen kein Maßstab verfassungsgerichtlicher Prüfung sein, da es sich der nachvollziehbaren Erkenntnis entzieht[90]. Eine bedeutsame Lücke dürfte dadurch nicht entstehen, da das Grundgesetz selbst die entscheidenden Positivierungen (z.B. Menschenwürde; Gleichheitssatz; Art. 79 Abs. 3 GG) vorgenommen hat.

V. Klarstellungsinteresse

735   Im Hinblick auf seine Funktionsfähigkeit hat das BVerfG – über die verfassungsrechtlich geforderten Meinungsverschiedenheiten oder Zweifel hinaus – ein „besonderes objektives Interesse" des Antragstellers an der Klarstellung der Gültigkeit der zur Prüfung bestellten Norm verlangt, das jedoch – entsprechend dem Rang der Antragsteller – durch den Antrag als indiziert gilt[91]. Das BVerfG hat es dabei genügen lassen, daß eine bislang nicht umstrittene, sondern einvernehmlich gehandhabte Norm in Zukunft zu Meinungsverschiedenheiten führen könnte[92]. Nur dieses sehr großzügige Verständnis eines besonderen Klarstellungsinteresses ist mit dem objektiven Charakter des abstrakten Normenkontrollverfahrens vereinbar[93]. Keinesfalls ist ein (subjektives) Rechtsschutzinteresse des Antragstellers erforderlich[94], aber auch kein „besonderes Kontrollinteresse" dahin, daß die Bundesregierung oder ein Drittel der Bundestagsabgeordneten nur solche landesrechtlichen Normen überprüfen lassen dürften, die auf die Rechtsordnung der Bundesrepublik Deutschland insgesamt Auswirkungen haben[95], oder daß eine Landesregierung nur dann Bundesrecht oder Landesrecht zur Kontrolle stellen dürfte, wenn es sich auf die Ordnung des eigenen Landes auswirkt[96]. Entscheidend ist allein das öffentliche Kontrollbedürfnis[97], das sich in aller Regel aus dem Antrag der zu Wächtern der Gesamtordnung bestellten Antragsberechtigten ergibt.

VI. Formvorschriften

736   Der Antrag bedarf der Schriftform und ist zu begründen (§ 23 BVerfGG)[98]. Antragsfristen bestehen nicht[99]; sie wären mit dem objektiven Verfahrenszweck unvereinbar.

---

90 Siehe aber BVerfGE 1, 14 (32 und Leitsatz 27); dazu auch *Ulsamer*, in: BVerfGG-Kommentar § 76 Rn. 36.
91 BVerfGE 6, 104 (110); 39, 96 (106); 52, 63 (80).
92 BVerfGE 39, 96 (106); 101, 1 (30).
93 Enger aber BVerfGE 88, 203 (334 f.); 96, 133 (137 f.) zu § 76 Abs. 1 Nr. 2 BVerfGG.
94 BVerfGE 31, 381 (385); 52, 63 (80); 100, 249 (257 f.). Ein merkwürdiger falscher Zungenschlag aber in BVerfGE 39, 96 (106): „rechtliches Interesse".
95 BVerfGE 73, 118 (150); vgl. auch *Babel* (N 69), S. 51.
96 Eine Landesregierung kann so auch die Prüfung fremden Landesrechts beantragen; BVerfGE 83, 37 (49); ebenso *Söhn* (N 4), S. 306; *Pestalozza*, S. 123; anders *Rinken* (N 84), Art. 93 Rn. 23.
97 *Söhn* (N 4), S. 304.
98 BVerfGE 92, 365 (392) läßt es zu, auf einen anderen Antrag Bezug zu nehmen.
99 BVerfGE 7, 305 (310); 38, 258 (268).

VII. Äußerungsberechtigung

Da das abstrakte Normenkontrollverfahren als objektives Verfahren das Recht (Verfassung) als solches, nicht subjektive Rechtspositionen schützt, besteht kein Bedürfnis für einen Verfahrensbeitritt[100]; §§ 76-79 BVerfGG sehen eine solche Möglichkeit auch nicht vor. Das BVerfG hat daher das Gesuch von acht Bundestagsabgeordneten, die einem bereits von einem Drittel der Abgeordneten des Bundestages gestellten Normenkontrollantrag beitreten wollten, zu Recht für unzulässig gehalten[101]. Obgleich der objektive Charakter des abstrakten Normenkontrollverfahrens hervorgehoben wird, liegt der Schwerpunkt der Begründung allerdings auf dem Hinweis, daß die acht Abgeordneten als solche nicht antragsberechtigt seien und deshalb eine analoge Anwendung der im BVerfGG für andere Verfahrensarten enthaltenen Beitrittsvorschriften nicht in Betracht komme. Hieraus kann man – trotz des apodiktisch gefaßten Leitsatzes[102] – schließen, daß Antragsberechtigte auch in diesem Verfahren zum Beitritt befähigt sein sollen. Diese Ansicht paßt jedoch, wie bereits ausgeführt, nicht zum Charakter des abstrakten Normenkontrollverfahrens. Antragsberechtigte sind indes nicht gehindert, eigene Anträge zu stellen, die mit dem bereits vorliegenden Antrag zu gemeinsamer Verhandlung und Entscheidung verbunden werden können[103]. Denkbar ist aber auch, sich in einen schon vorliegenden Antrag einbeziehen zu lassen, was allerdings die Zustimmung des ursprünglichen Antragstellers voraussetzt[104]. Dem bereits vorliegenden Antrag etwa der Bundesregierung könnte sich eine Landesregierung „anschließen". Einzelne Bundestagsabgeordnete könnten sich gleichfalls nachträglich in den Antrag eines Drittels der Abgeordneten einbeziehen lassen. Hier liegt dann ein einziger – gemeinsamer – Antrag vor, der dem sich später Anschließenden keine selbständige prozessuale Stellung verleiht, wie sie der Beitritt mit sich brächte.

§ 77 Nr. 1 BVerfGG sieht jedoch ein Äußerungsrecht der mit der Normsetzung primär befaßten Verfassungsorgane vor und erlaubt diesen, binnen einer vom Gericht zur Verfahrensbeschleunigung zu bestimmenden Frist zur Vereinbarkeitsproblematik umfassend Stellung zu nehmen und Anregungen auch bezüglich einer Erweiterung des Prüfungsumfangs (§ 78 Satz 2 BVerfGG) zu geben[105]. Dadurch erhalten sie aber nicht die Stellung von Verfahrensbeteiligten und können deshalb weder auf mündliche Verhandlung (§ 25 BVerfGG) verzichten noch Ablehnungsanträge (§ 19 BVerfGG) stellen[106].

Machen die Verfassungsorgane von ihrem Äußerungsrecht fristgerecht Gebrauch, so können – je nach Stellungnahme – durchaus juristische Fronten entstehen, die das abstrakte Normenkontrollverfahren in die Nähe streitiger Verfahren rücken[107]. Diese Entwicklung

737

738

739

---

100 *Ulsamer*, in: BVerfGG-Kommentar, § 77 Rn. 18; *E. Klein*, S. 574.
101 BVerfGE 68, 346. – Ablehnend (Verstoß gegen Gleichheitssatz) *Philipp*, in: FS Mahrenholz (1994), S. 917 ff.; v. *Szczepanski*, JZ 2000, S. 486 ff.
102 „Der Beitritt im Verfahren der abstrakten Normenkontrolle ist nicht statthaft".
103 S. oben bei N 29 und 30.
104 Offen gelassen in BVerfGE 68, 346 (348).
105 BVerfGE 7, 305 (311). – Näher dazu *Frehland*, Die Prozeßsubjekte und ihre Rechte in den Normenkontrollverfahren vor dem BVerfG, Diss. Bonn 1969, S. 20 ff.
106 Vgl. BVerfGE 1, 66 (68); 2, 307 (311 f.). – Beteiligter in diesem Sinn ist jedoch der Antragsteller, vgl. BVerfGE 2, 307 (311 f). Kritisch deshalb unter dem Gesichtspunkt der „Waffengleichheit" *Frehland* (N 105), S. 102 f.
107 Dazu auch *Söhn* (N 4), S. 311; *Löwer*, S. 779; *Schlaich*, Rn. 115.

ist insbesondere bei den großen, auch politisch brisanten Kontrollverfahren zu beobachten gewesen, wie etwa in den Verfahren über den Grundlagenvertrag mit der DDR oder über den Schwangerschaftsabbruch[108]. Dies ist keineswegs negativ zu sehen. Die durch Argumentation und Gegenargumentation ermöglichte vertiefte Prüfung ist der Sache selbst nur förderlich. Anregung und Information dienen der Entscheidungsfindung des BVerfG. Auch die Erweiterung der Äußerungsberechtigung durch § 22 Abs. 4 S. 2 und Abs. 5 GeschO BVerfG (oberste Gerichtshöfe des Bundes und oberste Landesgerichte; Persönlichkeiten mit besonderen Kenntnissen, *amici curiae* [109]) liegt auf dieser Linie. Entsprechendes gilt für § 27 a BVerfGG, wonach das BVerfG sachkundigen Dritten (Einzelpersonen, Verbänden, Interessengruppen) Gelegenheit zur Stellungnahme geben kann[110]; diese Dritte erhalten jedoch dadurch nicht die Stellung von Verfahrensbeteiligten oder Äußerungsberechtigten[111]. All dies darf jedoch nicht zu verfahrensrechtlichen Schlüssen verleiten, die den genuin objektiven Charakter des abstrakten Normenkontrollverfahrens in Frage stellen.

VIII. Das Verfahren nach Art. 93 Abs. 1 Nr. 2 a GG, §§ 13 Nr. 6 a, 76 Abs. 2 BVerfGG

1. Verfahrenszweck

740   Auf Vorschlag der Gemeinsamen Verfassungskommission von Bundestag und Bundesrat ist u.a. durch Änderung des Art. 72 Abs. 2 GG und Einfügung des Art. 75 Abs. 2 GG[112] die Gesetzgebungskompetenz der Länder gestärkt worden. Zum Schutz dieser Gewährleistung ist zeitgleich durch Einfügung des Art. 93 Abs. 1 Nr. 2 a GG eine neue Zuständigkeit des BVerfG begründet worden, die sich jedoch der Sache nach als abstrakte Normenkontrollkompetenz darstellt, freilich im Rahmen der prozessualen Voraussetzungen einige Besonderheiten aufweist[113]. Die Ergänzung des BVerfGG (§ 13 Nr. 6 a, 76 Abs. 2, 77 Nr. 2) hat allerdings einige Zeit in Anspruch genommen[114].

2. Antragsberechtigung

741   Nach den genannten Regelungen sind der Bundesrat, eine Landesregierung oder die Volksvertretung eines Landes antragsberechtigt. Diese Festlegung macht deutlich, daß

---

108   BVerfGE 36, 1; 39, 1; 88, 203.

109   Man kann diese Personen durchaus als amici curiae bezeichnen. Der Begriff entstammt dem common law und bedeutet Freund des Gerichts. Danach ist es nicht am Prozeß beteiligten Dritten gestattet, sich zu Rechtsfragen zu äußern und dem Gericht Tatsachen zur Kenntnis zu bringen, um ihm die Urteilsfindung zu erleichtern; vgl. *Dietzi*, SchwJZ 1985, S. 93; *Haller*, Supreme Court und Politik in den USA (1972), S. 108; *Huebner*, in: Hall (ed.), The Oxford Compendium to the Supreme Court of the United States (1992), S. 31 f.; *Jost* (ed.), The Supreme Court A to Z (2. Aufl. 1998), S. 12, 20. Anders *Zuck*, NJW 1998, S. 3030.

110   BT-Drs. 13/7673, S. 10. § 27 a BVerfGG umfaßt wohl auch § 22 Abs. 5 GeschO BVerfGG und gibt ihm eine gesetzliche Grundlage; anders *Bethge*, in: BVerfGG-Kommentar, § 27 a Rn. 8. Kritisch insgesamt *Pestalozza*, JZ 1998, S. 1040 f.

111   So aber *Zuck*, NJW 1998, S. 3029 f.

112   BGBl. 1994 I S. 3146.

113   Siehe oben Rn. 708.

114   Sie ist erst vier Jahre später erfolgt, BGBl. 1998 I S. 1823.

das hier besprochene Kontrollverfahren dem Schutz der Länder gegenüber einem zu weit ausgreifenden Bundesgesetzgeber dienen soll. Einziges Bundesorgan, das antragsberechtigt ist, ist der Bundesrat, der zwar an der Bundesgesetzgebung mitwirkt (Art. 50 GG), aber bei Einspruchsgesetzen ein Bundesgesetz in der Regel nicht verhindern kann (Art. 78 GG)[115].

Im übrigen sind nur Landesorgane (Regierung, Parlament) antragsberechtigt. Für die Berechtigung der Landesregierung gilt entsprechendes wie im Normalfall der abstrakten Normenkontrolle[116]. Die Berechtigung der Landesparlamente ergibt sich aus dem spezifischen Zweck dieses Verfahrens, gerade den gesetzgeberischen Kompetenzbereich des Landes gegenüber einem zu stark von seiner konkurrierenden Gesetzgebungskompetenz Gebrauch machenden Bund zu schützen. Die Grundlage des Antrags der Volksvertretung muß ein sich im einzelnen nach Landesverfassungrecht richtender parlamentarischer (Mehrheits-) Beschluß sein[117].   **742**

3. Prüfungsgegenstand (Statthaftigkeit)

Gegenstand der durch den Antrag eines Berechtigten initiierten Prüfung des BVerfG kann nur ein Bundesgesetz sein, da die in diesem Verfahren zur Verfügung stehenden Prüfungsmaßstäbe (Art. 72 Abs. 2, 75 Abs. 2 GG) nur für Bundesgesetze einschlägig sind. § 76 Abs. 2 BVerfGG enthält also insoweit nur eine selbstverständliche Präzisierung des Wortlauts von Art. 93 Abs. 1 Nr. 2 a GG. Bei dem Bundesgesetz kann es sich auch um ein Gesetz handeln, mit dem die Umsetzung einer EG-Richtlinie betrieben wird. Da Art. 75 Abs. 1 und 105 Abs. 2 GG auf Art. 72 Abs. 2 GG verweisen, sind auch Rahmen- und Steuergesetze in diesem Verfahren überprüfbar[118].   **743**

4. Antragsgrund

Art 93 Abs. 1 Nr. 2 a faßt gegenüber Art. 93 Abs. 1 Nr. 2 GG den Antragsgrund enger, indem nur Meinungsverschiedenheiten – nicht schon Zweifel – über die Vereinbarkeit eines Bundesgesetzes mit Art. 72 Abs. 2 GG für ausreichend erachtet werden. Es muß sich also um einen konkretisierten Dissens handeln[119]. § 76 Abs. 2 BVerfGG engt diese Vorgabe nun noch weiter ein. So wird nur ein Antrag zugelassen, mit dem die Nichtigkeit des Gesetzes wegen Verstoßes gegen die Voraussetzungen des Art. 72 Abs. 2 GG geltend gemacht wird; nicht einbezogen wird die vom Wortlaut des Art. 93 Abs. 1 Nr. 2 a GG durchaus gedeckte Möglichkeit, daß im Rahmen der Meinungsverschiedenheiten ein Antragsberechtigter das Gesetz für gültig hält. Angesichts des Schutzzwecks der Norm ist   **744**

---

115 Man wird angesichts der objektiven Natur des Normenkontrollverfahrens annehmen müssen, daß der Bundesrat seine Antragsberechtigung auch dann nicht verliert, wenn er zuvor dem Gesetz zugestimmt oder keinen Einspruch erhoben hatte; vgl. BVerfGE 101, 158 (213).

116 Siehe oben Rn. 710.

117 Vgl. *Rybak/Hofmann*, NVwZ 1995, S. 234.

118 Dazu BT-Drs. 13/7673, S. 12.

119 Weitergehend *Aulehner*, DVBl. 1997, S. 984.

dies zwar nicht sehr wahrscheinlich, aber auch nicht ausgeschlossen; so können sich in diesem Bereich durchaus Meinungsverschiedenheiten zwischen dem Bundesrat (Mehrheit) und einzelnen Ländern auftun. Man wird daher auch hier – wie bei § 76 Abs. 1 BVerfGG[120] – zu dem Ergebnis kommen müssen, daß § 76 Abs. 2 BVerfGG nur den Hauptfall regelt, weitergehende, um die Bestätigung der Gültigkeit der Norm ersuchende Anträge aber nicht ausschließt[121]; Art. 94 Abs. 2 GG ermächtigt nicht dazu, den sachlichen Anwendungsbereich der grundgesetzlichen Zuständigkeitsnorm (Art. 93 Abs. 1 Nr. 2 a GG) zu beschneiden.

745 In Parallele zu § 76 Abs. 1 BVerfGG wird ferner in Abs. 2 verlangt, daß es gerade der konkrete Antragsteller ist, der das Gesetz für nichtig hält; der Wortlaut des Art. 93 Abs. 1 Nr. 2 a GG sieht diese Beschränkung nicht zwingend vor, läßt vielmehr offen, zwischen wem die Meinungsverschiedenheiten bestehen. Man wird auch insoweit die Verfassungsmäßigkeit dieser die grundgesetzliche Vorschrift einschränkenden Gesetzesbestimmung mit der oben angestellten Überlegung retten können, das hier nur eine den praktischen Hauptfall betreffende Regelung erfolgen sollte[122].

746 § 76 Abs. 2 2. HS BVerfGG enthält andererseits auch eine auf den ersten Blick erstaunliche Erweiterung gegenüber Art. 93 Abs. 1 Nr. 2 a GG; so kann ein Antrag gleichfalls darauf gestützt werden, daß der Antragsteller das Bundesgesetz wegen Verstoßes gegen Art. 75 Abs. 2 GG für nichtig hält. Nach dieser Vorschrift dürfen Rahmenvorschriften nur in Ausnahmefällen in Einzelheiten gehende oder unmittelbar geltende Regelungen enthalten. Offenbar will diese Vorschrift ebenso wie Art. 72 Abs. 2 GG die Aushöhlung der Landesgesetzgebungskompetenzen verhindern. Eine prozessuale Gleichbehandlung liegt also nahe. Prozeßökonomische Überlegungen allein reichen freilich nicht aus, eine Zuständigkeit des BVerfG, die ja insoweit in Art. 93 Abs. 1 Nr. 2 a GG nicht vorgesehen ist, zu begründen. Der Gesetzgeber hat sich zur Rechtfertigung daher auf Art. 93 Abs. 2 GG gestützt[123]. Diese Vorschrift setzt allerdings eine Kompetenzzuweisung voraus, die deshalb fehlen könnte, weil sie weder in Art. 93 Abs. 1 Nr. 2 a GG noch in § 13 Nr. 6 a BVerfGG auftaucht. Allerdings weist § 13 Nr. 15 BVerfGG auf sonstige in Bundesgesetzen enthaltene Zuweisungen hin; im vorliegenden Fall kann die auch materielle Zuweisung § 76 Abs. 2 2. HS BVerfGG selbst entnommen werden[124].

5. Äußerungsberechtigung

747 In der hier untersuchten Variante des abstrakten Normenkontrollverfahrens ist allen am Gesetzgebungsverfahren in Bund und Ländern unmittelbar beteiligten Organen (mit Ausnahme des Bundespräsidenten) Gelegenheit zur Stellungnahme zu geben: Bundestag, Bundesrat, Bundesregierung einerseits, den Volksvertretungen und Regierungen der Länder andererseits (§ 77 Nr. 2 BVerfGG). Damit ist eine umfassende, tatsächliche und recht-

---

120 Siehe oben bei Rn. 730, 731.
121 Ebenso *Sturm*, in: Sachs, GG-Kommentar, Art. 93 Rn. 51.
122 Siehe oben Rn. 730.
123 BT-Drs. 13/7673, S. 12.
124 Eine andere Erklärung gibt *Zuck*, NJW 1998, S. 3029.

liche Erörterung des Verfahrensgegenstandes möglich. Das BVerfG setzt den Äußerungsberechtigten eine angemessene Frist[125].

6. Verhältnis der beiden Verfahrensvarianten

Die beiden Formen des abstrakten Normenkontrollverfahrens stehen in einem sich ergän-   **748**
zenden Verhältnis. Es spricht nichts dafür, Art. 72 Abs. 2 und 75 Abs. 2 GG als Prüfungsmaßstäbe im „normalen" abstrakten Normenkontrollverfahren (§ 76 BVerfGG)
auszuschließen[126]. Im übrigen kann eine Überschneidung nur auftreten, wenn eine Landesregierung den Antrag auf Nichtigerklärung eines Bundesgesetzes wegen Verstoßes gegen Art. 72 Abs. 2 und 75 Abs. 2 GG stellt, da nur sie in beiden Verfahren antragsberechtigt ist. Die Landesregierung verfügt insoweit über ein Wahlrecht, ob sie die Zuständigkeit des BVerfG nach Art. 93 Abs. 1 Nr. 2 oder Nr. 2 a GG in Anspruch nehmen will[127].
Ist der Bundesrat oder ein Landesparlament Antragsteller, kommt ohnehin nur ein Verfahren nach § 76 Abs. 2 BVerfGG in Betracht. Dann kann allerdings die Frage auftauchen,
ob neben die (primäre) Rüge eines Verstoßes gegen Art. 72 Abs. 2, 75 Abs. 2 GG noch
weitere Verfahrensrügen treten können. Angesichts des klaren Wortlauts wird man dies
verneinen müssen; rügt eine Landesregierung mehrere Verfassungsverletzungen, wird
man trotz Berufung auf Art. 93 Abs. 2 Nr. 2 a GG von einem normalen abstrakten Normenkontrollantrag ausgehen können (*falsa demonstratio non nocet*). Die Beschränkung
des Rügepotentials in § 76 Abs. 2 BVerfGG auf Art. 72 Abs. 2 und 75 Abs. 2 GG beschränkt ensprechend auch den Prüfungsmaßstab des BVerfG; andere Verfassungsbestimmungen können nur insoweit herangezogen werden, als diese für das Verständnis der
erwähnten Grundgesetzbestimmungen, auch im Sinne der Beantwortung einer Vorfrage,
notwendig sind[128].

Das Problem einer Konkurrenz zwischen diesen beiden Normenkontrollen wird freilich   **749**
auch schon deshalb gering sein, weil es nicht danach aussieht, als ob von § 76 Abs. 2
BVerfGG häufig Gebrauch gemacht werden würde. Bisher ist ein Verfahren nicht anhängig gemacht worden. Trotz Verstärkung des Gesetzgebungsschutzes der Länder in Art. 72
Abs. 2 wird auch für seine Neufassung ein der gerichtlichen Überprüfung weithin entgegenstehendes, aus seiner gesamtstaatlichen Verantwortung abgeleitetes politisches Ge-
staltungsrecht des Bundes betont[129]. Wegen Art. 72 Abs. 3 GG dürfte sich der Anwendungsbereich von Art. 93 Abs. 1 Nr. 2 a GG, § 76 Abs. 2 BVerfGG auch auf den Fall reduzieren, daß ein Bundesgesetz bei seinem Erlaß die Voraussetzungen des Art. 72 Abs. 2
GG negiert hat, hingegen wird nicht der Fall erfaßt, daß die dort verlangte Erforderlich-
keit einer bundesgesetzlichen Regelung nachträglich verlorengeht[130].

---

125 Vgl. auch oben zu Rn. 737-739.
126 Ebenso *Schmehl*, DÖV 1996, S. 729; *Sannwald*, NJW 1994, S. 3318 f.
127 Wohl ebenso *Müller*, Auswirkungen der Grundgesetzrevision von 1994 auf die Verteilung der Gesetzge-
     bungskompetenzen zwischen Bund und Ländern (1996), S. 64.
128 Man kann hier auf die Ausführungen zu § 91 BVerfGG verweisen; siehe oben Rn. 700.
129 Vgl. *Degenhart*, in: Sachs, GG-Kommentar, Art. 72 Rn. 10; skeptisch auch *Schmehl*, DÖV 1996, S. 731;
     Aulehner, DVBl. 1997, S. 985.
130 Unentschieden *Pestalozza*, JZ 1998, S. 1045.

IX. Prüfungsumfang und Entscheidungsbefugnis

1. Entscheidung bei Unzulässigkeit

750   Sind die Sachentscheidungsvoraussetzungen nicht gegeben, ist der Antrag zu verwerfen[131]. Andernfalls ist in die Sachprüfung einzutreten.

2. Bedeutung des Antrags für die Sachprüfung

751   Der Prüfungsumfang und zugleich der zur Verfügung stehende Maßstab werden zunächst durch den Antrag bestimmt, der die Norm oder Normen, möglicherweise ein ganzes Gesetz oder eine ganze Verordnung bezeichnet[132], die zur Prüfung gestellt werden. Allerdings hat der Antrag insoweit keine exklusive Wirkung; Beschränkungen können sich jedoch aus den gesetzlichen Normen (§ 76 Abs. 2 BVerfGG) ergeben.

Das BVerfG erstreckt nämlich seine Prüfung auf weitere, nicht vom Antrag erfaßte Bestimmungen desselben Gesetzes, soweit die zur Prüfung gestellten Vorschriften „im Zusammenhang mit, insbesondere in Abhängigkeit von anderen Vorschriften" stehen[133]. Die – umstrittene – Rechtsgrundlage hierfür bietet § 78 S. 2 BVerfGG, da die Möglichkeit[134] zur Nichtigerklärung solcher Vorschriften deren Prüfung voraussetzt.

752   Das BVerfG hält diese Bestimmung für „unbedenklich"[135]. Obgleich § 78 S. 2 BVerfGG von der Notwendigkeit eines verfahrenseinleitenden Antrags keine grundsätzlichen Abstriche macht, wird der Grundsatz *ne ultra petita* doch durchbrochen und damit – wenngleich auf dasselbe Gesetz und dieselben rechtlichen Erwägungen beschränkt – die Prüfungsreichweite des BVerfG sachlich erweitert. Mit dem objektiven Verfahrenszweck der abstrakten Normenkontrolle kann dies ebensowenig gerechtfertigt werden wie mit prozeßökonomischen Erwägungen[136]. Daher versagt auch die Ermächtigung des Art. 94 Abs. 2 GG. Übrig bleibt nur die Ermächtigung in Art. 93 Abs. 2 GG, der es dem einfachen Gesetzgeber erlaubt, dem BVerfG zusätzliche Kompetenzen zu übertragen. Da die Schranke des Antragsprinzips zwar durchbrochen, aber nicht beseitigt und die mögliche Ausweitung der Prüfung ihrerseits eingegrenzt ist[137], ist § 78 S. 2 BVerfGG verfassungsrechtlich noch hinnehmbar[138].

„In den Strudel" der – negativen – Prüfung durch das BVerfG geraten vom Antrag nicht erfaßte Bestimmungen eines Gesetzes auch dann, „wenn die nichtigen Bestimmungen

---

131   Vgl. BVerfGE 96, 133.
132   Vgl. *Geiger*, § 78 Anm. 5; BVerfGE 86, 148 (210 f.); 93, 37 (65); 95, 243 (248).
133   BVerfGE 39, 96 (106); bestätigt in BVerfGE 40, 296 (309 f.). – Die Prüfungserstreckung kann auch auf Anregung eines Äußerungsberechtigten gem. § 77 BVerfGG erfolgen, vgl. BVerfGE 7, 305 (306, 310 f.).
134   Es handelt sich um eine Vorschrift, die dem BVerfG pflichtgemäßes Ermessen einräumt, *Ulsamer*, in: BVerfGG-Kommentar, § 78 Rn. 25; *Lechner/Zuck*, § 78 Rn. 6.
135   BVerfGE 4, 178 (186); 4, 387 (398). Zur analogen Anwendung siehe oben Rn. 171.
136   Kritisch auch *Söhn* (N 4), S. 308.
137   Neben den Erfordernissen desselben Gesetzes und derselben verfassungsrechtlichen Erwägung kommt hinzu, daß eine Vereinbarkeitsfeststellung im Hinblick auf andere als die zur Prüfung gestellten Normen nicht zulässig ist; ebenso *Wolf*, DVBl. 1966, S. 888; *Geiger*, § 78 Anm. 5.
138   Im Ergebnis wie hier *Stern*, Art. 93 Rn. 296-298; *Detterbeck*, S. 422; a.A. *Rinken* (N 84), Art. 93 Rn. 28; *Sturm*, in: *Sachs*, GG-Kommentar, Art. 93 Rn. 49.

mit den übrigen so verflochten sind, daß sie eine untrennbare Einheit bilden, die nicht in ihre einzelnen Bestandteile zerlegt werden kann" oder wenn diese anderen – an sich verfassungsmäßigen – Bestimmungen für sich allein „keine selbständige Bedeutung haben". Die Erstreckung der Prüfung ist in diesen Fällen logisch und nicht zu beanstanden[139].

Das BVerfG hat jedoch andererseits im Hinblick auf den Antrag Einschränkungen vorgenommen. Wird ein Gesetz insgesamt für nichtig gehalten, richtet sich die Begründung aber nur gegen einzelne für zentral gehaltene Bestimmungen, aus deren Nichtigkeit des engen Zusammenhangs wegen die Nichtigkeit des ganzen Gesetzes folge, so prüft das BVerfG andere als die zentralen und ausdrücklich gerügten Vorschriften nur, wenn es die Nichtigkeit der zentralen Bestimmungen bestätigt und den Zusammenhang für gegeben hält[140]. Begründet wird dies damit, daß es über die übrigen Vorschriften andernfalls keine „Meinungsverschiedenheiten oder Zweifel" im Sinne des Art. 93 Abs. 1 Nr. 2 GG gebe. Diese Begründung ist freilich so nicht haltbar. Wäre dem BVerfG zu folgen, so wäre der Antrag in seinem überschießenden Teil („insoweit") unzulässig, da eine Sachentscheidungsvoraussetzung nicht vorliegt. Das BVerfG hatte indessen die Zulässigkeit des auf Nichtigerklärung des ganzen Gesetzes gerichteten Antrags zuvor bejaht. Erst die durchgeführte sachliche Prüfung kann ergeben, ob die ausdrücklich gerügten Vorschriften verfassungswidrig sind und wie es mit dem Zusammenhang bestellt ist. Die Feststellung der Verfassungsmäßigkeit oder des fehlenden Zusammenhangs kann aber nicht auf die Zulässigkeit des Antrags zurückwirken. Tatsächlich dürfte es sich hier um eine – in der Sache nicht unvernünftige, auf die in Anspruch genommene Verfahrensherrschaft des BVerfG[141] zurückgeführte – Einschränkung des Verfahrensgegenstandes handeln[142], die jedenfalls unter dem kompetentiellen Aspekt- immerhin weniger bedenklich ist als eine Erweiterung. Es liegt in der Hand der Antragsberechtigten, die von der Prüfung ausgeklammerten Normen erneut und mit eigener Begründung kontrollieren zu lassen. **753**

Die Bedeutung des Antrags beschränkt sich auf seine Anstoßfunktion, die dem BVerfG den Fallzugang eröffnet. Der Antragsteller kann daher über den Fortgang des Verfahrens nicht verfügen. Die Einschränkung der Dispositionsmaxime ist eine Folge des objektiven Verfahrensgegenstandes und -zwecks. Die verfahrensbeendende Wirkung einer Antragsrücknahme[143] hat das BVerfG daher davon abhängig gemacht, daß keine Gründe des öffentlichen Interesses für die Fortführung des Verfahrens sprechen[144]. Da bislang solche Gründe nie vorlagen, ist das Defizit ihrer inhaltlichen Bestimmung nicht deutlich geworden. Da die Antragsteller aber ihrerseits als Wächter des Gesamtwohls tätig werden – **754**

---

139 Vgl. BVerfGE 8, 274 (301); 57, 295 (334); 82, 159 (189). – Zustimmend *Stern*, Art. 93 Rn. 300, 301.

140 BVerfGE 73, 118 (151).

141 BVerfGE 68, 346 (351); vgl. oben Rn. 114 ff., 169 ff.

142 Ähnliche Erwägungen stellt das BVerfG im Rahmen der konkreten Normenkontrolle und der Verfassungsbeschwerde an, siehe unten Rn. 861, 893.

143 Das BVerfG kann aber von sich aus – ist der Antrag zulässig – das Verfahren nicht wegen fehlenden öffentlichen Interesses einstellen.

144 BVerfGE 1, 396 (414); 77, 345; 87, 152 (153); BVerfG, Beschl. v. 17.06.1999 – 2 BvF 1/97 –. Ablehnend *Schmitz*, Die Bedeutung der Anträge für die Einleitung und Beendigung des Verfassungsprozesses (Diss. München 1968), S. 69 ff.; *Friesenhahn*, in: Mosler (Hg.), Verfassungsgerichtsbarkeit in der Gegenwart (1962), S. 125; kritisch auch *Lechner/Zuck*, § 76 Rn. 15. – Die In Betracht kommenden „öffentlichen Interessen" dürfen nicht politischer, sie müssen vielmehr verfassungsrechtlicher Art sein; das BVerfG steht hier unter Begründungszwang; dazu *Bertrams*, in: FS Stern (1997), S. 1034.

eben deshalb sind sie ja antragsberechtigt –, kommt ihrer Antragsrücknahme durchaus Bedeutung zu. Es müssen also erhebliche, für die Verfassungsordnung wichtige Fragen aufgeworfen sein, wenn die Antragsrücknahme nicht zur Einstellung des Verfahrens führen soll. Auch ein Antrag, das Verfahren ruhen zu lassen, ist möglich, wenn nicht das öffentliche Interesse eine Fortführung des Verfahrens gebietet. Insofern wendet das BVerfG die Grundsätze zur Zurücknahme des Antrages entsprechend an[145].

755   Die zur Kontrolle des BVerfG gebrachten Normen sind schließlich nach ständiger Rechtsprechung des BVerfG unter allen rechtlichen Gesichtspunkten zu prüfen[146]. Hierzu kann auf § 78 S. 1 BVerfGG verwiesen werden[147]. Die eigentliche Begründung folgt aber aus dem sich in der genannten Vorschrift freilich widerspiegelnden Schutzzweck des abstrakten Normenkontrollverfahrens selbst. Zu beachten ist dabei jedoch, daß es zur Bestimmung des Prüfungsmaßstabs auf die zu prüfende Norm ankommt[148]; sie wird aber durch den Antrag individualisiert. Rechtspolitisch sinnvoll wäre es freilich, das BVerfG für zuständig zu erklären, aus der Fülle des einschlägigen Maßstabsrechts auszuwählen und nur in dieser Hinsicht die Kontrolle vorzunehmen. Dies gilt insbesondere dann, wenn das ganze Bundesrecht (!) gegenüber Landesrecht Prüfungsmaßstab ist[149].

3. Entscheidung bei Vereinbarkeit oder Nichtvereinbarkeit

756   Führt der Antrag nicht zu dem vom Antragsteller angenommenen Ergebnis, weil das BVerfG seiner Ansicht von der Verfassungswidrigkeit/Bundesrechtswidrigkeit der kontrollierten Norm nicht folgt oder anders als der Antragsteller zum Ergebnis der Verfassungswidrigkeit/Bundesrechtswidrigkeit gelangt, kommt eine Zurückweisung des Antrags nicht in Betracht. Grund hierfür ist, daß die im Verfahren der abstrakten Normenkontrolle ergehende Entscheidung Gesetzeskraft hat und zu veröffentlichen ist (§ 31 Abs. 2 BVerfGG) und deshalb einen aus sich heraus verständlichen Inhalt haben muß[150]. Insofern ist jedoch zu unterscheiden, ob das BVerfG zur Vereinbarkeit oder Unvereinbarkeit der geprüften Norm mit dem Maßstabsrecht gelangt.

757   a) § 78 BVerfGG sieht keine ausdrückliche Regelung des Vereinbarkeitsfalles vor, doch folgt sie aus allgemeinen Erwägungen. Weil das BVerfG die Vereinbarkeit von Bundesrecht mit dem Grundgesetz und die von Landesrecht mit dem gesamten Bundesrecht, einschließlich des Grundgesetzes, zu prüfen hat, kann es eine entsprechende – gesetzeskraftfähige – Feststellung vornehmen („das Gesetz … bzw. §§ 3 Abs. 1 und 4 des Gesetzes vom … sind mit dem Grundgesetz/mit dem Grundgesetz und sonstigem Bundesrecht ver-

---

145   BVerfGE 89, 327 (328).

146   BVerfGE 1, 14 (41); 7, 305 (311); 101, 239 – Dies gilt allerdings nicht im Anwendungsbereich des § 76 Abs. 2 BVerfGG; siehe oben Rn. 743.

147   BVerfGE 1, 14 (41).

148   Siehe oben im Text bei N 84.

149   Solche Eingrenzungen nimmt das BVerfG bereits im Rahmen der konkreten Normenkontrolle vor, vgl. z.B. BVerfGE 7, 183; 51, 43 (44), wozu es aufgrund der besonderen Voraussetzungen dieses Verfahrens für zuständig erachtet werden kann. Vgl. auch *Stern*, Art. 93 Rn. 316 f., der aber nicht differenziert. – Zur Beschränkung der Nachprüfung des BVerfG im abstrakten Normenkontrollverfahren vgl. BVerfGE 100, 249 (263).

150   *Geiger*, § 78 Anm. 2; *Söhn* (N 4), S. 318.

einbar")[151]. Zunächst hatte das BVerfG weiter differenziert. Da es der Ansicht war, im Falle der Prüfung von Bundesrecht könne es alle denkbaren Nichtigkeitsgründe nachprüfen, meinte es, bei Vereinbarkeit auch zur positiven Feststellung der Gültigkeit der kontrollierten Norm verpflichtet zu sein[152]. Allerdings ist diese Prämisse unzutreffend, da auch Bundesrecht nicht – auch nicht ein formelles Bundesgesetz – an jedem höherrangigen Recht gemessen wird[153]. Ein generelles Gültigkeitstestat kann das BVerfG also gar nicht aussprechen. Die Rechtsprechung verfährt inzwischen auch so[154]. Im Hinblick auf geprüfte Landesrechtsnormen war von Anfang an klar, daß ihre allgemeine Gültigkeit auch bei Vereinbarkeit mit dem ganzen Bundesrecht nicht bestätigt werden konnte, da immer noch ein zur Ungültigkeit führender Verstoß gegen höherrangiges Landesrecht denkbar bleibt, dessen Heranziehung als Prüfungsmaßstab dem Bundesverfassungsgericht versagt ist[155].

Nicht selten wird die Feststellung der Vereinbarkeit im Wege der verfassungskonformen Auslegung relativiert. Der Entscheidungstenor lautet dann, daß die geprüfte Norm in der sich aus den Gründen ergebenden Auslegung (oder nach Maßgabe der Entscheidungsgründe) mit dem Grundgesetz vereinbar ist[156]. Eine andere Form der Relativierung besteht in der Praxis der sogenannten Appellentscheidungen. Sie sind dadurch charakterisiert, daß das Gericht im Zeitpunkt seiner Entscheidung gerade noch nicht die Unvereinbarkeit mit dem Maßstabsrecht feststellen kann, aber der Auffassung ist, daß der Zeitpunkt der Unvereinbarkeit nahe bevorsteht und der Gesetzgeber deshalb zum Tätigwerden verpflichtet sei[157]. **758**

b) Hält das BVerfG die kontrollierte Norm mit dem Maßstabsrecht für unvereinbar, so erklärt es sie für nichtig[158]. Damit zieht § 78 S. 1 BVerfGG eine mögliche, aber nicht rechtslogisch zwangsläufige Konsequenz aus dem festgestellten Widerspruch zu einer höheren Norm[159]. Diese positivrechtliche Folge der Unvereinbarkeit mit höherrangigem Recht wird denn auch vom BVerfG keineswegs ungebrochen praktiziert. Eine erste Modifikation besteht darin, daß die Norm nur im Hinblick auf die (Nicht-) Subsumierbarkeit eines Sachverhaltes („soweit") für nichtig erklärt wird[160]. Weiter geht das Gericht, wenn es von Nichtigerklärung überhaupt absieht und sich mit der Feststellung der Unvereinbarkeit begnügt[161]. **759**

---

151 Vgl. z.B. BVerfGE 37, 363 (364, 367). In BVerfGE 73, 118 (120 f.) wird bezüglich des niedersächsischen Landesrundfunkgesetzes nur die Vereinbarkeit mit dem GG bescheinigt, offenbar deshalb, weil anderes Bundesrecht überhaupt nicht einschlägig war.
152 BVerfGE 1, 14 (20, 64 f.).
153 Z.B. die allgemeinen Regeln des Völkerrechts nach Art. 25 GG; siehe oben Rn. 734. Das höherrangige europäische Gemeinschaftsrecht macht entgegenstehendes nationales Recht nicht ungültig, sondern nur unanwendbar; BVerfGE 31, 145 (174).
154 Dies übersieht *Rinken*, in: AK, Art. 93 Rn. 29.
155 BVerfGE 1, 14 (64). Siehe auch oben Rn. 46 ff.
156 Vgl. z.B. BVerfGE 36, 1 (2); 39, 96 (97). Zur verfassungskonformen Auslegung selbst BVerfGE 2, 266 (282) und 54, 277 (299 f.); ferner *Hesse*, Rn. 79 ff.; *Stern*, Art. 93 Rn. 321.
157 Vgl. z.B. BVerfGE 43, 291 (321); 73, 118 (121, 172 ff.). Zum Problem *E. Klein*, S. 434; *Stern*, Art. 93 Rn. 319. Siehe auch unten Rn. 1289 ff.
158 Z.B. BVerfGE 1, 14 (20); 8, 104 (105); 73, 118 (119).
159 Dazu unten Rn. 1246 f. – Nicht eindeutig *Stern*, Art. 93 Rn. 271: „rechtslogisch konsequent".
160 Vgl. etwa BVerfGE 39, 1 (2); 73, 118 (120, Ziff. 2); 86, 148 (151). Zu dieser Feststellung der „qualitativen Teilnichtigkeit" vgl. *Sachs*, DVBl. 1979, S. 390 ff., und unten Rn. 1274.
161 Vgl. z.B. BVerfGE 73, 118 (120, Ziff. 3).

Die gesetzliche Grundlage hierfür findet sich zwar nicht in § 78 BVerfGG, kann aber § 79 Abs. 1, § 31 Abs. 2 und 3 BVerfGG entnommen werden, die der erstgenannten Vorschrift ergänzend zur Seite treten. Häufig wird die Unvereinbarkeitsfeststellung noch mit der Anordnung weiterer Anwendung der Norm bis zu einem bestimmten Zeitpunkt oder der Anordnung ihrer Nichtanwendung ab einem bestimmten Zeitpunkt qualifiziert[162].

Ursachen und Bedeutung dieser Tenorierungspraxis werden noch behandelt werden, ebenso die Wirkungen der Entscheidung im Sinne der §§ 31 und 79 BVerfGG[163].

X. Verfahrenskonkurrenzen

760 Die Frage der Vereinbarkeit des Bundesrechts mit dem Grundgesetz oder von Landesrecht mit dem Bundesrecht kann der Sache nach auch einem Organstreit oder einem Bund- Länder- Streitverfahren zugrundeliegen, etwa wenn der Bundesrat die Zustimmungsbedürftigkeit eines vom Bundestag beschlossenen und vom Bundespräsidenten verkündeten Gesetzes geltend macht oder der Bund den Übergriff in seine Kompetenzsphäre durch den Erlaß eines Landesgesetzes behauptet. Angesichts der ganz unterschiedlichen Verfahrensgegenstände und -zwecke gehen andere Verfahren dem der abstrakten Normenkontrolle nicht vor, die Verfahren bestehen vielmehr selbständig nebeneinander [164]. Entscheidend für die Wahl des Verfahrens ist im Zweifel das Antragsziel[165]. Doch ist es auch zulässig, die verschiedenen Ziele im Wege verschiedener Verfahren zu verfolgen, die vom BVerfG prozessual verbunden werden können[166].

XI. Würdigung

761 Das BVerfG hat im Verfahren der abstrakten Normenkontrolle nicht nur zahlreiche und politisch brisante Entscheidungen gefällt[167], sondern auch gerade in diesem Verfahren seine Rolle als „Hüter der Verfassung" entwickelt. Hierbei hat es sich argumentativ auf den objektiven Verfahrenscharakter gestützt, der es von den Ausführungen des Antragstellers weitgehend unabhängig stellt. Es bleibt indes dabei, daß erst der Antrag dem Ge-

---

162 Z.B. BVerfGE 72, 330 (333); zur Anordnung der beschränkten Fortgeltung als Übergangsrecht BVerfGE 101, 158 (238).

163 Siehe unten §§ 37, 38.

164 BVerfGE 8, 104 (110); 20, 56 (95). Dies gilt auch für das Verhältnis des Verfahrens nach § 76 Abs. 2 BVerfGG zum Bund-Länder-Streit.

165 *Stern*, Art. 93 Rn. 187; *Detterbeck*, S. 400 f.

166 Siehe unten Rn. 1023. Zur Abgrenzung von § 47 VwGO vgl. *Bettermann*, in: *Stern/Starck* (Hg.), Teilbd. II (1983), S. 475 f. – BVerfGE 98, 265 (318) lehnt es erstaunlicherweise ab, im Rahmen eines Verfassungsbeschwerdeverfahrens zu prüfen, ob die Beschwerdeführer durch eine bundesrechtliche Regelung (Schwangerschaftskonfliktgesetz) deshalb beschwert sein können, weil der bayerische Landesgesetzgeber die Zuständigkeit zur ergänzenden Regelung gehabt habe; der Landesgesetzgeber habe aber einen abstrakten Normenkontrollantrag nicht gestellt; anders die abweichende Meinung, ebenda, S. 329 (352 f.). Umgekehrt kann die Klärung der Verfassungsfrage im Normenkontrollverfahren die grundsätzliche verfassungsrechtliche Bedeutung der Sache im Hinblick auf die notwendige Annahme der Verfassungsbeschwerde (§ 93 a BVerfGG) entfallen lassen; vgl. BVerfGE 92, 262 (276).

167 Z.B. BVerfGE 1, 396 (EVG); 36, 1 (Grundlagenvertrag); 39, 1 (Fristenlösung); 48, 127 (Kriegsdienstverweigerung); 61, 149 (Staatshaftung); 72, 330 (Länderfinanzausgleich); 88, 203 (Schwangerschaftsabbruch); 101, 158 (Finanzausgleich).

richt den Fallzugang eröffnet, auch wenn § 78 S. 2 BVerfGG zu einer Einschränkung des Antragsprinzips führt.

Einer Ausweitung seiner Prüfungskompetenz in Richtung einer präventiven Normenkontrolle hat sich das BVerfG – abgesehen vom Fall des Vertragsgesetzes – stets widersetzt. **762** Dem ist zuzustimmen, weil es grundsätzlich unangemessen ist, eine Gerichtsinstanz einzuschalten, bevor der politische Prozeß der Normwerdung abgeschlossen ist[168]. Dies gilt auch im Hinblick auf die Rolle des Bundespräsidenten im Gesetzgebungsverfahren.

Die wesentliche Kritik am Verfahren der abstrakten Normenkontrolle gründet sich darauf, **763** daß das BVerfG über ein Gesetz oder eine sonstige Rechtsnorm zu entscheiden habe, ohne daß es hierzu durch die Tür eines disziplinierenden konkreten Rechtsanwendungsfalles gelange. Das Gericht erleide dadurch einen „Verlust an Distanz", der sich mit aus dem objektiven Verfahrenscharakter gezogenen übersteigerten Konsequenzen dahin verbinde, daß es die hinter den kontrollierten Normen stehenden sozialen und politischen Interessen außer Acht lasse oder sich Beurteilungen zutraue, zu denen es nicht besser als das Parlament ausgerüstet sei. Es wird daher für die Abschaffung dieser Verfahrensart plädiert[169].

Diesem Plädoyer ist jedoch nicht zu folgen. Zwar ist richtig, daß das BVerfG hier die konkrete Rechtsausübung der geprüften Norm nicht durch einen bestimmten Fall unmittelbar **764** vermittelt bekommt, aber es kann sich die Kenntnis dieser Auswirkungen jederzeit verschaffen und verfährt auch entsprechend[170]. Gewiß versagt dieses Instrumentarium, wenn es sich um ein neues Gesetz handelt, für das noch keine Rechtspraxis vorliegt. Sehr wenig verständlich wäre es jedoch, wenn deshalb Verfassungsverstöße einstweilen hingenommen werden müßten. Da meistens die unterlegene parlamentarische Minderheit oder politisch anders als die Mehrheit orientierte Landesregierungen ein Verfahren gegen ein Bundesgesetz in Gang bringen, liegt natürlich der Vorwurf nahe, hier werde versucht, mit Hilfe des BVerfG die verlorene parlamentarische Schlacht zu korrigieren. Hiergegen ist jedoch überhaupt nichts einzuwenden, solange verfassungsrechtliche Fragen angesprochen sind und das BVerfG seine Kontrolle hierauf beschränkt. An der strikten Beachtung der Verfassung hat die parlamentarische Minderheit, soweit sie selbst verfassungstreu ist, ein natürliches Interesse. Mehrheitsentscheidung ist nur im Rahmen der Verfassung akzeptabel. Mit der Interpretation der Verfassung durch das BVerfG sind Wertungen und Einschätzungen legislativer Maßnahmen verbunden. Daß insoweit eine sachangemessene Zurückhaltung des BVerfG angebracht ist, ist zutreffend. Entsprechende Probleme stellen sich jedoch auch bei der konkreten Normenkontrolle und der Rechtssatzverfassungsbeschwerde, ohne daß deshalb zum Verzicht auf diese Verfahren aufgefordert wird.

Vollends problematisch würde die Abschaffung des abstrakten Normenkontrollverfahrens im Hinblick auf Vertragsgesetze im Sinne von Art. 59 Abs. 2 GG. Dies würde zu ei- **765**

---

168 Demgegenüber schlägt *Ritterspach*, in: FS E. Stein (1983), S. 290 f., eine Erweiterung in dieser Richtung vor.

169 *Rinken* (N 84), Vorbem. zu Art. 93, Rn. 132 und Art. 93 Rn. 30-32; *Simon*, in: Benda/Maihofer/Vogel (Hg.), Handbuch des Verfassungsrechts (1983), S. 1266, 1289; in der 2. Aufl. 1995, § 34 Rn. 24 und 63 wird sehr viel zurückhaltender plädiert. *Mahrenholz*, ZRP 1997, S. 132: Fortsetzung der Politik mit anderen Mitteln.

170 Siehe oben zu VII., insbes. Rn. 739.

ner den Vorrang der Verfassung schwächenden weitgehenden Freistellung der auswärtigen Gewalt von Kontrolle führen, da viele nur den Staat verpflichtende Verträge im Wege der Verfassungsbeschwerde oder der konkreten Normenkontrolle nicht wirklich überprüfbar sind[171]. Regeln völkerrechtliche Verträge hingegen auch den Bürger betreffende Fragen, würde die spätere Überprüfung bei Verfassungswidrigkeit des Vertragsgesetzes die wenig wünschenswerte Konsequenz eines Auseinanderfallens der innerstaatlichen und völkerrechtlichen Rechtslage haben, die die Bundesrepublik Deutschland der völkerrechtlichen Haftung aussetzen würde. Insgesamt ist festzuhalten, daß die abstrakte Normenkontrolle sich für den Verfassungsstaat positiv ausgewirkt hat. Sie sollte beibehalten werden.

XII. Prüfungsaufbau

766   1. Rechtsweg/Zuständigkeit des BVerfG
2. Antragsberechtigung
3. Geeigneter Prüfungsgegenstand (Statthaftigkeit)
4. „Meinungsverschiedenheiten oder Zweifel" bezüglich der Vereinbarkeitsfrage/„Meinungsverschiedenheiten bezüglich der Vereinbarkeit mit Art. 72 Abs. 2 oder Art. 75 Abs. 2 GG
5. Klarstellungsinteresse
6. Form
7. Äußerungsberechtigung

§ 23 Konkretes Normenkontrollverfahren

I. Zuständigkeit, Verfahrensgegenstand und Verfahrenszweck

1. Zuständigkeit und dogmatischer Ausgangspunkt

767   Art. 100 Abs. 1 GG begründet die Zuständigkeit des BVerfG oder der Landesverfassungsgerichte, im Rahmen eines bei einem Gericht rechtshängigen Verfahrens über die Frage der Gültigkeit eines Gesetzes, auf das es in diesem (Ausgangs-) Verfahren für die Fallentscheidung ankommt (entscheidungserhebliche Vorfrage), vorab zu entscheiden.

Dieser Vorschrift liegt die Anerkennung des allgemeinen richterlichen Prüfungs- und Verwerfungsrechts[1] bezüglich aller relevanten Rechtsnormen zugrunde, die mit höherrangigem Recht, z.B. der Verfassung, kollidieren[2]. Zur Verfassungsauslegung und Heranzie-

---

171   Vgl. z.B. die Verfassungsbeschwerde zu den Gesetzen zu den Ostverträgen, BVerfGE 40, 141. Hier konnten zwar im Rahmen der Zulässigkeitsprüfung der erhobenen Verfassungsbeschwerden viele materielle Fragen angesprochen, nicht aber zum Beispiel die Vereinbarkeit der Verträge mit dem Wiedervereinigungsgebot diskutiert werden.

1   Im Sinne der Befugnis zur Nichtanwendung der Norm im zu entscheidenden Rechtsfall.
2   Allgemeine Ansicht; vgl. nur BVerfGE 2, 124 (129, 131); ferner *Bettermann*, in: BVerfG und GG, I (1976), S. 326 ff.; *Stern*, Art. 100 Rn. 6; *Rinken*, in: AK, Art. 100 Rn. 3 und 4.

hung der Verfassung als Prüfungsmaßstab sind also keineswegs allein die Verfassungsgerichte befugt. Die Bedeutung von Art. 100 Abs. 1 GG besteht darin, daß im Hinblick auf ganz bestimmte Fallkonstellationen die Verwerfungskompetenz – nicht die Prüfungskompetenz[3] – der Gerichte beseitigt und statt dessen ein „Entscheidungs-" oder „Verwerfungsmonopol" des BVerfG oder des Landesverfassungsgerichts etabliert wird[4]. Für die betroffenen Gerichte hat dies zur Folge, daß ihnen die abschließende Klärung der entscheidungserheblichen Vorfragen untersagt ist, sie vielmehr die Frage an das BVerfG oder das Landesverfassungsgericht zur Entscheidung weiterreichen müssen (Vorlage)[5]. Sind diese Konstellationen aber nicht gegeben, verbleibt es – im Rahmen der Bindung an die Rechtsauffassung der höheren Instanzgerichte – bei der Verwerfungskompetenz des fallbefaßten Gerichts.

Art. 100 Abs. 1 GG benennt vier Konstellationen[6], die zur Konzentration (Monopolisierung) der Verwerfungskompetenz auf die Verfassungsgerichte führen: **768**

(1) Vorlage an das Landesverfassungsgericht, wenn das Gericht ein Landesgesetz wegen Verletzung der Landesverfassung für verfassungswidrig hält (Art. 100 Abs. 1 S. 1, 1. Alt.);
(2) Vorlage an das BVerfG, wenn das Gericht ein Bundesgesetz wegen Verletzung des Grundgesetzes für verfassungswidrig hält (Art. 100 Abs. 1 S. 1, 2. Alt.);
(3) Vorlage an das BVerfG, wenn das Gericht ein Landesgesetz wegen Verstoßes gegen das Grundgesetz für verfassungswidrig hält (Art. 100 Abs. 1 S. 2, 1. Alt.);
(4) Vorlage an das BVerfG, wenn das Gericht ein Landesgesetz für unvereinbar mit einem Bundesgesetz oder sonstigem Recht hält (Art. 100 Abs. 1 S. 2, 2. Alt.).

Zutreffend sind nur die Fälle (2) bis (4) in § 13 Nr. 11 BVerfGG aufgeführt[7], da sich dieses Gesetz allein mit den Zuständigkeiten des BVerfG und den entsprechenden Verfahrensregeln befaßt. Das Grundgesetz kann hingegen auch für die Länder grundlegende Fragen ihrer Staatlichkeit, zu denen die Verfassungsgerichtsbarkeit gehört, regeln und insoweit (Fall 1) das Entscheidungsmonopol des Landesverfassungsgerichts anordnen[8]. Es steht den Ländern jedoch frei, dieses Monopol sachlich zu erweitern; ohnedies bleibt es

3 Die Prüfungskompetenz bleibt in jedem Fall unangetastet; dies ergibt sich unter anderem daraus, daß die Vorlage nach Art. 100 Abs. 1 GG die „Überzeugung" des Gerichts von der Ungültigkeit eines Gesetzes voraussetzt, was die Prüfung durch das Gericht bedingt; vgl. BVerfGE 4, 178 (188 f.) und unten Rn. 818 ff.
4 BVerfGE 2, 124 (131) „Feststellungsmonopol"; 6, 222 (232) „Entscheidungsmonopol"; 22, 373 (378) „Verwerfungsmonopol". Zur Frage, welche Reichweite die Verwerfung durch die Verfassungsgerichte, insbesondere das BVerfG hat, siehe unten Rn. 895.
5 Dies bedeutet zugleich die Unzulässigkeit entsprechender Vorlagen an sonstige Gerichte/Spruchkörper, auch wenn diese sich mit grundsätzlichen Rechtsfragen befassen, z.B. die Großen Senate § 132 Abs. 4 GVG; vgl. BVerfGE 6, 222 (234).
6 Zum Teil wird von drei Konstellationen ausgegangen, vgl. *Ulsamer*, in: BVerfGG-Kommentar, § 80 Rn. 23; *Stern*, Art. 100 Rn. 41; *H. Klein*, in: Umbach/Clemens, Vor §§ 80 ff. Rn. 19. In der Tat kann man die Fälle (2) und (3) gem. Art. 100 Abs. 1 S. 1 (2. Alt.) – BVerfGE 1, 184 (190) –, aber auch (3) und (4) – letztere wegen Art. 31 GG – zusammenfassen. Der Klarheit wegen empfiehlt sich das jedoch nicht. Vier Konstellationen nimmt auch *Meyer*, in: v. Münch/Kunig, Grundgesetz, Bd. 3 (3. Aufl. 1996), Art. 100 Rn. 8 an, aber mit eigenartiger Systematik.
7 Die Textabweichung zu Art. 100 Abs. 1 GG ist schon wegen seiner ausdrücklichen Inbezugnahme irrelevant; ebenso *Maunz*, in: Maunz/Dürig, Art. 100 Rn. 6.
8 Zu Recht wird Art. 100 Abs. 1 GG insofern als „Homogenitätsregel" bezeichnet und Art. 28 Abs. 1 S. 1 GG zur Seite gestellt; vgl. *Groschopf*, in: Starck/Stern (Hg.), Teilbd. II, S. 88.

ihre Sache, die über Art. 100 Abs. 1 S. 1 GG hinausgehenden notwendigen prozessualen Vorschriften zu erlassen[9].

769 Die Zuständigkeit des BVerfG – nur von ihr ist im folgenden die Rede – ist freilich dadurch zugunsten der Entscheidungsfreiheit der sonstigen Gerichte erheblich eingeschränkt, daß nur formelle und nachkonstitutionelle Bundes- oder Landesgesetze vorzulegen sind[10]. Den Grund für dieses restriktive, sich aus dem Wortlaut von Art. 100 Abs. 1 GG, § 13 Nr. 11 BVerfGG keineswegs ohne weiteres ergebende Verständnis[11] hat das BVerfG von Anfang an darin gesehen, daß es Aufgabe dieses Verfahrens sei, „den Schutz der im Grundgesetz und in den Landesverfassungen konstituierten gesetzgebenden Gewalt" zu gewährleisten[12], deren „Autorität" zu schützen[13] und zu verhüten, daß sich jedes einzelne Gericht über den Willen des (Bundes- oder Landes-) Gesetzgebers dadurch hinwegsetzen kann, daß es die von diesen Organen beschlossenen Gesetze nicht anwendet, weil sie nach Auffassung des Gerichts gegen das Grundgesetz oder den Vorrang von Bundesrecht (Art. 31 GG) verstoßen[14].

770 Die hierin liegende, für die gesamte Justiz bedeutsame[15] teleologische Reduktion des Art. 100 Abs. 1 GG, die die inzidente Kompetenz zu Kontrolle und Verwerfung bezüglich nur materieller Gesetze (z.B. Rechtsverordnungen) bei allen Gerichten beläßt, ist nicht unbestritten. Man hat dagegen vor allem ins Feld geführt[16], daß sich durch unterschiedliche Gerichtsentscheidungen über die Rechtmäßigkeit nicht-formeller Gesetze Rechtsunsicherheit und Rechtszersplitterung ergeben könnten[17]; demgegenüber sei die Entscheidungskonzentration beim BVerfG erforderlich. Der Auffassung des BVerfG ist jedoch zu folgen, und dies nicht nur aus Gründen seiner Entlastung. Zwar läßt sich aus der Entstehungsgeschichte des Art. 100 Abs. 1 GG und den einschlägigen Bestimmungen des BVerfGG kein schlüssiges Argument für oder gegen diese Ansicht gewinnen[18]. Entscheidend spricht für sie jedoch die Tatsache, daß das Inzidentprüfungs- und gegebenenfalls Nichtanwendungsrecht bezüglich nicht-formeller Gesetze den Gerichten bereits im Kaiserreich und unter der Weimarer Verfassung unbestritten zustand und erst mit der Ausdehnung des richterlichen Prüfungsrechts auf formelle (Reichs-) Gesetze ein Bedürfnis nach Konzentration der Verwerfungskompetenz akut wurde. Der Gefahr der Rechtszersplitterung durch unterschiedliche Beurteilungen nicht-formeller Gesetze kann im Wege

---

9 Zum Verfahren vor den Landesverfassungsgerichten *Groschopf* (N 8), S. 89 ff.; siehe ferner die Nachweise im zweiten Teil des Lehrbuchs von *Pestalozza*. Vgl. die Bezugnahme auf Art. 100 Abs. 1 GG bei VerfG Bbg, DVBl. 1996, S. 363.

10 St. Rspr. seit BVerfGE 1, 184 (189 ff.); 1, 283 (292); 2, 124 (128 ff.). – Näher dazu unten Rn. 788 ff., 792 ff.

11 In beiden Vorschriften wird z.B. neben dem Begriff „Landesgesetz" auch der Begriff „Landesrecht" gebraucht. Im übrigen ist auch der Begriff „Gesetz" nicht eindeutig – materieller oder formeller Gesetzesbegriff?

12 BVerfGE 10, 124 (127).

13 BVerfGE 2, 124 (129); 97, 117 (122).

14 BVerfGE 1, 184 (197 f.); 22, 373 (378); 68, 337 (344); 78, 20 (24).

15 Vgl. *Bettermann* (N 2), S. 328.

16 Vor allem *Schlaich*, Rn. 130; *Huh*, Probleme der konkreten Normenkontrolle (1971), S. 113 f.

17 Dies ist deshalb möglich, weil die Instanzgerichte nur inzident für den jeweiligen Fall auf Ungültigkeit der Norm erkennen und sie dann bei der Fallentscheidung außer Anwendung lassen, aber keine allgemein verbindliche Entscheidung treffen können. Eine Ausnahme besteht im Rahmen des § 47 VwGO. Zum Verhältnis dieser Vorschrift zur konkreten Normenkontrolle siehe *Bettermann*, in: Starck/Stern (Hg.), II, S. 483 ff.

18 BVerfGE 1, 184 (191 ff.).

der abstrakten Normenkontrolle (Art. 93 Abs. 1 Nr. 2 GG) begegnet werden. Die Tatsache, daß in diesem Verfahren der Landesgesetzgeber (Landtag) nicht antragsbefugt ist, spricht im übrigen auch dafür, seine „Erzeugnisse", d.h. die formellen Landesgesetze, durch das Verwerfungsmonopol des BVerfG unter besonderen Schutz zu stellen, während dies für Rechtsverordnungen der Landesregierung nicht gilt, da diese bei Nichtanwendung einer Verordnung deren Gültigkeit oder Ungültigkeit nach Art. 93 Abs. 1 Nr. 2 GG allgemein verbindlich feststellen lassen kann[19].

Nur in dem geschilderten Umfang ist demnach die Verwerfung von Bundes- und Landesgesetzen beim BVerfG konzentriert und monopolisiert. Für das BVerfG handelt es sich dabei um eine „prinzipale" Normenkontrolle[20]; sie ist zugleich „konkret", „weil sie nicht nur aus Anlaß eines konkreten Falles, sondern auch im Rahmen eines konkreten Rechtsstreites oder eines Verfahrens stattfindet"[21].

2. Konkrete Normenkontrolle und Ausgangsverfahren

Damit ist das Verhältnis des verfassungsgerichtlichen Normenkontrollverfahrens zum instanzgerichtlichen Ausgangsverfahren angesprochen. Zunächst ist eindeutig, daß bei Vorliegen einer der in Art. 100 Abs. 1 GG geregelten Konstellationen für das Fallgericht eine Verfahrenssperre eintritt, die zur Aussetzung und Vorlage an das BVerfG oder das Landesverfassungsgericht zwingt. Mit Eingang der Vorlage beim Verfassungsgericht wird ein „Zwischenverfahren" in Gang gesetzt[22], das aber stets wieder in das Ausgangsverfahren zum Zwecke der eigentlichen Fallentscheidung einmündet, unabhängig davon, wie das Verfassungsgericht entscheidet. Von ganz erheblicher Bedeutung ist nun jedoch, wie der Zusammenhang von Ausgangs- und Normenkontrollverfahren gestaltet ist. Die Aussagen des BVerfG lassen sich nicht ohne weiteres auf einen einheitlichen Nenner bringen[23].   **771**

Das BVerfG charakterisiert in ständiger Rechtsprechung unter Beifall der Literatur[24] das Verfahren nach Art. 100 Abs. 1 GG, §§ 80 ff. BVerfGG als „verselbständigtes"[25] und „objektives" Verfahren, das „lediglich der Prüfung von Rechtsnormen am Maßstab des Grundgesetzes und sonstigen Bundesrechts"[26] und dazu dient, daß der Entscheidung im Ausgangsverfahren verfassungsmäßige Gesetze zugrunde gelegt werden[27]. Mit dieser Aufgabe würden die Rechtssicherheit und der Rechtsfrieden gefördert; aufgrund dieser „Befriedungsfunktion"[28] weise das verfassungsgerichtliche Verfahren über das konkrete Verfahren hinaus[29]. Aus der Charakterisierung als objektives Verfahren läßt sich konse-   **772**

---

19 BVerfGE 1, 184 (198).
20 Siehe oben Rn. 706.
21 *Bettermann* (N 2), S. 369.
22 BVerfGE 29, 325 (326); 67, 26 (33). Das Zwischenverfahren dauert oft Jahre. Eine Überschreitung der zulässigen Verfahrensdauer kann vor dem EGMR gerügt werden (Art. 6 EMRK); siehe oben Rn. 74, insbesondere Fn. 39.
23 Vgl. *E. Klein*, S. 577 f.
24 *Stern*, Art. 100 Rn. 4; *Geiger*, § 82 Anm. 1; *H. Klein*, in: Umbach/Clemens, Vor §§ 80 ff. Rn. 13.
25 BVerfGE 42, 42 (49); 49, 217 (219); 72, 51 (62).
26 BVerfGE 2, 213 (217); 20, 350 (351).
27 BVerfGE 45, 63 (74); 67, 26 (33).
28 BVerfGE 62, 354 (363); 71, 81 (93).
29 BVerfGE 42, 42 (49 f.).

quent ableiten, daß es „von subjektiven Berechtigungen unabhängig" ist, also nicht der Durchsetzung von (im Ausgangsverfahren zur Debatte stehenden) individuellen Rechten dient[30]. Auch die gegenüber der Vorlagefrage ausgreifende Entscheidungsbefugnis nach §§ 82 Abs. 1, 78 S. 2 BVerfGG läßt sich mit dieser die allgemeine Rolle des BVerfG als des Hüters der Verfassung unterstreichenden Kennzeichnung sachlich begründen[31].

773 Auf der anderen Seite betont das BVerfG den Charakter des konkreten Normenkontrollverfahrens im Verhältnis zum Ausgangsverfahren als „Teil eines einheitlichen Prozesses": Auch das Normenkontrollverfahren diene der Entscheidung über den im Ausgangsverfahren anhängigen Verfahrensgegenstand[32]. Es ist nicht erstaunlich, wenn daraus die Konsequenz gezogen wird, daß die im Ausgangsverfahren strittigen Rechtspositionen auch im Normenkontrollverfahren nicht ganz unerheblich sind[33]. In der Tat hat das BVerfG das Problem der Entscheidungserheblichkeit, das wichtige Bindeglied zwischen Ausgangs- und Normenkontrollverfahren, ganz offen auch unter dem Aspekt der „Interessen der Verfahrensbeteiligten" gewürdigt[34]. Dazu paßt, wenn das BVerfG – freilich in anderem Zusammenhang – meint, im konkreten Normenkontrollverfahren trete seine Rolle, Hüter der Verfassung zu sein, zurück[35].

774 Das Bild, das die Rechtsprechung bietet, ist also uneinheitlich und bedarf der Klärung. Deutlich wird aber, und das zieht sich wie ein roter Faden durch die einschlägigen Entscheidungen, daß die unterschiedliche Akzentuierung durchaus erhebliche Folgen nach sich zieht. Die Klärung dieser Frage darf jedoch nicht einer ad hoc-Rechtsprechung überlassen werden, sondern muß grundsätzlich erfolgen.

Richtiger gedanklicher Ausgangspunkt zur Beantwortung dieser Frage ist § 81 BVerfGG, der klarstellt, daß das BVerfG „nur über die Rechtsfrage" zu entscheiden hat[36]. Die „Rechtsfrage" ist die in Art. 100 Abs. 1 GG angesprochene Frage der „Gültigkeit" oder „Vereinbarkeit" eines formellen Gesetzes mit höherrangigem Recht, also die Frage, ob der formelle Gesetzgeber höherrangiges Recht „verletzt" hat; sie wird gegenständlich primär[37] von der Vorlagefrage bestimmt. Allein hierüber also hat das BVerfG zu entscheiden. Der ihm unterbreitete Verfahrensgegenstand ist daher klar von dem (Streit-) Gegenstand des Ausgangsverfahrens zu trennen, der durch den prozessualen Anspruch, d.h. den im Klageantrag enthaltenen Anspruch des Klägers definiert wird und zum Inhalt eines in Rechtskraft erwachsenden Ausspruches des Gerichts werden soll[38]. Gewiß eröffnet u.a. erst die Entscheidungserheblichkeit des Gesetzes, welches das vorlegende Gericht für ungültig hält, den Fallzugang des BVerfG, das deshalb diese Zulässigkeitsvoraussetzung zu

---

30 BVerfGE 2, 213 (217); 42, 90 (91); 72, 51 (59, 62); *Lechner/Zuck*, Vor § 80 Rn. 2.

31 Vgl. BVerfGE 44, 322 (337 f.); 71, 81 (93).

32 BVerfGE 42, 42 (49).

33 So etwa *Grunsky*, Grundlagen des Verfahrensrechts (2. Aufl. 1974), S. 10 f.

34 BVerfGE 63, 1 (22 f.).

35 BVerfGE 1, 184 (197); 2, 124 (129). – Die unklare Zuordnung des Zwischenverfahrens wird auch in der Frage der Streitwertfestsetzung deutlich; dazu *Ulsamer*, in: BVerfGG-Kommentar, § 82 Rn. 18 a.

36 Vgl. auch *Ulsamer*, in: BVerfGG-Kommentar, § 81 Rn. 1 und 3; *Detterbeck*, S. 456 f.

37 Nicht ausschließlich! Vgl. dazu die Korrekturmöglichkeiten des BVerfG unter dem Gesichtspunkt der Entscheidungserheblichkeit und seine gem. §§ 82 Abs. 1, 78 S. 2 BVerfGG erweiterte Prüfungsbefugnis. Dazu siehe unten Rn. 893 f.

38 Ähnlich *Geiger*, EuGRZ 1984, S. 411. – Die Verwendung des Begriffs „Streitgegenstand" ist für das Verfahren der konkreten Normenkontrolle unpassend; s. aber BVerfGE 16, 6 (14).

überprüfen hat. Durch diese Prüfung darf sich das BVerfG aber nicht den Zugriff auf den instanzgerichtlichen Streitgegenstand verschaffen, ebensowenig wie die Instanzgerichte die „Rechtsfrage" (Vorfrage) zum Streitgegenstand erheben und selbst (durch Zwischenurteil) entscheiden dürfen[39]. Es ist offenkundig, daß das BVerfG diese Trennung der Kompetenzbereiche nicht immer beachtet hat[40].

Es widerspricht dieser die verschiedenen Kompetenzbereiche akzentuierenden Sicht nicht, wenn das BVerfG der Tatsache eingedenk bleibt, daß es aus Anlaß eines konkreten Falles zur Entscheidung berufen ist. Diese prozessuale Verbindung bürdet ihm in Hinblick auf den Ausgangsfall eine Mitverantwortung auf; es hat seinen Beitrag dazu zu leisten, daß das vorlegende Gericht eine rechtmäßige und sachgerechte Fallentscheidung treffen kann. Der Gedanke einer sinnvollen *coopération judiciaire* [41] erlaubt daher durchaus die Einbeziehung von Gesichtspunkten des Ausgangsverfahrens, soweit dies nicht Kompetenzübergriffe zur Folge hat und das vorlegende Gericht seiner Aufgabe der fallangemessenen Entscheidung entzieht[42]. Der Unterschied zur abstrakten Normenkontrolle läßt sich daher nicht ausschließlich auf die anders gelagerte Verfahrenseinleitung (Antragsberechtigung) reduzieren[43]. **775**

3. Praktische Bedeutung des Normenkontrollverfahrens

Richtervorlagen nach Art. 100 Abs. 1 GG sind recht zahlreich und kommen aus allen Rechtsbereichen; im Jahr gehen – mit erheblichen Schwankungen – zwischen 30 und mehr als 100 Vorlagen ein[44]. Sie belasten das BVerfG nach den Verfassungsbeschwerden am stärksten. Man geht kaum fehl mit der Vermutung, daß sich dieser Tatbestand in Richtung einer immer strikter werdenden Überprüfung der Zulässigkeitsvoraussetzungen ausgewirkt hat, wobei vor allem das Erfordernis der Entscheidungserheblichkeit betroffen ist. Gerade da zeigt sich allerdings, daß das BVerfG eine Linie steuert, die es ihm erlaubt, in nicht unerheblichem Umfang eine Fallselektion etwa unter dem Aspekt der allgemeinen Bedeutung der Sache vorzunehmen und sich insoweit die Entscheidung zu sichern[45]. Hierbei handelt es sich nicht um den unbedenklichsten Teil der bundesverfassungsgerichtlichen Praxis. **776**

II. Vorlageberechtigung

1. Die Berechtigung zur Vorlage nach Art. 100 Abs. 1 GG

Das BVerfG darf im konkreten Normenkontrollverfahren nur zur Sache entscheiden (Zulässigkeitsvoraussetzung), wenn es von einem Gericht angerufen wurde; es muß sich also **777**

---

39 Zutreffend *Bettermann* (N 17), S. 483.
40 Vgl. vor allem BVerfGE 67, 26 und die herbe Kritik von Geiger (N 38), S. 409 ff., und *Sachs*, DVBl. 1985, S. 1109 ff.; dazu näher noch unten Rn. 850 ff.
41 Sie ist auch in anderen Zusammenhängen bekannt, vgl. vor allem Art. 234 EGV.
42 Vgl. dazu die ungewöhnliche prozessuale Situation in BVerfGE 34, 320; dazu unten Rn. 885.
43 Zu rigoros *Geiger* (N 38), S. 419.
44 1992: 137; 1999: 40. – Weitere statistische Angaben bei *Ulsamer*, in: BVerfGG-Kommentar, § 81 Rn. 31 f.
45 Beispiele etwa BVerfGE 47, 146 (153 ff.); 58, 300 (318 ff.); dazu näher unten Rn. 853.

um eine „Richtervorlage" handeln. Vorlageberechtigt sind daher weder Verfahrensbeteiligte[46] noch andere mit der Rechtsanwendung befaßte Instanzen. Dies gilt insbesondere für die Verwaltung. Der Grund dafür, daß die Verwaltung nicht vorlageberechtigt ist, liegt einmal in ihrer hierarchischen Struktur, welche die Einholung von Weisungen der Exekutivspitze (Ministerien) erlaubt; bestehen auch dort Bedenken gegen die Verfassungsmäßigkeit eines Gesetzes, kann von den Regierungen eine abstraktes Normenkontrollverfahren (Art. 93 Abs. 1 Nr. 2 GG) in Gang gebracht werden. Bestehen aber keine Bedenken und wird das Gesetz weisungsgemäß angewendet, so kann der Betroffene den Rechtsweg beschreiten, die gerichtliche Überprüfung ist gesichert[47]. Erst an dieser Stelle, wo die Rechtskontrolle im Mittelpunkt steht, darf die Vorlageberechtigung nicht mehr ausgeschlossen werden.

a) Gerichtsbegriff

778 Vorlageberechtigt sind nur, aber auch – grundsätzlich – alle Gerichte. „Gerichte" sind solche „Spruchstellen, die sachlich unabhängig, in einem formell gültigen Gesetz mit den Aufgaben eines Gerichts betraut und als Gerichte bezeichnet sind"[48]. Hierunter fallen die Bundes- und Landesgerichte jeder (Fach-) Gerichtsbarkeit, auch die Landesverfassungsgerichte[49]. Das BVerfG kann natürlich nicht an sich selbst vorlegen; als einziges staatliches Gericht kann es daher die in einem Verfahren auftauchende Vorfrage der Verfassungsmäßigkeit eines formellen Gesetzes selbst inzident entscheiden[50].

Da auf die typisch richterliche Aufgabe abzustellen ist, sind Gerichtsorgane, die als Gerichtsverwaltung tätig werden, nicht vorlagebefugt. Entsprechendes gilt für Richter, die Justizverwaltungsakte zu erlassen haben[51]. Auch der Rechtspfleger ist mangels voller sachlicher Unabhängigkeit kein „Gericht"[52].

779 Hingegen ist an der Gerichtsqualität von Kirchengerichten nicht zu zweifeln. Gleichwohl ist es richtig, sie nicht für vorlageberechtigt zu halten[53], da sie nicht in die staatliche Organisation eingegliedert sind, unabhängig davon, ob eine Kontrolle kirchengerichtlicher Entscheidungen durch staatliche Gerichte zulässig ist. Auch private Schiedsgerichte sind keine Gerichte im Sinne von Art. 100 Abs. 1 GG[54].

---

46 Konsequent daher § 80 Abs. 3 BVerfGG; siehe unten Rn. 870, 876.
47 Zum Problem der Prüfungs- und Verwerfungskompetenz der Verwaltung vgl. *Maurer*, Allgemeines Verwaltungsrecht (12. Aufl. 1999), S. 81 ff.
48 BVerfGE 6, 55 (63); 30, 170 (171 f.); die Begriffsbestimmung wurde dabei bewußt anders als für Art. 19 Abs. 4 GG vorgenommen. Kritisch hierzu *Ulsamer*, in: BVerfGG-Kommentar, § 80 Rn. 17. – Zu den vorlagefähigen Gerichten gehören auch Truppendienstgerichte (BVerfGE 21, 391 [398]) sowie Berufs- und Ehrengerichte von Körperschaften des öffentlichen Rechts, soweit sie auf gesetzlicher Grundlage gebildet sind (BVerfGE 7, 1 [5]; 48, 300 [315 m.w.N.]).
49 *Pestalozza*, S. 203 und oben Rn. 55 ff.
50 *Ulsamer*, in: BVerfGG-Kommentar, § 80 Rn. 171.
51 BVerfGE 20, 309 (311 f.); vgl. aber auch 78, 77 (82 f.); *Lechner/Zuck*, Vor § 80 Rn. 7.
52 BVerfGE 30, 170 (172); 61, 75 (77).
53 Ebenso *H. Klein*, in: Umbach/Clemens, § 80 Rn. 10; *Ulsamer*, in: BVerfGG-Kommentar, § 80 Rn. 187; anders *Bettermann* (N 2), S. 354.
54 *Ulsamer*, in: BVerfGG-Kommentar, § 80 Rn. 188; *Lechner/Zuck*, Vor § 80, Rn. 4.

b) Vorlegendes Gericht

Im konkreten Fall ist das Gericht vorlageberechtigt, das die Entscheidung zu treffen hat, für die es auf die Gültigkeit des Gesetzes ankommt[55]. Dabei ist die Stellung im Instanzenzug unerheblich. Das Gericht, auch das erstinstanzliche, holt die Entscheidung des BVerfG unmittelbar ein (§ 80 Abs. 1 BVerfGG). Die Vorlage wird also direkt an das BVerfG gerichtet; sie nimmt nicht den Umweg über die höheren Instanzgerichte oder den Dienstweg der Gerichtsverwaltung[56]. Über die Vorlage wird von dem Spruchkörper in der jeweils nach der einschlägigen Prozeßordnung maßgeblichen Besetzung entschieden[57].

780

Nicht als Richtervorlage im Sinne des Art. 100 Abs. 1 GG zu werten sind hingegen die Vorlagen nach § 50 Abs. 3 VwG0 und nach § 39 Abs. 2 SGG. Diese Vorschriften stellen lediglich Sonderregelungen zur Frage der Rechtswegzuständigkeit dar. So muß etwa das BVerwG eine Streitsache nach § 50 Abs. 1 Satz VwGO (Bund-Länder-Streitigkeit) dem BVerfG vorlegen, wenn es zur Überzeugung kommt, daß es sich um eine verfassungsrechtliche Streitigkeit handelt. Im Unterschied zur konkreten Normenkontrolle, in der das Ausgangsgericht das Verfahren aussetzt[58] hat das BVerwG die Klage als unzulässig abzuweisen, wenn das BVerfG feststellt, daß es sich um eine verfassungsrechtliche Streitigkeit handelt. Eine Verweisung der Rechtssache an das BVerfG ist nicht möglich, dieses kann sich auch nicht selbst für zuständig erklären[59].

781

2. Verpflichtung zur Vorlage

Geht eine Vorlage beim BVerfG ein, muß das Gericht prüfen, ob es zur Sache entscheiden kann, ob also die Zulässigkeitsvoraussetzungen für dieses Verfahren vorliegen. Unter diesem Gesichtspunkt interessiert nur die Vorlageberechtigung.

782

Gleichwohl ist festzuhalten, daß die Nichtvorlage, soweit die Voraussetzungen des Art. 100 Abs. 1 GG gegeben sind, einen Verfassungsverstoß darstellt. Die Verfassungsbestimmung normiert nämlich imperativisch, daß das Gericht unter den gegebenen Umständen das Verfahren auszusetzen und die Entscheidung des Verfassungsgerichts einzuholen hat. Vorlagerecht und Vorlagepflicht fallen daher zusammen; es besteht kein Vorlageermessen. Legt ein Gericht entgegen Art. 100 Abs. 1 GG nicht vor, wird darum auch das Recht der Verfahrensbeteiligten auf den gesetzlichen Richter (Art. 101 Abs. 1 S. 2 GG) verletzt, soweit die Vorlage (objektiv) willkürlich unterblieben ist[60]. Hiergegen kann sich der Betroffene, allerdings grundsätzlich erst nach Erschöpfung des Rechtswegs (§ 90 Abs. 2 BVerfGG), durch Erhebung der Verfassungsbeschwerde zur Wehr setzen.

Die Vorlagepflicht eines Gerichts entfällt auch nicht dadurch, daß bereits ein anderes Gericht dasselbe Gesetz oder dieselbe gesetzliche Bestimmung vorgelegt hat. Die sogenannte Mehrfachvorlage ist nicht nur unschädlich, sie kann dem BVerfG gegenüber auch

783

---

55 Vgl. *Maunz*, in: Maunz/Dürig, Art. 100 Rn. 30.
56 Anders die frühere Fassung des § 80 Abs. 1 BVerfGG; dazu *Geiger*, § 80 Anm. 2.
57 Vgl. etwa BVerfGE 19, 71 (72); 44, 322 (335); BVerfGE 98, 145 (151 f.); ferner: *Pestalozza*, S. 204; *Ulsamer*, in: BVerfGG-Kommentar, § 80 Rn. 207.
58 Zum Aussetzungs- und Vorlagebeschluß vgl. unten Rn. 870 ff.
59 *Kopp/Schenke*, VwGO (11. Aufl. 1998), § 50 Rn. 10.
60 Vgl. BVerfGE 13, 132 (143); 73, 339 (366); 75, 223 (245). Dazu *Rodi*, DÖV 1989, S. 750 ff.

die Gründe, die gegen die Gültigkeit eines Gesetzes sprechen, verdeutlichen[61]. Im übrigen weiß der Instanzrichter nicht, ob das BVerfG die Vorlage des anderen Gerichts nicht als unzulässig zurückweisen oder die Vorlagefrage wegen teilweiser Entscheidungsunerheblichkeit einschränken wird oder ob sich das dortige Ausgangsverfahren erledigt und die Vorlage aus diesem Grunde zurückgenommen oder unzulässig wird. An der eigenen Aussetzung und Vorlage führt unter diesen Umständen kein Weg vorbei. Nur dann, wenn das BVerfG bereits die Verfassungsmäßigkeit eines Bundesgesetzes bestätigt hat und neue Gesichtspunkte nicht aufgetaucht sind, steht § 31 Abs. 1 BVerfGG einer – erneuten – Vorlage entgegen[62].

784 Die gleichzeitige Vorlage einer landesrechtlichen Norm an das Landesverfassungsgericht und das BVerfG ist zulässig. Selbst das Vorliegen einer Entscheidung des Landesverfassungsgerichts schadet nicht, da dieses seine Entscheidung anhand eines anderen Prüfungsmaßstabes trifft[63]. Art. 100 Abs. 1 GG verpflichtet die Gerichte sogar, dem BVerfG vorzulegen, soweit sie ein förmliches Landesgesetz nicht nur für mit der Landesverfassung, sondern auch mit dem Bundesrecht für unvereinbar halten[64]. Hierbei hat das vorlegende Gericht freilich die Wahl, ob es gleichzeitig oder nacheinander von dieser Vorlageverpflichtung Gebrauch macht[65].

785 Eine andere Situation als bei der Mehrfachvorlage liegt vor, wenn das Gericht nur an der Gültigkeit der Norm zweifelt, von der Ungültigkeit aber nicht überzeugt ist. In diesem Fall ist der Weg der Aussetzung und Vorlage an das Verfassungsgericht versperrt[66]. Ob hier das Instanzgericht aussetzen und die Normenkontrollentscheidung des BVerfG in einem anhängigen einschlägigen Verfahren abwarten kann, ist umstritten. Angesichts der häufig langen Dauer der bundesverfassungsgerichtlichen Verfahren könnte dies leicht zur Justizverweigerung führen und ist deshalb abzulehnen[67]. Gegen ein „Ruhenlassen" des Verfahrens auf Antrag der Parteien ist jedoch nichts einzuwenden[68].

III. Vorlagegegenstand (Statthaftigkeit der Vorlage)

1. Allgemeines

786 Die Vorlage ist nur statthaft, wenn sie einen nach Art. 100 Abs. 1 GG zulässigen Gegenstand hat. Ausgehend von der bereits erwähnten Funktionsbestimmung der konkreten Normenkontrolle[69] dürfen nur formelle nachkonstitutionelle (Bundes- und Landes-) Gesetze oder nur – im Fall des Art. 100 Abs. 1 S. 2 (2. Alt.) GG – formelle nachlegale (d.h. nach dem den Prüfungsmaßstab bildenden Bundesrecht ergangene) Landesgesetze dem BVerfG vorgelegt werden. Dabei kommt es auf den Rang des Gesetzes nicht an, so daß

---

61 Wie hier *Pestalozza*, JuS 1981, S. 649 ff; *Schlaich*, Rn. 151; *H. Klein*, in: Umbach/Clemens, § 80 Rn. 30.
62 Siehe dazu unten Rn. 1322 ff.
63 BVerfGE 17, 172 (179 f.); 69, 112 (117 f.); *Detterbeck*, S. 457.
64 *H. Klein*, in: Umbach/Clemens, § 80 Rn. 31; *Lechner/Zuck*, Vor § 80 Rn. 49.
65 BVerfGE 69, 174 (182 f.).
66 Zur notwendigen Überzeugung des Gerichts siehe unten Rn. 818 ff.
67 Ebenso *Stern*, Art. 100 Rn. 173; anders *Ulsamer*, in: BVerfGG-Kommentar, § 80 Rn. 287.
68 Vgl. z.B. § 251 ZPO.
69 Zur Terminologie vgl. BVerfGE 52, 187 (199, 202).

neben dem einfachen auch das verfassungsändernde Gesetz geeigneter Vorlagegegenstand ist[70].

Vorlagefähig sind nur existente, d.h. ausgefertigte und verkündete Gesetze[71]. Erst dann **787** haben sie die schützenswerte Qualität formeller Gesetze; überdies können sie vor diesem Zeitpunkt nicht entscheidungserheblich sein. Präventivvorlagen sind daher unzulässig[72]. Daß das Gesetz auch in Kraft getreten sein muß[73], ist hingegen zuviel verlangt, da immerhin denkbar ist, daß sich schon vor dem Inkrafttreten Wirkungen auf die Auslegung anderer Gesetze ergeben; jedenfalls ist das kein Problem der Vorlagefähigkeit, sondern der Entscheidungserheblichkeit[74].

2. Formelle Gesetze

Formelle Gesetze sind in erster Linie die vom parlamentarischen Gesetzgeber beschlos- **788** senen Gesetze. Insoweit kann an der prinzipiellen Vorlagefähigkeit nur-formeller Gesetze (z.B Haushaltsgesetz) kein Zweifel bestehen; selbstverständlich kommt es wie stets auf die Entscheidungserheblichkeit des vorgelegten Gesetzes an. Daran kann es im konkreten Fall mangeln; dies ist jedoch keineswegs zwangsläufig[75]. Unverständlich ist die Ansicht des BVerfG, soweit es das Hamburgische formelle Bebauungsplangesetz im Hinblick darauf für nicht vorlagefähig hält, daß in den übrigen Bundesländern Bebauungspläne als Satzung erlassen werden[76]; die hier ausdrücklich vorgenommene Einschränkung des Verwerfungsmonopols des BVerfG ist nicht zu rechtfertigen[77].

Um formelle Gesetze handelt es sich auch dann, wenn sie aus besonderen, in der Verfas- **789** sung vorgesehenen Gründen nicht vom normalen parlamentarischen Gesetzgeber beschlossen wurden, sondern auf anderem Wege zustandegekommen sind. Dies gilt, wie vom BVerfG ausdrücklich bestätigt, für die nach Art. 81 GG (Gesetzgebungsnotstand) geschaffenen Gesetze[78] und muß auch für die Gesetze des Gemeinsamen Ausschusses gem. Art. 53 a, 115 e Abs. 2 GG im Verteidigungsfall gelten[79].

Formellen Gesetzen stehen die sog. gesetzesvertretenden Verordnungen gleich. Der Sy- **790** stematik des Grundgesetzes an sich fremd (vgl. Art. 80 Abs. 1 GG), waren sie nur in einer Übergangszeit zulässig (Art. 119)[80]. Praktisch geworden ist das Problem bei der Vorlage

---

70 Vgl. BVerfGE 3, 225 (230 ff.) zu einer ursprünglichen Verfassungsnorm (Art. 117 Abs. 1 GG); siehe dazu noch unten bei N 90. Auch eine Landesverfassungsnorm ist vorlagefähig, BVerfGE 36, 342 (356).

71 *Schlaich*, Rn. 133; *Maunz* (N 7), Art. 100 Rn. 8. – Zum Problem der Vorlage wegen einer Gesetzeslücke/ Unterlassung des Gesetzgebers siehe unten Rn. 801 f.

72 Zutreffend *Roewer*, NVwZ 1983, S. 145; *Lechner/Zuck*, Vor § 80 Rn. 40; anders *W. Schmidt*, NVwZ 1982, S. 181 ff.

73 So *Löwer*, S. 788.

74 Zu solchen „Vorwirkungen" siehe *Kloepfer*, Vorwirkung von Gesetzen (1974). Entsprechendes gilt von möglichen „Nachwirkungen" eines bereits außer Kraft getretenen Gesetzes.

75 Vgl. BVerfGE 38, 121 (127); zum Problem *Bettermann* (N 2), S. 336 ff.

76 §§ 10, 188 BBauG, §§ 10, 246 BauGB.

77 BVerfGE 70, 35 (58); zutreffend ablehnend *Richter Steinberger* (abw. Meinung), ebenda S. 59 (66); vgl. auch *Löwer*, S. 787.

78 BVerfGE 1, 184 (201); 17, 208 (210); *E. Klein*, in: BK, Art. 81 Rn. 71.

79 *Ulsamer*, in: BVerfGG-Kommentar, § 80 Rn. 47 a.

80 Vgl. *Schaefer*, in: v. Münch/Kunig, GG, Bd. 3 (3. Aufl. 1996), Art. 119 Rn. 11 und 19.

einer gesetzesvertretenden Verordnung aus dem Jahr 1944; angesichts der damals geltenden staatsrechtlichen Verhältnisse muß von einem mit formellen Gesetzen gleichen Rang
dieser Verordnungen ausgegangen werden[81].

791   Im übrigen bleibt es jedoch im Hinblick auf Rechtsverordnungen, Satzungen, Geschäfts-
ordnungsvorschriften etc. beim Ausschluß des Entscheidungsmonopols des BVerfG und
dementsprechend bei der Inzidentkontrolle aller Gerichte, für die solche Rechtsnormen
fallerheblich sind. Halten sie diese mit höherrangigem Recht für unvereinbar, sind sie für
die Fallentscheidung außer Anwendung zu lassen[82]. Dies gilt auch für solche Rechtsverordnungen, an deren Erlaß die Legislative beteiligt ist (sog. Zustimmungsverordnun-
gen)[83]. Keine Ausnahme von diesem Grundsatz liegt im Fall der „mittelbaren Erheblichkeit" vor, da ja gerade nicht die unmittelbar entscheidungserhebliche Rechtsverordnung,
sondern ihre gesetzliche Ermächtigung zur Nachprüfung gestellt wird[84].

3. Nachkonstitutionelle Gesetze

a) Begriff

792   Das Entscheidungs- und Verwerfungsmonopol des BVerfG besteht nur im Hinblick auf
solche formellen Gesetze, die „nachkonstitutionell" sind; denn der von Art. 100 Abs. 1
GG implizierte Autoritätsschutz des Gesetzgebers bezieht sich auf den „unter der Herrschaft des Grundgesetzes tätig gewordenen Gesetzgeber"[85]. Die „Herrschaft des Grundgesetzes" begann mit seinem Inkrafttreten am 23.5.1949, 24.00 Uhr (Art. 145 Abs. 2
GG)[86]. Später erlassene Gesetze, wie z.B. die noch vom Parlamentarischen Rat beschlossenen Wahlgesetze (Art. 137 Abs. 2 GG) oder das vom Wirtschaftsrat des Vereinigten
Wirtschaftsgebiets erlassene Soforthilfegesetz vom 8.8.1949 waren nachkonstitutionell,
da diese Gesetzgeber bereits inhaltlich an das Grundgesetz gebunden waren. Auf den
Zeitpunkt des Zusammentritts des 1. Deutschen Bundestages am 07.09.1949 kommt es
deshalb nicht an[87].

793   Dies gilt auch, soweit es sich um landesgesetzliche (auch landesverfassungsrechtliche)
Normen handelt[88]. Nur wenn sie nach dem 23.05.1949 verkündet sind, konnten sie das
Grundgesetz „verletzen". Anders liegt der Fall freilich da, wo formelle Landesgesetze mit

---

81 BVerfGE 52, 1 (16 f.); vgl. auch BVerfGE 1, 261 (262). Ablehnend *Stern*, Art. 100 Rn. 72 m.w.N., da er nur
    den parlamentarischen Gesetzgeber vom Schutzzweck des Art. 100 Abs. 1 GG umfaßt sieht, was jedoch be-
    reits wegen Art. 81 GG zu eng ist. Ein anderes Problem ist das Erfordernis der Nachkonstitutionalität sol-
    cher Verordnungen, das für gegeben erachtet wird, wenn die Norm in den Willen des nachkonstitutionellen
    Gesetzgebers aufgenommen wurde; dazu siehe unten Rn. 795 ff.
82 BVerfGE 1, 184 (197 ff.); 48, 29 (35).
83 BVerfGE 8, 274 (322 f.); *Schlaich*, Rn. 133. Anders *Bettermann* (N 2), S. 335 f.
84 Vgl. BVerfGE 75, 166 (175 m.w.N.); siehe dazu unten Rn. 839.
85 BVerfGE 2, 124 (131).
86 Vgl. *Jauernig*, JZ 1989, S. 615 ff. Wo das Grundgesetz erst später in Kraft getreten ist (vgl. Art. 23 S. 2 GG
    a.F.), ist dieser Zeitpunkt maßgebend. Für das Saarland ist dies der 1.1.1957, 0.00 Uhr (BGBl. 1956 I
    S. 1011). Für die Länder auf dem Gebiet der ehemaligen DDR ist es der 3.10.1990, 0.00 Uhr (Art. 1 und 3
    Einigungsvertrag, BGBl. 1990 II S. 888).
87 Vgl. BVerfGE 4, 331 (340 f.); 16, 6 (14 f.); 18, 216 (220).
88 So auch BVerfGE 4, 214 (217 f.); *Schmidt-Bleibtreu/Klein*, GG-Kommentar (9. Aufl. 1999), Art. 100 Rn. 6;
    anders *Meyer* (N 6), Art. 100 Rn. 28.

früherem Recht, das gem. Art. 123 fortgilt und gem. Art. 124 und 125 GG Bundesrecht wurde, kollidiert. Als maßgeblichen Zeitpunkt für die Umwandlung hat das BVerfG das Ende des Tages des ersten Zusammentritts des Bundestages (07.09.1949) festgestellt[89]. Dies bedeutet, daß vor diesem Termin verkündete Landesgesetze bezüglich solcher Kollision nicht vorlagepflichtig sind, vielmehr der Inzidentkontrolle der Gerichte unterliegen. Handelt es sich hingegen um ein Landesgesetz, das nach dem 07.09.1949 verkündet wurde, ist es vorzulegen, wenn das Gericht von seiner Unvereinbarkeit mit früherem Recht, das zu Bundesrecht wurde, überzeugt ist[90].

In einer frühen Entscheidung hielt das BVerfG auch eine Bundesverfassungsnorm für vorlagefähig[91]. Unter dem Aspekt des formellen Gesetzes ist dies völlig unproblematisch. Hingegen ist eine ursprüngliche Verfassungsnorm – anders als ein späteres verfassungsänderndes Gesetz – nicht nachkonstitutionell. Das BVerfG beruft sich zur Begründung seiner Zuständigkeit auf den besonderen Schutz „der Würde und der Autorität des *pouvoir constituant*"[92]. Dies ist plausibel, doch ließe sich systemgerechter auch darauf hinweisen, daß einzelne Grundgesetzvorschriften, die möglicherweise im Gegensatz zu den dem Grundgesetz selbst zugrundeliegenden Postulaten materialer Gerechtigkeit stehen, zeitlich nach Geltungsbeginn dieser Grundsätze geschaffen sind und damit *mutatis mutandis* doch als „nachkonstitutionell" verstanden werden können[93]. **794**

b) Überleitung vorkonstitutionellen Rechts in nachkonstitutionelles Recht durch Aufnahme in den Willen des Gesetzgebers

Angesichts der Vielzahl wichtiger formeller Gesetze, die bereits aus der Zeit vor 1949, zum Teil noch aus dem 19. Jahrhundert stammen, aber gem. Art. 123 GG weiter gelten (vgl. z.B. die sog. Reichsjustizgesetze, StGB, BGB) würde ein enges Beharren auf dem Erfordernis der Nachkonstitutionalität gerade in zentralen Rechtsbereichen die Verwerfungskompetenz „freigeben". Unproblematisch vorlagefähig wären nur gerade diejenigen Gesetzesbestimmungen, die ausdrücklich nach dem Inkrafttreten des Grundgesetzes geändert wurden. Das BVerfG hat die Vorlagefähigkeit dadurch erweitert, daß auch diejenigen Gesetze oder gesetzlichen Vorschriften als nachkonstitutionell gelten, die der unter dem Grundgesetz stehende Gesetzgeber „in seinen Willen aufgenommen hat"[94]. **795**

Der recht heftigen Kritik an diesem Vorgehen, die insbesondere die mangelnde Rationalität und die Anknüpfung an einen sonst nicht maßgeblichen subjektiven Willen des Gesetzgebers rügt, hat das BVerfG entgegengehalten[95], daß allein auf den im Gesetz objektivierten Willen des nachkonstitutionellen Gesetzgebers abgestellt werde: „Um eine vorkonstitutionelle Norm zu einer nachkonstitutionellen Norm zu machen, muß der Gesetzgeber ... seinen konkreten Bestätigungswillen *im Gesetz* zu erkennen geben. Das ist z.B. **796**

---

89 BVerfGE 4, 358 (368); 16, 6 (16).
90 Ebenso *Bettermann* (N 2), S. 324. Vgl. auch BVerfGE 3, 368 (374).
91 BVerfGE 3, 225. – Zum materiellen Problem vgl. *Bachof*, Verfassungswidrige Verfassungsnormen? (1951).
92 BVerfGE 3, 225 (231). Vgl. auch *Maurer*, Staatsrecht (1999), § 22 Rn. 25, 27.
93 Zum vorgelegten Gesetz als lex posterior siehe auch unten Rn. 798 ff.
94 Seit BVerfGE 6, 55 (65) st. Rspr.; z.B. BVerfGE 32, 296 (299 f.); 60, 135 (149).
95 BVerfGE 11, 126 (129 ff.) mit Nachweisen der Kritik. Kritisch noch heute insbesondere *Maunz* (N 7), Art. 100 Rn. 14; *H. Klein*, in: Umbach/Clemens, § 80 Rn. 21.

der Fall, wenn die alte Norm als Gesetz neu verkündet wird, wenn die neue (nachkonstitutionelle) Norm auf die alte Norm verweist, oder wenn ein begrenztes oder überschaubares Rechtsgebiet vom nachkonstitutionellen Gesetzgeber durchgreifend geändert wird und aus dem engen sachlichen Zusammenhang der geänderten mit der alten Vorschrift offensichtlich ist, daß der nachkonstitutionelle Gesetzgeber die alte Vorschrift nicht ungeprüft übernommen haben kann"[96]. Diese Argumentation ist durchaus überzeugend, auch wenn das BVerfG in einzelnen Fällen den Nachweis der „Aufnahme in den Willen" eher großzügig geführt hat[97]. Wichtig für die Praxis ist, daß von der Änderung einzelner Vorschriften in einem Gesetzeswerk nicht auf die Aufnahme des ganzen Gesetzes in den Willen des nachkonstitutionellen Gesetzgebers geschlossen werden kann; dies wäre eine „irreale Unterstellung"[98].

797 Es ist daher notwendig, die Bestätigung vorkonstitutionellen Rechts im Einzelfall nachzuweisen. Die bloße Rechtsbehauptung des vorlegenden Gerichts reicht nicht aus; Sachentscheidungsvoraussetzung ist, daß die Aufnahme in den Willen tatsächlich erfolgt ist. Die bloße „Hinnahme" der vorkonstitutionellen Norm im Sinne ihrer Nichtänderung genügt nicht[99]. Allerdings hat das BVerfG zu erkennen gegeben, daß mit sich vergrößerndem Zeitabstand zum Inkrafttreten des Grundgesetzes die Voraussetzungen an die Aufnahme in den gesetzgeberischen Willen geringer werden, da der Gesetzgeber je länger desto eher Gelegenheit hat, den „vorläufigen Zustand" der Hinnahme zu beenden[100]. Es spricht daher heute eine gewisse Vermutung für die Aufnahme in seinen Willen. Ganz von Nachweisen einer entsprechenden Willensbetätigung des Gesetzgebers dispensiert der Zeitablauf freilich immer noch nicht[101].

c) Nachkonstitutionelles Gesetz als späteres Recht im Verhältnis zum Grundgesetz

798 Das Erfordernis der Nachkonstitutionalität wird vom BVerfG insbesondere auch damit begründet, die Autorität des Gesetzgebers dürfe nicht ohne weiteres dadurch beiseite geschoben werden, daß seine Gesetze wegen angenommener Verfassungsverletzung von jedem Gericht außer Anwendung gelassen werden können; ein solcher Vorwurf sei aber nur zu erheben, wenn der Gesetzgeber gegen eine bereits bestehende Verfassungsnorm verstoße[102]. Dies bedeutet, daß die objektive Normenkollision allein für eine Vorlage nach

---

96 BVerfGE 11, 126 (131 ff.); erneut: BVerfG (Kammerbeschl.), EuGRZ 1999, S. 92.
97 Z.B. BVerfGE 52, 1 (17). Recht pauschal wurde die Willensaufnahme auch bezüglich der ganzen ZPO festgestellt: BVerfGE 8, 210 (213 f.); 78, 77 (83). – Übereinstimmend die Einschätzung von *Bettermann* (N 2), S. 334.
98 BVerfGE 11, 126 (131); BVerfG (Kammerbeschl.), EuGRZ 1999, S. 91: § 828 Abs. 2 BGB ist vorkonstitutionelles Recht.
99 BVerfGE 11, 126 (131). Daher reicht auch nicht die Aufnahme des vorkonstitutionellen Gesetzes in die Sammlung des bereinigten Bundesrechts (BGBl. III), nicht einmal die Neubekanntmachung aus; vgl. *Ulsamer*, in: BVerfGG-Kommentar, § 80 Rn. 91; ebenda, Rn. 73-109 zu weiteren Details. Vgl. auch BVerfG 97, 117 (122 f.) und unten Rn. 816 zur fehlenden Übernahme des DDR-Rechts in den Willen des Bundesgesetzgebers.
100 BVerfGE 63, 181 (188) (zu Art. 14 EGBGB a.F.); 66, 248 (255) (zu § 11 EnergiewirtschaftsG). Vgl. auch *Löwer*, S. 788.
101 BVerfGE 70, 126 (132 f.): § 40 Abs. 1 VVG ist vorkonstitutionell; siehe auch oben N 98.
102 BVerfGE 2, 124 (132).

Art. 100 Abs. 1 GG nicht ausreicht[103]. Notwendig ist vielmehr zusätzlich, daß die vorgelegte Norm gegen eine im Zeitpunkt ihrer Entstehung bereits existente höhere Norm verstößt oder im Verhältnis zu dieser die spätere Norm ist[104]. Das Verwerfungsmonopol des BVerfG besteht daher nicht, wo das Bundes- oder Landesgesetz gegen eine erst später durch Verfassungsänderung geschaffene Vorschrift verstößt. Der Grund hierfür liegt nicht etwa im Prinzip *lex posterior derogat legi priori*. Dieser Grundsatz kann nur im Verhältnis gleichrangigen Rechts Anwendung finden. Der Grund besteht allein darin, daß der Gesetzgeber vor Konsequenzen, die aus dem Vorwurf der Verfassungsverletzung gezogen werden, geschützt werden soll[105].

Hiervon ausgehend ist auch die Rechtsprechung des BVerfG zur Aufnahme vorkonstitu- **799** tionellen Rechts in den Willen des nachkonstitutionellen Gesetzgebers nicht problematisch. Zwar ist das Gesetz zunächst im Verhältnis zum Grundgesetz früheres Recht. Erst seine „Bestätigung" macht es zum nachkonstitutionellen Recht. Dieser legislative Bestätigungsakt wird aber zu einem Zeitpunkt vorgenommen, zu dem der Gesetzgeber bereits an das Grundgesetz gebunden ist. Insofern ist diese Norm später als das Grundgesetz und kann es daher verletzen[106].

d) Landesgesetze als späteres Recht im Verhältnis zum Bundesrecht (Art. 100 Abs. 1 S. 2 GG)

Die eben angestellten Überlegungen sind entsprechend auf die in Art. 100 Abs. 1 S. 2 **800** (2. Alt.) GG beschriebene Konstellation anwendbar. Auch hier genügt für die Vorlagefähigkeit eines formellen Landesgesetzes nicht seine objektive Kollision mit (höherem) Bundesrecht. Zur Entscheidung ist das BVerfG – auch wieder aus dem Verletzungsgesichtspunkt heraus – nur zuständig, wo das Landesgesetz im Verhältnis zum widersprechenden Bundesrecht das spätere Recht darstellt. Wird das kollidierende Bundesrecht erst später geschaffen, fehlt es dem Landesgesetzgeber gegenüber am Vorwurf der Verfassungsverletzung (vgl. Art. 31 GG), so daß eine Inzidentkontrolle durch das fallbefaßte Gericht zu erfolgen hat, eine Vorlage also unzulässig wäre[107].

4. Gesetzgeberisches Unterlassen

Ein unterlassener Gesetzgebungsakt, ein nicht vorhandenes Gesetz ist nicht vorlage- **801** fähig[108]. Die Autorität des Gesetzgebers, der davor geschützt werden soll, daß seine Legislativakte bei der Fallanwendung außer Acht gelassen werden, ist insoweit nicht in Zweifel gezogen. Die je andere Funktionsbestimmung verhindert auch einen überzeugenden Schluß von der denkbaren Zulässigkeit einer Verfassungsbeschwerde gegen gesetz-

---

103 Kritisch *Pestalozza*, S. 207 f.
104 Ebenso *Bettermann* (N 2), S. 332, 346; *Stern*, Art. 100 Rn. 88 und 132 ff.
105 Zum Vorstehenden *Bettermann* (N 2), S. 332, 346; *Stern*, Art. 100 Rn. 88 und 132 ff.
106 Davon zu trennen ist die Frage, ob das alte Gesetz überhaupt als (Bundes-) Recht fortgilt; zur diesbezüglichen Feststellungskompetenz (Art. 126 GG) siehe unten § 24.
107 BVerfGE 10, 124 (127 f.); 65, 359 (373). Vgl. auch *Maunz* (N 55), Art. 100 Rn. 12.
108 *Stern*, Art. 100 Rn. 100; *H. Klein*, in: Umbach/Clemens, § 80 Rn. 22; a.A. *Kloepfer*, in: FS Lerche (1993), S. 768; *Berkemann*, EuGRZ 1985, S. 138.

geberisches Unterlassen auf die Zulässigkeit einer entsprechenden Richtervorlage[109]. Das konkrete Normenkontrollverfahren dient nicht dazu, generell die Verfassungsmäßigkeit des gesetzgeberischen Verhaltens zu gewährleisten. Eine konkrete Normenkontrolle bei „absolutem" gesetzgeberischen Unterlassen kommt daher nicht in Frage. Dies gilt selbst dann, wenn eine Pflicht des Staates besteht, sich schützend und fördernd vor in Grundrechten genannte Rechtsgüter zu stellen und diese vor rechtswidrigen Eingriffen Dritter zu bewahren[110]. Zum einen wird die Durchsetzung von Gesetzgebungsansprüchen regelmäßig daran scheitern, daß der durch das rechtswidrige Unterlassen Betroffene regelmäßig nicht weiß, wie die konkrete Begünstigung aussieht, die sich aus einer Korrektur des legislatorischen Versäumnisses ergibt, und er demzufolge eine konkrete Rüge des gesetzgeberischen Schutzdefizits nicht erheben kann. Daher ist unklar, auf welchen Gegenstand sich eine von dem Fachgericht zu erhebende Vorlagefrage richten soll[111]. Darüber hinaus würde eine durch das BVerfG festgestellte Verfassungswidrigkeit des Unterlassens nicht dazu führen, daß die Fachgerichte befugt wären, die entsprechende Lücke zu schließen. Das vorlegende Fachgericht kann das gesetzgeberische Unterlassen nicht als Ersatzgeber überspielen; es könnte allenfalls, wenn die prozessualen Voraussetzungen gegeben sind (z.B. § 148 ZPO, § 94 VwGO), das Verfahren aussetzen, bis der Gesetzgeber tätig geworden ist[112]. Der Instanzrichter, der eine von ihm für verfassungsrechtlich gebotene Norm vermißt, muß deshalb auf der Grundlage vorhandenen Rechts entscheiden, was ihn möglicherweise, ist der Gesetzgeber unmittelbar aus der Verfassung zu einem ganz bestimmten Tun verpflichtet, zum „lückenfüllenden" Rückgriff auf die Verfassung selbst berechtigt[113].

802   Anders liegt der Fall, wo eine gesetzliche Bestimmung vorhanden ist, vom Instanzrichter aber deshalb für verfassungswidrig gehalten wird, weil sie einen Sachverhalt nur unvollständig regelt, der Gesetzgeber die Einbeziehung weiterer gleichgelagerter Fälle also unterlassen hat („relatives Unterlassen")[114]. Hier kann die Vorlagefähigkeit der („unvollständigen") Norm an sich nicht bestritten werden. Problematisch ist jedoch, ob die Feststellung der Verfassungswidrigkeit oder gar Nichtigkeit durch das BVerfG einen Einfluß auf die Entscheidung im Ausgangsverfahren haben könnte, ob der Instanzrichter also anders entscheiden müßte als bei Anwendung der Norm. Dies ist jedoch ein Problem der Entscheidungserheblichkeit, nicht der Vorlagefähigkeit der Norm[115].

---

109   So aber *R. Schneider*, AöR 89 (1964), S. 24 ff.; *Stahler*, Verfassungsgerichtliche Nachprüfung gesetzgeberischen Unterlassens, Diss. München 1966, S. 119 f. – Zur Verfassungsbeschwerde gegen gesetzgeberisches Unterlassen siehe oben Rn. 494 ff. Dazu auch *Möstl*, DÖV 1998, S. 1029 ff.

110   Vgl. *E. Klein*, NJW 1989, S. 1633 ff.; *H.H. Klein*, DVBl. 1994, S. 489 ff.

111   So auch *Schenke*, Verwaltungsarchiv 1991, S. 320.

112   *Berkemann* (N 108), S. 138.

113   Denkbar wäre z.B. ein unmittelbarer Rückgriff auf Art. 6 Abs. 5 GG.

114   Vgl. *Meyer* (N 6), Art. 100 Rn. 19; *Lechner/Zuck*, Vor § 80 Rn. 40, im Unterschied zu dem zunächst erörterten Fall des „absoluten Unterlassens". Vgl. hierzu oben Rn. 496 f.

115   Wie hier *H. Klein*, in: Umbach/Clemens, § 80 Rn. 24; a.A. *Pestalozza*, S. 340 f. Siehe auch unten Rn. 854 ff.

5. Einzelfragen

a) Allgemeine Regeln des Völkerrechts (Art. 25 GG)

Die allgemeinen Regeln des Völkerrechts als solche gehören einer anderen als der deutschen Rechtsordnung an (Dualismus) und entziehen sich daher der bundesverfassungsgerichtlichen Kontrolle. Art. 25 GG macht sie allerdings zum „Bestandteil des Bundesrechts", sogar mit der Maßgabe, daß sie den (Bundes-) Gesetzen vorgehen. Nach ganz überwiegender Ansicht stehen sie im Rang aber unter dem Grundgesetz[116], so daß ein Widerspruch zu höherem Recht denkbar ist. Von daher ließe sich die Vorlagefähigkeit einer allgemeinen Völkerrechtsregel begründen[117]. **803**

Die besseren Gründe sprechen jedoch gegen die Zulässigkeit einer entsprechenden Richtervorlage. Denn allgemeine Regeln des Völkerrechts sind keine „formellen" Gesetze. Demgemäß ist hier auch die Funktion des Art. 100 Abs. 1 GG, den unter dem Grundgesetz handelnden Gesetzgeber zu schützen, nicht einschlägig. Der den allgemeinen Völkerrechtsregeln von Art. 25 GG erteilte Rechtsanwendungsbefehl[118] ist dem „normalen" Gesetzgeber nicht zuzurechnen, sondern geht auf eine Entscheidung des *pouvoir constituant* zurück, so daß nur Art. 25 GG selbst vorlagefähig wäre. Ein Verstoß gegen höherrangiges Recht (Problem der verfassungswidrigen Verfassungsnorm) ist insofern freilich schwerlich vorstellbar. Keinesfalls könnte die Tatsache, daß die allgemeinen Regeln des Völkerrechts nach herrschender Meinung als tauglicher Gegenstand der abstrakten Normenkontrolle angesehen werden[119], die Zulässigkeit einer konkreten Normenkontrolle begründen. Als Prüfungsmaßstab sind die allgemeinen Völkerrechtsregeln, da Bestandteil des Bundesrechts, aber tauglich[120]. **804**

b) Vertragsgesetze (Art. 59 Abs. 2 GG)

Nicht statthaft ist die Vorlage völkerrechtlicher Verträge, wohl aber der hierzu im innerstaatlichen Ratifikationsverfahren ergangenen Zustimmungs- oder Vertragsgesetze[121], auch wenn es sich um einen von Art. 59 Abs. 2 GG nicht geforderten Legislativakt handelt. Mittelbar wird dadurch auch der Inhalt des Vertrages überprüfbar, immer vorausgesetzt, daß die Zulässigkeit der Vorlage im übrigen, insbesondere die Entscheidungserheblichkeit, gegeben ist. Soweit sinnvoll abtrennbar, kann der parlamentarische Zustim- **805**

---

116 Vgl. BVerfGE 37, 271 (279): dazu *Geck*, in: BVerfGG und GG, II (1976), S. 137, und unten Rn. 890 sowie Rn. 927.

117 So *Stern*, Art. 100 Rn. 226, unter fehlerhafter Berufung auf *Friesenhahn*, in: Mosler (Hg.), Verfassungsgerichtsbarkeit in der Gegenwart (1962), S. 148 f.

118 BVerfGE 46, 342 (363) spricht vom „generellen Rechtsanwendungsbefehl" des Art. 25 GG; vgl. *Steinberger*, HStR Bd. VII (1992), § 173 Rn. 28; *R. Geiger*, Grundgesetz und Völkerrecht (2. Aufl. 1994), S. 165 f.

119 Siehe oben Rn. 722 N 53. Auch das Völkerrechtsverifikationsverfahren gem. Art. 100 Abs. 2 GG (unten § 25) hat eine völlig andere Bedeutung; gleichwohl hält *Detterbeck*, S. 494 f., dieses Verfahren für vorrangig.

120 Vgl. BVerfGE 14, 221 (237); *Steinberger* (N 118), Rn. 48. Siehe auch oben Rn. 734.

121 Z.B. BVerfGE 29, 348 (358); 63, 131 (140); 95, 39 (44). Diese Aussage gilt auch für Zustimmungsgesetze zu Staatsverträgen zwischen Bundesländern oder zwischen Bund und Ländern; BVerfGE 62, 131 (140); ebenso *H. Klein*, in: Umbach/Clemens, § 80 Rn. 17.

mungsakt auch nur insoweit vorgelegt werden, als er sich auf einzelne Bestimmungen des Vertrags bezieht[122].

806 Höchst zweifelhaft ist, ob auch ein nicht in Form eines Gesetzes ergangener Zustimmungsbeschluß des Parlaments zu einem Vertrag vorgelegt werden darf. Das BVerfG hat dies im Hinblick auf den nach der Bayerischen Verfassung erforderlichen nicht gesetzesförmlichen Beschluß des Bayerischen Landtags zum Zwischenländerstaatsvertrag über die Vergabe von Studienplätzen bejaht[123]. Akzeptabel ist diese Entscheidung im Ergebnis nur deshalb, weil nach Auffassung des Bayerischen Verwaltungsgerichtshofes[124] dieser Beschluß, ebenso wie ein Gesetzesbeschluß, den normativen Teil des Staatsvertrages zu Bayerischem Recht im Sinne eines Gesetzes erhebt. Damit kann auch die Funktion des Art. 100 Abs. 1 GG – Schutz der Autorität des Gesetzgebers – zum Zuge kommen.

c) Europäisches Gemeinschaftsrecht

807 (1) Unbestritten ist, daß die Bestimmungen der Verträge zur Errichtung der Europäischen Gemeinschaften (primäres Gemeinschaftsrecht) – wie alle völkerrechtlichen Verträge – als solche nicht der Gerichtsbarkeit des BVerfG unterliegen[125]. Wer gegen die Vertragsnormen vorgehen will, muß den Weg über die Vertragsgesetze (Art. 59 Abs. 2, 23 Abs. 1 GG) beschreiten[126]. Als Bundesgesetze sind sie ohne weiteres vorlagefähig.

808 Dieser Weg ist auch schon beschritten worden. Eine Art. 249 EG-Vertrag betreffende Vorlage des Vertragsgesetzes ist vom BVerfG allerdings wegen fehlender Entscheidungserheblichkeit als unzulässig zurückgewiesen worden. Dabei hat es aber prinzipiell die Möglichkeit einer Teilnichtigkeit des Vertragsgesetzes im Hinblick auf einzelne Vertragsbestimmungen bejaht[127]. Die Folge wäre die innerstaatliche Unanwendbarkeit der betreffenden Vertragsbestimmungen, ohne daß die Bundesrepublik Deutschland freilich dadurch auf der völkerrechtlichen/gemeinschaftsrechtlichen Ebene von ihren Vertragspflichten entbunden wäre.

An anderer Stelle hat das BVerfG allerdings zu erkennen gegeben, daß eine Verfassungswidrigkeit der Zustimmungsgesetze nicht zu erkennen sei[128]. Im Hinblick auf künftige Vertragsänderungen, denen wieder nach Art. 23 Abs. 1, 59 Abs. 2 GG zugestimmt werden müßte, ist jedoch nicht völlig auszuschließen, daß die auch Integrationsgesetzen (Art. 23 Abs. 1, früher Art. 24 Abs. 1 GG) gezogenen Grenzen[129] überschritten werden. Denkbar ist ferner, daß in der Praxis Gemeinschaftsorgane über das im Vertrag (und innerstaatlich: im Zustimmungsgesetz) konsentierte „Integrationsprogramm" hinausgehen und diese „Grenzüberschreitung" auch die Billigung des mit dieser Frage befaßten EuGH

---

122 BVerfGE 72, 66 (74 f.).
123 BVerfGE 37, 191 (197).
124 BayVBl. 1984, S. 332.
125 Statt aller *Streinz*, Bundesverfassungsgerichtlicher Grundrechtsschutz und Europäisches Gemeinschaftsrecht (1989), S. 142 f.; *Tomuschat*, EuGRZ 1993, S. 489 ff.
126 BVerfGE 52, 187 (199); *Zuck/Lenz*, NJW 1997, S. 1199.
127 BVerfGE 22, 134 (152). – Vgl. *Eibach*, Das Recht der Europäischen Gemeinschaften als Prüfungsgegenstand des BVerfG (1988), S. 121 ff.
128 BVerfGE 37, 271 (277).
129 Vgl. dazu BVerfGE 58, 1 (40); 73, 339 (375 f.); *Tomuschat*, in: BK, Art. 24 Rn. 49 ff.; *E. Klein*, VVDStRL 50 (1991), S. 66 ff.

(z.B. 230, 234 EGV) findet[130]. Man wird in diesem Fall dem BVerfG zunächst die Möglichkeit einräumen müssen, die zulässige Reichweite des Zustimmungsgesetzes zu interpretieren und damit deutlich zu machen, wo die Grenzen des „Übertragungsaktes" im Sinne von Art. 23 Abs. 1 S. 3 i.V.m. Art. 79 Abs. 3 GG liegen[131]. Das BVerfG geht aber weiter. In der Maastricht-Entscheidung hat es ausgeführt, daß eine von dem Vertrag abweichende Handhabung des Vertrages durch die europäischen Organe zur Folge habe, daß die daraus hervorgehenden Rechtsakte im deutschen Hoheitsbereich nicht verbindlich seien. Die deutschen Staatsorgane seien dann aus verfassungsrechtlichen Gründen gehindert, diese Rechtsakte in Deutschland anzuwenden. Dementsprechend prüfe das BVerfG, ob Rechtsakte der Europäischen Einrichtungen und Organe sich in den Grenzen der ihnen eingeräumten Hoheitsrechte halten oder aus ihnen ausbrechen[132]. Auf diese Rechtsprechung ist bereits kritisch eingegangen worden[133]. Nicht zweifelsfrei ist überdies, ob eine solche Prüfung im Verfahren der konkreten Normenkontrolle geschehen kann. Verdeutlicht man sich den Zweck dieses Verfahrens (Autoritätsschutz für den Gesetzgeber), so erkennt man, daß im letztgenannten Fall (Grenzüberschreitung der EG-Organe) dem deutschen Gesetzgeber eigentlich kein „Vorwurf" zu machen ist[134], denn er hat Vertragsbestimmungen zugestimmt, die als solche unproblematisch sind; nur die praktische Handhabung der Bestimmungen durch die EG-Organe hat ihnen möglicherweise eine andere, von der Zustimmung des deutschen Parlaments nicht mehr getragene Bedeutung gegeben. Immerhin läßt sich zugunsten der Zulässigkeit der konkreten Normenkontrolle sagen, daß der Wortlaut der zugestimmten Vertragsnorm unverändert geblieben ist und den Ausgangspunkt für die Abweichung vom ursprünglichen Bedeutungsinhalt geboten hat, was dann doch dem Gesetzgeber im Hinblick auf seine Zustimmung letztlich zugerechnet werden könnte. Eine auf das Vertragsgesetz bezogene Richtervorlage wäre danach im Ergebnis auch in der besprochenen Konstellation zulässig[135].

(2) Als nicht-deutsches Recht, auch wenn es sich in diesem zunehmend auswirkt, ist das **809** sekundäre Gemeinschaftsrecht, d.h. das von den Gemeinschaftsorganen aufgrund der Verträge erlassene Recht (vgl. Art. 249 EGV), nicht nach Art. 100 Abs. 1 GG vorlagefähig. In prozeßrechtlich unhaltbarer Weise hat das BVerfG im berühmten „Solange I"-Beschluß dies gleichwohl angenommen[136]. Die angeführten Argumente überzeugen nicht[137]. Dies gilt zunächst für den Hinweis auf die in bezug auf Vertragsgesetze entwickelte Flexibilität (Präventivkontrolle). Für das konkrete Normenkontrollverfahren ist dieser Aspekt belanglos. Vor allem ist die Ausweitung der Funktion des Art. 100 Abs. 1 GG auf einen Schutz der Autorität des Gemeinschaftsgesetzgebers nicht akzeptabel.

---

130   Vgl. BVerfGE 58, 1 (36 f.); 75, 223 (234 ff., 240).
131   Vgl. BVerfGE 75, 221 (235); auch 73, 339 (372). Vgl. aber auch BVerfGE 52, 187 (199 f.).
132   BVerfGE 89, 155 (188).
133   Siehe oben Rn. 80 f.
134   Siehe dazu oben Rn. 798.
135   Das Ergebnis ist keineswegs gesichert.
136   BVerfGE 37, 271 (277 ff.). *Steinberger*, in: FS Doehring (1989), S. 956 N. 14, spricht von einem „reichlich kühnen Griff".
137   Ausführlich dazu *E. Klein*, ZaöRV 35 (1975), S. 67 ff.; *Frowein*, in: BVerfG und GG, II (1976), S. 191 ff.; *Streinz* (N 121), S. 143 ff. – Auch die Überlegung, die deutschen Grundrechte bänden nicht nur deutsche Staatsorgane (BVerfGE 89, 155 [174 f.] unter Abkehr von BVerfGE 55, 1 [27]) und deshalb unterfielen auch Gemeinschaftsakte der verfassungsgerichtlichen Prüfung, kann nicht überzeugen; näher *E. Klein*, in: GS E. Grabitz (1995), S. 276 ff. Vgl. auch oben Rn. 83 f.

Es ist offenkundig, daß das BVerfG in dieser Entscheidung prozessuale Barrieren weggeräumt hat, um die Kontrolle über einen seiner Ansicht nach zum damaligen Zeitpunkt unbefriedigenden materiell-rechtlichen Zustand nicht zu verlieren: die im Gemeinschaftsrecht bestehende Grundrechtssituation. Solange das Gemeinschaftsrecht daher keinen Grundrechtskatalog enthalte, der dem des Grundgesetzes adäquat sei, dürfe und müsse gemeinschaftliches Sekundärrecht, von dessen Unvereinbarkeit mit den Grundrechten des Grundgesetzes das Instanzgericht überzeugt sei, vorgelegt werden, nachdem der EuGH im Verfahren nach Art. 234 EGV seinerseits die Gültigkeit des Sekundärrechts bestätigt habe[138].

810   Diese Argumentation ist aber nicht ausreichend. Sachentscheidungsvoraussetzungen sind immer auch Zuständigkeitsnormen. Rechtspolitische Bedürfnisse erlauben es dem BVerfG nicht, wie es an anderer Stelle selbst klargestellt hat[139], darüber frei zu verfügen.

811   Das BVerfG ist in einer späteren Entscheidung[140] zutreffend zu einer Neueinschätzung der Grundrechtssituation im Bereich der EG gekommen. Es hat infolgedessen die (derzeitige) Unzulässigkeit von sekundäres Gemeinschaftsrecht betreffenden Richtervorlagen bejaht. Es hat allerdings ihre Zulässigkeit nicht prinzipiell ausgeschlossen, sondern – in Umkehrung der alten Solange-Formel – nur solange, als die EG, insbesondere der EuGH, einen wirksamen Schutz der Grundrechte gegenüber Hoheitsakten der Gemeinschaftsorgane gewährleisten, „der dem vom Grundgesetz als unabdingbar gebotenen Grundrechtsschutz im wesentlichen gleichzuachten ist, zumal den Wesensgehalt der Grundrechte generell verbürgt"[141]. Es hat zusätzlich klargestellt, daß nur die generelle Abkehr von einer effektiven Grundrechtsgewährleistung, nicht bereits ein grundrechtliches „Versagen" des EuGH im Einzelfall die Vorlage von sekundärem Gemeinschaftsrecht wieder zulässig machen würde[142]. Das Maastricht-Urteil schließt sich diesen Aussagen im Kern an. Gleichwohl stellt das BVerfG ausdrücklich fest, daß Gemeinschaftsakte dann an den Grundrechtsgarantien des Grundgesetzes zu messen seien, wenn sie Grundrechtsberechtigte in Deutschland betreffen. Im Sinne der Solange II-Rechtsprechung übe das BVerfG jedoch seine Gerichtsbarkeit über die Anwendung von sekundärem Gemeinschaftsrecht in Deutschland in einem „Kooperationsverhältnis" zur europäischen Gerichtsbarkeit aus[143]. In diesen Aussagen liegt ein unauflösbarer Widerspruch[144]. In der Praxis dürften diese Entscheidungen allerdings zur Unzulässigkeit entsprechender Richtervorlagen führen; theoretisch wird eine auflösende Bedingung jedoch für den Fall eingebracht, daß der EuGH vom „Pfad der Tugend" abweicht. Unklar ist jedoch, ob diese – wie auch immer zu qualifizierende – „Selbstbeschränkung" des BVerfG via Kooperationsverhältnis auch für *ultra-vires*-Konstellationen gelten soll. Auf diese Problematik ist bereits oben ausführlich eingegangen worden[145].

---

138 BVerfGE 37, 271 (285).
139 Vgl. BVerfGE 22, 293 (298); 38, 121 (127); dazu *E. Klein*, S. 579 f.
140 BVerfGE 73, 339 – „Solange II": vorausgegangen war, die Umkehr ankündigend, BVerfGE 52, 187 (202 f.).
141 BVerfGE 73, 339 (387), bestätigt durch BVerfG, Beschl. vom 07.06.2000, NJW 2000, S. 3124 ff.; siehe dazu oben Rn. 83.
142 Beschluß Erste Kammer/Zweiter Senat vom 10.04.1987, 2 BvR 1236/86, NJW 1987, S. 3077; dazu *Steinberger* (N 136), S. 962. Kritisch *Streinz* (N 125), S. 151 und 302 f.
143 BVerfGE 89, 155 (174 f.); bestätigt im Beschl. v. 07.06.2000 – 2 BvL 1/97, NJW 2000, S. 3124 ff.
144 *E. Klein*, in: GS Grabitz (1995), S. 278.
145 Siehe oben Rn. 82. Der Beschl. v. 07.06.2000 – 2 BvL 1/97, NJW 2000, S. 3124 f., befaßt sich nur mit der Grundrechtsproblematik.

Das Ergebnis ist: Hält ein Gericht eine fallrelevante gemeinschaftsrechtliche Sekundär- **812** norm für unvereinbar mit deutschen Grundrechten, ist gemäß Art. 234 EGV eine Vorlage an den EuGH geboten[146], weil es möglich ist, daß diese Norm gegen die vom Gemeinschaftsrecht gewährleisteten Grundrechte verstößt. Bejaht dies der EuGH, so erklärt er die Norm für nichtig; der nationale Richter ist ihrer Anwendung im Ausgangsfall enthoben. Verneint der EuGH einen Grundrechtsverstoß, muß der Richter diese Norm der Fallentscheidung zugrunde legen[147]. Die Vorlage einer Sekundärnorm an das BVerfG (Art. 100 Abs. 1 GG) kommt nach der hier vertretenen Ansicht nicht in Betracht. Nach Auffassung des BVerfG ist sie nur unter der unwahrscheinlichen Voraussetzung zulässig, daß sich in dieser Norm eine generelle, den effektiven Grundrechtsschutz mißachtende Haltung des EuGH zeigt[148]. Grundsätzlich vorlagefähig bleibt aber das Zustimmungsgesetz[149]. Die unterlegene Partei kann ferner gegen die letztinstanzliche Entscheidung Verfassungsbeschwerde erheben, doch wird diese nur Erfolg haben, wo das Zustimmungsgesetz zu dem jeweiligen Vertrag die gemeinschaftsrechtlichen Akte nicht decken durfte (Verletzung der für Integrationsgesetze maßgebenden Schranken durch den deutschen Gesetzgeber) oder nicht deckt (Überschreitung der vom Integrationsprogramm gezogenen Grenzen durch den Gemeinschaftsgesetzgeber). In dem Verfahren wäre dies als Vorfrage zu klären[150].

(3) Soweit in Ausführung oder Umsetzung gemeinschaftsrechtlicher Vorschriften for- **813** melle Gesetze erlassen werden, sind sie tauglicher Vorlagegegenstand. Zu unterscheiden ist dabei jedoch, ob die vom vorlegenden Gericht behauptete Verfassungswidrigkeit durch die Gemeinschaftsnorm bedingt ist oder nicht[151]. Im letzten Fall steht einer vollen Überprüfung nichts im Wege. Im ersten Fall bedarf es zunächst der Vorlage an den EuGH (Art. 234 EGV), um zu prüfen, ob die Gemeinschaftsnorm ihrerseits rechtmäßig ist[152]. Ist sie rechtswidrig und deshalb vom EuGH für nichtig erklärt, schränkt sie die Kontrolle des BVerfG über den deutschen Umsetzungsakt nicht ein. Wird sie jedoch vom EuGH als rechtmäßig beurteilt, könnte das BVerfG nur über die Prüfung des Zustimmungsgesetzes und seine – teilweise – Nichtig- oder Verfassungswidrigerklärung[153] die Auswirkung der

---

146 Wo der gemeinschaftsrechtlichen Verpflichtung zur Vorlage an den EuGH nicht entsprochen wird, liegt grundsätzlich ein Verstoß gegen das Recht auf den gesetzlichen Richter (Art. 101 Abs. 1 S. 2 GG) vor; BVerfGE 73, 339 (366); 75, 223 (233 f.). Vgl. auch (kritisch) *Clausnitzer*, NJW 1989, S. 641 ff.

147 Keine eigene Prüfung der Sekundärnormen durch das Instanzgericht; BVerfG, NJW 1987, S. 3077.

148 Bestätigt von BVerfG, Beschl. v. 07.06.2000 – 2 BvL 1/97, NJW 2000, S. 3124. Vgl. auch *Selmayr/Prowald*, DVBl. 1999, S. 276.

149 Dazu oben Rn. 807 f.

150 Zur Frage, wer kompetent ist, die „Grenzüberschreitung" zu prüfen, siehe oben Rn. 79 ff.

151 Zum analogen Problem im Rahmen der abstrakten Normenkontrolle siehe oben Rn. 722 bei N 53. Ferner *T. Stein*, in: FS Zeidler, II (1987), S. 1726 f. Diese Differenzierung dürfte auch dem Beschluß der Zweiten Kammer/Zweiter Senat vom 12.5.1989 – 2 BvQ 3/88, EuGRZ 1989, S. 339 zugrundeliegen.

152 Aus Gründen der Entscheidungserheblichkeit wird das Instanzgericht erst die Vorlage an den EuGH durchführen müssen, bevor es dem BVerfG vorlegt. Zur Vorlagepflicht des BVerfG selbst vgl. *Everling*, in: Reichelt (Hg.), Vorabentscheidungsverfahren vor dem Gerichtshof der Europäischen Gemeinschaft (1998), S. 14.

153 *Frowein* (N 137), S. 205, erörtert in Parallele zur bundesverfassungsgerichtlichen Rechtsprechung zum Besatzungsrecht, BVerfGE 15, 337 (346 ff.); 36, 146 (171 f.), daß das BVerfG bei Feststellung einer Überschreitung der dem deutschen Integrationsgesetzgeber gezogenen Schranken eine Bemühungspflicht der Bundesregierung feststellen könnte, den Vertrag entsprechend zu ändern und dadurch mit den Anforderungen des GG in Einklang zu bringen. Dies wäre in der Tat ein dem Gemeinschaftsrecht gegenüber besonders schonendes Verfahren.

Gemeinschaftsrechtsnorm unterbinden. Nach der „Maastricht-Philosophie" des BVerfG ist aber denkbar, daß das BVerfG der Gemeinschaftsnorm, die nach seiner Einschätzung *ultra-vires* ergangen ist oder gegen unabdingbare Grundrechtsstandards verstößt, die Anwendungsfähigkeit im deutschen Rechtsraum abspricht und das deutsche Gesetz unabhängig von gemeinschaftsrechtlichen Vorgaben prüft.

d) Besatzungsrecht

814 Fortgeltendes Besatzungsrecht ist kein Recht, dessen Kontrolle im Verfahren nach Art. 100 Abs. 1 GG zum Schutz des unter dem Grundgesetz handelnden Gesetzgebers beim BVerfG konzentriert werden müßte. Es hat seine aus nicht-deutscher Rechtsquelle fließende Rechtsqualität beibehalten, auch soweit es mit der Aufhebung des Besatzungsregimes am 05.05.1955 dem deutschen Gesetzgeber zur Disposition gestellt wurde[154]. Die heute bestehende verfassungsrechtliche Verpflichtung der zuständigen deutschen Legislativorgane, deutsches Recht anstelle eines mit dem Grundgesetz nicht vereinbaren Besatzungsrechts zu schaffen[155], läßt sich jedoch im Wege der konkreten ebensowenig wie im Wege der abstrakten Normenkontrolle durchsetzen[156]. Hier bleibt nur die Verfassungsbeschwerde gegen die Entscheidungen deutscher Stellen, die auf der Grundlage von mit dem Grundgesetz kollidierenden Besatzungsrecht ergangen sind[157]. Im übrigen ist es Sache der Fachgerichte, die Unvereinbarkeit solcher Regelungen mit dem Grundgesetz festzustellen und sie im Fall außer Anwendung zu lassen (Inzidentkontrolle).

Vorlagefähig ist indes das Gesetz, mit dem der Bundestag einem Vertrag zugestimmt hat, der zur Übernahme und (einstweiligen) Fortgeltung besatzungsrechtlicher Regelungen verpflichtet. Hierbei handelt es sich vor allem um den sog. „Überleitungsvertrag"[158], dessen Bestimmungen im Zusammenhang mit dem Abschluß des Zwei-plus-Vier-Vertrags zwar überwiegend, aber nicht vollständig aufgehoben wurden[159]. Auch der nunmehr als Bundesgesetz fortgeltende Einigungsvertrag hat das Verbot der Rückgängigmachung besatzungsrechtlicher oder auf Besatzungshoheit beruhender Konfiskationen ausgesprochen (Art. 41 Abs. 2 und 3) und durch Verfassungsänderung einem Verdikt unter dem Gesichtspunkt des Eigentumsschutzes entzogen (Art. 4 EV i.V.m. Art. 143 Abs. 3 GG). Diese Verfassungsänderung ist vorlagefähig und am Maßstab des Art. 79 Abs. 3 GG überprüfbar[160].

---

154 Das Fortbestehen von „Besatzungsrecht" kann auch nach dem Inkrafttreten des Zwei-plus-Vier-Vertrags (30.10.1990/15.03.1991) nicht völlig ausgeschlossen werden (siehe unten N 158).

155 Vgl. BVerfGE 62, 169 (181 ff.); 36, 146 (171).

156 Siehe oben Rn. 721; anders *Bettermann* (N 2), S. 337 ff., und *Ulsamer*, in: BVerfGG-Kommentar, § 80 Rn. 61 ff.

157 Vgl. BVerfGE 15, 337; 36, 146; 62, 169. Im letzten Fall ging das BVerfG allerdings davon aus, daß die Verfassungsbeschwerde „mittelbar" gegen Besatzungsrecht gerichtet war. Aufgehoben wurden jedoch nur die entsprechenden Gerichtsentscheidungen, da sie auf einer mit Grundrechten des Beschwerdeführers nicht zu vereinbarenden Auslegung der besatzungsrechtlichen Vorschrift beruhten. Daraus kann nicht auf die Vorlagefähigkeit von Besatzungsrecht geschlossen werden.

158 BGBl. 1955 II S. 405. Vgl. auch BVerfGE 12, 281 (288 f.); 15, 337 (348 ff.).

159 Vereinbarung vom 27./28.09.1990, BGBl. II S. 1386.

160 Vgl. BVerfGE 84, 90 (120); 94, 12 (33 ff.).

e) Berliner Sachen

Angesichts des früheren besonderen Status von Berlin stellten sich auch im Zusammen- **815** hang mit dem konkreten Normenkontrollverfahren schwierige Fragen. Unproblematisch war allerdings die Vorlagekompetenz von in Berlin (West) ansässigen Bundesgerichten, soweit sie als Revisionsgerichte über Entscheidungen westdeutscher Gerichte zu befinden hatten. Unterschiedlich beurteilt wurde aber bereits, ob die Bundesgerichte in „Berliner Sachen"[161] vorlegen konnten. Vor allem ging es um die Frage, ob Gerichte des Landes Berlin Berliner Landesrecht und Bundesrecht vorlegen durften oder mußten[162].

f) Rechtsvorschriften der früheren DDR

Rechtsvorschriften der früheren DDR sind nicht vorlagefähig. Die Kontrollbefugnis des **816** BVerfG nach Art. 100 Abs. 1 GG erstreckt sich nur auf Gesetze, die im Geltungsbereich des Grundgesetzes von einem dem Grundgesetz verpflichteten Gesetzgeber erlassen wor- den sind[163]. Die Erstreckung der Geltung des Grundgesetzes auf das Gebiet der ehemali- gen DDR gemäß Art. 23 S. 2 GG a.F. hat an dieser Situation nichts geändert. Vorschriften der DDR, die nach dem Beitritt in Kraft geblieben sind, sind kein zulässiger Gegenstand eines konkreten Normenkontrollverfahrens, sondern wie vorkonstitutionelles Recht zu behandeln, d.h. vom jeweiligen Richter auf seine Übereinstimmung mit dem Grundgesetz zu überprüfen[164]. Die Aufnahme von DDR-Recht in die Anlage II des Einigungsvertrages kann nicht als Aufnahme in den Willen des Bundesgesetzgebers gedeutet werden[165]. An- dererseits ist eine solche Aufnahme nicht ausgeschlossen. Zu denken ist hierbei etwa an das Staatshaftungsgesetz DDR[166], das als Landesrecht fortgilt und in mehreren der neuen Länder, z.B. in Brandenburg[167], bereits Gegenstand von teilweise erheblichen Verände- rungen durch den Landesgesetzgeber geworden ist.

Im Rahmen der konkreten Normenkontrolle kann deshalb die Vereinbarkeit von ehemali- gen DDR-Vorschriften mit dem Grundgesetz grundsätzlich nur anhand derjenigen Norm geprüft werden, die die Anwendbarkeit des ehemaligen DDR-Rechts im Geltungsbereich des Grundgesetzes anordnet; insoweit wäre Artikel 1 des parlamentarischen Zustim- mungsgesetzes zum Einigungsvertrag vom 23.09.1990 in Verbindung mit der betreffen- den Bestimmung des Einigungsvertrages vom 31.08.1990 dem BVerfG zur Prüfung vorzulegen[168].

---

161 „Berliner Sachen" bezeichneten Verfahren, die ihren Ursprung bei Berliner Gerichten hatten.
162 Näher hierzu die Vorauflage Rn. 742 ff.
163 Siehe oben Rn. 769.
164 BVerfGE 97, 117 (122 ff.); *Kirn*, in: v. Münch/Kunig, GG-Kommentar, Bd. 3 (3. Aufl. 1996), Art. 123 Rn. 13; *Wollweber*, DÖV 1999, S. 418.
165 *Sturm*, in: Sachs, GG-Kommentar, Art. 100 Rn. 11 a; siehe auch oben Rn. 797.
166 GBl.DDR I 1969 S. 34.
167 GVBl. 1993 I S. 198 ff.
168 Ebenso *H. Klein*, in: Umbach/Clemens, § 80 Rn. 29. *Wollweber* (N 164), S. 418, meint, daß die von der am 18.03.1990 demokratisch gewählten Volkskammer der DDR verabschiedeten Gesetze, sofern in der „Positivliste" der Anlage II des Einigungsvertrages aufgeführt, zulässiger Vorlagegegenstand nach Art. 100 Abs. 1 GG seien, da sich die gesetzgeberische Tätigkeit der Volkskammer zu diesem Zeitpunkt bereits am Verfassungsstandard der Bundesrepublik orientiert habe. Dadurch unterschieden sich die von der Volkskammer seit diesem Zeitpunkt erlassenen Rechtsvorschriften grundlegend von der vorkonstitu- tionellen Epoche bis Mai 1949.

6. Vorlage- und Prüfungsgegenstand

817   Der durch die Vorlagefrage bezeichnete Vorlagegegenstand ist mit dem Prüfungsgegenstand, das heißt dem Objekt der tatsächlichen Normenkontrolle, entgegen dem ersten Anschein nicht identisch. Zu beachten ist einmal, daß das BVerfG unter dem Gesichtspunkt der Entscheidungserheblichkeit die Vorlagefrage häufig einschränkt oder erweitert[169]. Das BVerfG darf darüber hinaus (§§ 78 S. 2, 82 Abs. 1 BVerfGG) in bestimmtem Umfang nicht vorgelegte Gesetzesvorschriften in seine Prüfung miteinbeziehen[170]. Der tatsächliche Prüfungsgegenstand kann daher, muß aber natürlich nicht, über den Vorlagegenstand hinausreichen. Einbezogen werden können freilich stets nur formelle nachkonstitutionelle Gesetze.

IV. Überzeugung des vorlegenden Gerichts von der Verfassungs-/Rechtswidrigkeit der Norm

818   Nach Art. 100 Abs. 1 S. 1 GG ist ferner Sachentscheidungsvoraussetzung für das BVerfG, daß das vorlegende Gericht das Gesetz für grundgesetzwidrig oder, falls es sich um ein Landesgesetz handelt, für bundesrechtswidrig „hält". § 80 Abs. 2 S. 1 BVerfGG ordnet zusätzlich an, daß das Gericht bei seiner Vorlage angibt, mit welcher übergeordneten Rechtsnorm die Unvereinbarkeit bestehen soll[171].

1. Bedeutung der Überzeugung

819   Wegen des Wortlauts von Art. 100 Abs. 1 S. 1 GG hat das BVerfG von Anfang an das Bestehen bloßer Zweifel an der Vereinbarkeit mit höherem Recht nicht ausreichen lassen[172] und auch in dieser Hinsicht die konkrete von der abstrakten Normenkontrolle, aber auch von dem Verfahren nach Art. 100 Abs. 2 GG abgegrenzt. Die aufgetretenen Bedenken müssen nach Ansicht des Gerichts geradezu dazu „nötigen", die betreffende Gesetzesvorschrift für verfassungswidrig zu erklären[173]. Wo die Zweifel hingegen überwindbar sind, muß der Richter die Norm anwenden. Unzulässig ist eine Vorlage daher auch dann, wenn der Richter die Verfassungswidrigkeit einer gesetzlichen Bestimmung lediglich „ernsthaft in Betracht zieht". Das BVerfG stellt vernünftigerweise allerdings nicht ausschließlich auf manchmal verunglückte Formulierungen ab, sondern erschließt die „Überzeugung" des erkennenden Gerichts aus dem Gesamtvorbringen[174]. An dieser Stelle wird eine – erste – Flexibilitätsmarge erkennbar, die das BVerfG nutzen kann, um eine gewisse Fallselektion zu betreiben[175].

---

169   Siehe dazu unten Rn. 861 f.

170   Vgl. BVerfGE 78, 77 (83 f.), und unten Rn. 893 f.

171   Rechtsgrundlage ist Art. 94 Abs. 2 S. 1 GG. – Ausführlich zu den im folgenden behandelten Problemen *Zierlein*, in: FS E. Benda (1995), S. 457 ff. (466 ff.).

172   BVerfGE 1, 184 (189); 16, 188 (189 f.); 80, 54 (58 f.), anders etwa in Italien und Spanien; vgl. dazu *Ritterspach*, in: FS E. Stein (1983), S. 289.

173   BVerfGE 78, 20 (24).

174   Vgl. dazu BVerfGE 79, 256 (263).

175   In viel stärkerem Maß wird insoweit die Entscheidungserheblichkeit instrumentalisiert; siehe dazu unten Rn. 827 ff.

Die Notwendigkeit, daß gerade das vorlegende Gericht sich die Überzeugung der Unver- **820**
einbarkeit gebildet hat, schließt Vorlagen als unzulässig aus, die allein mit der Rechtsauffassung von höheren Gerichten begründet sind. Hält ein Gericht also eine gesetzliche Vorschrift nur in der Auslegung, die ihr höhere Gerichte gegeben haben, für verfassungswidrig, nicht aber in einer von ihm selbst für richtig gehaltenen Auslegung, so darf es nicht
vorlegen[176]. Die Rechtsansicht der höheren Gerichte ist für das erkennende Gericht nicht
maßgebend. Auch wenn es verständlich ist, daß Gerichte sich an dieser Rechtsauffassung
orientieren, fehlt es im deutschen Rechtssystem an der bindenden Wirkung des Präjudiz.

Anders liegt der Fall dort, wo das vorlegende Gericht deshalb an die Rechtsansicht eines **821**
anderen Gerichts gebunden ist, weil dieses als höhere Instanz in derselben Sache bereits
tätig wurde und an das vorlegende Gericht zurückverwiesen hat. Hier muß das untere Gericht für die konkrete Fallentscheidung die Rechtsmeinung des höheren Gerichts übernehmen, also von der Verfassungsmäßigkeit des Gesetzes ausgehen. Seine eventuelle
Überzeugung von der Verfassungswidrigkeit ist unbeachtlich, eine Vorlage wäre
unzulässig[177]. Zur verfassungsgerichtlichen Überprüfung wird es in diesem Fall nur über
eine Verfassungsbeschwerde der unterlegenen Prozeßpartei kommen.

Noch in einer anderen Situation kommt es auf die Überzeugung des erkennenden Gerichts nicht an: wenn das BVerfG die betreffende Norm bereits als verfassungsmäßig bestätigt hat. In diesem Fall steht die Bindungswirkung der Entscheidung (§ 31 Abs. 1
BVerfGG) einer Zweitvorlage grundsätzlich entgegen[178].

2. Elemente der Überzeugungsbildung

Damit das vorlegende Gericht seine Überzeugung von der Unvereinbarkeit einer Norm **822**
mit höherem Recht gewinnen kann, ist ein doppelter Interpretationsvorgang notwendig:
Es muß zu einem eigenen Verständnis von der niedrigeren **und** von der höheren Norm
kommen; es muß ferner auf dieser Grundlage ein Prüfungsergebnis finden.

Die Auslegung der zu prüfenden Norm ist grundsätzlich Sache des Fachgerichts[179]. Das
BVerfG nimmt die gefundene Auslegung hin; sie wird erst bei der Prüfung der Entscheidungserheblichkeit kritisch unter die Lupe genommen[180].

Im Hinblick auf die Überzeugungsbildung des Gerichts kommt es auch auf seine eigene
Auslegung des Prüfungsmaßstabs, also meist einer Grundgesetznorm, an. Indessen ak-
zeptiert das BVerfG hier, wo es sich sozusagen auf ureigenem Gelände bewegt, nicht jede
Interpretation, so z.B. nicht, wenn sie in offensichtlichem Widerspruch zu seiner eigenen
Rechtsprechung steht oder als eindeutig falsche Auslegung der grundgesetzlichen Be-
stimmung erkennbar ist[181].

---

176 BVerfGE 22, 323 (378 f.); 68, 337 (344 f.); 80, 54 (58 f.); großzügiger 64, 180 (187).
177 BVerfGE 2, 406 (410 ff.); 6, 222 (242). In BVerfGE 42, 91 (94 f.) und 65, 132 (140) wird dasselbe Ergeb-
     nis systematisch weniger geglückt mit der fehlenden Entscheidungserheblichkeit begründet; BVerfGE 68,
     352 (358 ff.) stellt hingegen zutreffend auf den Gesichtspunkt der „Überzeugung" ab.
178 Vgl. etwa *Bettermann* (N 2), S. 366 f. und näher unten Rn. 1332 ff. *Stern*, Art. 100 Rn. 156, ordnet das
     Problem der Entscheidungserheblichkeit zu. Ferner *Zierlein* (N 171), S. 470 f.
179 BVerfGE 78, 20 (24); 80, 54 (58 f.).
180 Vgl. dazu auch *Ulsamer*, BayVBl. 1980, S. 521 f.
181 BVerfGE 77, 340 (344); 78, 232 (243 f.); 80, 182 (185 ff.).

823   Diese Handhabung ist nicht unproblematisch. Weder Art. 100 Abs. 1 GG noch § 80 BVerfGG setzt voraus, daß die Überzeugungsbildung des vorlegenden Gerichts korrekt erfolgt ist, so daß bei fehlerhafter Interpretation des Prüfungsmaßstabs die Überzeugung von der Verfassungswidrigkeit automatisch in Wegfall käme. Es genügt, wenn das Gericht seine Haltung darlegt und schlüssig begründet[182]. Selbstverständlich ist das BVerfG an die vom vorlegenden Gericht für richtig gehaltene Auslegung nicht gebunden; aber das kann sich erst im Rahmen der materiell-rechtlichen Prüfung auswirken.

824   Schließlich akzeptiert das BVerfG die Einschätzung des vorlegenden Gerichts, eine gesetzliche Vorschrift sei verfassungswidrig, dann nicht, wenn es das Gericht unterlassen hat, ihre verfassungskonforme Auslegung in Betracht zu ziehen. Ist von mehreren, unter anderem auch vom Wortlaut gedeckten Auslegungsmöglichkeiten nur eine einzige mit dem Grundgesetz vereinbar, so ist diese Auslegung zu wählen; auch dies dient der Respektierung des Gesetzgebers, da andernfalls die Norm für nichtig (verfassungswidrig) erklärt werden müßte[183]. Das BVerfG hält deshalb eine Vorlage für unzulässig, wenn das Fachgericht sich nicht mit dieser Frage beschäftigt hat, jedenfalls sofern sie – etwa durch entsprechende Hinweise in Literatur und Rechtsprechung – naheliegt[184]. Das Gericht muß darüber hinaus von der Unmöglichkeit verfassungskonformer Auslegung überzeugt sein, weil es andernfalls nicht von der Verfassungswidrigkeit der Norm überzeugt sein kann[185]. Die Tatsache, daß übergeordnete Gerichte eine Auslegung vertreten, die nach Ansicht des erkennenden Gerichts zur Verfassungswidrigkeit der Norm führen würde, reicht auch hier zur Vorlage nicht aus, wenn das Gericht selbst eine verfassungskonforme Auslegung nicht für unmöglich hält[186].

825   Auch diese Rechtsprechung ist nicht zweifelsfrei. Angesichts des Überzeugungserfordernisses ist es zwar durchaus verständlich, daß das BVerfG eine Vorlage für unzulässig erachtet, wenn das vorlegende Gericht die Möglichkeit verfassungskonformer Auslegung selbst einräumt. Von dem Gericht jedoch die volle Ausschöpfung dieses Interpretationsprinzips zu fordern, d.h. nicht nur die Schlüssigkeit seiner verfassungsrechtlichen Deduktion, sondern auch die Suche nach einer verfassungskonformen Auslegung und deren Ausschluß zu verlangen, überspannt die aus Art. 100 Abs. 1 GG ersichtlichen Anforderungen an die Zulässigkeit der Vorlage. Auch angesichts der Problematik verfassungskonformer Auslegung als solcher[187] erscheint Zurückhaltung angebracht.

3. Darlegung der Überzeugung

826   § 80 Abs. 2 S. 1 BVerfGG verlangt nur die Angabe der übergeordneten Rechtsnorm, mit der die vorgelegte Vorschrift für unvereinbar gehalten wird. Die Pflicht zur näheren Begründung folgt aus der Sache, formal auch aus § 23 Abs. 1 S. 2 BVerfGG. Es wird daher

---

182 Vgl. BVerfGE 80, 59 (65); ferner *Bettermann* (N 2), S. 361.
183 Vgl. BVerfGE 2, 266 (282); 48, 40 (45); 88, 187 (194 f.); 90, 263 (275). – Insgesamt dazu *Schlaich*, Rn. 137 und 406; *Lechner/Zuck*, Vor § 80 Rn. 20.
184 BVerfGE 80, 68 (72 f.); 85, 329 (333 f.); Beschl. v. 17.08.1995, 1 BvL 17/85, nicht amtlich veröffentlicht.
185 BVerfGE 78, 104 (117); 88, 187 (194 f.); BVerfG, EuGRZ 1994, 586 (589).
186 BVerfGE 22, 373 (377); 68, 337 (344); 78, 20 (24).
187 *Hesse*, Rn. 79 ff.; vgl. auch *Heun*, AöR 122 (1997), S. 618 f.; siehe auch unten Rn. 1284 ff.

zutreffend die Darlegung der Gründe, die das Gericht zur Überzeugung der Verfassungswidrigkeit führten, eingefordert[188]. Die Handhabung dieser Ordnungsvorschrift darf jedoch nicht zu einer inhaltlichen Überanstrengung der Sachentscheidungsvoraussetzung
führen.

V. Entscheidungserheblichkeit

Nur dann darf und muß eine für verfassungswidrig/bundesrechtswidrig gehaltene gesetz-   **827**
liche Vorschrift vorgelegt werden, wenn es auf ihre Gültigkeit bei der Entscheidung ankommt (Art. 100 Abs. 1 S. 1 GG) oder wenn, wie es § 80 Abs. 2 S. 1 BVerfGG formuliert, die Entscheidung des Gerichts von der Gültigkeit der Rechtsvorschrift abhängt. Dieser Zusammenhang wird mit dem Begriff der Entscheidungserheblichkeit bezeichnet.
Rechtsfragen, die bei Gelegenheit der Fallprüfung auftreten, aber erkennbar zur Entscheidung eines konkreten Falles nicht beitragen können, seien sie theoretisch noch so interessant, sind nicht vorlagefähig[189].

Das BVerfG legt in aller Regel strenge Maßstäbe an das Erheblichkeitserfordernis und die
entsprechende Begründung des vorlegenden Gerichts an[190]. Hieran scheitern zahlreiche
Vorlagen[191].

1. Erheblichkeit für die „Entscheidung"

Nach der ständigen Rechtsprechung des BVerfG muß die Beantwortung der vorgelegten   **828**
Verfassungsfrage zur abschließenden Beurteilung des konkreten Falles unerläßlich sein,
d.h. es ist auf die Endentscheidung abzustellen[192]. Vor einer Vorlage ist daher das Verfahren im weitest möglichem Umfang zu fördern, um die Bedeutung der aufgetretenen Frage
für die den Fall abschließende Entscheidung sicherzustellen[193]; dazu gehört etwa auch
eine Vorlage nach Art. 234 EGV an den Europäischen Gerichtshof. Nur wenn die fragliche Norm nicht schon wegen Verstoßes gegen vorrangiges Gemeinschaftsrecht unanwendbar ist[194], kommt es für die Ausgangsentscheidung darauf an, ob sie auch verfassungsrechtlich haltbar ist[195].

---

188 Z.B. BVerfGE 65, 265 (282); 66, 265 (269 f.).
189 Vgl. BVerfGE 51, 161 (164); 54, 47 (51).
190 Anders, allenfalls aus früherer Sicht vertretbar, *Bettermann* (N 2), S. 361 („großzügig"); *Ulsamer*, in:
     BVerfGG-Kommentar, § 80 Rn. 279 („Extrem- und Evidenzkontrolle"). Die Verschärfung registriert hin-
     gegen zutreffend *Gerontas*, DVBl. 1981, S. 1093 f. Ausführlich jetzt *Baumgarten*, Anforderungen an die
     Begründung von Richtervorlagen (1996), S. 47 ff., 267 ff.
191 Eine Durchsicht der Bd. 60-78 ergibt, daß 98 Vorlagen zulässig, 38 hingegen unzulässig waren (=
     37,24%). Bd. 79-100: 80 Vorlagen zulässig, 28 unzulässig (= 25,1%). – *Zierlein* (N 171), S. 481 ff., dis-
     kutiert in hervorragendem Überblick typische und atypische Mängel von Gerichtsvorlagen bezüglich der
     Entscheidungserheblichkeit.
192 BVerfGE 11, 330 (335); 50, 108 (113); 76, 100 (104); 79, 240 (244).
193 Vgl. dazu allgemein *Bettermann* (N 2), S. 358, und BVerfGE 73, 301 (312 ff.) speziell zur Förderung ver-
     waltungsgerichtlicher Verfahren.
194 BVerfGE 85, 191 (203).
195 Vgl. BVerfGE 97, 35 (43): „Das vorlegende Gericht hat mit vertretbarer Begründung angenommen, daß
     die zur Prüfung gestellte Regelung nicht schon wegen Verstoßes gegen Art. 119 EWG-Vertrag unwirksam
     (!) ist". Dies bedeutet eine Korrektur von BVerfGE 69, 174 (182).

829 Zwischenentscheidungen des erkennenden Gerichts, bezüglich deren relevante Verfassungsfragen auftreten, lösen demgemäß die Pflicht zur Vorlage grundsätzlich nicht aus. Nach Ansicht des BVerfG kann es dem Gericht angesonnen werden, für eine von ihm für notwendig gehaltene Zwischenentscheidung von der Verfassungsmäßigkeit einer insoweit als entscheidungserheblich angesehenen Norm auszugehen und dabei die prozessualen Vorkehrungen für den Fall zu treffen, daß sich diese Vorschrift tatsächlich als verfassungswidrig erweisen sollte[196]. Begründet wird dies mit der „Subsidiarität der Verfassungsgerichtsbarkeit"[197].

830 Jedoch werden Ausnahmen zugelassen. Danach kommt eine Vorlage dann in Betracht, „wenn sie sich von der gegebenen Verfahrenslage her auch schon für eine gerichtliche Zwischenentscheidung als unerläßlich erweist". Das BVerfG hat einen solchen Fall – „nicht zuletzt mit Blick auf die Interessen der Verfahrensbeteiligten" – bezüglich der Zwischenentscheidung des vorlegenden Gerichts über die Pflegerbestellung für den Beklagten des Ausgangsverfahrens bejaht[198]; von der vorgelegten Norm hing die Stellung des Beklagten im Verfahren ab.

831 Der in der Praxis wichtigste Fall betrifft Entscheidungen über die Erhebung von Beweisen. Das BVerfG betont immer wieder, daß es unzulässig ist, wenn die Gerichte einen Normenkontrollantrag stellen, um sich dadurch eine Beweisaufnahme zu ersparen[199]. Erst wenn die Beweisaufnahme ergeben habe, daß die Entscheidung von der Rechtsvorschrift wirklich abhänge, sei deren Vorlage zulässig. Es könne sein, daß bereits aufgrund der Beweisaufnahme eine geänderte Würdigung des Streits eintrete, welche die fragliche Vorschrift gar nicht mehr zur Anwendung kommen lasse. Das BVerfG hat dies noch dahin verschärft, daß selbst dann zunächst Beweis erhoben werden muß, wenn das Gericht bei der von ihm angenommenen Verfassungswidrigkeit eines Gesetzes ein Urteil erlassen und nur dann in die Beweisaufnahme eintreten müßte, wenn das Gesetz verfassungsmäßig ist[200].

Da andererseits nach allgemeinen prozessualen Grundsätzen nur über entscheidungserhebliche Tatsachen Beweis erhoben werden darf[201], ist die Einschränkung der Vorlagezulässigkeit nur über den – Vorrang beanspruchenden (?) – Grundsatz der Subsidiarität der Verfassungsgerichtsbarkeit[202] begründbar. Zumindest zeitweise ist das erkennende Gericht danach gezwungen, auf der Grundlage eines für verfassungswidrig gehaltenen Gesetzes zu prozedieren.

832 Indessen gibt es Konstellationen, in denen das BVerfG die eng gezogenen Schranken lockert. In BVerfGE 79, 256 ging es um die Ehelichkeitsanfechtung durch ein volljähriges Kind, die Voraussetzung der gerichtlichen Klärung seiner Abstammung ist. § 1596 Abs. 1

---

196 BVerfGE 63, 1 (22). – Anders liegt der Fall da, wo die die Zwischenentscheidung selbst ermöglichende Norm für verfassungswidrig gehalten wird, z.B. die Vorschriften über die Beweisaufnahme.

197 Vgl. BVerfGE 47, 146 (154); 63, 1 (22); 79, 256 (265).

198 BVerfGE 63, 1 (22).

199 Z.B. BVerfGE 11, 330 (334 f.); 34, 118 (127); 50, 108 (113).

200 BVerfGE 47, 146 (156). Erläutert wird dies dahin, daß Aufgabe des BVerfG die Klärung verfassungsrechtlicher Fragen sei, nicht die Ermittlung von Tatsachen; BVerfGE 17, 135 (138); *Lechner/Zuck*, Vor § 80 Rn. 15.

201 Vgl. dazu *Bettermann* (N 2), S. 357.

202 Dazu oben N 188 und unten Rn. 868 f.

BGB erlaubte diese Anfechtung nur unter hier nicht gegebenen Voraussetzungen. Die Vorlage dieser Norm erfolgte, ohne daß das Gericht ein serologisches Gutachten eingeholt hatte. Hätte das Gutachten ergeben, daß der Ehemann der Mutter als Vater nicht auszuschließen ist, wäre der Rechtsstreit entscheidungsreif gewesen, ohne daß es auf die Verfassungsmäßigkeit des § 1596 Abs. 1 BGB angekommen wäre. Hier konnte die Beweisaufnahme jedoch deshalb nicht erfolgen, weil die Nichtehelichkeit des Klägers im Ausgangsverfahren unter keinen Umständen entscheidungserheblich war, falls ihm kein Anfechtungsrecht zustand. Da diese Frage vorgreiflich war, mußte erst die über die Verfassungsgemäßheit dieser das Anfechtungsrecht ausschließenden Bestimmung entschieden werden.

Schwerer verständlich ist BVerfGE 47, 146 (157) – Schneller Brüter –, wonach von dem **833** grundsätzlichen Erfordernis, erst die Beweisaufnahme durchzuführen, dann abgegangen werden kann, wenn die Vorlagefrage „von allgemeiner und grundsätzlicher Bedeutung für das Gemeinwohl ist und deshalb für ihre Entscheidung dringlich ist". Der sonst herangezogene Gesichtspunkt der Subsidiarität der Verfassungsgerichtsbarkeit wird durch die analoge Heranziehung von § 90 Abs. 2 S. 2 BVerfGG[203] in den Hintergrund gedrängt und damit der vorverlagerte Zugriff auf den Fall ermöglicht. Die Flexibilität, die sich das BVerfG durch diese Rechtsprechung schafft, ist unter kompetenzrechtlichem Aspekt nicht unproblematisch, erst recht, wenn – umgekehrt – aus dem Fehlen der „grundsätzlichen Bedeutung" Folgerungen in Richtung auf die Unzulässigkeit der Vorlage gezogen werden[204].

Entscheidungen, mit denen dem Begehren nach einstweiligem Rechtsschutz entsprochen **834** oder nicht entsprochen wird, sind Endentscheidungen. Vorlagefähig sind daher ohne weiteres solche gesetzlichen Vorschriften, von denen die Zulässigkeit des Rechtsschutzantrags abhängt. Soweit jedoch Normen betroffen sind, die auch für das Hauptverfahren entscheidungserheblich sind, ist zu bedenken, daß erst dort eine eingehende Würdigung der streitbefangenen Ansprüche und ihrer rechtlichen Grundlagen möglich sein wird, im Eilverfahren hingegen die Glaubhaftmachung genügt[205] und in der Regel bloß eine Interessenabwägung stattfindet[206]. Auch hier ist es – neben der Eilbedürftigkeit als solcher – der Grundsatz der Subsidiarität der Verfassungsgerichtsbarkeit, der sich vorlageverhindernd auswirkt und die derzeitige Entscheidungserheblichkeit verneinen läßt[207]. Das Subsidiaritätsprinzip ist allerdings da nicht anwendbar, wo die vorläufige Zustandsregelung die endgültige Entscheidung (weitgehend) vorwegnehmen und damit etwas gewähren würde, worauf nach Ansicht des vorlegenden Gerichts wegen Verfassungswidrigkeit der zugrundeliegenden Norm kein im Hauptverfahren durchsetzbarer Anspruch besteht[208]. Ganz eindeutig liegt der Fall da, wo ausnahmsweise ein Anspruch überhaupt nur im Verfahren des

203 BVerfGE 47, 146 (159, 167).
204 Dazu siehe unten Rn. 853 und *E. Klein*, S. 582.
205 *Bettermann* (N 2), S. 355 f.
206 *H. Klein*, in: Umbach/Clemens, § 80 Rn. 44.
207 Zur Parallelsituation der Verfassungsbeschwerden gegen Entscheidungen im vorläufigen Rechtsschutzverfahren siehe oben Rn. 510.
208 BVerfGE 46, 43 (51). Dies gilt wiederum dann nicht, wenn wegen der Durchführung eines Vorlageverfahrens effektiver Rechtsschutz im Rahmen des Eilverfahrens nicht (mehr) gewährleistet ist; BVerfGE 86, 382 (389).

vorläufigen Rechtsschutzes durchsetzbar ist; der Verweis auf ein späteres Hauptverfahren scheidet hier aus[209].

835 Auch Entscheidungen über Prozeßkostenhilfe werden in selbständigen Verfahren getroffen. Da jedoch gemäß § 114 S. 1 ZPO Prozeßkostenhilfe bereits dann zu bewilligen ist, wenn die beabsichtigte Rechtsverfolgung oder Rechtsverteidigung hinreichende Aussicht auf Erfolg bietet, bedarf es in diesem Verfahrensstadium keiner abschließenden Entscheidung über die Gültigkeit der maßgeblichen Norm. Eine Vorlage im Rahmen des Prozeßkostenhilfeverfahrens wird daher wegen fehlender Entscheidungserheblichkeit regelmäßig unzulässig sein[210].

2. Das „darauf ankommen"

836 Ist eine Entscheidung im obigen Sinn zu treffen, muß sie – soll vorgelegt werden können – von der Gültigkeit des Gesetzes abhängen, es muß bei der Entscheidung auf dessen Gültigkeit „ankommen". Dies ist dann der Fall, wenn das Gericht im Ausgangsverfahren bei Ungültigkeit der Norm anders entscheiden müßte als bei deren Gültigkeit[211].

837 Einen wichtigen Hinweis hierfür gibt der Tenor der zu treffenden Entscheidung (Entscheidungsformel). Erfüllt etwa ein Angeklagter alle Voraussetzungen einer Straftatbestandsnorm, stehen Rechtswidrigkeit und Schuld außer Zweifel, so kommt es für die Verurteilung allein auf die Verfassungsmäßigkeit der strafgesetzlichen Vorschrift an[212]. Von ihr hängt es ab, ob der Angeklagte zu verurteilen oder freizusprechen ist. Entsprechendes gilt, wo sich an der Verfassungsfrage entscheidet, ob eine Klage Erfolg hat oder abgewiesen, auch teilabgewiesen wird[213].

Auf die Gültigkeit kommt es hingegen nicht an, wenn das Gericht schon deshalb, weil die Tatbestandsmerkmale einer Norm nicht erfüllt sind, die Klage ebenso – wie bei Verfassungswidrigkeit der Norm – abweisen muß[214] oder wenn ein Strafgericht schon wegen fehlender Schuld den Angeklagten nicht verurteilen kann[215].

838 Allein auf den Tenor darf jedoch nicht abgestellt werden. Letztlich maßgeblich sind Inhalt und Wirkung der Entscheidungen, die verschieden sein können, selbst wenn die Urteilsformel identisch ist[216]. Ob eine Klage aus Gründen fehlender Zulässigkeit oder aus materiellrechtlichen Gründen (Ungültigkeit der gesetzlichen Anspruchsgrundlage) abgewiesen wird, macht unter Rechtskraftaspekten einen erheblichen Unterschied. Demgemäß kommt es dann auf die Gültigkeit des Gesetzes bei der Entscheidung an[217]. Entspre-

---

209 BVerfGE 63, 131 (141). – Insgesamt zum Problem *Gerontas* (N 190), S. 1090, *Goerlich*, JZ 1983, S. 57 ff. und *Pietzcker*, in: FS Carl Heymanns Verlag (1995), S. 623 ff. Vgl. auch die differenzierende Haltung des OVG Hamburg, JZ 1983, S. 67 ff.

210 Zutreffend *H. Klein*, in: Umbach/Clemens, § 80 Rn. 43.

211 Vgl. BVerfGE 7, 171 (173); 37, 328 (334); 65, 265 (277); *Stern*, Art. 100 Rn. 151.

212 Dies war etwa im Fall BVerfGE 92, 277 (312 ff.) nicht ausreichend dargelegt worden.

213 Vgl. BVerfGE 20, 238 (247); 71, 39 (49).

214 BVerfGE 14, 308 (311); siehe aber auch unten bei N 218.

215 BVerfGE 77, 364 (368 f.).

216 Zutreffend *Bettermann* (N 2), S. 359; *Schlaich*, Rn. 141; zurückhaltend *Sturm*, in: Sachs, Grundgesetz, Art. 100 Rn. 16.

217 Vgl. BVerfGE 22, 106 (109).

chendes gilt, wo Alternativbegründungen des Gerichts – Zurückweisung der Klage, weil entweder das Gesetz verfassungswidrig ist oder der Kläger die Anspruchsvoraussetzung nicht erfüllt – nicht in der Lage sind, Rechtsfrieden zu stiften, sondern Streitigkeiten in der Zukunft geradezu heraufbeschwören. Wesentlich ist also, ob die alternativ begründete Entscheidung die Rechtslage abschließend zu klären vermag[218]. Andernfalls kommt es auf die Gültigkeit des Gesetzes an.

Ausreichend für die Vorlage einer Rechtsvorschrift ist bereits ihre mittelbare Erheblich- **839**
keit, d.h. eine Norm ist auch dann vorlagefähig, wenn sie zwar nicht selbst unmittelbare Rechtsgrundlage für die Entscheidung im Ausgangsverfahren ist, wenn aber ihre Gültigkeit über die Verfassungsmäßigkeit der unmittelbar entscheidungserheblichen Rechtsgrundlage entscheidet. Die gesetzliche Ermächtigung einer unmittelbar entscheidungserheblichen Verordnung ist deshalb vorzulegen, wenn es für die Gültigkeit der Verordnung auf die Beurteilung ihrer Rechtsgrundlage ankommt[219].

Die Frage, ob die Existenz eines Urteils des EGMR, mit dem die vorgelegte Norm für **840**
konventionswidrig erklärt wurde, die Entscheidungserheblichkeit entfallen läßt, ist zu verneinen[220]. Die endgültigen Urteile des EGMR sind zwar für die Staaten, die Parteien des derartigen Verfahrens waren, verbindlich (Art. 46 EMRK). Diese Verbindlichkeit wirkt sich auch auf die Organe dieses Staates, also auch auf seine Gerichte aus[221]. Anders als beim Gemeinschaftsrecht ist jedoch der Anwendungsvorrang der EMRK vor kollidierendem staatlichen (gleichrangigen) Recht nicht anerkannt. Die Bindung an das nationale Gesetz bleibt also bestehen. Aus dem Dilemma vermag die konkrete Normenkontrolle zu helfen, gerade weil die Konventionswidrigkeit auch den Verstoß gegen die Grundrechte des Grundgesetzes indiziert. Schon aus seiner Völkerrechtsverantwortung[222] heraus sollte das BVerfG solche Vorlagen zulassen.

Erst recht nicht ausreichend für den Wegfall der Erheblichkeit sind Urteile des EGMR, mit denen auf Konventionsverstoß einer Parallelnorm erkannt wurde[223] oder in denen allgemeine Erwägungen den Schluß auf die Konventionswidrigkeit der vorgelegten Norm zulassen.

3. Grundsatz der Maßgeblichkeit der Rechtsauffassung des vorlegenden Gerichts

Die Tatsache, daß das Erheblichkeitserfordernis eine Sachentscheidungsvoraussetzung **841**
für das BVerfG ist, spricht auf den ersten Blick dafür, daß sein eigener Rechtsstandpunkt bezüglich der Entscheidungserheblichkeit maßgeblich sein soll. Danach käme es auf sein

---

218 BVerfGE 13, 97 (103 f.); 47, 146 (166); 63, 1 (24 f.). – In Abgrenzung zu BVerfGE 14, 308 (311) wird darauf abgestellt, daß ein in sich abgeschlossener Sachverhalt zu beurteilen war; BVerfGE 47, 146 (166).
219 BVerfGE 20, 296 (303); 75, 166 (175 ff.).
220 Offen gelassen von BVerfGE 92, 91 (108).
221 Offenkundig würden die Gerichte ihrerseits gegen die EMRK verstoßen, wenn sie eine solche Norm weiterhin als Rechtsgrundlage staatlicher Maßnahmen anwenden würden; zum Problem *Bleckmann*, EuGRZ 1995, S. 389.
222 Vgl. BVerfGE 58, 1 (34); 59, 63 (89); 76, 1 (78).
223 Im Fall BVerfGE 92, 91 hatte der EGMR (EuGRZ 1995, S. 392) eine baden-württembergische Norm (Feuerwehrabgabe) für konventionswidrig gehalten, die im konkreten Normenkontrollverfahren vorgelegte Norm war eine nahezu inhaltsgleiche bayerische Vorschrift.

eigenes Verständnis von der vorgelegten Norm an. Zutreffend hat das BVerfG dennoch auf die Rechtsauffassung des vorlegenden Gerichts abgestellt[224]. Der Grund hierfür liegt in den verschiedenen Verantwortungsbereichen von Fachgerichten und BVerfG. Art. 100 Abs. 1 GG soll dem Gericht – in bestimmten Fällen – die Vorlage ermöglichen, wenn es meint, für seine Entscheidung einer verfassungsrechtlichen Aussage des BVerfG zu bedürfen; das BVerfG seinerseits ist mit dem Ausgangsverfahren nicht, oder jedenfalls nicht als solchem, befaßt. Würde die Beurteilung der Entscheidungserheblichkeit prinzipiell Sache des BVerfG sein, würde es das vorlegende Gericht in ein Entscheidungsdilemma stürzen, da dieses an die vom BVerfG vorgenommene inzidente Auslegung der einfachgesetzlichen Vorschriften, die der Feststellung der Unzulässigkeit der Vorlage zugrundeliegt, nicht gebunden ist[225]. Dieser Situation entspricht es allein, wenn das BVerfG den Rechtsstandpunkt des Instanzgerichtes akzeptiert. Davon betroffen sind entscheidungserhebliche materiell-rechtliche ebenso wie verfahrensrechtliche Vorschriften[226].

842 Dies muß nicht heißen, daß das BVerfG jede Erheblichkeitsbehauptung des vorlegenden Gerichts zu akzeptieren hätte. Die Interpretation der fraglichen Norm darf nicht sozusagen im „luftleeren Raum" erfolgen. Das Gericht muß sich vielmehr mit der Rechtslage eingehend vertraut gemacht und die in Literatur und Rechtsprechung geäußerten Rechtsauffassungen aufgearbeitet haben[227]; einbezogen wird sogar die Beschäftigung mit der Entstehungsgeschichte der Norm[228]. Insbesondere wird eine genauere Überprüfung dahin verlangt, ob die höchstrichterliche Judikatur nicht eine Entscheidung ohne Vorlage gestattet[229]. Keinesfalls darf dies jedoch im Sinne einer Präjudizrechtsprechung verstanden werden. Es ist nicht zu verkennen, daß das BVerfG recht weit in diese Richtung geht[230]. Praktisch bedeutet dies die Unzulässigkeit der Vorlage, wenn das Gericht in der Interpretation der von ihm für entscheidungserheblich erachteten Norm von der höchstrichterlichen Judikatur oder auch wichtigen Literaturmeinungen abweicht, es sei denn, ihm gelingt eine vertretbare Widerlegung dieser Standpunkte.

843 Art. 100 Abs. 1 GG und § 80 BVerfGG geben zum Zeitpunkt der Vorlage keine ausdrücklichen Hinweise. Aus dem Erheblichkeitserfordernis folgt jedoch, daß die Vorlage erst dann zulässig ist, wenn es gewiß ist, daß die Gültigkeitsfrage beantwortet werden muß, um das Verfahren abschließen zu können. Dies kann nicht vor der mündlichen Verhandlung der Fall sein, jedenfalls soweit diese obligatorisch ist oder auf Antrag stattfinden soll[231]. Es überzeugt demgegenüber nicht, wenn das BVerfG hiervon dann eine Ausnahme macht, wenn mit Sicherheit vorauszusehen sei, daß die zur Prüfung gestellte Norm entscheidungserheblich sein werde[232]. Auch in diesem Fall können sich in der mündlichen Verhandlung Erledigungsgründe ergeben, die eine Vorlage überflüssig machen.

---

224 BVerfGE 2, 181 (190 ff.); 57, 295 (315); 78, 165 (172); 99, 280 (288). Zu den Ausnahmen siehe unten Rn. 844 ff.
225 BVerfGE 2, 181 (191); ebenso *Löwer*, S. 790 f.
226 BVerfGE 2, 380 (389); 18, 241 (251). Zur problematischen BVerfGE 67, 26 (35) siehe unten Rn. 850 ff.
227 BVerfGE 47, 109 (114 f.); 65, 308 (316).
228 BVerfGE 77, 259 (262); 78, 201 (204); 92, 277 (312).
229 Vgl. BVerfGE 80, 96 (102 f.).
230 Vgl. BVerfGE 68, 311 (318); 79, 245 (249 ff.) mit kritischer Anmerkung von *Bettermann*, JR 1989, S. 183 f.; 85, 329 (335); 92, 277 (312 ff.).
231 BVerfGE 15, 211 (213); dazu auch *Bettermann* (N 2), S. 358.
232 BVerfGE 17, 148 (152); 79, 256 (264).

4. Ausnahmen bezüglich der Maßgeblichkeit der Rechtsauffassung des vorlegenden Gerichts

Entspricht die Vorlage den eben erwähnten eher formellen Bedingungen, nimmt das **844** BVerfG die Interpretation der vorgelegten Norm durch das erkennende Gericht grundsätzlich hin, auch wo es sie selbst nicht teilt. Die Auslegung muß allerdings „vertretbar" sein[233]. Die Weite des Spielraums hängt von der nicht immer gleichmäßigen Toleranz des BVerfG ab; eine einheitliche Linie ist nicht feststellbar[234].

Über diese flexible Haltung hinaus hat das BVerfG im Zuge seiner Rechtsprechung drei Fallgruppen entwickelt, bei deren Vorliegen es den Rechtsstandpunkt des vorlegenden Gerichts nicht akzeptiert, sondern seine eigene Auffassung maßgeblich sein läßt[235]. Die Fallgruppen liegen nicht auf derselben Ebene; die beiden letzten sind problematisch.

a) „Offensichtliche Unhaltbarkeit"

Die Ansicht, daß es auf den Standpunkt des erkennenden Gerichts für die Erheblichkeit **845** der vorgelegten Norm nicht ankommen könne, wenn dessen Rechtsauffassung oder Tatsachenwürdigung „offensichtlich unhaltbar" ist, hat das BVerfG schon früh vertreten und hieran in ständiger Rechtsprechung festgehalten[236]. Als Ausdruck einer Evidenz- und Mißbrauchskontrolle ist diese Ansicht gerade unter dem Aspekt der Kompetenzeinhaltung zutreffend[237].

Ein Beispiel für offensichtliche Unhaltbarkeit findet sich in BVerfGE 78, 25: Der Ange- **846** klagte des Ausgangsverfahrens, der keinen Antrag auf Anerkennung als Kriegsdienstverweigerer gestellt, aber seinen Wehrdienst nicht angetreten hatte, wurde schließlich wegen fortgesetzter Gehorsamsverweigerung gemäß § 20 WStG bestraft. Das Berufungsgericht legte § 3 Abs. 1 WPflichtG vor, wonach die Wehrpflicht entweder durch den Wehrdienst oder bei Vorliegen einer Gewissensentscheidung gegen den Kriegsdienst mit der Waffe durch den Zivildienst erfüllt wird. Auf diese Vorschrift konnte es aber für das Ausgangsverfahren deshalb nicht ankommen, weil der Angeklagte weder als Kriegsdienstverweigerer anerkannt war noch die Anerkennung beantragt hatte, sondern Wehrdienstleistender war. Die das vorlegende Gericht interessierende und von ihm verneinte Frage, ob die gesetzliche Einordnung des Zivildienstes als eine Form der Wehrpflicht mit Art. 12 a Abs. 2 S. 3 i.V.m. Art. 4 Abs. 3 GG vereinbar sei, konnte sich zu diesem Zeitpunkt überhaupt noch nicht stellen[238].

---

233 BVerfGE 77, 308 (327); Beschl. v. 29.03.2000 – 2 BvL 3/96 –, Umdruck S. 20.

234 Vgl. z.B. BVerfGE 68, 311 (318) einerseits, BVerfGE 78, 38 (47 f.) und 78, 249 (264) andererseits.

235 Vgl. die – nicht ganz identische – Übersicht bei BVerfGE 67, 26 (35) und 78, 165 (172). Zum folgenden ausführlich *Baumgarten* (N 190), S. 285 ff.

236 BVerfGE 2, 380 (389); 7, 171 (175); 13, 31 (35 f.); 72, 51 (60 ff.). In neuerer Zeit wird die Formel erweitert: „Offensichtlich unhaltbar oder nicht nachvollziehbar"; vgl. BVerfGE 79, 245 (249); vgl. auch BVerfGE 81, 40 (49 ff.); 88, 187 (194 ff.); 91, 367 (378). Kritisch *H. Klein*, in: Umbach/Clemens, § 80 Rn. 38: „zunehmend extensive Handhabung des Kriteriums".

237 Hierin liegt auch die von *Stern*, Art. 100 Rn. 162, vermißte Begründung für diese Rechtsprechung. – Evident unhaltbar ist die Rechtsansicht eines Gerichts nicht, wenn sie sich auf die höchstgerichtliche Rechtsprechung berufen kann; vgl. BVerfGE 75, 40 (55).

238 BVerfGE 78, 25 (30 f.). – Zur materiellen Frage vgl. BVerfGE 80, 354 (358 ff.).

b) Verfassungsrechtliche Vorfragen

847 Von dem Rechtsstandpunkt des erkennenden Gerichts löst sich das BVerfG ferner dort, wo die Beurteilung der Entscheidungserheblichkeit von der Beantwortung verfassungsrechtlicher Vorfragen abhängt[239]. Es geht dabei also nicht um die Überzeugungsbildung des Fachgerichts im Hinblick auf die Verfassungswidrigkeit der vorgelegten Norm. Das ist die Hauptfrage. Verfassungsrechtliche Vorfragen treten vielmehr dann auf, wenn das Gericht die Entscheidungserheblichkeit mit verfassungsrechtlichen Konsequenzen begründet, die es im Fall der Gültigkeit oder Ungültigkeit der Norm ziehen möchte und die – ihre Richtigkeit unterstellt – eine verschiedene Entscheidung des Ausgangsverfahrens tragen. Die Unmaßgeblichkeit der Rechtsansicht des vorlegenden Gerichts folgert das BVerfG daraus, daß es hier auf die Auslegung des Grundgesetzes ankomme, die – anders als die des einfachen Rechts – „in vollem Umfang" seine eigene Sache sei[240].

848 In BVerfGE 69, 150 legte ein Finanzgericht § 25 Abs. 1 Zollgesetz, die Ermächtigungsgrundlage der Allgemeinen Zollordnung (AZO), einer Rechtsverordnung, vor, da es ihn für verfassungswidrig hielt (Hauptfrage). Die Entscheidungserheblichkeit begründete es damit, daß, falls die Rechtsvorschrift ungültig sei, die Klage auf abgabenfreien Gasölbezug, der in der AZO geregelt werde, wegen fehlender Ermächtigungsgrundlage abzuweisen sei. Sei die Ermächtigungsgrundlage jedoch gültig, müsse der Klage stattgegeben werden. § 72 Abs. 1 S. 1 AZO schließe zwar den Kläger als Seebestattungsunternehmer vom abgabenfreien Bezug aus, doch sei dieser Ausschluß willkürlich und verstoße gegen Art. 3 Abs. 1 GG. Das BVerfG hielt die Vorlage für unzulässig. Die Erheblichkeit hänge allein davon ab, ob die verfassungsrechtliche Würdigung des Finanzgerichts im Hinblick auf den Verstoß gegen den Gleichheitssatz zutreffend sei; falls nicht, müsse auch auf der Grundlage der AZO die Klage abgewiesen werden, so daß es auf die Hauptfrage nicht mehr ankomme, da die Klage in jedem Fall erfolglos sei. Das BVerfG prüfte deshalb als verfassungsrechtliche Vorfrage, ob § 72 Abs. 1 AZO verfassungswidrig sei, und verneinte dies.

849 Diese Rechtsprechung ist durchaus problematisch. Sie läßt außer acht, daß das BVerfG kein Monopol auf Verfassungsauslegung hat[241]. Sie nötigt das BVerfG im Zulässigkeitsbereich zu möglicherweise schwierigen materiell-rechtlichen Erörterungen. Im dargestellten Fall führt sie sogar dazu, daß sich das BVerfG – wenngleich als Vorfrage – mit der verfassungsrechtlichen Beurteilung einer Rechtsverordnung zu befassen hat, die – wie Art. 100 Abs. 1 GG zu erkennen gibt – gerade der Inzidentprüfung der Fachgerichte überlassen bleiben soll[242].

---

239 BVerfGE 46, 268 (284); 69, 150 (159 ff.); 89, 144 (152). – Siehe aber auch BVerfGE 63, 1 (27 f.) und dazu unten Rn. 868.

240 BVerfGE 46, 268 (284). Zu analogen Überlegungen, die sich auf die instanzgerichtliche Interpretation der Verfassungsnorm erstrecken, gegen die das vorgelegte Gesetz verstoßen soll (Hauptfrage!), siehe oben bei N 174.

241 Siehe oben nach Rn. 767 ff. Verständnisvoll aber *Zierlein* (N 117), S. 476.

242 In BVerfGE 48, 29 war Vorfrage, ob eine an sich verfassungswidrige Vorschrift für eine Übergangszeit noch hinnehmbar sei; widersprüchlich dazu BVerfGE 72, 51 (62). In BVerfGE 46, 268 ging es um die Frage, ob sich aus Art. 14 Abs. 3 GG unmittelbar ein Anspruch auf Entschädigung des Verkehrswertes ergeben kann. Die jeweilige materiellrechtliche Richtigkeit der Entscheidungen des BVerfG ist nicht zu bestreiten.

Den Höhepunkt dieser zweifelhaften Rechtsprechung bietet BVerfGE 67, 26. Hier legte **850** ein Sozialgericht – wegen angenommenen Verstoßes gegen Art. 2 Abs. 1, Art. 3 Abs. 1 und Art. 4 Abs. 1 GG – §§ 200 f und 200 g RVO vor, die Leistungen der gesetzlichen Krankenkassen für nicht aus medizinischen Gründen notwendige Schwangerschaftsabbrüche vorsehen. Im Ausgangsverfahren hatte ein Mitglied einer gesetzlichen Krankenkasse diese darauf verklagt, ab sofort keine derartigen Leistungen mehr zu gewähren. Das BVerfG hielt die Vorlage für unzulässig. Die Entscheidungserheblichkeit der vorgelegten Norm sei nicht gegeben, da die Klage im sozialgerichtlichen Verfahren (Ausgangsverfahren) unzulässig sei. Die Ansicht des Sozialgerichts von der Zulässigkeit der Klage hielt das BVerfG nicht für maßgeblich. Aus der engen Verknüpfung des Prozeßrechts des Ausgangsverfahrens (hier: SGG) und des Verfassungsprozeßrechts (zu dessen verbindlicher Auslegung das BVerfG berufen sei) wird gefolgert, daß das BVerfG verpflichtet sei, „die Zulässigkeit der im Ausgangsverfahren erhobenen Klage insoweit zu prüfen, als diese von der Auslegung der einschlägigen Bestimmungen des Verfassungsprozeßrechts abhängt"[243]. Dieser Fall entspreche dem der verfassungsrechtlichen Vorfrage. Auf dieser Grundlage kam das BVerfG zu dem Ergebnis, daß eine Leistungsklage gemäß § 54 Abs. 5 SGG unzulässig sei, weil eine Leistung (Unterlassen) begehrt werde, auf die weder aus dem einfachgesetzlichen Sozialrecht noch aus Grundrechten ein Rechtsanspruch bestehe.

Die Entscheidung ist zu Recht scharf kritisiert worden[244]. Das BVerfG hat hier eine ein- **851** deutige Kompetenzüberschreitung begangen. Der Grund liegt in einer unzutreffenden Einschätzung des Verhältnisses von Ausgangs- und Vorlageverfahren, die es an anderer Stelle selbst nicht teilt[245]. Mit dem – so extensiv verstandenen – Verknüpfungsargument hat es das BVerfG in der Hand, sich das vom Fachgericht anzuwendende einfache Verfahrens- und materielle Recht in vollem Umfang zu erschließen und seiner eigenen Beurteilung zugänglich zu machen. Daß diese Beurteilung jedenfalls im konkreten Fall wenig überzeugend ist, ergibt sich aus der Rigorosität, mit der das Vorhandensein eines materiellen Anspruchs als Voraussetzung für die Zulässigkeit (!) der Klage postuliert wird. Über das Erfordernis einer Klagebefugnis, die allenfalls als Zulässigkeitsvoraussetzung in Betracht kommt, geht dies deutlich hinaus.

Diese Form der „Intervention" in das Ausgangsverfahren ist abzulehnen und kann auch **852** über die dem BVerfG zu konzedierende „Mitverantwortung" für eine der Verfassung entsprechende Entscheidung des Ausgangsfalles nicht gerechtfertigt werden. Es ist merkwürdig, wie sehr sich das BVerfG hier selbst in die Rolle eines obersten Revisionsgerichts – und das sogar im Verfahren nach Art. 100 Abs. 1 GG! – bringt, von der es sonst so gar nichts wissen will[246]. Aufgrund des konkreten Sachverhalts (Schwangerschaftsabbruch) besteht die Vermutung, daß das BVerfG nach einem Weg gesucht hat, der es ihm ermöglichte, der Entscheidung in einer politisch „heißen" Sache auszuweichen.

---

243 BVerfGE 67, 26 (34 f.); vgl. auch BVerfGE 72, 1 (6); 97, 49 (62 ff.).

244 *Geiger*, EuGRZ 1984, S. 409 f.; *Sachs*, DVBl. 1985, S. 1109 f.; *Löwer*, S. 782 f.; *Baumgarten* (N 190), S. 425 ff. – Anders *Aretz*, JZ 1984, S. 922 f.; vermittelnd: *Schlaich*, Rn. 148.

245 Siehe dazu oben Rn. 771 ff. – In BVerfGE 72, 51 (62) heißt es: „… insbesondere ist die Zulässigkeit der Normenprüfung nicht davon abhängig, wie die im Ausgangsverfahren strittigen Rechtspositionen im Einzelfall verfassungsrechtlich zu beurteilen sind". Vgl. auch BVerfGE 36, 342 (357) zum Verhältnis zu den Landesverfassungsgerichten.

246 Vgl. hierzu – für die Verfassungsbeschwerde – oben Rn. 654.

c) Keine allgemeine, praktisch bedeutsame verfassungsrechtliche Frage

853 Der Ansicht des Fachgerichts von der Entscheidungserheblichkeit des vorgelegten Gesetzes ist auch BVerfGE 42, 42 – Saarländischer Privatrundfunk – nicht gefolgt. Das BVerfG hat die Erheblichkeitsfrage zwar zunächst damit verneint, daß nach der erkennbaren Haltung der Saarländischen Landesregierung keine Chance bestehe, den Antrag des Klägers auf Erteilung einer Konzession zur Veranstaltung von Rundfunksendungen im Ausgangsverfahren positiv zu bescheiden; der Klageerfolg werde daher sowohl bei Gültigkeit als auch bei Ungültigkeit des Gesetzes nicht eintreten[247]. Zusätzlich wurde jedoch darauf hingewiesen, daß das Vorlageverfahren hier „nicht einmal zur Klärung allgemeiner, praktisch bedeutsamer verfassungsrechtlicher Fragen" beitrage, „weil das Ausgangsverfahren einen singulären Fall betrifft". Weitere Konzessionsverfahren seien nicht anhängig; in anderen Bundesländern fehlten Parallelverfahren. „Unter diesen Voraussetzungen kann es nicht Aufgabe des BVerfG sein, die maßgebenden, bislang nicht ausdiskutierten medienrechtlichen und medientechnischen Gesichtspunkte zu erörtern und vor den in erster Linie zur Klärung und Sachentscheidung berufenen Organen Festlegungen zu treffen"[248]. Mit dem auch hier wieder aufscheinenden Gedanken der Subsidiarität der Verfassungsgerichtsbarkeit kann sich das BVerfG jedoch bei Entscheidungserheblichkeit nicht seiner Verantwortung entziehen. Es handelt sich um einen zumindest tendenziell problematischen Versuch, eine am Kriterium der „Bedeutung der Sache" orientierte Fallselektion zu betreiben[249]. In einer späteren Entscheidung – BVerfGE 57, 295 (318) – hat das Gericht denn auch zu Recht eine vorsichtige Distanzierung erkennen lassen.

5. Die Erheblichkeitsproblematik bei Verstößen gegen den Gleichheitssatz

854 Besondere Schwierigkeiten treten im Rahmen der Erheblichkeitsprüfung auf, wenn eine gesetzliche Vorschrift wegen Verletzung des allgemeinen (Art. 3 Abs. 1 GG) oder eines besonderen Gleichheitssatzes (z.B. Art. 3 Abs. 2 GG) vorgelegt wird. In der neueren Rechtsprechung des BVerfG sind dabei zwei Konstellationen zu unterscheiden:

a) Begünstigungsausschluß des Klägers des Ausgangsverfahrens

855 Bei der ersten Konstellation begehrt der Kläger des Ausgangsverfahrens eine Leistung, die ihm das Gesetz nach Ansicht des vorlegenden Gerichts gleichheitswidrig verwehrt. Das Problem besteht darin, daß der Kläger bei Gültigkeit der Norm nichts beanspruchen kann. Eine gesetzliche Grundlage für die Leistung ist aber auch bei Nichtigkeit oder Verfassungswidrigkeit der Norm nicht gegeben. Den zunächst naheliegenden Schluß auf die fehlende Entscheidungserheblichkeit[250] hat das BVerfG später nicht mehr gezogen, sondern akzeptiert, daß das Instanzgericht im letztgenannten Fall das Verfahren aussetzt und

---

247 BVerfGE 42, 42 (50 ff.). Die Argumentation überzeugt wenig, da sie nicht die sich aus einem Bescheidungsurteil (§ 113 Abs. 4 VwGO) ergebenden Rechtspflichten der beklagten Partei ausreichend würdigt.

248 BVerfGE 42, 42 (52).

249 Dazu *E. Klein*, S. 581. Vgl. auch oben Rn. 833 bei N 204. Zur umgekehrten Argumentation in BVerfGE 47, 146 (153 f) siehe oben bei N 203.

250 BVerfGE 8, 28 (32 f.).

so dem Kläger die Chance gibt, von der gesetzgeberischen Reparatur zu profitieren[251]. Hierbei reicht es aus, daß zumindest nicht ausgeschlossen werden kann, daß die Entscheidung des Gesetzgebers zu einer auch den Kläger begünstigenden Regelung führt[252]. Die Aussetzung im Fall der Erklärung der Verfassungswidrigkeit ist daher eine andere Entscheidung als die Klageabweisung; die Erheblichkeit kann bejaht werden.

Kritisiert wird diese Ansicht deshalb, weil das Prozeßrecht eine Aussetzung „wegen Gesetzeshängigkeit" nicht vorsehe[253]. Demgegenüber kann jedoch durchaus argumentiert werden, daß die Gerichte aus der Verfassungswidrigkeit einer Norm Konsequenzen für die von ihnen zu entscheidenden Fälle ziehen müssen, notfalls unter erweiternder Auslegung der für sie geltenden Verfahrensvorschriften. In der Sache bedeutete die Rechtsprechungsänderung eine Anpassung an die Zulassung von Verfassungsbeschwerden gegen Gesetze unter dem Gesichtspunkt des Art. 3 Abs. 1 GG[254].   **856**

Konsequenterweise fehlt es an der Erheblichkeit aber dann, wenn nicht nur eine Nichtigerklärung der zur Prüfung vorgelegten Norm dem Kläger des Ausgangsverfahrens keinen rechtlichen Vorteil bietet, sondern auch eine Unvereinbarkeitserklärung den Kläger seinem mit der Klage angestrebten Ziel nicht näher bringt, weil die besonderen Umstände keine Möglichkeit einer gesetzgeberischen Neuregelung eröffnen. So hat das BVerfG die Entscheidungserheblichkeit der Frage abgelehnt, ob es mit Art. 3 Abs. 1 GG vereinbar sei, bei der einkommensabhängigen Gewährung von Erziehungsgeld Steuervergünstigungen nach § 10 e EStG einkommensmindernd nur in den Fällen zu berücksichtigen, in denen der Erziehungsgeldberechtigte und sein nicht dauernd von ihm getrennt lebender Ehegatte neben anderen Einkünften auch Einkünfte aus Vermietung und Verpachtung erzielt haben. Das BVerfG legt dar, daß der Gesetzgeber in diesem besonderen Fall keine andere Regelung hätte treffen können, ohne gleichzeitig andere Gruppen zu diskriminieren. Dieses Problem habe der Gesetzgeber auch erkannt und sich insoweit sozialpolitisch konsequent verhalten. Er sei daher von Verfassungs wegen zu einer anderen Regelung nicht verpflichtet[255].   **857**

b) Gleichheitsverstoß ohne Betroffenheit des Klägers

Bei der zweiten Konstellation gehört der Kläger des Ausgangsverfahrens zwar zur leistungsbegünstigten Gruppe; das vorlegende Gericht hält die einschlägige Norm jedoch für grundgesetzwidrig, weil sie andere Gruppen diskriminiert. Der Klage müßte daher bei Verfassungsmäßigkeit stattgegeben werden; hingegen wäre bei Verfassungswidrigkeit der Norm[256]   **858**

---

251 Seit BVerfGE 17, 210 (215 f.) ständige Rechtsprechung; vgl. BVerfGE 49, 280 (282); 72, 9 (18); 97, 35 (48). Zum Ganzen *Ulsamer*, in: BVerfGG-Kommentar, § 80 Rn. 137 f.; *Schlaich*, Rn. 141 ff. – Keine Ausnahme bildet BVerfGE 69, 150 (159 ff.), da es dort um die „verfassungsrechtliche Vorfrage" geht. – Restriktiv freilich BVerfGE 79, 245 (248 ff.), unter Berufung auf die Besonderheit des Falles (mittelbare Erheblichkeit). – Daß BVerfGE 77, 84 auf die im Text geschilderte Praxis Einfluß haben wird, ist zu bezweifeln; anders *Gerber*, DÖV 1989, S. 707.
252 BVerfGE 93, 386 (395).
253 *Bettermann* (N 2), S. 360.
254 *H.H. Rupp*, in: BVerfG und GG, II (1976), S. 389.
255 BVerfGE 98, 70 (81 f.)
256 In der Regel wird bei Verstößen gegen den Gleichheitssatz das Gesetz nicht für nichtig, sondern „nur" für verfassungswidrig erklärt; dazu siehe unten Rn. 1269.

das Verfahren – wie bei a) erörtert – auszusetzen und abzuwarten, ob der Gesetzgeber den Verfassungsverstoß möglicherweise durch Ausschluß auch der Gruppe, der der Kläger zugehört, in Ordnung bringt. Daraus ergäbe sich die Entscheidungserheblichkeit der Vorlagefrage. Dennoch geht das BVerfG hier von der Unzulässigkeit der Vorlage aus[257]. Für das Ausgangsverfahren (Klage einer Frau) sei es unerheblich, wenn die vorgelegte Norm wegen Verstoßes gegen Art. 3 Abs. 2 GG (Ausschluß von Männern) verfassungswidrig sei, da der Anspruch der begünstigten Klägerin davon nicht berührt werde. „Wäre in einem solchen Fall gleichwohl eine Vorlage zulässig, hätte dies zur Folge, daß ein Gericht vom konkreten Anlaß des Rechtsstreits absehen und im Wege einer Vorlage Gesetzesinitiativen zugunsten Dritter sogar dann auslösen könnte, wenn diese selbst keine Ansprüche erheben. Das kann nicht Aufgabe der Gerichte und Sinn der konkreten Normenkontrolle sein"[258].

859 Diese Überlegungen (des Ersten Senats) sind nicht überzeugend[259]. Zunächst wird offenbar die Möglichkeit übersehen, daß der Gesetzgeber die Verfassungswidrigkeit nicht nur durch Einbeziehung der verfassungswidrig Ausgeschlossenen, sondern auch durch Streichen der Leistung für alle beseitigen kann (was auch rückwirkend nicht stets gegen den Vertrauensgrundsatz verstoßen muß), selbst wenn dies in einem Sozialstaat nicht die Regel sein wird. Gravierender ist, daß dem Fachgericht angesonnen wird, eine möglicherweise evident verfassungswidrige Norm seiner Entscheidung zugrunde zu legen. Es muß das Gesetz solange anwenden, bis ein verfassungswidrig Ausgeschlossener (siehe Fallgruppe a)) die ihm vorenthaltene Leistung einklagt. In merkwürdiger Weise wird hier der konkrete Ausgangsfall zum eisernen Rahmen der verfassungsrechtlichen Betrachtung erhoben und damit der objektive Charakter des verfassungsgerichtlichen Zwischenverfahrens negiert. Eine solche strikte Anbindung der verfassungsrechtlichen Beurteilung des klägerischen Begehrens ist keine Erheblichkeitsprüfung mehr, sondern macht die konkrete Normenkontrolle zum Teil des subjektiven Rechtsschutzverfahrens[260]. Der Sinn von Art. 100 Abs. 1 GG wird damit verfehlt.

6. Korrektur der Vorlage durch das BVerfG

860 Fehlbeurteilungen durch das vorlegende Gericht, auch die Tatsache, daß das BVerfG über das Vorliegen der von Art. 100 Abs. 1 GG genannten Sachentscheidungsvoraussetzungen im Zeitpunkt seiner Entscheidung zu befinden hat[261], führen häufig dazu, daß die Vorlagefrage im Hinblick auf die Entscheidungserheblichkeit unkorrekt – zu weit oder zu eng

---

257 BVerfGE 66, 100 (105); 67, 239 (244).

258 BVerfGE 66, 100 (106 f.). In ähnliche Richtung weisen BVerfGE 66, 226 (231 f.) und 97, 49 (62 ff.).

259 Zu Recht scharfe Kritik bei *Aretz* (N 244), S. 920 ff.; *Sachs* (N 244), S. 1107 ff.; *Löwer*, S. 789 f. – Apologetisch *Ulsamer*, in: BVerfGG-Kommentar, § 80 Rn. 139; zustimmend auch *H. Klein*, in: Umbach/Clemens, § 80 Rn. 59.

260 *Löwer*, S. 790, spricht von einer „Versubjektivierung der Verfassungsmäßigkeit". – Es ist frappierend, wie der Erste Senat in BVerfGE 72, 51 (62) ohne weiteres die Objektivität wieder betont. Die Frage, ob damit eine Distanzierung zu den kritisierten Entscheidungen erfolgen sollte oder ob der sachliche Widerspruch überhaupt gesehen wurde, muß offen bleiben.

261 Vgl. BVerfGE 7, 59.

– gefaßt ist. In diesen Fällen nimmt das BVerfG von sich aus Begrenzungen oder Erweiterungen vor[262].

a) Einschränkungen

Häufig werden Rechtsvorschriften in toto vorgelegt, obgleich es für die Entscheidung im   **861**
Ausgangsverfahren nur auf einen Teil der zur Prüfung gestellten Norm ankommt. Klagt zum Beispiel jemand auf die Zulassung als Rechtsbeistand für die Gebiete Handels- und Gesellschaftsrecht, so ist nicht die gesetzliche Regelung über die grundsätzliche Schließung des Berufs der Rechtsbeistände in vollem Umfang entscheidungserheblich, sondern nur insoweit, als sie gerade – unter anderem – die im Ausgangsverfahren verfolgte Erlaubnis für ein Teilrechtsgebiet ausschließt[263]. Oder es werden mehrere gesetzliche Vorschriften vorgelegt, jedoch sind verfassungsrechtliche Bedenken nur im Hinblick auf eine einzige Vorschrift in ausreichendem Umfang dargetan[264].

In solchen Fällen ist der „überschüssige" Teil der Vorlage unzulässig, nicht natürlich die Vorlage insgesamt. In der Regel verzichtet das BVerfG darauf, in der Entscheidungsformel auf die Teilunzulässigkeit hinzuweisen[265]. Vielmehr wird im Rahmen der Entscheidungsgründe, die sich mit der Zulässigkeit der Vorlage befassen, die Einschränkung vorgenommen und der Prüfungsgegenstand entsprechend definiert[266].

b) Erweiterung

Umgekehrt kann es sein, daß das vorlegende Gericht einen zu kleinen Ausschnitt aus der   **862**
Norm oder eine falsche Norm für entscheidungserheblich erachtet oder – z.B. bei Stichtagsregelungen – den zeitlichen Anwendungsbereich zu stark eingeschränkt hat. In diesen Fällen fühlt sich das BVerfG frei, den Prüfungsgegenstand über die Vorlagefrage hinaus auf das entscheidungserheblich Notwendige auszudehnen[267]. Man wird hierin den Ausdruck einer „Mitverantwortung" des BVerfG für das Ausgangsverfahren und zugleich ein sinnvolles prozeßökonomisches Verhalten sehen können, dem wegen der bleibenden, sogar akzentuierten Verknüpfung mit dem Ausgangsverfahren auch nicht § 23 BVerfGG – Notwendigkeit verfahrenseinleitender Anträge – entgegengehalten werden kann[268]. Dies gilt auch insoweit, als das BVerfG nicht nur Normteile zusätzlich einbezieht, sondern bis-

---

262 Zum Problem insgesamt vgl. *Baumgarten* (N 190), S. 244 ff.; *Brinckmann*, Das entscheidungserhebliche Gesetz (1970), S. 125 ff. – Zu beachten ist auch die Praxis des BVerfG, heilbare Mängel durch einen „Nachbesserungsbeschluß" des vorlegenden Gerichts ausräumen zu lassen; siehe unten Rn. 867.

263 BVerfGE 75, 246 (259 f.); vgl. auch etwa BVerfGE 13, 167 (169).

264 Vgl. BVerfGE 76, 130 (138); 91, 367 (380).

265 Dies wird neuerdings anders gehandhabt, wenn es um klar abgrenzbare Teilfragen des vorlegenden Gerichts geht; vgl. BVerfGE 91, 367.

266 Z.B. BVerfGE 12, 67 (70 f.); 69, 373 (377); 78, 104 (116). – Die Formulierungen des BVerfG wechseln. Zum Teil heißt es, die Vorlage sei „nur insoweit zulässig, als" oder „mit der Maßgabe zulässig, daß" – vgl. BVerfGE 71, 137 (141); 71, 146 (154) –, zum Teil heißt es, die Vorlage sei zulässig, indessen zu weit gefaßt und bedürfe der Einschränkung – BVerfGE 76, 130 (138). Vgl. auch BVerfGE 93, 386 (394, 396).

267 Vgl. BVerfGE 69, 272 (295); 72, 200 (239 f.); 78, 232 (243).

268 Skeptischer *Bettermann* (N 2), S. 363, unter Hinweis auf die fehlende Überzeugungsbildung des vorlegenden Gerichts.

her vom Instanzgericht nicht bedachte Vorschriften[269]. Dann erscheint allerdings der vorausgehende Dialog mit dem vorlegenden Gericht unabdingbar. Für Beliebigkeit des BVerfG bleibt aber auch hier kein Raum, da die Entscheidungserheblichkeit das maßgebliche Kriterium der Erweiterung des Prüfungsgegenstandes bildet. Eine Lösung vom Ausgangsverfahren erfolgt nur im Rahmen des problematischen § 78 S. 2 i.V.m. § 82 Abs. 1 BVerfGG, da die Entscheidungserheblichkeit dort keine Rolle spielt[270].

7. Absehen von der Erheblichkeitsvoraussetzung

863   Art. 100 Abs. 1 GG selbst läßt für die Zulässigkeit einer Vorlage im Hinblick auf das Erheblichkeitserfordernis keine Ausnahme zu. Doch ergibt sich aus dem Verhältnis von Bundes- und Landesverfassungsgerichtsbarkeit, daß ein Gericht eine landesgesetzliche Vorschrift nicht zuerst an das Landesverfassungsgericht vorlegen muß, um sich zu vergewissern, daß die Norm bereits wegen Verstoßes gegen Landesverfassungsrecht ungültig ist, bevor es dem BVerfG wegen angenommenen Verstoßes gegen das Grundgesetz oder sonstiges Bundesrecht vorlegt. Zwar käme es in dem Fall der Landesverfassungswidrigkeit auf die Grundgesetzwidrigkeit nicht mehr an. Im Verhältnis von BVerfG zu den Landesverfassungsgerichten ist jedoch der Grundsatz der Subsidiarität nicht anwendbar[271]. Das Fachgericht hat also die Wahl, wem es vorlegen will. Es kann auch beiden Verfassungsgerichten vorlegen (Doppelvorlage). Maßgebliches Kriterium dieser Ermessensentscheidung sollte es sein, möglichst schnell die Voraussetzungen für eine das Ausgangsverfahren abschließende Entscheidung zu schaffen[272].

864   Ein ganz anderer Fall liegt hingegen da vor, wo das BVerfG sich unter Berufung auf die „allgemeine und grundsätzliche Bedeutung" der Vorlagefrage für das Gemeinwohl und die daraus gefolgerte Dringlichkeit der Klärung (Verfassungsmäßigkeit von § 7 Atomgesetz) vom Erheblichkeitserfordernis dispensiert und sich damit den vorzeitigen Zugriff auf den Fall sichert[273]. Die analoge Heranziehung des § 90 Abs. 2 BVerfGG liefert dafür keine überzeugende Begründung, da der kompetenzielle Aspekt völlig ausgeblendet bleibt[274].

865   Ähnliche Überlegungen standen offenbar bei der Naßauskiesungsentscheidung Pate[275]. Hier war die vom BGH vorgelegte Frage betreffend die Gültigkeit einzelner Vorschriften des Wasserhaushaltsgesetzes für dessen Entscheidung, ob und wieviel Entschädigung für die Versagung der Grundwassernutzung zu zahlen sei, offenbar unerheblich. Aber auch die vom BVerfG vorgenommene Korrektur der Vorlage – bezogen jetzt auf § 17 WHG-

---

269 Etwa BVerfGE 33, 115 (122); 36, 174 (182 f.); 58, 300 (310, 326). Vgl. BVerfGE 99, 246 (266), wo kindergeldrechtliche Vorschriften neben der einkommensteuerrechtlichen Norm in die verfassungsrechtliche Erörterung einbezogen werden, ohne daß der Prüfungsgegenstand formal erweitert würde.

270 BVerfGE 78, 77 (83 f.).

271 BVerfGE 17, 172 (179 f.); 23, 353 (364 f.); 55, 207 (224 f.); 69, 174 (182). Vgl. hierzu auch oben Rn. 784.

272 Ähnlich *Ulsamer*, in: BVerfGG-Kommentar, § 80 Rn. 25; *H. Klein*, in: Umbach/Clemens, Vor § 80 ff. Rn. 21. Demgegenüber hält *Maunz*, in: Maunz/Dürig, Art. 100 Rn. 38, eine Vorlage an beide Verfassungsgerichte für geboten.

273 BVerfGE 47, 146 (153 ff.); *Schlaich*, Rn. 150.

274 Siehe dazu schon oben Rn. 833.

275 BVerfGE 58, 300 (318 ff.); dazu auch *E. Klein*, S. 582.

begründete keine Entscheidungserheblichkeit, weil gerade nach der Rechtsprechung des BVerfG in keinem Fall eine Rechtsgrundlage für die Entschädigung gegeben sein konnte. Offenkundig ging es dem BVerfG darum, sich endlich eine Möglichkeit zu erschließen, um die für falsch gehaltene Auslegung des Art. 14 GG durch den BGH zu berichtigen. Dem Fallzugang, den sich das BVerfG hier verschafft hat, ist der sorgfältige Umgang mit den prozessualen Vorschriften geopfert worden[276].

8. Anforderungen an die Vorlagebegründung

Den hohen Anforderungen an die Entscheidungserheblichkeit entspricht der den Gerichten abverlangte Begründungsaufwand. Nach § 80 Abs. 1 BVerfGG muß die Begründung angeben, inwiefern von der Gültigkeit der Rechtsvorschrift die Entscheidung des Gerichts im Ausgangsverfahren abhängig ist. Dies wird dahin ausgelegt, daß das Gericht sich darüber auslassen muß, ob es im Fall der Gültigkeit der Rechtsvorschrift zu einem anderen Ergebnis kommen würde als im Fall der Ungültigkeit, und wie es dies begründet. Dies schließt eine erschöpfende Darstellung des Sachverhalts, soweit er für die rechtliche Beurteilung wesentlich ist, ebenso ein wie eine intensive Auseinandersetzung mit der Rechtslage[277]. Wo die Entscheidung nicht nur von einer, sondern von mehreren Rechtsvorschriften abhängt, ist der Zusammenhang dieser Vorschriften darzulegen[278]. **866**

In der Praxis sehen sich die Darlegungen der Vorlagebeschlüsse häufig einer sehr harschen Kritik des BVerfG ausgesetzt[279], das freilich zuweilen auch recht großzügig sein kann[280]. Obgleich, wie § 80 Abs. 2 S. 1 BVerfGG ja selbst zeigt, die bloße Formulierung der Frage (Tenor des Vorlagebeschlusses) gewiß nicht ausreicht, dürften die inhaltlichen Anforderungen an die Vorlagebegründung doch verschiedentlich überzogen sein, abgesehen davon, daß die Anforderungen des BVerfG einerseits in der Sache zum Teil übersteigert sind, andererseits zum Teil nicht immer konsequent eingehalten werden. Nimmt man zu der großen Zahl unzulässiger Vorlagen diejenigen hinzu, die erst in der Korrektur durch das BVerfG Bestand haben, so stellen sich Zweifel ein, ob nicht gerade auch die Anforderungen an die Begründung überdehnt werden und § 80 Abs. 2 S. 1 BVerfGG als Ordnungsvorschrift überanstrengt wird[281]. Die vom BVerfG oft betonte Notwendigkeit seiner Entlastung[282], so sehr in sich begründet, darf nicht gesetzlich nicht vorgesehene **867**

---

276 Gegenstück dieser Erweiterung des Zugangs ist dessen Verengung in BVerfGE 42, 42; dazu oben N 248, 249.

277 Vgl. BVerfGE 7, 171 (174); 37, 328 (333 f.); 81, 275 (277); 94, 315 (323 ff.); 97, 49 (60). Ausführlich *Baumgarten* (N 190), S. 101 ff. – Zusätzlich sind die Akten gemäß § 80 Abs. 2 S. 2 BVerfGG beizufügen.

278 BVerfGE 72, 91 (102); 78, 306 (316); 80, 96 (100 f.); *Sturm*, in: Sachs, GG, Art. 100 Rn. 20 m.w.N. BVerfGE 97, 49 (66 f.) verweist im Prinzip zu Recht auf den Unterschied zur abstrakten Normenkontrolle, der verwischt werden darf; die Frage ist nur, ob das BVerfG die Annahme subjektiver Berechtigung durch das vorlegende Gericht negieren kann; dazu oben N. 850 ff.

279 So tadelt BVerfGE 79, 240 (244 f.) die Vorlage mit den Worten „läßt völlig unberücksichtigt", „sind offensichtlich unzureichend". Ergibt sich die für verfassungswidrig gehaltene Rechtslage aus einem Normengeflecht, kann grundsätzlich jede der betroffenen Normen zur Prüfung gestellt werden; BVerfGE 82, 60 (84); Beschl. v. 24.05.2000 – 1 BvL 1/98 u.a. – Umdruck S. 20.

280 Vgl. BVerfGE 93, 121 (131 ff.). Es ist allerdings zu vermuten, daß diese Großzügigkeit auf der rechtspolitischen Bedeutung des Falles beruhte (Vermögenssteuer).

281 Dazu auch *Geiger* (N 244), S. 414 und 415. Anders *H. Klein*, in: Umbach/Clemens, § 80 Rn. 77, 78.

282 Vgl. BVerfGE 68, 311 (316); 74, 182 (192); 77, 340 (342).

Hürden errichten. Dies gilt auch da, wo das BVerfG neben dem Entlastungsaspekt aus Gründen der Gewährleistung effektiven Rechtsschutzes auf eine sorgfältige Prüfung der Vorlagevoraussetzungen durch das Fachgericht abstellt[283]. Denn es ist zu fragen, ob die Möglichkeit des Dialogs mit dem vorlegenden Gericht über eventuell notwendige Nachbesserungen der Vorlage[284] immer ausreichend genutzt wird.

9. Abschließende Erwägungen

868   In der Judikatur des BVerfG treten zwei Argumente zugunsten einer strengen Erheblichkeitsprüfung auf, bei der jedenfalls tendenziell immer weniger von der zutreffenden Ausgangsposition übrig bleibt, wonach die Beurteilung der Entscheidungserheblichkeit grundsätzlich vom Standpunkt der vorlegenden Gerichte vorzunehmen ist[285].

In erster Linie wird auf die Subsidiarität der Verfassungsgerichtsbarkeit abgestellt[286]. Dieser Gedanke umfaßt den Entlastungsgesichtspunkt, geht aber wesentlich weiter. Vor allem zielt er auf die je eigenen Verantwortungsbereiche der Verfassungsgerichtsbarkeit einerseits, der Fachgerichtsbarkeit andererseits, betont also die kompetenzrechtliche Seite. Freilich ist, wie die Praxis zeigt, damit das Problem nicht gelöst, solange man sich nicht über die Kompetenzverteilung als solche im klaren ist. Insofern hat das BVerfG immer mehr auf den einfach-gesetzlichen, im Ausgangsverfahren rechtshängigen Prozeßstoff zugegegriffen, statt sich auf das verfassungsrechtliche Zwischenverfahren zu beschränken[287]. Hinzu kommt, daß das BVerfG die Subsidiarität der Verfassungsgerichtsbarkeit durch Rückgriff auf den Rechtsgedanken des § 90 Abs. 2 S. 2 BVerfGG flexibel gemacht und sich so erheblichen prozessualen Manövrierraum geschaffen hat, der ihm sowohl den vorzeitigen Fallzugriff als auch die Versagung der Prüfung ermöglicht. Dabei ist interessant, daß nicht nur die allgemeine Bedeutung der Sache, sondern – ganz wie es § 90 Abs. 2 S. 2 BVerfGG entspricht – auch die „Interessen der Verfahrensbeteiligten" als Selektionskriterien dienen[288].

869   In einer weiteren Entscheidung hat das BVerfG ein zweites Argument benannt. Die strenge Erheblichkeitsprüfung werde vom verfassungsrechtlichen Justizgewährleistungsanspruch gefordert, wonach der Richter den Rechtsstreit möglichst schnell zu Ende zu bringen hat. Mit jeder Vorlage werde die Streitentscheidung hinausgezögert[289]. Diese, von *Bettermann* übernommene, Argumentation gibt freilich nur Sinn, wenn dabei zugleich die Verantwortung für den einfach-gesetzlichen Prozeßstoff in der Hand des vorlegenden Gerichts bleibt, so wie es *Bettermann* zu Recht fordert[290]. Gerade dem folgt das BVerfG

---

283   S. oben Rn. 822 ff.
284   Vgl. etwa BVerfGE 46, 268 (277); ferner *Löwer*, S. 792.
285   Siehe oben Rn. 841 ff.
286   BVerfGE 47, 146 (154); 63, 1 (22).
287   Siehe dazu oben Rn. 772 ff. – Wenn demgegenüber *Scholler/Broß*, AöR 103 (1976), S. 61 ff., und *Gerontas* (N 190), S. 1093 f., die strikte Erheblichkeitsprüfung unter dem Aspekt des judicial self-restraint gutheißen, ist dies wenig überzeugend. Der vage Satz von der richterlichen Selbstbeschränkung (vgl. hierzu oben Rn. 22) kann keinesfalls gegen die Kompetenzfrage ausgespielt werden; sie allein ist aber entscheidend.
288   BVerfGE 47, 146 (157, 159); 63, 1 (22). – Vgl. auch *E. Klein*, in: FS Zeidler, II (1987), S. 1312 ff.
289   BVerfGE 78, 165 (178).
290   Das BVerfG zitiert zwar *Bettermann* (N 2), S. 362, nicht aber dessen Ausführungen auf S. 361 und 369!

aber nicht, da es immer stärker in das Ausgangsverfahren hineinregiert und auf diese Weise den Instanzrichter ratlos macht[291]. Es geht ja nicht darum, daß das BVerfG verpflichtet wäre, in der Sache (das heißt bei der Begründetheitsprüfung) die Überzeugung des vorlegenden Gerichts zu teilen, sondern allein darum, daß es über das Vehikel der Erheblichkeitsprüfung – d.h. im Rahmen der Zulässigkeit – eine vom vorlegenden Gericht für erforderlich gehaltene Überprüfung des einfachen Rechts durch eine eigene Interpretation dieses Rechts, die für den Richter nicht bindend ist, versagt, oder diesen sogar auf die Anwendung evident verfassungswidriger Gesetze – wenn auch nicht zum Nachteil des Klägers des Ausgangsverfahrens – verweist. Der ganze Bereich wird noch undurchsichtiger, wenn man hinzunimmt, daß das BVerfG zwar für sich die Nachprüfung verfassungsrechtlicher Vorfragen in Anspruch nimmt, sich aber nicht dazu verpflichtet sieht, vielmehr Zweckmäßigkeitserwägungen den Ausschlag geben läßt[292].

Insgesamt ist festzustellen, daß dem BVerfG gerade für die Frage der Entscheidungserheblichkeit die überzeugende Konzeption abhanden gekommen ist. Die Zulässigkeit von Richtervorlagen wird daher immer mehr zum Vabanque-Spiel. Hier hilft nur die Rückkehr zur Anerkennung der auch vom BVerfG zunächst akzeptierten Kompetenzgrenzen[293].

VI. Aussetzungs- und Vorlagebeschluß

Sind die Voraussetzungen von Art. 100 Abs. 1 GG gegeben, entsteht ein „zwingendes Verfahrenshindernis besonderer Art", das nur eine Reaktion zuläßt: Die unmittelbare Einholung der Entscheidung des BVerfG. Rechtstechnisch wird dies durch einen Aussetzungs- und Vorlagebeschluß realisiert, der von Amts wegen zu erfolgen hat[294].   **870**

Die verschiedenen fachgerichtlichen Prozeßordnungen enthalten keine Bestimmung, die eine Aussetzung des Verfahrens aus diesem Anlaß vorsieht. Insoweit greift jedoch Art. 100 Abs. 1 S. 1 GG selbst ergänzend in die Prozeßordnungen ein und gibt den Gerichten eine ausreichende Grundlage[295]. Entsprechendes gilt für die Vorlage und die Weitergabe der Akten. Mit Eingang der Vorlage beim BVerfG wird das verfassungsgerichtliche Zwischenverfahren anhängig[296]; die Vorlage ist verfahrenseinleitender Antrag im Sinne von § 23 Abs. 1 BVerfGG.   **871**

Eine Beschwerde gegen den Aussetzungs- und Vorlagebeschluß ist nicht statthaft[297]. Art. 100 Abs. 1 GG i.V.m. § 80 Abs. 1 BVerfGG entzieht für seinen Anwendungsbereich jedes Gericht der Kontrolle höherer Instanzen; es ist allein Sache des BVerfG, die Zulässigkeit der Vorlage im Rahmen der Prüfung seiner eigenen Sachentscheidungsvoraussetzungen zu beurteilen. Hier wirkt sich – gegenüber den übrigen Aussetzungsfällen – die   **872**

---

291 Zutreffend *Löwer*, S. 791.
292 Vgl. BVerfGE 63, 1 (28).
293 Einen vorsichtigen Mittelweg rät *Baumgarten* (N 190), S. 397 ff., an.
294 BVerfGE 34, 320 (324); siehe auch § 80 Abs. 1 und 3 BVerfGG.
295 Die Überlegungen in BVerfGE 6, 222 (236) zum GVG sind auf die Prozeßordnungen übertragbar. – Auch Art. 234 EGV gibt eine eigene Rechtsgrundlage für die Aussetzung und Vorlage an den EuGH.
296 *Ulsamer*, in: BVerfGG-Kommentar, § 80 Rn. 314.
297 Ebenso *Geiger*, § 80 Anm. 6; *Ulsamer*, in: BVerfGG-Kommentar, § 80 Rn. 305; *Pfeiffer*, NJW 1994, S. 1997, Fn. 5.

besondere Rechtsgrundlage aus, die es ausschließt, den Aussetzungs- und Vorlagebeschluß gemäß Art. 100 Abs. 1 GG als eine der Beschwerde unterliegende Maßnahme (vgl. §§ 148, 252 ZPO; §§ 94, 146 Abs. 1 VwGO) zu qualifizieren[298].

Die Wirkungen der Aussetzung können dagegen ohne weiteres den einschlägigen prozessualen Vorschriften entnommen werden (vgl. § 249 ZPO). Ist das Zwischenverfahren durch eine Entscheidung des BVerfG beendet, setzt das Gericht das Verfahren von Amts wegen fort[299].

VII. Beitritt und Äußerungsberechtigung

873 Die Regeln über Beitritt und Äußerungsberechtigung (§ 82 BVerfGG) unterstreichen den selbständigen Charakter des Zwischenverfahrens gegenüber dem Ausgangsverfahren. Das konkrete Normenkontrollverfahren hat von Natur aus keine Verfahrensbeteiligten; das vorlegende Gericht ist Antragstellern im abstrakten Normenkontrollverfahren (Art. 93 Abs. Nr. 2 GG) nicht gleichzustellen[300]. So ist die Position eines Verfahrensbeteiligten nur durch Beitritt zu erwerben.

874 Zum Beitritt berechtigt sind ausschließlich die in § 77 BVerfGG genannten Verfassungsorgane (§ 82 Abs. 2 BVerfGG). Zu Verfahrensbeteiligten werden sie nur aufgrund eines kollegial gefaßten Beitrittsbeschlusses, nicht bereits durch die Abgabe einer Stellungnahme nach §§ 82 Abs. 1, 77 BVerfGG[301]. Als Verfahrensbeteiligte können sie die Durchführung einer mündlichen Verhandlung verlangen (§ 25 BVerfGG) und die Besetzung der Richterbank rügen (§ 19 BVerfGG)[302].

875 Diese Beitrittsregelung ist aus zwei Gründen nicht unproblematisch. Zunächst fällt der Unterschied zum abstrakten Normenkontrollverfahren auf, das keinen Beitritt kennt[303]. Ein Grund mag dessen noch stärker ausgeprägte Natur als objektives Verfahren sein. Man kann ferner darauf verweisen, daß die Ingangsetzung der abstrakten Normenkontrolle von Verfassungsorganen selbst abhängt, sie also die Stellung von Verfahrensbeteiligten mit der Antragstellung erhalten. Obwohl diese Überlegung kaum völlig überzeugt, hat der Gesetzgeber doch bei einer 1963 erfolgten Änderung des § 82 BVerfGG an der Möglichkeit des Beitritts bewußt festgehalten[304].

876 Schwerer verständlich ist, daß die Beteiligten des Ausgangsverfahrens unter keinen Umständen Beteiligte auch des Zwischenverfahrens werden können. Sie sind zwar äußerungs- (§ 82 Abs. 3 BVerfGG), aber nicht beitrittsberechtigt. Sie können daher weder auf

---

298 So aber *Bettermann* (N 2), S. 372.
299 Zur fortbestehenden „Herrschaft über das Ausgangsverfahren" und die insoweit fortwirkende „Prozeßverantwortung" des vorlegenden Gerichts vgl. *Zierlein* (N 171), S. 478, und unten Rn. 879.
300 BVerfGE 3, 225 (228 f.); BVerfGE 46, 34 (36).
301 Vgl. BVerfGE 7, 282 (288 f.) zur Bundesregierung.
302 Zutreffend *Frehland*, Die Prozeßsubjekte und ihre Rechte in den Normenkontrollverfahren vor dem BVerfG (Diss. Bonn 1969), S. 63, und *Lechner/Zuck*, § 82 Rn. 3; unrichtige Einschätzung von BVerfGE 46, 34 (36) bei *Rinken*, in: AK, Art. 94 Rn. 20.
303 Dazu oben Rn. 737.
304 Vgl. *Ulsamer*, in: BVerfGG-Kommentar, § 82 Rn. 1 und 2. Als Parallelvorschrift ist auf § 94 Abs. 5 BVerfGG hinzuweisen.

mündlicher Verhandlung bestehen[305], noch haben sie das Recht zur Richterablehnung[306]. Sie haben auch keinen Anspruch auf Erstattung der Auslagen, die ihnen durch das Zwischenverfahren entstehen[307].

Kritik am Ausschluß der Beteiligten des Ausgangsverfahrens ist vor allem deshalb geübt worden, weil dadurch der Grundsatz der „Waffengleichheit" verletzt sei[308]. Überzeugender ist es, an die Tatsache zu erinnern, daß die Beteiligten des Ausgangsverfahrens keinen unmittelbaren Einfluß darauf haben, ob das Gericht sich zu Aussetzung und Vorlage entschließt (vgl. § 80 Abs. 3), sie sich also weder für noch gegen eine unter Umständen nicht unerhebliche Verfahrensverlängerung wenden können. Bedenkt man, daß nach der Rechtsprechung des BVerfG der Justizgewährleistungsanspruch der Beteiligten des Ausgangsverfahrens für eine strikte Prüfung der Erheblichkeit in Anspruch genommen wird und das BVerfG häufig sehr intensiv im Zuge dieser Prüfung in das Ausgangsverfahren eingreift[309], ergeben sich doch gute Gründe dafür, eine Erweiterung der Beitrittsmöglichkeit de lege ferenda in Betracht zu ziehen. Die genannten Gründe reichen allerdings nicht aus, um die dem Gesetzgeber zugestandene Verfahrensregelung (vgl. Art. 94 Abs. 2 GG) als willkürlich verfassungsrechtlich in Zweifel zu ziehen.

Das Recht, sich zu den in der Vorlage aufgeworfenen Fragen zu äußern, haben die in § 77 **877** BVerfGG genannten Verfassungsorgane, aber auch die Beteiligten des Ausgangsverfahrens (§ 82 Abs. 1 und 3 BVerfGG)[310]. Ihnen ist hierzu Gelegenheit zu geben[311]. Findet eine mündliche Verhandlung statt, so sind die Beteiligten des Ausgangsverfahrens zu diesem Termin zu laden; ihrem anwesenden Prozeßbevollmächtigten ist das Wort zu erteilen (§§ 82 Abs. 3 2. Halbsatz, 22 BVerfGG). Die nicht beigetretenen Verfassungsorgane sind an der mündlichen Handlung nicht automatisch beteiligt. Ihre Vertreter können freilich als Auskunftspersonen vom Gericht gehört werden.

Im pflichtgemäßen Ermessen des BVerfG liegt es, die obersten Gerichtshöfe des Bundes **878** oder die obersten Landesgerichte um Mitteilung ihrer Auffassung und Praxis im Hinblick auf die Auslegung der involvierten Grundgesetzbestimmungen und einfach-gesetzlichen Vorschriften zu ersuchen (§ 82 Abs. 4 S. 1 und 2 BVerfGG, § 22 Abs. 4 GeschO BVerfG). Das BVerfG kann darüber hinaus im Wege der allgemeinen Förderung des Verfahrens andere Stellen, zum Beispiel sachkundige Verbände[312], um Stellungnahme ersuchen oder einzelne Personen um gutachtliche Äußerungen bitten (§ 27 a BVerfGG, § 22 Abs. 5 GeschO BVerfG). Den Äußerungsberechtigten ist Kenntnis von den Stellungnahmen zu geben (§ 82 Abs. 4 S. 3 BVerfGG).

---

305 BVerfGE 2, 213 (217); 3, 45 (49).
306 BVerfGE 42, 90 (91); 72, 51 (59). Vgl. auch *Schmidt-Bleibtreu*, in: Schmidt-Bleibtreu/Klein, GG-Kommentar (9. Aufl. 1999), Art. 100 Rn. 8 m.w.N.
307 BVerfGE 20, 350 (351); 36, 101.
308 So *Rinken*, in: AK, Art. 94 Rn. 20; dagegen *Frehland* (N 302), S. 105 f.
309 Siehe oben Rn. 869.
310 Dabei wird – unnötig eng – auf den Zeitpunkt des Vorlagebeschlusses abgestellt; BVerfGE 49, 217 (218 f.).
311 Hiervon sieht das BVerfG zum Teil ab, wenn nach § 24 BVerfGG entschieden wird – problematisch. – Bemerkenswert ist, daß das BVerfG trotz der 1998 erfolgten Neufassung des § 77 BVerfGG bei der Vorlage einer Landesrechtsnorm nur dem betroffenen Landesparlament, nicht den sonstigen Volksvertretungen der Länder, Gelegenheit zur Stellungnahme gibt; vgl. BVerfGE 101, 141 (146).
312 Z.B. BVerfGE 75, 40 (51); 99, 367 (385).

Die ersuchten Stellen oder Personen sind zur Stellungnahme oder zur Äußerung rechtlich nicht verpflichtet. Es ist jedoch ein *nobile officium*, sich zu äußern, wenn etwas zur Sache beigetragen werden kann.

VIII. Prüfungs- und Entscheidungsbefugnis

1. Fehlende Verfahrensherrschaft des BVerfG

879 Mit dem Eingang der Vorlage erhält das BVerfG keine umfassende Verfahrensherrschaft. Es ist nicht allein von ihm abhängig, ob das Zwischenverfahren durchgeführt wird. Dies ergibt sich aus der prozessualen Verknüpfung mit dem Ausgangsverfahren und dem Sinn der konkreten Normenkontrolle. Erledigt sich das Ausgangsverfahren, zum Beispiel durch Klagerücknahme, oder wird ihm die Basis durch eine Rechtsänderung entzogen, so ist die Vorlage unzulässig geworden. Das Gericht muß nicht warten, bis das BVerfG dahin entscheidet, sondern kann den Vorlagebeschluß von sich aus aufheben[313].

Streitig ist, ob das Gericht ebenso verfahren kann, wenn es zu einer anderen Beurteilung bezüglich der vorgelegten Norm gelangt, also von der Verfassungswidrigkeit des Gesetzes nicht mehr „überzeugt" ist[314]. Im Ergebnis ist die Frage zu bejahen, da es dann an einer Sachentscheidungsvoraussetzung für das BVerfG fehlt. Darüber hinaus bedarf der Gesetzgeber keines Schutzes mehr, da das Gericht sich ja gerade dem Gesetzesbefehl nicht länger entziehen will. Der funktionale Unterschied zur abstrakten Normenkontrolle wird hier recht deutlich.

2. Unzulässigkeit der Vorlage

880 Wenn es in § 81 BVerfGG heißt, daß das BVerfG „nur über die Rechtsfrage" entscheidet, so bedeutet dies natürlich nicht, daß es gehindert wäre, über die Zulässigkeit der Vorlage, d.h. über die Sachentscheidungsvoraussetzungen zu befinden. Sind diese nicht gegeben, ist die Vorlage unzulässig. Entsprechend lautet die Entscheidungsformel („Die Vorlage ist unzulässig")[315].

881 Es handelt sich dabei um eine rein prozessuale Entscheidung, mit der das Zwischenverfahren beendet wird. Da nicht sachlich über die Vereinbarkeit eines Gesetzes mit höherem Recht entschieden wurde, hat die Entscheidung keine Gesetzeskraft nach § 31 Abs. 2 GG[316]. Für das vorlegende Gericht ist die Ansicht des BVerfG, mit der es die Unzulässigkeit begründet, allerdings verbindlich; auf das Dilemma, in das dabei das Instanzgericht unter Umständen geraten kann, wurde oben hingewiesen[317].

---

313 Vgl. BVerfGE 14, 140 (142); 29, 325 (326); 49, 217 (219); dazu E. Klein, S. 584; *Ulsamer*, in: BVerfGG-Kommentar, § 80 Rn. 314 ff.; *Lechner/Zuck*, § 80 Rn. 7.

314 Dafür: *Friesenhahn*, in: Verfassungsgerichtsbarkeit der Gegenwart (1962), S. 183; *Bettermann* (N 2), S. 372 f.; *Zierlein* (N 171), S. 480; dagegen: *Stern*, Art. 100 Rn. 179; *Maunz*, in: Maunz/Dürig, Art. 100 Rn. 39.

315 Vgl. etwa BVerfGE 78, 1. Ursprünglich wurde noch anders tenoriert; vgl. etwa BVerfGE 1, 184 (185). Eine „Verwerfung" wird bei Vorlage nicht ausgesprochen.

316 *Ulsamer*, in: BVerfGG-Kommentar, § 81 Rn. 27; vgl. BVerfGE 92, 91 (107).

317 Siehe oben Rn. 869.

Den Schwierigkeiten, die im Rahmen der Zulässigkeits-, speziell der Erheblichkeitsprü- **882**
fung, auftreten können, entzieht sich das BVerfG in der Praxis vielfach durch Rückgriff
auf § 24 BVerfGG, der allerdings Einstimmigkeit voraussetzt. Diese Vorschrift ist nach
zutreffender Ansicht auf alle Verfahren, auch auf das der konkreten Normenkontrolle, anwendbar; dies ergibt sich aus der systematischen Stellung im II. Teil des Gesetzes[318]. Bei
der Vorlage handelt es sich zwar nicht um einen Antrag wie im Organstreit- oder Verfassungsbeschwerdeverfahren, aber doch um einen verfahrenseinleitenden Antrag im Sinne
von § 23 Abs. 1 BVerfGG, und eben hieran knüpft § 24 BVerfGG an.

Nach ständiger Rechtsprechung gibt § 24 BVerfGG die Möglichkeit, daß die Frage der
Zulässigkeit des Antrags (Vorlage) offenbleiben kann, wenn der Antrag – das heißt hier:
die Ansicht des Gerichtes von der Verfassungswidrigkeit des vorgelegten Gesetzes – „offensichtlich unbegründet" ist[319]. Allerdings wird die Vorlage in diesem Fall nicht „verworfen", wie es § 24 eigentlich sagt, sondern es wird in positivem Sinn über die Vereinbarkeit der vorgelegten Rechtsvorschrift entschieden[320]. Dies ist deswegen nicht unproblematisch, weil damit Entscheidungen mit Gesetzeskraft (§ 31 Abs. 2 BVerfGG) ergehen, ohne daß sicher ist, daß das BVerfG überhaupt zuständig ist. Nur das Vorliegen der
Sachentscheidungsvoraussetzungen sichert ja die Befugnis zur materiell-rechtlichen Entscheidung. Die gesetzliche Relativierung dieses Grundsatzes dem § 24 BVerfGG zu entnehmen, ist angesichts des wenig klaren Wortlauts mit erheblichen Zweifeln behaftet[321].

Von § 24 BVerfGG wird im Rahmen des konkreten Normenkontrollverfahrens aber auch **883**
Gebrauch gemacht, wenn das BVerfG keine Zweifel an der Unzulässigkeit der Vorlage
hat[322]. Der Vorteil liegt dann darin, daß das Verfahren abgekürzt werden kann; Stellungnahmen der Äußerungsberechtigten (§ 82 Abs. 1, 3 BVerfGG) müssen nicht eingeholt
werden[323], und die Entscheidungsbegründung kann kurz gehalten werden. Schließlich
kann nach § 24 BVerfGG sogar dann entschieden werden, wenn die Vorlage eindeutig zulässig, aber die negative Bewertung der vorgelegten Norm durch das Gericht offensichtlich unbegründet ist[324]. Die Begründung des hier – wie bereits erwähnt – notwendigen positiven Ausspruchs über die Vereinbarkeit mit dem Grundgesetz kann indes knapp ausfallen. Der völlige Verzicht auf eine Begründung, wie er nach § 24 denkbar ist, wäre dem
Normenkontrollverfahren jedoch nicht angemessen. In diesem Fall kann auch auf die Einholung der Stellungnahme der Antragsberechtigten nicht verzichtet werden.

Trotz der Möglichkeit, die Verfahrensdauer bei unzulässigen oder offensichtlich unbe- **884**
gründeten Richtervorlagen gemäß § 24 BVerfGG zu verkürzen, ist die konkrete Normenkontrolle nach der Verfassungsbeschwerde diejenige Verfahrensart, die nach wie vor die
Senate am stärksten belastet[325]. Aus diesem Grund ist im Jahr 1993 § 81 a BVerfGG ein-

---

318 Seit BVerfGE 9, 334 (336) st. Rspr. Kritisch dazu *Bettermann* (N 2), S. 389 f.; siehe auch oben Rn. 229.
319 Z.B. BVerfGE 30, 103 (105); 59, 36 (46); 76, 100 (105).
320 Zur Begründung vgl. BVerfGE 9, 334 (336).
321 Vgl. dazu *E. Klein*, S. 611 f.; kritisch auch *Scholler/Broß* (N 287), S. 158. Positiv hingegen *Baumgarten*
     (N 190), S. 242 ff.
322 Vgl. BVerfGE 77, 364; 78, 32.
323 Was freilich zum Teil dennoch geschieht; vgl. BVerfGE 78, 1 (4).
324 Z.B. BVerfGE 18, 302 (304); 51, 295 (300); 52, 277 (280).
325 S. oben Rn. 776, sowie *Ulsamer*, in: BVerfGG-Kommentar, § 81 a Rn. 1 m.w.N.

gefügt worden[326]. Er erstreckt zur Entlastung der Senate die Entscheidungszuständigkeit der mit drei Richtern besetzten Kammern (§ 15 a BVerfGG) auf unzulässige Richtervorlagen. Die Kammer kann durch einstimmigen Beschluß und mit der selben Wirkung wie eine entsprechende Senatsentscheidung die Unzulässigkeit einer Richtervorlage feststellen. Allerdings ist die Entscheidungskompetenz der Kammer gemäß § 81 a S. 2 BVerfGG auf Vorlagen von Gerichten unterhalb des Ranges eines Landesverfassungsgerichts oder eines obersten Gerichtshofs des Bundes beschränkt. Die übrigen Fälle bleiben weiterhin dem Senat vorbehalten; insoweit ist auch das Instrument des § 24 BVerfGG weiter von Bedeutung. Ob die gewünschte Wirkung der Entlastung der Senate[327] tatsächlich eintritt, bleibt abzuwarten. In der Praxis wird § 81 a BVerfGG durchaus genutzt[328].

885   Eine ganz ungewöhnliche Situation mußte in BVerfGE 34, 320 bewältigt werden. Hier hatte das Bundesarbeitsgericht die Zurückweisung der bei ihm eingelegten Revision einerseits unter den Vorbehalt der Entscheidung des BVerfG gestellt, andererseits die maßgebliche Norm nach Art. 100 Abs. 1 GG vorgelegt. Zweifellos war die Vorlage unzulässig, da das BAG sich entgegen Art. 100 Abs. 1 GG nicht damit begnügt hatte, das Verfahren auszusetzen und vorzulegen, sondern zugleich ein Vorbehaltsurteil erlassen hatte. Die Feststellung der Unzulässigkeit der Vorlage allein konnte das BAG aber nicht aus seiner „ausweglosen Lage" befreien, da es zu einem endgültigen Urteil nicht in der Lage war, nachdem – eben wegen Unzulässigkeit der Vorlage – eine Sachentscheidung des BVerfG nicht ergehen konnte. Das BVerfG hob daher das Vorbehaltsurteil auf und gab dem BAG damit die Möglichkeit, erneut zu entscheiden. Die Befugnis zu dieser prozessualen Nothelferrolle ergibt sich weder aus § 81 noch aus §§ 82, 78 BVerfGG, sondern kann allenfalls aus der eine prozessuale Mitverantwortung begründenden sachlichen Nähe des verfassungsgerichtlichen Zwischenverfahrens zum Ausgangsverfahren gefolgert werden.

3. Sachprüfung durch das BVerfG

886   Ist die Vorlage zulässig oder kann die Zulässigkeit im Rahmen des § 24 BVerfGG dahingestellt bleiben, tritt das BVerfG in die Prüfung ein, ob die Ansicht des vorlegenden Gerichts von der Unvereinbarkeit des Gesetzes mit höherem Recht zutreffend ist. Hierbei kann es natürlich – anders als im Rahmen der Zulässigkeitserwägungen[329] – nicht einmal im Prinzip an die Rechtsauffassung des Gerichts gebunden sein.

a) Keine Bindung an Auslegung der vorgelegten Norm

887   Für das BVerfG ist zunächst das inhaltliche Verständnis der zur Prüfung gestellten Vorschrift, das das vorlegende Gericht gewonnen hat und das ja Grundlage seiner verfas-

---

326   BGBl. I S. 1442. Vgl. auch §§ 39 ff. GeschO BVerfGG.
327   *Lechner/Zuck*, § 81 a Rn. 1; *Schlaich*, Rn. 156.
328   Vgl. etwa BVerfG, Beschl. v. 28.03.1995 – 2 BvL 62/92; Beschl. v. 17.08.1995 – 1 BvL 17/85; Beschl. v. 09.01.1996 – 2 BvL 12/95; Beschl. v. 29.09.2000 – 2 BvL 6/00; die Beschlüsse sind amtlich nicht veröffentlicht. Zu der in diesem Zusammenhang auftretenden „verfassungsrechtlichen Problemzone", wonach die Kammer die Vorlage wegen fehlender verfassungskonformer Auslegung durch das vorlegende Gericht für unzulässig hält, aber nur der Senat eine die Wirkungen des § 31 Abs. 2 BVerfGG entfaltende verfassungskonforme Auslegung vornehmen kann, vgl. *Steiner*, in: FS Leisner (1999), S. 575.
329   Vgl. oben Rn. 841 ff.

sungsrechtlichen Bedenken ist, nicht maßgebend[330]. Wäre dies anders, könnte das BVerfG häufig nur die Verfassungswidrigkeit bestätigen. Gewiß ist die Auslegung einfachen Rechts primär Sache der Fachgerichte. Aber die verbindliche Prüfung der Verfassungsmäßigkeit eines Gesetzes, die letztlich Aufgabe des BVerfG ist, umfaßt notwendig die Kompetenz zur Interpretation des einfachen Gesetzes. Das BVerfG ist daher nicht in einem ausschließlichen Sinn auf die eigentliche Verfassungsebene beschränkt, es hat nicht das einfache Recht so hinzunehmen, wie es die Fachgerichte interpretiert haben[331]. § 82 Abs. 4 BVerfGG unterstreicht zwar die Bedeutung, die der Auslegung der Fachgerichte zukommt, zeigt aber zugleich, daß sie für das BVerfG nicht verbindlich ist. Es ist kein Widerspruch in sich, wenn das BVerfG im Rahmen der Zulässigkeitsprüfung die Auslegung des vorlegenden Gerichts akzeptiert, von ihr dann aber im Rahmen der Sachprüfung abweicht[332].

b) Keine Bindung an den in der Vorlage bezeichneten Prüfungsmaßstab

Das vorlegende Gericht gewinnt seine Überzeugung von der Rechtswidrigkeit des Gesetzes daraus, daß es dieses am Maßstab einer höheren Norm gemessen hat. Dieser Vorgang impliziert die Auswahl und die Interpretation des Prüfungsmaßstabs. Das BVerfG ist auch hier in beiderlei Hinsicht nicht an die Auffassung des vorlegenden Gerichts gebunden. **888**

Daß es sich die Interpretation des Prüfungsmaßstabs nicht aufdrängen lassen muß, ist selbstverständlich und zeigt übrigens, daß es – wo eine landesgesetzliche Norm vorgelegt ist – um die eigenverantwortliche Auslegung auch des einfachen (Bundes-) Rechts nicht herumkommt[333]. Aber auch dem Umfang nach ist es an den von dem vorlegenden Gericht herangezogenen Prüfungsmaßstab nicht gebunden[334]. Vielmehr steht dem BVerfG insoweit das ganze Grundgesetz offen. Dies ergibt sich aus seinem Entscheidungsauftrag, festzustellen, ob die vorgelegte Norm verfassungswidrig ist[335].

Wo allerdings eine landesgesetzliche Vorschrift zur Prüfung gestellt ist und daher das gesamte Bundesrecht als Prüfungsmaßstab in Betracht kommt, wird es zu Recht in das Ermessen des BVerfG gelegt, welche bundesrechtliche Norm es als Maßstab anlegt[336]. Häufig wird es sich dabei nur mit der vom vorlegenden Gericht geltend gemachten Kollision befassen, dann allerdings auch, wenn es die Vereinbarkeit bejaht, in entsprechend eingeschränkter Weise tenorieren[337]. **889**

---

330 Ebenso *Lechner/Zuck*, Vor § 80 Rn. 41; *Maunz* (N 55), Art. 100 Rn. 25; zurückhaltend *Stern*, Art. 100 Rn. 137. Wohl ablehnend *Meyer* (N 6), Rn. 26; *Voßkuhle*, AöR 125 (2000), S. 196.

331 Dabei sollte sich das BVerfG allerdings nicht zuviel zumuten.

332 Vgl. etwa BVerfGE 36, 126 (131 einerseits, 135 ff. andererseits); BVerfGE 38, 154 (162 einerseits, 165 ff. andererseits).

333 Vgl. BVerfGE 25, 142 (149 betr. BRRG); 66, 270 (282) und 291 (306) – beide betr. HRG; vgl. auch BVerfGE 80, 137 (155 f.).

334 BVerfGE 8, 187 (196 f.); 49, 260 (270 f.); 80, 244 (250); 93, 121 (133); ebenso *Schlaich*, Rn. 155; *Lechner/Zuck*, Vor § 80 Rn. 50.

335 BVerfGE 4, 219 (243). Hiervon unberührt bleibt das Recht des BVerfG, die Prüfung anhand zusätzlicher Grundgesetzbestimmungen abzubrechen, wenn sich die Verfassungswidrigkeit/Nichtigkeit bereits ergeben hat.

336 *Bettermann* (N 2), S. 397 f.; *Maunz*, in: Maunz/Dürig, Art. 100 Rn. 24.

337 Vgl. *Pestalozza*, S. 214.

890 Prüfungsmaßstab für vorgelegte Bundesgesetze sind das Grundgesetz und die ihm zu entnehmenden Verfassungsprinzipien (z.B. Grundsatz des bundesfreundlichen Verhaltens)[338]. Umstritten ist, ob die allgemeinen Regeln des Völkerrechts (Art. 25 GG) geeigneter Prüfungsmaßstab sind. Dagegen spricht ihre fehlende Verfassungsqualität. Sie sind jedoch den Bundesgesetzen vorgeordnet und haben als „Bestandteil des Bundesrechts" die Qualität deutschen Rechts. Sie befinden sich also – im Verhältnis zu den Gesetzen – in einer durchaus analogen Situation wie das Grundgesetz. Die Außerachtlassung des Gesetzes unter Hinweis auf seinen Verstoß gegen eine allgemeine Regel des Völkerrechts enthält einen Vorwurf an den Gesetzgeber, der dem Vorwurf der Verfassungsverletzung entspricht. Die Funktion des konkreten Normenkontrollverfahrens, die Autorität des Gesetzgebers zu schützen, sollte daher zu einer Einbeziehung der allgemeinen Völkerrechtsregeln in den Prüfungsmaßstab führen[339]. Der Funktionsunterschied rechtfertigt das anderslautende Ergebnis im Verhältnis zur abstrakten Normenkontrolle[340].

891 Kein geeigneter Prüfungsmaßstab für Bundesgesetze sind völkerrechtliche Verträge oder die hierzu ergangenen Gesetze (Art. 59 Abs. 2 GG), zum Beispiel die Europäische Menschenrechtskonvention, obgleich sich hier möglicherweise Änderungen andeuten[341]. Allerdings ist zu vermuten, daß der deutsche Gesetzgeber gegen die völkerrechtlichen Verpflichtungen der Bundesrepublik Deutschland nicht verstoßen will. Kein Prüfungsmaßstab ist auch das primäre und sekundäre Europäische Gemeinschaftsrecht[342].

892 Prüfungsmaßstab für vorgelegte Landesgesetze ist das gesamte Bundesrecht[343]. Hierzu zählen ohne weiteres auch die Vertragsgesetze und die dadurch zur Anwendung kommenden völkerrechtlichen Verträge, also etwa die EMRK und die EG-Verträge[344]; auch die allgemeinen Regeln des Völkerrechts nehmen am Geltungsvorrang des Bundesrechts gegenüber dem Landesrecht teil[345]. Kein tauglicher Prüfungsmaßstab ist das sekundäre Gemeinschaftsrecht. Auch die Überprüfung am Maßstab des Landesverfassungsrechts ist dem BVerfG nicht möglich; insoweit ist Vorlage an die Landesverfassungsgerichte geboten[346].

---

338 *Stern*, Art. 100 Rn. 107.
339 Wie hier *Bettermann* (N 2), S. 345; *Ulsamer*, in: BVerfGG-Kommentar, § 80 Rn. 151; *Löwer*, S. 793; H. Klein, in: *Umbach/Clemens*, § 80 Rn. 63. BVerfGE 14, 221 (237) geht stillschweigend hiervon aus. Dem entspricht auch die vom BVerfG zunehmend akzentuierte Verantwortung für die Beachtung des Völkerrechts, vgl. BVerfGE 58, 1 (34); 76, 1 (78). – Anders *Stern*, Art. 100 Rn. 221 ff., der diese Frage nach Art. 100 Abs. 2 GG beim BVerfG konzentrieren möchte. Dagegen sprechen jedoch die andersartigen Verfahrenszwecke, vgl. dazu unten Rn. 930 ff.
340 Dazu oben Rn. 734.
341 Offen gelassen von BVerfGE 92, 91 (107 f.). Vgl. oben Rn. 71 und *Limbach*, EuGRZ 2000, S. 418.
342 Vgl. oben Rn. 734.
343 Was zum Bundesrecht gehört, ist eine vom BVerfG zu klärende Vorfrage. Im Verfahren nach Art. 126 GG ist hingegen die Bundesrechtsqualifikation Hauptfrage; siehe hierzu unten § 24.
344 Im Hinblick auf die Auslegung des Gemeinschaftsrechts wäre allerdings vom BVerfG an den EuGH (Art. 234 EGV) vorzulegen.
345 *Steinberger*, in: HStR VII § 173 Rn. 48.
346 Dazu *Groschopf* (N 8), S. 85 ff. Vgl. auch Art. 99 GG und oben Rn. 46.

c) Keine Bindung an vorgelegten Prüfungsgegenstand

Schließlich ist das BVerfG auch nicht gegenständlich durch die Vorlagefrage gebunden.   **893**
Gewiß bestimmt diese primär den Prüfungsgegenstand[347], sie ist damit aber nicht notwendig identisch. Zu erinnern ist zunächst daran, daß das BVerfG Korrekturen im Sinne einer Verengung und einer Erweiterung unter dem Aspekt der Entscheidungserheblichkeit vornehmen kann[348]. Weiteren Spielraum schafft sich das BVerfG durch die Möglichkeit, in entsprechender Anwendung von § 78 S. 2 BVerfGG andere Vorschriften des vorgelegten Gesetzes aus denselben Gründen wie die vorgelegte Vorschrift in die verfassungsrechtliche Prüfung einzubeziehen und gegebenenfalls für nichtig zu erklären. Obgleich § 82 Abs. 1 BVerfGG hierfür eine klare Ermächtigungsgrundlage gibt, paßt diese entsprechende Anwendung nicht zum Zweck des konkreten Normenkontrollverfahrens[349]. Der Schutz der Autorität des Gesetzgebers steht mangels Entscheidungserheblichkeit nicht zur Debatte, die Normen werden nur quasi „bei Gelegenheit" geprüft. Ob das BVerfG dies tut, ist seinem Ermessen überlassen. Von einem „Zwischenverfahren" ist insofern keine Rede mehr. Das ist rechtspolitisch gesehen wenig überzeugend[350].

Noch weniger überzeugend ist es allerdings, wenn sich das BVerfG in einer Grauzone zwi-   **894**
schen der Korrektur (Erweiterung) der Vorlagefrage aus Gründen der Entscheidungserheblichkeit einerseits und der Ermächtigung der §§ 82 Abs. 1, 78 S. 2 BVerfGG andererseits bewegt. Dies geschieht unter Rückgriff auf Überlegungen, wonach die vorgelegte Rechtsvorschrift nur im Zusammenhang mit anderen Vorschriften verständlich sei[351] oder diese anderen Vorschriften, sollte die vorgelegte Norm als verfassungswidrig erkannt werden, ihren Sinn verlören[352]; die „Befriedungsfunktion" der Normenkontrollentscheidung des BVerfG spreche hier für die Erweiterung des Prüfungsgegenstandes. Nun sind diese Überlegungen an sich nicht problematisch, da sie sich, bei Licht betrachtet, entweder unter Erheblichkeitsaspekten oder aus § 78 S. 2 BVerfGG erklären. Das sollte jedoch in der Entscheidung des BVerfG vermerkt werden. In anderen Fällen ist eine Zuordnung jedoch nicht möglich[353]; hier herrscht reine Opportunität vor. Das BVerfG muß sich entscheiden, ob die Erweiterung des Prüfungsgegenstandes unter Erheblichkeitsgesichtspunkten erforderlich ist oder ob die Voraussetzungen des § 78 S. 2 BVerfGG vorliegen[354]. *Tertium non datur.*

4. Die Sachentscheidung

Erweist sich, daß das Instanzgericht die vorgelegte Rechtsvorschrift zu Unrecht für   **895**
grundgesetz- oder bundesrechtswidrig gehalten hat, wird die Vorlage nicht etwa in der Sa-

---

347   Vgl. BVerfGE 60, 101 (108); siehe auch schon oben Rn. 817.
348   Siehe oben Rn. 860 ff.
349   Unkritisch *Bettermann* (N 2), S. 363; zweifelnd aber auch *Rinken*, in: AK, Art. 100 Rn. 20.
350   Dazu *E. Klein*, S. 584. Vgl. auch das Sondervotum des Richters *Böckenförde*, BVerfGE 93, 121 (149 ff.).
351   BVerfGE 27, 195 (200).
352   BVerfGE 44, 322 (337 f.).
353   BVerfGE 62, 354 (364) und 70, 191 (198).
354   Offenbar unklare Konzeption bei BVerfGE 78, 77 (83): Erstreckung der Prüfung über die Entmündigung wegen Trunksucht auf die Entmündigung wegen Verschwendung; 78, 132 (148), wo trotz Hinweises auf § 78 S. 2 BVerfGG zugleich auf BVerfGE 62, 354 (364) Bezug genommen wird. Ähnlich unklare Erweiterung des Verfahrensgegenstandes in BVerfGE 93, 121 (133 ff.).

che zurückgewiesen, sondern es wird positiv die Vereinbarkeit der Norm mit dem Grundgesetz oder dem als Prüfungsmaßstab herangezogenen Bundesrecht festgestellt[355]. Die Notwendigkeit dieser positiven Feststellung folgt aus § 31 Abs. 2 BVerfGG.

Zeigt die verfassungsgerichtliche Prüfung, daß die Einschätzung des vorlegenden Gerichts berechtigt ist, ist nach Maßgabe von §§ 82 Abs. 1, 78 S. 1 BVerfGG die Rechtsvorschrift für nichtig[356] oder mit dem Grundgesetz für unvereinbar zu erklären[357]. Im übrigen kann auf die Ausführungen zur abstrakten Normenkontrolle verwiesen werden. Die Entscheidungswirkungen werden später behandelt[358]. Erwähnt sei hier jedoch, daß die Bindung des vorlegenden Gerichts an die Normenkontrollentscheidung Ausdruck einer „innerprozessualen Bindungswirkung" ist, nicht Folge der materiellen Rechtskraft[359].

IX. Würdigung

896 Man wird sich ohne weiteres der Ansicht anschließen können, daß sich die konkrete Normenkontrolle „bewährt und als unentbehrlich erwiesen" hat[360]. Im einzelnen gibt es jedoch zahlreiche, im vorstehenden Text beleuchtete kritische Punkte.

Hierzu gehört vor allem die Komplizierung der Sachentscheidungsvoraussetzungen, die durch die Rechtsprechung des BVerfG eingetreten ist. Jeder Grundsatz ist mit zahlreichen Ausnahmen durchsetzt, die kaum mehr überschaubar sind und die die Klarheit, welche im allgemeinen das Prozeßrecht charakterisiert, verschwimmen lassen. Für die Instanzgerichte wird die Vorlage weitgehend zum prozessualen Roulette.

897 Wesentlich hierzu beigetragen hat die Instrumentalisierung des Erheblichkeitserfordernisses. Mit seiner Hilfe hat sich das BVerfG prozessualen Manövrierraum geschaffen, der den Fallzugriff ebenso wie die Fallablehnung ermöglicht[361]. Mit der Formel von der Subsidiarität der Verfassungsgerichtsbarkeit wird eine dogmatische Begründung gegeben. Die „Entscheidungserheblichkeit" erfüllt im Verfahren der konkreten Normenkontrolle somit die gleiche Funktion wie die „Subsidiarität" bei der Verfassungsbeschwerde[362].

898 Nur auf den ersten Blick erweitert die Erheblichkeitsrechtsprechung des BVerfG, die häufig zur Unzulässigkeit der Vorlage führt, den Verantwortungsbereich der Fachgerichte. Tatsächlich wird die Entscheidungszuweisung an diese Gerichte verbunden mit einem weitgehenden Zugriff des BVerfG auf die Auslegung des einfachen Rechts, der im Rahmen der Zulässigkeitsprüfung deshalb so mißlich ist, weil er die vorlegenden Gerichte ihrer genuinen Interpretationsaufgabe beraubt[363], andererseits ihre Überzeugung von der Verfassungswidrigkeit der von ihnen anzuwendenden Norm nicht in der Sache ausräumt.

---

355 Z.B. BVerfGE 77, 370; 78, 104 betr. Bundesgesetze; BVerfGE 69, 174 betr. Landesgesetze.
356 Z.B. BVerfGE 72, 51 betr. Bundesgesetz; BVerfGE 77, 288 und 78, 133 betr. Landesgesetze.
357 Z.B. BVerfGE 71, 1; BVerfGE 79, 256(256, 266); 99, 280 betr. Bundesgesetze.
358 Siehe unten § 38 und *Detterbeck*, S. 459 ff.
359 *Vogel*, in: BVerfG und GG I, S. 618; *Detterbeck*, S. 461 m.w.N.
360 *Simon*, in: Benda/Maihofer/Vogel, Handbuch des Verfassungsrechts (2. Aufl. 1994), S. 1650.
361 Näher *E. Klein* (N 275), S. 1313 f.; vgl. auch *Geiger* (N 228), S. 414 und 417.
362 Vgl. hierzu oben Rn. 523 ff.
363 Zu Recht betont *Rinken*, in: AK, vor Art. 93 Rn. 124 ff., in diesem Zusammenhang die kompetenzrechtliche Dimension des Bundesverfassungsprozeßrechts; dazu siehe auch oben Rn. 38.

Der zum Teil erhebliche, viel Mühe und Scharfsinn benötigende Aufwand, mit dem die Entscheidungserheblichkeit einer Vorlage verneint wird, könnte häufig konstruktiver eingesetzt werden.

X. Prüfungsaufbau

§ 24 Das Normenqualifizierungsverfahren

I. Zuständigkeit des BVerfG und Verfahrenszweck

Nach Art. 126 GG i.V.m. § 13 Nr. 14 BVerfGG entscheidet das BVerfG „Meinungsverschiedenheiten über das Fortgelten von Recht als Bundesrecht". Der staatsrechtliche Umbruch, der sich in den Jahren 1945-1949 vollzog, erforderte Aussagen des Grundgesetzes darüber, ob altes, das heißt vor dem Zusammentritt des Bundestages erlassenes Recht überhaupt fortgilt, und wenn ja, ob es als Bundesrecht oder Landesrecht zu qualifizieren ist. Eine entsprechende Situation bot sich nach dem Beitritt der DDR zur Bundesrepublik Deutschland. Auch hier muß notfalls festgestellt werden, ob fortgeltendes Recht der DDR (Art. 9 Einigungsvertrag[1]) als Bundes- oder Landesrecht fortgilt. Zwar spricht die systematische Stellung des Art. 126 GG gegen seine Anwendung auf die – zudem einfachgesetzliche (Art. 45 Abs. 2) – Fortgeltungsanordnung des Einigungsvertrages[2]. Eine zweckhafte und am Wortlaut des Art. 26 GG orientierte Auslegung gebietet jedoch, diese Bestimmung auf den Fall der Überleitung von DDR-Recht anzuwenden[3]. Auch beim Recht der DDR handelt es sich in gewisser Weise um „vorkonstitutionelles" Recht[4], das vor dem Inkrafttreten des Grundgesetzes im Beitrittsgebiet gegolten hat und dessen Fortgeltung als Bundesrecht in Zweifel stehen kann. Ferner fallen Meinungsverschiedenheiten über

900

---

1 BGBl. 1990 II S. 889.

2 Daher gegen die Einbeziehung von Art. 9 Einigungsvertrag *Schmidt-Bleibtreu* in: Schmidt-Bleibtreu/Klein, GG (9. Aufl. 1999), Art. 126 Rn. 3.

3 Ebenso *Schulze*, in: Sachs (Hg.), GG-Kommentar, Art. 126 Rn. 5; *Rühmann*, in: Umbach/Clemens, § 86 Rn. 15; *Kirn*, in: v. Münch/Kunig (Hg.), GG, 3. Band (3. Aufl. 1996), Art. 126 Rn. 1; *Robbers*, Verfassungsprozessuale Probleme in der öffentlich-rechtlichen Arbeit (1996), S. 84.

4 Vgl. BVerfGE 97, 117 (124): kein vorkonstitutionelles Recht nach Art. 123 GG, aber im Rahmen der konkreten Normenkontrolle wie ein solches zu behandeln.

die in Folge der Änderung der Verteilung der Gesetzgebungskompetenzen und des Art. 72 Abs. 2 GG in Art. 125 a GG[5] getroffene Anordnung der Fortgeltung von Recht als Bundesrecht, das nach der entsprechenden Grundgesetzänderung nicht mehr als Bundesrecht erlassen werden könnte, in den Anwendungsbereich des Verfahrens nach Art. 126 GG. Dem BVerfG kommt dabei nur eine beschränkte Aufgabe zu; es kann nur angerufen werden, soweit Meinungsverschiedenheiten darüber bestehen, „ob ein gültiges Gesetz auf Grund eines der Tatbestände der Art. 124 und 125 GG als **Bundesrecht** fortgilt"[6]. Die Frage der Fortgeltung als solche (vgl. Art. 123 GG) kann nur als Vorfrage vor dem Bundesverfassungsgericht mitbehandelt werden, sie darf nicht das zentrale prozessuale Begehren des Antragstellers sein und daher auch vom BVerfG nicht in der Entscheidungsformel entschieden werden[7]. Das Verfahren nach Art. 126 GG ist daher ein „Normenqualifizierungsverfahren" und kein Normenkontrollverfahren[8], auch wenn die prozessualen Ausführungsbestimmungen (§§ 86-89 BVerfGG) Vorschriften über die abstrakte und konkrete Normenkontrolle in Bezug nehmen. Diese begrenzte Zuständigkeit ergibt sich auch aus der Entscheidungsbefugnis des BVerfG (§ 89 BVerfGG) und ist durch Auslegung nicht erweiterungsfähig[9].

901 Das Verfahren, in dem das BVerfG seine Zuständigkeit nach Art. 126 GG wahrnimmt, ist ein objektives Verfahren[10], das freilich der Ingangsetzung durch festgelegte Antragsberechtigte bedarf (§§ 23, 86 BVerfGG). Wird die Qualifikationsfrage von einem Gericht gestellt (§ 86 Abs. 2 BVerfGG), handelt es sich um ein objektives Zwischenverfahren.

Es liegt auf der Hand, daß das BVerfG in den ersten Jahren seines Bestehens diese Kompetenz viel häufiger auszuüben hatte als später, nachdem der Prozeß der Rechtskonsolidierung und -erneuerung weit fortgeschritten war. Die letzte einschlägige Entscheidung des BVerfG stammt aus dem Jahr 1972[11]; doch ist nicht auszuschließen, daß neue Qualifizierungsfragen auftreten. Dies gilt vor allem im Hinblick auf fortgeltendes DDR-Recht.

II. Antragsberechtigung

902 Anders als bei der abstrakten oder konkreten Normenkontrolle bezeichnet das Grundgesetz nicht selbst den Kreis derjenigen, die das Verfahren in Gang setzen können. Diese Aufgabe ist dem einfachen Gesetzgeber auf der Grundlage des Art. 94 Abs. 2 GG überlassen worden[12]; er hat zwei recht verschiedene Möglichkeiten vorgesehen.

903 Antragsberechtigt sind zunächst Bundestag, Bundesrat, die Bundesregierung und die Landesregierungen (§ 86 Abs. 1 BVerfGG). Was den Bundestag angeht, fällt gegenüber

---

5 BGBl. 1994 I S. 3146.

6 BVerfGE 16, 82 (89); Hervorhebung nur hier.

7 Grundsätzlich müssen hierüber die Antragsteller selbst entscheiden, siehe aber unten zur Vorfrageentscheidung bei Rn. 920. Zur Abgrenzung der konkreten Normenkontrolle vgl. oben Rn. 793.

8 BVerfGE 28, 119 (134 f.); ebenso *Rühmann*, Verfassungsgerichtliche Normenqualifikation (1982), S. 47 ff.; *Löwer*, S. 815; *Bothe*, in: AK, Art. 126 Rn. 2; unklar *Maunz*, in: BVerfGG-Kommentar, § 86 Rn. 2. *Ulsamer*, ebd., § 13 Rn. 57 bezeichnet das Normenqualifizierungsverfahren nach § 13 Nr. 14 BVerfGG aber als Fall der abstrakten Normenkontrolle.

9 BVerfGE 2, 341 (346).

10 *Geiger*, Vorbem. vor § 86 Anm. 2.

11 BVerfGE 33, 206 zum Waffengesetz von 1938.

12 BVerfGE 28, 119 (136).

Art. 93 Abs. 1 Nr. 2 GG, § 76 Abs. 1 BVerfGG auf, daß es hier auf einen Mehrheitsbeschluß ankommt. Dies erklärt sich daraus, daß Minderheitsschutzprobleme für das vorliegende Verfahren keine Rolle spielen. Allerdings will das Antragsrecht des Bundestages überhaupt nicht so recht einleuchten; es ist kein Zufall, daß er in § 87 Abs. 1 BVerfGG, der weitere Sachentscheidungsvoraussetzungen formuliert, keine Erwähnung findet[13]. Die Landesparlamente werden ebenso wie bei der abstrakten Normenkontrolle (§ 76 Abs. 1 BVerfGG) neben den Landesregierungen nicht berücksichtigt; dies ist nach Einfügung des § 76 Abs. 2 BVerfGG[14] nicht mehr verständlich[15].

Während die Ausübung des Antragsrechts der genannten Verfassungsorgane in deren **904** pflichtgemäßem Ermessen steht, wird das in § 86 Abs. 2 BVerfGG vorgesehene Antragsrecht der Gerichte bei Vorliegen der dort genannten Voraussetzungen zur Vorlagepflicht[16]. Die Vorlage ist von den Gerichten unmittelbar an das BVerfG zu richten, das bei ihnen rechtshängige Verfahren ist so lange auszusetzen. Auf die diesbezüglichen Ausführungen zur konkreten Normenkontrolle kann verwiesen werden[17].

In der Praxis ist bisher nur einmal ein Antrag nach § 86 Abs. 1 BVerfGG gestellt worden[18]; ganz eindeutig dominieren die Gerichtsvorlagen.

III. Zulässigkeit des Antrages und der Vorlage

1. Geeigneter Qualifikationsgegenstand

Gegenstand der an das BVerfG gerichteten Anfrage ist die Qualifizierung einer Rechts- **905** norm als Bundesrecht; „Recht" im Sinne von Art. 126 GG sind Rechtsnormen jeder Normstufe, also zum Beispiel auch Rechtverordnungen und Satzungen[19]. Dieses Verständnis ist auch für die Gerichtsvorlagen maßgebend. Der in § 86 Abs. 2 BVerfGG verwendete Begriff „Gesetz" ist verfassungskonform auszulegen, so daß – anders als bei der konkreten Normenkontrolle – nicht nur formelle Gesetze vorlagefähig sind. Art. 94 Abs. 2 GG bietet dem Gesetzgeber keine Handhabe, den Verfahrensgegenstand gegenüber der grundlegenden Kompetenzeröffnungsnorm (Art. 126 GG) einzuschränken[20].

2. „Meinungsverschiedenheiten über das Fortgelten von Recht als Bundesrecht"

Die verfahrensrechtlich differenziert ausgestaltete Ingangsetzung des Normenqualifizie- **906** rungsverfahrens bedingt eine dieser Differenzierung entsprechende Auslegung des Be-

---

13 Vgl. dazu unten Rn. 910.
14 Siehe oben Rn. 715. Allerdings sind Landesparlamente äußerungs- und beitrittsberechtigt (Rn. 916).
15 Schon zuvor kritisch *Rühmann*, in: Umbach/Clemens, § 86 Rn. 23.
16 BVerfGE 7, 18 (23).
17 Siehe oben Rn. 780, 870 ff. Ein Verstoß gegen die Vorlagepflicht entzieht die Beteiligten des Ausgangsverfahrens dem gesetzlichen Richter (Art. 101 Abs. 1 S. 2 GG) und kann mit der Verfassungsbeschwerde gerügt werden. – Zur Aussetzung vgl. BVerfGE 16, 329 (331).
18 BVerfGE 8, 143 (147).
19 BVerfGE 8, 142 (155); *Maunz*, in: Maunz/Dürig, Art. 126 Rn. 6. *Pieroth*, in: Jarass/Pieroth, GG (4. Aufl. 1997), Art. 126 Rn. 2; a.A. *Pestalozza*, S. 233. – Zur Frage des Besatzungsrechts vgl. *Rühmann* (N 8), S. 53 ff. Auch Gewohnheitsrecht ist erfaßt.
20 BVerfGE 28, 119 (132 ff.).

griffs der „Meinungsverschiedenheiten", je nachdem, ob es sich um einen Antrag nach § 86 Abs. 1 BVerfGG oder eine Gerichtsvorlage nach § 86 Abs. 2 BVerfGG handelt.

a) Anträge nach § 86 Abs. 1, 87 Abs. 1 BVerfGG

907 Wird der verfahrenseinleitende Antrag von den § 86 Abs. 1 BVerfGG genannten Verfassungsorganen gestellt, ist der Begriff der „Meinungsverschiedenheiten" wie bei Art. 93 Abs. 1 Nr. 2 GG zu interpretieren, das heißt, es genügt das Bestehen unterschiedlicher Ansichten über die Qualifikationsfrage, wobei diese Frage nicht notwendig innerhalb des Kreises der antragsberechtigten Verfassungsorgane streitig sein muß[21]. Es spielt auch keine Rolle, ob der Antragsteller selbst die Rechtsnorm für Bundesrecht hält; sein Antrag kann auch darauf abzielen, die Nichtfortgeltung der Norm als Bundesrecht festzustellen[22]. Dem Antragsteller darf es allerdings dem Verfahrenszweck entsprechend nicht prinzipaliter um die Gültigkeit der Norm als solche gehen; diese Prüfung ist nur im abstrakten Normenkontrollverfahren zulässig.

908 § 87 Abs. 1 BVerfGG errichtet für den Fall der Anrufung des BVerfG durch Bundesrat, Bundesregierung oder eine Landesregierung aber noch eine weitere prozessuale Hürde, die ebenfalls auf der Grundlage des Art. 94 Abs. 2 GG gerechtfertigt wird[23]. Der Antrag ist danach nur zulässig, wenn von der Qualifikationsentscheidung die Zulässigkeit (Rechtmäßigkeit) einer bereits vollzogenen oder unmittelbar bevorstehenden Maßnahme eines Bundesorgans, einer Bundesbehörde, des Organs oder einer Behörde eines Landes abhängt. Dies ist etwa dann gegeben, wenn die Zuständigkeit eines Bundesministers zum Erlaß einer Gebührenverordnung die Fortgeltung einer Ermächtigungsnorm als Bundesrecht zwingend voraussetzt[24]. Weitere Einschränkungen, die bei schon vollzogenen Maßnahmen zusätzlich verlangen, daß diese noch rücknehmbar sind oder zumindest eine Kompensation durch Ausgleichs- oder Schadensersatzansprüche möglich ist, sind nicht überzeugend; die Entscheidung des BVerfG würde in diesem Fall keineswegs eine bloß theoretische Streitfrage betreffen[25].

909 Die abgelehnte Ansicht dürfte zum Teil auf der Vorstellung beruhen, § 87 Abs. 1 BVerfGG normiere eine Art Rechtsschutzinteresse (Rechtsschutzbedürfnis)[26]. Dem ist jedoch der objektive Verfahrenszweck des Normenqualifizierungsverfahrens entgegenzuhalten. Die Bedeutung des § 87 Abs. 1 liegt darin, daß er die Sicherung verfassungsmäßigen Handelns („Zulässigkeit einer Maßnahme") mit der Normenqualifizierung in Verbindung setzt. Rechtsschutzerwägungen kommen insoweit nicht zum Zuge[27].

---

21 Siehe oben Rn. 729; vgl. auch *Rühmann* (N 8), S. 120 f.

22 BVerfGE 8, 143 (146).

23 BVerfGE 28, 119 (136).

24 Vgl. BVerfGE 8, 143: Fortgeltung des Beschußgesetzes von 1939.

25 So aber *Kirn*, in: v. Münch/Kunig (Hg.), GG, Bd. 3 (3. Aufl. 1996), Art. 126 Rn. 2; *Rühmann*, in: Umbach/ Clemens, § 37 Rn. 9. – Zum Klarstellungsinteresse bei der abstrakten Normenkontrolle siehe oben Rn. 735.

26 So etwa *Geiger*, § 87 Anm. 1 und 2; *Lechner/Zuck*, § 86 Rn. 1, § 87 Rn. 1; *Maunz*, in: BVerfGG-Kommentar, § 87 Rn. 1 und 2.

27 Ebenso *Rühmann* (N 8), S. 121; *Detterbeck*, S. 473.

Die Nichterwähnung des Bundestages in § 87 Abs. 1 BVerfGG kann nicht als bloßes Re- **910**
daktionsversehen betrachtet werden[28]. Offenkundig standen dem Gesetzgeber bei der
Schaffung der Vorschrift „Maßnahmen" vor Augen, die von Exekutivstellen erlaßen werden, wie Rechtsverordnungen oder Verwaltungsakte. Die entsprechende Einbindung des
Bundestags wäre daher verfehlt. Die Zulässigkeit seiner Anträge richtet sich daher allein
nach den in Art. 126 GG enthaltenen Vorgaben.

b) Gerichtsvorlage nach § 86 Abs. 2 BVerfGG

Im Hinblick auf Gerichtsvorlagen können sich die nach Art. 126 GG maßgeblichen „Mei- **911**
nungsverschiedenheiten" nur auf den im Ausgangsverfahren zu beurteilenden Fall beziehen. Vorlageberechtigung und – pflicht macht § 86 Abs. 2 BVerfGG daher unter anderem
davon abhängig, daß „in einem gerichtlichen Verfahren streitig" ist, ob eine Rechtsnorm
aufgrund der Art. 124, 125 GG als Bundesrecht fortgilt. Dieser zwischen Art. 100 Abs. 1
GG (Überzeugung des vorlegenden Gerichts) und Abs. 2 GG (Zweifel) stehende Wortlaut
spricht dafür, daß von „streitig" dann gesprochen werden kann, wenn die Ansicht des vorlegenden Gerichts über die Qualifikation einer Norm des Bundesrechts nicht in Übereinstimmung mit einem oder allen Beteiligten des Ausgangsverfahrens steht; allein auf die
Auffassung der Streitbeteiligten kann es allerdings wegen des prozessualen Grundsatzes
iura novit curia nicht ankommen[29]. Das BVerfG ist über diesen Ansatz jedoch weit hinausgegangen. Es bejaht die Vorlagepflicht, wenn das Gericht selbst ernsthafte Zweifel
über das Fortgelten einer Rechtsnorm als Bundesrecht hegt oder wenn es nur darüber entscheiden könnte, indem es sich zu einer beachtlichen Meinung in der Literatur, zu den
Entscheidungen hoher Gerichte, insbesondere Landesverfassungsgerichten oder zu
Rechtsauffassungen anderer Verfassungsorgane (z.B. Landesregierung) in Widerspruch
setzen würde[30]. Damit entzieht das Bundesverfassungsgericht den Begriff „streitig" dem
konkreten (Ausgangs-) Verfahren und objektiviert ihn[31]. Diese Rechtsprechung ist unter
dem Aspekt des § 86 Abs. 2 BVerfGG nicht ohne weiteres verständlich, hält sich jedoch
im Rahmen des Art. 126 GG und führt überdies zu einer Annäherung an das oben a) beschriebene Verfahren[32].

Wie dort ist eine weitere prozessuale Hürde zu überwinden. Die Frage, ob eine Norm als **912**
Bundesrecht fortgilt, muß nicht nur streitig, sondern für die Entscheidung des Falles „erheblich" sein. Für diese Einschätzung kommt es – wie bei der konkreten Normenkontrolle[33] – grundsätzlich auf die Einschätzung des vorlegenden Gerichts an; Ausnahmen
hiervon hat das BVerfG bislang nur bei offensichtlicher Unhaltbarkeit dieser Einschätzung gemacht[34]. Im Einzelfall präzisiert es auch die Vorlagefrage[35].

---

28 So aber *Geiger*, § 87 Anm. 1; wie hier *Maunz*, in: BVerfGG-Kommentar, § 87 Rn. 1.
29 BVerfGE 4, 178 (181); so auch *Rühmann* (N 8), S. 116 ff.
30 Vgl. BVerfGE 7, 18 (23); 11, 89 (92 f.); 23, 113 (121 f.); 28, 119 (137).
31 BVerfGE 4, 358 (369): „Objektiv ‚streitig', also zweifelhaft".
32 Kritisch *Rühmann*, in: Umbach/Clemens, § 86 Rn. 33.
33 Oben Rn. 841ff.
34 Beispiel: BVerfGE 16, 329 (331 f.); zur allgemeinen Frage vgl. z.B. BVerfGE 4, 178 (181); 28, 119 (138);
     33, 206 (215).
35 BVerfGE 11, 89 (92).

913   Die Erheblichkeit ist zum Beispiel dann zu bejahen, wenn nur die Qualifikation einer Norm als fortgeltendes Bundesrecht die Revisionsmöglichkeit begründet[36]. Entsprechendes gilt, wo die Zuständigkeit des vorlegenden Gerichts zur Sachentscheidung darauf beruht, daß die fragliche Norm nicht als Bundesrecht zu qualifizieren ist[37].

914   Verneint das Gericht die Fortgeltung der Norm schlechthin, ist eine Vorlage an das BVerfG nach § 86 Abs. 2 BVerfGG ausgeschlossen[38]. Eine Ausnahme ist jedoch da zu machen, wo es streitig ist, ob diese Norm überhaupt einmal gem. Art. 124, 125 GG zu Bundesrecht geworden ist, auch wenn es unstreitig ist, daß sie zu einem bestimmten späteren Zeitpunkt außer Geltung trat. Die Vorlage ist in einem solchen Fall zulässig, wenn die Qualifikationsfrage für die Entscheidung des Ausgangsverfahrens erheblich ist[39].

IV. Form

915   Die Anträge oder die Vorlage nach § 86 BVerfGG sind schriftlich zu begründen (§ 23 Abs. 1 BVerfGG). Das vorlegende Gericht hat entsprechend dem Verfahren der konkreten Normenkontrolle die Norm zu bezeichnen, seine Rechtsmeinung (Zweifel) dazu zum Ausdruck zu bringen und die Erheblichkeit für sein Verfahren zu erläutern[40]. Sind die in § 86 Abs. 2 BVerfGG bezeichneten Verfassungsorgane die Antragsteller, ist für die Begründung § 87 Abs. 2 BVerfGG zu beachten[41].

Fristen sind nicht vorgesehen.

V. Beitritts- und Äußerungsberechtigung

916   Das Normenqualifizierungsverfahren kennt keinen Antragsgegner. Äußerungsberechtigt sind jedoch die in § 77 BVerfGG genannten Verfassungsorgane (§§ 88, 82 Abs. 1, 77 BVerfGG). Den dort aufgeführten Bundes- und Landesorganen, zu denen nach der 1998 erfolgten Gesetzesänderung auch die Landesparlamente gehören (§ 77 Nr. 2 BVerfGG)[42], ist in jedem Fall Gelegenheit zur Stellungnahme zu geben. Zu beachten ist ferner § 82 Abs. 4 BVerfGG i.V.m. § 22 Abs. 4 GeschOBVerfG. Bei Gerichtsvorlagen ist auch den Beteiligten des Ausgangsverfahrens Gelegenheit zur Äußerung zu geben (§§ 88, 82 Abs. 3 BVerfGG).

917   Die äußerungsberechtigten Verfassungsorgane können dem Verfahren beitreten (§§ 88, 82 Abs. 2 BVerfGG).

Da Beteiligte des Verfahrens nur die verfahrenseinleitenden Verfassungsorgane (§ 86 Abs. 1 BVerfGG) und die beigetretenen Verfassungsorgane sind, können nur sie auf der

---

36 BVerfGE 23, 113 (121).
37 BVerfGE 8, 186 (190 f.); 13, 367 (371); 17, 287 (291).
38 Zur Inzidentprüfung vorkonstitioneller Normen siehe oben Rn. 792 f.
39 Vgl. BVerfGE 33, 206 (213).
40 Vgl. BVerfGE 7, 265 (266).
41 Vgl. BVerfGE 8, 143 (147).
42 BGBl. 1998 I S. 1823. – Damit ist die Rechtsprechung des BVerfG überholt, wonach der Landtag desjenigen Bundeslandes anzuhören ist, für dessen Gebiet die Qualität der Norm zweifelhaft geworden ist, im Falle einer Gerichtsvorlage also das Parlament des Gerichtslandes; vgl. BVerfGE 4, 358 (360 f.); 8, 186 (188 f.).

Durchführung einer mündlichen Verhandlung bestehen[43]. Das vorlegende Gericht ist in diesem Sinn nicht Verfahrensbeteiligter[44]. Kommt es zur mündlichen Verhandlung, so sind die Beteiligten des Ausgangsverfahrens zu laden.

VI. Prüfungs- und Entscheidungsbefugnis

Liegen die Sachentscheidungsvoraussetzungen nicht oder im Zeitpunkt der Entscheidung **918** nicht mehr vor, wird der Antrag verworfen oder die Unzulässigkeit der Vorlage festgestellt. In der Praxis sind zahlreiche derartige Entscheidungen, auch gestützt auf § 24 BVerfGG, ergangen[45].

Liegen die Sachentscheidungsvoraussetzungen vor, kann das BVerfG in die Sachprüfung eintreten, die ihm in dem Fall des § 86 Abs. 1 BVerfGG nicht ohne weiteres entzogen werden kann; der objektive Verfahrenszweck beschränkt die Dispositionsmaxime zu Lasten der Antragsteller in einem aus dem abstrakten Normenkontrollverfahren bekannten Ausmaß[46]. Im Fall von Gerichtsvorlagen bleibt das Zwischenverfahren allerdings von dem Ausgangsverfahren abhängig. Auf die Ausführungen zur konkreten Normenkontrolle kann verwiesen werden[47].

Der Verfahrensgegenstand wird prinzipiell durch den Antrag oder durch die Vorlage be- **919** zeichnet; allerdings erlaubt die in § 88 BVerfGG enthaltene Verweisung (§§ 82 Abs. 1, 78 S. 2 BVerfGG) den Zugriff des BVerfG auf andere als die bezeichneten Normen, doch nur innerhalb desselben Gesetzes[48]. Prüfungsmaßstab für die Qualifizierung sind heute nicht mehr allein Art. 124 und 125 GG[49], sondern auch Art. 9 Einigungsvertrag und Art. 125 a GG[50].

Als Vorfrage kann das BVerfG auch die (Noch-) Geltung der Norm selbst prüfen. Nach **920** seiner Rechtsprechung ist es hierzu sogar verpflichtet[51]. Als Prüfungsmaßstab kommt insoweit jedes höherrangige Recht in Betracht, das bei Kollision zur Ungültigkeit der rangniederen Norm führt. Dies kann im Hinblick auf vorgrundgesetzliches Landesrecht, dessen Fortgeltung als Bundesrecht in Frage steht, auch Landesverfassungsrecht sein[52]. Diese inzidente Anreicherung der Normenqualifikation durch Normenkontrolle ist tatsächlich auf den ersten Blick nicht recht schlüssig[53]. Doch ist zu berücksichtigen, daß andernfalls ein die Fortgeltung einer Norm als Bundesrecht enthaltender Entscheidungsin-

---

43 BVerfGE 4, 214 (216); 11, 89 (93).
44 Siehe oben Rn. 873.
45 Vgl. etwa BVerfGE 7, 59 und 265; 16, 329 (330).
46 Siehe oben Rn. 754.
47 Siehe oben Rn. 879.
48 BVerfGE 8, 186 (195); *Maunz*, in: BVerfGG- Kommentar, § 88 Rn. 1; *Rühmann*, in: Umbach/Clemens, § 89 Rn. 27.
49 Vgl. BVerfGE 3, 368 (373, 376 f.); *Löwer*, S. 315.
50 Siehe oben Rn. 900.
51 BVerfGE 28, 119 (139); vgl. auch BVerfGE 8, 143 (147 f.); 16, 82 (89).
52 BVerfGE 11, 89 (93 ff.); *Maunz*, in: BVerfGG-Kommentar, § 86 Rn. 14. – Diese Ausdehnung geht zugegebenermaßen sehr weit, insbesondere wenn von einer Verpflichtung zur Prüfung der Fortgeltung ausgegangen wird. BVerfGE 1, 162 (166) weist insofern einen vernünftigen Mittelweg (Prüfung nur am Maßstab des GG selbst).
53 Tadel bei *Rühmann* (N 8), S. 129; *Sachs*, Die Bindung des BVerfG an seine Entscheidungen (1977), S. 369.

halt, dem Bindungswirkung und Gesetzeskraft zukommt (§§ 31 Abs. 1 und 2 BVerfGG), eine für die Rechtssicherheit unvertretbare Labilität aufwiese. Der Rechtsprechung ist daher prinzipiell zu folgen.

921 In der Sache hat eine feststellende, dem beschränkten Verfahrenszweck und den gesetzlichen Entscheidungswirkungen angemessene Entscheidung zu ergehen (§ 89 BVerfGG). Daher wird tenoriert, daß eine bestimmte Rechtsnorm als Bundesrecht fortgilt[54] oder nicht als Bundesrecht fortgilt[55]. Im letzten Fall ist zwar grundsätzlich (siehe aber Rn. 923) die Qualität als Landesrecht festgestellt, was aber wegen des klaren Wortlauts von § 89 BVerfGG nicht tenoriert werden darf.

922 § 89 BVerfGG läßt auch die Feststellung zu, daß eine Norm „in einem bestimmten Teil des Bundesgebiets als Bundesrecht fortgilt". Die räumliche Umgrenzung der Fortgeltung der Norm folgt aus dem durch Antrag oder Vorlage festgelegten Verfahrensgegenstand. Eine (räumliche) Erweiterung in Analogie zu § 78 S. 2 BVerfGG ist nicht zu befürworten[56].

923 Probleme treten auf, wenn das BVerfG vorfrageweise die Fortgeltung der vorgelegten Norm an sich verneint, es also auf die Fortgeltung als Bundesrecht nicht mehr ankommen kann. Verschiedentlich wird auch insoweit für eine analoge Anwendung von § 78 S. 2 BVerfGG plädiert[57]. Diese Meinung übersieht jedoch, daß eine Nichtig- oder Ungültigerklärung im Rahmen des Normenqualifizierungsverfahrens gerade nicht möglich ist (§ 89 BVerfGG); auf § 78 S. 1 BVerfGG ist daher ungeachtet des § 88 BVerfGG nicht verwiesen[58], so daß auch § 78 S. 2 BVerfGG insoweit (Nichtigerklärung) nicht zum Zuge kommen kann. Entsprechende Anwendung kann er allein im Hinblick darauf finden, daß das BVerfG seine Qualifizierung über die vorgelegte Norm hinaus erstreckt[59]. Es kommt auch keine Überleitung des Normenqualifikationsverfahrens in ein Normenkontrollverfahren in Betracht[60]. Da die Sachentscheidungsvoraussetzungen vorliegen, ist schließlich eine Zurückweisung von Antrag oder Vorlage als unzulässig nicht möglich[61]. Es bleibt in diesen Fällen daher nur die Feststellung, daß die Norm nicht als Bundesrecht fortgilt.

Der Entscheidung kommt Rechtskraft sowie Bindungswirkung und Gesetzeskraft zu (§ 31 Abs. 1 und 2 BVerfGG)[62].

---

54 Z.B. BVerfGE 7, 18 (19); 8, 143 (144); 23, 113.
55 BVerfGE 4, 178 (179); 28, 119; 33, 206.
56 Anders *Rühmann*, in: Umbach/Clemens, § 89 Rn. 28 ff. – Eine Erweiterung hätte Auswirkungen auf die Äußerungsberechtigung der Landtage, siehe oben Rn. 916.
57 *Maunz*, in: Maunz/Dürig, Art. 126 Rn. 17 und 25; *Kirn* (N 25), Art. 126 Rn. 8.
58 Ebenso *Maunz*, in: BVerfGG-Kommentar, § 88 Rn. 1; *Pestalozza*, S. 233. – Entsprechendes gilt übrigens für § 79 BVerfGG; ebenso *Lechner/Zuck*, § 88 Rn. 1; anders *Rühmann*, in: Umbach/Clemens, § 89 Rn. 34 f.
59 Siehe oben Rn. 919.
60 Vgl. dazu Sachs (N 53), S. 361 f.
61 So aber *Rühmann*, in: Umbach/Clemens, § 86 Rn. 20. Die Ungültigkeit der vorgelegten Norm ist im Sinne des § 86 Abs. 2 BVerfGG kein Erheblichkeitsproblem, da die Erheblichkeit auf die Frage der Rechtsqualität reduziert ist.
62 Ausführlich *Detterbeck*, S. 474 ff.

§ 25 Völkerrechtliches Verifikationsverfahren

I. Zuständigkeit, Verfahrenszweck und Verfahrensgegenstand

Nach Art. 100 Abs. 2 GG hat ein Gericht die Entscheidung des BVerfG einzuholen, wenn **924** in einem von ihm zu entscheidenden Rechtsstreit „zweifelhaft (ist), ob eine Regel des Völkerrechts Bestandteil des Bundesrechts ist und ob sie unmittelbar Rechte und Pflichten für den Einzelnen erzeugt (Artikel 25)". Diese Vorschrift wirft schwierige Verständnisprobleme auf.

1. Leitfunktion des Art. 25 GG

Schon die unmittelbare Inbezugnahme des Art. 25 durch Art. 100 Abs. 2 GG macht auf **925** die enge Verbindung beider Vorschriften aufmerksam[1]. Zutreffend hat man Art. 100 Abs. 2 als das „prozessuale Gegenstück" zu Art. 25 GG verstanden[2], das dazu dient, die materielle Aussage verfahrensrechtlich so weit wie möglich abzusichern. Die Bedeutung von Art. 100 Abs. 2 erschließt sich daher erst über das Verständnis von Art. 25 GG[3].

Neben Art. 23, 24 und 26 sowie den Aussagen der Präambel gehört Art. 25 zu jenen Be- **926** stimmungen des Grundgesetzes, die einer nationalistischen Introvertiertheit eine klare Absage erteilen und von Verfassungs wegen die innerstaatliche Ordnung der internationalen Entwicklung öffnen, um auf diesem Wege zu einem friedlichen und gedeihlichen Zusammenleben der Völker beizutragen[4]. Art. 25 GG hat dabei eine spezifische, wenngleich beschränkte Funktion.

Er legt – über Art. 4 WRV hinausgehend[5] – fest, daß die allgemeinen Regeln des Völkerrechts, die für die Bundesrepublik Deutschland im internationalen Bereich verbindlich sind, sich auch im Innern auswirken sollen, daß also das allgemeine Völkerrecht auf die der deutschen Rechtsordnung unterliegenden Sachverhalte angewandt wird[6]. Erreicht wird dies dadurch, daß die allgemeinen Regeln des Völkerrechts in das deutsche Recht hereingenommen werden („Bestandteil des Bundesrechts"). Rechtstechnisch kann sich die Hereinnahme durch eine von Art. 25 GG veranlaßte Transformation, das heißt Umformung in deutsches Recht, oder dadurch vollziehen, daß Art. 25 GG im Hinblick auf die Völkerrechtsregeln einen Rechtsanwendungs- oder Vollzugsbefehl erteilt, der ihnen ohne völkerrechtlichen Qualitätsverlust im innerstaatlichen Rechtsraum Geltung und Anwend-

---

1 *Stern*, Art. 100 Rn. 209; *E. Klein*, S. 586 f.; *F. Klein*, in: BVerfGG-Kommentar, § 83 Rn. 6.
2 *Rühmann*, Verfassungsgerichtliche Normenqualifikation (1982), S. 57.
3 Vgl. dazu die Kommentare zu Art. 25 GG, etwa *Rojahn*, in: v. Münch/Kunig (Hg.), GG, Bd. 2 (3. Aufl. 1995), Rn. 1 ff.; ferner *Steinberger*, HStR VII (1992), § 173 Rn. 7 ff.
4 BVerfGE 6, 309 (363): „Völkerrechtsfreundlichkeit des Grundgesetzes"; dazu *Vogel*, Die Verfassungsentscheidung des Grundgesetzes für eine internationale Zusammenarbeit (1964); *E. Klein*, Zeitschrift für vergleichende Rechtswissenschaft 77 (1978), S. 79 ff.; *Bleckmann*, DÖV 1996, S. 137 ff.; *Tomuschat*, in: HStR VII (1992), § 172 Rn. 27 ff.
5 Art. 4 WRV machte die Inkorporation der allgemeinen Völkerrechtsregeln von ihrer allgemeinen Anerkennung durch die Staatenwelt, darunter auch das Deutsche Reich, abhängig. Dieses besondere Anerkennungserfordernis durch die Bundesrepublik Deutschland entfällt nach Art. 25 GG. Zum Problem der persistent objection durch die Bundesrepublik siehe unten bei Rn. 946.
6 *H. Mosler*, Das Völkerrecht in der Praxis der deutschen Gerichte (1957), S. 37 f.; *F. Münch*, JZ 1964, S. 165.

barkeit verschafft[7]. Welche Rechtstechnik Art. 25 GG zugrundeliegt, ist nicht ohne weiteres ersichtlich[8]. Die besseren Gründe sprechen für die zweite Lösung (Rechtsanwendungsbefehl), da sie widerspruchsfreie Ergebnisse eher ermöglicht; ihr hat sich auch das BVerfG inzwischen angeschlossen[9].

927   Die Hereinnahme in das innerstaatliche Recht erfolgt mit der Maßgabe, daß die allgemeinen Regeln den Gesetzen vorgehen. Ob sie damit auch Verfassungsrang oder gar Überverfassungsrang haben, ist unklar und umstritten. Zutreffend ist es, ihren Rang zwischen den einfachen Bundesgesetzen und dem Grundgesetz festzulegen[10].

928   Die Beschränkung des Art. 25 GG auf die allgemeinen Regeln des Völkerrechts findet seinen Grund darin, daß sie – d.h. das universelle Völkergewohnheitsrecht und die allgemeinen Rechtsgrundsätze – den grundlegenden Rahmen und die rechtliche Basis bilden, die allen Mitgliedern der Völkerrechtsgemeinschaft die Zusammenarbeit ermöglichen. Andere für die Bundesrepublik Deutschland verbindliche Völkerrechtsnormen – wie z.B. partikuläres Völkergewohnheitsrecht und völkerrechtliche Verträge – sind zwar für die Praxis der internationalen Beziehungen mindestens ebenso wichtig; doch fehlt ihnen die universelle, weltumspannende Dimension, deren Bedeutung für die internationale Kooperation zur Sicherung des Weltfriedens Art. 25 GG besonders hervorheben wollte. Im übrigen ist darauf hinzuweisen, daß den sich aus verbindlichen Verträgen ergebenden Verpflichtungen in der Regel ebenfalls durch nationale Rechtsanwendungsbefehle (Art. 59 Abs. 2 GG) der innerstaatliche Rechtsraum geöffnet wird.

929   Die Folge der Eingliederung der allgemeinen Regeln des Völkerrechts in das nationale Recht hat das BVerfG prägnant und zutreffend umschrieben: Die Verfassung erzwinge dadurch eine dem allgemeinen Völkerrecht entsprechende Gestaltung des Bundesrechts. Der Sinn der unmittelbaren Geltung dieser Regel liege darin, „kollidierendes innerstaatliches Recht zu verdrängen oder seine völkerrechtskonforme Anwendung zu bewirken"[11]. Die deutschen Rechtsanwendungsorgane sind danach gehindert, „innerstaatliches Recht in einer Weise auszulegen und anzuwenden, welche die allgemeinen Regeln des Völkerrechts verletzt. Sie sind auch verpflichtet, alles zu unterlassen, was einer unter Verstoß gegen allgemeine Regeln des Völkerrechts vorgenommenen Handlung nichtdeutscher Hoheitsträger im Geltungsbereich des Grundgesetzes Wirksamkeit verschafft, und gehindert, an einer gegen die allgemeinen Regeln des Völkerrechts verstoßenden Handlung nichtdeutscher Hoheitsträger bestimmend mitzuwirken"[12].

---

7 Zum Gesamtproblem *Rudolf*, Völkerrecht und deutsches Recht (1967), S. 150 ff.; *Schweitzer*, Staatsrecht III (7. Aufl. 2000), Rn. 418 ff.

8 *Geck*, in: BVerfGG und GG, II (1976), S. 140 f.

9 BVerfGE 46, 342 (363, 403); vgl. auch BVerfGE 73, 339 (375); dazu *Steinberger*, ZaöRV 48 (1988), S. 4; *ders.* (N 3), § 173 Rn. 28.

10 Vgl. *Rojahn* (N 3), Art. 25 Rn. 37 ff. m.w.N.; *R. Geiger*, GG und Völkerrecht (2. Aufl. 1994), S. 168 f. Nach *Steinberger* (N 3), § 173 Rn. 61, stehen die allgemeinen Regeln ranggleich neben dem Grundgesetz.

11 BVerfGE 23, 288 (316).

12 BVerfGE 75, 1 (19).

2. Verfahrenszweck und Verfahrensgegenstand

Das Verfahren nach Art. 100 Abs. 2 GG i.V.m. § 13 Nr. 12 BVerfGG, das ohne Vorgänger **930** in der deutschen Verfassungsentwicklung ist, hat die Funktion, diesen verfassungsrechtlichen Befund prozessual-flankierend zu gewährleisten. Das BVerfG hat diese Sicht in seiner neueren Rechtsprechung auch durchaus richtig akzentuiert, wenn es von der „Gewährleistungsfunktion des Art. 100 Abs. 2 GG zugunsten der allgemeinen Regeln des Völkerrechts" spricht[13] und es als Aufgabe dieses Verfahrens bezeichnet, „der Gefahr von Verletzungen der allgemeinen Regeln des Völkerrechts durch Gerichte der Bundesrepublik Deutschland vorzubeugen"[14]. Diese Charakterisierung des Verfahrens und damit seiner Zuständigkeit fügt sich in ein immer deutlicher gewordenes Selbstverständnis des BVerfG von seiner besonderen – nicht ausschließlichen – Verantwortung, dafür zu sorgen, daß fehlerhafte Anwendung oder Nichtbeachtung völkerrechtlicher Normen durch staatliche Organe, vor allem auch durch Gerichte, beseitigt oder korrigiert werden können, um eine völkerrechtliche Verantwortlichkeit (Haftung) der Bunderepublik Deutschland zu verhindern[15].

Das Verfahren nach Art. 100 Abs. 2 GG entspricht dieser Aufgabenstellung, indem es die **931** Klärung äußerst schwieriger Fragen, die sich aus den besonderen Entstehungsbedingungen des allgemeinen Völkerrechts ergeben, beim BVerfG konzentriert[16], zugleich aber die Verfassungsorgane, die das völkerrechtlich relevante Verhalten der Bundesrepublik Deutschland maßgeblich bestimmen[17], obligatorisch in den Prozeß der Vergewisserung darüber einbezieht, ob eine allgemeine Völkerrechtsnorm besteht, die auf den im Ausgangsverfahren zu entscheidenden Fall einwirken kann[18]. Im Völkerrecht, das keinen zentralen Gesetzgeber kennt, kommt es für den Vorgang der Rechtsbildung auf die Auffassung der zuständigen Organe der auswärtigen Gewalt besonders an[19]. Ihre Mitwirkung ist daher in aller Regel unverzichtbar, gesetzlich aber eben nur im Verfahren vor dem BVerfG gesichert (§ 83 Abs. 2 BVerfGG), es sei denn, die Bundesrepublik Deutschland ist selbst Prozeßbeteiligte.

In früherer Zeit hat das BVerfG den Zweck des Verfahrens nach Art. 100 Abs. 2 GG, in **932** Anlehnung an Art. 100 Abs. 1, eher im Schutz der Autorität des Gesetzgebers und der Rechtssicherheit gesehen[20], weil die Annahme einer Regel des allgemeinen Völkerrechts das bestehende nationale Recht, einschließlich der einfachen Bundesgesetze, zu verdrängen oder zu modifizieren in der Lage ist. Diese Überlegungen sind nicht falsch, treffen aber nicht den Kern; denn in ihrer Konsequenz läge es, die Frage des Einflusses allgemeiner Regeln des Völkerrechts auf gerichtlich zu entscheidende Sachverhalte überhaupt und

---

13 BVerfGE 46, 342 (363); 75, 1 (11).

14 BVerfGE 46, 342 (360); vgl. auch BVerfGE 96, 68 (77 f.).

15 BVerfGE 58, 1 (34); 59, 63 (89); 76, 1 (78). – Ähnliche Überlegungen, aber enger bei *Wengler*, NJW 1963, S. 435.

16 Vgl. BVerfGE 23, 288 (317); 96, 68 (78 f.).

17 Ausgenommen ist allerdings – trotz Art. 59 Abs. 1 GG – der Bundespräsident. Das hängt einerseits mit seiner Stellung als Staatsoberhaupt zusammen, ist andererseits aber auch auf die Rückbindung an Regierung (Art. 58 GG) und Parlament (Art. 59 Abs. 2 GG) zurückzuführen.

18 BVerfGE 23, 288 (318).

19 Vgl. BVerfGE 55, 349 (367 f.) und *Steinberger*, ZaöRV 48 (1988), S. 15.

20 BVerfGE 23, 288 (317); wieder deutlicher betont in BVerfGE 96, 68 (77).

ausschließlich dem BVerfG zu überantworten und nicht nur in dem Fall, den Art. 100 Abs. 2 GG nennt, also im Zweifelsfall. Es ist daher richtig, daß das BVerfG nunmehr die oben erwähnte „Gewährleistungsfunktion" ganz in den Vordergrund gestellt hat.

933 Der Verfahrenszweck korrespondiert dem Verfahrensgegenstand. Das BVerfG prüft im Rahmen der Anfrage eines Gerichts, ob die Voraussetzungen gegeben sind, die Art. 25 GG für die Hereinnahme von Völkerrechtsregeln festlegt[21]. Gegenstand des Verfahrens ist also die Vergewisserung über die Existenz einer Regel des allgemeinen Völkerrechts bestimmten Inhalts, die – sofern die Vergewisserung positiv ausfällt – von Verfassungs wegen (Art. 25) Bestandteil des Bundesrechts ist. Es handelt sich daher um Normenverifikation[22]. Demgegenüber trifft der Begriff der Normenqualifikation weit weniger gut[23]. Zwar ist richtig, daß sich das BVerfG dem Ergebnis der von ihm durchgeführten Verifikation entsprechend in der Entscheidungsformel auch darüber ausspricht, ob eine Völkerrechtsregel Bestandteil des Bundesrechts ist oder nicht (§ 83 Abs. 1 BVerfGG), aber dieser Ausspruch ist die bloße Konsequenz aus Art. 25 GG selbst. Eine eigenständige Qualifikation der Regel als Bundesrecht nimmt das BVerfG – anders als im Fall des Art. 126 GG[24] – gerade nicht vor[25].

934 Unbestreitbar ist natürlich, daß die Feststellung von Existenz oder Reichweite einer allgemeinen Regel des Völkerrechts notwendig qualifizierende Überlegungen impliziert, vor allem im Hinblick auf die Allgemeinheit (Universalität) einer Völkerrechtsregel. Es kann im Einzelfall auch darauf ankommen, ob eine allgemeine Völkerrechtsregel ausnahmsweise die Qualität von zwingendem Recht hat[26]. Diese Qualifikationen erstrecken sich jedoch auf den völkerrechtlichen Befund, sind Teil und Ergebnis des völkerrechtlichen Erkenntnisvorgangs. Der Begriff der Normenqualifikation zielt demgegenüber auf die Eingliederung eines Rechtssatzes in die innerstaatliche Normenhierarchie. Damit haben diese Fragen jedoch nichts zu tun.

935 Vor allem handelt es sich um keine Normenkontrolle[27], das heißt ein Messen einer Norm an einer höherrangigen anderen Norm. Weder die Frage der Vereinbarkeit einer allgemeinen Völkerrechtsregel mit dem Grundgesetz noch die Frage der Vereinbarkeit einer rangniedrigeren innerstaatlichen Norm mit der allgemeinen Völkerrechtsregel kann im Verfahren nach Art. 100 Abs. 2 GG beantwortet werden. Insoweit ist auf die abstrakte oder konkrete Normenkontrolle zu verweisen[28].

---

21 Vgl. *Maunz*, in: Maunz/Dürig, Art. 100 Rn. 42.
22 BVerfGE 23, 288 (318); zustimmend *Löwer*, S. 812; *Detterbeck*, S. 485.
23 So aber etwa *Stern*, Art. 100 Rn. 204; *Meyer*, in: v. Münch/Kunig (Hg.), GG, Bd. 3 (3. Aufl. 1996), Art. 100 Rn. 29; *Schlaich*, Rn. 162 im Anschluß an *Rühmann* (N 2), S. 31, der Normenqualifikation als Rangbestimmung in der innerstaatlichen Rechtsordnung versteht; vgl. auch *Wenig*, Die gesetzeskräftige Feststellung einer allgemeinen Regel des Völkerrechts durch das BVerfG (1971), S. 46 ff.
24 Siehe oben Rn. 900 ff.
25 Unentschieden *Pestalozza*, S. 219 N 31; *Rühmann*, in: Umbach/Clemens, § 84 Rn. 15, meint, es handle sich um ein „kombiniertes Normenverifikations- und Normenqualifikationsverfahren".
26 Dazu siehe unten Rn. 951.
27 BVerfGE 23, 288 (318); 100, 209 (212); *Löwer*, S. 813; *Steinberger* (N 3), § 173 Rn. 79. Widersprüchlich *Geiger*, § 83 Anm. 1; unklar auch *Stern*, Art. 100 Rn. 204 und 261; *F. Klein*, in: BVerfGG-Kommentar, § 83 Rn. 2 („Normenkontrolle im weiteren Sinne").
28 Siehe dazu oben Rn. 719, 733 f., 803 f.

3. Verhältnis zum Ausgangsverfahren

Wie bei der konkreten Normenkontrolle nimmt das Verifikationsverfahren seinen Aus- **936**
gang von der Anfrage (Vorlage) eines Gerichts, mit der das BVerfG um Klärung der verfassungsrechtlichen Zweifelsfrage ersucht wird. Das Verifikationsverfahren ist im Verhältnis zu dem – ausgesetzten – Ausgangsverfahren ein selbständiges objektives Zwischenverfahren[29]. Inhaltlich sind beide durch das Erheblichkeitserfordernis[30] miteinander
verbunden.

4. Inhaltliche Grenzen von Art. 100 Abs. 2 GG

Art. 100 Abs. 2 GG etabliert kein Rechtsprechungsmonopol des BVerfG im Hinblick auf **937**
völkerrechtliche Fragen. Die Entscheidung wird beim BVerfG nur insoweit konzentriert,
als es um die Ausräumung von Zweifeln darüber geht, ob eine Norm des allgemeinen
Völkerrechts vorhanden ist, die sich – wegen Art. 25 GG – auf die Entscheidung des Falles auswirken müßte. Den Fachgerichten ist es hingegen nicht verwehrt, in Evidenzfällen
oder in Fällen, in denen andere völkerrechtliche Normen (potentiell) zum Zuge kommen,
selbst zu entscheiden[31].

Andererseits ist das Verifikationsverfahren keineswegs das einzige Verfahren, in dem das **938**
BVerfG mit Völkerrechtsfragen oder mit Fragen der Feststellung allgemeiner Völkerrechtsregeln befaßt ist. Art. 100 Abs. 2 GG bezeichnet nur den Bereich der prinzipalen Verifikation. In der Praxis gab es bislang nur 15 Vorlagen, von denen zudem vier unzulässig
waren[32]. Weitaus häufiger sind die Fälle, in denen das BVerfG das Bestehen oder Nichtbe-
stehen einer allgemeinen Regel des Völkerrechts inzident zu ermitteln hat; dies geschieht
vor allem bei der Prüfung von Verfassungsbeschwerden[33], aber auch in anderen Verfahren[34].

II. Vorlageberechtigung

Sachentscheidungsvoraussetzung für das BVerfG ist, daß die Vorlage von einer hierzu ge- **939**
eigneten Instanz erfolgt. Nach dem eindeutigen Wortlaut von Art. 100 Abs. 2 GG und
§ 13 Nr. 12 BVerfGG sind nur die Gerichte[35] vorlagefähig, die in einem Rechtsstreit zu
entscheiden haben. „Rechtsstreit" ist – dem Verfahrenszweck entsprechend – weit, als jedes gerichtliche, nicht etwa nur kontradiktorische Verfahren zu verstehen[36].

Nicht vorlagefähig sind Verfassungsorgane des Bundes oder der Länder. Dies wird häufig **940**
kritisiert und eine Übernahme der in § 86 Abs. 1 BVerfGG enthaltenen Regelung für das

---

29 BVerfGE 15, 25 (30); *F. Klein*, in: BVerfGG-Kommentar, § 83 Rn. 17.
30 Siehe unten Rn. 957 ff.
31 BVerfGE 94, 315 (328); *F. Klein*, in: BVerfGG-Kommentar, § 83 Rn. 5.
32 BVerfGE 4, 319 (unzulässig); 15, 25; 16, 27; 16, 276 (unzulässig); 46, 342; 75, 1; 92, 277 (315); 94, 315
   (328) (unzulässig); 100, 209 (unzulässig). Weitere Verfahren haben sich erledigt, vgl. Anlage IV.
33 Z.B. BVerfGE 1, 322 (329); 23, 288 (300); 27, 253 (273 f.); 64, 1 (22 ff.); 76, 1 (78); 96, 68 (76 ff.); BVerfG,
   EuGRZ 2001, S. 76.
34 Z.B. im Bund-Länder-Streitverfahren, BVerfGE 6, 309 (330 ff.).
35 Zum Gerichtsbegriff vgl. Rn. 778 f.
36 BVerfGE 75, 1 (11); *Stern*, Art. 100 Rn. 230.

Verifikationsverfahren empfohlen[37]. In der Tat ist auf den ersten Blick kaum einzusehen, daß gerade das in der Praxis primär für die internationalen Beziehungen zuständige Organ, die Bundesregierung, sich nicht an das BVerfG soll wenden können, um Klarheit über das Bestehen und den Inhalt einer allgemeinen Völkerrechtsregel zu erhalten. Die Konsequenz einer Rechtsänderung wäre natürlich, daß neben das konkrete ein abstraktes Verifikationsverfahren träte. Wesentlicher ist aber ein anderer Gesichtspunkt. Der Reformvorschlag übersieht nämlich, daß es für die Bundesregierung von Vorteil ist, sich im internationalen Bereich möglichst frei bewegen zu können und so an der Formulierung und Konkretisierung völkerrechtlicher Regeln mitwirken zu können. Im übrigen wird die Ansicht der maßgeblichen Verfassungsorgane durch ein weites Verständnis des Zweifelerfordernisses[38] aufgefangen. Für eine Änderung der Rechtslage besteht daher kaum ein Bedürfnis.

941 Auf ein Problem ist jedoch hinzuweisen. Noch zu erörternde Schwierigkeiten[39] können sich ergeben, wenn das BVerfG entweder fehlerhaft eine allgemeine Regel des Völkerrechts feststellt oder nicht feststellt oder wenn völkerrechtliche Entwicklungen eintreten, die zur Unrichtigkeit der verfassungsgerichtlichen Feststellung führen. In diesen Fällen könnte wegen der Wirkungen der bundesverfassungsgerichtlichen Entscheidung (§ 31 Abs. 1, Abs. 2 S. 1 BVerfGG) durchaus ein Bedürfnis für die Bundesregierung bestehen, eine Änderung der verfassungsgerichtlichen Entscheidung zu erwirken.

III. Statthaftigkeit der Vorlage (Vorlagegegenstand)

1. Allgemeines

942 Nicht jede Völkerrechtsfrage kann im Verfahren nach Art. 100 Abs. 2 GG dem BVerfG in zulässiger Weise vorgelegt werden. Aus der Anbindung an Art. 25 GG[40] ergibt sich vielmehr, daß nur ganz bestimmte Fragen zum Gegenstand einer solchen Vorlage gemacht werden dürfen.

2. Vorlagefähige Fragen

a) Frage nach der Existenz einer allgemeinen Regel des Völkerrechts

943 Statthaft ist eine Vorlage, mit der die Vergewisserung über den Bestand einer allgemeinen Regel des Völkerrechts erstrebt wird[41]; dabei geht es sowohl um die Verifizierung, daß eine Völkerrechtsregel besteht, als auch darum, daß sie allgemein ist[42]. Sehr häufig wird

---

37 *Schlaich*, Rn. 159; *Löwer*, S. 812; *Rühmann* (N 2), S. 173 f., der auf S. 107 auf einen diesbezüglichen, aber abgelehnten Antrag des Abg. *Seebohm* im Parlamentarischen Rat hinweist.

38 Siehe unten Rn. 953.

39 Siehe unten Rn. 971 f.

40 Obgleich der Text des Art. 100 Abs. 2 GG den Wortlaut von Art. 25 GG nur verkürzt wiedergibt, ist schon wegen der ausdrücklichen Zitierung des Art. 25 GG nicht davon auszugehen, daß es sich um eine inhaltliche Diskrepanz handelt.

41 BVerfGE 15, 25 (32 f.); 92, 277 (315 f.); *Stern*, Art. 100 Rn. 145.

42 Allerdings ist die Anfrage nach dem Bestand einer Regel, bei der von vornherein ihre „Allgemeinheit" auszuschließen ist, unzulässig, da sie die Bedingungen des Art. 25 GG nicht erfüllen kann, vgl. BVerfGE 16, 276 (282); unklar *Löwer*, S. 812.

das Ergebnis identisch sein, da viele Völkerrechtsregeln nur als universelle existieren. Doch besteht um so weniger Gleichklang, je mehr vertragliche Bindungen im Zuge der internationalen Kooperation geschaffen werden und in politisch-wirtschaftlich homogenen Regionen die Chance zur Entstehung partikulären Gewohnheitsrechts wächst.

Allgemeine Regeln des Völkerrechts sind nur solche normativer Art, also keine, die dem **944** Bereich der Völkerrechtscourtoisie oder der politischen Absprache zuzurechnen sind. Nach der Rechtsprechung des BVerfG zählen hierzu die Normen des universellen Völkergewohnheitsrechts und die allgemeinen Rechtsgrundsätze[43], nicht hingegen die Normen des partikulären (regionalen) Völkergewohnheitsrechts und der völkerrechtlichen Verträge. Im Hinblick auf letztere ist allerdings zu bedenken, ob sie im Einzelfall nicht nur Kodifikation bestehender universeller Rechtsregeln darstellen, die durch die Kodifikation ihren Rechtscharakter nicht eingebüßt, sondern nur zusätzliche vertragsrechtliche Qualität gewonnen haben. Es gibt darüber hinaus Verträge, deren Geltungsbereich (quasi-) universell ist, so daß sie an dem „weltumspannenden" Charakter ebenso teilhaben wie die allgemeinen Regeln des Völkerrechts im eigentlichen Sinn[44]. Zumindest solange den Staaten jedoch der Rückzug aus dem Vertragswerk offen steht, die Fortdauer der Rechtsbindung also von dem Willen des einzelnen Staates abhängt, ist eine Gleichstellung mit dem universell verbindlichen Völkerrecht auch im Rahmen des Art. 25 GG nicht angezeigt.

b) Frage nach der Allgemeinheit einer als existent vorausgesetzten Völkerrechtsregel

Statthaft ist ferner die Vorlage dahin, ob eine in ihrer Existenz unbestrittene Regel „allge- **945** mein" im Sinne des Art. 25 GG ist[45]; denn nur solche Völkerrechtsregeln lösen die dort beschriebenen Rechtsfolgen aus und nehmen daher Einfluß auf den im Ausgangsverfahren zu entscheidenden Fall.

Ob eine Völkerrechtsregel „allgemein" ist, hängt nicht von ihrem Inhalt, insbesondere nicht davon ab, ob etwa die Rechtsstellung von Individuen geregelt wird, sondern allein vom Umfang ihrer Akzeptanz, genauer davon, ob sie „von der überwiegenden Mehrheit der Staaten – nicht notwendigerweise auch von der Bundesrepublik Deutschland – anerkannt wird"[46]. Es ist offenkundig, daß es schwierig sein kann, diese Mehrheit zu verifizieren, da zwangsläufig neben die Quantifizierung auch qualifizierende Gewichtungen treten müssen[47]. Komplizierte Probleme können sich einstellen, wenn die zunehmende Nichtrespektierung bislang anerkannter Normen durch ganze Staatengruppen feststellbar ist oder sich das tatsächliche Verhalten der Staaten auf der Grundlage bilateraler oder multilateraler Verträge geändert hat[48].

---

43 Vgl. BVerfGE 23, 288 (305 und 317); 94, 315 (328); Beschl. Erste Kammer/Zweiter Senat vom 21.5.1987 – 2 BvR 1170/83, NJW 1988, S. 1463. – Kritisch zur Einbeziehung der allgemeinen Rechtsgrundsätze etwa *Schweitzer* (N 7), Rn. 472.
44 Dazu *Geck* (N 8), S. 131.
45 BVerfGE 15, 25 (32); *Stern*, Art. 100 Rn. 246.
46 BVerfGE 15, 23 (34).
47 Vgl. *Geck* (N 8), S. 128 ff.; *R. Hofmann*, ZaöRV 49 (1989), S. 47. – Derartige Wertungen sind z.B. auch für jede rechtsvergleichende Arbeit unverzichtbar.
48 Zu letzterem Problem vgl. BVerfGE 18, 441 (448).

946   Art. 25 GG setzt die Anerkennung einer Völkerrechtsregel gerade durch die Bundesrepublik Deutschland als Bedingung ihrer universellen, die Bundesrepublik einschließenden Geltung nicht voraus, sofern im übrigen Quantität und Qualität der anerkennenden Staaten den Schluß auf die Allgemeinheit der Regelungen zulassen. Die Bundesrepublik Deutschland ist also auch durch allgemeine Völkerrechtsnormen gebunden, denen sie nicht ausdrücklich oder implizit zugestimmt hat. Es gibt jedoch den – seltenen – Fall, daß ein Staat gegen die Bildung eines Völkerrechtssatzes dauerhaft opponiert; er kann damit zwar nicht die Entstehung der Norm verhindern, wohl aber – ungeachtet ihrer im übrigen allgemeinen Akzeptanz – ihre bindende Wirkung sich selbst gegenüber[49]. Wäre die Bundesrepublik Deutschland in dieser Position des „*persistent objector*", so wäre sie an die fragliche Norm völkerrechtlich nicht gebunden. In diesem Fall könnte auch die „Brückenfunktion" des Art. 25 GG nicht zum Zuge kommen, da er nur die allgemeinen Völkerrechtsregeln sich im innerstaatlichen Rechtsraum auswirken lassen will, die die Bundesrepublik Deutschland binden[50]. Ist die Bundesrepublik Deutschland nicht gebunden, läuft der Harmonisierungszweck des Art. 25 GG leer. Für Art. 100 Abs. 2 GG hat dies die Konsequenz, daß die Prüfung der Universalitätsfrage die völkerrechtliche Verbindlichkeit der zu verifizierenden Völkerrechtsregel für die Bundesrepublik Deutschland einschließt, was aber fast immer unproblematisch sein wird.

c) Frage nach der Tragweite einer als existent vorausgesetzten Völkerrechtsregel

947   Der Funktion des Art. 100 Abs. 2 GG entspricht es, daß auch die Frage, welchen Inhalt oder welche „Tragweite" eine allgemeine Völkerrechtsregel hat (z.B. Staatenimmunität) von dem BVerfG verifiziert werden soll[51]. In der Tat läßt sich die Inhaltsbestimmung von der Vergewisserung über die Existenz einer Norm nur unscharf trennen, da eine Norm ja immer nur mit einem bestimmten Inhalt besteht. Dies ist insbesondere für das ungeschriebene Recht evident, wo die Existenz einer Norm nicht bereits aus ihrer schriftlichen Fixierung hervorgeht, sondern nur gerade mit einem definierten Inhalt als existent nachgewiesen werden kann. Es würde daher die Bedeutung, die Art. 25 GG den allgemeinen Völkerrechtsregeln für das innerstaatliche Recht beimißt, verfehlen, wenn nicht gerade auch die nähere Inhaltsbestimmung[52] in die Verifikationskompetenz des BVerfG fiele.

d) Frage nach Existenz und Tragweite solcher allgemeinen Völkerrechtsregeln, die sich ausschließlich an Staaten wenden

948   Der Wortlaut des Art. 25 S. 2 GG könnte dahin verstanden werden, daß jede allgemeine Regel des Völkerrechts durch ihre Inkorporation in das deutsche Recht „Rechte und Pflichten unmittelbar für die Bewohner des Bundesgebietes" erzeugt. Da indessen – mit

---

49   Vgl. *Verdross/Simma*, Universelles Völkerrecht (3. Aufl. 1984), S. 253 f.; *Steinberger* (N 3), § 173 Rn. 35; *Graf Vitzthum*, in: ders. (Hg.), Völkerrecht (1997), 1. Abschn. Rn. 134.

50   *Geiger* (N 10), S. 165; *Rojahn* (N 3), Art. 25 Rn. 9.

51   BVerfGE 15, 25 (31); 16, 27 (32); 46, 342 (385); 64, 1 (13); 92, 277 (316). Vgl. auch *Stern*, Art. 100 Rn. 247.

52   Also z.B., ob sich die „Staatenimmunitätsregel" auch auf nicht-hoheitliche Tätigkeiten bezieht oder welche Bedeutung sie für Erkenntnis- und Vollstreckungsverfahren gegen einen fremden Staat bei zugrundeliegender privatrechtlicher Forderung hat.

wenigen Ausnahmen[53] – die allgemeinen Völkerrechtsregeln nur Staaten oder Internationale Organisationen adressieren, läßt sich die erwähnte Ansicht nur durch eine Theorie vom „Adressatenwechsel" erklären, die besagt, daß im innerstaatlichen Rechtsraum die Individuen jedenfalls dann aus den Regeln eigene Rechte ableiten können oder durch sie in Pflicht genommen werden, wenn dadurch der Sinn der Regel nicht verfälscht wird[54]. Diese Ansicht wird jedoch der Tatsache nicht gerecht, daß es der Versubjektivierung der allgemeinen Völkerrechtsregeln nicht bedarf, um dem Harmonisierungszweck des Art. 25 GG gerecht zu werden, da sich diese Regeln auch als objektives Recht im innerstaatlichen Recht auswirken und von den nationalen Rechtsanwendungsorganen bei ihren Entscheidungen zu beachten sind; insoweit können die einzelnen sich auf diese Regeln „berufen"[55].

Für die Statthaftigkeit der Vorlage läßt sich daraus folgern, daß es zulässig ist, um die Verifizierung einer allgemeinen Regel des Völkerrechts zu ersuchen, auch wenn diese Regel (wie meist) nicht in der Lage sein wird, unmittelbar Rechte und Pflichten für die Bewohner des Bundesgebiets zu erzeugen, sondern sich nur an die Staaten oder ihre Organe richtet[56]. Das BVerfG hat eine solche Konstellation etwa im Hinblick auf die allgemeine Völkerrechtsregel angenommen, die die Zwangsvollstreckung durch den Gerichtsstaat in Forderungen aus einem laufenden allgemeinen Bankkonto der Botschaft eines fremden Staates ausschließt, das im Gerichtsstaat besteht und zur Deckung der Ausgaben und Kosten der Botschaft bestimmt ist[57]. Art. 100 Abs. 2 GG, §§ 13 Nr. 12 und 83 Abs. 1 BVerfGG kann übrigens durchaus diese notwendige gedankliche Trennung zwischen Einbeziehung in das deutsche Recht einerseits und – möglicher – Begründung von Rechten und Pflichten einzelner andererseits entnommen werden. **949**

e) Frage nach Existenz und Tragweite solcher allgemeinen Völkerrechtsregeln, die unmittelbar Rechte und Pflichten für einzelne erzeugen

Auch wenn die Fälle sehr selten sein werden, in denen Zweifelsfragen im Hinblick auf die Existenz oder die Tragweite solcher Völkerrechtsregeln zu klären sind, die unmittelbar Rechte und Pflichten für Bewohner des Bundesgebietes erzeugen[58], handelt es sich insoweit ohne weiteres um statthafte Vorlagefragen[59]. Die diesbezügliche Verifikation gehört zur prozessualen Umsetzung der materiellen Aussage des Art. 25 GG. **950**

---

53 Z.B. die gewohnheitsrechtlich anerkannten Menschenrechte (menschenrechtlicher Mindeststandard) und bestimmte Regeln des Fremdenrechts (fremdenrechtlicher Mindeststandard).
54 Grundlegend *Doehring*, Die allgemeinen Regeln des völkerrechtlichen Fremdenrechts und das deutsche Verfassungsrecht (1963), S. 153 ff.
55 Vgl. BVerfGE 46, 342 (363), auch wenn dort die Theorie des Adressatenwechsels dahingestellt bleibt; vgl. aber a.a.O. S. 403; *Geiger* (N 10), S. 167.
56 BVerfGE 15, 25 (33 f.); 46, 342 (362 f.); *Stern*, Art. 100 Rn. 248; *Münch* (N 6), S. 165. Nicht ganz klar BVerfGE 27, 253 (274).
57 BVerfGE 46, 342 (345 und 403).
58 Siehe oben N 52.
59 Vgl. BVerfGE 15, 25 (33); *Stern*, Art. 100 Rn. 249.

f) Frage nach Existenz und ius-cogens-Charakter einer allgemeinen Regel des Völkerrechts

951 Die allgemeinen Regeln des Völkerrechts sind meist nachgiebiges Recht, d.h. sie können durch völkerrechtliche Vereinbarungen im Verhältnis zum Vertragspartner modifiziert oder ganz außer Anwendung gesetzt werden[60]. Art. 25 GG will diese Vereinbarungs- und Handlungsfreiheit der Staaten nicht einschränken; dies bedeutet, daß nach Maßgabe der vertraglichen Verdrängung Art. 25 GG zu keiner Eingliederung der allgemeinen Völkerrechtsregel in das deutsche Recht führt, weil es an der Verpflichtung der Bundesrepublik Deutschland aus dieser Regel fehlt[61]. Nicht verdrängbar (abdingbar) sind nur diejenigen allgemeinen Völkerrechtsregeln, die dem internationalen *ordre public* zugehörig bzw. *ius cogens* sind[62]. Wird der zu beurteilende Sachverhalt daher von völkervertraglichen Normen geregelt, wird es auf Normen des allgemeinen Völkerrechts nur dann ankommen[63], wenn eine Regel zwingenden Rechts in Frage steht, die zur Nichtanwendung des Vertrages und zur Subsumtion des Sachverhalts unter das allgemeine Völkerrecht führen würde. Um die Verifikation (der Existenz und) des *ius cogens*-Charakters einer allgemeinen Völkerrechtsregel kann das vorlegende Gericht in statthafter Weise ersuchen[64].

IV. Zweifel im Rechtsstreit

1. Zweifel im Hinblick auf geeignete Vorlagethemen

952 Das BVerfG ist zur Sachentscheidung nur zuständig, wenn in einem Rechtsstreit Zweifel über die oben genannten vorlagefähigen Fragen auftreten (Art. 100 Abs. 2 GG). Dabei ist zunächst nicht völlig klar, ob das Fachgericht selbst diese Zweifel haben muß oder ob es genügt, wenn es im Verfahren auf Zweifel stößt.

Nach weit verbreiteter Auffassung kommt es ausschließlich auf die Zweifel des Gerichts selbst an[65]. Anderswo geäußerte oder bestehende Zweifel an Existenz oder Tragweite einer allgemeinen Völkerrechtsregel seien nur beachtlich, wenn sie vom Gericht aufgegriffen (zu eigen gemacht) und trotz Ausschöpfung der ihm zugänglichen Erkenntnismittel nicht ausgeräumt werden könnten, also ein *non liquet* verbleibe. Anders als im konkreten Normenkontrollverfahren reiche eine solche nicht erreichte Klarheit – „weniger als Überzeugung, aber mehr als Bedenken" – zur Vorlage nach Art. 100 Abs. 2 GG aus[66].

---

60 *Verdross/Simma* (N 49), S. 40 f.; *Geck* (N 8), S. 132.

61 BVerfGE 18, 441 (448 f.).

62 *Verdross/Simma* (N 49), S. 338 ff.; *Kunig*, in: Graf Vitzthum (Hg.), Völkerrecht (1997), 2. Abschn. Rn. 152 f. Vgl. Art. 53 und 64 Wiener Konvention über das Recht der Verträge von 1969 (BGBl. 1985 II S. 926). Zu den wohl am wenigsten bestrittenen Normen iuris cogentis gehören das völkerrechtliche Gewaltverbot und das Folterverbot.

63 Zur Erheblichkeitsproblematik siehe unten Rn. 957 ff.

64 Vgl. BVerfGE 75, 1 (20 und 34): Gegenüber der Verpflichtung aus einem Auslieferungsvertrag verneinte das BVerfG die Existenz einer allgemeinen Regel des Völkerrechts des Inhalts ne bis in idem, womit logischerweise die Prüfung ihres zwingenden Rechtscharakters entfiel.

65 *Stern*, Art. 100 Rn. 235 ff.; *Maunz*, in: Maunz-Dürig, Art. 100 Rn. 44 f.; *Schefold*, Zweifel des erkennenden Gerichts (1971), S. 56 ff.; *Rühmann*, in: Umbach/Clemens, § 84 Rn. 27; vgl. ferner die Nachweise in BVerfGE 23, 288 (315).

66 *Stern*, Art. 100 Rn. 239.

Zutreffend ist das BVerfG demgegenüber zu dem Ergebnis gelangt, daß nicht nur subjek- **953** tiver, d.h. beim Gericht selbst bestehender Zweifel zur Vorlage ausreicht (und verpflich- tet), sondern bereits die Tatsache, daß das Gericht „auf ernstzunehmende Zweifel stößt" (objektiver Zweifel)[67]. Begründet wird dies zunächst mit dem Wortlaut der Vorschrift („Ist in einem Rechtsstreit zweifelhaft ..."), der sich deutlich von der die subjektive Ein- schätzung unterstreichenden Wortwahl des Art. 100 Abs. 1 GG unterscheide. Vor allem – und wohl überzeugender – wird mit dem Sinn (Verfahrenszweck) des Art. 100 Abs. 2 GG argumentiert, wobei auch hier in der späteren Rechtsprechung der oben konstatierten Ak- zentverlagerung vom Schutz der gesetzgeberischen Autorität zur Verhütung von Völker- rechtsverletzungen durch deutsche Gerichte Rechnung getragen wird[68].

„Ernstzunehmende Zweifel" bestehen bei mangelnder Eindeutigkeit der im Rahmen des **954** Art. 100 Abs. 2 GG vorlagefähigen Fragen. Indiz der fehlenden Eindeutigkeit sind dies- bezügliche Meinungsverschiedenheiten, die dann zu ernsthaften Zweifeln führen, wenn das Gericht, falls es seiner eigenen Ansicht folgt, „abweichen würde von der Meinung ei- nes Verfassungsorgans" – z.B. von der des Bundesministers der Justiz[69] –, oder „von den Entscheidungen hoher deutscher, ausländischer oder internationaler Gerichte oder von den Lehren anerkannter Autoren der Völkerrechtswissenschaft"[70].

Daraus folgt, daß das Gericht sogar dann vorlageberechtigt und -verpflichtet ist, wenn es **955** selbst keinerlei Zweifel bezüglich Existenz oder Tragweite einer allgemeinen Regel des Völkerrechts, vielmehr eine feste Überzeugung bezüglich dieser Fragen gewonnen hat, vorausgesetzt nur, es stößt auf anderswo bestehende erhebliche Zweifel[71]. Zu weit geht es allerdings, wenn daraus geschlossen wird, die bloße Rechtsansicht der Prozeßbeteiligten des Ausgangsverfahrens reiche aus, das Gericht zur Vorlage zu zwingen[72]. Es kann sich dabei durchaus um „unerhebliche" Zweifel handeln, die das Gericht aus eigener Kompe- tenz überwinden kann. Natürlich kann das Gericht durch solches Vorbringen aber auch auf ernstzunehmende Zweifel im Sinne der obigen Ausführungen gestoßen werden.

Die Vorverlagerung der bundesverfassungsgerichtlichen Kompetenz entspricht der be- sonderen „Völkerrechtsverantwortung" des BVerfG. Zugleich wird damit auch die Mög- lichkeit eröffnet, daß die Rechtsauffassung der politisch bedeutsamen völkerrechtlich er- heblich handelnden Verfassungsorgane möglichst frühzeitig zur Geltung kommen kann[73].

---

67 BVerfGE 23, 288 (316, 319); 92, 277 (316); 96, 68 (77). – Billigend die in BVerfGE 23, 288 (316) zitierte Literatur; *Schlaich*, Rn. 164.
68 Vgl. BVerfGE 64, 1 (14 f.) und 23, 288 (316 f.); ferner *Geck* (N 8), S. 144 f.
69 BVerfGE 75, 1 (11 f.).
70 BVerfGE 64, 1 (15); diese Entscheidung formuliert zwar etwas zurückhaltender als BVerfGE 23, 288 (319), aber ein Abrücken vom „objektiven Zweifel" ist darin nicht zu sehen; vgl. auch BVerfGE 64, 1 (21) und die Nachweise in N 67.
71 Anders *Rühmann* (N 2), S. 115 f.
72 So *Geiger*, § 83 Anm. 3; *Münch* (N 6), S. 164.
73 Insofern ist es nicht unberechtigt, allerdings auch nicht ausreichend, wenn *Rühmann* (N 2), S. 173, auf den Zusammenhang mit der auf Gerichte eingeschränkten Antragsberechtigung verweist.

2. Darlegung der Zweifel

956 Das Gericht muß in seinem Vorlagebeschluß die Zweifel, die es selbst hat oder auf die es gestoßen ist, darlegen (§§ 84, 80 Abs. 2 BVerfGG)[74].

V. Entscheidungserheblichkeit

1. Allgemeines

957 Anders als für das konkrete Normenkontrollverfahren schreibt Art. 100 Abs. 2 GG die Erheblichkeit der zu verifizierenden Völkerrechtsnorm für das Ausgangsverfahren nicht ausdrücklich vor, doch folgt dieses Erfordernis ohne weiteres aus dem Sinnzusammenhang („in einem Rechtsstreit"); im übrigen verweist § 84 auch auf § 80 Abs. 2 BVerfGG. Übereinstimmend wird daher die Entscheidungserheblichkeit als Sachentscheidungsvoraussetzung betrachtet[75]. Rein theoretische Probleme hat das BVerfG nicht zu behandeln[76].

958 Der primäre Zweck des Verifikationsverfahrens, nämlich „der Gefahr von Verletzungen der allgemeinen Regeln des Völkerrechts durch Gerichte der Bundesrepublik Deutschland vorzubeugen", rechtfertigt es, die Frage der Entscheidungserheblichkeit auch für Zwischenentscheidungen (z.B. Beweisbeschlüsse) positiv zu beantworten, wenn die Durchführung (Beweiserhebung) zu einer Völkerrechtsverletzung führen kann. Das BVerfG hat dies zutreffend für die Beweiserhebung darüber angenommen, welche Geschäftsvorgänge über das Konto der Botschaft eines fremden Staates laufen[77].

2. Grundsatz der Maßgeblichkeit der Rechtsauffassung des vorlegenden Gerichts

959 Wie bei der konkreten Normenkontrolle geht das BVerfG bezüglich der Beurteilung der Erheblichkeit von der Rechtsauffassung des vorlegenden Gerichts aus, soweit dessen Ansicht „nachvollziehbar" oder nicht „offensichtlich unhaltbar" ist[78]. Auch die Schlüssigkeit der vorgebrachten Überlegungen ist überprüfbar. Argumentationslücken können unter Umständen auftreten, wenn der Sachverhalt zwar von völkerrechtlichen Verträgen geregelt wird, das Gericht aber gleichwohl meint, eine allgemeine Völkerrechtsregel könne von Einfluß sein. Dies ist nur dann schlüssig, wenn das Gericht meint, der völkerrechtliche Vertrag enthalte keine abschließende Regel oder aber die fragliche Völkerrechtsregel stelle zwingendes Recht dar[79].

Das BVerfG nimmt auch in diesem Verfahren die Überprüfung verfassungsrechtlicher Vorfragen für sich in Anspruch. So kommt es auf die einer Auslieferung möglicherweise entgegenstehende Regel des allgemeinen Völkerrechts nicht an, wenn die Auslieferung

---

74 BVerfGE 46, 342 (358); *Lechner/Zuck*, § 84 Rn. 1.
75 BVerfGE 75, 1 (12 f.); 92, 277 (316); 94, 315 (328); 100, 209 (211). Zustimmend *Geck* (N 8), S. 145; *Maunz*, in: Maunz/Dürig, Art. 100 Rn. 45.
76 BVerfGE 100, 209 (212).
77 BVerfGE 46, 342 (360); *Schlaich*, Rn. 163; *Steinberger* (N 3), § 173 Rn. 81.
78 BVerfGE 15, 25 (31); 46, 342 (359); 75, 1 (12 f.): 100, 209 (212); vgl. *Pestalozza*, S. 222.
79 Vgl. BVerfGE 16, 276 (281 f.); 18, 441 (448, 450 f.); 46, 342 (361).

bereits aus verfassungsrechtlichen Gründen unzulässig ist. Verneint das Gericht die Unzulässigkeit, so ist das BVerfG hieran nicht gebunden[80]. Das BVerfG nimmt – wo nötig – auch eine am Erheblichkeitserfordernis ausgerichtete Korrektur der Vorlagefrage vor[81].

3. Darlegung der Entscheidungserheblichkeit

Die wenigen Fälle, die bisher im Verfahren nach Art. 100 Abs. 2 GG vorgelegt wurden, **960** hatten das BVerfG zunächst – anders als im konkreten Normenkontrollverfahren – nicht zu einem Anziehen der „Erheblichkeitsbremse" veranlaßt. Lange hat es daher die notwendigen Darlegungen (§§ 84, 80 Abs. 2 BVerfGG) der vorlegenden Gerichte konziliant geprüft[82]. In neueren Entscheidungen hat das BVerfG die Anforderungen jedoch präzisiert und erhöht. So hat es im Jahr 1996 eine Vorlage nach Art. 100 Abs. 2 GG mit zunächst recht knapper Begründung als unzulässig zurückgewiesen[83], da die Entscheidungserheblichkeit der fraglichen Regel des Völkerrechts nicht hinreichend dargelegt worden war. Trotz der Unzulässigkeit der Vorlage gibt das BVerfG aber in einem *obiter dictum* ausführliche Hinweise zur völkerrechtlichen Lage[84]. Sie entsprechen dem, was im Falle der Zulässigkeit der Vorlage als Sachausführung hätte erwartet werden können. Diese Hinweise gehen weit über die Begründung hinaus, warum die Darlegungen des vorlegenden Gerichts zur Entscheidungserheblichkeit nicht ausreichend waren. Die in einem solchen bundesverfassungsgerichtlichen Prozeßurteil getroffenen Aussagen zur völkerrechtlichen Lage können das (unzulässig) vorlegende Gericht bei seiner Entscheidung zwar nicht binden, das Vorlagegericht wird sich in der Praxis den Darlegungen des BVerfG jedoch anschließen, um sich gegen eine spätere Verfassungsbeschwerde der unterliegenden Partei abzusichern. Derartige über das vorgeschriebene Mindestmaß hinausgehende Ausführungen des BVerfG dienen der Prozeßökonomie, erklären sich aber vor allem aus Sinn und Zweck des Verifikationsverfahrens, den betroffenen Rechtsanwendern Klarheit über den Bestand der Regeln des allgemeinen Völkerrechts zu verschaffen. In einer Entscheidung aus dem Jahr 1999 gibt das BVerfG erstmals klare Hinweise für die Anforderungen an die Darlegung der Entscheidungserheblichkeit durch das vorlegende Gericht. Das BVerfG verlangt, daß sich das Vorlagegericht mit den in Rechtsprechung und Literatur entwickelten Rechtsansichten zur streitbefangenen Völkerrechtsregel auseinandersetzt, um sich von ihrer Entscheidungserheblichkeit zu überzeugen. Ein bloßer Hinweis auf einzelne Fundstellen reicht danach nicht aus. Auch die Behauptung des Vorlagegerichts, ein Einfluß der allgemeinen Regel des Völkerrechts auf den Verfahrensausgang sei „nicht ausgeschlossen", genüge keinesfalls[85]. Das BVerfG knüpft damit an seine restriktive Haltung an, die es in Verfahren der konkreten Normenkontrolle eingenommen hat.

---

80 BVerfGE 75, 1 (14); vgl. auch BVerfGE 46, 342 (359).
81 BVerfGE 16, 27 (32); 16, 276 (280); kritisch *Wengler* (N 15), S. 435.
82 Vgl. etwa BVerfGE 15, 25 (30); 75, 1 (12 f.); siehe aber auch 16, 276 (279 ff.).
83 BVerfGE 94, 315 (328).
84 BVerfGE 94, 315 (328-334).
85 BVerfGE 100, 209 (212).

VI. Aussetzungs- und Vorlagebeschluß

961   Liegen die Voraussetzungen des Art. 100 Abs. 2 GG vor, so entsteht – analog zu Art. 100 Abs. 1 GG[86] – ein Verfahrenshindernis besonderer Art, welches das Gericht zur Aussetzung des Hauptverfahrens[87] und Anrufung des BVerfG zwingt. Grundlage für den Aussetzungs- und Vorlagebeschluß ist Art. 100 Abs. 2 GG. Die Vorlage wird unmittelbar dem BVerfG zugestellt (§§ 84, 80 Abs. 1 BVerfGG); mit ihrem Eingang wird das Zwischenverfahren anhängig.

962   Ist die Vorlage geboten, so entzieht die Nichtvorlage die Beteiligten des Ausgangsverfahrens dem „gesetzlichen Richter" und verstößt gegen deren Recht aus Art. 101 Abs. 1 S. 2 GG, sofern sie (objektiv) willkürlich unterblieben ist[88]. Die Rechtsverletzung kann, nach Erschöpfung des Rechtsweges, mit der Verfassungsbeschwerde geltend gemacht werden. Wenig überzeugen die Ausführungen in BVerfGE 64, 1 (21 ff.), wo zwar ein Verstoß gegen Art. 101 Abs. 1 S. 2 GG wegen Nichtvorlage zunächst bejaht wird, der Verfassungsbeschwerde aber gleichwohl kein Erfolg beschieden war, da das BVerfG, wäre vorgelegt worden, so entschieden hätte, daß das Urteil des Fachgerichts nicht anders ausgefallen wäre. Wenn überhaupt, so läßt sich diese Überlegung allein deshalb halten, weil der über die Verfassungsbeschwerde entscheidende Senat auch über die Vorlage entschieden hätte und die völkerrechtlichen Ausführungen so – inzidenter – gleichsam „nachschieben" konnte[89]. Es ist aber höchst fraglich, ob Prozeßökonomie so weit tragen kann.

VII. Beitritt und Äußerungsberechtigung

963   Das Verifikationsverfahren ist ein ojektives (Zwischen-) Verfahren, das grundsätzlich keine Beteiligten kennt[90]. Die Beteiligteneigenschaft kann allein durch Beitritt erworben werden, der aber nur Bundestag, Bundesrat und Bundesregierung möglich ist (§ 83 Abs. 2 S. 2 BVerfGG). Der Ausschluß der Beteiligten des Ausgangsverfahrens überzeugt rechtspolitisch ebenso wenig wie im konkreten Normenkontrollverfahren[91]. Dies gilt ungeachtet der Tatsache, daß das BVerfG ihnen das Recht zur Äußerung in gleicher Weise gibt wie den genannten Verfassungsorganen und sie auch zur mündlichen Verhandlung lädt (§§ 83 Abs. 2 S. 1; 84, 82 Abs. 3 BVerfGG)[92]; deren Durchführung können allerdings nur die beigetretenen Verfassungsorgane verlangen[93].

---

86   Vgl. oben Rn. 870 ff.
87   Vgl. BVerfGE 16, 276 (278); 75, 1.
88   BVerfGE 18, 441 (447 f.); 23, 288 (315, 320); 64, 1 (12 f.); 96, 68 (76 ff.).
89   Was sehr ausführlich – und insoweit ohne „Rechtsverlust" – getan wird, BVerfGE 64, 1 (23-46); ebenso BVerfGE 96, 68 (77-86); vgl. auch *Schlaich*, Rn. 167.
90   BVerfGE 15, 25 (30).
91   Siehe oben Rn. 876.
92   Vgl. etwa BVerfGE 16, 27 (29-31); 46, 342 (349-358).
93   BVerfGE 15, 25 (30). Die Berufung auf § 24 BVerfGG ist in diesem Zusammenhang überflüssig – vgl. aber noch BVerfGE 4, 319 (321) –, gibt aber in sehr klaren Fällen die Grundlage, von der an sich obligatorischen Einholung von Stellungnahmen abzusehen.

Obgleich § 84 nicht auf § 82 Abs. 4 BVerfGG verweist, ist das BVerfG nicht gehindert, andere Instanzen (Gerichte, Behörden) um Auskunft und Meinungsäußerung zu ersuchen[94]; Grundlage hierzu bietet die allgemeine Pflicht zur Förderung des Verfahrens.

VIII. Prüfungs- und Entscheidungsbefugnis

1. Keine völlige Verfahrensherrschaft des BVerfG

Als Zwischenverfahren bleibt das Verifikationsverfahren vom Haupt- (Ausgangs-) ver- **964** fahren existenziell abhängig. Mit dessen Erledigung erledigt es sich gleichfalls; es kann nicht aus Gründen des öffentlichen Interesses vom BVerfG fortgeführt werden. Anders als im Verfahren nach Art. 100 Abs. 1 GG ist allerdings eine Rücknahme der Vorlage kaum denkbar, da wohl stets die Zweifel, die das Gericht zur Vorlage veranlaßt haben, (auch) außerhalb des Gerichts selbst angesiedelt sind und daher durch Überzeugungsänderung nicht aus der Welt geräumt werden können.

2. Entscheidung bei Unzulässigkeit der Vorlage

Fehlt eine der Sachentscheidungsvoraussetzungen, wird die Unzulässigkeit der Vorlage **965** festgestellt („Die Vorlage ist unzulässig")[95]. Es ist nicht ganz klar, weshalb die Vorlage nicht „verworfen" wird; wenn es sich um Courtoisie dem vorlegenden Gericht gegenüber handeln sollte, ist unklar, weshalb diese nicht gegenüber den Antragstellern im abstrakten Normenkontrollverfahren geübt wird[96]. Die Zulässigkeit kann nur nach Maßgabe der nicht unproblematischen Rechtsprechung zu § 24 BVerfGG dahin gestellt bleiben[97].

3. Sachprüfung

Die bei Zulässigkeit eröffnete Sachprüfung ist auf das – notfalls unter dem Gesichtspunkt **966** der Erheblichkeit zurecht gerückte – Vorlagethema beschränkt. Eine Ausweitung des Entscheidungsgegenstandes in analoger Anwendung des § 78 S. 2 BVerfGG ist nicht vorgesehen, ließe sich auch überhaupt nicht sinnvoll auf das ungeschriebene Völkerrecht anwenden. Davon zu unterscheiden ist die Frage, ob die allgemeine Regel des Völkerrechts, die im Hinblick auf Bestand und Tragweite zu verifizieren ist, so eng wie möglich – d.h. nur gerade den Ausgangsfall abdeckend – zu formulieren ist[98] oder auch weiter formuliert werden kann; davon hängt natürlich der Umfang der Sachprüfung ab. Weite Formulierungen – negative oder positive – werden das BVerfG in Tenor und Gründen dann doch zu einer den Ausgangsfall betreffenden Konkretisierung zwingen[99]. Auf der anderen Seite

---

94 *F. Klein*, in: BVerfGG-Kommentar, § 84 Rn. 1. Vgl. BVerfGE 75, 1 (9 ff.: BGH, Generalbundesanwalt). Anders *Lechner/Zuck*, § 84 Rn. 2. – Vgl. auch § 27 a BVerfGG.
95 BVerfGE 16, 276; 94, 315 (328); 100, 209. Vgl. zur früher üblichen Tenorierung BVerfGE 4, 319 (320).
96 Siehe oben Rn. 750.
97 Siehe oben Rn. 882.
98 So ist wohl *Wenig* (N 23), S. 98, zu verstehen.
99 Vgl. BVerfGE 15, 25 (26 und 42 f.); 46, 342 (345 und 397 ff.).

haben sich manche Völkerrechtsregeln von Anfang an als weiterreichende Regeln entwickelt, deren formelhafte Verkürzung auf einen ganz bestimmten Aspekt dem völkerrechtlichen Befund nicht entspräche, vielmehr geradezu gekünstelt wirken würde. Man wird deshalb den Bereich der verfassungsgerichtlichen Sachprüfung oder des Entscheidungsgegenstandes dahin bezeichnen können, daß er alles umfaßt, was die Verifikation von Bestand und Tragweite einer für die Entscheidung des Ausgangsverfahrens erheblichen allgemeinen Völkerrechtsregel und die dem gegenwärtigen völkerrechtlichen Entwicklungsstand adäquate Rechtsformulierung notwendig machen. Nach diesem Maßstab ist der bislang vorliegenden Rechtsprechung eine Grenzüberschreitung nicht vorzuwerfen[100].

967 Seiner Verifikationsaufgabe hat sich das BVerfG durch Vergewisserung des völkerrechtlichen Befundes auf der Grundlage der anerkannten Völkerrechtsquellen- und Interpretationslehre zu entledigen. Das BVerfG hat das zutreffend folgendermaßen formuliert: „Das Bestehen von Völkergewohnheitsrecht setzt eine von zahlreichen, alle weltweit bestehenden Rechtskulturen repräsentierenden Staaten befolgte Praxis voraus, die allgemein in der Überzeugung geübt wird, hierzu von Völkerrechts wegen verpflichtet zu sein … Bei der Ermittlung von Normen des Völkergewohnheitsrechts ist in erster Linie auf das völkerrechtlich verbindliche Verhalten derjenigen Staatsorgane abzustellen, die kraft Völkerrechts oder kraft innerstaatlichen Rechts dazu berufen sind, den Staat im völkerrechtlichen Verkehr zu repräsentieren. Daneben kann sich eine solche Praxis aber auch in den Akten anderer Staatsorgane, wie des Gesetzgebers oder der Gerichte, begründen, zumindest soweit ihr Verhalten unmittelbar völkerrechtlich erheblich ist, etwa zur Erfüllung einer völkerrechtlichen Verpflichtung oder zur Ausfüllung eines völkerrechtlichen Gestaltungsspielraums dienen kann"[101]. Als Hilfsmittel bei der Feststellung des geltenden Völkerrechts sind ferner die Entscheidungen internationaler Gerichte und die Lehrmeinungen besonders qualifizierter Völkerrechtler zu berücksichtigen[102]. Die Entscheidungen des BVerfG entsprechen diesen methodischen Vorgaben in beispielhafter Weise, wenn sie die Staatenpraxis, die Entscheidungen internationaler Gerichte und die *opinio doctorum* darlegen und darauf das Rechtserkenntnis gründen[103]. Das BVerfG sollte sich, wenn seine eigene völkerrechtliche Kompetenz nicht besonders stark ist, auch der Hilfe sachkundiger Personen bedienen[104].

4. Sachentscheidung

968 Auf der Grundlage der Sachprüfung stellt das BVerfG fest (§ 83 Abs. 1 BVerfGG), ob eine allgemeine Regel des Völkerrechts besteht und gegebenenfalls welche Tragweite sie

---

100 Zutreffend *Rühmann* (N 2), S. 144.
101 Beschl. Erste Kammer/Zweiter Senat vom 21.05.1987 – 2 BvR 1170/83-, NJW 1988, S. 1463; vgl. auch BVerfGE 46, 342 (367).
102 Vgl. Art. 38 Statut des Internationalen Gerichtshofs.
103 Vgl. BVerfGE 15, 25 (35-42); 16, 27 (34-60); 46, 342 (368-392); 75, 1 (21-33); 92, 277 (320-323); 96, 68 (82-96). Dies heißt nicht, daß sich über die erzielten Ergebnisse nicht streiten ließe. Z.T. wird eine gewisse Unvertrautheit des Gerichts mit völkerrechtlichen Fragen deutlich, die zu Mißverständnissen führen; vgl. etwa BVerfGE 84, 90 (122 ff.); 94, 315 (332).
104 § 27 a BVerfGG; § 22 Abs. 5 GeschO BVerfG; vgl. z.B. BVerfGE 92, 277 (310, 320).

hat. Im positiven Fall formuliert das BVerfG: „Es besteht folgende allgemeine Regel des Völkerrechts: … Diese Regel ist Bestandteil des Bundesrechts."[105]. Im negativen Fall wird dahin formuliert, daß eine allgemeine Regel des Völkerrechts des Inhalts … nicht Bestandteil des Bundesrechts ist[106].

Der Hinweis auf die (Nicht-) Eigenschaft als Bundesrecht in der Entscheidungsformel ist durch § 83 Abs. 1 BVerfGG vorgeschrieben. Diese „Qualifikation" erfolgt freilich – wie schon erörtert[107] – nicht originär durch das BVerfG, sondern stellt lediglich eine von Art. 25 S. 1 GG zwingend angeordnete Folge aus der Existenz oder Nichtexistenz einer allgemeinen Regel des Völkerrechts dar. Nur eine solche Regel ist Bestandteil des Bundesrechts. Mit der Feststellung ihrer Nichtexistenz entfällt automatisch die Möglichkeit, daß sie Bestandteil des Bundesrechts ist. Die Notwendigkeit des qualifizierenden Hinweises ist daher in der Sache nicht begründet, dient in gewisser Weise aber der Rechtssicherheit im innerstaatlichen Raum[108]. **969**

Übertrieben wäre es, § 83 Abs. 1 BVerfGG zu entnehmen, daß stets notwendig im Tenor auch eine Aussage darüber erfolgen muß, ob die allgemeine Völkerrechtsregel Rechte und Pflichten für den einzelnen erzeugt. Wo das BVerfG keine allgemeine Völkerrechtsregel verifizieren kann, wäre dies ein völlig übertriebener Formalismus. Das BVerfG hat eine entsprechende Feststellung aber auch in dem Fall vermieden, in dem es eine allgemeine Völkerrechtsregel positiv festgestellt und nur in den Gründen zu dieser Frage (negativ) Stellung genommen hat[109]. Von der Sache her genügt es zweifellos, wenn nur die positive Feststellung einer Erzeugung von Rechten und Pflichten für einzelne in der Entscheidungsformel erscheint. Der Wortlaut des § 83 Abs. 1 BVerfGG deckt dies allerdings nicht ohne weiteres ab[110]. Vernünftig ist das Vorgehen des BVerfG aber zweifellos. **970**

5. Entscheidungswirkung

Die im Tenor enthaltenen – positiven oder negativen – Feststellungen des BVerfG können sich unmittelbar nur im innerstaatlichen Rechtsraum auswirken. Das BVerfG ist nicht in der Lage, für den völkerrechtlichen Bereich zu judizieren, d.h. für den Kreis der Völkerrechtssubjekte verbindliche Entscheidungen zu fällen. Insoweit kommt es auch gar nicht auf die Frage an, ob das BVerfG mit seinen Feststellungen die wahre völkerrechtliche Situation verfehlt hat oder nicht. Eine Fehlentscheidung kann freilich das herbeiführen, was das Verfahren eigentlich verhindern soll: Es kann dazu führen, daß die Bundesrepublik Deutschland nach den Grundsätzen der Staatenverantwortlichkeit haftbar wird. Darüber hinaus ist jedoch zu bedenken, daß die Formulierung des Rechtsstandpunktes des BVerfG jedenfalls mittelbar als Indiz für eine bestehende Praxis oder Rechtsüberzeugung der Bundesrepublik Deutschland von ausländischen/internationalen Stellen herangezogen **971**

---

105 BVerfGE 46, 342 (345).
106 BVerfGE 92, 277 (278); 75, 1, 16, 27 (28); 15, 25 (26).
107 Siehe oben Rn. 933.
108 Zumal es manchmal, nicht immer (!) Ermessenssache ist, ob die verifizierte Aussage positiv oder negativ zu formulieren ist, vgl. auch *Münch* (N 6), S. 166.
109 BVerfGE 46, 342 (403 f.).
110 Kritisch *Rühmann*, in: Umbach/Clemens, § 83 Rn. 13 f. – Zur Frage, ob eine nur in den Gründen erfolgte Qualifizierung gesetzeskräftig wird (§ 31 Abs. 2 S. 1 BVerfGG), bejahend *Detterbeck*, S. 490 f.

wird, wie auch das BVerfG bei seiner Verifikation die Entscheidungen hoher ausländischer Gerichte berücksichtigt[111]. Die Erkenntnisse hoher nationaler Gerichte in völkerrechtlichen Fragen können daher durchaus Bausteine im Prozeß der Entstehung/Änderung allgemeiner Völkerrechtsregeln und ihrer Verifikation sein[112].

972 Primär jedenfalls ist die Entscheidung des BVerfG nach innen gerichtet. Sie ist deklaratorischer Natur[113]. Dies gilt auch im Fall der Fehlentscheidung. Durch sie wird das Recht nicht geändert, sondern nur verkannt, auch wenn es wegen der autoritativen Wirkungen der bundesverfassungsgerichtlichen Entscheidungen den deutschen Organen nicht möglich ist, bis auf weiteres das richtige Recht anzuwenden.

In der Literatur ist dieser Fall der falschen Entscheidung zusammen mit dem Fall, daß sich die allgemeine Völkerrechtsregel nach der (richtigen) Entscheidung des BVerfG geändert hat, zum Anlaß genommen worden, insoweit die Verfassungsmäßigkeit des § 31 Abs. 2 S. 1 BVerfGG zu bestreiten, weil die Gesetzeskraft der Entscheidung die verfassungsgewollte Übereinstimmung von allgemeiner Völkerrechtsregel und Bundesrecht verhindere[114]. Diese Ansicht ist jedoch nicht überzeugend. Sie übersieht zunächst diejenigen Fälle, in denen möglicherweise fälschlich höhere Völkerrechtsstandards (z.B. im Immunitätsbereich) vom BVerfG angenommen werden als tatsächlich existieren; ihre – wenngleich fehlerhafte – Einordnung in das Bundesrecht ist nicht zwangsläufig völkerrechtswidrig. Natürlich wird wegen des höheren Rangs einer fälschlich angenommenen Regel das entgegenstehende nationale Recht faktisch verdrängt. Aber diese Verfassungsverfehlung ist nicht anders zu bewerten als jede andere Entscheidung des BVerfG, mit der der Inhalt einer Verfassungsnorm verkannt wird. Die grundgesetzliche Entscheidung für die Verfassungsgerichtsbarkeit schließt die Akzeptierung möglicher Fehlbeurteilungen notwendig mit ein[115]. Es ist unzulässig, gegen dieses Ergebnis unter dem Aspekt einzelner Verfassungsbestimmungen (hier: Art. 25 GG) zu opponieren. Dies gilt auch, soweit die Zukunftsbindung in Frage steht; unter diesem Blickwinkel müßten § 31 Abs. 1 und 2 S. 1 BVerfGG insgesamt und nicht nur im Zusammenhang mit Normenverifikationsentscheidungen verfassungswidrig sein. Das ließe sich aber nur annehmen, wenn ihretwegen eine Versteinerung der Rechtslage einträte, die ohne Aussicht auf Änderung auf Dauer hingenommen werden müßte. Dies ist jedoch bezüglich der Bindungswirkung der verfassungsgerichtlichen Entscheidungen (§ 31 Abs. 1 BVerfGG) ebensowenig der Fall wie bezüglich ihrer Gesetzeskraft nach § 31 Abs. 2 S. 1 BVerfGG, deren Bedeutung ohnehin überschätzt wird[116].

973 Ändert sich eine allgemeine Regel des Völkerrechts, nachdem das BVerfG seine nur der bisherigen Rechtslage entsprechende Feststellung getroffen hat, so findet diese Entscheidung im Entstehen der verneinten oder im Entfallen der festgestellten Völkerrechtsregel

---

111 Vgl. etwa BVerfGE 46, 342 (368 ff.).
112 *Geck* (N 8), S. 148; *Wenig* (N 23), S. 52.
113 *Lechner/Zuck*, Vor § 83 Rn. 7; *Stern*, Art. 100 Rn. 261.
114 Vgl. *Wenig* (N 23), S. 108 ff.; *Doehring*, Staatsrecht der Bundesrepublik Deutschland (3. Aufl. 1984), S. 17 und 222; *Worm*, in: FS Doehring (1989), S. 1021 ff.
115 Das BVerfG ist nicht authentischer, wohl aber autoritativer Interpret der Verfassung; gegen Fehlentscheidungen – und berechtigte Kritik – ist es daher nicht gefeit.
116 Vgl. dazu unten Rn. 1309 ff., 1318 ff. Gerade bei Entscheidungen im Verfahren nach Art. 100 Abs. 2 GG ist insoweit Vorsicht geboten; vgl. *Münch* (N 6), S. 165. Ausführlich zum Problem *Detterbeck*, S. 492 ff.

ihre immanente Grenze[117]. Die Erkenntnis des neuen Rechtszustandes wird zwar durch die frühere Entscheidung faktisch behindert sein, aber auch hier ist die Parallele zu sonstigen Rechtsänderungen zu sehen, die zur Überprüfung früherer verfassungsgerichtlicher Entscheidungen zwingen. Das BVerfG ist hierbei allerdings wie jedes Gericht darauf angewiesen, mit einem Fall befaßt zu werden, der ihm die Korrektur ermöglicht. Übrigens zeigt sich gerade unter diesem Aspekt, wie sinnvoll es ist, bereits objektive Zweifel[118] für die – neue – Vorlage nach Art. 100 Abs. 2 GG genügen zu lassen.

IX. Würdigung

Im Rahmen der bisherigen – nicht sehr umfangreichen – Rechtsprechung auf dem Boden **974** des Art. 100 Abs. 2 GG ist es gelungen, die sehr schwierigen, mit der materiell-rechtlichen „Leitnorm" des Art. 25 GG zusammenhängenden prozessualen Fragen in angemessener Weise zu bewältigen. Dies reicht von der Bestimmung des Verfahrenszwecks über das Verständnis der Sachentscheidungsvoraussetzungen bis hin zur Tenorierung[119]. Prozessual sieht sich das BVerfG daher in den Stand gesetzt, in einem wichtigen Teilbereich[120] die Übereinstimmung von völkerrechtlichen Verpflichtungen der Bundesrepublik Deutschland mit dem im innerstaatlichen Bereich geltenden und anwendbaren Recht zu gewährleisten. Das Verfahren hat sich bewährt.

X. Prüfungsaufbau

I.   Rechtsweg/Zuständigkeit des Bundesverfassungsgerichts (Art. 100 Abs. 2 GG)   **975**
II. Vorlageberechtigung (Gericht)
III. Statthaftigkeit der Vorlage
     – Geeignetheit der Vorlagethemen
IV. Zweifel im Rechtsstreit
V.   Entscheidungserheblichkeit
VI. Ordnungsgemäßheit des Vorlagebeschlusses
VII. Beitritt und Äußerungsberechtigung

---

117 *Sachs*, Die Bindung des BVerfG an seine Entscheidungen (1977), S. 357; *Rühmann*, in: Umbach/Clemens, § 83 Rn. 26 f.
118 Vgl. oben Rn. 953.
119 So auch die Einschätzung von *Geck* (N 8), S. 146.
120 Vgl. *Maunz*, in: Maunz/Dürig, Art. 100 Rn. 41.

Abschnitt C

Kontradiktorische Verfahren

§ 26 Das Bundesorganstreitverfahren

I. Verfahrensgegenstand und Verfahrenszweck

1. Verfahrensgegenstand und Begriff des Organstreits

976 Art. 93 Abs. 1 Nr. 1 GG weist dem BVerfG die Kompetenz zu, „über die Auslegung dieses Grundgesetzes aus Anlaß von Streitigkeiten über den Umfang der Rechte und Pflichten eines obersten Bundesorganes oder anderer Beteiligter, die durch dieses Grundgesetz
oder in der Geschäftsordnung eines obersten Bundesorgans mit eigenen Rechten ausgestattet sind", zu entscheiden. Diese Norm ist selbst nicht verfahrensrechtlicher Natur, sondern beschreibt die materiellen Voraussetzungen, unter denen ein Organstreitverfahren
vor dem BVerfG durchgeführt werden kann (Rechtswegeröffnung)[1], beeinflußt damit
freilich unmittelbar auch das Verfahrensrecht. Während § 13 Nr. 5 BVerfGG die verfassungsrechtliche Kompetenzzuweisung des Art. 93 Abs. 1 Nr. 1 GG wörtlich übernommen hat, finden sich die eigentlichen prozessualen Vorschriften in §§ 63-67 BVerfGG.

977 Vergleicht man diese für das Organstreitverfahren maßgeblichen Normen miteinander, so
läßt sich zwischen Art. 93 Abs. 1 Nr. 1 GG und §§ 63-67 BVerfGG eine gewisse Diskrepanz sowohl im Hinblick auf den Verfahrensgegenstand als auch im Hinblick auf den am
Organstreitverfahren teilnahmefähigen Kreis erkennen.

Der Wortlaut von Art. 93 Abs. 1 Nr. 1 GG erlaubt keine eindeutige Aussage darüber, ob
sich die Entscheidung des Gerichts auf die Auslegung des Grundgesetzes beschränken
soll, Gegenstand des Verfahrens also eine abstrakte Rechtsfrage ist, oder ob sie sich auf
die ausdrücklich genannte konkrete „Streitigkeit über den Umfang der Rechte und Pflichten eines obersten Bundesorganes oder anderer Beteiligter" beziehen soll[2]. In diesem
Falle wäre der Gegenstand des Verfahrens subjektiv bestimmt und eingegrenzt. Entsprechend findet sich in der Literatur sowohl die Ansicht, Art. 93 Abs. 1 Nr. 1 GG verleihe
dem BVerfG lediglich die Zuständigkeit für eine „prinzipale Grundgesetz-Interpretation"[3], als auch die Auffassung, Art. 93 Abs. 1 Nr. 1 GG ermächtige (nur) zur Kontrolle
der konkret angegriffenen Maßnahme oder Unterlassung[4].

---

1 Vgl. BVerfGE 2, 143 (156).
2 Dazu *Geiger*, § 67 Anm. 1; *Umbach*, in: Umbach/Clemens, Vor §§ 63 ff., Rn. 30-36 m.w.N.; ausführlich jetzt
   Detterbeck, S. 386 ff.
3 So *Holtkotten*, in: BK (Erstb.), Art. 93 Anm. II B 1 a; *Drath*, VVDStRL 9 (1952), S. 70; *Goessl*, Organstreitigkeiten innerhalb des Bundes (1961), S. 33 ff.; *Rinken*, in: AK, Art. 93 Rn. 4; unklar BVerfGE 2, 79 (86).

Demgegenüber ist die Aussage des § 67 Satz 1 BVerfGG klar. Nach ihm wird gerade **978** keine abstrakte Rechtsfrage, sondern vielmehr der konkrete Streit zwischen den beteiligten Parteien über die Rechtmäßigkeit bestimmter Handlungen oder Unterlassungen zur Entscheidung des Gerichts gestellt. Dasselbe Resultat folgt aus § 64 Abs. 1 i.V.m. § 63 BVerfGG. § 63 BVerfGG verdeutlicht, daß an dem Verfahren stets zwei Parteien teilnehmen müssen, von denen die eine als Antragsteller gegen die andere, den Antragsgegner, Rechtsschutz begehrt, der sich nach § 64 Abs. 1 BVerfGG auf die Behauptung einer Verletzung oder Gefährdung „eigener Rechte" zu beziehen hat. Dies schließt ein Verständnis des Organstreits als Verfahren einer „prinzipalen Verfassungsinterpretation" aus[5]. In einem gewissen Kontrast zu diesem Ergebnis steht allerdings die Aussage des § 67 Satz 3 BVerfGG. Danach wird dem BVerfG die Möglichkeit eingeräumt, „in der Entscheidungsformel zugleich eine für die Auslegung der Bestimmung des Grundgesetzes erhebliche Rechtsfrage" zu entscheiden. Zu beachten ist jedoch, daß diese Möglichkeit sich nur aus Anlaß der Sachentscheidung eines konkreten Rechtsstreites i.S. des § 67 Satz 1 BVerfGG eröffnet und auch nur eine solche Rechtsfrage geklärt werden darf, die bei der Auslegung der für die Entscheidung des konkreten Rechtsstreits maßgeblichen Norm auftritt und von der diese Entscheidung abhängig ist. § 67 Satz 3 BVerfGG bleibt daher eng an Satz 1 gebunden und ist nicht geeignet, die These zu stützen, Verfahrensgegenstand des Organstreits sei eine abstrakte Rechtsfrage[6].

Sähe man Art. 93 Abs. 1 Nr. 1 GG hingegen als Kompetenzzuweisung für eine „prinzi- **979** pale Verfassungsinterpretation" an, so stellte sich automatisch die Frage nach der Verfassungsmäßigkeit der §§ 63-67 BVerfGG. Soweit ersichtlich, ist diesen Vorschriften allerdings selbst unter dieser Prämisse der Vorwurf einer Verfassungswidrigkeit erspart geblieben[7]. Zur Begründung dieses einmütigen Ergebnisses werden unterschiedliche Lösungswege beschritten. Am überzeugendsten ist eine harmonisierende Interpretation. Diesen Weg ist letztlich auch das BVerfG gegangen, indem es entscheidend auf die Begriffe „Streitigkeit" und „Beteiligte" in Art. 93 Abs. 1 Nr. 1 GG abgestellt hat[8]. Eine Rechtsstreitigkeit setzt voraus, daß ein behauptetes Recht des einen von einem anderen bestritten wird; gestritten wird also um ein materielles Rechtsverhältnis, das den Hintergrund des durch Klage/Antrag begründeten Prozeßrechtsverhältnisses bildet. Der Begriff der Beteiligung verweist auf die sachliche Beziehung zum Streitstoff, also zum materiellen Rechtsverhältnis, und kann nicht im Sinne einer bloßen, vom Streitstoff materiell nicht berührten Berechtigung, das prozessuale Verfahren in Gang zu setzen, verstanden werden. Diese Verklammerungen sprechen dagegen, daß Verfahrensgegenstand eine abstrakte Rechtsfrage ist. Verfahrensgegenstand ist vielmehr der „**Streit**gegenstand", also das vom Antrag bezeichnete und sachlich umrissene „Recht"[9].

---

4 *Löwer*, S. 748; *Stern*, Art. 93 Rn. 78-85; *Ulsamer*, in: BVerfGG-Kommentar, § 63 Rn. 3, § 64 Rn. 2; *E. Klein*, S. 563.
5 Hierzu *Jesch*, DÖV 1961, S. 760; s. auch die Begründung des Entwurfs des BVerfGG, Fassung I, bei *Schiffers*, Quellen zur Geschichte des Parlamentarismus und der politischen Parteien, 4. Reihe, IV (1984), S. 95 f.
6 Vgl. *Jesch* (N 5), S. 760; s. auch unten Rn. 1049.
7 Zusammenfassend ausführlich *Stern*, Art. 93 Rn. 77-85. Ferner *Umbach*, in: FS Zeidler, II (1987), S. 1238; *Goessl* (N 3), S. 72 ff.
8 BVerfGE 2, 143 (156); anders noch BVerfGE 1, 79 (86).
9 BVerfGE 45, 1 (29); 57, 1 (4).

980   Die Entstehungsgeschichte des Art. 93 Abs. 1 Nr. 1 GG stützt freilich nicht diese Auslegung. Sah Art. 98 Nr. 2 Herrenchiemseer Entwurf noch eine Entscheidungskompetenz des BVerfG „über Verfassungsstreitigkeiten zwischen obersten Bundesorganen" vor, so änderte der Allgemeine Redaktionsausschuß des Parlamentarischen Rates diese Formulierung ab und beschloß die heute gültige Fassung[10]. Der Redaktionsausschuß richtete sich in der Formulierung relativ genau nach Vorgängermodellen in einigen Landesverfassungen des 19. Jahrhunderts, die sich mit Streitigkeiten zwischen der Regierung und den Ständen beschäftigten. Auf Bundesebene betrat das Grundgesetz mit dem Instrument einer verfassungsgerichtlichen Streitentscheidung im Binnenverhältnis einer Körperschaft Neuland[11]. Zweck der Änderung des Art. 98 Nr. 2 Herrenchiemseer Entwurf war es, die Entscheidung der Streitigkeit selbst durch das BVerfG zu vermeiden, um es nicht der Gefahr einer „Politisierung" auszusetzen. Darüber hinaus schwang wohl noch die Vorstellung von der mangelnden Justitiabilität der Beziehungen im Binnenbereich des Staates mit. Hier sind sicherlich Kernprobleme angeschnitten, die für die gesamte Institution der Verfassungsgerichtsbarkeit von erheblicher Bedeutung sind und ebenso an das grundsätzliche Verständnis von Struktur, Organisation und Funktion des Staates rühren[12]. Nach dem Willen des Allgemeinen Redaktionsausschusses, dem sich der Hauptausschuß anschloß, sollte die maßgebliche Abgrenzung zwischen politischer und rechtlicher Entscheidung durch eine Ablösung der konkreten Streitigkeit von der hierfür relevanten abstrakten Rechtsfrage erzielt werden. Der konkrete Streit sollte zwar als Prozeßvoraussetzung erforderlich sein, um ein Verfahren in Gang zu setzen. Für die Entscheidung selbst sollte er aber keine Rolle mehr spielen. Vielmehr sollte es an den involvierten politischen Organen liegen, die entsprechenden Konsequenzen aus dem Spruch des BVerfG zu ziehen[13]. Dies zeigt relativ deutlich, wie zögernd der historische Verfassunggeber mit dem neuen und ungewohnten Instrument einer richterlichen Kontrolle im Bereich der Beziehung zwischen höchsten Verfassungsorganen umging.

981   Dennoch ist aus heutiger Sicht und unter Berücksichtigung des die Interpretation des BVerfG durchaus zulassenden Wortlauts des Art. 93 Abs. 1 Nr. 1 GG die Kompetenz des BVerfG zur Entscheidung der konkreten Streitigkeit zu bejahen[14]. Dies gilt umso mehr, als – etwa über das Instrument des Rechtsschutzbedürfnisses – eine überflüssige Politisierung des Organstreitverfahrens verhindert werden kann[15]. Zu berücksichtigen ist auch, daß selbst eine prinzipaliter erfolgende Grundgesetzinterpretation angesichts der verfassungsrechtlichen Verknüpfung mit dem Anlaßfall so konkret sein müßte, daß dessen Entscheidung auf der Grundlage der erfolgten Klärung nur noch als zwingende Schlußfolgerung erscheinen würde.

---

10 Vgl. *v. Doemming/Füßlein/Matz*, JöR NF. Bd. 1 (1951), S. 869 f.; auf seiner 5. und 6. Sitzung lehnte der Rechtspflegeausschuß eine Zuständigkeit des BVerfG für das Organstreitverfahren sogar ganz ab; ibid. S. 672.
11 Vgl. hierzu *Schlaich*, Rn. 77; *Pestalozza*, S. 98. Ferner BVerfGE 2, 143 (150 ff.).
12 Vgl. dazu BVerfGE 68, 1 (77); vgl. dazu *Doehring*, in: FS Stern (1997), S. 1061.
13 *Schlaich*, Rn. 77; *Rinken*, in: AK, Art. 93 Rn. 6.
14 Ebenso *Stern*, Art. 93 Rn. 79-85; *Löwer*, S. 748; *Meyer*, in: v. Münch/Kunig (Hg.), GG, III (3. Aufl. 1996), Art. 93 Rn. 26; *Lorenz*, BVerfG und GG, I (1976), S. 233 f. – Vgl. auch die Begründung des Entwurfs zum BVerfGG, Fassung I, bei *Schiffers* (N 5), S. 95 f.
15 S. unten Rn. 1033. Entsprechendes gilt für die Notwendigkeit der Geltendmachung „eigener" Rechte; s. unten Rn. 1015.

Von Bedeutung ist schließlich, daß das BVerfG den Organstreit als „Verfassungsstreitig- **982** keit" qualifiziert hat[16]. Das dem Streit zugrunde liegende materielle Rechtsverhältnis muß ein verfassungsrechtliches Rechtsverhältnis sein, das wiederum davon abhängig gemacht wird, daß es „Faktoren des Verfassungslebens" sind[17], die über ihre gegenseitigen verfassungsrechtlichen Beziehungen streiten. Zulässiger Verfahrensgegenstand kann im Rahmen des Art. 93 Abs. 1 Nr. 1 GG daher nicht allein ein aus der Verfassung zu entnehmendes (und bestrittenes) „Recht" oder eine „Pflicht" sein, sondern zusätzlich erforderlich ist die Zuordnung von Recht oder Pflicht zu einem der „Faktoren des Verfassungslebens". Nur die Entscheidung über die Streitigkeit zwischen solchen Faktoren fällt in die Zuständigkeit des BVerfG nach Art. 93 Abs. 1 Nr. 1 GG.

2. Verfahrenszweck

Die Charakterisierung des Verfahrens nach Art. 93 Abs. 1 Nr. 1 GG als Streit um Verfas- **983** sungsrechtsbeziehungen könnte auf einen rein subjektiven Verfahrenszweck hindeuten. Dieser würde sich auf den Schutz des jeweiligen Antragstellers (desjenigen, der sich durch das Verhalten des Antragsgegners in seinen Rechten beeinträchtigt sieht) und auf die Realisierung seines subjektiven „Störungsbeseitigungsanspruchs" beziehen. Eine solche Interpretation, die sich völlig an die für den Individualrechtsschutz im Außenverhältnis zwischen rechtsfähigen Subjekten im herkömmlichen Sinne (interpersonale Beziehungen) entwickelten Kriterien anlehnt, geht jedoch von falschen Prämissen aus und verkennt Struktur und Wesen einer Streitigkeit im Binnenbereich ein und derselben Körperschaft. Streitbeteiligt sind hier Organe oder Organteile. Diese wiederum sind nicht Träger subjektiver Rechte im eigentlichen Sinn[18]. Subjektive Rechte sind gekennzeichnet durch ihre zugunsten des jeweiligen Trägers bestehende Verfügbarkeit und Verzichtbarkeit. Gerade diese Eigenschaften fehlen den „Rechten", die das Grundgesetz den einzelnen von ihm konstituierten Staatsorganen verleiht. Sie stehen gerade nicht zur Disposition, sondern bilden eine unverrückbare Zuständigkeitsordnung[19], die Grundlage der Funktions- und Handlungsfähigkeit des modernen gewaltengegliederten Staates ist und seine einheitliche Willensbildung erst ermöglicht. Es geht daher nicht wirklich um (subjektive) „Rechte", sondern um Kompetenzen (Zuständigkeiten). Zwar gebraucht § 93 Abs. 1 Nr. 1 GG ausdrücklich die Begriffe „Rechte und Pflichten", und §§ 63, 64 Abs. 1 BVerfGG folgen dieser Vorgabe[20]. Indes stellt diese Begriffswahl eine „*falsa demonstratio*"[21] dar, die jedenfalls dann unschädlich bleibt, wenn der wahre Bedeutungsgehalt nicht über dem Begriff in Vergessenheit gerät. Herkömmlichem prozessualem Denken liegt der Streit um

---

16 Im Anschluß an *Thoma*, AöR 43 (1922), S. 282: BVerfGE 1, 208 (211); 2, 143 (155 f., 159); 20, 18 (23 f.); 45, 1 (29); 60, 374 (379).
17 BVerfGE 27, 240 (246); 60, 175 (199 f.).
18 Vgl. BVerfGE 2, 143 (152); *H.H. Rupp*, Grundfragen der heutigen Verwaltungsrechtslehre (2. Aufl. 1991), S. 100; *Löwer*, S. 745; a.A. sehr pointiert *Lorenz* (N 14), S. 236 ff., der sich allerdings schließlich doch nur auf einen „rechtstechnischen Einsatz" des Instituts „subjektives Recht" zurückzieht.
19 Vgl. Stern, Art. 93 Rn. 74.
20 Anders § 65 Abs. 1 BVerfGG, der zutreffender den Begriff „Zuständigkeiten" gebraucht. Vgl. aber auch BVerfGE 42, 103 (113), wo darauf aufmerksam gemacht wird, daß es auch „Statusstreitigkeiten verfassungsrechtlicher Natur" gibt.
21 *Löwer*, S. 744 f.

Rechte näher als um Kompetenzen; dies dürfte auch der Grund für die zitierten Formulierung im Grundgesetz und BVerfGG gewesen sein.

984 Tatsächlich besteht allerdings kein Hinderungsgrund, den Binnenraum des Staates als rechtserfüllten Raum zu sehen. Rechtsqualität kommt nämlich ohne weiteres auch den Kompetenzen zu. Auch an der Rechtssubjektivität der entsprechenden Organe und Organteile oder anderer Beteiligter, die Zurechnungsendsubjekte solcher Pflichten oder Kompetenzen sind, besteht kein Zweifel[22]. Die Verrechtlichung der Zwischenorganbeziehungen, die in der Institutionalisierung des Organstreits ihren Ausdruck erfahren haben, dient jedoch – ebenso wie die den einzelnen Organen eingeräumte Rechtsmacht zur Verteidigung ihrer Kompetenzen – der Aufrechterhaltung des Kompetenzgefüges insgesamt und damit dem Funktionsschutz des politischen Prozesses[23]; beides sichert die freiheitliche Ordnung. Der Prozeßzweck ist daher – zumindest vorrangig – objektiver Natur. Das BVerfG hat dies mit der Wendung, es stehe auch hier eher im Dienste „objektiver Bewahrung des Verfassungsrechts" ausdrücklich bestätigt[24]; gerade im Zusammenhang mit der Entscheidung einer Organstreitigkeit wird die Funktion der Verfassungsgerichtsbarkeit hervorgehoben, „das Verfassungsrecht durch Entscheidungen zu entwickeln, um den Rechtsfrieden für die Zukunft zu sichern"[25]. Die mit der Zulassung des Organstreits vom Grundgesetz verfolgte verfahrensmäßige Sicherung der freiheitlichen Ordnung wird unterstrichen durch den Aspekt des Minderheitenschutzes, den das BVerfG ganz ausdrücklich auf Art. 93 Abs. 1 Nr. 1 GG bezogen hat[26]. Subjektiv bestimmter Verfahrensgegenstand einerseits und überwiegend objektiv definierter Verfahrenszweck andererseits ergänzen sich und haben prozessuale Konsequenzen.

II. Parteifähigkeit

985 Gerade die Frage der Parteifähigkeit, d.h. der Fähigkeit, Antragsteller oder Antragsgegner in einem Organstreitverfahren, also Subjekt eines diesbezüglichen Prozeßrechtsverhältnisses zu sein[27], wirft eine wahre Fülle von Problemen auf. Zunächst machen sich auch hier wieder unterschiedliche Formulierungen in Art. 93 Abs. 1 Nr. 1 GG und § 63 BVerfGG bemerkbar. Damit hängt die Diskussion um die richtige Methode der Ermittlung der Parteifähigkeit (abstrakt oder konkret) zusammen. Ferner ist die Beziehung zwischen der „Parteifähigkeit" und der „Antragsbefugnis" zu klären; hier gibt es erhebliche terminologische Irritationen. Schließlich gilt es, Zweifelsfälle im Hinblick auf den Kreis parteifähiger Subjekte zu klären.

---

22 *Rupp* (N 18), S. 99; *Hoppe*, Organstreitigkeiten vor den Verwaltungs- und Sozialgerichten (1970), S. 212 f.; vgl. auch *Lorenz* (N 14), S. 236 ff.; *Lerche*, Strukturfragen des verwaltungsgerichtlichen Organstreits, in: FS F. Knöpfle (1996), S. 171 f.
23 *E. Klein*, S. 563; *Löwer*, S. 746.
24 BVerfGE 2, 79 (86).
25 BVerfGE 1, 351 (359).
26 Vgl. BVerfGE 70, 324 (352); 68, 1 (77); 67, 100 (126); 60, 319 (325); 45, 1 (29 f.). Vgl. auch BVerfGE 90, 286 (390 f.) – Sondervotum.
27 Vgl. *Ulsamer*, in: BVerfGG-Kommentar, § 63 Rn. 4; für den Zivilprozeß *Vollkommer*, in: Zöller (Hg.), ZPO (21. Aufl. 1999), § 50 Rn. 1. Ferner BVerfGE 2, 143 (156).

1. Verhältnis von Art. 93 Abs. 1 Nr. 1 GG und § 63 BVerfGG

Die Parteifähigkeit (als Sachentscheidungsvoraussetzung) wird in § 63 BVerfGG gere- **986**
gelt. Art. 93 Abs. 1 Nr. 1 GG bestimmt demgegenüber als (materiellrechtliche) zustän-
digkeitsbegründende Norm nicht, wer am gerichtlichen Verfahren als Partei teilnimmt. In
ihm sind lediglich die Voraussetzungen des Verfahrens verankert, so daß ihm insoweit
ausschließlich Bedeutung für die Frage zukommt, wer am Streit beteiligt sein darf[28]. Ungeachtet dieser unterschiedlichen Normzwecke muß gewährleistet sein, daß die an einem
materiellrechtlichen Rechtsverhältnis Beteiligten (i.S. von Art. 93 Abs. 1 Nr. 1 GG) einen
darüber ausgebrochenen Streit als Prozeßsubjekte (Parteifähige i.S. von § 63 BVerfGG)
vor dem BVerfG austragen können.

Ein Vergleich zwischen § 63 BVerfGG und Art. 93 Abs. 1 Nr. 1 GG ergibt, daß § 63 **987**
BVerfGG teils weiter und teils enger als Art. 93 Abs. 1 Nr. 1 GG formuliert ist. Einerseits
erwähnt er ausdrücklich den Begriff „Organteile", der in der verfassungsrechtlichen Vorschrift nicht erscheint. Andererseits beschränkt er den Kreis der parteifähigen Subjekte
offensichtlich auf die von ihm genannten Organe („nur") und übersieht dabei den von
Art. 93 Abs. 1 Nr. 1 GG gebrauchten Begriff der „anderen Beteiligten".

Soweit § 63 BVerfGG den Wortlaut des Art. 93 Abs. 1 Nr. 1 GG nur interpretiert, ist diese
„Klarstellung" durch die Ermächtigung des Art. 94 Abs. 2 GG gedeckt[29]. Dies gilt auch
für die Einbeziehung der Organteile.

Sehr viel problematischer ist die von § 63 BVerfGG vorgenommene Reduzierung des **988**
Kreises der Parteifähigen (Antragsteller, Antragsgegner) gegenüber den in Art. 93 Abs. 1
Nr. 1 BVerfGG aufgeführten Streitbeteiligten, insbesondere die (teilweise) Nichtberücksichtigung der „anderen Beteiligten", die ja keineswegs nur als „Organteile" denkbar
sind. Weder Art. 93 Abs. 2 noch Art. 94 Abs. 2 GG rechtfertigen eine solche Abweichung
von der verfassungsrechtlichen Vorgabe[30]. Denn Sinn des Art. 93 Abs. 1 Nr. 1 GG ist es
ja gerade, sicherzustellen, daß die Beteiligten des Organstreits die Gelegenheit bekommen, diesen Streit als Beteiligte eines Organprozesses einer Lösung zuzuführen[31]. Daher
verleiht Art. 93 Abs. 1 Nr. 1 GG den dort genannten Rechtssubjekten eine Berechtigung
zur Verfahrensteilnahme, um ihre Kompetenzen („Rechte") verteidigen zu können. Dem
Zweck des Organstreitverfahrens – der Sicherung des freiheitlichen politischen Prozesses
– ist nur genügt, wenn die gegenseitige gerichtliche Kontrolle der einzelnen, mit eigen-
ständigen Kompetenzen ausgerüsteten Verfassungsorgane ermöglicht ist. § 63 BVerfGG
muß daher, soll er nicht verfassungswidrig sein, unter Rückgriff auf Art. 93 Abs. 1 Nr. 1
GG ergänzt und damit die Parteifähigkeit auch der „anderen Beteiligten" angenommen

---

28 Hierzu grundlegend BVerfGE 2, 143 (156).
29 BVerfGE 1, 351 (359).
30 Vgl. *Stern*, Art. 93 Rn. 86; *Laubinger*, JA 1973, S. 117; *Lorenz* (N 14), S. 244, 256; *Umbach* (N 7), S. 1252;
    a.A. noch *Geiger*, § 63 Anm. 3, der eine „stillschweigende Ermächtigung" zur Begrenzung des Kreises der
    Berechtigten aufgrund der Entstehungsgeschichte in Art. 93 Abs. 1 Nr. 1 GG selbst enthalten sieht. Indes
    vermag diese Argumentation kaum zu überzeugen. Zwar bestanden in der Tat Bestrebungen, den Begriff der
    „anderen Beteiligten" durch ein Bundesgesetz bestimmen zu lassen, um dessen uferloser Weite effektiv zu
    begegnen. Jedoch wurde diese Absicht zugunsten einer verfassungsrechtlichen Fixierung des berechtigten
    Kreises aufgegeben, indem der Begriff der „anderen Beteiligten" an die zusätzliche Voraussetzung einer
    „Ausstattung mit eigenen Rechten" gekoppelt wurde; *v. Doemming/Füßlein/Matz* (N 10), S. 675/677.
31 Zur Differenzierung zwischen Organstreit und Organprozeß siehe *Lorenz* (N 14), S. 232.

werden[32]. Bedeutsam geworden ist dies vor allem für die Parteifähigkeit der politischen Parteien[33].

2. Abstrakte oder konkrete Bestimmung der Parteifähigkeit

989 Ein weiteres Problem ist, ob die Parteifähigkeit abstrakt oder konkret bestimmt werden muß. Beide Methoden kommen grundsätzlich in Betracht.

Eine abstrakte Bestimmung läßt den konkreten Streitfall außer Acht. Geprüft wird also nicht, ob Antragsteller und Antragsgegner Inhaber der im Streit befindlichen Kompetenzen sind oder jedenfalls sein können. Es genügt vielmehr, daß ihnen die Verfassung überhaupt (abstrakt) „Rechte oder Pflichten" (Kompetenzen) zuordnet, ohne daß diese von Relevanz für den gerade zu entscheidenden Sachverhalt sein müssen. Ausgangspunkt ist demnach eine absolut verstandene Parteifähigkeit, die sich aus einer durch Kompetenzzuordnung erzeugten Rechtssubjektivität (Eigenschaft als „Zurechnungsendsubjekt"[34]) ergibt[35]. Dies entspricht der abstrakten Ermittlung der Parteifähigkeit im Zivilprozeß. Nach § 50 Abs. 1 ZPO ist parteifähig, wer rechtsfähig ist. Hierbei wird die Rechtsfähigkeit absolut gesetzt und an diese absolute Rechtsfähigkeit eine ebenso absolute Parteifähigkeit angeknüpft. Für die Parteifähigkeit im Zivilprozeß genügt also die allgemeine Fähigkeit, Träger von Rechten und Pflichten sein zu können.

990 Die konkrete Methode wird durch die spezielle Struktur des staatlichen Innenbereichs nahegelegt. Rechtssubjektivität der Verfassungsorgane besteht ja nicht von selbst (wie bei natürlichen und juristischen Personen), sondern ergibt sich erst aus der jeweiligen, die Funktionen der verschiedenen Organe voneinander abgrenzenden Kompetenzzuweisungen. Von daher bietet es sich an, die Parteifähigkeit an die relative Rechtssubjektivität anzuknüpfen und sie dem jeweiligen Antragsteller oder Antragsgegner auch nur dann zuzubilligen, wenn im konkreten Fall gerade über diese spezifisch zugewiesenen Rechte gestritten wird. Der Antragsteller ist nur dann parteifähig, wenn er ein Recht geltend macht, das ihm im Rahmen der streitbefangenen Konstellation zusteht[36].

991 Gegen die konkrete Methode spricht zunächst, daß sie den Erkenntniswert der Kategorie „Parteifähigkeit", nämlich den Kreis der potentiellen Verfahrensbeteiligten zunächst einmal formal zu bestimmen, unnötigerweise aufgibt. Folge hiervon ist die Verwässerung der Grenze zwischen Parteifähigkeit und Antragsbefugnis. Gerade die Antragsbefugnis bezieht sich zwangsläufig auf das konkrete Rechtsverhältnis, so daß Überschneidungen unvermeidbar sind. Darüber hinaus treten Schwierigkeiten im Verhältnis der Parteifähigkeit zur „Prozeßstandschaft" auf, die in § 64 BVerfGG gleichfalls angesprochen ist. Der Prozeßstandschafter macht ein fremdes Recht im eigenen Namen geltend. Er ist gerade nicht Zurechnungsendsubjekt der Rechtsposition, um die gestritten wird. Konsequenter-

---

32 Vgl. BVerfGE 13, 54 (81); noch offenlassend BVerfGE 1, 208 (222). – Ebenso *Clemens*, in: Umbach/Clemens, §§ 63, 64 Rn. 14.

33 S. unten Rn. 1011.

34 Vgl. *Rupp* (N 18), S. 86.

35 In diesem Sinne plädieren etwa *Stern*, Art. 93 Rn. 109; *Löwer*, S. 753; *Bethge*, Die Verwaltung 8 (1975), S. 473 f.; *Hoppe* (N 22), S. 213; differenzierend *Bachof*, AöR 79 (1953/54), S. 117.

36 So *Lorenz* (N 14), S. 245 f.; für das ähnliche Problem in § 61 VwGO *Redeker/v. Oertzen*, VwGO (12. Aufl. 1997), § 61 Rn. 4.

weise müßte ihm die Parteifähigkeit bei Anwendung der konkreten Methode abgesprochen werden. Umgehen könnte man diese Schwierigkeit nur durch Berufung auf eine spezielle Prozeßstandschaft kraft Gesetzes, die notwendigerweise die Parteifähigkeit umfassen muß, um nicht selbst sinnlos zu werden.

Dogmatisch müßte hierin eine Durchbrechung des Grundsatzes der konkret ermittelten Parteifähigkeit gesehen werden. Insgesamt spricht also mehr für die abstrakte Methode. Sie liegt auch der Rechtsprechung des BVerfG zugrunde[37].

3. Ermittlung der beteiligungs- und parteifähigen „Faktoren des Verfassungslebens"

Mit der Qualifikation des Organstreits als Verfassungsstreit und mit der Feststellung, daß 992
es dabei darum geht, daß „Faktoren des Verfassungslebens" um ihre Kompetenzen rechten, ist der Kreis derjenigen, die solche Faktoren sind und die deshalb geeignete Parteien eines Organstreitverfahrens sind, noch nicht definiert.

a) „Oberste Bundesorgane"

Art. 93 Abs. 1 Nr. 1 GG bezeichnet in seiner 1. Alternative zunächst die „obersten Bun- 993
desorgane" als geeignet, an einem „materiellrechtlichen" Verfassungsverhältnis beteiligt
zu sein. Der Begriff des „obersten Bundesorganes" bedarf der genaueren Festlegung. Er
findet außer in Art. 93 Abs. 1 Nr. 1 GG im Grundgesetz sonst keine Verwendung. Die
Wahl des Superlativs „oberste" indiziert, daß nur solche Bundesorgane gemeint sein können, denen kein anderes Organ – im hierarchischen Sinn – übergeordnet ist und die an der
obersten Staatsleitung Anteil haben[38]. Die Entstehungsgeschichte des Art. 93 Abs. 1 Nr. 1
GG läßt deutlich werden, daß der Kreis der Organe, die ihre verfassungsrechtlichen Streitigkeiten dem BVerfG vorlegen können sollten, möglichst eng umgrenzt bleiben sollte[39].

Es sollte eine Abkehr von der Rechtsprechung des Staatsgerichtshofs für das Deutsche
Reich vollzogen werden, der den Verfassungsstreit (allerdings nur innerhalb eines Landes) nach Art. 19 WRV einem großen Forum von Beteiligten eröffnete, so u.a. auch den
Gemeinden, den Landeskirchen und dem ehemaligen Adelsstand der Reichsritterschaft[40].
Der Staatsgerichtshof hatte nicht nur die höchsten Staatsorgane (des Landes), sondern
auch sonstige zur Mitwirkung an der Bildung des Staatswillens unmittelbar oder mittelbar berufene Landesstellen zugelassen[41].

Sinn und Zweck des Art. 93 Abs. 1 Nr. 1 GG als eines speziellen Instrumentes zur Siche- 994
rung und Aufrechterhaltung des gewaltenteilenden Kompetenzgefüges auf Bundesebene
und damit letztlich zur Wahrung des objektiven Verfassungsrechts verlangen keineswegs,

---

37 BVerfGE 67, 100 (124); 68, 1 (63); 70, 324 (349 f.).
38 Vgl. *C. Arndt*, AöR 87 (1962), S. 227; *Goessl* (N 3), S. 117; *Stern*, Art. 93 Rn. 91 f.
39 BVerfGE 60, 175 (199 f.); vgl. auch *v. Doemming/Füßlein/Matz* (N 10), S. 674.
40 Vgl. dazu *Anschütz*, Die Verfassung des Deutschen Reiches (14. Aufl. 1933), Art. 19 Anm. 3-6; siehe auch *Clemens*, in: FS Zeidler, II (1987), S. 1274 f.
41 RGZ 130 Anhang S. 3 (9 f.). Vgl. dazu *Umbach*, in: Umbach/Clemens, Vor §§ 63 ff., Rn. 14.

daß der Rechtsweg zum BVerfG für jede Organstreitigkeit eröffnet wird. Nur im Verhältnis der eben umschriebenen obersten Bundesorgane bedarf es der verfassungsgerichtlichen Streiterledigung, weil eine andere Instanz, die für die streitbeteiligten Organe verbindlich entscheiden könnte, sonst nicht zur Verfügung steht. Dieser Kreis oberster Bundesorgane wird häufig mit dem Begriff des Verfassungsorgans umschrieben. Verfassungsorgane sind „dadurch gekennzeichnet, daß sie von der Verfassung in Existenz, Status und wesentlichen Kompetenzen konstituiert werden, indem sie dem Staat durch Existenz und Funktion seine spezifische Gestalt verleihen und durch ihre Tätigkeit an der obersten Staatsleitung Anteil haben"[42].

995 aa) Zu den obersten Bundesorganen (Verfassungsorganen) gehören ohne weiteres der Bundespräsident[43], der Bundestag, der Bundesrat und die Bundesregierung[44]. Dieser Befund deckt sich mit der Aufzählung in § 63 BVerfGG.

bb) Unbestritten zählen auch der Gemeinsame Ausschuß gem. Art. 53 a GG, dem das Grundgesetz einen eigenen Abschnitt widmet und dessen Stellung aufgrund Art. 53 a Abs. 2 Satz 1 GG nicht auf das Vorliegen eines Verteidigungsfalles beschränkt ist[45], und die Bundesversammlung[46] zu den organstreitfähigen obersten Bundesorganen.

cc) Nicht völlig geklärt ist die Frage, ob Bundeskanzler und Bundesminister unter den Begriff der „obersten Bundesorgane" subsumiert werden können oder ob sie lediglich als „Teile eines obersten Bundesorgans" und somit als „andere Beteiligte" i.S. des Art. 93 Abs. 1 Nr. 1 GG einzuordnen sind[47]. Ihre Beteiligten- und Parteifähigkeit stehen dabei im Ergebnis außer Diskussion[48]. Eine praktische Rolle spielt dieser Streit also nicht, doch spricht viel für ihre eigenständige Stellung.

996 dd) Umstritten ist jedoch, ob der Bundesrechnungshof, die Bundesbank und der Wehrbeauftragte des Deutschen Bundestages organstreitfähig sind.

---

42 So *Stern*, Art. 93 Rn. 92. Vgl. auch *Bethge*, in: BVerfGG-Kommentar, § 1 Rn. 17; ferner BVerfGE 8, 104 (114 f.) – aber zu weitgehend; BVerfGE 60, 175 (199 f.). Bedenken gegen die Bezeichnung als Verfassungsorgan äußern *Ehlers*, in: Schoch/Schmidt-Aßmann/Pietzner (Hg.), VwGO-Kommentar (Stand: Januar 2000), § 40 Rn. 152; *Knies*, in: FS K. Stern (1997), S. 1166 Fn. 49.

43 Im Hinblick auf den heutigen Art. 93 Abs. 1 Nr. 2 GG wurde die Fähigkeit des Bundespräsidenten als Antragsteller im abstrakten Normenkontrollverfahren (Art. 128 b Abs. 1 Nr. 3 der vom Allgemeinen Redaktionsausschuß für die 2. Lesung im Hauptausschuß vorgeschlagenen Fassung des Zuständigkeitskataloges) vom Hauptausschuß in 2. Lesung verworfen. Der Bundespräsident müsse sich als „pouvoir neutre" aus dem Streit der Meinungen heraushalten; s. *v. Doemming/Füßlein/Matz* (N 10), S. 681. – Zum Verhältnis der abstrakten Normenkontrolle zum Organstreit s. oben Rn. 760.

44 Vgl. für alle *Ulsamer*, in: BVerfGG-Kommentar, § 63 Rn. 7; *Pestalozza*, S. 104.

45 *Stern*, Art. 93 Rn. 93. – Hingegen ist der Hinweis auf den sog. Ständigen Ausschuß (Art. 45 GG) mit dessen Aufhebung 1976 obsolet geworden.

46 Vgl. *C. Arndt* (N 38), S. 228; zögernd *Ulsamer*, in: BVerfGG-Kommentar, § 63 Rn. 8.

47 Für eine Stellung als „oberstes Bundesorgan" spricht sich vor allem *Geiger*, § 63 Anm. 3 aus; *Stern*, Art. 93 Rn. 96, trifft im Hinblick auf die Bundesminister eine Unterscheidung zwischen solchen, die vom GG ausdrücklich mit besonderen Kompetenzen ausgestattet sind, wie z.B. der Finanzminister gem. Art. 108 Abs. 3 S. 2, 112 Satz 1, 114 Abs. 1 GG, und den übrigen Ministern, denen lediglich die allgemeine Kompetenz gem. Art. 65 S. 2 GG zukommt; ausdrücklich die Eigenschaft als oberstes Verfassungsorgan verneinend *Ulsamer*, in: BVerfGG-Kommentar, § 63 Rn. 18, N 52.

48 Vgl. nur BVerfGE 67, 100 (126 f.); 73, 1 (27); 73, 46 (65).

(1) Der Bundesrechnungshof erfüllt nicht die Anforderungen, die für die bereits genannten obersten Verfassungsorgane entwickelt wurden („staatsleitende Tätigkeit"). Auch seine Funktion und die durch Art. 114 Abs. 2 GG unmittelbar erfolgte Kompetenzzuweisung verlangen keine prozessuale Gleichstellung mit Verfassungsorganen[49].

(2) Ebenso zu verneinen ist die Qualifikation der Bundesbank als „oberstes Bundesorgan" i.S. von Art. 93 Abs. 1 Nr. 1 GG. Allein die systematische Einordnung des Art. 88 GG zeigt, daß die Bundesbank ungeachtet ihrer großen Bedeutung nicht als „Faktor des Verfassungslebens" begriffen werden kann; vor allem fehlt es an der verfassungsrechtlichen Absicherung ihrer Kompetenzen[50].

(3) Auch der Wehrbeauftragte ist kein oberstes Bundesorgan, da er gem. Art. 45 GG nur Hilfsorgan des Deutschen Bundestages ist. Dies schließt jedoch nicht aus, in ihm einen „anderen Beteiligten" i.S. von Art. 93 Abs. 1 Nr. 1 GG zu sehen[51].

ee) Zu verneinen ist auch die Beteiligtenfähigkeit des Staatsvolkes (Bundesvolkes), verstanden als die Gesamtheit der Aktivbürger. Dies hat das BVerfG in einer relativ frühen Entscheidung klargestellt[52]. Zwar ist es durchaus denkmöglich, das Staatsvolk als Verfassungsorgan zu begreifen[53]. Jedoch ist ihm die Eigenschaft als organisierte handlungsfähige Einheit abzusprechen[54]. Die Folge hiervon ist, daß dem einzelnen Aktivbürger, der zwar schwerlich als oberstes Verfassungsorgan, theoretisch aber durchaus als Teil eines solchen Organes und somit als „anderer Beteiligter" verstanden werden kann, der Weg des Organstreitverfahrens versperrt ist. Zwar vermag der Aktivbürger aus der Verfassung keine Kompetenzen herzuleiten, aber er könnte in Prozeßstandschaft Rechte für das Verfassungsorgan „Staatsvolk" geltend machen. Diese Möglichkeit entfällt freilich dann automatisch, wenn das betroffene Gesamtorgan selbst nicht beteiligten- oder parteifähig ist[55]. Die Rechte des Volkes werden somit nur in den subjektiv-öffentlichen Rechten des Aktivstatus des Bürgers greifbar[56]. Insoweit – als Grundrechtsträger – erfährt der Bürger Schutz durch das Instrument der Verfassungsbeschwerde. Sein Ausschluß vom Organstreitverfahren bewirkt keine unangemessene Verkürzung seiner Rechtsstellung. **997**

ff) Das BVerfG ist zwar ein oberstes Verfassungsorgan. Als die zur Entscheidung berufene Instanz kann es aber nicht zugleich Beteiligter dieses Verfahrens sein[57]. **998**

---

49 So *Stern*, Art. 93 Rn. 98 m.w.N.; verneinend auch *Ulsamer*, in: BVerfGG-Kommentar, § 63 Rn. 8. Offengelassen von BVerfGE 92, 130 (133) für Landesrechnungshof im Länderorganstreit (Art. 93 Abs. 1 Nr. 4 GG).

50 Vgl. *Stern*, Art. 93 Rn. 100; *Löwer*, S. 751. Dies gilt erst recht nach dem mit der dritten Stufe der Europäischen Währungsunion (01.01.1999) eingetretenen Bedeutungsverlust.

51 Ablehnend *Goessl* (N 3), S. 124, und *Löwer*, S. 751; bejahend *Laubinger* (N 30), S. 118, der den Wehrbeauftragten als Teil des Bundestages einordnet.

52 BVerfGE 13, 54 (85, 95); vgl. auch Urt. des VerfGH Berlin vom 02.06.1999 – VerfGH 31 A/99, 31/99 – Umdruck S. 8.

53 Vgl. *Goessl* (N 3), S. 142; ablehnend mit guten Gründen allerdings *Lorenz* (N 14), S. 246 f., der davon ausgeht, das Volk handele bei der ihm durch Art. 20 Abs. 2 Satz 2 GG zugewiesenen unmittelbaren Ausübung von Staatsgewalt „nicht als Organ **für** den präexistenten Staat, sondern **als** Staat"; es stehe mithin mit den obersten Verfassungsorganen nicht auf einer Stufe. Vgl. auch BVerfGE 58, 104 (113 ff.).

54 BVerfGE 13, 54 (95) und *Clemens* (N 40), S. 1276.

55 *E. Klein*, S. 567.

56 BVerfGE 13, 54 (85). Anders *Pestalozza*, S. 106.

57 Vgl. *C. Arndt* (N 38), S. 228. Entsprechend sind Landesverfassungsgerichte im Binnenländerorganstreit nicht parteifähig, BVerfGE 60, 175 (202 f.).

999 gg) Soweit die unter bb) bis cc) genannten Organe die Anforderungen des Art. 93 Abs. 1 Nr. 1 GG erfüllen, leitet sich ihre Parteifähigkeit jedenfalls mittelbar aus dieser Norm ab, ohne daß § 63 BVerfGG entgegensteht.

b) „Andere Beteiligte"

1000 Als „andere Beteiligte" kommen nur solche „Faktoren des Verfassungslebens" in Betracht, die in Rang und Funktion den obersten Bundesorganen, wie sie oben ermittelt wurden, gleichstehen[58]. Ausschlaggebendes Kriterium für die Gleichstellung ist die Ausstattung mit „eigenen Rechten". Um einer uferlosen Ausweitung des Beteiligtenbegriffs (durch die Rechtsprechung) vorzubeugen, ist zusätzlich erforderlich, daß diese eigenen Rechte[59] sich entweder aus dem Grundgesetz oder der Geschäftsordnung eines obersten Bundesorgans ergeben.

„Andere Beteiligte" können in erster Linie Teile der oben aufgeführten obersten Bundesorgane sein, soweit sie selbst mit den von Art. 93 Abs. 1 Nr. 1 GG geforderten Rechten (Kompetenzen) versehen sind. Der Begriff reicht aber über den der Organteile hinaus; dabei handelt es sich dann um solche anderen Beteiligten, die weder „oberste Bundesorgane" noch „Teile dieser Organe" sind.

aa) „Teile" oberster Bundesorgane

1001 Kompetenzrechtlich selbständig faßbar sind Organteile nur bei Kollegialorganen. Kollegial strukturiert sind alle obersten Bundesorgane mit Ausnahme der Institution des Staatsoberhaupts (Bundespräsident).

1002 (1) Beim Bundestag kommen als beteiligten- und parteifähige Organteile in Betracht:

– Der Präsident gem. Art. 39 Abs. 3 Sätze 2 und 3, 40 Abs. 2, 54 Abs. 4 Satz 2 GG, §§ 7, 24, 25, 34, 42 Abs. 1 und 2, 44 und 128 GeschO BT[60];

– Die Ausschüsse des Bundestages (Art. 43 Abs. 1 GG), §§ 60 Abs. 2, 62 GeschO BT[61];

– Die Fraktionen des Bundestages als seine wichtigsten ständigen Organteile. Das BVerfG hat ihre Eigenschaft als „notwendige Einrichtungen des Verfassungslebens" schon früh anerkannt und diese Rechtsprechung fortlaufend bestätigt[62]. Dies entspricht auch den Intentionen des historischen Verfassunggebers[63], der gerade „den Organstreit

---

58 BVerfGE 13, 54 (96); vgl. auch Urteil des VerfGH Berlin vom 02.06.1999 – VerfGH 31 A/99, 31/99 –, Umdruck S. 8, zur Rechtsstellung von Trägern eines Volksbegehrens.

59 Vgl. dazu den Abgeordneten *Zinn* (SPD) im Parlamentarischen Rat, JöR N.F. Bd. 1, S. 674.

60 Probleme können bei der Abgrenzung des Rechtsweges auftreten, wenn der Bundestagspräsident nicht in seinem Aufgabenfeld als „Faktor des Verfassungslebens", sondern in verwaltender Funktion tätig wird (z.B. §§ 19 Abs. 2, 20 PartG). Das BVerfG prüft dies unter dem Gesichtspunkt des Verfassungsrechtsverhältnisses, um so ein geeignetes Abgrenzungskriterium gegenüber dem Verwaltungsrechtsweg gem. § 40 Abs. 1 VwGO zu gewinnen; vgl. BVerfGE 73, 1 (30-31).

61 Vgl. für alle *Pestalozza*, S. 106; BVerfGE 2, 143 (160 f.). Hierbei ist zu beachten, daß manche Ausschüsse über Art. 43 Abs. 1 GG hinaus mit besonderen Rechten ausgestattet sind, z.B. die Untersuchungsausschüsse gem. Art. 44 GG. Durch die GeschO BT mit eigenen Rechten ausgestattet sind auch Präsidium und Ältestenrat; vgl. *Stern*, Art. 93 Rn. 120. Anders *Ulsamer*, in: BVerfGG-Kommentar, § 63 Rn. 15.

62 BVerfGE 100, 266 (268); 70, 324 (350 ff.); 68, 1 (63); 45, 1 (28); 20, 56 (104); 2, 143 (152 ff., 160).

63 Vgl. *v. Doemming/Füßlein/Matz* (N 10), S. 674.

mit der Funktion des Minderheitenschutzes anzureichern"[64] bestrebt war. In einem parlamentarischen Regierungssystem, in dem die Regierung vom Vertrauen des Parlaments, d.h. der parlamentarischen Mehrheit abhängig ist, ist eine enge Zusammenarbeit zwischen Mehrheitsfraktion (-fraktionen) und Regierung unabdingbar. Dadurch wird die politische Kontrolle der Regierung vor allem zur Aufgabe der parlamentarischen Minderheit (Oppositionsfraktion/-fraktionen). Ihr muß es möglich sein, die Rechte des Parlaments selbst gegen den Willen der parlamentarischen Mehrheit, aber auch die eigenen Minderheitsrechte gegen Beeinträchtigungen zu verteidigen. Die Rechte der Fraktion ergeben sich sowohl aus der GeschO BT (z.B. §§ 12, 26, 35, 76, 101), als auch aus dem Grundgesetz, das den Minderheitsschutz (Art. 20 Abs. 2) enthält[65]. Soll die Fraktion diese Rechte verteidigen können, so setzt dies ihre Fähigkeit voraus, an einem „Verfassungsstreit" beteiligt und Partei eines Organprozesses zu sein.

– Das BVerfG hat auch eine sogenannte „Fraktion im Untersuchungsausschuß" als parteifähig im Organstreitverfahren anerkannt[66]. Das Gericht betonte zwar zunächst ihre Ausstattung mit eigenen Rechten (lediglich) nach der GeschO BT (vgl. §§ 59 Abs. 4, 60 Abs. 2, 61 Abs. 2, 64 Abs. 2 Satz 3), äußerte dann gleichwohl Zweifel im Hinblick auf eine „generelle Parteifähigkeit", kam aber schließlich unter Hinweis auf Art. 44 GG zu dem Ergebnis, daß die „Fraktion im Ausschuß" wie ein Teil des Bundestages zu behandeln sei. Die Intention ist trotz der etwas verwirrenden Argumentation klar: Das Gericht trägt der Tatsache Rechnung, daß der Bundestag als Plenum das Untersuchungsrecht nach Art. 44 GG, dessen Träger er ist, nicht selbst wahrnehmen kann und sich darum diese Tätigkeit auf die Ebene eines hierfür zuständigen Hilfsorgans verlagert, das nunmehr, charakterisiert durch entsprechende proportionale Kräfte und Stimmverhältnisse, für den Bundestag handelt. Zur Wahrnehmung der Minderheitsrechte ist die Fraktion im Ausschuß das geeignetere Instrument als die bestimmte Minderheit nach Art. 44 Abs. 1 GG, die sich – möglicherweise interfraktionell – als ein Viertel der Mitglieder des Bundestages konstituiert hat. Da ein einzelner Abgeordneter ebenfalls eine „Fraktion im Untersuchungsausschuß" bilden kann[67], wird auch solchen (verfaßten) Minderheiten die Möglichkeit der Anrufung des BVerfG eingeräumt, die nicht ein Viertel der Mitglieder des Bundestages stellen und denen insofern die Ausübung des „Rechtes" nach Art. 44 Abs. 1 GG versagt bleibt. Diese Grundsätze gelten *mutatis mutandis* auch für Fraktionen in anderen Ausschüssen. **1003**

– Schwierigkeiten bereitet die Bestimmung der Beteiligtenfähigkeit weiterer Teile des Bundestages. Einer vom Bundestag anerkannten Gruppe von Abgeordneten, welche die Fraktionsmindeststärke nicht erreichen (§ 10 Abs. 4 GeschO BT), hat das BVerfG die Parteifähigkeit zuerkannt[68]. Zu bedenken sind ferner bestimmte nicht permanente Minderheiten oder auch Mehrheiten, denen das Grundgesetz spezielle Kompetenzen verleiht. Hierunter fallen ein Drittel der Mitglieder gem. Art. 39 Abs. 3 GG, zwei Drittel der Mit- **1004**

---

64 So *Löwer*, S. 751. Vgl. auch BVerfGE 45, 1 (29 f.); 68, 1 (77).
65 Vgl. BVerfGE 70, 324 (351). Zur prozessualen Stellung der Bundestagsfraktion auch *Umbach* (N 7), S. 1254 ff. Vgl. ferner § 46 AbgG (BGBl. 1996 I S. 326).
66 BVerfGE 67, 100 (124).
67 Vgl. *Ulsamer*, in: BVerfGG-Kommentar, § 63 Rn. 11 a.
68 BVerfGE 84, 304 (318); 96, 264 (276).

glieder gem. Art. 42 Abs. 1 Satz 2 GG und Art. 79 Abs. 2 GG, ein Viertel der Mitglieder gem. Art. 44 Abs. 1 GG, Art. 61 Abs. 2 Satz 2 GG und ein Zehntel der Mitglieder gem. Art. 42 Abs. 1 GG[69]. Zu beachten ist allerdings, daß diese Gruppierungen überhaupt erst mit der Ausübung des ihnen zugewiesenen Rechtes existent werden. Die (abstrakte) Beteiligten- bzw. Parteifähigkeit ist aber notwendig an das Vorhandensein des Subjektes geknüpft, dem Kompetenzen zugerechnet werden können. Erst mit ihrer Konstituierung handelt es sich bei derartigen zahlenmäßig bestimmten Gruppen um Teile des Bundestags und damit parteifähige Subjekte[70]. Dies muß auch gelten, wenn die Kompetenzen sich nur aus der GeschO BT ergeben und von ihnen Gebrauch gemacht wird. In diesen Fällen fehlt es jedoch an der Antragsbefugnis (§ 64 BVerfGG).

1005   – Umstritten ist, ob der einzelne Abgeordnete als Teil des Gesamtorgans Bundestag zu begreifen ist oder als sonstiger „anderer Beteiligter" i.S. des Art. 93 Abs. 1 Nr. 1 GG zu gelten hat[71]. Praktische Bedeutung kommt diesem Streit nicht zu. Denn es steht außer Frage, daß sowohl das Grundgesetz als auch die GeschO BT dem einzelnen Abgeordneten „Rechte" i.S. des Art. 93 Abs. 1 Nr. 1 GG verleihen und damit seine Parteifähigkeit begründen. Zu nennen sind insbesondere seine Stimm- und Mitwirkungsrechte (z.B. Art. 38 Abs. 1 Satz 2 GG, § 105 GeschO BT), aber auch die Rechte nach Art. 46-48 GG, die sämtlich dem eigenen verfassungsrechtlichen Status des Abgeordneten entspringen[72]. Das BVerfG hat diesen eigenen Status anerkannt, den es den Grundsätzen der liberal-repräsentativen parlamentarischen Demokratie entnimmt, die ihre Geltung trotz der in Art. 21 GG verfassungsrechtlich sanktionierten parteienstaatlichen Demokratie behauptet haben[73]. Beteiligter eines Verfassungsstreitverfahrens und Partei eines Organprozesses kann der Abgeordnete hingegen dann nicht sein, wenn es um seine Rechtsstellung als Privatmann, aber auch um Fragen seiner Wahlbewerbung (Kandidatur) geht. Nur Rechte aus dem (bereits erworbenen) Abgeordnetenstatus selbst sind organstreitfähig. Im übrigen ist der Abgeordnete auf die Verfassungsbeschwerde verwiesen[74].

1006   (2) Als Teile des Bundesrates besitzen eigene Rechte oder Zuständigkeiten der Präsident des Bundesrates gem. Art. 52 Abs. 2, 57 GG, §§ 6, 15, 20, 22, 36, 39 Abs. 2 GeschO BRat, das Präsidium gem. § 8 GeschO BRat, die Ausschüsse gem. Art. 53 Satz 1 GG, die Mitglieder des Bundesrates gem. Art. 43 Abs. 2 GG und die Mitglieder eines Landes im Bundesrat gem. Art. 51 Abs. 3 Satz 2 GG. Unverfestigte Gruppierungen, wie sie sich aus Art. 52 Abs. 2 Satz 2 GG (die Vertreter von mindestens zwei Ländern), Art. 61 Abs. 1 Satz 2 GG (ein Viertel der Stimmen) oder aus Art. 79 Abs. 2 GG (zwei Dritteln der Stim-

---

69 Vgl. hierzu die nahezu identischen Kataloge bei *Stern*, Art. 93 Rn. 113; *Geiger*, § 63 Anm. 4; *C. Arndt* (N 38), S. 230 f.

70 Vgl. BVerfGE 2, 143 (162); 67, 100 (124); *Lorenz* (N 14), S. 246.

71 *Umbach* (N 7), S. 1252 f., will die Eigenschaft des Abgeordneten als „Teil des Bundestages" generell verneinen, da er nicht in der Lage sei, als Prozeßstandschafter aufzutreten, sondern nur eigene Rechte geltend machen könne. Der Versuch, das Instrument der Prozeßstandschaft zu einem Element der Definition des Begriffes „Organteil" zu machen, ist allerdings dogmatisch bedenklich und überzeugt auch angesichts BVerfGE 70, 324 (351) nicht sonderlich.

72 Vgl. BVerfGE 10, 4 (11); 60, 374 (379); 62, 1 (31); 70, 324 (350); 80, 188 (208 f.); 94, 351 (365); 99, 19 (29).

73 BVerfGE 4, 144 (148 f.). Vgl. auch *Geis*, ZG 1993, S. 148 ff.

74 Hierzu ausführlich *Clemens*, in: Umbach/Clemens, §§ 63, 64 Rn. 28 ff., 43 ff.

men) ergeben können, sind erst nach Ausübung ihrer Rechte konstituiert (existent) und erst dann beteiligten- und parteifähig[75].

(3) Eine besondere Stellung nimmt der Vermittlungsausschuß (Art. 77 GG) ein, der weder als „oberstes Bundesorgan" noch als Teil des Bundestages oder des Bundesrates begriffen werden kann. Verschiedentlich wird er als „gemeinsamer Teil" von Bundestag und Bundesrat angesehen, um auf diese Weise seine Beteiligtenfähigkeit sicherzustellen[76]. Sinnvoller ist es, im Vermittlungsausschuß einen sonstigen „anderen Beteiligten" zu sehen, der durch das Grundgesetz mit eigenen Rechten (Art. 43 Abs. 1, 53 Abs. 1 Satz 1 GG) ausgestattet ist[77].   **1007**

(4) Teile der Bundesregierung sind der Bundeskanzler und die Bundesminister; dies gilt   **1008** unabhängig davon, daß sie zugleich selbst oberste Bundesorgane sind. Ihre Beteiligtenfähigkeit (als Organteile) ergibt sich ohne weiteres aus der Zuweisung eigener Kompetenzen durch das Grundgesetz selbst: Art. 64 Abs. 1, 65 Satz 1 und 4 GG für den Bundeskanzler und Art. 65 Satz 2 für die Bundesminister.

Ausschüsse gibt es auch auf der Ebene der Bundesregierung. Als ihre Teile kommen allerdings nur die mit Kabinettsmitgliedern besetzten Ausschüsse (sog. echte Kabinettsausschüsse) in Betracht, z.B. das Wirtschaftskabinett oder der Bundessicherheitsrat[78]. Diesen Ausschüssen sind aber weder durch das Grundgesetz noch durch die GeschO BReg eigene Rechte eingeräumt, so daß sich ihre Beteiligten- oder Parteifähigkeit weder aus Art. 93 Abs. 1 Nr. 1 GG noch aus § 63 BVerfGG ergeben kann. Insofern bleibt es ohne praktische Konsequenz, daß § 63 BVerfGG – anders als die Verfassungsnorm – die Geschäftsordnung der Bundesregierung nicht mitumfaßt.

(5) Teile des Gemeinsamen Ausschusses (Art. 53 a GG) sind neben dem Vorsitzenden   **1009** (Präsident des Bundestages) die Fraktionen und Abgeordneten. Für sie gilt das zu den Teilen des Bundestags Ausgeführte entsprechend.

bb) Sonstige „andere Beteiligte"

Es wurde schon darauf hingewiesen, daß der Begriff „Organteile" (§ 63 BVerfGG) den in   **1010** Art. 93 Abs. 1 Nr. 1 GG verwendeten Begriff der „anderen Beteiligten, die durch dieses Grundgesetz oder in der Geschäftsordnung eines obersten Bundesorgans mit eigenen Rechten ausgestattet sind", nicht völlig ausschöpft. Es bleiben Kompetenzträger übrig, die weder als Organteile noch als oberste Bundesorgane erfaßt werden können, für die sich aber dennoch eine gleichwertige Stellung aus dem Grundgesetz ergibt. Bei ihnen handelt es sich – in der Terminologie des Art. 93 Abs. 1 Nr. 1 GG – ebenfalls um „andere Beteiligte". § 63 BVerfGG nimmt von ihnen hingegen keine Notiz, was aber unschädlich ist, da sich die Parteifähigkeit der nach der Verfassungsnorm im Organstreit beteiligungsfähigen Kompetenzträger aus dieser Norm selbst ergibt.

---

75 Zu vorstehendem *Stern*, Art. 93 Rn. 122, 124, 127. *Ulsamer*, in: BVerfGG-Kommentar, § 63 Rn. 17, will die Parteifähigkeit insbesondere der Ausschüsse und der Mitglieder des Bundesrates verneinen.

76 Vgl. nur *C. Arndt* (N 38), S. 231; *Laubinger* (N 30), 117; anders *Ulsamer*, in: BVerfGG-Kommentar, § 63 Rn. 8 m.w.N.

77 Zur Anwendung des Zitierungs- und Interpellationsrechts auf den Vermittlungsausschuß vgl. *Maunz*, in: Maunz/Dürig, Art. 43 Rn. 4; s. auch § 5 GeschO Vermittlungsausschuß.

78 Vgl. *Stern*, Das Staatsrecht der Bundesrepublik Deutschland, II (1980), S. 288 f.

1011 Wie gezeigt, ist es sowohl für den Abgeordneten als auch für den Vermittlungsausschuß gut vertretbar, ihre Beteiligten- und Parteifähigkeit nicht unter dem Aspekt des Organteils, sondern unter dem des sonstigen „anderen Beteiligten" zu bejahen. Ausdrücklich hat das BVerfG hierunter die politischen Parteien subsumiert[79]. Ihre Einbeziehung in den Kreis der organstreitfähigen Rechtssubjekte beruht auf ihrer Rolle als Integrationsfaktoren für das Staatsganze, ihrer Stellung als „Transmissionsriemen" zwischen der politischen Willensbildung des Volkes und der staatlichen Willensbildung. Zwar sind die Parteien gesellschaftliche Verbände, so daß ihre Verankerung im bürgerlichen Rechtskreis grundsätzlich gegen ihre Zulassung zum Organstreit spricht: Die Parteien sind eben gerade nicht „Inhaber von Staatsgewalt"[80]. Entscheidend aber ist ihre in Art. 21 Abs. 1 GG umschriebene Funktion geworden, „ohne die die Durchführung von Wahlen und die Besetzung der obersten Staatsämter in der modernen Massendemokratie nicht möglich ist"[81]. Als „verfassungsrechtlich notwendige Institutionen"[82] sind sie durch das Grundgesetz mit eigenen Rechten ausgestattet, deren Verteidigung durch die Verfassungsbeschwerde ihrem verfassungsrechtlichen Status nicht adäquat wäre[83]. Prozessual wird dieses Ergebnis mit einer einschränkenden Auslegung des in § 90 BVerfGG angeführten Art. 38 GG erreicht[84]. Wo es hingegen um behauptete Rechtsverletzungen geht, die diesen Status nicht betreffen, bleibt die politische Partei – wie nicht anders der Bürger – auf die Verfassungsbeschwerde verwiesen[85]. Allerdings entstehen gerade durch diese Doppelfunktion der Parteien als gesellschaftliche Verbände, zumeist in der Form eines nicht rechtsfähigen Vereins, und als „Faktoren des Verfassungslebens" zahlreiche Abgrenzungsschwierigkeiten zwischen Organstreitverfahren und Verfassungsbeschwerde einerseits und dem Organstreitverfahren als verfassungsgerichtlichem Verfahren und dem Verwaltungsrechtsweg andererseits[86]. Das BVerfG hat das erforderliche Abgrenzungskriterium zu Recht im Merkmal des „Verfassungsrechtsverhältnisses" gesehen und sich nicht des Merkmals der „konkreten Parteifähigkeit" bedient. Ein verfassungsrechtliches Rechtsverhältnis liegt aber nur vor, wenn auf beiden Seiten des Streites Verfassungsorgane (oder Organteile) stehen und (kumulativ) um verfassungsrechtliche Rechtspositionen gestritten wird.

---

79 Seit BVerfGE 4, 27 in st. Rspr., zuletzt E 85, 264 (284); 84, 290 (298). BVerfGE 82, 322 (335); 74, 96 (100); 74, 44 (48, 49); 73, 1 (27); 73, 40 (65); 66, 107 (115). Zum Begriff der politischen Partei vgl. § 2 ParteienG und BVerfGE 74, 44 (49); 74, 96 (100 f.); 79, 379. In der Literatur wird hingegen die Parteifähigkeit politischer Parteien im Organstreitverfahren zunehmend abgelehnt. Hierzu *Henke*, in: BK (Band 4) Bearbeitung 1991, Art. 21 Rn. 253; *J. Ipsen*, in: Sachs (Hg.), GG (2. Aufl. 1999), Art. 21 Rn. 49; *Clemens*, in: Umbach/Clemens, §§ 63, 64 Rn. 100; *Isensee*, in: FS H. Helmrich (1994), S. 240 f.; *Knies*, in: FS K. Stern (1997), S. 1165 f.

80 *Stern*, Art. 93 Rn. 139; *Schlaich*, Rn. 84. Vgl. auch oben Rn. 457.

81 Vgl. BVerfGE 13, 54 (81); 44, 125 (137).

82 Vgl. BVerfGE 13, 54 (82).

83 Vgl. BVerfGE 4, 27 (31); 60, 53 (62); 57, 1 (9).

84 BVerfGE 4, 27 (31).

85 BVerfGE 13, 54 (85); zur Abgrenzung des Zuganges zur Verfassungsbeschwerde und zum Organstreit für politische Parteien vgl. BVerfGE 4, 27; BVerfG, Kammerbeschl. vom 08.01.1996, LKV 1996, S. 333. – Siehe auch oben Rn. 457.

86 Dazu *Stern*, Art. 93 Rn. 86; ausführlich *Clemens* (N 40), S. 1262 ff. Vgl. auch folgende Entscheidungen: Parteien gegen Bundestagspräsidenten in verwaltender Funktion im Streit um Finanzmittel (Verwaltungsrechtsweg): BVerfGE 73, 1 (20); 28, 97 (102 f.); 27, 152 (157 f.); Parteien gegen Rundfunkanstalten für den Bereich der Parteienwerbung (Verwaltungsrechtsweg): BVerfGE 63, 251 (252 f.); 14, 192 (193 f.); 7, 99 (103 f.).

Anders verfährt das BVerfG, wenn politische Parteien unter Berufung auf ihren verfassungsrechtlichen Aufgabenbereich Rechtspositionen geltend machen, die über diejenigen hinausreichen, die ihnen das Grundgesetz zubilligt. Auch hier wird zwar das entscheidende Kriterium nicht in der konkreten Parteifähigkeit gesehen, das Gericht stellt jedoch dann auf das Fehlen der Antragsbefugnis gem. § 64 Abs. 1 BVerfGG ab[87].

Verhältnis zwischen   1012

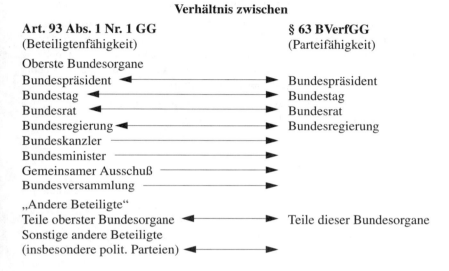

Art. 93 Abs. 1 Nr. 1 GG	**§ 63 BVerfGG**
(Beteiligtenfähigkeit)	(Parteifähigkeit)
Oberste Bundesorgane	
Bundespräsident ⟷	Bundespräsident
Bundestag ⟷	Bundestag
Bundesrat ⟷	Bundesrat
Bundesregierung ⟷	Bundesregierung
Bundeskanzler ⟶	
Bundesminister ⟶	
Gemeinsamer Ausschuß ⟶	
Bundesversammlung ⟶	
„Andere Beteiligte"	
Teile oberster Bundesorgane ⟷	Teile dieser Bundesorgane
Sonstige andere Beteiligte	
(insbesondere polit. Parteien) ⟷	

III. Antragsbefugnis

1. Allgemeines

Wenn wegen Vorliegens einer Verfassungsstreitigkeit die Zuständigkeit des BVerfG gege-   1013
ben und die Parteifähigkeit von Antragsteller und Antragsgegner bejaht sind, ist nach § 64 Abs. 1 BVerfGG weiter erforderlich, daß „der Antragsteller geltend macht, daß er oder das Organ, dem er angehört, durch eine Maßnahme oder Unterlassung des Antragsgegners in seinen ihm durch das Grundgesetz übertragenen Rechten und Pflichten verletzt oder unmittelbar gefährdet ist". Die Notwendigkeit dieser Geltendmachung (Antragsbefugnis) hat das BVerfG zutreffend als eine aus der Natur des Organstreits (Verfassungsstreitigkeit!) gezogene prozessuale Konsequenz beurteilt[88]; damit werde der Inhalt des Art. 93 Abs. 1 Nr. 1 GG „durchaus treffend näher" umrissen[89]. Mit § 64 Abs. 1 BVerfGG wird die materielle Streitigkeit prozessual durch Geltendmachung der bestrittenen Rechte umgesetzt und ihre gerichtliche Durchsetzung ermöglicht. Es handelt sich bei § 64 BVerfGG daher um eine – auf der Grundlage von Art. 94 Abs. 2 GG eingeführte – „echte Prozeßvoraussetzung"[90] (Sachentscheidungsvoraussetzung). Vor der Entscheidung zur

---

87 Vgl. BVerfGE 73, 1 (29 f.).

88 BVerfGE 1, 208 (221). – Der Begriff „Antragsbefugnis" hat sich ganz durchgesetzt, vgl. nur BVerfGE 70, 324 (350 ff.); 100, 266 (268).

89 BVerfGE 2, 143 (157); E. *Klein*, S. 565.

90 BVerfGE 2, 347 (366).

Sache wird eine weitere prozessuale Hürde aufgebaut. Folge davon ist, daß keineswegs alle diejenigen, die antragsberechtigt sind (Beteiligten- oder Parteifähigen), auch antragsbefugt sein müssen. Antragsberechtigung und Antragsbefugnis hängen nicht notwendig miteinander zusammen und sind daher strikt, auch in der Reihenfolge der Prüfung, auseinander zu halten.

Sieht man genauer zu, so enthält die Antragsbefugnis zwei verschiedene Elemente:

– die Befugnis zur prozessualen Geltendmachung eines durch das Grundgesetz übertragenen Rechts (Kompetenz), das dem Antragsteller selbst oder aber dem Organ, dessen Teil er ist, zusteht (Problem der Prozeßführungsbefugnis oder Prozeßstandschaft);
– die Geltendmachung der Verletzung oder unmittelbaren Gefährdung dieses Rechts durch Maßnahmen oder Unterlassungen des Antragsgegners.

In Literatur und Rechtsprechung wird zwischen diesen beiden Elementen nicht immer klar genug getrennt. Es herrscht z.T. große terminologische Verwirrung.

2. Prozeßführungsbefugnis/Prozeßstandschaft

1014 Prozeßführungsbefugt ist nach allgemeiner prozessualer Terminologie, wer ein Recht im eigenen Namen als die richtige Partei gerichtlich (prozessual) geltend machen kann. Prozeßführungsbefugt ist also wegen der grundsätzlichen Entsprechung von Inhaberschaft des materiellen Rechts und prozessualer Durchsetzungschance derjenige, der ein Recht als eigenes Recht im Prozeß geltend macht, oder derjenige, der aus bestimmten Gründen im eigenen Namen über ein fremdes Recht einen Prozeß führen darf. Im letztgenannten Fall handelt es sich um „Prozeßstandschaft"[91].

a) Geltendmachung eigener Rechte

1015 Nach dem klaren Wortlaut des § 64 Abs. 1 BVerfGG können nicht alle dem Antragsteller zustehenden Rechtspositionen und Kompetenzen geltend gemacht werden; es muß sich vielmehr um solche handeln, die ihm durch das Grundgesetz selbst übertragen sind. Zuständigkeitsnormen im Rang unter der Verfassung genügen nicht[92]. An dieser Stelle zeigt sich die Einschränkung, die mit dem Erfordernis der Antragsbefugnis gegenüber der Voraussetzung der Parteifähigkeit (§ 63 BVerfGG) vorgenommen wird, sehr deutlich: Fähig, Partei eines Verfassungsprozesses zu sein, ist auch ein Organ/Organteil, das sich auf eigene Rechte aus Geschäftsordnungen oberster Bundesorgane berufen kann. Ein solches Organ scheitert jedoch mangels Antragsbefugnis, wenn ihm seine verfassungsrechtliche Kompetenz gar nicht bestritten wird. Der Organstreit ist ein Streit um verfassungsrechtliche Positionen, und zwar um dem Antragsteller selbst zugeordnete Positionen. Die Respektierung sonstigen Verfassungsrechts kann im Organstreitverfahren nicht erzwungen werden (ist nicht „statthaft")[93]; es geht um keine auf diesem Wege durchzuführende all-

---

91 BVerfGE 73, 1 (28); 73, 40 (65); 68, 1 (65-69) mit Definition der Prozeßführungsbefugnis: „Prozeßführungsbefugt ist, wem gegenüber zur Sache erkannt werden darf. Dies bemißt sich nach Sachnormen (einschließlich Kompetenz- und Verfahrensnormen), und zwar danach, ob der Verfahrensbeteiligte eigene, durch Sachnormen gerade ihm zugeordnete Rechte geltend machen darf" (S. 65).
92 *Stern*, Art. 93 Rn. 146 f.; BVerfGE 27, 44 (51). Dazu gehören auch Kompetenzen aus der Natur der Sache.
93 BVerfGE 73, 40 (66).

gemeine Verfassungsaufsicht über den jeweiligen Antragsgegner[94]. So kann z.B. der Bundestag im Wege des Organprozesses Grundrechtsverletzungen oder Verstöße gegen allgemeine Regeln des Völkerrechts (Art. 25 GG) nicht rügen, da es sich dabei nicht um seine „eigenen Rechte" handelt. Dem Bundestag würde insoweit die Antragsbefugnis fehlen, sein Antrag wäre unzulässig. Eigene Rechte des Bundestages sind allein diejenigen Rechte, die ihm „zur ausschließlich eigenen Wahrnehmung oder zur Mitwirkung übertragen sind oder deren Beachtung erforderlich ist, um die Wahrnehmung seiner Kompetenzen und die Gültigkeit seiner Akte (etwa der Feststellung des Verteidigungsfalles nach Art. 115 a Abs. 1 GG) zu gewährleisten"[95]. Diese Aussage gilt für die übrigen obersten Bundesorgane oder anderen Streitbeteiligten entsprechend. Dabei ist es nicht immer einfach zu entscheiden, ob sich der Antragsteller auf „eigene Rechte" oder sonstiges Verfassungsrecht beruft. Ein anschauliches Beispiel bietet der Vortrag von Bundestagsabgeordneten, die in der vorzeitigen Auflösung des Deutschen Bundestages im Januar 1983 einen Verstoß gegen die in Art. 39 Abs. 1 GG vorgenommene Festlegung der Wahlperiode auf vier Jahre und darin zugleich eine Verletzung ihrer eigenen Rechte sahen. Das BVerfG ist diesem Argument insoweit gefolgt, als es ausführte, daß an dieser Gewährleistung (Art. 39 Abs. 1 GG) der Status des einzelnen Abgeordneten notwendigerweise Anteil habe, so daß die Antragsbefugnis zu bejahen war[96]. Ein eigenes, aus ihrem verfassungsrechtlichen Status fließendes Recht der politischen Partei ist vor allem das Recht auf Chancengleichheit, das das BVerfG zutreffend aus der Bedeutung entwickelt hat, „die der in Art. 21 Abs. 1 Satz 2 GG verbürgten Freiheit der Parteigründung und dem Mehrparteienprinzip für die freiheitliche Demokratie zukommt"[97]. Die Rüge, bestimmte steuergesetzliche Vorschriften verletzten das Recht der Bürger auf gleiche Teilhabe an der politischen Willensbildung, ist hingegen unzulässig („unstatthaft"), da sich hieraus keine eigenen Rechte der politischen Partei ableiten[98].

Entgegen früherer Aussage geht das BVerfG heute davon aus, daß auch Fraktionen mit eigenen, ihnen vom Grundgesetz übertragenen Rechten, nämlich Minderheitenrechten, die Art. 20 Abs. 2 GG (Volkssouveränität, freiheitliche Demokratie) gewährleistet, ausgestattet sind[99]; sie können also nicht nur Rechte des Parlaments in Prozeßstandschaft geltend machen[100]. **1016**

Demgegenüber ist der „Fraktion im Untersuchungsausschuß" ein eigenes vom Grundgesetz übertragenes Recht gegenüber der Bundesregierung auf Herausgabe von Akten versagt worden. Die bestimmte Minderheit, die berechtigt ist, die Einsetzung eines Untersuchungsausschusses zu verlangen und die sich durch Abstimmung konstituiert hat, ist demgegenüber aus Art. 44 Abs. 1 GG prozeßführungsbefugt[101].

---

94 BVerfGE 68, 1 (72 f.); 73, 1 (28); 100, 266 (268).
95 BVerfGE 68, 1 (73). Vgl. auch BVerfGE 60, 53 (63).
96 BVerfGE 62, 1 (32). Zum Status des Abgeordneten vgl. auch BVerfGE 10, 4 (10 f.); 60, 374 (379 f.); 70, 324 (350, 354).
97 BVerfGE 73, 1 (29); 73, 40 (65).
98 BVerfGE 73, 40 (66).
99 Nach BVerfGE 100, 266 (270) kommen als eigene Rechte nur solche im innerparlamentarischen Raum in Betracht, nicht aber solche im Verhältnis zwischen Parlament und Regierung.
100 So BVerfGE 70, 324 (351) gegen BVerfGE 2, 143 (164); andeutungsweise bereits BVerfGE 68, 1 (77). Vgl. auch *Stern*, Art. 93 Rn. 157; *Clemens*, in: Umbach/Clemens, §§ 63, 64 Rn. 73.
101 BVerfGE 67, 100 (126).

1017 Die angeführten Beispiele machen deutlich, daß es im jeweiligen Fall einer genauen Untersuchung darüber bedarf, ob der verfassungsrechtliche Bezug zum Streitgegenstand, der durch den Antrag bezeichnet ist, konkret gegeben ist. Aus Gründen der allgemeinen prozessualen Terminologie ist es zu begrüßen, daß das BVerfG diesen Zusammenhang heute mit Prozeßführungsbefugnis bezeichnet. Zunächst benutzte es dafür den Begriff der „Sachlegitimation". Nach allgemeinem Prozeßrecht ist aber die Sachlegitimation eine Frage der Begründetheit, da es sich dabei um die Träger des streitigen Rechtsverhältnisses handelt: Wenn dem Kläger der gegen den Beklagten geltend gemachte Anspruch wirklich zusteht, so ist dieser aktiv- und jener passivlegitimiert. Die Sachlegitimation bezeichnet also die Zuständigkeit im Hinblick auf das geltend gemachte Recht.

1018 Die Übertragung eines Begriffs aus der Begründetheitsprüfung in die Zulässigkeitsprüfung ist daher von der Literatur stark kritisiert worden[102]. Dem BVerfG ist allerdings einzuräumen, daß die terminologische Unsicherheit sachliche Gründe hat. Zwar könnte § 64 BVerfGG durchaus so verstanden werden, daß das Geltendmachen im Sinne einer substantiierten Behauptung sich nicht nur auf die Gefährdung oder Verletzung des reklamierten Rechts bezieht, sondern auch auf die Innehabung des Rechts selbst. Prozeßführungsbefugt wäre der Antragsteller also bereits immer dann, wenn er ein solches Recht (Kompetenz) für sich behauptet. Dies wäre die Parallele zur Prozeßführungsbefugnis im Zivilprozeß: Wer sich dort eines materiellen Rechtes (Anspruch) als eines eigenen berühmt, ist grundsätzlich hierüber prozeßführungsbefugt. Nun hat § 64 BVerfGG aber offenbar eine das Tor zum Organprozeß verengende Tendenz. Von daher liegt es nahe, seinen Wortlaut so zu verstehen, daß der Antrag nur zulässig ist, wenn dem Antragsteller das behauptete Recht als Verfassungsrecht (d.h. als vom Grundgesetz übertragene Kompetenz) tatsächlich zusteht. So jedenfalls geht das BVerfG, wie oben dargestellt, vor. Insofern wird – am zivilprozessualen Standard gemessen – in der Tat ein Stück der Begründetheitsprüfung in die Prüfung der Prozeßführungsbefugnis (vor-)verlagert.

1019 Damit ist das Problem allerdings noch nicht ausgeschöpft. Außer acht blieben bisher die strukturellen Unterschiede, die zwischen privatrechtlichen Ansprüchen und Kompetenzen bestehen. Ein Kaufpreisanspruch besteht für eine Person nicht grundsätzlich; er ergibt sich erst aus dem Abschluß eines Kaufvertrags mit einer anderen Person, worüber freilich Streit bestehen kann und deshalb dann eine gerichtliche Klärung erfolgen muß. Die Zuordnung einer Kompetenz erfolgt hingegen prinzipiell unabhängig von der Durchführung einer bestimmten Tätigkeit. Sie kann also als solche ohne weiteres anhand der gegebenen Zuständigkeitsordnung festgestellt werden. Die Behauptung, Inhaber einer Kompetenz zu sein, und die Behauptung, Inhaber eines stets notwendig gegen einen anderen gerichteten privatrechtlichen Anspruchs zu sein, stehen schon deshalb nicht auf derselben Ebene. Vor allem ist aber wichtig, daß natürliche Personen grundsätzlich Träger aller Privatrechte sein können, während der gewaltenteilende Rechtsstaat eine strikte Zuordnung von Kompetenzen vornimmt, also grundsätzlich gerade nicht jedes Organ jede Kompetenz haben kann. Gerade weil die Prozeßführungsbefugnis auf der allgemeinen Entsprechung von Inhaberschaft des materiellen Rechts und der prozessualen Durchsetzungsmöglichkeit beruht, ist es zutreffend, die (aktive) Prozeßführungsbefugnis im Organprozeß nur dann zu

---

102 Vgl. BVerfGE 1, 208 (228); 2, 143 (165); 20, 119 (129). Kritik vor allem bei *Bachof* (N 35), S. 112 ff., 118 ff.; *Goessl* (N 3), S. 146; *Lorenz* (N 14), S. 257.

bejahen, wenn dem Antragsteller die als verletzt/gefährdet behauptete verfassungsrechtliche Kompetenz tatsächlich zusteht. Ob sie wirklich verletzt/gefährdet ist, ist demgegenüber eine Sache der Begründetheit (Sachlegitimation).

b) Geltendmachen von Rechten des Organs

Prozeßführungsbefugt als Prozeßstandschafter können gem. § 64 Abs. 1 BVerfGG auch (parteifähige) Teile eines Organs sein, das seinerseits an einer Verfassungsstreitigkeit beteiligt und demgemäß auch parteifähig ist[103]. Dabei geht es nicht um die Wahrnehmung (möglicherweise bestehender) eigener Rechte des Organteils, sondern um die des Organs selbst. Wegen der grundsätzlichen Koppelung von materieller Rechtsinhaberschaft und prozessualer Durchsetzungsfähigkeit bedarf es einer besonderen, eben in § 64 Abs. 1 BVerfGG und der Sache nach bereits in Art. 93 Abs. 1 Nr. 1 GG enthaltenen[104], gesetzlichen Zulassung der prozessualen Geltendmachung von Rechten/Kompetenzen, die dem Geltendmachenden nicht selbst zustehen[105]. Die strikte Kompetenzzuordnung im Verfassungsrecht gestattet keine auf Vereinbarung im Einzelfall beruhende „gewillkürte" Prozeßstandschaft, wie sie im Zivilprozeß für möglich gehalten wird[106]. | **1020**

Voraussetzung dieser prozeßstandschaftlichen Verteidigung ist zunächst auch hier wieder, daß die geltend gemachten Kompetenzen sich aus dem Grundgesetz ergeben und dem Organ, dessen Teil als Prozeßstandschafter auftritt, zustehen. Insofern gilt das oben (a) Ausgeführte.

§ 64 Abs. 1 BVerfGG nimmt nach seinem Wortlaut keine Beschränkung auf nur bestimmte Organteile vor. Im Hinblick auf Teile des Bundestags ist allerdings nur die Prozeßstandschaft der Fraktionen unbestritten[107]. Im übrigen hat das BVerfG unter dem Beifall eines überwiegenden Teils der Literatur keine weiteren Prozeßstandschaftsfälle für Rechte des Bundestages angenommen. Die Notwendigkeit dazu ist freilich dort begrenzt, wo den Organteilen „eigene" verfassungsrechtliche Kompetenzen zugestanden werden, wie es bei Abgeordneten oder bestimmten konstituierten Minderheiten der Fall ist. | **1021**

Die „Monopolisierung" der Prozeßstandschaft für Fraktionen[108] beruht primär auf dem Gedanken des Minderheitenschutzes. Ein Organprozeß um die Rechte des Bundestages soll (außer diesem selbst) nur dem Träger der „institutionalisierten Opposition"[109] mög- | **1022**

---

103 BVerfGE 13, 54 (84). Vgl. auch die Argumentation in BVerfGE 68, 1 (69) und bei *Pestalozza*, S. 114 f.

104 Andernfalls wäre die Zuerkennung der Beteiligungsfähigkeit an „andere" Beteiligte, die nur in der Geschäftsordnung eines obersten Bundesorgans mit eigenen Rechten ausgestattet sind, sinnlos.

105 *Lorenz* (N 14), S. 252, 253 lehnt den Begriff „Prozeßstandschaft" im Zusammenhang mit § 64 Abs. 1 BVerfGG ab. Er geht davon aus, daß die begünstigten Organteile nicht fremde Rechte geltend machen können, sondern „Rechte des Kollegiums", die zugleich auch eigene sind; ebenso *Geiger*, § 64 Anm. 3.

106 Vgl. *Thomas/Putzo*, Zivilprozeßordnung (22. Aufl. 1999), § 51 Rn. 31 f.; zur Zulässigkeit im Verwaltungsprozeß vgl. OVG Rheinland-Pfalz, DÖV 1988, S. 742; *Wahl/Schütz*, in: Schoch/Schmidt-Aßmann/Pietzner, VwGO, § 42 Abs. 2 Rn. 37.

107 St. Rspr., zuletzt BVerfGE 100, 266 (268 f.); 90, 286 (336); 68, 1 (65); 67, 100 (125); 45, 1 (24); 2, 347 (367 f.); 1, 351 (359); vgl. dazu *Löwer*, S. 753 f.; *E. Klein*, S. 567; *Umbach* (N 7), S. 1257 ff. – Die Bedeutung dieser Rechtsprechung hat sich allerdings etwas vermindert, nachdem BVerfGE 70, 324 (351) den Fraktionen einen eigenen verfassungsrechtlichen Status zuerkannt hat.

108 *Löwer*, S. 754. Bezüglich der „anerkannten Gruppe" nach § 10 Abs. 4 GeschO BT (vgl. BVerfGE 84, 304 (318); 96, 264 (276)) ist diese Aussage m.E. jedoch nicht abgesichert.

109 Zu diesem Begriff *Lorenz* (N 14), S. 253. Für die Einbeziehung des einzelnen Abgeordneten *Magiera*, in: Parlamentsrecht und Parlamentspraxis in der Bundesrepublik Deutschland (1989), § 52 Rn. 84.

lich sein. Dies deckt sich mit dem historischen Befund, nach dem hauptsächlich die Fraktionen als Nutznießer der Erweiterung des in Art. 93 Abs. 1 Nr. 1 GG genannten Beteiligtenkreises durch Aufnahme von Organteilen, die Rechtspositionen hauptsächlich aus den Geschäftsordnungen oberster Bundesorgane herleiten, gelten sollten. Der Gedanke des Minderheitenschutzes[110] ist dadurch fruchtbar gemacht worden, daß das BVerfG die Prozeßstandschaft der Fraktionen auch und gerade insoweit bejaht hat, als das Organ selbst in seiner Mehrheit die von der Fraktion als Verletzung des Organrechts angegriffene Maßnahme oder Unterlassung gebilligt hatte. Sogar gegen den Willen des Organs ist damit der Organteil im Hinblick auf die Rechte des Organs prozeßführungsbefugt[111]. Hierin liegt eine bedeutsame Konsequenz der Tatsache, daß die faktische Kontrollfunktion des Parlaments zunehmend auf die in Opposition stehenden Fraktionen übergegangen ist.

Die ausdrückliche Ausklammerung der „Fraktion im Ausschuß" als Prozeßstandschafter des Beweiserhebungsrechts des Untersuchungsausschusses oder des Bundestages[112] paßt freilich mit dieser Argumentation nicht recht zusammen. Offenbar sieht das BVerfG die Verteidigung dieses Rechts durch eine (oppositionelle) Bundestagsfraktion oder durch die i.S. des Art. 44 Abs. 1 GG konstituierte Minderheit ausreichend geschützt. Angesichts des Wortlauts von § 64 Abs. 1 BVerfGG ist diese Interpretation jedoch nicht unbedenklich.

1023 Prozeßstandschaftsfälle sind bezüglich der Rechte anderer oberster Bundesorgane (z.B. Bundesregierung, Bundesrat) bisher nicht aufgetreten. Undenkbar sind solche Konstellationen freilich nicht. So könnte man etwa durchaus an Teile des Bundesrates denken, die die Rechte des Bundesrats gegenüber dem Bundestag geltend machen (z.B. in Fragen der Zustimmungsbedürftigkeit von Bundesgesetzen). Auch für die Lösung dieser Fälle ist eine enge Orientierung an § 64 Abs. 1 BVerfGG geboten.

1024 In der Literatur wird die Ansicht vertreten, die Annahme einer Prozeßstandschaft bedürfe im konkreten Fall einer inneren Rechtfertigung, d.h. es wird die Forderung nach einem speziellen rechtsschutzwürdigen Interesse des Prozeßstandschafters erhoben[113]. Derartiges wird im Zusammenhang mit der gewillkürten Prozeßstandschaft im Zivilprozeß diskutiert, aber hat keinen Platz im Rahmen einer gesetzlichen Prozeßstandschaft. Davon zu trennen ist die allgemeine Sachentscheidungsvoraussetzung eines bestehenden Rechtsschutzinteresses[114].

---

110 Vgl. BVerfGE 68, 1 (77); 60, 319 (325 f.); 45, 1 (29 f.).
111 BVerfGE 2, 347 (365 f.); 1, 351 (359); *E. Klein*, S. 567. – Da es um Rechte des Organs selbst geht, kann diese der Organteil nicht gegen das Organ (nur gegen andere Organe) geltend machen; vgl. zutreffend StGH Bad.-Württ., DÖV 2000, S. 729.
112 BVerfGE 67, 100 (126). – Kritisch auch *M. Schröder*, 57. DJT Mainz, Verhandlungen Bd. I (1988), E 116 ff.; *Pestalozza*, S. 115 N 116.
113 Vgl. *Goessl* (N 3), S. 156 f., und *Stern*, Art. 93 Rn. 162, aber unter unrichtiger Berufung auf BVerfGE 2, 142 (166), da es dort nicht um einen Fall der Prozeßstandschaft geht. Eher kritisch *Löwer*, S. 754; wie hier *Ulsamer*, in: BVerfGG-Kommentar, § 64 Rn. 26.
114 S. unten Rn. 1033.

3. Geltendmachung einer Verletzung oder unmittelbaren Gefährdung durch Maßnahmen oder Unterlassungen des Antragsgegners

a) Maßnahmen oder Unterlassungen des Antragsgegners

Der Antrag ist nur statthaft, wenn er sich gegen Maßnahmen oder Unterlassungen des An- **1025** tragsgegners richtet. Maßnahme ist ein weit zu verstehender Begriff, der Normen, Einzelrechtsakte, Realakte einschließt. So sind der Erlaß von Gesetzen[115], die Auflösung des Bundestags und die Bestimmung des Wahltags[116], die Zustimmung der Bundesregierung zur Aufstellung von Waffensystemen auf dem Boden der Bundesrepublik Deutschland[117], der Beschluß der Bundesregierung über Einsätze der Bundeswehr[118], die Antwort der Bundesregierung auf eine mündliche Anfrage[119] oder auch die Rüge eines Abgeordneten durch den Parlamentspräsidenten[120] als Maßnahme beurteilt worden. Unterlassungen haben rechtliche Bedeutung nur, wenn eine Rechtspflicht zum Handeln besteht. Insoweit kommt etwa das Versäumnis der Bundesregierung, einen völkerrechtlichen Vertrag, der i.S. von Art. 59 Abs. 2 GG ein politischer Vertrag ist oder sich auf Gegenstände der Bundesgesetzgebung bezieht, dem Bundestag vorzulegen, in Betracht[121]; ein anderes Beispiel wäre die Unterlassung des Bundespräsidenten, zu seinen Anordnungen und Verfügungen die Gegenzeichnung durch den Bundeskanzler oder den zuständigen Bundesminister einzuholen (Art. 58 GG).

Die gerügte Maßnahme oder Unterlassung muß objektiv vorliegen; die bloße Behauptung **1026** genügt nicht[122]. Sie genügt auch nicht im Hinblick auf die Zuordnung der gerügten Maßnahme/Unterlassung zum Antragsgegner. In ständiger Rechtsprechung vergewissert sich das BVerfG, daß die Maßnahme oder Unterlassung, von der der Antragsteller behauptet, sie verletze ihn in seinen verfassungsrechtlich übertragenen Kompetenzen, wirklich von dem bezeichneten Antragsgegner ausgegangen ist. Nur wenn dies der Fall ist, „darf ihm gegenüber zur Sache erkannt werden"[123].

Das BVerfG erfaßt diese Situation in seiner neuesten Rechtsprechung mit dem Begriff der **1027** „passiven Prozeßführungsbefugnis". Die Parallele zur (aktiven) Prozeßführungsbefugnis des Antragstellers ist deutlich und geht auf dieselben Überlegungen zurück. Anders als üblicherweise im Zivilprozeß, wo jeder, der einen Anspruch zu haben behauptet, gegen

---

115 BVerfGE 92, 203 (227); 82, 322 (335); 73, 1 (28); 73, 40 (65); 24, 299 (329); 20, 134 (141); 4, 144 (148). – In BVerfGE 80, 188 (209) wird auch der Erlaß der GeschO BT als „Maßnahme" bezeichnet (ebenso BVerfGE 84, 304 (318)), aber in zweifelhafter Weise gekoppelt mit Fragen der Rechtsbetroffenheit; dazu unten Rn. 1031.

116 BVerfGE 62, 1 (31 ff.). Ausführlich dazu *Umbach*, Parlamentsauflösung in Deutschland – Verfassungsgeschichte und Verfassungsprozeß (1989).

117 Vgl. BVerfGE 68, 1 (66).

118 BVerfGE 88, 173 (180); 90, 286 (337).

119 BVerfGE 13, 123 (125); 57, 1 (5).

120 BVerfGE 60, 374 (381); 80, 188 (215): Ablehnung des Antrags eines Abgeordneten durch das Plenum.

121 BVerfGE 1, 351 (359); 1, 372 (373); allerdings hat das BVerfG die Frage, ob Unterlassungen des Gesetzgebers im Wege des Organstreitverfahrens angreifbar sind, offen gelassen, BVerfGE 92, 80 (87); sie dürfte zu bejahen sein; vgl. VerfGH NW, Urt. vom 29.09.1994, NVwZ 1995, S. 579, S. 11 ff., und *Lechner/Zuck*, Vor § 63 Rn. 9.

122 *Pestalozza*, S. 112.

123 BVerfGE 68, 1 (74); 73, 1 (30); 73, 40 (67). – Diese Feststellung kann Schwierigkeiten bereiten, vgl. BVerfGE 62, 1 (33: Antragsgegner Bundespräsident oder Bundeskanzler?); dazu *Schlaich*, in: FS Bachof (1984), S. 328 ff. Ferner BVerfGE 80, 188 (216); 82, 322 (336); 90, 286 (338).

jeden, von dem er behauptet, ihm aus dem Anspruch verpflichtet zu sein, zulässigerweise einen Prozeß führen kann, geht es bei der Verfassungsstreitigkeit um die Verteidigung einzelner und ganz bestimmten Organen bewußt zugeteilter Kompetenzen[124]. Nur in dieser feststehenden Zuständigkeitsordnung können sich Organstreitigkeiten entfalten und besteht die Zuständigkeit des BVerfG. Deshalb ist aktiv zur Führung des Prozesses nur derjenige Antragsteller befugt, dem die geltend gemachte Kompetenz wirklich selbst zusteht (oder im Fall der Prozeßstandschaft dem Organ, dessen Teil er ist), und als Antragsgegner kann nur derjenige zulässigerweise auftreten, dessen Maßnahme/Unterlassung das BVerfG als verfassungs-(kompetenz)widrig beurteilen kann. Auch hier wird daher – unter zivilprozessualem Aspekt gesehen – ein Stück der üblichen Begründetheitsprüfung (handelt es sich um den sachlich richtigen Beklagten?) in die Zulässigkeitsprüfung mit hineingenommen. Der Begründetheitsprüfung bleibt vorbehalten, ob der Vorwurf, der Antragsgegner habe verfassungswidrig in den Kompetenzbereich des Antragstellers eingegriffen, wirklich zutrifft. Dies ist es, was im Organprozeß als Aktiv- bzw. Passivlegitimation (Sachlegitimation) der Parteien zu bezeichnen ist.

Die passive Prozeßstandschaft eines Organteils ist ausgeschlossen. Nur eigenes Verhalten, nicht aber das Verhalten des Organs, dem es angehört, kann es zum Antragsgegner eines Organprozesses machen[125].

b) Rechtsbeeinträchtigung

1028 Eine Verletzung oder Gefährdung der in Frage stehenden Rechte ist von vornherein nur anzunehmen, wenn die gerügte Maßnahme oder Unterlassung des Antragsgegners eine rechtliche Bedeutung hat oder doch zumindest haben kann. Das BVerfG hat das zunächst in die Formel gekleidet, das umstrittene Verhalten müsse zur Verletzung der Rechte des Antragstellers geeignet sein[126]. Die heute gebräuchliche Wendung lautet, die Maßnahme müsse rechtserheblich sein oder sich zumindest zu einem die Rechtsstellung des Antragstellers beeinträchtigenden, rechtserheblichen Verhalten verdichten können[127]. Eine solche Rechtserheblichkeit ist vom BVerfG z.B. bei einer vom Bundestagspräsidenten erteilten Rüge an einen Abgeordneten wegen „nichtparlamentarischer" Äußerungen abgelehnt worden[128]. Entsprechend wurde im Hinblick auf Äußerungen der Bundesregierung oder ihrer Mitglieder im Bundestag über die Verfassungsfeindlichkeit einer politischen Partei entschieden[129]. Diese Rechtsprechung ist sachlich bedenklich, da sie sehr formal nicht nur auf die Nichtbeeinträchtigung von Rechtspositionen (z.B. Parteienprivileg), sondern auf unmittelbare Rechtsnachteile abhebt, ohne die Einbuße an Werbungskraft einer für verfassungsfeindlich erklärten politischen Partei bei rechtstreuen Bürgern zu berücksichtigen, die ihre Chancengleichheit durchaus berühren kann. Offenkundig steht hinter dieser

---

124 Vgl. aber die Parallele zur zivilprozessualen Situation im Fall der „Partei kraft Amtes"; wird die Klage gegen den Schuldner statt den Insolvenzverwalter gerichtet, ist sie wegen fehlender „passiver Prozeßführungsbefugnis" unzulässig; vgl. *Vollkommer/Zöller*, ZPO (21. Aufl. 1999), Rn. 31 vor § 50.

125 BVerfGE 2, 143 (166 f.); ebenso *Stern*, Art. 93 Rn. 165, und *Ulsamer*, in: BVerfGG- Kommentar, § 64 Rn. 22.

126 BVerfGE 2, 143 (168); 2, 347 (366); zu eng die Formulierung in BVerfGE 3, 12 (17).

127 BVerfGE 99, 19 (31); 97, 408 (414); 96, 264 (277); 60, 374 (380 f.).

128 BVerfGE 60, 374 (381).

129 BVerfGE 13, 123 (126); 57, 1 (5 ff.). – In BVerfGE 40, 287 (290) blieb die Frage dahingestellt (§ 24 BVerfGG).

zurückhaltenden Rechtsprechung die Weigerung, ein von den Antragsberechtigten selbst nicht gewünschtes Parteiverbotsverfahren (Art. 21 Abs. 2 GG) praktisch doch über die Behauptung der Verfassungsfeindlichkeit durchführen zu müssen. Mit § 64 Abs. 1 BVerfGG ist diese Zurückhaltung jedoch kaum zu vereinbaren. Hingegen ist aus prozessualer Sicht gegen die Überlegung, Anträge für unzulässig zu halten, die zweifellos rechtlich unerhebliche Maßnahmen rügen, nichts einzuwenden, da sie nicht einmal möglicherweise zu Kompetenzbeeinträchtigungen des Antragstellers führen können. Allerdings könnte man solche Fälle auch über das Fehlen von Rechtsschutzbedürfnis lösen.

c) Geltendmachung von Verletzung oder unmittelbarer Gefährdung

Für die Zulässigkeit des Antrags genügt nicht erst die Geltendmachung einer Verletzung **1029** der Rechte (Kompetenzen), hinsichtlich deren der Antragsteller prozeßführungsbefugt ist, sondern bereits die Geltendmachung ihrer unmittelbaren Gefährdung. Damit wird der Rechtsschutz zugunsten einer intakten Zuständigkeitsordnung vorverlagert. Während Verletzung jede bereits eingetretene Beeinträchtigung der Kompetenzstellung eines Organs oder Organteiles ist, auch wenn nur die Rechtsausübung, nicht die Rechtssubstanz betroffen ist, ist eine Kompetenz dann unmittelbar gefährdet, wenn deren Verletzung, falls dem nicht entgegengetreten wird, mit großer Wahrscheinlichkeit zu erwarten steht und sich bereits – sachlich und zeitlich – so konkretisiert hat, daß von einer konkreten Streitigkeit gesprochen werden kann[130]. Andernfalls könnte auch nicht im Erfolgsfall die positive Feststellung eines Grundgesetzverstoßes im Falle der (bloßen) unmittelbaren Gefährdung erfolgen (vgl. § 67 Satz 1 BVerfGG).

Ob die im Streit befindliche Kompetenz tatsächlich verletzt oder unmittelbar gefährdet **1030** ist, ist eine Sache der Begründetheit. Die Geltendmachung der Verletzung oder der unmittelbaren Gefährdung aber ist Sachentscheidungsvoraussetzung. Nach ständiger Rechtsprechung des BVerfG wird dabei verlangt, daß der Sachvortrag des Antragstellers eine solche Verletzung bzw. Gefährdung als mögliche Folge des Verhaltens des Antragsgegners erscheinen lasse[131]. Mit dieser Vorprüfung wird erneut, am Maßstab des Zivilrechts gemessen[132], ein Stück der Begründetheitsprüfung in die Zulässigkeitserörterung miteinbezogen. Für diese Abweichung gibt es, abgesehen vom Wortlaut des § 64 Abs. 1 BVerfGG[133], Gründe. Sie bestehen einmal, vielleicht weniger überzeugend, in den möglichen prozeßökonomischen Folgen, zum andern und vor allem aber in der durchaus akzeptablen Überlegung, daß die materielle Auseinandersetzung zwischen obersten Bundesorganen vor dem BVerfG nur dann eine innere Rechtfertigung hat, wenn es nicht von vornherein als ausgeschlossen erscheint, daß die freiheitsichernde Zuständigkeitsordnung verletzt oder gefährdet ist. Andernfalls soll das BVerfG zur Sache nicht entscheiden. Der primär objektiv ausgerichtete Verfahrenszweck macht sich hier deutlich bemerkbar. Es

---

130 Diese Definition vereinigt die berechtigten Anliegen von *Stern*, Art. 93 Rn. 178, und von *Lorenz* (N 14), S. 242.

131 BVerfGE 2, 347 (366); 70, 324 (350); 81, 310 (329); 92, 74 (79).

132 Hier genügt in der Regel die „Berührung des Anspruchs".

133 Diese Bestimmung wäre weitgehend sinnlos – ebenso wie § 42 Abs. 2 VwGO –, wenn sie sich mit der bloßen Behauptung, Inhaber des Rechts zu sein, zufrieden gäbe. Zur Kritik an § 42 Abs. 2 VwGO etwa *H.H. Rupp*, DVBl. 1983, S. 144 ff.

dürfte damit die Überlegung ausschlaggebend sein, daß Auseinandersetzungen, die vielleicht desintegrierende Wirkungen haben könnten, nicht ohne Not durchgeführt werden sollen[134].

1031 In diesen Zusammenhang kann auch das bereits erörterte Fehlen einer Rechtsbeeinträchtigung eingeordnet werden. Sind Rechtsnachteile des gerügten Verhaltens des Antragsgegners nicht erkennbar, ist auch eine Verletzung oder Gefährdung der Rechte des Antragstellers nicht möglich. Gleiches gilt, da der Antrag und seine Begründung den Streitgegenstand bestimmen, für den Fall, daß schon der Sachvortrag des Antragstellers selbst erkennen läßt, daß eine Rechtsverletzung durch den Antragsgegner ausscheidet, insoweit also „nicht schlüssig" ist. So hat das BVerfG im Nachrüstungsstreit die Rüge einer Bundestagsfraktion, die Bundesregierung habe Rechte des Bundestages dadurch verletzt, daß sie ihm keinen Gesetzentwurf von sich aus vorgelegt habe, für unzulässig („unschlüssig") gehalten, da das Parlament selbst von sich aus jederzeit habe die Gesetzesinitiative ergreifen können[135]. Fehlende Schlüssigkeit des Sachvorbringens indiziert somit die Unmöglichkeit der behaupteten Rechtsverletzung/-gefährdung[136].

1032 Nicht ganz einfach kann im Einzelfall die Entscheidung sein, ob die unmittelbare Gefährdung einer Kompetenz eine mögliche Folge des gerügten Verhaltens ist, da hier zwei Denkmöglichkeiten kombiniert werden. Gleichwohl kann man auch hier zu plausiblen Ergebnissen kommen. Läßt der Bundesrat z.B. in seiner Stellungnahme nach Art. 76 Abs. 2 GG erkennen, daß er ein Gesetz für zustimmungspflichtig hält, erscheint eine unmittelbare Gefährdung des Gesetzgebungsrechts des Bundestages als nicht möglich, da es in diesem Stadium noch gar nicht klar ist, ob der Gesetzentwurf im Parlament weiter behandelt wird; erst nach dem Gesetzesbeschluß des Bundestages (Art. 78 GG) kann es zu einer Zustimmung oder Zustimmungsverweigerung des Bundesrates kommen[137]. Problematischer ist hingegen der Fall, daß der Bundesrat einem vom Bundestag beschlossenen Gesetz die Zustimmung verweigert, das Gesetz aber gleichwohl, weil vom Bundestag als Einspruchsgesetz qualifiziert, in den Schlußabschnitt des Gesetzgebungsverfahrens (Art. 82 GG) eingeführt wird. Die Tatsache, daß das Gesetz zu diesem Zeitpunkt noch nicht existent ist (und deshalb eine abstrakte Normenkontrolle grundsätzlich unzulässig wäre), ist kein Grund, anzunehmen, daß Rechte des Bundesrates nicht betroffen sein könnten; die Tatsache, daß der Bundespräsident aufgrund seines Prüfungsrechts das Gesetz vielleicht nicht ausfertigt, ändert an der möglicherweise bereits erfolgten Kompetenzverletzung (nicht nur Gefährdung) nichts.

IV. Rechtsschutzinteresse

1033 Da zwar der Verfahrensgegenstand subjektiv bestimmt, der Verfahrenszweck aber eher objektiver Natur ist, ist das Erfordernis eines besonderen Rechtsschutzinteresses (Rechtsschutzbedürfnisses) des Antragstellers nicht zwingend. Daraus erklärt sich vielleicht die

---

134 Zu dieser Frage, allerdings unter dem Aspekt des Rechtsschutzbedürfnisses, BVerfGE 68, 1 (77).

135 BVerfGE 68, 1 (66 ff.); vgl. auch BVerfGE 60, 319 (324); 92, 74 (80).

136 So gesehen sind die sog. Schlüssigkeits- und Möglichkeitstheorie keine Gegensätze. Vgl. auch BVerfGE 80, 188 (216).

137 BVerfGE 3, 12 (17).

anfängliche terminologische Gleichsetzung des Rechtsschutzinteresses mit der Antragsbefugnis durch das BVerfG[138]. Heute ist jedoch klar, daß das BVerfG auf Seiten des Antragstellers ein Rechtsschutzbedürfnis für erforderlich hält und oft auch ausdrücklich nach der Erörterung der Antragsbefugnis prüft. In aller Regel wird diese Prüfung jedoch kurz gehalten, da die Geltendmachung einer Rechtsverletzung/-gefährdung dieses Interesse indiziert[139]. Grundsätzlich wird auch die Tatsache, daß die gerügte Kompetenzverletzung mit einem inzwischen abgeschlossenen Sachverhalt in Zusammenhang steht (z.B. Beendigung der Tätigkeit eines Untersuchungsausschusses), nicht gegen das Vorhandensein eines Rechtsschutzinteresses sprechen[140]. Entfallen soll das Rechtsschutzinteresse nach Ansicht des BVerfG aber dann, wenn der Antragsteller das gerügte Verhalten hätte selbst verhindern können, z.B. im Verhältnis Fraktion zu Bundesregierung durch den Erlaß eines aus der Mitte des Bundestags initiierten Gesetzes. Das BVerfG meint dazu, der Antragsteller solle es nicht in der Hand haben, „ohne triftigen Grund parlamentarisches Handeln durch verfassungsgerichtliche Schritte zu ersetzen"[141]. Diese Begründung würde allerdings nur dann überzeugen, wenn die Einhaltung der Kompetenzordnung wirklich nur im Interesse der Streitbeteiligten läge. An dem vielleicht versehentlichen Nichtergreifen politischer Abwehrmittel darf die Verteidigung der Kompetenzen im Interesse der freiheitlichen Ordnung, d.h. der Allgemeinheit, jedoch nicht scheitern (objektiver Verfahrenszweck). Vom Erfordernis des Rechtsschutzbedürfnisses ist daher zurückhaltend Gebrauch zu machen. Es ist völlig zutreffend, wenn das BVerfG das Rechtsschutzbedürfnis sogar dann bejaht, wenn der umstrittene Gesetzgebungsakt bereits im Zuge der abstrakten Normenkontrolle aufgehoben war[142].

V. Formerfordernisse

Der Antrag ist schriftlich zu stellen und zu begründen (§ 23 Abs. 1 BVerfGG). Der Inhalt der Begründung ergibt sich aus § 64 Abs. 1 und 2 BVerfGG; er darf sich dabei nicht in einer formelhaften Wiederholung des Wortlauts von § 64 Abs. 1 BVerfGG erschöpfen, sondern muß substantiiert darlegen, warum die beanstandete Maßnahme oder Unterlassung den Antragsteller in seinen Rechten verletzt oder unmittelbar gefährdet[143]. Auch die Norm des Grundgesetzes, gegen die das gerügte Verhalten verstoßen soll, ist zu bezeichnen; dabei handelt es sich um ein zwingendes Erfordernis[144].   **1034**

Die Eindeutigkeit, mit der auf der Einhaltung dieser Formvorschriften bestanden wird, hat ihren guten Grund, der darin liegt, daß – einem kontradiktorischen Verfahren entspre-   **1035**

---

138 BVerfGE 2, 347 (365 f.). Insgesamt zur Problematik *Stephan*, Das Rechtsschutzbedürfnis (1967), S. 129 ff.
139 Vgl. BVerfGE 62, 1 (33); 67, 100 (127); 68, 1 (77); 87, 207 (209).
140 BVerfGE 49, 70 (77); vgl. auch BVerfGE 1, 372 (379) bezüglich eines inzwischen außer Kraft getretenen völkerrechtlichen Vertrages.
141 BVerfGE 68, 1 (77); anders aber BVerfGE 90, 286 (339 f.), hierzu ablehnend das Sondervotum von zwei Richtern, ebd., S. 390 ff.
142 BVerfGE 20, 134 (141). – Nach Ausscheiden des Antragstellers aus dem Bundestag entfällt das Rechtsschutzbedürfnis, BVerfGE 87, 207 (209). Wenn die gerügte Maßnahme sich erst nach Mandatsbeendigung auswirkt, fehlt es bereits an der Antragsbefugnis, BVerfGE 92, 74 (79).
143 BVerfGE 24, 252 (258 f.).
144 BVerfGE 2, 193 (172); 68, 1 (63).

chend – der Inhalt des Antrags, wozu auch die bezeichnete Grundgesetznorm gehört, den Streitgegenstand benennt, der seinerseits den Umfang der Prüfung durch das BVerfG bestimmt[145]. Das BVerfG hält sich jedoch dabei zu Recht nicht ausschließlich an die bloße Wortfassung des Antrags, sondern stellt entscheidend auf das aus der Antragsbegründung erkennbare prozessuale Begehren des Antragstellers ab[146]. An die sich hieraus ergebende Begrenzung des Streitstoffes ist das BVerfG gebunden.

Anträge mehrerer Antragsteller (Klagehäufung auf der Aktivseite)[147] können zur gemeinsamen Behandlung verbunden werden (§ 66 BVerfGG). Ein Antrag kann gleichzeitig gegen mehrere Antragsgegner gerichtet sein (Klagehäufung auf der Passivseite)[148].

VI. Fristvorschriften

1036 Der Antrag ist binnen sechs Monaten zu stellen, nachdem dem Antragsteller das beanstandete Verhalten bekannt geworden ist (§ 64 Abs. 3 BVerfGG). Im Verhältnis der obersten Bundesorgane zueinander wird die Fristfrage nicht häufig problematisch sein[149]. Im Hinblick auf Unterlassungen wird auf die eindeutige Erfüllungsverweigerung des Antragsgegners gegenüber dem Antragsteller abgestellt[150].

1037 Liegt die beanstandete Maßnahme im Erlaß gesetzlicher Vorschriften, so beginnt die Sechsmonatsfrist nach der Rechtsprechung des BVerfG mit der Verkündung des Gesetzes[151]. Richtig ist, daß man zu diesem Zeitpunkt von einem allgemeinen Bekanntsein der Norm ausgehen muß (sog. formelle Publizität). Es ist allerdings fraglich, ob die Frist auch für die unmittelbar am Gesetzgebungsverfahren Beteiligten erst zu diesem Zeitpunkt zu laufen beginnt, z.B. für den Bundesrat, dessen Auffassung, das Gesetz sei zustimmungspflichtig, sich nicht durchsetzen konnte. Die Verkündung des Gesetzes abzuwarten, wäre allein mit prozeßökonomischen Gründen zu erklären, weil die Möglichkeit besteht, daß der Bundespräsident sich weigert, das Gesetz auszufertigen. Auch dies würde aber die Verletzung der Bundesratskompetenz durch den Bundestag nicht beseitigen. Richtig hingegen ist, daß für alle Außenstehenden (z.B. politische Parteien) eine mögliche Rechtsbeeinträchtigung frühestens mit der Verkündung des Gesetzes eintreten kann; insoweit ist es durchaus zutreffend, diesen Zeitpunkt als Fristbeginn zu wählen[152].

1038 Bei der Sechsmonatsfrist handelt es sich um eine Ausschlußfrist, nach deren Ablauf Rechtsverletzungen im Organstreitverfahren nicht mehr zulässigerweise geltend gemacht werden können[153]. Dies schließt auch die Einbringung neuen Prozeßstoffes nach Ablauf

---

145 Vgl. BVerfGE 2, 347 (367 f.); 40, 287 (290); 57, 1 (4); 68, 1 (63 f.); 73, 1 (28) – ne ultra petita.
146 BVerfGE 68, 1 (68); 60, 374 (378).
147 Vgl. BVerfGE 62, 1; 67, 100 (103); 87, 106 (107).
148 Vgl. BVerfGE 73, 40 (67); 67, 100 (102).
149 Siehe aber BVerfGE 68, 1 (74 ff.).
150 BVerfGE 4, 250 (269); 21, 312 (319); 71, 299 (304 f.); 92, 80 (89).
151 BVerfGE 24, 252 (258).
152 Vgl. auch *Pestalozza*, S. 119. – Sehr problematisch BVerfGE 80, 188 (209), wonach bei Geschäftsordnungsbestimmungen der Fristbeginn mit dem Zeitpunkt gleichgesetzt wird, zu dem sich ihr Inhalt dem Antragsteller gegenüber realisiert.
153 BVerfGE 45, 1 (30 f.); 71, 299 (304).

der Frist aus[154], doch ist die tatsächliche und argumentative Ergänzung des rechtzeitig der Prüfung des Gerichts unterbreiteten Streitstoffes (prozessuales Begehren) auch später noch möglich. Eine Wiedereinsetzung in den vorigen Stand wird jedoch nicht zugelassen[155].

VII. Verfahrensbeitritt, Anhörung

Wenn der Antrag eingegangen ist, unterrichtet das BVerfG hiervon Bundespräsident, Bundestag, Bundesrat und Bundesregierung (§ 65 Abs. 2 BVerfGG). Sinn dieser Bestimmung ist es, den obersten Bundesorganen zu ermöglichen, ihre rechtliche Sicht der Dinge dem BVerfG zur Kenntnis zu bringen, damit sie bei der Entscheidung mitberücksichtigt werden kann. Die Äußerungen werden in der Entscheidung nach der Darstellung des Sachverhaltes und nach den Rechtsausführungen der Parteien referiert[156]. Für das BVerfG können sich daraus wichtige, aber selbstverständlich nicht bindende Hinweise für die Einschätzung der zu entscheidenden Fragen ergeben. Über die in § 65 Abs. 2 BVerfGG angesprochenen Organe hinaus kann das BVerfG auch andere Organe (z.B. politische Parteien, Landesregierungen)[157] benachrichtigen und zur allgemeinen Förderung des Verfahrens (§ 22 Abs. 4 Satz 2, Abs. 5 GeschO BVerfG) um Stellungnahmen bitten. **1039**

Diese Organe werden mit der Unterrichtung oder Äußerung nicht zu Verfahrensbeteiligten. Von Seiten des Gerichts kann ihnen diese Stellung auch gar nicht eingeräumt werden[158]. Die Beitrittsberechtigung ist in § 65 Abs. 1 BVerfGG geregelt und bedarf der Initiative der dazu Berechtigten, d.h. der im Organprozeß Parteifähigen; dabei ist die oben besprochene Erweiterung des § 63 BVerfGG durch Art. 93 Abs. 1 Nr. 1 GG zu berücksichtigen (z.B. bezüglich politischer Parteien). Zulässig ist der Beitritt allerdings nur, wenn die Entscheidung des BVerfG auch für die Abgrenzung der Zuständigkeiten der Beitrittswilligen von Bedeutung ist. Hieran fehlt es etwa, wenn der Beitrittswillige gar keine in diesem Zusammenhang relevante grundgesetzliche Kompetenz geltend machen kann[159]. **1040**

Die Beitrittsmöglichkeit erklärt sich letztlich aus einem § 31 BVerfGG zu entnehmenden Rechtsschutzbedürfnis[160]. Da die Entscheidungen des BVerfG über die konkrete Fallentscheidung hinaus Bindungswirkung haben, können die Aussagen des BVerfG sich auch auf andere als Antragsteller und Antragsgegner auswirken. Die insoweit bestehende Beitrittsmöglichkeit gewährleistet, daß die Rechtsauffassung dieser Organe dem BVerfG unterbreitet und berücksichtigt werden kann[161]. **1041**

---

154 BVerfGE 68, 1 (63 f.); 80, 188 (217).

155 BVerfGE 24, 252 (257 f.); 80, 188 (210); 92, 80 (87).

156 Z.B. BVerfGE 67, 100 (119).

157 Z.B. BVerfGE 24, 252 (263). Vgl. auch die Anhörung von Auskunftspersonen in BVerfGE 80, 188 (208).

158 Die Möglichkeit einer Beiladung wie im Verwaltungsprozeß (§ 65 VwGO) besteht nicht, BVerfGE 20, 18 (26). Es ist aber auf BVerfGE 42, 103 (118) aufmerksam zu machen, wo der Beitritt im Zwischenländerstreit (s.u. Rn. 1109) aus Gründen der Prozeßökonomie für zulässig erklärt wird, „wenn mehrere Länder in gleicher Lage dasselbe Interesse an rechtskräftiger Feststellung und Klärung einer bestimmten Rechtsposition haben".

159 BVerfGE 67, 100 (119).

160 Dazu *E. Klein*, S. 567 f.; *Umbach*, in: Umbach/Clemens, § 65 Rn. 5.

161 Dies impliziert, daß neue, bislang im Verfahren noch nicht vorgebrachte Argumente eingeführt werden können; *Isensee*, in: FS Helmrich (1994), S. 233, bezeichnet dies als die „eigentliche Pointe des Beitritts".

1042 Eine gewisse Einschränkung der Beitrittsmöglichkeit hat das BVerfG aus der Rechtsnatur des Organstreites als eines kontradiktorischen Verfahrens gezogen: Der Beitrittswillige ist nicht nur, was schon § 65 Abs. 1 BVerfGG verlangt, gehalten, dem Verfahren auf Seiten einer der Prozeßparteien beizutreten (und sich damit deren prozessuales Begehren grundsätzlich zu eigen zu machen), sondern er muß es auf Seiten derjenigen Partei tun, deren rechtliche, nicht notwendig politische Interessen den seinen entsprechen[162]. So können nach Ansicht des BVerfG in einem Streit politischer Parteien gegen den Bundestag andere politische Parteien nicht auf Seiten des Bundestages beitreten, da ihnen die Kompetenz des Bundestages nicht zukommt, wohl aber der von den antragstellenden Parteien innegehabte verfassungsrechtliche Status[163]. Der Beitrittswillige wird damit – unabhängig von seiner politischen Sympathie – in das dem Rechtsstreit zugrunde liegende materiellrechtliche Rechtsverhältnis eingegliedert, die der Verfassungsstreitigkeit entsprechende Klarheit der (rechtlichen) Fronten prozessual abgesichert[164].

1043 Hierzu paßt eine frühe Entscheidung des BVerfG nicht, in der es den Beitritt des Bundestages auf der Seite der Bundesregierung, gegen die eine Bundestagsfraktion einen Organstreit (in Prozeßstandschaft) führte, für zulässig gehalten hat[165]. Das rechtliche Interesse des Bundestages steht an sich im Gleichklang mit dem Vorbringen der Fraktion, die ja gerade die rechtlichen Interessen des Parlaments in Prozeßstandschaft gerichtlich durchsetzen will[166]. Daß die Mehrheit des Bundestages diese Auffassung nicht teilt, ist ohnehin aus der Prozeßsituation klar ersichtlich. Den Grund hierfür kann das BVerfG sich jederzeit dadurch zugänglich machen, daß es den Bundestag um Stellungnahme ersucht.

1044 Der Beitretende erhält eine den Streitparteien entsprechende prozessuale Position mit eigenem Recht, Anträge zu stellen, die freilich mit dem das Verfahren einleitenden Antrag des Antragstellers in einem inneren Zusammenhang verbleiben müssen[167].

VIII. Entscheidungsbefugnis und Prüfungsumfang

1045 Wenn die allgemeinen und besonderen Zulässigkeitsvoraussetzungen gegeben sind, kann das BVerfG zur Sache entscheiden. Ist der Antrag hingegen unzulässig, wird er „verworfen"[168], ohne daß in eine materiell-rechtliche Prüfung eingetreten wird. Nur im Fall der sogenannten a *limine*-Abweisung (§ 24 BVerfGG) darf die Zulässigkeit des Antrags dahingestellt bleiben[169].

---

162 Entwickelt im Bund-Länder-Streit, für den aber die §§ 64-67 BVerfGG entsprechend anwendbar sind, BVerfGE 12, 308 (310 f.).

163 BVerfGE 20, 18 (23 ff.).

164 Kritisch zur „richterrechtlichen Hürde der gleichgerichteten rechtlichen Interessen" *Isensee* (N 161), S. 239 f.

165 BVerfG 1, 351 (359 ff.); zustimmend *Löwer*, S. 755. Ähnliche Argumente müßten gelten, wenn eine Fraktion einem Verfahren beitreten möchte, das eine andere Fraktion in Prozeßstandschaft gegen die Bundesregierung angestrengt hat; vgl. *Isensee* (N 161), S. 241 ff.

166 *Lorenz* (N 14), S. 256; *E. Klein*, S. 568 f.

167 BVerfGE 20, 18 (25); 6, 309 (326); zur Rechtskrafterstreckung vgl. BVerfGE 42, 103 (118). Vgl. auch *Lechner/Zuck* § 65 Rn. 6.

168 Heute gängige Formulierung, vgl. etwa BVerfGE 40, 287; 57, 1; 71, 300; 100, 266. Die Tenorierung hat sich im Laufe der Zeit geändert: BVerfGE 3, 13: „als unzulässig abgewiesen"; BVerfGE 24, 252 (253): „als unzulässig verworfen".

169 Vgl. BVerfGE 82, 316 (319).

Die verfassungsgerichtliche Prüfung wird durch den Streitgegenstand festgelegt, der sich **1046** aus dem Antrag ergibt. Seine Aufrechterhaltung durch den Antragsteller ist für die Durchführung des Verfahrens jedoch nicht notwendigerweise ausschlaggebend. Jedenfalls nach einer mündlichen Verhandlung kann der Antragsteller, wie das BVerfG entschieden hat, über den Streitgegenstand und den Gang des Verfahrens nicht mehr allein verfügen, sondern bedarf hierfür der Zustimmung des Gerichts. Diese Zustimmung kann verweigert werden, wenn öffentliche Interessen, die das Gericht feststellt, entgegenstehen[170]. Die Einschränkung der Dispositionsmaxime ist mit dem primär objektiven Verfahrenszweck durchaus zu rechtfertigen[171], der mit dem subjektiv bestimmten Verfahrensgegenstand auszubalancieren ist. Diese Zwischenstellung des Organprozesses erklärt es andererseits, daß die Dispositionsmaxime nicht weiter zurücktritt und der Streitstoff und der Gang des Verfahrens nicht bereits mit dem Eingang des Antrags beim BVerfG (Rechtshängigkeit) dessen Verfügung unterliegen. Der Dispositionsgrundsatz wird daher nur partiell durch die Offizialmaxime verdrängt.

Maßstab der inhaltlichen Prüfung ist das Grundgesetz, genauer die vom Antragsteller ins **1047** Feld geführten und ihm zustehenden grundgesetzlichen Rechte oder Pflichten. Kann das BVerfG eine Verletzung oder unmittelbare Gefährdung dieser Rechtspositionen nicht feststellen, so wird der Antrag „zurückgewiesen"[172]. Eine ausdrückliche Feststellung, daß das beanstandete Verhalten des Antragsgegners nicht gegen das Grundgesetz verstoßen hat, wird nicht getroffen. Dies ergibt sich zwar nicht aus dem insoweit offenen Wortlaut des § 67 Satz 1 BVerfGG, wohl aber aus der Tatsache, daß das Verhalten des Antragstellers ja nicht in vollem Umfang am Maßstab des Grundgesetzes geprüft wird, sondern nur in dem durch den Antrag beschränkten Umfang. Eine andere Grundgesetzverletzung bleibt immerhin denkbar. Es bliebe somit nur die Feststellung, daß die Maßnahme des Antragsgegners den Antragsteller nicht in der von ihm geltend gemachten Zuständigkeit verletzt; diese Tenorierung entspräche jedoch nicht § 67 Satz 1 BVerfGG[173].

Denn selbst im Fall des Erfolges kann nach § 67 Satz 1 BVerfGG nur festgestellt werden, **1048** daß die Maßnahme oder Unterlassung des Antragsgegners „gegen eine Bestimmung des Grundgesetzes verstößt". Es wird nicht ausdrücklich die Rechtsverletzung gegenüber dem Antragsteller bestätigt, sondern es wird der Verstoß gegen eine ausdrücklich zitierte Vorschrift des Grundgesetzes festgestellt (§ 67 Satz 2 BVerfGG)[174]. Dies entspricht § 64 Abs. 2 BVerfGG, steht aber auch mit Art. 93 Abs. 1 Nr. 1 GG in Einklang. Dem Charakter des Organprozesses als eines kontradiktorischen Verfahrens widerspricht auch der Verzicht auf den Ausspruch der Rechtsunwirksamkeit der Maßnahme oder auf ihre Nichtigerklärung in der Urteilsformel nicht. Das Gericht hat sogar beides ausdrücklich für unzulässig gehalten[175]. In einem Rechtsstaat muß die verfassungsgerichtliche Feststellung

---

170 BVerfGE 24, 299 (300); stark relativiert durch BVerfGE 83, 175 (181).
171 Dazu *E. Klein*, S. 569 f.
172 Z.B. BVerfGE 68, 1 (3); 73, 1 (2).
173 Das BVerfG ist aber in der Tat zunächst so vorgegangen, vgl. BVerfGE 1, 351 (352); 1, 372 (373); ein solches Vorgehen schlägt wieder vor *Umbach*, in: Umbach/Clemens, § 67 Rn. 14.
174 Vgl. BVerfGE 67, 100 (103). Allerdings verfährt das BVerfG großzügig, vgl. einerseits BVerfGE 85, 264 (266 f.), andererseits BVerfGE 90, 286 (290).
175 BVerfGE 1, 351 (371); 20, 119 (129); 20, 134 (140); 24, 300 (351); 85, 264 (326). Gerade die letztgenannte Entscheidung zeigt jedoch, daß die Grenzen zur gestalterischen Entscheidung leicht überschritten sind; vgl. auch *Knies*, in: FS K. Stern (1997), S. 1166 f.

der Grundgesetzverletzung ausreichen, damit die Verfassungsorgane die notwendigen Konsequenzen ziehen. Hierzu sind sie aus Art. 20 Abs. 3 GG verpflichtet[176]. Notfalls kann das BVerfG die Entscheidung über eine Vollstreckungsanordnung (§ 35 BVerfGG) sichern.

1049 § 67 Satz 3 BVerfGG stellt es in das Ermessen des Gerichts[177], ob es in der Entscheidungsformel zusätzlich eine für die Auslegung der einschlägigen Bestimmung des Grundgesetzes erhebliche Rechtsfrage entscheiden will, von der die Feststellung gemäß Satz 1 abhängt. Dieser etwas weite Wortlaut wird auf die den Anlaß des Organprozesses darstellende konkrete Streitigkeit jedoch dadurch zurückbezogen, daß das BVerfG aus der Aufnahme in den Tenor nur die Feststellung ableiten will, daß die Maßnahme oder Unterlassung gegen das Grundgesetz verstoßen habe[178]. Damit liegt die Funktion des § 67 Satz 3 BVerfGG in einer Klarstellung, die durch Aufnahme in den Tenor rechtskräftig wird[179]. In der Praxis spielte die Vorschrift bisher keine Rolle.

IX. Würdigung

1050 Fragt man, ob der Organprozeß in der Ausgestaltung durch das BVerfG geeignet ist, die gewaltenteilende und damit freiheitssichernde Kompetenzverteilung zwischen den obersten Bundesorganen und den sonst zugelassenen Beteiligten gegen Übergriffe aus dieser Ebene heraus zu sichern, ob also die prozessualen Regeln dem materiellen Recht adäquat sind, so ist darauf hinzuweisen, daß es vor allem durch die parteienstaatlich nahegelegte Aufnahme der politischen Parteien in den Kreis der Parteifähigen (§ 63 BVerfGG) und durch die Betonung des Schutzes politischer Minderheiten, insbesondere der (Oppositions-) Fraktionen, gelungen ist, neuen mit dem parlamentarischen Regierungssystem verbundenen politischen Strukturen prozessual gerecht zu werden. Die grundsätzliche Ausrichtung des Organprozesses als eines kontradiktorischen Verfahrens, die freilich im Einzelfall unter dem Aspekt des primär objektiven Verfahrenszwecks korrigiert wird, ist diesem Erfolg dienlich gewesen, da von einem „Kompetenzegoismus" der möglicherweise tangierten Organe ausgegangen werden kann, der reaktionslose Hinnahme von Kompetenzüberschreitungen nicht erwarten läßt.

X. Prüfungsaufbau

1051 Das BVerfG geht bei der Prüfung der Zulässigkeitsvoraussetzungen des Organstreits grundsätzlich nach folgender Reihenfolge vor[180]:

---

176 Dazu *Lücke*, JZ 1983, S. 380 ff.; *Schlaich*, Rn. 338. Vgl. auch BVerfGE 85, 264 (326 f.).

177 BVerfGE 1, 144 (148); 1, 372 (380); 2, 143 (172). Die Prozeßbeteiligten können diese Ermessensausübung „anregen", aber nicht „beantragen", BVerfGE 1, 372 (380).

178 BVerfGE 1, 351 (371).

179 Ebenso *Detterbeck*, S. 398 f. Unklar – keine Allgemeinverbindlichkeit i.S. einer Rechtskraftbindung – *Umbach*, in: Umbach/Clemens, § 67 Rn. 20. Vgl. auch *Sachs*, Die Bindung des BVerfG an seine Entscheidungen (1977), S. 206 ff.

180 Vgl. z.B. BVerfGE 67, 100 (123 ff.).

1. Rechtsweg/Zuständigkeit des BVerfG
   (Art. 93 Abs. 1 Nr. 1 GG, § 13 Nr. 5 BVerfGG)
2. Parteifähigkeit (Art. 93 Abs. 1 Nr. 1 GG, § 63 BVerfGG)
3. Antragsbefugnis (§ 64 Abs. 1 BVerfGG)
4. (Passive) Prozeßführungsbefugnis des Antragsgegners (§ 64 Abs. 1 BVerfGG)
5. Rechtsschutzinteresse
6. Form und Fristvorschriften (§ 64 Abs. 2 und 3 BVerfGG)
7. Verfahrensbeitritt (§ 65 BVerfGG)

§ 27 Die Bund-Länder-Streitigkeiten

I. Übersicht

In einem Bundesstaat, der durch die Aufteilung der staatlichen Aufgaben auf Gesamtstaat und Gliedstaaten und eine entsprechende Kompetenzzuordnung an die Aufgabenträger charakterisiert ist, gehört die Vorsorge zur Beilegung von Streitigkeiten, die sich aus diesem Verteilungssystem ergeben, zu den notwendigen Inhalten der gesamtstaatlichen Verfassung. „Das Verhältnis von Bund und Ländern kann im Bundesstaat rechtlich nicht im Ungewissen bleiben" – diese Aussage des BVerfG wird von allen bundesstaatlichen Verfassungen bestätigt[1]. **1052**

Eine andere Frage ist, wem die Rolle der streitschlichtenden Instanz zukommen soll. In Betracht kommen politische oder richterliche Instanzen. Die Bismarcksche Reichsverfassung wählte die erste Alternative und übertrug die letztlich maßgebende Beurteilung dem Bundesrat (Art. 19). Die Weimarer Reichsverfassung hingegen nahm unter Rückgriff auf Art. 126 lit. a der (nicht in Kraft getretenen) Paulskirchen-Verfassung (1849) den Gedanken der richterlichen Streiterledigung auf und wies dem Staatsgerichtshof für das Deutsche Reich die Entscheidung über Streitigkeiten zwischen dem Reich und einem Land zu, soweit nicht ein anderer Gerichtshof des Reichs zuständig war (Art. 19)[2].

Das Grundgesetz knüpft an diese Tradition an und integriert die Erledigung von Streitigkeiten zwischen Bund und Ländern in die Zuständigkeit des BVerfG. Dabei wird allerdings differenziert vorgegangen: Während für verfassungsrechtliche Streitigkeiten das BVerfG ein Zuständigkeitsmonopol hat (Art. 93 Abs. 1 Nr. 3 GG), entscheidet in anderen öffentlich-rechtlichen Streitigkeiten das BVerfG nur, „soweit nicht ein anderer Rechtsweg gegeben ist" (Art. 93 Abs. 1 Nr. 4, 1. Alt. GG). Dies entspricht einerseits dem Prinzip der Subsidiarität der Verfassungsgerichtsbarkeit und dem Vorrang der Fachgerichtsbarkeit, stellt aber für den Fall anderweitig fehlender Gerichtszuständigkeit einen lückenlosen verfassungsgerichtlichen Rechtsschutz zur Verfügung[3], mit dem der Bund seiner auch sonst akzentuierten (vgl. Art. 28 Abs. 3 GG) Garantstellung für eine am Recht orien- **1053**

---

1 BVerfGE 11, 6 (13). – Vgl. auch *Bothe*, Die Kompetenzstruktur des modernen Bundesstaates in rechtsvergleichender Sicht (1971), S. 133 ff.; *Oeter*, Integration und Subsidiarität im deutschen Bundesstaatsrecht (1998).
2 Grundlegend *Triepel*, in: Festgabe Kahl (1923), S. 1 ff.; *ders.* und *Kelsen*, VVDStRL 5 (1929), S. 2 ff. und 30 ff.
3 BVerfGE 11, 6 (14).

tierte Lösung föderalistischer Probleme gerecht werden und damit ihre Behandlung als **Rechts**fragen sichern kann.

Schon hier ist anzumerken, daß die meisten kompetenzrechtlichen Meinungsverschiedenheiten zwischen Bund und Ländern sich aus dem Erlaß von Gesetzen ergeben. Da Gesetze gerade auch im Verfahren der abstrakten Normenkontrolle (Art. 93 Abs. 1 Nr. 2 GG) überprüft werden können, erhält auch diese Zuständigkeit des BVerfG sozusagen unter der Hand eine föderalistische Dimension; in der Praxis hat sie insoweit sogar die Bund-Länder-Streitigkeiten weitgehend verdrängt[4].

II. Bund-Länder-Streitigkeiten nach Art. 93 Abs. 1 Nr. 3 GG

1. Verfahrensgegenstand und Verfahrenszweck

1054   Nach Art. 93 Abs. 1 Nr. 3 GG, § 13 Nr. 7 BVerfGG entscheidet das BVerfG „bei Meinungsverschiedenheiten über Rechte und Pflichten des Bundes und der Länder, insbesondere bei der Ausführung von Bundesrecht durch die Länder und bei der Ausübung der Bundesaufsicht". Diese materiell-rechtliche Zuständigkeitsnorm wird prozessual ergänzt durch §§ 68-70 BVerfGG, wobei § 69 BVerfGG die entsprechende Geltung der §§ 64-67 BVerfGG anordnet, also auf die Vorschriften für das Organstreitverfahren verweist.

1055   Für die Bestimmung des Verfahrensgegenstandes ist die Inbezugnahme des § 64 BVerfGG entscheidend, weil danach Prozeß-(Sachentscheidungs-) Voraussetzung ist, daß der Antragsteller die Verletzung eigener durch das Grundgesetz übertragener Rechte und Pflichten durch den Prozeßgegner geltend macht. Ausgehend von dieser einfachgesetzlichen Festlegung hat das BVerfG in voller Parallele zum Organstreitverfahren auch das hier behandelte Verfahren als kontradiktorisches Streitverfahren bezeichnet, bei dem „Antragsteller und Antragsgegner in einem verfassungsrechtlichen Rechtsverhältnis zueinander stehen müssen, aus dem sich Rechte und Pflichten ergeben, die sie gegenseitig achten müssen und die zwischen ihnen streitig geworden sind"[5].

1056   Allerdings muß man sich mit dem Einwand auseinandersetzen, daß in Art. 93 Abs. 1 Nr. 3 GG das Wort „Streitigkeit" – anders als in Nr. 1 – nicht verwendet wird, sondern ebenso wie in Nr. 2 (abstrakte Normenkontrolle) der Begriff „Meinungsverschiedenheiten" gewählt ist. In der Tat setzt bei einer einfachen Wortauslegung eine Meinungsverschiedenheit keineswegs zwingend ein besonderes Rechtsverhältnis zwischen den jeweils Beteiligten voraus[6]. Gleichwohl sprechen die besseren Gründe für eine restriktive Interpretation der in Art. 93 Abs. 1 Nr. 3 GG genannten Meinungsverschiedenheiten im Sinne von kontradiktorischen Streitigkeiten. Der Unterschied zu Nr. 2 (abstrakte Normenkontrolle) besteht darin, daß der Bereich der Meinungsverschiedenheiten sachlich auf die „Rechte und Pflichten des Bundes und der Länder" verengt ist. Damit erfolgt ein deutlicher Hinweis auf das Gegenseitigkeitsverhältnis der möglichen Verfahrensbeteilig-

---

4 Dazu unten Rn. 1088.

5 BVerfGE 20, 18 (23 f.); vgl. auch BVerfGE 2, 143 (155); 13, 54 (72 ff.). BVerfGE 42, 103 (113) bezieht auch Statusstreitigkeiten ein.

6 Vgl. *Rinken*, in: AK, Art. 93 Rn. 34.

ten[7]. Hinzu kommt, daß die in Art. 93 Abs. 1 Nr. 3 GG aufgeführten Beispiele (Ausführung von Bundesrecht, Ausübung der Bundesaufsicht) ein materielles (Verfassungs-) Rechtsverhältnis zwischen Bund und Land (Ländern) implizieren. Auch der Wortlaut der anschließenden Bestimmung (Art. 93 Abs. 1 Nr. 4 GG), der von „anderen Streitigkeiten" spricht, sowie die bereits für Art. 19 WRV entwickelte Meinung sprechen für die Ansicht des BVerfG[8]. §§ 69, 64 BVerfGG interpretieren Art. 93 Abs. 1 Nr. 3 GG daher zutreffend.

Der Verfahrensgegenstand (Streitgegenstand) ist also subjektiv definiert, da der ihn bestimmende Antrag notwendig auf die zugrunde liegende verfassungsrechtliche Streitigkeit rückbezogen ist, an der die Prozeßparteien beteiligt sind und bei der um deren eigene „Rechte und Pflichten" gestritten wird[9]. Nicht zu verkennen ist, daß damit das auf Verfassungsverletzung überprüfbare Handlungsspektrum reduziert wird, da zulässigerweise nur solche Verfassungsverstöße in diesem Verfahren gerügt werden können, die zugleich Verletzungen von Rechten des Antragstellers darstellen. Das BVerfG hat sich dieser Konsequenz im Prinzip auch durchaus gestellt[10], andererseits aber doch eine gewisse Ausweitung der Rügemöglichkeiten vorgenommen[11]. **1057**

Wie im Organstreitverfahren ist hingegen der Verfahrenszweck auch hier primär objektiv bestimmt. Denn die Rechte und Pflichten von Bund und Ländern, um die gestritten wird, sind subjektiv-öffentlichen Rechten nicht vergleichbar. Es handelt sich vielmehr auch hier um Kompetenzen, die für ihre Träger indisponibel und unverzichtbar sind[12], die sich durch ihre „Fremdnützigkeit" auszeichnen. Sie dienen der vertikalen Gewaltenteilung, dem politischen und kulturellen Pluralismus und damit auch der individuellen Freiheit. Eine Kompetenzüberschreitung von Seiten des Bundes oder der Länder beeinträchtigt so nicht nur die Rechtsposition des verletzten Beteiligten, sondern wirkt sich störend auf das gesamte bundesstaatliche Gefüge aus. Die Zuständigkeitsträger eignen sich zur Entdeckung und Verfolgung solcher rechtswidrigen Übergriffe am ehesten, da sie naturgemäß daran interessiert sind, ihre eigenen Kompetenzbereiche zu wahren. Sie sind dazu berufen und angehalten, eine permanente gegenseitige Kontrolle auszuüben, um ihre subjektiven Positionen im Falle einer Beeinträchtigung zum Wohle der Allgemeinheit – d.h. im öffentlichen Interesse – zu verteidigen[13]. **1058**

---

7 Vor allem *Stern*, Art. 93 Rn. 328; *Leisner*, in: BVerfG und GG, I (1976), S. 263. Hingegen überzeugt der dort gleichfalls enthaltene Hinweis darauf kaum, daß bei der abstrakten Normenkontrolle der Kreis der Antragsberechtigten genau abgegrenzt ist, während dies in Art. 93 Abs. 1 Nr. 2 GG nicht der Fall sei.

8 Vgl. BVerfGE 13, 54 (72). Zu Art. 19 WRV vgl. *Triepel*, in: Festgabe Kahl (N 2), S. 30 f., und *Anschütz*, Die Verfassung des Deutschen Reiches (14. Aufl. 1933), Art. 19 Anm. 12. Kritisch *Leisner* (N 7), S. 263 N 14. – Wenig aufschlußreich ist die Entstehungsgeschichte des Art. 93 Abs. 1 Nr. 3 GG; vgl. *v. Doemming/Füßlein/Matz*, JöR NF 1 (1951), S. 669, 671, 673 ff.

9 Es ist also eine „kontradiktorische" Streitigkeit, nicht eine Streitigkeit im Sinne einer „allgemeinen Prozeßsache"; so aber *Schachtschneider*, Der Weg zum BVerfG in Bund-Länder-Streitigkeiten (Diss. Berlin 1969), S. 2 ff. – Zum hier fehlenden Charakter des Insichprozesses vgl. *Löwer*, S. 760. *Detterbeck*, S. 406, definiert den Verfahrensgegenstand „als Frage der Verfassungsmäßigkeit des beanstandeten Verhaltens".

10 BVerfGE 13, 54 (96 f.).

11 Dazu unten Rn. 1064 ff.

12 BVerfGE 41, 291 (311); 1, 14 (35).

13 Vgl. *Löwer*, S. 761: „Wächteramt über die Kompetenzordnung der Verfassung". Vgl. auch die entsprechende Funktion der nach Art. 226, 227 EGV zuerkannten Klageberechtigung.

2. Parteifähigkeit und Prozeßfähigkeit

1059 Als Kompetenzzuweisungsnorm enthält Art. 93 Abs. 1 Nr. 3 GG keine direkte Aussage über die Parteifähigkeit im gerichtlichen Verfahren, obgleich die Benennung von Bund und Ländern als Beteiligte des materiell-rechtlichen Streitverhältnisses darauf hinweist, daß sie auch die Parteien im entsprechenden Verfassungsprozeß sind. § 68 BVerfGG, der für den Bund die Bundesregierung und für ein Land die Landesregierung als Antragsteller oder Antragsgegner bezeichnet, kann ebenfalls dahin verstanden werden, daß er von der Parteistellung des Bundes und der Länder ausgeht. Ganz eindeutig ist der Wortlaut jedoch nicht. Die mögliche Alternative, daß die Regierungen Prozeßstandschafter ihrer Verbände sind und selbst als Prozeßparteien fungieren[14], würde voraussetzen, daß sie fremde Rechte im eigenen Namen geltend machen. Man muß zwar unter dem Aspekt der föderalen Kompetenzverteilung die Rechte, um die hier gestritten wird, dem Verband und nicht den Organen zuordnen (Verbandskompetenzen), so daß sie bei formaler Betrachtung für die Regierung tatsächlich „fremde" sind[15]. Aber es besteht – anders als beim Organstreit, wo es Minderheiten zu schützen gilt[16] –, keinerlei Anlaß, hier eine komplizierte prozessuale Konstruktion auf den Bund-Länder-Streit zu übertragen. Ganz überwiegend wird daher in der Literatur von der Parteistellung von Bund und Ländern selbst ausgegangen[17]. Auch das BVerfG verfolgt diese richtige Linie, was besonders in der Tenorierung der stattgebenden Entscheidungen zum Ausdruck kommt[18].

1060 § 68 BVerfGG beeinträchtigt also nicht die Parteistellung der staatlichen Gebietskörperschaften. Er erklärt sich durch die Vorstellung, daß eine juristische Person nicht prozeßfähig und auf die „Vertretung" durch ihre zuständigen Organe angewiesen ist[19]. Auch wo der juristischen Person selbst Handlungs- und Prozeßfähigkeit durch ihre Organe zugebilligt und damit eine unmittelbare Zurechnung von Rechtsfolgen ermöglicht wird[20], bedarf es jedenfalls eines Organhandelns. Nach dem Willen des Gesetzgebers kommen dafür ausschließlich die Regierungen in Betracht. Diese Exklusivität, die die Bedeutung einer echten Sachentscheidungsvoraussetzung hat[21], folgt der Erkenntnis, daß im föderalistischen Gefüge es die Regierungen sind, die die Rechtspositionen ihrer Verbände am effektivsten verteidigen und vertreten können. Zudem wird die Rolle der Bundesregierung im föderalistischen Zusammenhang vom Grundgesetz selbst mehrfach hervorgehoben[22], und für die Landesregierungen gilt Entsprechendes[23].

---

14 So *Leibholz/Rupprecht*, § 68; *Maunz*, in: Maunz/Dürig, Art. 93 Rn. 51; *Degenhart*, Staatsrecht I (16. Aufl. 2000), Rn. 606. Unklar *Pestalozza*, S. 136 f.

15 Wo allerdings gerade die Kompetenzen der Regierung verletzt sind, würde es sich insoweit um (auch) „eigene" Rechte handeln.

16 Vgl. oben Rn. 984, 1002.

17 *Stern*, Art. 93 Rn. 332; *Lechner/Zuck*, § 68 Rn. 2; *Geiger*, § 68 Anm. 2; *Leisner*, in: BVerfG und GG, I, S. 263; *Löwer*, S. 763; *Bethge*, in: BVerfGG-Kommentar, § 69 Rn. 81; *Detterbeck*, S. 410. Falsche prozessuale Terminologie bei *F. Klein*, BayVBl. 1976, S. 260.

18 BVerfGE 8, 122 (124); 21, 312 (313); 41, 291 (292 f.); 84, 25 (26). Vgl. auch BVerfGE 4, 115 (123).

19 Vgl. *Geiger*, § 68 Anm. 2.

20 Vgl. *Stern*, Art. 93 Rn. 332; *Löwer*, S. 763. – *Erichsen*, in: Erichsen (Hg.), Allgemeines Verwaltungsrecht (19. Aufl. 1998), § 11 Rn. 20: „Die Zurechnung organschaftlichen Verhaltens richtet sich nach den einschlägigen Regelungen des materiellen und des Organisationsrechts."

21 BVerfGE 6, 309 (323 f.); *Stern*, Art. 93 Rn. 334.

22 Zum Beispiel Art. 32 Abs. 3, 35 Abs. 3, 37 Abs. 1 GG; dazu *Stern*, Art. 93 Rn. 333.

23 Z.B. Art. 93 Abs. 1 Nr. 2 GG; *Leisner*, in: BVerfG und GG, I, S. 265.

In § 68 BVerfGG wird die Bundes-/Landes-Regierung als Kollegialorgan verstanden. Es bedarf zur Antragstellung daher eines Kabinettsbeschlusses, dessen Existenz durch Vorlage eines Auszugs aus dem Kabinettsprotokoll von Amts wegen zu verifizieren ist[24]. Die Regierung kann sich jedoch ihrerseits gem. § 22 BVerfGG vertreten lassen.

3. Antragsbefugnis

Durch die Verweisung des § 69 auf § 64 BVerfGG wird – wie beim Organstreit – die pro-   **1061**
zessuale Konsequenz daraus gezogen, daß es sich bei den Meinungsverschiedenheiten im Sinne des Art. 93 Abs. 1 Nr. 3 GG um verfassungsrechtliche Streitigkeiten handelt. § 64 bedeutet daher „kein zusätzliches und damit verfassungswidriges Erfordernis, sondern nur die Umsetzung der allgemeinen Verfassungsnorm in das besondere Verfahrensrecht"[25]. Rügefähig ist also nur die Verletzung oder unmittelbare Gefährdung solcher grundgesetzlicher Rechte und Pflichten, die dem Antragsteller gerade gegenüber dem Antragsgegner zustehen.

a) Prozeßführungsbefugnis

Im Hinblick auf die allgemeine Bedeutung der Prozeßführungsbefugnis und der Begriff-   **1062**
lichkeit kann auf die Ausführungen zum Organstreitverfahren verwiesen werden[26]. Im Bund-Länder-Streitverfahren sind stets Verbandskompetenzen des Bundes oder der Länder streitbefangen, unabhängig davon, von welchem Organ des Verbandes sie wahrgenommen werden. Die Parteien des Streites (Bund, Länder) machen also eigene Rechte geltend. Für eine Prozeßstandschaft ist hier kein Raum[27].

Im Rahmen des Bund-Länder-Streitverfahrens wiederholt sich im übrigen ein schon aus   **1063**
dem Organstreitverfahren bekanntes Problem, das gleichwohl in diesem Zusammenhang der Vertiefung bedarf. Nach §§ 69, 64 BVerfGG muß der Antragsteller geltend machen, „in seinen ihm durch das Grundgesetz übertragenen Rechten und Pflichten" verletzt oder gefährdet zu sein. Diese Verfassungsbezogenheit der rügefähigen Kompetenzen ist zwar in Art. 93 Abs. 1 Nr. 3 GG – anders als in Nr. 1 („Auslegung dieses Grundgesetzes") – nicht ausdrücklich thematisiert. Dieser Unterschied liegt jedoch darin begründet, daß mit dem Organstreit auf Bundesebene verfassungsrechtliches Neuland betreten wurde, dessen rechtlich klare Eingrenzung viel notwendiger erschien als bei der schon unter der

---

24 BVerfGE 6, 309 (324). – Ein Kabinettsbeschluß ist hingegen für den Antragsgegner nicht erforderlich; er wird Partei durch Einreichung des Antrags. Andernfalls könnte er sich durch die Nichtfassung eines Beschlusses der gerichtlichen Streitentscheidung entziehen. – Soweit die Landesverfassung vorsieht, daß das Land durch den Ministerpräsidenten vertreten wird (z.B. Art. 47 Abs. 3 Bay; Art. 91 Abs. 1 Bbg; Art. 50 BW; Art. 101 RhPf) wird diese Regelung durch § 68 BVerfGG verdrängt (Art. 31 GG); vgl. *Geiger*, § 68 Anm. 2.

25 BVerfGE 13, 54 (72); *Löwer*, S. 763.

26 S. oben Rn. 1014 ff. Dies gilt auch für die sogenannte passive Prozeßführungsbefugnis. Nur gegen den Beteiligten, von dem die angegriffene Maßnahme wirklich stammt, darf zur Sache erkannt werden; vgl. BVerfGE 8, 122 (129).

27 Es kommt auch nicht eine Prozeßstandschaft von Ländern für den Gesamtstaat in einem Prozeß gegen den Zentralstaat in Betracht, was einen dreigliedrigen Bundesstaatsbegriff voraussetzen würde; ablehnend BVerfGE 13, 54 (79); dazu *Rudolf*, in: BVerfGG und GG, II (1976), S. 236 ff. *Kimminich*, in: HStR I (2. Aufl. 1995), § 26 Rn. 41 f. – Zu dem Sonderfall des Art. 44 Einigungsvertrag s. unten Rn. 1095.

Weimarer Reichsverfassung praktizierten Verfassungsstreitigkeit zwischen dem Gesamt- und einem Gliedstaat[28]. Im übrigen macht die grundgesetzliche Differenzierung (Art. 93 Abs. 1 Nr. 3 einerseits, Nr. 4 andererseits) deutlich, daß Art. 93 Abs. 1 Nr. 3 GG nur verfassungsrechtliche Streitigkeiten zuzuordnen sind, also solche, bei denen um Kompetenzen gestritten wird, die ihre entscheidende Formung durch das Verfassungsrecht erhalten haben[29]. Dies entspricht auch der allgemeinen Rolle des BVerfG als des „Hüters der Verfassung". Es bedarf daher – wie in Art. 93 Abs. 1 Nr. 4 GG geschehen – des ausdrücklichen Hinweises darauf, wenn das BVerfG im nichtverfassungsrechtlichen (d.h. einfachrechtlichen) Bereich tätig werden soll.

1064   In aller Regel wird die notwendige Verankerung der streitbefangenen Verbandskompetenzen im Grundgesetz keine Schwierigkeiten machen (vgl. Art. 30 GG). Es genügt allerdings nicht der bloße Hinweis auf eine Verfassungsnorm, sondern sie muß geeignet sein, ein Verfassungsverhältnis zwischen den Streitparteien zu begründen, aus dem der geltend gemachte „Anspruch" herrühren könnte[30]. Grundsätzlich ungeeignet dazu sind – auch als negative Kompetenznormen! – Grundrechtsnormen, da sie ohnehin nicht den Staat berechtigen[31]. Wo dies ausnahmsweise der Fall sein kann (prozessuale Grundrechte), weisen sie keinen bundesstaatlichen Bezug auf, sind also im Bund-Länder-Verhältnis nicht relevant. Das BVerfG hat allerdings im sogenannten Fernsehstreit die Berufung der klagenden Bundesländer **auch** auf Art. 5 Abs. 1 GG als verteidigungsfähige Position zugelassen, da die „Garantie der Freiheit des Rundfunks von so fundamentaler Bedeutung für das gesamte öffentliche, politische und verfassungsrechtliche Leben in den Ländern (sei), daß diese vom Bund verlangen können, daß er im Bereich des Rundfunkwesens die durch das Grundgesetz gewährleistete Freiheit unangetastet läßt"[32]. Diese Auffassung ist – abgesehen davon, daß sie im konkreten Fall nicht erforderlich war, um die Gründung der Rundfunk GmbH rückgängig zu machen – dogmatisch und prozessual schwer nachvollziehbar. Auch das Verständnis der Grundrechte als objektive Werte macht Bund und Länder nicht zu hieraus Berechtigten[33]. Das BVerfG hat eine entsprechende Konstruktion auch nicht wiederholt. Es hat allerdings wenig später diese konkrete Entscheidung mit dem Hinweis verteidigt, daß an dieser Stelle (Art. 5 GG) das Grundgesetz in die Landesverfassung hineinwirke[34]. Nun kann man zwar sagen, die Garantie des freien Rundfunks sei von so entscheidender Bedeutung für die demokratische Gestalt auch der Bundesländer, daß diese einen Verstoß hiergegen abwehren können müßten. Letztlich würde diese Argumentation aber jedes Grundrecht (als objektiven Wert) unter dem Aspekt der Demokratie oder der Rechtsstaatlichkeit zu einer Waffe der Länder gegen alle Maßnahmen/Unterlassungen des Bundes werden lassen und damit die Tür für eine umfassende Verfassungsaufsicht der Länder gegenüber dem Bund öffnen. So will aber auch das BVerfG

---

28 Dazu *Stern*, Art. 93 Rn. 338; *Leisner*, in: BVerfG und GG, I, S. 277.
29 Auch die in Art. 93 Abs. 1 Nr. 3 GG genannten Beispiele sprechen für die Verfassungsorientierung der Streitigkeit. In diesem Sinn auch die ganz überwiegende Lehrmeinung; vgl. *Stern*, Art. 93 Rn. 346, 347; *Schlaich*, Rn. 91; *Geiger*, Vorbem. vor § 71 Anm. 1; *Bethge*, in: BVerfGG-Kommentar, § 13 Rn. 80. Anders nur *Schachtschneider* (N 9), S. 119 ff., 142 ff.
30 BVerfGE 13, 54 (73 f.); dies war für Art. 29 GG a.F. nicht der Fall.
31 Siehe oben Rn. 446 ff. – BVerfGE 81, 310 (334).
32 BVerfGE 12, 205 (259).
33 Zum Problem *H.G. Rupp*, in: FS Gebh. Müller (1970), S. 349 f. – Vgl. BVerfGE 81, 310 (333 ff.).
34 BVerfGE 13, 54 (79 f.).

nicht verstanden werden[35]. Gleichwohl scheint es jedenfalls für einen strukturellen Kernbereich derartige Überlegungen angestellt zu haben. Es hat nämlich seine Argumentation als „Spiegelbild" zu seiner Entscheidung im Atomwaffen-Volksbefragungsfall bezeichnet, in dem es dem Bund unter Rückgriff auf das Prinzip der Bundestreue erlaubte, die Untätigkeit der Länder bei der Kommunalaufsicht zu rügen[36]. Hier wird etwas von einem Ausgleichsdenken spürbar, das – um überzeugend zu sein – im Grundgesetz verankert sein müßte. Bund und Länder sind einander aber, wie auch Art. 28 Abs. 3 GG zeigt, insoweit nicht gleichgestellt. Die Instrumentalisierung des Bund-Länder-Streits zugunsten einer solchen Funktion ist daher vom Grundgesetz nicht gedeckt.

Verfassungsrechtliche Pflichten und Rechte können sich für Bund und Länder auch aus **1065** dem Grundsatz der Bundestreue ergeben. Er folgt aus der Zusammenschau aller Bestimmungen des Grundgesetzes und dessen Wesen als bündischer Verfassung[37]. Seine Wirksamkeit entfaltet er allerdings nach der Rechtsprechung des BVerfG nicht isoliert, sondern nur innerhalb von bereits zwischen den Beteiligten bestehenden Rechtsverhältnissen; insoweit kann er die daraus entspringenden Rechte und Pflichten moderieren, variieren oder durch unentwickelte Nebenpflichten (Stil, *procedere*) ergänzen[38]. Zur Geltendmachung im Verfahren nach Art. 93 Abs. 1 Nr. 3 GG eignet sich das Prinzip der Bundestreue ferner nur dann, wenn es im Rahmen eines verfassungsrechtlichen Verhältnisses zur Anwendung gelangt, weil das Prinzip als solches nicht automatisch jedes Rechtsverhältnis, in dem es sich auswirkt, zu einem verfassungsrechtlichen umformt. Im hessischen Atombefragungsfall war die Kompetenzsphäre des Bundes, die vom Land zu respektieren war, berührt. In diesem Verhältnis konnte sich daher in einer vom BVerfG im Verfahren des Art. 93 Abs. 1 Nr. 3 GG nachprüfbaren Weise auch der Grundsatz der Bundestreue entfalten und das Land verpflichten, von seiner kommunalrechtlichen Aufsichtsbefugnis Gebrauch zu machen[39].

Bildet hingegen ein Staatsvertrag, der verwaltungsrechtlicher Natur ist, das zugrunde liegende Rechtsverhältnis, so können aus dem auch hier materiell wirksamen Grundsatz der Bundestreue vom BVerfG in dem hier behandelten Verfahren keine verifizierbaren Pflichten festgestellt werden, da es sich nicht um eine verfassungsrechtliche Streitigkeit handelt[40].

Demgegenüber wäre die Berufung auf Rechte und Pflichten zulässig, die sich aus einem **1066** verfassungsrechtlichen Vertrag zwischen Bund und Land (Ländern) ergeben. Eine solche Konstellation hat das BVerfG bislang allerdings nicht beschäftigt. Der Spielraum für solche Staatsverträge verfassungsrechtlichen Inhaltes zwischen dem Zentralstaat und den

---

35 BVerfG 13, 54 (79 f., 96 f.). In BVerfGE 81, 310 (334 f.) macht das BVerfG für den „äußersten Fall" eine Ausnahme, daß der Bund etwas fordert, „was schlechthin außerhalb des von einem Staat Verantwortbaren liegt". – Wo eine Rechtsnorm gegen Grundrechte verstößt, können Land und Bund natürlich ein abstraktes Normenkontrollverfahren anhängig machen.

36 BVerfGE 13, 54 (80) unter Berufung auf BVerfGE 8, 122 (129 ff.).

37 Dazu BVerfGE 92, 203 (227); 41, 291 (308); 21, 312 (326); 13, 54 (75 f.); 12, 205 (254 ff.); 8, 122 (138); 6, 309 (361 f.). – Vgl. auch *Bauer*, Die Bundestreue (1992).

38 BVerfGE 42, 103 (117); 81, 310 (337); 86, 148 (263 f.). Weitere Beispiele bei *Maurer*, Staatsrecht (1999), § 10 Rn. 50 ff.

39 BVerfGE 8, 122. Entsprechendes gilt für das von Art. 85 Abs. 3 GG begründete Rechtsverhältnis zwischen Bund und Land: BVerfGE 81, 310 (337 f.); 84, 25 (30 f.).

40 Vgl. BVerfGE 42, 103; der Fall bezieht sich allerdings auf einen Zwischenländerstaatsvertrag.

Gliedstaaten dürfte auf dem Boden des Grundgesetzes auch eher gering sein. Verschiebungen der Kompetenzen, Verzicht auf zugewiesene Aufgabenbereiche, sonstige Veränderungen der bundesstaatlichen Struktur kommen als mögliche Inhalte von vornherein nicht in Frage[41]. Denkbar sind immerhin Verträge über das „*procedere*", den Umgang zwischen Bund und Ländern bei der Diskussion und Behandlung aktueller politischer Probleme, die zugleich verfassungsrechtliche Berührungspunkte aufweisen[42]. In solchen Fällen ist das die Streitigkeit prägende Rechtsverhältnis verfassungsrechtlicher Art. Es ist nicht erforderlich, daß es der Verfassung im formellen Sinn zugehört; es genügt, wenn sich die streitbefangenen Rechte und Pflichten aus einem die Parteien umschließenden „materiellen Verfassungsrechtsverhältnis" ergeben[43].

1067   Diesem Ergebnis, das alle verfassungsrechtlichen Streitigkeiten – aber auch nur diese – Art. 93 Abs. 1 Nr. 3 GG zuordnet, steht schließlich Art. 93 Abs. 1 Nr. 4 (1. Alt.) GG nicht entgegen. Zwar ist richtig, daß die Abwanderung aller verfassungsrechtlichen Streitigkeiten einerseits, die verwaltungsgerichtliche Generalklausel (§ 40 VwGO) andererseits, diese Bestimmung weitgehend leerlaufen läßt[44]. Die Vorschrift behält aber ihre Bedeutung als ruhende Kompetenz, die als verfassungsrechtliche Garantie richterlicher Streiterledigung im föderalistischen Bereich wirkt.

1068   Im Einzelfall kann es freilich zu Abgrenzungsschwierigkeiten darüber kommen, ob die umstrittene Berechtigung oder Verpflichtung dem Verfassungsbereich zugerechnet werden kann. Hierzu zählt etwa die Frage, ob ein Bundesland sich gegen eine im Rahmen der Bundesauftragsverwaltung erteilte Weisung des Bundes (Art. 85 Abs. 3 GG) im Verfahren nach Art. 93 Abs. 1 Nr. 3 GG mit der Begründung zur Wehr setzen kann, die Weisung verstoße gegen das auszuführende einfache Gesetz (z.B. Atomgesetz)[45]. Wo umstritten ist, ob es sich überhaupt zulässigerweise um Bundesauftragsverwaltung handelt oder der Weisungsinhalt als solcher von dem hier möglichen Umfang der Bundesaufsicht abweicht (Art. 85 Abs. 4 GG), ist der Verfassungsbezug evident. Schwieriger ist es, wo nur die Unvereinbarkeit der Weisung mit einfachem Recht behauptet wird. Zwar ist das zugrunde liegende Weisungsverhältnis verfassungsrechtlicher Natur (Art. 85 GG). Es wäre deshalb denkbar, daß etwa der Verstoß gegen das auch den Bund verpflichtende Prinzip der Bundestreue ins Feld geführt wird. Die zu Recht oder Unrecht behauptete Verletzung des einfachen Rechts durch die Weisung löst jedoch keinen Anspruch des Landes aus Verfassungsrecht aus, da die Kompetenz des Bundes zur Weisung unberührt bleibt. Es fehlt in diesem Fall daher an der Antragsbefugnis des Landes[46].

---

41   Ein Beispiel wäre wohl das sog. „Lindauer Abkommen", dessen Verfassungsmäßigkeit freilich aus den eben genannten Gründen angezweifelt wird; vgl. hierzu *Rudolf*, in: FS Armbruster (1976), S. 65 ff.; *Bleicher*, DVBl. 1982, 439 f. – Zum Einigungsvertrag (Art. 44) s. unten Rn. 1095.

42   Zu den Kriterien eines verfassungsrechtlichen Vertrages BVerfGE 42, 103 (113 ff.).

43   BVerfGE 13, 54 (72). Kritisch *Leisner*, in: BVerfG und GG, I, S. 280, 285 f., der an einen streng formellen Verfassungsbegriff anknüpft, aber meint, daß ein „Aufhänger" sich in der formellen Verfassung stets finden lasse.

44   *Schlaich*, Rn. 98; *Stern*, Art. 93 Rn. 377. – Vgl. aber BVerfGE 94, 297 (309 ff.); dazu unten Rn. 1095.

45   Dazu BVerfGE 81, 310 (332 f.); *Lerche*, BayVBl. 1987, S. 321 ff.; *Ossenbühl*, Der Staat 28 (1989), S. 31 ff.; *Schlaich*, Rn. 93 m.w.N.; vgl. auch *Pauly*, Anfechtbarkeit und Verbindlichkeit von Weisungen in der Bundesauftragsverwaltung (1989); *ders.*, DÖV 1989, S. 884 ff.

46   BVerfGE 81, 310 (330) hat die Antragsbefugnis freilich bejaht, was allerdings in Widerspruch zu seinen Ausführungen auf S. 332 f. steht. Zumindest nach Klärung der Rechtslage durch die Entscheidung müßte es in Zukunft an der Antragsbefugnis fehlen. Da die Befolgung der Weisung jedoch Verfassungspflicht des

Darüber hinaus wird man annehmen müssen, daß es insoweit an einem subjektiv-öffentlichen Recht des Landes überhaupt fehlt, das dem Bund entgegengesetzt werden könnte, da auch die gesetzwidrige Weisung für das Land verbindlich ist (vgl. Art. 85 Abs. 3 Satz 3 GG). Insoweit fehlt es letztlich auch an einer öffentlich-rechtlichen Streitigkeit nichtverfassungsrechtlicher Art, in der um subjektive Rechtspositionen gerungen wird. Erst die Umsetzung der Weisung durch die zuständige Landesbehörde ist schließlich vom davon Betroffenen auf ihre Rechtmäßigkeit zu überprüfen[47].

b) Geltendmachung der Verletzung oder unmittelbaren Gefährdung der verfassungsrechtlichen Kompetenzen durch Maßnahmen oder Unterlassungen des Antragsgegners

Als angreifbare Maßnahme gemäß §§ 69, 64 Abs. 1 BVerfGG kommt jede beliebige **1069** Handlung eines der Beteiligten in Betracht, die rechtserhebliche Relevanz im beschriebenen verfassungsrechtlichen Verhältnis entfaltet. Dies kann durch den Abschluß völkerrechtlicher Verträge ebenso geschehen wie durch den Erlaß eines Gesetzes, durch die unmittelbare Gewährung von Finanzhilfen des Bundes an die Gemeinden eines Landes statt an das Land selbst oder durch die Erteilung von Genehmigungen durch den Bund auf der Grundlage eines Landeswassergesetzes[48]. Pflichtwidrige Unterlassungen können die Nichtvorlage vermeintlich den Ländern geschuldeter Gesetzgebungsakte des Bundes und das Untätigbleiben der Länder im Bereich der Kommunalaufsicht sein[49].

Ebenso ist es denkbar, daß die Nichtumsetzung einer EG-Richtlinie durch die Länder Ge- **1070** genstand eines Bund-Länder-Streits sein kann. Das Gemeinschaftsrecht verpflichtet die Mitgliedstaaten, eine Richtlinie vollständig, genau und innerhalb der gesetzlichen Frist umzusetzen (Art. 10 Abs. 1, 249 Abs. 3 EGV). Verweigern sich die Länder dieser Aufgabe, obgleich sie dazu aus innerstaatlichen Kompetenzgründen rechtlich verpflichtet sind, ergibt sich aus Art. 10 EGV die Pflicht des Bundes, für eine ordnungsgemäße Umsetzung zu sorgen[50]. Die Verpflichtung zum bundesfreundlichen Verhalten i.V.m. den den Ländern vorbehaltenen Gesetzgebungskompetenzen und Art. 23 GG formen das notwendige verfassungsrechtliche Verhältnis, das die Basis für eine Klage im Bund-Länder-Streit bildet.

Umgekehrt ist die Mitwirkung des Bundes im Rat bei Erlaß eines Gemeinschaftsrechtaktes eine Maßnahme, welche die Länder in ihren verfassungsrechtlichen Rechten/Kompetenzen, einschließlich ihres Anspruchs, vom Bund entsprechend dem Gebot bundesfreundlichen Verhaltens behandelt zu werden, verletzen kann. Der europäische Rechtsakt selbst ist hingegen dem Bund nicht als Maßnahme nach §§ 64, 69 BVerfGG zurechenbar[51].

Landes ist (Art. 85 Abs. 3 S. 3 GG), ist der Bund seinerseits bei Gehorsamsverweigerung des Landes, abgesehen von der Möglichkeit des Bundeszwangs, ohne weiteres nach Art. 93 Abs. 1 Nr. 3 GG antragsbefugt, s. BVerfGE 84, 25 (30), und unten Rn. 1076. Vgl. auch BVerfG, Urt. v. 03.07.2000 – 2 BvG 1/96 –, DVBl. 2000, S. 1282.

47 *Ossenbühl* (N 45), S. 48; *Lerche*, in: Maunz/Dürig, Art. 85 Rn. 53.
48 Vgl. z.B. BVerfGE 4, 115 (122); 41, 291 (293 ff.). – Wo der umstrittene Akt ein Gesetz ist, kommt auch die abstrakte Normenkontrolle in Betracht.
49 BVerfGE 13, 54 (71); 8, 122 (129 ff.).
50 *Schmidt am Busch*, DÖV 1999, S. 581 ff. (584).
51 Vgl. BVerfGE 92, 203 (227); *Bethge*, in: BVerfGG-Kommentar, § 69 Rn. 61; *ders.*, in: FS Friauf (1996), S. 55 ff. (66 f.); *Brechmann*, in: Föderalismus – Auflösung oder Zukunft der Staatlichkeit (1997), S. 113 ff.

Bund und Ländern werden die Handlungen und Unterlassungen aller ihrer Organe zugerechnet[52]. In der Regel wird jedoch nur die Billigung solcher Maßnahmen durch die obersten Verfassungsorgane oder deren eigene Maßnahmen eine unmittelbare Gefährdung oder gar Verletzung für die andere Seite darstellen können[53]. Es ist klar, daß Maßnahmen der Gerichte diesem Mechanismus (Bund-Länder-Streit) entzogen sind; ihre Entscheidungen sind nur im jeweils eröffneten Verfahren überprüfbar.

Im übrigen kann auf die Ausführungen zum Organstreit verwiesen werden.

4. Die Anwendungsfälle des Bund-Länder-Streits

1071   Die in Art. 93 Abs. 1 Nr. 3 GG angeführten Fallkonstellationen zeigen, woran der Verfassunggeber bei den Bund-Länder-Streitigkeiten „insbesondere" gedacht hat, sind aber keineswegs abschließend gemeint[54]. Sachlich lassen sich die Meinungsverschiedenheiten „bei der Ausführung von Bundesrecht durch die Länder" und „bei der Ausübung der Bundesaufsicht" kaum trennen, da vom Grundgesetz allein die „abhängige Bundesaufsicht" zugelassen ist[55], die sich aber gerade auf die Ausführung (Exekution) der Bundesgesetze durch die Länder bezieht.

Beide Konstellationen lassen sich jedoch formal auseinanderhalten. In der ersten Alternative geht es um Maßnahmen oder Unterlassungen eines Landes bei der Ausführung von Bundesrecht, d.h. prozessual ist ein Land beklagte Partei. Bei der Ausübung der Bundesaufsicht stehen hingegen Maßnahmen des Bundes auf dem Prüfstand; beklagte Partei ist daher notwendig der Bund.

Nicht von diesen Fallbeispielen des Art. 93 Abs. 1 Nr. 3 GG erfaßt ist etwa die Möglichkeit, auf die Beachtung der grundgesetzlichen und bundesstaatlich relevanten Pflichten der Länder zu dringen (z.B. Bundestreue) oder im Wege des Bundeszwangs (Art. 37 GG) gegen ein Land vorzugehen. Streitigkeiten hierüber fallen aber als andere Fälle ebenfalls in den Anwendungsbereich des Art. 93 Abs. 1 Nr. 3 GG[56].

a) Ausführung von Bundesrecht durch die Länder

1072   Anlaß zum Vorgehen des Bundes gegen ein Land ist der mangelhafte oder fehlende Vollzug eines Bundesgesetzes. Länder vollziehen Bundesgesetze als eigene Angelegenheit (Art. 84 GG) oder im Auftrag des Bundes (Art. 85 GG). Ein fehlerhafter Vollzug liegt z.B. vor, wenn ein Bundesland die notwendigen Behörden nicht schafft oder keine Zuständigkeitsanordnung trifft, das notwendige Verfahren nicht festlegt oder auch durch Nichterlaß oder den Erlaß fehlerhafter Verwaltungsakte die Realisierung des Gesetzes verhindert. Sind dadurch Individuen negativ betroffen, werden sie in aller Regel im einschlägigen individuellen Rechtsschutzverfahren (z.B. Anfechtungs- oder Verpflichtungs-

---

52 Vgl. *Geiger*, § 69 Anm. 1 a.
53 Vgl. BVerfGE 21, 312 (319).
54 BVerfGE 6, 309 (330).
55 BVerfGE 8, 122 (130 ff.); dazu *Blümel*, HStR IV (1990), § 101 Rn. 42. Zweifelnd *H.H. Klein*, in: BVerfG und GG, II (1976), S. 293. Grundlegend zur Begrifflichkeit *Triepel*, Die Reichsaufsicht (1917).
56 S. unten Rn. 1078 f.

klage nach VwGO) die korrekte Einhaltung des Gesetzes erzwingen können. Es besteht jedoch deshalb kein Anlaß, den Fall rechtswidriger Verwaltungsakte aus dem Anwendungsbereich des Art. 93 Abs. 1 Nr. 3 GG herauszunehmen[57]. Anders als in dem oben diskutierten Beispiel der rechtswidrigen Weisung (Art. 84 Abs. 5, 85 Abs. 3 GG), in dem angesichts der Verpflichtung der Länder auf Befolgung der Weisung kein „Recht" der Länder auf Erlaß fehlerfreier Weisungen besteht[58], setzen Art. 84, 85 GG ein „Recht" des Bundes auf ordnungsgemäße Ausführung seiner Gesetze durch die Länder voraus; andernfalls wäre das Institut der (abhängigen) Bundesaufsicht nicht zu erklären[59]. In diesem Fall wird also in der Tat der Verstoß gegen das einfache Gesetzesrecht zur Verfassungsfrage, zu deren Überprüfung das BVerfG zuständig ist. „Ausführung" und „Anwendung" des Gesetzes fallen insoweit zusammen. Deutlich wird dies vor allem da, wo Verwaltungsakte unterlassen werden: Nichtanwendung des Gesetzes ist Nichtvollzug. Dies kann prinzipiell nicht anders sein, wenn ein rechtswidriger, das Gesetz konterkarierender Verwaltungsakt vorliegt[60].

Im folgenden ist danach zu differenzieren, ob – nach Auffassung des Bundes (Bundesregierung) – das Land Weisungen der Bundesregierung nach Art. 84 Abs. 5, 85 Abs. 3 GG nicht befolgt (bb) oder in sonstiger Weise ein Bundesgesetz mangelhaft ausführt (aa).

aa) Im letztgenannten Fall ist die unmittelbare Anrufung des BVerfG durch den Bund **1073** nicht zulässig. Hat die Bundesregierung Ausführungsmängel festgestellt und ihre Beseitigung erfolglos vom Land verlangt, muß zunächst der Bundesrat eingeschaltet werden (Art. 84 Abs. 4 Satz 1 GG); dies kann von beiden Seiten beantragt werden. Die Befassung des Bundesrates ist im Hinblick auf eine spätere Anrufung des BVerfG eine zwingende Sachentscheidungsvoraussetzung. Die Bundesregierung hat also kein Wahlrecht, ob sie den Bundesrat oder das BVerfG anrufen will[61]. Art. 84 Abs. 4 GG ist insoweit eine das Bund-Länder-Streitverfahren in dieser Konstellation ergänzende Spezialbestimmung.

Bestätigt der Bundesrat das Vorliegen der von der Bundesregierung gerügten Mängel **1074** nicht, sind zwei Alternativen denkbar:

– Die Bundesregierung schließt sich der Ansicht des Bundesrates an; damit hat sich der Streit erledigt.

– Die Bundesregierung kann das BVerfG anrufen (Art. 84 Abs. 4 Satz 2 GG). Es handelt sich dabei ungeachtet der gesetzlichen Formulierung „gegen den Beschluß des Bundesrates" nicht etwa um ein Organstreitverfahren, sondern um ein echtes Bund-Länder-Streit-

---

57 Ebenso *Stern*, Art. 93 Rn. 368; *Geiger*, § 71 Anm. 2. Anders *Leisner*, in: BVerfG und GG, I, S. 269; zu der (im konkreten Fall verneinten) Frage, ob einzelne Verwaltungsakte einer unteren Verwaltungsbehörde Gegenstand einer Verfassungsstreitigkeit sein können, vgl. BVerfGE 21, 312 (328); *Bethge*, in: BVerfGG-Kommentar, § 69 Rn. 40. Die Kompetenzüberschreitung durch den Bund hat das BVerfG aber durchaus festgestellt, BVerfGE 21, 312 (313).
58 S. oben Rn. 1068.
59 *Stern*, Art. 93 Rn. 367.
60 Bei wenig bedeutenden Einzelfällen kann die Zulässigkeit der Klage unter dem Aspekt des Rechtsschutzinteresses zweifelhaft sein, s. unten Rn. 1081.
61 Ganz h.L.; z.B. *Lerche*, in: Maunz-Dürig, Art. 84 Rn. 178 ff.; *Stern*, Art. 93 Rn. 359; *Wenckstern*, in: Umbach/Clemens, Vor § 70 Rn. 7; *Detterbeck*, S. 408 f.; *Bethge*, in: BVerfGG-Kommentar, § 70 Rn. 7 und 13. Anders *Geiger*, § 70 Anm. 4. Zur Frage, ob der Bund auch angesichts gravierender Mängel untätig bleiben darf, vgl. *Broß*, in: v. Münch/Kunig, GG, III, Art. 84 Rn. 36.

verfahren, in dem beklagte Partei das betroffene Land ist. Sachlich geht es um das tatsächliche Vorliegen der von der Bundesregierung gerügten Mängel und damit zugleich um die Richtigkeit des Bundesratsbeschlusses[62]. Das Bund-Länder-Streitverfahren ist freilich durch die Fristbestimmung des § 70 BVerfGG modifiziert. Solange das BVerfG sich nicht im Sinne der Bundesregierung ausgesprochen hat, kann diese auch nicht im Wege des Bundeszwangs (Art. 37 GG) gegen das Land vorgehen.

1075 Bestätigt jedoch der Bundesrat das Vorliegen mangelhaften Vollzugs, sind drei Alternativen denkbar:

– Das Land lenkt ein und beseitigt den Mangel; damit ist der Streit erledigt.

– Das Land wendet sich, weil es die Richtigkeit der vom Bundesrat bestätigten Auffassung der Bundesregierung bestreitet, an das BVerfG (Art. 84 Abs. 4 Satz 2 GG). Auch hier handelt es sich um ein echtes Bund-Länder-Streitverfahren; beklagte Partei ist der Bund. § 70 BVerfGG ist zu beachten. Ein „Suspensiveffekt" wird mit dem Antrag ebensowenig wie sonst durch Anrufung des BVerfG ausgelöst, so daß ein Vorgehen gegen das Land im Weg des Bundeszwangs rechtlich nicht völlig ausgeschlossen ist. Es ist allerdings nicht zu erwarten, daß der Bund ein solches Verfahren vor Ergehen der Entscheidung des BVerfG betreiben wird[63].

– Das Land beseitigt die Mängel nicht, ruft aber auch das BVerfG nicht an. Der Bund hat dann das Wahlrecht zwischen zwei Möglichkeiten: er kann entweder nach Art. 37 GG gegen das Land vorgehen; er kann aber auch das BVerfG anrufen[64]. Dabei handelt es sich um ein normales Bund-Länder-Streitverfahren, nicht um den Sonderfall des Art. 84 Abs. 4 Satz 2 GG, da ja nicht „gegen" den Beschluß des Bundesrates opponiert wird. Demgemäß ist hier auch § 70 BVerfGG nicht einschlägig.

1076 bb) Der Fall, daß ein Land Weisungen des Bundes i.S. des Art. 84 Abs. 5 oder 85 Abs. 3 GG nicht nachkommt, hat lange keine praktische Bedeutung gehabt. Im Gefolge einer fundamentalistischen Opposition, hat sich gelegentlich jedoch die Bereitschaft zur Nichtbefolgung solcher Weisungen zur Durchführung politisch abgelehnter Gesetze (z.B. Atomgesetz) entwickelt[65]. Auf die fehlende Möglichkeit der Bundesländer, gegen die Weisungen aus Gründen des einfachen Gesetzesverstoßes vorzugehen, wurde bereits aufmerksam gemacht[66]. Hier geht es darum, ob der Bund die Befolgung seiner Weisungen im Bund-Länder-Streit durchsetzen kann. Dies ist ohne weiteres möglich. Es handelt sich dabei *nicht* um den in Art. 84 Abs. 4 GG vorgesehenen Sonderfall, der zunächst die Einschaltung des Bundesrates bedingen würde[67]. Art. 84 Abs. 4 GG handelt nur von der Realisierung der Bundesaufsicht bei mangelhaftem Gesetzesvollzug. Die Weisungen der

---

62 *Lerche*, in: Maunz-Dürig, Art. 84 Rn. 176; *Bethge*, in: BVerfGG-Kommentar, § 70, Rn. 14; *Detterbeck*, S. 407.

63 Zum Rechtsschutz gegen Maßnahmen des Bundeszwangs s.u. Rn. 1079. – Anders zum Suspensiveffekt *Broß* (N 61), Art. 84 Rn. 37.

64 Zutreffend *Geiger*, § 70 Anm. 5. Einem Antrag an das BVerfG würde nicht etwa das Rechtsschutzinteresse fehlen, da der Bundeszwang nicht die „einfachere" Maßnahme ist; vgl. *Broß* (N 59), Art. 84 Rn. 37.

65 Vgl. BVerfGE 81, 310; 84, 25; dazu *Ossenbühl* (N 45), S. 31 f.; *Löwer*, S. 780.

66 S. oben Rn. 1068.

67 Vgl. BVerfGE 6, 309 (328 f.); 8, 122 (130 ff.); 84, 25 ff. Zu einer erfolglosen Klage des Bundes aus Art. 85 Abs. 3 GG vgl. BVerfG, Urt. v. 03.07.2000 – 2 BvG 1/96, DVBl. 2000, S. 1282.

Bundesregierung bewirken hingegen die unmittelbar-inhaltliche Steuerung des Gesetzesvollzugs, sind also kein Mittel der Bundesaufsicht[68].

b) Ausübung der Bundesaufsicht

Die hier zu behandelnden Fälle sind solche, in denen ein Land gegen Maßnahmen der Bundesaufsicht vorgeht, also der Bund beklagte Partei ist. Dabei kann es sich etwa um die Entsendung von Beauftragten der Bundesregierung und/oder das Verlangen nach Vorlage von Akten gem. Art. 84 Abs. 3, 85 Abs. 4 GG handeln. Die rechtswidrig-mißbräuchliche Nutzung dieser Rechte kann von dem betroffenen Land im Bund-Länder-Streitverfahren bekämpft werden. **1077**

Dies gilt der Sache nach auch dann, wenn sich ein Land gegen die Mängelfeststellung und die Beseitigungsanordnung der Bundesregierung zur Wehr setzen möchte; allerdings ist hier nach Art. 84 Abs. 4 Satz 1 GG zunächst wieder die Einschaltung des Bundesrates als zwingende Sachentscheidungsvoraussetzung zu beachten. Erst wenn der Bundesrat die Ansicht der Bundesregierung bestätigt hat, kann das Land unter Beachtung des § 70 BVerfGG ein Bund-Länder-Streitverfahren vor dem BVerfG zulässigerweise in Gang setzen.

c) Sonstige Anwendungsfälle

Die bisher erörterten Fallkonstellationen, die zu einem Bund-Länder-Streitverfahren führen können, sind nicht abschließend, da nicht nur im Bereich des Gesetzesvollzugs Kompetenzstreitigkeiten von Bund und Ländern auftreten können. Dies haben etwa die Auseinandersetzungen um das Reichskonkordat und um die von hessischen Gemeinden initiierten Volksbefragungen zur Stationierung von Atomwaffen gezeigt, die auf die Bedeutung der Bundestreue im Verhältnis von Bund und Ländern aufmerksam gemacht haben[69]. Die Beachtung des Grundgesetzes ist den Ländern unmittelbar aufgegeben; es handelt sich nicht um die „Ausführung" eines Bundesgesetzes. Der Bund verfügt zwar jenseits des Bundeszwangs[70] nicht über eine „selbständige", d.h. eine vom Fall der Gesetzesausführung unabhängige Bundesaufsicht, aber ihm ist die Anrufung des BVerfG möglich, soweit das Verhalten des Landes seine „Rechte" verletzt oder unmittelbar gefährdet. Einer vorherigen Befassung des Bundesrates bedarf es nicht[71]. **1078**

Maßnahmen des Bundeszwangs (Art. 37 GG) sind für die Länder nach Art. 93 Abs. 1 Nr. 3 GG jederzeit und direkt angreifbar; der Bundesrat mußte der Zwangsmaßnahme ohnehin zustimmen. Vom BVerfG überprüfbar ist dabei auch der Vorwurf des Bundes, daß das Land einfaches Bundesrecht verletzt hat; denn stets ist insoweit die verfassungsrechtliche Befugnis des Bundes aus Art. 37 GG involviert[72]. Ein anderer Anwendungsfall ist **1079**

---

68 *Bull*, in: AK, Art. 84 Rn. 42; vgl. auch *Bethge*, in: BVerfGG-Kommentar, § 70 Rn. 18 zur Bundesauftragsverwaltung.
69 BVerfGE 6, 309; 8, 122; vgl. auch BVerfGE 81, 310 (337 f.).
70 Zur Wahlfreiheit der Bundesregierung zwischen Bundeszwang und Antrag nach Art. 93 Abs. 1 Nr. 3 GG vgl. BVerfGE 7, 367 (372).
71 Art. 84 Abs. 4 GG ist nicht einschlägig; BVerfGE 6, 309 (329); 8, 122 (130 f.); *Bethge*, in: BVerfGG-Kommentar, § 70 Rn. 19 f.
72 *Leisner*, in: BVerfG und GG, I, S. 274.

gegeben, wenn ein Land Rahmengesetze des Bundes nicht oder fehlerhaft durch den Erlaß eines Landesgesetzes ausfüllt; hier ist das Recht des Bundes aus Art. 75 GG beeinträchtigt.

5. Rechtsschutzinteresse

1080 Auf der Linie eines subjektiv bestimmten Verfahrensgegenstandes liegt es, ein über die Antragsbefugnis hinausgehendes Rechtsschutzinteresse als zusätzliche Sachentscheidungsvoraussetzung zu fordern, wegen des objektiven Verfahrenszwecks den Maßstab hierfür jedoch nicht zu eng zu nehmen[73]. Bestätigt wird diese Ansicht durch die Rechtsprechung des BVerfG, in der das Rechtsschutzbedürfnis grundsätzlich als durch die Antragsbefugnis indiziert angesehen wird. Im Finanzhilfefall[74] bejahte das Gericht das Rechtsschutzinteresse ausdrücklich, obwohl der umstrittene Finanzhilfeplan bereits abgewickelt war, die behauptete Rechtsverletzung also in der Vergangenheit lag. Es ist also nicht erforderlich, daß die Verletzung noch andauert. In einem solchen Fall will das BVerfG aber offenbar nur dann das Rechtsschutzinteresse bejahen, wenn zumindest eine Wiederholung der angegriffenen Maßnahme nicht auszuschließen ist. Das Gericht hat dies – recht ungewöhnlich im Umgang zwischen Verfassungsorganen[75] – wegen des Beharrens der Bundesregierung auf ihrem Rechtsstandpunkt angenommen, obgleich diese darauf hingewiesen hatte, daß sie Finanzhilfe nach Art. 104 a Abs. 4 GG künftig nicht mehr direkt den Kommunen gewähren werde. Je erheblicher der Kompetenzübergriff war, desto geringer sollte freilich das Kriterium der Wiederholungsgefahr wiegen.

1081 Entsprechende Überlegungen gelten auch dann, wenn der gerügte Verstoß in einem nicht schwerwiegenden Mangel bei der Gesetzesausführung, z.B. durch den Erlaß einzelner Verwaltungsakte von Landesbehörden, liegt. Die Zusage einer Korrektur durch die oberste Landesbehörde dürfte dann das Rechtsschutzinteresse des Bundes entfallen lassen. Dagegen ist die Möglichkeit oder Tatsache, daß das Land auch im Weg der abstrakten Normenkontrolle gegen eine gesetzliche Maßnahme vorgehen kann oder vorgeht, wegen des ganz anderen Verfahrenszwecks kein Grund, das Rechtsschutzinteresse für ein Bund-Länder-Streitverfahren zu verneinen.

6. Form- und Fristerfordernisse

1082 Nach §§ 69, 64 Abs. 2 BVerfGG sind die für verletzt gehaltenen Verfassungsbestimmungen im Antrag genau zu bezeichnen[76]. Dies hat grundsätzlich durch Zitierung der Grundgesetzartikel zu geschehen, doch läßt es das BVerfG genügen, wenn sie sich aus dem Inhalt der Antragsbegründung erschließen lassen. Dies entspricht dem objektiven Verfahrenszweck. Wo der Verstoß gegen ungeschriebene Verfassungspflichten gerügt wird (z.B. Bundestreue), sind diese zu benennen.

---

73 Siehe dazu die Ausführungen zum Organstreitverfahren, Rn. 1033.

74 BVerfGE 41, 291 (303 f.).

75 Allerdings hatte der Zweite Senat einen Mangel an Aufrichtigkeit der Bundesregierung im Verfahren über den Grundlagenvertrag kennengelernt, vgl. BVerfGE 36, 1 (15).

76 BVerfGE 92, 203 (228) verlangt die „schlüssige Darlegung" der geltend gemachten Rechtsverletzung oder -gefährdung.

§ 64 Abs. 3 BVerfGG setzt für die Stellung des Antrags eine Ausschlußfrist von sechs **1083** Monaten, nachdem der Antragsteller von der Maßnahme oder Unterlassung der Antragsgegner erfahren hat. Diese Frist beginnt jedoch dann, wenn es um die Durchführung einer Maßnahme geht, erst in dem Zeitpunkt zu laufen, in dem der Antragsgegner sich eindeutig geweigert hat, der Forderung des Antragstellers nachzukommen[77]. Auf die spezielle, die Frist auf einen Monat abkürzende Vorschrift des § 70 BVerfGG ist für die Fälle hinzuweisen, in denen der Bundesrat obligatorisch vor Anrufung des BVerfG einzuschalten ist.

7. Verfahrensbeitritt

Auch im Bund-Länder-Streitverfahren (§ 69 BVerfGG) ist ein Beitritt zum Verfahren ent- **1084** sprechend § 65 BVerfGG zulässig. Beitrittsberechtigt können jedoch nur diejenigen sein, die im Verfahren selbst parteifähig sind. Dieser Gedanke liegt § 65 BVerfGG zugrunde, wie sich aus seinem Verweis auf § 63 BVerfGG ergibt. Da im Bund-Länder-Streit nur Bund und Länder parteifähig sind, folgt daraus, daß nur (weitere) Länder durch ihre Regierungen beitreten können[78], weil der Bund ja ohnehin am Verfahren bereits notwendig beteiligt ist. Seine Organe, z.B. Bundestag und Bundesrat, sind also nicht beitrittsberechtigt[79]. Da die Beitrittsmöglichkeit auf Länder beschränkt ist, kommt auch nur ein Beitritt auf der Parteiseite des klagenden oder beklagten Landes in Betracht, da hier die streitige Abgrenzung der Zuständigkeiten ebenso liegt, wie bei dem beitretenden Land. Wollte man den Beitritt eines Landes auf Seiten des Bundes zulassen, würde man einen Zwischenländerstreit im Rahmen eines Bund-Länder-Streites führen[80]. Ob der Beitritt im übrigen zulässig ist, hängt davon ab, ob die Entscheidung (Tenor, tragende Gründe) unter dem Aspekt des § 31 Abs. 1 BVerfGG für die Kompetenz des Beitretenden von Bedeutung sein kann[81].

Die Beigetretenen können selbständige Anträge stellen, die jedoch in einem inneren Zusammenhang mit dem Antrag des Antragstellers verbleiben müssen; die Einführung neuer und andersartiger Gegenstände in den Rechtsstreit ist unzulässig[82].

8. Prüfungsumfang und Entscheidungsbefugnis

Beim Fehlen einer Sachentscheidungsvoraussetzung ist der Antrag unzulässig; er wird **1085** „verworfen"[83]. Sind hingegen alle Sachentscheidungsvoraussetzungen gegeben, hat das Gericht in die sachliche Prüfung einzutreten. Damit stellt sich die Frage des Prüfungsum-

---

77 BVerfGE 21, 312 (319 f.); 99, 361 (365); kritisch *Stelkens*, DVBl. 2000, S. 609 ff.

78 BVerfGE 6, 309 (325); 12, 308 ff.; *Geiger*, § 69 Anm. 1 c; *Wenckstern*, in: Umbach/Clemens, § 69 Rn. 13.

79 So aber noch fälschlich BVerfGE 1, 14 (31); richtig BVerfGE 12, 308 (309). – Diese Verfassungsorgane können aber wie auch andere um Stellungnahme ersucht werden, § 22 Abs. 4 GeschO BVerfG.

80 BVerfGE 12, 308 (310 f.); 13, 54 (65); 20, 18 (23). A.A. *Geiger*, § 69 Anm. 2; *Isensee*, in: FS Helmrich (1994), S. 229 ff. (236).

81 BVerfGE 6, 309 (325 f.).

82 BVerfGE 6, 309 (326). Zur zu Recht großzügigen Handhabung der Sechsmonatsfrist des § 64 Abs. 3 BVerfGG vgl. BVerfGE 92, 203 (229).

83 Vgl. BVerfGE 13, 54 (56); 99, 361; zur neueren Tenorierungspraxis vgl. oben zum Organstreit Rn. 1045 ff.

fangs. Wie beim Organstreit wird er durch den Antrag bestimmt, der sich auf konkrete, für verletzt erachtete Verfassungsvorschriften bezieht[84]. Die Aufrechterhaltung des Antrags ist jedoch nicht entscheidend für den Fortgang des Verfahrens; jedenfalls nach Beginn der mündlichen Verhandlung bedarf die Antragsrücknahme der Zustimmung des BVerfG, die nach Gesichtspunkten des öffentlichen Interesses ergeht (objektiver Verfahrenszweck)[85]. Die Frage, ob die Dispositionsmaxime weiter als im Organstreit eingeschränkt ist, d.h. gleich nach Eingang der verfahrenseinleitenden Anträge (§ 23 BVerfGG) von der Offizialmaxime abgelöst wird, wie BVerfGE 1, 14 (31) entnommen werden kann, ist zu verneinen.

Da der Streitgegenstand den Prüfungsumfang determiniert, wird sich die Kontrolle des Gerichts prinzipiell auf verfassungsrechtliche Fragen beschränken. Es ist aber oben verschiedentlich auf Konstellationen hingewiesen worden, in denen auch einfachgesetzliche Fragen von der verfassungsrechtlichen Streitigkeit zwangsläufig mitumfaßt sind (Ausführung der Bundesgesetze durch die Länder, Bundeszwang). Dann erstreckt sich die Gerichtskontrolle auch auf diese Fragen.

1086 Erweist sich der Antrag als unbegründet, wird er „zurückgewiesen"[86]. Ist er begründet, wird feststellend die Entscheidung getroffen, daß die beklagte Partei (Bund oder Land) durch die jeweilige Maßnahme/Unterlassung gegen eine bestimmte Grundgesetzvorschrift verstoßen hat[87].

1087 Nicht von §§ 69, 67 BVerfGG erfaßt ist der Fall, daß der Bundesrat notwendig vor der Anrufung des BVerfG eingeschaltet werden muß (Art. 84 Abs. 4 GG). Wo der Beschluß des Bundesrates der Überprüfung durch das BVerfG standhält, ist der Antrag zurückzuweisen. Hält er nicht stand, muß er – obgleich das Bund-Länder-Streitverfahren an sich nur eine feststellende Entscheidung (§ 67 BVerfGG) kennt – nach ganz herrschender Meinung aufgehoben werden, da nicht zwei sich widersprechende Entscheidungen von obersten Verfassungsorganen bestehen könnten[88]. Diese Ansicht überzeugt allerdings gerade angesichts des fehlenden kassatorischen Charakters der Entscheidung im Bund-Länder-Streit zunächst nicht besonders. Für sie spricht jedoch, daß nach Art. 84 Abs. 4 Satz 2 GG das BVerfG „gegen den Beschluß des Bundesrates" angerufen wird, der Antragsteller diesen somit unmittelbar in den Streitgegenstand einbezieht und zur Entscheidung des Gerichts stellt. Neben die Aufhebung des Bundesratsbeschlusses muß dann aber noch die vom Bundesrat verfehlte Feststellung über die Richtigkeit der Beanstandung der Bundesregierung treten[89]. Erreicht der Bund eine Aufhebung des Bundesratsbeschlusses, hat das BVerfG die Rechtsverletzung durch das Land festzustellen. Erreicht das Land die Aufhebung des Beschlusses, weil es seine Pflichten nicht verletzt hat, muß vom Gericht positiv festgestellt werden, daß die Beanstandung der Bundesregierung zu Unrecht erfolgte.

---

84 Vgl. BVerfGE 68, 1 (63); 2, 347 (367 f.). – Zur Rolle des § 67 Satz 3 BVerfGG siehe BVerfGE 6, 309 (325).
85 Vgl. auch BVerfGE 85, 164 (165): Rücknahme vor mündlicher Verhandlung ist nicht zustimmungsbedürftig.
86 BVerfGE 6, 309 (311); 81, 310 (311); früher BVerfGE 4, 115 (116).
87 Vgl. BVerfGE 8, 122 (124); 21, 312 (313); 41, 291 (292 f.); 84, 25 (26); 92, 203 (205).
88 *Sachs*, Die Bindung des BVerfG an seine Entscheidungen (1977), S. 218 f.; ihm folgend *Stern*, Art. 93 Rn. 363; *Detterbeck*, S. 411 (Fn. 162 m.w.N.).
89 *Lerche*, in: Maunz-Dürig, Art. 84 Rn. 176.

9. Würdigung

Die durch das Bund-Länder-Streitverfahren eröffnete Möglichkeit, die Bund und Ländern **1088** zugeteilten Kompetenzen verteidigen zu können, ist ein wichtiges Instrument, um das bundesstaatliche Gefüge in Form zu halten[90], auch wenn nur die sich aus der Verfassung selbst ergebenden „Rechte und Pflichten" vor Übergriffen der jeweils anderen Seite geschützt werden können[91].

Daß dieses Verfahren, das „Urbild der Verfassungsstreitigkeiten" überhaupt[92], relativ selten zur Anwendung kam, hat zwei Gründe:

Zum einen bot die bislang bestehende Bereitschaft der Länder zu loyalem Gesetzesvollzug der Bundesregierung keinen Anlaß zum Eingreifen. Sollte sich die politische Polarisierung in der Bundesrepublik weiterentwickeln, kann sich dieser Zustand sehr schnell ändern[93].

Ein anderer Grund liegt darin, daß von Bund- und Länderseite auch das Verfahren der abstrakten Normenkontrolle in Gang gesetzt werden kann. Prüfungsgegenstand kann dabei zwar nur eine Norm sein, aber in den meisten Fällen geht der Streit um die Einhaltung der Verbandskompetenzen (Gesetzgebungs- und Verwaltungskompetenzen) von Normen aus[94]. Zwar hat das BVerfG bislang seine Kontrolle im Hinblick auf die Bedürfnisklausel des Art. 72 Abs. 2 GG zugunsten der politischen Entscheidung des Bundesgesetzgebers (zu) stark zurückgenommen[95]. An der Attraktivität des abstrakten Normenkontrollverfahrens im allgemeinen ändert dies aber nichts. Gegenüber dem Bund-Länder-Streitverfahren bestehen die Vorteile, daß der Kreis der Antragsberechtigten größer und der Antrag an keine Frist gebunden ist, vor allem aber, daß die Norm umfassend am Maßstab des ganzen Grundgesetzes geprüft werden kann (z.B. auch Grundrechte) und im Erfolgsfall die Norm für nichtig erklärt und damit beseitigt wird (§ 78 BVerfGG)[96]. Angesichts dieser Unterschiede ist es zutreffend, daß beide Verfahren nicht als sich gegenseitig ausschließend, sondern als konkurrierend angesehen werden, vorausgesetzt, die verschiedenartigen Sachentscheidungsvoraussetzungen sind jeweils gegeben[97]. Ob das eine oder andere Verfahren einschlägig ist, hängt entscheidend von dem prozessualen Begehren des Antragstellers ab: Ob er sich primär gegen die mit der Norm verbundene Kompetenzüberschreitung des Antragsgegners zur Wehr setzen oder auf die Ungültigkeit der Norm als solcher erkannt haben will[98]. Beide – das subjektive und das objektive – Begehren können auch gleichzeitig in zwei Verfahren mit unterschiedlichen Schwerpunkten verfolgt werden.

---

90 Der Bund-Länder-Streit „realisiert prozeßhaft Bundesstaatlichkeit", *Bethge*, in: FS Friauf (N 51), S. 65.
91 Vgl. BVerfGE 13, 54 (96 f.); oben Rn. 1063.
92 So *Maunz*, in: BVerfGG-Kommentar, § 13 Rn. 43 (Erstbearbeitung); zustimmend *Schlaich*, Rn. 95; *Wenckstern*, in: Umbach/Clemens, Vor § 68 ff. Rn. 2; zweifelnd *Stern*, Art. 93 Rn. 329. – Insgesamt sind bis 1999 einschließlich 33 Streitigkeiten nach Art. 93 Abs. 1 Nr. 3 GG anhängig gemacht worden.
93 S. oben Rn. 1076. Vgl. bereits BVerfGE 81, 310; 84, 25.
94 Ein gutes Beispiel dafür ist BVerfGE 39, 96 ff. – Vgl. auch *Dagtoglou*, DÖV 1971, S. 40 ff.
95 BVerfGE 33, 224 (229). Kritisch dazu unter Einbeziehung der Stellungnahmen der Enquete-Kommission Verfassungsreform (BT-Drs. 7/5924) *Majer*, Verfassungsgerichtsbarkeit und Bund-Länder-Konflikte (1981). Vgl. aber jetzt das Verfahren nach Art. 93 Abs. 1 Nr. 2 a GG; dazu oben Rn. 740.
96 Näher s. oben Rn. 759.
97 BVerfGE 20, 56 (95).
98 *Wenckstern*, in: Umbach/Clemens, Vor § 68 ff. Rn. 13; vgl. auch BVerfGE 1, 117 (125 f.).

Prozessual können die Verfahren dann zur gemeinsamen Entscheidung verbunden werden (§§ 66, 69 BVerfGG)[99].

Trotz dieser Möglichkeit hat, soweit es um eine Norm geht, das abstrakte Normenkontrollverfahren das Bund-Länder-Streitverfahren faktisch verdrängt, da es letztlich die in diesem zu beantwortende Frage miterledigen kann. Wo Angriffsobjekt jedoch nicht eine Norm, sondern ein Exekutivhandeln ist, steht rechtlich unter dem Gesichtspunkt der Kompetenzverteidigung nur das Bund-Länder-Streitverfahren zur Verfügung.

10. Prüfungsschema

1089 Die prozessuale Prüfung empfiehlt sich in folgender Reihenfolge:
1. Rechtsweg/Zuständigkeit des BVerfG (Art. 93 Abs. 1 Nr. 3 GG, § 13 Nr. 7 BVerfGG)
   – Abgrenzung zur abstrakten Normenkontrolle (Art. 93 Abs. 1 Nr. 2 GG) nach dem prozessualen Begehren
2. Parteifähigkeit und Prozeßfähigkeit (Art. 93 Abs. 1 Nr. 3 GG, § 68 BVerfGG)
3. Antragsbefugnis (§§ 69, 64 Abs. 1 BVerfGG)
4. Passive Prozeßführungsbefugnis (§§ 69, 64 Abs. 1 BVerfGG)
5. Vorverfahren (Bundesrat) (Art. 84 Abs. 4 Satz 1 GG)
6. Rechtsschutzinteresse
7. Form- und Fristvorschriften (§§ 69, 64 Abs. 2 und 3, 70 BVerfGG)
8. Verfahrensbeitritt (§§ 69, 65 BVerfGG)

III. Bund-Länder-Streitigkeiten nach Art. 93 Abs. 1 Nr. 4 (1. Alt.) GG

1090 Art. 93 Abs. 1 Nr. 4 GG, § 13 Nr. 8 BVerfGG unterstellen der Zuständigkeit des BVerfG drei sehr verschiedene Tatbestände – öffentlich-rechtliche Streitigkeiten im Bund-Länder-Verhältnis, im Zwischenländerverhältnis und innerhalb eines Landes –, die unter zwei Aspekten zusammengefaßt sind. Materiell drückt sich in dieser Entscheidungszuständigkeit des BVerfG die Garantiefunktion des Bundes für die friedliche Regelung von Streitigkeiten im Bundesstaat aus[100]. Formal steht in den drei genannten Fällen die Zuständigkeit des BVerfG unter dem Vorbehalt, daß kein anderer Rechtsweg für die Streiterledigung offensteht. Ob diese Gesichtspunkte die gemeinsame Aufführung in Art. 93 Abs. 1 Nr. 4 GG systematisch rechtfertigen, ist eher fraglich[101]. Im vorliegenden Zusammenhang ist jedenfalls nur die 1. Alternative („andere öffentlich-rechtliche Streitigkeiten zwischen dem Bund und den Ländern") zu erörtern.

1. Verfahrensgegenstand und Verfahrenszweck

1091 Während sich die subjektive Bestimmung des Verfahrensgegenstandes ohne weiteres aus der kontradiktorischen Rechtsnatur der Streitigkeit ergibt, könnte die primär objektive

---

99 BVerfGE 1, 14 (30); 12, 205 (222 f.); 13, 54 (56); 22, 387 (407); *Bethge*, in: BVerfGG-Kommentar, § 69 Rn. 134.
100 Vgl. *Löwer*, S. 758; *Bethge*, in: BVerfGG-Kommentar, § 71 Rn. 11.
101 Ebenso *Stern*, Art. 93 Rn. 374.

Ausrichtung des Verfahrenszwecks, anders als in den Fällen des Art. 93 Abs. 1 Nr. 3 GG, zweifelhaft sein, denn es handelt sich hier nicht um die Aufrechterhaltung von sich aus der Verfassung ergebenden Verbandskompetenzen, sondern um die Verteidigung sonstiger, im einfachen Recht wurzelnder Rechtspositionen. Allerdings sichern auch diese das bundesstaatliche Gefüge. Dies spricht zumindest für einen – auch – objektiven Verfahrenszweck. Gleichwohl besteht kein Bedürfnis, hier etwa im Sinne einer Einschränkung der Dispositionsmaxime Konsequenzen zu ziehen.

2. Parteifähigkeit/Prozeßfähigkeit

Parteien eines solchen Streitverfahrens können auch hier nur Bund und Länder sein, für die allein ihre Regierungen antragsberechtigt (prozeßfähig) sind (§ 71 Abs. 1 Nr. 1 BVerfGG)[102]. Probleme können sich ergeben, wenn ein Land (durch Eingliederung) untergegangen ist. Das BVerfG hat insofern offengelassen, ob Landkreise als auf dem Territorium des ehemaligen Landes belegene Gebietskörperschaften dessen Rechte als „Prozeßstandschafter" geltend machen können[103]. Keinesfalls ist dies jedoch Einzelpersonen möglich, auch wenn sie als Abgeordnete dieses Gebiets demokratisch legitimiert sind[104]. **1092**

3. Antragsbefugnis

Obgleich nicht ausdrücklich angeordnet, ist auch hier das Erfordernis einer Antragsbefugnis als Sachentscheidungsvoraussetzung gegeben. Dies ergibt sich aus dem kontradiktorischen Charakter der Streitigkeit und der im öffentlichen Recht gezielten Zuordnung bestimmter „Rechte" an die jeweiligen Verbände[105]. Der Antragsteller muß daher eigene Rechte gegen den Antragsgegner als denjenigen, von dem die behauptete Rechtsbeeinträchtigung ausgeht, geltend machen[106]. **1093**

Zutreffend verweisen allerdings §§ 71, 72 BVerfGG nicht auf § 64 Abs. 1 BVerfGG, denn dort wird die Geltendmachung eigener sich aus dem *Grundgesetz* ergebender Rechte und Pflichten verlangt. Gerade hierum kann es in diesem Verfahren nicht gehen; denn Art. 93 Abs. 1 Nr. 4 (1. Alt.) GG ordnet dem Bundesverfassungsgericht nur die Entscheidung in den öffentlich-rechtlichen Streitigkeiten zu, die weder von Art. 93 Abs. 1 Nr. 3 GG erfaßt noch in einem anderen Rechtsweg einer Klärung zugeführt werden können.

Dies bedeutet, daß alle (formell und materiell) verfassungsrechtlichen Streitigkeiten nicht für dieses Verfahren relevant sind, da für sie das BVerfG bereits nach Art. 93 Abs. 1 Nr. 3 GG zuständig ist[107]. Allerdings gibt es insoweit zwei irritierende Entscheidungen. In **1094**

---

102 Dazu oben Rn. 1059 ff.
103 BVerfGE 49, 10 (15). – Man wird diese Möglichkeit dann nicht verneinen können, wenn das untergegangene Land selbst im Hinblick auf bestimmte Rechte antragsbefugt gewesen wäre. Zur Rechtsstellung der neuen Bundesländer als historische Nachfolger der untergegangenen DDR im Hinblick auf den Einigungsvertrag vgl. dessen Art. 44; siehe unten Rn. 1095.
104 BVerfGE 49, 10 (15); 49, 15 (24).
105 Vgl. BVerfGE 92, 203 (228)
106 Dies ist die Frage der aktiven und passiven Prozeführungsbefugnis. Zur Prozeßstandschaft s. oben Rn. 1062.
107 S. oben Rn. 1056.

BVerfGE 31, 371 (377) wird ausgeführt, daß Art. 93 Abs. 1 Nr. 4 GG „nur verfassungsrechtliche Streitigkeiten im materiellen Sinn erfaßt". Die dabei erfolgte Bezugnahme auf eine frühere Entscheidung[108] trägt diese Behauptung jedoch nicht, da sie sich allein auf die in Art. 93 Abs. 1 Nr. 4 angesprochene dritte Alternative (Organstreit innerhalb eines Landes) bezieht, die inhaltlich mit der ersten Alternative nichts zu tun hat. In BVerfGE 49, 10 (13 f.) wird das Begehren der für das untergegangene Land Oldenburg auftretenden Landkreise auf Verpflichtung des Bundes, eine Neugliederung gem. Art. 29 GG vorzunehmen, ohne weiteres als Streitigkeit im Sinne des Art. 93 Abs. 1 Nr. 4 GG, § 71 Abs. 1 Nr. 1 BVerfGG aufgefaßt, obgleich hier ein im Grundgesetz wurzelnder Anspruch geltend gemacht wurde, den das BVerfG auch früher bereits dem Art. 93 Abs. 1 Nr. 3 GG zugeordnet hatte[109]. Die Entscheidung – hält man sie nicht einfach für falsch – läßt sich nur damit erklären, daß hier für ein untergegangenes Land gehandelt wurde, eine Konstellation, für die im „eigentlichen" Bund-Länder-Streitverfahren nach Art. 93 Abs. 1 Nr. 3 GG kein Platz ist. Stimmt man dem zu, was immerhin vertretbar ist, so würden in diesem Ausnahmefall in der Tat auch (materiell) verfassungsrechtliche Ansprüche in den Anwendungsbereich von Art. 93 Abs. 1 Nr. 4 (1. Alt.) GG hineinkommen[110].

Sieht man hiervon ab, verbleiben für diese Bestimmung nur öffentlich-rechtliche Streitigkeiten nicht-verfassungsrechtlicher Art[111]. In diesem Sinn hat auch das BVerfG in seiner Entscheidung zur EG-Fernsehrichtlinie festgestellt, daß einem Verfahren nach Art. 93 Abs. 1 Nr. 4 GG bereits entgegenstehe, „daß das die Streitteile verbindende Rechtsverhältnis dem Verfassungsrecht angehört"[112] Diese werden jedoch von §§ 40 Abs. 1 VwGO, 51 SGG erfaßt und der Verwaltungs- oder der Sozialgerichtsbarkeit zugeordnet. Sachlich zuständig ist das Bundesverwaltungsgericht (§ 50 Abs. 1 VwGO) oder das Bundessozialgericht (§ 39 Abs. 2 SGG)[113]. Damit läuft diese Alternative praktisch leer, da entweder das BVerfG selbst nach anderer Vorschrift oder das Bundesverwaltungsgericht oder Bundessozialgericht zuständig ist[114].

1095 Es gibt freilich eine – möglicherweise aber zweifelhafte – Ausnahme[115], die an die oben erwähnten Fälle des Untergangs von Ländern anknüpft (Rn. 1092, 1094). Nach Art. 44 Einigungsvertrag (EV) können Rechte aus diesem Vertrag zugunsten der Deutschen Demokratischen Republik oder der in Art. 1 EV genannten Länder nach dem Wirksamwer-

---

108 BVerfGE 27, 240 (245 f.). – Vgl. auch *Stern*, Art. 93 Rn. 346.

109 BVerfGE 13, 54. – Vgl. auch *Stern*, Art. 93 Rn. 346.

110 So aber generell *Umbach*, in: Umbach/Clemens, § 71 Rn. 8 f., 28; *Schmidt-Bleibtreu/Klein*, GG (9. Aufl. 1999), Art. 93 Rn. 8; *Meyer*, in: v. Münch/Kunig, GG III (3. Aufl. 1996), Art. 93 Rn. 51; *Detterbeck*, S. 416 f.

111 Wie hier *Stern*, Art. 93 Rn. 376 f.; *Jarass/Pieroth*, GG, Art. 93 Rn. 30; *Schlaich*, Rn. 98; *Rinken*, in: AK GG, Art. 93 Rn. 35; *Sturm*, in: Sachs, GG, Art. 93 Rn. 59. *Robbers*, Verfassungsprozessuale Probleme in der öffentlich-rechtlichen Arbeit (1996), S. 70 f.

112 BVerfGE 92, 203 (228 f.); dazu *Bethge*, in: FS Friauf (1996), S. 67.

113 §§ 50 Abs. 3 VwGO, 39 Abs. 2 SGG sichern durch eine Vorlagepflicht an das BVerfG die Abgrenzung der Rechtswege; dazu *Pestalozza*, S. 142. Die weitergehende Ansicht von *Sachs*, DÖV 1981, S. 707 ff. m.w.N., der im Fall einer verfassungsrechtlichen Streitigkeit dem BVerfG gleich ein Recht zur Entscheidung in der Sache einräumt, ist mit § 23 BVerfGG nicht zu vereinbaren.

114 *Pestalozza*, S. 141 f; *Schlaich*, Rn. 98. – BVerfGE 1, 299 ff. erging vor Einführung der verwaltungsgerichtlichen Generalklausel.

115 Früher bot der inzwischen aufgehobene § 52 Abs. 2 BBahnG ein Beispiel; vgl. dazu BVerfGE 31, 371 (378 ff.) und *Kutscher*, in: FS Gebh. Müller (1970), S. 173 f.

den des Beitritts von jedem dieser Länder geltend gemacht werden. Das BVerfG hat einen solchen Streit zwischen dem Land Brandenburg und dem Bund ohne weiteres Art. 93 Abs. 1 Nr. 4 GG, § 71 Abs. 1 Nr. 1 BVerfGG unterstellt[116]. Es hat dabei nur in Abgrenzung zu §§ 40 Abs. 1 Satz 1, 50 Abs. 1 Nr. 1 VwGO darauf hingewiesen, daß es sich bei dem Rechtsstreit um materielles Verfassungsrecht handele, so daß der Rechtsweg zu BVerwG nicht eröffnet sei. Ob Art. 93 Abs. 1 Nr. 3 GG, §§ 68 ff. BVerfGG Anwendung finden, wurde nicht geprüft. Dies könnte für die – hier grundsätzlich abgelehnte[117] – Abgrenzung nach dem Kriterium formell-verfassungsrechtlich/materiell-verfassungsrechtlich sprechen. Allerdings handelt es sich um einen sehr speziellen, in der Tradition der „Untergangsfälle" stehenden Fall, dessen Einordnung dann in Anlehnung hieran nahegelegen haben mochte[118].

4. Rechtsschutzinteresse

Der Antragsteller muß ein Rechtsschutzinteresse an der gerichtlichen Streiterledigung haben. Die Anforderungen dürfen angesichts des – auch – objektiven Verfahrenszwecks aber nicht überspannt werden[119].   **1096**

5. Form und Frist

Der Antrag muß den allgemeinen Vorschriften des § 23 Abs. 1 BVerfGG entsprechen. Zutreffend wurde von einer Verweisung auf § 64 Abs. 2 BVerfGG (wegen der insoweit bestehenden Grundgesetzbezogenheit) abgesehen. Hingegen konnte § 71 Abs. 2 bezüglich der Frist ohne weiteres § 64 Abs. 3 BVerfGG in Bezug nehmen.   **1097**

6. Verfahrensbeitritt

§ 71 BVerfGG enthält keinen Hinweis auf die Möglichkeit eines Verfahrensbeitritts. Es gibt jedoch keine Gründe, ihn nicht in der oben erörterten Weise auch hier zuzulassen[120].   **1098**

7. Prüfungsumfang und Entscheidungsbefugnis

Nach § 72 Abs. 1 BVerfGG kann das BVerfG – hat der Antrag Erfolg[121] – auf die Zulässigkeit oder Unzulässigkeit einer Maßnahme, auf die Verpflichtung, eine Maßnahme zu   **1099**

---

116 BVerfGE 94, 297 (310); ebenso *Wagner,* Der Einigungsvertrag nach dem Beitritt (1994), S. 268 ff.; *Bethge,* in: BVerfGG-Kommentar, § 69 Rn. 149; *ders.,* in: FS F. Klein (1994), S. 187 f.

117 Siehe oben Rn. 1066, 1067, 1094.

118 Siehe oben Rn. 1094. – Ob es sich in diesem Fall übrigens um echte „Prozeßstandschaft" handelt (so *Bethge,* in: BVerfGG-Kommentar, § 13 Rn. 88, § 71 Rn. 70) ist zweifelhaft; es handelt sich vielmehr um eine Sukzession in z.T. materiell-rechtliche, z.T. prozessuale Positionen.

119 S. oben Rn. 1080 f.

120 S. oben Rn. 1084. Vgl. auch BVerfGE 42, 103 (118 f.).

121 Zum Fall der Unzulässigkeit oder Unbegründetheit siehe oben Rn. 1086 und 1085. Wird nach § 24 BVerfGG entschieden, wird der Antrag „verworfen"; BVerfGE 94, 297 (298).

unterlassen, rückgängig zu machen, durchzuführen oder zu dulden oder auf die Verpflichtung zu einer Leistung erkennen. Die gegenüber §§ 67, 69 BVerfGG erheblich erweiterte Entscheidungsbefugnis des BVerfG erklärt sich aus der öffentlich-rechtlichen, aber nicht verfassungsrechtlichen Natur der hier zu entscheidenden Streitigkeit und der damit gegebenen einfach-rechtlichen Streitebene. Dies bedingt die Notwendigkeit zu entsprechender Entscheidung[122].

Aus diesen Gründen ist Prüfungsmaßstab auch das einfache Recht, das ja den Ausgangspunkt der Streitigkeit bildet.

§ 28 Zwischenländerstreitverfahren

I. Verfahrensgegenstand und Verfahrenszweck

1100 Die dem BVerfG nach Art. 93 Abs. 1 Nr. 4 (2. Alt.) GG, § 13 Nr. 8 BVerfGG zustehende Kompetenz ist Teil der umfassenden bundesverfassungsrechtlichen Vorsorge, Streitigkeiten „aus dem föderalen Bereich"[1] einer gerichtlichen, notfalls bundesverfassungsgerichtlichen Streitentscheidung zuzuführen, um den „Bundesfrieden" zu gewährleisten[2]. Die Zuständigkeit des BVerfG erstreckt sich dabei grundsätzlich auf alle öffentlich-rechtlichen Streitigkeiten, unabhängig davon, ob sie verfassungsrechtlicher oder nichtverfassungsrechtlicher Natur sind. Die verschiedentlich erwogene Möglichkeit, verfassungsrechtliche Streitigkeiten allein in Art. 93 Abs. 1 Nr. 3 GG anzusiedeln[3], scheitert an dessen Wortlaut, der sich ausschließlich auf Meinungsverschiedenheiten zwischen Bund und Ländern bezieht. Die sprachliche Anschließung von Art. 93 Abs. 1 Nr. 4 an Nr. 3 – „in **anderen** öffentlich-rechtlichen Streitigkeiten" – ist allerdings redaktionell verunglückt, weil sie suggeriert, daß verfassungsrechtliche Streitigkeiten in Nr. 4 nicht gemeint sind[4]. Dies trifft zwar für die erste Alternative (Bund-Länder), nicht aber für die zweite Alternative (Land-Land) zu.

1101 Allerdings heißt dies nicht, daß der Rechtscharakter der Zwischenländerstreitigkeit für die Zuständigkeit des BVerfG irrelevant wäre. Insofern wirkt sich die Subsidiarität der Verfassungsgerichtsbarkeit aus („soweit nicht ein anderer Rechtsweg gegeben ist"). Wenn es sich um eine verfassungsrechtliche Streitigkeit handelt, ist ein anderer Rechtsweg nicht gegeben. Ein Landesverfassungsgericht könnte allenfalls auf der Grundlage einer Schiedsvereinbarung tätig werden[5]. Handelt es sich hingegen um eine öffentlich-rechtliche Streitigkeit nicht-verfassungsrechtlicher Art, ist der Verwaltungs- oder Sozialrechts-

---

122 Vgl. BVerfGE 1, 299 (301).

1 BVerfGE 3, 267 (279); 4, 250 (267).
2 *Stern*, Art. 93 Rn. 379.
3 *Geiger*, § 71 Anm. 3. Noch offen gelassen in BVerfGE 3, 267 (277).
4 Wie hier *Stern*, Art. 93 Rn. 380-383 unter Hinziehung der Entstehungsgeschichte; dazu auch *Scholtissek*, in: FS Gebh. Müller (1970), S. 461 ff. Dies ergibt sich auch aus der Rechtsprechung des BVerfG, z.B. BVerfGE 22, 221 (229 ff.).
5 Vgl. *Pestalozza*, S. 143 f. – Freilich kann die Entscheidung eines Landesverfassungsgerichts wegen ihrer landesinternen verpflichtenden Wirkung die Streitigkeit zwischen Ländern auflösen; vgl. BVerfGE 42, 345.

weg eröffnet. Sachlich zuständig sind das Bundesverwaltungsgericht oder das Bundes-sozialgericht[6], die ihrerseits, wenn sie die Streitigkeit für verfassungsrechtlich halten, die Sache dem BVerfG zur Entscheidung vorlegen müssen[7].

Als verfassungsrechtlich qualifiziert wurde z.B. der Streit um Ansprüche, die sich aus **1102** dem Staatsvertrag über die Vereinigung des Freistaates Coburg mit dem Freistaat Bayern (1920) ergeben[8]. Verwaltungsrechtliche Natur wurde dem Länderstaatsvertrag über die Vergabe von Studienplätzen (1972) bescheinigt[9]. Überhaupt nicht als öffentlich-rechtlich, sondern als privatrechtlich wurden die sich aus dem Vermögensauseinandersetzungs-vertrag zwischen dem früheren Staat Waldeck-Pyrmont und seinem Fürstlichen Hause (1920) ergebenden Ansprüche beurteilt[10]. Zur Qualifikation stellt das BVerfG maßgeblich auf den Inhalt des Vertrages ab.

Die umfassende, wenngleich subsidiäre, im Interesse des Bundesfriedens bestehende Zu-ständigkeit des BVerfG weist auf einen primär objektiven Verfahrenszweck hin. Unge-achtet dessen ist der Verfahrensgegenstand subjektiv geprägt, da es um die Verteidigung oder Durchsetzung der den streitbeteiligten Ländern selbst zustehenden Kompetenzen oder (vertraglichen) Rechte geht[11].

II. Parteifähigkeit und Prozeßfähigkeit

Parteien des Rechtsstreits sind die Länder selbst[12]; sie können dabei prozessual nur durch **1103** ihre Regierungen handeln. § 71 Abs. 1 Nr. 2 BVerfGG beschränkt daher die Fähigkeit, Antragsteller oder Antragsgegner zu sein, auf die Landesregierungen. Auf die Erörterung zum Bund-Länder-Streit kann verwiesen werden (Rn. 1059 f.).

Problematisch ist allerdings, wie Streitigkeiten über die Rechtsfolgen von Eingliede- **1104** rungsverträgen prozessual bewältigt werden können, denn die eingegliederten, früher selbständigen Länder sind inzwischen ja untergegangen. Aus jedenfalls akzeptablen Rechtsschutzerwägungen hat das BVerfG solche Streitigkeiten nicht als Streitigkeiten „innerhalb eines Landes" (Art. 93 Abs. 1 Nr. 4, 3. Alt. GG) qualifiziert, da dies – wegen der Subsidiarität der bundesverfassungsgerichtlichen Zuständigkeit – häufig zur Zustän-digkeit des Verfassungsgerichts des aufnehmenden Landes führen müßte. Dies entsprä-che nicht der gleichberechtigten Stellung der früheren Vertragspartner[13]. Schwieriger ist die Frage der beteiligten Rechtssubjekte. Zwei Möglichkeiten kommen in Betracht.

Die Rechtsprechung des BVerfG, obgleich nicht immer völlig eindeutig, geht von der Parteifähigkeit des untergegangenen Landes aus, auch wenn die Eingliederung bereits vor

---

6 §§ 40, 50 Abs. 1 VwGO, 39 Abs. 2 SGG.
7 §§ 50 Abs. 3 VwGO, 39 Abs. 2 SGG. – Zur Problematik dieser Vorlage s. oben Rn. 1094 und *Pestalozza*, S. 142.
8 BVerfGE 22, 221 (229 ff.).
9 BVerfGE 42, 103 (110 ff.); dazu auch BVerwGE 50, 124 (130 ff.); BVerfGE 50, 137.
10 BVerfGE 62, 295 (312 ff.).
11 BVerfGE 42, 103 (113) macht klar, daß es in diesem Verfahren nicht notwendig um Kompetenzstreitigkei-ten geht. – Zu den vielfältigen Möglichkeiten für Rechts- und Interessenkonflikte im Zwischenländerbe-reich vgl. *Pestalozza*, S. 143 f.; vgl. auch *Bethge*, in: BVerfGG-Kommentar, § 71 Rn. 80 f.
12 Grundsätzlich unstreitig, vgl. *Lechner/Zuck*, § 71 Rn. 1.
13 BVerfGE 3, 267 (278 f.); 4, 250 (268); 22, 221 (233). Ebenso *Scholtissek* (N 4), S. 471.

der Entstehung der Bundesrepublik Deutschland geschah[14]. Das untergegangene Land wird für einen Prozeß aus dem Vereinigungsvertrag „als fortbestehend" angesehen (Fiktion). Ihm können daher die sich aus dem Vertrag ergebenden Rechte zugeordnet werden. An die Stelle seines weggefallenen verfassungsmäßigen Vertretungsorgans (Landesregierung) treten die auf seinem Territorium bestehenden obersten Gebietskörperschaften[15], wobei das BVerfG, wieder aus Rechtsschutzerwägungen, eine gewisse Großzügigkeit walten läßt[16]. In der Regel wird es sich um Kreise oder kreisfreie Städte handeln[17]. Sie erhalten diese Positionen als Repräsentanten der Bevölkerung des untergegangenen Landes[18] und sind insoweit geeignete Antragsteller nach § 71 Abs. 1 Nr. 2 BVerfGG.

1105 Dem zustimmungswürdigen Argument des BVerfG, daß kein ausreichender Rechtsschutz zur Verfügung stünde, wenn niemand die Rechte aus dem Eingliederungsvertrag geltend machen könnte, mag man konstruktiv auch dadurch Rechnung tragen, daß die genannten Gebietskörperschaften als Prozeßstandschafter und damit als Partei in diesem Verfahren auftreten, indem sie fremde Rechte im eigenen Namen geltend machen. Diese von einem Teil der Literatur bevorzugte Lösung[19] hat den Vorteil, daß sie nicht sowohl mit einer juristischen Fiktion (Fortbestand des Landes) als auch einer extensiven Interpretation des § 72 Abs. 1 Nr. 2 BVerfGG arbeiten muß, sondern sich nur auf das prozeßrechtlich bekannte Institut der Prozeßstandschaft zu beziehen braucht, das ja auch dem Verfassungsprozeßrecht (vgl. § 64 BVerfGG) nicht fremd ist. Die an sich notwendige gesetzliche Zulassung der Prozeßstandschaft wird durch den Gedanken des effektiven Rechtsschutzes ersetzt. Der Nachteil dieser Lösung ist, daß nicht-staatliche Gebietskörperschaften zu Verfahrensbeteiligten werden, obgleich Art. 93 Abs. 1 Nr. 3 und 4 GG nur den Gesamtstaat und die Gliedstaaten ansprechen. Aber es ist zu bedenken, daß der Streit um solche Rechte geführt wird, die einem Vertrag entstammen, der von Gliedstaaten des deutschen Bundesstaates abgeschlossen war. Im Ergebnis spricht daher mehr für das Vorliegen einer Prozeßstandschaft der (obersten) gebietlichen Selbstverwaltungskörperschaften auf dem Territorium des untergegangenen Landes als für dessen eigene Parteifähigkeit.

Abgesehen von diesem Sonderfall des untergegangenen Landes ist allerdings für eine Prozeßstandschaft im Zwischenländerstreit kein Raum.

III. Antragsbefugnis

1106 Das klagende Land muß geltend machen, durch das Verhalten des beklagten Landes[20] in eigenen Rechten, die gerade (auch) gegenüber diesem bestehen und von ihm zu respek-

---

14 Deutlich BVerfGE 22, 221 (230 f.) und 62, 295 (312); unklarer BVerfGE 3, 267 (279); 4, 250 (268); 42, 345 (355).

15 BVerfGE 3, 267 (280); 22, 221 (230); 42, 345 (355).

16 Vgl. etwa BVerfGE 38, 231 (237).

17 Vgl. aber auch BVerfGE 42, 345 (355).

18 BVerfGE 22, 221 (231 f.); 62, 295 (312).

19 *Schlaich*, Rn. 99; *Löwer*, S. 767; *Umbach*, in: Umbach/Clemens, § 71 Rn. 38; nicht ganz eindeutig *Stern*, Art. 93 Rn. 393. Auch das BVerfG scheint gelegentlich dieser Ansicht zuzuneigen, vgl. BVerfGE 49, 10 (15). Gegen eine Prozeßstandschaft in diesem Verfahren *Pestalozza*, S. 146; *Bethge*, in: BVerfGG-Kommentar, § 71 Rn. 108; *Detterbeck*, S. 420; *Robbers*, Verfassungsprozessuale Probleme in der öffentlich-rechtlichen Arbeit (1996), S. 72.

20 Oder seines Rechtsnachfolgers: BVerfGE 42, 345 (356 f.).

tieren sind, verletzt oder unmittelbar gefährdet zu sein, z.B. durch bestimmte Maßnahmen oder die Vorenthaltung von Leistungen[21]. Das Erfordernis der Antragsbefugnis[22] ergibt sich aus dem kontradiktorischen Charakter der hier behandelten Verfahren. Nur ausnahmsweise, nämlich in dem oben erörterten Fall der Prozeßstandschaft für ein untergegangenes Land, sind die in Frage kommenden Selbstverwaltungskörperschaften[23] befugt, die Rechte des Landes im eigenen Namen geltend zu machen, allerdings nur solche Rechte, die in unmittelbarem Zusammenhang mit seinem Untergang durch einen Eingliederungsvertrag begründet worden sind[24].

Für die Antragsbefugnis ist nicht von Bedeutung, welchen Rechtscharakter die streitbefangenen Rechte haben. Wie bereits erwähnt, müssen sie nicht notwendig der verfassungsrechtlichen Sphäre entstammen, um prinzipiell in dem Verfahren des Zwischenländerstreits vor dem BVerfG eingeklagt werden zu können. Allerdings wirkt sich an dieser Stelle die Rechtswegklausel des Art. 93 Abs. 1 Nr. 4 GG aus[25].

Wie gerade die Streitigkeiten über Rechte untergegangener Länder zeigen, muß der Antragsteller nicht solche Ansprüche geltend machen, welche die Rechtsstellung eines Landes als Glied des Bundes betreffen; insoweit ist kein strikter (auch) auf den Gesamtstaat bezogener Zusammenhang erforderlich. Es genügt, wenn um solche Rechte gestritten wird, die den Bundesfrieden gefährden[26].

IV. Rechtsschutzinteresse

Ein Rechtsschutzinteresse des antragstellenden Landes ist erforderlich. Dies folgt aus der **1107** subjektiven Bestimmung des Verfahrensgegenstandes.

V. Form und Frist

Hinsichtlich der Form ist auf § 23, bezüglich der Frist auf §§ 71 Abs. 2, 64 Abs. 3 **1108** BVerfGG zu verweisen. Die Sechsmonatsfrist beginnt spätestens in dem Augenblick zu laufen, in dem der Antragsteller sich eindeutig geweigert hat, die Forderung des Antragstellers zu erfüllen[27].

VI. Verfahrensbeitritt

Obgleich § 71 BVerfGG keine Beitrittsregelung enthält, sprechen der objektive Verfah- **1109** renszweck und prozeßökonomische Gründe dafür, den Beitritt von am Verfahren Beteili-

---

21 Vgl. dazu § 72 Abs. 1 BVerfGG (mögliche Entscheidungsinhalte) und BVerfGE 4, 250 (269).

22 BVerfGE 22, 221 (231) spricht von „Klagebefugnis".

23 Hierbei tut es der Antragsbefugnis keinen Abbruch, wenn nicht alle zur Prozeßstandschaft Berechtigten als Antragsteller auftreten, solange ein gemeinsamer Wille erkennbar ist; vgl. dazu BVerfGE 22, 221 (230); 34, 216 (226 f.).

24 BVerfGE 62, 295 (312); seit BVerfGE 3, 267 (279 f.) unter Rückgriff auf die Rechtsprechung des StGH für das Deutsche Reich.

25 S. oben Rn. 1101.

26 *Stern*, Art. 93 Rn. 384 m.w.N.

27 BVerfGE 4, 250 (269 f.); 22, 221 (233 f.). Vgl. auch zur Fristberechnung BVerfGE 99, 361 (365 f.).

gungsfähigen auf der Seite zuzulassen, auf der das gleiche Interesse an rechtskräftiger Feststellung und Klärung einer bestimmten Rechtsposition gegeben ist[28].

VII. Prüfungs- und Entscheidungsbefugnis

1110 Sind die Sachentscheidungsvoraussetzungen nicht gegeben, wird der Antrag (als unzulässig) verworfen[29]. Liegen sie vor, beurteilt das BVerfG die streitbefangenen Rechte nach Maßgabe der Rechtsgrundlage oder des Rechtsverhältnisses, aus der sie sich ergeben oder in dem sie wurzeln. Im Fall der Unbegründetheit werden die Anträge zurückgewiesen[30]. Sind sie begründet, umschreibt § 72 Abs. 1 BVerfGG den zulässigen Entscheidungsinhalt[31]. Dabei kann auch die Verurteilung zu einer Geldleistung erfolgen[32].

1111 Wehrt sich ein Bundesland gegen den Kompetenzübergriff eines anderen Bundeslandes, so wird das BVerfG die Zulässigkeit oder Unzulässigkeit einer solchen Maßnahme feststellen. Es kann jedoch auch auf die Verpflichtung des Antragsgegners erkennen, eine Maßnahme zu unterlassen oder rückgängig zu machen. § 72 Abs. 1 Nr. 2 BVerfGG geht damit über die entsprechende Entscheidungsbefugnis im Organstreitverfahren und Bund-Länder-Streitverfahren (§§ 67, 69 BVerfGG) hinaus. Man mag hierin eine gewisse Inkonsequenz sehen[33]. Sie dürfte sich jedoch aus der allgemeinen Einschätzung erklären, daß in der Regel die Zwischenländerstreitigkeiten nicht so stark rechtliche und politische Grundsatzfragen berühren, daß eine zurückhaltende, eben auf eine bloße Feststellung beschränkte Tenorierung des BVerfG naheliegt. Abgesehen davon ist die Frage positivrechtlich entschieden, und dies sollte respektiert werden. Es ist nicht ersichtlich, daß die Ermächtigungsgrundlage zur Verfahrensregelung (Art. 94 Abs. 2 GG) damit überdehnt wurde[34].

Aus dem objektiven Verfahrenszweck ergibt sich eine Einschränkung der Dispositionsmaxime. Insoweit kann auf die Ausführungen zum Bund-Länder-Streit verwiesen werden[35].

---

28 BVerfGE 42, 103 (118 f.).
29 Vgl. BVerfGE 62, 295 (296).
30 Vgl. BVerfGE 22, 221 (222).
31 BVerfGE 4, 250 (268) läßt offen, ob es sich um eine erschöpfende Umschreibung der Entscheidungsbefugnis handelt.
32 BVerfGE 34, 216 (236 ff.) und 42, 345 (363 f.): Geldleistungen, da eine inhaltliche Anpassung der Verträge an die veränderten Umstände nicht möglich war.
33 So wohl *Geiger*, § 71 Anm. 2.
34 Vgl. auch *Umbach*, in: Umbach/Clemens, § 72 Rn. 7.
35 S. oben Rn. 1085.

§ 29 Binnenländerstreitverfahren

I. Verfahrensgegenstand und Verfahrenszweck

Art. 93 Abs. 1 Nr. 4 (3. Alt.) GG, § 13 Nr. 8 BVerfGG deuten zunächst darauf hin, daß die **1112** Entscheidungskompetenz des BVerfG im Hinblick auf „andere öffentlich-rechtliche Streitigkeiten innerhalb eines Landes" sehr weit gefaßt und nur durch die Subsidiaritätsklausel („soweit nicht ein anderer Rechtsweg gegeben ist") eingeschränkt ist. Demgegenüber begrenzt jedoch § 71 Abs. 1 Nr. 3 BVerfGG sehr dezidiert die Zuständigkeit des Gerichts – in Parallele zum Bundesorganstreit nach Art. 93 Abs. 1 Nr. 1 GG – auf die Entscheidung eines landesinternen Organstreits.

Das BVerfG hat sich, nach anfänglich vermiedener Festlegung[1], die restriktive, Art. 93 **1113** Abs. 1 Nr. 4 (3. Alt.) GG teleologisch reduzierende Sicht des einfachen Gesetzgebers zu eigen gemacht[2]. Es hat hierzu seinen eigenen spezifischen Aufgabenbereich sowie die systematische Stellung und Entstehungsgeschichte des Art. 93 GG angeführt[3]. Am überzeugendsten ergibt sich jedoch die Eingrenzung auf verfassungsrechtliche Streitigkeiten im Sinne eigentlicher Verfassungsorganstreitigkeiten daraus, daß dieses Ergebnis auf einer vernünftigen Linie zwischen der „Bundessorge für das System der gewaltenteilenden Staatswillensbildung auch auf der Landesebene" und der Respektierung der Verfassungsautonomie der Gliedstaaten, ihrer Eigenstaatlichkeit, durch die Bundesverfassung liegt[4]. Die Bereitschaft des Bundes zum Einsatz seiner Verfassungsgerichtsbarkeit deckt daher nicht das gesamte Spektrum verfassungsrechtlicher Fragen innerhalb eines Landes ab, stellt also keine umfassende „Ersatzzuständigkeit des BVerfG hinter den Verfassungsgerichten der Länder" zur Verfügung[5]. Nur die Organstreitigkeiten werden wegen ihrer Bedeutung für das demokratische Funktionieren der Staatswillensbildung in diese **bundesverfassungsgerichtliche** Absicherung miteinbezogen. Nur insoweit ist die obligatorische und „lückenlose" Ersatzzuständigkeit des BVerfG gerechtfertigt[6].

Wie im Bundesorganstreitverfahren geht es um die Verteidigung der Verfassungsorganen **1114** als „Faktoren des Verfassungslebens" zugeordneten Funktionen und Kompetenzen gegenüber (drohenden) Übergriffen anderer Verfassungsorgane[7]. Es handelt sich um ein kontradiktorisches Verfahren. Auch hier steht neben dem subjektiven Verfahrensgegenstand[8] ein objektiver Verfahrenszweck[9], dem das BVerfG jedoch eine andere Zielrichtung

---

1 Vgl. BVerfGE 4, 375 (377); 27, 10 (17).
2 BVerfGE 27, 240 (245 f.); 96, 231 (244).
3 Aus dem Rückgriff auf Art. 19 WRV ergibt sich immerhin, daß es sich um eine verfassungsrechtliche Streitigkeit handeln muß; dazu *Stern*, Art. 93 Rn. 394; *Pestalozza*, S. 147 f.; anders *Scholtissek*, in: FS Gebh. Müller (1970), S. 465 f. Ausführlich *Zierlein*, AöR 118 (1993), S. 88 ff.
4 Ebenso *Löwer*, S. 756; siehe auch BVerfGE 69, 319 (327). Ferner oben Rn. 41 ff.
5 *Lechner/Zuck*, Vor § 71 Rn. 15.
6 BVerfGE 4, 375 (377); 27, 240 (245); 91, 246 (250); 93, 195 (202); anders *Scholtissek* (N 3), S. 466 ff. – Auch eine abstrakte Normenkontrolle kommt in diesem Verfahren nicht in Betracht; *Stern*, Art. 93 Rn. 398; vgl. BVerfGE 90, 43 (46).
7 Vgl. etwa die BVerfGE 27, 10 (17) zugrunde liegende Behauptung eines Landesverbandes einer politischen Partei, bei der Ausübung der Funktion eines Landesverfassungsorgans durch Landtag und Landesregierung in dem Recht, bei der politischen Willensbildung innerhalb des Landes mitzuwirken, beeinträchtigt zu sein.
8 Näher *Detterbeck*, S. 402 f.
9 Vgl. BVerfGE 62, 194 (200).

als dem Bundesorganstreit gibt. Während es dort insbesondere um den „vollen Minderheitenschutz im Verfassungsgefüge des Bundes" geht, könne die analoge, für das politische Kräftespiel im Land wesentliche verfassungspolitische Entscheidung nicht allein
Art. 93 Abs. 1 Nr. 4 (3. Alt.) GG entnommen werden. Art. 99 GG zeige im Gegenteil, daß
derart weitreichende Einwirkungsmöglichkeiten eines Bundesorgans der Entscheidung
des Landes(-gesetzgebers) überlassen bleiben müßten. Verfahrenszweck ist hier daher
nach der Rechtsprechung des Gerichts die prozessuale Absicherung des Bundesfriedens
durch Gewährleistung lückenlosen gerichtlichen Rechtsschutzes in Verfassungsstreitigkeiten innerhalb der Länder[10].

1115   Ob diese Differenzierung des Zwecks der beiden Organstreitverfahren überzeugt, ist nicht
ganz sicher. Die demokratische Ordnung westlicher, insbesondere angelsächsischer Prä-
gung, die auch das Grundgesetz erfahren hat, lebt nicht nur von der Mehrheitsentscheidung, sondern auch von der Abwehr einer Mehrheitsdiktatur. Dies ist Teil des die Verfassungsordnung der Länder bestimmenden Homogenitätsgebots (Art. 28 Abs. 1 Satz 1
GG). Es wäre keineswegs abwegig, wenn die bundesverfassungsgerichtliche Garantie
eine entsprechende Reichweite hätte. Allerdings ist zu berücksichtigen, daß § 71 Abs. 1
Nr. 3 BVerfGG anders formuliert sein müßte, sollte er Grundlage eines gerade auch dem
Minderheitenschutz dienenden, das Institut der Prozeßstandschaft einschließenden Verfassungsprozesses sein. So ist es eher die sich im Rahmen des Art. 94 Abs. 2 Satz 1 GG
haltende Einschätzung des einfachen Gesetzgebers, die für die Ansicht des Bundesverfassungsgerichts spricht.

1116   Die schon im Wege der Auslegung eingeschränkte Zuständigkeit des BVerfG ist ferner
vom Fehlen eines anderen Rechtswegs abhängig. In Betracht kommt insoweit der Weg
zum eigenen Landesverfassungsgericht oder zum BVerfG gem. Art. 99 GG als „ausgelie-
henem" Verfassungsgericht[11].

Mit Ausnahme des Landes Schleswig-Holstein haben alle Bundesländer eigene Verfassungsgerichte (Verfassungsgerichtshöfe, Staatsgerichtshöfe) etabliert und diesen Gerichten auch die Entscheidung über landesinterne Verfassungsorganstreitigkeiten übertragen[12]. Damit ist der Zuständigkeitsbereich des BVerfG im Ergebnis ganz erheblich reduziert. Dies gilt umso mehr, als die Landesverfassungsgerichte – wie alle Landesorgane –
bei ihrer Entscheidung auch bundes(-verfassungs-)rechtliche Vorschriften zu beachten
haben, soweit diese entweder die Kompetenzen des Landes eingrenzen[13] und damit auch
bestimmte Maßnahmen von Landesorganen rechtlich ausschließen oder soweit sie im
Landesverfassungsrecht selbst unmittelbar gelten, „also insoweit zugleich Bestandteil der
Landesverfassung" sind[14]. Das BVerfG hat Art. 21 GG als eine solche Vorschrift mit der

---

10   BVerfGE 60, 319 (325 f.); 91, 246 (250); 92, 130 (134); 93, 195 (202).

11   Zur Subsidiaritätsklausel ausführlich *Bethge*, in: Starck/Stern (Hg.), Landesverfassungsgerichtsbarkeit,
      Teilbd. II (1983), S. 36 ff. – Wo der Verwaltungsrechtsweg (§ 40 VwGO) eröffnet ist, handelt es sich ohne-
      hin um eine öffentlich-rechtliche Streitigkeit *nicht* verfassungsrechtlicher Art, die schon per definitionem
      keine von Art. 93 Abs. 1 Nr. 4 (3. Alt.) GG allein erfaßte verfassungsrechtliche Streitigkeit ist. Mit etwas
      anderem Akzent *Detterbeck*, S. 402.

12   Dazu ausführlich *Pestalozza*, S. 372 ff. Zu den Länderorganstreitigkeiten ausführlich *Bethge* (N 11),
      S. 17 ff. Vgl. auch BVerfGE 92, 130 (133): Zuständigkeit vor Errichtung des Thür.VerfGH.

13   Zutreffend BVerfGE 60, 175 (206 f.) unter Hinweis auf Art. 100 Abs. 3 GG. – Vgl. auch *Bethge* (N 11),
      S. 30 ff.

14   Vgl. BVerfGE 1, 208 (227); siehe auch oben Rn. 43 ff.

Folge qualifiziert, daß für (Organ-) Streitigkeiten, die politische Parteien in Fragen ihres Status innerhalb eines Landes führen, das Landesverfassungsgericht zuständig ist, selbst wenn das Landesrecht die Organstellung der politischen Partei nicht ausdrücklich anerkennt. Sollte das Landesverfassungsgericht seine Zuständigkeit bestreiten, wäre es gehalten, die Frage der unmittelbaren Geltung des Art. 21 GG nach Art. 100 Abs. 3 GG dem BVerfG vorzulegen[15]. Die Bejahung dieser Frage durch das BVerfG dürfte zu einer Korrektur durch das Landesverfassungsgericht bezüglich seiner Zuständigkeit führen. Erzwingen läßt sich dies allerdings nicht. Beharrt das Landesverfassungsgericht auf seiner Unzuständigkeit, wäre schließlich doch der Rechtsweg zum BVerfG gegeben.

Von diesem Fall abgesehen, kann das BVerfG nur entscheiden, wenn nach Landesrecht **1117** die prozessualen Voraussetzungen einer Organklage nicht vorliegen, also wenn das Landesrecht z.B. die Anrufung des Landesverfassungsgerichts durch Abgeordnete von einem Quorum abhängig macht, die Antragsteller diese Zahl jedoch nicht erreichen[16]. Dann steht das BVerfG als Reserveinstanz für die richterliche Erledigung von Verfassungsstreitigkeiten zur Verfügung.

Die Zuständigkeit des BVerfG in den hier diskutierten Verfahren ist auch dann nicht ge- **1118** geben, wenn das Gericht aufgrund des Art. 99 GG entscheidungsbefugt ist. Diese Vorschrift macht den Bundesländern ein „Entlastungsangebot"[17] und stellt das BVerfG den Ländern im Weg der Organleihe (Institutionsleihe) zur Verfügung[18]. Schleswig-Holstein hat hiervon Gebrauch gemacht. Insoweit geht auch hier die Zuständigkeit des BVerfG „als Verfassungsgericht für das Land Schleswig-Holstein"[19] seiner Zuständigkeit als Organ der **Bundes**verfassungsgerichtsbarkeit vor.

II. Parteifähigkeit

Mit der Begrenzung der Zuständigkeit des BVerfG auf die Entscheidung landesinterner **1119** Verfassungsorganstreitigkeiten ist auch der Kreis der in diesem Verfahren Parteifähigen automatisch eingeengt[20]. § 71 Abs. 1 Nr. 3 BVerfGG macht dies deutlich. Wie im Bun-

---

15 BVerfGE 6, 367 (374); 10, 331 f.; 27, 10 (17 f.); 66, 107 (113 ff.). – Kritisch *Löwer*, S. 757 N 139.

16 BVerfGE 60, 319 (323 f.); 62, 194 (199); 93, 195 (202 f.). Vgl. auch BVerfGE 75, 34 (39). Näher hierzu *Zierlein* (N 3), S. 77 ff., 101 ff., mit der Tendenz, das BVerfG nur zum Zuge kommen zu lassen, wenn das Landesrecht zur Entscheidung landesinterner Organstreitigkeiten einen adäquaten Rechtsschutz nicht vorsieht, also sozusagen „rechtsmißbräuchlich" handelt. Der im Text diskutierte Fall würde diesem Verdikt nicht unterfallen.

17 *Pestalozza*, S. 148. Dieses Angebot erscheint angesichts der Belastung des BVerfG aus heutiger Sicht außerordentlich generös; vgl. auch unten Rn. 1187.

18 *Schlaich*, Rn. 100. – Die von dem entliehenen Organ getroffenen Maßnahmen und Entscheidungen werden dem Entleiher zugerechnet; BVerfGE 63, 1 (31). Obgleich Art. 99 GG das Entlastungsangebot auf „Verfassungsstreitigkeiten innerhalb eines Landes" beschränkt, werden hierunter in extensiver Auslegung nicht nur Organstreitigkeiten, sondern auch abstrakte Normenkontrollen verstanden; vgl. BVerfGE 38, 258 (267); 99, 57 (65) und unten Rn. 1186.

19 BVerfGE 27, 240 (244). – BVerfGE 99, 1 (17) charakterisiert das BVerfG bezüglich seiner Zuständigkeit nach Art. 93 Abs. 1 Nr. 4 (3. Alt.) im Anschluß an die vom Bundesministerium der Justiz eingesetzte Entlastungskommission (Benda-Kommission) als „subsidiäres Landesverfassungsgericht", Bericht (1998), S. 94; vgl. auch schon BVerfGE 10, 286 (294); dazu auch *Zierlein* (N 3), S. 72.

20 Die enge Verbindung zwischen Zuständigkeit des BVerfG und Parteifähigkeit wird argumentativ besonders in BVerfGE 27, 240 (245-248) deutlich. BVerfGE 6, 367 (371) hielt die Prüfung der Parteifähigkeit des An-

desorganstreitverfahren sind nur die „Faktoren des Verfassungslebens" beteiligungsfähig[21]. Hierunter fallen zweifellos Landtag, Landesregierung[22] und Ministerpräsident, wohl auch die einzelnen Staatsminister. Zumindest sind sie als Teile eines obersten Landesorgans parteifähig, da sie in der Landesverfassung oder auch in der Geschäftsordnung der Landesregierung mit eigenen Rechten ausgestattet sind. Aus Art. 21 GG ergibt sich für die Landesverbände der politischen Parteien, daß sie dem Kreis der Landesverfassungsorgane zuzurechnen sind und insoweit ihren Status im Organstreit verteidigen können[23]. § 71 Abs. 1 Nr. 3 BVerfGG erfährt daher ähnlich wie § 63 BVerfGG eine Erweiterung, die die verfassungsrechtliche Stellung der politischen Parteien prozessual umsetzt. Parteifähige Organteile sind (Landtags-)Fraktionen, Abgeordnete und auch qualifizierte Minderheiten, soweit sie durch Landesverfassung oder Geschäftsordnung eines obersten Landesorgans mit eigenen Rechten ausgestattet sind[24].

1120 Obgleich Verfassungsorgan, ist das Verfassungsgericht eines Landes nicht parteifähig. Dies wäre mit seiner richterlichen Funktion und Stellung unvereinbar[25]. Auch der Bürger ist in diesem Verfahren nicht beteiligungsfähig[26]. Ihm kommt weder selbst Organqualität zu, noch nimmt er – etwa als Organteil – spezifische Organfunktionen wahr. Das Staatsvolk – als Summe der Aktivbürger – ist zwar in manchen Ländern partiell an der Ausübung der Staatsgewalt auch außerhalb des Wahlakts beteiligt (Volksbegehren und Volksentscheide im legislativen Bereich)[27]. Das Staatsvolk hat insofern eine andere Stellung als im Bund und mag wohl als Staatsorgan betrachtet werden. Es ist aber gleichwohl mangels Organisation und funktionsfähiger Struktur nicht in einem gerichtlichen Verfahren parteifähig. Dann kann es aber auch der einzelne Aktivbürger als Teil hiervon nicht sein.

1121 Keine Verfassungsorgane und daher nicht parteifähig sind Kreise oder Kommunen[28]. Dasselbe gilt für Kirchen. Eine Rechtsschutzlücke besteht deshalb nicht, da ihnen andere verfassungsgerichtliche Möglichkeiten offen stehen[29].

III. Antragsbefugnis

1122 Dem Wesen der Verfassungsorganstreitigkeit als kontradiktorischer Streitigkeit entspräche es nicht, wenn der Antragsteller nur die Verletzung objektiven Rechts rügen müßte. Sachentscheidungsvoraussetzung ist vielmehr, daß er „schlüssig behauptet, daß er und

---

tragstellers für logisch vorrangig gegenüber der gerichtlichen Zuständigkeit. Umgekehrt und zutreffend BVerfGE 62, 194 (199 f.); 66, 107 (113).

21 Siehe dazu oben Rn. 989 ff. zur Notwendigkeit der abstrakten Bestimmung der Parteifähigkeit.
22 In allen bisher entschiedenen Fällen waren entweder die Landesregierung oder der Landtag, z.T. sogar beide, Antragsgegner; vgl. z.B. BVerfGE 62, 194; 66, 107; 93, 195.
23 BVerfGE 4, 375 (377 ff.); 6, 357 (371 ff.); 27, 10 (16 f.); 60, 319 (324); 99, 1 (17).
24 BVerfGE 60, 319 (323 f.); 62, 194 (189); Urt. v. 21.07.2000 – 2 BvH 3/91; vgl. auch *Pestalozza*, S. 158.
25 BVerfGE 60, 175 (202 f.); BVerfG, Kammerbeschl. v. 08.01.1996, LKV 1996, S. 333; vgl. auch *Rozek*, Das Grundgesetz als Prüfungs- und Entscheidungsmaßstab der Landesverfassungsgerichte (1992), S. 160.
26 BVerfGE 60, 175 (200 ff.) unter Hinweis auf BVerfGE 13, 54 (95) und 49, 15 (24); siehe auch oben Rn. 997.
27 Z.B. Art. 69, 60 Verf. B-W; Art. 124 Verf. Hess.; Art. 109, 116 Verf. Rh-Pf; Art. 77, 78 Verf. Bbg.
28 Grundlegend BVerfGE 27, 240 (246); *Geiger*, § 71 Anm. 4. Anders *Scholtissek* (N 3), S. 464 ff., unter Rückgriff auf die umstrittene Ausdehnung des Art. 19 WRV in der Rechtsprechung des StGH für das Deutsche Reich (RGZ 130, Anhang S. 3, 9 f.); hierzu *Clemens*, in: FS Zeidler, II (1987), S. 1274.
29 Vgl. Art. 93 Abs. 1 Nr. 4 a und b GG.

der Antragsgegner an einem Rechtsverhältnis unmittelbar beteiligt sind und daß der Antragsgegner hieraus erwachsende *eigene* Rechte und Zuständigkeiten des Antragstellers durch die beanstandete Maßnahme oder das Unterlassen verletzt oder unmittelbar gefährdet hat"[30]. Die Parallele zur Bundesorganstreitigkeit (§ 64 Abs. 1 BVerfGG) legt nahe, daß das Rechtsverhältnis und die sich hieraus ergebenden Rechte im Verfassungsrecht wurzeln müssen[31]. Dabei muß es sich aber nicht notwendig um **Landes**verfassungsrecht handeln. Auch die Verletzung von Bundesverfassungsrecht kann geltend gemacht werden, wenn sich hieraus Rechte oder Pflichten für den Antragsteller ergeben, die gerade dem Antragsgegner gegenüber[32] geschützt werden sollen. Dadurch verliert der Organstreit nicht seinen Charakter als Verfassungsstreitigkeit innerhalb eines Landes[33]. Wie stets wird jedoch die Antragsbefugnis durch die Entscheidungsbefugnis begrenzt[34].

§ 71 Abs. 1 Nr. 3 BVerfGG schreibt vor, daß die Verfahrensbeteiligten „durch den Streitgegenstand in **ihren** Rechten oder Zuständigkeiten **unmittelbar** berührt sind". Aus diesem strikten Erfordernis unmittelbarer prozessualer Betroffenheit[35] ergibt sich, daß anders als im Bundesorganstreitverfahren eine Prozeßstandschaft (von Organteilen für das Organ) hier nicht in Betracht kommt[36]. Eine parlamentarische Minderheit oder einzelne Abgeordnete können in diesem Verfahren daher nicht Rechte des Parlaments (Landtag) geltend machen. Dies gilt auch für Fraktionen. Sie sind hingegen antragsbefugt, soweit ihre eigenen verfassungsrechtlichen Kompetenzen streitbefangen sind. Einzelne Abgeordnete können sich gegen Beeinträchtigungen ihres freien Mandats durch andere Verfassungsorgane zur Wehr setzen. Aus dieser Position kann jedoch kein Recht des Abgeordneten auf eine bestimmte Höhe der Fraktionszuschüsse und auf die Regelung ihrer Verteilungskriterien durch den (Landes-)Haushaltsgesetzgeber hergeleitet werden[37]. **1123**

Im übrigen kann auf die Ausführungen zum Bundesorganstreit verwiesen werden.

IV. Rechtsschutzinteresse

Das Rechtsschutzinteresse des Antragstellers ist Sachentscheidungsvoraussetzung[38]. Dies entspricht dem subjektiv geprägten Verfahrensgegenstand. Auch insoweit ist auf die Überlegungen zum Bundesorganstreitverfahren zu verweisen. **1124**

---

30 BVerfGE 62, 194 (201); ferner 60, 319 (324); 91, 246 (250); 93, 195 (203). – Zum hier angesprochenen Problem der „schlüssigen" Behauptung siehe oben Rn. 1031 f.

31 *Geiger*, § 71 Anm. 4; *Lechner/Zuck*, Vor § 71 Rn. 15; *Pestalozza* S. 158.

32 Zur passiven Prozeßführungsbefugnis siehe oben Rn. 1027.

33 BVerfGE 27, 10 (17); 17, 175 (194, 204); 66, 107 (108, 114).

34 Auf das, was das Gericht nicht entscheiden kann, darf nicht angetragen werden; BVerfGE 27, 10 (16). Siehe auch unten Rn. 1128.

35 BVerfGE 60, 319 (324); 92, 130 (133).

36 BVerfGE 60, 319 (325 ff.); 62, 194 (201); 85, 353 (358); 88, 63 (67); 91, 246 (250); 92, 130 (134); ebenso ganz überwiegend die Literatur, z.B. *Löwer*, S. 757; *Geiger*, § 71 Anm. 4. Anders wohl *Maunz*, in: Maunz/Dürig, Art. 93 Rn. 62; Kritik auch bei *Bethge*, in: BVerfGG-Kommentar, § 71 Rn. 206 f.

37 BVerfGE 62, 194 (201).

38 *Bethge*, in: BVerfGG-Kommentar, § 71 Rn. 213 ff. BVerfGE 99, 332 (336 f.) stellt bei der Beurteilung des Rechtsschutzinteresses darauf ab, ob (noch) ein objektives Interesse an der Klärung der öffentlich-rechtlichen Streitigkeit gegeben ist. Vgl. auch BVerfG, Urt. v. 21.07.2000 – 2 BvH 3/91, wo das objektive Interesse zugleich mit dem subjektiven Rechtsschutzbedürfnis gekoppelt wird, trotz Wegfalls aber die Zuständigkeit des BVerfG unter Hinweis auf Art. 100 Abs. 3 GG bejaht wird, obwohl das LVerfG vorliegend nicht judizieren konnte!

V. Form und Frist

1125   Der schriftlich begründete Antrag, der die berührte Verfassungsnorm bezeichnen muß[39], ist innerhalb der von § 64 Abs. 3 BVerfGG bezeichneten Frist beim BVerfG einzureichen (§ 71 Abs. 2 BVerfGG). Die Frist ist jedoch gewahrt, wenn vieles dafür spricht, daß der Rechtsweg zum Landesverfassungsgericht eröffnet ist und dieser Weg daher fristgerecht beschritten wird, das Landesverfassungsgericht den Antrag gleichwohl als unzulässig verwirft und der Antragsteller erst dann das BVerfG anruft. Der Antragsteller darf nicht das Opfer divergierender Vorstellungen von Bundes- und Landesverfassungsgericht über dessen Zuständigkeit werden[40].

VI. Verfahrensbeitritt; Äußerungsberechtigung

1126   § 71 BVerfGG enthält keinen Verweis auf § 65 BVerfGG. Daraus auf die Unzulässigkeit des Beitritts zu schließen, wäre jedoch zu oberflächlich[41]. Sachlich gibt es keinen Grund, den Beitritt von in diesem Verfahren Parteifähigen auf der Seite der Partei abzulehnen, deren Rechte und Pflichten mit denen des Beitretenden gleichgelagert sind. In diese Richtung weisen auch Überlegungen der Prozeßökonomie[42]. So dürfte etwa ein Abgeordneter dem Verfahren eines anderen Abgeordneten gegen den Landtag oder die Landesregierung beitreten, wenn um die Gewährleistung des freien Mandats gestritten wird. Der Beitritt von Organen eines anderen Landes oder des Bundes scheidet jedoch wegen der Trennung der Verfassungsräume aus.

1127   Da die Interessen indes ähnlich gelagert sein können, kann das BVerfG im Wege der Verfahrensförderung (§ 22 Abs. 3 GeschO BVerfG) den Verfassungsorganen des Bundes und der (anderen) Länder Gelegenheit zur Stellungnahme geben[43]. Darüber hinaus sollte § 65 Abs. 2 BVerfGG in dem Sinne analog angewendet werden, daß jedenfalls Landtag und Landesregierung des betreffenden Landes, soweit sie am Verfahren nicht ohnehin beteiligt sind, von der Einleitung des Verfahrens obligatorisch in Kenntnis gesetzt werden, um sich hierzu äußern zu können.

VII. Prüfungs- und Entscheidungsbefugnis

1128   Ein Antrag, für den eine Sachentscheidungsvoraussetzung fehlt, wird verworfen[44]. Soweit der Antrag zulässig ist, prüft das BVerfG am Maßstab des Landesverfassungsrechts, unter Umständen aber auch anhand der gerügten, für die streitbefangenen Rechte und Pflichten maßgeblichen Grundgesetznorm[45], ob der Antrag begründet ist, d.h. tatsächlich eine Ver-

---

39   Vgl. § 23 BVerfGG und § 64 Abs. 2 BVerfGG, der analog anzuwenden ist.
40   Vgl. BVerfGE 4, 375 (378 f.); 6, 367 (375 f.).
41   So aber *Lechner/Zuck*, § 71 Rn. 5. Wie hier *Bethge*, in: BVerfGG-Kommentar, § 71 Rn. 218; *Isensee*, in: FS Helmrich (1994), S. 230 N 8.
42   Vgl. BVerfGE 42, 103 (118 f.).
43   Siehe etwa BVerfGE 6, 367 (371); 62, 194 (199).
44   Z.B. BVerfGE 27, 246; 66, 107 (108).
45   Nach § 72 Abs. 2 BVerfGG entscheidet das BVerfG allerdings nur über einen Verstoß gegen Bestimmungen der Landesverfassung. Dies ist aber insoweit zu korrigieren, als zulässigerweise die Verletzung von Grund-

letzung oder unmittelbare Gefährdung der „Rechte oder Zuständigkeiten" (§ 71 Abs. 1 Nr. 3 BVerfGG) vorliegt. Ist dies nicht der Fall, wird der Antrag zurückgewiesen[46]. Ist der Antrag begründet, so ergeht, entsprechend dem Wesen der echten Verfassungsstreitigkeit, eine (nur) feststellende Entscheidung (§ 72 Abs. 2 BVerfGG). Sie entspricht der des § 67 Satz 1 BVerfGG. Demgemäß wird auch auf § 67 Satz 2 und 3 BVerfGG verwiesen[47]. Die Entscheidung muß sich auf die Feststellung gerade der Verfassungsverletzung beschränken. Es dürfte z.B. nicht festgestellt werden, daß eine Partei im Landtag aufgrund des Wahlrechts vertreten sein muß[48].

VIII. Würdigung

Angesichts des Ausbaus der Landesverfassungsgerichtsbarkeit ist die praktische Bedeutung der Ersatzzuständigkeit des BVerfG schon immer relativ gering gewesen; soweit ersichtlich sind die entsprechenden Verfahren mit einer Ausnahme[49] erfolglos gewesen, in aller Regel hat es an der Antragsbefugnis der Antragsteller gefehlt. Angesichts der Trennung der Verfassungsräume von Bund und Ländern ist auch eine zurückhaltende Handhabung der Ersatzkompetenz verständlich[50]. Dieser Ansatz fügt sich in die vom BVerfG mehr oder weniger energisch unternommenen Entlastungsbemühungen; die Tendenz ist unverkennbar, der Landesverfassungsgerichtsbarkeit soviel Raum wie möglich zu geben und sich von Bereichen fernzuhalten, die von den Landesverfassungsgerichten bewältigt werden können[51]. **1129**

Ob deshalb die Forderung gerechtfertigt ist, Art. 93 Abs. 1 Nr. 4 (3. Alt.) GG zu streichen, ist eine andere Frage[52]. Man sollte für die Aufrechterhaltung des verfassungsrechtlichen Standards die „appellativ-warnende Funktion" nicht unterschätzen, die von einer solchen Ersatzzuständigkeit des BVerfG ausgeht[53]. Sie fügt sich in die dem Bund übertragene Garantenstellung (vgl. Art. 28 Abs. 3 GG).

gesetznormen geltend gemacht werden kann, wenn sie unmittelbar auf Kompetenzen und Status der Streitbeteiligten einwirken; anders *Detterbeck*, S. 403 f.

46 Vgl. BVerfGE 4, 375, wo der Antrag „als unbegründet zurückgewiesen" wurde. Zur neueren Tenorierungspraxis s. oben Rn. 1047 ff.

47 Hierzu siehe oben Rn. 1048 f.

48 Vgl. BVerfGE 27, 10 (16). Vgl. auch *Umbach*, in: Umbach/Clemens, § 72 Rn. 9.

49 BVerfGE 93, 195 (196).

50 So nachdrücklich *Zierlein* (N 3), S. 101 ff.

51 Vgl. etwa BVerfGE 96, 231 (243 f.); 99, 1 (11 ff.); siehe auch oben Rn. 61.

52 So aber Bundesministerium der Justiz (Hg.), Entlastung des BVerfG, Bericht der Kommission (1998), S. 94, beifällig zitiert von BVerfGE 99, 1 (17).

53 *Zierlein* (N 3), S. 105; *Hesse*, JZ 1995, S. 269.

Sonstige Verfahren

§ 30 Parteiverbot

I. Allgemeine und aktuelle Bedeutung des Parteiverbots

1130 Zusammen mit dem Verbot verfassungswidrige Ziele verfolgender Vereinigungen (Art. 9 Abs. 2 GG) und der Verwirkung von Grundrechten nach Art. 18 GG gehört Art. 21 Abs. 2 GG zu den verfassungsrechtlichen Instrumenten, mit denen die freiheitliche demokratische Grundordnung gegen Angriffe verteidigt werden soll. Das BVerfG deutet das Verbot verfassungswidriger Parteien als „Niederschlag der Erfahrungen eines Verfassunggebers, der in einer bestimmten historischen Situation das Prinzip der Neutralität des Staates gegenüber den politischen Parteien nicht mehr rein verwirklichen zu dürfen glaubte, Bekenntnis zu einer – in diesem Sinne – ‚streitbaren Demokratie‘ "[1].

1131 Art. 21 Abs. 2 GG knüpft damit, ebenso wie Art. 9 Abs. 2 und Art. 18 GG, an die Erfahrungen der Weimarer Zeit und des nationalsozialistischen Unrechtsstaates an und will aus ihnen Konsequenzen ziehen. Dabei ist allerdings die verbreitete Annahme unzutreffend, die Weimarer Reichsverfassung habe keine Abwehrmöglichkeit gegen radikale politische Gruppierungen gegeben. Vielmehr boten Art. 48 Abs. 2 WRV und auf einfachgesetzlicher Ebene bestehende Regelungen hinreichende rechtliche Möglichkeiten zum Verbot verfassungsfeindlicher Parteien und Vereinigungen, von denen auch – insbesondere in Preußen – weitaus häufiger Gebrauch gemacht worden ist, als bisher nach Art. 21 Abs. 2 GG[2]. Im Vergleich zu den damals der Exekutive eingeräumten rechtlichen Möglichkeiten ist das Parteiverbotsverfahren nach dem Grundgesetz vor allem durch die Beschränkung der Antragsbefugnis auf wenige Verfassungsorgane, die alleinige Entscheidungsbefugnis des BVerfG und die rechtsförmliche Ausgestaltung des Verfahrens sogar in erheblichem Maße eingeschränkt worden. Dennoch ist es richtig, von einer bewußten Hinwendung des Grundgesetzes zu einer „streitbaren Demokratie" zu sprechen. Der in der politischen Diskussion oft – ebenso wie die Wendung von der freiheitlichen demokratischen Grundordnung – schlagwortartig mißbrauchte Begriff erhält seine eigentliche Bedeutung gerade aus der im Vergleich zur WRV veränderten rechtlichen Ausgestaltung. Das Gewicht der zur Abwehr verfassungswidrige Ziele verfolgender politischer Kräfte getroffenen Maßnahmen, auch die schwerwiegende und weittragende Bedeutung eines solchen Schrittes, werden durch die den obersten Verfassungsorganen bei der Einleitung des Verfahrens und der abschließenden Entscheidung übertragene Verantwortung unterstrichen und verstärkt.

---

1 BVerfGE 5, 85 (139).
2 *Maurer*, AöR Bd. 96 (1971), 203 (205 ff.); *Seifert*, DÖV 1961, 81 (81 f.).

Zugleich soll das Parteiverbotsverfahren rechtsstaatlichen Erfordernissen unterworfen und hierdurch seinem Mißbrauch zu politischen Zwecken vorgebeugt werden.

Die lebhaften und kontroversen politischen Diskussionen über die Frage, ob links- oder rechtsradikalen Tendenzen bestimmter politischer Parteien durch Einleitung eines Parteiverbotsverfahrens begegnet oder stattdessen die politische Auseinandersetzung mit ihnen geführt werden sollte, haben vor allem seit der Ablösung der CDU/CSU-geführten Bundesregierungen unter *Adenauer* und *Erhard*, der Bildung der Großen Koalition 1966 und der sozial-liberalen Bundesregierung seit 1969 an Schärfe zugenommen. Schon frühzeitig hatte die Regierung *Adenauer* ein Verbotsverfahren nach Art. 21 Abs. 2 GG gegen die rechtsradikale Sozialistische Reichspartei (SRP) eingeleitet, das mit dem Ausspruch der Verfassungswidrigkeit dieser Partei und ihrer Auflösung durch das BVerfG im Jahre 1952 endete[3]. Das gleiche Ergebnis hatte der ebenfalls bald gestellte Antrag gegen die Kommunistische Partei Deutschlands (KPD), der nach jahrelanger gerichtlicher Auseinandersetzung 1956 mit dem Ausspruch der Verfassungswidrigkeit und der Auflösung endete[4]. Unter dem Namen Deutsche Kommunistische Partei (DKP) bildete sich in der Zeit der Großen Koalition eine Partei, die ihrer Zielsetzung nach mit guten Gründen als Nachfolgepartei der verbotenen KPD angesehen werden konnte. Etwa zur gleichen Zeit gelang es der Nationaldemokratischen Partei Deutschlands (NPD), bei Landtagswahlen Erfolge zu erzielen, und auch für die Bundestagswahlen 1969 war nicht auszuschließen, daß sie die 5%-Sperrklausel überwinden würde. Auch bei dieser Partei bestanden Gründe zu der Annahme, daß sie unter Art. 21 Abs. 2 GG fiel. Der Antrag des damaligen Bundesinnenministers, die Bundesregierung der Großen Koalition möge ein Verbotsverfahren sowohl gegen die NPD als auch die DKP einleiten, wurde jedoch am 25. April 1969 vom Kabinett nicht angenommen, obwohl in beiden Fällen die Regierung sich die rechtliche Würdigung des Bundesinnenministers über den verfassungswidrigen Charakter beider Parteien zu eigen machte[5]. Nach Auffassung des Bundeskabinetts konnte dieses nach pflichtgemäßem politischen Ermessen entscheiden, ob ein Verbotsverfahren einzuleiten war. Es hielt es für richtiger, die rechts- und linksradikalen Tendenzen politisch zu bekämpfen, als von dem rechtlichen Instrument des Art. 21 Abs. 2 GG Gebrauch zu machen. Es ist auch weder der NPD noch der DKP gelungen, in den Bundestag zu gelangen.

1132

Für viele Jahre nach diesem Vorgang wurden Verbotsverfahren weder eingeleitet noch auch nur ernstlich erwogen, obwohl sich neben den genannten, politisch mittlerweile nahezu bedeutungslosen Parteien andere Gruppierungen gebildet haben, deren Bekenntnis zur freiheitlichen demokratischen Grundordnung zumindest nicht zweifelsfrei feststeht. Dies gilt auch für den Prozeß der Herstellung der staatlichen Einheit Deutschlands, in dem, soweit ersichtlich, auch die Nachfolgepartei der Sozialistischen Einheitspartei (SED) der früheren DDR, die PDS, nicht Gegenstand von Überlegungen geworden ist, wie sie Art. 21 Abs. 2 GG nahelegen könnte. Erst zu Beginn der 90er Jahre leitete die Bundesregierung wieder ein Verbotsverfahren gegen eine als rechtsradikal eingeschätzte Gruppierung, die „Freiheitliche Deutsche Arbeiterpartei" ein; einen ähnlichen Verbotsantrag stellte etwa um die gleiche Zeit der Hamburger Senat gegen die „Nationale Liste",

1133

---

3 BVerfGE 2, 1.
4 BVerfGE 5, 85.
5 Beschluß der Bundesregierung vom 25.04.1969, Bulletin des Bundespresse- und Informationsamtes der Bundesregierung 1969, S. 444.

die ebenfalls für verfassungswidrig angesehen wurde. Beide Verfahren endeten jedoch mit der Feststellung ihrer Unzulässigkeit, weil es sich bei den Gruppierungen nicht um politische Parteien im Sinne von Art. 21 GG handele[6]. Ein im Jahr 2000 auf Verbot der NPD von Bundesregierung, Bundestag und Bundesrat gerichteter Antrag ist derzeit beim BVerfG anhängig.

1134 Die nach den SRP- und KPD-Urteilen des BVerfG getroffene Feststellung, Art. 21 Abs. 2 GG sei „wohl endgültig zu jenem hochwirksamen Regulator des Verfassungslebens geworden, der er nach dem Willen des Verfassungsgesetzgebers sein sollte", und er habe „den organisierten politischen Radikalismus in Deutschland weitgehend handlungsunfähig gemacht"[7], läßt sich aus heutiger Sicht nicht unbedingt aufrechterhalten. Für die Entscheidung, der politischen Auseinandersetzung eher zu vertrauen als dem Verbotsverfahren, mögen gewichtige Gründe sprechen. Wird dies, wie es nach mittlerweile über jahrzehntelanger Staatspraxis den Anschein hat, zum Bestandteil des politischen Grundverständnisses der Verfassungsorgane, dann bedeutet dies zwar nicht, daß Art. 21 Abs. 2 GG obsolet geworden wäre. Künftige Änderungen der Verhältnisse oder auch nur eine veränderte Beurteilung würden es ermöglichen, das Instrument wieder einzusetzen. Die Diskussion und die Entscheidungen über einen auf das Verbot der NPD gerichteten Antrag zeigen, daß eine solche geänderte Beurteilung eingesetzt hat. Aber der veränderte Grundkonsens gegenüber einer nach der Wertung durch das BVerfG zentralen Entscheidung der Verfassung entfernt die Staatspraxis von dieser. Allerdings kann demgegenüber geltend gemacht werden, daß auch nach Auffassung des BVerfG das Bekenntnis zur „streitbaren Demokratie" in einer bestimmten historischen Situation entstanden ist[8]. In fünfzig Jahren hat sich diese Situation in vielfältiger Beziehung geändert. Dennoch läßt sich kaum sagen, daß sich die Frage erledigt habe, wie rechts- oder linksradikalen Tendenzen zu begegnen ist. Dies zeigen allein schon die anhaltenden und oft quälenden Auseinandersetzungen über die Fragen, die sich daraus ergeben, daß eine Partei nach vertretbarer Beurteilung staatlicher Stellen als verfassungsfeindlich einzustufen ist, ein Verbotsverfahren gegen sie aber nicht eingeleitet worden ist. Diese an das „Parteienprivileg" nach Art. 21 Abs. 2 GG anknüpfenden Erörterungen[9] betreffen viele Einzelaspekte: Etwa die Versuche, solche Parteien bei der Vergabe von Versammlungsräumen[10], von Sendezeiten im Rundfunk[11] u.ä. zu benachteiligen, ihre Qualifizierung als verfassungswidrig durch amtliche Stellen[12] oder die Behandlung ihrer Mitglieder oder Anhänger im öffentlichen Dienst[13]. Die Notwendigkeit, solche Fragen zu klären, ist ein Preis dafür, daß Art. 21 Abs. 2 GG in der politischen Praxis weitgehend leerläuft. Allenfalls als „Damoklesschwert", als *„fleet in being"*[14] mag er eine begrenzte präventive Wirkung entfalten. Der nunmehr gegen die NPD gerichtete Verbotsantrag zeigt allerdings, daß unter bestimmten

---

6 BVerfGE 91, 276; 91, 262.
7 *Seifert* (N 2), S. 82.
8 BVerfGE 5, 85 (139).
9 Hierzu grundlegend *Lorenz*, AöR 101 (1976), S. 1 ff.; BVerfGE 17, 155 (166).
10 Vgl. z.B. VG Darmstadt, HessVGRspr. 1967, S. 71; BVerwG, BayVerwBl. 1970, S. 25; VGH Kassel, NJW 1979, S. 997; VGH Mannheim, NJW 1990, S. 136.
11 Vgl. hierzu insbesondere BVerfGE 47, 198 (227 ff.).
12 Vgl. BVerfGE 40, 287.
13 Vgl. BVerfGE 39, 334.
14 So *Seifert* (N 2), S. 82.

470

Umständen das Instrument des Art. 21 Abs. 2 GG wieder aktuelle Bedeutung erhalten kann.

II. Verfahrensrechtliche Fragen des Parteiverbots

Das BVerfGG trifft in Ausführung des Art. 21 Abs. 2 GG in den §§ 43-47 sowie in § 15 Abs. 2 S. 2 BVerfGG nur wenige Regelungen, die kaum problematisch sind.   **1135**

1. Antragsberechtigte

Ein Parteiverbotsverfahren kann nur vom Bundestag, dem Bundesrat oder der Bundesregierung eingeleitet werden (§ 43 Abs. 1 BVerfGG), von einer Landesregierung dann, wenn die als verfassungswidrig angesehene Partei nur auf dem Gebiet dieses Landes organisiert ist (§ 91 Abs. 2 BVerfGG).   **1136**

Während aus dem Wortlaut des Art. 21 Abs. 2 GG („Parteien ... *sind* verfassungswidrig ...") geschlossen werden könnte, daß die dem BVerfG obliegende Feststellung lediglich deklaratorischer Natur ist und die zur Antragstellung befugten Verfassungsorgane diese Feststellung durch Einleitung des Verfahrens ermöglichen müssen, wenn sie von der verfassungswidrigen Natur der Partei überzeugt sind[15], hat es das BVerfG im KPD-Urteil in das „pflichtgemäße Ermessen" der Bundesregierung gestellt, ob sie einen Antrag nach § 43 BVerfGG stellen will. Sie darf das Gebot des Verfassungsschutzes gegenüber anderen gewichtigen Zielen – etwa der verfassungsrechtlichen Verpflichtung, auf die Wiedervereinigung hinzuwirken – abwägen[16]. Damit ist allerdings noch nicht gesagt, daß andere gegen die Antragstellung sprechende Gesichtspunkte, die anders als das – heute gegenstandslos gewordene – Wiedervereinigungsgebot keinen Verfassungsrang haben, mithin Erwägungen der politischen Opportunität, von der Stellung des Antrags entbinden. Mit der heute wohl ganz einheitlichen Meinung[17] und jedenfalls nach der seit 1969 bestehenden Staatspraxis – die freilich für sich allein keine hinreichende Legitimation darstellt – ist aber davon auszugehen, daß die Verfassungsorgane nach pflichtgemäßem Ermessen entscheiden können, ob sie den Antrag stellen. Dabei müssen die Gründe, aus denen der Antrag gestellt oder unterlassen wird, pflichtgemäße, also auf das Gemeinwohl gerichtete sein. Das bloß parteipolitische Kalkül, das sich wahltaktische Vorteile ausrechnet, wäre keine pflichtgemäße Ausübung des Ermessens.

Geht man hiervon aus, kann der einmal gestellte Antrag entsprechend der hier geltenden Dispositionsmaxime zurückgenommen werden[18].

2. Antragsgegner

Antragsgegner kann nur eine politische Partei sein. Vereinigungen, die keine Parteien sind, unterliegen im Falle der Verfolgung verfassungswidriger Ziele der Verbotsnorm des   **1137**

---

15 So *Seifert* (N 2), 81 (85).
16 BVerfGE 5, 85 (113, 129 f.).
17 *Lechner/Zuck*, § 43 Rn. 2; *F. Klein*, in: BVerfGG-Kommentar, § 43 Rn. 6; *Pestalozza*, S. 80.
18 *F. Klein*, in: BVerfGG-Kommentar, § 43 Rn. 7; *Lechner/Zuck*, § 43 Rn. 2; a.M. *Seifert* (N 2), S. 86. – S. auch oben Rn. 279 ff.

Art. 9 Abs. 2 GG, die eine Einschaltung des BVerfG nicht erfordert. Der Parteienbegriff, wie er in § 2 Parteiengesetz umschrieben ist, erfordert die mit einer gewissen Nachhaltigkeit bewiesene Bereitschaft, an der politischen Willensbildung des Volkes mitzuwirken und sich um Mandate im Bundestag oder in einem der Landtage zu bemühen[19].

Im Verbotsverfahren wird die Partei durch ihre gesetzlichen oder hilfsweise durch die nach ihrer Satzung berufenen Vertreter vertreten. Sind diese nicht vorhanden – etwa weil sich die Partei, um dem Verbot zuvorzukommen, selbst aufgelöst hat – oder nicht feststellbar, gelten diejenigen als Vertreter, welche zur Zeit der den Antrag begründenden Umstände die Parteigeschäfte tatsächlich geführt haben (§ 44 BVerfGG).

3. Das Verfahren nach Art. 21 Abs. 2 GG

1138 Über das Verfahren bestimmt das BVerfGG lediglich, daß zunächst ein Vorverfahren durchzuführen ist (§ 45 BVerfGG). Es dient lediglich der den Vertretern der Partei einzuräumenden Möglichkeit, sich innerhalb einer ihnen gesetzten Frist zu dem Verbotsantrag zu äußern, und dazu, eine Vorentscheidung darüber zu treffen, ob der Antrag unzulässig oder nicht hinreichend begründet ist. Für den Beschluß, die Verhandlung durchzuführen, ist ebenso wie für die abschließende Entscheidung eine Zweidrittelmehrheit erforderlich (§ 15 Abs. 4 S. 1 BVerfGG). Die Zweidrittelmehrheit bezieht sich auf die gesetzliche Mitgliederzahl des zuständigen Senats, nicht nur auf die Stimmen der an der Entscheidung mitwirkenden Richter. Erforderlich sind daher stets mindestens sechs Stimmen für die Durchführung des Verfahrens wie auch für die Endentscheidung. Ist der nach § 2 Abs. 2 BVerfGG mit acht Richtern besetzte Senat gerade noch beschlußfähig, weil sechs Richter anwesend sind (§ 15 Abs. 2 S. 1 BVerfGG), muß die Entscheidung also einstimmig erfolgen[20].

1139 Wird der Antrag nicht nach § 45 BVerfGG zurückgewiesen, hat das BVerfG zu entscheiden, ob er begründet ist. Für das Verfahren sind nähere Bestimmungen nicht getroffen worden. Es muß nach den allgemeinen Verfahrensvorschriften des BVerfGG stets eine mündliche Verhandlung stattfinden (§ 25 Abs. 1 BVerfGG), sofern nicht alle Beteiligten ausdrücklich auf sie verzichten[21]; dementsprechend ergeht die Entscheidung durch Urteil (§ 15 Abs. 2 BVerfGG). Regelmäßig werden Feststellungen tatsächlicher Art zu treffen sein. Das BVerfG kann Beschlagnahmen und Durchsuchungen nach den Vorschriften der Strafprozeßordnung anordnen und zur Vorbereitung der mündlichen Verhandlung eine Voruntersuchung anordnen, die einem Richter des anderen als des zuständigen Senats zu übertragen ist (§§ 47, 38 BVerfGG).

---

19 Hierzu Näheres bei *Pestalozza*, S. 79. Vgl. die vom BVerfG entschiedenen Fälle in BVerfGE 91, 262 und 276.

20 *Ulsamer*, in: BVerfGG-Kommentar, § 15 Rn. 16. Vgl. oben Rn. 299.

21 Anders *Pestalozza*, S. 82. Da §§ 43 ff. BVerfGG keine anderweitige Regelung treffen, gilt für das Verfahren § 25 Abs. 1 BVerfGG. Darüber hinaus spricht § 45 BVerfGG von der Entscheidung darüber, „ob die Verhandlung durchzuführen ist". Vgl. auch oben Rn. 246 ff.

4. Die Entscheidung und ihre Wirkungen

Wenn der Antrag sich als begründet erweist, stellt das BVerfG fest, daß die politische Partei verfassungswidrig ist (§ 46 Abs. 1 BVerfGG). Dabei kann diese Feststellung auch auf einen rechtlich oder organisatorisch selbständigen Teil der Partei beschränkt werden (§ 46 Abs. 2 BVerfGG). Aus der Feststellung der Verfassungswidrigkeit ergibt sich nicht unmittelbar das Parteiverbot, von dem allgemein gesprochen wird. Vielmehr ist mit der Feststellung der Verfassungswidrigkeit ihre Auflösung sowie das Verbot, eine Ersatzorganisation zu schaffen, zu verbinden, also gesondert auszusprechen (§ 46 Abs. 3 S. 1 BVerfGG). Außerdem kann die Einziehung des Parteivermögens zugunsten des Bundes oder des Landes zu gemeinnützigen Zwecken ausgesprochen werden (§ 46 Abs. 3 S. 2 BVerfGG). **1140**

Die nach dem Gesetz vorgeschriebene Auflösung der Partei als Folge der Feststellung ihrer Verfassungswidrigkeit hat das BVerfG als „normale, typische und adäquate Folge" dieser Feststellung bezeichnet[22]. Rechtspolitisch ist vor allem im Zusammenhang mit der Ende der sechziger Jahre geführten Diskussion um die „Wiederzulassung" der KPD hiergegen argumentiert worden, daß das ohne jede zeitliche Begrenzung ausgesprochene Parteiverbot, das Art. 21 Abs. 2 GG nicht erfordere, die einmal getroffene Feststellung verewige und der Partei die Chance nehme, sich künftig in verfassungskonformer Weise am politischen Leben zu betätigen. Nach geltendem Recht ist aber eine Aufhebung des Parteiverbots nicht möglich[23]. Allerdings hat das BVerfG im KPD-Urteil den Wirkungsbereich des Parteiverbots auf den „vom GG zeitlich und sachlich beherrschten Raum" beschränkt[24]. Wäre der damals nur als entfernte Möglichkeit mitbedachte Prozeß der staatlichen Einheit Deutschlands auf dem Wege über Art. 146 GG erfolgt, so hätten die beiden ausgesprochenen Parteiverbote der Teilnahme der verbotenen Parteien an der gesamtdeutschen Wahl nicht entgegengestanden. Da der Einigungsprozeß sich auf dem Wege des Art. 23 GG vollzogen hat, das GG also im ganzen auch für das vereinte Deutschland gilt, haben die Entscheidungen ihre Rechtskraft und ihre Wirksamkeit nicht verloren. **1141**

Zur Durchsetzung des Verbots, Ersatzorganisationen für die verbotene Partei zu schaffen, und zur Regelung der Einziehung des Parteivermögens – die nach dem BVerfG außer in Fällen der Geringfügigkeit des Vermögens grundsätzlich geboten ist[25] –, kann das BVerfG Vollstreckungsmaßnahmen nach § 35 BVerfGG anordnen. Hiervon ist vor allem im Falle der KPD Gebrauch gemacht worden. Heute sind die Einzelregelungen über die Rechtsfolgen eines Parteienverbots im Parteiengesetz enthalten (vor allem in § 32 PartG) und dem Bundesminister des Innern oder den von den Landesregierungen benannten Behörden übertragen; doch kann das BVerfG die Vollstreckung abweichend durch Anordnung nach § 35 BVerfGG regeln (§ 32 Abs. 3 PartG)[26]. **1142**

---

22 BVerfGE 5, 85 (391).
23 *F. Klein*, in: BVerfGG-Kommentar, § 46 Rn. 52 zu den Vorschlägen u.a. von *Heinemann*, JZ 67, S. 425; *Schuster*, JZ 1968, S. 152; *Seifert* (N 2), S. 90 f.; *Pestalozza*, S. 87.
24 BVerfGE 5, 85 (131).
25 BVerfGE 5, 85 (392 f.).
26 Zu § 35 BVerfGG näher unten Rn. 1349 ff.

1143 Als weitere Folge des Parteiverbots hat das BVerfG in beiden Fällen ausgesprochen, daß die Mandatsträger der betroffenen Partei im Bundestag und in den Landtagen zwingend ihres Mandats verlustig gehen[27]. Diese Rechtsfolge war umstritten, da das BVerfGG eine solche Rechtsfolge nicht vorsah. Heute ist jedoch durch § 46 Abs. 4 BWahlG und die entsprechenden Bestimmungen der Landeswahlgesetze eine Regelung getroffen worden, die den Mandatsverlust als Folge der Feststellung der Verfassungswidrigkeit der Partei bestimmt[28].

§ 31 Grundrechtsverwirkung

I. Allgemeine Bedeutung

1144 Neben der Möglichkeit, verfassungsfeindliche Parteien zu verbieten (Art. 21 Abs. 2 GG) und der vergleichbaren Regelung für verfassungsfeindliche Vereinigungen (Art. 9 Abs. 2 GG) gilt das mit Art. 18 GG geschaffene Instrument der Verwirkung von Grundrechten als Ausdruck der „streitbaren Demokratie", die das „Grenzproblem" der Verteidigung der freiheitlichen demokratischen Grundordnung lösen will[1].

Während von der Möglichkeit des Parteiverbots in den Anfangsjahren der Bundesrepublik Deutschland durchaus Gebrauch gemacht wurde und erst die spätere Entwicklung hierauf lange verzichtete[2], hat die Grundrechtsverwirkung von Anfang an ein „Schattendasein" geführt[3]. Zahlreiche Streitfragen, die die Auslegung des Art. 18 GG aufwirft, sind Gegenstand intensiver und kontroverser Diskussionen in der Literatur gewesen. Das BVerfG hatte nur wenig Anlaß, sich hierzu zu äußern. Seit 1951 sind lediglich vier Verfahren nach Art. 18 GG eingeleitet worden. Alle Anträge sind bereits im Vorprüfungsverfahren nach § 37 BVerfGG gescheitert. Im ersten Verfahren wurde der Antrag der Bundesregierung, dem Antragsgegner wegen behaupteter rechtsradikaler Betätigung die Grundrechte der Meinungsfreiheit sowie der Versammlungs- und Vereinigungsfreiheit auf Zeit zu entziehen, als „zur Zeit nicht hinreichend begründet" zurückgewiesen[4]. Das zweite Verfahren, das 1969 eingeleitet wurde, betraf den Herausgeber einer als rechtsradikal eingestuften Wochenzeitung und erstrebte die Aberkennung des Grundrechts der freien Meinungsäußerung, insbesondere der Pressefreiheit sowie der Wahlberechtigung, der Wählbarkeit und der Fähigkeit zur Bekleidung öffentlicher Ämter. In diesem Verfahren befand das BVerfG, daß eine fortdauernde Gefährlichkeit des Antragsgegners von der

---

27 BVerfGE 2, 1 (73 ff.); 5, 85 (392). Einzelheiten bei *F. Klein*, in: BVerfGG-Kommentar, § 46 Rn. 32 f.

28 Kritisch zur Auffassung des BVerfG auch nach der inzwischen durch die Wahlgesetze des Bundes und der Länder geschaffenen Rechtslage *Pestalozza*, S. 85 ff., der die gesetzlichen Regelungen für mit Art. 38 Abs. 1 S. 2 GG unvereinbar hält; Art. 21 beherrsche den „außerparlamentarischen Raum". Anders mit zutreffenden Erwägungen *F. Klein*, in: BVerfGG-Kommentar, § 46 Rn. 35, und *Stern*, Das Staatsrecht der Bundesrepublik Deutschland, I (2. Aufl. 1984), S. 212.

1 BVerfGE 10, 118 (123). Zu dem Grundsatzproblem umfassend *Steinberger*, Konzeption und Grenzen freiheitlicher Demokratie (1974).

2 Vgl. oben Rn. 1132 ff.

3 So die vielfache Bilanz, etwa *Reißmüller*, JZ 1960, S. 530; *Stettner*, DVBl. 1975, S. 801.

4 BVerfGE 11, 282 (283).

Bundesregierung nicht hinreichend dargetan sei[5]. Zwei neuere Verfahren sind in ähnlicher Weise gescheitert[6].

Für diese praktische Fast-Bedeutungslosigkeit gibt es mehrere Gründe. Die Aufgabe des Schutzes der freiheitlichen demokratischen Grundordnung wird weitgehend durch Regelungen des einfachen Rechts wahrgenommen und erfüllt, insbesondere durch die strafrechtlichen Staatsschutzbestimmungen. Anfängliche Unsicherheiten, ob das Entscheidungsmonopol des BVerfG nach Art. 18 GG auch bedeute, daß andere Schutzmaßnahmen des Staates unzulässig seien, wenn sie grundrechtsrelevante Bereiche berühren, sind inzwischen auch durch die Rechtsprechung des BVerfG weitgehend geklärt, insbesondere unter Berücksichtigung der den Grundrechten innewohnenden Schranken, die bei einem Kampf gegen die freiheitliche demokratische Grundordnung der Berufung auf das Grundrecht etwa des Art. 5 Abs. 1 und 3 GG von vornherein entgegenstehen oder es dem Gesetzgeber erlauben, der Ausübung des Grundrechts Schranken zu ziehen und so seinen Mißbrauch zu verhindern[7]. Hinzu kommt, daß das Instrument des Art. 18 GG außerordentlich schwierig zu handhaben ist[8]. Nach einer noch weitergehenden Meinung bedarf es, soll Art. 18 GG überhaupt „vollzugsfähige Konturen erhalten", zunächst einer gesetzlichen Regelung insbesondere der heute nach § 39 BVerfGG dem BVerfG aufgetragenen Bestimmung der Folgen des Ausspruchs einer Grundrechtsverwirkung[9].

1145

Jedenfalls würde es für das BVerfG eine kaum tragbare Belastung darstellen, würde von dem Verfahren nach Art. 18 GG in einem größeren Umfange Gebrauch gemacht werden. In jedem dieser Verfahren würden umfangreiche tatsächliche Ermittlungen erforderlich werden, die Beweisaufnahmen und die detaillierte Würdigung des vorliegenden Materials notwendig machten, und es bedürfte einer sorgfältigen Prüfung der Frage, welche Folgen sich für den Antragsgegner aus dem Ausspruch der Verwirkung ergeben. Der in den siebziger Jahren im Gespräch mit den Mitgliedern des BVerfG von dem damaligen Bundesinnenminister gemachte Vorschlag, die Problematik der „Radikalen im öffentlichen Dienst" durch Einleitung von Verwirkungsverfahren zu lösen, hat – abgesehen von ihrer verfassungsrechtlichen Problematik – bei den Bundesverfassungsrichtern erhebliche Bedenken schon wegen der sich hieraus ergebenden, in der Gerichtspraxis nicht zu bewältigenden Arbeitsbelastung ausgelöst. Diese Anregung ist zu Recht nicht weiter verfolgt worden.

1146

Es ist daher anzunehmen, daß das Verwirkungsverfahren auch in Zukunft nur eine sehr untergeordnete Rolle spielen wird.

---

5 BVerfGE 38, 23 (24 f.); kritisch hierzu auch im Hinblick auf die Wirkung, daß das Instrument des Art. 18 GG bei hoch angesetzter Gefährlichkeitsschwelle „noch ungefüger" werde, als es „ohnehin schon" sei, *Stettner* (N 3), S. 801 f.
6 Beschl. v. 18.07.1996 – 2 BvA 1 und 2/92 – nicht veröffentlicht; vgl. dazu *Dürig/H.H. Klein*, in: Maunz/Dürig, GG, Kommentar, Art. 18 Rn. 2 N 10 (Zweitbearb. 1997).
7 Vgl. die abschließende Würdigung bei *Seuffert*, in: FS Geiger (1974), S. 808.
8 *Seuffert* (N 7), S. 808.
9 *H.H. Rupp*, in: FS Küchenhoff (1972), S. 661; dagegen *Dürig/Klein* (N 6), Art. 18 Rn. 93.

II. Das Verfahren der Grundrechtsverwirkung

1. Antragsberechtigte

1147 Antragsteller im Verwirkungsverfahren können lediglich die Bundesregierung, der Bundestag oder eine Landesregierung sein (§ 36 BVerfGG). Hinsichtlich der Landesregierung fehlt nach dem Gesetz eine Einschränkung ihrer Antragsbefugnis auf Fälle, in denen ein etwa durch den Wohnsitz des Antragsgegners vermittelter Bezug zu dem betreffenden Land besteht (vgl. § 43 Abs. 2 BVerfGG für das Parteiverbotsverfahren). Daß es Sinn und Zweck der Antragsberechtigung der Landesregierung entspricht, dennoch eine solche Einschränkung anzunehmen[10], ist keine zwingende Überlegung. Es kann durchaus dem Sinn der Zielrichtung des Art. 18 GG entsprechen, daß ein Verfassungsorgan des Landes zum Schutz der Verfassung die Initiative ergreift, ohne einen unmittelbaren landesbezogenen Anlaß hierfür zu haben. Auch im Verfahren der abstrakten Normenkontrolle nach Art. 93 Abs. 1 Nr. 2 GG können Landesregierungen Antragsteller sein, ohne ihre direkte Betroffenheit etwa durch ein Bundesgesetz darlegen zu müssen. Da § 36 BVerfGG keine weiteren Voraussetzungen benennt, wird man jede Landesregierung für antragsberechtigt halten müssen. Mindestens wäre eine Beschränkung auf den Wohnsitz des Antragsgegners zu eng. Der besondere Bezug des Vorganges zu dem Lande kann auch durch andere Umstände, etwa eine dort besonders starke politische Aktivität, hergestellt sein[11].

Ob ein Antrag gestellt wird, unterliegt dem nicht nachprüfbaren Ermessen der Antragsberechtigten. Der Antrag kann vor der Entscheidung des BVerfG zurückgenommen werden.

2. Antragsgegner

1148 Antragsgegner kann jeder sein, der Grundrechtsträger ist, also zunächst jede natürliche Person. Hinsichtlich der juristischen Personen, die nach Maßgabe des Art. 19 Abs. 3 GG unter weiteren Voraussetzungen Grundrechtsträger sein können, also insbesondere inländische juristische Personen des Privatrechts, wird bezweifelt, ob sie Antragsgegner sein können[12]. Gegen eine solche Einschränkung spricht aber schon § 39 Abs. 2 BVerfGG, nach dem das BVerfG im Verfahren nach Art. 18 GG bei juristischen Personen die Auflösung anordnen kann. Soweit es sich allerdings um eine Vereinigung im Sinne von Art. 9 Abs. 2 GG handelt, geht diese Verbotsnorm vor; entsprechendes gilt bei politischen Parteien nach Art. 21 Abs. 2 GG[13].

Die Möglichkeit, die Verwirkung eines Grundrechts festzustellen, setzt voraus, daß dem Antragsgegner dieses Grundrecht zusteht. Daher kann das Verfahren gegen Deutsche uneingeschränkt durchgeführt werden, da sie Inhaber aller in Art. 18 GG benannten Grundrechte sind, gegen Ausländer dagegen nur, soweit ihnen das Grundrecht zusteht, also nicht hinsichtlich der Grundrechte der Versammlungsfreiheit (Art. 8 GG) oder der Vereinigungsfreiheit (Art. 9 GG).

---

10 So *F. Klein*, in: BVerfGG-Kommentar, § 36 Rn. 6; a.M. *Lechner/Zuck*, § 36 Rn. 5.
11 Im Ergebnis ebenso *Pestalozza*, S. 68 f.
12 *Willms*, NJW 1964, S. 227.
13 *F. Klein*, in: BVerfGG-Kommentar, § 39 Rn. 22; *Geiger*, § 39 Anm. 7; *Willms* (N 12), S. 227.

3. Ablauf des Verfahrens

Das Verfahren entspricht in seinem Ablauf dem Parteiverbotsverfahren.   1149

Zunächst ist ein Vorverfahren durchzuführen, in dem dem Antragsgegner innerhalb einer zu bestimmenden Frist Gelegenheit zur Äußerung gegeben wird. Nach Ablauf der Frist ist zu entscheiden, ob der Antrag zurückzuweisen ist, weil er unzulässig oder nicht hinreichend begründet ist oder ob die Verhandlung durchzuführen ist (§ 37 BVerfGG). Da nur die zweite Alternative – die Durchführung der Verhandlung – die dem Antragsgegner nachteilige Entscheidung ist, gilt für sie nach § 15 Abs. 4 S. 1 BVerfGG das Erfordernis der Zweidrittelmehrheit, also die Zustimmung von mindestens sechs Richtern. Spricht sich nur eine Minderheit innerhalb des Senats von mindestens drei Richtern dahin aus, der Antrag sei unzulässig oder nicht hinreichend begründet, so steht zugleich fest, daß der Antrag auf Durchführung der Verhandlung nicht die erforderliche qualifizierte Mehrheit finden kann. Damit kann sich auch eine Minderheit als „Sperrminorität" durchsetzen. Es bedarf dabei auch nicht des Rückgriffs auf den Grundgedanken des § 15 Abs. 4 S. 3 BVerfGG für den Fall einer Stimmengleichheit im Senat[14].

Wird die Durchführung der Verhandlung angeordnet, kann – wie beim Parteiverbotsver-   1150
fahren – eine Voruntersuchung durchgeführt werden (§ 38 Abs. 2 BVerfGG). Bereits nach Eingang des Antrags, also schon vor der Entscheidung im Vorverfahren, kann eine Beschlagnahme oder Durchsuchung nach den Vorschriften der Strafprozeßordnung angeordnet werden (§ 38 Abs. 1 BVerfGG).

4. Die Entscheidung und ihre Folgen

Wenn der Antrag sich als begründet erweist, hat das BVerfG festzustellen, welche Grund-   1151
rechte der Betroffene verwirkt hat (§ 39 Abs. 1 S. 1 BVerfGG). Wortlaut und Sinn sprechen für die Meinung, daß lediglich das Grundrecht aberkannt werden kann, dessen Mißbrauch festgestellt worden ist, und nicht bei Mißbrauch eines der in Art. 18 GG aufgeführten Grundrechte die Verwirkung aller dort benannten Grundrechte möglich sei[15]. Vielmehr entspricht die Identität von mißbrauchtem und verwirktem Grundrecht gerade dem Sinn des Art. 18 GG: Wer etwa die Pressefreiheit mißbraucht, soll künftig an der Fortsetzung dieses Tuns gehindert, nicht insgesamt an der Teilnahme an der Meinungsbildung gehindert werden, es sei denn, daß feststeht, daß er auch z.B. politische Versammlungen in mißbräuchlicher Weise genutzt hat. Aus § 39 BVerfGG ergibt sich gerade, daß nach der Vorstellung des Gesetzes nicht die pauschale Feststellung des grundrechtsmißbräuchlichen Verhaltens, sondern die gezielte Unterbindung des Mißbrauchs das Ziel ist. Daher kann das BVerfG über den Ausspruch der Verwirkung des Grundrechts (oder der

---

14 So aber *F. Klein*, in: BVerfGG-Kommentar, § 37 Rn. 5 zu dem von *Stern*, in: BVerfG und GG, I, S. 212, erhobenen Einwand, daß in dem im Text erwähnten Fall § 37 BVerfGG eine unvollständige Regelung treffe. Da das BVerfG sich für eine der beiden Alternativen entscheiden muß, die einander entgegengesetzt sind, und die Alternative der Durchführung der Verhandlung eine qualifizierte Mehrheit erfordert, kommt, wenn diese nicht erreicht wird, ohne Rücksicht auf das Stimmenergebnis nur die Zurückweisung des Antrages in Betracht.

15 So aber *F. Klein*, in: BVerfGG-Kommentar, § 39 Rn. 10 gegen die von ihm als h.M. bezeichnete Meinung u.a. von *Reißmüller* (N 3), S. 533 m.w.N.; wie dieser *Pestalozza*, S. 70.

Grundrechte) hinaus „genau bezeichnete Beschränkungen" auferlegen. Die Anordnung des BVerfG ist dann Rechtsgrundlage für die Verwaltungsbehörden, um gegen den Antragsgegner vorzugehen (§ 39 Abs. 1 S. 3, 4 BVerfGG). Der Ausspruch der Verwirkung kann – anders als das Parteiverbot – auf mindestens ein Jahr befristet werden (§ 39 Abs. 1 S. 2 BVerfGG). Eine nicht befristete oder für mehr als ein Jahr ausgesprochene Verwirkung kann nach Ablauf von zwei Jahren ganz oder teilweise aufgehoben oder abgekürzt werden (§ 40 BVerfGG). Auch diese im Vergleich zum Parteiverbot recht detaillierten Regelungen legen als Grundgedanken nahe, daß das BVerfG sich intensiv mit den von dem Verhalten des Antragsgegners ausgehenden Gefahren auseinandersetzen, ihnen gezielt begegnen und zugunsten des Betroffenen die Möglichkeit haben soll, nach Ablauf einer gewissen Zeit differenzierter zu reagieren, als dies vielleicht eine Prognose der Gefährlichkeit im Zeitpunkt der ursprünglichen Entscheidung erlaubte.

1152 An dieser Stelle setzen allerdings andererseits auch die erheblichen Bedenken ein, die gegen die gesetzliche Regelung vorgebracht worden sind. Einigkeit besteht darüber, daß die Feststellung der Verwirkung eines Grundrechts den Betroffenen nicht „vogelfrei" macht[16]. Die Wirkung der Feststellung nach § 39 Abs. 1 S. 1 BVerfGG beschränkt sich darauf, daß sich der Betroffene der Exekutive oder den Gerichten gegenüber im Konfliktsfall nicht auf das ihm aberkannte Grundrecht berufen kann. Würde die Exekutive ihm gegenüber auch ohne gesetzliche Grundlage zu jeglichem Eingriff berechtigt sein, gegen den das Grundrecht schützen soll[17], so würde sie ihm gegenüber nach kaum beschränktem Ermessen handeln dürfen. Jedenfalls die allgemeinen rechtsstaatlichen Grundsätze der Gesetzesbindung der Verwaltung, des Verhältnismäßigkeitsgrundsatzes und des Willkürverbots gelten unverändert fort[18]. Soweit das BVerfG über den Ausspruch der Verwirkung des Grundrechts hinaus dem Antragsgegner „genau bezeichnete Beschränkungen" auferlegt, bedarf allerdings die Verwaltung gegenüber dem Antragsteller „keiner weiteren gesetzlichen Grundlage" (§ 39 Abs. 1 S. 3, 4 BVerfGG). Damit wird das BVerfG insoweit zum Ersatz-Gesetzgeber.

1153 *H.H. Rupp* hat zu Recht darauf aufmerksam gemacht, daß dies das BVerfG vor eine nahezu unlösbare Aufgabe stellt. Auch wenn man das verfassungsrechtliche Bedenken nicht teilt, daß der nicht verwirkungsfähige Art. 20 Abs. 3 GG einer Regelung durch Anordnungen des BVerfG entgegensteht[19], bleibt doch die einfachgesetzliche Rechtslage als eine abstrakt-generelle Regelung von dem Ausspruch nach § 39 Abs. 1 S. 1 BVerfGG unberührt. Die Verwaltung ist an sie gebunden und kann sie nicht aus eigener Machtvollkommenheit dem Betroffenen gegenüber verändern, sofern nicht das BVerfG durch Anordnung nach § 39 Abs. 1 S. 3 BVerfGG dies ermöglicht. Aus rechtlichen wie aus praktischen Gründen bewirkt daher die bloße Erklärung der Verwirkung des Grundrechts nichts, sofern sie nicht mit der Angabe bestimmter Beschränkungen nach § 39 Abs. 1 S. 3 BVerfGG verbunden wird[20]. *Rupp* zieht zutreffend die Parallele zum Ausländerrecht: da

---

16 *F. Klein*, in: BVerfGG-Kommentar, § 39 Rn. 27 ff.; *Zuck*, in: Lechner/Zuck, § 39 Rn. 6; *Stern*, in: BVerfG und GG, I, S. 216; *Rupp* (N 9), S. 660; *Krüger*, DVBl. 1953, S. 101; *Echterhölter*, JZ 1953, S. 658.

17 So *Wernicke*, in: BK, Art. 18 Anm. II 2 a.

18 *Dürig/Klein* (N 6), Art. 18 Rn. 102 ff.; *Lechner/Zuck*, § 39 Rn. 6; *Geiger*, § 39 Anm. 3; *F. Klein*, in: BVerfGG-Kommentar, § 39 Rn. 31 m.w.N.

19 *Rupp* (N 9), S. 655; ähnlich *Stettner* (N 3), S. 808; gegen diese Bedenken *Stern*, in: BVerfG und GG, I, S. 218.

20 *Lechner/Zuck*, § 39 Rn. 7.

Ausländern die sog. Deutschenrechte nicht zustehen, stehen sie insoweit außerhalb des Grundrechtsschutzes. Dies ändert nichts daran, daß sie an allen einfachrechtlichen Rechtsverbürgungen teilnehmen, die für Deutsche und Ausländer in gleicher Weise gelten, auch soweit sich der Ausländer insoweit nicht auf ein Grundrecht berufen kann[21]. Die Regelung in § 39 Abs. 1 S. 3 BVerfGG, die dem BVerfG die Aufgabe der Einzelfallregelung aufbürdet, erweise sich damit als „Zeugnis gänzlicher Problemferne". Wird keine gesetzliche Regelung getroffen, fehlen dem Art 18 GG „vollzugsfähige Konturen"[22]. Diese Kritik mag dazu beigetragen haben, daß auch bei den Antragsberechtigten bisher kaum Neigung bestanden hat, Verfahren nach Art. 18 GG einzuleiten.

Nach § 39 Abs. 2 BVerfGG kann dem Antragsgegner auf Dauer der Verwirkung der **1154** Grundrechte auch das Wahlrecht, die Wählbarkeit und die Fähigkeit zum Bekleiden öffentlicher Ämter aberkannt werden. Hiergegen vorgebrachte verfassungsrechtliche Bedenken beruhen darauf, daß diese Rechte Grundrechtscharakter haben, jedoch in Art. 18 GG nicht aufgeführt sind[23]. Überwiegend werden diese Bedenken jedoch nicht geteilt[24]. Ein ähnliches Problem kann auch sonst entstehen, wenn der Ausspruch der Verwirkung eines Grundrechts zwangsläufig die Beeinträchtigung anderer, in Art. 18 GG nicht ausdrücklich genannter Grundrechte zur Folge hat, so etwa dann, wenn einem Antragsgegner das Grundrecht der Pressefreiheit aberkannt wird und die Ausübung des Grundrechts Grundlage seiner Berufsausübung ist. Werden so zwangsläufig andere Grundrechte mitbetroffen, kann dies der Verwirkungsentscheidung nicht entgegenstehen[25]. Es ist vertretbar, die Unfähigkeit zur Bekleidung öffentlicher Ämter als eine sinnvolle, nahezu zwangsläufige Folge der Verwirkung eines Grundrechts anzusehen.

Einigkeit besteht darüber, daß die Entscheidung nach § 39 BVerfGG konstitutive Wirkung hat und *ex nunc* wirkt[26].

Gegen denselben Antragsgegner kann ein Verwirkungsverfahren erneut eingeleitet wer- **1155** den, wenn in einem früheren Verfahren eine – die Grundrechtsverwirkung aussprechende oder ablehnende – Sachentscheidung ergangen ist, sofern der Antrag auf neuen Tatsachen beruht (§ 41 BVerfGG).

§ 32 Präsidenten- und Richteranklage

I. Allgemeine Bedeutung

Nach Art. 61 kann gegen den Bundespräsidenten wegen vorsätzlicher Verletzung des **1156** Grundgesetzes oder eines anderen Bundesgesetzes Anklage vor dem BVerfG erhoben werden. Art. 98 Abs. 2 GG sieht vor, daß gegen einen Bundesrichter, der gegen die

---

21 *Rupp* (N 9), S. 658 ff.
22 *Rupp* (N 9), S. 661.
23 *W.O. Schmitt*, NJW 1966, S. 1735 ff.; *Reißmüller* (N 3), S. 531; eingehend auch *Pestalozza*, S. 71 f.
24 *Lechner/Zuck*, BVerfGG, § 39 Rn. 8, der jedoch der grundsätzlichen Kritik von *Pestalozza* zustimmt; *Geiger*, § 39 Anm. 4; *F. Klein*, in: BVerfGG-Kommentar, § 39 Rn. 17 ff.
25 BVerfGE 25, 88 (97).
26 *F. Klein*, in: BVerfGG-Kommentar, § 39 Rn. 1.

Grundsätze des Grundgesetzes oder gegen die verfassungsmäßige Ordnung eines Landes verstößt, ein Verfahren vor dem BVerfG eingeleitet werden kann. Ein entsprechendes Verfahren der Richteranklage, über die ebenfalls das BVerfG zu entscheiden hat, kann für Landesrichter durch Landesrecht eingeführt werden (Art. 98 Abs. 5 GG).

1157 Bisher hat es keinen Anlaß gegeben, von diesen Möglichkeiten Gebrauch zu machen[1]. Vor allem die Möglichkeit einer Anklage gegen den Bundespräsidenten scheidet schon deshalb mit hoher Wahrscheinlichkeit aus, weil ihm ein vorsätzlicher Verstoß gegen das Grundgesetz oder ein Bundesgesetz nachgewiesen werden müßte. Konflikte im Verhältnis zwischen anderen Verfassungsorganen und dem Bundespräsidenten, die auf der Behauptung beruhen, der Bundespräsident habe seine Amtspflichten verletzt, können im Organstreitverfahren nach Art. 93 Abs. 1 Nr. 1 GG ausgetragen werden, bei dem es auf ein schuldhaftes Verhalten des Bundespräsidenten nicht ankommt. Richterliches Handeln steht, soweit es sich um die Erfüllung der rechtsprechenden Aufgabe handelt, unter dem Schutz der Unabhängigkeit der Richter (Art. 97 Abs. 1 GG) und kann nur in seltenen Ausnahmefällen zu dem Vorwurf führen, der die Richteranklage begründet. Auch wenn die richterliche Entscheidung sich über Grundrechte eines Verfahrensbeteiligten hinwegsetzt, bestehen durch die Möglichkeit, Rechtsmittel einzulegen oder nach Erschöpfung des Rechtsweges Verfassungsbeschwerde zu erheben, andere Chancen der Korrektur.

1158 Eher könnten Verfehlungen eines Richters im privaten Bereich oder sonstiges Verhalten außerhalb des Amtes Anlaß zu einer Richteranklage geben. Doch stehen hierfür die Möglichkeiten des Disziplinarrechts zur Verfügung. Auch anhaltendes und schwerwiegendes Fehlverhalten rechtfertigt nicht die Richteranklage, die voraussetzt, daß der Richter gegen die „Grundsätze des Grundgesetzes oder gegen die verfassungsmäßige Ordnung eines Landes" verstößt. Denkbarer Anwendungsfall ist die nachhaltige verfassungswidrige Betätigung oder die Unterstützung von Bemühungen, die verfassungsmäßige Ordnung zu beseitigen. Es ist aber außer in Fällen, in denen die zuständige Behörde in geradezu pflichtwidriger Weise die Einleitung von Disziplinarmaßnahmen unterläßt, nicht wahrscheinlich, daß der Bundestag oder ein Landtag sich zu einem Antrag an das BVerfG entschließt. Er müßte damit vor der Öffentlichkeit die Verantwortung für schwerwiegende Vorwürfe übernehmen, deren Richtigkeit erst das Verfahren vor dem BVerfG ergeben wird. Zugleich entstünde der Eindruck einer Einmischung der gesetzgebenden in die rechtsprechende Gewalt, den das Parlament nur in grundsätzlich bedeutsamen Ausnahmefällen auf sich nehmen wird.

1159 Sowohl die Präsidenten- wie die Richteranklage sind daher nicht als Instrumente der Sühne für individuelles Fehlverhalten gedacht, sondern dienen der Wahrung der verfassungsmäßigen Ordnung und damit der Sicherung der verfassungsrechtlichen Verantwort-

---

1 *Schultz*, MDR 1972, S. 112, berichtet von dem Versuch von Rechtsanwälten in Nordrhein-Westfalen, ein Verfahren der Richteranklage gegen Mitglieder eines Schwurgerichts herbeizuführen. – Im Jahre 1995 prüfte der Landtag von Baden-Württemberg auf der Grundlage eines Rechtsgutachtens von *Benda/Umbach* die Möglichkeit der Einleitung eines Richteranklageverfahrens gegen einen Richter am Landgericht Mannheim wegen dessen öffentlicher Äußerungen im Zusammenhang mit der Verurteilung eines Angeklagten, der – unter Mitwirkung des Richters – wegen der Leugnung nationalsozialistischer Gewaltverbrechen verurteilt worden war. Das Gutachten empfahl die Einleitung eines – nach Art. 95 Abs. 2 und 5 GG und Art. 66 Abs. 2 Verf. BW möglichen – Richteranklageverfahrens mit dem Ziel, den Richter in ein anderes Amt außerhalb der Strafjustiz zu versetzen. Zur Einleitung des Verfahrens kam es nicht, weil der Richter auf seinen Antrag aus gesundheitlichen Gründen in den Ruhestand versetzt wurde.

lichkeit dieser Amtsträger[2]. Zugleich werden Anklageverfahren vor allem gegen den Bundespräsidenten, sollten sie jemals erforderlich werden, erhebliche politische Folgen haben oder einen ohnehin bestehenden politischen Konflikt deutlich werden lassen. Es entspricht dem Rang und der Funktion des BVerfG, wenn diesem in einem solchen Fall die Verantwortung dafür übertragen wird, den Konflikt mit rechtlichen Mitteln zu klären.

II. Grundzüge der Verfahrensregelungen

Das BVerfGG hat das Verfahren der Präsidenten- und der Richteranklage recht detailliert ausgestaltet. In den Grundzügen stimmen die Verfahrensvorschriften für beide Fälle überein. **1160**

1. Präsidentenanklage

Antragsberechtigt für die Anklage gegen den Bundespräsidenten sind der Bundestag und der Bundesrat. Die Beschlüsse beider Körperschaften bedürfen einer Mehrheit von zwei Dritteln der (gesetzlichen) Mitgliederzahl des Bundestages oder der Stimmen des Bundesrates (Art. 61 Abs. 1 GG). Die Anklage kann nur innerhalb von drei Monaten erhoben werden, nachdem der Sachverhalt, der sie begründen soll, der antragsberechtigten Körperschaft bekannt geworden ist (§ 50 BVerfGG). Wird der Beschluß gefaßt, die Anklage zu erheben, so hat der Präsident des Bundestages oder des Bundesrats eine Anklageschrift zu fertigen, die die beanstandete Handlung, die Beweismittel und diejenige Verfassungs- oder Rechtsnorm bezeichnet, die durch die Handlung des Bundespräsidenten verletzt ist (§ 49 Abs. 2, 3 BVerfGG). **1161**

Das Verfahren dient der Bereinigung eines Verfassungskonflikts, nicht individueller Sühne eines Fehlverhaltens[3]. Daher soll weder der Rücktritt des Bundespräsidenten oder sein Ausscheiden aus dem Amt nach Ablauf der Amtszeit noch der Ablauf der Wahlperiode des Bundestages oder dessen Auflösung der Durchführung des Verfahrens entgegenstehen (§ 51 BVerfGG). Zu weit dürfte die Meinung gehen, daß auch der Tod des Bundespräsidenten die Fortsetzung des Verfahrens nicht hindert[4]. Zwar kann für die Klärung der verfassungsrechtlichen Fragen noch ein Bedürfnis bestehen, doch kann sich der Betroffene, dessen Ansehen stets berührt sein wird, nicht mehr gegen die Vorwürfe wehren. Diesem Gesichtspunkt trägt auch die Regelung des § 52 BVerfGG Rechnung, daß zwar die Anklage durch Beschluß der antragstellenden Körperschaft (mit der gesetzlichen Mehrheit ihrer Mitglieder oder der Mehrheit der Stimmen gefaßt) zurückgenommen werden kann, der Bundespräsident dem jedoch mit der Folge widersprechen kann, daß die Rücknahme unwirksam wird. **1162**

Zur Vorbereitung der mündlichen Verhandlung kann eine Voruntersuchung durchgeführt werden. Sie wird einem Richter des nicht für die Hauptsache zuständigen Senats des BVerfG übertragen (§ 54 BVerfGG). Durch einstweilige Anordnung kann das BVerfG **1163**

---

2 *Maunz*, in: BVerfGG-Kommentar, § 49 Rn. 4.
3 *Geiger*, § 51 Anm. 1; *Maunz*, in: BVerfGG-Kommentar, § 51 Rn. 1.
4 *Maunz*, in: BVerfGG-Kommentar, § 51 Rn. 2; a.M. *Lechner/Zuck*, BVerfGG, § 51 Rn. 3.

nach Erhebung der Anklage feststellen, daß der Bundespräsident „in der Ausübung seines Amtes verhindert" ist (Art. 61 Abs. 2 GG, § 53 BVerfGG), sofern nicht der Bundespräsident aus eigenem Entschluß die Konsequenz zieht, für die Dauer des Verfahrens sein Amt nicht wahrzunehmen.

1164 Die Entscheidung über den Antrag erfolgt aufgrund mündlicher Verhandlung, auf die nicht nach dem allgemeinen Grundsatz des § 25 Abs. 1 BVerfGG verzichtet werden kann[5]. Zu ihr ist der Bundespräsident zu laden; jedoch kann auch in seiner Abwesenheit verhandelt werden. Das Verfahren in der mündlichen Verhandlung ist in seinem Ablauf im einzelnen (Verlesung der Anklage, Erklärung des Bundespräsidenten zur Anklage, Beweiserhebung, Schlußanträge, letztes Wort des Bundespräsidenten) der Regelung im Strafverfahren nachgebildet (§ 55 BVerfGG).

1165 Das Verfahren endet mit der Feststellung des BVerfG, ob der Bundespräsident einer vorsätzlichen Verletzung des Grundgesetzes oder eines Bundesgesetzes schuldig ist (§ 56 Abs. 1 BVerfGG). Wird dies festgestellt, so kann das BVerfG den Bundespräsidenten des Amtes für verlustig erklären (Art. 61 Abs. 2 GG, § 56 Abs. 2 BVerfGG). Der Amtsverlust tritt dann mit der Verkündung des Urteils ein (§ 56 Abs. 2 S. 2 BVerfGG).

Die dem Bundespräsidenten nachteiligen Entscheidungen bedürfen nach § 15 Abs. 4 S. 1 BVerfGG einer Mehrheit von zwei Dritteln der Mitglieder des Senats.

2. Richteranklage

1166 Das Verfahren der Richteranklage entspricht nach ausdrücklicher Verweisung des § 58 BVerfGG im wesentlichen dem Verfahren gegen den Bundespräsidenten. Antragsberechtigt ist jedoch nur der Bundestag (Art. 98 Abs. 2 GG), bei Vorliegen einer entsprechenden landesrechtlichen Regelung für Landesrichter nach Art. 98 Abs. 5 GG der Landtag. Für die Richteranklage bestimmt schon das Grundgesetz, daß das BVerfG mit Zweidrittelmehrheit entscheiden muß, ob der angeklagte Richter in ein anderes Amt oder in den Ruhestand zu versetzen oder – im Falle eines vorsätzlichen Verstoßes – zu entlassen ist (Art. 98 Abs. 2 GG).

1167 Wegen der Wahrscheinlichkeit, daß das behauptete Fehlverhalten des Richters auch strafoder disziplinarrechtliche Folgen haben wird, wird das Verhältnis dieser Verfahren zu dem Anklageverfahren vor dem BVerfG geregelt. Ist bereits ein Straf- oder Disziplinarverfahren eingeleitet, soll der Bundestag deren Abschluß oder die Eröffnung des Disziplinarverfahrens abwarten (§ 58 Abs. 2 BVerfGG). Umgekehrt wird ein Disziplinarverfahren bis zum Abschluß eines bereits beim BVerfG anhängigen Verfahrens ausgesetzt (§ 60 BVerfGG).

Zugunsten des Verurteilten kann das Verfahren wiederaufgenommen werden, wenn die Voraussetzungen der §§ 359 und 364 StPO vorliegen (§ 61 BVerfGG)[6].

---

5 *Maunz*, in: BVerfGG-Kommentar, § 55 Rn. 2.
6 Zur Wiederaufnahme des Verfahrens s. unten Rn. 1305.

§ 33 Wahlprüfungsbeschwerde

I. Allgemeine Bedeutung

Es entspricht langer parlamentarischer Tradition, daß über die Rechtmäßigkeit und Ord- **1168**
nungsmäßigkeit der Wahl zunächst das Parlament selbst entscheidet. Um einen Mißbrauch dieses Rechts aus politischen Gründen auszuschließen, werden jedoch nach der
Feststellung des Parlaments über die Korrektheit der Wahl und die ordnungsmäßige Zusammensetzung der Körperschaft Gerichte eingeschaltet, entweder, wie in der Zeit der
Weimarer Reichsverfassung, in der Form eines aus Parlamentariern und aus hohen Berufsrichtern zusammengesetzten besonderen Wahlprüfungsgerichts, oder die Entscheidung wird dem höchsten Gericht übertragen[1].

Das Grundgesetz hat sich, an diese Tradition anknüpfend, für ein zweistufiges Verfahren
entschieden. Nach Art. 41 Abs. 1 GG ist die Wahlprüfung zunächst Sache des Bundestages. Das gleiche gilt für die Klärung der Frage, ob ein Mitglied des Bundestages sein
Mandat verloren hat (Art. 41 Abs. 1 S. 2 GG). Gegen die Entscheidung des Bundestages
ist der Beschwerdeweg an das BVerfG eröffnet (Art. 41 Abs. 2 GG; §§ 13 Nr. 3, 48
BVerfGG).

Das Verfahren des Bundestages zur Wahlprüfung ist gemäß Art. 41 Abs. 3 GG durch das **1169**
Wahlprüfungsgesetz von 1951 (mit späteren Änderungen) geregelt worden. Entsprechende Regelungen, einschließlich der Beschwerdemöglichkeit an das BVerfG, bestehen
hinsichtlich der Wahl der (deutschen) Abgeordneten zum Europäischen Parlament nach
dem Europawahlgesetz von 1978. Während der Einspruch an den Bundestag auch durch
den Bundes- oder die Landeswahlleiter sowie durch Gruppen von Wahlberechtigten, auch
durch politische Parteien, und durch Wahlkandidaten eingelegt werden kann, ist der Kreis
der im Verfahren vor dem BVerfG Beschwerdeberechtigten nach § 48 BVerfGG erheblich
eingeschränkt (vgl. § 2 Abs. 2 WahlprüfungsG). Der Bundestag prüft nach bisheriger Praxis lediglich, ob der Wahlvorgang einwandfrei verlaufen ist. Dagegen findet eine inzidente Normenkontrolle, die die Verfassungsmäßigkeit des zugrundeliegenden Wahlgeset-
zes prüft, nicht statt[2].

Das Beschwerdeverfahren vor dem BVerfG wird von dem Grundgedanken beherrscht, **1170**
daß es sich um ein objektives Verfahren handele, nicht um den Schutz subjektiver Rechte
der Bürger, die eine Beeinträchtigung ihres Wahlrechts behaupten[3]. Ziel des Verfahrens
sei lediglich, „die ordnungsgemäße Zusammensetzung des Bundestages zu gewährleisten"[4]. Selbst wenn subjektive Rechte einzelner Wähler verletzt worden seien, könne dies
der Beschwerde nicht zum Erfolg verhelfen, wenn hierdurch die gesetzmäßige Zusammensetzung des Bundestages nicht berührt werde[5].

---

1 Zur geschichtlichen Entwicklung des Wahlprüfungsrechts *Schmidt-Bleibtreu*, in: BVerfGG-Kommentar, § 48
  Rn. 6; *Grawert*, DÖV 1968, S. 748 f.; *Seifert*, DÖV 1967, S. 231 f.
2 Hierzu und zu der vergleichbaren Praxis nach den Wahlprüfungsverfahren der Länder *Grawert* (N 1),
  S. 748 ff.; vgl. auch *Gensior*, in: Starck/Stern, Teilbd. II, S. 105 ff.
3 BVerfGE 22, 277 (281); 28, 214 (219).
4 BVerfGE 4, 370 (372); 22, 270 (280); 34, 201 (203); 40, 11 (29); 79, 173 (173 f.).
5 BVerfGE 1, 430 (433); 22, 277 (281).

1171 Aus dieser Rechtsprechung, an der das BVerfG auch gegenüber Kritik[6] festgehalten hat, ergibt sich als wichtigste Konsequenz, daß die in den Beschwerdeverfahren wiederholt festgestellten Unregelmäßigkeiten beim Wahlvorgang im Ergebnis nicht zu einem Erfolg der Beschwerde führen, weil in aller Regel hierdurch entweder das Wahlergebnis nur geringfügig verändert oder jedenfalls die Mandatsverteilung nicht beeinflußt wird. Dieser „Erheblichkeitsgrundsatz" wird vom BVerfG mit dem Mehrheitsprinzip als einem fundamentalen Prinzip der Demokratie gerechtfertigt: ein Wahlfehler könne nur dann gegen den Volkswillen verstoßen, wenn sich ohne ihn die Mehrheit anders gebildet hätte[7].

Eine weitere Konsequenz des Verständnisses des Wahlprüfungsverfahrens als eines objektiven Verfahrens ist, daß sich die Beschwerde erledigt, wenn über sie bis zum Ablauf der Legislaturperiode nicht entschieden worden ist[8].

1172 Entscheidungen und Maßnahmen, „die sich unmittelbar auf das Wahlverfahren beziehen", können nach der Rechtsprechung des BVerfG ausschließlich mit der Wahlprüfungsbeschwerde angegriffen werden. Die Regelung des Art. 41 GG wird damit als eine Sonderregelung angesehen, welche die Korrektur etwaiger Wahlfehler einschließlich derer, die Verletzungen subjektiver Rechte enthielten, dem Rechtsweg des Art. 19 Abs. 4 GG entzieht[9]. Vor allem ist damit die Verfassungsbeschwerde ausgeschlossen[10]. Da eine Beeinträchtigung des Wahlrechts (Art. 38 GG) zu den Grundrechten gehört, die die Verfassungsbeschwerde nach Art. 93 Abs. 1 Nr. 4 a GG ermöglichen, ist dieses Ergebnis nur durch die Wirkung möglich, die das BVerfG dem Art. 41 GG beimißt. Befriedigend ist das Ergebnis nicht, weil es gegen Verletzungen des vornehmsten individuellen Bürgerrechts dann keinen Schutz gibt, wenn – wie meist – hierdurch das Wahlergebnis nicht entscheidend verfälscht wird.

Dagegen können Wahlgesetze z.B. unter dem Gesichtspunkt eines Verstoßes gegen das Prinzip der gleichen Wahl mit der Verfassungsbeschwerde angegriffen werden[11].

II. Das Wahlprüfungsbeschwerdeverfahren

1173 Wie oben erwähnt, ist die Aufzählung derjenigen, die gegen einen Wahlprüfungsbeschluß des Bundestages Beschwerde erheben können (§ 48 BVerfGG), nicht mit der Aufzählung derer identisch, die das Wahlprüfungsverfahren beim Bundestag durch Einspruch einleiten können. Die Gründe hierfür sind unklar[12]. Doch kann nach dem Wortlaut der Vorschrift nicht bezweifelt werden, daß andere als die dort aufgeführten nicht beschwerdeberechtigt sein sollen[13]. Daß Gruppen von Wahlberechtigten nicht das Beschwerderecht haben, hält das BVerfG für unbedenklich, weil jedes Mitglied der Gruppe Einspruch im

---

6 Ausführlich *Seifert* (N 1), S. 231 ff.

7 BVerfGE 29, 154 (165); 66, 369 (378).

8 BVerfGE 22, 277 (280 f.); 34, 201 (203).

9 BVerfGE 11, 329; 14, 154 (155); 16, 128 (130); 22, 277 (281); 74, 96 (100).

10 BVerfGE 29, 18 (19); 34, 81 (91); zust. hierzu *Wuttke*, AöR 96 (1971), S. 506; kritisch *Schenke*, NJW 1981, S. 2440; *Pestalozza*, S. 89 f.

11 *Pestalozza*, S. 90; BVerfGE 47, 253 (269 f.); 82, 322 (336) und st. Rspr.

12 Äußerst kritisch *Seifert* (N 1), S. 234.

13 Hierzu u.a. BVerfGE 2, 300 (303); 58, 169 (169); 58, 172 (173).

Wahlprüfungsverfahren und gegen diese Entscheidung Beschwerde nach § 48 BVerfG erheben könne[14].

Im einzelnen gibt § 48 BVerfGG das Beschwerderecht dem Abgeordneten, dessen Mitgliedschaft im Bundestag bestritten wird (vgl. Art. 41 Abs. 1 S. 2 GG), und im eigentlichen Wahlprüfungsbeschwerdeverfahren dem Wahlberechtigten, dessen Einspruch vom Bundestag verworfen worden ist und der von mindestens einhundert Wahlberechtigten durch schriftliche Erklärung unterstützt wird. Der Beschwerdeführer muß also zunächst das Wahlprüfungsverfahren beim Bundestag durchgeführt haben[15]. Dagegen soll die Beibringung von mindestens einhundert unterstützenden Unterschriften lediglich den Sinn haben, die Ernsthaftigkeit der Beschwerde zu zeigen; die Unterstützenden müssen nicht etwa durch den behaupteten Wahlvorgang in irgendeiner Weise beschwert sein, wie auch der Beschwerdeführer selbst eine eigene Betroffenheit nicht darlegen muß[16].   **1174**

Weiterhin ist eine Fraktion des Bundestages sowie eine Minderheit des Bundestages, die mindestens ein Zehntel der gesetzlichen Mitgliederzahl umfaßt, zur Beschwerde befugt. Von ihnen wird keine eigene – auch nur indirekte – Betroffenheit oder sonst eine Darlegung ihres Interesses verlangt.

Die Beschwerde ist fristgebunden; sie muß innerhalb eines Monats seit der Beschlußfassung des Bundestages beim BVerfG eingereicht sein. Innerhalb dieser Frist müssen auch die Unterstützungserklärungen der mindestens hundert weiteren Wahlberechtigten eingegangen sein[17]. Die Frist ist, wie die für die Verfassungsbeschwerde, eine Ausschlußfrist. Während eine Wiedereinsetzung in den vorigen Stand bei Versäumung der Frist nach früherer Praxis nicht möglich war[18], könnte die im Verfassungsbeschwerdeverfahren seit 1993 in begrenztem Umfange gewährte Möglichkeit der Wiedereinsetzung (§ 93 Abs. 2 BVerfGG[19]) auch im Verfahren der Wahlprüfungsbeschwerde Konsequenzen haben; da hier aber die objektive Zielsetzung, nicht der Schutz individueller Rechte im Vordergrund steht (vgl. oben Rn. 1170), ist dies nicht zwingend. Vielmehr spricht vieles dafür, daß über die Behauptung, eine Wahl sei wegen erheblicher Fehler ungültig, so rasch wie möglich eine Entscheidung herbeigeführt wird. Gründe der Rechtssicherheit, wie sie zu dieser Frage bei der Rechtssatzverfassungsbeschwerde angeführt werden[20], haben hier ein besonders erhebliches Gewicht.   **1175**

Das BVerfG betont in ständiger Rechtsprechung, daß das Wahlprüfungsverfahren ein „eigenständiges, nicht auf die Prüfung der Verfassungsmäßigkeit der Wahl beschränktes Verfahren" ist[21]. Demgemäß wird der Beschluß des Bundestags sowohl in formeller Hinsicht (Mängel im Verfahren des Bundestags) als auch darauf geprüft, ob Vorschriften des materiellen Rechts zutreffend angewandt worden sind[22]. Anders als der Bundestag prüft   **1176**

---

14 BVerfGE 66, 311 (312); 79, 47 (48).
15 So ausdrücklich BVerfGE 58, 169 (169 f.); 79, 173 (173); 97, 317 (318).
16 *Lechner/Zuck*, § 48 Rn. 8; *Schmidt-Bleibtreu*, in: BVerfGG-Kommentar, § 48 Rn. 30.
17 BVerfGE 1, 430 (432); st. Rspr., zuletzt BVerfGE 66, 311 (312); 97, 317 (319).
18 *Schmidt-Bleibtreu*, in: BVerfGG-Kommentar, § 48 Rn. 34; vgl. hierzu oben Rn. 201 ff., 630 ff.
19 Vgl. hierzu oben Rn. 631.
20 Vgl. hierzu oben Rn. 632.
21 BVerfGE 89, 243 (249); 97, 317 (322).
22 BVerfGE 97, 317 (322 ff.) zur Neuinterpretation von § 48 Abs. 1 BwahlG – Nachfolge von Wahlkreisabgeordneten bei Überhangmandaten.

das BVerfG im Beschwerdeverfahren auch, ob das maßgebliche Wahlgesetz materiell mit dem Grundgesetz vereinbar ist[23]. Gelangt es zu dem Ergebnis, daß die Norm verfassungswidrig ist, so ist nicht einleuchtend, daß es sie nicht für nichtig erklären kann[24].

1177 Wenn die Beschwerde begründet ist – das kann sie nur sein, wenn Fehler festgestellt werden, die sich auf die Mandatsverteilung auswirken –, ist nicht die gesamte Wahl für ungültig zu erklären, wenn die Beeinträchtigung des Wahlergebnisses nur in einem größeren oder kleineren Teil des Wahlgebietes Auswirkungen gehabt hat. Über die Gültigkeit der Wahl ist nur insoweit zu entscheiden, als dies erforderlich ist, um den durch den Wahlfehler verursachten Mangel auszugleichen[25].

1178 Hat der Bundestag im Wahlprüfungsverfahren über den Verlust der Mitgliedschaft eines Abgeordneten zu entscheiden, kann er mit qualifizierter Mehrheit diesen Abgeordneten bis zur Rechtskraft der Entscheidung von der Teilnahme an den Arbeiten des Bundestages entbinden. Hiergegen ist auf Beschwerde des Betroffenen eine durch das BVerfG zu treffende einstweilige Anordnung möglich. Ist der Beschluß im Bundestag nicht gefaßt worden, kann das BVerfG auf Antrag eines Zehntels der Mitglieder des Bundestages eine solche Anordnung treffen (§ 16 Abs. 3 Wahlprüfungsgesetz).

§ 34 Divergenzvorlage

I. Allgemeine Bedeutung

1179 Wenn das Verfassungsgericht eines Landes bei der Auslegung des Grundgesetzes von einer Entscheidung des BVerfG oder eines anderen Landesverfassungsgerichts abweichen will, hat es die Entscheidung des BVerfG einzuholen (Art. 100 Abs. 3 GG). Über das bei dieser üblicherweise als Divergenzvorlage bezeichneten Verfahrensart (§ 13 Nr. 13 BVerfGG) einzuhaltende Verfahren und die Entscheidung des BVerfG trifft § 85 BVerfGG eine Regelung.

1180 Bisher ist die Divergenzvorlage nur ganz vereinzelt aktuell geworden. Da der Prüfungsmaßstab für die Verfassungsgerichte der Länder nicht das Grundgesetz oder sonstiges Bundesrecht, sondern die Verfassung des Landes ist, erscheint es auf den ersten Blick auch wenig verständlich und fast befremdlich, daß Art. 100 Abs. 3 GG sich Fälle vorstellt, in denen ein Landesverfassungsgericht das GG auslegt. Die Verfassungsnorm setzt aber voraus, daß die Auslegung des GG auch bei Verfassungsstreitigkeiten innerhalb eines Landes eine Rolle spielen kann[1]. Solche Konstellationen sind in der Tat nicht nur denkbar, sondern sind bereits, wenn auch nur sehr selten, eingetreten. So hing nach dem KPD-Verbotsurteil[2] die im Entscheidungstenor nicht angesprochene Frage, ob die Abgeordneten der verbotenen Partei in den Landtagen durch das Verbot ihre Mandate verloren

---

23 BVerfGE 16, 130 (135 f); 21, 200 (204); 34, 81 (95).
24 So aber *Schmidt-Bleibtreu*, in: BVerfGG-Kommentar, § 48 Rn. 40.
25 Im einzelnen *Schmidt-Bleibtreu*, in: BVerfGG-Kommentar, § 48 Rn. 40.

1 BVerfGE 60, 175 (206 f.); 69, 112 (117).
2 BVerfGE 5, 85.

hatten, von der Auslegung des Art. 21 Abs. 2 GG ab. In dem früheren Verbotsurteil gegen die SRP[3] hatte sich das BVerfG zu dieser Frage geäußert. Die im Streit um die Mandate angerufenen Staats- und Verfassungsgerichtshöfe von Niedersachsen und des Saarlandes riefen nach Art. 100 Abs. 3 GG das BVerfG an. Allerdings hat dieses die Verfahren nicht durch Sachentscheidung beendet, sondern sie nach Ablauf der Wahlperioden für erledigt erklärt[4]. Ein anderer Anwendungsfall des Art. 100 Abs. 3 GG ist etwa die Frage, ob eine Bestimmung der Landesverfassung, die das Verfassungsgericht des Landes als Prüfungs-maßstab anzuwenden hat, mit den Mindestanforderungen des Art. 28 Abs. 1 oder 2 GG im Einklang steht und daher gültig ist.

Ein wichtiger Fall mit erheblicher Bedeutung für das Verhältnis des BVerfG zu den Landesverfassungsgerichten bei der Prüfung von Verfassungsbeschwerden ergab sich aufgrund einer Vorlage des Sächsischen Verfassungsgerichtshofs nach Art. 100 Abs. 3 GG zu der Frage, ob ein Landesverfassungsgericht die Beachtung der in der Landesverfassung gewährleisteten Verfahrensgrundrechte auch in einem gerichtlichen Verfahren über-prüfen kann, das durch Bundesrecht geregelt ist. Während der Sächsische Verfassungsgerichtshof sich zu dieser Prüfung für befugt hielt, hatte der Hessische Staatsgerichtshof in ständiger Rechtsprechung die Auffassung vertreten, er könne nur die Anwendung von Landesrecht am Maßstab der Landesverfassung überprüfen. Damit bestand eine Divergenz, die auch für die – unterschiedliche – Rechtsprechung der anderen Landesverfassungsgerichte von großer Tragweite war[5]. Das BVerfG hat in seiner Entscheidung nicht lediglich die vom vorlegenden Landesverfassungsgericht formulierte Rechtsfrage beantwortet, sondern diese so ausgeweitet, daß die Antwort auch für „weitere Fallgruppen" verwertbar ist, „die bei dem vorlegenden Gericht zur Entscheidung anfallen können"[6].

So sind auch künftig Fälle denkbar, in denen Art. 100 Abs. 3 GG aktuell werden kann[7]. **1181** Tritt eine solche Lage ein, so will das Divergenzvorlageverfahren der Gefahr begegnen, daß Bundesverfassungsrecht von den Verfassungsgerichten des Bundes und der Länder unterschiedlich ausgelegt wird. Der Verfahrenszweck der Wahrung der Einheit der Rechtsprechung[8], nicht lediglich der Autorität des BVerfG als „Hüter der Verfassung" wird insofern deutlich, als die Vorlagepflicht nicht nur dann entsteht, wenn ein Landesverfassungsgericht von der Rechtsprechung des BVerfG abweichen will, sondern auch dann, wenn bei den Verfassungsgerichten der Länder unterschiedliche Meinungen bestehen.

II. Grundzüge des Verfahrens

Das Verfahren entspricht nach § 85 BVerfGG in seinem Ablauf im wesentlichen dem der **1182** konkreten Normenkontrolle nach Art. 100 Abs. 1 GG: Das Landesverfassungsgericht,

---

3 BVerfGE 2, 1.
4 Eine genauere Darstellung gibt *Friesenhahn*, in: BVerfG und GG, I, S. 771 f., 797; s. auch oben Rn. 54 ff.
5 BVerfGE 96, 345; vgl. oben Rn. 49 ff.; sowie *E. Klein/Haratsch*, JuS 2000, S. 209 ff.
6 A.a.O. [Leitsatz 5, 359 ff.]
7 Zu den Fallkonstellationen im einzelnen *Friesenhahn* (N 4), S. 797 f.; *Pestalozza*, S. 227 f.; *Maunz*, in: BVerfGG-Kommentar, § 85 Rn. 9; ausführlich *Burmeister*, in: Starck/Stern (Hg.), Teilbd. II (1983), S. 399 ff., der Zweifel an der „konzeptionellen Tauglichkeit des Art. 100 Abs. 3 GG als Instrument der Verfassungsfortbildung" äußert (S. 408 f.).
8 BVerfGE 3, 261 (264 f.); 96, 345 [360].

das von der Auslegung des GG durch das BVerfG oder durch ein (anderes) Landesverfassungsgericht abweichen will, setzt das bei ihm anhängige Verfahren aus und legt die Akten unter Darlegung seiner Rechtsauffassung dem BVerfG vor (§ 85 Abs. 1 BVerfGG). Das BVerfG gibt der Bundesregierung und dem Bundesrat (nicht dem Bundestag) Gelegenheit zur Äußerung, außerdem dem Landesverfassungsgericht, von dessen Rechtsauffassung das vorlegende Gericht abweichen will (§ 85 Abs. 2 BVerfGG). Es entscheidet sodann nur über die Rechtsfrage (§ 85 Abs. 3 BVerfGG).

1183 Die an die Begründung einer Richtervorlage nach Art. 100 Abs. 1 GG gestellten recht hohen Anforderungen[9] gelten auch für die Vorlage nach Art. 100 Abs. 3 GG. Doch wird man annehmen dürfen, daß das BVerfG im Hinblick auf die von ihm betonte „Rücksicht auf die Stellung eines Landesverfassungsgerichts"[10] eher zur Großzügigkeit neigen wird als bei einem anderen Gericht. Entscheidungserheblichkeit muß in gleicher Weise vorliegen wie im Verfahren nach Art. 100 Abs. 1 GG[11]. Fehlt sie oder entfällt sie, weil das Landesverfassungsgericht aus anderen Gründen keine Entscheidung mehr treffen kann, die von der Klärung der Rechtsfrage abhängt, so ist die Vorlage unzulässig[12].

1184 Die Divergenzvorlage setzt voraus, daß ein Landesverfassungsgericht von der „Entscheidung" insbesondere des BVerfG abweichen will. Insoweit enthält Art. 100 Abs. 3 GG eine Ausnahmeregelung, die den Landesverfassungsgerichten ein Privileg gibt. Denn während sonst alle staatlichen Stellen einschließlich der Gerichte nach § 31 Abs. 1 BVerfGG an die Entscheidung des BVerfG gebunden sind, besteht für die Landesverfassungsgerichte unter den Voraussetzungen des Art. 100 Abs. 3 GG die Möglichkeit, eine Überprüfung der vom BVerfG gebildeten Rechtsauffassung anzuregen und möglicherweise eine Änderung seiner Rechtsprechung zu bewirken. Allerdings hängt dieses Verständnis davon ab, wieweit sich die Bindungswirkung nach § 31 Abs. 1 BVerfGG erstreckt[13]. Das BVerfG versteht auch für den Anwendungsbereich des Art. 100 Abs. 3 GG unter „Entscheidung" nicht nur die Urteilsformel, sondern die Rechtsauffassung, die das BVerfG seinem Urteilsspruch zugrunde gelegt habe, mithin „jene aus den Gründen ersichtliche Auslegung des Grundgesetzes, ohne die die Entscheidungsformel nicht gewonnen werden konnte"[14]. Diese tragenden Gründe sind freilich im Einzelfall zu finden, sofern das BVerfG sie nicht ausnahmsweise selbst bezeichnet[15]. So kommt das Landesverfassungsgericht in die eigenartige Lage, bei der Prüfung der Frage, ob es nach Art. 100 Abs. 3 GG vorlegen muß, zu entscheiden, ob die von ihm problematisierten Gründe des BVerfG tragende Gründe sind. Unterbleibt die Vorlage, weil es sich nicht um die Auslegung solcher tragenden Gründe gehandelt habe, kann auch das BVerfG nichts veranlassen. Denkbar ist es im umgekehrten Fall, daß ein Landesverfassungsgericht vorlegt, das BVerfG aber meint, es habe sich nicht um tragende Gründe gehandelt. Dann wäre die Vorlage unzulässig, weil das Landesverfassungsgericht nicht von einer Entscheidung des

9 Vgl. hierzu oben Rn. 826 ff., 866 ff.

10 BVerfGE 36, 342 (356).

11 BVerfGE 36, 342 (356); zu den Anforderungen an die Entscheidungserheblichkeit vgl. oben Rn. 827 ff.

12 BVerfGE 13, 165 (166 f.).

13 Vgl. hierzu unten Rn. 1318 ff.

14 BVerfGE 3, 261 (Leitsatz). Zustimmend *Friesenhahn* (N 4), S. 797; *Pestalozza*, S. 229; *Burmeister* (N 7), S. 414 ff.; a.A. *Schlaich*, Rn. 176.

15 Wie in BVerfGE 36, 1 (36).

BVerfG im Sinne dieser Rechtsprechung abweichen will. Es ist aber nicht sehr wahrscheinlich, daß das BVerfG seine eigenen (früheren) Aussagen herunterstuft. Eher wird es mitteilen, daß es allgemein oder für einen der Vorlage zugrundeliegenden Sachverhalt an der früheren Aussage nicht festhalte.

§ 35 Art. 99 GG

I. Allgemeine Bedeutung

Nach Art. 99 GG kann durch Landesgesetz dem BVerfG die Entscheidung von Verfassungsstreitigkeiten innerhalb eines Landes übertragen werden. Daneben besteht schon nach Art. 93 Abs. 1 Nr. 4 GG eine subsidiäre Zuständigkeit des BVerfG u.a. für „öffentlich-rechtliche Streitigkeiten" innerhalb eines Landes, soweit nicht ein anderer Rechtsweg gegeben ist. Diese der Tradition von Art. 19 Abs. 1 WRV angenäherte Regelung[1] sichert den umfassenden Rechtsschutz in Verfassungsstreitigkeiten innerhalb eines Landes auch dann, wenn dieses von der Möglichkeit der „Organleihe" nach Art. 99 GG keinen Gebrauch gemacht hat. Allerdings werden auch durch das BVerfG selbst die nach Art. 93 Abs. 1 Nr. 4 GG gegebenen Ersatzzuständigkeiten auf die eigentlichen Verfassungsorganstreitigkeiten begrenzt[2]. Folgt man dieser einschränkenden Auslegung, so hat Art. 99 GG den Sinn, den Ländern selbst die Entscheidung darüber zu überlassen, ob und mit welchen Befugnissen sie ein eigenes Verfassungsgericht einrichten wollen. Sie können sich dabei entlasten, indem sie anstelle eines eigenen Verfassungsgerichts dem BVerfG die entsprechenden Befugnisse übertragen. **1185**

Von dieser Möglichkeit hat nur das Land Schleswig-Holstein Gebrauch gemacht. Während alle anderen Länder der Bundesrepublik Deutschland eigene Verfassungsgerichte errichtet haben, bestimmt Art. 44 der 1990 in Kraft getretenen Landesverfassung von Schleswig-Holstein[3], wie in ähnlicher Weise die bis dahin geltende Landessatzung von 1949 (Art. 37): **1186**

„Das Bundesverfassungsgericht entscheidet

1. über die Auslegung dieser Verfassung aus Anlaß von Streitigkeiten über den Umfang der Rechte und Pflichten des Landtags oder der Landesregierung oder anderer Beteiligter, die durch diese Verfassung, die Geschäftsordnung des Landtages oder die Geschäftsordnung der Landesregierung mit eigenen Rechten ausgestattet sind;
2. bei Meinungsverschiedenheiten oder Zweifeln über die förmliche oder sachliche Vereinbarkeit von Landesrecht mit dieser Verfassung auf Antrag der Landesregierung oder eines Drittels der Mitglieder des Landtages;
3. in den übrigen in dieser Verfassung vorgesehenen Fällen".

„Übrige Fälle" nach Nr. 3 sind die Entscheidung über die Zulässigkeit von Volksbegehren und Volksentscheid (Art. 42 Abs. 1 S. 2, Abs. 2 S. 2 Verf. S-H), während die Entschei-

---

1 Hierzu *Pestalozza*, S. 143 ff.
2 Vgl. hierzu oben Rn. 1112 ff. Zum Verhältnis zu Art. 99 GG vgl. oben Rn. 1118.
3 GVOBl. S. 391.

dung über Richteranklagen (Art. 43 Abs. 4 Verf. S-H) bereits nach einfachem Landesrecht dem BVerfG zugewiesen werden konnte (Art. 98 Abs. 5 GG)[4].

1187 Damit werden im wesentlichen nur die Verfahrensarten des Organstreits und der abstrakten Normenkontrolle[5] eröffnet. Das BVerfG hält darüber hinaus auch eine konkrete Normenkontrolle nach Art. 100 Abs. 1 GG für möglich, mit der die Vereinbarkeit einer Landesnorm mit der Landesverfassung (Landessatzung) überprüft werden soll[6]. Nach Art. 99 GG und dem bisherigen schleswig-holsteinischen Verfassungsrecht würde der Landesgesetzgeber auch nicht gehindert sein, über Art. 37 LS hinaus andere Verfassungsstreitigkeiten, insbesondere auch Verfassungsbeschwerden, dem BVerfG zuzuweisen, soweit die Landesverfassung eigene Grundrechte kennt[7]. Doch begrenzt die neue Landesverfassung die Zuweisung ausdrücklich auf die in ihr erfaßten Fälle[8].

Theoretisch wäre denkbar, daß das BVerfG zugleich das Verfassungsgericht des Bundes und aller Länder wäre, hinsichtlich letzterer mit den sich jeweils aus der Landesverfassung ergebenden Zuständigkeiten. Es liegt auf der Hand, daß eine solche Entwicklung, der das Selbstbewußtsein der Länder entgegensteht, das BVerfG über die Grenzen seiner Leistungsfähigkeit hinaus belasten würde. Die auf einen relativ engen Zuständigkeitsbereich nur eines Landes begrenzte Anwendung des Art. 99 GG hält dagegen die zusätzliche Belastung des BVerfG in noch vertretbaren Grenzen, wenn auch manche Streitfragen, die nach dem Recht eines Landes und nach den dort gegebenen Verhältnissen zu klären sind, vielleicht besser „vor Ort" erledigt werden könnten.

Ob es bei der in Schleswig-Holstein eröffneten Regelung bleiben soll, ist auch in der Politik des Landes umstritten. Die Landesregierung hat 1997 dem Landtag vorgeschlagen, ein eigenes Landesverfassungsgericht zu errichten, auch weil hierdurch „eine größere Sachnähe zu den spezifischen Belanges des Landes" zu erwarten sei[9]. Doch wurde bei der Beratung dieser und anderer Verfassungsänderungen die erforderliche Zwei-Drittel-Mehrheit nicht erreicht, weil die Opposition die Meinung vertrat, die wenigen Verfassungsstreitigkeiten rechtfertigten kein Landesverfassungsgericht[10].

II. Grundzüge des Verfahrens

1188 Soweit das BVerfG nach Art. 99 GG, § 13 Nr. 10 BVerfGG tätig wird, ist es Verfassungsgericht für das Land; es bleibt aber Bundesorgan[11]. Prüfungsmaßstab und Grundlage für das Verfahren liefert das Landesrecht; doch kann der Bundesgesetzgeber wenigstens sub-

---

4 Vgl. oben Rn. 1156, 1166; *Pestalozza*, S. 149. Vgl. ferner BVerfG, Beschl. v. 03.07.2000 – 2 BvK 3/98.
5 Vgl. BVerfGE 99, 57 (65).
6 BVerfGE 7, 77 (83).
7 *F. Klein*, in: BVerfGG-Kommentar, § 74 Rn. 2.
8 *Pestalozza*, S. 150, scheint anzunehmen, daß insoweit durch die Regelung in Art. 44 Nr. 3 Verf. S-H keine Änderung der Rechtslage eingetreten ist. Zwar ermöglichte Art. 99 GG auch eine weitergehende Zuweisung im Sinne der früheren Rechtsprechung des BVerfG, doch steht dem die abschließende Aussage der Landesverfassung entgegen.
9 Nach dem Bericht der F.A.Z. vom 11.06.1997, S. 4.
10 Nach dem Bericht von *E. Goos*, in: DIE WELT vom 21.02.1998.
11 BVerfGE 10, 293 f.; *F. Klein*, in: BVerfGG-Kommentar, § 74 Rn. 1.

sidiär Verfahrensvorschriften treffen[12]. Soweit auch diese nicht ausreichen, hält sich das BVerfG für befugt, diejenigen den Besonderheiten des Verfahrens nach Art. 99 GG Rechnung tragenden Rechtsgrundsätze zu entwickeln, die erforderlich sind, um der ihm übertragenen Aufgabe genügen zu können[13].

Für das Verfahren in den Fällen des § 13 Nr. 10 BVerfGG treffen die §§ 73 bis 75 BVerfGG wenige subsidiäre Regelungen, die es in erster Linie dem Landesrecht überlassen, Einzelfragen zu entscheiden. So gilt die für Bundesorganstreitigkeiten in § 64 Abs. 3 BVerfGG bestimmte sechsmonatige Frist auch entsprechend für einen Landesorganstreit, sofern das Landesrecht keine anderweitige Regelung trifft. Die Fristvorschrift kann sich nur auf das Organstreitverfahren nach Art. 44 Nr. 1 Verf. S-H beziehen, nicht auf das Verfahren der abstrakten Normenkontrolle nach Art. 44 Nr. 2 Verf. S-H, der auch nach Bundesverfassungsrecht eine Frist fremd ist[14]. **1189**

Im übrigen verweist § 75 BVerfGG generell auf die allgemeinen Verfahrensvorschriften des BVerfGG. Die meisten bisher durchgeführten Verfahren betrafen Streitigkeiten von Landesorganen untereinander. Für sie hat das BVerfG hinsichtlich der Parteifähigkeit sowie der Aktiv- und der Passivlegitimation Grundsätze entwickelt, die den für das Verfahren nach Art. 93 Abs. 1 Nr. 1 GG entwickelten Prinzipien entsprechen. **1190**

Allgemein wird man annehmen können, daß die Übertragung der Befugnisse eines Landesverfassungsgerichts an das BVerfG die Tendenz bewirken wird, sowohl die prozessualen als auch die materiellen Strukturen der Rechtsprechung auf das anzuwendende Landesrecht auszudehnen, jedenfalls soweit dessen ausdrücklicher Wortlaut nicht entgegensteht. Damit ergibt sich aus der durch Art. 99 GG geschaffenen Möglichkeit ein Zug zur Unitarisierung. Ob dies hinzunehmen oder sogar erwünscht ist oder ob und inwieweit dem die Eigenständigkeit des Verfassungslebens der Länder entgegensteht, ist eine verfassungspolitische Frage, die bei einer Entscheidung nach Art. 99 GG von dem Land zu treffen ist.

---

12 *Lechner/Zuck*, BVerfGG, § 74 Anm. 1.
13 BVerfGE 4, 31 (36 f.); 99, 57 (66).
14 BVerfGE 38, 258 (267 f.).

Abschnitt E

Vorläufige Regelung

§ 36 Einstweilige Anordnung

I. Grundlagen

1. Funktionen der vorläufigen Regelung und Kompetenz des BVerfG

1191 Das BVerfG ist unter den Voraussetzungen des § 32 Abs. 1 BVerfGG zuständig, im Streitfall einen Zustand durch einstweilige Anordnung (e.A.) vorläufig zu regeln. Eine Kompetenz zur vorläufigen Regelung findet sich in allen Gerichtsbarkeiten[1]. Mit diesen vorläufigen Verfahren werden grundsätzlich zwei Zwecke verfolgt[2]. Zum einen soll vermieden werden, die Entscheidung in der Hauptsache dadurch leerlaufen, *„obsolet"* werden zu lassen, daß in der Zwischenzeit vollendete, nicht mehr revidierbare Tatsachen geschaffen werden (Sicherungszweck, Offenhaltezweck). Zum anderen ist zu berücksichtigen, daß die Entscheidung in vorläufigen Verfahren für den (Zwischen-) Zeitraum, d.h. bis zur Entscheidung in der Hauptsache, endgültig ist; denn die Zeit, die bis zum Erlaß der Hauptsacheentscheidung vergeht, ist unwiederbringlich, und das in ihr Geschehene kann nicht ungeschehen gemacht werden. Die Effektivität des Rechtsschutzes (Art. 19 Abs. 4 GG) verlangt eine diese Zeit überbrückende Zwischenregelung[3]. Neben den Sicherungszweck tritt damit die „interimistische Befriedungsfunktion"[4].

1192 Die Rechtsprechung des BVerfG weicht im Hinblick auf das e.A.-Verfahren von diesen allgemeinen Grundsätzen ab. Sie betont zwar eindeutig die „Sicherungsfunktion" der e.A. Das BVerfG umschreibt sie dahin, daß sie „als vorläufige Regelung die Wirksamkeit und Umsetzbarkeit der nachfolgenden gerichtlichen Entscheidungen zu sichern" hat[5]. Gegenüber dieser eher objektiven Sichtweise tritt jedoch die vorläufige Befriedungs- und

---

1 Vgl. vor allem §§ 940 ZPO, 123 VwGO. Zur e.A. in der Verfassungsgerichtsbarkeit der Länder vgl. *Schuppert*, in: Starck/Stern, Teilbd. II (1982), S. 347 ff.; *Großmann*, Die einstweilige Anordnung im bayerischen Verfassungsprozeßrecht (1990).

2 Grundlegend *Schoch*, Vorläufiger Rechtsschutz und Risikoverteilung im Verwaltungsrecht (1988), S. 151 ff.; *Schoch/Wahl*, in: FS Benda (1995), S. 278 f. Vgl. neuerdings auch *Huber*, Die einstweilige Anordnung nach § 32 BVerfGG am Beispiel der Verfassungsbeschwerde (1999), S. 70 ff.

3 BVerfGE 46, 166 (178) zur e.A. nach SGG.

4 *Schoch*, Vorläufiger Rechtsschutz (N 2), S. 155 f. Die von *Lechner/Zuck*, § 32 Rn. 6, in diesem Zusammenhang erwähnte Legitimationswirkung kann nicht mit der Befriedungsfunktion gleichgesetzt werden; sie ist vielmehr Beleg dafür, daß das BVerfG die Endgültigkeit des Vorläufigen für die Zeit der Geltung der vorläufigen Maßnahme anerkennt; s.u. Rn. 1219, 1229.

5 BVerfGE 91, 70 (76); vgl. auch BVerfGE 42, 103 (119); 81, 53 (56 f.): „Sicherungszweck"; siehe auch *Grunsky*, JuS 1977, S. 217 f.; *Karpen*, JuS 1984, S. 456; *Cremer*, in: Frowein/Marauhn (Hg.), Grundfragen der Verfassungsgerichtsbarkeit in Mittel- und Osteuropa (1998), S. 365.

Rechtsschutzfunktion deutlich zurück. Dies hängt mit der vom B VerfG immer stärker akzentuierten objektiven Natur der verfassungsgerichtlichen Verfahren zusammen[6], die – wie in den vorangegangenen Abschnitten gezeigt – längst auch dem kontradiktorischen Verfahren[7] und selbst der Verfassungsbeschwerde[8] zuerkannt wird. Für die Verfassungsbeschwerde hat das B VerfG daraus (im Flughafenasyl-Fall) durchaus dramatische Konsequenzen gezogen: Das Recht zur Verfassungsbeschwerde (Art. 93 Abs. 1 Nr. 4 a GG) soll nicht so zu verstehen sein, daß ein Beschwerdeführer unter allen Umständen die Möglichkeit habe, vor Vollzug des angegriffenen Hoheitsaktes eine bundesverfassungsgerichtliche Entscheidung – im Hauptsacheverfahren oder im Verfahren des einstweiligen Rechtsschutzes nach § 32 BVerfGG – zu erhalten; insoweit wird auch die e.A. ausdrücklich dem Gebot des effektiven Rechtsschutzes (Art. 19 Abs. 4 GG) entzogen und ihr eine Sonderstellung im Rahmen der vorläufigen Verfahren eingeräumt[9]. Es überzeugt nicht, wenn das Ausblenden der interimistischen Befriedungsfunktion auch damit gerechtfertigt wird, daß sonst der Verfassungsbeschwerde und dem damit verbundenen e.A.-Verfahren eine vom Gesetz gerade nicht gewollte aufschiebende Wirkung zukomme[10]; denn der Erlaß einer e.A. ist an bestimmte Voraussetzungen gebunden, die für alle Anordnungsverfahren gelten. Auch die „Sicherungsfunktion" kann im Einzelfall zu einem entsprechenden Ergebnis („aufschiebende Wirkung") führen. Im übrigen gibt es Fälle, in denen auch das B VerfG die individuelle Rechtsschutzfunktion nicht in Abrede stellt. In einem nach dem Haager Kindesentführungsübereinkommen[11] zu beurteilenden Fall etwa hat das Gericht wegen der Besonderheiten des Rückführungsverfahrens in Deutschland (sofortige Vollstreckbarkeit der Entscheidung des OLG) sogar gegen eine noch nicht ergangene fachgerichtliche Entscheidung vorbeugenden Rechtsschutz durch Erlaß einer e.A. gewährt[12]. Argumentativ geht das Rechtsschutzargument freilich in dem Argument auf, eine Entscheidung im Hauptsacheverfahren müsse ermöglicht werden (Sicherungsfunktion). Die nicht völlige, aber doch sehr starke Zurückdrängung der interimistischen Befriedungs- und Rechtsschutzdimension im e.A.-Verfahren führt zu methodischen Konsequenzen bei der Handhabung der Tatbestandsmerkmale des § 32 Abs. 1 BVerfGG (Folgenabwägung)[13].

Ein grundsätzliches Gewaltenteilungsproblem ergibt sich aus der Kompetenz zur vorläufigen Regelung ebensowenig wie aus der Kompetenz zur endgültigen Regelung, ist einmal der Schritt zur verfassungsgerichtlichen Überprüfung von Akten der Exekutive und der Legislative getan. Insofern bietet der Sicherungszweck der e.A. sogar eine Handhabe, die Überwachungsfunktion des BVerfG nicht illusorisch werden zu lassen[14]. Allerdings ist zu berücksichtigen, daß die – wenn auch nur vorläufigen – Regelungen im e.A.-Verfahren ohne oder doch nur nach summarischer Prüfung der Verfassungsfrage ergehen und

1193

---

6   Vgl. dazu *Berkemann*, in: Umbach/Clemens, § 32 Rn. 10.
7   Siehe oben Rn. 983 ff., 1058, 1100 ff., 1114.
8   Siehe oben Rn. 392 ff.; vgl. zuletzt BVerfGE 98, 218 (241 f.).
9   BVerfGE 94, 166 (212 ff.). – Kritisch dazu zu Recht vor allem die abw. Meinung, ebd. S. 223 ff.; ferner *Alleweldt*, NVwZ 1996, S. 1075; *Rozek*, DVBl. 1997, S. 519.
10 BVerfGE 94, 166 (215).
11 Vgl. zu den typischen Fallkonstellationen *E. Klein*, IPrax 1997, S. 106 ff.
12 *BVerfG*, Kammerbeschl. v. 11.03.1999 – 2 BvQ 4/99.
13 Dazu unten Rn. 1216 f.
14 Vgl. *Fuß*, DÖV 1959, S. 202; *Schoch/Wahl* (N 2), S. 308 f.; BVerfGE 7, 367 (371).

somit Maßnahmen der Legislative oder Exekutive oder auch der Fachgerichte an den ihnen bei Verfassungsmäßigkeit zukommenden rechtlichen Wirkungen hindern können. Aus dieser Situation hat sich für das BVerfG von Anfang an die Notwendigkeit ergeben, einen strengen Maßstab an das Vorliegen der Voraussetzungen zum Erlaß einer e.A. anzulegen[15]. Dies gilt vor allem dann, wenn mit der e.A. ein Gesetz bis zum Ergehen der Hauptsacheentscheidung außer Vollzug gesetzt wird[16] oder – wie in außenpolitischen Angelegenheiten – das BVerfG die Folgen einer auch nur vorläufigen Regelung kaum einzuschätzen vermag[17].

2. Erlaß einer einstweiligen Anordnung von Amts wegen?

1194 § 32 BVerfGG macht den Erlaß einer e.A. nicht ausdrücklich von einem Antrag abhängig. Hieraus ergibt sich das Argument, das BVerfG könne auch von Amts wegen tätig werden[18]. Der sich hiergegen sofort erhebende Einwand, der selbst initiierte Fallzugriff sei mit dem Gerichtscharakter des BVerfG unvereinbar, ist jedenfalls dann überzeugend, wenn die Hauptsache beim Gericht noch überhaupt nicht anhängig ist, selbst wenn zu erwarten ist, daß ein Hauptsacheverfahren demnächst anhängig gemacht wird. In der Tat ist das BVerfG bei einer solchen Konstellation noch nicht *ex officio* tätig geworden. Es hat sich allerdings in einer vereinzelt gebliebenen Entscheidung zu dieser Möglichkeit bekannt[19]. Wäre dies richtig, würden sich daraus weitreichende Folgen gerade auch gegenüber dem Gesetzgeber ergeben. So hätte z.B. das Gericht im Abtreibungsstreit von sich aus das einstweilige Nichtinkrafttreten des § 218 a StGB anordnen können[20] – ein schon angesichts der möglichen Dauerwirkung und der Wiederholbarkeit der e.A. abzulehnender Gedanke[21]. Seine Realisierung würde dem BVerfG eine im Verhältnis zu seiner bisherigen Position im Gefüge der Staatsfunktionen radikal geänderte Rolle verschaffen[22].

1195 Weniger problematisch ist es, wenn das BVerfG im Hinblick auf ein bereits bei ihm anhängiges Verfahren eine e.A. von Amts wegen erläßt. Die einschlägige Praxis des Gerichts hat überwiegend Zustimmung gefunden[23]. Dem ist jedenfalls für alle die Fälle zuzustimmen, in denen andere Verfassungsorgane das Bundesverfassungsgericht zu über-

---

15 Dazu *Erichsen*, in: BVerfG und GG, I (1976), S. 184.
16 BVerfGE 3, 41 (44); 81, 53 (54); 91, 70 (75); 96, 120 (129).
17 BVerfGE 1, 281 (282; 35, 193 (200 ff.); 35, 257 (261 ff.); 83, 162 (171 f.); 88, 173 (180 ff.); 89, 38 (43); dazu näher *Schoch/Wahl* (N 2), S. 267 ff.; *Hailbronner*, VVDStRL 56 (1997), S. 32 f.
18 *Geiger*, § 82 Anm. 5.
19 BVerfGE 42, 103 (119 f.), wobei die Berufung auf BVerfGE 3, 267 (277) zu Unrecht erfolgte, weil dort ein Antrag gestellt war. Zum Problem vgl. schon oben Rn. 182.
20 Der Antrag ist noch rechtzeitig von der Landesregierung Baden-Württemberg gestellt worden, BVerfGE 37, 324.
21 So auch *Erichsen* (N 15), S. 176 ff.; *Robbers*, S. 91; *Schmitz*, Die Bedeutung der Anträge für die Einleitung und Beendigung des Verfassungsprozesses (Diss. München 1968), S. 6 ff.; *Merkel*, Die einstweilige Anordnung des BVerfG und die staatsrechtliche Verantwortung des BVerfG (Diss. Heidelberg 1975), S. 52 ff., der aber eine Ausnahme in Notstandsfällen für zulässig hält.
22 Vgl. BVerfGE 1, 184 (196), wonach dem BVerfG „keine von Amts wegen auszuübende Überwachungspflicht auferlegt ist".
23 BVerfGE 1, 74 (75); 35, 12 (14); 46, 337 (338). Zustimmend *Granderath*, NJW 1971, S. 543; ablehnend *Erichsen* (N 15), S. 178; *Grunsky* (N 5), S. 218.

spielen und seinen Entscheidungsraum faktisch einzuengen versuchen[24]. Von solchen denkbaren Machenschaften erfährt u.U. der Antragsteller (der ja ein Privater sein kann) nichts, so daß er auch keinen entsprechenden Antrag stellen kann. In anderen Fällen (konkrete Normenkontrolle) fehlt es an einer Antragsbefugnis[25]. Hier sichert dem BVerfG nur ein Tätigwerden *ex officio* seine Entscheidungsfreiheit.

3. Verhältnis zum Hauptverfahren

Die Charakterisierung des e.A.-Verfahrens als „akzessorisch" zum Hauptsacheverfahren trifft streng genommen nur insoweit zu, als die Hauptsache bereits anhängig ist[26]. Es ist aber allgemein anerkannt, daß der Antrag auf Erlaß einer e.A. bereits gestellt werden kann, bevor die Hauptsache anhängig gemacht wurde (isolierter Antrag)[27]. Dies wird damit begründet, daß der Begriff „Streitfall", auf den § 32 Abs. 1 BVerfGG Bezug nimmt, materiell im Sinne einer Meinungsverschiedenheit zu verstehen ist, die nicht schon vor Gericht gebracht sein muß[28]. Eine „innere Sachbezogenheit" ist allerdings auch hier unabdingbar[29]. Das e.A.-Verfahren kann von dem zu erwartenden Hauptsacheverfahren nicht völlig abstrahieren; denn aus diesem ergibt sich etwa die Antragsberechtigung im e.A.-Verfahren[30]. Erkennbare Unzulässigkeit oder offenbare Unbegründetheit des Hauptsacheantrags wirkt sich auf das e.A.-Verfahren gleichfalls negativ aus, wenngleich es hier Unsicherheiten bei der dogmatischen Einordnung gibt[31]. Auch im übrigen ist zu klären, wie weit das die Hauptsache regelnde materielle Recht für die Entscheidung über den (Nicht-) Erlaß einer e.A. eine Rolle spielt[32].

1196

Da mit der e.A. (nur) eine vorläufige Regelung erreicht werden soll, ist der Verfahrensgegenstand ein anderer als im Hauptsacheverfahren[33]. In der Regel wird er durch den Antrag auf Erlaß der e.A. bestimmt. Erläßt das BVerfG von Amts wegen eine vorläufige Regelung, so bestimmt es den Verfahrensgegenstand selbst. In beiden Fällen wird freilich der Rahmen durch den Gegenstand des schon anhängigen oder zu erwartenden Hauptsacheverfahrens abgesteckt, da die e.A. ja den Zweck hat, eine Entscheidung in diesem Verfahren nicht illusorisch zu machen. Die vorläufige Regelung muß sich daher an dem im Hauptsacheverfahren beantragten oder erreichbaren Ziel orientieren[34].

1197

---

24 Vgl. dazu BVerfGE 35, 193 (201 f.); 35, 257 (261 ff.); 36, 1 (15).
25 *Berkemann*, in: Umbach/Clemens, § 32 Rn. 52.
26 BVerfGE 42, 103 (119). – In diesen Fällen erhält das e.A.-Verfahren dasselbe Aktenzeichen wie die Hauptsache, vgl. z.B. BVerfGE 83, 162.
27 BVerfGE 3, 267 (277); 35, 193 (195); 92, 130 (133).
28 *Erichsen* (N 15), S. 116; *Geiger*, § 32 Anm. 4.
29 Vgl. BVerfGE 31, 87 (90). Das e.A.-Verfahren bleibt daher „Nebenverfahren", selbst wenn es zu einem Hauptsacheverfahren nicht (mehr) kommt; die Ermächtigungsgrundlage für § 32 BVerfGG wird man daher in Art. 94 Abs. 2 GG, nicht in Art. 93 Abs. 2 GG zu sehen haben; anders *Merkel* (N 21), S. 20 f. Ebenso *Pestalozza*, S. 239; *Huber* (N 2), S. 24 f.
30 Vgl. BVerfGE 79, 379 (383 ff.) und unten Rn. 1201.
31 Siehe unten Rn. 1203 ff.
32 Siehe unten Rn. 1217 ff.
33 Wie hier *Detterbeck*, S. 584 f.
34 BVerfGE 23, 33 (40); 23, 42 (49) und unten Rn. 1206.

1198 Die Entscheidung über den Erlaß einer e.A. präjudiziert rechtlich in keiner Weise die Entscheidung des BVerfG in der Hauptsache[35]. In der Tat sind mehrfach e.A. nicht erlassen worden, und in der Hauptsache ist gleichwohl ein Erfolg erzielt worden[36]. Nur selten sind jedoch e.A. ergangen, ohne daß der Antragsteller in der Hauptsache erfolgreich war[37]. Dies deutet darauf hin, daß die Abwägung, die das Gericht bei seiner Entscheidung vornimmt, ungeachtet aller Rhetorik im Ergebnis nicht ohne jeden Blick auf die Erfolgschancen der Hauptsache vorgenommen wird[38].

II. Zulässigkeitsvoraussetzungen

1199 Die Prüfung eines Antrags auf Erlaß einer e.A. nimmt das BVerfG seit Anfang an anhand von Kriterien der Zulässigkeit und Begründetheit vor[39].

1. Jurisdiktion des BVerfG

1200 Das BVerfG muß nicht nur generell zur vorläufigen Regelung zuständig sein (§ 32 BVerfGG), sondern der Streitfall selbst, in dem diese Regelung ergehen soll, muß vor das Gericht gebracht werden können[40]; dies folgt aus dem Sicherungszweck der e.A. Eine e.A. kann daher nur im Hinblick auf die in § 13 BVerfGG enumerativ erfaßten Verfahren ergehen. Wird mit den Anträgen im anhängigen oder angekündigten Hauptsacheverfahren ein Begehren verfolgt, für das der Rechtsweg zum BVerfG nicht gegeben ist (sondern z.B. der Verwaltungsrechtsweg), so ist der Antrag auf Erlaß einer e.A. unzulässig[41].

2. Antragsberechtigung

1201 Wird das e.A.-Verfahren durch einen Antrag in Gang gesetzt, muß der Antragsteller hierzu berechtigt sein. Antragsberechtigt ist jeder, der an dem schon anhängigen oder noch anhängig zu machenden Hauptverfahren beteiligt ist. Dazu gehören nicht die bloß Äußerungsberechtigten[42]. Den Erlaß einer e.A. kann daher eine politische Gruppierung, die keine politische Partei ist, nicht beantragen, wenn sie ihr Anliegen in der Hauptsache im Organstreit durchsetzen will[43].

---

35 Darauf hat das Gericht gleich zu Beginn seiner Rechtsprechungstätigkeit ausdrücklich hingewiesen; BVerfGE 1, 1 (3). Zum Verhältnis der Übereinstimmung oder Abweichung von EA und Hauptsachentscheidungen vgl. ausführlich *Berkemann*, JZ 1993, S. 161 ff.

36 Vgl. z.B. BVerfGE 11, 102/11, 266; 12, 276/20, 119; 25, 367/32, 1; 56, 244/59, 315; 88, 173/90, 286.

37 Z.B. BVerfGE 15, 223/25, 296; 91, 140/91, 335; 92, 126/93, 381.

38 S. unten Rn. 1221.

39 BVerfGE 1, 85 (86); 76, 253 (255); 94, 334 (346).

40 BVerfGE 3, 267 (277); 16, 220 (226); *Erichsen* (N 15), S. 174.

41 BVerfGE 28, 97 (102); 42, 103 (110, 119). – Verschiedentlich greift das BVerfG dieses Problem im Rahmen der Begründetheitsprüfung auf, BVerfGE 7, 367 (371).

42 BVerfGE 11, 339 (342); 41, 243 (245). Zum Begriff der Verfahrensbeteiligten s. oben Rn. 194 f.

43 BVerfGE 79, 379 (383).

3. Statthaftigkeit

Das Grundgesetz (Art. 61 Abs. 2 Satz 2), Bundesverfassungsgerichtsgesetz (§§ 53, 58 Abs. 1, 105 Abs. 5) und Wahlprüfungsgesetz (§ 16 Abs. 3) sehen für bestimmte Fälle den Erlaß einer e.A. ausdrücklich vor. Daraus ist kein Umkehrschluß auf die Unzulässigkeit einer e.A. im übrigen möglich. Vielmehr ist ihr Erlaß in jedem bundesverfassungsgerichtlichen Verfahren statthaft[44]. Dies gilt daher auch für den Organ- und Bund-Länder-Streit[45]. Das Argument, daß insoweit im Hauptsacheverfahren nur die Feststellung der Verfassungswidrigkeit einer Maßnahme oder Unterlassung erreicht werden könne (§§ 67, 69 BVerfGG), während die e.A. gestalterisch in das Verhältnis der Streitparteien eingreife[46], ist nicht überzeugend. Der Ausschluß einer gestaltenden Entscheidung im Hauptsacheverfahren ändert an der Verpflichtung zur Befolgung nichts, sondern setzt sie voraus[47]. Es ist daher kein sachlicher Widerspruch, wenn die Wirksamkeit der feststellenden Hauptsacheentscheidung durch e.A. gesichert wird[48]. Auch in anderen Verfahren ist der Erlaß einer e.A. zulässig. Es muß sich nicht um eine kontradiktorische Streitigkeit handeln, wie der Begriff „Streitfall" in § 32 Abs. 1 BVerfGG nahelegen könnte. Eine e.A. kann daher z.B. auch im Verfahren der abstrakten und konkreten Normenkontrolle oder der Verfassungsbeschwerde erlassen werden[49]. Der Streitfall muß aber als solcher existent sein. Da ein einzelner erst durch die Existenz einer Rechtsnorm betroffen sein kann und daher erst mit Verkündung der Norm das Streitobjekt existent ist, kann er nicht schon vor dem Verkündungszeitpunkt einen Antrag auf Erlaß einer e.A. stellen[50].

1202

4. Konsequenzen aus der Rechtsnatur des e.A.-Verfahrens als Nebenverfahren

a) Auswirkung von Unzulässigkeit und Unbegründetheit des Hauptverfahrens

Das e.A.-Verfahren ist im Verhältnis zum Hauptsacheverfahren ein Nebenverfahren[51]. In vielerlei Hinsicht ist aber unklar, in welchem Verhältnis beide Verfahren zueinander stehen. So gibt etwa die Judikatur des BVerfG keinen ganz klaren Aufschluß darüber, inwieweit sich die Unzulässigkeit oder Unbegründetheit des Hauptsacheverfahrens auf Zulässigkeit oder Begründetheit des Nebenverfahrens auswirkt. Richtig dürfte folgendes sein:

1203

---

44 BVerfGE 1, 74 (75); 1, 85 (86); 12, 36 (39); st. Rspr. Vgl. auch BVerfGE 55, 1 (3: „statthaft").
45 Vgl. etwa BVerfGE 80, 74 (79); 89, 38 (44); 92, 130 (133); 96, 223 (229); 98, 139 (144); zur Besonderheit der Abwägung s.u. Rn. 1216.
46 So *Knies*, in: FS Stern, S. 1167 f. unter Hinweis auf *Pestalozza*, S. 99; vgl. auch *Zeh*, Der Staat 22 (1983), S. 20.
47 S.o. Rn. 1048.
48 *Schlaich*, Rn. 78, 79; *Cremer* (N 5), S. 370 f.
49 Zur Verfassungsbeschwerde näher *Ule*, in: FS Maunz (1981), S. 398 f., und *Gusy*, Die Verfassungsbeschwerde (1988), Rn. 308 ff.; *Huber* (N 2), S. 186 ff.; zum Organstreit *Schlaich*, in: FS Bachof (1984), S. 386 ff.; *Umbach*, Parlamentsauflösung in Deuschland (1989), S. 642 ff. – Auch im konkreten Normenkontrollverfahren kann es zu einer e.A. kommen, so jetzt auch *Lechner/Zuck*, § 32 Rn. 11. Freilich kann ein Antrag nur nach Beitritt eines Verfassungsorgans (§ 82 Abs. 2 BVerfGG) gestellt werden, BVerfGE 41, 243 (245). Im übrigen bleibt der Erlaß einer e.A. von Amts wegen möglich. Soweit ersichtlich, ist bisher eine e.A. in diesen Verfahren nicht ergangen. Zum Verfahren der abstrakten Normenkontrolle vgl. etwa BVerfGE 35, 193/36, 1; 99, 57 (65 ff.).
50 BVerfGE 11, 339 (342). Anderes gilt bezüglich sog. Vertragsgesetze, vgl. BVerfGE 33, 195.
51 S.o. in N 29.

1204 Um die Zulässigkeit des e.A.-Verfahrens zu bejahen, muß die Zulässigkeit des Hauptverfahrens nicht umfassend geklärt sein[52]. Dies folgt schon daraus, daß der Antrag gem. § 32 BVerfGG gestellt werden kann, bevor die Hauptsache anhängig gemacht ist. Für unzulässig wird man den Antrag auf vorläufigen Rechtsschutz jedoch halten müssen, wenn sich die Unzulässigkeit des Hauptantrags ohne weiteres („offensichtlich")[53] ergibt, vor allem wegen Ablaufs der Antragsfrist, Mißachtung der notwendigen Formvorschriften oder Unstatthaftigkeit[54]. Es gibt entgegen früherer Rechtsprechung des BVerfG keinen Grund, den Organ- oder Bund-Länder-Streit dadurch zu privilegieren, daß hier prinzipiell nicht von offensichtlicher Unzulässigkeit ausgegangen werden könne[55]. Das BVerfG selbst ist von dieser Rechtsprechung neuerdings stillschweigend abgerückt[56]. Auf die Unzulässigkeit des Antrags nach § 32 BVerfGG wegen fehlender Zuständigkeit des BVerfG hinsichtlich des Hauptsacheverfahrens wurde bereits hingewiesen[57]. Sind hingegen eingehendere Überlegungen zur Zulässigkeit des Hauptsacheverfahrens notwendig, wird davon die Zulässigkeit des e.A.-Verfahrens nicht berührt[58].

1205 Meint das BVerfG, daß der (bereits gestellte oder zu erwartende) Hauptantrag offensichtlich unbegründet ist (oder wäre)[59], so erkennt es häufig auf Unzulässigkeit des e.A.-Antrags[60], ohne aber eine ganz klare Linie zu haben[61]. Richtigerweise sollte diese Frage keinen Einfluß auf die Zulässigkeit des e.A.-Verfahrens haben, da es in der Sache um die Verneinung eines „schweren Nachteils" für den Antragsteller geht oder die e.A. nicht dringend geboten und daher unbegründet ist[62].

b) Keine Vorwegnahme der Entscheidung in der Hauptsache

1206 Unzulässig ist der Antrag auf vorläufigen Rechtsschutz nach ständiger Rechtsprechung auch, wenn der Erlaß einer e.A. die Entscheidung in der Hauptsache vorwegnehmen würde[63]. Ausnahmen von diesem allgemeinen prozessualen Grundsatz dürfen nur gemacht werden, wenn die Entscheidung in der Hauptsache zu spät käme und der Antragsteller in anderer Weise keinen ausreichenden Rechtsschutz mehr erlangen könnte[64]. In

---

52 BVerfGE 12, 36 (39); 16, 220 (226).

53 BVerfGE 46, 337 (339).

54 BVerfGE 16, 236 (238); 24, 252 (257 f.): Frist; BVerfGE 24, 252 (258 f.): Form; 79, 379 (383): unstatthaft. Zur Nichtausschöpfung des Rechtswegs bei Verfassungsbeschwerden vgl. BVerfGE 28, 97 (103), aber auch BVerfGE 67, 149 (151); 83, 162 (171); Beschl. v. 12.05.1989 – 2 BvQ 3/89 –, EuGRZ 1989, S. 339: mangelnde Beschwer.

55 BVerfGE 7, 367 (371 f.); zutreffend kritisch dazu *Berkemann*, in: Umbach/Clemens, § 32 Rn. 153.

56 BVerfGE 92, 130 (133) – Landesorganstreit.

57 S. oben Rn. 1200.

58 So dürfte BVerfGE 66, 39 zu verstehen sein.

59 Dazu noch unten Rn. 1210.

60 BVerfGE 34, 160 (162); vgl. auch 71, 350 (352), wo die Frage im Abschnitt der Zulässigkeitsprüfung behandelt wird; zustimmend *Pestalozza*, S. 246: Fehlen der Antragsbefugnis oder des Rechtsschutzbedürfnisses.

61 Vgl. etwa BVerfGE 7, 367 (371); 80, 360 (363 f.); 81, 53 (54 f.); vor allem: 89, 344 (345 f.): Erörterung im Rahmen der Begründetheitsprüfung.

62 So auch *Berkemann*, in: Umbach/Clemens, § 32 Rn. 61 und 159; *Cremer* (N 5), S. 380 f.

63 St. Rspr: BVerfGE 3, 41 (43); 16, 220 (226); 46, 160 (163 f.); 67, 149 (151); vgl. auch abw. Meinung des Richters *Winter*, BVerfGE 82, 353 (371 ff.). Dazu *Erichsen* (N 15), S. 181; *Pestalozza*, S. 247 f.

64 BVerfGE 34, 160 (162 f.); 46, 160 (164); 67, 149 (151); vgl. dazu *Berkemann*, in: Umbach/Clemens, § 32 Rn. 167 ff.

diesen Fällen werden aber – im Rahmen der Begründetheitsprüfung – die Erfolgsaussichten des Hauptsacheantrags stärker berücksichtigt[65].

Gegen das Verbot der Vorwegnahme der Hauptsache werden zunehmend Bedenken geltend gemacht. Zunächst wird darauf hingewiesen, daß dieses Verbot für einen Rechtsgrundsatz viel zu konturenarm sei, es allenfalls als Leitlinie für die Gerichte bei der Ausübung ihres Gestaltungsspielraums im vorläufigen Verfahren tauge[66]; eindeutige Folgerungen sind daher aus diesem „Verbot" nicht abzuleiten, und auch das BVerfG selbst hält sich hieran, wie die von ihm bejahten Ausnahmefälle belegen[67], nur bedingt. Eine Analyse der Rechtsprechung ergibt überdies, daß das BVerfG viel stärker das Ergebnis (der Hauptsache) im Auge hat, als es seiner Argumentation zu entnehmen ist[68]. Vor allem ist es auch rechtlich zweifelhaft, ob das BVerfG eine zumindest summarische Prüfung des für die Entscheidung der Hauptsache relevanten materiellen Rechts unterlassen darf[69].   **1207**

Es ist auch nicht richtig, daß der Antrag im e.A.-Verfahren nicht über den Hauptsacheantrag hinausgehen dürfe oder gar denselben Inhalt haben müsse. Das BVerfG hat freilich derlei mißverständliche Äußerungen getan[70]. An anderer Stelle hat es aber durchaus zutreffend erkannt, daß der vorläufige Rechtsschutz etwas anderes verlangen kann, als die Entscheidung in der Hauptsache[71]. So kann etwa nur im e.A.-Verfahren ein Gesetz außer Vollzug gesetzt werden, nicht im Normenkontroll- oder Verfassungsbeschwerdeverfahren als dem dazugehörigen Hauptsacheverfahren. Durch e.A. kann die Maßnahme eines Verfassungsorgans suspendiert werden, während in dem dazugehörigen Organstreitverfahren die Verfassungswidrigkeit der Maßnahme festzustellen wäre[72]. Wichtig ist jedoch, daß mit dem vorläufigen Rechtsschutz kein Zustand herbeigeführt werden darf, der die im Hauptverfahren mögliche Entscheidung gar nicht zu sichern vermöchte. Wo deshalb ein Organstreitverfahren über die Erstattung von Wahlkampfkosten geführt wird, kann nicht im e.A.-Verfahren beantragt werden, der politischen Partei zu verbieten, über die bereits empfangenen Gelder zu verfügen[73].   **1208**

5. Subsidiarität

Der Grundsatz der Subsidiarität der Verfassungsgerichtsbarkeit[74] gilt auch für das e.A.-Verfahren. So hat das BVerfG erwogen, ob der Antragsteller bei einer Verfassungsbeschwerde gegen fachgerichtliche Entscheidungen des vorläufigen Rechtsschutzes trotz Ausschöpfung aller Rechtsmittel gegen diese vorläufigen Entscheidungen nicht auf die Durchführung des (fachgerichtlichen) Hauptsacheverfahrens zu verweisen sei, auch wenn   **1209**

---

65 Dazu unten Rn. 1218.
66 *Leipold*, JZ 1991, S. 462 (Anmerkung zu BVerfGE 82, 353); kritisch auch *Schlaich*, Rn. 429.
67 S.o. Rn. 1206.
68 *Berkemann*, JZ 1993, S. 167 ff.
69 S.u. Rn. 1222.
70 BVerfGE 7, 99 (105); 14, 192 (193); 16, 220 (226); klarer aber BVerfGE 86, 46 (48). Die Literatur hat die Rechtsprechung z.T. kritiklos übernommen; vgl. *Karpen* (N 5), S. 461; *Gusy* (N 49), Rn. 311.
71 BVerfGE 31, 381 (385 f.).
72 Ebenso *Schlaich*, Rn. 427.
73 BVerfGE 23, 42 (49 f.).
74 Dazu *E. Klein*, in: FS Zeidler II (1987), S. 1305 ff.

es dies im konkreten Fall verneint hat[75]. Die Beachtung des Subsidiaritätsprinzips deckt sich nicht notwendig mit den Anforderungen an die Zulässigkeit der im Hauptverfahren erhobenen Verfassungsbeschwerde[76].

6. Rechtsschutzbedürfnis

1210 Der Antragsteller bedarf ferner eines auf die Notwendigkeit gerade des vorläufigen Rechtsschutzes bezogenen Rechtsschutzbedürfnisses[77]. In der Rechtsprechung wird das Rechtsschutzbedürfnis bei Vorliegen der übrigen Zulässigkeitsvoraussetzungen als indiziert angesehen, wenn nicht besondere Überlegungen dagegen sprechen. So hat das BVerfG etwa das Rechtsschutzbedürfnis verneint, wenn eine Beschwer (vor Erlaß des abschließenden fachgerichtlichen Urteils) noch nicht eingetreten ist[78], hat allerdings in einem anderen Fall schon vor Ergehen der fachgerichtlichen Entscheidung vorbeugenden Rechtsschutz gewährt[79]. Ist der Antrag nach § 32 BVerfGG bereits einmal abgelehnt worden, wird es einem Zweitantrag regelmäßig am Rechtsschutzbedürfnis fehlen, es sei denn, es hätten sich neue Gründe ergeben[80]. Hingegen ist das Rechtsschutzbedürfnis des Bundes zutreffend auch für den Fall bejaht worden, daß statt der beantragten Außervollzugsetzung eines Landesgesetzes der Erlaß eines die Landeskompetenz verdrängenden Bundesgesetzes in Betracht gekommen wäre[81].

Das Rechtsschutzbedürfnis fehlt schließlich auch da, wo die Entscheidung in der Hauptsache selbst rechtzeitig ergehen kann[82]. Damit wird der Notwendigkeit zur vorläufigen Regelung der Boden entzogen. Im Tenor der Hauptsacheentscheidung wird daher vermerkt, daß sich der Antrag auf Erlaß einer e.A. erledigt hat[83]. Merkwürdig ist BVerfGE 89, 344 (345 f.): Hier wurde die e.A. als unbegründet zurückgewiesen, weil die Verfassungsbeschwerde für „offensichtlich unbegründet" erachtet wurde. Der Grund, warum das BVerfG dann nicht gleich in der Hauptsache „durchentschieden" hat, liegt wohl darin, daß es gleichzeitig mit einer (teil-) identischen Rechtsfrage im Wege konkreter Normenkontrollverfahren befaßt war, die es durch die Entscheidung über die Verfassungsbeschwerde nicht präjudizieren wollte; alle Anträge wurden dann im Hauptsacheverfahren gemeinsam behandelt, die Verfassungsbeschwerde wurde zurückgewiesen[84].

---

75 BVerfGE 86, 46 (49); dazu *Cremer* (N 5), S. 372 f.
76 S.o. bei Rn. 1204. *Berkemann*, in: Umbach/Clemens, § 32 Rn. 107, behandelt die Frage im Zusammenhang mit dem Rechtsschutzbedürfnis.
77 Vgl. BVerfGE 23, 42 (48 f.); 94, 384 (346 f.). – S. auch *Erichsen* (N 15), S. 182 ff., wo aber z.T. anders systematisiert wird; *Cremer* (N 5), S. 373 f.; *Schlaich*, Rn. 429.
78 BVerfGE 16, 236 (238 f.).
79 Kammerbeschl. vom 11.03.1999 – 2 BvQ 4/99; s.o. Rn. 1192 (N 12).
80 BVerfGE 4, 110 (113); 35, 257 (260 f.).
81 BVerfGE 31, 381 (385). Abzulehnen hingegen BVerfGE 3, 52 (57), weil ein Vorgehen des Bundes nach Art. 37 GG (Bundeszwang) möglich gewesen wäre.
82 Vgl. BVerfGE 16, 220 (226). Dies ist naturgemäß nur da möglich, wo die Hauptsache bereits rechtshängig ist.
83 Z.B. BVerfGE 13, 127; 27, 240; 64, 46 (47); 82, 316 (317); 92, 245.
84 BVerfGE 90, 147 (148, 198 f.).

7. Form

Schriftlichkeit und Begründung des Antrags werden von § 23 Abs. 1 BVerfGG gefordert. **1211**
Spezifische Fristen sind nicht vorgeschrieben; allerdings wirkt sich die Fristversäumnis
bei der Antragstellung im Hauptsacheverfahren negativ auf die Zulässigkeit des e.a.-Ver-
fahrens aus[85].

III. Begründetheitsvoraussetzungen

Ist der Antrag auf Erlaß einer e.a. zulässig, so „kann" das BVerfG eine vorläufige Rege- **1212**
lung treffen. Ermessen wird dem Gericht dadurch nicht eingeräumt[86]; es hat vielmehr dem
Antrag zu entsprechen, wenn die sachlichen Voraussetzungen für den Erlaß einer e.a.
vorliegen. Dies ist der Fall, wenn die vorläufige Regelung „zur Abwehr schwerer Nachteile, zur Verhinderung drohender Gewalt oder aus einem anderen wichtigen Grund zum
gemeinen Wohl dringend geboten ist" (§ 32 Abs. 1 BVerfGG).

1. Gesetzliche Voraussetzungen

Die Inbezugnahme des „gemeinen Wohls" durch § 32 Abs. 1 BVerfGG erstreckt sich **1213**
nicht nur auf den „anderen wichtigen Grund", sondern auf alle Tatbestandsalternativen,
von denen in der Praxis die erste Alternative („zur Abwehr schwerer Nachteile") die aus-
schlaggebende Rolle spielt[87]. Als schwere Nachteile für das gemeine Wohl sind etwa angesehen worden „nachhaltige Schäden für die Volkswirtschaft"[88], erhebliche Behinderun-
gen für die Arbeit einer Fraktion[89], die Folgen der Rückgängigmachung eines kommunalen Zusammenschlusses (Rück-Neugliederung)[90], die Durchführung von Kommunalwahlen ohne gesicherte Rechtsgrundlage[91], der Verlust von Vertrauen anderer Staaten in die
Bündnisbereitschaft Deutschlands[92], aber auch die mögliche Verletzung „grundlegender
Verfassungsprinzipien", wie z.B. die drohende Verfehlung der demokratischen Legitimation durch falsche Bestimmung des Wahlvolks[93].

---

85 S. oben Rn. 1204. – Eine Verwirkung des Antragsrechts kommt grundsätzlich nicht in Betracht, BVerfGE
    99, 57 (66 f.). Die e.A. kann noch nach der mündlichen Verhandlung in der Hauptsache bis zum Urteilserlaß
    ergehen; BVerfGE 1, 349 (350). Mit der Entscheidung in der Hauptsache endet in jedem Fall die Möglich-
    keit zum Erlaß einer e.A.
86 Näher *Erichsen* (N 15), S. 173 f.; anders *Tüttenberg*, Die einstweilige Anordnung im verfassungsgerichtli-
    chen Verfahren (Diss. Mainz 1968), S. 100 f. – Soweit BVerfGE 94, 166 (215) vom Fehlen einer Verpflich-
    tung ausgeht, hat dies mit seinem (Neu-) Verständnis der Schutzfunktion der Verfassungsbeschwerde zu
    tun; dazu o. Rn. 1192, sowie *Rozek*, DVBl. 1997, S. 523, und *Wolff*, DÖV 1996, S. 825.
87 Vgl. Kammerbeschl. vom 27.04.2000 – 2 BvR 801/99, Umdruck S. 8; *Schlaich*, Rn. 430; *Uerpmann*, Das
    öffentliche Interesse (1999), S. 134.
88 BVerfGE 6, 1 (4).
89 BVerfGE 86, 65 (70).
90 BVerfGE 82, 310 (313 ff.).
91 BVerfGE 91, 70 (80).
92 BVerfGE 88, 173 (182) – AWACS.
93 BVerfGE 81, 53 (55) – Ausländerwahlrecht. Ein schwerwiegender Nachteil wäre auch die Herbeiführung
    eines Konflikts zwischen Gemeinschaftsrecht und deutschem Verfassungsrecht; BVerfGE 80, 74 (80), oder
    fehlender effektiver Rechtsschutz bei der Verteidigung organschaftlicher Rechte, BVerfGE 93, 208 (212 f.).

1214 Der Verweis auf das Gemeinwohl kann nicht bedeuten, daß individuelle Belange nicht berücksichtigt werden. Dies würde der Rolle des Einzelnen und der Bedeutung der individuellen Freiheit für die Gesamtordnung nicht entsprechen[94] und muß vor allem, aber nicht nur bei Entscheidungen über e.A. im Zusammenhang mit Verfassungsbeschwerden berücksichtigt werden. Die Formulierung, wonach die e.A. zur Abwehr schwerer Nachteile zum gemeinen Wohl dringend geboten sein muß, hat daher nicht die Funktion, den Erlaß einer e.A. von einem allgemeinen, über das Individualinteresse hinausgehenden Interesse abhängig zu machen. Die Gemeinwohlklausel weist vielmehr darauf hin, daß alle berührten Interessen in den Blick zu nehmen und bei der Entscheidung zu berücksichtigen sind[95]. Insoweit können sich sehr verschiedene Interessen gegenübertreten, öffentliche Interessen, öffentliche und private Interessen, z.T. auch nur Individualinteressen[96]. Soweit BVerfGE 94, 166 (215 ff.) die Verfassungsbeschwerde und die in ihrem Zusammenhang beantragte e.A. dahin einschränkt, daß selbst schwerwiegende Auswirkungen der angegriffenen, möglicherweise verfassungswidrigen Maßnahme nicht zu berücksichtigen sind oder doch nur dann, wenn zu verhindern ist, daß eine Grundrechtsverletzung nicht mehr zu beseitigende schwere Nachteile zur Folge hat[97], ist diese Interpretation problematisch, weil der Rechtsschutz prinzipiell verkürzt wird[98]. Das Bundesverfassungsgericht dringt damit gar nicht mehr zu der Frage vor zu prüfen, auf welche Weise die Berücksichtigung von Interessen vorzunehmen ist.

1215 § 32 Abs. 1 BVerfGG macht deutlich, daß allein ein schwerer Nachteil oder anderer wichtiger Grund nicht zum Erlaß einer e.A. führen kann. Er muß vielmehr zur Abwehr des Nachteils usw. zum gemeinen Wohl „dringend geboten" sein. Damit wird nach der Unaufschiebbarkeit der vorläufigen Regelung durch das BVerfG im Hinblick auf die zu berücksichtigenden Interessen vor dem Hintergrund des unvermeidlichen Zeitablaufs bis zur Hauptsachentscheidung gefragt[99]. Unterstrichen wird der Ausnahmecharakter des vorläufigen Rechtsschutzes.

Es ist offenkundig, daß sich eine klare Linie in der Rechtsprechung schwer nachzeichnen läßt; es handelt sich um Einzelfallkasuistik. Die Fälle der Annahme oder Ablehnung des Tatbestandsmerkmals der Dringlichkeit gleichen sich an Gewicht auch innerhalb der jeweiligen Kategorie schwerlich[100]. In der praktischen Handhabung des Dringlichkeitsmerkmals zeigt sich, daß die Überlegungen zum „gemeinen Wohl" durchaus eine Rolle

---

94 BVerfGE 15, 223 (226); 36, 137 (139); 71, 350 (353); *Erichsen* (N 15), S. 185; *Rozek*, DVBl. 1997, S. 524.

95 Vgl. etwa BVerfGE 12, 276 (280); 93, 181 (187 f.); *Uerpmann* (N 87), S. 137 f., der verschiedene Interessenkonstellationen aufzeigt.

96 Vgl. BVerfGE 83, 162 (172 ff.) – Enteignungen auf besatzungsrechtlicher Grundlage; BVerfGE 85, 130 (133) – Vermögensgesetz; 84, 345 ff. – Verfassungsbeschwerde gegen Räumungsurteile.

97 Zu diesem Gesichtspunkt der „Irreparabilität" vgl. etwa BVerfGE 84, 286 (289); 90, 277 (284 f.). Weitere Beispiele bei *Berkemann*, in: Umbach/Clemens, § 32 Rn. 186 f. Eine klare Linie der Rechtsprechung ist nicht erkennbar.

98 Kritik vor allem im Sondervotum der Richter *Limbach*, *Böckenförde* und *Sommer*, BVerfGE 94, 223 (227 ff.).

99 *Berkemann*, in: Umbach/Clemens, § 32 Rn. 210; *Schlaich*, Rn. 432.

100 Vgl. *Berkemann*, in: Umbach/Clemens, § 32 Rn. 211 f.; neuestens BVerfGE 99, 57 (68): Bejahung der Dringlichkeit; Kammerbeschl. vom 27.04.2000 – 2 BvR 801/99 –, Umdruck S. 8 ff.: Verneinung der Dringlichkeit.

spielen[101]. Eine gewisse Abhängigkeit auch vom Ergebnis eines summarischen Prüfblicks auf die Hauptsache dürfte – jedenfalls in der Praxis – ebenfalls bestehen.

2. Die Abwägungsformel des BVerfG

Mit der Auslegung der gesetzlichen Voraussetzungen des § 32 Abs. 1 BVerfGG ist noch **1216** nicht die praktische Handhabung des BVerfG bei der Anwendung dieser Vorschrift festgelegt. In der Tat hat das BVerfG seinen Weg zwischen den beiden denkbaren Möglichkeiten finden müssen: einmal die summarische Prüfung der (potentiellen) Hauptsache, also eine an der materiellen Rechtslage möglichst eng orientierte Entscheidung der Konfliktlage; zum anderen die isolierte, am Zeithorizont orientierte Interessenabwägung, die zur materiellen Rechtslage deutlich in Distanz tritt[102]. Das BVerfG hat sich schließlich für den zweiten Weg entschieden[103]. Der Grund dürfte darin liegen, daß es meint, damit der Vorläufigkeit der Regelung und der noch nicht überschaubaren Konfliktsituation am besten Rechnung tragen zu können. Seine Abwägungsformel lautet: „Das BVerfG muß im Verfahren nach § 32 BVerfGG die Folgen abwägen, die eintreten würden, wenn eine e.A. nicht erginge, der Hauptsacheantrag aber Erfolg hätte, gegenüber den Nachteilen, die entstünden, wenn die begehrte e.A. erlassen würde, dem Hauptsacheantrag aber der Erfolg zu versagen wäre. Bei Würdigung der Umstände, die für oder gegen den Erlaß der e.A. sprechen, muß die Erwägung, wie die Entscheidung in der Hauptsache lauten würde, grundsätzlich außer Betracht bleiben"[104]. Teilweise wird etwas breiter und vollständiger formuliert: „Nach § 32 Abs. 1 BVerfGG kann das BVerfG im Streitfall einen Zustand durch e.A. vorläufig regeln, wenn dies zur Abwehr schwerer Nachteile, zur Verhinderung drohender Gewalt oder aus einem anderen wichtigen Grund zum gemeinen Wohl dringend geboten ist. Dabei haben die Gründe, die für die Verfassungswidrigkeit des angegriffenen Hoheitsakts vorgetragen werden, grundsätzlich außer Betracht zu bleiben, es sei denn, die Verfassungsbeschwerde erwiese sich von vornherein als unzulässig oder offensichtlich unbegründet. Kann letzteres nicht festgestellt werden, muß der Ausgang des Verfassungsbeschwerdeverfahrens also als offen angesehen werden, sind die Folgen, die eintreten würden, wenn die e.A. nicht erginge, die Verfassungsbeschwerde später aber Erfolg hätte, gegenüber den Nachteilen abzuwägen, die entstünden, wenn die begehrte e.A. erlassen würde, der Verfassungsbeschwerde aber der Erfolg zu versagen wäre"[105]. Vor allem diese ausführlichere Fassung des Abwägungsmodells läßt die Argumentationsschritte des BVerfG erkennen[106].

---

101 *Cremer* (N 5), S. 382, sieht mit dem Ergebnis der Folgenabwägung (unten Rn. 1216 ff.) die Frage der Dringlichkeit „regelmäßig vorentschieden".
102 *Berkemann*, JZ 1993, S. 162 f.; *Lechner/Zuck*, § 32 Rn. 1 f.
103 Noch im Sinn summarischer Prüfung: BVerfGE 3, 267 (280 ff.); 4, 110 (113 ff.); deutlich in Richtung der Abwägungsformel aber schon BVerfGE 3, 34 (37); 3, 41 (44); vgl. ferner BVerfGE 7, 175 (179); 12, 276 (279); 29, 120 (123).
104 BVerfGE 80, 74 (79) – Bund-Länder-Streit.
105 BVerfGE 94, 334 (347); ebenso BVerfGE 77, 121 (124) – Verfassungsbeschwerde.
106 Dies gilt auch für eine im Rahmen eines Organstreits beantragte e.A., auch wenn das BVerfG zum Teil betont, daß es insoweit eine vorläufige Regelung nur darüber treffen könne, welches Organ bis zur Entscheidung in der Hauptsache befugt sein solle, über die streitige Maßnahme (z.B. Verwendung der Bundeswehr out of area) zu bestimmen; diese Regelung habe „im Zwischenbereich der einander widerstreitenden Kompetenzansprüche zu verbleiben"; BVerfGE 89, 38 (44 f.); 98, 139 (144). Weniger kompetenzbezogen argumentiert aber BVerfGE 88, 173 (180 ff.); kritisch zum Ganzen *Schoch/Wahl* (N 2), S. 267 ff.

1217 Zunächst wird geprüft, ob der gegen den für verfassungswidrig gehaltenen Hoheitsakt gerichtete Antrag offensichtlich unzulässig oder unbegründet (d.h. der Hoheitsakt offenbar verfassungsgemäß) ist[107]. Dieser Schritt bezieht die Erfolgsaussichten der Hauptsache eindeutig in die Prüfung ein[108]. Da der Ausgang des Verfahrens in diesen Fällen nicht offen ist, kann auch der Antrag auf vorläufigen Rechtsschutz keinen Erfolg haben. Eine Abwägung (zweite Prüfungsstufe) braucht dann nicht stattzufinden[109].

1218 Von diesem Fall abgesehen, werden die Erfolgsaussichten des Hauptsacheverfahrens nur ausnahmsweise ausdrücklich in die Überlegungen des BVerfG einbezogen. Die wichtigste derartige Ausnahme bilden die Fälle, in denen die vorläufige Regelung sich der Sache nach zulässigerweise als endgültige darstellt, also die Hauptsacheentscheidung vorwegnehmen würde[110]. Das BVerfG will es dann bei der bloßen Folgen-/Nachteilsabwägung nicht belassen, sondern berücksichtigt dabei zusätzlich den voraussichtlichen Erfolg oder Mißerfolg des Hauptsacheantrags. Diese Vorgehensweise wurde im Entführungsfall Schleyer besonders deutlich, als Familienangehörige beantragten, der Bundesregierung im Wege der e.A. aufzugeben, den Forderungen der Entführer nachzukommen. Unter Hinweis darauf, daß der Staat ungeachtet der ihn bindenden Schutzpflicht nicht auf bestimmte Maßnahmen zur Reaktion auf erpresserischen Terrorismus festgelegt werden könne, wurde der Antrag abgelehnt[111].

1219 Der eben erörterten Fallgruppe ist die Situation zur Seite zu stellen, in der auf der Grundlage einer e.A. eine weitreichende Entscheidung getroffen wird, die ihrerseits Bestand hat. Ein interessanter Fall ist die e.A., mit der für die kurz bevorstehende erste gesamtdeutsche Bundestagswahl bestimmt wurde, daß Bestimmungen des Bundeswahlgesetzes nur nach näher bezeichneter Maßgabe anzuwenden seien[112]. Da das Gericht zu erkennen gab, daß es die auf dieser Basis durchgeführte Wahl auch dann für rechtmäßig zustande gekommen halte, wenn die gesetzlichen Vorschriften im Hauptverfahren unbeanstandet blieben, weil sie die Chancengleichheit der Antragsteller (politische Parteien) nicht beeinträchtigten, mißt es der vorläufig getroffenen Regelung für die Dauer der Wahlperiode einen Bestand zu, an dem eine theoretisch anderslautende Hauptsacheentscheidung nichts zu ändern vermöchte. Kommt einer e.A. eine solche Legitimationswirkung zu[113], dann hätte das Gericht jedenfalls die Erfolgsaussichten des Hauptantrags (Organstreits) in seine Abwägung offen[114] einbeziehen müssen. Diese Unterlassung hat das Sondervotum zu Recht gerügt[115].

---

107   Hierzu oben Rn. 1204 und 1205.
108   *Cremer* (N 5), S. 378. – Insoweit kann durchaus von einem „summarischen Verfahren" gesprochen werden. Vgl. etwa BVerfGE 7, 175 (179 f.); weitergehend allerdings BVerfGE 25, 367 (370).
109   BVerfGE 66, 39 (56 ff.).
110   Oben Rn. 1206.
111   BVerfGE 46, 160 (164 f.); vgl. auch 63, 254 f.; 67, 149 (152 f.).
112   BVerfGE 82, 353; hierzu im Ergebnis zustimmend *Leipold*, JZ 1991, S. 461 ff.
113   Dazu unten Rn. 1229.
114   Es wäre lebensfremd zu meinen, die Gerichtsmehrheit hätte dies nicht der Sache nach getan. – Die wenig klare Scheidung der verschiedenen Gesichtspunkte macht die Rechtsprechung in diesem Bereich kaum vorhersehbar; vgl. auch *Schlaich*, Rn. 431.
115   Richter *Winter*, abw. Meinung, BVerfGE 82, 371 (373).

Von diesen Fällen abgesehen, beharrt das BVerfG auf der Nichtberücksichtigung der Er- **1220** folgsaussichten in der Hauptsache[116]. Statt dessen tritt es in eine Abwägung ein, die von der die Hauptsache bestimmenden materiellen Rechtslage abstrahiert. Ausdrücklich wird konstatiert: „Die Folgenabwägung gemäß § 32 BVerfGG löst sich von einer Prüfung des Rechts und stützt sich auf eine bloße Einschätzung der Entscheidungswirkungen"[117].

Bei der Abwägung geht das Gericht, wie es die von ihm gebrauchte Formel (Rn. 1216) zeigt, von einer Doppelhypothese aus[118]. Es vergleicht die auseinanderliegenden Pole einer denkbaren Entwicklung bis zum Ergehen der Hauptsacheentscheidung und wägt die sich hieraus bis zu diesem Zeitpunkt jeweils möglicherweise (oder sicher) eintretenden Folgen gegeneinander ab[119]. Gerade, aber nicht nur, wenn ein Gesetz oder ein Akt der auswärtigen Gewalt in Frage steht, übt das BVerfG besondere Zurückhaltung in dem Sinn, daß der *status quo* prämiert wird[120].

Gleichwohl führt die Abwägung immer wieder dazu, daß eine e.A. erlassen wird. Wich- **1221** tige (und lesenswerte) Beispiele sind: BVerfGE 34, 341 (Lebach); 37, 324 (Fristenlösung); 59, 280 (Auslieferung); 81, 53 (Ausländerwahlrecht); 82, 353 (gesamtdeutsche Wahl); 91, 70 (kommunale Neugliederung); 96, 120 (Bay. Schwangerenhilfeergänzungsgesetz).

Beispiele wichtiger Fälle, in denen der Erlaß einer e.A. abgelehnt wurde, sind neben den bereits genannten: BVerfGE 40, 7 (Sexualkunde); 65, 101 (Sitzverteilung in Landtagsausschüssen); 66, 39 (Nachrüstung); Kammerbeschl. vom 12.05.1989, EuGRZ 1989, S. 339 (Tabakrichtlinie); BVerfGE 88, 173 (AWACS); 89, 38 (UNOSOM II).

Die z.T. sehr schwierige Abwägung ist innerhalb des entscheidenden Senats naturgemäß häufig umstritten; exemplarisch hingewiesen sei insoweit nur auf BVerfGE 56, 187 (189) – Armenrecht, und 88, 173 (185) – AWACS.

3. Kritik des Abwägungsmodells

Das Vorgehen des BVerfG nach § 32 Abs. 1 BVerfGG ist zunehmend in die Kritik gera- **1222** ten. Der wichtigste Angriff hierauf geht von der These aus, daß wegen der Endgültigkeit der einen vorläufigen Zustand regelnden Maßnahme in der Zwischenzeit diese sich vom materiellen Recht nicht distanzieren dürfe, sie verfehle sonst die jedem vorläufigen Rechtsschutzverfahren, auch § 32 BVerfGG, eigene interimistische Befriedungsfunktion; es sei geradezu zu wünschen, daß die vorläufige Regelung der Hauptsacheentscheidung so stark wie möglich entspreche. Plädiert wird daher für eine enge Orientierung an dem

---

116 Ausdrückliche und begründete Ablehnung in BVerfGE 7, 175 (179); vgl. auch 7, 367 (371); 77, 130 (135); 91, 70 (75). Zur Begründung näher *Huber* (N 2), S. 34 f. m.w.N.

117 BVerfGE 94, 166 (217). Bemerkenswert ist der Nachsatz, wonach eine solche Folgenabschätzung statt einer Rechtsanwendung nicht zur Regel werden darf. Die Konsequenz, die das BVerfG daraus zieht, ist nicht etwa, die Erfolgsaussichten der Hauptsache ins Kalkül zu nehmen, sondern den Anwendungsbereich der Verfassungsbeschwerde und e.A. zu beschneiden.

118 D.h. Erfolg und Mißerfolg der Hauptsache werden in gleicher Weise für relevant und irrelevant gehalten; *Berkemann*, JZ 1993, S. 165.

119 Vgl. BVerfGE 99, 166 (217); *Berkemann*, in: Umbach/Clemens, § 32 Rn. 207; *Uerpmann* (N 87), S. 137.

120 S.o. Rn. 1193 (N 16, 17).

den Streitfall regelnden Sachrecht. Andernfalls verliere sich das BVerfG in spekulativen Erläuterungen und Gemeinplätzen, für die ein rechtlicher Maßstab gar nicht zur Verfügung stehe[121]. Ein weiteres Argument gegen das Modell des BVerfG ist die Beobachtung, daß eine „Abwägung" im eigentlichen Sinn häufig gar nicht stattfindet; vielmehr würden Argumente Pro und Contra benannt, die aber nicht wirklich bewertet und gewogen würden[122]. Schließlich kann darauf verwiesen werden, daß das BVerfG die Ausblendung des Hauptsacheergebnisses z.T. offen (erste Prüfungsstufe, Rn. 1217), z.T. stillschweigend gar nicht praktiziert[123]. Die große, freilich nicht vollständige, Übereinstimmung von Erlaß und Nichterlaß e.A. einerseits, Erfolg und Nichterfolg im Hauptsacheverfahren andererseits stützen diesen Befund[124].

1223 Der Kritik ist beizupflichten. Die Argumente des BVerfG für das Außerachtlassen des materiellen Rechts überzeugen nicht. Wenn das summarische Verfahren mit der Begründung abgelehnt wird, man dürfe den Erlaß einer e.A. nicht „von etwas Ungewissem, von einer summarischen Abschätzung der Erfolgschancen in der Hauptsache, abhängig machen", es fehle die Zeit zu einer gewissenhaften und umfassenden Prüfung der maßgeblichen Rechtsfragen[125], und auch der Aufgabe des Gerichts, verfassungsrechtliche Zweifelsfragen mit allgemeiner Bindungswirkung zu klären, entspreche eine kursorische Prüfung nicht[126], so bleibt offen, warum das Gericht – jedenfalls verbal – eher das Risiko der Rechtsverfehlung in der Zwischenzeit eingehen will als wenigstens die zu treffende Regelung so nahe wie möglich am materiellen Recht auszurichten; denn dieses allein gibt einen einschätzbaren Anhaltspunkt, während die Abwägung, sofern sie stattfindet, ohne Rechtsmaßstab und daher von der Kritik letztlich unkontrollierbar, weil auf politischen Erwägungen beruhend, durchgeführt wird. Eine Rechtfertigung bietet auch nicht der Hinweis darauf, daß die Nichtberücksichtigung des materiellen Rechts die Akzeptanz der Entscheidung über den e.A.-Antrag stärker sichere und das Gericht im Hinblick auf die Hauptsacheentscheidung unvoreingenommen erscheinen lasse[127]. Eine solche Haltung entspricht nicht dem Gerichtscharakter, der Rechtsgebundenheit bedeutet. Die Argumentation wird verstärkt, wenn man bedenkt, daß es jeder Lebenserfahrung widerspricht zu glauben, das BVerfG entscheide nach § 32 Abs. 1 BVerfGG ohne jeden Blick auf die Erfolgsaussichten in der Hauptsache, mag es verbal auch anders klingen. Das BVerfG sollte daher sein Abwägungsmodell aufgeben und eine kursorische/summarische Rechtsprüfung durchführen.

---

121 Vgl. hierzu *Schoch/Wahl* (N 2), S. 292 ff., 300 ff.; ebenso *Huber* (N 2), S. 96. Vgl. auch das Sondervotum BVerfGE 94, 166 (226); s.o. Rn. 1191.

122 *Schlaich*, Rn. 430; es gibt freilich positive Ausnahmen, vgl. Kammerbeschl. vom 11.01.1996, NJW 1996, S. 581, 583 (n-tv).

123 S.o. Rn. 1219 (N 114).

124 Dazu *Berkemann*, JZ 1993, S. 167 ff.

125 BVerfGE 7, 367 (371); vgl. auch BVerfGE 71, 350 (352); 77, 130 (135); 91, 70 (75); vgl. dazu auch *Huber* (N 2); S. 34 f.

126 BVerfGE 33, 247 (265).

127 Vgl. *Schoch/Wahl* (N 2), S. 299.

IV. Verfahren und Entscheidung

1. Verfahren

Die Gestaltung des Verfahrens trägt der Eilbedürftigkeit Rechnung. So kann die Entscheidung über den Antrag auf Erlaß einer e.A. ohne mündliche Entscheidung ergehen (§ 32 Abs. 2 Satz 1 BVerfGG); das BVerfG entscheidet hierüber grundsätzlich nach Ermessen[128]. Spruchkörper ist in der Regel der Senat. Handelt es sich um einen Individualantrag (im Rahmen einer Verfassungsbeschwerde), so kann die zuständige Kammer, solange und soweit der Senat nicht über die Annahme der Verfassungsbeschwerde entschieden hat, den Antrag auf Erlaß einer e.A. einstimmig ablehnen oder ihm stattgeben (§ 93 d Abs. 2 Satz 1 BVerfGG). Wird die Annahme der Verfassungsbeschwerde abgelehnt (§ 93 b BVerfGG), so erledigt sich damit auch der Antrag nach § 32 Abs. 1 BVerfGG[129]. Die Senatszuständigkeit bleibt unberührt, wenn die Anwendung eines Gesetzes ganz oder teilweise ausgesetzt werden soll (§ 93 d Abs. 2 Satz 2 BVerfGG)[130]. Entscheidet die Kammer, so findet eine mündliche Verhandlung ohnedies nicht statt (§ 93 d Abs. 1 Satz 2 BVerfGG). Dies gilt entsprechend, wenn der Senat den Antrag auf Erlaß der e.A. nach § 24 BVerfGG verwirft[131].

1224

In Fällen besonderer Dringlichkeit, d.h. wenn über das dringende Gebotensein (§ 32 Abs. 1 Satz 1 BVerfGG) hinaus mit dem Erlaß der e.A. nicht länger zugewartet werden kann, ohne daß der Zweck der vorläufigen Regelung vereitelt würde[132], treten zwei weitere Verfahrenserleichterungen ein. § 32 Abs. 2 Satz 2 BVerfGG erlaubt es dem Gericht, davon abzusehen, den am Hauptsacheverfahren Beteiligten, den Beitritts- und Äußerungsberechtigten Gelegenheit zur Stellungnahme zu geben[133]. Ferner wird von der üblichen Regelung der Beschlußfähigkeit (§ 15 Abs. 2 BVerfGG) dispensiert. Für den Erlaß der e.A. reichen sogar drei Richter (desselben Senats) aus, wenn sie einstimmig entscheiden können (§ 32 Abs. 7 Satz 1 BVerfGG)[134]. Nach der Rechtsprechung gilt dies auch dann, wenn der Antrag abzulehnen ist[135]. Dies ist allerdings deshalb zweifelhaft, weil dann ja die Notwendigkeit der besonders schnellen Entscheidung (Sicherungszweck!) nicht gegeben ist. Fehlt es hingegen an der Mindestzahl oder an der Einstimmigkeit, ist unbestritten, daß der Senat nur nach der allgemeinen Regel beschlußfähig ist.

1225

---

128 *Lechner/Zuck*, § 32 Rn. 24.
129 Vgl. § 40 Abs. 3 GeschO BVerfGG; Beispiel: BVerfG, EuGRZ 1989, S. 339. – Vgl. schon zur früheren Rechtslage BVerfGE 16, 236 (238); 18, 34 (36).
130 *E. Klein*, NJW 1993, S. 2075.
131 Zur Anwendbarkeit des § 24 BVerfGG im e.A.-Verfahren vgl. BVerfGE 11, 329; 46, 1; 62, 397; ferner *Geiger*, § 32 Anm. 10.
132 *F. Klein*, in: BVerfGG-Kommentar, § 32 Rn. 52.
133 Vgl. BVerfGE 76, 253 (255); 79, 379 (383); Kammerbeschl. vom 11.03.1999 – 2 BvQ 4/99, Umdruck S. 5.
134 Vgl. BVerfGE 76, 253.
135 BVerfGE 56, 244 (246); 72, 299 (300); 83, 158 (161).

2. Entscheidungsinhalt und Entscheidungswirkung

1226 Hat der Antrag auf Erlaß einer e.A. keinen Erfolg, so wird er „abgelehnt", unabhängig davon, ob er als unzulässig oder unbegründet erachtet wird[136]. Da das BVerfG zwischen diesen beiden Bereichen im vorliegenden Zusammenhang nicht scharf trennt, vermeidet es, auf Verwerfung des Antrags zu tenorieren, wie es sonst bei Unzulässigkeit üblich ist. Zu verwerfen ist der Antrag jedoch, wenn das BVerfG über den Antrag gem. § 24 BVerfGG entscheidet[137].

1227 Wird die e.A. erlassen, so kann eine Maßnahme oder ein Rechtsakt (Gesetz, Gerichtsurteil, administrative Maßnahme) vorläufig außer Vollzug gesetzt oder ein bestimmtes Handeln oder Unterlassen aufgegeben werden; z.T. ergehen sehr detaillierte Anweisungen[138]. Dabei muß jedoch neben dem Sicherungszweck und dem Dringlichkeitsgebot auch die Vorläufigkeit der Anordnung strikt beachtet werden. Daraus folgt etwa, daß im e.A.-Verfahren nicht über die Gültigkeit einer Norm entschieden werden kann[139].

1228 Die e.A. nimmt, da sie nur ein summarisches Verfahren darstellt, nur im Rahmen ihrer Vorläufigkeit an der Verbindlichkeit verfassungsgerichtlicher Entscheidungen nach § 31 Abs. 1 BVerfGG teil[140]. Auch von (formeller und materieller) Rechtskraft im Hinblick auf e.A. wird man nicht ohne weiteres sprechen können[141]. Das Gericht kann jederzeit zu einer anderen Beurteilung kommen und die e.A. auf Antrag oder von Amts wegen aufheben oder revidieren. Im übrigen kann gegen die Ablehnung oder gegen eine ohne mündliche Verhandlung erlassene e.A. Widerspruch erhoben werden (§ 32 Abs. 3 BVerfGG)[142].

1229 Sehr weitreichend ist die Ansicht des BVerfG, daß die auf der Grundlage einer e.A. durchgeführten Rechtsakte auf Dauer rechtlichen Bestand behalten (z.B. die Durchführung einer Bundestagswahl), ungeachtet des Inhalts der Hauptsacheentscheidung[143]. Dennoch wird man dieser Ansicht folgen können. Erweist sich die e.A. als notwendig (und wird deshalb erlassen), so darf den darauf gestützten Maßnahmen nicht rückwirkend die rechtliche Legitimation entzogen werden. Dieses Risiko kann, anders als im Privatrecht (vgl. § 945 ZPO), im Verfassungsprozeß nicht einseitig zugeteilt oder auf die Allgemeinheit umverteilt werden[144]. Insoweit ist die Legitimationswirkung der e.A. zwar längstens bis zum Ergehen der Hauptsacheentscheidung beschränkt, behält aber diese Wirkung für

---

136 Vgl. etwa BVerfGE 56, 244; 56, 396; 79, 379; 80, 360 (361); 96, 223 (224); 98, 139 (141). Die Tenorierung ist nicht immer einheitlich, vgl. BVerfGE 3, 267 (268); 42, 103 (104); 56, 185; 89, 344.

137 Z.B. BVerfGE 11, 329 und 339; 46, 1; aber: BVerfGE 62, 397 (398: „abgelehnt"). Vgl. auch *Berkemann*, in: Umbach/Clemens, § 32 Rn. 214.

138 Z.B. BVerfGE 37, 324 (325); 77, 130 f.; 82, 353 (354); 91, 70 (72 f.); 96, 120 f.

139 BVerfGE 3, 34 (37); 11, 306 (308); unrichtig *Karpen* (N 5), S. 461.

140 Ebenso *Berkemann*, in: Umbach/Clemens, § 32 Rn. 246; zu undifferenziert *Lechner/Zuck*, § 32 Rn. 22. Vgl. auch bezüglich der Dreier- und Kammerbeschlüsse BVerfGE 23, 191 (207); 53, 326 (348). Siehe unten Rn. 1321.

141 Anders *Merkel* (N 21), S. 87 ff.; *Grunsky* (N 5), S. 219. Das Problem der Wiederholung abgelehnter Anträge wird vom BVerfG unter Rechtsschutzgesichtspunkten behandelt, BVerfGE 35, 257 (260 f.); vgl. auch *Berkemann*, in: Umbach/Clemens, § 32 Rn. 109.

142 S. unten Rn. 1232 ff. und 1294.

143 BVerfGE 82, 353; ablehnend abw. Meinung des Richters *Winter* a.a.O., S. 371 ff. Vgl. aber auch BVerfGE 81, 53 (57).

144 Zum Problem *Grunsky* (N 5), S. 219; *Ule* (N 49), S. 410 ff.; für analoge Anwendung des § 945 ZPO *Murach*, DÖV 2000, S. 631 ff.

diese Zeit[145]. Gerade dieser Fall macht deutlich, daß e.A. nur unter – wenn auch aus Zeit-gründen bloß summarischer – Prüfung der Hauptsache erlassen werden dürfen.

Die e.A. wird sich üblicherweise im Verhältnis der Streitbeteiligten auswirken. Streitbe- **1230** teiligt sind aber nicht nur die Verfahrensbeteiligten, sondern auch diejenigen, die an dem Sachverhalt mitbeteiligt sind, bezüglich dessen eine vorläufige Zustandsregelung ergeht. Auch im Hinblick auf solche Sachverhaltsbeteiligten kann eine Regelung nach § 32 Abs. 1 BVerfGG ergehen[146]. Streitet der Bund mit einem Land über die Pflicht des Lan-des, gegen Volksbefragungen seiner Gemeinden einzuschreiten, kann daher im Wege der vorläufigen Regelung die Aussetzung dieser Befragung mit Wirkung für die Gemeinden angeordnet werden[147].

3. Begründung und Veröffentlichung

Wie alle Entscheidungen bedürfen auch die Entscheidungen im e.A.-Verfahren regelmä- **1231** ßig einer Begründung (§ 30 Abs. 1 Satz 2 BVerfGG). Allerdings kann das BVerfG die Entscheidung über die e.A. ohne Begründung bekanntgeben; es hat aber dann den Betei-ligten die Begründung gesondert zu übermitteln (§ 32 Abs. 5 BVerfGG). Darüber hinaus-gehende Erleichterungen ergeben sich dann, wenn der Senat den Antrag nach § 24 BVerfGG verwirft[148].

Einer Publikation im Bundesgesetzblatt bedarf die Entscheidungsformel einer e.A. übli-cherweise nicht. Etwas anderes muß aber gelten, wenn ein Gesetz vorläufig außer Vollzug gesetzt wird. Der Fall wird zwar nicht ausdrücklich von § 31 Abs. 2 Satz 3 und 4 BVerfGG erfaßt, doch folgt dies aus der Auswirkung einer solchen Anordnung[149]. Es ist daher konsequent, daß das BVerfG in solchen Fällen die Veröffentlichung des Tenors im Bundesgesetzblatt anordnet[150].

V. Widerspruch

Wird die e.A. durch Beschluß, d.h. ohne Durchführung einer mündlichen Verhandlung[151], **1232** erlassen oder abgelehnt, kann Widerspruch erhoben werden (§ 32 Abs. 3 Satz 1 BVerfGG)[152]. Eine Frist hierzu ist nicht bestimmt. Allerdings ist der Kreis der zum Wider-spruch Berechtigten begrenzt. In Betracht kommen nur diejenigen, die im e.A.-Verfahren antragsberechtigt sind, also die im dazugehörigen (oder dazu zu denkenden) Hauptsache-verfahren Beteiligten[153]. Eine zusätzliche Einschränkung ist aus prozeßökonomischen

---

145 Eine Alternative wäre, nach entsprechender Entscheidung in der Hauptsache, die Aufrechterhaltung der Maßnahme (Wahl) im Wege einer Vollstreckungsregelung nach § 35 BVerfGG.
146 *Cremer* (N 5), S. 384 f.
147 BVerfGE 8, 42 (46); vgl. auch 12, 36 (45); 23, 32 (41).
148 Dies bleibt unberücksichtigt bei *Ule* (N 49), S. 402 ff.; s. aber *Roellecke*, JZ 1975, S. 245.
149 Ebenso *Berkemann*, in: Umbach/Clemens, § 32 Rn. 243, 247.
150 Dabei erfolgt die Anordnung z.T. in den Gründen: BVerfGE 81, 53 (57); 82, 310 (316); 82, 353 (371); 96, 120 (132); z.T. im Tenor: BVerfGE 86, 390 (393); 88, 83 (86).
151 § 25 Abs. 2 BVerfGG.
152 Die Einräumung dieses Rechtsbehelfs ist nicht wegen Art. 19 Abs. 4 GG geboten, BVerfGE 31, 87 (93 f.).
153 S. oben Rn. 1201. – Dies führt auch zum Ausschluß der sog. „Sachverhaltsbeteiligten" (oben Rn. 1230), BVerfGE 8, 122 (130).

Gründen dadurch erfolgt, daß der Beschwerdeführer im Verfassungsbeschwerdeverfahren ausgeschlossen wird (§ 32 Abs. 3 Satz 2 BVerfGG). Hingegen sind die dem Verfassungsbeschwerdeverfahren beigetretenen Verfassungsorgane (§ 94 Abs. 5 BVerfGG) zum Widerspruch berechtigt. Der Ausschluß des Beschwerdeführers wird dadurch problematisch.

1233 Keinen Widerspruch erheben können die bloß zur Äußerung Berechtigten[154]. Dies führt dazu, daß die von einem Gerichtsurteil, das durch eine im Zusammenhang mit einer Verfassungsbeschwerde ergangene e.A. außer Vollzug gesetzt wurde, begünstigte Person keine Möglichkeit hat, den Widerspruchsweg zu beschreiten. Dieses Ergebnis ist insbesondere unter dem Gesichtspunkt der Waffengleichheit scharf gerügt worden[155]. Man wird aber doch einräumen müssen, daß der Sicherungszweck der e.A. eine Erweiterung des Kreises der Widerspruchsberechtigten nicht notwendig macht. In aller Regel wird dem betroffenen Personenkreis auch Gelegenheit zur Stellungnahme geboten sein (vgl. § 32 Abs. 2 Satz 2 BVerfGG). Auch im Hauptverfahren der Verfassungsbeschwerde hat ja der durch das angegriffene fachgerichtliche Urteil Begünstigte gerade keine über das Äußerungsrecht hinausgehende Einwirkungsbefugnis auf Verfahren und Entscheidung des BVerfG.

1234 Über den Widerspruch hat der Senat nach mündlicher Verhandlung, die binnen zwei Wochen nach Eingang der Widerspruchsbegründung stattfinden muß, durch Urteil zu entscheiden (§ 32 Abs. 3 Satz 3 und 4)[156]. Das BVerfG sieht hiervon allerdings ab, wenn der Widerspruch unzulässig ist, z.B. von Nichtberechtigten erhoben wird. In diesen Fällen verwirft es den Widerspruch durch Beschluß[157]. Analog interpretiert das BVerfG § 93 d Abs. 2 Satz 3 BVerfGG: Ergeht die e.A. in einem Verfahren der Verfassungsbeschwerde und ist der Widerspruchsführer zu diesem Rechtsbehelf nicht befugt, so soll nicht (mehr) der Senat, sondern die Kammer (§ 93 d Abs. 2 Satz 1 BVerfGG) zur Verwerfung des Widerspruchs zuständig sein[158].

Der Widerspruch hat keine aufschiebende Wirkung. Das BVerfG kann jedoch – auf Antrag oder von Amts wegen – die Vollziehung der e.A. bis zur Entscheidung über den Widerspruch aussetzen (§ 32 Abs. 4 BVerfGG).

VI. Außerkrafttreten und Wiederholung

1235 Gemäß § 32 Abs. 6 Satz 1 BVerfGG tritt die e.A. sechs Monate nach ihrem Erlaß außer Kraft, natürlich schon früher, wenn sie aufgehoben wird oder die Hauptsacheentscheidung ergeht. Umgekehrt kann die in der Praxis übliche Beschränkung der vorläufigen Regelung bis zum Zeitpunkt der Entscheidung über die Hauptsache[159] den gesetzlichen Zeit-

---

154 BVerfGE 31, 87 (90 ff.); 32, 345 f.; 35, 12 (13 f.); 89, 119 (120).

155 *Bettermann*, DVBl. 1971, S. 822 f.; *Redeker*, NJW 1971, S. 1171; *Ule* (N 49), S. 406 ff.; *Karpen* (N 5), S. 461 f. BVerfGE 99, 49 (50) hält aber ausdrücklich an der Rechtsprechung fest.

156 Der Eilbedürftigkeit dient auch § 32 Abs. 5 BVerfGG, wonach die Begründung nachgeschoben werden kann; vgl. *Lechner/Zuck*, § 32 Rn. 29.

157 BVerfGE 31, 87; 32, 345; 35, 12; 89, 119 (120).

158 BVerfGE 99, 49 (50 f.); vgl. aber noch BVerfGE 89, 119 (120).

159 Vgl. etwa BVerfGE 64, 67; 71, 350; 82, 310.

raum nicht ausdehnen. Kann die Hauptsacheentscheidung innerhalb dieser Frist nicht getroffen werden, tritt die e.A. außer Kraft, es sei denn, sie wird wiederholt (§ 32 Abs. 6 Satz 2). Dazu bedarf es aber einer qualifizierten Mehrheit[160]. Ferner müssen die Voraussetzungen des Erlasses einer e.A. nach wie vor gegeben sein[161]. Man wird davon auszugehen haben, daß grundsätzlich eine Wiederholung der e.A. nur stattfinden kann, wenn, sollte der Antrag auf Erlaß einer e.A. isoliert gestellt worden sein, der Antrag in der Hauptsache inzwischen vorliegt[162]. Nach überwiegender Ansicht und Praxis des BVerfG kann eine e.A. mehrfach wiederholt werden[163].

Da die Wiederholung einer e.A. ihrem Erlaß gleichsteht, kann nach § 32 Abs. 3 und 4 BVerfGG Widerspruch erhoben werden.

Ist die e.A. im besonderen Dringlichkeitsfall von einem an sich nicht beschlußfähigen Senat erlassen worden (§ 32 Abs. 7 Satz 1), so ist ihre Wirksamkeit auf einen Monat beschränkt (§ 32 Abs. 7 Satz 2 BVerfGG). Sie kann jedoch von dem beschlußfähigen Senat bestätigt werden und gewinnt dann die Qualität einer normalen e.A., die erst nach sechs Monaten oder bei Ergehen der Hauptsacheentscheidung außer Kraft tritt (§ 32 Abs. 6 Satz 3 BVerfGG). Die Bestätigung schließt eine Abänderung der ursprünglich ergangenen e.A. nicht aus[164]. Auch die bestätigte e.A. kann wiederholt werden. **1236**

---

160 Zweidrittelmehrheit der mitwirkenden Richter; *Geiger*, § 32 Anm. 11; *Berkemann*, in: Umbach/Clemens, § 32 Rn. 273.
161 BVerfGE 21, 50; 89, 113 (115 f.). Stillschweigend unterstellt von BVerfGE 88, 83 (86). Dies setzt nach der Rechtsprechung auch die Aufrechterhaltung der ehemaligen Folgenabwägung voraus; BVerfGE 97, 102 f.
162 Vgl. § 926 ZPO; dazu *Erichsen* (N 15), S. 179; *F. Klein*, in: BVerfGG-Kommentar, § 32 Rn. 58. – Ist die Frist zur Erhebung der Verfassungsbeschwerde inzwischen abgelaufen und kann Wiederansetzung nicht gewährt werden (§ 93 Abs. 2 BVerfGG), so muß vor Ablauf der Wirksamkeitsfrist der e.A. diese aufgehoben werden; BVerfG, Beschl. v. 29.06.2000 – 1 BvQ 8/00.
163 Ebenso *Lechner/Zuck*, § 32 Rn. 31; *Erichsen* (N 15), S. 193. Anders *Geiger*, § 32 Anm. 11; ablehnend auch *Ule* (N 49), S. 396. In der Praxis werden e.A. häufig wiederholt, z.T. werden auf diese Weise e.A. über Jahre hinaus aufrecht erhalten, vgl. BVerfGE 21, 50; Beschl. vom 10.12.1997 – 1 BvR 2226/94; Beschl. v. 10.07.2000 – 1 BvR 661/96 (4 Jahre).
164 Vgl. BVerfGE 77, 130 und 76, 253. Ob der Bestätigung eine mündliche Verhandlung vorausgeht, steht im Ermessen des Senats (§ 32 Abs. 2 BVerfGG).

Fünftes Kapitel

Entscheidungsinhalt und Entscheidungswirkungen

§ 37 Entscheidungsbefugnis

Die Entscheidungsbefugnis bezeichnet die Fähigkeit des Gerichts, bestimmte Entscheidungen zu fällen[1]. Sie ergibt sich primär unmittelbar aus dem BVerfGG selbst. Das BVerfG hat jedoch im Bereich der Normenprüfungsentscheidungen eine darüber deutlich hinausgehende Variationsbreite von Entscheidungsmöglichkeiten entwickelt. Das ist von der Literatur aus rechtlichen und sachlichen Erwägungen stark kritisiert worden. Da in der Entscheidungsbefugnis ein wichtiger kompetentieller Aspekt sichtbar wird, ist dies keineswegs verwunderlich. Hierauf ist deshalb näher einzugehen (III.). Zunächst soll aber nochmals an einige prozessuale Kategorien erinnert werden, in die die Entscheidungen des BVerfG einzuordnen sind.

1237

I. Prozeßentscheidung

Eine Prozeßentscheidung ergeht, wenn eine Sachentscheidungsvoraussetzung[2] nicht vorliegt, das Gericht also zur Sache nicht entscheiden darf. Das BVerfG entscheidet dann in der Regel auf „Verwerfung" des Antrags oder der Beschwerde; nur im Fall der einstweiligen Anordnung wird der Antrag „abgelehnt"[3]. Sind die Sachentscheidungsvoraussetzungen gegeben, kann die Sachentscheidung ergehen. In ihr werden prozessuale Probleme, die aufgetreten sind, sich im Ergebnis aber nicht hinderlich für die Sachentscheidung auswirken, zu Beginn der Entscheidungsgründe miterörtert. Offenbleiben darf die Frage, ob alle Sachentscheidungsvoraussetzungen vorliegen, nur im Fall des § 24 BVerfGG[4].

1238

Zur Sachentscheidung kommt es auch nicht, wenn das Verfahren eingestellt wird. Auch die Einstellungsentscheidung ist daher eine Prozeßentscheidung. Ob die Antragsrücknahme stets zur Einstellung des Verfahrens führt, ist von der Verfahrensart abhängig. Wenn der objektive Verfahrenszweck überwiegt, prüft das BVerfG das Vorhandensein eines öffentlichen Interesses, das der Einstellung entgegenstehen kann[5].

1239

---

1 Zum Begriff *Ress*, Die Entscheidungsbefugnis in der Verwaltungsgerichtsbarkeit (1968), S. 8 f.
2 Zum Begriff oben Rn. 227 ff.
3 S.o. Rn. 1226.
4 S.o. Rn. 319 ff.
5 S.o. Rn. 284 ff.

1240   Ob eine Prozeßentscheidung als Urteil oder als Beschluß ergeht, hängt davon ab, ob eine mündliche Verhandlung durchgeführt wurde (§ 25 Abs. 2 BVerfGG). Entsprechendes gilt für die Sachentscheidung. Auf die Ausführungen zu den Begriffen Endentscheidung (einschließlich Teil- und Schlußentscheidung) und Zwischenentscheidung muß verwiesen werden[6].

II. Sachentscheidung

1241   Mit der Sachentscheidung wird über den Antrag „in der Sache" entschieden. Die Entscheidung kann vom Antragsteller her gesehen positiv oder negativ sein. Ist sie negativ, wird der Antrag „zurückgewiesen", in Sonderfällen auch „verworfen" (§ 24 BVerfGG), „abgelehnt" (§ 32 BVerfGG) oder „nicht zur Entscheidung angenommen" (§ 93 b BVerfGG). Bei Normenkontrollentscheidungen ist eine positive Feststellung über die Vereinbarkeit der geprüften Norm mit höherrangigem Recht möglich (§ 31 Abs. 2 Satz 3 BVerfGG) und auch die Regel (der Normenkontrollantrag wird also nicht zurückgewiesen)[7]. Bei Verfassungsbeschwerden ist ein entsprechendes Vorgehen möglich (§ 31 Abs. 2 Satz 2 BVerfGG), wird aber nicht häufig praktiziert. Vielmehr wird die Verfassungsbeschwerde dann zurückgewiesen[8].

1242   Bei diesen für den Antragsteller negativen Entscheidungen handelt es sich um Feststellungsentscheidungen. Dies ist evident, wo die Vereinbarkeit einer Norm mit höherrangigem Recht festgestellt wird, gilt aber auch für die den Antrag unmittelbar zurückweisenden Entscheidungen; denn es wird darin festgestellt, daß die den Antrag materiell tragenden Voraussetzungen nicht vorliegen[9].

1243   Ergeht eine aus der Sicht des Klägers positive Entscheidung, kann es sich um eine Feststellungs-, Leistungs- oder Gestaltungsentscheidung handeln[10]. Es überwiegen die Verfahrensarten, die mit einer Feststellung abgeschlossen werden (vgl. §§ 13 Nr. 1, 39 Abs. 1; §§ 13 Nr. 2, 46 Abs. 1; §§ 13 Nr. 3, 48; §§ 13 Nr. 4, 56 Abs. 1; §§ 13 Nr. 5, 67; §§ 13 Nr. 7, 69; §§ 13 Nr. 8, 72 Abs. 1 Nr. 1, 72 Abs. 2; §§ 13 Nr. 10, 74; §§ 13 Nr. 12, 83 Abs. 1; §§ 13 Nr. 14, 89 BVerfGG)[11]. Leistungsentscheidungen sind selten, kommen aber vor (vgl. §§ 13 Nr. 8, 72 Abs. 1 Nr. 2 und 3 BVerfGG). Die Rechtslage wird unmittelbar durch die Entscheidung gestaltet, wenn das Gericht auf Verfassungsbeschwerde eine – in der Regel gerichtliche – Entscheidung aufhebt (§ 95 Abs. 1 Satz 1 BVerfGG)[12]. Auch in anderen Fällen tritt ein gestaltender Ausspruch neben die im übrigen zu treffende Feststellung, etwa dann, wenn das BVerfG im Rahmen des Anklageverfahrens den Bundespräsidenten seines Amtes für verlustig erklärt (§§ 13 Nr. 4, 56 Abs. 2 BVerfGG).

---

6 S.o. Rn. 304 f.

7 Vgl. BVerfGE 69, 1 (4); siehe auch *Geiger*, § 78 Anm. 2.

8 Vgl. BVerfGE 41, 65 (66); BVerfGE 74, 297 (299); *Schlaich*, Rn. 337.

9 *Pestalozza*, S. 273.

10 Zu den Entscheidungsarten vgl. *Thomas/Putzo*, ZPO (22. Aufl. 1999), Vorbem. II vor § 253.

11 Pestalozza, S. 272 ff.

12 Dazu *Cremer*, in: Frowein/Marauhn (Hg.), Grundfragen der Verfassungsgerichtsbarkeit in Mittel- und Osteuropa (1998), S. 246.

In anderen Fällen ist die vom Gericht zu treffende Feststellung eher formaler Natur, tatsächlich tritt das gestaltende Element deutlich hervor. Dies gilt vor allem für die Entscheidungen nach § 39 BVerfGG (Grundrechtsverwirkung) und § 46 BVerfGG (Parteiverbot)[13]. Sehr viel problematischer und praktisch wichtiger ist die Einordnung der Normenkontrollentscheidungen.

III. Die Sachentscheidung im Normenkontrollverfahren

1. Normative Ausgangslage

Normprüfungsentscheidungen ergehen in den Verfahren der abstrakten und konkreten Normenkontrolle, aber auch im Verfassungsbeschwerdeverfahren werden Normen mittelbar oder unmittelbar überprüft. **1244**

Während das Gesetz keine ausdrückliche Aussage darüber trifft, welche Entscheidung im Fall der Vereinbarkeit mit höherrangigem Recht zu treffen ist[14], ist die Nichtigerklärung der geprüften Norm die von § 78 Satz 1 (abstrakte Normenkontrolle), § 82 (konkrete Normenkontrolle) und § 95 Abs. 3 Satz 1 und 2 BVerfGG (Verfassungsbeschwerde) für den Fall der Nichtvereinbarkeit vorgesehene Rechtsfolge. Das BVerfG hat jedoch schon bald davon abgesehen, diese Rechtsfolge strikt anzuwenden. Es hat sich vielmehr unter bestimmten, allmählich ausgeweiteten Voraussetzungen damit begnügt, die Unvereinbarkeit der geprüften mit der höherrangigen Norm festzustellen[15]. Diese vom Gesetz gelöste, zunächst nur mit einer Verfahrensautonomie des Gerichts[16] begründbare Entscheidungsbefugnis ist jedoch nachträglich vom Gesetzgeber im 4. Änderungsgesetz zum BVerfGG von 1970 gebilligt worden[17]. Die vorgenommenen Änderungen (§ 31 Abs. 2 Satz 2 und 3, 79 Abs. 1 BVerfGG) benennen freilich die Konstellationen nicht, die Anlaß geben, eine die Nichtigerklärung vermeidende Feststellung zu wählen. Insoweit besteht nach wie vor erhebliche Unsicherheit, die noch durch die Auffassung gesteigert wird, daß selbst die gesetzliche Erweiterung der Entscheidungsbefugnis schon deshalb keine Lösung biete, weil das Grundgesetz selbst die Nichtigerklärung der rangniederen Norm bei Normwiderspruch erfordere.

Ein „Satz mit Verfassungsrang", nach dem verfassungswidrige Gesetze nichtig seien[18], steht allerdings nicht ausdrücklich im Grundgesetz. Nur für eine bestimmte Normenkol- **1245**

---

13 Vgl. zur konstitutiven Wirkung der Parteiverbotsentscheidungen BVerfGE 5, 85 (140); 17, 155 (166); 39, 334 (357).
14 Vgl. dazu oben II.
15 Erstmals BVerfGE 13, 248 (249); vgl. auch BVerfGE 8, 28 (36 ff.); 22, 349 (361).
16 Dazu s.o. Rn. 114, 167 ff.
17 BGBl. I S. 1765; vgl. BVerfGE 99, 280 (298). – Dieses Ergebnis wird bestritten von *Skouris*, Teilnichtigkeit von Gesetzen (1973), S. 48 ff., und *J. Ipsen*, Rechtsfolgen der Verfassungswidrigkeit von Norm und Einzelakt (1980), S. 211 f. Ähnlich wie hier *Schlaich*, Rn. 362, und *Pestalozza*, S. 276 f., 340.
18 *Schlaich*, Rn. 344; *Stern*, Art. 93 Rn. 271; *Löwer*, S. 804, spricht von einem in der Regelungshöhe der Verfassung angesiedelten Nichtigkeitsdogma. Vgl. auch *Hein*, Die Unvereinbarkeitserklärung verfassungswidriger Gesetze durch das BVerfG (1988), S. 92 ff.; *Hartmann*, DVBl. 1997, S. 1269. Zum sog. Nichtigkeitsdogma grundsätzlich und zutreffend ablehnend *Heckmann*, Geltungskraft und Geltungsverlust von Rechtsnormen (1997), S. 49 ff.; *Blüggel*, Unvereinbarerklärung statt Normkassation durch das BVerfG (1998), S. 137 ff.

lision, die von Bundes- und Landesrecht, wird diese Rechtsfolge von Verfassungs wegen angeordnet (Art. 31 GG)[19]. Es ist keineswegs zwingend geboten, diese Aussage auf das Verhältnis von (Bundes-) Gesetz zu (Bundes-) Verfassung zu übertragen.

Überwiegend werden daher andere Überlegungen angestellt[20]. Argumentiert wird etwa mit der „Unverbrüchlichkeit der Verfassung", d.h. ihrem Anspruch auf unbedingte und ausnahmslose Befolgung. Vor allem aber wird Art. 100 Abs. 1 GG herangezogen: Dieser Bestimmung liege einerseits die sich inhaltlich ergänzende und andere Möglichkeiten ausschließende Unterscheidung der Gültigkeit und Ungültigkeit einer gesetzlichen Vorschrift zugrunde, andererseits enthalte sie zudem den Schluß von der Verfassungswidrigkeit einer Norm auf deren Ungültigkeit (Nichtigkeit).

1246 Überzeugen kann diese Ansicht letzlich nicht. Der Art. 100 Abs. 1 GG untergelegte Schluß von der Verfassungswidrigkeit auf die Nichtigkeit ist positiv-rechtlich nicht zwingend. Zwar läßt sich dagegen nicht die ihrerseits unrichtige Folgerung von der Aussetzungs- und Vorlagepflicht gem. Art. 100 Abs. 1 GG auf die bloße Vernichtbarkeit der Norm ins Feld führen[21], wohl aber kann argumentiert werden, daß Art. 100 Abs. 1 GG nur von dem Regelfall der Ungültigkeit einer verfassungswidrigen Norm ausgegangen ist, ohne dem einfachen Gesetzgeber die Möglichkeit abweichender Reaktion auf die Verfassungswidrigkeit einer Norm zu nehmen[22]. Allerdings bedarf es dazu des Spruchs des Gesetzgebers, weil die Entscheidungsbefugnis wichtige kompetentielle Auswirkungen hat, die sich das BVerfG nicht selbst erschließen darf. Man kann daher – dies wäre ein Zirkelschluß – auch nicht das BVerfG selbst zum „Kronzeugen" für die Zulässigkeit seiner Rechtsprechung anrufen, die von der Feststellung der Nichtigkeit zur bloßen Erklärung der Verfassungswidrigkeit übergegangen ist[23]. Auch das sogenannte Verwerfungsmonopol des BVerfG sagt nichts Entscheidendes für die hier diskutierte Frage aus[24].

1247 Gegen die Möglichkeit einfachgesetzlicher Ausgestaltung der Rechtsfolge bei Verfassungswidrigkeit einer Norm spricht nicht der richtige Gedanke von der Unverbrüchlichkeit der Verfassung. Ihrem Anspruch auf Befolgung wird nicht nur durch *ipso-iure*-Nichtigkeit entsprochen. Verlangt wird an erster Stelle die Feststellung, die Kennzeichnung einer die Verfassung verletzenden Norm[25]. Gerade im demokratischen Rechtsstaat darf die Verfassung darauf vertrauen, daß aus einer solchen Feststellung Konsequenzen gezogen werden, die die Verfassungslage restituieren.

Schließlich wird die Nichtigkeit einer Norm als ausschließliche Folge ihrer Verfassungswidrigkeit nicht von einer zwingenden Rechtslogik gefordert, der sich das positive Recht,

---

19 Vgl. *Skouris* (N 17), S. 51. Zur Gleichsetzung des Wortes „bricht" in Art. 31 GG mit „Nichtigkeit" vgl. *Jarass/Pieroth*, GG, Art. 31 Rn. 5; zum Problem vgl. kritisch *Bernhardt/Sacksofsky*, BK, Art. 31 Rn. 54 ff. Siehe auch BVerfGE 29, 11 (17).

20 Zum folgenden insbesondere *Ipsen* (N 17), S. 159 ff., 164 ff.; *Skouris* (N 17), S. 48 ff., 57.

21 Vgl. etwa *Ch. Böckenförde*, Die sogenannte Nichtigkeit verfassungswidriger Gesetze (1966), S. 62; *Moench*, Verfassungswidriges Gesetz und Normenkontrolle (1977), S. 123; *H. Götz*, NJW 1960, S. 1178.

22 Insoweit ist auch auf Art. 94 Abs. 2 GG hinzuweisen.

23 So aber *Pestalozza*, S. 279.

24 So aber *Söhn*, Anwendungspflicht oder Aussetzungspflicht bei festgestellter Verfassungswidrigkeit von Gesetzen? (1974), S. 40.

25 Vgl. dazu den Wortlaut von Art. 93 Abs. 1 Nr. 2 GG.

ohne mit sich selbst in Widerspruch zu treten, gar nicht entziehen könnte[26]. Der „Stufen-
bau der Rechtsordnung", die Normenhierarchie, erzwingt diese Rechtsfolge nicht notwendig, auch wenn sie konsequent ist[27]. Aber aus einem Sachverhalt läßt sich nicht immer nur eine Folgerung ziehen. Wichtig ist die Durchsetzung des Vorrangs der übergeordneten Norm, hier der Verfassung gegenüber dem Gesetz. Solange die Folgen einer bloßen
Erklärung der Verfassungswidrigkeit diesem entscheidenden Anliegen gerecht werden,
besteht kein Grund, an der Nichtigkeit als einzig in Betracht kommender Form der Kolli-
sionsauflösung festzuhalten[28].

Ergebnis der angestellten Überlegungen ist daher, daß der Gesetzgeber im Rahmen der   **1248**
geforderten Respektierung der höheren Norm in der Ausgestaltung der Kollisionsfolgen
frei ist[29]. Das BVerfGG (§ 78) legt nun zwar gewiß die Nichtigkeit als Regelfolge der Verfassungswidrigkeit einer Norm fest[30], läßt aber auch die Möglichkeit der bloßen Verfassungswidrigerklärung zu (§§ 31 Abs. 2, 79 Abs. 2). Da es selbst die Fälle nicht nennt, in
denen das BVerfG entsprechend entscheiden kann, wird dem Gericht die Möglichkeit eingeräumt, diese Fallkonstellationen aufgrund einer nachvollziehbaren Konzeption zu
entwickeln[31]. Beliebigkeit ist dem BVerfG hier wie anderswo versagt.

Sowohl die Erklärung der Verfassungswidrigkeit als auch die Erklärung der Nichtigkeit   **1249**
einer Rechtsnorm hat eine Feststellung zur Grundlage: die der Unvereinbarkeit mit dem
Grundgesetz[32]. Dies ist für die Verfassungsbeschwerde ausdrücklich normiert (§ 95
Abs. 1 BVerfGG), gilt aber in gleicher Weise für die abstrakte und konkrete Normenkontrolle, wie es auch der ursprüngliche Wortlaut des § 78 BVerfGG zeigte[33]. Der erst 1970
vollzogene Übergang von der „Feststellung" zur „Erklärung" der Nichtigkeit verfolgte
zwar den Zweck, daß die Nichtigkeitserkenntnisse gerade nicht mehr als Feststellungsentscheidungen umschrieben werden sollten[34], doch bezog sich diese Veränderung auf
weitergehende Vorschläge des BVerfG zur Festlegung des Zeitpunkts des Nichtigkeits-
eintritts, die dann nicht Gesetz wurden. Der Neuformulierung kommt daher keine wesentliche Bedeutung zu[35].

Auch wenn die Feststellung der Unvereinbarkeit mit der Verfassung die Basis von Verfas-   **1250**
sungswidrig- und Nichtigerklärung ist, ergeben sich doch auch Gestaltungswirkungen einer solchen Entscheidung jedenfalls in dem Sinn, daß diese Feststellung rechtsbereini-

---

26 Vgl. *Moench* (N 21), S. 114 ff.; *Ulsamer*, in: BVerfGG-Kommentar, § 78 Rn. 14. – Dies folgt auch aus Lö-
    sungen anderer Staaten, die von der *ipso-iure*-Nichtigkeit nicht ausgehen, sondern den Zeitpunkt der „Nich-
    tigkeit" vom Zeitpunkt der Entstehung der Kollision mit der Verfassung wegverlagern, was letzlich der
    Standpunkt der Vernichtbarkeit ist; dazu *Ipsen* (N 17), S. 150 f. Vgl. Art. 140 Abs. 3 Österr. B-VG (siehe
    unten N 41).
27 Insoweit ist *Stern*, Art. 93 Rn. 270, zu folgen.
28 Vgl. dazu BVerfGE 36, 342 (365). Dazu siehe auch unten Rn. 1274.
29 Im Ergebnis wie hier vor allem *Pestalozza*, S. 279 f.; *Heußner*, NJW 1982, S. 257.
30 BVerfGE 55, 100 (113); dies ergibt sich auch aus Formulierungen des BVerfG, wonach eine Norm mit dem
    Grundgesetz unvereinbar „und daher nichtig" ist; z.B. BVerfGE 9, 305 (306); 67, 299.
31 Der Ansatzpunkt kritischer Betrachtungsweise der Rechtsprechung des BVerfG sollte hier nicht im Prinzi-
    piellen liegen.
32 *E. Klein*, S. 432; *Pestalozza*, S. 276 f.
33 In der ursprünglichen Fassung von 1951 endete § 78 Satz 1 BVerfGG: „... so stellt es in seiner Entscheidung
    die Nichtigkeit fest." – Vgl. auch BVerfGE 20, 56 (86).
34 BT-Drs. V/3816, S. 7.
35 Ebenso *Pestalozza*, S. 278.

gend wirkt und erst die Tür für die generelle Geltendmachung der Ungültigkeit oder Verfassungswidrigkeit der Norm öffnet und sich hieran spezielle gerichtliche und behördliche Verhaltensweisen und Rechtsfolgen für auf die betroffene Norm gegründete Einzelakte (vgl. § 79 BVerfGG) knüpfen[36].

2. Die Nichtigkeit als Regelfolge der Verfassungswidrigkeit

a) Ex-tunc-Wirkung

1251   Wird, wie es dem gesetzlichen Regelfall entspricht[37], eine verfassungswidrige Norm für nichtig erklärt, so steht fest, daß diese Norm seit dem Zeitpunkt der Kollisionsentstehung[38] ungültig, ohne rechtliche Wirkung ist. Tritt die Maßstabsnorm erst nach der geprüften Norm in Kraft, so ist dies der entscheidende Zeitpunkt; hieraus folgt, daß die geprüfte Norm einmal rechtliche Wirksamkeit hatte. War die Maßstabsnorm hingegen schon in Kraft, als die geprüfte Norm erlassen wurde, hat diese nie Gültigkeit erlangt[39]. Dieser Bezug der Nichtigkeit auf den Entstehungszeitpunkt der Kollision wird mit dem Begriff der *ex tunc*-Wirkung bezeichnet[40].

1252   Positivrechtlich ergibt sich dies aus § 79 BVerfGG, der ohne die Voraussetzung der *ex tunc*-Wirkung unverständlich wäre. Man kann freilich, wie die österreichische Regelung zeigt, die Wirkung der Nichtigkeit auf einen späteren Zeitpunkt festlegen[41]. Dies entspricht dann allerdings eher der Vorstellung von der Vernichtbarkeit als von der Nichtigkeit einer Norm.

Für das geprüfte Gesetz oder die geprüfte Rechtsnorm bedeutet rechtliche Unwirksamkeit fehlende Rechtsgeltung und Unanwendbarkeit. Daraus folgt, daß das durch das nichtige Gesetz „aufgehobene" Altrecht rechtlich nie beseitigt worden, also nach wie vor in Geltung und anwendbar ist[42]. Dies trifft regelmäßig jedenfalls dann zu, wenn die Nichtigerklärung das gesamte Gesetz (als Regelungseinheit) oder wenigstens die Aufhebungsvorschriften erfaßt. Wo das nicht der Fall ist, handelt es sich um eine Interpretationsfrage, ob unter diesen Umständen die von der Nichtigerklärung nicht berührten Gesetzesteile dahin

---

36 Vgl. *Brox*, in: FS Geiger (1974), S. 823; *J. Ipsen* (N 17), S. 151 f. – *Stern*, Art. 93 Rn. 273, spricht von einer „quasi-gestaltenden Feststellung". Weitergehend *Geiger*, § 78 Anm. 4.

37 Es handelt sich quantitativ kaum mehr um den Regelfall; vgl. *Ipsen* (N 17), S. 108.

38 *Pestalozza*, S. 275.

39 Zum Problem, daß sich eine Norm erst zur Verfassungswidrigkeit hin entwickelt (BVerfGE 21, 292 [305]; 39, 148 [152 ff.]), s.u. Rn. 1279 ff.

40 Vgl. BVerfGE 1, 14 (37); 7, 377 (387). Ferner *Stern*, Art. 93 Rn. 276; *Geiger*, § 78 Anm. 4; *Ulsamer*, in: BVerfGG-Kommentar, § 78 Rn. 15.

41 Art. 140 Abs. 3 B-VG (BGBl. Nr. 392/1929) lautet: „Das Erkenntnis des Verfassungsgerichtshofes, mit dem ein Gesetz oder ein bestimmter Teil eines solchen als verfassungswidrig aufgehoben wird, verpflichtet den Bundeskanzler oder den zuständigen Landeshauptmann zur unverzüglichen Kundmachung der Aufhebung; die Aufhebung tritt am Tage der Kundmachung in Kraft, wenn nicht der Verfassungsgerichtshof für das Außerkrafttreten eine Frist bestimmt. Diese Frist darf ein Jahr nicht überschreiten". – Siehe auch Art. 136 Abs. 1 italienische Verfassung, wonach die für verfassungswidrig erklärten Normen am Tag nach der Veröffentlichung der Entscheidung ihre Rechtswirksamkeit verlieren. Vgl. dazu *Stuth/Siclari*, EuGRZ 1989, S. 391.

42 Ebenso *Schlaich*, Rn. 422; *Ipsen* (N 17), S. 258; anders *Pestalozza*, in: BVerfG und GG, I (1976), S. 522; vgl. auch *Baumgarten*, Anforderungen an die Begründung von Richtervorlagen (1996), S. 63 ff.; BVerfG, Beschl. v. 19.07.2000, 1 BvR 539/96, Umdruck S. 17 f.

zu verstehen sind, daß das „Altrecht" aufgehoben werden sollte. Zweifel daran können sich etwa dann ergeben, wenn die Altnorm ihrerseits sehr umstritten, reformbedürftig oder sogar selbst verfassungsrechtlich bedenklich war. Die sich aus dieser Situation ergebende Rechtsunsicherheit kann vom BVerfG durch eine Anordnung gem. § 35 BVerfGG ausgeräumt werden[43].

b) Die Folgenbewältigung der Nichtigerklärung

Die *ex tunc*-Nichtigkeit einer Norm muß sich nicht notwendig auf alle Rechtsakte auswirken, die auf ihr beruhen. Schon §§ 79, 82 Abs. 1 und 95 Abs. 3 Satz 3 BVerfGG machen dies klar. Darüber hinaus erfordert die Rechtssicherheit in gravierenden Fällen zusätzliche Einschränkungen, vor allem dann, wenn sich andernfalls ein nicht lösbares Rechtschaos ergäbe[44].   **1253**

§ 79 BVerfGG selbst befaßt sich mit der Bewältigung von Folgen, die für auf der Grundlage der nichtigen Norm ergangene Einzelakte eintreten. Auch seine Regelungen stehen in einem Spannungsverhältnis von aus der Nichtigkeit der Norm abzuleitender Rückabwicklung und damit Gerechtigkeitsvorstellungen einerseits und der ebenfalls vom Rechtsstaatsprinzip geforderten Rechtssicherheit und Rechtsklarheit andererseits; sie suchen einen ausgleichenden, den Akzent im Ergebnis aber eher auf die Rechtssicherheit setzenden Weg[45]. Der Gesetzgeber hat bei der Austarierung dieses Spannungsverhältnisses breiten Raum[46].   **1254**

Nach § 79 Abs. 2 Satz 1 und 4 BVerfGG bleiben grundsätzlich alle nicht mehr anfechtbaren Entscheidungen unberührt. Das BVerfG hat den hier enthaltenen Rechtsgedanken dahin definiert, „daß die nachteiligen Wirkungen, die von fehlerhaften Akten der öffentlichen Gewalt in der Vergangenheit ausgegangen sind, nicht beseitigt werden, daß aber für die Zukunft die sich aus der Durchsetzung solcher Akte ergebenden Folgen abgewendet werden sollen"[47].   **1255**

Entscheidungen i.S. von § 79 Abs. 2 BVerfGG können behördlicher (Verwaltungsakte) oder gerichtlicher Natur (Urteile, Beschlüsse) sein[48]. Ob sie noch anfechtbar, d.h. mit Rechtsmitteln oder Rechtsbehelfen anzugreifen sind, richtet sich nach der jeweils einschlägigen Verfahrensordnung. Dieß nicht mehr bestehende Anfechtbarkeit entzieht die Entscheidungen zwar der unmittelbaren Nichtigkeitsfolge, heilt aber nicht ihre möglicherweise sonst bestehenden Mängel. Sie bleiben vielmehr „mit der Kraft und der Schwäche", die sie nach allgemeinen Grundsätzen haben, bestehen[49]. Daraus ergibt sich, daß die

---

43 Etwa BVerfGE 39, 1 (2 f., 68); 48, 127 (130, 184). S. unten Rn. 1357.
44 Vgl. BVerfGE 1, 1, 14 (38); zum Problem *E. Klein*, ZaöRV 31 (1971), S. 534 ff.
45 BVerfGE 32, 387 (390); vgl. auch *Geiger*, § 79 Anm. 1.
46 Vgl. BVerfGE 15, 313 (326 f.); 19, 150 (166); 53, 115 (130).
47 BVerfGE 37, 217 (263); 20, 230 (236); vgl. auch BVerfGE 101, 1 (44 f.).
48 Vgl. BVerfGE 15, 309 (312). § 79 Abs. 2 BVerfGG ist also nicht anwendbar, wo die Rechtswirkungen der nichtigen Norm ohne Zwischenschaltung einer Behörde oder eines Gerichts eingetreten sind; BVerfGE 84, 9 (21). Die Einschränkung, die *Pestalozza*, S. 315, aus kompetentiellen Gründen auf Akte der Bundesbehörden macht, ist nicht überzeugend. Zur Regelung des Verfahrens, zu der der Bundesgesetzgeber ermächtigt ist (Art. 94 Abs. 2 GG), gehört auch die Regelung der Auswirkungen von Nichtigerklärungen auf landesbehördliche Akte.
49 *Geiger*, zitiert nach Ulsamer, BVerfGG-Kommentar, § 79 Rn. 26.

Behörde nicht verpflichtet ist, gem. § 51 VwVfG ein bereits abgeschlossenes Verwaltungsverfahren wieder aufzugreifen, und daß der Betroffene auch keinen Anspruch auf Ausübung fehlerfreien Ermessens hat, nach § 48 VwVfG den schon bestandskräftigen Verwaltungsakt zurückzunehmen, sollte ein solcher Anspruch neben dem aus § 51 VwVfG überhaupt bestehen[50]. Andererseits kann es der Behörde nicht versagt sein, von sich aus den Verwaltungsakt zurückzunehmen. Noch anfechtbare Entscheidungen lassen sich hingegen mit den gewöhnlichen Rechtsmitteln oder Rechtsbehelfen korrigieren[51]; sie fallen ja nicht unter § 79 Abs. 2 BVerfGG. Es ist daher unrichtig, wenn BVerfGE 48, 127 (185) bezüglich solcher Akte (hier: Entscheidung nach dem Wehrpflichtgesetz) meint, sie gälten nach dieser Vorschrift „als nicht ergangen". Diese Fiktion ist aus § 79 Abs. 2 BVerfGG nicht abzuleiten, aber auch nicht notwendig, gerade weil ja Korrekturmöglichkeiten bestehen[52].

1256 Der geschilderte Grundsatz ist in dreierlei Hinsicht eingeschränkt. Er gilt zunächst nur vorbehaltlich des § 95 Abs. 2 BVerfGG. Diese Regelung stellt allerdings keine wirkliche Ausnahme dar; denn in diesem Fall ist die schon rechts- oder bestandskräftige Entscheidung zwar vom BVerfG aufzuheben, sie war aber der unmittelbare Gegenstand der Verfassungsbeschwerde. Zweitens gehen besondere gesetzliche Vorschriften vor, die generell eine andere Richtung als in § 79 Abs. 2 Satz 1 BVerfGG geregelt vorsehen[53] oder im Neuregelungsgesetz die Vergangenheitsbewältigung anders vornehmen als prinzipiell von der genannten Vorschrift bestimmt[54].

1257 Die dritte und wichtigste Sonderregelung gilt für rechtskräftige Strafurteile. Nach Nichtigerklärung einer Norm, auf der ein solches Strafurteil beruht[55], wird durch § 79 Abs. 1 BVerfGG ein über die Regelungen der StPO hinausgehender Sondertatbestand der Wiederaufnahme des Verfahrens geschaffen. Wegen der durch das Urteil eingetretenen „Kriminalisierung" des Täters wird hier zu Recht der Gesichtspunkt der Individualgerechtigkeit vor den der Rechtssicherheit gestellt, allerdings nicht dadurch, daß das Urteil automatisch wegfällt[56], sondern dadurch, daß dem Betroffenen die prozessuale Möglichkeit eingeräumt wird, seine Rehabilitierung zu betreiben[57].

---

50 Vgl. dazu ausführlich *Ipsen* (N 17), S. 278 ff., 282 ff., *Pestalozza*, S. 316. Zum Verhältnis der §§ 48, 49 zu § 51 VwVfG vgl. *Stelkens/Bonk/Sachs*, VwVfG, Kommentar (5. Aufl. 1998), § 51 Rn. 141 ff.

51 *Geiger*, § 79 Anm. 3.

52 Die kritisierten Ausführungen in BVerfGE 48, 127 (185) sind nicht auf § 35 BVerfGG gestützt, sondern ausdrücklich als Folgerung § 79 Abs. 2 BVerfGG entnommen.

53 Vgl. dazu *Steiner*, in: BVerfGG und GG, I (1976), S. 648 ff. – Ob § 44 SGB X eine solche sich gegenüber § 79 Abs. 2 Satz 1 BVerfGG durchsetzende Regelung ist, ist umstritten; bejahend BSGE 64, 62 (65 ff.); *Stuth*, in: Umbach/Clemens, § 79 Rn. 44; ablehnend *Steiner*, in: FS Leisner (1999), S. 579 f., da § 44 SGB X nicht erkennbar eine Verdrängung von § 79 Abs. 2 Satz 1 BVerfGG vornehme.

54 Vgl. dazu etwa BVerfGE 94, 241 (266 f.); 99, 165 (184 f.); 100, 104 (136 f.); dabei wird auch betont, daß der Gedanke des § 79 Abs. 2 BVerfGG auch zum Tragen kommt, wenn das BVerfG eine Norm nicht für nichtig, sondern (nur) für verfassungswidrig erklärt; siehe auch unten Rn. 1278.

55 In Betracht kommt hier nur eine Norm des materiellen Strafrechts; BVerfGE 12, 338 (340).

56 BVerfGE 16, 246 (250). Zur Wiederaufnahme abgeschlossener Strafverfahren vgl. *Graßhof*, NJW 1995, S. 3085 ff.; *Angerer/Stumpf*, NJW 1996, S. 2216.

57 Für den Fall, daß der EGMR eine Verletzung der EMRK festgestellt hat und das (Straf-) Urteil auf dieser Verletzung beruht, besteht nunmehr ein eigener Wiederaufnahmegrund (§ 359 Nr. 6 StPO; BGBl. 1998 I S. 1802). Vgl. auch oben Rn. 75.

§ 79 Abs. 1 BVerfGG gilt nach überwiegender Ansicht auch als Sondervorschrift im Hin- **1258** blick auf die Vollstreckung; d.h. das Vollstreckungsverbot, das generell für nicht mehr anfechtbare Entscheidungen aus § 79 Abs. 2 Satz 2 BVerfGG folgt, wird nicht auf rechtskräftige Strafurteile angewendet[58]. Den Verurteilten auch in diesen Fällen ausschließlich auf die Möglichkeit der Wiederaufnahme des Verfahrens zu verweisen, wäre kaum vertretbar. Hinzu muß die Pflicht des zuständigen Gerichts treten, die Möglichkeit des Aufschubs oder der Unterbrechung der Strafvollstreckung (§ 360 Abs. 2 StPO) genauestens zu prüfen. Wenn die für nichtig erklärte Norm die einzige Grundlage der Verurteilung war, verengt sich der Ermessensspielraum auf Null[59].

Zur Durchsetzung des Vollstreckungsverbots wird den Betroffenen in den Fällen, in de- **1259** nen nach der ZPO vollstreckt wird, der prozessuale Rechtsbehelf der Vollstreckungsgegenklage (§ 767 ZPO) eingeräumt (§ 79 Abs. 2 Satz 3 BVerfGG)[60]. Erfaßt sind damit nicht nur Vollstreckungen in zivilrechtlichen Streitigkeiten, sondern auch die Entscheidungen der Verwaltungsgerichte werden nach dem 8. Buch der ZPO vollstreckt (§ 167 VwGO)[61].

Der Ausschluß von Ansprüchen aus ungerechtfertigter Bereicherung (§ 79 Abs. 2 Satz 4 **1260** BVerfGG) unterstreicht den Rechtsgedanken, daß trotz der erfolgten Nichtigerklärung abgeschlossene Sachverhalte nicht mehr rückabgewickelt werden sollen. Der Anwendungsbereich dieser Norm beschränkt sich jedoch – wie der ganze § 79 Abs. 2 BVerfGG – auf die Fälle, in denen Leistungen aufgrund von Hoheitsakten („Entscheidungen") erbracht werden, sei es freiwillig oder erzwungen[62]. Eine analoge Übertragung dieses Rechtsgedankens auf bürgerlich-rechtliche Akte (z.B. Leistung aufgrund eines privatrechtlichen Vertrages, ohne daß zur Leistung durch rechtskräftige Gerichtsentscheidung erkannt war) ist danach unzulässig[63]. Allerdings geht das BVerfG weiter und stabilisiert mit Hilfe sinngemäßer Anwendung des § 79 Abs. 2 Satz 1 BVerfGG auch privatrechtliche Beziehungen gegenüber den Folgen einer für verfassungswidrig erklärten Vorschrift[64].

Insgesamt wird man in § 79 BVerfGG eine akzeptable Folgenbewältigung der Nichtiger- **1261** klärung erkennen können. Es bleibt allerdings etwas unbefriedigend, daß derjenige, der auf die Verfassungsmäßigkeit der Gesetze vertraut hat, schlechter dasteht als derjenige, der sich gewehrt und schließlich die Aufhebung der seiner Belastung zugrunde liegenden Rechtsnorm erreicht hat oder durch die Verzögerung seines Verfahrens von der Nichtigerklärung in einem anderen Verfahren profitiert[65]. Befürwortend kann man indessen sagen, daß er ja auch das sachliche und finanzielle Risiko des Scheiterns auf sich genommen hat.

---

58 BVerfGE 15, 309 (312); ablehnend *D. Majer*, Die Folgen verfassungswidriger Gesetze im öffentlichen Recht (Diss. Freiburg 1966), S. 173 ff.

59 Ebenso *Ipsen* (N 17), S. 304 ff.

60 Dazu näher *Raab*, Zur analogen Anwendung der §§ 79 Abs. 2 S. 3 BVerfGG, 767 ZPO bei verfassungswidrig ausgelegten Normen (1999), S. 59 ff.

61 Näher *Kneser*, AöR 89 (1964), S. 185 ff.; *Schenke*, Verwaltungsprozeßrecht (7. Aufl. 2000), Rn. 366 ff.

62 Allgemeine Ansicht; BVerfGE 37, 217 (263); 53, 115 (131 f.); *Pestalozza*, S. 318; *Ulsamer*, in: BVerfGG-Kommentar, § 70 Rn. 31.

63 Dazu *Steiner*, in: BVerfG und GG (N 53), S. 657; wie hier auch *Stuth*, in: Umbach/Clemens, § 79 Rn. 41.

64 BVerfGE 97, 35 (48); 98, 365 (402); 99, 341 (359). So auch bereits BVerfGE 32, 387 (390) und im Anschluß hieran für öffentlich-rechtliche Verträge BVerwG, NJW 1974, S. 2247. Zum Ganzen *Steiner*, in: FS Leisner (1999), S. 578.

65 Sehr kritisch deshalb *Trzaskalik*, DB 1991, S. 2255 ff.

c) Teilnichtigkeit

1262 Nicht immer muß ein Gesetz insgesamt für nichtig erklärt werden. Dies ist aber dann unvermeidlich, wenn sich die Verfassungswidrigkeit aus der fehlenden Kompetenz des Gesetzgebers ergibt[66] oder wenn der verfassungswidrige Teil des Gesetzes den verfassungsmäßigen so dominiert, daß dieser für sich allein genommen keinen Sinn ergibt[67]. Die gerichtliche Entscheidung, die einen inoperablen Gesetzestorso zurückläßt, ist nicht deshalb gefordert, weil das Gericht nur verfassungswidrige Vorschriften für nichtig erklären darf. Dieser dogmatische Purismus hält angesichts des verallgemeinerungsfähigen Rechtsgedankens in § 139 BGB nicht Stand[68].

1263 Auf der anderen Seite ist der gesetzgeberische Wille soweit aufrecht zu erhalten, wie es sinnvoll ist[69]. Eine Gesamtnichtigerklärung kommt daher nur da in Betracht, wo eine Teilnichtigerklärung nicht ausreicht. Teilnichtigkeit kann vorliegen, wenn nur eine oder einzelne Normen eines ganzen Gesetzes nichtig sind oder – noch enger – wenn innerhalb einer Vorschrift nur einzelne Satzteile, Regelungsalternativen von der Nichtigkeit betroffen sind. Dabei kann sich die Nichtigkeit sowohl auf die Tatbestands- wie die Rechtsfolgenseite einer Norm beziehen[70]. Das BVerfG drückt die Teilnichtigkeit in der Regel dadurch aus, daß eine Vorschrift nichtig ist, „soweit" sie einen bestimmten Inhalt hat[71].

1264 Bei der Teilnichtigerklärung können schwierige Probleme auftreten[72]. Das BVerfG hat zunächst die Teilnichtigkeit von einer textlichen Differenzierungsmöglichkeit abhängig gemacht; der für nichtig erklärte Teil müsse tatsächlich klar ausscheidbar sein[73]. Von dieser eindeutigen Voraussetzung ist das Gericht aber später abgerückt. Es hat zunächst, was an sich nicht dramatisch ist, die vorausgesetzte Differenzierungsmöglichkeit nicht nur vom Text, sondern auch vom Sinngehalt der Norm abhängig gemacht[74]. Wichtiger wurde, daß das BVerfG auch für die Konstellation, daß derselbe Text im Wege der Auslegung sowohl verfassungsmäßige als auch verfassungswidrige Anwendungsfälle ermöglicht, die Teilnichtigkeit im Hinblick auf diese von der Verfassung nicht gedeckten Fälle erklärt[75]. Hier aber ist es mit einer am Gesetzestext selbst festzumachenden Teilnichtigerklärung nicht getan. Der Text kann hier nicht um den verfassungswidrigen Teil reduziert oder kupiert werden (quantitative Teilnichtigkeit), sondern die nichtigen Anwendungsalternativen müssen als solche umschrieben werden, ohne daß der Normtext berührt wird (qualitative Teilnichtigkeit)[76]. Dies wieder führt entweder zu komplizierten Tenorierungen[77] oder – wenn es nicht möglich erscheint, diese Umschreibung im Tenor selbst vorzunehmen – zu einem in den Tenor aufgenommenen Verweis auf die Entscheidungs-

---

66 Vgl. BVerfGE 61, 149.
67 BVerfGE 8, 274 (301); 9, 305 (333); 15, 1 (24 f.); 57, 295 (334 f.); 82, 159 (189). Entsprechendes gilt für die Unvereinbarkeitserklärung: BVerfGE 70, 330 (421 f.).
68 Anders *Gusy*, Parlamentarischer Gesetzgeber und BVerfG (1985), S. 185 f.; wie hier *Skouris* (N 17), S. 35 f.
69 *Skouris* (N 17), S. 51.
70 Vgl. BVerfGE 47, 285 (286 f.).
71 Vgl. BVerfGE 60, 162; 63, 131 (132).
72 Dazu vor allem *Sachs*, DVBl. 1979, S. 389 ff.; *Schlaich*, Rn. 351 ff.; *Ipsen* (N 17), S. 99 ff.
73 BVerfGE 2, 380 (405 f.).
74 BVerfGE 17, 155 (163).
75 BVerfGE 8, 51 (52); 43, 290 (294).
76 Zu den Begriffen *Skouris* (N 17), S. 90 ff.
77 Vgl. etwa BVerfGE 62, 117 (119).

gründe[78]. Damit verliert die Entscheidung – ähnlich wie bei der verfassungskonformen Auslegung[79] – notwendig an Klarheit und Griffigkeit. Da es aber immerhin möglich bleibt, die Auffassung des Gerichts festzustellen, verstößt dies nicht gegen das auch vom BVerfG zu beachtende Bestimmtheitsgebot. Neuerdings geht das BVerfG in diesen Fällen den Weg, die Norm (nur) für verfassungswidrig zu erklären und den Gesetzgeber zur Neuregelung aufzufordern[80].

Ein anderes Problem besteht darin, daß die Teilnichtigerklärung zu einer Aussage führt, **1265** die der Gesetzgeber so gerade nicht treffen wollte. Unter Umständen kann sogar die Intention des Gesetzgebers in ihr Gegenteil verkehrt werden. So hat das BVerfG mit seiner Entscheidung aus dem Jahr 1975, in der es § 218 a StGB mit Art. 2 Abs. 2 Satz 1 i.V.m. Art. 1 Abs. 1 GG für „insoweit unvereinbar und nichtig" hielt, „als er den Schwangerschaftsabbruch auch dann von der Strafbarkeit ausnimmt, wenn keine Gründe vorliegen, die – im Sinne der Entscheidungsgründe – vor der Wertordnung des Grundgesetzes Bestand haben", die vom Gesetzgeber gewollte Fristenlösung (Freigabe des Abbruchs während der ersten drei Monate der Schwangerschaft) der Sache nach in eine Indikationslösung umgewandelt[81]. Doch so sehr dieses Ergebnis erstaunen mag, es war – hält man die materiell-rechtlichen Aussagen des Gerichts für zutreffend – unvermeidlich, da auch die bisherige Rechtslage verfassungsrechtlich bedenklich war, also ohnehin für eine Neuregelung nur eine Indikationslösung in Betracht kam[82].

d) Die Erstreckung der Nichtigkeitserklärung

Gewissermaßen im Gegensatz zum Bemühen, die Nichtigerklärung auf den von der Ver- **1266** fassungswidrigkeit betroffenen Teil der Norm einzugrenzen, steht die Möglichkeit, die Nichtigerklärung über den Verfahrensgegenstand hinaus zu erstrecken. Nach §§ 78 Satz 2, 82 Abs. 1 BVerfGG kann das Gericht nach seinem Ermessen[83] weitere Bestimmungen desselben Gesetzes ebenfalls für nichtig erklären, wenn sie aus denselben Gründen mit dem Grundgesetz unvereinbar sind wie die zur Prüfung gestellte Norm[84]. Damit wird die starre Bindung an den verfahrenseinleitenden Antrag gelockert[85]. In der Praxis spielt die Bestimmung keine wesentliche Rolle. Sie ist aber vom BVerfG über den Bereich der abstrakten und konkreten Normenkontrolle hinaus auch auf die Verfassungsbeschwerde erstreckt worden[86].

---

78 Vgl. BVerfGE 39, 1 (2); 67, 348 (349); 71, 137; dazu gleich im Text.
79 Zur Unterscheidung vgl. *Schlaich*, Rn. 352; siehe auch oben Rn. 678 und unten Rn. 1284 ff.
80 BVerfGE 100, 313 (335 ff.) zum G 10; 101, 106 (131 f.) betr. § 99 VwGO; siehe auch unten Rn. 1269.
81 BVerfGE 39, 1 (2).
82 Anders *Sachs* (N 72), S. 392 f.
83 *Ulsamer*, in: BVerfGG-Kommentar, § 78 Rn. 25. – BVerfGE 99, 165 (184) meint allerdings, daß in die Unvereinbarerklärung eine andere Bestimmung einzubeziehen „ist".
84 Ausführlich Richterin *Graßhof*, BVerfGE 91, 38 (41 f.) – abw. Meinung; *Gusy* (N 68), S. 186 ff.; *Ipsen* (N 17), S. 102 ff.; *Lechner/Zuck*, § 82 Rn. 2. – Nicht in dem geprüften Gesetz enthaltene Parallelnormen werden nicht erfaßt; vgl. *Pestalozza*, S. 322.
85 S.o. Rn. 187 und 751 f.
86 BVerfGE 18, 288 (300); 40, 296 (329); 61, 319 (356); 92, 53 (73). – Zur Erstreckung im Normenqualifizierungsverfahren s.o. Rn. 919.

3. Der Verzicht auf die Nichtigerklärung: Die (bloße) Unvereinbarerklärung

a) Fallkonstellationen

1267   In zahlreichen Fällen, in denen das BVerfG bei seiner Normprüfung zum Ergebnis der Verfassungswidrigkeit gelangt, enthält es sich der Nichtigerklärung und begnügt sich mit der Feststellung der Unvereinbarkeit der Norm mit dem Grundgesetz[87]. Die Konstellationen, in denen das Gericht von der Regelfolge der Nichtigkeit absieht, lassen sich nach fünf Gruppen systematisieren[88].

1268   (1) Die erste Gruppe ist dadurch charakterisiert, daß der Ausspruch der Nichtigkeit zu einer schwer erträglichen Rechtslage führen würde, die noch weniger mit dem Grundgesetz vereinbar wäre als die, die als verfassungswidrig beurteilt wurde. Solche Fälle rekrutierten sich zunächst aus dem Besoldungsrecht; die Nichtigerklärung der gesetzlichen Besoldungsvorschriften hätte ihrerseits Bedenken unter dem Gesichtspunkt des Art. 33 Abs. 5 GG hervorgerufen[89]. Der Gedanke wurde aber bald nicht nur auf statusrechtliche Bestimmungen (Abgeordnete, Richter, Staatsanwälte) übertragen[90], sondern insgesamt genutzt, um einen Zustand zu verhindern, „der der verfassungsmäßigen Ordnung noch ferner stünde als der jetzige"[91]. So sah das BVerfG von der Nichtigerklärung des § 9 Abs. 2 des Gesetzes über die Verbreitung jugendgefährdender Schriften i.d.F. von 1985 deshalb ab, weil sonst die Bundesprüfstelle zum Schutz von Kindern und Jugendlichen überhaupt nicht mehr tätig werden könnte. „Der grundrechtlich verankerte Schutz von Kindern und Jugendlichen vor einer Gefährdung der Persönlichkeitsentwicklung erfordert eine vorübergehende Fortgeltung des gegenwärtigen Rechtszustandes trotz seiner Mängel"[92]. Diese Fortgeltung ist allerdings keineswegs eine automatische Folge bloßer Unvereinbarerklärung[93], wird allerdings in den Fällen dieser Kategorie vom BVerfG regelmäßig angeordnet werden[94].

1269   (2) Die zweite Gruppe kann dahin bestimmt werden, daß Unvereinbar- statt Nichtigerklärung dann gewählt wird, wenn der Gesetzgeber mehrere Möglichkeiten hat, den verfassungswidrigen Zustand zu beseitigen[95]. Dies betrifft vor allem Normen die unter Verstoß gegen den Gleichheitssatz Personen von der gewährten Begünstigung ausschließen, sich also durch die „Unvollständigkeit der Regelung" auszeichnen[96]. Der Verzicht auf die

---

87 Zur rechtlichen Bewertung dieser Tenorierungspraxis s.o. Rn. 1245 ff.
88 Vgl. dazu *Pestalozza*, S. 339 ff.; *Zeidler*, EuGRZ 1988, S. 213 f.; *Sachs*, DÖV 1982, S. 23 ff.; *Ipsen* (N 17), S. 107 ff. Angesichts der Rechtsprechung ist nicht recht verständlich, daß *Schlaich*, Rn. 375, meint, die Unvereinbarerklärung beschränke sich heute im wesentlichen auf die Fälle des gleichheitswidrigen Begünstigungsausschlusses. Kritisch zur folgenden Kategorienbildung auch *Blüggel* (N 18), S. 18 ff.
89 BVerfGE 8, 1 (19 f.); 32, 199 (217 f.); 34, 9 (43 f.).
90 BVerfGE 40, 296 (329 f.); 56, 146 (169); 56, 175 (184); 64, 367 (388).
91 BVerfGE 33, 303 (347).
92 BVerfGE 83, 130 (194). Zum allgemeinen Problem vgl. *Grimm*, in: Teubner (Hg.), Entscheidungsfolgen als Rechtsgründe (1995), S. 139 ff.
93 Siehe unten Rn. 1274, 1277.
94 Vgl. BVerfGE 87, 153 (178, 181) – Existenzminimum; 91, 186 (207) – Kohlepfennig: Gebot eines „schonenden" Übergangs von der verfassungswidrigen zu einer verfassungsgemäßen Rechtslage. Vgl. auch BVerfGE 85, 386 und dazu unten Rn. 1282 (N 155).
95 Z.B. BVerfGE 28, 227 (242 f.); 78, 350 (363); 87, 153 (178); 99, 280 (298).
96 Vgl. BVerfGE 22, 349 (359); ferner z.B. BVerfGE 13, 248 (260 f.); 57, 335 (346); 62, 256 (289). Vgl. auch oben Rn. 498 ff.

Nichtigerklärung der verfassungsrechtlich unvollständigen Norm kann – entgegen der Rechtsprechung des BVerfG – allerdings nicht so sehr in der Respektierung der Gestaltungsfreiheit des Gesetzgebers gesehen werden, da er auch bei Nichtigerklärung nicht stärker beschränkt wird[97]. Eher überzeugt es, wenn darauf verwiesen wird, daß eine Gesetzeslücke nicht für nichtig erklärt werden kann[98]. Vor allem aber paßt die Nichtigkeitsfolge nicht auf eine sich erst aus einer „Normenrelation" ergebende Verfassungswidrigkeit[99]. Zur Nichtigerklärung entschließt sich das BVerfG in solchen Fällen nur, wenn die dadurch festgestellte Rechtslage die einzige ist, die dem Gesetzgeber als Regelungsalternative aus Verfassungsgründen offensteht[100].

Es sind aber keineswegs nur die Gleichheitsfälle, bei denen es zur Unvereinbarerklärung kommt[101]. Zunehmend erkennt das BVerfG hierauf auch bei Verstößen gegen Freiheitsrechte, soweit eben der Gesetzgeber die Verfassungswidrigkeit auf verschiedene Weise beseitigen kann. Dies ist vor allem bei Verletzungen von Art. 12 und 14 GG bedeutsam geworden[102], gilt aber unter Umständen auch bei einem Verstoß gegen Art. 19 Abs. 4 GG[103]. BVerfGE 100, 313 (385 ff.) erklärt zahlreiche Vorschriften des Gesetzes zu Art. 10 GG wegen Verstoßes gegen diese Verfassungsbestimmungen für verfassungwidrig, nicht aber für nichtig, mit der Begründung, daß diese Vorschriften lediglich „eingegrenzt" oder „ergänzungsbedürftig" seien, um ihre Verfassungsmäßigkeit herzustellen. Fährt das BVerfG auf dieser Linie fort, wird bald die Unvereinbarerklärung die Regel sein.

(3) Wieder andere Gründe sind für den Verzicht auf die Nichtigerklärung in einer dritten Gruppe maßgebend. So sah sich das BVerfG in einem Fall, in dem es die Kündigung einer Schwangeren nach dem Mutterschutzgesetz für verfassungswidrig hielt, nicht in der Lage, den Verfassungsverstoß durch Nichtigerklärung der ganzen, die Kündigung nur für bestimmte Fälle ausschließenden Norm oder genau zu bezeichnender Normteile zu beseitigen[104]. Entsprechend argumentiert das Gericht im Hinblick auf den Ausschluß schreibunfähiger stummer Personen aufgrund gesetzlicher Vorschriften von der Testierfreiheit (Art. 14 Abs. 1 GG); eine Nichtigerklärung würde diesen Personen die Testiermöglichkeit nicht eröffnen[105]. **1270**

(4) Abgesehen hat das BVerfG von der Nichtigerklärung auch, wo die fragliche Rechtsnorm erst durch die Veränderung tatsächlicher Umstände (wirtschaftliche Verhältnisse) in die Verfassungswidrigkeit „hineingewachsen" ist. Ein Beispiel bietet die Besteuerung Alleinstehender mit Kindern (Halbfamilie); die einschlägige einkommensteuerrechtliche **1271**

---

97 Vgl. etwa BVerfGE 37, 217 (260 f.); kritisch *J. Ipsen*, JZ 1983, S. 45.

98 BVerfGE 18, 288 (301); 22, 349 (359). Entsprechendes ist bei defizitärer gesetzlicher Ausgestaltung grundrechtlicher Schutzpflichten anzunehmen; vgl. *Möstl*, DÖV 1998, S. 1039. In gleicher Weise kommt, wenn ein Fachgericht es verfassungswidrig versäumt, eine Entscheidung zu treffen, nicht die Aufhebung der (nichtexistenten) Entscheidung, sondern nur die Feststellung der Verfassungswidrigkeit der Unterlassung in Betracht; BVerfG, Kammerbeschl. v. 23.07.2000 – 1 BvR 352/2000.

99 Zutreffend *J. Ipsen* (N 17), S. 213 f.; *Gusy* (N 68), S. 195 f.

100 Vgl. BVerfGE 55, 100 (113); kritisch hierzu *J. Ipsen* (N 97), S. 42 f. Siehe auch BVerfGE 92, 91 (121 f.); 98, 69 (83); 99, 88 (99).

101 Dazu *Steiner*, in: FS Leisner (1999), S. 570; *Blüggel* (N 18), S. 50 ff.

102 Art. 12 GG: BVerfGE 85, 226 (237 f.); 96, 260 (264); 99, 202 (215 f.). Art. 14 GG: BVerfGE 98, 17 (46); 100, 226 (247).

103 BVerfGE 101, 106 (131) – zu § 99 VwGO.

104 BVerfGE 52, 357; 55, 154; dazu erklärend *Heußner* (N 29), S. 261 f.; kritisch *Sachs* (N 88), S. 27 f.

105 BVerfGE 99, 341 (358).

Norm war erst dadurch verfassungswidrig geworden, daß Einkommenszuwächse den Beschwerdeführer in den Bereich der Steuerprogression geführt hatten[106]. Im Bereich der Rentenüberleitung (DDR) gestand das BVerfG dem Bundesgesetzgeber zu, daß er bei einem so komplexen Sachverhalt Zeit zum Sammeln von Erfahrungen und Erkenntnissen haben müsse; die Verfassungswidrigkeit (Verstoß gegen Art. 3 und 14 GG) könne daher nicht von Anfang an, sondern erst ab einem bestimmten Zeitpunkt (01.07.1993) festgestellt werden[107]. Prozessual eigenartig ist die Entscheidung zum Finanzausgleichsgesetz (FAG); die verfassungsrechtlichen Mängel des Gesetzes werden zwar konstatiert, zugleich aber betont, daß eine „abschließende Würdigung einzelner Regelungen oder des Gesamtsystems" des FAG noch nicht vorgenommen werden könne. Entsprechend wird das FAG nicht für nichtig erklärt, auch nicht für verfassungswidrig; allerdings wird es im Tenor als „Übergangsrecht" von nur noch beschränkter Geltungsdauer apostrophiert[108].

Zu dieser Gruppe gehört auch der Fall, daß eine verfassungswidrige Rechtslage sich erst aus dem Zusammenwirken mehrerer Einzelregelungen (Normgeflecht) ergibt und die Beseitigung des Verfassungsverstoßes durch Änderung der einen oder anderen Regelung möglich ist. Da die Reparatur sich also nicht notwendig auf die den Gegenstand des Verfahrens bildende Norm bezieht, beschränkt sich das BVerfG auch hier auf die Feststellung der Verfassungswidrigkeit[109].

1272 (5) Das BVerfG vermeidet schließlich die Nichtigerklärung da, wo es selbst eine überraschende Neuorientierung in der verfassungsrechtlichen Beurteilung vornimmt. Die Fälle, in denen es die bloße Unvereinbarkeit der Norm mit der Verfassung feststellt, sind allerdings selten[110]. Sehr viel häufiger weicht das Gericht dem Problem dadurch aus, daß es für den Zeitpunkt der Entscheidung die Verfassungsmäßigkeit noch bejaht und den Gesetzgeber nur auf die Notwendigkeit baldigen Handelns aufmerksam macht[111].

1273 Für die Erstreckung der Unvereinbarkeitserklärung auf weitere Bestimmungen des geprüften Gesetzes gilt § 78 Satz 2 BVerfGG analog[112].

b) Rechtsfolgen

1274 Da die (bloß) für unvereinbar mit dem Grundgesetz erklärte Vorschrift nicht aus dem Normenbestand ausgeschieden wird, lebt der vor Inkrafttreten dieser Vorschrift bestehende Rechtszustand nicht wieder auf[113]. Die für verfassungswidrig erklärte Norm unterliegt aber grundsätzlich einer auf den Zeitpunkt der Entstehung der Normkollision zurückwirkenden Anwendungssperre, deren genauer Umfang sich aus dem Tenor der bundesverfas-

---

106 BVerfGE 61, 319 (352 f.); vgl. auch BVerfGE 53, 257 (300, 304): notwendige Ergänzungsmaßnahme zur Abwehr späterer Verfassungswidrigkeit.
107 BVerfGE 100, 59 (101 f.); eine Nichtigerklärung hätte sich *ex-tunc* ausgewirkt; s.o. Rn. 1252.
108 BVerfGE 101, 158 (160, 238). Die Zuordnung des Falles zu der diskutierten Fallgruppe ist unklar, da eben noch keine Verfassungswidrigkeit erfolgte; andererseits wirft die demnächst eintretende Verfassungswidrigkeit ihre Schatten schon sehr präzise voraus; s. auch Rn. 1272, 1277, 1281.
109 BVerfGE 82, 60 (84 f., 97); Beschl. vom 24.05.2000 – 1 BvL 1/98 u.a. –, Umdruck, S. 20.
110 BVerfGE 34, 9 (25 f.).
111 Vgl. etwa BVerfGE 33, 1 (12); 39, 169 (194); 78, 249 (286 f.); 101, 158 (238); siehe dazu unten Rn. 1279 ff. Ein Rekurs auf § 32 BVerfGG kommt nicht in Betracht; ebenso J. *Ipsen* (N 17), S. 225 ff.
112 BVerfGE 40, 296 (329); 61, 319 (356); 99, 165 (184).
113 Dazu *Schlaich*, Rn. 496; *Heußner* (N 29), S. 257 f.

sungsgerichtlichen Entscheidung ergibt[114]. Sie ergibt sich sachlich aus dem Vorrang, den die höhere Norm, hier die Verfassung, gegenüber der niederen Norm, hier dem Gesetz, genießt[115].

Erfolgt die Erklärung der Verfassungswidrigkeit im (Urteils-) Verfassungsbeschwerdeverfahren, so ist die Entscheidung, die unmittelbar Beschwerdegegenstand war, aufzuheben und an das Instanzgericht zurückzuverweisen (§ 95 Abs. 2, Abs. 3 Satz 2 BVerfGG). Dieses hat das Verfahren auszusetzen[116]. Entsprechendes gilt für das Vorlagegericht, wenn das BVerfG im konkreten Normenkontrollverfahren die Verfassungswidrigkeit der geprüften Norm festgestellt hat[117]. Damit bleibt den Prozeßbeteiligten die Chance, von der notwendig gewordenen Rechtsänderung zu profitieren. Die Aussetzungspflicht bezieht sich auch auf Parallelverfahren und neue Verfahren[118]; sie ist eine Folge des § 31 Abs. 1 und 2 BVerfGG. **1275**

Neben das die Behörden und Gerichte betreffende Anwendungsverbot tritt die den Gesetzgeber betreffende „Pflicht zur Herstellung einer der Verfassung entsprechenden Gesetzeslage"[119]. Auch diese Herstellungspflicht fußt auf dem Vorrang der höheren Norm. Zerstört diese nicht *ipso iure* die Gültigkeit und Geltung der niederen Norm, so verlangt der Vorrang zumindest die Restitution der gestörten Rechtsordnung[120]. Der Gesetzgeber hat „unverzüglich", also ohne schuldhaftes Zögern, zu handeln[121]; ein genaues Datum muß dabei nicht genannt werden[122]. Allerdings präzisiert das BVerfG häufig, überwiegend im Tenor[123], z.T. nur in den Gründen[124], seine zeitliche Vorstellung, bis wann die gesetzliche Reparatur durchgeführt sein muß. Die Fristangaben werden von der jeweiligen Schwierigkeit der Materie unter Berücksichtigung der Belastung des Gesetzgebers abhängig gemacht, ohne daß dies näher begründet würde; sie variieren zwischen neun Monaten und vier Jahren[125]. **1276**

Die Fristangabe wird vor allem verständlich, wenn sie, was häufig der Fall ist, mit der Anordnung verbunden wird, daß – abweichend vom Grundsatz – die für verfassungswidrig **1277**

---

114 Vgl. BVerfGE 37, 217 (261); 82, 126 (155); 91, 389 (404); 99, 165 (185); 99, 208 (298); *Heußner* (N 29), S. 258; *Blüggel* (N 18), S. 92 ff.; *Hein* (N 18), S. 181 ff. Zur Ausnahme vom Regelfall der Anwendungssperre s.u. Rn. 1277.

115 Demgegenüber meint *Ipsen* (N 97), S. 45, daß sich die Normanwendungssperre rechtlich nicht begründen lasse.

116 Vgl. BVerfGE 22, 349 (363); 52, 369 (379); 99, 202 (215); 100, 104 (186).

117 Vgl. BVerfGE 37, 217 (261); 100, 59 (103); dies wird häufig nicht ausdrücklich gesagt, sondern inzwischen vorausgesetzt; vgl. BVerfGE 57, 335; 62, 256. Ausnahme von der Aussetzung BVerfGE 91, 389 (404 f.).

118 Hier kann sich auch die Unvereinbarkeitserklärung im abstrakten Normenkontrollverfahren auswirken. Vgl. zu den Parallelfällen *Schlaich*, Rn. 379.

119 BVerfGE 55, 100 (110); 81, 363 (384); 99, 202 (216); allgemein dazu *Heyde*, in: FS Faller (1984), S. 54 f.

120 Oder anders: Der mit der Unvereinbarerklärung entstandene normative „Schwebezustand" kann bei zu langem Bestehen selbst verfassungswidrig werden; BVerfGE 82, 126 (155).

121 Vgl. BVerfGE 32, 199 (218); 34, 9 (44); 81, 363 (384): „binnen angemessener Frist"; 89, 15 (27): „schnell"; 90, 60 (105): „alsbald".

122 BVerfGE 55, 100 (110).

123 Z.B. BVerfGE 33, 303 (305); 72, 330 (333); 100, 104 (106); diese Präzisierung sollte stets im Tenor erfolgen.

124 BVerfGE 40, 296 (329); 100, 226 (248).

125 Vgl. BVerfGE 33, 303 (305, 348); 61, 319 (321); 100, 104 (136 f.). In BVerfGE 89, 15 (27) wird eine Frist ganz verweigert. – *Hein* (N 18), S. 172, hält Fristsetzung für unzulässig.

erklärte Norm weiter anwendbar ist[126]. Der Bedeutung dieser Anordnung entspricht allein ihre ausdrückliche Verankerung im Entscheidungstenor[127]; sie sollte auch begründet werden[128]. Sachlich rechtfertigt sich die Weiteranwendung nur durch die rechtsstaatlichen Gesichtspunkte der Rechtssicherheit und der Vermeidung einer die Übergangszeit bestimmenden Rechtslage, die von der verfassungsmäßigen Ordnung noch weiter entfernt ist als der bisherige Zustand[129]. Beispiele sind etwa die Fortgeltung bisheriger staatsangehörigkeitsrechtlicher Regelungen, der Regelung über den Finanzausgleich zwischen Bund und Ländern und über die Bundesprüfstelle[130]. Prozessual gibt § 35 BVerfGG die Handhabe, eine solche Anordnung zu treffen[131]. Diese Bestimmung bietet auch die Grundlage, um bis zur verlangten Neuregelung die Weiteranwendung der für verfassungswidrig erklärten Norm (unter Umständen modifiziert) zu gestatten[132] oder eine völlig neue Übergangsregelung zu schaffen[133]. § 35 BVerfGG ist schließlich die Basis, um dann, wenn der Gesetzgeber seiner Reparaturpflicht nicht rechtzeitig nachkommt, was durchaus geschieht[134], das anwendbare Recht zu bezeichnen, also insbesondere den Gerichten eine Entscheidungsgrundlage zu geben[135].

1278   Bereits abgewickelte Einzelfälle sind nach § 79 BVerfGG zu beurteilen[136]. Es wäre sinnwidrig, diese Vorschrift nicht auch auf Entscheidungen anzuwenden, die auf einer mit dem Grundgesetz für unvereinbar erklärten Norm beruhen; für Abs. 1 ergibt sich die Anwendbarkeit bereits aus dem Wortlaut. Eine Pflicht zum Wiederaufgreifen rechts- oder bestandskräftig entschiedener Fälle kommt daher nicht in Betracht[137]. Für die Zukunft muß aber die Verfassungsmäßigkeit garantiert sein[138]. Wenn z.B. gleichheitswidrig die deutsche Staatsangehörigkeit vorenthalten wurde, muß die Option eingeräumt werden, die Staatsangehörigkeit durch Antrag zu erwerben[139].

---

126   Vgl. BVerfGE 33, 303 (305); 37, 217 (218); 61, 319 (321); 72, 330 (333); 83, 130 (154); 98, 169 (171).

127   Vgl. etwa BVerfGE 100, 195 (196). Unbefriedigend daher BVerfGE 40, 296 (329) und BVerfGE 57, 335, wo der Leser die Interpretation des beteiligten Richters *Heußner*, NJW 1990, S. 261, braucht, um zu wissen, daß hier von der Grundregel der Nichtanwendbarkeit der verfassungswidrigen Norm abgewichen werden soll.

128   Vgl. etwa Beschl. vom 15.03.2000 – 1 BvL 16/96 u.a.; Beschl. vom 24.05.2000 – 1 BvL 1/98 u.a.; aber ohne Begründung: BVerfGE 100, 195 (208).

129   BVerfGE 61, 319 (356); dazu auch *Hein* (N 18), S. 191 ff.

130   Nachweise in N 126.

131   Vgl. BVerfGE 98, 169 (215); 99, 300 (331 f.); kritisch *Schlaich*, Rn. 395. Die Belege zeigen, daß es unzutreffend ist, diese Anordnungen des BVerfG allein mit dem Gebot der Verfassungsmäßigkeit zu begründen; so aber *Stern*, in: Ziemske u.a. (Hg.), Staatsphilosophie und Rechtspolitik (1997), S. 427. Siehe auch unten Rn. 1354 ff.

132   Z.B. BVerfGE 84, 9 (20); 99, 341 (358); 100, 313 (402 f.) zum G 10.

133   Z.B. BVerfGE 101, 106 (132) – ohne Anordnung im Tenor!

134   Vgl. etwa die Hinweise in BVerfGE 99, 300 (331).

135   Vgl. BVerfGE 82, 126 (154); 98, 17 (46); 98, 109 (171); 100, 195 (208); hierzu auch *Schlaich*, Rn. 391.

136   BVerfGE 37, 217 (262 f.); 81, 363 (384); vgl. *Hein* (N 18), S. 199.; *Ulsamer*, in: BVerfGG-Kommentar, § 79 Rn. 25.

137   S.o. Rn. 1255. Dem Gesetzgeber ist es aber unbenommen, eine andere weitergehende Regelung zu treffen; BVerfGE 94, 241 (266 f.) – 99, 165 (184); 100, 59 (104).

138   Es ist allerdings problematisch, wenn das BVerfG wegen der Besonderheiten des Steuerrechts die Bedeutung des § 79 Abs. 2 BVerfGG in diesem Zusammenhang reduziert; vgl. BVerfGE 87, 153 (178 f.); 99, 280 (299); kritisch auch *Rozek*, DVBl. 1997, S. 518.

139   BVerfGE 37, 217 (262 f.); vgl. auch BVerfGE 55, 100 (110 f.) und 81, 363 (384 f.); ferner *Heyde*, in: FS Faller (1984), S. 53 ff.

4. Appellentscheidungen

Von der Erklärung der Verfassungswidrigkeit und der möglicherweise hinzugefügten An- **1279** ordnung, bis zu einem bestimmten Zeitpunkt einen verfassungsmäßigen Zustand herbei- zuführen, ist eine ganz andere Konstellation strikt zu unterscheiden[140]. Diese zeichnet sich dadurch aus, daß das BVerfG zwar im maßgeblichen Entscheidungszeitpunkt die Verfas- sungsmäßigkeit der geprüften Norm für noch gegeben hält oder die Verfassungswidrig- keit noch nicht feststellen mag, die Entwicklung der Norm in die Verfassungswidrigkeit hinein aber für sicher hält und deshalb an den Gesetzgeber appelliert, den drohenden Um- schlag in die Verfassungswidrigkeit/Nichtigkeit durch Ergreifen legislativer Maßnahmen abzuwenden[141]. Der Appell ist gelegentlich zeitlich spezifiziert[142], in anderen Fällen nicht[143] oder nur grob[144].

Während die Fristsetzung für das gesetzgeberische Tätigwerden in den oben diskutierten **1280** Fällen der ausnahmsweisen Weiteranwendung einer verfassungswidrigen Norm eine zeit- lich vertretbare Grenze ziehen soll, ihre Legitimation also letztlich in der schon festge- stellten Verfassungswidrigkeit der Norm findet, ist hier dieser Punkt gerade noch nicht er- reicht, sondern liegt in der Zukunft. In diese kann aber das BVerfG ebensowenig blicken wie der Gesetzgeber[145]. Unter diesem Aspekt steht der Appell an den Gesetzgeber, zumal wenn er mit zeitlicher Befristung versehen ist, auf recht ungesichertem Grund. Verbind- lichkeit kann ihm jedenfalls nicht zukommen[146]. Der Appell ist ein *obiter dictum*, das der Gesetzgeber beherzigen mag oder nicht[147]. Faktisch ist er angesichts der ihm nun bekann- ten Haltung des BVerfG gewiß gut beraten, dies zu tun. Tatsächliche Wirkungen des Ap- pells sind daher sicher nicht zu leugnen. Für die Begründung einer rechtlichen Verpflich- tung fehlt aber sowohl die sachlich-kompetentielle, als auch die prozedurale Grund- lage[148]. Es ist also nicht zutreffend, wenn das BVerfG von einer entsprechenden „Pflicht des Gesetzgebers" spricht[149]. Dies wird auch dann nicht richtig, wenn das BVerfG einen

---

140 Diese Trennlinie wird in der Praxis des BVerfG nicht immer scharf gezogen; vgl. *E. Klein*, S. 434; *Schulte*, DVBl. 1988, S. 1201; *J. Ipsen* (N 17), S. 132 f.

141 Zur Problematik *Rupp-v. Brünneck*, in: FS Gebh. Müller (1970), S. 355 ff.; *Pestalozza* (N 42), S. 540 ff., 556; *Moench* (N 21), S. 69 ff.; *Schlaich*, Rn. 396 ff., *Gerontas*, DVBl. 1982, S. 486 ff.; *Gusy* (N 68), S. 205 ff.; *Schulte* (N 140), S. 1200 ff.

142 Z.B. BVerfGE 33, 1 (12 f.): Ende der laufenden Legislaturperiode; 39, 169 (194 f.): Ende der übernäch- sten Legislaturperiode; 78, 249 (251): bis zum 01.01.1990; 101, 158 (159 f.): Bis 31.12.2002 bzw. 31.12.2004 – FAG.

143 Z.B. BVerfGE 45, 187 (252); 54, 11 (39).

144 Z.B. BVerfGE 53, 257 (313): „alsbald"; 85, 80 (93): „in angemessener Zeit"; 85, 386 (402): „alsbald".

145 Dazu *E. Klein*, S. 434; *Schulte* (N 140), S. 1205.

146 *Stern*, Art. 93 Rn. 319; *Pestalozza* (N 42), S. 556; *Löwer*, S. 808. Es ist daher richtig, wenn BVerfGE 86, 369 (379) eine Verfassungsbeschwerde wegen fehlender Umsetzung einer (nichtterminierten) Appellent- scheidung zurückweist; andererseits fragt man sich, welchen Sinn ein Appell hat, der seit 12 Jahren (!) nicht befolgt ist, BVerfGE 54, 11 (39).

147 Zum Begriff näher *Gusy* (N 68), S. 253 ff.; *Pestalozza*, S. 288 m.w.N.

148 § 35 BVerfGG kommt nicht in Betracht, wenn die Verfassungswidrigkeit noch nicht festgestellt werden kann. – Man muß aber nicht so weit gehen, den bundesverfassungsgerichtlichen Appell für unzulässig zu halten; so aber *Gusy* (N 68), S. 210 ff.; abgewogener *Schulte* (N 140), S. 1205. Allerdings fehlt es an der eine Verpflichtung begründenden Basis.

149 BVerfGE 45, 187 (252); 39, 169 (194): „Verfassungsauftrag".

solchen Appell in seinen Entscheidungsausspruch (Tenor) aufnimmt[150]. Zwar kommt den Entscheidungen des BVerfG Bindungswirkung gemäß § 31 Abs. 1 BVerfGG zu, aber das kann nur für die zulässigen Entscheidungen des BVerfG gelten, d.h. für diejenigen, zu denen das BVerfG befugt ist[151]. Die Verpflichtung des Gesetzgebers zum Tätigwerden besteht materiell aber nur, wenn es sich um einen unerfüllten Verfassungsauftrag (z.B. Art. 6 Abs. 5 GG) handelt[152] oder ein (bereits) verfassungswidriger Zustand in einen verfassungsmäßigen umgewandelt werden muß. Der Fall liegt anders, wenn die Norm noch verfassungsmäßig ist und man nicht weiß, wann genau der Umschlag in die Verfassungswidrigkeit erfolgt. Es ist nicht auszuschließen, daß prognostizierte tatsächliche oder rechtliche Entwicklungen doch noch ganz anders verlaufen[153].

1281 Die Sicherheit, die das BVerfG bei seinem „Blick in die Zukunft" hat, dürfte allerdings häufig daher rühren, daß es der Sache nach bereits im Zeitpunkt der Entscheidung von der Verfassungswidrigkeit der geprüften Norm überzeugt ist, aber die Rechtsfolgen der Nichtig- oder Verfassungswidrigerklärung scheut. Insoweit stellt der Appell an den Gesetzgeber eine Vermeidungsstrategie dar, die die Vergangenheit absichert und dafür sorgt, daß sich der neue Rechtszustand erst *pro futuro* auswirken kann[154]. Weil also das BVerfG davon ausgeht, daß die Norm eigentlich schon verfassungswidrig ist, trägt es keine Bedenken, die Reparatur zu einem bestimmten Zeitpunkt zu verlangen.

1282 Akzeptabel ist dieses Vorgehen jedoch nicht. Ist das BVerfG von der Verfassungswidrigkeit überzeugt, muß es dies aussprechen[155]. Es gibt ausreichende Möglichkeiten, um daraus erwachsende Schäden abzuwenden[156]. Ist jedoch die Norm in der Tat noch verfassungsmäßig, ist der Umschlag in die Verfassungswidrigkeit nicht im voraus festzulegen. Demgemäß ist auch eine auf einen bestimmten Zeitpunkt fixierte Handlungspflicht des

---

150 Vgl. BVerfGE 53, 257 (258); 78, 249 (251). Wie hier auch *Stern*, Art. 93 Rn. 319; für Verbindlichkeit in diesem Fall aber *Pestalozza*, S. 338.

151 § 31 BVerfGG stellt kein Vehikel zur Begründung von Kompetenzen dar, sondern setzt sie voraus. Vgl. auch BVerfGE 72, 119 (121) und unten Rn. 1318 ff.

152 Ebenso *Gusy* (N 68), S. 211 f.

153 Vgl. BVerfGE 39, 169 (191) – Witwerrente –, wo es heißt: „Ein bestimmter Trend der Entwicklung ist also erkennbar; ob sie gradlinig und rasch verlaufen wird, läßt sich nicht vorhersehen". Gleichwohl heißt es auf S. 194, daß „Anlaß zur verfassungsrechtlichen Beanstandung" bestehe, wenn der Gesetzgeber „es unterließe, sich in Zukunft um eine sachgerechtere Lösung zu bemühen, welche die sich in Richtung auf die Verfassungswidrigkeit hinbewegenden Wirkungen der gegenwärtigen Regelung auffangen würde … Aus dieser Situation ist somit jetzt (!) ein Verfassungsauftrag für den Gesetzgeber abzuleiten …".

154 Vgl. dazu die Konstellation in BVerfGE 16, 130 (Wahlkreisgröße); 21, 12 (Umsatzsteuer); 101, 158 (FAG). Mit *Cremer* (N 12), S. 272 kann man insoweit von einer „besonderen Form der Vereinbarerklärung" sprechen.

155 Sehr problematisch ist BVerfGE 85, 386 (399 ff.) – Fangschaltung: Dort wird zwar ein „Eingriff" in das durch Art. 10 Abs. 1 GG gewährte Grundrecht bejaht, aber eine Grundrechtsverletzung trotz fehlender Rechtsgrundlage des Eingriffs verneint, weil die Möglichkeit der Fangschaltung zum Schutz von Opfern bedrohlicher Anrufe nötig sei; die Verfassungsbeschwerde wurde daher zurückgewiesen, das Gericht spricht aber gleichzeitig davon, daß ein „verfassungswidriger Zustand" vorübergehend hingenommen werden müsse, um eine noch schlimmere Situation zu vermeiden. Der Gesetzgeber wurde aufgefordert, „alsbald" einen verfassungsgemäßen Zustand herzustellen. Es stellt sich doch sehr die Frage, ob es nicht richtiger gewesen wäre, der Verfassungsbeschwerde stattzugeben und die sich daraus ergebenden Konsequenzen im Wege des § 35 BVerfGG abzumildern; vgl. hierzu oben Rn. 1268. Ähnlich problematisch BVerfGE 97, 317 (330 f.); 85, 80 (92 f.).

156 Vgl. oben Rn. 1267 ff. – Insbesondere erlaubt § 35 BVerfGG eine Folgenbegrenzung; zum Problem vgl. *H.H. Klein*, BVerfG und Staatsraison (1968), S. 30 ff., und unten Rn. 1354 ff.

Gesetzgebers nicht begründbar. Keine Bedenken bestehen hingegen bezüglich des allgemeinen Hinweises an die Adresse des Gesetzgebers, ihn treffe im Falle des Verfassungswidrigwerdens eine „Nachbesserungspflicht"[157]. Sie ergibt sich ohne weiteres aus der Bindung der Legislative an die verfassungsmäßige Ordnung (Art. 20 Abs. 3 GG), zu der auch die grundrechtliche Schutzpflicht des Staates gehört.

5. Warn- und Ankündigungsentscheidungen

Ein verwandtes Problem betrifft die Warn- und Ankündigungsentscheidungen, die eine   **1283**
Rechtsprechungsänderung signalisieren, ohne daraus unmittelbare Konsequenzen schon
für die konkrete Entscheidung zu ziehen und ohne die Ankündigung mit einem ausdrücklichen Appell an den Gesetzgeber zu verbinden[158]. Solche Entscheidungen sind freilich
nicht auf Normenkontrollentscheidungen beschränkt. So hat das BVerfG aus Gründen des
Vertrauensschutzes davon abgesehen, eine Änderung seiner Rechtsprechung zu einem
Aspekt der Subsidiarität der Verfassungsbeschwerde (§ 90 Abs. 2 Satz 1 BVerfGG) zu
Lasten des konkreten Beschwerdeführers in Anwendung zu bringen[159]. Die Frage dürfte
noch nicht abschließend geklärt sein, ob der Vertrauensschutz wirklich so weit reicht, daß
er die aktuelle Verfassungswidrig- oder Nichtigerklärung einstweilen verhindern kann, so
daß das Gericht sich mit der Ankündigung zufrieden gibt, es werde erst im nächsten Fall
so entscheiden, oder einen Änderungsappell an den Gesetzgeber richtet[160]. Auch hier ließen sich schädliche oder unzumutbare Folgen eines abrupten Wechsels der Rechtsprechung durch Maßnahmen nach § 35 BVerfGG abwenden. Zu Recht hat es das BVerfG jedenfalls abgelehnt, der Anregung zu folgen, im Fall der „Regierungspropaganda" sich mit
einer Warn- und Ankündigungsentscheidung zufrieden zu geben, weil das Gericht neue,
bisher nicht bekannte und beachtete Grenzen für die Öffentlichkeitsarbeit der Bundesregierung in Wahlkampfnähe ermittelt hatte[161].

6. Verfassungskonforme Auslegung

Im Ergebnis ist auch die verfassungskonforme Auslegung[162] eine Strategie, um die Erklä-   **1284**
rung der Nichtigkeit oder Verfassungswidrigkeit einer Norm zu vermeiden; denn solange
eine Rechtsnorm im Einklang mit der Verfassung ausgelegt werden kann, darf ein Verdikt

---

157 Hierzu *Badura*, in: FS Eichenberger (1982), S. 481 ff.; *Steinberg*, Der Staat 26 (1987), S. 161 ff.; *Bernd*,
     Legislative Prognosen und Nachbesserungspflichten (Diss. Mainz 1989), S. 122 ff.; *Mayer*, Die Nachbesserungspflicht des Gesetzgebers (1996). – Aus der Rechtsprechung vgl. etwa: BVerfGE 23, 50 (61); 50,
     290 (335); 73, 118 (180 ff.); 87, 348 (358 f.); 92, 365 (401).
158 *E. Klein*, S. 434 f.; *Pestalozza*, S. 288 f.
159 BVerfGE 22, 349 (358 f.).
160 Vgl. *Burmeister*, Vertrauensschutz im Prozeßrecht (1979). – Nicht auf derselben Linie liegen beiläufige
     Hinweise (*obiter dicta*) des BVerfG, daß es in einem zusammenhängenden, in concreto aber nicht entscheidungserheblichen Punkt seine Rechtsprechung zu revidieren im Begriff ist; vgl. etwa BVerfGE 52,
     187 (202 f.); 60, 348 (354). Siehe auch *G. Hoffmann*, in: FS E. Wolf (1985), S. 207.
161 So aber der Vorschlag des Richters *Rottmann* (Sondervotum), BVerfGE 44, 125 (181/196).
162 Dazu näher *Schlaich*, Rn. 405 ff.; *Stern*, Staatsrecht I (2. Aufl. 1984), S. 111 ff.; *Hesse*, Rn. 79 ff.; *Bettermann*, Die verfassungskonforme Auslegung, Grenzen und Gefahren (1986); *Stuth*, in: Umbach/Clemens,
     § 78 Rn. 9 f.; *Voßkuhle*, AöR 125 (2000), S. 177 ff.

über ihre Verfassungswidrigkeit nicht ergehen[163]. Läßt eine gesetzliche Vorschrift mehrere Auslegunsvarianten zu, von denen einige der Verfassung widersprechen, andere nicht, so darf der Rechtsanwender nur von den mit der Verfassung vereinbaren Auslegungsvarianten ausgehen. Zu dieser Selektion ist er berechtigt und verpflichtet[164]. Demgemäß hält das BVerfG eine Vorlage nach Art. 100 Abs. 1 GG für unzulässig, wenn ihm eine Norm präsentiert wird, deren verfassungskonforme Auslegung das vorlegende Gericht für möglich hält oder, obwohl dies nahegelegen hätte, nicht in sein Kalkül einbezogen hat[165].

1285 Die verfassungskonforme Auslegung setzt die Möglichkeit voraus, der fraglichen Norm eine der Verfassung entsprechende Auslegung zu geben. Sie muß sich daher innerhalb des Wortlauts und des Zwecks des Gesetzes bewegen. Es darf, nach der Rechtsprechung des BVerfG, „im Wege der Auslegung einem nach Wortlaut und Sinn eindeutigen Gesetz nicht ein entgegengesetzter Sinn verliehen, der normative Gehalt der auszulegenden Norm nicht grundlegend neu bestimmt, das gesetzgeberische Ziel nicht in einem wesentlichen Punkt verfehlt werden"[166]. Man mag zweifeln, ob dies in jedem Fall gelungen ist. Die Gefahr, daß die Auslegungsfähigkeit einer Norm stark strapaziert und damit der objektivierte Wille des Gesetzgebers verfehlt wird, ist nicht von der Hand zu weisen[167]. Doch macht es sich das BVerfG in der Regel nicht leicht; es prüft in Zweifelsfällen durchaus genauer, ob es sich innerhalb der dieser Auslegungsmethode gezogenen Grenzen hält[168].

1286 Hinter dem Prinzip der verfassungskonformen Auslegung steht nach der Rechtsprechung die – widerlegbare – Vermutung, daß ein Gesetz mit dem Grundgesetz vereinbar ist[169]. Diese Vermutung ist nur durch den Respekt vor dem demokratischen Gesetzgeber im Verfassungsstaat zu begründen, dessen Akte einerseits unter der Verfassung stehen[170], andererseits nur dann verworfen werden dürfen, wenn sie in keiner am Wortlaut und Zweck der Norm orientierten Auslegung mit der Verfassung in Einklang zu bringen sind. Dabei ist es unerheblich, ob die die Norm „rettende" verfassungskonforme Auslegung den gesetzgeberischen Willen noch optimal verkörpert, solange sie nur überhaupt noch ein durch Auslegung zu gewinnendes Ergebnis darstellt[171].

---

163 BVerfGE 2, 266 (282); 54, 251 (275); 64, 229 (242); 98, 1 (15 ff.); 99, 341 (358).

164 BVerfGE 32, 373 (383) spricht vom „Gebot verfassungskonformer Gesetzesauslegung"; BVerfGE 69, 1 (55). Zutreffend macht aber *Seetzen*, NJW 1976, S. 2000 f., darauf aufmerksam, daß es für BVerfG und Fachgerichte unterschiedliche Grenzen der verfassungskonformen Auslegung gibt. Der Grund hierfür ist, soweit es reicht, das Verwerfungsmonopol des BVerfG.

165 Siehe BVerfGE 65, 132 (139 f.); 70, 134 (137); 85, 329 (333); oben Rn. 824; kritisch *Voßkuhle* (N 162), S. 199 f.

166 BVerfGE 54, 277 (299); 95, 64 (93); 99, 129 (143). Zu den Grenzen der verfassungskonformen Auslegung auch *Simon*, EuGRZ 1974, S. 85 f.

167 Es stimmt bedenklich, daß selbst Verfassungsrichter diese Gefahr betonen; vgl. *H.H. Klein*, in: FS Stern (1997), S. 1137 ff.; *Steiner*, in: FS Leisner (1999), S. 572 ff. Problemfälle nennen *Schlaich*, Rn. 415, und *Löwer*, S. 810 N 519. Neuere Fälle sind BVerfGE 97, 169 (184 f.); 98, 1 (15 ff.): Verbindung verfassungskonformer mit analoger Auslegung!

168 Z.B. BVerfGE 71, 81 (105 ff.); 99, 341 (358) – keine verfassungskonforme Auslegung möglich; 75, 201 (217 ff.); 83, 130 (142); 85, 337 (353) – verfassungskonforme Auslegung möglich.

169 BVerfGE 2, 266 (282). Kritisch *Gusy* (N 68), S. 218.

170 Nach *Hesse*, Rn. 81, wurzelt das Prinzip in der „Einheit der Rechtsordnung".

171 Vgl. *Bettermann* (N 162), S. 22; *Steiner*, in: FS Leisner (1999), S. 573, formuliert, „daß die Grenzen der verfassungskonformen Auslegung jedenfalls dann überschritten sind, wenn der Gesetzgeber die von ihm getroffene Regelung nach der Interpretation inhaltlich nicht wiedererkennt."

Hält das BVerfG eine verfassungskonforme Auslegung für möglich, so wird in den Ver- **1287** fahren der abstrakten und konkreten Normenkontrolle die Vereinbarkeit der geprüften Norm mit dem Grundgesetz „in der sich aus den Gründen ergebenden Auslegung" oder auch „nach Maßgabe der Gründe" bejaht[172]. Dieser inhaltliche Hinweis auf die Entscheidungsgründe erschwert allerdings die nachfolgende Rechtsanwendung[173]. Es ist daher vorzugswürdig, die ausgeschiedenen, d.h. mit der Verfassung nicht vereinbaren Auslegungsalternativen oder die allein mit der Verfassung vereinbare Auslegung der Norm im Tenor selbst zu bezeichnen, der im Bundesgesetzblatt zu veröffentlichen ist (§ 31 Abs. 2 Satz 3 BVerfGG)[174]. Verfassungsbeschwerden sind je nach Fallkonstellation zurückzuweisen oder aber haben Erfolg[175].

Ist eine verfassungskonforme Auslegung möglich, so ist damit die Feststellung der gene- **1288** rellen Vereinbarkeit der Norm mit der Verfassung, also ihrer Rechtsgültigkeit, verbunden. Dies geschieht jedoch nur „unter Ausschaltung der beanstandeten Auslegung"[176]. Die nicht mit der Verfassung vereinbaren Auslegungsergebnisse werden als verfassungswidrig aus der Norm ausgeschieden. Wichtig ist aber, daß die künftigen Rechtsanwender an dieses Ergebnis gebunden sind. Kein anderes Gericht darf somit die für verfassungswidrig gehaltenen Interpretationen einer Norm für verfassungsgemäß halten[177]. Eine Verfassungsbeschwerde, die gegen eine Entscheidung gerichtet ist, die auf einer insoweit ausgeschalteten Norminterpretation beruht, hätte Erfolg[178].

§ 38 Entscheidungswirkungen

I. Allgemeines

Die Entscheidungen des BVerfG haben zunächst die Wirkungen, die Gerichtsentschei- **1289** dungen generell zukommen. Dabei handelt es sich um die Bindung des Gerichts – im Sinne der Unwiderruflichkeit – an seine eigenen Entscheidungen und um deren formelle und materielle Rechtskraft. Die Entscheidungen können auch Gestaltungs- und Tatbestandswirkung haben.

Deutlich über die allgemeinen Urteilswirkungen hinausgehend, statuiert § 31 BVerfGG die generelle Bindung der Verfassungsorgane von Bund und Ländern sowie aller Gerichte und Behörden an die bundesverfassungsgerichtlichen Entscheidungen (Abs. 1) und weist den Entscheidungen normprüfender, -qualifizierender und -verifizierender Art „Gesetzeskraft" zu (Abs. 2). Damit sollen offenbar Wirkungen bezeichnet werden, durch die sich

---

172 Ständige Rechtsprechung seit BVerfGE 30, 1 (3); 64, 229.
173 Dazu *Podlech*, DÖV 1974, S. 337 ff.
174 So etwa BVerfGE 54, 277; 69, 1 (4); dazu auch *Schlaich*, Rn. 410; *Löwer*, S. 799.
175 Vgl. BVerfGE 64, 229 einerseits, 75, 201 (202) andererseits. Vgl. auch *Cremer* (N 12), S. 268.
176 BVerfGE 65, 132 (139); vgl. auch BVerfGE 64, 229 (242). Zustimmend *Pestalozza*, S. 327; *Löwer*, S. 799. *Schlaich*, Rn. 410, spricht von „teilweiser Nichtigerklärung" der Norm. Ablehnend zu Recht *Sachs*, NJW 1979, S. 344 ff.; *Stern*, Art. 93 Rn. 322; *Roth*, NVwZ 1998, S. 564.
177 BVerfGE 40, 88 (94); 72, 119 (121); vgl. auch *v. Mutius*, VerwArch 67 (1976), S. 403 ff.; *Roth*, NVwZ 1998, S. 567.
178 BVerfGE 42, 258 (260). Zur analogen Anwendung der §§ 79 Abs. 2 Satz 3 BVerfGG, 767 ZPO vgl. *Raab* (N 60), S. 78 ff.

die Entscheidungen des BVerfG von denen anderer Gerichte maßgeblich unterscheiden. Sie haben mit seiner Rolle als Hüter und autoritativer Interpret der Verfassung zu tun.

1290 Neben die genannten Rechtswirkungen treten wichtige faktische Bindungs- und Steuerungswirkungen[1]. Der „Blick auf Karlsruhe" bestimmt maßgeblich die Tätigkeit des Gesetzgebers, wirkt aber auch auf die Verwaltung ein, deren Handeln und Verfahren vorgeprägt wird[2]. Man wird hierin eine erfreuliche Bestätigung der Verfassung – in der vom BVerfG gegebenen Auslegung – als des Rahmens sehen können, in dem sich Politik entfaltet. Man kann aber auch – dies ist die andere Seite der Medaille – in dieser Vorprägung einen Verlust an sonst vorhandener innovativer Schubkraft sehen, der jedenfalls tendenziell eine Versteinerung dieser Rahmenbedingungen bewirkt[3]. Die Auseinandersetzungen um Sinn und Reichweite gerade der allgemeinen Bindungswirkung verfassungsgerichtlicher Entscheidungen werden vor allem von dieser Sorge getragen.

II. Unwiderruflichkeit der Entscheidung

1291 Das BVerfG ist mit ihrem Erlaß an seine (End- oder Zwischen-) Entscheidungen gebunden[4]. Es kann von ihnen im selben Verfahren[5] nicht mehr abrücken und muß die sich aus ihnen ergebenden Rechtsfolgen seinen weiteren Entscheidungen in diesem Verfahren zugrunde legen. Die Unwiderruflichkeit ergangener Entscheidungen wirkt sich also bereits vor der Verfahrensbeendigung aus. Sie wird jedoch durch die bereits erörterten Berichtigungs- und Ergänzungsmöglichkeiten abgeschwächt, die sowohl den Tatbestand als auch die Entscheidungsformel betreffen[6].

Die innerprozessuale Bindung an die eigenen Entscheidungen hat konzeptionell nichts mit deren Rechtskraft zu tun[7]. Die singulären Fälle zulässiger Rechtskraftdurchbrechung, die das BVerfG zu einem nachträglichen Zugriff auf eine bereits ergangene Entscheidung berechtigen, liegen daher auf einer anderen Ebene[8].

III. Formelle Rechtskraft

1292 Die formelle Rechtskraft bezeichnet die Unanfechtbarkeit einer Entscheidung. Sie muß schon aus praktischen Gründen, damit ein Verfahren zu einem Abschluß gelangen kann,

---

1 Näher *Pitschas*, in: Raiser/Voigt (Hg.), Durchsetzung und Wirkungen von Rechtsentscheidungen (1990), S. 199 ff.; *Luetjohann*, Nicht-normative Wirkungen des BVerfG (1991). – Zum generellen „Edukationseffekt" verfassungsgerichtlicher Entscheidungen *E. Klein*, DÖV 1982, S. 798. S. auch oben Rn. 392 ff.
2 Vgl. etwa *Wahl*, VVDStRL 41 (1983), S. 169; *Hesse*, JZ 1995, S. 268.
3 Statt vieler *Hoffmann-Riem*, Der Staat 13 (1974), S. 349 ff.; *Vogel*, in: BVerfG und GG, I (1976), S. 575 ff.
4 Vgl. § 318 ZPO. Diesen Grundsatz für den Verfassungsprozeß aufzugeben, besteht kein Anlaß; vgl. auch *Pestalozza*, S. 297, der freilich – zu Unrecht – Zwischenentscheidungen (s.o. Rn. 305) ausnehmen will. Eine Ausnahme betrifft aber die Entscheidungen, die gerade nur vorläufig sind, also vorbehaltlich näherer Prüfung ergehen (einstweilige Anordnungen).
5 Es geht hier also nicht um die vielerörterte Frage, ob das BVerfG später von früheren Entscheidungen in der Sache abweichen kann; dazu unten Rn. 1347.
6 S.o. Rn. 331.
7 *Thomas/Putzo*, ZPO (22. Aufl. 1999), § 318 Anm. 1. Anders *Maunz/Bethge*, in: BVerfGG-Kommentar, § 31 Rn. 6; *Schlaich*, Rn. 441.
8 Dazu unten Rn. 1304 ff.

einmal eintreten. Davon sind die verfassungsgerichtlichen Verfahren nicht ausgenommen. Da kein Gericht über dem BVerfG steht, erwachsen seine Entscheidungen bereits aus diesem Grund mit Verkündung oder Zustellung in formelle Rechtskraft[9]. Einer Anordnung im BVerfGG bedarf es dafür nicht.

Das BVerfG hat schon sehr früh und völlig zu Recht ausgeschlossen, daß Senatsentscheidungen vor dem anderen Senat oder vor dem Plenum angefochten werden können[10]. Aufgrund ausdrücklicher Vorschrift (§ 93 d Abs. 1 Satz 2 i.V.m. § 93 b Satz 1 BVerfGG) ist auch die Ablehnung der Annahme einer Verfassungsbeschwerde durch einstimmigen Kammerbeschluß unanfechtbar. Entsprechendes gilt, wenn die Kammer, ebenfalls durch einstimmigen Beschluß, der Verfassungsbeschwerde unter den Voraussetzungen des § 93 c Abs. 1 Satz 1 BVerfGG stattgibt; denn dieser Beschluß steht nach Satz 2 einer Senatsentscheidung gleich[11].   **1293**

Eine gewisse Ausnahme von der Unanfechtbarkeit bundesverfassungsgerichtlicher Entscheidungen bildet § 32 Abs. 3 und 4 BVerfGG. Danach ist gegen einen Beschluß, mit dem eine einstweilige Anordnung erlassen oder abgelehnt wurde, Widerspruch möglich[12]. Hierüber entscheidet jedoch der Senat selbst; der Widerspruch hat auch keine aufschiebende Wirkung. Die primäre Wirkung des Widerspruchs ist die Erzwingung einer mündlichen Verhandlung, die zuvor nicht stattgefunden hatte[13].   **1294**

Die formelle Rechtskraft ist nicht nur die Grundlage der materiellen Rechtskraft, sondern auch der Tatbestands- und Gestaltungswirkungen, die Entscheidungen des BVerfG haben können. Auf die rechtsgestaltende Wirkung von Entscheidungen wurde bereits hingewiesen[14]. Von Tatbestandswirkung spricht man, wenn Rechtsnormen an die Entscheidung als Tatbestandsmerkmal anknüpfen. Es handelt sich um materiellrechtliche Wirkungen. So folgt etwa der Mandatsverlust aus der Feststellung, daß eine politische Partei verfassungswidrig ist (§ 46 Abs. 1 Nr. 5, Abs. 4 BWahlG i.V.m. Art. 21 Abs. 2 Satz 2 GG), und das Verbot von Ersatzorganisationen setzt eine solche Entscheidung gleichfalls voraus (§ 33 Abs. 1 PartG)[15].   **1295**

---

9 *Geiger*, Einige Besonderheiten im verfassungsgerichtlichen Prozeß (1981), S. 26; *Maunz/Bethge*, in: BVerfGG-Kommentar, § 31 Rn. 7. – Die gegen Entscheidungen des BVerfG mögliche Individualbeschwerde nach Art. 34, 35 EMRK ist ein Rechtsbehelf außerhalb des innerstaatlich gegebenen Instanzenzuges, hindert also den Eintritt der formellen Rechtskraft nicht.
10 BVerfGE 1, 89 (90 f.); 7, 17 f.
11 In aller Regel weist die Kammer auf die Unanfechtbarkeit ihrer Entscheidung ausdrücklich hin, zuweilen aber unterbleibt der Hinweis versehentlich (vgl. Beschl. vom 01.12.1989 – 1 BvR 1133/89 – nicht veröffentlicht), was aber keine Rechtsfolgen hat. – Auch eine Rüge betr. die Besetzung der Kammer kann nicht an den Senat gerichtet werden; s.o. Rn. 225.
12 S.o. Rn. 1232 f.
13 *Pestalozza*, S. 299; *Rennert*, in: Umbach/Clemens, § 31 Rn. 24.
14 S.o. Rn. 1243, 1250.
15 Näher *Pestalozza*, S. 319, der hier auch § 79 BVerfGG erörtert.

IV. Materielle Rechtskraft

1. Zur materiellen Rechtskraft verfassungsgerichtlicher Entscheidungen

1296 Allein die Unanfechtbarkeit einer gerichtlichen Entscheidung schließt nicht aus, daß diese in einem späteren Verfahren doch wieder in Frage gestellt werden könnte. Damit wäre aber die Rechtsunsicherheit nicht behoben und der Rechtsfriede weiter gefährdet. Ihrem Schutz dient die materielle Rechtskraft[16]. Sie bindet die Verfahrensbeteiligten und ihre Rechtsnachfolger auf Dauer an die formell rechtskräftige Entscheidung und gestattet auch den Gerichten nicht, erneut zur schon entschiedenen Sache zu entscheiden. Die materielle Rechtskraft ist daher eine negative Sachentscheidungsvoraussetzung, ein Prozeßhindernis, das zur Unzulässigkeit eines neuen Antrags führt[17].

1297 Rechtsprechung und Lehre gehen fast einhellig davon aus, daß die Funktion der materiellen Rechtskraft auch im Hinblick auf die Entscheidungen des BVerfG nicht verzichtbar ist[18]. Zwar kommt wegen der Breitenwirkung von verfassungsgerichtlichen Entscheidungen, die oft zahlreiche Individuen berühren, der Richtigkeit der Entscheidung gewiß eine große Bedeutung zu[19], die den Aspekt der Rechtssicherheit allerdings nur dann verdrängen könnte, wenn eine falsche Verfassungsinterpretation auf Dauer zementiert wäre. Dies aber ist wegen der objektiven, subjektiven und zeitlichen Grenzen der Rechtskraft nicht zu befürchten[20]. Grundsätzlich erwachsen alle formell rechtskräftigen Entscheidungen des BVerfG in materielle Rechtskraft. Normenkontrollentscheidungen machen hier keine Ausnahme[21], denn auch hier liegt ein der Rechtskraft fähiger Entscheidungsgegenstand vor. Er besteht in dem Subsumtionsschluß, wonach eine Vorschrift des einfachen Rechts an der Verfassung als Obersatz gemessen wird[22].

1298 Die materielle Rechtskraft schützt die konkrete Entscheidung in ihrem inhaltlichen Bestand. Maßgeblich kommt es dabei auf den Entscheidungsausspruch (Tenor) an, nicht auf die in den Entscheidungsgründen enthaltenen Elemente. Allerdings können die Gründe zur Ermittlung des Sinns der Urteilsformel herangezogen werden[23]. Wird ein Antrag verworfen oder zurückgewiesen, ist ein solcher sinnvermittelnder Rückgriff ohnehin unvermeidlich.

---

16 *H.G. Rupp*, in: FS Kern (1968), S. 403 f.; *Battis*, HStR VII (1992), § 165 Rn. 59; *Ziekow*, Jura 1995, S. 523.
17 S.o. Rn. 242 ff.
18 Vgl. nur BVerfGE 4, 31 (38); 20, 56 (86); 33, 199 (203); 78, 320 (328). Aus der Literatur: *Vogel* (N 3), S. 584; *Pestalozza*, S. 300 ff.; *Schlaich*, Rn. 440 ff.; *Maunz/Bethge*, in: BVerfGG-Kommentar, § 31 Rn. 8; *Lechner/Zuck*, § 31 Rn. 11 ff.; *Detterbeck*, S. 329.
19 *Kriele*, Theorie der Rechtsgewinnung (2. Aufl. 1976), S. 294 ff., spricht sich deshalb gegen die materielle Rechtskraft verfassungsgerichtlicher Entscheidungen aus; hierzu kritisch *Sachs*, in: FS Kriele (1997), S. 435 ff.
20 Vgl. *Bryde*, Verfassungsentwicklung (1982), S. 404 f.; *Brox*, in: FS Geiger (1974), S. 815; *Wischermann*, Rechtskraft und Bindungswirkung verfassungsgerichtlicher Entscheidungen (1979), S. 30 ff.
21 Dies wird z.T. mit dem Argument behauptet, daß Rechtskraft begrifflich voraussetze, daß eine Norm auf einen konkreten Sachverhalt angewendet und so ein Ergebnis gefunden werde; BayVerfGHE 5 (1966), S. 183 f.; *Wenig*, DVBl. 1973, S. 345 ff. Zu Recht ablehnend *Schnapp/Henkenötter*, JuS 1994, S. 122.
22 Näher *Brox* (N 20), S. 816 f.; *Detterbeck*, S. 330. – Das Problem wird zumeist für irrelevant gehalten, da den Normenkontrollentscheidungen in jedem Fall Gesetzeskraft (§ 31 Abs. 2 BVerfGG) zukommt, deren Wirkung die Rechtskraft einschließt; vgl. *H.H. Klein*, NJW 1977, S. 697 f.; *Lange*, JuS 1978, S. 2.
23 BVerfGE 4, 31 (38); 33, 199 (203); 78, 320 (328); 85, 117 (121). Merkwürdig ungenau hingegen BVerfGE 79, 256 (264), wo auch die Belege falsch zitiert sind.

Die Bedeutung der Urteilsformel für die materielle Rechtskraft macht übrigens klar, daß das Gericht nicht beliebige Ausführungen in den Tenor einbeziehen darf, es vielmehr auf seine jeweilige Entscheidungsbefugnis ankommt[24]. Unter diesem Aspekt bedeutsam ist § 67 Satz 3 BVerfGG, weil hier das BVerfG in der Entscheidungsformel eine für die Auslegung der einschlägigen Grundgesetzbestimmung erhebliche Rechtsfrage mitentscheiden kann[25]. Ein normalerweise den Gründen vorbehaltenes Entscheidungselement wird auf diese Weise in den Tenor einbezogen.

2. Grenzen der Rechtskraft

Sinn der materiellen Rechtskraft ist es, die bereits entschiedene Frage dem erneuten Streit zu entziehen. Entschieden wird über den jeweiligen Verfahrensgegenstand[26]. Seine konkrete Definition ist für den Einwand der Rechtskraft daher unabdingbar. Zudem kann grundsätzlich allein von den Verfahrensbeteiligten die Respektierung der Entscheidung verlangt werden, denn nur sie konnten auf Verlauf und Ausgang des Verfahrens Einfluß nehmen. In Übereinstimmung mit allgemeinen Prozeßgrundsätzen wird daher auch für das BVerfG formuliert, daß die materielle Rechtskraft sich im späteren Prozeß insoweit auswirkt, als es sich dabei um „denselben Streitgegenstand zwischen denselben Parteien" handelt[27]. **1299**

Diese Umschreibung ist jedoch, wie näheres Hinsehen zeigt, nicht vollständig. Sie paßt jedenfalls nicht für die Normenkontrollentscheidungen. Eine *inter-partes*-Wirkung griffe hier ins Leere. Zwar gibt es auch hier Antragsteller, aber nicht einmal stets notwendige, sondern z.T. nur potentielle Verfahrensbeteiligte[28]. Auch die vom Antrag gelöste Erweiterung des Verfahrensgegenstandes (§ 78 Satz 2 BVerfGG) zeigt, daß die rechtskräftige Entscheidung schwerlich in einem späteren Verfahren auf denselben Antragsteller zu beschränken ist. Es überrascht daher nicht, daß das BVerfG als Gegenstand des (abstrakten) Normenkontrollverfahrens allein die von Anregungen und Rechtsbehauptungen des Antragstellers unabhängige Frage bezeichnet hat, ob ein bestimmter Rechtssatz gültig oder ungültig ist, ob also objektives Recht besteht oder nicht[29]. Bezüglich dieser Feststellung erwächst eine Entscheidung im Normenkontrollverfahren in materielle Rechtskraft[30]. Maßgebliches Element zur Bestimmung der Rechtskraft ist danach allein der (objektive) Verfahrensgegenstand, während subjektive Rechtskraftgrenzen in Wegfall kommen[31]. **1300**

---

24 S.o. Rn. 1237 ff., 1280.
25 S.o. Rn. 1049.
26 Damit ist die objektive Grenze der Rechtskraft bezeichnet; die Rechtskraft reicht aber angesichts der besonderen Aufgabe des BVerfG so weit, wie es den Verfahrensgegenstand unter tatsächlichen und rechtlichen Gesichtspunkten faktisch geprüft hat; dazu *Detterbeck*, S. 332 ff.
27 BVerfGE 4, 31 (39); 78, 320 (328). Vgl. auch *Zeidler*, EuGRZ 1988, S. 215; *Gusy*, Parlamentarischer Gesetzgeber und BVerfG (1985), S. 230 f.; *Rennert*, in: Umbach/Clemens, § 31 Rn. 42 f.; *Detterbeck*, S. 340.
28 Nämlich im konkreten Normenkontrollverfahren, s.o. Rn. 194. – Nach *Vogel* (N 3), S. 609 f., genügt die Beteiligungsfähigkeit im (abstrakten) Normenkontrollverfahren, um die subjektive Ausdehnung der Rechtskraft festzustellen.
29 S.o. Rn. 707.
30 BVerfGE 20, 56 (86); 86, 148 (211).
31 Wer dieser Deduktion nicht folgt, gelangt über die Gesetzeskraft und die Bindungswirkung der Normenkontrollentscheidung (§ 31 BVerfGG) zum selben Ergebnis. Vgl. auch *H.H. Klein* (N 22), S. 698.

1301   Während dieses Ergebnis für den Bereich der Normenkontrollentscheidung kaum in Zweifel gezogen werden kann, bestehen doch schwerwiegende Bedenken dagegen, bezüglich der eigentlichen Verfassungsstreitigkeiten (insbesondere Organ- und Bund-Länder-Streitigkeiten) für die Bestimmung der Rechtskraft von den Streitbeteiligten zu abstrahieren[32]. Dies gilt um so mehr, als Gegenstand dieser Verfahren das vom Antrag bezeichnete und sachlich umrissene Recht der Antragsteller ist, also primär subjektiv bestimmt wird. Verfahrensgegenstand ist gerade nicht die Klärung einer abstrakten Rechtsfrage[33]. Es besteht daher kein Anlaß, auch in diesen Fällen die Rechtskraftwirkung durch Verzicht auf ihre subjektiven Grenzen zu erweitern.

1302   Auch bei den anderen Verfahren wird man für die Bestimmung der materiellen Rechtskraft nicht von den Antragstellern oder Verfahrensbeteiligten abstrahieren können. Das ist besonders im Hinblick auf die Verfassungsbeschwerde zu betonen: Verfahrensgegenstand ist stets in erster Linie die individuelle Grundrechtsverletzung[34]. Die Rechtskraft einer Entscheidung im Verfassungsbeschwerdeverfahren kann daher immer nur gegen denselben Beschwerdeführer oder seine Rechtsnachfolger wirken. Auch kann wegen der regelmäßig gegebenen Verschiedenheit der Verfahrensgegenstände die Rechtskraft einer Normenkontrollentscheidung nicht im Verfassungsbeschwerdeverfahren zum Zuge kommen[35].

1303   Man darf dieses Ergebnis allerdings nicht überschätzen. Mit der zunächst eng an die allgemeine Prozeßrechtslehre angelehnten Bestimmung der materiellen Rechtskraftwirkung wird deshalb nicht allzuviel gewonnen, weil ja neben die materielle Rechtskraft noch die Gesetzeskraft und die allgemeine Bindungswirkung treten (§ 31 BVerfGG). Die Verbindung, die diese drei Entscheidungswirkungen gerade bei Normenkontrollentscheidungen eingehen, läßt manche dogmatische Zuordnung undeutlich werden[36]. Dies gilt insbesondere für die Frage, welche dieser Entscheidungswirkungen über die Zulässigkeit einer erneuten abstrakten Normenkontrolle oder einer neuen konkreten Normenkontrollvorlage bestimmt, nachdem das BVerfG in einem früheren Verfahren die Verfassungsmäßigkeit der Norm bereits bejaht hat. Auch wenn in Übereinstimmung mit allgemeinen Grundsätzen die zeitlichen Grenzen der Rechtskraft mit dem Zeitpunkt der Verkündung oder Zustellung der Entscheidung umschrieben werden, so daß spätere Veränderungen tatsächlicher oder rechtlicher Art nicht erfaßt werden[37], ergibt sich für die Zulässigkeit eines neuen Normenkontrollverfahrens so lange nichts Abschließendes, als nicht auch die genannten anderen Entscheidungswirkungen erörtert sind. Ist die Norm hingegen für verfassungswidrig oder nichtig erklärt worden, ist klar, daß sie kein tauglicher Gegenstand erneuter Kontrolle mehr sein kann[38]. In diesem Zusammenhang kann sich nur das Problem der Wiederholung, also des Erlasses einer inhaltsgleichen Norm stellen. Aber auch inso-

---

32 So aber *Geiger* (N 9), S. 27 f.
33 Dazu oben Rn. 978 und Rn. 1057.
34 Die Erweiterung des Verfahrensgegenstandes tritt freilich durch § 95 Abs. 3 Satz 2 und durch die problematische analoge Anwendung von § 78 Satz 2 BVerfGG ein; vgl. nur BVerfGE 40, 296 (328 f.); 61, 319 (356).
35 BVerfGE 78, 320 (328).
36 Darauf weist zu Recht *Wischermann* (N 20), S. 81 f., hin.
37 Allgemein zu den zeitlichen Grenzen der Rechtskraft vgl. BVerfGE 33, 199 (203 f.); ferner *Gusy* (N 27), S. 233 f.; *Detterbeck*, S. 338 ff.
38 Allgemeine Ansicht; statt aller *Brox* (N 20), S. 823.

fern wird die Rechtskraft von der Bindungswirkung nach § 31 Abs. 1 BVerfGG überlagert; die Frage ist daher weiter unten nochmals aufzugreifen[39].

3. Durchbrechung der Rechtskraft

Während Entscheidungen des BVerfG innerhalb der oben erörterten Grenzen in materielle Rechtskraft erwachsen, kommt es in einigen ausdrücklich zugelassenen Fällen zu einer Durchbrechung bereits bestehender Rechtskraft.   **1304**

a) Wiederaufnahme

Die Wiederaufnahme des Verfahrens nach dessen rechtskräftigem Abschluß hat das BVerfGG nur bei der Richteranklage nach Art. 98 Abs. 2 GG vorgesehen (§ 61 BVerfGG), und zwar nur zugunsten des Verurteilten auf dessen Antrag hin. Auf die Wiederaufnahmevorschriften der StPO ist Bezug genommen. Eine parallele Vorschrift war lediglich noch für die Präsidentenanklage in der Diskussion gewesen, ist aber abgelehnt worden[40].   **1305**

Ungeachtet dieser Gesetzeslage wird die entsprechende Anwendung des Wiederaufnahmerechts nach den verschiedenen Prozeßordnungen auch für den Verfassungsprozeß vorgeschlagen[41]. Gegen eine solche Gesamtanalogie bestehen keine prinzipiellen Bedenken[42]. Allerdings sind ihre Voraussetzungen zu klären, vor allem das Vorhandensein einer prozeßrechtlichen Lücke. Von ihr kann angesichts der gesetzgeberischen Diskussion um einzelne Wiederaufnahmetatbestände nicht leichthin ausgegangen werden. Die Durchbrechung der Rechtskraft ist ein so bedeutsamer Vorgang, daß ihre unbewußte Außerachtlassung nicht unterstellt werden kann. Für den Verfassungsprozeß läßt sich bei gleichzeitig erhöhter Verantwortung des Gerichts für seine Entscheidungen der Ausschluß der Wiederaufnahme des Verfahrens (Nichtigkeits- oder Restitutionsklage) rechtfertigen, ungeachtet der Tatsache, daß auch und gerade hier ein Spannungsverhältnis zwischen Rechtssicherheit und richtiger Entscheidung bestehen kann. Der Gesetzgeber durfte aber beim BVerfG von einer höheren Gewähr der Richtigkeit und der Korrektheit des Zustandekommens der Entscheidungen ausgehen und deshalb – bei positiv-rechtlicher Ausnahme des § 61 BVerfGG – von einer Wiederaufnahme des Verfahrens absehen[43].   **1306**

b) Aufhebung der Verwirkungsentscheidung (§ 40 BVerfGG)

Am ehesten ließe sich an die analoge Anwendung der allgemeinen Wiederaufnahmevorschriften im Fall der Grundrechtsverwirkung denken. Gerade hierfür ist aber mit § 40   **1307**

---

39 S.u. Rn. 1336 ff.
40 *Geiger*, § 56 Anm. 5.
41 *Sachs*, Die Bindung des BVerfG an seine Entscheidungen (1977), S. 140 ff.; *ders.*, BayVBl. 1979, S. 385 ff. – Grundsätzlich positiv auch *Geiger*, § 33 Anm. 8.
42 S.o. Rn. 171.
43 Dies gilt ungeachtet einer potentiell höchst unbefriedigenden Situation, auf die *Vogel* (N 3), S. 622 f., hinweist und deshalb für analoge Anwendung des § 61 BVerfGG entgegen dem gesetzgeberischen Willen auf die Präsidentenanklage, das Parteiverbots- und Grundrechtsverwirkungsverfahren plädiert. – Ähnlich wie hier *Pestalozza*, S. 300.

BVerfGG dem Betroffenen ein Instrument an die Hand gegeben, um unter den dort genannten Voraussetzungen eine Abänderung der Verwirkungsentscheidung ex nunc herbeizuführen[44]. Dieses Verfahren ist zwar dem der Wiederaufnahme nicht adäquat[45]; es ist aber durchaus ein Argument dafür, daß der Gesetzgeber die Frage bedacht hat, wie unverrückbar die rechtskräftige Entscheidung sein soll. Denn auch § 40 BVerfGG regelt einen Fall der Rechtskraftdurchbrechung.

c) Beseitigung groben prozessualen Unrechts

1308   Die Ablehnung der flächendeckenden Heranziehung der Wiederaufnahmeregeln im Wege der Gesamtanalogie kann allerdings punktuell zu einer unter dem Aspekt der Gerechtigkeit nicht mehr hinnehmbaren Situation führen. Das BVerfG hat die Notwendigkeit gesehen, hierauf im Einzelfall zu reagieren. Die Abänderung einer rechtskräftigen Entscheidung wird bei Vorliegen groben prozessualen Unrechts daher für zulässig gehalten[46].

V. Gesetzeskraft

1. Allgemeines

1309   Art. 94 Abs. 2 Satz 1 GG ermächtigt den Bundesgesetzgeber ausdrücklich dazu, die Fälle zu bestimmen, in denen die Entscheidungen des BVerfG „Gesetzeskraft" haben. Auf dieser Grundlage beruht § 31 Abs. 2 BVerfGG. Mit dem Begriff der Gesetzeskraft wird an ältere Vorstellungen angeknüpft[47]. Vor allem war im Parlamentarischen Rat die Kenntnis des Ausführungsgesetzes zu Art. 13 Abs. 2 WRV präsent, wonach die Entscheidung des Reichsgerichts über die Vereinbarkeit einer landesrechtlichen Vorschrift mit dem Reichsrecht Gesetzeskraft hatte (§ 3 Abs. 3)[48]; die Entscheidung wurde somit in ihrer Wirkung einem Reichsgesetz[49] gleichgesetzt, das sich unmittelbar gegenüber dem mit Reichsrecht unvereinbaren Landesrecht durchsetzen konnte. Hinzu dürfte dann gerade im Blick auf die Kontrolle auch von Bundesrecht die auf den ersten Blick nicht abwegige Vorstellung getreten sein, man müsse einer normprüfenden und möglicherweise -verwerfenden Gerichtsentscheidung einen entsprechenden Rang zubilligen, damit sie sich der geprüften Norm gegenüber ohne weiteres durchsetzen kann. Obwohl die Kassation exekutiver Entscheidungen durch (Verwaltungs-) Gerichte längst bekannt war, war und ist doch das Verhältnis der Gerichte zum Gesetzgeber, der ja das Recht schafft, an das die Gerichte gebunden sind, problematischer, auch wenn der Vorrang der Verfassung das Dilemma zugunsten der Gerichte zu lösen vermag. So ist es kein Zufall, daß gerade die Entscheidungen Gesetzeskraft erhalten, mit denen über die Gültigkeit von Normen, also in der Regel Akte

---

44 *Lechner/Zuck*, § 40 Rn. 1; vgl. auch oben Rn. 1151.
45 Darauf weisen Vogel (N 3), S. 623, und *Sachs*, BayVBl. 1979, S. 391, völlig zu Recht hin.
46 Vgl. BVerfGE 72, 84 und oben Rn. 332, 508. Zu Recht betont das BVerfG, Kammerbeschl. vom 14.06.2000 – 2 BvR 993/94 –, daß der Anspruch auf ein faires Verfahren als generelles Prinzip in allen (!) Prozeßordnungen gilt.
47 Dazu näher *Schlaich*, Rn. 462 f.; *Löwer*, S. 800.
48 Gesetz vom 08.04.1920, RGBl. S. 510.
49 *Anschütz*, Die Verfassung des Deutschen Reiches vom 11. August 1918 (14. Aufl. 1933), Art. 13 Anm. 5.

des parlamentarischen Gesetzgebers, entschieden wird. Hinter dem Begriff der Gesetzeskraft steht daher ein Autoritätsproblem[50], das freilich nur scheinbar ist; denn Kompetenzen und Befugnisse zu Kontrolle und Verwerfung der Norm beruhen nicht auf § 31 Abs. 2 BVerfGG, sondern sind von ihm unabhängig. Damit ist die Frage nach der tatsächlichen Funktion dieser Vorschrift offen. Sie zu beantworten soll nachfolgend versucht werden.

2. Voraussetzungen der Gesetzeskraft

Gesetzeskraft haben bundesverfassungsgerichtliche Entscheidungen „in den Fällen" der abstrakten und konkreten Normenkontrolle, der Völkerrechtsverifikation und der Normenqualifizierung (§ 31 Abs. 2 Satz 1) sowie der Verfassungsbeschwerde, „wenn das BVerfG ein Gesetz als mit dem Grundgesetz vereinbar oder unvereinbar oder für nichtig erklärt" (§ 31 Abs. 2 Satz 2 BVerfGG), was nur in der Entscheidungsformel zum Ausdruck kommen kann[51]. Diese im Zusammenhang mit der vorgeschriebenen Veröffentlichung des Tenors in § 31 Abs. 2 Satz 3 BVerfGG wiederholte Formulierung weist darauf hin, daß Gesetzeskraft nur Entscheidungen mit einem bestimmten Inhalt haben sollen, also soweit die Entscheidungsformeln näher definierte Sachaussagen enthalten[52]. Anträge, die lediglich zurückgewiesen oder verworfen werden, oder Vorlagen, die für unzulässig erklärt werden, entbehren dieses Inhalts und erlangen keine Gesetzeskraft[53]. Spricht hingegen die Entscheidungsformel aus, daß eine Norm nichtig, mit der Verfassung vereinbar oder unvereinbar ist[54], oder daß eine Norm als Bundesrecht fortgilt oder nicht fortgilt oder daß eine allgemeine Regel des Völkerrechts des angegebenen Inhalts besteht und Bestandteil des Bundesrechts ist oder daß eine allgemeine Regel des Völkerrechts bestimmten Inhalts nicht Bestandteil des Bundesrechts ist[55], so kommt ihr Gesetzeskraft zu.

1310

Die Zuteilung von Gesetzeskraft setzt eine umfassende Normprüfung in dem Sinn voraus, daß das BVerfG die oben erwähnte Sachaussage gesichert machen kann. Für das Normenqualifizierungsverfahren heißt das etwa, daß der Ausspruch, eine Norm gelte als Bundes-

1311

---

50 *E. Klein*, S. 439. Vgl. auch insoweit *Geiger* (N 9), S. 25, und *Bettermann*, in: BVerfG und GG, I (1976), S. 366.

51 Vgl. § 95 Abs. 3 Satz 1 und 2 BVerfGG, also die Fälle der (verdeckten) Rechtssatzverfassungsbeschwerden. – Der Versuch, von der Gesetzeskraft normbestätigende Entscheidungen auszunehmen, da Gesetze ohnehin allgemeine Geltung entfalteten (BT-Drs. 12/3628, S. 11 f.), scheiterte im Rechtsausschuß (BT-Drs. 12/4842, S. 13); vgl. dazu *E. Klein*, NJW 1993, S. 2076 f.

52 Abzustellen ist allein auf die Entscheidungsformel, die Gründe können nur zur näheren Erläuterung herangezogen werden; *Maunz/Bethge*, in: BVerfGG-Kommentar, § 31 Rn. 34; *Lange* (N 22), S. 7; *Cremer*, in: Frowein/Marauhn (Hg.), Grundfragen der Verfassungsgerichtsbarkeit in Mittel- und Osteuropa (1998), S. 289; *Detterbeck*, S. 373 f.

53 BVerfGE 85, 117 (121); vgl. auch *Pestalozza*, S. 333 f. Dies ist insbesondere im Hinblick auf die Verfassungsbeschwerde wichtig, bei der das BVerfG den Tenor von Aussagen über die inzidente Normenkontrolle freihält; dazu *Zeidler*, EuGRZ 1988, S. 215.

54 Angesichts des klaren Wortlauts von § 31 Abs. 2 BVerfGG unhaltbar *Geiger* (N 9), S. 24, wonach Entscheidungen, „die sich mit der Feststellung der Verfassungswidrigkeit eines Gesetzes begnügen", nicht in Gesetzeskraft erwachsen.

55 Zur Kontroverse, ob § 31 Abs. 2 BVerfGG unter dem Gesichtspunkt einer denkbaren Fehlentscheidung des BVerfG im Völkerrechtsverifikationsverfahren verfassungswidrig ist, s.o. Rn. 972.

recht fort, eine vorgeschaltete Normenkontrolle sinnvollerweise einschließt, weil andernfalls die getroffene Feststellung eine der Rechtssicherheit abträgliche Labilität enthielte[56].

1312 Wird eine landesrechtliche Vorschrift im Normenkontrollverfahren überprüft und ihre Vereinbarkeit mit dem Grundgesetz festgestellt, so ist damit über ihre Vereinbarkeit mit höherrangigem Landesrecht nichts ausgesagt und damit auch kein generelles Gültigkeitstestat erteilt. An der Gesetzeskraft der verfassungsgerichtlichen Entscheidung kann dies jedoch nichts ändern, da es nur darauf ankommt, ob der Ausspruch des BVerfG zum Inhalt hat, daß die Norm mit dem Grundgesetz oder sonstigem Bundesrecht vereinbar ist[57]. Weitergehende Anforderungen sind schon angesichts der eintretenden rechtlichen Wirkungen der Gesetzeskraft nicht gerechtfertigt.

3. Wirkungen

1313 Auch wenn der Begriff der Gesetzeskraft an historisch überholte Vorstellungen anknüpfte, ist ihm doch darüber hinaus schon unter der Geltung der Weimarer Reichsverfassung die Bedeutung beigelegt worden, daß damit die Wirkung jedermann gegenüber – „nicht nur *inter partes*, sondern *inter omnes*"[58] – gemeint sei, wie eben ein Gesetz für und gegen alle Rechtsunterworfenen wirkt. Im Anschluß hieran wird die Funktion von § 31 Abs. 2 Satz 1 und 2 BVerfGG überwiegend darin gesehen, daß die den oben erörterten Voraussetzungen entsprechenden Entscheidungen für jedermann verbindlich sind[59]. Da sich die Verbindlichkeit nur auf den Entscheidungsausspruch bezieht, der Sache nach also mit der materiellen Rechtskraft identisch ist, bedeutet Gesetzeskraft daher die Erstreckung der subjektiven Grenzen der Rechtskraft auf alle (*erga omnes*)[60]. Sie bedeutet hingegen nicht, daß die gerichtliche Entscheidung selbst zum Gesetz würde, sie bleibt Richterspruch[61].

1314 Von der Rechtskrafterstreckung sind vor allem die Individuen betroffen, da die staatlichen Organe bereits der Bindungswirkung des § 31 Abs. 1 BVerfGG unterliegen, die jedenfalls die tenorbestimmte Rechtskraftwirkung einschließt. Von einer Erweiterung der Bindungswirkung (§ 31 Abs. 1 BVerfGG) durch die Gesetzeskraft auf Private zu sprechen[62], ist aber dann unrichtig, wenn Bindungswirkung qualitativ etwas anderes als Rechtskraftwirkung meint, so wie es der Ansicht des BVerfG entspricht, die zwar äußerst umstritten

---

56 S.o. Rn. 920.
57 Anders *Geiger* (N 9), S. 25 f., wohl unter dem Eindruck der insoweit überholten BVerfGE 1, 14 (64). Wie hier *Pestalozza*, S. 331 N 299.
58 *Anschütz* (N 49).
59 Etwa *G. Hoffmann*, in: FS E. Wolf (1985), S. 214; *H.H. Klein* (N 22), S. 698; *Schlaich*, Rn. 460.
60 *Brox* (N 20), S. 818; *Badura*, in: Die Bedeutung von Präjudizien im deutschen und französischen Recht (1985), S. 71; *Sachs* (N 19), S. 446; *Stricker*, DÖV 1995, S. 979; *Ziekow*, Jura 1995, S. 524.
61 BVerfGE 1, 89 (90); *Lange* (N 22), S. 6; *Detterbeck*, S. 379. Dies gilt auch, wenn das BVerfG über eine verfassungswidrige Verfassungsnorm entscheidet; die Entscheidung ist selbst nicht Verfassungsgesetz! Dazu *Schlaich*, VVDStRL 39 (1981), S. 130 f. und die sich hieran anschließende Diskussion, ebd., S. 172 ff.; ferner *E. Klein*, S. 439 f. Anders *Böckenförde*, NJW 1999, S. 12 f., der die Auslegung durch das BVerfG zu Unrecht als „authentische" Verfassungsinterpretation und damit als Teilhabe an der Verfassungsgesetzgebung charakterisiert; vgl. auch *C. Schmitt*, Der Hüter der Verfassung (1931), S. 45.
62 So aber z.B. *Pestalozza*, S. 334 f., und *Worm*, in: FS *Doehring* (1989), S. 1023.

ist, aber hier für richtig gehalten wird[63]. Es ist daher sinnvoller, die Gesetzeskraft an die Rechtskraft, nicht an die Bindungswirkung anzuschließen.

Eine Mindermeinung vertritt jedoch gerade dieser Anknüpfung wegen die Ansicht, eine Bindung Privater könne durch eine Normenkontrollentscheidung, mit der eine Norm für verfassungsmäßig erklärt wird, nicht eintreten; denn rechtskräftig könne eine Entscheidung nur gegenüber jemandem werden, der sich an dem Verfahren hatte beteiligen können[64]. Diese Meinung übersieht aber, daß „Gesetzeskraft" zwar in ihrer inhaltlichen und zeitlichen Dimension auf die materielle Rechtskraft Bezug nimmt, gerade aber die subjektiven Grenzen der Rechtskraft in eine Jedermannsverbindlichkeit auflösen will.   **1315**

Allerdings wurde bereits bei der Behandlung der materiellen Rechtskraft von Normenkontrollentscheidungen vermerkt, daß sich in diesen Fällen der Verfahrensgegenstand ohnehin nur objektiv – bezogen auf den Ausspruch der Gültigkeit oder Ungültigkeit der Norm oder ihrer Vereinbarkeit mit höherem Recht – bestimmen läßt, der gewöhnliche Zusatz „*inter partes*" für die Rechtskrafterstreckung also ohne Auswirkung bleibt[65]. Folgt man dieser Ansicht, so ergeben sich aus § 31 Abs. 2 BVerfGG in der Tat keine neuen Erkenntnisse; folgt man ihr nicht, gelangt man über die Gesetzeskraft zu demselben Ergebnis.

Aus beiden Argumentationswegen folgt jedenfalls, daß eine Verfassungsbeschwerde gegen eine Norm, die zuvor mit dem Grundgesetz im Tenor für vereinbar erklärt wurde[66], unzulässig ist, da ihr das Prozeßhindernis der Gesetzeskraft entgegensteht[67]. Diese Meinung führt jedoch – ebensowenig wie der prinzipielle Ausschluß einer Zweitvorlage[68] – zu keiner Versteinerung der Verfassungsrechtsprechung und schließt Innovation nicht aus. Denn einmal unterliegt, wie bereits erwähnt, die Gesetzeskraft als subjektiv erstreckte Rechtskraft deren zeitlichen Grenzen[69]. Daher steht nichts der Erhebung einer Verfassungsbeschwerde entgegen, wenn sich die tatsächlichen oder rechtlichen Verhältnisse geändert haben. Zum andern wirkt sich die Gesetzeskraft/Rechtskraft nur bei identischem Verfahrensgegenstand aus[70]. Wendet sich der Beschwerdeführer gegen eine ihm durch eine Gerichtsentscheidung zugefügte Grundrechtsverletzung[71], so handelt es sich um einen anderen Verfahrensgegenstand selbst dann, wenn die vom Fachgericht angewendete Norm bereits vom BVerfG für mit dem Grundgesetz vereinbar erklärt worden ist. Die Verfassungsbeschwerde wird in solchen Fällen keine hinreichende Aussicht auf Erfolg haben (§ 93 b Satz 1 BVerfGG), ist aber nicht unzulässig, so daß das BVerfG seine alte Rechtsprechung bei Bedarf auch inhaltlich überprüfen kann. Die Verschiedenheit der Verfahrensgegenstände wird überdies eindeutig durch § 93 c Abs. 1 Satz 1 BVerfGG be-   **1316**

---

63 Näher unten Rn. 1318 ff.
64 *Vogel* (N 3), S. 614 f.; im Ergebnis auch *Gusy* (N 27), S. 251 f.
65 S.o. Rn. 1300.
66 Bei Unvereinbarkeits- oder Nichtigerklärung wird die Wirkung der Entscheidung erga omnes nicht bestritten; vgl. BVerfGE 37, 217 (262 f.) und *Vogel* (N 3), S. 614; *Gusy* (N 27), S. 250 f.
67 Vgl. BVerfGE 1, 89 (90); *H.H. Klein* (N 22), S. 699.
68 Vgl. BVerfGE 33, 199 (203 f.); unten Rn. 1332 ff.
69 *Maunz/Bethge*, in: BVerfGG-Kommentar, § 31 Rn. 37; *Rennert*, in: Umbach/Clemens, § 31 Rn. 106; *Detterbeck*, S. 382.
70 Vgl. BVerfGE 78, 320 (328).
71 Anders liegt der Fall nur bei der unmittelbaren Rechtssatzverfassungsbeschwerde; er dürfte aber bereits aus Fristgründen kaum jemals vorkommen (§ 93 Abs. 3 BVerfGG).

legt, wonach trotz bereits erfolgter Entscheidung der maßgeblichen verfassungsrechtlichen Frage eine Verfassungsbeschwerde Erfolg haben kann. Die Prinzipienrechtsprechung im Normenkontrollverfahren steht der auf Abwehr individueller Grundrechtsverletzungen gerichteten Verfassungsbeschwerde daher in der Regel[72] nicht entgegen.

4. Veröffentlichungspflicht

1317 Die Entscheidungsformeln sind in den Fällen, in denen sie Gesetzeskraft haben, durch den Bundesminister der Justiz im Bundesgesetzblatt zu veröffentlichen (§ 31 Abs. 2 Satz 3 und 4 BVerfGG)[73]. Ausgelöst wird das Verfahren durch das BVerfG selbst, das die betreffenden Entscheidungen dem Bundesjustizministerium übersendet und auch prüft, ob die Veröffentlichung erfolgt[74]. Die Publikation erfolgt aus Gründen der Rechtssicherheit[75]. Sie ist aber nicht konstitutiv. Die Wirkungen der Gesetzeskraft treten (wie die der Rechtskraft) mit der Verkündung oder Zustellung der Entscheidung ein[76].

VI. Bindungswirkung

1. Bindungsgegenstand und Bindungsadressaten

1318 Nach § 31 Abs. 1 BVerfGG binden die Entscheidungen des BVerfG[77] die Verfassungsorgane des Bundes und der Länder sowie alle Gerichte und Behörden[78]. Die hieraus gezogene Folgerung, daß alle Entscheidungen an dieser Bindungswirkung teilhaben, würde jedoch deren Zweck verkennen, der eng mit der Stellung und Aufgabe des BVerfG verknüpft ist. Dies bedeutet, daß Bindungswirkung (nur) insoweit besteht, „wie die Funktion des BVerfG als maßgeblicher Interpret und Hüter der Verfassung dies erfordert"[79].

1319 Als die gegenständliche Reichweite der Bindungswirkung einschränkende Konsequenz ergibt sich hieraus, daß sie sich nicht auf Prozeßentscheidungen bezieht, sondern nur Sachentscheidungen erfaßt[80]. Keine Bindungswirkung haben darum auch die in den Gründen niedergelegten Rechtsansichten, die das BVerfG zur Abweisung eines Antrags aus prozessualen Gründen veranlaßt haben[81]. Umgekehrt folgt aus der funktionellen Be-

---

72 Vgl. N 71.
73 Die Publikation erfolgt im Bundesgesetzblatt Teil I.
74 § 29 GeschO BVerfG.
75 *Löwer*, S. 800; *Rennert*, in: Umbach/Clemens, § 31 Rn. 110.
76 *Lechner/Zuck*, § 31 Rn. 39; *Geiger*, § 31 Anm. 15; anders *Pestalozza*, S. 332.
77 Diese Bindungswirkung geht weit über die Wirkungen hinaus, die etwa den Entscheidungen des EuGH (vgl. Art. 228, 231, 233, 234 EGV; zum besonders wichtigen Vorabentscheidungsverfahren vgl. *Wegener*, in: Callies/Ruffert (Hg.), Kommentar zu EU-Vertrag und EG-Vertrag (1999), Art. 234 Rn. 31 ff.) oder des EGMR (vgl. *Ress*, in: FS Mosler (1983), S. 726 ff.; *E. Klein*, in: Protecting Human Rights: The European Perspective (2000), S. 705 ff.) zukommen.
78 Die Bindung der Gerichte unterstreichen etwa §§ 124 Abs. 2 Nr. 4, 132 Abs. 2 Nr. 2 VwGO. Vgl. auch die Aussage des Hess.StGH, NJW 1999, S. 50 zur Bindungswirkung von BVerfGE 96, 345.
79 BVerfGE 40, 88 (93); vgl. auch *Lange* (N 22), S. 5. Diese Verknüpfung wird übersehen von *Pestalozza*, S. 324 N 269.
80 *Maunz/Bethge*, in: BVerfGG-Kommentar, § 31 Rn. 18; a.A. *Detterbeck*, S. 363.
81 BVerfGE 78, 320 (328) im Hinblick auf BVerfGE 67, 26. Zu dieser problematischen Entscheidung s.o. Rn. 850 f.

trachtungsweise, daß das BVerfG an die Normprüfungsentscheidungen anderer Gerichte nicht gebunden ist. Dies ist nur dann anders, wenn mit der Normprüfungsentscheidung die Norm befugtermaßen für nichtig erklärt worden ist[82].

Die Funktion des § 31 Abs. 1 BVerfGG verlangt eindeutig nach der Einbeziehung auch der Normenkontrollentscheidungen in die Regelung der Bindungswirkung[83]. Daß gerade diese Entscheidungen in Gesetzeskraft erwachsen, würde das Argument, § 31 Abs. 2 sei *lex specialis* gegenüber § 31 Abs. 1 BVerfGG[84], nur tragen, wenn die Bindungswirkung nicht inhaltlich weiter reichte als die Gesetzeskraft; dies aber ist, wie zu zeigen sein wird, der Fall[85]. **1320**

Ob Kammerbeschlüssen Bindungswirkung zukommt, ist noch nicht ganz abschließend geklärt. Für stattgebende Entscheidungen (§ 93 c Abs. 1 BVerfGG) wird man die Frage allerdings bejahen müssen; die eindeutige Gleichstellung des Kammerbeschlusses mit einer Senatsentscheidung weist darauf hin[86]. Zweifel erheben sich aber im Hinblick auf die Kammerentscheidungen, mit denen die Annahme von Verfassungsbeschwerden abgelehnt wird (§ 93 b Satz 1 BVerfGG). Wo dies aus prozessualen Gründen geschieht, tritt nach den obigen Ausführungen Bindungswirkung ohnehin nicht ein[87]. Im übrigen handelt es sich um eine eher summarische Prüfung, für die eine abgekürzte Begründung genügt, so daß mehr dafür spricht, daß ablehnende Kammerbeschlüsse keine Bindungswirkung i.S. des § 31 Abs. 1 BVerfGG haben, wie es auch für die früheren Dreierausschußbeschlüsse angenommen wurde[88]. **1321**

Als vorläufige Regelung bindet eine einstweilige Anordnung nur im Rahmen dieser Vorläufigkeit, hat also keine über ihre Geltungsdauer (längstens bis zum Ergehen der Entscheidung in der Hauptsache) hinausgehende Wirkung.

Die Bindungswirkung nach § 31 Abs. 1 BVerfGG richtet sich – anders als die Gesetzeskraft – nicht *erga omnes*, sondern ausschließlich an die Träger öffentlicher Gewalt. Diese aber werden alle – das BVerfG selbst ausgenommen – in Pflicht genommen[89]. Nach dem Wortlaut besteht kein Zweifel, daß auch der Gesetzgeber adressiert ist. Problematisch kann nur sein, ob ihm gegenüber dieselbe Intensität der Bindung wie gegenüber den an- **1322**

---

82 BVerfGE 69, 112 (116-119).

83 So auch *Badura* (N 60), S. 70. – Allerdings tritt die Bindungswirkung nur ein, soweit sich die Feststellung der Gültigkeit oder Ungültigkeit der fraglichen Norm ausschließlich aus dem dem BVerfG zur Verfügung stehenden Prüfungsmaßstab ergibt; vgl. BVerfGE 96, 133 (138). Zum Zusammenhang von Prüfungsbefugnis und Bindungswirkung auch *Rennert*, in: Umbach/Clemens, § 31 Rn. 75.

84 Etwa *Hoffmann-Riem* (N 3), S. 362; ähnlich *Rennert*, in: Umbach/Clemens, § 31 Rn. 64.

85 S.u. Rn. 1323 ff. – Das von *Ziekow*, Jura 1995, S. 524, angeführte Beispiel verdeutlicht den Unterschied zwischen Bindungswirkung und Gesetzeskraft: Ein Schiedsgericht kann nur über die Gesetzeskraft an die Auffassung des BVerfG gebunden werden, nicht aber über die Bindungswirkung, da es kein Gericht im Sinne von § 31 Abs. 1 BVerfGG ist.

86 So auch die gesetzgeberische Intention: BT-Drs. 10/2951, S. 12; vgl. auch *Pestalozza*, S. 307, 324. Anders *Rennert*, in: Umbach/Clemens, § 31 Rn. 70.

87 BVerfGE 92, 91 (107). – Aus demselben Grund entfalten auch die im Rahmen der konkreten Normenkontrolle möglichen Kammerbeschlüsse (§ 81 a BVerfGG) keine Bindungswirkung.

88 BVerfGE 23, 191 (207); 53, 336 (348); *Winter*, in: BVerfGG-Kommentar, § 93 b Rn. 11; *H.G. Rupp* (N 16), S. 405. – Anders *Pestalozza*, S. 307, 324 im Anschluß an *Sachs*, Die Bindung des BVerfG (N 41), S. 392 ff.

89 Es besteht unter funktionellem Aspekt keinerlei Anlaß, die mittelbare Staatsverwaltung, beliehene oder ministerialfreie Verwaltungsträger von der Bindungswirkung auszunehmen; vgl. *Pestalozza*, S. 334 f. – Zur fehlenden Selbstbindung des BVerfG s.u. Rn. 1347.

deren Staatsorganen besteht. Dies ist vor allem für das Wiederholungsverbot in Frage gestellt worden[90].

2. Die Bedeutung der „tragenden Gründe"

1323 Während Rechtskraft und Gesetzeskraft hinsichtlich ihrer inhaltlichen Reichweite unbestritten nur durch die Entscheidungsformel bestimmt werden und auf die Entscheidungsgründe nur zurückgegriffen werden darf, um den Sinn der Entscheidungsformel zu klären, nehmen nach der ständigen Rechtsprechung des BVerfG auch die „tragenden Gründe" seiner Entscheidungen an der Bindungswirkung gemäß § 31 Abs. 1 BVerfGG teil[91]. Damit wird die Bedeutung der verfassungsgerichtlichen Entscheidungen über den Einzelfall hinaus zweifellos stark akzentuiert. Sie sind nicht nur faktisches Präjudiz, wie es die Entscheidungen der höchsten Gerichte stets sein werden, sondern mit rechtlicher Verbindlichkeit ausgestattet. Offenkundig sind mit dieser gesteigerten Bindungswirkung die verfassungsgerichtlichen Erkenntnisse gegenüber denen anderer Gerichte besonders charakterisiert[92].

1324 Diese Rechtsprechung wird allerdings in der Literatur ganz überwiegend, zum Teil sogar sehr scharf abgelehnt[93]. Im Vordergrund stehen zwei Argumente: Die Gefahr einer „Kanonisierung" der Entscheidungsgründe und der sich hieraus ergebenden Verkrustung des Verfassungsrechts (b) und zweitens die Schwierigkeit, zu ermitteln, welche Ausführungen „tragende" Gründe sind (a).

1325 Zu a: Es ist zuzugeben, daß es oft kompliziert sein wird, die tragenden von den nichttragenden Gründen (*obiter dicta*) zu trennen, auch wenn man von der zutreffenden Definition ausgeht, daß tragende Gründe solche Gründe sind, die als notwendige argumentative Stützen für das in der Entscheidungsformel zum Ausdruck kommende Ergebnis dienen (*ratio decidendi*)[94]. Zur Klärung allein auf die Leitsätze zu rekurrieren, die das Gericht formuliert hat, ist sicherlich zu platt; nur allererste Indizien werden sich daraus entnehmen lassen[95]. Letztlich handelt es sich um das retrospektive Aufspüren eines Vorganges argumentativer Logik, wobei die Kette verfassungsrechtlicher Deduktionen auch und zum Teil wohl zwangsläufig aus Wertungen (werthaften Argumenten) besteht. Was tragende Gründe sind, kann daher im Einzelfall durchaus ermittelt werden[96].

---

90 S.u. Rn. 1338 ff.

91 Vgl. nur BVerfGE 1, 14 (37); 40, 88 (93 f.); Beschl. vom 10.02.1988 – 1 BvR 894/87 –, BB 1988, S. 2469; 79, 256 (264). Enger aber BVerfGE 92, 91 (107).

92 Vgl. etwa *Geiger* (N 9), S. 33; *Lange* (N 22), S. 5; *E. Klein*, S. 440.

93 Vor allem *Schlaich*, Rn. 451 ff.; *Wischermann* (N 20), S. 51 ff.; *Hoffmann-Riem* (N 3), S. 349 ff.; *Löwer*, S. 797; *Gusy* (N 27), S. 238 f.; *Stern*, Art. 94 Rn. 129; *Stricker*, DÖV 1995, S. 984 f. Nach dieser Sicht erweitert § 31 Abs. 1 BVerfGG lediglich in analoger Weise zu Abs. 2 die subjektiven Grenzen der Rechtskraft; so wohl auch *Brox* (N 20), S. 819; *Häberle*, JöR 45 (1997), S. 128.

94 Vgl. die ähnliche Definition bei *Geiger*, § 31 Anm. 6. – Im übrigen: Je kürzer und präziser die Entscheidungsgründe gehalten sind, desto einfacher wird die Aufgabe, die „tragenden Gründe" zu bestimmen. Zur Rolle der *obiter dicta Gusy* (N 27), S. 253 ff.; *Kriele* (N 19), S. 282 ff.

95 Zu einfach deshalb BVerwGE 73, 263; 77, 258, hierzu hat wohl *H.G. Rupp* (N 16), S. 406, Anlaß gegeben. Zu den Leitsätzen siehe auch oben Rn. 313, 680.

96 Ähnlich *Ziekow*, Jura 1995, S. 527; *Rennert*, in: Umbach/Clemens, § 31 Rn. 72 f.; anders *Schlaich*, Rn. 452.

Aus der Zugehörigkeit zu den tragenden Gründen sind aufgrund einer anderen Überlegung die Ausführungen herauszunehmen, „die nur (*sic!*) die Auslegung einfacher Gesetze zum Gegenstand haben"[97]. Die wesentliche Begründung hierfür liegt in der Funktion des BVerfG als des maßgeblichen Interpreten – gerade, aber auch nur – des Verfassungsrechts; dem würde der verbindlich interpretierende Zugriff auf das einfache Recht widerstreiten. **1326**

Eine klare Trennung ist freilich auch hier nicht einfach[98], und das BVerfG hat sich gewiß verschiedentlich zu weit auf das Gebiet des einfachen Rechts vorgewagt[99]. Auf der anderen Seite sind Verfassungsrecht und einfaches Recht oft ineinander verschlungen. Das Problem wird besonders deutlich, wenn das BVerfG über Verfassungsbeschwerden entscheiden soll, mit denen Grundrechtsverletzungen durch die Auslegung und Anwendung einfachen Rechts gerügt werden[100], oder wenn eine verfassungskonforme Auslegung vorzunehmen ist[101]. Die maßgeblichen verfassungsrechtlichen Grundsätze sind nur in den Gründen auszumachen. Soweit sie für das verfassungsrechtlich relevante Ergebnis tragend sind, nehmen sie an der bindenden Wirkung nach § 31 Abs. 1 BVerfGG teil[102], ungeachtet der Tatsache, daß sie im Zusammenhang mit der Auslegung einfachen Rechts verfaßt sind.

Über das, was „tragende Gründe" sind, kann das BVerfG nur im Rahmen seiner Argumentation und des Entscheidungsaufbaus verfügen, nicht aber in dem Sinn, daß es frei wäre, beliebige Ausführungen zu tragenden Gründen zu erklären[103]. Denn damit entzöge sich das Gericht der unter kompetentiellem Aspekt unverzichtbaren, weil seine Macht in Schranken haltenden, rechtlichen Zuweisung von Entscheidungsbefugnissen. Entsprechende Hinweise in der Entscheidung können daher zutreffend sein, müssen es aber nicht und sollten daher besser ganz unterbleiben[104]. Jedenfalls gehören sie selbst sicher nicht zu den tragenden Gründen. **1327**

Zunächst ist es daher Sache der Bindungsadressaten, selbst zu prüfen, wie weit ihre Bindung reicht[105]. Das letzte Wort hat dabei allerdings wieder das BVerfG, das – etwa wenn es im Weg einer Verfassungsbeschwerde angerufen wird – entscheiden muß, ob die Nichtbeachtung einer aus einer vorangegangenen Entscheidung abgeleiteten Bindung wirklich fehlerhaft ist (weil eben die tragenden Gründe mißachtend) und den Beschwerdeführer deshalb in seinem Grundrecht nach Art. 2 Abs. 1 i.V.m. Art. 20 Abs. 3 GG verletzt[106]. **1328**

---

97 BVerfGE 40, 88 (94); 72, 119 (121); differenzierend *Detterbeck*, S. 359 f.
98 Darauf macht *Pestalozza*, S. 327, zu Recht aufmerksam, aber er übersieht die Beschränkung, die das BVerfG selbst vornimmt (Zitat bei N 97).
99 Vor allem BVerfGE 62, 26; s.o. N 81.
100 Vgl. hierzu oben Rn. 586 ff.
101 Vgl. oben Rn. 1284 ff.
102 BVerfGE 42, 258 (260) zur verfassungskonformen Auslegung; vgl. auch *H.G. Rupp* (N 16), S. 407; *Lange* (N 22), S. 5. – Zur Problematik näher *v. Mutius*, VerwArch 67 (1976), S. 403 ff.; *Seetzen*, NJW 1976, S. 1967 ff.; *Sachs*, NJW 1979, S. 344 ff.; *Detterbeck*, S. 355 f.; *Ziekow*, Jura 1995, S. 527 f.
103 Dieser Gefahr ist BVerfGE 36, 1 (36) erlegen. Kritisch mit weiteren Nachweisen zu Recht *Schlaich*, Rn. 452.
104 Das BVerfG hat dies auch nicht wieder (N 103) versucht.
105 Vgl. etwa BVerwG, DÖV 1980, S. 871 f. Eine ungeprüfte Hinnahme ist unzulässig, vgl. *H.H. Klein* (N 22), S. 700.
106 Vgl. BVerfG (Kammerbeschl.) vom 05.05.1987 – 2 BvR 104/87 –, NJW 1988, S. 249 einerseits, BVerfGE 77, 84 (104) andererseits.

1329 Zu b: Für die Auffassung des BVerfG spricht, daß es der klare Wille des Gesetzgebers war, die Organe von Bund und Ländern an die verfassungsgerichtlichen Entscheidungen über den konkreten Einzelfall hinaus zu binden. Sie sollten „künftig bei ihren Maßnahmen die Entscheidung, solange das BVerfG seine Rechtsprechung nicht ändert, zu beachten" haben[107]. Der vom BVerfG festgestellte Inhalt einer Verfassungsbestimmung sollte für alle staatlichen Organe über den konkreten Anlaß hinaus „für alle gleichliegenden Anlässe" verbindlich sein[108].

Dabei ist ohne Einbeziehung der tragenden Gründe nicht auszukommen[109]. Die Konkretisierung des Verfassungsrechts und seine inhaltliche Bestimmung geschieht nicht im Tenor, sondern in den Gründen der Entscheidung. Soll die verfassungsgerichtliche Entscheidung Einfluß auf das Verhalten der staatlichen Organe über den Einzelfall hinaus haben, ist daher die Bindungswirkung auf die tragenden Gründe zu erstrecken. Eine „Kanonisierung" der verfassungsgerichtlichen Rechtsprechung erfolgt dadurch nicht.

1330 Dies ergibt sich aus der Beschränkung der Bindungswirkung auf gleichgelagerte Fälle einerseits und aus der inhaltlichen Ausrichtung auf die *ratio decidendi* andererseits. Beides gibt ausreichenden Spielraum für Differenzierungsmöglichkeiten und schneidet Innovationen nicht ab. Es gilt erst recht, wenn man der neueren Rechtsprechung des BVerfG folgt, wonach der Gesetzgeber im Verhältnis zu anderen Verfassungsorganen einer weniger intensiven Bindungswirkung unterliegt[110]. Für Private wirkt sich die Bindung nach § 31 Abs. 1 BVerfGG ohnehin nicht aus. Für eine Dämonisierung der Bindungswirkung besteht daher kein Anlaß. Eine Verkrustung des Verfassungslebens ist bislang nicht eingetreten und droht wegen der Bindungswirkung auch schwerlich.

3. Rechtsfolgen der Bindungswirkung

a) Reaktionspflicht des Bindungsadressaten

1331 Die Bindung nach § 31 Abs. 1 BVerfGG verpflichtet die Staatsorgane, die Konsequenzen aus der verfassungsgerichtlichen Entscheidung zu ziehen, und zwar für Gegenwart, Vergangenheit und Zukunft. Das bedeutet, daß der festgestellte verfassungswidrige Zustand unverzüglich – soweit keine andere Anordnung getroffen wird – in einen verfassungsmäßigen überführt werden muß[111]. Das BVerfG hat es unmittelbar mit der Bindungswirkung begründet, daß bei der Erklärung der Verfassungswidrigkeit einer Rechtsnorm der Gesetzgeber auch für die Vergangenheit die mit der Verfassung unvereinbare Rechtslage nicht bestehen lassen darf; geboten ist „die zeitlich umfassende Heilung eines vom BVerfG festgestellten Verfassungsverstoßes"[112].

---

107 Regierungsbegründung zu § 27 (Entwurf BVerfGG), BT-Drs. I/788.

108 Vgl. die Ausführungen des Berichterstatters des Rechtsausschusses Abgeordneter Professor Wahl, Sten.Ber. BT – I/4226 B.

109 Zum folgenden vor allem *Bryde* (N 20), S. 420 ff.; *Detterbeck*, S. 357 ff.; *Ziekow*, Jura 1995, S. 527; anders *Stricker*, DÖV 1995, S. 983, der hierin die Gefahr sieht, daß das BVerfG Legislativfunktionen übernehme und dadurch den Gewaltenteilungsgrundsatz beeinträchtige.

110 BVerfGE 77, 84 (104 f.) und unten Rn. 1338 ff.

111 Ebenso *Pestalozza*, S. 321; ähnlich *Lechner/Zuck*, § 31 Rn. 33. – § 79 BVerfGG bleibt unberührt; s.o. Rn. 1254 ff.

112 BVerfGE 81, 363 (384). Zur Anwendungssperre s.o. Rn. 1274. Zur Bindungswirkung von BVerfGE 96, 345 vgl. Hess.StGH, NJW 1999, S. 50.

Neben das Gebot zur vollständigen Wiederherstellung des Verfassungsrechts tritt die Pflicht, sich zukünftig von den Feststellungen des BVerfG in dem oben erörterten Umfang leiten zu lassen, das als verfassungswidrig Bezeichnete zu unterlassen und sich im Rahmen des als verfassungsmäßig Erkannten zu bewegen.

b) Das Problem einer erneuten Normenkontrolle

Wenn das BVerfG eine Rechtsnorm für verfassungsmäßig erklärt hat, stellt sich die Frage, ob die Norm im Wege der abstrakten oder konkreten Normenkontrolle (Zweitvorlage)[113] erneut zur Prüfung des Gerichts gestellt werden darf; denn die hierzu nach Art. 93 Abs. 1 Nr. 2 und 2 a sowie Art. 100 Abs. 1 GG Berechtigten (Verfassungsorgane oder Gerichte) sind ja verpflichtet, von der Auffassung des BVerfG auszugehen, die Norm sei verfassungsmäßig[114]. **1332**

Das BVerfG geht grundsätzlich von der Unzulässigkeit des Antrags auf erneute Prüfung aus[115]. In seiner Rechtsprechung besteht allerdings offenkundige Unsicherheit, welche der erörterten Entscheidungswirkungen für dieses Ergebnis verantwortlich ist. Zum Teil werden Bindungswirkung (§ 31 Abs. 1 BVerfGG), Gesetzeskraft (§ 31 Abs. 2 BVerfGG) und Rechtskraft gemeinsam bei Betonung der letzteren genannt[116]. Zum Teil wird auf Rechtskraft und Gesetzeskraft[117], aber auch auf Bindungswirkung und Gesetzeskraft[118], ferner nur auf die Gesetzeskaft[119] oder nur auf die Bindungswirkung[120] abgestellt. Die Verwirrung wird durch die Verweisung auf vorangegangene Entscheidungen, die aber gerade andere Akzente gesetzt haben, noch gesteigert[121]. **1333**

Es erscheint sinnvoll, das grundsätzliche Verbot, eine bereits geprüfte und mit der Verfassung für vereinbar erklärte Norm erneut dem BVerfG zur Prüfung vorzulegen, in § 31 Abs. 1 BVerfGG anzusiedeln, da es gerade Aufgabe dieser Norm ist, das künftige Verhalten der Staatsorgane in Übereinstimmung mit den verfassungsrechtlichen Aussagen des bereits entschiedenen Falles zu steuern[122]. Dies spricht jedoch nicht dagegen, die der Rechtskraftwirkung gezogenen Grenzen auf die Bindungswirkung insoweit zu übertragen, als es um die Eröffnung eines neuen Verfahrens geht. Mit anderen Worten: § 31 Abs. 1 BVerfGG zwingt zwar – bis zur erfolgten Änderung – zur Respektierung der verfassungsgerichtlichen Aussagen, will aber eine solche Änderung nicht ausschließen, soweit sie anderen Entscheidungswirkungen, insbesondere der Rechtskraft, nicht zuwider- **1334**

---

113 Entsprechendes gilt für den Fall der Völkerrechtsverifikation (Art. 100 Abs. 2 GG) und der Normenqualifizierung (Art. 126 GG).

114 Wird die Norm für verfassungswidrig oder nichtig erklärt, ist eine erneute Antragstellung nicht mehr zulässig, s.o. Rn. 1303.

115 Z.B. BVerfGE 26, 44 (56); 33, 199 (203 f.); 65, 179 (181); 87, 341 (346).

116 BVerfGE 33, 199 (203); 70, 242 (249).

117 BVerfGE 79, 256 (264), freilich mit dem merkwürdigen Zusatz, daß die Bindungswirkung auf Rechtskraft und Gesetzeskraft beruhe.

118 BVerfGE 65, 179 (181).

119 BVerfGE 26, 44 (56).

120 BVerfGE 39, 169 (181); 78, 38 (48); 82, 198 (205 f.).

121 Beispielhaft BVerfGE 78, 38 (48); 87, 341 (346).

122 Demgegenüber sieht *Brox* (N 20), S. 819, die materielle Rechtskraft als das entscheidende Argument an, was von seinem Ansatz her konsequent ist (s.o. N 93). *Rennert*, in: Umbach/Clemens § 31 Rn. 85, ordnet diese Frage – allerdings ohne nähere Begründung – der Gesetzeskraft von Entscheidungen zu.

läuft. Der Sache nach sind daher, vermittelt durch die Bindungswirkung, vor allem die zeitlichen Grenzen der Rechtskraft (die auch die der Gesetzeskraft sind) für die Frage entscheidend, ob eine erneute Überprüfung stattfinden darf[123]. Die eigenständige Bedeutung des § 31 Abs. 1 BVerfGG als Prozeßhindernis liegt jedoch darin, daß er den Antragsteller dazu zwingt, den erneuten Antrag oder die Zweitvorlage ausgehend von der vorhandenen bundesverfassungsgerichtlichen Entscheidung zu begründen. „Bei dieser Sachlage ist eine Vorlage regelmäßig unzulässig, wenn das vorlegende Gericht die frühere Entscheidung des BVerfG nicht zum Ausgangspunkt seiner verfassungsrechtlichen Prüfung nimmt und auf dieser Grundlage nicht darlegt, welche inzwischen eingetretenen Veränderungen nach seiner Auffassung die erneute verfassungsgerichtliche Prüfung einer bereits entschiedenen Vorlagefrage veranlassen"[124]. Gegenüber den Erfordernissen der materiellen Rechtskraft ist also ein auf die vorangegangene verfassungsgerichtliche Entscheidung bezogener erhöhter Begründungsaufwand erforderlich[125].

1335 Die zwischenzeitlich eingetretenen, die fortdauernde Richtigkeit der früheren Entscheidung in Zweifel ziehenden Veränderungen können tatsächlicher oder rechtlicher Art sein[126]. Das BVerfG hat bisher offen gelassen, ob auch bei einem grundlegenden Wandel der allgemeinen Rechtsauffassung eine erneute Normprüfung zulässig ist[127]. Diese Frage ist zu bejahen[128]. Auch insoweit ist allerdings die entsprechende Begründungspflicht des Antragstellers zu beachten.

Bezieht sich die beantragte Normprüfung auf eine andere Norm als diejenige, die bereits für verfassungsmäßig erklärt wurde, so taucht das Problem der erneuten Prüfung überhaupt nicht auf[129]. Dies gilt auch dann, wenn die zu prüfende Norm inzwischen wesentlich verändert wurde und daher mit der zunächst geprüften nicht mehr identisch ist[130].

c) Wiederholungsverbot

1336 Wie gezeigt, folgt aus § 31 Abs. 1 BVerfGG zwar kein absolutes Verbot, das BVerfG im Hinblick auf eine bereits geprüfte und für verfassungsmäßig gehaltene Rechtsnorm neu zu befassen. Allgemein wird jedoch ein Zuwiderhandlungs- oder Abweichungsverbot bejaht; dies schließt auch das Verbot ein, den für verfassungswidrig oder nichtig erklärten Akt zu wiederholen[131]. Dies gilt nicht nur für den Urheber des Aktes selbst, sondern für alle Bindungsadressaten[132]. Was den Urheber angeht, ergibt sich zwar ein Wiederholungsverbot bereits aus der materiellen Rechtskraft der Entscheidung[133]. Dennoch ist auch hier

---

123 Insoweit ist die Berufung auf alle drei Entscheidungswirkungen in der Tat nicht falsch.
124 BVerfGE 65, 179 (181); vgl. auch 87, 341 (346).
125 Was bedeutet, daß eben nicht allein auf die Rechtskraft abgestellt werden kann.
126 Vgl. BVerfGE 33, 199 (203 f.); 39, 169 (181); 78, 38 (48); 82, 198 (207 f.); 87, 341 (346).
127 BVerfGE 20, 56 (88 f.); 33, 199 (203 f.). Vgl. oben Rn. 245.
128 *H.H. Klein* (N 22), S. 699; *Brox* (N 20), S. 822.
129 BVerfGE 20, 56 (89); 60, 253 (266); 79, 256 (264); 92, 91 (107 f.). – Auch über § 31 Abs. 1 BVerfGG werden sog. Parallelnormen nicht berührt; vgl. *Pestalozza*, S. 322; *Cremer* (N 52), S. 280 ff.; *Rennert*, in: Umbach/Clemens, § 31 Rn. 66. Differenzierend *Detterbeck*, S. 361.
130 BVerfGE 41, 360 (369); 86, 148 (211).
131 *Pestalozza*, S. 321 f.; *Gusy* (N 27), S. 235.
132 Beispielhaft BVerfGE 8, 122 (141); siehe auch *Cremer* (N 52), S. 277 f. – Bei Urteilen des EuGH und EGMR verbleibt es bei der Wirkung *inter partes*, *E. Klein* (N 77), S. 712 f.
133 *Vogel* (N 3), S. 589; *Detterbeck*, AöR 116 (1991), S. 418 ff.

§ 31 Abs. 1 BVerfGG von Bedeutung, weil er – wie gezeigt – gegenüber den zeitlichen Grenzen der Rechtskraft zusätzlich im Fall der Abweichung oder Wiederholung eine gesteigerte, die Rechtsauffassung des BVerfG zum Ausgang nehmende Begründung notwendig macht.

Ein Sonderfall des Wiederholungsverbots ist positivrechtlich in § 95 Abs. 1 Satz 2 **1337** BVerfGG geregelt. Überwiegend wird dieser Bestimmung im Hinblick auf die Rechtskraft- oder Bindungswirkung keine besondere Bedeutung zugemessen[134]. Diese Auffassung ist jedoch nicht richtig. § 95 Abs. 1 Satz 2 BVerfGG geht ausweislich seines Wortlauts über das aus § 31 Abs. 1 BVerfGG folgende Wiederholungsverbot deshalb hinaus, weil damit präventiv die Wiederholung der Handlung als Grundrechtsverletzung festgestellt wird[135], während das Wiederholungsverbot nach § 31 BVerfGG unter dem Vorbehalt der Aufhebung steht, die durch eine Neubefassung des Gerichts herbeigeführt werden kann. Diese dem Schutz der Grundrechte dienende Spezialvorschrift ist analoger Anwendung auf andere Verfahren nicht zugänglich[136].

Das Verbot der Wiederholung von für nichtig oder verfassungswidrig erklärten Akten ist **1338** lange Zeit ohne weiteres auch auf den Gesetzgeber angewendet worden – verständlicherweise, da er in § 31 Abs. 1 BVerfGG keine besondere Behandlung erfährt[137]. Das BVerfG selbst hat diese Ansicht geteilt. Eine normverwerfende Entscheidung binde mit ihren tragenden Gründen „alle Verfassungsorgane des Bundes gemäß § 31 Abs. 1 BVerfGG derart, daß ein Bundesgesetz desselben Inhalts nicht noch einmal von den gesetzlichen Körperschaften beraten, beschlossen und vom Bundespräsidenten verkündet werden kann"[138].

Der Erste Senat hat sich in einer Entscheidung aus dem Jahr 1987 von dieser Auffassung **1339** abrupt abgewendet und dezidiert erklärt, daß der Gesetzgeber durch eine normverwerfende verfassungsgerichtliche Entscheidung nicht gehindert sei, „eine inhaltsgleiche oder inhaltsähnliche Neuregelung zu beschließen"[139]. Weder die einfachgesetzliche Bindungswirkung (§ 31 Abs. 1 BVerfGG) noch die Rechtskraft könnten davon absehen lassen, daß der Gesetzgeber nur an die verfassungsmäßige Ordnung gebunden sei. Allein dies werde seiner Gestaltungsfreiheit und Gestaltungsverantwortung gerecht. „Diese Beurteilung entspricht der besonderen Verantwortung des demokratisch legitimierten Gesetzgebers für die Anpassung der Rechtsordnung an wechselnde soziale Anforderungen und veränderte Ordnungsvorstellungen. Sie trägt zugleich den funktionellen und institutionellen Grenzen verfassungsgerichtlichen Rechtsschutzes, namentlich dem Umstand Rechnung, daß das BVerfG Akte der gesetzgebenden Gewalt an der Verfassung selbst und nicht an verfassungsgerichtlichen Präjudizien zu messen hat und seine Rechtsprechung nicht aus eigener Initiative korrigieren kann; sie beugt damit einer mit der rechts- und sozialstaatli-

---

134 Vgl. *Schmidt-Bleibtreu*, in: BVerfGG-Kommentar, § 95 Rn. 20; *Geiger*, § 95 Anm. 4; *Stern*, Art. 93 Rn. 747.
135 Vgl. BVerfGE 7, 99 (100 f., 108 f.).
136 Anders *Gusy* (N 27), S. 227 f.; *Schlaich*, Rn. 448.
137 Vgl. *Geiger*, § 31 Anm. 12; *Zeidler*, EuGRZ 1988, S. 215; *Maassen*, NJW 1975, S. 1345.
138 BVerfGE 1, 14 (37); bestätigend in Bezug genommen von BVerfGE 69, 112 (115); s. auch *Cremer* (N 52), S. 278 f.
139 BVerfGE 77, 84 (103). – Die Abweichung erfolgte ohne Anrufung des Plenums gemäß § 16 BVerfGG, weil es sich in BVerfGE 1, 14 (37) nicht um tragende Ausführungen gehandelt habe. Diese Begründung ist umstritten: *Ulsamer*, in: BVerfGG-Kommentar, § 16 Rn. 5 einerseits, *Geiger*, § 16 Anm. 4 andererseits. Unklar BVerfGE 4, 27 (28).

chen Demokratie unvereinbaren Erstarrung der Rechtsentwicklung vor, ohne die Aufgaben und Befugnisse des BVerfG zur rechtsverbindlichen Auslegung der Verfassung und Gewährung wirksamen verfassungsgerichtlichen Rechtschutzes zu gefährden"[140].

1340 Diese Rechtsprechung, die sich deutlich einem „dialektischen Verhältnis zwischen Normgeber und Normkontrolleur" öffnet[141], kann sich in der Tat auf Äußerungen im Parlamentarischen Rat berufen, wonach der Erstarrung der Rechtsentwicklung jederzeit durch das Einbringen einer neuen Gesetzesvorlage entgegengewirkt werden könne[142]. Dennoch ist die Argumentation des Gerichts bedenklich.

Kein stichhaltiger Einwand ist es allerdings, wenn auf die „verfassungsrechtliche Verankerung der Rechtskraft" hingewiesen wird[143]; denn, wie schon die einfachgesetzlichen Wiederaufnahmegründe zeigen, ist sie vor dem Zugriff des Gesetzgebers nicht geschützt. Sehr viel zweifelhafter ist aber das Argument des BVerfG, daß der Gesetzgeber sich nicht selbst durch einfaches Gesetz binden, also sich selbst nicht der Bindungswirkung und dem daraus folgenden Wiederholungsverbot unterwerfen könne. Der Gesetzgeber kann zwar durch Änderung des Gesetzes sich dieser Auswirkung der Bindung entziehen. Die gesetzliche Wiederholung einer für nichtig erklärten Norm ist aber doch wohl kaum als *lex posterior* gegenüber § 31 Abs. 1 BVerfGG zu interpretieren[144].

1341 Schwierigkeiten bereitet auch der Wortlaut von § 31 Abs. 1 BVerfGG, der die gesetzgebende Gewalt offenkundig miteinbezieht. Der Hinweis auf die fehlende Bindung des BVerfG[145] – das auch „Verfassungsorgan" und „Gericht" ist – überzeugt nicht, da in der Tat das Organ, das oberster Interpret der Verfassung sein soll, nicht an eine möglicherweise einmal gefundene falsche Interpretation gebunden sein kann. Der Gesetzgeber aber untersteht eben dieser die Verfassung interpretierenden Autorität des BVerfG[146]. Es ist daher nicht logisch, aus der fehlenden Bindung des BVerfG auf die fehlende Bindung des Gesetzgebers zu schließen.

1342 Folgt man der Auffassung des BVerfG, so wäre die Teilnichtigkeit des § 31 Abs. 1 BVerfGG nur mit einer verfassungskonformen Auslegung dahin zu umgehen, daß er den Gesetzgeber vom Bindungsgebot ausnimmt und der Normtext damit teleologisch reduziert wird. Selbst wenn man sich aber über den Wortlaut des § 31 Abs. 1 BVerfGG hinwegsetzen kann, bleibt das allgemeine Bedenken, daß der Gesetzgeber unmittelbar durch Neuerlaß einer Norm den Spruch des BVerfG konterkarieren könnte[147]. Die Frage, ob nicht die ihrerseits verfassungsrechtlich verankerte Pflicht zur Verfassungsorgan-

---

140 BVerfGE 77, 84 (104).
141 *Gerber*, DÖV 1989, S. 705. Ähnlich *Korioth*, Der Staat 30 (1991), S. 551.
142 Vgl. die Äußerung des Abg. *Zinn*, JöR 1 (1951), S. 687; ferner Art. 99 Abs. 1 Entwurf Herrenchiemsee: „Die Entscheidungen des Bundesverfassungsgerichts und seine zu ihrer Durchführung erlassenen Anordnungen sind für alle Gerichte und Behörden bindend".
143 So aber *Pestalozza*, S. 308 und 322; ähnlich *Sachs*, DtZ 1990, S. 198.
144 Ebenso *Detterbeck*, S. 368; anders *Korioth* (N 141), S. 556 f.
145 BVerfGE 77, 84 (104); s.u. Rn. 1347.
146 Diese Autorität des BVerfG ist nicht gleichzusetzen mit dem viel weitergehenden und abzulehnenden Anspruch, das BVerfG sei „authentischer Interpret" der Verfassung; zu Recht a.A. *Schlaich*, Rn. 450; *Korioth* (N 141), S. 570 f.; *H.H. Klein*, in: Verfassungsgerichtsbarkeit und Gesetzgebung (1998), S. 57. S. auch N 61.
147 Bedenken auch bei *Bryde* (N 20), S. 407; für weniger gravierend halten diese Bedenken *Stricker*, DÖV 1995, S. 982, und *Korioth* (N 141), S. 565.

treue[148] eine auf die bloße „Gestaltungsfreiheit" des Gesetzgebers gestützte Normwiederholung ausschließt, läßt das BVerfG unerörtert.

Die Entscheidung des Ersten Senats markiert einen bewußten Kontrapunkt zur bis dahin **1343**
durchaus herrschenden Meinung[149]. Sie modifiziert nicht etwa in Übernahme der überwiegenden Kritik in der Literatur die Reichweite der Bindungswirkung allgemein, sondern zieht sich gezielt dem Gesetzgeber gegenüber zurück. Dabei dürfte jedoch die viel
beschworene Erstarrungsgefahr des demokratischen Prozesses erheblich überschätzt
worden sein. Erstaunlich ist schließlich, daß die Neuorientierung der Rechtsprechung
vollzogen wurde, ohne im konkreten Fall veranlaßt zu sein[150]. Es besteht deshalb Anlaß,
zu vermuten, daß das BVerfG mit seiner Entscheidung den Weg für die gesetzliche Neu-
ordnung ganz anderer Bereiche ebnen wollte. Zu denken ist vor allem an die schon damals immer wieder ins Gespräch gebrachte Neuregelung des Schwangerschaftsabbruchs
in einem vom BVerfG früher für nichtig erklärten Sinn[151].

Wie wenig gesicherter Grund mit der erörterten Entscheidung (E 77, 84) betreten wurde, **1344**
zeigt die weitere Rechtsprechung gerade des Ersten Senats, der in der Folge die „Bindungswirkung … gegenüber dem Gesetzgeber" ganz offen artikuliert hat[152], und zwar
nicht nur im Zusammenhang mit der Frage, wie der Gesetzgeber festgestellte Verfas-
sungsstöße zu heilen habe[153]. Im Jahr 1997 hat der Erste Senat über eine neue hessische
Regelung (Sonderurlaubsgesetz) zu entscheiden gehabt, die zuvor mit Art. 12 GG für unvereinbar erklärt worden war[154]. Das BVerfG führt hierzu aus: „Das hindert den hessischen Landesgesetzgeber zwar nicht daran, eine inhaltlich gleichlautende Bestimmung zu
erlassen (vgl. BVerfGE 77, 84 [103 f.]). Er kann dabei aber die vom BVerfG festgestellten
Gründen der Verfassungswidrigkeit des ursprünglichen Gesetzes nicht übergehen. Eine
Normwiederholung verlangt vielmehr ihrerseits besondere Gründe, die sich vor allem aus
einer wesentlichen Änderung der für die verfassungsrechtliche Beurteilung maßgeblichen tatsächlichen oder rechtlichen Verhältnisse oder der ihr zugrunde liegenden An-
schauungen ergeben können. Fehlen solche Gründe, ist das Bundesverfassungsgericht
nicht gehalten, die bereits entschiedenen verfassungsrechtlichen Fragen erneut zu erörtern"[155].

Diese Überlegungen zeigen, daß das BVerfG bei nomineller Aufrechterhaltung seiner **1345**
Auffassung nicht von der – jedenfalls teilweise so interpretierten – völligen Entlassung
des parlamentarischen Gesetzgebers aus der Bindungswirkung des § 31 Abs. 1 BVerfGG

---

148 Allgemein *Schenke*, Die Verfassungsorgantreue (1977); zum konkreten Problem *Sachs* (N 19), S. 455;
auch *Korioth* (N 141), S. 571, sieht in der Verfassungsorgantreue immerhin eine Grenze für „obstinate
Wiederholungen".
149 Die wohl heute h.M. folgt dem BVerfG; vgl. *Rennert*, in: Umbach/Clemens, § 31 Rn. 67; *Hesse*, JZ 1995,
S. 268; *Stricker*, DÖV 1995, S. 981 f.; *Häberle*, JÖR 45 (1997), S. 128; *Korioth* (N 141), S. 549 ff.;
Schlaich, Rn. 448, der aber „durchaus mögliche Einwände" sieht. Differenzierend *Detterbeck* (N 133),
S. 442 ff.
150 Vgl. BVerfGE 77, 84 (104 f.).
151 Vgl. BVerfGE 39, 1 und die hieran anknüpfenden Überlegungen von *Sachs* (N 143), S. 193 ff.; kritisch
hierzu *Ziekow*, Jura 1995, S. 526, Fn. 54.
152 BVerfGE 85, 117 (123).
153 So aber BVerfGE 80, 297 (309); 81, 363 (384) – Zweiter Senat.
154 Vgl. BVerfGE 85, 226 (234).
155 BVerfGE 96, 260 (263).

ausgeht; entsprechend formuliert der Senat ein Jahr später, daß die Bindungswirkung verfassungsgerichtlicher Entscheidungen nicht ein absolutes (!) Normwiederholungsverbot zur Folge habe[156]. Alles dies berechtigt zu dem Schluß, daß auch nach Ansicht des BVerfG der Gesetzgeber der Bindungswirkung nach § 31 Abs. 1 BVerfGG nicht nur für die Vergangenheit (Heilung) sondern auch für die Zukunft (Normwiederholung) unterliegt, insoweit allerdings bei Vorliegen „besonderer Gründe" im oben zitierten Sinn die früher verworfene Norm wiederholen darf.

d) Urteilsschelte und Kritik

1346   Wissenschaftliche und publizistische Kritik an Entscheidungen des BVerfG[157] ist ebenso notwendig wie zulässig[158]. § 31 Abs. 1 BVerfGG verhindert sie schon deshalb nicht, weil die Bestimmung sich nicht an Private richtet und die Freiheit der Wissenschaft nicht beeinträchtigen darf[159]. Aber auch Kritik durch ein Staatsorgan, selbst in der harschen Form der Urteilsschelte, wird durch § 31 Abs. 1 BVerfGG nicht verboten[160]. Entscheidend ist der Rechtsgehorsam, nicht die Begleitmusik. Sie ist freilich eine Sache des Stils, kann aber darüber hinausgehend auch rechtliche Bedeutung erlangen, wenn der Ton so schrill wird, daß die Pflicht zur gegenseitigen Loyalität der Staatsorgane verletzt ist[161], oder wenn einzelne Richter persönlich-namentlich angegriffen werden[162].

4. Fehlende Bindung des BVerfG

1347   Nach allgemeiner Ansicht ist das BVerfG an seine eigenen Entscheidungen nicht gebunden[163]. Es kann von ihnen abweichen – möglicherweise aus Gründen der Wahrung der Einheitlichkeit seiner Rechtsprechung erst nach Entscheidung des Plenums –, wenn es zu einer seiner Ansicht nach besseren Auffassung von dem verfassungsrechtlich Geforderten kommt[164]. Es wäre widerspruchsvoll, dem BVerfG die Aufgabe des maßgeblichen Verfassungsinterpreten zu übertragen und ihm gleichzeitig die Möglichkeit zu besserer Erkenntnis und ihrer Realisierung zu versagen und damit die „richtigere" Auslegung der Verfassung zu verhindern[165].

---

156 BVerfGE 98, 265 (320 f.).

157 Beispiele sind etwa das Diäten-Urteil (BVerfGE 40, 296) und der Kruzifix-Beschluß (BVerfGE 93, 1), die zahllose Besprechungen gefunden haben; vgl. dazu *H.H. Klein*, in: FS Blümel (1999), S. 225 ff.; *Schulze-Fielitz*, AöR 122 (1997), S. 3.

158 Vgl. *Limbach*, RdA 1997, S. 4 f.

159 Der rechtliche Diskurs über vom BVerfG entschiedene Fragen ist in keiner Weise gehindert; vgl. auch *Cremer* (N 52), S. 264 f.

160 Viel zu weitgehend *H.G. Rupp* (N 16), S. 409. Vgl. jetzt aber *Mishra*, Zulässigkeit und Grenzen der Urteilsschelte (1997).

161 *Schenke* (N 148), S. 115 ff., und *H.H. Klein*, in: FS Stern (1997), S. 1143 f.

162 Vgl. *Schulze-Fielitz* (N 157), S. 29 f. – S. auch oben Rn. 10 und unten Rn. 1366.

163 Z.B. BVerfGE 4, 31 (38); 20, 56 (86 f.); 78, 320 (328); 82, 198 (204); 85, 117 (121). Ferner *Lange* (N 22), S. 4; *Zeidler* (N 137), S. 215 f.; *Detterbeck*, S. 369. Anders, allerdings ohne überzeugende Begründung, *Lechner/Zuck*, § 31 Rn. 29. Für eine Ausnahme im Fall der Fristsetzung durch das BVerfG plädiert *Maassen*, NJW 1975, S. 1347.

164 Beispiele BVerfGE 70, 35 (53); 85, 264 (285); 99, 1 (8 ff.); 100, 249 (260).

165 Vgl. auch *Ziekow*, Jura 1995, S. 526.

5. Nichtbeachtung der Bindungswirkung

Die Reichweite der Bindungswirkung und die sich daraus ergebenden Verhaltens- oder Unterlassungspflichten sind zunächst von dem Bindungsadressaten in eigener Verantwortung zu prüfen[166]. Die Sanktion des Verstoßes liegt darin, daß das BVerfG – wenn die Sache in einem zulässigen Verfahren zu ihm gelangt – die auf dem Verstoß beruhende Handlung oder Unterlassung für verfassungswidrig erklären wird.   **1348**

Nach Auffassung des BVerfG liegt nämlich in der Nichtbeachtung der Bindungswirkung ein eigener Verfassungsverstoß, und zwar eine Verletzung von Art. 20 Abs. 3 GG. Ergeht daher eine Maßnahme, die die Bindungswirkung gemäß § 31 Abs. 1 BVerfGG mißachtet, so kann der hiervon Betroffene nach Erschöpfung des Rechtsweges Verfassungsbeschwerde gemäß Art. 2 Abs. 1 i.V.m. Art. 20 Abs. 3 GG erheben[167]. In einem besonders gelagerten Fall hat das BVerfG entschieden, daß die bewußte Abweichung eines Gerichts von tragenden Gründen einer verfassungsgerichtlichen Entscheidung den Beschwerdeführer in seinem Recht aus Art. 19 Abs. 4 GG verletze[168]. Während das BVerfG eine bestimmte Vorschrift als Fristvorschrift interpretiert hatte, gegen deren Versäumung Wiedereinsetzung in den vorigen Stand beantragt werden könnte[169], hat das OVG Münster diese Auslegung abgelehnt. Das BVerfG hob den Beschluß des OVG auf.

Besteht keine Möglichkeit, die Nichtbeachtung der Entscheidung zu rügen, bleibt dem BVerfG die Möglichkeit, nach § 35 BVerfGG eine Vollstreckungsanordnung zu erlassen.

§ 39 Entscheidungsvollstreckung

I. Grundfragen

Dem BVerfG selbst ist nach § 35 BVerfGG der maßgebliche Einfluß im Hinblick auf die Vollstreckung seiner Entscheidungen eingeräumt. Es kann bestimmen, wer sie vollstreckt, und es kann auch die Art und Weise der Vollstreckung regeln. In entschiedener Abkehr von Art. 19 Abs. 2 WRV („Der Reichspräsident vollstreckt das Urteil des Staatsgerichtshofs") ist die Vollstreckung von der Verantwortung politischer Instanzen abge-   **1349**

---

166 *H.H. Klein*, NJW 1977, S. 700; *Sachs* (N 19), S. 444.
167 BVerfGE 40, 88 (93 f.); Beschl. vom 10.03.1988 – 1 BvR 894/87 –, BB 1988, S. 2469 f. – Vgl. auch BVerfGE 68, 132 (141). Kritisch im Blick auf einen Verstoß gegen Art. 20 Abs. 3 GG *Ziekow*, Jura 1995, S. 528; vgl. auch *Detterbeck*, S. 365.
168 Kammerbeschl. vom 13.08.1990 – 2 BvR 104/87 –, NJW 1988, S. 249. – Vgl. auch BVerwG, NVwZ 1990, S. 1163 f., wonach ein Verstoß gegen die Bindungswirkung durch ein Instanzgericht nicht die Zulassung der Revision rechtfertigt, weil die Frage nach der Entscheidung des BVerfG nicht mehr klärungsbedürftig sei. Als Rechtsbehelf bleibt somit nur die Verfassungsbeschwerde. Ob dies den Vorstellungen des BVerfG von der Subsidiarität der Verfassungsgerichtsbarkeit entspricht, ist fraglich. Vgl. jetzt § 132 Abs. 2 Nr. 2 VwGO.
169 Vgl. BVerfGE 71, 305 (346). Das BVerfG hat sich mit dieser Entscheidung unter dem Aspekt der Subsidiarität der Verfassungsbeschwerde zweifellos weit in das Gebiet des einfachen Rechts hineinbegeben – mit fast absehbarer Folge. Vgl. dazu *E. Klein*, in: FS Zeidler, II (1987), S. 1311.

koppelt und auf das Gericht übertragen worden[1]. § 35 BVerfGG besitzt vor diesem Hintergrund deutlich den Charakter einer Kompetenz- und Statusnorm[2].

1350 Das BVerfG hat sie immer so verstanden. Selbstbewußt hat es § 35 BVerfGG – ähnlich wie § 31 Abs. 1 BVerfGG – aus seiner Rolle als „Hüter der Verfassung" heraus interpretiert; er mache es zum „Herrn der Vollstreckung". Die Vorschrift gebe ihm die Kompetenz, „seinen ein Verfahren abschließenden Sachentscheidungen Geltung zu verschaffen". Ihm sei „volle Freiheit" belassen worden, „das Gebotene in der jeweils sachgerechtesten, raschesten, zweckmäßigsten, einfachsten und wirksamsten Weise zu erreichen"[3]. Das Gericht, dem Bescheidenheit wohl ansteht, hat diese Superlative zwar später nicht wiederholt. Der Sache nach hat es allerdings an seiner Auffassung festgehalten.

1351 Dabei geht das BVerfG von einem weiten Vollstreckungsbegriff aus. In Übernahme einer Formulierung von *Adolf Arndt*[4] wird Vollstreckung im Sinne des § 35 BVerfGG definiert als „der Inbegriff aller Maßnahmen, die erforderlich sind, um solche Tatsachen zu schaffen, wie sie zur Verwirklichung des vom BVerfG gefundenen Rechts notwendig sind"[5]. Vollstreckung wird mit Vollzug, Durchsetzung, Sicherung der Beachtung und Respektierung der Entscheidung gleichgesetzt[6]. Dieses Verständnis erlaubt es, auch Feststellungs- und Gestaltungsentscheidungen entgegen der herkömmlichen prozessualen Terminologie für „vollstreckungsfähig" zu halten. Erfaßt werden damit insbesondere auch Normenkontrollentscheidungen, auch solche, mit denen eine Norm für nichtig oder verfassungswidrig erklärt wurde[7].

In der Literatur wird diese Ausweitung zunehmend kritisiert[8]. Dies geschieht vor allem unter Hinweis auf § 31 BVerfGG, der den Entscheidungen Gesetzeskraft und Bindungswirkung verleiht; daneben verbleibe kein Raum für Vollstreckungsmaßnahmen. Dem Argument, dies schließe die faktische Nichtrespektierung der Entscheidung nicht aus[9], wird entgegengehalten, daß sich hiergegen der Betroffene zur Wehr setzen könne, letztlich sogar mit Hilfe der Verfassungsbeschwerde.

1352 An dieser Ansicht ist soviel richtig, als in der Tat darauf geachtet werden muß, daß bisher nicht geprüfte hoheitliche Maßnahmen über das Vollstreckungsverfahren nach § 35 BVerfGG automatisch in den Strudel der Erstentscheidung geraten, die sich mit einer

---

1 Dazu *Dreher*, NJW 1951, S. 380. – Zur Entstehungsgeschichte des § 35 BVerfGG vgl. Grundlegung der Verfassungsgerichtsbarkeit. Das Gesetz über das BVerfG vom 12. März 1951, bearbeitet von *R. Schiffers* (1984), S. 171 f.; *J. Ipsen*, Rechtsfolgen der Verfassungswidrigkeit von Norm und Einzelakt (1980), S. 232 ff. Zum Meinungsstreit über die Auslegung des Art. 19 Abs. 2 WRV, insbesondere über die Kompetenzen des Reichspräsidenten, vgl. *Anschütz*, Die Verfassung des Deutschen Reichs vom 11. August 1919 (14. Aufl. 1933), Art. 19 Anm. 16.
2 *E. Klein*, S. 443. – *Forsthoff*, in: FS C. Schmitt (3. Aufl. 1994), S. 58 ff., sieht hierin den Übergang vom Rechtsstaat in den Justizstaat.
3 Alle Zitate in BVerfGE 6, 300 (303 f.).
4 DVBl. 1952, S. 3. Zur Grundlage dieser Definition vgl. *J. Ipsen* (N 1), S. 234 N 111.
5 BVerfGE 6, 300 (304); 68, 132 (140). Kritisch *Roth*, AöR 124 (1999), S. 477.
6 Vgl. dazu schon die Vorschläge während der parlamentarischen Beratung des § 35 BVerfGG; *F. Klein*, in: BVerfGG-Kommentar, § 35 Rn. 13.
7 BVerfGE 6, 300 (304). Zustimmend auch *Pestalozza*, S. 265; *Lechner/Zuck*, § 35 Rn. 3; *Laumen*, Die Vollstreckungskompetenz nach § 35 BVerfGG (1997), S. 25 ff.
8 Vor allem *J. Ipsen* (N 1), S. 236 ff.; ähnlich *Gusy*, Parlamentarischer Gesetzgeber und BVerfG (1985), S. 199 ff.; *Roth* (N 5), S. 478 ff.; *Knies*, in: FS Stern (1997), S. 1167 ff.
9 *Herzog*, Der Staat 4 (1965), S. 39.

ganz anderen Situation auseinandergesetzt hat[10]. Ergeht ein neues inhaltsgleiches oder -
ähnliches Gesetz, nachdem das bisherige vom BVerfG für nichtig erklärt wurde, oder
wird ein Urteil auf der Grundlage einer für nichtig oder verfassungswidrig erklärten
Norm gefällt, so besteht in der Tat die Möglichkeit, daß der Betroffene hiergegen vorgehen kann[11]. Doch sind ohne weiteres Fälle denkbar, bei denen dies nicht möglich ist. Solche Fälle betreffen vor allem den staatsorganisationsrechtlichen Bereich[12]. Ergibt sich
z.B. aus einer bundesverfassungsgerichtlichen Normenkontrollentscheidung über ein
Vertragsgesetz (Art. 59 Abs. 2 GG) das Verbot, einen völkerrechtlichen Vertrag zu ratifi-
zieren, so ist ein nachträgliches Verfahren nicht mehr in der Lage, die völkerrechtliche
Bindung zu beseitigen, wenn der Vertrag doch völkerrechtlich in Kraft gesetzt wird. § 35
BVerfGG gibt dem BVerfG die Möglichkeit, nicht nur zusätzlich – über die Entscheidung
hinaus – die zuständigen Staatsorgane auf ihre Unterlassungspflicht aufmerksam zu ma-
chen, sondern das Gericht könnte auch auf diese Weise dafür sorgen, daß der Vertragspartner Kenntnis vom verfassungsrechtlichen Hinderungsgrund erhält. Dies hätte die
Folge, daß er im Hinblick auf die verbindliche Kraft der Vereinbarung nicht mehr im guten Glauben wäre und deshalb eine Berufung der Bundesrepublik Deutschland auf das der
Vertragserfüllung entgegenstehende innerstaatliche Recht nicht zurückweisen dürfte[13].
An der Einbeziehung gerade auch der Normenkontrollentscheidungen in die Vollstrek-
kungsregelung sollte daher festgehalten werden[14].

An die Stelle der generellen Vollstreckungsvorschrift treten nur in wenigen Fällen Spezi-   **1353**
albestimmungen. Hinzuweisen ist auf § 34 Abs. 3 (betr. Gebühren), § 59 Abs. 3
BVerfGG (Versetzung in ein anderes Amt oder in den Ruhestand im Richteranklageverfahren) und auf § 32 ParteienG (Vollzug des Verbots verfassungswidriger Parteien). § 32
ParteienG schließt allerdings die Anwendbarkeit von § 35 BVerfGG nicht aus. Das verdeutlicht § 32 Abs. 1 S. 1 ParteienG. Danach können die von den Landesregierungen bestimmten Behörden die Maßnahmen treffen[15], die zur Vollstreckung des verfassungsgerichtlichen Urteils und „etwaiger zusätzlicher Vollstreckungsregelungen des Bundesverfassungsgerichts erforderlich sind". Das BVerfG kann zudem gemäß § 32 Abs. 3 ParteienG die Vollstreckung auf der Grundlage von § 35 BVerfGG abweichend von § 32 Abs. 1
und 2 ParteienG regeln.

II. Anwendungsfälle

Bislang hat das BVerfG von § 35 BVerfGG noch nie Gebrauch machen müssen, um die   **1354**
Beachtung seiner Entscheidungen auch illoyalem Verhalten von Staatsorganen gegenüber
durchzusetzen, doch ist die Vorschrift in anderen Zusammenhängen vielfach zur Anwen-

---

10 Zutreffend BVerfGE 68, 132 (141).
11 S.o. Rn. 1348.
12 Eine denkbare Konstellation umreißt BVerfGE 36, 1 (15).
13 Art. 46 Wiener Vertragsrechtskonvention von 1969 (BGBl. 1985 II S. 961).
14 Hinzuweisen ist auch darauf, daß häufig einstweilige Anordnungen mit einer Vollstreckungsanordnung ver-
    bunden worden sind; vgl. BVerfGE 8, 42 (47); 12, 36 (45); 43, 47 (48); 74, 7. In diesen Fällen wird jedoch
    nicht immer klar, weshalb die e.A. nach § 32 BVerfGG noch einer Bewehrung durch § 35 BVerfGG bedarf.
15 Handelt sich um eine länderübergreifend operierende Partei, ist nach § 32 Abs. 2 ParteienG der Bundesmi-
    nister des Innern für die Vollstreckung verantwortlich.

dung gekommen. Unter systematischen Gesichtspunkten lassen sich vier Konstellationen unterscheiden:

1355 (1) Mit Hilfe von Vollstreckungsanordnungen hat das BVerfG dafür gesorgt, daß Beschwerdeführer solange ausreichenden Rechtsschutz erlangen, bis im Falle der Aufhebung grundrechtswidriger Gerichtsurteile das Gericht, an das die Sache zurückverwiesen wird, verfassungskonform entscheidet[16]. Dies betrifft etwa die Fälle von Verfassungsbeschwerden gegen aufenthaltsbeendigende Maßnahmen, nachdem das BVerfG die verwaltungsgerichtliche Bestätigung der Anordnung der sofortigen Vollziehung aufgehoben hatte[17].

1356 (2) Die beiden vom BVerfG ausgesprochenen Parteiverbote[18] trafen insofern auf eine Rechtslücke, als ungeregelt war, welche Folgen sich aus der Auflösung der Partei für die bestehenden Mandate ergaben. Bis zur Regelung durch den zuständigen Gesetzgeber konnte die Frage nicht offenbleiben. Das BVerfG verfügte daher den ersatzlosen Wegfall der Mandate, nicht ohne zu bemerken, daß die Rechtsgültigkeit der Beschlüsse, die auf der Grundlage der verminderten Mitgliederzahl der Parlamente gefaßt werden, nicht in Zweifel gezogen werden könne[19].

1357 (3) Vor allem hat das BVerfG aber Übergangsschwierigkeiten anderer Art mit Hilfe des § 35 BVerfGG zu meistern versucht. Dabei handelt es sich um normverwerfende Normenkontrollentscheidungen, die einen Rechtszustand herbeigeführt hatten, der nach Ansicht des Gerichts ohne Korrektur auch nicht vorübergehend hinzunehmen war[20]. Herausragende Beispiele sind die Abtreibungsentscheidungen aus den Jahren 1975 (BVerfGE 39, 1)[21] und 1993 (BVerfGE 88, 203)[22]. In BVerfGE 39, 1 hielt das BVerfG die sogenannte Fristenlösung für verfassungswidrig und erklärte in diesem Umfang § 218 a StGB in der Fassung des 5. Strafrechtsreformgesetzes von 1974 für nichtig. Das BVerfG war jedoch insoweit in einer schwierigen Situation, als es offenkundig auch verfassungsrechtliche Bedenken gegen die bisherige Lösung hatte, deren Fortgeltung bis zu einem neuerlichen Gesetzgebungsakt daher schwerlich in Betracht kommen konnte[23]. Es nahm daher in die Urteilsformel eine auf § 35 BVerfGG gestützte detaillierte Anordnung „bis zum Inkrafttreten einer gesetzlichen Neuregelung" auf. Entsprechend detaillierte Vorgaben für den Gesetzgeber machte das BVerfG auch in seiner Abtreibungsentscheidung von 1993[24].

---

16 BVerfGE 19, 394; 29, 312 (317 f.); 35, 382 (383, 408); 38, 52 (60); BVerfG, Beschl. v. 13.8.1993 – 2 BvR 1469/93 –, EuGRZ 1994, S. 402 f.; Beschl. v. 6.4.1995 – 2 BvR 1087/94 –, NJW 1995, S. 3048 (3049). Vgl. aber zurückhaltend Beschl. v. 30.9.1999 – 2 BvR 1775/99.

17 BVerfGE 19, 394; 29, 312 (317 f.); 35, 382 (383, 408); 38, 52 (60).

18 BVerfGE 2, 1; 5, 85. – S.o. Rn. 1132.

19 BVerfGE 2, 1 (77 f.); vgl. oben Rn. 1143.

20 BVerfGE 1, 14 (65); 39, 1 (2 f.); 48, 127 (184); 93, 37 (85); 93, 362 (372).

21 Ablehnende Erörterung bei *J. Ipsen* (N 1), S. 241 ff.; *Gusy* (N 8), S. 201 f.

22 Ablehnende Erörterung bei *H.-P. Schneider*, NJW 1994, S. 2590 ff.; *Geiger/v. Lampe*, Jura 1994, S. 20 (28 ff.); *Bethge*, in: Das Bundesverfassungsgericht (1995), S. 142; *Bertrams*, in: FS Stern (1997), S. 1037; weitgehend zustimmend *Lerche*, in: FS Gitter (1995), S. 509 ff.

23 BVerfGE 39, 1 (52). Ganz entsprechend BVerfGE 84, 9 (20 ff.) im Hinblick auf den für verfassungswidrig erklärten § 1355 Abs. 2 S. 2 BGB. Die dort geschaffene „Auffangregelung" wird allerdings nicht ausdrücklich auf § 35 BVerfGG gestützt.

24 BVerfGE 88, 203 (209 ff., 334 ff.).

Zweifellos ist der Hinweis zutreffend, das BVerfG habe sich damit als „Ersatzgesetzge- **1358** ber" betätigt[25]. Damit ist jedoch nichts über die rechtliche Zulässigkeit dieses Verhaltens ausgesagt. Dies hängt allein vom Verständnis des § 35 BVerfGG ab. Eines Rückgriffs auf ungeschriebene Annexkompetenzen des BVerfG bedarf es dazu nicht[26].

Zur Rechtfertigung der Zulässigkeit muß man nicht auf die relativ fernliegende Möglichkeit des andernfalls eintretenden Rechtschaos oder einer existentiellen Staatsgefährdung zurückgreifen. Auch um ihnen zu begegnen, wäre § 35 BVerfGG zwar unter Umständen geeignet[27]. Die hier diskutierten Fälle liegen aber ein ganzes Stück weit vor dieser kritischen Linie. Die Rechtfertigung folgt vielmehr aus dem generellen Gesichtspunkt der Entscheidungsverantwortung des BVerfG[28]. Die Entscheidung ergeht im Blick auf die Klärung einer verfassungsrechtlich umstrittenen Frage, die die Basis eines verfassungsmäßigen Zustandes herzustellen helfen soll. Die Forderung, die Voraussetzungen, die § 32 Abs. 1 BVerfGG für den Erlaß einer einstweiligen Anordnung aufstellt, „als ungeschriebene Schranken analog auch auf Vollstreckungsregelungen nach § 35 BVerfGG" anzuwenden[29], ist abzulehnen. Die übergangsweise Regelung, deren zeitliche Dauer zu begrenzen ganz in der Hand des Gesetzgebers liegt, greift zwar in dessen Kompetenz ein, ist aber aus der Rolle des BVerfG gerechtfertigt, das mit der letzten Autorität auch die letzte Verantwortung trägt. § 35 BVerfGG bürdet dem BVerfG nicht nur Macht auf, sondern weist ihm zugleich die Verantwortung dafür zu, daß sich seine Entscheidungen in der sozialen Wirklichkeit klärend und Rechtssicherheit und Rechtsfrieden herstellend auswirken[30].

(4) Das BVerfG hat schließlich auf § 35 BVerfG zurückgegriffen, um die befristete Wei- **1359** teranwendung für verfassungswidrig erklärter Rechtsnormen zu ermöglichen[31]. Auch die Anordnung einer Frist innerhalb derer die Gesetzesreparatur vorzunehmen ist, und die Ermächtigung an die Fachgerichte, auf der Grundlage der verfassungsgerichtlichen Entscheidung zu judizieren, gehören in diese Kategorie[32]. Auch hier ist derselbe rechtfertigende Gedanke der Entscheidungsverantwortung einschlägig.

III. Verfahren und Entscheidung

Das BVerfG entscheidet von Amts wegen nach pflichtgemäßem Ermessen, ob es eine **1360** Vollstreckungsanordnung beschließt[33]. Anträge Verfahrensbeteiligter sind nicht unstatt-

---

25 *Schlaich*, Rn. 438. – *H.-P. Schneider*, NJW 1994, S. 2591, spricht von „gesetzesvertretenden Notverordnungen" des BVerfG.
26 So aber *Roth* (N 5), S. 490 ff.; *Lerche* (N 22), S. 511, spricht von einer „unmittelbar aus der Verfassung folgenden Notkompetenz".
27 Dazu *H.H. Klein*, BVerfG und Staatsraison (1968), S. 36 ff.; kritisch dazu *J. Ipsen* (N 1), S. 238 ff.
28 Zustimmend *Frenz*, ZG 1993, S. 248 (251, 264); *ders.*, DÖV 1993, S. 847 (853, 855). – Anders *Pestalozza*, S. 267, der meint, für das Vorgehen des BVerfG gebe es nicht „den Hauch einer verfassungsrechtlichen Rechtfertigung"; ähnlich *Geiger/v. Lampe* (N 22), S. 29; *Hesse*, in: FS Mahrenholz (1994), S. 541 (554). Ähnlich wie hier *Weiß*, Die Vollstreckung von Entscheidungen des BVerfG (Diss. Augsburg 1976), S. 130 ff.; *Mayer*, Die Nachbesserungspflicht des Gesetzgebers (1996), S. 207 ff.
29 So *H.-P. Schneider*, NJW 1994, S. 2593. Ablehnend wie hier *Laumen* (N 7), S. 118 ff.
30 Dazu *Grimm*, in: Teubner (Hg.), Entscheidungsfolgen als Rechtsgründe (1995), S. 147 ff.
31 Vgl. etwa BVerfGE 33, 303 (305); 72, 330 (333); 91, 186 (207); 98, 169 (215); näher dazu oben Rn. 1276 f.
32 Vgl. BVerfGE 97, 228 (270); 99 300 (331 f.); dazu *Steiner*, in: FS Leisner (1999), S. 576.
33 BVerfGE 6, 300 (303).

haft, allerdings nur zulässig, wenn die Voraussetzungen zum Erlaß einer Anordnung vorliegen[34]. Vollstreckungsmaßnahmen können vom BVerfG ohne Anhörung der Betroffenen angeordnet werden. Da die Maßnahmen den Inhalt der zu vollstreckenden Sachentscheidung nicht modifizieren dürfen, ist es – unbeschadet der Befugnis des Gerichts, den Beteiligten Gelegenheit zur Äußerung zu geben[35] – nicht rechtlich geboten, erneut rechtliches Gehör zu gewähren[36]. Dies gilt auch für den Fall, daß eine Vollstreckungsanordnung erst nachträglich erlassen wird[37], da auch hier kein neues Verfahren in Gang gebracht wird.

1361 Welche Vollstreckungsmaßnahmen angeordnet werden, ist vom Inhalt der zu vollstreckenden Entscheidung und den konkreten Verhältnissen abhängig zu machen, insbesondere dem Verhalten der Personen oder Organe, an die sich die Entscheidung richtet und die sie zu respektieren haben[38]. Denkbare Maßnahmen sind u.a. die Anordnung der Weiteranwendung rechtlicher Vorschriften[39], die Gestattung der Einreise in die Bundesrepublik Deutschland[40], die Aussetzung des Vollzugs einer behördlichen Maßnahme[41] oder die Anordnung der Festsetzung eines Abstimmungstermins[42].

1362 Ohne die Verantwortung für die Vollstreckung aus der Hand zu geben, kann das BVerfG diejenigen Stellen bestimmen, denen es den Vollzug im einzelnen überträgt. Sie sind nach sachgerechten Gesichtspunkten auszuwählen[43]. In dieser Funktion treten sie als Beauftragte des BVerfG auf und damit auf der Grundlage bundesrechtlicher Legitimation[44]. Dies verändert die dem beauftragten Organ zustehenden (einfachgesetzlichen) Befugnisse nicht zwangsläufig, doch kann auch eine solche Erweiterung Folge der Anordnung sein[45]. Von den allgemeinen rechtsstaatlichen Regeln ist aber auch das Vollstreckungsorgan nicht dispensiert[46].

1363 Sehr schwierig ist die Frage, ob das BVerfG die Beauftragung auch im Widerspruch zu grundgesetzlichen Kompetenzzuweisungen vornehmen darf. Vieles spricht dagegen: „Es leuchtet ein, daß es nicht Aufgabe des BVerfG sein kann, den Ungehorsam eines Staatsorgans durch Ermächtigung eines anderen zu extrakonstitutionellen Maßnahmen zu brechen, da dies eine bestehende Konfliktsituation verschärfen müßte und der Befriedungsfunktion des BVerfG strikt zuwiderliefe"[47]. Völlig abschließend dürfte die Frage aber noch nicht geklärt sein. Sollte sie sich wirklich einmal ernsthaft stellen, wären die Grenzen des Verfassungsstaates allerdings erreicht. Die Überlegung, ob in einem solchen Fall

---

34 Vgl. BVerfGE 52, 63 (67, 94); 68, 132 (140).
35 BVerfGE 6, 300 (305).
36 BVerfGE 6, 300 (305); *F. Klein*, in: BVerfGG-Kommentar, § 35 Rn. 6; *Lechner/Zuck*, § 35 Rn. 12; *Roellecke*, in: Umbach/Clemens, § 35 Rn. 28.
37 Anders insoweit aber *Laumen* (N 7), S. 61 f. – Siehe auch unten Rn. 1364.
38 BVerfGE 6, 300 (303); 68, 132 (140).
39 BVerfGE 33, 303 (305).
40 BVerfGE 38, 52.
41 BVerfGE 19, 394; BVerfG, NJW 1995, S. 3049.
42 BVerfGE 1, 14 (20 f.).
43 Vgl. etwa BVerfGE 2, 1 (2, 79).
44 BVerfGE 8, 42 (47).
45 Dies ergibt sich aus § 35 2. Halbsatz BVerfGG; *Pestalozza*, S. 266.
46 BVerfGE 5, 85 (393).
47 *H.H. Klein* (N 27), S. 34; auch *Herzog* (N 9), S. 45 ff.; anders aber *Laumen* (N 37), S. 41.

nicht doch – zwar nicht aufgrund von § 35 BVerfGG, aber aufgrund eines ungeschriebenen Staatsnotrechts – das BVerfG ein anderes Organ von den Kompetenzschranken der Verfassung freistellen kann, ist durchaus nicht völlig abwegig[48].

§ 35 BVerfGG geht nach seinem Wortlaut davon aus, daß eine eventuelle Vollstreckungsanordnung mit der Sachentscheidung zu verbinden und in der Entscheidungsformel auszusprechen ist. Dies ist auch bislang so gehandhabt worden. Es bestehen jedoch keine Bedenken gegen die Auffassung des BVerfG, daß es eine solche Anordnung auch erst nachträglich erlassen kann[49]. Dabei ist allerdings darauf zu achten, daß der Bezug zur Erstentscheidung strikt gewahrt bleibt und daß bei ihrerseits angreifbaren neuen Maßnahmen, die gegen die Entscheidung verstoßen, das BVerfG nicht unter Verletzung des Antragsprinzips der Sache nach ein neues Verfahren in Gang bringt[50]. **1364**

Welche rechtlichen Möglichkeiten dem von Vollstreckungsmaßnahmen Betroffenen zustehen, ist ausdrücklich nur für das Parteiverbotsverfahren geregelt (§ 32 ParteienG). Wenn das BVerfG für den Fall, daß es einem Organ einen ausdrücklichen Vollstreckungsauftrag erteilt hat, den Rechtsweg unmittelbar gegen sich eröffnet sehen möchte[51], kann dem nicht gefolgt werden. Weitere Zuständigkeiten des BVerfG als im Grundgesetz selbst vorgesehen können nur durch Gesetz begründet werden (§ 93 Abs. 2 GG). Auch das anwendbare Verfahren wäre völlig unbestimmt. Rechtsschutz ist also auf den üblichen Wegen zu erhalten[52]. **1365**

IV. Abschließende Bemerkungen

§ 35 BVerfGG – in der weiten Interpretation des BVerfG – zieht aus der Entscheidung für die Verfassungsgerichtsbarkeit letzte Konsequenzen. Er markiert zweifellos die Grenze zur Verfassungssupremation des BVerfG. Es ist daher alles andere als verwunderlich, daß die Rechtsprechung des BVerfG auf Ablehnung stößt. Befürworter und Gegner setzen bei gemeinsamer Bejahung der Verfassungsgerichtsbarkeit offenkundig zu unterschiedliche Akzente im Hinblick auf die Verantwortung des BVerfG für den verfassungsrechtlichen Gesamtprozeß, als daß hierüber eine Verständigung möglich wäre. Wahrscheinlich ist dies nicht einmal zu bedauern, weil es eine in sich balancierende, beide Auffassungen zur Vorsicht mahnende Wirkung hat. **1366**

Auch das BVerfG wird zur Vorsicht gemahnt. So wichtig seine Funktion im Verfassungsleben auch immer sein mag, nie ist es der Kritik entzogen[53], sondern es bedarf ihrer als letzte Autorität sogar mehr als jedes andere Staatsorgan. Kritik bietet Hilfen, von den

---

48 Zum Problem *Benda*, in: FS v.d. Heydte (1977), S. 802 f., 807 f.; *E. Klein*, in: HStR, Bd. VII (1992), § 168 Rn. 50.
49 BVerfGE 6, 300 (304); BVerfGE 100, 263 (265); ablehnend *Pestalozza*, S. 266. Wie hier *Bockslaff*, Die Behandlung des „Mephisto-Falles" als Beispiel für die Problematik der Vollstreckung von bundesverfassungsgerichtlichen Entscheidungen (Diss. Kiel 1987), S. 48 ff.
50 Zutreffend daher die Zurückhaltung in BVerfGE 100, 263 (265).
51 Vgl. BVerfGE 2, 139 (142 f.); zustimmend *Roellecke*, in: Umbach/Clemens, § 35 Rn. 47 f.
52 *Pestalozza*, S. 271.
53 Vgl. etwa die eindringliche Kritik von *Isensee*, JZ 1996, S. 1085 ff. Zum Einfluß der öffentlichen Meinung auf das BVerfG vgl. *Schulze-Fielitz*, in: BVerfG und gesellschaftlicher Grundkonsens (2000), S. 127 ff. S. oben Rn. 1346.

weitgespannten Kompetenzen einen vorsichtigen, Überforderungen vermeidenden Gebrauch zu machen[54].

1367 So weit § 35 BVerfGG auch reicht, so sehr wird zugleich deutlich, daß das BVerfG selbst nicht über „the sword or the purse" verfügt[55], sondern letztlich nur über eine von der Loyalität der anderen Verfassungsorgane getragene Autorität[56], die ihre Wurzeln nicht in Selbstherrlichkeit, sondern in dem beharrlichen Bemühen hat, die an es herangetragenen Verfassungsfragen in nachvollziehbarer, den Rechtsfrieden sichernder und daher akzeptierter Weise zu klären[57]. Das hohe Ansehen, das sich das BVerfG bei den Bürgern und den Organen dieses Staates errungen hat, zeigt, daß es diesen Weg bisher insgesamt erfolgreich gegangen ist.

---

54 Allerdings muß auch die Kritik „im Rahmen" bleiben; vgl. zum Problem *Mishra*, Zulässigkeit und Grenzen der Urteilsschelte (1997).

55 *Hamilton*, The Federalist No. 78 (1787/88, Ausgabe 1948), S. 396: „The judiciary ... has no influence over either the sword or the purse".

56 Dazu *Schlaich*, Rn. 512 ff.

57 *Benda*, DÖV 1983, S. 305 ff.; *Fromme*, DRiZ 1996, S. 110; *Limbach*, „Im Namen des Volkes" (1999), S. 165 ff.; zur Akzeptanz des BVerfG vgl. auch BVerfG, Beschl. v. 23.07.1998 – 1 BvR 2470/94 –, BayVBl. 1999, S. 16 (17).

Anlagen

Anlage I   Gesamtstatistik des BVerfG per 31.12.2000

Anhängig wurden insgesamt:132 002 (davon 126 962 Verfassungsbeschwerden, 3 288 abstrakte und konkrete Normenkontrollen, 5 Parteiverbotsverfahren, 1 747 andere Verfahren, z.B. Bund-Länder-Streitigkeiten, Organ- und andere Verfassungsstreitigkeiten in Bund und Ländern).

Erledigt sind insgesamt:129 542 (davon 124 620 Verfassungsbeschwerden, davon 3 179* erfolgreich = 2,6%).

* Diese Zahl betrifft nur Verfassungsbeschwerde-Verfahren, in denen auf die Anträge des Beschwerdeführers eine formelle Entscheidung der Senate (§ 95 BVerfGG) oder einer Kammer (§ 93 c BVerfGG) ergangen ist. Verfahren, in denen die Verfassungsbeschwerde zurückgenommen wurde oder in denen sich die Verfassungsbeschwerde auf andere Weise zugunsten des Beschwerdeführers erledigt hat (z.B. bei Klaglosstellung des Beschwerdeführers durch Maßnahmen derjenigen Stelle, die den angefochtenen Hoheitsakt erlassen hat, oder soweit dem Begehren des Beschwerdeführers infolge Gesetzesänderungen nunmehr entsprochen ist o.ä.) sind hierin nicht enthalten.

Noch anhängig sind:2 460 (davon 2 342 Verfassungsbeschwerden, 83 abstrakte und konkrete Normenkontrollverfahren, 35 andere Verfahren).

Erster Senat:	1 314
Zweiter Senat:	1 146
AR-Verfahren insgesamt:	170 623

Anlage II   Eingänge und Erledigungen von Verfassungsbeschwerden 1997-2000

	1997	1998	1999	2000
Eingänge	4 962	4 676	4 729	4 705
Erledigungen				
1. durch Kammer				
Nichtannahme	4 599	4 493	4 756	4 802
Stattgabe	31	68	82	65
2. durch Senat				
Nichtannahme	3	3	–	1
Zurückweisung	16	20	13	5
Stattgabe	14	31	21	11
3. durch Rücknahme	169	128	97	102
4. auf sonstige Weise	50	127	67	86

Anlage III   Eingänge in den beiden Senaten des BVerfG 1997-2000

	1997	1998	1999	2000
Erster Senat				
Verfassungsbeschwerden (BvR)	2 584	2 381	2 260	2 346
Vorlagen (BvL)	33	22	22	17
Andere Verfahren	19	16	21	39
Gesamt Erster Senat	2 636	2 419	2 303	2 402
Zweiter Senat				
Verfassungsbeschwerden (BvR)	2 378	2 295	2 469	2 359
Vorlagen (BvL)	12	16	18	9
Staatsgerichtshofsachen (BvE, BvG, BvH)	6	5	6	4
Andere Verfahren	46	48	89	57
Gesamt Zweiter Senat	2 442	2 364	2 582	2 429
Insgesamt	5 078	4 783	4 885	4 831

Anlage IV Anhängig gewordene und erledigte Verfahren nach Verfahrensarten 1951-2000

Verfahrensart	Beim Bundes-verfassungsge-richt sind an-hängig gewor-den Gesamt	Erledigt durch Ent-scheidungen der Se-nate, der Richteraus-schüsse bzw. – ab 1986 – der Kammern	Erledigt auf andere Weise (einschl. mit-entschiedene Verfahren)
A Verwirkung von Grundrechten (Art. 18 GG)	4	3	1
B Verfassungswidrigkeit von Parteien (Art. 21 Abs. 2 GG)	5	4	1
C Wahl- und Mandatsprüfung (Art. 41 Abs. 2 GG)	144	110	24
D Präsidentenanklage (Art. 61 GG)	–	–	–
E Organstreit (Art. 93 Abs. 1 Nr. 1 GG)	130	61	57
F Abstrakte Normenkontrolle (Art. 93 Abs. 1 Nr. 2 GG)	141	81	50
G Bund-Länder-Streit (Art. 93 Abs. 1 Nr. 3 u. Art. 84 Abs. 4 Satz 2 GG)	35	20	13
H Andere öffentlich-rechtliche Strei-tigkeiten (Art. 93 Abs. 1 Nr. 4 GG)	73	37	36
J Richteranklage (Art. 98 Abs. 2 u. 5 GG)	–	–	–
K Verfassungsstreitigkeiten innerhalb eines Landes (Art. 99 GG)	21	14	5
L Konkrete Normenkontrolle (Art. 100 Abs. 1 GG)	3 147	976 (Senate) 112 (Kammern)	1 986
M Nachprüfung von Völkerrecht (Art. 100 Abs. 2 GG)	15	7	8
N Vorlagen von Landesverfassungsge-richten (Art. 100 Abs. 3 GG)	8	5	3
O Fortgelten von Recht als Bundes-recht (Art. 126 GG)	151	19	132
P Sonstige durch Bundesgesetz zuge-wiesene Fälle (Art. 93 Abs. 2 GG) – ab 1971 –	6	5	1
Q Einstweilige Anordnung (§ 32 BVerfGG) und – bis 1970 – sonstige Verfahren	1 157	795	353
R Verfassungsbeschwerde (Art. 93 Abs. 1 Nr. 4 a, 4 b GG)	126 962	3 855 (Senate) 104 786 (Ausschüs-se/Kam-mern)	15 979
U Plenarentscheidungen (§ 16 Abs. 1 BVerfGG)	3	3	–
Summe aller Verfahren	132 002	110 893	18 649

**Anlage V   Durchschnittliche Dauer von Verfassungsbeschwerden der
Eingangsjahre 1989-2000**

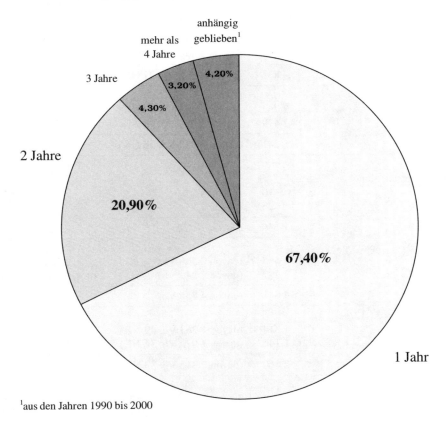

anhängig
geblieben[1]

mehr als
4 Jahre

3 Jahre

4,20%

3,20%

4,30%

2 Jahre

20,90%

67,40%

1 Jahr

[1]aus den Jahren 1990 bis 2000

Anlage VI Übersicht über den Geschäftsanfall beim BVerfG im Kalenderjahr 2000

	2000		**1999**
Neue Verfahren			
im Ersten Senat	2 402	(davon 2 346 Vb, 17 NK)	2 303
im Zweiten Senat	2 429	(davon 2 359 Vb, 10 NK)	2 582
Gesamt	4 831	(davon 4 705 Vb, 27 NK)	4 885
Erledigt wurden			
im Ersten Senat	2 762	(davon 2 684 Vb, 40 NK)	2 538
im Zweiten Senat	2 479	(davon 2 388 Vb, 18 NK)	2 670
Gesamt	5 241	(davon 5 072 Vb, 58 NK)	5 208
Erledigung			
a) durch Senatsentscheidung			
Erster Senat	10	(davon 8 Vb)	18
Zweiter Senat	26	(davon 2 Vb)	15
Gesamt	36	(davon 10 Vb)	33
b) durch Kammerentscheidung			
Erster Senat	2 555	(davon 2 506 Vb)	2 371
Zweiter Senat	2 292	(davon 2 249 Vb)	2 487
Gesamt	4 847	(davon 4 755 Vb)	4 858
Anhängig blieben am 31.12.			
Erster Senat	1 314	(davon 1 263 Vb, 49 NK)	1 674
Zweiter Senat	1 146	(davon 1 079 Vb, 34 NK)	1 196
Gesamt	2 460	(davon 2 342 Vb, 83 NK)	2 870

Anlage VII Beschwerde- und Verfahrensgegenstände der im Jahr 2000 eingegangenen Verfassungsbeschwerden und konkreten Normenkontrollen

Von den im Jahr 2000 eingegangenen Verfassungs-beschwerden richten sich gegen Entscheidungen der	Erster Senat	Zweiter Senat	Summe
Zivilgerichte	1 275	287	1 562
Strafgerichte	28	1 130	1 158
Verwaltungsgerichte	423	737	1 160
Sozialgerichte	200	–	200
Arbeitsgerichte	122	3	125
Finanzgerichte	85	68	153
Staats- und Verfassungsgerichtshöfe	10	6	16

Von den im Jahr 2000 anhängig gewordenen Verfahren der konkreten Normenkontrolle kamen von den	Erster Senat	Zweiter Senat	Summe
ordentlichen Gerichten	6	1	7
Verwaltungsgerichten	5	4	9
Sozialgerichten	4	–	4
Arbeitsgerichten	2	1	3
Finanzgerichten	–	3	3

Stichwortverzeichnis

(Die Zahlen beziehen sich auf die Randnummern)

NEUES AUS DER REIHE JURATHEK